셰익스피어가
세종대왕을
만났을 때

[맛깔스런 영작문을 위한 한영사전식 영어표현 모음집]

에이번강의 시인The Bard of Avon이 세종대왕께 들려주는 영어 이야기

셰익스피어가 세종대왕을 만났을 때

[이성철 지음]

율곡미디어

추천의 글

외국어를 모르는 사람은 모국어를 사랑할 능력이 없다고 말한 사람은 괴테다. 파도치는 해안의 조약돌처럼 인간은 언어와 행동을 통해 세련되는 존재라고 J. 브라우저는 말한 바가 있다. 하이데거가 언어는 존재의 집이라고 지적한 것은 언어와 인간의 숙명적 등가관계에 대한 날카로운 통찰이라는 점에서 깊이 유의하게 된다. 언어는 인간을 인간이게 하는 근본적 조건이라 이를 만하다. 만약 인간에게서 힘과 열정, 사랑과 이상을 느낄 수 있다면 그것은 언어를 통해서 가장 잘 드러날 것이다. 인간의 무수한 층위를 결정하는 예지, 지식, 인격 그리고 인품이 표현되는 형식은 결국 언어일 수밖에 없다. 그러나 언어는 지식의 특별한 영역 속에 존재하는 신비한 은자도 아니며 상아탑에 갇힌 지식의 전표 같은 것도 아니다. 우리들 인간의 숨결과 사고가 존재하는 모든 곳에 언어는 함께 있다. 그렇다고 해서 누구나 세련되고 깊이 있는 언어를 구사할 수 있는 능력을 갖춘 것은 아니다. 고급한 언어를 사용할 수 있는 것은 그에 수반하는 매우 힘든 노력 없이는 불가능하다. 더구나 외국어의 경우는 더 말할 나위도 없다.

이성철 박사가 오랫동안 준비하고 정리하여 출간하는 이 책은 그런 점에서 매우 주목되는 그리고 흥미를 갖게 하는 저술이다. 이 책은 종전의 통상적인 영어 학습서와 전혀 발상을 달리한다. 현대 미국의 고급문화를 이끌고 있는 각종 간행물에서 온갖 정성을 기울여 수사적 가치가 있는 표현, 영어권에서 경험하지 못한 사람이 이해할 수 없는 표현 등을 주의 깊게 가려 뽑아 친절하게 해설과 그 용례를 자세히 다룬 희귀한 저술이다. 외국의 언어에 대해 이토록 섬세한 관심을 기울여 만든 책은 그 짝을 찾기 어려울 정도다.

놀라운 것은 이 책의 저자가 인문학 분야의 학자도 아니고 더구나 영문학을 가르치고 연구하는 학자도 아닌, 토목공학 분야의 연구자라는 사실이다. 저자인 이성철 박사에 대해서 놀란 것은 그것만이 아니다. 이 박사는 오랫동안 대한토목학회 회원들로 구성된 남성합창단 Civil Harmony를 이끌어 온 음악애호가이기도 하다. 그의 드럼 솜씨에 감탄, 감탄한 일도 있어서 그의 다재다능한 재능을 헤아리기 어렵다. 그는 이지적이면서도 풍부한 예술적 감성을 겸비한 드문 지식인이다. 그러나 내가 이성철 박사에게 가장 이끌리는 이유는 그의 강건한 남성적 풍모에 있다. 그는 너절한 명리주의를 추구하지 않고 구속받지 않는 무한한 자유를 삶의 중심으로 살고 있는 듯이 보인다. 때로는 천군만마를 호령하는 무사처럼 보이기도 하고 장난기 많은 개구쟁이 소년처럼 천진무구한 모습을 보이기도 한다. 이 매력적인 후배 학자와 우정을 나누며 노소동락하게 된 사실을 매우 기쁘게 생각한다.

독자들도 이 책으로부터 많은 도움을 받아 세련된 언어를 구사하는 데 도움을 받았으면 좋겠다.

2010년 10월
전 동국대 총장
문학박사 문학평론가 홍기삼

영어가 공용어가 될 정도로 일반화된 우리 사회에서 여전히 영어를 맛깔나게 사용하는 인구는 극히 희박하다. 재미교포나 한국어를 잘하는 외국인들 경우에도 한국어의 미숙으로 우리의 미묘한 감정을 완벽하게 영어로 옮기지 못한다. 이처럼 한국어/영어에 대한 완벽한 이중언어구사자(bilingualist)가 된다는 건 거의 불가능에 가깝다. 여기 전공자가 아닌 이성철 교수가 10년 가까이 각고의 노력으로 완벽한 이중언어 구사로 가는 길목에 놓일 한영사전식 표현모음집을 한 권 편찬해내었다.

이 책은 많은 장점들을 지니고 있다.

우선, 읽기, 말하기, 듣기, 쓰기 등 영어구사능력 중에서 가장 사람들이 어렵게 생각하는 쓰기, 즉 영작문을 위한 사전으로 매우 훌륭하다. 특히 가나다순으로 한글 표현이 배열되어 찾아보기에 매우 편리하다.

둘째, 영어로 옮기기가 까다로운, 즉 한국어적 특성이 강한 표현을 표제어로 삼았기 때문에 영작문 도중 고민할 때 아주 마음에 드는 조언자가 될 것이다.

셋째, 우리가 일반적으로 사용하는 중성적인 밋밋한 표현의 동사(weak verb)보다는 감정이 실린 강한 동사(strong verb)의 표제어가 많아 문장 전체를 문체상으로 생동감 있게 만들 수 있다.

넷째, 한국어의 속담이나 경구 등에 완전히 부합하는 영어 표현 등을 많이 다루어 영어/한국어의 토속적인 번역을 가능하게 했다.

마지막으로, 영어 예문에 대한 친절하고도 유려한 번역은 영어와 한국어 사이의 어색한 틈을 완전히 메우고 있다.

상기한 바와 같이 맛깔난 영어문장을 구사하고 싶은 사람들의 서가에 이 책은 필수사전이 될 것이다.

2010년 10월
동국대 영문과
황훈성 교수

저자의 전공인 토목공학과 관련된 서적은 차일피일 미루면서 어쩌다 보니 주제 넘게도 본인이 제일 취약한 영어표현 관련 책을 쓰게 되었다. 7년 전부터 영어 책이나 잡지를 읽다가 저자의 마음에 꼭 와 닿는 표현들을 나중에 꼭 필요할 때 사용할 요량으로 하나씩 모으다 보니 그만 이렇게 일이 크게 벌어지고 말았다. 저자는 영어로 글을 쓰거나 외국인들과 이메일을 주고받는 중 본인이 알고 있으며 자신있게 활용할 수 있는 영어표현들이 이것밖에 안 되는구나 하는 좌절감을 자주 느껴왔다. 독자들 중에서 중학교에 들어와서야 처음 영어를 접한 세대는 저자와 비슷한 답답한 경험을 많이 했으리라 본다.

국내 영자 간행물과 TIME이나 Newsweek 등과 같은 영어잡지를 비교해서 읽다 보면, 태어나는 순간부터 부모에게 영어를 듣고 배우며 자란 사람들이 쓴 글과 그렇지 못한 우리나라 사람들이 쓴 글에서 풍겨오는 느낌이 다르다는 사실을 새삼스럽게 깨닫곤 한다. 저자 생각에 영어를 외국어로 배운 우리나라 사람들이 쓴 글에서 드러나는 가장 큰 약점은 문장이 왠지 모르게 무미건조하거나 때에 따라선 너무 장황하여 글쓴이의 의도가 단번에 가슴에 잘 와 닿지 않는다는 것이다. 이는 표현력의 한계로 인하여 직설적인 표현 위주의 문장을 쓸 수밖에 없기 때문이다. 중고등학교 시절 영어를 배울 때 주로 보는 책이 영어 교과서나 문법위주의 책이고 영어 잡지나 소설 등을 읽을 시간적 정신적 여유가 거의 없기 때문에 영어 표현력을 키우는 데 한계가 있을 수밖에 없다.

우리는 일상 대화를 하거나 글을 쓸 때 상대방에게 명확하고 간결하게 의사를 전달하면서도 감칠맛을 더하기 위하여 속담, 격언, 고사성어 등 다양한 관용표현을 자주 인용하거나 전래동화나 고전소설에 나오는 표현을 사용하곤 한다. 미국인이나 영국인과 같은 영어권에 있는 서양 사람들도 우리와 마찬가지다. 예를 들면 "우리는 허리띠를 졸라 매야 한다"라고 누가 말한다면 현재 처한 상황이 어떤지 앞으로 어떻게 행동해야 하는지 단번에 그리고 분명하게 가슴에 와 닿는다. 영어에도 이와 매우 흡사한 "We have to tighten our belts"이라는 표현이 있다. 이런 영어표현을 모르면 영작을 할 때 "현재 우리가 처한 상황이 어렵고 미래가 불확실하기 때문에 만일을 대비해서 지출을 줄이고 최대한 절약해야 한다"라는 의미로 직접적이고 장황하게 표현할 수밖에 없을 것이다

미국이나 영국 같은 서양 영어문화권에서 태어나고 자란 사람들이 자주 사용하는 다양한 유래를 지닌 관용표현의 수는 그야말로 셀 수 없이 많다. 이 중에는 문화나 관습의 차이 때문에 우리에게 매우 낯설게 느껴지는 표현들도 많고 어디서 듣거나 본 적은 있지만 막상 필요할 때는 잘 생각나지 않아 우리를 안타깝게 만드는 표현들도 있다. 혹은 외우고는 있지만 표현들이 지니고 있는 정확한 뉘앙스를 잘 모르기 때문에 그 상황에 꼭 맞는지 영 자신이 없어 한 번도 실제로 사용해 본 적이 없는 것들도 많을 것이다. 저자와 마찬가지로 독자들도 영문을 작성하거나 국문을 영문으로 번역할 때 우리말에 꼭 들어 맞는 영어표현을 찾기 위해서 한영사전이나 영한사전을 뒤적이며 고민한 적이 여러 번 있었을 것이다. 때로는 적합하다고 생각되는 표현을 찾기는 했지만 사전에는 예문이 제대로 나와 있지 않기 때문에 용법에 자신이 없어 실수할까 봐 막상 사용하기에 주저하게 되는 경우도 종종 있다.

저자가 욕심을 더 부려 평생을 이 작업에 매달려도 끝이 보이지 않을 것 같기에 일단 2003년부터 현재까지 모아 둔 표현들을 정리하여 출간하게 되었다. 우리가 잘 알고 있다고 여겨지거나 한영사전을 이용해서 쉽게 찾을 수 있는 표현들은 책의 분량을 고려하여 포함시키지 않았다. 일상 회화에서 사용하는 속어나 구어체 표현들을 모은 책은 이미 시중에 여러 권 나와 있지만, 이 책은 공식적인 문서, 서신, 신문이나 잡지의 기사, 수필 등을 작성할 때 사용할 수 있는 문어체 표현에 주로 초점을 맞추고 있다. 일상 대화나 이메일을 주고받을 때도 사용할 수 있음은 물론이다.

이 책에 수록된 관용표현의 유형을 구분하자면 다음과 같다: (1) 그리스 로마 신화에서 유래된 표현; (2) 성경에서 유래된 표현; (3) 동화나 소설 등에서 유래된 표현; (4) 라틴어나 불어 등 외래어 표현; (5) 영국이나 미국 문화에서 탄생한 표현; (6) 경마나 여러 스포츠에서 유래한 표현; (7) 속담; (8) 숙어나 기타 관용표현; (9) 합성어; (10) 전문용어; (11) 비유적 혹은 은유적인 표현; (12) 기타.

영어로 바꾸고자 하는 우리말 표현을 기준으로 가나다 순서로 정리하였고, 영어표현의 유래에 대하여 저자가 아는 한도 내에서 해설을 덧붙였다. 그리고 이 책에 수록된 표현을 적용하여 원하는 문장을 작성할 수 있는 응용력을 기를 수 있도록 다양한 출처에서 발췌한 생생한 예문들을 번역과 함께 함께 수록하였다. 이 책에 있는 예문 중에는 문장구조가 매우 간단하여 이해하기가 매우 쉬운 것들도 있지만 반면에 매우 어려운 예문들도 많이 있다. 비록 문장구조가 복잡하여 이해하기가 힘들더라도 번역문에 의존하지 말고 인내심을 가지고 사전과 문법책을 뒤적이면서 문장을 하나하나 분석하여 우선 모든 예문을 자기 것으로 만들기를 강력하게 추천한다. 그러고 난 후 여러 번 반복해서 큰 소리로 읽다 보면 독해력은 물론이고 듣기실력, 말하기실력도 자신도 모르는 사이에 크게 동반 향상되어 간다는 사실을 느끼게 될 것이라고 확신한다. 이 책을 처음 접하는 독자는 CNN 뉴스의 시청을 통하여 현재 본인의 듣기실력을 가늠해 놓은 다음 모든 예문을 완벽하게 소화한 후의 듣기실력과 한번 비교해 보길 바란다. Prepare to be surprised! 평생을 두고 영어 공부를 하지만 이상하리만치 영어 앞에만 서면 작아지는 많은 우리나라 사람들에게 이 책이 큰 보탬이 되리라 확신한다.

이 책을 쓰는 동안 격려해준 가족에게 특히 원고를 세심하게 읽고 교정하느라 고생한 아내와 멋진 표지를 디자인해준 딸 지연이게게 고마움을 전한다. 또한 특별한 관심을 갖고 조언해주신 은사이신 유재홍 교수님, 학과 교수님들, 홍기삼 총장님, 이영환 교수님, 황훈성 교수님을 비롯한 여러 동료 교수들께, 그리고 언제나 옆에서 성원해준 동국대학교 사회환경시스템공학과 영어동아리 "Stepping Stones" 학생들께도 감사의 말씀을 드린다. 그리고 끝으로 율곡미디어 사장님과 편집부 여러분께도 감사의 말씀을 드린다.

2010년 10월

지은이

차례

1. 본 『표현 모음집』은 우리말 표현에서 핵심이 되는 부분을 표제어로 선정하여 [가나다] 순으로 배열하였다.

예 "기쁨, 놀라움, 슬픔 등과 같은 감정을 전혀 밖으로 드러내지 않는"이라는 표현의 경우 "감정을 전혀 밖으로 드러내지 않는"을 표제어로 선정하여 "기쁨, 놀라움, 슬픔 등과 같은 **감정을 전혀 밖으로 드러내지 않는**"으로 표기하였다.

2. 모음집의 표제어와 같은 의미를 지닌 다른 우리말 표현을 덧붙였다.

예 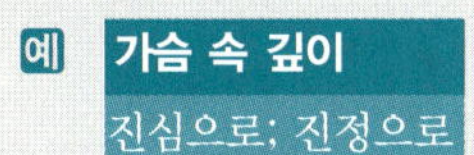

3. 이 모음집에 있는 표제어와 유사한 의미를 지닌 우리말을 표제어로 간주하고 찾았지만 없을 경우에는 [표제어 찾아보기]를 이용하면 된다.

예 "사무적인" 혹은 "냉정한"이라는 표현은 본 모음집에 있는 "기쁨, 놀라움, 슬픔 등과 같은 **감정을 전혀 밖으로 드러내지 않는**"이라는 표현과 의미가 비슷하지만 표제어가 아니다. [표제어 찾아보기]에서 "사무적인"을 보면 이와 유사한 의미를 지닌 모음집에 있는 표제어를 다음처럼 찾을 수 있다: **사무적인** ☞ 기쁨, 놀라움, 슬픔 등과 같은 **감정을 전혀 밖으로 드러내지 않는**

4. 영어표현에 **Formal**이라고 되어 있으면 격식을 차려야 하는 공식적인 문서에 적합한 표현이라는 의미다. **Informal**이라고 표시되어 있으면 격식을 차려야 하는 경우에 독자가 판단하여 조심스럽게 사용해야 한다. **Formal**, **Informal**의 구분은 영영사전(English-English Dictionary)마다 조금씩 다르다. 이 책에서는 주로 "Collins Cobuild English Dictionary"의 구분을 따랐음을 밝혀 둔다.

5. 표현 중 외래어인 경우에는 **Latin**, **French** 등과 같이 별도로 표시하였다.

6. "Colins Cobuild English Dictionary"의 구분에 따라서 시나 소설 등과 같은 문학작품에서 잘 쓰이는 표현은 **Literary**라고 표시하였다.

7. 예문 중에 있는 표현이 본 모음집에 수록된 경우에는 번역문 다음에 ♣ 표시와 함께 구분하여 본 모음집에서 찾아볼 수 있도록 하였다.

[가]

가가호호
가정마다 ; 집집마다

family to family ☞ 가정마다 ; 모든 가정/가족이 참여하는

Local health officials conduct their prevention efforts the old-fashioned way — going ***family to family***, teaching couples how to use condoms and warning the young about the damages of sharing needles. ▶ 지역 보건소 직원들은 (에이즈) 예방을 위한 노력으로 옛날식으로 가정마다 방문하여 부부들에게 콘돔 사용법을 가르치며 젊은이들에게 주사바늘을 함께 사용하면 매우 위험하다는 것을 경고하고 있다.

It has provided ***the Family to Family program*** and brought significant benefits to hundreds of local families by educating those who have a family member with a serious mental illness. ▶ 정신 장애자가 있는 모든 가족이 참여할 수 있는 교육프로그램을 제공함으로써 이들이 어려움을 극복하는 데 큰 도움을 주고 있는 어느 기관의 이야기다.

주 가정/집의 구성원들과 직접적인 연관이 있을 경우에 사용된다. 부사와 형용사형으로 모두 사용된다. 형용사형으로 사용할 경우에는 단어 사이에 hyphen을 넣어 "***family-to-family***"라고 하는 것이 좋지만 hyphen을 생략할 수도 있다. 본 사전 부록 "구두점 사용법" 참조.

house to house ; door to door ☞ 집집마다

Police have carried out ***house to house inquiries*** after a man was stabbed in the street in a late night attack. ▶ 지난 늦은 밤 한 남자가 거리에서 칼에 찔린 후 경찰은 범인을 잡기 위해서 가택 탐문 수사를 벌이고 있다.

Police officers spent most of Tuesday morning going ***house to house*** in search of a man considered armed and dangerous. ▶ 무기를 소지하고 있는 위험한 한 남자를 찾기 위하여 경찰관들은 오전 내내 집집마다 방문하였다.

Her home was robbed by two ***door-to-door salespeople*** yesterday. ▶ 그녀의 집이 어제 2인조 방문 판매원에게 강도를 당했다.

주 세일즈맨이 물건을 팔거나 경찰이 목격자나 범인 등을 찾기 위해서 집집마다 다니는 경우에 주로 사용한다. 역시 부사와 형용사형으로 모두 사용된다. 형용사형으로 사용할 경우에는 단어 사이에 hyphen을 넣는 것이 좋지만 생략할 수도 있다.

가격이 알맞다
가격이 적당하다(너무 비싸거나 혹은 싸지 않다)

the price is right

The country maybe even sells a nuke to terrorists, if ***the price is right***. ▶ 그 나라는 적당한 가격만 쳐준다면 심지어는 테러리스트에게까지 핵무기를 팔려고 들지도 모른다.

The price is right for live music at the County Fair. The concerts, which take place nightly at 6 and 8, are included in the regular price of fair admission. ▶ 카운티 축제 입장료에는 저녁 6시부터 8시 사이에 벌어지는 콘서트 입장료도 포함되어 있기 때문에 생음악을 즐길 수 있다는 것을 고려하면 입장료가 비싼 편이 아니다.

가공(架空)의 발견
허구(虛構) (세상에 존재하지 않는, 존재할 수 없는 혹은 현실성이 희박한 어떤 것(방법, 사실, 이론 등)을 발견했다고 떠드는 사람들을 비꼬는 표현이다)

mare's nest

Mare's nest describes a discovery that turns out to be illusory because mares don't make nests at all. ▶ 암말이 둥지를 튼다는 것은 있을 수 없는 일이기 때문에

암말의 둥지는 가공의 발견을 의미한다.

He has not discovered an error, but only ***a mare's nest***. ▶ 그는 잘못된 점을 발견했다고 생각했지만 허구일 뿐이었다.

가까스로 (위험/위기를 모면하거나 어떤 일을 해내다)
간신히 ; 겨우

by the skin of one's teeth

Last year we just made it ***by the skin of our teeth*** to the playoffs. ▶ 작년에 우리는 가까스로 플레이오프에 진출했다.

She merely survived ***by the skin of her teeth***. ▶ 그녀는 간신히 목숨을 건졌을 뿐이다.

㈜ 구약성경 욥기 19장 20절에서 유래되었다: "I am nothing but skin and bones; I have escaped with only the skin of my teeth." "나는 피골이 상접하고, 가까스로 죽을 고비를 넘겼다." 우리나라 표준새번역 개정판에는 "I have escaped with only the skin of my teeth"를 "잇몸으로 겨우 연명하는 신세가 되었다"라고 되어 있으나 잘못된 번역으로 생각된다.

가까스로 정해진 시간 내에 (어떤 일을 하다)
간신히 정해진 시간 혹은 마감 시간 직전에(just in time)

just under the wire

Dilling got in ***just under the wire***. Turning 42 on the day he arrived at Fort Jackson, Dilling made history as the Army's oldest basic trainee. He graduated almost a year ago and lost 40 pounds in only nine weeks. ▶ 군에 입대할 수 있는 나이가 41세인데, 42세가 되기 하루 전에 가까스로 육군에 입대해서 최고령 신병 기록을 수립한 어느 남자의 이야기다.

I turned in my report ***just under the wire***. Bill was the last person to get in the door. ▶ 나는 마감 시간 직전에 리포트를 제출했다. 빌이 제일 마지막에 낸 사람이었다.

The production also made it ***just under the wire*** before the strict enforcement of the production code. ▶ 그 제품은 엄격한 생산규정이 적용되는 시점 바로 직전에 생산되었다.

㈜ 경마에서 가까스로 결승선(wire)에 도달했다는 의미다.

in the nick of time

Fortunately, we found a flight that would get us to Miami ***in the nick of time***. ▶ 다행스럽게도, 가까스로 정해진 시간 내에 우리를 마이애미에 데려다 줄 수 있는 비행기 편을 찾았다.

가까운 거리에 있는

within earshot of ☞ ~에서 소리치면 들릴 정도로 가까이에 있는

We can provide your accommodations so that you can walk over or sit on your balcony and be ***within earshot of*** the concert. ▶ 우리는 발코니에서 콘서트 음악소리를 들을 수 있는 가까운 방을 제공할 수 있다.

A 27-year-old man was shot to death in a parking lot ***within earshot of*** where police and city leaders were holding a neighborhood rally against crime. ▶ 경찰과 시 지도자들이 범죄를 막기 위한 집회를 열고 있는 곳으로부터 구호 소리가 들릴 정도로 가까이에 있는 주차장에서 27살 청년이 총에 맞아 숨졌다.

on one's doorstep ☞ 바로 문 앞에; 집 가까이에 있는

In the town there are many beautiful buildings and places right ***on your doorstep***. ▶ 이 도시에서는 집만 나서면 많은 아름다운 건물과 명소를 볼 수 있다.

The country is emerging as a drug haven ***on our country's doorstep*** and a key transit point for deadly shipments of heroin and cocaine to our shores. ▶ 우리와 바로 인접한 그 나라는 마약의 천국으로 부상하고 있으며, 헤로인과 코카인을 우리나라로 밀반입하는 중요한 운반거점으로 역할을 하고 있다.

a hop, skip, and jump ☞ 한 걸음만 떼면 갈 수 있는 곳

A hop, skip, and jump from downtown is the Central Park. ▶ 도심에서 한 걸음만 떼면 센츄럴파크에 갈 수 있다.

The Korean restaurant is just ***a hop, skip, and jump away***. ▶ 그 한국식당은 여기서 매우 가까운 곳에 위치하고 있다.

매우 **가까이 있는**
함께 붙어 있는 ; 나란히 위치한 ; 바로 옆에 있는

cheek by jowl

Business and residential buildings have been developed ***cheek by jowl*** in this city. ▶ 이 도시에는 비즈니스와 주거용 건물들이 서로 매우 가깝게 들어섰다.

In the natural world fresh water crocs live ***cheek-by-jowl with*** hippos, but many years ago they agreed not to attack each other and to live in peace. ▶ 이 야생 세계에서는 민물 악어들이 하마와 나란히 살고 있다. 그러나 오래전 그들은 서로를 공격하지 않고 평화롭게 살기로 합의했다.

We were sitting ***cheek by jowl with*** them. ▶ 우리는 그들 바로 옆에 앉아 있었다.

주 *'jowl'*은 뺨(***cheek***)에서 턱까지 축 늘어진 살을 의미하며 이 둘은 매우 가까이 붙어 있다.

시도해 볼 만한 가치가 있긴 하지만 성공의 **가능성이 희박한 것**
확률이 낮은 것

long shot

They said the extraction of DNA for studies of dinosaur genetics and for cloning experiments was only ***a long shot***. ▶ 공룡의 유전적 특성 연구 및 복제 실험을 위한 DNA 추출은 시도해 볼 만한 가치가 있긴 하지만 성공 가능성이 매우 희박하다고 그들이 말했다. 《2005년에 발견된 공룡(Tyrannosaurus)의 연섬유(soft tissue)에서 DNA를 추출하는 이야기이다.》

"I have always been the underdog and ***long shot***," he said. ▶ "나는 언제나 약자의 입장에 있었으며 당선 가능성이 희박했었다"고 그가 말했다. 《민주당 대통령 후보 경선에 참여한다고 발표한 미국 아이오아 주지사의 말이다.》 ♣ ***underdog*** : **약자** 참조

주 저 멀리에 멋진 사냥감이 보이긴 하지만 명중시키긴 힘들다는 의미다.

어떤 요소나 특징들로 **가득 차 있는**

be shot through with

This tender drama ***is*** admittedly ***shot through with*** rueful humor. ▶ 이 잔잔한 드라마는 슬픔이 깃든 유머로 가득 차 있는 게 사실이다.

Cynics will grumble that this is a lash-up, a cuttings job shamelessly aimed at the Christmas market. Cynics should belt up and read it, for they will find the 100 entries thoughtful and thorough, ***shot through with*** wit and the wisdom that Henderson has acquired in his long career as a sports journalist. How long? Put it this way, when he started out, Bobby Charlton had hair. ▶ 비평가들은 이 책이 크리스마스 시장을 겨냥하고 여기저기에서 발췌하여 급조한 것이라고 못마땅해 할 것이다. 그러나 비평가들이 비난은 잠시 접어 두고 잠자코 그 책을 읽는다면, 헨더슨이 오랫동안 스포츠 저널리스트로 활동하는 동안 얻은 재치와 지혜가 그 책에 가득 차 있다는 사실을 발견하게 될 것이다. 그가 얼마나 오랫동안 스포츠 저널리스트로 활동했냐고? 이렇게 표현하면 어떨까? 그가 처음 활동을 시작할 때는 바비 찰튼이 대머리가 아니었다. 《바비 찰튼은 1960년대에 영국을 대표하는 전설적인 축구 영웅으로 특히 대머리로 유명했다. 영국의 스포츠 영웅 100명에 대한 이야기를 담은 책을 소개하는 글이다.》 ♣ ***lash-up*** : 급조한 것; ***cuttings job*** : 여기저기에서 발췌하여 만든 것; ***belt up*** : 조용히 잠자코 있다 (slang) ♣ ***put it this way*** : ~하게 **표현하자면** 참조

주 총알 세례를 받아 마구 벌집이 나 있는 것 같다는 의미다.

be suffused with ☞ 가득 퍼져 있는, Literary, Formal

This book ***is suffused with*** his characteristic wry humor. ▶ 이 책은 그의 특징을 잘 보여주는 유쾌한 해학으로 가득 차 있다.

In the 1990s, he began producing novels that, though still ***suffused with*** suffering, were leavened by a touch of Chekhovian compassion. ▶ 1990년대에 들어와서 그는 여전히 고통으로 가득 차 있기는 하지만 (처절한 상황에서 고통에 몸부림치는 사람들을 다루고 있긴 하지만) 안톤 체홉류의 열정이 가미된 소설을 쓰기 시작했다. ♣ ***leavened by*** : 특별한 성향이 **가미된** 참조

Half-filled wine glasses are ***suffused with*** sunlight. ▶ 반쯤 찬 포도주 잔들은 햇빛을 가득 머금고 있다.

위험/문제 등으로 **가득 찬**
위험/문제 등을 가득 내포한

be fraught with

SARS turned Hong Kong, one of the world's busiest cities into a skittish ghost town in which the simplest activity — such as going to school or touching an elevator button with an unprotected finger — ***was fraught with*** danger. ▶ 사스는 세계에서 가장 바쁘게 돌아가는 도시 중의 하나인 홍콩을, 엘리베이터 버튼을 장갑을 끼지 않은 손가락으로 누르거나 학교에 가는 것 등과 같은 매우 단순하고 일상적인 활동만으로도 바이러스가 전염될 위험성이 가득한, 겁에 질린 유령도시로 바꾸어 놓았다. ♣ *SARS*: Severe Acute Respiratory Syndrome(중증 급성 호흡기 증후군)

The merry, stunningly warm and dry month of May is behind us. A windy and warm June, ***fraught with*** fire danger, lies ahead. ▶ 즐겁고 따사로우며 건조한 5월이 지나가고, 덥고 바람이 많이 불어 화재의 위험이 매우 높은 6월이 다가오고 있다.

A wedding day ***is fraught with*** details, so even a tiny mishap could send an anxious bride into emotional turmoil. ▶ 결혼 당일은, 조금만 잘못 되면 긴장 상태에 있는 신부에게 큰 정신적인 혼란을 줄 수 있는, 세세하게 신경을 써야 할 일들로 가득 차 있다.

가명

alias ☞ 특히 범죄자가 쓰는 가명

The Police have arrested Chuck Davis (***alias*** Jim). ▶ 경찰은 'Jim'이라는 가명을 쓰는 척 데이비스를 체포했다.

Don Huston, who goes by ***the alias*** Brad White, is accused of a robbery. ▶ 'Brad White'라는 가명으로 불리는 단 휴스턴은 강도죄로 고소되어 있는 상태다.

pseudonym ☞ 주로 작가들이 사용하는 가명; 필명

Both novels were published under ***the pseudonym*** of Lee. ▶ 두 소설은 모두 'Lee'라는 필명으로 출간되었다.

He publishes his novels under ***the pseudonym*** Nam San. ▶ 그는 'Nam San'이라는 필명하에 소설을 출판한다.

특별한 성향이 **가미된**
추가되어 느낌/맛이 한층 더 깊어진 (이 때문에 더욱 흥미롭거나 즐거워지는 경우 주로 사용된다)

leavened by ☞ ~ 때문에 효모로 발효시킨 것처럼 맛이 한층 더 깊어진

The tone is pure seventies melodrama, with a script ***leavened by*** black comedy and satire. ▶ 전반적인 분위기는 70년대식의 멜로드라마지만, 대사에는 풍자와 블랙코미디적인 요소가 가미되어 있다.

Lest the song become too sweet, the sentiment is ***leavened by*** electric guitars and hard beats of drums that cut away at the song's soft edges at just the right angles. ▶ 너무 달콤한 쪽으로만 흐르지 않도록 부드러운 부분에 적절하게 전자 기타와 드럼의 강렬한 비트를 가미하여 그 노래의 분위기(느낌)가 한층 더 살아난다. ♣ *lest*: ~와 같은 좋지 않은 일이 일어날까 **염려하여** 참조

중요함에도 불구하고 **가볍게 구는**
경솔한; 경박한 (비난하는 뜻으로 사용)

flippant

Don't be ***flippant***! This is serious! ▶ 가볍게 굴지 마라! 매우 심각한 상황이다!

It doesn't help that some leaders make ***flippant comments***. ▶ 지도자들이 내뱉는 경솔한 언행은 전혀 도움이 안 된다.

가볍게 여기는 태도를 취하는
농담조의; 농담 비슷한

tongue in cheek

Proposals made by Tuesday's small groups ranged from ***tongue-in-cheek ideas*** to complex strategies. ▶ 화요일에 몇몇 그룹들이 농담 비슷한 의견들로부터 복잡한 전략에 이르기까지 다양한 제안을 내놓았다.

He has decided to take ***a slightly tongue-in-cheek approach*** to that matter. ▶ 그는 약간은 가벼운 태도로 그 문제에 접근하기로 결심하였다.

주 무슨 말을 하고 난 후, 심각하게 생각하지 않는다거나 혹은 진담이 아니라는 의미로 혀를 볼 안쪽에 댄 것처럼 윙크를 하는 모습에서 유래되었다.

가부좌 자세로
가부좌를 틀고

in lotus position

He has been sitting ***in lotus position*** practicing meditation for two hours. ▶ 그는 두 시간 동안 가부좌를 틀고 앉아 명상하고 있는 중이다.

가슴 속 깊이
진심으로; 진정으로

in one's heart of hearts

I believe ***in my heart of hearts*** that God is with me and is truly blessing me beyond my ability to comprehend. ▶ 하나님께서 나와 함께하시며 나의 능력으로는 도저히 깨닫지 못할 정도로 나에게 축복을 내려주신다고 가슴 속 깊이 믿고 있다.

from the bottom of one's heart

I would like to say thank you ***from the bottom of my heart***. ▶ 진심으로 당신에게 감사하다는 말을 하고 싶습니다.

~에게 가슴을 열다
마음을 열다; 사생활이나 감정/심경/심정 등을 털어놓다

open one's heart to

He ***opened his heart to*** me and told how he came close to suicide. ▶ 그는 어떻게 자살 일보 직전까지 이르게 되었는지 나에게 심경을 털어놓았다.

가슴을 저미는
가슴이 찢어지는 듯한; 가슴을 쥐어짜는

heart-wrenching

While the novel contains some ***heart-wrenching scenes***, it's far from depressing, she says. Rather it's a reminder to keep living life to its fullest. ▶ 이 소설에 일부 가슴을 저미는 장면들이 있지만, 침울한 것과는 거리가 멀다고 그녀는 말한다. 오히려 인생을 마음껏 살라고 우리에게 말하고 있다. ♣ *to its fullest*: **최대한으로** 참조

"It's ***heart-wrenching*** that each day in America, five children will die from abuse and neglect, but what's worse is that the real number is even larger," he said. ▶ "매일 미국에서 5명의 아이들이 학대와 무관심 속에 죽어간다는 사실에 가슴이 찢어지는 듯하다. 그러나 더 안 좋은 사실은 실제 숫자가 이보다 더 많다는 것이다"며 그가 말했다.

단체나 활동에 가입하기로 결정하다

opt in to ☞ 명사형으로도 사용

Why do people who ***opt in to*** savings plans at work save much less money than those who opt out? ▶ 어째서 직장 저축예금에 가입하는 사람들이 그렇지 않은 사람들보다 돈을 적게 모으게 되는가? ♣ *opt out*: **탈퇴하기로 결정하다** 참조

After you ***opt in***, they will send you an email with instructions on how to recycle your old equipment for free. ▶ 가입을 하면 그들은 낡은 장비들을 재활용할 수 있는 방법을 담은 이메일을 무료로 보내줄 것이다.

지금/현재까지 나온/있던/했던 것 중에서 가장 ~ 한
최고로 ~한

yet; ever ☞ 형용사 최상급과 동사의 과거분사를 동반한다

It is ***the toughest*** warning ***yet delivered***. ▶ 그것은 어느 때보다 강력한 경고이다.

The film showed ***the most elaborate*** car chase ***ever shot***. ▶ 그 영화는 지금까지 촬영된 어느 장면보다 가장 정교한 자동차 추격장면들을 보여주었다.

여러 가지 요소를 개별적으로 고려할 때(놓고 볼 때) **가장 ~한**
최고로 ~한

single ☞ 형용사 최상급을 동반한다

Creativity is our ***single greatest*** comparative advantage in an increasingly competitive global marketplace. ▶ 날로 경쟁이 심화되어 가는 국제 시장에서 여러 가지 요소들 중 우리가 상대적으로 가장 우위에 서 있는 것이 창조성이다.

A study of 1,000 heterosexual and homosexual men has found that ***the single most important*** factor that can be linked with male homosexuality is the number of elder brothers a man has in his family. ▶ 1,000명의 동성연애자와 그렇지 않은 사람들을 연구한 결과 형의 수가 남성동성애와 연관이 있는 요소들 중 가장 중요한 요소라는 것이 밝혀졌다.

가정교육
유년기 시절의 교육

upbringing

In many ways, he had ***a fairly American upbringing***, playing soccer, tutoring other kids, passionately cheering on the Washington Redskins and even dreaming of one day becoming President of the United States. ▶ 그는 축구를 하고 아이들의 가정교사 노릇도 하며 워싱턴 레드스킨스(미국 프로 미식축구팀)를 열렬히 응원하고 심지어 언젠가는 미국의 대통령이 되고 싶다는 꿈을 꾸면서, 많은 점에서 꽤 미국적인 가정교육을 받으며 자랐다. 《9/11 테러에 연루된 것으로 추정되는 아랍계 미국인에 관한 이야기다.》 ♣ *in many ways* : **많은 점에서** 참조

Her upbringing shaped her whole life. ▶ 유년기 시절 교육이 그녀 인생의 행로를 결정지었다.

가지를 치다
불필요한 부분을 잘라내다/감축하다

prune

City Health officials are trying to ***prune*** the cost of elderly home care as demand for the service grows. ▶ 노인가정이 증가함에 따라서 시 보건당국은 노인가정을 지원하는 데 드는 비용 중에서 불필요한 부분을 감축하려는 노력을 기울이고 있다.

He talked about issues such as his company's plans to set up a manufacturing plant overseas and the possible ***pruning*** of its work force. ▶ 그는 해외에 제조공장을 세우는 계획과 가능한 인력감축 등에 관한 문제에 대하여 이야기했다.

어떤 물건/사람의 **가치가 매우 높다**
몸값이 매우 높다

be worth someone's weight in gold ☞ 같은 무게의 황금 만한 가치가 있다

"You can search the world for parts of specialized nuclear equipment, spending lots of money, and still be unsuccessful," he said. "So someone who has been actively engaged in buying the necessary electronics, hardware, computer codes, switches and magnets ***is worth his weight in gold***." ▶ "핵무기를 만드는 데 필요한 특수장비의 부품들을 구입하기 위하여 많은 돈을 쓰며 여기저기를 찾아다녀도 실패할 수 있다. 따라서 핵무기 개발 및 제작에 필요한 전자부품, 장비, 컴퓨터프로그램, 조작장치, 자석 등을 구입하는 데 실제로 관여해 온 (구입 루트를 잘 알고 있는) 사람들의 몸값이 매우 높다"고 그가 말했다. 《핵무기를 개발하려는 나라에서는 이런 사람들과 접촉하려고 혈안이 되어 있다는 이야기다.》

The giant chronicled is the Airbus A380. Its tail is as tall as an eight-story building and engines ***are worth their weight in gold***. ▶ 에어버스 A380의 크기는 역사에 기록될 만큼 거대하다. 꼬리는 8층 건물 높이만 하고 엔진은 엄청나게 비싸다.

가치가 오르다

appreciate in value

That fear has inspired calls for sanctions against Asian Imports, and the pressure on Tokyo and Beijing to allow their currencies to ***appreciate in value***. ▶ (미국의 실업률이 점점 높아지고 무역적자가 늘어가는 것에 대한) 걱정 때문에 아시아 국가들에 대한 수입규제 요구를 불러일으켰고, 일본과 중국에 자국 화폐의 가치가 오르는 것을 강제

로 통제하지 말라는 압력을 넣게 되었다.

They don't have any confidence that houses will ***appreciate in value***. ▶ 그들은 주택 가격이 오를 것이라고 전혀 확신을 못하고 있다.

~은 시도해 볼 만한 가치가 있다
해볼 만하다

be worth the effort

Eating blue claws takes a little work and a bit of practice. If you don't want to bother, buy a crab cake. But for those who don't mind digging in and getting messy, crabs ***are worth the effort***. ▶ 꽃게 다리를 먹으려면 약간의 노력과 어느 정도의 기술이 필요하다. 만일 꽃게 다리를 파먹는 것이 귀찮다면 게살을 사먹어도 된다. 그러나 꽃게 다리를 힘들게 파며 손과 주변이 지저분해지는 것에 전혀 개의치 않는 사람들이라면, 꽃게 다리 먹는 것을 한번 시도해볼 만하다.

The Scranton School District is moving ahead with its purchase of portable, walk-through metal detectors, but one school district in the state decided they ***were not worth the effort***. ▶ Scranton 지역 교육청은 운반이 가능한 금속탐지기를 구입하려는 남보다 앞선 시도를 하고 있다. 그러나 같은 주에 있는 어떤 지역에서는 (총기사고 예방에 전혀 도움이 안 되기 때문에) 구입하지 않기로 결정하였다.

가치관/가치기준의 상실/혼돈 상태/현상
행위를 규제하는 공통의 가치나 도덕 기준을 잃은 혼돈 상태

anomie

The way apparently innocent people, especially children, have been resorting to violence shows that ***a deep anomie*** has engulfed our modern society. ▶ 선량한 사람들 특히 어린아이들이 (자신의 감정을 표현하기 위하여) 폭력에 의지하는 방식을 보면, 깊은 가치관의 혼돈 상태가 우리가 살고 있는 현대사회를 휩싸고 있다는 것을 보여준다. ♣ *resort to*: 다른 방도가 없어서 어쩔 수 없이 ~에 **의존하다**; *engulf*: 불길, 산사태 등이 건물 등을 순식간에 **휩싸다** 참조

They live in a world of immediacy. Nothing is steady or sustained. Jobs no longer have security because everyone works on contract. They are aware of the depleting ozone layer and dwindling resources of the earth. And in an era of technology to enhance communication they are paradoxically disconnected and disillusioned. So they feel ***a sense of anomie*** and hopelessness for the future. ▶ 사람들은 매우 긴박하게 돌아가는 세상에 살고 있다. 어느 것도 일정하거나 지속되지 않는다. 계약에 따라 일하기 때문에 언제 직장에서 쫓겨날지 모른다. 사람들은 지구의 자원이 고갈되고 있으며 오존층이 줄어들고 있다는 사실을 알고 있다. 통신기술이 발달되어 있음에도 불구하고 사람들은 서로 단절되어 있으며 (세상이 점점 살기 좋아질 것이라는) 환상에서 깨어나고 있다. 이 때문에 사람들은 미래에 아무런 희망이 없고 가치기준이 매우 혼란스럽다고 느낀다.

~에 가치를 부여하다
~을 소중히 여기다; ~을 중요하게 여기다; ~을 높이 평가하다

set/place/put a value on something

Since Kenya is a mosaic of many tribes, we should ***place a positive value on*** our cultural diversity. ▶ 케냐는 다부족 국가이기 때문에 우리는 우리 문화의 다양성에 긍정적인 가치를 부여해야만 한다.

Globally, he said, the US and other nations also need to create a mandatory framework that ***sets a value on*** carbon avoidance. ▶ 전 세계적으로, 미국 및 다른 나라들은 탄소방출을 줄인 만큼 그에 대해 금전적인 가치를 의무적으로 부여하는 체계를 갖출 필요가 있다.

How do you ***put a value on*** your time? ▶ 얼마나 당신의 시간을 소중히 여기는가?

각계각층

all walks of life

People in ***all walks of life*** braved the threats of insurgents and headed to the polls to take part in their first free election. ▶ 각계각층의 (이라크) 사람들이 반군들의 방해 위협에 용감히 맞서서 최초로 실시된 자유선거에 참여했다.

People from across the country, representing ***all walks of life*** have hailed the extra-ordinary decision taken by the Chief Minister. ▶ 그 나라 전역에서 각계각층을 대표하는 사람들이 수상이 내린 의외의 결정을 크게 환영하였다.

One of the greatest pleasures of this job is meeting people from ***all walks of life***. ▶ 이 일의 가장 큰 즐거움 중의 하나는 각계각층의 사람들을 만나는 것이다.

각양각색
가지각색; 온갖 종류

all shapes and sizes

Nearly 700 dogs of ***all shapes and sizes*** strutted their stuff Saturday and Sunday at the annual Dog Show. They ranged from dogs that could fit in a lunch box to dogs that resembled fanged Shetland ponies. ▶ 700마리에 이르는 온갖 종류의 개들이 토요일과 일요일에 열린 애완견 쇼에서 용모와 특기를 과시하였다. 도시락 통에도 들어갈 수 있는 매우 작은 개에서부터 엄니가 툭 튀어나온 셔틀랜드 조랑말을 닮은 개(Irish Wolf Hounds)들도 있었다. ♣ ***strut one's stuff***: 실력/가진 것 등을 남들에게 **과시하다** 참조

Running comes in ***all shapes and sizes***. You've got 5K's, 10K's, mini-marathons, mega-marathons. There are even races that include swimming and bicycling: Triathlons. ▶ 달리기 경주에는 온갖 종류가 다 있다. 5km, 10km, 단축마라톤, 초장거리 마라톤 등등. 심지어는 수영과 자전거 경주까지 포함된 3종 경기도 있다.

각지
사방; 구석구석; 곳곳; 방방곡곡; 서로 멀리 떨어진 여러 지역들

the four corners of

They no longer have to visit ***the four corners of*** the Earth to catch a glimpse of exotic animals. ▶ (그 지역에 동물원이 생겼기 때문에) 사람들은 이국적인 동물들을 보기 위해서 더 이상 지구 구석구석을 다니지 않아도 된다.

all corners of

Leaders from ***all corners of*** the community spent Tuesday afternoon hammering out plans to calm gun violence among youths. ▶ 젊은이들 사이에서 일어나는 총기 폭력을 진정시키기 위한 계획을 도출해 내느라고 그 지역 각지에서 모인 지도자들이 화요일 오후 시간을 보냈다. ♣ ***hammer out***: 오랜 숙의/노력 끝에 계획/안 등을 **도출해 내다** 참조

일정한 공간적 혹은 시간적 간격을 두다

space out

If you are going to allow your child candy, be sure to ***space out*** your distribution by having him eat one or two a day. ▶ 아이에게 캔디를 먹도록 하려거든 하루에 한두 개씩 시간 간격을 두고 나누어 주어야 한다. 《소아 당뇨병에 걸린 아이가 할로윈 데이에 캔디를 잔뜩 받아왔을 때 한꺼번에 다 먹도록 내버려두면 안 된다는 이야기다.》

Take breaks between exercises and make sure to ***space out*** your training sessions to give your body enough time to recuperate. ▶ 몸이 회복할 시간을 충분히 주기 위해 운동 중에 휴식을 취하고 트레이닝 세션 사이에 시간적 간격을 두도록 해야 한다.

We need to ***space out*** the bus stops a little more so they are not stopping every two blocks. ▶ 두 블록마다 버스가 서지 않도록 버스 정류장 간격을 조금 더 넓힐 필요가 있다.

어떤 것 혹은 상황 등이 너무나 간단하다
강조하는 표현이다

There is nothing to it ☞ 그건 별것 아니다; 그다지 대수로운 일이 아니다

Two area women who gave a kidney to an acquaintance say ***there is nothing to it*** and more people should get onto donor lists. ▶ 아는 사람에게 신장을 기증한 두 여자가 신장 기증이 그다지 대수로운 일이 아니라고 하면서 장기를 기증하려는 사람들이 좀더 많아져야 한다고 말했다.

That's all there is to it ☞ 이게 전부다; 앞서 말한 것이 전부다

They are going through a difficult time. ***That's all there is to it.*** ▶그들은 지금 어려운 시련을 겪고 있다. 이게 전부다(뭐 복잡할 것이 없다).

From here on out, no one is allowed to produce a Western unless Robert Duvall is somehow involved. Whether it's a starring role or just a bit part, the man needs to be on the screen and in the saddle. ***That's all there is to it.*** ▶ TV 서부극 "Broken Trail"에서 실감나게 열연하여 호평을 받은 Robert Duvall 만 출연한다면 주연을 맡든 엑스트라로 나오든 서부극은 무조건 성공한다. 너무나 간단하다.

온정적 **간섭주의**

회사나 국가가 직원이나 국민들을 믿지 못하여 스스로 알아서 행동하도록 내버려 두지 않고 모든 일을 주도적으로 결정하는 것

paternalism ☞ 아버지가 자식들에게 하는 것처럼 일일이 간섭하는 것

"Our policy toward Africa is rooted in partnership, not ***paternalism***, in doing things with the peoples of Africa, not for the peoples of Africa," Rice said, opening the fifth annual AGOA (the African Growth and Opportunity Act) Forum. ▶ 라이스 미 국무장관은 제5회 AGOA 포럼 기조연설에서 "미국의 아프리카에 대한 정책은 온정적 간섭주의가 아니라 상호협력에 뿌리를 두고 있으며, 아프리카 사람들을 위하여가 아니라 아프리카 사람들과 함께하는 데에 바탕을 두고 있다"라고 말했다.

"I'm a great believer in patient autonomy in general, but there is going to have to be some measure of limited ***paternalism***," he said in an interview, according to the New York Times. ▶ 뉴욕타임스에 따르면 "나는 일반적으로 환자의 자율성이 보장되어야 한다고 믿는 사람이지만, 어느 정도의 제한적인 온정적 간섭주의가 필요하다"라고 그가 한 인터뷰에서 말했다. 《환자를 제대로 치료하기 위해서는 어느 정도 환자의 행동을 통제하는 것이 필요하다는 의미로 한 이야기다.》

Libertarian ***paternalism*** started life in a 2003 paper by two of America's most innovative economists. Its novelty was to move deftly beyond the stale dichotomy between state regulation and our freedom to consume as much as we like; its trick was to accept that we should all be free to choose, while the government nudges us in the right direction. ▶ "자유의지론적 온정적 간섭주의"는 미국의 가장 혁신적인 두 사람의 경제학자가 쓴 2003년 논문에서 처음 세상에 등장하였다. 이 논문의 참신성은 우리가 원하는 만큼 소비할 수 있는 자유와 국가의 통제라는 케케묵은 이분법을 교묘하게 뛰어넘었다는 데에 있다. 그 비결은 선택의 자유를 인정하면서, 한편으로는 정부가 우리에게 고갯짓을 하며 올바른 방향으로 인도하는 것이다. ♣ *start life* : 세상에 **처음 나오다** 참조

간이용

임시용

makeshift; make-shift

Thousands have fled the country in ***makeshift boats***. ▶ 수천의 사람들이 임시로 만든 배를 타고 그 나라를 탈출하였다.

Makeshift shelters of the homeless are scattered all over the park. ▶ 집 없는 사람들의 간이 천막이 공원 여기저기에 흩어져 있다.

He placed a bunch of lilies on ***a make-shift shrine*** outside King's Cross station the next day. ▶ 그는 (런던 폭탄 테러사건이 일어난 2005년 7월 7일) 다음 날 희생자들을 추모하기 위해 임시로 만든 헌화소에 한 다발의 백합꽃을 올려 놓았다.

간접적인

second-hand

In the meeting ***second-hand smoke*** was a topic of conversation. ▶ 그 회의에서 대화 주제는 간접 흡연이었다.

I think you need to do whatever your pediatrician recommends, but I've had ***second-hand experience*** with lots and lots of toddlers who've been head-bangers. None of them caused themselves permanent damage. ▶ (갓난아

이가 자주 머리를 벽에 부딪히면) 당신은 소아과 의사가 권하는 대로 할 필요가 있다고 생각한다. 그러나 내가 머리를 자주 벽에 부딪히는 많은 갓난 아이들로부터 얻은 간접 경험에 의하면, 이 때문에 머리에 영구적인 손상을 입은 아이가 한 명도 없었다. 《갓난아이가 머리를 자꾸 벽에 부딪힌다고 크게 염려하지 않아도 된다는 말이다.》 ♣ *head-banger* : 머리를 자주 벽에 부딪히는 갓난 아이

~은 ~이라고 **간주된다**

~은 ~라고 볼 수 있다; ~은 ~에 해당한다(be considered as)

constitute

Testing patients without their consent would ***constitute*** a professional and legal offence. ▶ 환자의 동의 없이 환자를 실험대상으로 삼는 것은 직업상이나 법적으로도 범죄행위로 간주된다.

What else ***constitute*** success? ▶ 그렇다면 도대체 어찌해야 성공이라고 볼 수 있는가?

The incident whipped up a lively debate over what ***constitutes*** a due balance between individual and majority rights. ▶ 그 사건은 어떻게 해야 개인의 권익과 다수 권익 사이에서 적절한 균형을 잡았다고 볼 수 있는지에 대하여 활발한 논쟁을 불러일으켰다. ♣ *whip up* : 사람들에게 적개심과 같은 좋지 않은 감정이나 위험한 상황 등을 **야기(惹起)시키다** 참조

Unfortunately for Dylan, trying to blow fire ants out of their holes doesn't exactly ***constitute*** legal use of fireworks. ▶ 딜란에게는 불행하게도, 불개미 집을 없애기 위해서 폭죽을 사용하는 것은 엄밀하게 말해서 합법적인 폭죽의 사용에 해당되지 않는다. 《자기 집 뜰에 사는 불개미들을 죽이기 위하여 불법으로 폭죽을 사용했다는 혐의를 받고 있는 미국 플로리다 주에 사는 한 남자의 이야기다.》

The Ontario Court of Appeal ruled yesterday that the province's refusal to fund the therapy for all autistic children older than five does not ***constitute*** age discrimination. ▶ 캐나다 온타리오 주 상고법원은 지방정부가 5살이 넘는 자폐아동의 치료비용 보조를 거부한 것은 나이 차별에 해당하지 않는다는 판결을 내렸다.

~을 ~라고 **간주하다**

~과 ~을 동일하게 여기다; 두 가지가 서로 유사하다고 생각하다

liken one thing **to** another

Social conservatives ***liken*** stem cell research ***to*** abortion because the process of extracting stem cells from a days-old embryo results in its death. ▶ 하루가 지난 배아에서 줄기세포를 추출하는 것은 배아의 죽음을 초래하기 때문에 보수주의자들은 줄기세포연구를 낙태와 동일하게 여긴다.

Titan has been ***likened to*** a frozen version of early Earth. ▶ (토성의 위성 중에서 제일 큰 6위성인) 타이탄은 생성되고 얼마 지나지 않아서 꽁꽁 얼어붙어 있던 지구와 매우 유사하다고 간주되어 왔다.

~에 **갇혀 있는 사람**

~에 사로잡혀 있는 사람

prisoner to

Phil Mickelson has come a long way since the 2002 Players Championship, where he professed his addiction to high-risk golf and vowed never to harness that aggression. Like many embattled compulsives, he depicted himself as a happy ***prisoner to*** the full-throttle mind-set. ▶ 필 미켈슨은 2002년 Players Championship에서 자신은 비록 골프코스가 아무리 어렵더라도 스코어를 줄이기 위하여 위험을 감수하는 모험적인 골프에 푹 빠져 있고 절대로 그와 같은 공격적인 태도를 늦추지 않을 것이라고 고백한 이후, 골프 실력이 크게 발전하여 많은 대회에서 우승을 하였다. 결전의 준비를 끝내 놓고 한바탕 싸우고 싶어서 안달을 하는 많은 사람들처럼, 그는 자기 자신을 "위험을 무릅쓰고 가지고 있는 기술을 다 동원해야 직성이 풀리는 그러한 사고방식에 사로잡혀 있는 사람"이라고 묘사했다. ♣ *have come a long way* : **먼 길을 고생하면서 달려 왔다** ; *full-throttle* : **전속력으로** ; *mind-set* : **사고방식** 참조

Alice is ***a prisoner to*** her own mail. There's mail everywhere around the house; mail comes in piles day after day and stacks up. ▶ 앨리스는 우편물에 갇혀 지내고 있다. 집 도처에 우편물이 널려 있고, 날이면 날마다 여러 더미의 우편물이 와서 쌓이고 있다.

논쟁/시합/싸움 등에서 상대방을 **갈갈이 찢어놓다**
완전히 제압하다; 산산조각을 내다; 박살내다

rip/tear something/somebody **to shreds**

Three-times defending champion Roger Federer ***ripped*** Tim Henman's Wimbledon dreams ***to shreds*** with a majestic 6-4 6-0 6-2 win in the second round on Wednesday. ▶ 윔블던 테니스 대회에서 3연속 우승을 한 로저 페더러는 수요일 2회전에서 팀 헨만에게 멋진 승리를 거둠으로써 그의 윔블던 우승의 꿈을 산산조각 내버렸다.

The proposal got ***ripped to shreds*** on Wednesday in a congressional hearing that was hosted by the House Financial Services Committee. ▶ 하원 재무위원회가 주도하는 수요일 청문회에서 그 제안은 갈갈이 찢겨버렸다.

더 이상 **갈 곳이 없다**
매우 어려운 상황에 처해 있지만 어찌해 볼 도리가 없다

have one's back to the wall ☞ 벽이 앞을 가로막고 있다; 더 이상 물러날 곳이 없다; 진퇴양난이다

A former Taliban governor said he is trying to persuade former comrades to give up their guns, but some are determined to keep fighting. "The Taliban ***have their backs to the wall***," he said, "and they're still dangerous." ▶ 탈리반 두목이던 한 사람은 동료들에게 무기를 버리라고 권유하고 있지만, 일부는 계속 싸우려고 한다고 말했다. 그는 탈리반은 더 이상 물러날 곳이 없는 상황에 처해 있지만 여전히 매우 위험한 존재라고 말했다.

be a blind alley ☞ 막다른 골목에 다다르다; 한계(점)에 이르다

They are now beginning to appreciate that this type of online game ***is a blind alley***. ▶ 그들은 이런 종류의 온라인 게임은 이제 한계에 이르렀다는 사실을 인식하기 시작했다.

"I'm not ashamed to say it — instead the politicians who ***brought*** Lebanon ***to this blind alley*** should be ashamed of such results," he added. ▶ "나는 그렇게 말하는 것이 부끄럽지 않으며, 대신 레바논을 막다른 골목에 다다르도록 만든 정치가들이 이 같은 결과에 대하여 부끄럽게 생각해야 한다"고 그가 덧붙였다.

reach the end of one's tether ☞ 줄에 묶여서 더 이상 못 가다; 한계(점)에 이르다

The manager has ***reached the end of his tether*** with his underperforming players and will now wield the axe to form a competitive outfit. ▶ 감독은 기대에 못 미치는 선수들을 보고 참는 데 한계에 이르렀으며 경쟁력을 갖춘 팀으로 만들기 위해서 이제 실력이 없는 선수를 가차없이 내쫓으려 한다. ♣ ***wield the axe***: 가차없이 선수/직원 등을 **자르다** 참조

두 가지 다 싫지만 한 가지를 선택해야 하는 데서 오는 심적 **갈등**
회피-회피 갈등

avoidance-avoidance conflict ☞ **Psychology**

In ***an avoidance-avoidance conflict*** a choice must be made between two unattractive goals or alternatives. ▶ 회피-회피 갈등에서는, 마음에 들지 않는 두 가지 목표 혹은 대안 중에서 하나를 선택해야 한다.

Three basic forms of conflict are shown here. For this woman, choosing between pie and ice cream is a minor approach-approach conflict; deciding whether to take a job that will require weekend work is an approach-avoidance conflict; and choosing between paying higher rent and moving is ***an avoidance-avoidance conflict***. ▶ 여기에 3가지 기본적인 심적 갈등의 예가 있다. 이 여자에게 파이와 아이스크림 중 하나를 선택해야 하는 경우는 접근-접근 갈등이며, 주말에도 일을 해야 하는 직장을 다닐 것인가 말 것인가 결정하는 문제는 접근-회피 갈등이고, 집세를 더 낼 것인가 아니면 싼 데로 이사를 가버릴 것인가를 결정하는 문제는 회피-회피 갈등이다.

두 가지 다 좋지만 하나만을 선택해야 하는 데서 오는 심적 **갈등**

approach-approach conflict ☞ **Psychology**

I've had enough of being forced to choose among fabulous foods. Psychologists call this ***an approach-approach conflict*** — too much of a good thing. ▶ 무엇을 먹어야 할지 고민할 정도로 맛있는 음

식들이 많았다. 심리학자들은 이 같은 경우를 너무나 좋은 것들이 많아서 발생하는 "접근-접근 갈등"이라고 부른다. ♣ *too much of a good thing*: **좋은 것이 싫증이 날 정도로 혹은 오히려 해가 될 정도로 너무 지나치게 많은 상황** 참조

In ***an approach-approach conflict***, a person experiences tension as the result of being simultaneously attracted to two goals. ▶ 양쪽에 모두 끌리기 때문에 심적 갈등을 일으키는 상황에서, 사람은 긴장감을 경험하게 된다.

좋은 점과 나쁜 점을 다 가지고 있는 것을 선택하느냐 마느냐 고민할 때 나타나는 심적 **갈등**
접근-회피 갈등

approach-avoidance conflict ☞ Psychology

psychological conflict that results when a goal is both desirable and undesirable is called also ***approach-avoidance conflict***.

Approach-avoidance conflict can be seen in everyday decision making. This type of conflict occurs when an individual weighs the pros and cons of an option, and makes a decision based on those pros and cons. ▶ 접근-회피 갈등은 날마다 하는 의사결정 과정에서 나타난다. 이런 형태의 갈등은 한 개인이 옵션의 장단점을 따져 의사결정을 내리는 과정에서 발생한다. ♣ *pros and cons*: **장단점** 참조

몇 갈래/가지로 **갈라진**

-pronged

Beijing has a ***two-pronged*** approach: giving Hong Kong economic autonomy but imposing direct political control. ▶ 베이징 당국은 홍콩이 자유롭게 경제활동을 할 수 있도록 하면서 한편으로는 직접 정치를 통제하는 이원(二元)적인 방법을 쓰고 있다.

AADAA (The Agency Against Drug & Alcohol Abuse) has launched a national ***multi-pronged*** campaign against excessive alcohol consumption. ▶ AADAA는 지나친 알코올 소비를 억제하기 위한 국가적 차원의 다각적인 캠페인을 출범시켰다.

It's been hot outside, but I want it to get even hotter. I want to stand over a raging bed of coals, wear a ridiculous apron that reads something like "kiss the chef," carry an oversized, ***two-pronged*** fork and char the flesh of animals. ▶ 요즘 밖은 덥지만 나는 더 더웠으면 좋겠다. "kiss the chef"라는 글이 새겨진 우스꽝스런 앞치마를 입고, 끝이 두 갈래로 갈라진 커다란 바베큐용 포크를 들고 활활 타오르는 숯불 위에서 신선한 고기를 굽고 싶다.

주 앞 부분이 여러 갈래로 갈라진 갈퀴/쇠스랑(*prong*)에서 파생되었다.

주로 가질 수 없거나 할 수 없는 것을 **갈망하다**
연모하다; 죽거나 하여 옆에 없는 사람을 몹시 그리워하며 슬퍼하다

pine for

Moreover, it is unseemly, even pathetic, for the would-be-leaders of a great power to ***pine for*** the pity gleaned on the day America lay bleeding and wounded. ▶ 소위 막강한 힘을 가지고 있는 미국의 지도자가 되길 원하는 작자들이 미국이 상처받고 피를 흘리며 쓰러지던 그날(9/11 테러가 발생한 날) 세상 사람들이 던진 그 같은 동정을 갈망한다는 것은 꼴 사나운 일이며 심지어는 측은한 느낌을 들게 만든다. 《민주당 사람들의 나약한 생각을 비꼬면서, 그럴수록 더욱 강하게 테러와의 전쟁을 해야 한다는 보수주의자들의 생각을 나타내는 글이다.》 ♣ *would-be*: ~이 **되고 싶어하는** 참조

At the prison, he ***pined for*** his girlfriend and his favorite nightclubs, passed time playing soccer and listening to the radio and never got over his bewilderment at being arrested. ▶ 감옥살이 중 그는 즐겨 가던 나이트 클럽과 여자 친구 그리고 축구를 하고 라디오를 듣던 지난 시절을 몹시 그리워하였으며, 체포되어 꼼짝도 못한다는 당혹감을 극복하지 못했다.

시간(날/주/달/해)이 **갈수록** (정도가 약해지거나 심해지다)

by the day/week/month/year

The drumbeat of protectionism is growing louder ***by the day***. ▶ 보호주의를 주장하는 목소리가 날이 갈수록 커지고 있다. ♣ *drumbeat*: ~을 반드시 해야 한다고 하는 요란스러운 **주장** 참조

Amazon rain forests are dwindling rapidly ***by the year***. ▶ 해가 갈수록 아마존 열대우림이 급격한 속도로 줄어들고 있다.

두 가지 방법 중에 어떤 것을 선택해야 할지 결정을 못하고 **갈팡질팡하다**
한꺼번에 이룰 수 없는 두 가지 일을 동시에 하려고 우왕좌왕하다 실패하다

fall between two stools

Falling between two stools is never good idea, but sadly the government does just that. ▶ 두 가지 결정 사이에서 갈팡질팡하는 것은 절대로 좋지 않지만, 슬프게도 지금 정부가 하는 일이 꼭 그렇다.

Having seen our team ***fall between two stools*** last season and end up empty-handed, we were determined not to make the same mistake. ▶ 지난 시즌 우리 팀이 우왕좌왕하다 빈손으로 끝마쳤기 때문에, 우리는 같은 실수를 반복하지 않도록 각오를 단단히 하였다.

주 의자 두 개를 다 차지하고 앉으려다 그만 땅바닥에 떨어지고 마는 형국이다.

도저히 **감당할 수도 없는 일을 시도하다**
능력 밖의 일을 벌이다

bite off more than one can chew

Don't ***bite off more than you can chew***. ▶ 감당하지도 못할 일을 벌이지 마라.

The Government, yet again, have ***bitten off more than they can chew***. ▶ 정부가 놀랍게도 또 다시 능력 밖의 일을 벌이고 말았다.

도저히 **감당할 수 없다**
도저히 견딜 수 없다; 사람들에게 해가 되거나 사람들을 곤란에 빠뜨릴 수 혹은 당혹스럽게 만들 수 있기 때문에 반드시 막아야 한다

can ill afford

The trouble is, such measures would require hundreds of millions of dollars to educate and equip poor farmers — money that developing countries clearly ***can ill afford***. ▶ 문제는 그와 같은 방법은 농부들을 교육시키고 농기구를 마련해주기 위해서 수백만 달러나 되는 개발도상국가들이 도저히 감당할 수 없는 돈을 필요로 한다는 것이다.

I ***can ill afford*** to lose the job. ▶ 이 직장을 잃게 되면 나는 도저히 견딜 수 없다. 이 직장을 잃으면 절대로 안 된다.

사람들이 말을 하진 않지만 ~한 분위기 등이 **감돌고 있다**
어떤 것의 존재가 느껴진다; ~한 분위기가 퍼져 있다

hang in the air ☞ 허공에 떠다니고 있다

When you step inside the room, a ripple of anxiety washes over you. Even with the iron-gate door swung open, claustrophobia ***hangs in the air***. ▶ 그 방으로 들어서면 갑자기 불안감이 엄습한다. 비록 철문은 활짝 열려 있더라도 폐쇄된 공간에 갇혀 있다는 공포감이 느껴진다.《악명 높았던 옛 소련의 어느 수용소에 대한 글이다.》
♣ *wash over*: 주체할 수 없는 특별한 감정/생각 등이 갑자기 **밀려오다**; *claustrophobia*: **폐쇄 공포증** 참조

The author was still a child at the time, and her parents tried to shield her from the tension ***in the air***. ▶ 그 당시 그 작가는 어린아이였고, 부모는 그 당시 (사회에) 퍼져 있던 긴장된 분위기로부터 그녀를 보호하려고 애썼다.

The film won multiple Oscars, and like a well-played chord, it contains overtones that still ***hang in the air*** every time you watch it. ▶ 그 영화는 여러 부문에서 오스카상을 수상했고, 잘 연주된 화음처럼 그 영화를 볼 때마다 여전히 느껴지는 말로는 표현할 수 없는 그 무엇을 지니고 있다.

인원의 자연적인 **감소**
학생이 졸업하거나 직원이 퇴직했지만 충원이 되지 않아 발생하는 인원의 감소

attrition

The company plans to cut a quarter of its workforce over six years through ***natural attrition***. ▶ 그 회사는 6년에 걸친 자연 감소를 통하여 인력의 1/4을 줄이려 한다.

The head of the Medical Center predicted that its plan to cut 1,000 jobs will require about 720 people to be laid off, with other reductions coming through ***attrition*** and transfers. ▶ 그 의료 센터 원장은 1,000명을 감축하는 계획을 달성하려면 퇴직 및 전근을 통한 감축과 함께 약 720명 정도를 해고해야 할 것이라고 예측했다.

Employees can either apply for ***attrition*** packages or choose to stay. ▶ 직원들은 원하면 퇴직신청을 하여 보상을 받을 수도 있고 계속 남을 수도 있다.

생태계를 보호할 목적으로 병들거나 약한 동물을 죽여서 수를 **감소시키다**
도태시키다; 줄이다

cull ☞ 명사형으로도 사용

To save remaining herds and habitat, the national parks department is planning to ***cull*** 20,000 elephants. ▶ 남아 있는 코끼리와 서식지를 보호하기 위하여 국립공원 당국은 20,000마리를 도태시키려는 계획을 세우고 있다.

The ***culling*** of seal cubs has led to an outcry from environmental group. ▶ (생태계를 보호할 목적으로) 어린 물개를 도태시킨 그 사건은 환경단체로부터 강력한 항의를 불러일으켰다.

비난/위험/역경 등을 **감수하고 소신대로 일을 하다**
비난/위험/역경 등을 무릅쓰고 어떤 일을 하다

go out on a limb

Sometimes you have to ***go out on a limb*** to be successful. ▶ 가끔은 성공하기 위해서는 위험을 무릅써야 할 때가 있다.

주 들짐승이 사냥꾼이나 포식자들을 피해 나뭇가지에 매달려 있다가 위험을 무릅쓰고 땅으로 내려와 도망치거나 맞선다는 의미다.

위험을 **감수한다면 어디 한번 해보라**
어떤 금지된 혹은 위험한 일을 하다가 잘못되면 본인의 책임이다

at one's (own) peril/risk

Paraguay keeper Villar is supremely confident ahead of the Group B opener and has warned Sven Goran Eriksson to underestimate the South Americans ***at his peril***. ▶ 파라과이 골키퍼 빌라는 2006년 월드컵 B조 영국과의 개막전에 자신감이 넘쳐 있으며, 에릭손 영국 감독에게 자기 팀을 무시하다가는 참패를 당할 것이라고 경고했다.

Anyone who breaks the law does so ***at their own peril***. ▶ 이 법을 어기는 자는 큰 벌을 받을 것이다. 이 법을 어길 테면 한번 어겨보아라.

Touch that ***at your peril***. ▶ 위험하니 거기에 손대지 마라. 손대다 사고 나면 본인 책임이다.

Cross the road ***at your own risk***. ▶ 위험하니 이 길을 건너지 마라. 길을 건너다 사고 나면 당신 책임이다.

불법적인 일(범죄) 등을 **감시하는 사람(단체)**

watchdog

Well before the London attacks, many cities had been recruiting riders as ***watchdogs***. "IF YOU SEE SOMETHING, SAY SOMETHING" posters remind passengers in New York City and Los Angeles. ▶ 런던에서 폭탄테러가 발생하기 훨씬 전부터 많은 도시는 버스나 지하철 같은 대중교통을 이용하는 승객들에게 테러범으로 의심되는 사람이나 수상한 물건이 있는지 주변을 감시하도록 당부하고 있었다. 뉴욕과 로스엔젤레스에 있는 "뭔가 수상한 사람이나 물건이 눈에 띄면 즉시 신고하라"는 포스터는 승객들의 주의를 환기시키고 있다.

The head of the government's ***ethics watchdog*** is urging Prime to order a probe into his deputy's links with a billionaire who is hoping to open a casino in its Capital City. ▶ 정부의 공직자 윤리위원회(부패방지위원회) 위원장은 수도에 카지노 개설을 희망하는 한 억만장자와 연루된 부수상에 대한 조사 명령을 내리라고 수상에게 촉구하고 있다.

비밀리에 **감시하다**

snoop on

The government has long ***snooped on*** innocent citizens. ▶ 정부는 오래전부터 선량한 시민들을 비밀리에 감시해 오고 있었다.

They were setting up a ***snooping*** department within AT&T seven months before the September 11, 2001 atrocities. ▶ 미 정보당국은 9/11 사태가 있기 7개월 전에 AT&T 내부에 도청을 담당하는 부서를 설치하고 있었다.

수상하거나 범죄를 저지를 가능성이 있기 때문에 늘/항상 **감시하다**

keep tabs on ☞ Informal

But in some quarters there was resentment that simply ***keeping tabs on*** radicals while they were in Britain did not stop London from being used as a recruitment and logistics center for operations elsewhere. ▶ 일각에서는 과격주의자들이 영국에 있는 동안 그들을 단순히 감시하는 것만으로는 런던이 테러주의자를 모집하고 곳곳에서 벌어지는 테러작전을 주도하는 거점으로 사용되는 것을 막지 못했다는 분노의 목소리가 나왔다. 《2005년 7월 7일 영국 런던에서 발생한 테러사건에 대한 이야기이다.》 ♣ ***in some quarters*** : **일각에서는** 참조

The parents will be able to ***keep tabs on*** their student's grades and attendance records through a web-based student information system, starting next fall. ▶ 학부모들은 다음 가을학기부터 자녀들의 성적과 출석여부를 웹 기반 학생정보 시스템을 통하여 항상 살펴볼 수 있게 될 것이다.

사람들의 활동을 어깨 너머로 **감시하다**
매우 가까이서 혹은 바싹 붙어서 감시/감독/관찰하다

breathe down someone's neck

My boss kept ***breathing down my neck*** today, making me nervous. ▶ 사장이 오늘 내가 무엇을 하는지 계속 어깨 너머로 보고 있는 바람에 신경이 매우 날카로워졌다.

주 목 뒤에서 숨결이 느껴질 정도로 가까이서 지켜보고 있다는 의미다.

~라는 현 상황(주어진 상황)을 **감안한다면**
감안하여 볼 때 ; 고려한다면 ; 고려해 볼 때

Given ~

Given the uncertainty over the company's future, I was left with little other choice but to find another job. ▶ 회사의 불확실한 미래를 감안한다면, 나는 다른 일자리를 알아보는 것 이외에는 선택의 여지가 없다.

Given their penchant for careful record keeping, it's no surprise that officials here have been collecting and analyzing information on the AIDS cases for more than a decade. ▶ 주의 깊게 기록을 남기는 (중국 관리들의) 경향을 고려해 볼 때, 그들이 10년 이상 AIDS 환자들에 대하여 정보를 모으고 분석해 왔다는 것은 그다지 놀라운 사실이 아니다.

Given that a single earthquake in an urban area of the United States could conceivably cause as much as $200 billion in damage, he says, the increased investment in measures to mitigate earthquake damage is money well spent. ▶ 미국의 한 도시지역에서 한 번의 지진이 자그마치 2,000억 달러에 달하는 손실을 입힐 수 있다는 사실을 감안한다면, 지진피해를 줄이기 위해 투자를 늘리는 것은 전혀 손해 보는 일이 아니라고 그는 이야기한다.

글/목소리/유머 등에 담겨 있는/실려 있는 특별한 **감정**

edge ☞ 모서리, 구석

There was ***a nervous edge*** to his voice. ▶ 그의 목소리에는 신경질적인 구석이 있었다.

But underneath the humor is ***an edge of bitterness***. ▶ 그 유머에는 씁쓸함이 담겨 있다.

다른 사람/것에는 그렇게 대하지 않으면서 유독 특정한 사람/것에 특별한 좋은 **감정을 가지고 있다**
편애하다

have a soft spot for

I've always ***had a soft spot for*** him because he was so accommodating to the media—even though many journalists attacked him, viciously at times. ▶ 비록 많은 기자들이 때에 따라서는 그를 매우 심하게 공격하기도 하지만, 나는 그가 매스컴과 좋은 관계를 유지하고 있기 때문에 그에게 항상 좋은 감정을 가지고 있다.

I ***have a soft spot*** in my heart ***for*** him. He deserves to win; he deserves that respect. ▶ 나는 그를 좋게 생각하고 있다. 그는 우승할 자격이 있으며 존경받을 만하다.

감정을 숨기지 않고 그대로 드러내다
속마음을 그대로 드러내다; 매우 솔직하다

wear one's heart on his sleeve

The expression "***wearing his heart on his sleeve***" could have been invented for him. ▶ "wearing his heart on his sleeve"라는 표현이 그를 위해서 만들어졌을지도 모른다.《너무나 솔직하다는 의미다.》

He says he ***wears his heart on his sleeve*** but talk of wanting Champions League football has only added to the pressure on him. ▶ 챔피언스 리그에서 뛰고 싶다고 솔직하게 털어 놓았지만, 이 말은 그만 그에게 부담이 되고 말았다고 그는 말한다.

주 아주 먼 옛날 인간의 신체 구조에 대해 거의 지식이 없던 시절 사람마다 심장의 위치가 다르고 때에 따라서는 심장이 팔이나 다리로도 옮겨 다닌다고 믿었다고 한다. 심장이 소매에 달렸다는 것은 사람들에게 속마음을 감추지 않고 드러낸다는 의미다. 우리 말에 "간이 배 밖으로 나왔네"라는 표현이 있듯이 영어에는 심장의 위치와 관련된 표현들이 많다. ♣ **마음이 부드럽고 인정이 많은** 참조

기쁨, 놀라움, 슬픔 등과 같은 **감정을 전혀 밖으로 드러내지 않는**
냉정한; 무덤덤한; 사무적인; 인정미 없는; 실질적인(practical; pragmatic)

matter-of-fact

He described the step-by-step mechanics of cutting and fusing glass with ***a matter-of-fact tone***. ▶ 그는 유리를 자르고 녹이는 단계별 기술에 대하여 무덤덤한 어조로 설명했다.

Chuck is ***a matter-of-fact administrator*** and that attitude carries over to his volunteer activities. ▶ 척은 감정을 밖으로 들어내지 않는 행정가이며, 자원봉사 활동을 할 때에도 그 같은 태도를 보인다.

"You are a liar," Scot said ***matter-of-factly***. ▶ "당신은 살인자야"라고 스콧은 냉정하게 말했다.

He offered only brief, mostly ***matter-of-fact comments***. ▶ 그는 주로 실질적인 내용만을 간략하게 언급했다.

남들이 자신을 대하는 태도 등에 **감정이 매우 상한**
기분이 매우 나쁜/불쾌한; 몹시 화난

aggrieved

He feels pretty ***aggrieved*** at the way he seems to have been singled out as public enemy number one. ▶ 그는 자신이 공공의 적 1호로 거명된 것처럼 보이는 것에 대해 매우 불쾌하게 생각한다.

The party had, in the past, made moves to reconcile ***the aggrieved members*** without any tangible success. ▶ 과거에 그 당은 감정이 매우 상한 당원들을 달래기 위한 조치들을 취했지만 실질적인 성공을 거둔 적이 없었다.

잡힐 듯 말 듯, 보일 듯 말 듯, 줄 듯 말 듯하면서 사람을 **감질나게 하는**
애태우는; 애간장을 녹이는/태우는

tantalizing

There's lots of evidence that water once soaked the ground of Mars. That doesn't mean life once thrived on Mars, but it's ***a tantalizing sign***. ▶ 화성 표면이 한때는 물에 잠겨 있었다는 많은 증거가 있지만, 물이 있었다는 사실이 한때 생명이 번창했었다는 것을 의미하지는 않는다. 그러나 화성에 물이 있었다는 사실은 화성에 있을지도 모르는 생명체의 존재를 찾으려고 애쓰는 과학자들의 애간장을 태우고 있다.

A tantalizing aroma of roast beef fills the air. ▶ 사람을 감질나게 하는 구운 소고기 냄새가 공중에 퍼져 있다.

That year (1988) four groups — WHO, Rotary International, UNICEF and the U.S. Centers for disease control (CDC) — made it their goal to vaccinate polio out of existence, and with help of private and government funding, they came ***tantalizingly*** close. ▶ 1988년 그해에 4개 단체들은 예방 접종을 통하여 소아마비를 박멸시키는 목표를 세웠고, 그들은 민간 및 정부 지원금 덕분에 지구상에서 소아마비를 완전히 사라지게 만들기 일보 직전까지 갔었다.

The dreams of democracy have long ***tantalized*** the people. ▶ 실현될 듯 말 듯한 민주주의에 대한 꿈은 오랫동안 그 국민들을 애태우고 있다.

주 그리스 신화에 나오는 Zeus의 아들 ***Tantalus***에서 유래된 말이다. ***Tantalus***가 자기의 아들인 Pelops을 잡아 요리하여 신들에게 바쳤는데, Zeus가 노하여 벌로 ***Tantalus***를 물이 목까지 잠기는 강물 속에 세워두었다. 그런데 목이 말라서 물을 마시려 하면 물이 빠지고, 머리 위의 나무열매를 따려 하면 가지가 뒤로 물러났다고 한다.

입안에서 혹은 혀로 느끼는 음식물의 **감촉**
질감

texture

In a blind tasting, he rated the following low-fat cottage cheeses on taste, ***texture*** and appearance on a scale of 1 (poor) to 5 (excellent). ▶ 상표를 가리고 하는 심사를 통하여 그는 맛, 감촉, 모양에 대하여 1점(불량)부터 5점(매우 좋음)까지 저지방 코티지 치즈의 등급을 매겼다.

The taste and ***texture*** of chocolate candies and cakes depend to a great extent on the particle size of the ingredients used to make them. ▶ 초콜릿 캔디와 케익의 맛과 입안에서 느끼는 감촉은 재료의 입자 크기에 크게 좌우된다.

~을 **감추려 들지 않는다**
~을 숨기려 들지 않는다

make no secret of

He ***makes no secret of*** his ambition. ▶ 그는 그의 야망을 감추려 들지 않는다.

New general manager ***made no secret of*** his plan to make changes. ▶ 새로 부임한 총감독은 변화를 꾀하려는 그의 계획을 숨기려 들지 않았다.

비용/소비/인원/지출 등을 **감축하다**
줄이다

cut back on

Because the rebuilding effort is financed from oil revenues, shutting down the system for desperately needed repairs ***cuts back on*** the money available for further repairs. ▶ (이라크 원유 생산시설을) 보수하는 데 드는 비용은 원유를 팔아서 충당하고 있기 때문에, 긴급한 보수를 위해서 원유생산을 중단하면 앞으로 보수에 쓸 수 있는 돈이 줄어들게 된다.

The government has ***cut back on*** defense spending. ▶ 정부는 국방예산을 감축했다.

When city leaders in this northeast Missouri town asked residents to ***cut back on*** water use early this summer, about 2,000 people immediately complied. ▶ 도시의 지도인사들이 올 초여름 물 사용을 줄이라고 당부하자, 2,000명의 시민들이 즉시 실천에 옮겼다.

The government said on Monday it would ***cut back on*** hiring junior nurses from abroad as there was no longer a shortage. ▶ 인력이 더 이상 부족하지 않기 때문에 해외 초급 간호사의 고용을 줄일 것이라고 정부가 발표했다.

사업에 성공해서 큰 돈을 번 **갑부**
거부; 부자

tycoon

Hong Kongers are discontented with the

considerable power that local, self-serving ***tycoons*** wield. ▶ 홍콩 주민들은 자기 잇속만을 차리는 지역 갑부들이 막강한 힘을 마구 휘두르는 것에 대하여 못마땅하게 여기고 있다. ♣ *wield* : 권력/무력 따위를 마구 **휘두르다** 참조

A ***hotel tycoon***'s dream of building an inflatable commercial space station is taking a step toward reality — or a reality check — with the launch of a satellite to test the technology behind the planned orbital outpost. ▶ 호텔사업으로 큰 돈을 번 한 거부가 부풀릴 수 있는 상업용 우주 정거장(우주 호텔)을 건설하려는 꿈은, 지구 궤도에 전초 기지를 건설하는 데 필요한 기술을 시험하기 위한 위성을 발사함으로써, 실현 혹은 실현 가능성 조사를 향한 걸음을 내딛고 있다.

magnate

The Japanese ***railroad and resort magnate***, who was once ranked as the richest man in the world, was arrested Thursday in suspicion of insider trading and filing false financial statements. ▶ 일본에서 철도 및 휴양지 사업으로 거부가 된, 한때는 세계에서 가장 돈이 많은 사람이기도 했던, 그 사람은 내부자 거래 및 부정 회계 혐의로 목요일 체포되었다.

~한 후 **갑자기 어떠한 일이 발생하였다**

어느 틈엔가 어떤 일이 벌어져 있었다 ; 순간적으로 어떤 일이 발생했다 (매우 놀랐다는 의미를 담고 있음)

the next thing one knew ☞ Informal

I had leaned over to pick up the book, and ***the next thing I knew*** I felt this terrible pain in my back. ▶ 그 책을 집으려고 몸을 굽히는 순간 갑자기 등에 엄청난 고통을 느꼈다.

All I know is I heard a boom, and I asked what happened. ***The next thing I knew*** is flying up and then coming down. I went through the glass. ▶ 나는 쿵 하는 소리를 듣고 주변 사람들에게 무슨 일이 일어났는지 물었다. 그러고는 어느 틈엔가 내 몸이 공중에 날아 오르다가 떨어지면서 유리창을 뚫고 지나가 바닥에 떨어졌다.

갑자기 어떤 일을 하다

별안간/와락 어떤 일을 하다 ; 갑자기 ~을 터뜨리다

break into

Thousands stayed outside the building, at times ***breaking into cheers***. ▶ 수천의 사람들이 가끔씩 환호성을 터뜨리며 그 빌딩 밖에 머물러 있었다.

Breaking into a smile, she said, "I' ve got something to tell you." ▶ 별안간 미소를 지으며 그녀는 "당신에게 할 말이 있습니다"라고 말했다.

Owners of older homes who have been waiting for years to renovate their properties ***broke into applause*** Monday night when the Fairfax County Board of Supervisors approved a new special permit that may allow them to do so. ▶ 오래된 집을 리모델링하려고 수년을 기다려온 집주인들은 월요일 저녁 카운티위원회에서 그렇게 해도 좋다는 특별 허가를 승인하자 박수 갈채를 터뜨렸다.

burst into/out

Britney Spears ***burst into tears*** while pleading for privacy from the media during an interview for NBC's "Dateline." Spears told him she wants the paparazzi to leave her alone. In a choked-up voice, Spears says "you have to realize that we' re people." ▶ NBC프로 "Dateline"을 위해서 인터뷰하는 도중 브리트니 스피어스는 대중매체가 자신의 사생활을 보장해 주길 바란다고 애원하면서 와락 울음을 터뜨렸다. 그녀는 그에게 파파라치들이 자기를 그냥 내버려두었으면 좋겠다고 이야기했다. 그녀는 목멘 소리로 당신들은 우리 연예인들도 다같은 사람이라는 것을 인식해야 한다고 말했다.

They ***burst out cheers*** as President Bush acknowledged their hard work and the excellence. ▶ 부시 대통령이 그들의 수고와 훌륭한 성과를 인정하는 발언을 하자 그들은 갑자기 환호성을 터뜨렸다.

기대하지 않았던 사람/물건 등이 **갑작스럽게 나타날 때**

홀연히 ; 느닷없이 ; 하루아침에

from/out of nowhere

A car ***came from nowhere***, and I had to jump

back just in time. ▶ 자동차 한 대가 갑자기 나타나는 바람에 나는 뒤로 물러나야만 했다.

That attitude is new, but it didn't ***come out of nowhere***. Certainly, the spectacle of the previous generation's mass divorces has something to do with the healthy skepticism shown by twixters. ▶ 그 같은 (요즘 젊은 세대들이 결혼을 늦게 하려는) 태도가 이전에는 없었던 것이긴 하지만 느닷없이 나타난 것은 아니다. 많은 이전 세대의 부부들이 이혼을 하는 좋지 못한 모습은 요즘 젊은 세대 사람들이 보여주고 있는 결혼에 대한 건전한 회의론과 관련이 있다. ♣ *twixters*: 결혼을 늦게 하는 요즘 젊은 세대를 칭하는 표현이다.

out of thin air

America's gaping trade deficit didn't ***come out of thin air***. ▶ 늘어나고 있는 미국의 무역적자는 하루 아침에 나타난 것이 아니다.

칼로 찌르는 듯이 **갑작스럽게 다가오는 좋지 않은 감정/느낌**
참기 힘든 칼로 찌르는 듯한 아픔

stab ☞ Literary

He felt ***a stab of pain*** in his back. ▶ 그는 등에서 칼로 찌르는 듯한 갑작스러운 통증을 느꼈다.

She felt ***a stab of pity*** for him. ▶ 그녀에게 그가 불쌍하다는 생각이 갑자기 다가왔다.

짧은 시간에 **갑작스럽게 일어난 일**
폭발적으로 발생한 것

a burst of something

Shanghai is estimated to be sinking by one centimeter every year, thought to be due in part to ***a recent burst of high-rise building construction***. ▶ 중국 상해의 지반이 매년 1cm씩 가라 앉고 있다고 추정되고 있는데, 이는 최근 짧은 시간에 갑자기 폭발적으로 늘어난 고층빌딩 공사가 한 원인인 것으로 알려져 있다.

Seattle blanked the rebuilding St. Louis Rams by a 28-0 margin, showing renewed health and ***a burst of enthusiasm*** under new head coach. ▶ 시애틀은 새 헤드코치 하에서 되찾은 활력과 폭발적인 열정을 보여주면서 팀을 재정비 중인 세인트루이스 램스를 28-0으로 영패시켰다.

값싸게
싼 값에 (부정적인, 비난하는 의미가 담겨 있음)

on the cheap ☞ Informal

If you buy things ***on the cheap***, you probably won't get much that is of value or good quality. ▶ 만일 값싸게 물건들을 구입한다면, 가치가 있거나 품질이 좋은 것을 얻지 못할 수 있다.

Many fear that the company is allowed to buy up thousands of acres of farmland ***on the cheap*** and then may sell it in today's skyrocketing real estate market. ▶ 많은 사람들은 그 회사가 (공장부지로) 수천 에이커나 되는 농장 땅을 싼 값에 살 수 있도록 허가를 받고는 요즘 하늘 높은 줄 모르고 치솟는 부동산 시장에다 되팔지 않을까 걱정하고 있다. ♣ *skyrocket*: 가격이나 양이 갑자기 크게 **증가하다** 참조

갓 만들어진
방금 만들어진; 소정의 과정을 마치고 갓 배출된

newly/freshly minted

The man in charge of state liquor licensing said he won't allow restaurants to try to disguise themselves as bars to get around ***the newly minted smoking ban***. ▶ 그 주의 주류판매 영업 허가를 담당하고 있는 그 남자는 식당이 술집인 것처럼 위장해서 갓 제정된 금연규정을 지키지 않는 것을 봐주지 않을 것이라고 말했다.

Arrived last week are new Iraqi banknotes, ***freshly minted***, and minus Saddam's haughty portrait. ▶ (다른 나라에서) 갓 인쇄된 사담 후세인의 초상화가 빠진 이라크 지폐가 지난주에 이라크에 도착했다.

The freshly minted doctors are bright, they're enthusiastic. ▶ 갓 배출된 그 의사들은 총명하며 매우 열정적이다.

주 동전(coin)이 갓 주조되어 반짝반짝 빛난다는 의미인데 이처럼 다양하게 쓰이고 있다.

가

강 건너 불구경하듯 한다
더 급하고 중요한 일이 있는데도 방치한 채 덜 중요한 일에 매달리고 있다

fiddle while Rome burns

He is just ***fiddling while Rome burns***. ▶ 그는 강 건너 불구경하듯 하고 있다.

His implicit message about the government's failure to deal with the surging costs of retirement and health benefits was a sobering one. "***While*** Democrats are ***fiddling with*** minor fixes like the minimum wage and student loans, ***Rome burns***. If early and meaningful action is not taken, the U.S. economy could be seriously weakened," he told the Senate Budget Committee. He added later, "The right time to start was about 10 years ago." ▶ 정부가 은퇴연금 및 의료비 보조에 드는 비용이 증가하는 것을 억제하는 데 실패했다는 그의 암시적인 메시지는 우리를 정신차리고 사태를 냉정하게 보도록 만든다. "민주당 사람들이 최저임금이나 학자금 대여문제 같은 사소한 문제들에 매달려 있는 동안에 사태는 점점 악화되고 있다. 만일 조기에 실질적인 행동을 취하지 않는다면 미국경제는 매우 취약해질 수 있다"며 그는 상원 예산위원회에 보고하였다. 그리고 "10여 년 전에 이 일을 시작했어야 했다"고 덧붙였다.

While Rome Burns, the House and Senate hold hearings. ▶ 다른 시급한 사안들을 제쳐놓고 의원들이 시급하지 않은 청문회에 매달려 있다.

주 로마에 불을 질러 놓고는 그 광경을 보며 비파를 타면서 노래를 불렀던 네로 황제에서 유래되었다.

정부/기관 등이 법이나 규정을 지키지 않는 사람들에게 **강경한 태도/입장을 취하다**
엄하게 다스리다 ; 엄하게 단속하다

take a hard line on ☞ 방어선을 굳게 구축하고 조금도 물러나지 않다

In recent years, British authorities have ***taken a harder line on*** Islamic militants, busting suspected sleeper cells and detaining some radical clerics. ▶ 최근 수년 동안, 영국은 현재 테러활동을 하고 있지는 않지만 의심스러운 조직을 파괴하거나 급진적인 이슬람 종교지도자들을 구금하는 등의 자국 내 이슬람 호전주의자들에 대한 강경한 태도를 취해 왔다.

As local officials prepare for the biggest Fourth of July fireworks show, police and firefighters are ***taking a hard line on*** illegal fireworks throughout the County. ▶ 지방정부가 역사상 가장 큰 미 독립기념일(7월 4일) 불꽃놀이를 계획하고 있는 중에, 경찰과 소방관들은 카운티 전역에서 불법적인 불꽃놀이를 엄하게 단속하고 있다.

crack down on ☞ 채찍으로 내려치다

The government has ***crack down*** hard ***on*** those campaigning for greater democracy. ▶ 정부는 민주주의의 확산을 요구하는 운동을 엄하게 단속했다.

There has been a lot of drinking. We are ***cracking down*** now. Anyone who gets caught is fired. ▶ (근무하는 날) 술을 마시는 사람들이 많다. 우리는 현재 이 같은 행위를 엄하게 다스린다. 어느 누구라도 걸리면 바로 해고다.

주로 반대한다는 의견/감정 등을 **강력하게 표출하는**

vehement

The president ***vehemently*** denied any such deals. ▶ 대통령은 그 같은 거래가 있었다는 것을 강력하게 부인하였다.

The US government is ***vehemently*** opposed to amnesty granted to the indicted leadership of the rebel, saying the rebel leaders should face charges for atrocities committed against humanity. ▶ 미국정부는 반군지도자들은 그들이 저지른 잔학한 반인권 행위에 대해 죄값을 받아야 한다고 말하면서, 기소된 반군 지도부에 대해 내린 사면령에 강력하게 반대한다.

She was the most ***vehement*** critic to my plan. ▶ 그녀는 나의 계획을 가장 강력하게 비난하는 사람이었다.

의견/감정 등을 다른 사람들을 불편하게 만들 정도로 **강력하게 표현하는**

strident

Like all Taiwanese, he has heard similar ***strident*** threats to wage war from China before. ▶ 모든 대만 사람들과 마찬가지로, 그는 전에도 (대만이 자꾸 독립을 주장하

면) 중국이 전쟁이라도 불사하겠다고 강력하게 위협하는 것을 들은 바 있다.

She seems as a ***strident*** feminist. ▶ 그녀는 (남성들의 심기를 불편하게 만들 정도로) 강하게 자신의 의견을 표현하는 여성운동가처럼 보인다.

Demands for his resignation have become more and more ***strident*** ▶ 그의 퇴진을 요구하는 목소리가 점차 강해지고 있다.

매우 강력한 힘/효력을 가지고 있다
매우 강력한 ~을 가지고 있다

pack a wallop ☞ 강력한 펀치를 지니고 있다, **Informal**

Tuesday night's storm ***packed a wallop*** and left several trees downed in some communities of the County. ▶ 화요일 저녁에 불어온 폭풍이 매우 강력해서, 그 카운티 몇몇 지역에서 여러 그루의 나무들을 쓰러뜨렸다.

Plus this berry is also an excellent source of fiber and vitamin C and it ***packs a wallop of*** flavor, perfect in sweet and savory dishes. ▶ 이 딸기는 비타민 C와 섬유질이 풍부할 뿐 아니라, 매우 강한 향을 지니고 있어 달콤하고 향기로운 요리에 사용하면 최고다.

She has delicate Asian features but ***packs a wallop of*** American wit. ▶ 그녀에게는 아시아 사람들이 지닌 섬세한 면들도 있지만, 한편으로는 미국적인 위트가 넘친다. 《중국계 미국인인 패션 디자이너 Vera Wang에 관한 이야기다.》

강세를 보이다
유리한 입장에 서다; 유리한 위치를 점하다; 세력을 넓히다

gain ground

The Japanese yen ***gained ground against*** both the dollar and euro this morning. ▶ 일본 엔화가 오늘 아침 달러와 유로화에 대해 강세를 보였다.

Large chain stores ***gained ground***, with their numbers growing to 331 last year from 198 in 2001. ▶ 2001년 198개에서 작년에 331개로 늘어나면서 대형 체인점들이 세력을 넓혔다.

A potential walkout that has been considered just one of many options is ***gaining ground*** among the workers. ▶ 단지 많은 옵션들 중의 하나로 고려되던 파업안이 노동자들 사이에서 강세를 보이고 있다.

강압적이고 거칠게 마구 다루는

heavy/strong handed ☞ 힘이 세고 거친 손으로 마구 다루는

You can't be ***heavy handed***. You have to make people aware that you understand their concerns. ▶ 국민들을 강압적이고 거칠게 마구 다루면 안 된다. 국민들의 관심사를 당신이 이해하고 있다는 것을 사람들이 깨닫도록 만들어야 한다.

He has ruled the country ***with a strong hand*** since 1980. ▶ 1980년 이후로 그는 그 나라를 강압적으로 통치해 오고 있다.

사람들로 하여금 어떤 상황이나 생각/의견 등을 받아들이거나 믿도록 강요하다

force/pour/push/ram/shove something **down someone's throat**

They were the ones who ***forced English down their throats*** in the first place for heaven's sake! India has probably one of the largest, educated English speaking populations in the world right now. ▶ 영국인들은 제일 먼저 그들에게 영어를 사용하도록 지독하게 강요했다. 인도는 아마도 현재 전 세계에서 영어교육을 받고 영어를 사용하는 인구가 가장 많은 나라 중의 하나다. 《영국식민지 생활 때문에 인도 사람들이 영어에 능숙하다는 이야기다.》

They were trying to ***push something down their throats*** that the citizens don't want. ▶ 그들은 원치 않는 것을 받아들이도록 시민들에게 강요했다.

입장이 곤란하여 회피하고 있는 사람에게 ~에 대한 결심/결정을 강요하다

pin someone **down on/to**

President Bush is offering an upbeat assessment about Iraq but won't be ***pinned down to*** a deadline for troop withdrawal. ▶ 부시 대통령이 이라크 전쟁에 대하여 낙관적인 예상을 내놓고 있긴 하지만, 이라크에서 철수하는 날짜를 확실하게 결정하라고 강요받지는 않을 것이다. 《2007년 미 의회에서 철군 시한을 2008년 봄으로 못박은 결의안이 통과되기 훨씬 이전의 예상이다.》

Kuomintang Chairman refused to be ***pinned down*** Sunday ***on*** whether he would serve as premier if President Chen Shui-bian agreed to allow the legislative majority to form the Cabinet in the event the current Cabinet is toppled by a no-confidence vote. ▶ 만일 현 내각이 불신임 투표로 해산되는 경우, 다수당인 국민당이 내각을 구성하는 것에 첸 수이벤 대만 대통령이 동의한다면, 수상직을 맡을 것인가에 대하여 일요일에 입장을 분명히 밝히라고 강요받았지만 국민당 당수는 이를 거부했다.

I could not ***pin her down to*** a date. ▶ 나는 그녀에게 데이트하자고 강요할 수 없었다.

특정한 성질 주로 좋지 않은 성질이 매우 **강하다는 것을 강조할 때**
너무나 지나친

rank

He called it ***rank hypocrisy*** the government was now promoting equal rights. ▶ 지금에 와서 정부가 평등권을 장려하는 것은 너무나 뻔뻔스런 위선적인 행위라고 그는 말했다.

Best of all is its cooking school: courses range from ***rank amateur*** to master classes for professionals. ▶ 그들이 운영하고 있는 기관 중 최고는 요리학교다. 그 요리학교의 과정은 요리를 전혀 모르는 완전한 아마추어를 위한 것에서부터 전문 요리사를 위한 최고과정까지 매우 다양하다.

~을 **갖추고 있는**
완비한 : 겸비한

complete with ☞ ~이 있음으로 해서 완벽하다는 의미다

Chinese government took a lesson from its sluggish response to the severe acute respiratory syndrome (SARS) epidemic and launched its first big AIDS public-awareness campaign, ***complete with*** posters, TV spots and an unprecedented visit by Premier to a Beijing hospital, where he shook hands with AIDS patients. ▶ 중국 정부는 사스(중증 급성 호흡기 증후군)에 대한 늑장 대응으로 엄청난 피해를 입은 사실로부터 교훈을 얻고는, 에이즈 예방을 위한 최초의 대규모 대국민 홍보 캠페인을 시작했다. 이를 위해서 포스터를 붙이고 TV 광고를 내보내고 있으며, 전례 없이 수상이 베이징에 있는 한 병원을 방문해서 에이즈 환자와 악수를 하기도 했다.

Government ministries and the army's headquarters are housed in a massive complex, ***complete with*** a network of fortified tunnels and bunkers. ▶ 정부의 행정부서와 육군본부는 요새화된 터널과 벙커를 갖춘 대규모 복합단지에 자리잡고 있다. ♣ ***be housed*** : 단체나 사무실 등이 특정 건물/장소에 **자리잡고 있다** 참조

그 밖의 모든 조건/것이 **같다면**

ceteris paribus ☞ if everything else is the same, **Latin**

Past social movements have attacked the inequalities associated with being born of a different skin color, of a different gender, of a different economic class but never of having a different citizenship. I was born with the privileges of being white, male, and well-off, but the greatest privilege bestowed on me at birth was my U.S. citizenship. Today, a U.S. citizen, ***ceteris paribus***, is worth more than any other citizen on this earth. ▶ 과거의 사회운동은 다른 피부색을 지니고 태어나거나, 여성으로 태어나서, 혹은 빈곤한 환경에서 태어나서 당하는 불평등 문제를 주로 공격대상으로 삼았지만, 다른 국적을 지니고 태어났다는 사실과 연관된 불평등은 문제 삼은 적이 없었다. 나는 백인이면서 남자라는 특권을 누리면서 유복한 집에서 태어났지만, 태어날 때 나에게 주어진 가장 큰 특권은 미국 시민으로 태어났다는 것이다. 오늘날, 그 밖의 모든 조건들(피부색, 성, 경제적인 환경)이 같다면, 미국 시민으로 태어나는 것이 지구상에 있는 어느 나라에서 태어나는 것보다 낫다.

The problem is that the welfare state was created and it would dramatically change people's lives and affect their morality in a fundamental way.

The welfare state might have been a successful project if people had continued to have the pride and morality to supply for themselves and only seek support if really in need. That is, adding a welfare state could possibly work in a ***ceteris paribus*** world, which is what the welfare state really presumes. But the world is ever-changing, and the welfare state therefore requires people to be stronger and morally superior to people in societies lacking a welfare state. ▶ (스웨덴이 겪고 있는) 문제점은 사회복지제도가 만들어지긴 했지만, 이 제도가 근본적으로 사람들의 생활과 도덕성을 극적으로 변화시킬 수 있다는 것이다. 만일 사람들이 자신을 위해서 열심히 일해서 돈을 벌고, 오직 필요할 때만 남의 도움을 요청한다는 자존심과 도덕성을 지니고 있다면 사회복지정책은 성공했을 것이다. 다시 말하면, 다른 모든 조건이 같은 세계(사회복지제도가 있거나 없거나 사람들이 열심히 일해서 스스로를 부양하는 그런 세계)에 사회복지정책을 적용하면 성공할 수 있다. 이 세계가 진정으로 사회복지정책이 지향하고 있는 세계이다. 그러나 세상은 항상 변하고 있기 때문에 (사람의 마음가짐도 늘 변하기 때문에), 사회복지제도가 없는 나라의 사람들보다 더 마음을 굳세게 먹어야 하고 도덕적으로도 훨씬 우위에 있어야만 사회복지제도가 성공할 수 있다. 《제1, 2차 세계대전의 어려움을 겪은 스웨덴의 세대들은 자부심과 독립심이 강해 남들에게 도움을 요청하지 않았고, 매우 어려운 상황에 처해 있는 이웃을 보면 도움을 아끼지 않았지만 지금은 스웨덴의 사회복지정책이 국민들을 타락시키고 있다는 의미로 쓴 글이다.》

무엇 등과 **같은 것/사람들**

the likes of

We will expect a lot from ***the likes of*** solar power, wind power, geothermal power and hydrogen fuel cell. And it will take time ▶ 우리는 태양열, 풍력, 지열 및 수소연료전지 등과 같은 것으로부터 많은 에너지를 기대할 수 있을 것이다. 그러나 시간이 걸릴 것이다.

But she is too classically pretty and refined to pay much attention to ***the likes of*** me. ▶ 그러나 그녀는 나 같은 사람에게 주의를 기울이기에는 너무 예쁘고 세련되었다.

But for such a campaign to be successful, the country would need ***the likes of*** Dr. Lee in every public institution. ▶ 하지만 그 같은 정책이 성공하기 위해서는 모든 공공기관에서 이 박사 같은 사람이 필요할지 모른다.

같은 부류로 취급하다
한 덩어리로/묶음으로 취급하다

lump someone/something **together with ~**

Dr. Leo Kanner published a paper in 1943 using the term "Autistic Disturbance of Affective Contact." Prior to his study, children who had the characteristics of what is referred to now as "autism" were ***lumped together with*** other children with more general mental health problems. In other words, he identified and named the disorder. Today, most experts agree that autism is caused by a combination of many factors, not just one. ▶ Leo Kanner 박사는 "Autistic Disturbance of Affective Contact"라는 용어를 사용하면서 1943년 한 논문을 발표하였다. 그의 연구 이전에는, 지금의 자폐증으로 불리는 특징들을 보인 아이들이 보다 일반적인 정신장애를 지니고 있는 아이들과 같은 취급을 받았다. 다시 말하자면, 그는 그 장애(자폐증)를 밝혀내고 이름을 붙였다. 오늘날 대부분 전문가들은 자폐증은 한 가지가 아닌 여러 가지 요소가 복합되어 나타난다는 데에 동감한다.

Political asylum is now being ***lumped together with*** all forms of immigration in the United States. ▶ 현재 미국에서 정치적 망명은 다른 모든 형태의 이민과 한 덩어리로 취급되고 있다.

같은 부류의 사람들

birds of a feather ☞ 같은 깃털을 가진 새들

They were ***birds of a feather***. ▶ 그들은 같은 부류의 사람들이다.

Birds of a feather flock together ▶ 유유상종.

다른 사람들이 한 것과 **같이 행동하다**
전철을 밟다 ; 남들처럼 행동하다 ; 선례를 따르다

follow suit

Efforts to persuade the remainders to ***follow suit*** have continued. ▶ 남은 사람들에게 남들처럼 행동하라고 설득하는 노력이 계속되고 있다.

Students and college staff are already gathering into a number of teams to participate in the event. Parents were informed about the activity and were invited to ***follow suit***. ▶ 학생들과 대학교 교직원들은 이미 그 행사에 참여하기 위하여 여러 팀을 구성하고 있다. 학부모들에게도 그 활동에 대하여 알려주었고, 그들도 함께 참여하도록 초청하였다.

주 카드놀이에서 남이 내놓은 패와 같은 무늬(클로버, 다이아몬드, 스페이드, 하트)의 패를 낸다는 뜻이다.

개막행사
특정한 행사에 제일 먼저 시작되는 것

curtain raiser

A short ***curtain raiser*** for the above match would be played by two under-15 girls' teams. ▶ 앞에서 언급된 경기에 앞서 15세 미만의 여자 아이들로 구성된 두 팀이 경기를 하게 될 것이다.

The traditional concert lineup — ***curtain-raiser***, concerto, symphony — usually works well for orchestral concerts. ▶ 개막연주, 협주곡, 교향곡으로 이어지는 전통적인 음악회 연주순서는 일반적으로 교향악단을 위한 음악회에 매우 적합하다.

아무런 제한 없이 사람이 왕래하거나 물품들을 거래할 수 있도록 문호(門戶)를 **개방하는**
열어 놓는

open-door

They have long since advocated an ***open-door*** economic policy. ▶ 그들은 오랫동안 경제개방정책을 옹호해 왔다.

After praising City Manager for his leadership and ***open-door*** style of managing, city commissioners gave him a 10 percent raise. ▶ 시장의 지도력과 열린 행정 스타일을 칭찬한 후, 시 위원회는 그의 급여를 10% 인상하였다.

새로운 분야를 **개척하다**
신기원(新紀元)을 이룩하다; 이전과는(다른 사람들과는) 완전히 다른 일을 하다; 다른 방법으로 일을 하다

break new ground

Always innovative and adaptive, the Central West Community College has been ***breaking new ground*** in the field of traineeships. ▶ 언제나 혁신적이고 주변 변화에 적응하고 있는 그 대학은 직업훈련의 새로운 분야를 개척해 왔다.

US health officials ***broke new ground*** last week by approving the use of a mixture of bacteriophages or bacteria-killing viruses, to control the pathogen Listeria monocytogenes on ready-to-eat (RTE) meat and poultry products. ▶ 지난주 미국 보건당국은, 이전과는 완전히 다르게, 육류와 조류로 된 인스턴트 식품에 있는 리스테리아 단세포 병원균을 없애기 위해 세균 분해 바이러스나 박테리아를 죽이는 바이러스를 사용하는 방법을 허용했다.

거리낌
가책; 어떤 일을 하면서 무언가 잘못되었다고 느끼는 감정

qualm

For years, they have harped on and on about a woman's right to choose, while failing to capture in any meaningful way ***the moral qualms*** so many of us have about abortion itself. ▶ 수년 동안 그들(낙태옹호론자들)은, 많은 사람들이 낙태 그 자체에 대해 느끼는 양심의 가책을 제대로 알지도 못하면서, 여성의 선택에 대한 권리만을 줄기차게 떠들어 왔다. ♣ ***harp on***: **줄기차게 떠들어대다** 참조

I can recommend this site to you without ***qualm***, since it provides some interesting and fairly detailed information. ▶ 이 사이트는 흥미롭고 꽤 상세한 정보를 어느 정도 제공하고 있기 때문에, 나는 너에게 아무런 거리낌없이 추천할 수 있다.

~와 **거리를 두다**
멀리하다

distance oneself from; be distant from

South Korea has ***distanced itself from*** a UN initiative to impose punitive sanctions on its northern neighbor, increasing pressure to find a diplomatic solution to the missile row. ▶ 대한민국은 외교적인 해결책을 모색해야 한다고 압력을 가하면서 (2006년 북한이 실시한) 일련의 미사일 시험발사에 대하여 북한에 경제제재를 가하는 유엔결의안과 거리를 두었다.

But as AIDS researchers, we could not continue to ***be distant from*** the vast majority of patients. ▶ 그러나 에이즈를 연구하는 사람으로서 우리는 대다수의 에이즈 환자를 계속 멀리 할 수는 없었다.《중국 변방에서 확산되고 있는 에이즈를 퇴치하기 위하여 중국을 자주 드나들며 애쓰고 있는 에이즈 전문가인 중국계 미국인의 이야기다.》 ♣ *vast majority* : **대다수** 참조

어떤 사람과 일정한 **거리를 두다**
어떤 사람이 자신의 일에 너무 깊숙하게 개입하는 것을 피하다

keep someone at arm's length

All US presidents since 1990 have met the Dalai Lama and it would be noteworthy if Obama ***kept him at arm's length***. But he doesn't want to turn the familiar affront to Beijing's rulers into something more serious. ▶ 1990년 이후 모든 미국 대통령들이 (티베트의 지도자) 달라이 라마를 만났다. 만일 오바마 대통령이 그와 일정한 거리를 둔다면 주목할 만한 일이 될 것이다. 그러나 그는 중국 통치자들이 자주 느꼈던 모욕(달라이 라마를 만나는 일)이 심각한 지경으로 확대되는 것을 원치 않는다.《2010년 2월 달라이 라마의 백악관 방문을 앞두고 중국이 강하게 불쾌감을 표시하고 있지만 오바마 대통령은 이에 개의치 않고 달라이 라마를 만날 예정이다. 하지만 오바마 대통령은 이 문제로 중국과의 관계가 악화되는 것을 원치 않는다는 말이다.》

He likes to ***keep people at arm's length*** and especially people he's dating. He likes to keep people guessing because that probably gives him the control. ▶ 그는 특히 데이트하는 사람과 일정한 거리를 두는 것을 좋아한다. 그가 주도권을 잡기 위해 그렇게 하는 것이 아닌지 사람들이 궁금해하는 것을 즐긴다.

~로부터 ~방향으로 특정한 **거리만큼 떨어져 위치하고 있는**

~ east/west/south/north of someplace

The town is located in Russia's Stavropol region, ***some 1,600 km south of Moscow***. ▶ 그 도시는 모스크바로부터 남쪽으로 약 1,600km 떨어진 곳에 있는 Stavropol 지역에 위치하고 있다.

If the kids have been especially nice this year, you might reward them with a trip to the Santa Clause Village, the self-proclaimed hometown of Father Santa ***8 km north of Rovaniemi***, the capital of Finnish Lapland. ▶ 금년에 아이들이 착하게 굴었다면 그에 대한 보상으로, 유럽 최북단 핀란드의 수도(Rovaniemi)로부터 북쪽으로 8km 떨어진 곳에 위치하고 있는, 자칭 산타클로스의 고향이라고 주장하는 "Santa Clause Village"에 아이들을 데리고 가보라.

좋지(즐겁지) 않은 사실을 인정하기를 **거부하는**
인정하지 않는

in denial about/of

Maybe they are ***in denial about*** growing up. ▶ 아마도 그들(결혼을 늦게 하는 요즘 젊은 세대 사람들)은 자신들이 어른이 되어가고 있다는 사실을 인정하기를 거부하고 있는지도 모른다.

She was ***in denial about*** the fact she overweighed. ▶ 그녀는 자신의 체중이 너무 많이 나간다는 사실을 인정하지 않았다.

Although I didn't think the pacing of the film was perfect, it is still an important film for Americans to see. We cannot live ***in denial of*** our crimes any longer and this film shines a huge spotlight on what we have done. ▶ 나는 그 영화(Fahrenheit 9/11)의 전개속도가 완벽하다고 생각하지는 않지만, 미국 사람들이 이 영화를 봐야 한다고 생각한다. 우리는 더 이상 우리가 지은 죄를 인정하지 않은 채 살 수는 없으며, 이 영화는 우리가 한 일을 폭넓게 조명하고 있다.

말을 걸어 보았지만 이야기하기를 거부하다
거절하다 ; 무시하다 ; 퇴짜 놓다

brush off

When a friend broached the idea, he ***brushed*** it ***off***. ▶ 한 친구가 그 안에 대하여 조심스럽게 이야기를 꺼냈을 때, 그는 그 말을 무시해 버렸다. ♣ ***broach*** : 민감한 사안이나 주제에 대하여 조심스럽게 **이야기를 꺼내다** 참조

When I tried to talk to her about it, she just ***brushed*** me ***off***. ▶ 그것에 대하여 그녀에게 말을 하려 했지만, 그녀는 나를 무시했다.

South Korea used the first day of inter-Korean ministerial talks to chastise the North for its test launch of missiles last week. But North Korean delegates ***brushed off*** the criticism, and instead renewed requests for massive transfers of unconditional food aid for the North's shattered economy. ▶ 대한민국은 (2006년 7월에 열린) 남북 장관급 회담 첫날 지난주에 실시된 북한의 미사일 실험발사에 대하여 질책했다. 그러나 북한은 남한의 비난을 들은 척도 하지 않았으며, 대신 엉망이 된 북한경제를 위하여 조건 없는 대대적인 식량지원만을 다시 요구했다.

주 옷에 묻은 먼지를 솔로 털어내듯 한다는 의미다.

거수기 역할을 하는
별 생각 없이 혹은 아무 반대 없이 남이 원하는 것을 승인하는/통과시켜 주는

rubber stamp ☞ 명사와 동사로도 사용된다

Many progressives view the November mid-term elections as a referendum on the presidency of George Bush and the ineptitude of his ***rubber-stamp*** Republican Congress. ▶ 많은 진보주의자들(민주당 사람들)은 11월에 실시되는 중간 선거를 부시의 대통령직과 대통령이 하자는 대로 법안을 통과시켜 주는 공화당 국회의원들의 어리석은 행동에 대한 국민투표로 간주하고 있다.

Congress is vowing that they will not merely ***rubber-stamp*** presidential overreaching. ▶ 국회는 대통령의 과욕을 아무런 반대 없이 그저 통과시켜 주지는 않을 것이라고 선언한다.

A rubber stamp will be slapped onto the sale by the beginning of August, according to reports. ▶ 보도에 따르면, 8월 초까지는 아무런 반대 없이 판매 계약서에 승인도장이 쿵 찍힐 것이다.

주 고무로 판 도장을 별 생각도 없이 마구 찍어 준다는 의미다.

거스름 돈을 제대로 주지 않다
응분의 대가를 제대로 주지 않다 ; 응분의 대우를 해주지 않다

short-change ; shortchange

The cashier made a mistake and ***short-changed*** him. ▶ 그 점원은 실수로 그에게 거스름돈을 제대로 주지 않았다.

The program claimed that Don King ***short-changed*** Muhammad Ali and Larry Holmes. ▶ 그 프로는 (유명한 프로복싱 프로모터인) 돈 킹이 무하머드 알리와 래리 홈즈에게 응당 주어야 할 대전료를 제대로 지불하지 않았다고 주장했다.

Former England striker Ian Wright has accused Sven-Goran Eriksson of leaving fans ***shortchanged*** in the last six years. ▶ 영국 축구 대표팀의 골잡이였던 Ian Wright는 (6년 동안 영국 축구대표팀 감독을 맡았던) 에릭손 감독이 영국 축구팬들의 기대를 충족시켜 주지 못했다고 비난했다.

A professor at Virginia Commonwealth University who complained that an introductory biology textbook had leanings toward creationism and ***short-changed*** evolution said he will not be teaching this fall. ▶ 생물학개론 교과서가 창조론을 옹호하는 경향을 가지고 있으며 진화론을 제대로 다루지 않았다고 불만을 터트린 Virginia Commonwealth 대학교의 한 교수가 이번 가을 학기에는 강의를 하지 않을 것이라고 말했다.

어떤 사건/일 등의 시작은 특정한 시간만큼 거슬러 올라간다

date back

But the country's Hindu-Muslim troubles, an animosity that ***dates back*** hundreds of years, are hardly over. ▶ 수백 년을 거슬러 올라가는 원한으로 인한 그

나라의 힌두교와 이슬람교 사이의 분쟁은 끝날 줄을 모른다.

어떤 사건/일 등의 시작은 특정한 시간, 때로 **거슬러 올라간다**

date back to

The Palace, which ***dates back to*** the 15th Century, is now undergoing an extensive restoration. ▶ 15세기에 지어진 그 왕궁의 대대적인 복원작업이 지금 진행 중이다.

This historic organization ***dates back to*** 1918 and was probably the country's first non-government organization. ▶ 이 역사적인 조직의 시작은 1918년으로 거슬러 올라간다. 이 조직은 아마도 그 나라 최초의 민간조직이었을 것이다.

귀, 신경 등에 **거슬리다**
~에게 불쾌감을 주다; ~를 긁다; 심기를 불편하게 만들다

grate on

The artwork ***grates on*** my nerves with its carelessness, lack of attention to proportion and the loose, sloppy lines. ▶ 그 작품의 경솔함, 비례감에 대한 주의 부족, 엉성한 선들이 내 신경에 거슬린다.

It ***grates on*** him when he hears politicians and others in the community talk about the need to bring professional sports to Las Vegas. ▶ 정치인들과 지역의 일부 사람들이 라스베가스에 프로스포츠 팀을 데려올 필요가 있다고 하는 말은 그의 심기를 불편하게 만든다.

주 강판에 야채를 갈듯이 마구 긁어댄다는 의미다.

거의 ~하다
거의 할 뻔했다

come close to do something

A pair of marijuana smokers aged nine and 11 ***came close to*** setting the school on fire yesterday. ▶ 9살과 11살짜리 학생 둘이서 마리화나를 피우다가 학교에 불을 낼 뻔했다.

Tensions between Israel and the Hamas-led Palestinian Government ***came close to*** all-out war last week when the Israeli Defense Force stepped up its attempt to locate and rescue an Israel soldier. ▶ 이스라엘 군대가 팔레스타인에 포로로 잡혀간 이스라엘 병사의 위치를 추적하고 구출하려는 작전을 본격적으로 펼친 지난주, 이스라엘과 하마스가 이끄는 팔레스타인 정부 사이의 긴박한 사태는 전면전으로 확대될 뻔했다. ♣ *all out* : **본격적인** 참조

Attorney General has received from the government the report on the forensic audit into the Bank, which ***came close to*** collapse under a burden of bad debt in 2001. ▶ 검찰 총장은 2001년 악성부채를 이기지 못하여 파산 직전까지 갔던 그 은행에 대한 회계감사 보고서를 정부로부터 받았다.

거의 ~하지 않다
강조하는 표현

next to no(형용사형); next to nothing(명사형)

But, there are ***next to no*** earphones that can match that headphone quality. ▶ 헤드폰의 성능을 따라갈 수 있는 이어폰은 거의 없다.

He still knew ***next to nothing*** about her. ▶ 그녀에 대하여 거의 아는 게 없다.

Three weeks ago, the School Committee posted the details of the ongoing teacher-contract negotiations online. Since then, ***next to nothing*** has happened. ▶ 3주 전 그 학교위원회는 진행중인 교사계약협상에 관한 세부사항을 인터넷에 올렸지만, 그 후로 진전된 것이 거의 없다.

특히 음악계의 **거장**
대가(大家)

virtuoso ☞ 형용사형으로도 사용(거장/대가다운 면모를 보여주는; 기교가 매우 뛰어난)

He was an outstanding athlete, could sing like an angel and could play the piano as ***a virtuoso***. ▶ 그는 매우 뛰어난 운동선수였고, 천사처럼 노래를 부를 수 있었으며, 대가처럼 피아노를 연주할 수 있었다.

This Sunday, Bulgaria's capital will witness a live concert by the Hungarian ***virtuoso organ player***, László Fassang. ▶ 이번 일요일 불가리아의 수도에서는 헝가리의 오르간 연주의 거장인 László Fassang의 연주회가 열린다.

He is, in many respects, like ***a virtuoso violinist***. ▶ 여러모로, 그는 바이올린의 거장다운 면모를 지니고 있다.

It is ***a virtuoso performance*** by him. ▶ 그 공연은 그의 뛰어난 기교를 잘 보여주었다.

옷감 등의 재료가 **거즈 같은**
옮고 가벼운/부드러운/투명한

gauzy ☞ 거즈 같은

The walls were already a soft green, and Nikki added a weathered green cornice to top ***the gauzy pink curtains***. ▶ 벽은 이미 연한 초록색이었고, 니키는 빛바랜 초록색을 띤 장식 테를 엷고 투명한 핑크색 커튼 위에 덧붙였다.

Most people were gone when the full moon finally arose through ***a gauzy tapestry of gray clouds*** at about 7 p.m. ▶ 오후 7시경 부드러운 비단 같은 회색 구름 사이로 보름달이 마침내 떠올랐을 때는 많은 사람들이 가고 없었다.

She was knitting a soft and ***gauzy green scarf*** for her daughter. ▶ 그녀는 딸을 위해 부드러운 거즈 같은 초록색 목도리를 뜨고 있었다.

주 *gauze*(거즈: 가볍고 부드러우면서 매우 작은 틈이 보이는 엷고 성긴 천)의 형용사형이다.

새빨간 **거짓말**
뻔뻔스러운 거짓말; 터무니없는 거짓말

outright lie

He finally resorted to ***an outright lie***. ▶ 그는 결국 뻔뻔스런 거짓말을 할 수밖에 없었다.

bare-faced lie

Saying that he supported education was ***a bare-faced lie***. Everyone knows that he voted to cut school funds. ▶ 그가 교육을 지원한다고 말한 것은 새빨간 거짓말이었다. 그가 학교지원금을 삭감하는 데 찬성표를 던진 것은 누구나 다 알고 있는 사실이다.

"Pyongyang's statement on launching the missile to orbit a satellite was ***a bare-faced lie***, since the world's monitoring and control systems did not see or hear that satellite," a retired general said. "We can assume, therefore, that North Korea made a repeat launch of the Taepodong-1, which failed again." ▶ 세계 각처에 있는 (위성) 감시통제 시스템이 전혀 듣지도 보지도 못했기 때문에, 북한이 위성을 지구궤도에 올려 놓기 위하여 미사일을 발사했다는 평양의 발표는 터무니없는 거짓말이라고 (전략무기 전문가로 활동하고 러시아의) 한 퇴역장군이 말했다. "따라서 북한이 대포동-1 미사일을 재차 발사했지만 실패한 것처럼 보인다."

선의의 **거짓말**

white lie

What's the difference between ***a white lie*** and a lie? I mean, it's all the same to me. ▶ 선의의 거짓말과 그냥 거짓말과 다른 점이 뭐냐? 나에게는 두 가지가 다 같다.

If you tell fibs — anything bigger than ***a little white lie***, say — you are likely to get found out. ▶ 네가 아무리 사소한 거짓말을 하더라도, 선의의 거짓말이 아닌 이상, 언젠가는 들통이 날 것이다.

악의에 찬 **거짓말**

vicious lie

The tabloid was sued for printing ***vicious lies*** about the actress. ▶ 그 타블로이드판 신문은 그 여배우에 관하여 악의에 찬 거짓 기사를 실어 고소를 당했다.

거짓말하지 마라
감히 누굴 속이려고 드는가

tell it to the marines

The mandarins at the Ministry of Information keep telling us that they do not interfere with the operations at the National Broadcasting Station. Sure they don't — *tell it to the marines*! ▶ 정보부 고위관리들이 국영방송국의 운영을 간섭하지 않는다고 우리에게 지속적으로 말하고 있다. 방해를 하지 않는다니, 감히 누굴 속이려는 수작이냐! ♣ *mandarin* : 고위관리(원래 중국 청나라 시대의 고위관리를 뜻함)

㈜ *The Island (Lord Byron 1824)*에 나오는 "That will do for the marines, but the sailors won't believe it."에서 유래되었다고 알려져 있다. 여기서 *marine*은 항해사(sailor)가 아닌 쓸모 없고 멍청한 허드렛일을 하는 선원을 의미한다.

어떤 일이 **거침없이 진행될 때**
척척; 순조롭게; 막힘 없이; 어떤 장애도 없이

without a hitch

It went *without a hitch* and actually came with a surprise as well. ▶ 그 일은 거침없이 진행되었으며, 또한 실제로 놀라운 결과를 가져다 주었다.

The withdrawal of the UN Operation in Somalia (UNOSOM II) had been carried out in a safe and orderly manner, ahead of schedule, and virtually *without a hitch*. ▶ 유엔이 소말리아에서 벌인 작전의 철수는 안전하고 질서정연하게 계획보다 빠르게, 그리고 사실상 아무런 장애도 없이 진행되었다.

우리 앞에 **거칠 것이 없다**
탄탄대로가 펼쳐 있다; 가능성/잠재력이 무한하다

the sky is the limit

Getting started speeches at college graduation ceremonies are pretty rote: "Congratulations, graduating class. Believe in yourself. *The sky is the limit*. Best of luck." ▶ 대학 졸업식장에서 하는 축하 연설은 매우 진부하고 기계적으로 다음과 같이 시작한다: 축하합니다 졸업생 여러분. 자신을 믿으십시오. 여러분들 앞에는 거칠 것이 없습니다.

Even the sky is no limit. ▶ 더욱 강조하는 표현이다.

㈜ 세르반테스(*Cervantes*)는 *Don Quixote*(1605)에서 다음과 같은 표현을 썼다: *"No limit but the sky."*

The world is someone's oyster

You are young; you've got a lot of opportunity. *The world is your oyster*. ▶ 여러분들은 젊고, 여러분에게는 많은 기회가 열려 있습니다. 세상은 당신 것입니다.

㈜ 여기서 *oyster*는 진주 조개를 의미한다. 세상은 네 것이다, 원한다면 얼마든지 좋은 진주를 찾을 수 있다는 의미다.

입에 **거품을 물다**
매우 화가 나 있다

foam at the mouth

They *foamed at the mouth* at the sight of him. ▶ 그가 나타나자 그들은 매우 화를 내었다.

You can tell that they're not real Christians because they *foam at the mouth* with hatred toward anyone who disagrees with them. ▶ 그 사람들이 자신들과 다른 생각을 지니고 있으면 누구에게나 입에 거품을 물며 증오를 토해내는 것으로 보아서, 그들은 진정한 기독교인이 아니라는 것을 알 수 있다.

한참 후에나 다가올 **걱정거리**
당장 염려할 필요 없는 걱정거리

distant worry

Despite that threat, a wide perception persists that the disease remains only *a distant worry*. ▶ 그와 같은 위협에도 불구하고, 그 질병(조류독감)을 당장 걱정할 필요가 없다는 인식이 넓게 퍼져 있다.

걱정거리를 늘어놓다
비관적인 말을 하다

sing the blues

So the next time you hear that a big rise in the stock market means good times ahead, cool your jets. Similarly, when news of a sharp market decline resonates in the media echo chamber, don't *sing the blues*. Tomorrow, stocks may well be heading in the opposite direction. ▶ 따라서, 주식이 크게 올랐기 때문에 앞으로 좋아질 것이라는 말을 다음에 듣게

되면, 투자를 자제하라. 이와 마찬가지로, 언론이 주식시장이 크게 나빠졌다고 마구 떠들어댈 때, 절대로 걱정거리를 늘어 놓지 마라. 내일이면 주식은 오를지도 모른다.

매우 **걱정스럽고 불편한 심기를 드러내다**

wring one's hands

In his speech, Lincoln also engaged in some ***hand-wringing*** about his party's inability to win support down South. ▶ 그의 연설에서, 링컨은 남부사람들의 지원을 얻지 못하는 자기 정당의 무능함에 대하여 걱정스럽고 불편한 심기를 드러내었다.

After all, despite all ***the hand-wringing*** about the turmoil in 2007, the overall picture for the year wasn't actually all that bad. ▶ 어쨌든, 2007년 벌어진 그 소동에 대한 온갖 걱정에도 불구하고, 그해의 전반적인 상황은 그다지 나쁘지 않았다.

주 "매우 걱정스럽다"라는 의미로 양손을 마주 잡고 비틀어 꼬는 동작이다. 상황이 유감스럽긴 하지만 **어찌할 수 없는 처지에 있다고 변명하다** 참조

신체의 **건강상태를 나타내는 중요한 지표**
혈압, 체온, 맥박, 호흡 등

vital signs

The nurse will take your ***vital signs*** before you see the doctor. ▶ 당신이 의사를 보기 전에 간호사가 당신의 건강상태(혈압, 체온 등)를 측정할 것입니다.

Doctor says his ***vital signs*** remain stable and his attitude and appetite remain excellent. ▶ 의사는 그의 건강상태를 나타내는 지표들이 안정된 상태에 있으며, 그의 마음가짐이나 식욕이 매우 좋은 상태라고 말했다.

몸(신체)이 매우 **건강한**

fit as a fiddle

In defending his inclusion in the team, he said he's ***fit as a fiddle*** and was looking forward to displaying his talent. ▶ 자신이 그 팀에 포함된 것이 당연하다고 주장하면서, 그는 몸 상태가 매우 좋으며 자신의 재능을 발휘할 수 있길 기대한다고 말했다.

Fit as a Fiddle Exercise Class: 9:45 am Friday. Class space is limited, call for reservations. $2 per person. ▶ "Fit as a Fiddle Exercise Class"는 금요일 오전 9시 45분에 시작합니다. 인원이 제한되어 있으니 예약할 사람들은 전화주세요. 참가비는 일인당 2불입니다.

주 상태가 매우 좋고 조율도 잘되어 있는 현악기(***fiddle***)에 비유한 표현이다.

돈/목숨/운명이 **걸려 있는**
돈/목숨/운명이 왔다갔다하는 (성공할 수도 있고 실패할 수도 있다는 의미다)

at stake(s) ☞ 내기에 돈을 걸어 놓은

At stake in the polling was the political future of him. ▶ 그 선거에 그의 정치생명이 걸려 있다.

At stakes are more than 10,000 jobs in auto sector. ▶ 자동차 부문에서 10,000개 이상의 일자리가 없어질 수도 있다.

많은 것이 **걸려 있다**
만일 실패한다면 완전히(쫄딱) 망할 가능성이 높다

the stakes are high

For him, ***the political stakes are*** getting ***higher***. ▶ 그는 점점 더 큰 정치적 도박을 하고 있다. 잘못되면 그의 정치생명이 단번에 끝날 수도 있다.

"***The stakes are high*** for anyone even superficially attached to the transactions," says a federal prosecutor. ▶ 한 연방검사는 "심지어 그 거래와 명목상으로만 관련이 있는 사람의 경우도 큰 처벌을 받을 가능성이 높다"고 말했다.

By arresting the leader of the opposition party, the government and the army have now ***raised the stakes***. ▶ 야당 지도자를 체포함으로써, 정부와 군부는 더 큰 도박을 벌였다.

주 내기에 건 돈이 많다는 의미다.

특정한 곳에서부터 차/도보로 어느 정도 시간이 **걸리는 거리에 있는**

~ drive/walk from

He lives in a new town, *an hour's drive from* the capital Seoul. ▶ 그는 수도 서울에서 자동차로 한 시간 걸리는 신도시에 살고 있다.

There is a liquor store just *a few minutes' walk from* here. ▶ 여기서부터 몇 분만 걸어가면 술 파는 가게가 있다.

걸림돌
난관

stumbling block

In the late 1990s, fear of IP (Intellectual property) theft in China seemed *an insuperable stumbling block*. ▶ 1990년대 후반 중국에서 벌어지는 지적재산권의 침해에 대한 두려움이 큰 걸림돌로 보였다. 《중국이 지적재산권을 침해하는 것을 너무나 아무렇지 않게 여겼었기 때문에, IT관련 세계적인 기업들이 중국에 진출하는 것을 몹시 꺼려 했다는 말이다.》

His future is the main talking point of the season, amid rumors that negotiations to renew his contract have hit *a stumbling block*. ▶ 그와의 계약을 경신하기 위한 협상이 난관에 봉착했다는 루머가 나도는 가운데, 그의 장래는 시즌 내내 주된 화제거리였다.

~에 **걸맞게**
~에 합당하게; ~에 어울리게

as befit ☞ Formal

As befits a superpower rooted in democratic traditions, America has imposed severe economic sanctions against the military government. ▶ 민주주의적 전통에 뿌리를 내리고 있는 초강대국에 걸맞게, 미국은 그 군사정부에 매우 강경한 경제제재를 가했다.

As befits its title, "Who Killed the Electric Car?" begins with a funeral, a mock one, held at a real cemetery. ▶ (미국 자동차 회사 GM이 어떤 연유로 인해서 전기자동차의 개발을 중지한 것을 비난하는 다큐멘터리 영화는) 제목 "누가 전기자동차를 죽였는가?"에 걸맞게, 실제 공동묘지에서 전기자동차의 모의 장례식을 치르는 것으로 시작한다. 《정유회사들의 압력과 로비 때문인 것으로 글쓴이는 생각하고 있다.》

특유의 **걸음걸이**
걷는 모양

gait ☞ Written

The doctor saw immediately that *my gait* was clumsy, my focus wild, my speech slurring. ▶ 의사는 내 걸음걸이가 이상하고 눈의 초점을 맞추지 못하며 발음이 똑똑하지 않다는 사실을 금방 알아보았다.

He always had this Marine style of *a gait*. ▶ 그는 언제나 이런 해병대 스타일로 걸었다.

큰 **걸음을 내딛다**
빠른 발전을 이룩하다; 장족의 발전을 하다; 큰 진전을 이룩하다

make strides

The country has *made enormous strides* politically but not economically. ▶ 그 나라는 정치적으로는 장족의 발전을 했지만, 경제적으로는 그렇지 못하다.

The country is growing at breakneck speed and, as so nicely symbolized by its successful space launch last week, is *making world-class technological strides*. ▶ 그 나라는 빠른 속도로 발전하고 있고, 지난주 위성의 성공적인 발사가 상징하듯이, 세계적인 수준의 기술적 진전을 이룩하고 있다. ♣ *at breakneck speed* : 목이 뒤로 확 젖혀질 정도로 굉장히 **빠른 속도로** 참조

Not only can we say there was water, but we've *made substantial strides* in understanding what conditions were actually like. ▶ 우리는 그곳에 물이 있었다고 말할 수 있을 뿐 아니라, 과거에 어떤 상태였는지 이해하는 데 있어도 큰 진전을 이룩했다. 《토성(Saturn)의 제일 큰 위성인 6위성 Titan에 관한 이야기다.》

많은 것들 중에 임의로 선택하여 **검사하다**

spot check ; spot-check

In an effort to prevent accidents, the park officers ***spot-check*** boats entering and leaving the water to make sure they are carrying the mandatory safety equipment. ▶ 사고를 예방하려는 노력의 일환으로, 공원직원들은 의무적인 안전장비를 갖추고 있는지 확인하기 위하여 그 호수에 들고 나는 배들을 임의로 선택하여 검사한다. ♣ *in an effort to* : ~을 하기 위한 **노력의 일환으로** 참조

실전(전쟁, 경기)을 통해 실력이 **검증된**

battle-tested

The marines are with the 3rd Brigade of the 1st Iraqi Division, one of the oldest and most ***battle-tested*** units in the Iraqi army. ▶ 그 (미국) 해병대는 이라크 육군 중에서 가장 오래되고 실전을 통해서 전투실력이 검증된 부대 중의 하나인 이라크 제1사단 소속 제3여단과 함께 활동하고 있다.

The coach said his team this year is talented, and ***battle-tested***. ▶ 코치는 올해 자기 팀이 우수한 선수들을 많이 보유하고 있으며, 실전을 통해 이미 실력이 검증되었다고 말했다.

지나치게 **겁이 많은**
지나치게 소심한

afraid of one's own shadow ☞ 자기 그림자에 놀라는

Charlie is ***afraid of his own shadow***. ▶ 찰리는 자기 그림자에 놀란다.

He is disgusted with himself for being ***afraid of his own shadow***. ▶ 그는 지나치게 소심한 자신에 대해 혐오감을 느낀다.

겉으로는
겉으로 보기에는; 표면상으로는

on its face

On its face, the plan submitted by the company seems fairly straightforward. ▶ 겉으로는, 그 회사가 제출한 계획은 꽤 간단한 것처럼 보인다.

The last week's U.S. Supreme Court decision doesn't seem all that unreasonable ***on its face***. ▶ 지난주 미국 대법원의 결정은 표면상으로는 그다지 불합리하게 보이지 않는다.

겉으로는 중요하거나 대단한 것처럼 보이지만 사실은 그렇지 않은
깊이가 없는; 겉모습만 멋진/아름다운

skin deep ☞ 피부 깊이 정도밖에 되지 않는

The true beauty of a person lies in one's thoughts and conduct and not in ***skin deep*** appearances. ▶ 사람의 진정한 아름다움은 그 사람의 생각과 행동에 있는 것이지, 겉으로 보이는 멋진 모습에 있는 것이 아니다.

Beauty is only ***skin deep***. ▶ (외적인) 아름다움은 그리 대단치 않다.

겉으로는 ~처럼 보이는
겉으로 보기에는 ~한; 외관상으로는 ~한

seeming

Wall Street analysts have been highly critical of the companies ***seeming inability*** to control costs. ▶ 월 스트리트 분석가들은 비용절감을 못하는 그 회사들의 겉으로 들어난 무력함을 강하게 비판했다.

Whatever troubles arises, we'll have peace amidst ***seeming chaos***. ▶ 어떤 어려운 문제가 발생하는 경우에도, 우리는 외관상의 혼란 속에서 평화를 유지할 것이다.

A ***seemingly endless*** line of people waits in front of the door. ▶ 그 문 앞에는 사람들이 끝이 없는 것처럼 보이는 줄을 이루며 기다리고 있다.

How did such a ***seemingly sure*** thing go astray? ▶ 어떻게 그처럼 확실하게 보이던 것이 도중에 잘못될 수 있다는 말인가? ♣ *go astray* : 가지고 가는 도중 또는 보내는 도중에 **길을 잃다** 참조

비록 자세히 들여다 보면 그렇지 않을 수는 있지만 **겉으로 보이는 상태/성질**
바깥으로 드러난 상태/성질

semblance ☞ Formal

At least ***a semblance of normality*** has been restored to the company after a year-long strike. ▶ 1년에 걸친 파업으로부터 엉망이 된 회사가 최소한 겉으로는 정상으로 회복된 것처럼 보인다.

What a shame for England. It's hard to know why they have such difficulty with penalties. The players need to be calm and collected and still have ***a semblance of freshness*** in their body, and they didn't seem to have it. ▶ 영국 대표팀은 창피한 줄 알아라. 왜 그들이 페널티 킥을 그렇게 잘못 차는지 모르겠다. 선수들은 (비록 연장전까지 가는 접전을 치러 육체적으로 매우 지쳐 있었더라도) 침착하게 그리고 자신들을 잘 통제하면서 겉으로는 (상대방에게) 여전히 힘이 넘치는 것처럼 보일 필요가 있지만, 그들은 그러지 못했다. 《영국이 2006년 독일월드컵 8강전에서 포르투갈에 승부차기로 패하자 이를 비난하며 쓴 글이다.》 ♣ *collected*: 스스로 잘 조절/통제하는

겉으로 보이는 만큼 실제로는 그렇게 나쁘지/대단하지/심하지 않다
겉으로는 요란하게 떠들어대지만 별것 없다

The bark is worse than the bite

The European Commission, however, invoked seemingly tough passenger-rights rules that took effect in 2005 and force airlines to compensate travelers for lengthy delays. But ***the bark is worse than the bite***. The European rules carry numerous exceptions — airlines aren't held responsible when bad weather is involved, or when flights are delayed by air-traffic-control congestion. Mechanical problems are exempt — since government doesn't want to pressure carriers into unsafe operations. Security-related delays are exempt, too. The exemptions cover most of what goes wrong in airline operations. ▶ 그러나 유럽연합의 (항공)위원회는 비행기가 오랫동안 지연될 경우 항공사들이 승객들에게 보상하도록 한 겉으로 보기에 엄격한 2005년에 발효된 승객권리 보호규정을 예로 들었다. 그러나 그 규정은 겉으로는 요란하게 떠들어대지만 실제로는 별것 없다. 그 규정은 많은 예외조항을 가지고 있다. 예를 들면, 날씨가 나빠 지연되거나 공항이 너무 복잡해서 이착륙을 위해 오랜 시간 대기하는 경우에는 항공사의 책임이 아니다. 항공당국은 항공사들에게 비행기에 결함이 있는 채로 운항하도록 강요하는 것을 원치 않기 때문에, 기계적인 결함을 손보느라 지연되는 것도 면제가 된다. 안전과 관계된 지연도 역시 책임이 면제된다. 책임 면제조항은 항공 운항에서 잘못될 수 있는 거의 모든 경우를 포함하고 있다.

㈜ 개가 요란하고 무섭게 짖어대지만 물려봐야 별로 아프지도 않다는 의미다.

겉치레
겉치장; 사실이나 회계 등의 조작

window dressing

The four agreements signed by Taipei and Beijing last November were nothing but ***window dressing***, experts say. ▶ 지난 11월 대만과 중국이 합의한 4가지 협약은 겉만 요란했지 내용은 별것 없다고 전문가들이 말한다.

The measure does nothing but put ***window dressing*** on the already failed plan. ▶ 그 조처는 이미 실패한 계획을 겉치장하는 것에 불과하다.

㈜ 좋지 않은 사실을 감추기 위해서 겉을 요란하게 꾸미는 것을 의미한다.

게걸스럽게 먹다
마구 먹어대다

gorge on

Shortly before he died Elvis Presley could take the frenzied adulation no more. He retreated to his Graceland mansion, ***gorged on*** fried peanut butter and banana sandwiches and binged on drugs. He thought the world had gone mad. ▶ 죽기 직전 엘비스 프레슬리는 사람들이 그에게 보내는 광적인 찬사를 더 이상 받아들일 수 없었다. 그래서 그는 그레이스랜드에 있는 저택으로 돌아와 땅콩 잼과 바나나를 넣어 튀긴 샌드위치를 게걸스럽게 먹어대었으며 마약에 빠져 살았다. 그는 세상이 미쳐버렸다고 생각했다.

devour

"Ummmmm. This is so good!" Peter said as he ***devoured*** a chocolate-dipped strawberry. ▶ 피터는 "음, 너무 맛있어!"라고 말하면서 초콜릿에 담근 딸기를 게걸스럽게 먹었다.

gobble (up) ☞ 꿀떡 삼키다

The pigs are aggressive foragers and ***gobble up*** native vegetation and endangered species. ▶ 그 멧돼지들은 공격적으로 여기저기를 찾아다니며, 토종식물과 멸종위기에 처한 종들을 마구 먹어대고 있다.

The emerging markets continue to ***gobble up*** more fuel. ▶ 떠오르고 있는 시장들(인도, 중국 등)이 계속 많은 연료를 게걸스럽게 소비하고 있다.

게다가
그 위에; 더군다나/더구나; 덤으로; 한 술 더 떠서

to boot ☞ Formal

Courage allowed him not to flinch when his radical economic policies initially caused the worst recession since the Great Depression and during a congressional election year (1982) ***to boot*** ▶ 그의 급진적인 경제정책으로 인하여 대공황 이래로 최악의 불경기를 맞았을 때나, 한 술 더 떠서 (국민들의 환심을 사기 위하여 온갖 노력을 다해야 하는) 1982년 국회의원 선거 기간 중에도 그는 자신의 신념을 굽히지 않았다. 《고인이 된 레이건 전 미국 대통령을 추모하는 글의 일부다.》

She is thin, attractive and well-dressed ***to boot***. ▶ 그녀는 매우 날씬하고 매력적이며 게다가 옷까지 잘 입는다

The new 7.1 mega pixel digital camera is waterproof to three meters and shockproof ***to boot***. ▶ 그 7.1메가 화소 새 디지털 카메라는 3m 깊이까지 방수가 되고 게다가 충격에도 잘 견딘다.

많은 고생/시행착오/어려움 등을 겪고 난 후에 ~을 배우거나 깨닫게 되다
쓰라린 경험을 통해 ~을 배우다

learn ~ the hard way

"This hole was carved out of the forest, and while short on length, it is long on danger." Michelle Wie ***learned*** that "long on danger" part ***the hard way***. She was cruising toward making history a year ago at the John Deere Classic, safely and steadily sailing under the cut-line on Friday at 4-under with just four holes to go in the second round. A few more pars — heck, she could probably even afford a bogey — and the 15-year-old would be the first female to make the cut at a PGA Tour event in 60 years. Then, faster than you can say bunker, bunker, triple-putt, Wie had double-bogeyed No. 6 (her 15th hole of the day). ▶ 미국 PGA 대회인 the John Deere Classic 둘째날 홀의 길이는 비록 짧지만 곳곳에 위험이 도사리고 있는 6번 홀에서 너무 공격적으로 플레이하다가 공을 벙커에 빠뜨려 더블 보기를 범하는 바람에 예선 통과 직전에 분루를 삼킨 위성미의 이야기다.

This chancellor, having served longer than anybody else in the modern era, is ***learning*** that lesson ***the hard way***. ▶ 현 시대에 어느 누구보다도 오래 수상직을 맡아온 이번 수상은 쓰라린 경험을 통해 그 교훈을 배웠다.

격노한
너무나 화나서 졸도할/쓰러질 지경에 이른

apoplectic ☞ Formal

The leader of the opposition party was ***apoplectic*** when he discovered the truth. ▶ 야당 총재는 그 사실을 알고 격노했다.

President Bush and Vice President Cheney were ***apoplectic***. Publication of the details of US government surveillance of the SWIFT money-transfer program were disgraceful, a threat to national security. ▶ 부시 대통령과 체니 부통령은 격노했다. 미국정부가 SWIFT 송금 프로그램을 감시하고 있다는 자세한 내용을 기사화한 것은 수치스러우며 국가안전에 대한 위협이다.

《New York Times가 2006년 6월 미국정부가 테러범들을 잡기 위해서 비밀리에 계좌추적을 벌이고 있다는 사실을 기사화한 것을 비난하는 글이다.》 ♣ ***SWIFT***: Society for Worldwide Interbank Financial Telecommunication

얼마나 고생스러운지는 **겪어본 사람만이 안다**

Only the wearer knows where the shoe pinches

"***Only the wearer knows where the shoe pinches***," recalled the candidate, "but every citizen must spare a minute to understand my story because every person can face the same unfortunate event which cannot be compensated with all the treasures of earth" he reminded. ▶ 그 후보자는 지난 날을 회상하면서 "얼마나 고생스러운지는 겪어본 사람만이 안다"고 말했다. "지구상의 어떤 보물로도 보상될 수 없는 똑같은 불행에 누구라도 직면할 수 있기 때문에, 모든 시민들은 1분만이라도 시간을 내어 내가 겪어온 이야기를 들어야 한다"고 그는 말했다.

주 신발을 직접 신어보지 않으면 어디가 불편한지 모른다는 말이다. 우리 속담 "과부 사정은 홀아비가 안다"에 해당한다.

매우 **격정적인**
에너지가 넘치는; 활력이 넘치는

high octane ☞ 옥탄가가 높은

Forget the Oscars, Barcelona's ***high-octane*** Champions League clash with Chelsea on Tuesday should provide all the ingredients for an epic Hollywood drama. ▶ 오스카 시상식은 잊어버려라. 유럽 챔피언스 리그에서 바르셀로나와 첼시가 화요일 벌이는 격정적인 대결은 할리우드 대작영화가 필요로 하는 모든 요소를 지니고 있다. 《같은 날 벌어지는 오스카 시상식보다 축구 경기가 더 박진감이 넘칠 것이라는 이야기다.》

The preamble to the main event added extra spice to an already ***high octane*** atmosphere. ▶ 본 경기에 앞서 벌어진 그 경기는 이미 활력이 넘치는 분위기를 더욱 고조시켰다. ♣ *add spice*: **흥을 돋우기 위하여 재미있는 요소를 첨가하다** 참조

격주로 발간되는 (간행물); 격주로 개최하는 (행사)

biweekly ☞ 미국

The biweekly is very popular in Korea. ▶ 격주로 발행되는 그 잡지는 한국에서 매우 인기가 높다.

They are now holding their ***biweekly meetings*** at the government building. ▶ 그들은 그 정부 청사에서 2주에 한번씩 회의를 개최하고 있다.

fortnightly ☞ 영국

We will profile, ***on a fortnightly basis*** beginning today, some of these success stories. ▶ 우리는 오늘부터 격주로 이러한 성공담을 소개할 예정이다.

He is the editor of a popular satirical ***fortnightly*** ▶ 그는 격주로 발행되는 인기 있는 풍자잡지의 편집인이다.

심한 **격차**
천양지차(天壤之差); 하늘과 땅 차이; 현격한 차이

a far cry from

The highest vote scored by one of the aspirants was 26 per cent, ***a far cry from*** the mandatory 50 per cent stipulated by the constitution of the party. ▶ 가장 높은 득표율은 한 후보가 얻은 26%로 그 당의 규정에 명시된 50%의 득표율과는 심한 격차를 보였다.

His life as a college graduate in Georgia is ***a far cry from*** his earlier years as a poor student. ▶ 그가 조지아에서 대학을 졸업한 이후의 삶은 가난한 학생으로 고생하던 그의 초기 시절과 비교하면 하늘과 땅 차이다.

gulf between ☞ 두 사람/그룹/물건 등의 사이에 존재하는 넘을 수 없는 깊은 골(심연)

The result was an astonishing uproar in the Muslim world, one of those revealing moments when ***the gulf between*** our world and theirs seems unbridgeable. ▶ (별것도 아닌 단순한 풍자만화가) 이슬람 사람들에게 엄청난 분노를 일으켰고, 우리 세계(기독교 문화가 중심이 된 서방세계)와 그들 세계 사이에 존재하는 현격한 차이는 도저히 극복할 수 없다는 것을 잘 보여주는 순간이다. 《한 네덜란드 화가가 터번 위에 미사일을 이고 있는 예언자 마호멧의 모습을 만화로 그려 이슬람 세계가 분노로 들끓은 사건에 대한 이야기다.》

Nothing is more symptomatic of the country's ills as ***the absolute gulf between*** the rulers and the ruled which is because of the language barrier. Not the spoken language, but the communication and understanding of the actions and intentions of others. The language barrier creates society's divisions. ▶ 언어의 장벽으로 인한 통치자들과 국민들 사이에 존재하는 넘을 수 없는 깊은 골은 그 나라의 불행을 그 무엇보다도 잘 보여주고 있다. 말로 하는 언어의 장벽이 아니고, 다른 사람들의 의도와 행동을 이해하고 서로 소통하려는 것을 막는 장벽을 말하는 것이다. 이 장벽은 사회의 분열을 일으키고 있다.

It looks impossible for the country to bridge ***the big gulf between*** urban wealth and rural squalor. ▶ 그 나라가 시골과 도시의 현격한 빈부격차를 없애는 것은 불가능한 것처럼 보인다.

어려움을 겪었지만 잘 **견뎌내다**
어려움을 잘 극복하다; 역경/재난을 헤치고 나가다

weather ☞ 모진 날씨/풍파를 견디고/헤치고 살아남다

His five-year tenure ***had weathered*** several other scandals. ▶ 그는 5년의 임기 동안 여러 번의 스캔들을 겪었지만 잘 극복했었다.

The terrorist attacks Tuesday on trains in the western India city of Mumbai appeared unlikely to dampen investments and outsourcing to India, which ***has weathered*** such tragedy before with resilience. Investors are not naive and have factored in the political, economic, and other risks involved before investing in India, said an expert. ▶ 인도 서부에 위치한 도시 뭄바이에서 발생한 열차테러사건은 인도에 투자하거나 하청을 주려는 열기에 찬물을 끼얹지 않을 것처럼 보였다. 이 도시는 이전에도 그와 같은 비극적인 사건을 경험했지만 끈질기게 잘 견뎌냈다. 한 전문가는 "투자자들은 순진한 사람들이 아니며 인도에 투자하기 이전에 정치와 경제에 관련된 위험 요소 및 기타 다른 위험 요소들을 이미 계산에 넣었다"고 말했다. ♣ ***dampen***: 흥겨운 기분, 열정 등에 **찬물을 끼얹다**; ***factor in***: 특정한 요소들을 **계산에 넣다** 참조

주 주로 완료형으로 사용된다.

서로의 **견해차/차이점 등을 인정하고 다투지 않기로 하다**

agree to disagree/differ

She thinks we should just ***agree to disagree***. I know we could be happy together, but the damage is done. ▶ 그녀는 우리가 서로의 차이점을 인정하고 그만 다투어야 한다고 생각한다. 우리는 다 함께 행복하게 지낼 수도 있지만, 이미 서로가 상처를 입어 그렇게 하기는 너무 늦었다는 것을 나는 알고 있다.

The Bush-Putin summit at least saw a willingness to ***agree to disagree***. ▶ 부시와 푸틴의 정상회담에서 (비록 회담결과가 만족스럽지는 않았지만) 최소한 그들은 서로 견해차를 인정하려는 태도를 보였다.

~때문에 발생하는 좋지 않은 **결과**
결과로서 나타나는 좋지 않은 영향; 악영향

consequences

The U.S. has largely ignored ***the consequences*** of a rapidly rising rate of preterm births, causing health risks and costing the nation billions of dollars, an Institute of Medicine report concluded. ▶ 한 의학 협회는 건강에 위협이 되며 수억 불에 달하는 비용이 드는 조산 비율이 급격히 증가하면서 나타나는 좋지 않은 결과를 미국이 대체로 무시했었다고 결론지었다. ♣ ***preterm birth***: 조산

Meanwhile, head of the International Atomic Energy Agency spoke of ***disastrous consequences*** for North Korea if it conducts a test. ▶ 한편, 국제원자력기구(IAEA)의 대표는 북한이 핵실험을 할 경우 북한에 닥칠 엄청난 악영향에 대해서 언급하였다.

주 복수형으로 쓰이는 것에 주의

고심하여/노력해서/애써서 ~라는 **결과/결실을 얻어내다**

grind out result

We have never quite hit the heights we want to reach. But we've definitely ***ground out some results*** without playing well. ▶ 우리는 우리가 원하는

수준에 도달한 적이 없었다. 그러나 비록 경기는 잘하지 못했지만 어느 정도 만족할 만한 결과를 얻었다고 볼 수 있다.

To ***grind out the result*** was the most important thing and we managed to do it in spite of the conditions. ▶ 가장 중요한 것은 노력해서 결과를 얻어내는 것이며, 우리는 그 같은 조건에도 불구하고 그럭저럭 그것을 이루었다.

주 맷돌로 곡식을 천천히 갈듯 애써서 결과를 얻는다는 의미다.

마지막 **결론**
가장 중요한 요점

upshot

Average salaries for Americans are based on educational accomplishments, and ***the upshot*** is: the more education, the more income. ▶ 미국 사람들의 평균 봉급은 교육적 성취에 근거한다. 요점은 교육수준이 높을수록 수입이 높다는 것이다.

Much of the talk focused on global climate change was not good for anyone who lives in a low-lying coastal region or more generally cares about the fate of humanity or the condition of Planet Earth. ***The upshot*** was clear: The ominous portrayal of global warming being accelerated by human activities — as seen by many millions in the Oscar-awarded "An Inconvenient Truth" — is well supported by scientific research. The unequivocal message from the scientists was that there is no time to waste in reducing our greenhouse-gas emissions. ▶ 지구 기후변화에 관한 이야기들은 낮은 해안 지역에 살고 있거나 지구의 환경이나 인류의 운명에 대체적으로 남보다 신경을 많이 쓰는 사람들에게는 대부분 좋지 못한 것들이다. 마지막 결론은 명확하다: 수백만의 사람들이 (지구 온난화의 위험을 경고한) 2007년 오스카상 다큐멘터리 부문 수상작 "불편한 진실"에서 보았듯이, 인간의 활동에 의해서 가속화되고 있는 지구 온난화에 대한 불길한 묘사는 과학적인 연구에 의해서 잘 뒷받침되고 있다. 과학자들이 보낸 명확한 메시지는 온실가스 배출을 줄이기 위한 노력을 지금이라도 당장 시작해야 한다는 것이다.

주 활쏘기 대회에서 승패가 달려 있는 최후의 한 발을 의미한다

성급한 **결론을 내리다**
속단하다; 지레짐작하다

jump to a conclusion

Without any data as to why it wasn't working, they ***jumped to a conclusion***. ▶ 왜 그것이 안 되는지에 대한 데이터도 없이, 그들은 성급한 결론을 내렸다.

He may have ***jumped to a conclusion*** on the merits of the age-restriction rule. We don't have enough data to say whether it's bad or good. ▶ 그는 연령제한 규정의 장점에 대하여 속단했을지 모른다. 그게 좋다 나쁘다 말하기 위한 충분한 데이터가 없다.

결박하여 끌고 가다
팔/다리를 묶거나 신체의 다른 부위 등을 붙잡고 끌고 가다

frog-march

The police arrested him and ***frog-marched*** him to the local police station. ▶ 경찰은 그를 체포하고는 결박해서 그 지역 경찰서로 끌고 갔다.

They were ***frog-marched*** out of the building in single file. ▶ 그들은 결박당한 채 한 줄로 서서 건물 밖으로 끌려 나왔다. ♣ *in single file* : **한 줄로 나란히 서서** 참조

결별
이별; 이혼; 분리

break-up; break up ☞ 동사로도 사용

And ***family break-up*** and the growth in numbers of older people mean that 29 per cent of all households are made up of one person living alone. ▶ 이혼과 노인 수의 증가로 인하여 독신 가구가 전체에서 29%를 차지하고 있다.

They demand ***a break-up*** of big energy companies. ▶ 그들은 거대한 에너지 회사들의 분리를 요구하고 있다.

선거에서 과반수나 특정한 비율의 득표를 한 사람이 없어서 다시 치르는 **결선투표**
시합에서 동점자의 결승전

runoff

An official vote tally showed him winning ***a runoff election***. ▶ 공식적인 투표 집계 결과 그가 결선투표에서 승리하고 있는 것으로 나타났다.

He claimed the heavy weight title after beating Sean in ***a runoff***. ▶ 그는 동점자 결승전에서 숀을 물리치고 헤비급 타이틀을 거머쥐었다.

조직의 **결속을 깨다**
조직의 명령에 불복종하다

break ranks

The rare wartime rebuke to the commander in chief was approved 246-to-182, with 17 Republicans ***breaking ranks*** to join all but two Democrats in supporting the resolution. ▶ 전시에는 야당 의원들도 대통령이 하자는 대로 손을 들어 주는 것이 보통이지만, 2007년 2월 16일 미 하원에서 부시 대통령이 제안한 이라크에 20,000명을 추가 파병하는 안을 반대하는 결의안이 통과되었다. 이때 공화당 의원 중에서 17명이 당의 지침을 어기고 찬성표를 던졌고, 반면에 민주당 위원 2명이 반대표를 던졌다. ♣ ***the commander in chief***: 미국 대통령. ♣ ***all but***: 특정한 것/부분/사람만 **제외하고 전부** 참조

남들이 비난할 때 집단 내에서 **결속을 다지다**
서로 지지하다

close ranks

Under mounting international pressure to free a kidnapped Israeli soldier, Palestinian President and Prime Minister ***closed ranks*** by concluding a power-sharing agreement aimed at ending months of violent Hamas-Fatah fighting and laying down principles for talks with Israel. ▶ 납치한 이스라엘 병사를 풀어주라는 국제사회의 압력이 가중되고 있는 가운데, 팔레스타인 대통령과 수상은 이스라엘과 협상에 임하는 원칙을 세우고 두 무장 세력인 Hamas와 Fatah 사이에서 수개월 동안 벌어지고 있는 폭력적인 싸움을 종식시키는 것을 겨냥하여 권력을 서로 나누기로 결론을 지음으로써 내부 결속을 다졌다.

Institutions tend to ***close ranks*** when a member has been accused of misconduct. ▶ 단체들은 소속원이 행동을 잘못하여 비난을 받으면 서로 결속을 다지는 경향이 있다.

주 군인들이 흩어져서 행군하다 밀집대형을 취한다는 의미다. 우리나라 국회의원들이 범죄에 연루되어 검찰이 소환하려고 할 때 임시국회를 열거나 임기를 연장하여 동료들이 끌려가는 것을 방해하는 경우 이 표현을 쓰면 안성맞춤이다.

한쪽 부모만 있는 **결손가정**

single-parent household

Children in ***single-parent households*** — usually families with only a mother present — are much more likely to be poor than those who live with two parents, largely because of the loss of support from the fathers. ▶ 주로 어머니만 있는 결손가정에서 자란 어린아이들은, 대체로 아버지로부터 경제적인 지원을 받지 못하기 때문에, 양쪽 부모와 함께 지내는 아이들보다 훨씬 더 가난하게 사는 경향이 있다.

~이 **결실을 맺다**
~에 대한 노력의 성과가 나타나다

bear fruit

The County revamped its economic development plan during the winter and this spring the new approach is ***bearing fruit***. ▶ 겨울 동안 그 카운티는 경제개발 계획을 개편하였고, 이번 봄에 새로운 시도가 결실을 맺고 있다.

He said that his visit to the Middle East and Asia was ***bearing fruit***, adding they were genuine development partners. ▶ 그는 중동과 아시아 방문에 대한 성과가 나타나고 있다고 말하면서 그들은 발전을 위한 진정한 동반자라고 덧붙였다.

pay dividends

The extra effort seemed to be working for John McCain. His focus on New Hampshire has begun to ***pay dividends*** in the polls, which show him widening his lead over Romney, who had been favored as an almost native son of the state because of his tenure as a former governor of Massachusetts. ▶ 존 메케인이 특별히 기울인 노력이 효과가 있는 것 같았다. 그가 뉴햄프셔 주에 초점을 맞추었던 것이 결실을 맺기 시작했다. 그 여론조사에서, 이전에 (이웃 주인) 메사추세츠 주에서 주지사를 역임한 덕분에 뉴햄프셔 주에서 태어난 아들처럼 사람들이 선호했던 롬니 후보와 격차를 크게 벌리고 있는 것으로 나타났다.《2008년 미국 공화당 대통령 후보를 선출하는 예비선거에 관한 이야기다. 그 후 존 메케인은 공화당 대통령 후보로 지명되었다.》

어려운 상황에 직면하여 **결연한 의지/태도로 임하다/대처하다**

굳은 각오로 임하다/대처하다; 각오를 단단히 하고 임하다/대처하다; 어려운 상황(난국)을 타개하기 위해 필요한 모든 노력을 다하다(do what is necessary to successfully overcome a difficult situation)

rise to the occasion

When faced with adversity, people often do not ***rise to the occasion***. ▶ 역경에 처했을 때, 종종 사람들은 결연한 태도로 임하지 않는다.

However, the majority of the fans believed that their team would ***rise to the occasion***. ▶ 그러나 대부분 팬들은 그 팀이 어려운 상황을 타개하기 위해 필요한 모든 노력을 다하리라 믿었다.

In tight battles, and you have to ***rise to the occasion***. ▶ 치열한 시합은 각오를 단단히 하고 임해야 한다.

They're in shape, they're talented and they just need to ***rise to the occasion***. ▶ 그들은 몸 상태가 좋고 재능이 있다. 단지 그들에게 필요한 것은 결연한 의지다.

There are several events left and I am confident that they will ***rise to the occasion***. ▶ 아직 몇 개의 행사가 더 남아 있다. 나는 그들이 행사들을 성공적으로 치르기 위해 모든 노력을 기울일 것이라고 확신하다.

주 가만히 앉아서 소극적으로 행동하는 게 아니라 결연히 일어나 대처한다는 의미다.

(자신의 결점보다 훨씬 작은) 남이 가지고 있는 사소한 **결점**

사소한 나쁜 점; 단점

mote in brother's eye

The community consistently forgets Jesus' caution to remove the plank from your own eye before judging ***the mote in your brother's eye***. ▶ 그 사회는 남이 가지고 있는 사소한 결점에 대하여 판단을 내리기 전에 자신의 더 큰 결점을 제거하라는 예수님의 주의를 계속 잊고 있다.

Religious teachings or scripture are sometimes misinterpreted, distorted, and misused to suggest that domestic violence is acceptable or even God's will among Jews, Christians, and Muslims. Some who are quick to see ***the mote in their brother's eye*** have categorized this crime as a Muslim crime, a symptom of what's wrong with Muslims, or as proof that somehow the religion of Islam is to blame. This is not a Muslim problem because it crosses all religious lines, but it is a Muslim problem because it also exists in our community. ▶ 가정폭력은 용인되며 심지어는 신의 뜻이라고 유태교와 기독교 및 이슬람교도들이 생각할 정도로, 종교적인 가르침이나 경전들은 가끔씩 잘못 해석되거나 왜곡되고 있으며 엉뚱하게 적용되고 있다. 남의 결점을 들추어 내는 데 주저하지 않는 일부 사람들(타종교를 믿는 사람들)은 이 범죄(가정폭력)를 이슬람 사회에서만 일어나는 범죄로, 이슬람교가 잘못되었다는 것을 잘 보여주는 증상 혹은 이슬람교가 비난을 받아야 하는 증거로 취급했었다. 그러나 가정폭력은 모든 종교의 경계를 넘나들며 발생하고 있기 때문에 이슬람 사회의 문제가 아니지만, 우리 사회에서도 벌어지고 있기 때문에 이슬람 사회의 문제이다.《미국에서 벌어지는 가정폭력이 이슬람 가정에도 나타나는 현실을 개탄하는 글의 일부다.》 ♣ *distort*: 진실/사실을 **왜곡하다**; *be quick to*: ~을 하는 데 **주저하지 않는다**; *cross all lines*: 모든 **경계를 넘나들다** 참조

주 신약성경 마태복음 7장 3절에서 유래된 표현이다: "Why do you look at ***the mote in your brother's eye*** and pay no attention to the beam(the plank) in your own eye?" "자신의 눈에 있는 대들보(큰 결점)은 보지 못하면서 왜 남의 눈에 있는 티끌(사소한 결점)을 들추어 내는가?" 예수님은 목수 일을 하셨기 때문에 나무판자와 톱밥(티끌)으로 이런 비유를 한 것으로 생각된다.

스스로의 경험/본능/직감에 의존하여 내리는 **결정**

judgement/judgment call

It was ***a judgement call*** by a doorman. It's not management policy to refuse access to the armed services. ▶ 영국 웨일즈에 있는 한 나이트 클럽에서 문지기가 군인들을 입장시키지 않아 물의를 일으킨 사건에 대한 이야기다.

㈜ 결정을 내리기 위한 확고한 규칙이나 원칙이 없는 경우다. 여러 가지 증상을 종합해서 의사가 진단을 내리거나 야구 경기에서 심판이 아웃 혹은 세이프 판정을 내리는 경우 등도 이에 해당한다고 볼 수 있다.

신중하게 판단하여 내린 **결정**
고심 끝에 내린 결심/결정

conscious decision

It is ***a conscious decision*** to engage Pakistan in talks. We appreciate the complexities involved in the talks. ▶ 파키스탄을 회담으로 끌어 들이기로 한 것은 신중하게 내린 결정이다. 우리는 그 회담의 복잡성을 잘 알고 있다.

We have made ***a conscious decision*** to change our business model. ▶ 고심 끝에 우리는 사업모델을 변경하기로 결정했다.

여자가 임신하여 급하게 서둘러 하는 **결혼**
어려운 처지에 있는 회사의 (강제) 합병

shotgun wedding

A shotgun wedding is form of forced marriage that is arranged to avoid embarrassment due to an unplanned pregnancy.

He suggested that the government attempt ***a shotgun wedding*** between Goldman and Wachovia. ▶ 그가 골드만 삭스와 와초비아를 합병시킬 것을 정부에 제안했다.

In the hectic days that led up to Bank of America's (BAC) ***shotgun wedding*** with Merrill Lynch last year, lots of mistakes were made. ▶ 작년 뱅크오브아메리카와 메릴린치 합병으로 이어진 혼란기에 많은 실수가 저질러졌다.

㈜ 아버지가 자기 딸을 임신 시킨 남자 머리에 총을 겨누며 강제로 시키는 결혼이다.

누구와 얼마 기간 동안의 **결혼생활**

~ marriage to someone

She had three girls and one boy during ***a 15 year-marriage to*** Edward. ▶ 그녀는 에드워드와 15년간의 결혼생활 동안 3명의 여자아이와 1명의 남자아이를 두었다.

In her five hours of testimony Wednesday, Sharon detailed her ***two-year, five-month marriage to*** Daniel. ▶ 수요일 5시간 동안 진행된 증언에서, 샤론은 다니엘과의 2년 5개월에 걸친 결혼생활에 대하여 자세하게 이야기하였다.

결혼하다
백년가약을 맺다

tie the knot

The couple has decided to ***tie the knot*** mid-next year. ▶ 그 커플은 내년 중반에 결혼하기로 결정하였다.

The actress, who is due to give birth next summer, was originally expected to ***tie the knot with*** Mark before her baby arrives. ▶ 내년 여름에 출산을 앞둔 그 여배우는 원래 아기를 낳기 전에 마크와 백년가약을 맺기로 했었다.

결혼한 적이 없는 사람들 사이에서 낳은 아이
사생아

love child

There is absolutely no truth to the rumor that she is ***the love child*** of Mick and Fran. ▶ 그녀가 믹과 프란 사이에서 태어난 그 사생아라는 소문은 절대로 사실이 아니다.

겸손하게 처신하다
자신을 낮추다

hide/keep/put someone's light under a bushel ☞ 자기의 능력/선행 등을 감추다

She would ***keep her light under a bushel*** but not suffer fools gladly. It was an interesting combination. ▶ 그녀는 자신의 선행을 감추면서 매우 겸손하게 처신하는 반면, 행동을 올바르게 하지 못하는 사람들을 보면 참지를 못한다. 이는 매우 흥미로운 조합이다. ♣ *not suffer fools gladly*: 남들이 자신처럼 제대로 (현명하게 혹은 재빨리) 행동하지 못하는 것을 보면 도저히 **참지 못한다** 참조

UltraDNS claims more than 7,500 customers and has more than 15 million Internet domains under its management—representing more than 20% of global DNS (Domain Name System). It also claims to be the largest outsourced DNS service provider for Fortune 1000 companies, including flagship customers such as Amazon.com, Forbes and Oracle Corporation, as well as high-level domains such as .org and .uk. UltraDNS can hardly be accused of singing its own praises—rather, it would be more accurate to accuse it of ***hiding its light under a bushel***. According to chairman and CTO(Chief Technical Officer), this is because it was critical that UltraDNS kept quiet about what it was doing until it had enough infrastructure in place so that the Net was protected before the bad guys figured out what they were doing. ▶ UltraDNS은 7,500 이상의 고객을 확보하고 있으며 1,500만 이상의 인터넷 도메인을 관리하고 있는데, 이는 세계 DNS의 20% 이상을 차지한다. 상위 도메인인 .org와 .uk는 물론이고 Amazon.com, Forbes and Oracle Corporation 등과 같은 선두적인 위치에 있는 고객을 포함하여 Fortune 잡지에서 선정한 세계적인 1000대 기업들에게 DNS 서비스를 제공하는 세계에서 가장 규모가 큰 회사다. UltraDNS는 이처럼 많은 고객들을 확보하고 있지만 절대로 자화자찬하지 않는다. 어쩌면 이 회사는 자신을 낮추고 있다고 보는 편이 더 정확할지도 모른다. 이 회사의 회장과 기술담당 최고경영자의 말에 따르면, 그 회사가 그렇게 행동하는 이유는 해커들이 그 회사가 무엇을 하고 있는지 알아채기 전에 네트워크를 보호할 수 있는 충분한 기반을 갖출 때까지 조용하게 있는 것이 매우 중요하기 때문이다. ♣ *sing its own praises*: **자화자찬(自怜自讚)**하다 참조

Record production figures are expected to dominate BP's second-quarter trading update tomorrow. Such records should be good news, but at the moment BP would probably prefer to ***keep its light under a bushel***. Its reputation has taken a knock in the US thanks to three separate and damaging incidents. First there was the explosion and fire at its Texas City refinery, which resulted in the death of 15 contractors. Then came the massive oil spill from a pipeline in the Prudhoe Bay field in Alaska. ▶ 기록적인 생산 관련 수치들은 내일 발표될 제2사분기의 거래실적 보고서에서 가장 크게 부각될 것이다. 그 같은 기록들은 물론 좋은 소식이지만, BP(British Petroleum, 영국계 정유회사)는 지금 이 순간에 아마도 자신의 실적을 크게 드러내고 싶지 않을 것이다. 큰 손실을 초래한 3가지의 사고 때문에 그 회사의 명성은 미국 내에서 큰 타격을 받았다. 첫째는, 텍사스 시티에 있는 정유공장에서 발생한 폭발 및 화재사고이며 이로 인해서 15명의 작업자들이 사망했다. 그리고 알래스카 프루드호만 유전 송유관에서 엄청난 기름이 유출되는 사고가 발생했다. 《이 같은 엄청난 사고로 실적을 크게 떠벌릴 형편이 못 되니 잠자코 있는 편이 더 낫다는 말이다.》 ♣ *take a knock*: **타격을 입다** 참조

주 신약성서 마태복음 5장 14-15절에서 유래되었다: "Jesus says: Your are the light of the world. A city that is set on a hill cannot be hidden. Neither do men light a candle, and ***put it under a bushel***, but on a candlestick; and it gives light unto all that are in the house, Let your light so shine before men, that they may see your good works, and glorify your Father which is in heaven." "너희는 세상의 빛이다. 산 위에 세운 마을을 숨길 수 없다. 또 사람이 등불을 켜 말(통) 아래다 내려놓지 아니하고 촛대 위에다 놓아둔다. 그래야 등불이 집안에 있는 모든 사람에게 환히 비친다. 이와 같이 너희 빛을 사람에게 비추어서, 그들이 너희의 착한 행실을 보고, 하늘에 계신 너희 아버지께 영광을 돌리게 하여라." ♣ ***Bushel***은 8갤런(36리터) 짜리 통을 말한다.

stoop down ☞ 몸(허리)을 굽히다, 자세를 낮추다

Celebrity activists are an easy target. After all, when Hollywood stars ***stoop down*** to help the underprivileged, their efforts often appear pious or self-serving. The results, though, tell a different story. ▶ 사회운동을 하는 명사들은 사람들이 공격하기 쉬운 표적이다. 뭐라고 해도, 할리우드 스타들이 몸을 굽히며 소외된 사람들을 도와주는 경우, 그들의 수고가 위선적이거나 이기

적으로 보일 때가 가끔씩 있다. 그렇지만, 그가 벌인 자선노력은 다른 이야기다. 《어느 할리우드 스타가 벌인 성공적인 자선사업에 관한 이야기다.》

Start all discipline by reaffirming the connection. ***Stoop down to her level*** and look her in the eye before you tell her she can't take another child's toy. Suggesting that she practice piano will work better if you can first tell her sincerely how much you loved the way she played the piece yesterday. ▶ 자녀들을 엄하게 대하기 전에 부모와 자식 간의 관계를 (부모로서 너를 사랑하기 때문에 그렇게 한다는 것을) 자녀들에게 확인시켜 주어야 한다. 다른 아이가 가진 장난감을 가지고 놀고 싶다고 조르면 안 된다고 말하기 전에, 자세를 낮추고 아이의 눈을 똑바로 쳐다보라. 피아노 연습을 제안할 때도 아이에게 진심으로 어제 연주한 피아노 곡이 너무 좋았다고 말하는 게 훨씬 효과적일 것이다. 《어린아이들을 교육시키는 방법에 대한 수긍이 절로 가는 조언이다.》

주 상대방에 맞추어 눈높이를 낮춘다는 의미로도 사용된다.

겸손한
젠체하며 앞으로 나서지 않는; 주제넘은 행동을 하지 않는

unassuming

He was quiet and ***unassuming***, often painfully shy. ▶ 그는 조용하고 겸손했으며 가끔은 애처러울 정도로 부끄러움을 탔다.

사람이나 물체들이 어떤 곳의 주변에 **겹겹이 몰려 있는**
여러 겹으로 어떤 곳의 주변을 에워싸고 있는

three or four deep

He seemed a little bemused by the ring of people ***three or four deep*** that gathered around him. ▶ 그는 자기 주위를 사람들이 겹겹이 빙 둘러싸고 있어 약간 당황한 것처럼 보였다.

After he finished speaking, the crowd, now swelled to form rows ***three or four deep*** along the pavement, applauded. ▶ 점점 수가 늘어 거리를 따라 겹겹이 늘어선 군중은 그의 연설이 끝나자 박수갈채를 보냈다.

모든 **경계를 넘나들다**
어떤 것/상황 등이 특별한 경우에만 국한되지 않는다; 모든 경우에 다 해당된다

cross all lines

Musically, the band ***crosses all lines*** between melodic and downright aggressive punk/hardcore. ▶ 음악적으로 그 밴드는 감미로운 멜로디 위주의 노래에서부터 매우 직선적이고 과감한 펑크와 하드코어까지 모든 경계를 넘나들고 있다.

Domestic violence ***crosses all lines***: ethnic, age, religious, socio-economic. ▶ 가정폭력은 특정한 인종, 나이, 종교 혹은 사회경제적 지위에 국한되지 않는다.

The situation, she emphasized, ***crosses all lines***, hitting as hard in a white-collar situation as it does in blue-collar. ▶ 그 상황은 블루칼라 계급에 충격을 준 만큼 화이트칼라 계급에도 영향을 미치면서 모든 계층을 넘나들고 있다고 그녀는 강조했다.

소란/소동을 피우거나 잘못하면 엄하게 다스린다고 **경고하다**
소동/소란을 피우거나 잘못된 행동을 하는 사람에게 엄중하게 꾸짖다

read the riot act

The teacher ***read the riot act*** to the students. ▶ 선생님은 학생들에게 시끄럽게 굴면 벌을 주겠다고 엄하게 경고했다.

The coroner investigating the death of a high school student ***read the riot act*** to a witness, saying: "You know more than you are telling us." ▶ 한 고등학생의 사인을 조사하고 있는 검시관이 한 목격자에게 "당신은 지금 우리에게 말하고 있는 것보다 더 많은 사실을 알고 있습니다"라고 말하면서, 사실대로 말하지 않으면 벌을 받게 될 것이라고 엄중하게 경고했다.

It wasn't even lunchtime on my first day in retirement, and my wife was ***reading*** me ***the riot act***. That quote is an excerpt from the Paciello's book, which was released this summer. "Has Anyone Seen My Reading Glasses," takes a humorous approach to the lifestyles of recently retired Baby Boomers. ▶ 직장에서 은퇴하고 집에 있던

첫날 점심 때도 되기 전에 아내가 나에게 경고의 메시지를 보냈다. 이 구절은 올 여름에 출간된 Paciello의 책에서 인용한 것이다. "누구 내 돋보기 본 사람 없어"라는 말은 최근에 직장에서 은퇴한 베이비붐 세대들의 생활방식을 익살스럽게 표현한 것이다.《아내가 이런 말을 한 것은 직장을 그만두고 집에 있는 나보고 돋보기를 찾아오라는 말과 같다는 뜻이다. "할 일도 없이 집에 있으면서 밥이라도 제때 얻어 먹으려면 내 말을 잘 들어야 한다"라는 의미로 부인이 은퇴하고 집에서 할일 없이 놀고 있는 남편에게 보내는 함축적인 경고의 메시지다.》

Thai agriculture minister ***read the riot act*** to provincial officials following the re-emergence after an eight-month lull of H5N1 bird flu and the death of a youth. ▶ 8개월 동안 잠잠하던 고병원성 조류독감 H5N1 바이러스가 다시 나타나 한 젊은 사람이 사망한 후, 태국 농림부 장관은 목요일 지방관리들에게 (바이러스가 번지는 것을 제대로 잡지 못하면 문책할 것이라고) 경고했다.

주 ***The Riot Act***란 1716년 영국 왕 George 1세가 내린 칙령을 말한다. 12명 이상 모여서 소란을 피우며 치안을 방해할 경우 관계자들(치안담당관, 시장 등)은 즉시 군중을 해산시키라는 내용을 담고 있다.

경계선상에 있는

매우 아슬아슬한; 위험수위에 근접한

borderline

This study analyzed data on 2,415 adults with ***borderline-high blood pressure*** who had been randomly assigned, 10 to 15 years earlier, to reduce their salt intake by 25 to 35 percent or to maintain usual salt intake while participating in studies on hypertension. Those who had lowered their salt intake were 25 percent less likely to have heart problems than were those who had not changed the amount of salt in their diets. ▶ 이 연구는 10에서 15년 전부터 고혈압의 경계선상에 있는 2,415명의 성인들을 임으로 지정하여, 연구에 참여하는 동안 소금섭취량을 25%에서 35%까지 줄이거나 혹은 평소에 섭취하는 양을 유지하도록 한 후에 나타난 데이터를 분석하였다. 그 결과 소금 섭취량을 줄인 사람들은 전혀 줄이지 않은 사람들보다 심장 문제를 일으킬 확률이 25% 낮은 것으로 나타났다.

Being a left-hander will keep him in the league longer than it should, but he is ***a borderline 5th starter*** at best right now. ▶ 그가 왼손 투수라는 장점 때문에 예상보다 오랫동안 메이저리그에서 활동할 것이지만, 현재 그의 실력으로는 기껏해야 제5선발투수도 될까 말까 한다.

It was ***a borderline joke***. ▶ 그것은 매우 아슬아슬한(위험수위에 근접한) 농담이었다.

공식 일정에 잡혀 있는 운동 경기

시합날이 미리 정해진 운동 경기; 시합일정

fixture ☞ 영국

They face ***fixture*** chaos after last night's rescheduled League match was postponed. ▶ 어제 저녁으로 스케줄이 재조정된 리그경기가 연기된 후, 그들은 시합 일정을 짜는 데 큰 혼란을 겪고 있다.

The Scottish Football League has yet to announce alternative ***fixture*** dates for the postponed games. ▶ Scottish Football League는 연기된 그 경기들을 위한 대안 시합일정을 아직 발표하지 않았다.

어떤 특별한 일을 하는 데 자격이 충분하다는 것을 보여주는 경력

업적/교육/배경 등과 관련된 전력

credentials

And by focusing the G-8 on Africa and coordinating his goals closely with those of campaigners like Bono and Bob Geldof, Blair burnished the progressive ***credentials*** that his blood brotherhood with George W. Bush over Iraq had obscured. ▶ 2005년 토니 블레어 영국 수상이 사회운동을 하는 진보적인 대중음악가들인 보노, 밥 겔도프와 함께 아프리카 구제활동(G8 on Africa)에 초점을 맞춤으로써, 부시 미국 대통령과 이라크전쟁에서 혈맹관계를 맺어서 의심을 받아 왔던 진보적인 (활동을 해온) 전력을 갖고 있는 사람이라는 이미지를 다시 부각시켰다. ♣ ***blood brotherhood*** : **혈맹관계** 참조

Individually, their services are of the most in-demand in the industry. Given their ***credentials*** and expertise in their respective areas of specialization, the word "high-end" is a term that easily comes to mind. ▶ 개인적으로 놓고 볼 때, 그들이 제공하는 서비스는 업계에서 수요가 가장 큰 분야다. 그들

의 경력과 각자 활동하고 있는 특수분야에 대한 전문적인 기술을 감안한다면 그들의 몸값이 비싸다는 사실이 쉽게 마음에 와 닿는다. ♣ *Given*: ~라는 현 상황(주어진 상황)을 **감안한다면**; *expertise*: **전문가적 식견(지식/기술)**; *high-end*: 특정한 부류에서 가장 **비싼** 참조

주 외교에서 "신임장"을 의미하기도 함: Korean new ambassador to the United States has presented ***his credentials*** to the President.

특히 운동선수의 다리에서 발생하는 근육 **경련**
쥐(spasm)

Charley horse ☞ 미국, Informal

"I've got the worst ***charley horse*** ever," she said, gesturing to her leg. ▶ 그녀는 손으로 다리를 만지며 "지금까지 겪어본 중에서 최악의 근육경련을 경험했다"고 말했다.

주 믿거나 말거나! 오래전 미국 "Chicago White Sox" 구장에서 운동장을 고르는 롤러를 끄는 "***Charley***"라는 이름의 말이 있었다. 너무 힘든 나머지 가끔씩 다리에 쥐가 나 꼼짝도 못했다고 한다.

경악하는
매우 혐오스럽고 놀라운; 끔찍한

aghast ☞ Formal

He was ***aghast*** at having to eat raw fish with chopsticks. ▶ 그는 젓가락으로 날생선을 먹어야만 한다는 사실에 경악했다.

An estimated worldwide audience of one billion people watched ***aghast*** as replays showed Zidane, after an exchange of words with Materazzi, plunging his head into the Internazionale center back's chest. ▶ 10억 명으로 추산되는 시청자가 지단이, 마테라치와 몇 마디 말을 주고받은 후, 이탈리아 세리에 A팀 인터나찌오날레에서 중앙수비수를 맡고 있는 그의 가슴을 머리로 들이받는 리플레이 장면을 보면서 매우 놀랐다. 《2006년 독일 월드컵에서 프랑스의 지네딘 지단이 자신의 누이를 들먹이면서 욕을 한 마테라치를 머리로 들이받은 사건에 관한 이야기다.》

~을 **경외하다**
너무 놀라운 나머지 무섭다는 생각이 들 정도이다

be/stand in awe of

When one considers that ancient Egyptians accomplished this magnificent feat without the advantage of even the pulley, the wheel, or the compass — none of which had been invented at that time — we can only ***stand in awe of*** their capabilities. ▶ 사람들이 고대 이집트 사람들이 도르래나 바퀴 혹은 나침반 등을 이용하지 않고—이 중에 어느 것도 그 당시에 발명되지 않았지만—이와 같은 엄청난 업적을 이룬 것을 생각한다면, 그들의 능력을 경외할 수밖에 없다. 《피라미드에 관한 이야기다.》

While the city's top brass were generous in their praise for the man on the street in the aftermath of Tuesday's bloodbath on the rails, many outsiders ***were in awe of*** the resilience that put the city back on its feet in no time. ▶ 인도 뭄바이시 고위 공무원들이 유혈사태를 초래한 2006년 열차 테러사건 이후 사태수습에 온갖 노력을 다하는 사람들을 아낌없이 칭찬하고 있는 와중에, 바깥 세계 사람들은 신속하게 정상 상태로 다시 되돌아가는 그 도시의 회복력에 너무나 놀랐다. ♣ *back on its feet*: 어려움을 겪은 후 정상 상태로 다시 **돌아오다** 참조

~의 **경우엔 그렇지 않다**
~의 경우엔 해당되지 않는다

(It is) not so with

Airplanes offer two classes of service too, but at least the coach passengers don't have to pay for the folks up front. ***Not so with taxes***. Corporations and the very rich have seen their taxes decline about a third in the past few decades, while the middle class now pay 329% more than it did 20 years ago. ▶ 항공사도 두 가지 종류의 서비스를 제공하지만, 일반석 승객(coach passengers)이 일등석 승객(the folks up front)의 요금을 대신 지불하지는 않는다. 세금의 경우에는 그렇지 않다. 기업들과 엄청난 부자들의 경우에는 지난 몇십 년 동안 세금이 1/3 정도 줄어들었지만, 중산층들은 20년 전보다 329%나 더 많은 세금을 지금 내고 있다. 《우리나라와 마찬가지로 미국 기업이나 부자들은 온갖 유형의 탈세를 저지르고 있지만, 중산층 봉급 생활자들은 많은 세금을 꼬박꼬박 내고 있는 현실을 개탄하는 어느 미국인의 글이다.》

Not many of us know what to do with the plastic bags after using them for once or twice. Feeling clueless, we immediately throw such bags into the bin. But ***it is not so with*** the school students. ▶ 보통 사람들은 플라스틱 백을 한두 번 사용한 후에 어찌할 줄을 몰라 바로 쓰레기통에 내다 버린다. 그러나 그 학교 학생들의 경우엔 그렇지 않다. 《학생들이 플라스틱 백을 다른 용도로 잘 활용하고 있다는 말이다.》

~에게 **경의를 표하다**
~에게 존경을 표하다 ; 예를 갖추다

pay homage to

He ***paid homage to*** the commander laying a wreath of flowers by his tomb at the cemetery. ▶ 그는 사령관의 묘지에 꽃다발을 놓으며 경의를 표했다.

pay obeisance to ☞ Formal

The Prime Minister did not forget to ***pay obeisance to*** Jawaharlal Nehru, saying: "Free India performed impressively in the first 15 years after Independence." ▶ 수상은 "독립 이후 15년 동안 자유 인도의 발전은 인상적이었다"라고 말하면서 네루(인도 초대 수상)에게 존경을 표하는 것을 잊지 않았다.

They, sometimes, sacrifice a goat to ***pay obeisance to*** God in a special occasion. ▶ 그들은 가끔씩 특별 행사에서 신에게 예를 갖추기 위하여 양을 제물로 바친다.

좋지 않은 것에 영향을 잘 받는 (잘 걸리는) **경향이 있다**
성향을 가지고 있다

prone to

People who smoke ***are*** not always ***prone to*** develop lung cancer. ▶ 흡연자라고 해서 항상 폐암에 잘 걸리는 성향이 있는 것은 아니다.

He is the most ***injury-prone*** in the team. ▶ 그는 그 팀에서 가장 부상을 잘 당한다.

실제로는 자신이 했지만 마치 자신이 아닌 다른 사람이 한 것처럼 느껴지는 **경험**
제정신이 아닌 상태에서 어떤 일을 한 것 같은 경험; 유체이탈의 경험

out-of-body experience

I'm embarrassed by what I did," he said. "It was almost like ***an out-of-body experience***. It was me but it wasn't me." He said he had no excuse, just an explanation: He did it because he wanted to "feel important." "I deserve to go to jail." ▶ "내가 저지른 일 때문에 곤혹스럽다"고 그가 말했다. "마치 내가 아닌 다른 사람이 그렇게 한 것처럼 느껴진다. 내가 했지만 그 당시에 나는 제정신이 아니었다." 그는 자신이 한 행동은 용서받을 수 없다고 말하면서, 자신이 매우 중요한 존재라는 것을 느끼고 싶어서 그랬다고 이유를 밝혔다. "나는 감옥에 가야 마땅하다."

주 자신의 정신(혼)이 육체와 분리되어 자신을 바라보면서 마치 다른 사람처럼 느끼는 경험이다.

경험법칙

rule of thumb

It's an emerging ***rule of thumb*** that suggests that if you get a group of 100 people online then one will create content, 10 will "interact" with it (commenting or offering improvements) and the other 89 will just view it. ▶ 최근에 나타나는 경험법칙에 의하면, 100명의 사람들이 인터넷 사이트에 접속할 경우 1명은 콘텐츠를 만들고 10명은 그 사람과 서로 의견을 교환하며 나머지 89명은 그저 보고만 있을 것이다.

A rule of thumb holds that it takes 40 gallons of sap to make one gallon of maple syrup. ▶ 경험법칙에 의하면 1갤런의 단풍나무 시럽을 만들기 위해서 40갤런의 수액이 필요하다.

사전 계획이나 계기(計器) 등의 도움 없이 **경험이나 감각에 의존하여 어떤 일을 하다**
느낌대로 어떤 일을 하다

fly by the seat of one's pants; do something **by the seat of one's pants**

We have kind of had a system that ***runs by the seat of its pants***. If there is a problem that becomes critical, then everybody starts jumping, governments start jumping and they start trying to figure out ways to plug the holes," he said. ▶ 우리는 어떤 일을 할 때 사전에 계획을 미리 세우지 않고 그저 느낌대로 하는 그런 시스템을 가지고 있다. 만일 매우 중대한 문제가 닥치면, 그때서야 정부와 모든 사람들이 급하게 움직이며 임시 처방책을 찾기 위하여 애쓰기 시작한다.

The Tonight Show host will be ***flying by the seat of his own pants*** since his writers will still be hoisting picket signs. ▶ (2008년 1월 현재 미국에서 방송이나 영화 등의 대본을 써주는) 작가들이 파업을 하고 있기 때문에, 미국 NBC TV의 The Tonight Show의 진행자인 Jay Leno가 대본 없이 쇼를 진행할 수밖에 없을 것이다.

주 조정석에 앉아서 비행기의 움직임을 온몸으로 느끼면서, 고도계나 나침반 혹은 현대식 자동항법 장치 등과 같은 계기(計器)의 도움 없이 경험과 감각에 의존하여 비행기를 조정한다는 의미다. 1938년 Douglas Corrigan이라는 사람이 뉴욕 브룩클린에서 아일랜드까지 비행한 후 많이 쓰이기 시작했다고 한다. 그는 이 비행 이틀 전에 "Sprit of $69.90"라는 낡은 비행기를 타고 브룩클린에서 캘리포니아까지 비행하기 위하여 항공당국에 계획서를 제출해놓은 상태였다. 그는 이전에 대서양 횡단 비행을 신청한 적이 있지만, 항공당국은 비행기가 너무 낡아서 안 된다며 비행허가를 내주지 않았다. 그는 너무나 대서양 횡단비행을 열망했던 나머지 캘리포니아로 비행한다고 이륙한 후에 기수를 서쪽이 아닌 동쪽(대서양 방향)으로 돌려버렸다. 29시간의 비행 끝에 아일랜드의 수도 더블린에 착륙한 후 나침반이 고장나는 바람에 잘못해서 원래 계획과는 다르게 기수를 동쪽으로 돌리게 되었다고 주장했다. 다음 날 신문에 "Corrigan ***Flies By The Seat Of His Pants***"이라는 제목으로 기사가 대문짝 만하게 실렸다고 한다.

어떤 사람이 특정한 분야에 대해서 **경험이 많아 훤하게 꿰뚫고 있다**
~에 매우 친숙/익숙하다; ~은 ~의 장기/특기다

Something **is (right/just) down one's alley**

I'm afraid that it ***isn't down my alley***, ask someone else. ▶ 죄송하지만 그 일은 제가 잘 모르는 분야이니 다른 사람에게 부탁해 보세요.

We're in Bavaria — meats, potatoes and goulash — ***right down my alley***. I come from North Dakota, which is predominantly German and Norwegian, so a lot of the foods here are the same. ▶ 우리는 지금 독일 바바리아에 있다. 그러나 North Dakota는 독일과 노르웨이에서 이주한 사람들이 많기 때문에 나는 독일 음식(meats, potatoes and goulash)에 매우 친숙하다. 《시합을 하기 위해 독일 바바리아에 간 미국 North Dakota 출신 권투선수의 이야기다.》

주 어릴 적에 뛰어 놀던 뒷골목처럼 손바닥 보듯 훤하게 알고 있다는 의미다.

경험이 없는
애송이; 풋내기; 신출내기; 신참

fledgling ☞ 부화된 지 얼마 안 되어 이제 막 털이 나기 시작한

America inadvertently gave Pyongyang the next boost. In Seoul, ***the fledgling government*** of Syngman Rhee undertook a U.S.-designed plan to recognize the South's education system. Opponents denounced the move as a ploy to get rid of leftist professors, and they warned it would only weaken the country's already feeble science curriculum. Yet the plan went ahead, and Seoul National University alone lost 38 scientists and engineers — among them the eventual brains of North Korea's nuclear-power program. ▶ 미국은 의도와는 다르게 평양에 핵무기 개발의 추진력을 제공하는 꼴이 되었다. 남한에서는 갓 태어난 이승만 정부가 미국이 계획한 대로 남한의 교육시스템을 정비하였다. 이에 반대하는 사람들은 좌익 교수들을 대학에서 몰아내려는 음모라고 비난하였으며, 그렇지 않아도 이미 취약한 상태에 있는 과학교육을 더 약화시킬 뿐이라고 경고하였다. 그럼에도 불구하고 그 계획은 진행되었고 서울대학교에서만 38명의 과학자와 엔지니어를 잃게

되었으며, 이 사람들 중 일부는 (월북하여) 나중에 북한의 핵발전소 건설에 중추적인 역할을 담당하였다.

The future of Russia's ***fledgling democracy*** was uncertain. ▶ 갓 탄생한 러시아 민주주의의 미래는 불확실하였다.

He gave a piece of advice to ***the fledgling writer***. ▶ 그는 그 신출내기 작가에게 충고 한 마디를 건넸다.

budding ☞ 이제 막 싹이 돋기 시작하는

When the dotcom bubble burst in 2000 it was not just ***budding entrepreneurs and investors*** who had their fingers burnt. Business school professors who had pinned their hopes on teaching e-commerce and information technology courses also felt the pain. ▶ 닷컴버블이 꺼진 2000년에, 쓰라린 경험을 한 사람은 비단 신출내기 기업가나 투자자뿐만이 아니었다. 전자상거래나 정보기술 분야의 과목을 가르치는 것에 (미래의) 희망을 걸어왔던 경영대학 교수들도 역시 고통을 받았다. ♣ *have one's fingers burnt*: 실패나 실수 등으로 인하여 **쓰라린 경험을 하다**; *pin one's hopes on*: ~에 **희망을 걸다** 참조

Iraqi Prime Minister's denunciations of Israel's attacks on Lebanon were more than just an embarrassing lesson to the White House in how even ***budding democratic leaders*** will bite the hand that props them up. ▶ (2006년 미국의 지원 아래 출범한) 이라크정부의 수상이 (2006년 7월 이스라엘과 레바논의 헤즈볼라 사이에서 발발한 분쟁 중 미국의 묵인하에) 무자비하게 레바논 남부지역을 폭격한 데 대하여 이스라엘을 비난한 사실은 민주주의 선거로 갓 선출된 이라크의 지도자들조차 그들을 지원하고 있는 미국을 어떤 식으로 배신하게 될지 모른다는 곤혹스러운 교훈 이상을 의미하였다. ♣ *bite the hand*: **은혜를 원수로 갚다** 참조

wet behind the ears ☞ 태어난 지 얼마 안 되어 귓가에 아직 물기가 있는

Still in its first year of existence, Mercury Café is a little ***wet behind the ears*** in terms of its ability to manage its spaciousness in a smooth manner. ▶ 아직 개업한 지 첫해이기 때문에, 머큐리 카페는 그 넓은 공간을 잘 활용하는 방법에 있어 아직 약간 서툰 면이 있다.

"***Wet behind the ears***" is how others describe him. ▶ "이마에 피도 마르지 않았다"는 표현은 다른 사람들이 그를 두고 하는 말이다.

Long-time coach Steve Griffith is getting a good look at the still ***wet behind the ears team*** at the Tournament this week. ▶ 오랫동안 그 팀의 코치를 맡아 온 Steve Griffith는 이번 주 토너먼트에서 아직 (경기) 경험이 별로 없는 그 팀이 어떻게 경기를 하는지 잘 살펴볼 수 있을 것이다.《신참 선수가 많은 팀이라는 의미다.》

주 우리말의 "이마에 피도 마르지 않은"이라는 표현과 같은 의미를 가지고 있다.

Johnny-come-lately ☞ 명사형으로도 사용

He implied that Edwards was ***a Johnny-come-lately***. "I've spent my entire adult life working with it. I'm not a newcomer," he said. ▶ 그는 에드워드가 풋내기라고 넌지시 말했다. "나는 어른이 된 후 모든 시간을 그 일을 하며 보냈다. 나는 신참이 아니다."

주 영국 해군에서 신참을 "*Johnny newcome*"으로 부르던 것에서 유래되었다.

경험이 풍부하다

seasoned ☞ 온갖 환경/기후를 다 겪어 적응된; 노련한

Seasoned downloaders on a broadband connection generally need eight hours or more to download a film. ▶ 경험이 풍부한 downloader(불법으로 영화나 음반 등을 내려받는 사람)들이 인터넷상에서 영화 한 편을 복제하는 데 보통 8시간 혹은 그 이상의 시간을 필요로 한다.

In 1996 Jack Smith, then CEO of General Motors, started Automotive Youth Educational System, a program that puts high school kids in shops along-side with ***seasoned car mechanics***. ▶ 1996년 GM 회장이 고등학교 학생들에게 자동차 조립공장에서 노련한 자동차 기술자들과 함께 일해 보는 기회를 주는 프로그램인 Automotive Youth Educational System을 시작했다.

wrote the book ☞ 이미 그것에 대하여 책을 한 권 썼을 정도로 경험이 풍부하다. Informal

Can she sing? Hell, she ***wrote the book***. ▶ 그녀가 노래 부를 줄 알아? 무슨 말을 하는 거야, 그녀는 노래책을 썼어.

He practically ***wrote the how-to book*** on the tactics. ▶ 그는 실제적으로 그 전술에 대하여 매우 경험이 많다.

battle-hardened ☞ 산전수전을 다 경험한/겪은; 단련된

The operation to kidnap Israeli soldiers took months of planning with Hezbollah's ***battle-hardened fighters*** staking out the Lebanese border looking for weaknesses. ▶ 이스라엘 병사들을 납치하기 위한 그 작전은, 이스라엘의 취약점을 파악하기 위하여 산전수전을 다 겪은 헤즈볼라(레바논의 과격 무장단체) 전사들이 이스라엘-레바논 국경을 순찰하면서, 여러 달 동안 계획한 끝에 이루어졌다.

Heavy rains may have paralyzed normal life in India's financial capital, but a dedicated breed of ***battle-hardened Mumbaikars*** lived up to the never-say-die spirit of the metropolis. ▶ 엄청난 폭우는 인도 경제 중심도시인 뭄바이의 일상적인 생활을 마비시켰을 수도 있었다. 그러나 이미 이 같은 폭우를 많이 겪어 단련된 헌신적인 부류의 사람들은 그 도시가 지니고 있는 불굴의 정신에 걸맞게 행동하였다. 《엄청난 폭우에도 끄떡도 하지 않는 뭄바이 시민들을 보고 놀라워하는 이야기다.》

blasé ☞ 무감각한; 무신경한, French

Elsewhere in the novel, a murderer is himself dissected by ***blasé organ harvesters***. ▶ 장기를 팔기 위해서 살인을 하는 사람 자신들도 역시 무감각한 장기 탈취범들에게 해부당하는 장면이 그 소설 곳곳에서 등장한다. 《중국을 배경으로 어느 중국 작가가 쓴 소설에 관한 이야기다.》

Five years after 9/11, many have become ***blasé*** — to our benefit or detriment. ▶ 9/11 사태가 지난 지 5년 후, 많은 사람들이 (그와 비슷한 끔찍한 사건에 대해서) 무신경한 태도를 보여왔다. 이런 태도가 우리에게 좋은 것인지 나쁜 것인지는 모르겠지만.

주 이전에 비슷한 나쁜/좋지 못한 일들을 많이 경험했기 때문에 쉽사리 흥분/감동/걱정 등을 하지 않는다는 의미다.

많은 것을 **경험했다**
많은 것을 보아왔다 (강조하는 표현)

have seen it all

After 18 years of maintaining and repairing the city's police cars, mechanic Paul Dean occasionally thinks he ***has seen it all***. ▶ 그 도시의 경찰차를 돌보고 수리하면서 18년을 보낸 후, 정비사 폴 딘은 가끔씩 자신이 많은 경험을 했다는 생각을 하곤 한다. 온갖 종류의 자동차 문제를 다 경험했다는 의미다.

Here's a man who ***has seen it all, tasted and heard it all***. ▶ 그 사람은 정말 안 해본 것이 없는 사람이다. 더욱 강조하는 표현이다.

곁눈질하다
눈을 옆으로, 아래로 혹은 위로 힐끔거리며 쳐다보다

look/see out of the corner of one's eye

One man ***saw out of the corner of his eye*** an elderly woman sitting at the dining room table. ▶ 한 남자가 식당 테이블에 앉아 있는 한 노파를 곁눈질했다.

He ***looks at*** me ***out of the corner of his eye***, hoping for a hint. ▶ 그는 내가 힌트를 주길 바라면서 나를 힐끔 쳐다보았다.

Out of the corner of his eye, he ***saw*** a man walking toward him. ▶ 그는 자신을 향해 걸어오는 한 남자를 힐끔거리며 쳐다보았다.

건물 내부의 **계단**
층계

staircase

I usually walk down ***the staircase*** instead of taking an elevator. ▶ 나는 보통 엘리베이터를 타지 않고 계단으로 걸어 내려간다.

건물의 **계단이 있는 통로**

stairwell

The fire that started on the second floor spread up to the top floor through ***the stairwell*** in a matter of minutes. ▶ 이층에서 발화된 불은 불과 몇 분 만에 계단통로를 통하여 맨 꼭대기 층까지 번졌다. ♣ *in a matter of*: ~라는 매우 **짧은 시간 안에** 참조

계란을 여러 바구니에 나누어 담다
위험을 분산시키다

not put all eggs in one basket

The risks could be lessened by *not putting all their eggs in one basket*. ▶ 계란을 여러 바구니에 나누어 담아 그 위험을 낮출 수 있다.

Farmers have been told *not to put all their eggs in one basket*. ▶ 농부들은 위험을 분산시키라는 말을 들었다.

특정한 요소들을 **계산에 넣다**
특정한 요소들을 포함하여 고려하다

factor in

On Friday, oil was selling for a record $78 a barrel. That price *factored in* the escalating fighting between Israel and Lebanon possibly turning into a full-blown war. ▶ 금요일, 배럴당 78불이라는 기록적인 가격으로 원유가 거래가 되었다. 그 가격은 본격적인 전쟁으로 번질지도 모르는 이스라엘과 레바논 사이의 점점 격해지는 싸움이 고려되어 결정된 것이다.《2007년의 상황이다.》

While financial independence still remains a goal for most people, the survey found 32 per cent of people had *factored in* inheriting some of the value of their parents property as part of their repayment strategy. ▶ 경제적 독립이 여전히 대부분 사람들의 목표인 반면, 그 여론 조사에서 32%의 사람들이 대출금을 갚는 전략으로 부모 재산의 일부를 물려받을 것을 계산에 넣고 있는 것으로 밝혀졌다.

여러 시간/날/주/월/해 동안 **계속되어 온**
지속되어 온

-long

After an *hour-long* hearing, Judge Gregory M. Bartlett did not grant the request. ▶ 한 시간 동안 계속된 심리 후 판사가 그 요구를 기각했다.

During his *week-long* visit, he will also meet the President. ▶ 일주일간의 방문 중 그는 대통령을 만날 것이다.

The labor union ended their *year-long* strike today. ▶ 노동조합이 일 년 동안 지속되어온 파업을 오늘 끝냈다.

아무리 어렵고 힘든 상황에 있더라도 늘 해오던 일은 **계속 진행된다**

life goes on

I know a lot of you are upset, what with Pujols going down and the Cardinals losing two of three to the Cubs. But *life goes on*. ▶ (메이저리그 세인트루이스 카디널스의 강타자인) 1루수(Pujols)가 부상으로 시합을 할 수 없고, 시카고 컵스에게 3게임 중 2게임을 져서 많은 카디널스 팬들이 화내고 있다는 것을 알고 있다. 그렇지만 예정된 야구 게임은 계속된다. ♣ *what with* : 좋지 않은 ~한 **이유로 인해서** 참조

무슨 일이 있더라도 (아무리 힘들더라도) 현재 하고 있는 혹은 계획한 일/공연을 **계속해야 한다**

the show must go on

Years of disarray and scandal left a Danville theater with a story that could rival that of any playwright. But *the show must go on*. ▶ 댄빌극장은 각본/대본을 써도 될 만큼 수년간에 걸친 엄청난 혼란과 스캔들로 얼룩져 있지만, 예정된 공연은 계속해야 한다.

"We miss you, but *the show must go on*," he told me in an e-mail. ▶ "당신이 우리와 함께 하지 못해 아쉽습니다만 예정된 일은 계속해야 합니다"라고 그는 나에게 이메일을 보냈다.

공식적으로 ~와 **계약하다**
특정한 활동에 가입/참여하기 위하여 등록하다

sign up ☞ 명사형으로도 사용

I saw the scenario's potential, and persuaded the movie production to *sign* her *up*. ▶ 나는 그 대본의 잠재력을 보았고, 그녀와 계약하라고 그 영화제작사를 설득하였다.

The group, who is calling for a change in the law on organ donations, is urging people to *sign up* as donors under the present system. ▶ 장기기증에 관한 법률의 수정을 요구하고 있는 그 단체는 현 제도하에서 기증자로 등록할 것을 사람들에게 권하고 있다.

Once you ***sign up*** the membership site you will be given a username and a password within minutes of ***sign-up***. ▶ 당신이 그 회원제 사이트에 가입하기 위하여 등록하고 나면, 등록 후 몇 분 안에 사용자 이름과 비밀번호를 받게 될 것이다.

장래에 발생할지 모르는 우발적인 사태(비상사태)에 대비하기 위한 **계획**
비상계획

contingency plan

In Seoul, Defense Ministry spokesman told reporters that South Korea had asked Washington to stop formulating ***contingency plan*** for cross border intervention in the event of instability in the North. ▶ 한국 국방부 대변인은 북한의 정세가 불안정해지는 경우 국경을 넘어 개입하는 비상계획의 수립을 중지하도록 미국에 요청했다고 기자들에게 말했다. 《민주당 정부 시절의 이야기다.》

A contingency plan aimed at fighting possible oil spills at the Caspian Sea will be implemented in the port city of Bandar Neka on July 24. ▶ 카스피해에서 기름 유출사고가 발생할 경우를 대비하여 마련된 비상계획이 7월 24일 항구 도시인 반다르 네카에서 실제로 적용될 것이다.

계획을 꾸미다
음모/책략을 꾸미다/꾀하다

hatch a plot

The governing party accused the opposition party of ***hatching a plot*** to mislead the public. ▶ 여당은 대중을 호도하려는 계획을 꾸미고 있다고 야당을 비난했다.

Arroyo in February declared emergency rule after some officers allegedly ***hatched a plot*** with communist rebels to remove her from office. ▶ 일부 관료들이 공산주의 반군들과 함께 아로요를 대통령직에서 쫓아내려는 음모를 꾸몄다고 알려진 후, 그녀는 2월에 비상계엄을 선포하였다.

긍정/수긍한다는 의미로 **고개를 끄덕이다**

nod in approval; node one's approval

He tasted the wine and ***nodded his approval***. ▶ 그는 포도주 맛을 보고는 좋다는 듯이 고개를 끄덕였다.

His father ***nodded in approval***. ▶ 그의 아버지는 수긍한다며 고개를 끄덕였다.

좋지 않은 것이 **고개를 들다**
그동안 잠잠해 있던 나쁜/좋지 않은 것이 모습을 드러내다

rear its ugly head ☞ 흉측한 모습/얼굴을 드러내다

The left ***reared its ugly head*** after the 2003 presidential election. ▶ 2003년 대통령 선거 이후 좌파가 모습을 드러냈다.

Last week inflation ***reared its ugly head*** again. ▶ 지난주에 인플레가 다시 고개를 들었다.

고래싸움에 새우등 터진다

When the elephants fight, it is the grass that suffers

It is, quite frankly, a needless fight, one that does nothing to practically assist the people of Zimbabwe out of their crisis. It brings to mind the saying that ***when the elephants fight, it is the grass that suffers***. ▶ 솔직히 말하자면 그것은 짐바브웨 국민들이 위기상황에서 벗어나는 데 아무런 실질적인 도움을 주지 못하는 소용없는 싸움이다. 이 싸움은 고래싸움에 새우등 터진다는 속담을 생각나게 만든다.

When the elephants fight, it's the ants that get crushed

There's an old saying: ***When the elephants fight, it's the ants that get crushed***. It's the fans getting crushed in this tug of war. Fans want to watch games, not referee carriage disputes. ▶ 미식축구리그(NFL)에서 심판과 임금협상이 안 되어 게임이 중단되면 피해는 팬에게 돌아간다는 이야기다. ♣ *tug of war*: **팽팽한 대결** 참조

관련된 모든 사항을 **고려하여** ~의 가치/중요성 등을 평가하거나 어떤 결정을 내리다
균형 있는 관점/시각/안목으로 ~의 가치/중요성 등을 평가하거나 어떤 결정을 내리다

do something **in perspective**

You have to make a decision ***in perspective***. ▶ 당신은 관련된 모든 사항들을 고려하여 결정을 내려야 한다.

He argues that the cost needs to be viewed ***in perspective***. ▶ 균형 있는 시각으로 비용을 검토해야 한다고 그가 주장한다.

New Zealanders need to keep their broad relationship with the United States ***in perspective*** — a perspective that tells us that we have few closer friends or partners in the world. ▶ 세계에서 우리와 매우 가까운 우방국 혹은 동반자가 별로 없다는 관점에서 뉴질랜드 국민들은 미국과 폭넓은 관계를 유지해야 할 필요가 있다.

주 원근 화법(*perspective*)에 따라 멀리서 사물을 잘 관찰한 후 가까이 있는 것과 멀리 있는 것을 구분해서 그림을 그리는 것처럼 가치/중요성 등을 평가하거나 어떤 결정을 내린다는 의미다.

모든 것을 **고려해 볼 때**
제반(諸般) 사항을 고려하여

all things considered

And ***all things considered*** he's doing a great job so far. ▶ 모든 것을 고려해 볼 때, 그는 현재까지 매우 훌륭하게 일을 해내고 있다.

We felt that ***all things considered*** it was better to wait. ▶ 우리는 제반 사항을 고려해 볼 때, 기다리는 편이 더 낫다고 생각했다

고백하건대 ~은 사실이다
~이 사실이라는 것을 인정한다

admittedly

It's only a theory, ***admittedly***, but the pieces fit together. ▶ 그것은 이론에 불과하다는 것을 인정하지만, 잘 들어맞는다.

Sometimes, avoidance of one particular food will have this beneficial effect, though ***admittedly*** rarely. ▶ 매우 드문 일이긴 하지만, 가끔씩은 한 가지 특정한 음식을 먹지 않는 것이 건강에 좋을 때도 있는 것이 사실이다.

큰 병, 고통, 어려움 등으로 인한 **고비를 잘 넘기고 활력을 되찾다**
죽을/어려운/힘든 고비를 잘 넘기다; 죽는 줄로만 알았다가 다시 살아나다; 새 삶/생명을 얻다.

have/take a new lease of life

Mark, who had previously survived on a mechanical heart, ***had a new lease of life*** after a heart transplant in December 2005. ▶ 인공심장에 의존하여 생명을 부지하고 있었던 마크가 2005년 12월 심장이식수술을 받은 후 새 삶을 얻었다.

He has ***taken a new lease of life*** after a kidney transplant from a female friend of 20 years. ▶ 20년간 사귀어온 여자친구로부터 콩팥을 이식 받은 후, 그는 죽을 고비를 잘 넘기고 활력을 되찾았다.

~의 **고삐를 쥐다**
~를 지배하다; ~을 장악하다; ~을 마음대로 쥐고 흔들다; 어떤 조직의 수장/우두머리/책임자가 되다

take the reins

Clinton, meanwhile, touted her experience as someone ready to ***take the reins of*** the executive from Day 1. ▶ 한편 (힐러리) 클린턴은, (대통령으로 취임하게 되면) 첫날부터 행정부를 확고하게 장악할 준비가 된 사람으로서, 그녀의 (행정) 경험이 많다는 것을 사람들에게 인식시키기 위하여 노력하였다.

As of Tuesday, he ***takes the reins from*** Baker. Baker will remain as chairman and as an employee. ▶ 화요일부로 그는 베이커로부터 경영권을 넘겨받는다. 베이커는 회장으로 그리고 한 사람의 고용인으로 남게 될 것이다. ♣ *as of*: 특정 시간 **부로** 참조

Mayor Becker ***took the reins of*** Salt Lake City government Monday. ▶ 베커는 월요일에 솔트레이크시 시장으로 취임하였다.

고삐 풀린 망아지

어디로 튈지 모르는 인물; 예측할 수 없는 행동을 하는 (위험)인물

loose cannon

He sent a letter to the mayor and other council members, saying director is a loose cannon. ▶ 그는 시장과 다른 시의회 의원들에게 감독관이 고삐 풀린 망아지라고 말하며 편지를 보냈다.

People love detective stories — especially when the detective is a maverick, ***loose cannon*** employing unconventional methods, but who always gets his man. ▶ 사람들은 형사 이야기를 좋아한다. 특히 단독으로 행동하고 특이한 방법을 사용하며 어떤 일을 벌일지 예측할 수 없지만 그러나 언제나 범인을 잡고야 마는 그런 형사 이야기를 좋아한다.

주 포탄이 어디에 떨어질지 모르는 조준이 잘 안 되는 대포다.

고소득인

소득이 매우 높은

high-earning

He is ***a high-earning player*** in this baseball league. ▶ 그는 이 야구리그에서 소득이 매우 높은 선수다.

High-earning holidaymakers are more likely to seek out exclusive and unique destinations where they can come home with more than just a suntan, but also a new skill under their belts." ▶ 고소득자들이 휴가를 떠날 때는, 단순히 일광욕만이 아닌 여러 활동이나 경험을 할 수 있고 또한 새로운 기술도 배울 수 있는, 제한된 사람들만이 갈 수 있는 특별한 여행지를 찾는 경향이 있다.

고압적인

남들에게 주로 즐겁지 않은 방법으로 지나치게 많은 것을 요구하는; 지나치게 부담을 주는; 지나치게 압박하는; 거들먹거리는; 횡포를 부리는

overbearing

Most Asian leaders want attention from Uncle Sam but not too much — lest Washington become ***overbearing***. ▶ 대부분의 아시아 국가 지도자들은 미국(Uncle Sam)이 자신들에게 관심을 보여주길 원하긴 하지만, 미국이 지나치게 고압적으로 나올까 두려워서 너무 큰 관심을 받는 것을 원하지는 않는다. ♣ ***lest*** : ~와 같은 좋지 않은 일이 일어날까 **염려하여** 참조

What the world at large really dislikes about is the same thing we would find distasteful in any ***overbearing***, well-to-do relatives: incurable arrogance. ▶ 세상이 일반적으로 싫어하는 것은 거들먹거리는 부자 친척들에게서 발견할 수 있는 혐오스러움, 다시 말하자면 치유 불가능한 거만함이다. 《미국을 두고 하는 이야기다.》

정부기관 등의 기관장 바로 밑에서 매우 중요한 직을 맡고 있는 고위직 사람

차관; 부기관장; 고위관료

under-secretary

At the time, Tenet was constantly defending his agency against attacks by Defense Department hawks like Douglas Feith, ***a Pentagon under-secretary***. ▶ 그 당시, (미국 정보부 CIA 국장인) Tenet는 국방부 고위관료인 Douglas Feith와 같은 강경파(매파)들이 CIA를 공격하는 것을 부단히 막아내고 있었다.

Jan Egeland, ***the UN's Under-Secretary-General*** for Humanitarian Affairs, says there are now about 600,000 refugees in Lebanon, a number which is "growing every day by the tens of thousands." ▶ 인권문제를 담당하고 있는 유엔 사무부총장인 Jan Egeland는 레바논에 현재 약 60만 명의 난민들이 있으며 그 수가 날마다 수만 명씩 증가하고 있다고 말했다.

고정관념으로 사로잡혀 있는

특정한 생각/사상 등에 얽매여 있는

hard-wired ☞ 철사 줄로 꽁꽁 묶여 있는

Behaviors that women should not exhibit were ***hard-wired*** in their brains. ▶ 여성으로서 하면 안 되는 행동들이 그들 머리 속에 고정관념으로 자리잡고 있었다.

How could so many people be ***hard-wired*** to do nothing in a crisis? ▶ 어떻게 그 많은 사람들이 위기상황에서는 아무것도 하지 말고 그 자리에서 꼼작 않고 있어야 한다는

고정관념에 얽매여 있을 수가 있는가? 《9/11 사태 당시 상황에 대한 이야기로, 재빨리 아래층으로 탈출했으면 많은 사람들이 목숨을 건질 수 있었는데 그렇지 못했다는 뜻이다.》

~이 추가됨으로써 어떤 성질/상태의 정도를 **고조시키다**
한층 더 높이다

add to

Pale wooden floors and plenty of natural light ***add to*** the relaxed atmosphere. ▶ 연한 색조를 띠고 있는 나무 마루와 가득한 자연 채광은 (실내의) 안락한 분위기를 한층 더 고조시킨다.

Smiles, nods, and cheerful faces ***added to*** the general gaiety. ▶ 미소, 고갯짓 그리고 밝은 표정들은 통상적인 즐거운 분위기를 고조시켰다.

Music rang out ***adding to*** the gaiety and life of the market ▶ 시장의 즐겁고 떠들썩한 분위기를 고조시키면서 음악이 울려 퍼졌다.

The US trade deficit widened less sharply than expected in April, ***adding to*** tentative hopes that the long deterioration in America's trade position may be slowing. ▶ 예상보다 크지 않은 미국의 4월 무역적자폭은 무역수지의 장기적인 악화세가 둔화되고 있는 것이 아닌가 하는 불확실한 기대감을 한층 높여주었다.

좋지 않은 상황에서 어쩔 수 없이 **고통을 겪다**
괴로운 나날을 보내다

languish in

No one knows for certain how many refugees wander the world today, or ***languish in*** camps without a permanent place of settlement. ▶ 얼마나 많은 피난민들이 오늘날 세계를 떠돌고 있는지, 혹은 영구적인 정착지 없이 난민캠프에서 고통을 겪고 있는지 아무도 확실하게 모른다.

He then ***languished*** for months ***in*** a Saudi jail ▶ 그는 사우디아라비아에서 여러 달 동안 옥고를 치렀다.

큰 소리로 **고함을 치다**
도둑이나 범인을 추적하면서 도둑이야! 혹은 그 사람 잡아라! 하고 큰 소리로 외치다; 큰 일이 벌어졌을 때 사람들의 주목을 끌기 위해서 큰 소리를 지르다; 화가 나서 큰 소리를 지르며 항의하다/저항하다

raise a hue and cry ☞ Written

Terrorism is not new for us in this country. We are used to hidden bombs, lobbed grenades, ambushes, kidnappings, even direct attacks by gunmen. We don't travel in buses without checking under the seat. We ***raise a hue and cry*** if we see a bag without a clear and present owner at railway stations. ▶ 이 나라에서 테러리즘은 새로운 것이 아니다. 우리는 숨겨진 폭발물, 원을 그리며 날아가는 수류탄, 매복, 납치, 심지어는 직접적인 총격에도 익숙해 있다. 우리는 버스를 탈 때면 꼭 의자 밑을 확인한다. 기차역에서 확실한 주인이 없는 가방을 발견하면 큰 소리로 고함을 친다.

The national media ***raised a loud hue and cry against*** yet another preemptive attack. ▶ 국영방송은 또 다른 선제공격에 대해 항의하는 방송을 보냈다.

Whenever opposition politicians ***raise a hue and cry***, some fall guys are arrested, remanded and released mechanically. ▶ 야당 정치인들이 큰 소리를 치면서 항의할 때마다, 몇몇 희생양들이 구속되고는 자동적으로 다시 석방된다. ♣ *fall guy* : **희생양** 참조

She tried to stop them by ***raising a hue and cry***. ▶ 그녀는 큰 소리를 질러 그들을 중지시키려고 했다.

~한 상황을 경험한 후 (다른 곳을 거치지 않고, 다른 일을 하지 않고) **곧바로**
~이 있고 나서 곧장; 직후

fresh from/off

The Franklin Pierce baseball team (44–11), ***fresh from*** their Northeast Regional championship, will leave for the College World Series on Thursday morning. ▶ 프랭클린 피어스 야구팀은 44승 11패의 성적으로 북동지역 챔피언을 획득한 후 곧바로 대학월드시리즈에 참여하기 위해 수요일 아침 떠난다.

Now, ***fresh from*** a big re-election victory Tuesday,

he is preparing to work with a newly elected City Council expected to be more cooperative. ▶ 화요일 재선거에서 크게 승리한 직후, 그는 훨씬 더 협조적일 것으로 예상되는 새로 선출된 시의회와 함께 일할 준비를 하고 있다.

곧이곧대로 이야기하다
직설적으로 이야기하다

call a spade a spade

"Cut the cackle," Professor Stuart used to tell us. What it meant in British regional tongue was, don't use unnecessary words; go straight to the point, cut the verbiage; *call a spade a spade*. ▶ "Cut the cackle"라고 스튜어트 교수가 우리에게 이야기하곤 했다. 영국 방언에서 이 말은 "불필요한 말을 하지 말아라", "요점을 이야기하라", "군말하지 말하라," "직설적으로 이야기하라"는 의미다.

There once lived an American business magnate named Randolph Hearst. Hearst was known to be a blunt brash fellow who used to *call a spade a spade*. ▶ 한때 기업가로 큰 돈을 번 랜돌프 허스트라는 한 미국인 살고 있었다. 그는 말을 곧이곧대로 하는 무뚝뚝하고 성미가 급한 사람으로 알려졌다. ♣ *magnate*: 사업에 성공해서 큰 돈을 번 **갑부** 참조

He *calls a spade an agricultural implement*. ▶ 그는 삽을 농기구라고 부른다.《너무 은유적으로 혹은 화려하게 말을 한다는 의미다.》

주 여기서 *spade*는 농사지을 때 사용하는 삽을 의미하며, 고대 그리스에서부터 이 같은 표현이 사용되었다. Plutarch records: "The Macedonians are a rude and clownish people that *call a spade a spade*." 플루타르크는 다음과 같이 기록하고 있다: "마케도니아 사람들은 직설적으로 이야기하는 거칠고 촌스러운 사람들이다."

곧 어떠한 일이 일어나기 직전의 상태에 있는
아슬아슬한 상태에 있는; 일보 직전의 상태에 있는; 위태위태한 상태에 있는

on the verge of ☞ 경계의 가장자리/끝에 있는

The girl was *on the verge of* tears. ▶ 그 소녀는 눈물을 흘리기 직전이었다.

He is *on the verge of* signing a deal to take charge of the team. ▶ 그는 그 팀을 맡는 계약서에 서명하기 일보 직전이다.

on the brink of ☞ 벼랑 끝에 몰려 있는

Global trade talks are *on the brink of* failure. ▶ 세계무역회담이 실패로 돌아가기 직전이다.

The Palestinian President and Prime Minister met twice yesterday in a desperate effort to drag their rival security forces back *from the brink of* civil war in the Gaza Strip. ▶ 가자 지구에서 내전이 일어날지도 모르는 벼랑 끝에 몰려 있는 상태에서 상대방의 경비대를 진정시키려는 필사적인 노력의 일환으로 팔레스타인 대통령과 수상이 어제 두 번 만났다.

어떤 문제를 해결하기 위하여 골똘히 생각하다
머리를 쥐어짜다

scratch one's head

The administration has spent a lot of time *scratching its head* about how to boost the economy. ▶ 행정부는 경제부양책을 골똘히 생각하느라 많은 시간을 보냈다.

The defeat left the head coach *scratching his head*. ▶ 헤드코치는 그 팀이 패한 후, (패배의 원인을 찾고 이를 해결하기 위하여) 머리를 쥐어짰다.

주 깊은 생각에 잠겨 손으로 머리를 긁적이는 동작이다.

사회나 많은 사람들에게 고통을 주는 골칫거리
불행을 가져다 주는 것; 골칫덩이; 두통거리; 재앙

scourge

Drugs are *a scourge* that is devastating our society. ▶ 마약은 우리 사회를 황폐화시키는 골칫거리다.

Child trafficking in West Africa remains at worrying levels despite the adoption of several international conventions against *the scourge*, experts from nine countries said this week. ▶ 어린아이 인신매매를 중지시키려는 여러 국제적인 협약에도 불구하고, 서아프리카에서 일어나고 있는 이 불행한 사태는 여전히 걱정

할 만한 수준에 있다고 9개국에서 모인 전문가들이 이번 주 이야기했다.

Just hours after two more Philadelphians became homicide statistics, Mayor, in a live television speech last night, sought to pull together city and suburbs to battle ***the scourge*** of gun violence. ▶ 두 명의 필라델피아 주민이 살해된 지 몇 시간 후, 시장은 어젯밤 생중계된 TV연설에서 많은 사람들에게 고통을 주는 총기폭력이라는 사회적 재앙과 싸우기 위하여 필라델피아 시와 주변 지역들이 서로 협력하는 방안을 모색하고 있다고 말했다.

주 천벌(하늘이 내리는 벌)이라는 의미를 가지고 있다.

바닥에서 지붕/천장까지 또는 다리 밑 **공간**
머리 위 공간; 상하 공간

headroom

British Waterways has said that the bridge will provide ***headroom*** of three meters for ordinary barges, a height which exceeds the guidelines. ▶ 영국 수로당국은 그 다리는 보통 바지선들을 위해서 지침서의 최소규정을 초과하는 3m의 다리 밑 공간을 확보하게 될 것이라고 말했다.

Inside it exceeds the LS 400 in front and rear ***headroom*** as well as rear legroom. ▶ 내부를 보면, 이 자동차는 뒷좌석 앞뒤 공간과 마찬가지로 앞좌석과 뒷좌석의 머리 위 공간도 LS 400보다 넓다.

자유롭게 운신할 수 있는 (최소한의) **공간**
어떤 일을 하는 필요한 최소한의 공간; 운신/활동의 폭

elbowroom

There is inadequate lighting, roofs leak, classrooms are overcrowded with hardly any ***elbowroom*** for pupils, books are insufficient, chairs and desks are a tight squeeze, and one teacher often attends to scores of pupils. Simply, it is a life of poverty and insecurity. ▶ 조명이 너무 어둡고, 천장은 비가 새며, 학생들 수가 너무 많아 학생들이 자유롭게 활동하기에는 교실이 너무 협소하며, 책이 부족하고, 의자와 책상들은 다닥다닥 서로 붙어 있으며, 교사가 한 사람이 수십 명의 학생들을 상대하고 있다. 이 모습은 가난하고 불안정한 생활환경을 그대로 보여준다.

Despite their size, submarines are so packed with machinery and gear that there's very little interior ***elbowroom***. ▶ 크기에 비해서, 잠수함은 각종 기계들로 꽉 차 있기 때문에, 사람들이 활동할 수 있는 공간이 매우 협소하다.

With such activities on the rise, they hope regulatory authorities will give them more ***elbowroom*** for fund-raising activities in global markets. ▶ 그 같은 활동이 활발히 일어나고 있는 상황에서, 그들은 감독기관이 국제시장에서 자금모금을 위한 운신의 폭을 좀 더 넓혀주기를 희망하고 있다.《규제를 완화해 달라는 말이다.》

자동차 등에서 좌석 앞의 다리를 뻗을 수 있는 **공간**
앞뒤 공간

legroom

Backseat passengers ride in comfort, with a reasonable amount of ***legroom*** and their own stereo controls with wireless headphones. ▶ 앞뒤 공간이 여유롭고 무선 헤드폰으로 자신만의 음악을 들을 수 있기 때문에, 뒷좌석 승객들에게도 안락한 느낌을 준다.

This is quite a large car. Rear ***legroom*** is excellent, although rear headroom is tight for tall people. ▶ 이 자동차는 매우 크다. 비록 키 큰 사람에게는 뒷좌석 머리 위 공간이 협소할지 모르지만, 뒷좌석 발 뻗을 공간이 매우 넓다.

공간적인 여유가 허락하는 한도 내에서 사람/희망자를 수용하는 방식/제도

space-available basis

Bulletin Board items are published every Sunday ***on a space-available basis***. To be included these items must be received by noon Friday. ▶ 회보는 지면이 허락하는 한도 내에서 기사를 받아 매주 일요일 발행된다. 기사가 실리려면 금요일 정오 이전까지 기사를 보내야 한다.

The swimming pool is operated ***on a space-available basis***. ▶ 그 수영장은 공간적인 여유가 허락하는 범위 내에서 입장객을 받는다.

불의의 **공격**
기습적인 공격 ; 예상치 못한 공격

sucker punch ☞ Informal

The schism between Woods and Mickelson dates back at least two years, to when Mickelson called Woods' Nike clubs "inferior." Woods boiled. "It was a little ***sucker punch***," says Fred Funk. ▶ 타이거 우즈와 필 미켈슨의 불화는 2년 이상 거슬러 올라간다. 그 당시 미켈슨은 우즈가 사용하고 있는 나이키 클럽의 질이 좋지 않다고 말했고 이에 우즈는 속이 부글부글 끓어올랐다. "그것은 사소하지만 예상치 못한 공격이었다"고 (타이거 우즈와 절친한 PGA 선수인) 프레드 펑크가 말했다. ♣ *date back* : 어떤 사건/일 등의 시작은 특정한 시간만큼 **거슬러 올라간다** 참조

선제 **공격**

pre-emptive strike

He says the country will not launch ***a pre-emptive strike*** against any country but it must be prepare itself for the worst case scenario. ▶ 그 나라는 어떤 나라에게도 선제공격을 하지 않을 것이지만, 최악의 상황을 대비한 시나리오도 준비해야 한다고 그는 말했다.

정당한 이유가 없는 **공격**
상대방이 아무런 해를 끼치지 않았는데도 하는 공격

unprovoked attack

Bush wants the embargo on supplying defense technology to China to stay, lest European goods one day be used against U.S. forces, who are pledged to defend Taiwan from ***an unprovoked attack*** by China. ▶ 중국이 대만을 정당한 이유가 없이 공격할 경우 대만을 지켜주기로 약속했기 때문에, 유럽에서 수입한 군수 장비들이 미국과 싸울 때 사용될까 염려스러워서, 부시 대통령은 유럽이 중국에 대한 군수장비 수출금지조처를 유지하기를 원한다.

공격적인
논쟁이나 말싸움을 벌일 것 같은

confrontational

The committee's ***confrontational style*** of campaigning has made it unpopular. ▶ 그 위원회가 벌이는 캠페인은 공격적인 스타일 때문에 인기가 없다.

Playing Christmas carols in shops during the festive season is tantamount to "psychological terror" for store workers, according to a study by an Austrian trade union. By the time the big day arrives, the study says, hours of listening to piped carols such as Jingle Bells and Silent Night will have made many store workers aggressive and ***confrontational***. ▶ 한 오스트리아 노동조합의 연구에 따르면, 크리스마스 시즌에 상점에서 울려 퍼지는 크리스마스 캐럴은 종업원들에게는 정신적인 테러와 다를 바 없이 좋지 않은 것으로 나타났다. 크리스마스 시즌이 다가오는 때에, 파이프 오르간으로 연주되는 징글벨이나 고요한 밤 같은 캐럴을 수 시간씩 듣다 보면 종업원들이 공격적으로 변하고 고객들과 자주 언쟁을 벌이게 된다고 그 연구는 밝히고 있다. ♣ *tantamount to* : ~은 ~와 **다를 바 없이 좋지 않다** 참조

bellicose ☞ 호전적인, Literary

The government is continuing its ***bellicose statements*** threatening tough action against illegal strikes. ▶ 정부는 불법파업에 대하여 강경하게 대응할 것이라고 위협하는 호전적인 발언을 계속하고 있다.

Taiwanese are tired of China's ***bellicose rhetoric***. ▶ 중국의 호전적인 언사(자꾸 대만이 독립을 고집할 경우 무력침공도 불사하겠다는 위협)에 대만 사람들이 염증을 내고 있다.

공격하다
~에 대들다 ; 달려들다 ; 덤벼들다

turn on

The administration's greatest fear is that the rebellion will get too local if the general population ***turns on*** the occupiers. ▶ 그 행정부가 가장 두려워하는 것은 만일 일반 주민들이 점령군에 덤벼들 경우 반군행위가 너무 국지적으로 변할 수 있다는 사실이다.

Demonstrators ***turned on*** police, overturning vehicles and setting fire to them. ▶ 시위대가 자동차를 뒤엎고 불을 지르며 경찰을 공격하였다.

The dog ***turned on*** me and bit me in the leg. ▶ 개가 달려들어서 내 다리를 물었다.

인명이나 주변 건물에 피해를 주지 않고 특정한 목표를 파괴하기 위해 국부적으로 수행하는 군사적인 **공격행위**
특정 목표만을 대상으로 집중 공격하는 행위

surgical strike

China has cut forces by hundreds of thousands of personnel and revised its strategies from human-wave attacks towards ***surgical strikes***. ▶ 중국은 수십만의 병력을 감축하였고, 인해전술(6 · 25전쟁에서 유엔군과 한국군에게 사용했던 전술)에서 특정한 목표를 공격하는 전략으로 수정하였다.

A surgical strike was aimed at the terrorist organization. ▶ 그 테러조직을 목표로 집중 공격이 이루어졌다.

㈜ 의사가 수술할 때 필요한 부위에만 정확하게 수술칼을 대듯이 공격한다는 의미다.

공공부문
국가/정부가 운영하는 기업/산업

public sector

Public sector workers earn between 8 and 10 per cent more than their counterparts in the private sector, says a recent report. ▶ 공공부문에서 일하는 사람들은 같은 일을 하는 민간부문 사람들보다 8%에서 10% 정도 더 많이 버는 것으로 한 최근 보고서가 밝히고 있다.

The UK government is getting ready for a clash with trade unions as it seeks to keep a lid on ***public-sector pay increases***. ▶ 영국정부는 공공부문의 임금인상을 억제하기 위하여 노동조합과 대결할 준비를 하고 있다.

공공연한
공개적인; 행동/활동 등이 겉으로 확연히 드러나는

overt

Although there is no ***overt hostility***, black and white students do not mix much. ▶ 공공연하게 적대감을 드러내지는 않지만, 흑인학생들과 백인학생들이 함께 지내는 경우는 드물다.

"It is my region, and I know it better than you," he told them, cautioning against ***an overt pro-Israel spin*** to the meeting. ▶ 그 회담이 공공연하게 이스라엘에게 유리한 방향으로 돌아가는 것을 경고하면서 "이 분야는 내 영역이며 나는 당신들보다 잘 알고 있다"며 그는 그들에게 말했다.

"Little is known about them; there is no research about them, and they try to hide their faith," he said of the active Christians among the Russian-speaking immigrants. "It's hard for them to be Christians in ***any overt way*** here." ▶ "그들에 대해서 알려진 게 별로 없고, 그들에 대한 연구도 없으며, 그들은 자신들의 종교를 감추려고 한다"라고 그는 러시아 말을 쓰는 이주민들 중 활발하게 기독교 활동을 하는 사람들에 관하여 말했다. "이곳에서는 그들이 겉으로 드러내 놓고 기독교인으로 행세하는 것이 어렵다." 《러시아에서 살면서 기독교를 믿던 유태인들이 이스라엘로 돌아와 살면서 종교적인 어려움을 겪는 이야기다.》

불법적으로 혹은 비밀리에 ~와 **공모하다**

collude with

Several local officials are in jail on charges of ***colluding with*** the Mafia. ▶ 여러 명의 지방 관료들이 마피아와 연루된 혐의로 감옥에 갇혀 있다.

The store's "no refunds" policy makes it harder for dishonest cashiers and customers ***to collude***. ▶ 그 상점의 "반환 불가" 정책은 비양심적인 종업원들과 고객들이 서로 공모하는 것을 더욱 어렵게 만들고 있다.

리더십/권력/정치 등의 **공백**
부재상태

vacuum

Currently, there is ***the leadership vacuum*** in Iraq.

▶ 현재 이라크는 지도력의 공백상태다.

His presence should fill ***the power vacuum*** which has been developing over the past few years. ▶ 그의 존재는 지난 수년간 심화되어 온 권력의 공백을 메워줄 것이다.

공생 관계
상호의존 관계

symbiotic relationship

He explained the ***symbiotic relationship*** between the company and the city. ▶ 그는 그 회사와 시 사이의 상호의존 관계에 대해서 설명했다.

The symbiotic relationship has been in existence for around 80 million years, with the wasps stashing their eggs in the fig fruits where they can develop safely, and pollinating the plants in return for the service. ▶ 장수말벌이 안전하게 부화할 수 있도록 무화과 열매 안에 알을 낳고 그 대가로 수분(가루받이)을 해 주는 이 공생 관계는 약 8천만 년이나 지속되어 왔다.

폭탄/질문 등의 **공세를 마구 퍼붓다**

bombard with

They ***bombarded*** him ***with*** questions. ▶ 그들은 그에게 질문공세를 퍼부었다.

The trouble with environmental crusaders is that they ***bombard*** us ***with*** so many depressing facts and figures that our heads are buzzing with the effort of dealing with it all. ▶ 환경보호주의자들의 문제점은 우리를 너무나 불안하게 만드는 우울한 사실들과 통계수치들로 공세를 퍼부으며 우리를 감당 못할 정도로 혼란스럽게 만들고 있다는 것이다.

Fed up with the way Ohio funds its schools, a group of Milford School District residents has formed a grassroots organization to ***bombard*** state representatives and senators ***with*** letters asking the funding system be overhauled. ▶ 오하이오 주가 학교에 재정지원을 하는 방법에 짜증이 난 밀포드 교육구 주민들이 주 하원 및 상원의원들에게 재정지원 제도를 철저하게 조사하여 고칠 것을 요구하는 편지 공세를 퍼붓기 위하여 주민으로 이루어진 조직을 결성하였다. ♣ *grassroots* : **풀뿌리** 참조

공손한
공경하는; 예의 바른; 존경심을 나타내는; 정중한

respectful

I would ***respectfully*** ask you to join us. ▶ 우리와 함께 해주실 것을 정중하게 요청합니다.

He is always ***respectful*** to elders. ▶ 그는 언제나 어른들에게 공손하다.

스스로 남들에게 자신이 ~이라고 **공언하는**
자칭 ~인

avowed ☞ Formal

We have trumpeted time and again ***our avowed commitment*** to democracy, which is based on the rule of law. ▶ 우리는 민주주의를 수호한다며 지속적으로 공언해 왔는데, 민주주의는 법치주의에 근간을 두고 있다. ♣ *trumpet*: **나팔을 불어대다** 참조

self-proclaimed; self-declared

Martina Navratilova has been ***a self-declared lesbian*** for at least 20 years. ▶ 마르티나 나브라티로바(왕년에 유명했던 여자 테니스 선수)는 20년 전부터 자신이 동성애자였다고 남들에게 말했다.

공익
공공의 이익

common/public good

Some people place self-interest before ***the common good***. ▶ 어떤 사람들은 공익보다 자신의 이익을 우선시한다. ♣ *put ~ before ~* : ~을 ~보다 **우선시한다** 참조

An essential complement to the fundamental goal of promoting respect for the personal dignity of every individual is that of always pursuing ***the public good*** of the entire country. ▶ 모든 개개인의 존엄성을 존중하도록 장려하는 근본적인 목표에

보완되어야 할 필수적인 사항은 언제나 나라 전체의 공익을 추구하는 목표다.

어느 한 편에 유리하거나 불리하지 않도록 **공정한 경쟁을 할 수 있는 여건을 조성하다**

level the playing field

After being put on hold by President Bush, the Big Three took their message to Capitol Hill, asking congressional leaders to ***level the playing field*** between domestic and foreign car makers. Crisscrossing the U.S. Capital Thursday, chief executive officers with General Motors Corp., DaimlerChrysler and Ford Motor Co. met with GOP and Democratic leaders in both the House and Senate. ▶ 부시 대통령에 의해서 (자동차와 관련된 공정거래 법안이) 보류된 후, 미국의 3대 자동차 회사들은 미국 자동차 회사들이 외국회사들과 공정한 경쟁을 할 수 있는 여건을 조성해 주도록 의회 지도자들에게 요구하면서, 그들의 취지를 의회에 전했다. 의회를 빈번하게 드나들면서 지엠과 크라이슬러 및 포드의 최고경영자들이 공화당과 민주당의 상·하원 지도자들과 만났다. ♣ *GOP*(Grand Old Party) : 미 공화당 ♣ *crisscross* : **동분서주(東奔西走)하며 다니다** 참조

He said that his latest proposal was an attempt to "***level the playing field***" among employers who have hired foreign workers legally and those with illegal workers who would become eligible for citizenship if the Senate bill becomes law. ▶ 상원에서 발의한 의안이 통과될 경우 시민권 신청자격을 얻게 되는 불법체류 노동자들을 고용하고 있는 고용주들과 외국인 노동자들을 정식으로 고용하고 있는 고용주들 사이에 공정한 경쟁이 이루어지도록 하는 것이 그가 최근에 제안한 법안의 목적이라고 그는 말했다.

주 전쟁에서 높은 고지를 점령하고 있는 측이 유리한 것은 당연하다. 땅을 평평하게 만들어 어느 한 쪽이 높은 위치를 점하는 것을 막는다는 의미다.

주로 경쟁 상대에게 주는 **공정한 기회/대우**

fair shake

He felt he could not get ***a fair shake*** in the team and he was probably very correct. ▶ 그는 그 팀에서 자신이 공정한 기회를 갖지 못했다고 느꼈는데, 그의 말이 옳았을지도 모른다.

San Antonio Spurs star Tim Duncan said he hopes he and his teammates "get ***a fair shake***" from officials in the wake of NBA referee Joey Crawford's suspension. ▶ NBA 심판 조이 크로포드의 자격정지 여파 속에서 다른 심판들이 자기나 팀 동료들에게 불리한 판정을 하지 않기를 바란다고 팀 던컨이 말했다. 《미국 NBA 소속 팀인 샌안토니오 스퍼스의 슈퍼스타 팀 던컨이 테크니컬 파울을 받고는 벤치에 앉아서 자신을 향해 비웃었다며, 심판 조이 크로포드가 팀 던컨에게 두 번째 테크니컬 파울을 불었다. 그러고는 나중에 그 심판이 팀 던컨에게 "Do you want to fight(나하고 한번 붙어 볼래)?"라고 심판의 신분에 부적절한 말을 했고, 이 때문에 오랜 기간의 자격정지 처분을 받았던 사건이다.》 ♣ *in the wake of* : 특히 좋지 않은 사건의 **여파** 참조

주 주사위 2개를 던져서 나오는 숫자를 합산하여 승자를 가리는 놀이에서 상대방에게 불리하지 않도록 혹은 속이는 일이 없도록 충분하게 잘 흔들어서 던진다는 의미를 담고 있다.

공중에 붕 떠 있는 기분이다
기분이 너무 좋다

float/walk on air ☞ 공중/하늘을 걷고 있는 기분이다

Morgan Cloud, a dance student at the University of Hawaii, is used to spinning and leaping across a stage. But now he's ***floating on air***. ▶ 하와이 대학에서 댄스를 전공하고 있는 학생인 모간 클라우드는 무대 위에서 빙글빙글 돌거나 공중으로 뛰어오르는 데에 익숙하다. 그러나 지금 그는 공중 위에 붕 떠 있다. 《장학금을 받게 되어서 너무나 기분이 좋다는 뜻이다.》

As soon as I know I'm in the team it's like I'm ***walking on air***. ▶ 내가 그 팀의 일원이 되었다는 사실을 알게 되니 공중에 붕 떠 있는 것 같은 느낌이 든다.

He was amazed how his beautiful new legs were made so quickly and when he walked he felt as if he was ***walking on air***. ▶ 그의 멋진 의족이 그렇게 빨리 만들어졌다는 사실에 놀라움을 감추지 못했다. 그리고 그는 의족을 신고 걸을 때 마치 하늘을 걷고 있는 것 같은 기분을 느꼈다.

be on cloud nine ☞ 높은 하늘에 떠 있는 기분이다, Informal

She *is on cloud nine* with her latest DVD album, a live recording from the 7 Arts Theatre. ▶ The 7 Arts Theatre 에서 실황으로 녹음한 그녀의 최근 DVD 앨범으로 그녀는 마치 높은 하늘에 떠 있는 기분을 느끼고 있다.

㊟ 9보다 더 큰 숫자는 없다고 여기던 오래전, 하늘에 떠 있는 여러 층의 구름 중에서 맨 위 층에 있는 구름을 *"cloud nine"*이라고 불렀다고 한다

공짜

free lunch

There is no *free lunch*. Don't feel entitled to anything you don't sweat and struggle for. ▶ 세상에 공짜란 없다. 땀을 흘리고 고생하지도 않으면서 당연히 어떤 것이 너에게 주어질 것이라고 생각하지 말아라.

If only I could persuade my friends to develop the same habit, I could earn one-tenth of a free trip to Hawaii. If only, in short, I could turn my friends into addicts as demented as myself, I could empirically prove that there is such a thing as *a free lunch*. ▶ 내가 친구들에게 나와 같은 습관(Frequent Flyer program에 가입하여 무료 항공권이나 기타 보너스를 받기 위해 쓸데 없이 비싼 비행기를 타거나 다른 사람들을 끌어 들이는 좋지 못한 습관)을 가져보라고 설득할 수 있다면, 나는 하와이행 비행기 값의 1/10에 해당하는 보너스를 얻을 수 있다. 간단히 말하자면, 내가 나의 친구들을 나 자신과 같이 정신이 나간 사람처럼 만들 수 있다면, 세상에 공짜가 존재한다는 것을 실험적으로 입증할 수 있게 된다.

공짜로 얻어먹으려는 사람

거저먹는 사람; 무임승차하려는 사람; 기여한 바도 없으면서 남들과 같은 혜택을 받으려는 사람

freeloader

For those who are receiving the benefits of a bargaining unit, but not paying dues to support it, there is an appropriate label — *freeloader*. ▶ 단체 교섭 중에 노조 대표들을 도와주는 마땅히 해야 하는 임무도 하지 않으면서, 협상 결과에서 얻은 혜택을 누리고 있는 사람들에게 붙여줄 적절한 꼬리표는 바로 "무임승차를 하는 사람"이다.

Prof. Carliner says what annoys his students most about teamwork is "the *freeloader* effect" — where one member of the group coasts and the others are forced to pick up the slack. They also complain about team-mates who drag down the group performance by being bossy, boorish or slow. ▶ 팀을 이루어 어떤 일을 할 때 학생들을 가장 골치 아프게 하는 것은 "무임승차 영향: 한 사람은 아무 일도 하지 않고, 나머지 사람들이 그 사람이 해야 할 일을 대신하는 것"이라고 칼라이너 교수가 말한다. 학생들은 보스 행세를 하거나 혹은 아무렇게나 행동하거나 아니면 너무나 꾸물거리면서 일을 더디게 만드는 팀 동료들에 관하여 불평을 하기도 한다. ♣ *coast*: **유유자적하다**; *pick up the slack*: 다른 사람들이 하던 일을 그들이 더 이상 수행할 수 없거나 하지 못하기 때문에 대신해서 **떠맡다** 참조

㊟ 도와준 일도 없으면서 차려 놓은 잔칫상에 와서 배를 채우는 사람을 말한다

~한 공통점을 가지고 있다

have something in common

Cycling's newest champion. The Olympic men's 100-meter gold medalist. Baseball's record-setting slugger. What these American stars *have in common* is nothing to cheer about — they're all under the cloud of doping. ▶ 싸이클링 새 챔피언(The 93rd Tour de France의 우승자인 플로이드 랜디스(Floyd Landis)). 올림픽 남자 100m 금메달리스트(저스틴 게틀린(Justin Gatlin)). 신기록을 세운 홈런타자(미국 메이저리그에서 홈런기록을 세우고 있는 샌프란시스코 자이언츠의 베리 본즈). 이 세 사람의 미국인 스타들이 가지고 있는 불명예스런 공통점은 바로 금지약물을 복용한 혐의를 받고 있다는 것이다.

Nonprofit groups, no matter what their purpose or mission, *have* one thing *in common* — need to raise money. ▶ 비영리 단체들의 목적이나 임무에 관계없이, 그들이 갖고 있는 공통점은 운영자금을 마련해야 한다는 것이다.

The two *have* nothing *in common*. ▶ 그 둘은 공통점이 하나도 없다.

The oboe *has* certain features *in common with* the clarinet. ▶ 오보에는 클라리넷과 몇 가지 공통적인 특징을 지니고 있다.

공해를 유발시키는 산업

dirty industry

Countries cannot have it both ways: the cost of a cleaner environment may sometimes be fewer jobs in ***dirty industries***. ▶ 국가들은 둘 다 가질 수는 없다. 깨끗한 환경을 얻는 대가로 공해산업의 일자리가 줄어들 수도 있다. ♣ *cannot have it both ways*: **두 가지를 다 가질 수는 없다** 참조

과거사

이미 지나간 것/이야기; 옛날 이야기

thing of the past

Listening to old records is kind of becoming ***a thing of the past***. ▶ 오래된 레코드 판에서 흘러나오는 음악을 듣는 것은 과거사가 되어가고 있다.

"At last, the mass kidnappings and daily car bombings are ***a thing of the past*** in Iraq" he says. ▶ 마침내, 대량 납치와 날마다 일어나는 자동차 폭탄테러는 이라크에서 지나간 이야기가 되었다고 그는 말한다.

현재 일어나고 있는 일이지만 **과거에 이미 경험했다는 느낌/기분**

이전에도 경험했는데 또 다시 같은 일이 반복되는구나 하는 싫증나는/진부한 기분; 현재 일어나고 있는 일을 보면서 드는 언젠가 본 듯한 혹은 경험한 듯한 느낌/기분(기시감, 旣視感; 일종의 착각일 수도 있음)

déjà vu ☞ French

A dreadful ***déjà vu*** and fearful flashback to Madrid's 3/11 and London's 7/7 has marked European reaction to Mumbai's 7/11 with footage and reports of the abattoir-like trains and hospitals in the city dominating TV, radio and the print media. ▶ 도살장을 방불케 하는 (유혈이 낭자한) 열차와 병원들을 보여주는 장면들과 보도들이 신문, TV, 라디오 방송을 온통 차지하고 있는 가운데, 유럽 사람들은 7/11뭄바이 열차 테러사건을 보며 스페인 마드리드 열차테러와 런던 지하철 및 버스 테러 사건들에 대한 무서운 장면들을 떠올리면서 이 같은 일이 또 일어났구나 하는 두려운 느낌을 받았다. ♣ *flashback to*: 갑자기 떠오르는 과거의 특정한 순간에 대한 또렷한 **기억** 참조

My husband spent time doing construction work in Ensenada, Mexico a couple of years ago. As we pulled up our colorful wooden chairs to one of the plentiful tables at El Revolutionario, he claimed that he had lunch in the restaurant's mirror image while in Mexico. With the posters of gunslingers on the walls, El Revolutionario has an authentic atmosphere. ***The Déjà vu*** for my husband was complete when our food arrived, curiously arranged on a mixture of melamine and Styrofoam plates. ▶ 내 남편은 2년 전 멕시코 엔세나다에서 건설 일을 했었다. 우리가 El Revolutionario(미국에 있는 멕시코 식당)에서 많은 테이블 중 하나로 가서 화려하게 색칠된 의자를 당겨 앉을 때, 남편은 멕시코에 있을 때 이 레스토랑과 똑같은 느낌을 주는 식당에서 점심을 먹었다고 말했다. 벽에 총잡이 그림들이 걸려 있는 이 레스토랑은 진짜 멕시코에 있는 식당과 같은 분위기를 가지고 있다. 스티로폼과 멜라민 플라스틱 접시에 담긴 음식이 나왔을 때, 남편은 멕시코에 있는 그 식당과 정말 똑같다는 느낌을 받았다.

Stock markets will suffer a case of ***déjà vu*** this year, with a strong start expected to lose traction by the end of 2008. ▶ 2008년 주식시장도 힘찬 출발을 했지만 끝에 가서 힘을 잃었던 2007과 별반 다를 게 없을 것이라는 예측이다.

과거/이전에는 ~일을 하고 있었지만 현재는 ~을 하는

과거/이전에는 ~한 신분이었지만 지금은 ~한 신분인

~ turned ~

To some of these ***students turned soldiers***, enlisting is almost less about the military and more about a career, and a way to build a life. ▶ 이전에는 학생신분이다가 지금은 군인이 된 사람들이 군대에 자원한 이유는 군대 자체에 관심이 있어서라기보다는 경력을 쌓기 위해서이며, 인생을 살아가는 한 방편으로 생각하기 때문이다.

과대망상

overblown self-image

The princess' spoiled brat mentality and ***overblown self-image*** are undoubtedly products of her coddled earlier life. ▶ 공주의 막된 태도와 과대

망상은 분명 응석받이로 자란 어린시절의 영향 때문이다.

Perhaps there is *an overblown self-image* among the average American male as being some kind of latent action hero. ▶ 보통 미국 남성들 사이에 자신이 일종의 액션영화 주인공이 될 잠재능력이 있다는 과대망상이 존재하고 있는 것처럼 보인다.

과시하는 태도로
남들의 이목을 끌기 위하여 과장된 몸짓으로; 남들의 이목을 끌 만큼 화려하게; 여봐란듯이

with a flourish

The champagne glasses were raised and chinked *with a flourish* as Gordon Brown said to the Portuguese prime minister, "Well done, you've done brilliantly. We're very proud of you." ▶ 고든 브라운 영국 수상이 포르투갈 수상에게 "수상님은 훌륭한 일을 하셨습니다. 우리는 당신이 자랑스럽습니다"라고 외치면서 두 사람은 여봐란듯이 샴페인 잔을 높이 들고 서로 쨍그랑 부딪쳤다. ♣ *chink* : 건배에서 **잔을 쨍그랑 부딪치다** 참조

This year, he made 32 appearances, all starts, and finished *with a flourish*. ▶ 올해 그는 선발투수로 32경기에 출전했고 남들의 이목을 끌며 화려하게 시즌을 끝냈다.

실력/가진 것 등을 남들에게 과시하다
자랑하다; 뽐내다

strut one's stuff on stage ☞ 무대 위에서 뽐내며 걷다

For the first time in centuries, China, ever sensitive of its past as the isolated and reactionary "sick man of Asia," seemed confident of its own economic and political power, as comfortable *strutting its stuff on the international stage* as any member of the G-8. ▶ 고립되고 보수적인 "아시아의 못사는 나라"라는 과거의 이미지에 언제나 예민했던 중국은, 다른 어느 G-8 회원국처럼 국제 무대에서 남들에게 자신의 힘을 과시하는 것에 대하여 편안하게 느끼면서, 지난 수 세기 만에 처음으로 그들의 경제력과 정치력에 대하여 자신감을 가지고 있는 것처럼 보였다.

Once again the Material Girl is living up to her nickname. When her 15-week tour kicks off Madonna will be asking her fans to shell out up to $375 a person to watch her *strut her stuff on stage*. ▶ 물질소녀(미국 여가수 Madonna의 별명)는 또 다시 그녀의 별명답게 행동하고 있다. 15주 동안 열리는 그녀의 콘서트 투어에서 그녀의 팬들이 그녀가 무대 위에서 뽐내는 것을 보려면 일인당 375불이나 되는 많은 돈을 써야 할 것이다. ♣ *shell out* : 많은 돈을 쓰다(Informal).

~이라고 해도 과언이 아니다
~와 진배없다; ~라고 해도 지나치지 않다

nothing less than

Their achievement is *nothing less than* a miracle. ▶ 그들이 이룩한 업적은 기적이라고 해도 과언이 아니다.

nothing short of ☞ ~라고 해도 부족함이 없다

"The vessel was *nothing short of* a floating coffin," he said. ▶ 그 선박은 물에 떠 있는 관이나 진배없다고 그가 말했다. 《상태가 매우 형편없다는 의미다.》

과욕을 부리다
짧은 시간에 너무나 많은 일을 한꺼번에 하다

burn the candle at both ends ☞ 양초 양쪽에 모두 불을 붙이다

He will get a chance to *burn the candle at both ends* at today's Texas Candle maker's Conference at the Civic Center. ▶ 오늘 시민회관에서 열리는 텍사스 양초제조업자 회의에서 그는 매우 힘들고 바쁜 하루를 보내게 될 것이다. 《이 비유적인 표현을 기가 막힐 정도로 적재적소에 사용하였다.》

Democrats have warned against *burning the candle at both ends*, but our concerns have fallen on deaf ears in this administration. ▶ 민주당 사람들은 세금을 줄이면서 연방정부의 지출을 늘리려는 부시 행정부의 과욕에 대해서 경고를 해왔지만 쇠귀에 경읽기에 그치고 있다. ♣ *fall on deaf ears* : **쇠귀에 경읽기다** 참조

overreach oneself ☞ 능력 밖의 일을 하려다 실패하다

The company had *overreached itself* and made

unwise investments. ▶그 회사는 과욕을 부려 현명하지 못한 투자를 하고 말았다.

He ***overreached himself*** and lost much of his fortune. ▶ 그는 능력 밖의 일을 하려다 재산의 대부분을 잃어버렸다.

공급의 **과잉으로 인하여 ~으로 넘쳐나다**
~의 재고가 넘쳐나다/쌓이다

be glutted with ☞ Business

Due to the bumper crop this year the markets remained ***glutted with*** ample fruit that resulted in the meteoric decline in the prices. ▶ 올해 과일 풍작으로 급속한 가격하락을 초래할 정도로 시장에 과일이 넘쳐난다.

In short, pretty soon the market will ***be glutted with*** smart phones with touch screens, real-time TV, MP3/video players, cameras, GPS, and digital recorders. ▶ 간단히 말해서, 조만간 다양한 기능을 갖춘 스마트폰이 시장에 넘쳐날 것이다.

실제보다 **과장된**
실물/실제보다 큰/확대된

larger than life

A basketball player — who lays claim to those ***larger-than-life stats*** — recently told the New York Times that he sometimes wishes he weren't so tall. ▶ 그런 수치들이 실제보다 과장되었다고 주장하는 한 농구선수가 뉴욕타임스 기자에게 자신이 그렇게 크지 않았으면 하고 원할 때가 가끔씩 있다고 말했다. 《체중 360파운드에 키가 7피트 7인치로 알려진 한 농구선수 이야기다.》

One of her own favorite paintings is ***a larger-than-life portrait*** of Sean Connery as special agent 007. "Mmmm, James Bond," she muses. ▶ 그녀가 좋아하는 그림 중의 하나는 실물보다 큰 007 영화 주인공인 숀 코네리의 초상화다. 그녀는 "음, 제임스 본드는 너무 멋져"라고 말하며 깊은 생각에 잠긴다. ♣ *muse* : ~에 대해 깊은 **생각에 잠기다** 참조

~와 **관계가 있다**
~와 연관이 있다 ; ~에 영향을 미치다(주다)

have bearing on

Experts generally agree that diet ***has an important bearing on*** your general health. ▶ 전문가들은 식단이 일반적인 건강과 중요한 관계가 있다는 사실에 대체로 동의한다.

My father's achievements really don't ***have any bearing on*** what I do. ▶ 내 아버지의 업적과 내가 지금 하고 있는 일과는 아무런 연관이 없다.

사람 간 혹은 국가 간의 **관계를 개선하다**

mend fences

The two countries fought a border war for years, but now they are ***mending fences***. ▶ 그 두 나라는 여러 해 동안 국경분쟁을 벌였지만 지금은 관계를 개선하고 있는 중이다.

Taiwan said that it would be difficult to resume ***fence-mending talks*** with China, stalled since 1999, unless Beijing showed respect for Taiwan democracy and renounced the use of force against the island. ▶ 중국이 무력 사용을 단념하고 대만의 민주주의를 존중해 주지 않는다면 1999년 이후로 중단되어 온 양국 관계개선을 위한 회담을 재개하는 것이 어려울 것이라고 대만정부가 말했다.

His speech appears to be an attempt to ***mend fences with*** powerful religious leaders. ▶ 그의 연설은 영향력 있는 종교지도자들과 관계를 개선시키려는 시도로 보인다.

주 두 집 사이에 있는 담장이 허물어지거나 손상될 경우 서로에게 책임을 미루고 고치지 않으면 사이가 나빠질 게 뻔하다.

관계를 두절하다
관계를 끊다

sever ties with ☞ Formal

The School Board voted late Tuesday night to ***sever ties with*** a local businessman indicted on bribery charges. ▶ 그 학교 이사회는 늦은 화요일 저녁 표결을 통하여 뇌물혐의로 기소된 그 지역 비즈니스맨과 관계를 끊기로 결정하였다.

Asked about possibility of break up in relations between Tehran and London, he said Iran is not willing to ***sever ties with*** any country in the world. ▶ 그는 영국과 이란 사이의 외교단절 가능성에 대한 질문을 받자 "이란은 세계 어느 나라와도 관계를 두절하려고 들지 않을 것이다"라고 대답했다.

~에게 지나칠 정도로 **관대한**
나쁜 일을 저질러도 벌을 주지 않고 봐주는

indulgent of

Until recently, the British were notoriously ***indulgent of*** hate-spewing imams and the fanatics who worshiped at their mosque. ▶ 최근까지 (2005년 7월 7일 런던 지하철 폭탄 테러사건이 발생하기 직전까지만 해도), 영국은 서방세계에 대한 증오를 마구 내뱉는 영국거주 이슬람지도자들과 광신도들을 지나칠 정도로 관대하게 대했었다.

His ***indulgent mother*** was willing to let him do anything he wanted. ▶ 나쁜 일을 저질러도 야단치지 않는 그의 어머니는 그가 원하는 것은 모두 하도록 내버려 두었다.

현재 상황은 ~과 **관련되어 있다**
~과 연관된 문제다

it is a case/matter of

At the same time gas prices rose dramatically, a locally based convenience store chain saw a 34 percent jump in prices over the past year. Executives say ***it's a case of supply and demand***. ▶ 유류 값이 엄청나게 오름과 동시에, 한 지역 편의점 체인에서는 지난 한 해 동안 가격이 34%나 뛰었다. 그 체인의 경영진은 이 같은 물가의 상승은 수요공급과 관련되어 있다고 말했다. 《수요보다 공급이 부족하기 때문에 발생한 것이라는 의미다.》

Having an extra ounce of fat is unforgivable for many gym goers, but for ants, ***it's a matter of livelihood*** and they do all they can to store some of this energy source. ▶ (군살을 빼기 위해서) 체육관에 다니는 많은 사람들에게는 한 온스의 불필요한 지방도 용서가 안 된다. 그러나 개미들에게는 지방은 생존과 연관된 문제이며 이 에너지원을 축적하기 위하여 할 수 있는 모든 일을 한다.

어떤 사건/활동 등에 **관련되어 있다**
연관되어 있다

have a hand in ☞ ~에 손을 대다; 손을 쓰다

Soviet soldiers, Taliban clerics, al-Qaeda mischief-makers and one or two fratricidal chieftains all ***had a hand in*** causing the misery in Afghanistan. ▶ 소련 군인들, 탈리반 지도자들, 해악을 끼치는 알카에다 조직원들과 동족을 죽이는 한두 명의 부족지도자들 모두 아프가니스탄의 불행한 상황을 초래한 책임이 있다.

They might have ***had a hand in*** the killing of four Russian diplomats in Iraq in June. ▶ 그들은 6월 이라크에 있는 4명의 러시아 외교관들이 살해된 사건과 관련되어 있을지 모른다.

He thanks all who ***had a hand in*** his release. ▶ 그는 자신의 석방을 위해서 손을 써준 모든 사람에게 감사하고 있다.

비효율적이고, 국민들에게 별 도움이 안 되는 규정에 얽매여 있는 **관료**
관료조직 (거부감을 갖고 있는 표현)

officialdom

Officialdom has been against us from the beginning. ▶ 관료들은 처음부터 우리들이 하는 일을 반대하였다.

While the territory's residents realize they still live in the luckiest part of China, with upright judicial system, a largely unrestrained press and almost no corruption in ***officialdom***, a growing number of Hong Kongers find that is no longer enough. ▶ 홍콩 주민들은 그들이 공정한 재판제도, 대체적으로 구속받지 않는 신문과 부패하지 않은 관료조직을 가지고 있는 중국에서 가장 운이 좋은 지역에 아직까지 살고 있다는 것을 실감하고 있기는 하지만, 점점 많은 홍콩 주민들은 이 정도 가지고는 충분치 않다고 생각한다. 《베이징의 정치적 간섭이 너무 심하다는 이야기다.》

관료주의적인 행정절차
관료주의: 필요 이상으로 번거롭고 오래 걸리는 행정절차 (비난하는 의미가 담겨 있음)

bureaucratic red tape; bureaucracy; red tape

Prime Minister Tuesday told government agencies to tackle the problem of ***bureaucratic red tape*** urgently to ensure it did not slow the implementation of development projects. ▶ 수상은 정부기관들에게 개발계획의 이행을 더디게 만들지 않도록 관료주의적인 행정절차 문제를 해결하라고 지시했다.

Many entrepreneurs are sick and tired of ***red tape***. ▶ 많은 기업가들은 관료주의적인 행정절차에 신물이 난다.

Public records are just that — public. They should not be hidden or blocked by ***red tape*** or intimidation. They should be easy to access, view and learn from. ▶ 공공기록들은 공적인 것이다(일반 국민에게 속하는 것이다). 공공기록들은 관료주의나 위협에 의해서 차단되거나 감추어져서는 안 된다. 쉽게 접근할 수 있고 그것들로부터 배울 수 있도록 해야 한다.

~의 관리하에 있는
~가 맡아 보관하고 있는; ~의 보호감독/관리를 받고 있는

in custody of

The specification and drawings shall be ***in the custody*** and care ***of*** the employer. Unless otherwise stated in the contract, two copies of the contract and of each subsequent drawing shall be supplied to contractor, who may make or request further copies at the cost of the contractor. ▶ 시방서(설계기준)와 설계도면은 사용자(공사 발주자)가 맡아서 보관하고 관리해야 한다. 계약서에 별도의 언급이 없는 한, 사용자는 계약서와 후속 도면의 사본 2부를 도급자에게 제공해야 하며, 도급자는 도급자의 비용으로 추가 사본을 요청하거나 만들 수 있다. ♣ *unless otherwise stated*: **별도의 언급/지시/표시 등이 없는 한**; *at the cost of*: ~의 **비용으로** 참조. ♣ *The specification*: 사용자/발주자(employer)가 구조물의 설계 시 반영할 것을 요구하는 조건(설계기준/조건)

She later died ***in the custody of*** Iranian officials, who declared her death an accident. ▶ 그녀는 이란 관리의 보호감독을 받고 있는 중에 사망하였는데, 그들은 그녀가 사고로 죽었다고 밝혔다.

토론이나 논쟁 등에서 어느 편에도 가담하거나 동조하지 않은 채 사태/추이를 **관망하다**
어느 편에 서야 할지 결정/판단을 못 내리고 있다

be/sit on the fence

He has said that states should take the lead in reducing carbon emissions and has indicated there needs to be more study on the causes of climate change. He ***is on the fence*** when it comes to the causes of global warming as well. On his Web site it states, "While we don't know for certain how or why climate change is occurring, it makes sense to take reasonable steps to reduce CO2 emissions without harming our economy." ▶ 그는 미국이 탄소방출을 줄이는 데 앞장서야 한다고 말했으며, 기후변화를 일으키는 원인에 대하여 좀더 많은 연구가 필요하다는 것을 분명히 했다. 하지만 지구온난화를 일으키는 원인에 대해서도 역시 그는 아직 판단을 못 내리고 있다. 그는 자신의 웹사이트에서 "기후변화가 어떻게 혹은 왜 일어나고 있는지 제대로 알지는 못하지만, 국가경제에 해를 끼치지 않으면서 탄소방출을 줄이는 합리적인 조치를 취하는 것이 합당하다"라고 말했다. 《무조건 이산화탄소의 방출을 규제한다면 국가 경제에 큰 해를 입힐 수 있다는 이야기다.》 ♣ *when it comes to*: **하지만 ~에 관한 경우에는** 참조

The traded volumes spiked as day traders and retail players who were hitherto ***sitting on the fence*** joined in the buying frenzy. ▶ 지금까지 증권시장의 추이를 관망해 오고 있던 개인 투자자들과 단타를 위주로 하는 사람들이 사자열풍에 가담하면서 거래량이 급등했다.

The grass is not always greener on the other side of the job fence. If you ***are*** still ***on the fence*** about leaving, talk to your manager about taking on more challenges and pursuing other options within the company, she said. "Ultimately, quitting should be a last resort," she said. ▶ 다른 직장이 언제나 더 좋은 것은 아니다. 다니고 있는 직장을 그만두는 일에 대하여 아직 판단을 못 내리고 있다면, 현 직장 내에서 도전적인 일을 많이 맡거나 다른 일을 맡는 방법에 관하여 부서 책임자와 상의하라고 그녀가 말했다. 그녀는 "궁극적으로, 직장을 그만두는 것은 최후의 방책이어야 한다"고 말했다. ♣ ***the grass is*** *greener*: **남의 떡이 더 크다(크게 보인다)**; *last resort*: **최후의 수단/방책** 참조

㈜ 담벼락에 걸터앉아 양쪽을 살피면서 어느 편으로 갈까 고민하고 있다는 의미다.

관습법
성문화되어 있지는 않지만 관습으로 인정하는 법

common-law

Sen. Luke Rankin started a filibuster last week against a bill that would end recognition of ***common-law marriages***. ▶ 루크 랭킨 상원의원은 관습법에 의한 결혼(남녀 간의 결혼)의 종말을 고하는 (동성 간의 결혼을 인정하는) 법안통과를 막기 위하여 지난주 의사진행방해를 시작했다. ♣ *filibuster*: 긴 연설로 시간을 끌어 의사진행이나 의안통과를 **방해하기** 참조

A man was sentenced to 90 years in prison for the August 2005 shooting death of his ***common-law wife***. ▶ 한 남자가 정식으로 혼인신고는 하지 않았지만 부부처럼 함께 살고 있던 여자(내연의 처)를 2005년 8월 총으로 살해한 죄로 목요일 90년 형을 선고받았다.

중대 **관심사**
매우 중요하기 때문에 항상 염두에 두고 있는 일; 우선해야 할 일

preoccupation

The human rights — civil and political, economic and social, and cultural and ecological rights — are in the forefront of ***preoccupations*** of the specialized agencies of the United Nations — UNDP, UNCTAD, UNESCO, ILO, FAO, WFP, etc.. ▶ 시민적, 정치적, 경제적, 사회적, 문화적 그리고 생태환경적 권리를 포함하는 인권은 유엔 전문기구들의 초미(焦眉)의 관심사이다.

The Sept. 11 attacks rocked the western world and made tracking down terrorists an international ***preoccupation***. ▶ 9/11 사태는 서구 사회를 뒤흔들었고, 이 때문에 테러범을 추적하는 일이 국제적으로 중대한 관심사가 되었다.

회사/조직/특정 분야 등의 일에 **관심을 가지고 있거나 관여하고 있는 사람**
관계기관

stakeholder ☞ 내기 돈을 맡아 보관하는 사람

The active support of this policy by all of ***the stakeholders*** in this process, such as the educational institutions, the registration boards, and the various employers of civil engineers, will be required to develop and promote the elements necessary to eventually implement this concept. ▶ 교육기관, 토목기술자 등록협회 및 토목기술자들을 고용하고 있는 다양한 업체와 같은 모든 관계기관들이 이 정책을 활발하게 지원해 주어야만 이 같은 개념을 실제로 펼치기 위해 필요한 사항들을 개발하고 널리 보급할 수 있을 것이다.

With yet another tragic collapse of public building recently, the insurance industry has begun moves to raise safety standards in the construction sector. They are to work with other ***stakeholders*** to ensure that buildings under construction meet acceptable standards. ▶ 최근에 발생한 또 다른 공공건물의 비극적인 붕괴사고로 인하여, 보험업계는 건설분야의 안전기준을 높이려고 시도하고 있다. 건설중인 건물이 허용기준을 만족하도록 하기 위하여 다른 관계기관들과 협력하려고 한다.

~이 자신에게 도움이 되기 때문에 **큰 관심을 보이다**

seize on

Democrats ***seized*** publicly ***on*** the issue first. ▶ 민주당 사람들이 공공연하게 그 문제에 먼저 큰 관심을 보였다.

When the results were published, newspapers around the world ***seized on*** them as proof that global worming isn't really happening. ▶ 그 결과들이 발표되었을 때, 세계의 모든 신문들은 지구온난화가 실제로 일어나고 있는 것이 아니라는 증거로서 매우 큰 관심을 보였다.

European stock markets closed higher today as investors ***seized on*** a raft of positive company results, particularly in France. ▶ 투자자들이 많은 기업들의 실적호조에 관심을 보임에 따라 유럽 주식시장이 특히 프랑스에서 오늘 주가가 많이 오른 채 마감되었다.

~에 아무런 **관심이 없다**
~은 전혀 알 바 아니다; 전혀 상관하지 않는다; 전혀 개의치 않는다

could care less ☞ 미국

There are many people that ***could care less*** what I think, just as I usually don't care how they think. ▶ 내가 다른 많은 사람들이 생각하고 있는 것에 아무런 관심을 보이지 않는 것처럼, 내가 생각하고 있는 것에 관하여 그들도 전혀 상관하지 않는다.

They are terrorists and ***could care less*** as to who are harmed by bombs, poisons, or sharpened steel blades. ▶ 그들은 테러리스트이며, 누가 폭탄이나 독극물 혹은 날카로운 칼날에 의해서 해를 입는지 그들에게는 전혀 알 바 아니다.

couldn't care less ☞ 영국

I ***couldn't care less*** if Quebec becomes a country, as long as it takes its fair share of the national debt and doesn't try to impede commerce and contact between western and eastern Canada. ▶ 나는 퀘벡이 국가부채 중 합당한 부분을 떠맡고 그리고 동서 캐나다 사이의 상업과 교류를 방해하지만 않는다면, 그들이 독립 국가가 되는 것에 전혀 상관하지 않는다. 《캐나다에서 유일하게 불어를 공용어로 쓰고 있는 퀘벡 주가 분리해 나가려는 움직임에 대한 글이다.》

do not give a hoot ☞ 콧방귀도 뀌지 않는다, Informal

One of enviro-myths you can stop believing is "The earth is in peril." Frankly, the earth doesn't need to be saved. Nature ***doesn't give a hoot*** if human beings are here or not. ▶ 환경문제와 관련되어 사람들이 사실이라고 믿고 있지만 실제로는 그렇지 않은 이야기들 중의 하나는 "지구는 위험에 처해 있다"는 것이다. 솔직하게 말하자면, 지구는 인간에 의해서 구조될 필요성을 느끼지 않는다. 자연은 인간이란 존재가 지구상에 있던 말던 콧방귀도 끼지 않는다.

At a time when all that many trendy restaurants seem to care about is the look of their food and décor, there's one that ***doesn't give a hoot*** about looks. ▶ 최신 유행을 쫓는 많은 식당들이 음식의 외양이나 실내장식에 큰 관심을 두고 있는 이 시기에, 외적인 모습에 전혀 개의치 않는 식당이 하나 있다.

너의 말에 전혀 **관심이 없다**
너의 말을 듣고 싶지 않다

talk to the hand

He told me to ***talk to the hand.*** ▶ 내 말에 전혀 관심이 없다고 그가 말했다.

His pathological ***talk-to-the-hand attitude*** alienated just about everyone. ▶ 남의 말을 전혀 듣지 않는 그의 병적인 태도로 인해 거의 모든 사람이 멀어졌다.

주 1992년 배우이며 코미디언인 마틴 로렌스(Martin Lawrence)가 1992년 시트콤 'Martin'에서 이 말을 사용한 후 널리 사용되기 시작했다고 한다. 내 귀에다 말하지 말고 손에다 이야기하라는 의미다.

흥미가 없거나 위험할 수도 있기 때문에 ~에 **관여하고 싶은 생각이 없다**
전혀 관심이 없다; 건드리고 싶은 생각이 없다

would not touch something with a barge pole(영국)/a ten-foot pole(미국) ☞ Informal

He says: "It was a shocking area, and nobody else ***would touch*** it ***with a barge pole.***" ▶ 그곳은 무서운 지역이기 때문에 어느 누구도 건드리고 싶은 생각이 없다고 그는 말한다.

At this point, we ***wouldn't touch*** this question of reducing the speed limit in residential areas ***with a ten-foot pole.*** ▶ 현 시점에서 우리는 주거지역에서 제한 속도를 낮추는 문제를 건드리고 싶은 생각이 없다.

주 나룻배로 강을 건널 때 이상한 물건이 떠내려 오는 것을 보면 궁금하여 긴 삿대로 한번 툭 건드려 볼 만도 하지만, 전혀 관심이 없거나 혹시 위험한 물건일 수도 있기 때문에 그냥 지나친다는 의미다.

어떤 활동이나 상황에 깊이 **관여하고 있는**
~하느라 여념이/정신이 없는; 몰두하고 있는

in the thick of ☞ 깊숙이 빠져 있는

He seems to enjoy being ***in the thick of things.*** ▶ 그는 여러 가지 일에 깊숙이 관여하는 것을 즐기는 것처럼 보인다.

The City is ***in the thick of preparations*** for the grand celebration of the 100th Festival. It features a fruit and flower shows, tribal festivals, ethnic cultural shows, native products fair and beauty pageant. ▶ 그 도시는 100회 페스티벌을 성대하게 축하하기 위한 행사 준비에 여념이 없다. 이 축제 중에 열리는 중요한 행사에는 미인대회, 특산품 전시회, 이국 문화 전시회, 부족 축제, 과일과 꽃 전시회가 있다.

The royal family is ***in the thick of a legal battle*** over a $200 million palace, now a heritage hotel, with the estranged Thai wife of a royal member demanding her children be given their share. ▶ 그 왕실은 지금은 전통 호텔이 된 2억 불이 넘는 한 왕궁을 두고, 자기 아이들에게 지분을 줄 것을 요구하고 있는 왕실 일원의 별거중인 태국 출신 부인과 한창 소송에 몰두하고 있다.

누가, 언제, 무엇을, 어떻게, 왜 하는지 등에 **관하여**
대하여

as to

While the only two crew members aboard the train that derailed June 30 have been cited for improper actions, a railroad spokesman said Wednesday there has been no conclusion reached ***as to what*** caused the accident. ▶ 6월 30일 탈선한 열차에 탑승한 두 명 승무원들이 제대로 조처를 취하지 못했다며 소환되었지만, 그 사고를 일으킨 원인에 관하여 아직까지 내려진 결론이 없다고 철도회사 대변인이 말했다.

I am not sure ***as to when*** he is coming here. ▶ 나는 그가 언제 이곳에 올지 확신이 없다.

As Cubans await clues ***as to whether*** Fidel Castro's unprecedented handover of power is to be permanent or temporary, one of the country's few outspoken dissidents has renewed his call for political change. ▶ 쿠바 사람들이 피델 카스트로 대통령의 전대미문의 권력 이양이 영구적인지 아니면 일시적인지에 대하여 아직까지 파악하지 못하고 있는 상황에서, 할 말을 거침없이 하는 몇 안 되는 반정부 인물 중 한 사람이 정치개혁을 다시 요구하고 나섰다. 《카스트로가 병 때문에 동생 라울 카스트로에게 권력을 맡긴 이후의 이야기다.》

Until now it's been a mystery ***as to how*** adult skin, which consists of basically the same components all over the body, knows to grow hair in some areas like the scalp, while manufacturing sweat glands, calluses and fingerprint whorls in others. ▶ 신체의 다른 부분과 근본적으로 같은 성분을 가지고 있는 다 자란 피부가, 다른 곳에서는 땀샘이나 각질 그리고 손금의 소용돌이 문양을 만들어내면서도, 어떻게 머리와 같은 부분에서는 털을 자라게 할 수 있는지에 관해서는 아직까지 확실하게 밝혀진 것이 없다.

Nobody has yet commented ***as to why*** he left the party. ▶ 그가 왜 그 당을 떠났는지에 대하여 아직까지 아무도 언급한 적이 없다.

특정한 법이 미치는 혹은 지방법원(재판소)이나 경찰이 담당하는 **관할구역/지역**

jurisdiction

U. S. military camps are not included in ***the jurisdiction*** of the Korean police. ▶ 미군부대 주둔지는 한국 경찰의 관할구역에 포함되지 않는다.

Crowded dockets and a growing backlog of cases in the 216th Judicial District are driving an initiative to divide ***the jurisdiction***. ▶ 제216법정의 혼잡한 재판 일정과 늘어나는 미처리 재판으로 인하여 관할구역을 분할하는 의안이 추진 중이다. ♣ ***docket***: 재판순서를 적어서 법정 문 앞에 붙여 놓은 표 ♣ ***backlog***: **잔무** 참조

신문이나 잡지 등에 **광고를 싣다**

place advertisement in

The company ***placed an advertisement in*** the major news papers for its coming products. ▶ 그 회사는 주요 신문에 앞으로 출시될 제품에 대한 광고를 실었다.

There are a number of ways for you to ***place a classified advertisement in*** The West Australian. ▶ The West Australian 신문의 분류광고란에 광고를 싣는 방법은 여러 가지가 있다. ♣ ***classified advertisement***: 전면광고 같은 특별광고가 아닌 비슷한 업종/종류를 따로 분류하여 싣는 광고

광범위한

효력이나 영향력 등이 멀리까지 미치는; 계획이나 포부 등이 원대한

far-reaching

If Vallejo becomes one of the first California cities to file for bankruptcy, the negative effects could be ***far-reaching***, but also may leave the city with a fresh start, experts said. ▶ 만일 발레조 시가 캘리포니아에서 제일 먼저 파산신청을 한 도시가 된다면, 그 부정적인 효과가 매우 광범위하게 미치게 될 것이지만 새 출발의 기회가 될 수도 있다고 한 전문가가 말했다.

Neil Power, the head of the FBI's economic crimes unit, is heading the most ***far-reaching criminal investigation*** into the practices of the mortgage industry since it began to melt down last year, after years of increasingly lax lending finally fed through into an increase in defaults on home loans. ▶ 지난 몇 년 동안 계속 증가하던 마구잡이 대출이 마침내 주택자금대출 채무불이행의 증가를 부채질한 후, 미 연방수사국 경제사범단속반의 책임자가 담보대출업계가 작년에 붕괴된 이후부터 담보대출업계의 관행에 관한 광범위한 범죄수사를 지휘하고 있다.

The European Commission confirmed the adoption of ***a far-reaching plan*** on Wednesday to cut EU emissions of greenhouse gases blamed for global warming, boost renewable energy use and increase biofuels. ▶ 유럽연합은 지구온난화의 주범으로 지목되고 있는 온실가스의 감축과 재생에너지 및 생물원료 생산의 증대를 위한 원대한 계획을 채택하기로 결정하였다.

In the original meaning of the term, and in the purest sense, philanthropy is the act of giving simply out of love for humankind. They draw a rather sharp line between philanthropy and charity when they say the former springs from a deeper and ***far-reaching desire*** to improve human existence. ▶ 박애(博愛)는 원래 순수한 의미로 인류에게 조건 없이 사랑을 베푸는 행위를 뜻한다. 박애는 인류의 생활을 향상시키기 위한 깊고 원대한 포부로부터 나온 것이라는 점에서, 그들은 자선과 박애주의 사이에 확실한 선을 긋는다.

광역의

broadband ☞ 넓은 지역을 커버하는

Expanding global economies, stronger than expected demand for personal computers by business and consumers, exploding interest in wireless and ***broadband*** communications services, and a favorable pricing environment continue to boost computer and communications companies. ▶ 확장하는 세계 경제, 개인컴퓨터에 대한 사업자나 소비자들의 기대 이상의 강한 수요, 무선 및 광역통신에 대한 폭발적인 관심, 그리고 가격을 제대로 받을 수 있는 환경은 컴퓨터 회사와 통신회사들이 지속적으로 성장하는 원동력이 되고 있다.

far-flung ☞ 넓게 퍼져 있는

The most enduring lesson terrorism experts have learned is that a movement as ***far-flung*** as bin Ladenism can't be easily contained. ▶ 테러 전문가들이 터득한 변하지 않는 교훈은 오사마 빈 라덴이 벌이고 있는 것과 같은 세계 도처에서 발생하는 테러는 쉽게 막을 수 없다는 것이다.

주 "멀리 떨어진 곳에 있는"이라는 의미로도 사용된다

특정한 부류의 사람을 자주 **괴롭히는 것**

bane

Jet lag has been ***a bane*** of business travelers since the birth of international flight. ▶ 국제항공이 탄생한 이후로 사업을 위해서 여행을 하는 사람들은 시차로 인하여 많은 괴로움을 겪어 왔다.

Rain is ***a bane*** of holidaymakers. ▶ 비는 휴가를 즐기는 사람들을 자주 괴롭히는 존재다.

주 원래 독, 해악이라는 의미를 가지고 있다. 우리가 가끔 대화에서 "이것은 그 사람에게 독약(치명타)이야"라는 말을 할 때와 같은 의미다.

교대로 ~을 하다
번갈아 가면서 ~을 하다

take turns to do/doing something(미); take it in turn to do/doing something(영)

They *took it in turn* to drive the car. ▶ 그들은 교대로 차를 운전했다.

He was surrounded by dozens of attackers, who *took turns* hitting and kicking him. ▶ 그는 수십 명의 폭행자에 둘러싸였고, 그들은 번갈아 가면서 그를 때리고 발로 찼다.

정규학교 교육을 받지 못한

unschooled ☞ Literary

The work was unskillfully done by *unschooled* people. ▶ 그 일은 정규교육을 받지 못한 사람들에 의해서 서투르게 이루어졌다.

Iraqi males traumatized by sectarian violence are *unschooled* either because their schools are in ruins or they fear leaving their homes. ▶ 종파 간에 발생하는 분쟁으로 심한 정신적인 충격을 입은 이라크 남자들은 학교가 폐허가 되거나 혹은 집을 떠나는 데에 대한 두려움을 느끼고 있기 때문에 정규학교 교육을 받지 못하고 있다.

교정(校定)을 보기 위해서 처음 인쇄한 책/잡지/기사
교정쇄(校正刷)

proofs

In publishing, *the proofs* of a book, magazine, or article are a first copy of it that is printed so that mistakes can be corrected before more copies are printed and published. ▶ 출판에서 책이나 잡지 혹은 기사의 교정쇄란, 많은 부수를 인쇄하여 출판하기 전에, 오류를 고치기 위한 원고의 첫 번째 인쇄본을 말한다.

I' m reading *the proofs* of my soon-to-be published Korean edition now. ▶ 나는 조만간 발행될 한국어판 교정쇄를 검토하고 있는 중이다. ♣ *soon-to-be* : **조만간 ~이 될** 참조

주 여기서 교정(校正)이란 내용이나 문장 자체를 고치는 것이 아니라 단순히 문법이나 띄어쓰기의 오류, 오자, 탈자 등을 수정하는 것을 의미한다.

교정(校正)보다
교정쇄를 읽다

proofread

If writing is not your thing, get someone else to *proofread*. ▶ 글쓰기에 관한 전문가가 아니라면, 당신이 쓴 원고를 다른 사람에게 교정을 맡겨라.

Proofread the entire application carefully. Be on the lookout for misspelled words or grammatical errors. ▶ 모든 지원서류를 꼼꼼하게 읽어라. 철자가 틀리거나 문법의 오류가 있는지 주의 깊게 살펴보아라. ♣ *be on the lookout for* : ~을 구하기/찾기 위하여 **사방을 주의 깊게 살펴보다** 참조

주로 명사들과 교제하다
사람들을 만나서 친밀하게 이야기를 나누다; 사귀다

rub one' s elbows/shoulders with

Committees can work — but only if you put in the effort to make them work. Volunteering for committees is a great way to get involved in businesses and in professional societies. You' ll learn new skills and subjects and *rub elbows with* people you might not normally get a chance to work with. ▶ 위원회는 참여하는 사람들이 노력을 쏟아야만 원활하게 돌아갈 수 있다. 위원회 활동에 자발적으로 참여하는 것은 기업사회나 전문인들로 구성된 사회에 참여할 수 있는 좋은 방법이다. 위원회에 참여한다면 새로운 기술과 분야에 대해 배울 수 있으며 보통 함께 일할 수 있는 기회를 얻기 어려운 사람들과 사귈 수 있을 것이다.

In this latest snap she posted on her twitter account, she' s seen *rubbing shoulders with* Hollywood heartthrob Johnny Depp (in hat), legendary singer Tom Waits' daughter Kellisimone, and renowned filmmaker and actor Tim Robbins (on the right). ▶ 최근에 자신의 트위터에 올린 이 스냅사진에서, 그녀는 할리우드의 명배우 쟈니 뎁(모자를 쓴 사람), 전설적인 가수 탐 웨이츠의 딸 켈리스먼 그리고 명망 있는 영화 제작자이자 배우인 팀 로빈(맨 오른 쪽)과 친밀하게 지내고

있다는 것을 알 수 있다.

주 비록 접하기 어려운 유명인사지만 어깨나 팔꿈치로 툭툭 칠 수 있을 정도로 가까이 지낸다는 말이다.

선/길 등이 위, 아래로 서로 복잡하게 **교차해서 지나가다**

crisscross ☞ 열 십자로 엇갈려 지나가다

Wires ***crisscross*** between the tops of the poles, forming a grid. ▶ 전선들이 전주 꼭대기 사이에서 격자 모양을 형성하면서 복잡하게 교차해서 지나간다.

There really isn't a better place to ride than the beautiful winding trails that ***crisscross*** Moran State park. ▶ 모란 주립공원 안을 복잡하게 교차하는 아름답고 꾸불꾸불한 오솔길보다 말을 타기에 더 좋은 장소는 없다.

교착(膠着)상태

stalemate ☞ 전쟁/논쟁 등에서 어느 편도 이길 수 없는 상태

The war has reached ***a stalemate*** and a political accord was the only solution. ▶ 그 전쟁은 교착상태에 빠져 있으며, 정치적 타협만이 유일한 해결책이다.

The Israel-Lebanon conflict is slipping towards ***a bloody stalemate*** as international peace brokers continue to fumble half-heartedly for a solution. ▶ 국제분쟁 조정을 맡은 사람들이 마지못해 이리저리 해결책을 찾느라 헤매는 동안, 이스라엘과 레바논 사이의 분쟁은 피비린내 나는 교착상태로 빠져들고 있다. ♣ *half-hearted* : **마지못해서 하는** 참조

주 Chess(서양장기)에서 말을 움직이면 지게 되어 결국에는 무승부로 끝날 수밖에 없는 상태를 말한다.

gridlock ☞ 협의/협상 등에서 어느 한 쪽도 양보하지 않아 합의점에 이르지 못하는 상태

World Trade Organization talks have been suspended in ***a gridlock*** over agricultural trade issues. ▶ 세계무역기구 회담은 농산물교역에 대하여 합의점에 이르지 못한 상태에서 중단되었다.

If a major hurricane threatens to strike the Houston area this year, residents hitting the roads may encounter less ***traffic gridlock*** than during last year's Hurricane Rita. ▶ 만일 올해에 규모가 큰 허리케인이 휴스턴 지역을 위협한다면, 먼 길을 떠나는 주민들은 작년 허리케인 리타가 왔을 때보다는 심하지 않은 교통체증을 겪게 될 것이다. ♣ *hit the road* : **길을 떠나다** 참조

주 서로 양보하지 않아 교차로가 꽉 막혀 있는 경우를 상상하면 된다.

deadlock ☞ 논쟁 등을 해결할 뾰족한 수단이 없어 전혀 진전이 없는 상태

After 20 months of ***deadlock*** between the King and Nepal's political parties, many feel that any change is welcome. ▶ 국왕과 네팔의 정당들 사이에서 지속된 20개월의 교착상태 이후, 많은 사람들은 아무 변화라도 일어났으면 좋겠다는 심정이다.

주 옛날 서양 레슬링 시합에서 유래되었다. 상대방을 꼼짝 못하게 잡고는 있지만 항복을 받아낼 수 없는 경우, 요즘처럼 선수들을 떼어 놓고 다시 시합을 시키는 규정이 없었기 때문에, 시간만 하염없이 보내는 경우가 많았다고 한다.

Mexican stand-off ☞ 협의/협상 등에서 어느 한 쪽도 양보하지 않아 합의점에 이르지 못하는 상태, 미국

"Nobody's going to drop their guard in ***this Mexican standoff***." ▶ 이런 교착상태에서는 아무도 방어 태세를 늦추려 하지 않을 것이다.

"We're still talking — it's not ***a Mexican standoff***," said Jeff Jones, a 23-year employee who works at the company. ▶ "우리는 여전히 대화 중이며 교착상태에 빠진 것이 아니다"라고 그 회사의 종업원 제프 존스(23)가 말했다.

주 옛날 미국 개척시대에서 유래된 표현이다. 권총을 차고 있는 카우보이 둘 사이에 싸움이 붙었다. 한 사람이 총을 먼저 빼면 상대방도 따라할 것이고, 그렇게 되면 둘 다 살아서 집에 돌아갈 확률이 매우 희박하다는 것은 불 보듯 뻔하다. 물러날 기색 없이 총을 뽑을 듯 말 듯 욕만 해대며 팽팽하게 대치하고 있는 상황이다. 그 당시 백인들은 멕시코를 우습게 보았다고 한다. "서부영화의 주인공 존 웨인(John Wayne) 같았으면 벌써 총을 뽑았을 텐데 멕시코 사람들은 겁도 많지"라는 의미를 내포하고 있다.

감정/낯빛/표정 등을 **교환하다**
같은 감정을 가지고 서로 바라보다/쳐다보다

exchange looks

"How can I make grapes with wood like this?" he said. Behind him, two Chinese farmers ***exchanged anxious looks***. ▶ "(말라 비틀어진 포도나무를 보며) 이런 나무에서 어떻게 포도를 수확할 수 있을까?"라고 그는 말했다. 그 사람 뒤에서는 두 명의 중국인 농부가 근심 어린 표정으로 서로 바라보았다.

Elephants playing harmonicas? We ***exchanged looks of dread*** when our tour leader announced the stop at Maesa Elephant Camp near Chiang Mai, Thailand. The idea of trained elephants in captivity grates on my sense of the dignity these wonderful animals should be afforded. ▶ 뭐, 코끼리가 하모니카를 분다고? 우리 여행인솔자가 태국 치앙마이 근처에 있는 코끼리 사육장에 들린다고 말했을 때, 우리는 코끼리가 너무 불쌍하다는 감정으로 서로 쳐다보았다. 이 멋진 동물이 마땅히 누려야 하는 품위를 생각할 때, 코끼리를 가두어 놓고 훈련시킨다는 생각은 내 신경에 몹시 거슬린다. ♣ *grate on* : 귀, 신경 등에 **거슬리다** 참조.

As he spoke, the three lawmakers—who are calling for his resignation and criminal investigations—shifted uncomfortably, ***exchanged looks*** and rolled their eyes. ▶ 그가 이야기하는 동안, 그의 사임과 범죄수사를 요구하고 있는 세 명의 국회의원들은 불안하게 몸을 움직이고 서로 쳐다보면서 (놀란 듯) 눈을 이리저리 굴렸다. ♣ *rolled one's eyes* : **눈을 이리저리 굴리다** 참조

~로부터 **교훈을 얻다**

learn/take a lesson from

Chinese government ***took a lesson from*** its sluggish response to the severe acute respiratory syndrome(SARS) epidemic and launched its first big AIDS public-awareness campaign. ▶ 사스에 대한 늑장 대응으로 (엄청난 고통을 겪은 후) 교훈을 얻은 중국정부는 대대적인 첫 AIDS 대국민 홍보캠페인을 출범시켰다.

I would like the youth assembled here to ***learn a lesson from*** these examples. ▶ 나는 여기에 모인 청소년들이 이런 예로부터 큰 교훈을 얻었으면 한다.

여러 곳을 들르는 장거리 여정의 한 **구간**
장거리 여정(여행)에 속하는 한 일정

leg

One ***leg*** of the California Trail, used by 19th century pioneer wagon trains, passes through the deep forest area, but few immigrants dared to brave it. ▶ 19세기 서부개척시대에 마차 행렬이 지나갔던 캘리포니아 트레일의 한 구간은 울창한 산림지역을 통과하는데, 감히 그곳을 지나가려는 이주민들이 별로 없었다.

It's good to see the Americans starting to use their trains, because if they don't use them they'll lose them, he said as Amtrak click-clacked its way from St. Louis to Chicago, on ***leg*** of his month-long sightseeing trip with his wife, Jane. ▶ 아내 제인과 한 달에 걸친 관광여행의 한 일정에 있는 그는 엠트랙이 덜커덩거리며 세인트루이스에서 시카고로 출발할 때 "기차를 사람들이 타지 않으면 없어지게 되는데, 미국 사람들이 다시 기차를 이용하기 시작한 것을 보니 기분이 좋다"고 말했다

많은 수의 사람들을 **구금하다**
연행하다

round up

Around 1,500 illegal immigrants working in a factory have been ***rounded up*** by police. ▶ 한 공장에서 일하고 있던 1,500명 가량의 불법이주자들이 경찰에 의해서 연행되었다.

Residents say dozens of men have been ***rounded up*** in recent days. ▶ 최근에 12명의 남자들이 구금되었다고 주민들은 말한다.

구두(口頭)
입소문

word of mouth

The story has been passed down by ***word of mouth***. ▶ 그 이야기는 구두로 전해 내려왔다.

Small films are heavily relied on ***word-of-mouth advertising***. ▶ 저 예산 영화들은 입소문을 통한 홍

보에 크게 의존한다.

Word of mouth has long been regarded as a marketer's dream, even before the Internet. Getting your target audience to talk positively among themselves about your brand and possibly even recommend it to their friends is tremendously effective. There's no secret as to why it works. People are inclined to trust their friends and community more readily than they trust biased commercial messages. ▶ 인터넷이 출현하기 이전부터도, 사람의 입소문은 오랫동안 마케팅 담당자들의 꿈이었다. 목표하는 사람들이 당신의 제품에 관하여 서로 긍정적으로 이야기하도록 그리고 가능하다면 친구들에게 추천하도록 만드는 것은 엄청난 효과가 있다. 이 방법이 왜 효과적인가는 너무나 분명하다. 사람들은 편향된 상업광고를 믿기보다는 친구들과 그들이 속한 단체를 더 쉽게 믿는 경향이 있기 때문이다.

구류 중에 있는
체포/구속되어 재판을 받기 전까지 수감되어 있는

in custody

She was ***taken into custody*** that day. ▶ 그녀는 그날 수감되었다.

Philippine police said he was killed in shootout. Authorities denied allegations from leftist militants and some politicians that the fugitive was killed ***in custody*** in order to score some points with U.S. President George W. Bush in advance of his Oct. 18 visit to the country. ▶ 필리핀 경찰은 그 남자가 총격전 중 사망했다고 말했다. 당국은 10월 8일 필리핀을 방문하는 미국 부시 대통령에게 점수를 따려고 구류 중에 있는 그를 살해했다는 좌익 무장세력과 일부 정치인들의 주장을 부인했다. ♣ *score points with* : ~에게 **점수를 따다** 참조

A man suspected in a hit-and-run crash that killed an off-duty police officer early Wednesday is ***in police custody***. ▶ 수요일 이른 시각 휴무 중인 경찰을 치어 죽이고 달아난 혐의를 받고 있는 한 남자가 경찰서에 수감되어 있다.

구름으로 완전히 뒤덮인
구름이 잔뜩 낀

overcast

On ***an overcast day***, the interior can verge on the austere, but the sun infuses it with a soft greenish-gold that puts patrons instantly at ease. ▶ 구름이 잔뜩 낀 날에는 내부가 단순하고 평범하게 보일 수도 있지만, 태양은 고객들이 실내로 들어오는 즉시 편안한 기분을 느끼게 만드는 부드러운 초록빛을 머금은 황금 햇살로 실내를 가득 채운다.

It was a cold, windy, ***overcast afternoon*** in Seoul. ▶ 춥고 바람이 불며 구름이 잔뜩 낀 서울의 어느 오후였다.

Space shuttle Discovery and its crew of six returned to Earth through ***overcast skies*** Monday, ending a successful mission that put NASA back in the space station construction business. ▶ 우주왕복선 디스커버리호와 6명의 승무원은 나사의 우주정거장 건설사업을 재개하는 임무를 성공적으로 마치고 월요일 구름이 잔뜩 낀 하늘을 뚫고 지구로 귀환했다.

구멍가게

corner store(미국) ; corner shop(영국)

He went to ***the corner store*** across the street to buy a pack of cigarettes. ▶ 그는 담배 한 갑을 사기 위하여 길 건너편에 있는 구멍가게로 갔다.

The unusually warm summer weather in Sweden has many Stockholm residents heading down to ***the corner shop*** for ice cream—and suppliers are having a hard time meeting the demand. ▶ 평상시와 다른 더운 스웨덴의 여름 날씨로 인하여 많은 스톡홀름 주민들이 아이스크림을 사기 위하여 가게로 몰려가고 있고, 아이스크림 공급업자들은 수요를 충족시키는 데 어려움을 겪고 있다.

구별하다
차이를 구분하다; 분간하다

tell between/from

The caning sentence has fascinated many Americans who had never heard of Singapore and perhaps could not ***tell*** Southeast Asia ***from*** Sweden on a map. ▶ (싱가포르를 여행하던 중 자동차에 페인트칠을 한 18세 미국 소년에게 기물 훼손 죄로 6대의) 태형을 선고한 사건은 싱가포르라는 나라를 들어보지도 못한, 아마도 지도 상에서 동남아시아와 스웨덴도 구별 못하는 많은 미국인들을 매료시켰다.

Nobody can ***tell*** the difference ***between*** their policies and ours. ▶ 아무도 그들 경찰과 우리 경찰의 차이를 구분할 수 없다.

I can't ***tell*** who was John; they all looked alike. ▶ 모두 비슷하게 생겨서 나는 누가 존이었는지 분간할 수 없다.

구부정하게 앉아 있거나 서 있다

고개와 어깨를 앞으로 구부린 자세를 하고 걷다/있다; 게으르게 보일 정도로 몸을 축 늘어뜨리고 걷다/있다

slouch ☞ 게으르거나 너절한 혹은 무능한 사람이라는 명사형으로도 사용된다

Try not to ***slouch*** when you are sitting down. ▶ 구부정하게 앉지 말아라.

He was sitting ***slouched*** in a chair. ▶ 그는 구부정하게 의자에 앉아 있었다.

I've spent more than three hours ***slouched*** over a book. ▶ 고개를 숙인 채 3시간이 넘게 책을 읽고 있다.

She's no ***slouch*** in the cooking department herself, as she had a lot of practice cooking for a large Italian family most of her life. ▶ 그녀는 인생의 대부분을 이태리계 대가족을 위해서 요리를 했었기 때문에 요리부에서 절대로 무능한 사람이 아니다.

확실하게 **구분하다**

~ 사이에 선을 긋다

draw a line between

It is, indeed, lamentable that our politicians have failed to ***draw a line between*** self-interest and the interest of the collective. ▶ 우리 정치가들이 사리사욕과 집단의 이익을 확실하게 구분하지 못했다는 것은 정말로 슬픈 일이다.

We should ***draw a line between*** carrying a gun and hiding that weapon when leaving your own home or business. Both federal and state constitutions clearly protect someone's right to carry a firearm in open view. But assuming this right extends to concealing a weapon erodes other rights that also are entitled to constitutional protection — such as private property owners' ability to regulate who might enter their land with a gun. ▶ 우리는 집이나 직장을 나설 때 권총을 차고 다니는 것과 감추고 다니는 것 사이에 선을 확실하게 그어야 한다. 연방헌법과 주헌법 모두 누구나 볼 수 있게 무기를 소지하고 다닐 수 있는 권리를 분명히 인정한다. 그러나 무기를 감추고 다닐 수도 있다고 이 권리를 확대 해석하는 것은 헌법에서 보장된 다른 권리, 예를 들면 총을 휴대하고 자기 땅에 들어오는 사람들을 규제할 권리를 침해한다.

어떤 단체나 집단의 소속 인원이 몇 명으로 **구성된**

소속 인원수가 몇 명인; 구성원이 몇 명인

~ strong

The team was probably ***four to six strong***, although it is technically feasible that one or two bombers conducted the attacks. ▶ 그 (폭탄테러) 팀은, 기술적으로 한두 명만 있어도 폭탄테러가 가능했지만, 대략 4에서 6명으로 구성되었다.

The country can establish its own army, ***500,000 strong***. ▶ 그 나라는 50만 명의 자국 군대를 창설할 수 있다.

A 1,000-strong team of soldiers started evicting some 50 overstaying retired military and police generals in a disputed military housing south of Manila on Thursday. ▶ 천 명의 군인들로 구성된 팀이 목요일 마닐라 남쪽에 있는 문제의 군인숙소에서 떠나지 않고 있는 50여 명의 퇴역 군인 및 경찰 장성들을 내쫓기 시작했다.

구실(口實)

타당하지 않은 (적절치 못한) 이유; 핑계

pretext

On the other side, critics of the war say Tenet did not resist strongly enough the alleged pressure to provide the White House with ***pretexts*** it needed for an invasion of Iraq that it had already decided upon. ▶ 한편, 전쟁을 비난하는 사람들은 테네트(당시 미국 CIA 국장)가 백악관이 이미 결정을 내린 이라크 침공에 필요한 구실을 제공하도록 CIA에 가한 공공연한 압력에 충분히 강하게 저항하지 않았다고 말한다.

He missed the today's meeting ***on the pretext of*** a head ache ▶ 머리가 아프다는 핑계를 대며 그는 오늘 회의에 불참했다.

구애(求愛)활동

구애 기간; 남녀 간 혹은 단체 간에서 서로의 사랑이나 환심을 사기 위하여 벌이는 노력/활동; 동물들이 짝짓기를 하기 전에 벌이는 행동; 연애(기간)

courtship

It was love at first sight for Kirsten and Jean. The couple met at a July 4th party in 2004, and after an intense 19-day ***courtship***, Jean proposed to Kirsten. ▶ 커스텐과 진은 첫눈에 사랑에 빠졌다. 그 커플은 2004년 7월 4일 (미 독립기념일) 파티에서 만났고, 19일간의 열정적인 연애 후 진이 커스텐에게 청혼했다.

This is the season when the winged jewels of the bird world, the hummingbirds, perform their indescribably beautiful ***courtship*** flights. ▶ 지금이 날개 달린 보석인 벌새들이 표현하기 힘들 정도로 아름다운 구애 비행을 하는 시즌이다.

Some garden snails have an unusual notion of the niceties of ***courtship***. When one of these snails is wooing another, before mating it shoots a small, sharp dart into the other's head. These "love darts," which are made of calcium carbonate and are less than half an inch long, were once thought to be a gift of calcium from one snail to another. But in recent years, researchers have determined that dart-shooting has a different purpose: to increase the amount of sperm that survives after mating. ▶ 정원에 서식하는 어떤 달팽이들은 구애활동 시 벌이는 특이한 개념의 행동양식을 가지고 있다. 수컷 달팽이 한 마리가 상대방 암컷을 향해 구애활동을 할 때, 짝짓기 전에 작고 날카로운 침을 암컷의 머리에 쏜다. 성분이 탄화칼슘이고 1인치의 반도 안 되는 이 "사랑의 침"은 한때는 단순히 한 달팽이가 다른 달팽이에게 주는 칼슘 선물로 알려졌었다. 그러나 근년 연구자들은 침을 쏘는 행동이 짝짓기 이후에 살아 남는 정자의 양을 증가시키는 다른 목적을 가지고 있다고 밝혔다. ♣ ***niceties*** : 특별한 장소에서 적용되는 **예절** 참조

The Abolition of the death penalty has underscored the power of the Catholic Church in the country and the Arroyo administration's assiduous ***courtship of*** Church support for its political survival. ▶ 필리핀에서 사형제도가 폐지된 사실은 이 나라에서 가톨릭 교회가 가지고 있는 힘과 아로요(당시 필리핀 대통령) 정부가 정치적으로 살아남기 위해 카톨릭교회의 지지를 얻으려고 지속적이고 주도면밀하게 벌여온 구애 노력을 잘 보여주었다. 가톨릭 교회에서는 그동안 필리핀의 사형제도 폐지를 위하여 끊임없는 노력을 기울여 왔었다.

Utah's successful ***courtship*** last year ***of*** KraftMaid Cabinetry Inc. is starting to pay dividends. The Pennsylvania-based maker of wood door and cabinet components is building an $18 million manufacturing plant in Tooele to meet the needs of its customers in the western U.S. ▶ 미국 유타 주가 KraftMaid Cabinetry Inc.의 유치를 위해 작년에 벌인 성공적인 구애활동이 결실을 맺기 시작했다. 펜실베니아 주에 본사를 두고 있고 목제 문과 캐비닛 부품을 생산하는 그 업체는 미국 서부지역 고객의 수요를 충족시키기 위해서 1,800만 불을 투자해 유타 주 Tooele에 제조공장을 짓고 있다. 유타주가 이 회사의 환심을 사기 위해 세제혜택 및 토지구입 시 다양한 혜택을 제공한 덕분에 성공적으로 그 회사를 유치했다. ♣ ***pay dividends*** : ~이 **결실을 맺다**; ***-based*** : 특정한 장소에 **근거지를 두고 있는** 참조

구입이 용이한

값이 싸서 구입이 용이한

within easy reach of

The clothes are all ***within easy reach of*** every woman. ▶ 그 의류는 값이 싸서 어떤 여자든 쉽게 구입할 수 있다.

구입이 불가능한
너무 비싸 구입할 수 없거나 비용이 너무 많이 들어 감당할 수 없는

out of/beyond the reach of

The price is ten times what it normally is and totally ***out of the reach of*** ordinary people. ▶ 가격이 보통 때보다 10배가 올라서, 일반 사람들은 도저히 구입할 수 없다.

After a massive destruction of standing crops in the region caused by heavy rains and floods, the prices of vegetables have sharply risen and gone ***beyond the reach of*** general household. ▶ 폭우와 홍수 때문에 그 지역의 농작물이 엄청난 피해를 입은 후, 일반 가정에서는 도저히 감당할 수 없을 정도로 채소값이 크게 뛰었다.

즉시/쉽게 구입할 수 있는

off-the-shelf

The Chinese are not as likely to purchase ***off-the-shelf weapons system***. ▶ 유럽이 중국에 대한 무기 수출금지를 풀더라도 중국이 아무 무기나 마구 구입하지는 않을 것이라는 의미다.

Amateur astronomers using a telescope that was built using ***off-the-shelf components*** and mounted on the summit of Haleakala have discovered a planet almost as large as Jupiter orbiting a star about 600 light-years from Earth. ▶ 아마추어 천문학자들이, 손쉽게 구할 수 있는 부품으로 제작하여 Haleakala 산 정상에 설치한 망원경을 이용해서, 지구로부터 600광년 떨어진 한 별 주위를 돌고 있는 목성 크기 정도의 행성 하나를 발견했다.

주 진열대 위에 있기 때문에 원하면 언제라도 구입할 수 있다는 의미다. 반의어: ***tailor/custom-made*** ☞ **주문 제작하는** 참조

구전되어 오는 역사

oral history

Students conducted interviews to explore ***the oral-history*** of their communities. ▶ 학생들은 그들이 살고 있는 지역에서 구전되어 오는 역사를 탐구하기 위하여 인터뷰를 수행했다.

The oral history of Arizona's Hopi Indians tell them that they were the first human beings to inhabit the North and South American continents, and that they arrived from Asia aboard large rafts, across the Pacific Ocean from Asia not by the land bridge that once connected Alaska and Siberia. ▶ 아리조나에 살던 원주민 호피족 사이에서 구전되어 오는 역사에 따르면, 그들은 북미와 남미 대륙에 거주한 최초의 인류였고, 한때는 알래스카와 시베리아를 연결하고 있던 육로를 통하여 온 것이 아니고 커다란 뗏목을 타고 아시아에서 태평양을 건너왔다고 전해진다.

계획/문구/형상 등을 다듬어 구체화하다
만들어내다

shape ☞ 모양 짓다

Universities should play a key role in ***shaping*** the future of our country. ▶ 대학은 우리나라의 미래의 모습을 구체화하는 데 (우리나라가 미래에 나아가야 할 방향을 정립하는 데) 중요한 역할을 담당해야 한다.

Secretary of State Condoleezza Rice is confident that both a cease-fire and a lasting settlement that prevents a resumption of fighting in Lebanon can be achieved this week. But events on the battlefield may be diminishing Washington's ability to ***shape*** the terms of the truce that will emerge — whether this week or at some point in the future. ▶ 라이스 미 국무장관은 휴전협정과 레바논에서 싸움이 다시 시작되는 것을 영구히 막는 해결책을 금주에 이끌어낼 수 있다고 자신하고 있다. 그러나 그 전쟁터에서 벌어지고 있는 상황들은 워싱턴이 이번 주 혹은 언젠가 발표될 휴전협정의 문구를 다듬어 구체화하는 작업을 어렵게 만들지도 모른다.

구체화된 모습/모양을 갖추기/드러내기 시작하다
최종 모습/모양을 알 수 있을 정도로 구체화되다

take shape

Ambitious plans to reshape the region's major ferry port into a top marine leisure destination are ***taking shape***. ▶ 그 지역의 주요 연락선 항구를 최고의

해양 휴양지로 탈바꿈시키려는 야심찬 계획이 구체화된 모습을 드러내고 있다.

Plans to redirect London's sewage overflows away from the River Thames began to ***take shape*** as the Government identified two concrete solutions to the problem of sewage overflows. The question that now remains is whether there will be one tunnel or two. ▶ 정부가 하수유출문제에 대한 두 가지 확고한 해결책을 찾아냄에 따라서 템즈 강으로 유출되는 런던 하수의 방향을 바꾸는 계획이 구체화되기 시작했다. 현재까지 결정되지 않은 문제는 터널을 한 개 만들 것인가 아니면 두 개를 만들 것인가 하는 것이다.

사람들을 격려/독려하기 위한 **구호**

battle/rallying cry

A conference of open source developers ended last week with ***a battle cry***. Eben Moglen, legal counsel to the Free Software Foundation, declared that the war against closed, proprietary software controlled by Microsoft and others is far from won. ▶ (2006년 7월에 미 오리곤 주 포틀랜드에서 개최된) 모든 사람들이 공유하는 컴퓨터프로그램을 개발하는 사람들이 모인 회의는 한 구호와 함께 지난주에 끝났다. 무료소프트웨어 재단의 법률고문인 에벤 모글렌은 "마이크로소프트 및 기타 프로그램 개발회사들이 장악하고 있는 비공개 독점 프로그램에 대한 전쟁에서 승리하려면 아직 갈 길이 멀다"고 선언하였다. 《여기서 구호는 바로 이 선언을 말한다.》

Opponents of a constitutional amendment that would ban same-sex marriage in Virginia have been fighting the proposal with emotional pleas. "Don't write discrimination into the state Bill of Rights," goes one ***rallying cry***. "We are your friends and your neighbors," says another. ▶ 버지니아 주에서 동성 간의 결혼을 금지하려는 수정헌법안에 반대하는 사람들은 사람들의 감정에 호소하면서 그 법안과 싸우고 있다. "주 권리장전에 차별조항을 넣지 마라"는 구호를 누가 외치면, "우리는 여러분의 친구이자 이웃입니다"라는 또 다른 구호가 뒤따른다.

사람들의 관심을 끌기 위해서 정치적인 선전/연설 혹은 방송물에서 발췌한 짧은 **구호**
정치적 선전 문구

sound bite

He's a very intelligent guy. He's not a ***sound-bite*** type of politician ▶ 그는 매우 지성적인 사람이다. 그는 사람의 관심을 끌기 위하여 구호나 외쳐대는 그런 정치인이 아니다.

He said "***The sound bite*** 'Axis of Evil' is no longer adequate to describe what North Korea is, now that they have exploded their first nuclear bomb." ▶ 그는 "북한이 이미 첫 핵폭탄을 터트린 (핵실험을 실시한) 상황에서, 북한을 평하는 데 '악의 축'이라는 문구는 더 이상 적절치 않다"고 말했다. 《부시 행정부가 만들어낸 이 문구보다 더 심한 표현이 필요하다는 의미다.》 ♣ ***now that***: ~이라는 일이 **이미 벌어진 상황에서** 참조

국적(國籍)이 없는
무국적의

stateless

Al-Qaeda is ***stateless*** and fluid, taking on expensive, high-tech American defenses with homemade devices and fanaticism. ▶ 알카에다는 사제폭탄과 극단적인 행동으로 값비싼 미국의 첨단 군사장비에 대적하는 국적이 없고 형체가 없는 조직이다.

The Interior Ministry has assured ***stateless*** choirmaster Namtep that she will be granted citizenship as a reward for her contribution to Thailand's musical reputation. ▶ 내무장관은 국적이 없는 합창단 지휘자 남탭에게 태국의 음악적인 명성을 높이는 데 기여한 대가로 시민권을 부여하기로 약속했다.

~에 **국한되어 있다**
~에 제한되어 있다; ~에 한정되어 있다

be confined to

His genius ***was*** not ***confined to*** music. ▶ 그의 천재성은 음악에만 국한되지 않았다.

The problem of corrosion of reinforcing bars ***is***

not *confined to* Florida. ▶ 철근 부식문제는 플로리다에만 국한된 것이 아니다.

Since Wahhabist Muslims committed the September 11, 2001, atrocities, we have become accustomed to endless hand wringing about Islamic bigotry. Actor-director Mel Gibson's tirade against Jews is a timely reminder that fundamentalism *is* not *confined to* radical Islamists. ▶ 회교도에서 가장 보수적인 종파인 와하비스트 사람들이 잔혹한 9/11 사태를 저지른 이후, 우리는 회교도인들의 편협성에 관하여 걱정하면서도 이를 우리도 어쩔 수 없다고 말하는 데 익숙해져 있다. 영화배우이자 감독인 멜 깁슨이 이스라엘 사람들에게 퍼부은 폭언은 근본주의가 비단 극단적인 이슬람교들에게만 국한된 것이 아니라는 사실을 때마침 잘 보여주고 있다. 《멜 깁슨이 카톨릭신자가 아닌 사람들은 이스라엘 사람들도 포함하여 구원을 받을 수 없다는 취지로 한 말에 대한 반응이다.》 ♣ *hand wringing* : 상황이 유감스럽긴 하지만 **어찌할 수 없는 처지에 있다고 변명하다** 참조

돈이 많거나 혹은 사회적인 신분이 높거나 한 특별한 사람들에게만 **국한된**

제한된; 최고급의; 특별한

exclusive

We cater to *an exclusive client*. ▶ 우리는 제한된(특별한) 고객을 상대로 영업한다. ♣ *cater to* : 특정한 사람/단체 등에게 원하는 것을 **제공하다** 참조

A convoy of travelers has caused consternation by setting up camp close to one of the country's most *exclusive neighborhoods*. ▶ 한 여행차량 무리가 그 나라에서 가장 최고급 주거지역 한 곳 가까이에 캠프를 차려 걱정거리를 일으켰다.

군계일학이다

단연 다른 것들을 압도하다; 압도적인 우위를 점하다

tower over

World Cup that begins today is the sporting event that *towers over* all others. ▶ 오늘 시작하는 월드컵 대회는 다른 모든 스포츠 행사 가운데 군계일학이다. ♣ 주변 사람/것들을 내려다 볼 정도로 **키/높이가 매우 크다** 참조

While California *towers over* the $162 billion-a-year wine-and-grape industry, New York is fourth in the nation with 243 wineries, nearly twice as many as a decade ago. ▶ 캘리포니아가 1,620억 불에 달하는 (미국) 포도주 양조산업에서 단연 압도적인 우위를 점하고 있는 반면, 뉴욕은 10년 전보다 거의 두 배에 달하는 243개의 포도주 양조장으로 4위에 올라 있다.

더 이상 이러쿵저러쿵 **군말이 필요없다**

모든 것을 대변한다; 모든 것을 말해 준다

which says it all

He has published over 100 technical papers in prestigious journals, *which says it all*. ▶ 권위 있는 저널에 100편이 넘는 기술 논문을 발표했기 때문에 그의 실력에 대해 더 이상 이러쿵저러쿵 군말이 필요없다.

I am the one who was in charge of the negotiation, *which says it all*. ▶ 내가 그 협상을 책임지고 있는 사람인데 도대체 누가 나보다 더 잘 알겠는가?

Maryann died last week, and everyone rushed to say the usual sorts of things. Here's something they didn't say, however, and *which says it all*: I simply cannot believe that she is gone. ▶ 메리안이 지난주 세상을 떠났다. 모두가 (그녀가 얼마나 지역사회를 위해 열심히 일을 했으며, 병으로 고생을 해왔다는 등) 일상적인 이야기를 했다. 그러나 다른 사람들은 말하지 않았지만, 그녀가 우리 곁을 떠났다는 사실을 나는 도저히 믿을 수가 없다는 이 말밖에는 내 심정을 대변할 길이 없다.

군사정부

군사혁명으로 세운 군사정권

junta ☞ Spanish

The renewal of sanctions against *the junta* last summer by overwhelming votes in the U.S. Congress underscores Washington's commitment to democracy in Burma. ▶ 지난 여름 미국하원에서 압도적인 표 차이로 버마 군사정부에 대한 경제제재를 연장하기로 한 결정은 버마의 민주화에 대한 미국의 강한 의지를 잘 보여준다.

군침을 돌게 만드는

mouth-watering

No matter how you spell it — barbecue, bar-b-que, barbeque or BBQ — the ***mouth-watering*** power of wood smoke is defined just the same. ▶ 당신이 바비큐 철자를 어떻게 쓰든 간에, 나무 타는 연기가 지니고 있는 군침을 돌게 만드는 힘을 정의한다는 것에는 아무런 차이가 없다.

Garlic Festival-goers enjoyed ***mouth-watering*** meals, cooking demonstrations and a chance to take home free recipes from Gourmet Alley. ▶ 마늘 페스티벌에 참가한 사람들은 군침 도는 음식을 즐기고 요리시범을 구경하였으며, Gourmet Alley가 무료로 주는 조리법을 받아 들고 집으로 돌아갔다.

~에 대하여 군침을 흘리다
~을 탐내다 ; 고대하다 ; 잔뜩 기대하다

salivate for/over

Tour officials are ***salivating over*** the rebirth of classic rivalries like Jack Nicklaus-Arnold Palmer and Nicklaus-Tom Watson that could sustain pro golf for a decade. ▶ 미국 PGA 투어 관계자들은 10년 동안 프로 골프의 성장을 뒷받침할 수 있었던 잭 니클라우스-아놀드 파머 및 니클라우스-톰 왓슨 간의 라이벌 관계처럼 최고의 관계가 다시 탄생하기를 잔뜩 기대하고 있다. 《타이거 우즈(Tiger Woods)와 필 미켈슨(Phil Mickelson) 사이에서도 이러한 라이벌 관계가 형성된다면 프로 골프의 인기가 크게 치솟을 것이라는 의미다.》

The arrival of March makes baseball fans ***salivate*** more than a dog in a Pavlov experiment. ▶ 3월이 오면 야구 팬들을 파블로프가 실험하던 개보다 더 군침을 흘린다. 《팬들이 야구시즌 개막을 너무나 고대하고 있다는 의미다.》
♣ ***Pavlov experiment*** : 1904년 노벨 의학상을 수상한 파블로프의 조건반사 실험으로, 먹이를 줄 때마다 종을 치다가 먹이를 주지 않고 종만 쳐도 개가 침을 흘리는 것을 발견하였다.

비난 여론 등의 압력에 밀려 굴복하다
뒤로 물러나다

cave in on/to

The prime Minister has ***caved in on*** backbench pressure. ▶ 수상은 평의원들의 압력에 밀려 굴복하고 말았다.
♣ ***backbench*** : 의원내각제를 실시하는 영국과 호주에서 장관이나 정당의 주요 자리를 맡지 않아 위원석 뒷자리에 앉아 있는 평의원

The company has ***caved in to*** shareholder pressure and postponed today's planned extraordinary meeting to approve its proposed takeover of the rival company. ▶ 그 회사는 주주들의 압력에 굴복하여 경쟁회사 인수계획을 승인하기 위해 오늘로 계획된 특별회의를 연기하였다.

주 큰 압력을 받아서 평평한 부분이 쑥/움푹 들어가는 것처럼 굴복한다는 의미다.

비록 몸과 마음은 피투성이(상처투성이)가 되었지만 굴복하지 않는

bloody but unbowed

They continued to fight on, ***bloody but unbowed***. ▶ 그들은 비록 몸과 마음이 피투성이가 되었지만 굴복하지 않고 계속 싸웠다.

He claims he remains ***bloody but unbowed*** from the past season of political warfare, and he vows he's now battling to reform the entire system. ▶ 그는 지난 번 정쟁으로 상처투성이가 되었지만 굴복하지 않으며 그 제도 전체를 개혁하기 위한 싸움을 계속하겠다고 단언한다.

~에 굴하지 않고

undaunted

Undaunted by the threat of excommunication, eight women, including one Emeryville resident, were ordained as priests and deacons of the Roman Catholic Church today. ▶ (로마교황청이 여자에게 성직을 수여하면) 파문시키겠다는 경고에도 굴하지 않고, 오늘 (미국의 한 교구에서) 에머리빌 주민을 1명 포함한 8명의 여자들이 로마카톨릭교의 사제와 부사제의 직분을 받았다.

"Just let me finish this point," said William, neoconservative editor of the Weekly Standard, ***undaunted when*** a student splattered a pie in his face during a speech at Earlham College in Richmond, Ind. ▶ 신보수주의 성향을 지니고 있는 The Weekly Standard 편집자인 윌리엄은 인디애나 주 리치몬드에 있는 얼햄대학에서 연설 도중 한 학생이 그의 얼굴에 파이세례를 가했지만 이에 굴하지 않고 "하고 있는 말을 끝마치게 해달라"고 말했다.

어떤 일을 하는 데 있어 **굼벵이처럼 너무 꾸물거리다**

어떤 일이 매우 천천히 진행된다; 너무 느리다; 너무 굼뜨다

at a snail's pace

The withdrawal took place ***at a snail's pace*** as the convoy checked for roadside explosives. ▶ 호송부대가 길가에 폭발물이 있는지 확인하느라 그 철수는 매우 느리게 진행되었다.

This service has been stopped for the last three months on account of road work, progressing ***at a snail's pace***. ▶ 굼벵이처럼 꾸물거리며 진행되고 있는 도로공사 때문에 이 서비스가 지난 3개월간 중단되고 있다.

as slow as molasses (in January)

My old computer is ***as slow as molasses***. ▶ 오래된 내 컴퓨터는 속도가 너무 느리다.

He's ***as slow as molasses in January***. He moves as slow as a crippled turtle. ▶ 그는 행동이 너무 굼뜨다. 그는 절뚝거리는 거북이처럼 느리게 움직인다.

주 *molasses*(당밀)는 점도가 매우 높아 끈적끈적거리는 물질이다.

궁여지책(窮餘之策)

any port in a storm

The methods seem to be an attempt to find ***any port in a storm*** in the face of our belated realization of the overwhelming complexity of social and environmental systems. ▶ 이 방법들은 사회와 환경 시스템들이 우리가 어찌할 도리가 없을 정도로 너무나 복잡하다는 사실을 뒤늦게 인식한 가운데 궁여지책이라도 찾으려는 시도처럼 보인다.

주 폭풍이 심하게 불어 시급히 배를 정박해야 하는 위급한 상황에서 항구가 좋고 나쁜 것을 가릴 처지가 못 된다.

돈/자원/공간 등이 **궁하다**

~이 부족해서 쪼들리는/힘든 생활을 하다; ~이 부족해서 어려움을 겪고 있다.

strapped for

The Pan-African Organization is ***strapped for*** cash and its operation in Darfur is saddled with logistical problems. ▶ 그 범아프리카 기구는 자금이 부족하여, 다푸르지역에서 벌이고 있는 난민구호 활동이 물자조달에 어려움을 겪고 있다. ♣ ***saddle with*** : 힘든 문제/일/책임 등을 **부과하다** 참조

They are ***strapped for*** water. ▶ 그들은 물이 부족하여 힘들게 지내고 있다.

Politicians, IT firms and social groups fail to understand why the India's IT major company is acquiring land all over India. The company says it is ***strapped for*** space. ▶ 정치가들, 정보기술업체들 및 사회단체들은 인도의 일류 정보기술회사가 인도 전역에서 땅을 구입하고 있는 이유가 무엇인지 알 길이 없다. 그 회사는 공간이 부족해서 어려움을 겪고 있다고 이야기한다.

주 ~이 부족하여 끈으로 묶여 있는 것처럼 운신하기가 매우 힘들다는 뜻이다.

타고난 **권리**

천부적인 권리; 인간으로서 당연히 누려야 하는 권리; 인간 본연의 권리

birthright

Freedom of speech is ***a birthright*** of every human being. ▶ 표현의 자유는 모든 인간의 타고난 권리다.

The world's most famous cigar exporter has banned public smoking — controversial in a country where smoking is almost seen as ***a birthright***. ▶ 세계에서 가장 유명한 시가(여송연) 수출국(쿠바)이 공공장소에서 흡연을 금지했는데, 흡연이 마치 천부적인 권리

처럼 인식되고 있는 그 나라에서 매우 큰 논란을 일으키고 있다. 《쿠바가 2006년에 공공장소에서 금연을 실시해서 일반 국민들이 반대하고 있다.》

~에 대한 **권리를 부여하다**
권한/자격을 부여하다

entitle someone to

Your membership *entitles* you *to* enjoy all of the branches of Intercontinental Hotel throughout the world. ▶ 당신의 회원권은 전 세계에 있는 인터컨티넨탈 호텔 지점에서 사용할 수 있다.

Once welcomed, he is *entitled to* all we have — food, tea, rest, care. That is our way. Even for our enemies, we give everything if they show peacefulness. ▶ 평화를 원한다는 모습을 일단 보이기만 하면 비록 적이라도 극진하게 대접하는 아라비아 반도의 사막(Rub al Khali)에 사는 베두윈족의 풍습에 관한 이야기다.

어떤 활동이 **궤도에 오르다**
일이 잘 진행되고 있으며 성공할 가능성이 높다

be on track

He said construction work *was on track* due largely to the fine weather. ▶ 그는 좋은 날씨 덕에 건설 작업이 궤도에 올라 있다고 말했다.

귀가 찢어질 듯한
고막이 터질 듯한; 소리가 매우 큰

ear-splitting

The little boy cried with *ear-splitting creams*. ▶ 그 어린 소년은 귀가 찢어질 듯한 비명을 지르며 울었다.

The residents could face years of *ear-splitting helicopter noise* after aviation bosses said flight restrictions would require a change in the law. ▶ 비행을 금지하기 위해서는 법을 고쳐야 한다고 항공당국 책임자들이 말했기 때문에, (관계 법령이 수정되기 이전까지) 주민들은 몇 년간 고막이 터질 듯한 헬리콥터 소리를 들어야 할지도 모른다.

~에 대한 **귀결**
자연스러운 (당연한) 결과; 직접적인 결과

outgrowth of

America's gaping trade deficit didn't appear out of thin air. It is *a direct outgrowth of* an unprecedented shrinkage in overall U.S. savings. ▶ 미국의 커가는 무역적자는 갑작스럽게 나타나지 않았다. 그것은 미국의 전반적인 저축예금이 전례 없이 줄어든 것에 대한 귀결이다. ♣ *out of thin air* : 기대하지 않았던 사람/물건 등이 **갑작스럽게 나타날 때** 참조

The Colorado Supreme Court ruled Monday that parolees cannot vote. The ruling was *the outgrowth of* a lawsuit filed late last year by the American Civil Liberties Union. ▶ 콜로라도 대법원은 보석 중인 사람들은 투표할 수 없다고 월요일 판결했다. 그 같은 판결은 작년 미국시민자유연합이 제출한 법률소송의 직접적인 결과다.

남들이 하는 말을 **귀담아 듣지 않는다**
한쪽 귀로만 듣는다; 건성으로 듣는다

listen with only half an ear

He *listened* to what I told him *with only half an ear*. ▶ 그는 내 말을 한쪽 귀로만 들었다.

Yet we sometimes *listen with only half an ear*, or hear but don't really listen. ▶ 그럼에도 불구하고 우리는 가끔 귀담아 듣지 않거나, 아니면 듣기는 하지만 진짜로 주의를 기울여 듣지는 않는다.

귀따가운 소리를 잔뜩 듣다
듣기 싫은 소리(꾸중, 잔소리)를 심하게 듣다

get an earful ☞ Informal

The council *got an earful* Monday from a group of outraged people over its plan. ▶ 그 위원회는 위원회의 계획에 대하여 분노하고 있는 사람들로부터 월요일에 귀따가운 소리를 잔뜩 들었다.

Police officers hoping for ideas to address the city's noise problem *got an earful* from citizens at a Thursday-night meeting. ▶ 목요일 밤에 열린 그 회의에서 도시의 소음문제 해결을 위한 좋은 의견을 기대하던 경찰

관들이 시민들로부터 귀따가운 소리를 잔뜩 들었다.

귀따가운 소리를 잔뜩 하다
듣기 싫은 소리(잔소리)를 심하게 하다; 심하게 꾸짖다; 심하게 야단치다

give an earful ☞ Informal

Several House Republicans ***gave*** White House Deputy Chief of Staff ***an earful*** about their strong opposition to any immigration-reform bill that includes an avenue for citizenship. ▶ 시민권을 부여하는 방법을 포함하는 어떤 이민개혁법률안에도 백악관이 강하게 반대하자 몇몇 공화당 하원의원들은 백악관 비서실 부실장을 심하게 꾸짖었다.

한 귀로 들어와서 바로 다른 귀로 흘러 나가다
들은 이야기가 금세 잊혀지다

go in one ear and out the other

Advice can ***go in one ear and out the other***. ▶ 충고는 한 귀로 들어와서 바로 다른 귀로 흘러 나갈 수 있다.

Zidane has made a second blunder. He can't shift the blame to Materazzi. Trash talk is the lingua franca of sports. Athletes have to let it ***go in one ear and out the other***, or they would be baited into conduct destructive to themselves and their teams. Black players throughout Europe listen to ugly racist taunts without resorting to cheap shots. ▶ 지단이 두 번째 실수를 저질렀다. 그는 마테라치에게 잘못을 돌려서는 안 된다. 거친 욕설은 스포츠에서 의사전달 수단이다. 운동선수들은 경기 중에 상대방이 거친 욕을 해도 듣고는 바로 잊어버려야 한다. 만일 그렇게 하지 못하면 상대방의 꾐에 넘어가 자신과 팀에게 해를 끼치는 행동을 하게 될 수도 있다. 유럽 전역에서 활동하는 흑인 축구선수들은 험악한 인종차별 모욕을 듣지만 상대방에게 거친 파울을 범하지 않는다. 《프랑스의 지네딘 지단이 2006년 독일 월드컵 이탈리아전에서 자신의 누이를 들먹이며 욕을 했다는 이유로 마테라치를 머리로 들이받아 퇴장당한 사건에 대한 이야기다.》 ♣ *lingua franca*: **의사전달 수단**; *cheap shot*: 남을 정당한 이유도 없이 **비방하는 말** 참조

~에 귀를 기울이다
~의 이야기를 듣다

lend an ear to

An official said that he is being besieged because he isn't ***lending an ear to*** external powers, but rather speaks from a Lebanese perspective. ▶ 그가 외부 세력에 귀를 기울이지 않고 레바논 사람의 입장에서 의견을 낸다는 이유로 사방에서 괴로움을 당하고 있다고 한 관리가 말했다.

The crisis hotline ***lends an ear to*** those in need. ▶ 그 전화상담서비스는 위기에 처해 도움을 필요로 하는 사람들의 이야기를 들어준다.

귀를 땅에 대고 있다
현재 어떤 일이 벌어지고 있는지 누가 무슨 말을 하고 있는지 파악하기 위하여 주변상황을 예의(銳意)주시하고 있다; 현 상황이 어떻게 돌아가고 있는지 파악하기 위해서 노력을 기울이다

keep/have one's ear to the ground

He told reporters that he's ***keeping his ear to the ground*** to see what options he may have around the deadline. ▶ 그는 최종 기한이 다가오고 있는 시점에서 취할 수 있는 선택이 무엇인지 알아보기 위하여 주변 상황을 예의주시하고 있다고 기자들에게 말했다.

Anyone ***with an ear to the ground*** would have sensed it coming from a mile away. ▶ 귀를 땅에 대고 있었더라면 누구나 일 마일 밖에서 그것이 다가오고 있다는 것을 알아챌 수 있었을 것이다.

A populist is someone who ***keeps an ear to the ground***—someone who listens to his constituents carefully and attempts to follow those desires in making political decisions. ▶ 일반 국민을 위한 정치가란 민심이 어떻게 돌아가고 있는지 예의주시하는, 다시 말해서 유권자들의 말에 주의를 기울이고 정치적인 결정을 할 때 그들이 원하는 방향으로 가려고 시도하는 사람이다.

주 옛날 전쟁할 때 적군이 말을 타고 쳐들어 오는지 확인하기 위해서 귀를 땅에 대고 소리를 듣던 데서 유래되었다.

가

귀를 빌리다
할 이야기가 있다

bend someone's ear

Let me *bend your ear*. ▶ 할 이야기가 있으니 귀 좀 빌립시다.

When I've needed to *bend her ear* about a problem, I've called on her and she has never closed the door. She has lectured me like a Catholic nun, but she never has closed the door. ▶ 어떤 문제에 관하여 할 이야기가 있어 그녀에게 들렀을 때 그녀는 나를 문전박대한 적이 없었다. 그녀는 나에게 마치 수녀처럼 설교를 하긴 했지만, 언제나 나를 만나 주었다. ♣ *close the door*: ~을 **문전박대하다** 참조

귀를 (쫑긋) 세우다
소리를 잘 듣기 위한 동작이다

cock an ear

He suddenly *cocked an ear* and listened. ▶ 그는 갑자기 귀를 쫑긋 세우고 들었다.

All ears were cocked for the footsteps on the stairs. ▶ 계단에서 나는 발자국 소리를 듣기 위하여 모든 사람이 귀를 쫑긋 세웠다.

귀신도 제 말하면 온다더니
호랑이도 제 말하면 온다더니

speak of the devil

Speak of the devil, she is coming. ▶ 귀신도 제 말하면 온다더니, 그녀가 오고 있다.

A moment later, my cell phone rang. *Speak of the devil*, it was Hill. ▶ 잠시 후 내 휴대전화가 울렸다. 호랑이도 제 말하면 온다더니, 전화한 사람은 바로 힐이었다.

어떤 말/상황 등이 아직 귀에 생생하게 들리는 듯하다
귓가에 맴돌고 있다; ~에 대한 기억이 아직 생생하다

ring in one's ears

The statement by the then director of the centre still *rings in my ears*. ▶ 그 당시 그 센터 감독의 발언이 아직도 내 귓가에 생생하게 들리는 듯하다.

It is a moment that will *ring in his ears* the rest of the season. ▶ 그 순간을 남은 시즌 내내 그가 생생하게 기억할 것이다.

제발 귀찮게 굴지 말고 가서 네 할 일이나 해라
나는 네가 하는 말/일에 전혀 관심이 없으니 다른 데 가서 알아보아라

go climb a tree ☞ 미국, Informal

The rest can *go climb a tree*. ▶ 나머지 사람들은 그만 나가도 좋다.

If you have helpful suggestions, I would love to hear them, if you prefer to be unhelpful, please *go climb a tree*. ▶ 네가 도움되는 제안을 한다면 물론 기꺼이 듣겠지만, 아니면 귀찮게 굴지 말고 다른 데 가서 알아보아라.

주 그렇게도 할 일이 없으면 가서 나무나 타고 놀라는 말이다.

회의/모임 등이 규모가 작은
소규모인; 조촐한

low-key

The strongest hint that George W. Bush might actually have changed his thinking about Europe came out during his speech in Brussels last week — the centerpiece of his four-day, three-country European tour — but in a much more *low-key forum*. ▶ 부시 대통령이 유럽에 대한 그의 생각을 정말로 바꾸었을지도 모른다는 강력한 암시가 4일간의 유럽 3개국 순방일정에서 가장 중요한 부분이었지만 소규모로 열린 지난주 브뤼셀 회의에서 한 그의 연설에서 나왔다.

I want to keep the meeting *low-key*. ▶ 나는 그 회의를 소규모로 유지하길 원한다.

The wedding will be *a very low-key affair.* ▶ 그 결혼식은 매우 조촐하게 치러질 것이다.

규모를 줄이다
규모를 축소하다

scale back/down

Financial uncertainty may force some states to *scale back* plans to introduce such operational improvements as intelligent transportation systems and metering schemes. ▶ 재정적 불확실성으로 일부 주들은 지능형 교통통제 시스템이나 측정 시스템과 같은 운용 개선책을 도입하려는 계획의 규모를 축소하게 될 수도 있다.

Despite current price advantage, UK manufacturers still have to *scale down* production. ▶ 현재 가격경쟁에서 유리한 위치를 점하고 있음에도 불구하고 여전히 영국의 제조회사들은 생산량의 규모를 줄여야 한다.

규모를 늘리다
규모를 확장/확대하다

scale up

The World Bank has approved an International Development Association grant of 5 million US dollars for the Health Sector Support Project. The grant is meant to *scale up* activities in malaria monitoring and evaluation. ▶ 세계은행은 "the Health Sector Support Project"를 위하여 국제개발협회에 미화 5백만 불을 지원하기로 결정하였다. 이 자금으로 말라리아의 실태를 조사하고 평가하는 활동의 규모가 확대될 것이다.

The sole provider of piped cooking gas in the capital is planning to *scale up* its infrastructure because the list of residential areas awaiting connection is growing faster than the network's expansion. ▶ 가스공급을 희망하는 주거지역이 배관망의 확장보다 더 빠르게 늘어나고 있어, 그 수도에서 유일하게 조리용 가스를 배관을 통하여 공급하는 그 업체는 기반시설의 규모를 확장하려는 계획을 세우고 있다.

특별한 상황에 통상적으로 적용되는 **규칙**
관례 ; 지켜야 할 사항들 ; 준수해야 할 사항들 ; 따라야 할 사항들

dos and don'ts ☞ 해야 할 일과 하지 말아야 할 일들

Please tell me *dos and don'ts* in the ceremony. ▶ 그 행사에서 통상적으로 적용되는 규칙에 대하여 나에게 말해 주세요.

Do you love mushrooms, but find yourself in the dark when it comes to keeping them fresh? If so, here are *a few basic dos and don'ts* for cleaning and storing mushrooms. ▶ 버섯은 좋아하지만 어떻게 해야 신선하게 보관할 수 있는지 전혀 모르십니까? 만일 그렇다면, 버섯을 씻고 보관할 때 해야 되는 몇 가지 기본적인 일과 해서는 안 되는 일을 알려드리겠습니다.

Whether you have one pair or 10, prefer pricey designer shades, or designer-inspired looks, there are *a few dos and don'ts* to ensure you look sizzling hot in your summer shades. Do pay attention to the hinges. Make sure they are sturdy and adjust as needed for both comfort and to hold a position on the face. Don't get sunglasses that sit uncomfortably on the bridge of your nose. If the bridge of the frame sits above your own or is too wide, choose another pair. Do get lenses with UV protection. Do choose a frame that compliments your face shape, but don't choose frames the same shape as your face. ▶ 당신이 선글라스를 1개 가지고 있든지 아니면 10개 가지고 있든지, 값 나가는 유명 디자이너 선글라스를 좋아하든지 아니면 유명 디자이너의 제품을 모방한 (값싼) 것을 좋아하든지 간에, 한여름에 선글라스를 끼고 있는 당신의 모습을 멋지게 보이게 하기 위해서 지켜야 할 몇 가지 사항이 있다. 안경다리 이음부에 신경을 써라. 양 이음부가 견고한지 확인하고, 편안한 느낌이 들고 얼굴 위에서 움직이지 않도록 조정하라. 콧등 위에 불편하게 놓여지는 선글라스는 구입하지 마라. 만일 안경테 이음부가 콧등에 밀착이 안 되거나 너무 넓으면 다른 것을 선택하라. 자외선 차단이 되는 렌즈를 골라라. 당신의 얼굴형과 같은 모양의 테를 고르지 말고 당신의 얼굴형을 보완해 주는 것을 선택하라.

싸움이나 경쟁 등이 **규칙이 없는**
무슨 수를 써서라도 이기면 그만인; 아무런 제약이 없이 하고 싶은 것을 마음대로 하는

no holds barred

He placed in several taekwondo tournaments and at age 20, migrated to the ***no-holds-barred*** 'Ultimate Fighting Championship'. ▶ 그는 여러 태권도 대회에서 입상하였고, 20세에 아무런 규칙 없이 싸워 승자를 가리는 'Ultimate Fighting Championship'으로 종목을 옮겼다.

His letters to the editor in so many publications highlight his unique lifestyle with his ***no-holds-barred attitude*** towards so many issues. ▶ 많은 간행물의 독자투고란에 실린 그의 글들은 매우 다양한 이슈에 대해서 하고 싶은 말을 마음대로 하며 살아가는 그의 독특한 취향을 잘 보여준다.

주 권투 시합에서는 상대방을 붙잡고 때리거나 넘어뜨리는 것이 허용되지 않는다. 요즘 한창 인기를 끌고 있는 K-1이나 Pride 같은 격투기처럼 붙잡는 것이 금지 되지 않는 싸움이라는 의미다.

~사이에서 어느 한 쪽으로 치우치지 않고 **균형을 잡다**

strike a balance between

Striking a balance between theory and practice is the challenge set before us. ▶ 우리 앞에 놓여진 도전과제는 이론과 실제 사이에서 균형을 잡는 것이다.

Prime Minister Thaksin Shinawatra said Saturday that Thailand needs to ***strike a balance between*** the international pressure against Burma and the fact that Thailand needs cooperation from the neighboring country. ▶ 태국은 이웃 나라와 협력이 필요하다는 사실과 버마에 대한 국제적 압력 사이에서 균형을 잡아야 할 필요가 있다고 토요일 탁신 태국 수상이 말했다. 《미국을 포함한 여러 나라들이 버마의 군사독재정부에 압력을 가하는 수단으로 경제제재를 가하고 있지만, 태국은 이웃 국가로서 버마와 경제협력이 필요하기 때문에 어느 한 쪽으로 치우치면 안 된다는 의미로 한 말이다.》

Prison is about ***striking a balance between*** punishing offenders for their wrongdoing and rehabilitating them so they can go on to lead fulfilling, productive lives. ▶ 교도소가 하는 일은 범죄행위에 대한 처벌과 만족스럽고 생산적인 인생을 살 수 있도록 죄수들을 교화하는 일 사이에서 균형을 잡는 것이다.

균형을 깨뜨리다

tip the balance

The powerful new gun ***tipped the balance*** of the war in our favor. ▶ 새로 개발된 강력한 그 총은 우리에게 유리한 방향으로 전쟁의 균형을 깨뜨렸다.

그게 아니라 차라리 이렇게 이야기하는 편이 옳을지 모른다
방금 한 말을 수정할 경우 사용한다

(or) I should say

I'm not keen on driving in foreign countries. ***Or, I should say***, I'm not keen on sitting in the passenger seat with a map spread out on my lap, "navigating" while my husband insists either we've passed the place we're looking for, or the signs can't possibly be right. ▶ 나는 외국에서 운전하는 것을 좋아하지 않는다. 그게 아니라 남편이 목적지를 지나쳤을지도 모르거나 표지판이 잘못되었다고 주장하는 동안 무릎에 지도를 펼쳐놓고 운전석 옆에 앉아 있는 것을 좋아하지 않는다고 이야기하는 편이 차라리 옳을지 모른다.

Words on a page are relatively impotent when it comes to describing the woes of inadequate airline travel cases for rifles and bows, ***or*** perhaps ***I should say***, inadequate to describe the atrocities committed by airlines baggage handlers, especially when they know the contents of the case they are destroying contains something of great value to the owner. ▶ 라이플이나 활 같은 것을 비행기 짐으로 부칠 때 사용할 만한 적절한 케이스가 없을 때 느끼는 걱정거리는 글로써 표현하기 힘들다. (총이나 활 등이 담는 케이스를 보면) 그 안에 있는 물건이 무엇인지 직원들이 알면서도 마구 다루어 안에 있는 소중한 물건을 망가뜨리는 행위에 대해서 필설로는 이루 다 형용할 수가 없다고 이야기하는 편이 차라리 더 옳을지 모른다.

혹시/설사 **그게 아니라고 하더라도 적어도 ~만은 분명하다**(분명한 사실이다)
이전에 말한 것이 혹시 틀렸을 수도 있기 때문에 수정하거나 다시 설명할 때 사용함

at the very least

Despite last week's support from the U.N. Security Council, the U.S. will not be receiving very much military or financial aid from the world because there is continuing outrage over America's unilateral decision to go to war. The original casus belli was, ***at the very least***, oversold. ▶ 미국이 지난주 유엔 안전보장이사회로부터 지지를 얻었음에도 불구하고, 일방적으로 (이라크) 전쟁을 일으킨 것에 대한 계속되는 분노 때문에 다른 나라들부터 군사적인 지원이나 경제적인 지원을 많이 받지 못할 것이다. 혹시 그게 아니라고 하더라도 (미국이 일방적으로 이라크전쟁을 일으켰기 때문에 세계적인 지지를 받지 못하는 것은 아니더라도), (발견되지도 않은 대량살상무기를 이라크가 가지고 있다는) 전쟁을 일으킨 애초의 구실을 너무 많이 팔아먹었기 때문에 지지받지 못하는 것은 분명하다. ♣ *casus belli*: 전쟁을 일으킨 **이유** 참조

They didn't actually like the magazine very much, but they bought it, or ***at the very least***, borrowed it from each other. ▶ 그들은 실제로 그 잡지를 그리 좋아하지는 않았지만, 그 잡지를 사보거나 그렇지 않을 경우에는 서로 빌려 보았다.

London is one of the world's loudest cities. It's not a place for quiet solitude, ***at the very least***. ▶ 런던은 세계에서 가장 시끄러운 도시 중의 하나다. 설사 그렇지 않다고 하더라도 (런던이 세계에서 가장 시끄러운 도시 중의 하나는 아니더라도) 조용히 고독을 즐기기에 적합한 장소가 아니라는 것은 분명한 사실이다.

어떤 일반적으로 좋지 않은 상황에서 **그나마 한 가지 좋은 것/점은**
그나마 한 가지 다행인 것/점은; 그나마 한 가지 위안거리는

if nothing else

If nothing else, she hopes would-be drunken drivers will learn from her son's death. "It's too late for Jason, but it's not too late for other people," She said. "Talk to your kids and warn them about the dangers of drinking." ▶ (아들 제이슨이 음주운전 사고로 죽었지만) 그나마 그녀에게 한 가지 위안거리는 아들의 죽음이 장차 음주운전을 할지도 모르는 사람들에게 큰 교훈이 될 수 있다는 점이다. "제이슨에게는 이미 늦었지만 다른 사람들은 아직 늦지 않았다"고 그녀가 말했다. "아이들과 대화를 나누고 음주의 위험성에 대하여 경고해야 한다." ♣ *would-be*: **~이 되고 싶어하는** 참조

The market's latest gyrations, ***if nothing else***, should shake investors out of the complacency of thinking that what goes up must go higher. ▶ (주식시장이 급등락을 반복하는 최근 상황에서) 그나마 한 가지 다행인 것은 주식시장의 급등락이 주가가 올라가야 하는 (혹은 가치가 있는) 주식은 오르게 마련이라는 투자자들의 안이한 생각을 떨쳐 버리게 만들 수 있을 것이라는 점이다.

~의 **그늘 아래서**
영향력 아래에서

in the shadow of

Raul Castro has spent his entire life ***in the shadow of*** his older brother Fidel. ▶ 라울 카스트로(Raul Castro)는 평생을 형 피델 카스트로(Fidel Castro)의 그늘 아래서 지냈다.

그 당시

back in/when

Back when Michelle Wie first burst on the national scene, her father, B.J., lamented how thick the rule book was for golf. Perhaps they should have studied it a bit more. ▶ 미셸 위가 미국 전역에 중계되는 골프대회에 처음 등장했을 그 당시, 그녀의 아버지 B.J.는 골프 룰이 너무 복잡하다며 한탄을 했다. 그들은 골프 룰에 대해서 좀더 공부했어야만 했다. 《미셸 위가 2006 British Open에서 14번 홀 그린 주변 벙커에 빠진 공을 치려고 백스윙하면서 공 뒤에 있는 이끼를 건드리는 바람에 모래가 움직여서 2벌타를 받은 사건에 대한 이야기다.》

Sunday marks the 61st anniversary of the atomic bomb attack on Hiroshima, Japan. ***Back in*** 1945, more than 140,000 people were instantly killed when the United States dropped the bomb to force an end to World War II. The blast leveled about two-thirds of the buildings in the city. ▶ (2006년 8월 6일) 일요일은 히로시마에 원자폭탄이 투하된 지 61년이 되는 날이다. 제2차 세계대전을 종식시키기 위해서 미국이 원자폭탄을 투하했던 1945년 그 당시, 14만 명 이상이 그 자리에서 목숨을 잃었다. 그 폭발로 그 도시 건물의 2/3 정도가 폭삭 무너졌다. ♣ *level*: 집/건물 등을 **납작하게 만들다** 참조

But ***back in Chicago*** with nowhere to go and little else to do, she came back. ▶ 그러나 시카고에 머물던 그 당시 그녀는 갈 곳이 없었고 별로 할 일도 없어서 다시 돌아왔다.

그 당시에 ~이었던

then

He was known by many for his role in ***the then record-breaking robbery*** of the mail train from Glasgow to London in August 1963. ▶ 1963년 8월 글라스고우에서 런던으로 가던 우편열차를 턴 그 당시 기록을 수립한 강도사건에서 그가 한 일을 많은 사람들이 알고 있다.

The Race Relation Act of 1976 was enacted by ***the then Labor Government***. ▶ 그 당시 노동당 정부에 의해서 1976년 인종관련 법령이 만들어졌다.

발생하는 비용을 사전 또는 사후에 지불하는 것이 아니고 **그때그때 지불하는 방식/제도**

혜택을 받은 만큼 이에 상응하는 대가를 지불하는 방식

pay-as-you-go basis

Both phones are offered ***on a pay-as-you-go basis*** or monthly package. ▶ 두 전화 모두 사용하는 만큼 요금을 지불하는 방식과 한 달 요금을 미리 정해놓고 마음대로 사용하는 방식을 제공한다.

Students can choose flexible, individual course study programs, adding courses as they are needed ***in a "pay as you go" approach***. ▶ 수강하는 학점 수에 따라서 등록금을 내는 방식을 통해서, 학생들은 탄력적으로 개인별 수강과목을 선택할 수 있다.

Congress needs to restore ***pay-as-you-go rules*** for spending increases and tax cuts. ▶ 지출은 늘어나고 세금은 줄어드는 상황에 대처하기 위해서, 하원은 pay-as-you-go rule(재원(財源)안과 세출 절감안을 동시 제출 방식)을 다시 채택할 필요가 있다. 《pay-as-you-go rule이란 위원들이 어떤 부분에 새로 국고지원이 필요하다는 법안을 제출하는 경우 어떻게 새 재원을 마련할 것인지 혹은 기존의 어느 부분에서 예산을 절감할 것인지에 대한 안을 동시에 제출토록 하는 방식을 말한다.》

그럼에도 불구하고

그렇지만 놀랍게도 (앞에서 어떤 사실을 언급한 후 이에 반하는 다소 놀라운 새로운 사실을 소개할 때)

yet

This watch is completely waterproof, ***yet*** light and comfortable. ▶ 이 시계는 완벽한 방수를 자랑하지만, 가볍고 이용하기 편하다.

Pete Sampras, 32 is the quiet ***yet*** dominant American tennis champion who won a record 14 Grand Slam titles. ▶ 피트 샘프라스(32)는 매우 조용한 성격이지만 14개의 그랜드슬램 타이틀을 차지한 강력한 테니스 챔피언이다.

Agatha Christie, the queen of crime, struggled with words (had dyslexia) and ***yet*** wrote nearly 100 books, which have sold 2 billion copies. ▶ 범죄소설의 여왕인 아가사 크리스티는 글을 잘 읽지 못하는 증세(독서장애, dyslexia)로 고생하였지만, 놀랍게도 100권에 가까운 책을 썼으며 그 책들은 지금까지 모두 10억 부나 팔렸다.

주 같은 뜻을 갖고 있는 ***nevertheless***보다 훨씬 깔끔한 느낌을 주며 자주 쓰인다.

그럼에도 불구하고 여전히

그렇지만 여전히 ; ~이긴 마찬가지다 (이미 전에 어떠한 일이 벌어졌거나 누가 어떤 말을 했어도 상황이나 의견 등이 여전히 변하지 않았다는 말에 앞서서 하는 말)

all/just the same

All the same, Western intelligence experts are convinced that Pyongyang is not bluffing. ▶ (북한이 평소에 과장을 하는 습성을 보였지만) 그럼에도 불구하고 여전히, 서방 정보전문가들은 (원자폭탄을 개발했다는) 북한의 주장이 허풍이 아니라고 믿고 있다.

I arranged to pay him the dollars when he got there, a purely private arrangement. ***Just the same***, it was illegal. ▶ 나는 그가 그곳에 도착했을 때 비용을 마련해 주었다. 극히 사적으로 마련한 돈이라도 여전히 불법이긴 마찬가지다.

그렇게 함으로써
앞에서 언급한 대로 함으로써

that/this way

An animal that goes into involuntary paralysis may have a better chance of surviving a predatory attack. Many predators will not eat prey that is not struggling; ***that way***, they are less likely to eat something sick or rotten that would end up killing them. ▶ (포식동물이 접근할 때) 죽은 체하는 동물들은 포식동물의 공격으로부터 벗어날 확률이 높다. 많은 포식동물들은 발버둥치지 않는 사냥감은 먹지 않는 습성이 있다. 그렇게 함으로써, 자신을 죽게 만들지도 모르는 병들거나 썩은 먹이를 먹을 확률을 낮추는 것이다.

Although we are both big fans of Indian cuisine, for the most part my wife and I never go to an Indian restaurant together. ***That way*** we don't end up in an argument ▶ 우리 모두 인도 음식을 매우 좋아하지만, (취향이 서로 다르기 때문에) 대부분 함께 인도 레스토랑에 가지 않는다. 그렇게 함으로써 (음식을 주문할 때) 서로 티격태격하지 않아도 된다.

Keep the soil moist. ***This way***, the seeding will be flourishing. ▶ 토양의 습기를 유지하라. 이렇게 함으로써, 씨가 잘 자라게 될 것이다.

주 앞에 "***by doing***"이 생략된 것으로 보면 된다.

그렇다고 ~하다는 것은 아니다
그러나 ~은 아니다 (앞에서 언급한 말이 의미하는 것과는 대조되는 말을 꺼낼 때)

not that ~

It's good that they finally decided to think about this. ***Not that*** thinking about something should be done only after people start complaining. ▶ 그들이 마침내 이것에 대해서 생각하기로 결정한 것은 좋은 일이다. 그렇다고 해서 반드시 사람들이 불평하기 시작한 다음에 어떤 일에 대하여 생각을 해야 한다는 말이 아니다.

I have a little secret to confess. Whenever I am "abandoned" by my wife at the shopping mall, I have the tendency to stray to the nearest pet shop. ***Not that*** I feel lost and need a pet to hang on to but pet shops have become an incredibly interesting place to browse around in. ▶ 나에게 고백해야 할 작은 비밀이 하나 있다. 쇼핑몰에서 아내가 나를 버리고 혼자 쇼핑을 즐길 때마다 나는 근처의 애완동물 가게로 가는 습관이 있다. 그렇다고 해서 외로움을 느껴 함께 할 애완동물이 필요하다는 말이 아니라, 애완동물 가게들이 이리저리 둘러볼 만한 믿기 힘들 정도로 흥미로운 곳으로 변했기 때문이다.

그렇지 않다면
그게 아니라면; 또는/혹은 그 밖에

or otherwise

People caught up in disaster tend to fall into three categories. About 10% to 15% remain calm and act quickly and efficiently. Another 15% or less completely freak out — weeping, screaming ***or otherwise*** hindering the evacuation. ▶ 재난을 당한 사람들은 세 가지 유형으로 구분되는 경향이 있다. 대략 10%에서 15%의 사람들은 침착성을 유지하고 빠르게 그리고 효과적으로 행동한다. 또 다른 15% 정도는 완전히 놀라 자지러지면서 울거나 소리치거나 그렇지 않으면 다른 사람들이 탈출하는 것을 방해나 한다.

Hopes, dreams and practical plans to colonize ***or otherwise*** exploit the moon as a source of minerals or a launch pad to the cosmos got a boost with NASA's announcement of significant water ice at the lunar south pole. ▶ 달을 식민지로 만들거나 그게 아니라면 광물질을 캐는 광산으로 혹은 우주탐험 전초기지로 활용하는 희망, 꿈, 실질적인 계획이 달의 남극에 많은 물얼음이 있다는 나사의 발표로 고무되었다.

More than 7.5 million people have been stranded ***or otherwise*** affected by the snow storms, which caused the collapse of more than 9,000 buildings, damaged 190,000 hectares of crops. ▶ 이 폭설로 7백5십만 이상의 사람들이 발이 묶이거나 혹은 그 밖에 다른 피해를 입었는데, 9천 개 이상의 건물이 붕괴되고 19만 헥타르의 농작물이 피해를 입었다.

주 단순히 'or'을 사용하는 것과는 차이가 있으며 앞에서 언급된 것과 대조되는 혹은 반대되는 것을 언급할 때 사용한다. 다시 말하면 앞에서 언급된 내용이 사실이 아니거나 가능하지 않다면 적어도 뒤에 언급된 것은 사실이거나 가능하다는 의미다.

만일 **그렇지 않았다면 ~이었을**
만일 그게 없었다면(아니었다면) ~이었을

otherwise

The change made them accept ***the otherwise unpopular proposal***. ▶ 만일 그렇지 않았다면(그 변화가 없었다면) 그들이 좋아하지 않았을 텐데, 그 변화 때문에 그 제안을 받아들였다.

Indian cricket officials say they are keen to bring in foreign players in order to add a touch of glamour to ***otherwise dull domestic tournaments***. ▶ 인도 크리켓협회 사람들은 그렇지 않으면 매우 재미없는 국내 대회에 흥밋거리를 더하기 위하여 외국 선수 영입을 강력하게 희망하고 있다고 말한다.

Irresolution is a defect in ***his otherwise perfect character***. ▶ 우유부단한 점만 없다면 그는 완벽한 사람이다. 우유부단하다는 것이 그의 유일한 결점이다.

Some may gravitate toward the lucrative side of medicine, but not Dr. Aukerman or Dr. Alongi. These two Carroll County physicians each, in their own ways, live out a common mission: treating indigent people who would ***otherwise*** lack access to medical care. ▶ 일부 의사들은 돈이 되는 의료행위만 하려는 경향이 있지만 Aukerman과 Alongi는 그렇지 않다. 이 두 명의 캐롤 카운티 외과의사들은 자신들이 없으면 의료혜택을 받기 어려운 빈곤한 사람들을 치료한다는 공동의 임무를 그들만의 방식대로 실천하고 있다. ♣ *gravitate toward*: 어떤 특정한 장소/사물/활동 등에 호감이 가서 **끌리다**; *live out*: 평소에 품어왔던 꿈이나 생각을 **실현하다** 참조

그림같이 완벽한
그림 같은

picture perfect

Every bride wants her wedding to be ***picture perfect***— from the dress to the flowers to the food at the reception. And of course, brides want to be beautiful, both for the ceremony and for the wedding pictures. ▶ 모든 신부는 자기의 결혼식이, 드레스에서 꽃 그리고 피로연 음식에 이르기까지, 그림처럼 완벽하게 이루어지길 희망한다. 그리고 물론 신부는 결혼식과 결혼사진 모두에서 아름답게 보이길 원한다.

It was ***picture-perfect*** weather for the Fair on Saturday. ▶ 토요일 축제를 위한 그림 같은 날씨였다.

His plan was ***picture perfect***. ▶ 그의 계획은 그림같이 완벽하다.

그림의 떡
좋은 것/계획/의견처럼 들리지만 실현 가능성이 없는 것; 현실성이 결여된 것; 비현실적인 것

pie in the sky

Noting that the idea has been proposed in Congress in various forms, he said, "This is not really ***pie in the sky***." ▶ 그 의견이 여러 형태로 국회에 제안되었던 사실을 주목하면서 그는 "이 계획은 실현 가능성이 없지는 않다"고 말했다.

He offers you all ***the pie-in-the-sky*** that you could want (God, resurrection, sex in the afterlife). ▶ 그는 네가 원할지도 모르는 온갖 그림의 떡(신, 부활, 사후의 섹스)을 너에게 주겠다고 말하고 있다.

Our legislators in Sacramento will be happy to hear this isn't another ***pie-in-the-sky solution***, and it wouldn't require a dime of state money. ▶ 세크라멘토 시의원들이 이는 또 다른 비현실적인 해결책이 아니며 주 예산이 한 푼도 들지 않을 것이라는 소리를 들으면 만족해할 것이다.

~라는 **그림자를 드리운다**
~의 전조가 된다; ~가 일어날 것이라는 것을 예시한다; ~을 시사(示唆)하다

foreshadow

Tremors felt in the Midwest might not ***foreshadow*** a big earthquake in the future. ▶ 중서부 지역에서 감지되었던 지진이 미래에 일어날 대지진의 전조가 아닐 수도 있다.

The speech ***foreshadowed*** how he would handle foreign policy as president. ▶ 그 연설은 대통령으로서 그가 외교정책을 이끌고 나갈 방향을 시사하였다.

그림자처럼 따라다니다

shadow

I played him man-to-man and ***shadowed*** him all over the court. ▶ 나는 그를 대인방어했고, 코트 전역에 걸쳐 그를 그림자처럼 따라다녔다

Two agents ***shadowed*** him to a restaurant but decided to wait for back-up before accosting him. ▶ 요원 두 명이 한 식당까지 그림자처럼 그를 따라갔지만, 그에게 다가가 말을 걸기 전에 지원군을 기다리기로 결정했다.

♣ *accost*: 지나가는 사람을 세우거나, 어떤 사람에게 불쑥 다가가서 **말을 걸다** 참조

어떤 장소가 그림처럼 멋지고 아름다운
고풍스럽고(보기 사나운 현대식 건물이 없고) 매력적이어서 흥미를 끄는

picturesque

As the fight moves farther north of the Lebanese border with Israel, this ***picturesque*** port town has become a battleground. ▶ 그 싸움이 이스라엘과 레바논의 국경에서 북쪽으로 멀리 옮겨감에 따라서, 이 고풍스럽고 아름다운 항구도시가 전쟁터로 변해버렸다.

British families are buying houses and settling down in the ***picturesque*** region in central Bulgaria as local inhabitants escape abroad in search of work. ▶ 지역 주민들이 일자리를 찾아서 해외로 떠나가는 바람에, 영국 가정들이 불가리아 중앙에 위치한 그림처럼 멋진 그 지역에서 집을 장만하여 정착하고 있다.

~뿐만 아니라 그 밖의 모든 것/사람도 포함된다는(해당된다는) 것을 강조할 때

every other

The soldiers have stripped the civilians of their passports, and ***every other type*** of document. ▶ 그 군인들은 민간인들에게서 여권뿐만 아니라 그 밖의 모든 서류들을 빼앗았다.

As the AIDS drugs are powerful, HIV mutates so rapidly that if the anti-retroviral compounds are not properly administered, they are quickly rendered useless not just for that patient but for ***every other patient*** exposed to the mutated virus. ▶ 그 에이즈 치료약들은 강력하기 때문에 HIV(에이즈 바이러스)는 매우 빨리 돌연변이를 일으킨다. 따라서 치료약들이 적절하게 관리되지 않는다면 HIV 환자뿐만이 아니고 변종 바이러스에 노출된 그 밖의 모든 환자들에게도 효력을 잃게 될 것이다.

그 시절에는

(in) those days

I interviewed Ronald Reagan once, on an airplane, during the 1980 presidential campaign. I was an aggressive young reporter ***in those days***. ▶ 나는 1980년 대통령 선거운동 기간 중 비행기 안에서 로날드 레이건과 인터뷰한 적이 한 번 있었다. 그 당시에 나는 매우 저돌적인 젊은 기자였다.

그 어느 때보다 ~한

~ than ever before ☞ 형용사 비교급이 선행된다

State agencies employed ***more*** students ***than ever before***. ▶ 주정부 기관들은 그 어느 때보다 많은 학생들을 고용했다.

There are ***more*** train users ***than ever before***. ▶ 기차를 이용하는 사람들이 그 어느 때보다 많다.

그와 같은 경우에는
이 경우에는

in that/which case

Members are concerned that the merger might mean higher costs, ***in that case*** they would oppose it. ▶ 구성원들은 그 합병으로 인해서 비용이 증가할지도 모른다고 염려하고 있다. 그와 같은 경우에는 그들은 그것을 반대하려 한다.

Department of Environmental Conservation noted that cooking may not destroy the botulism toxin, ***in which case*** anglers should "harvest" only fish that appear to be healthy. ▶ 환경당국은 단백질이 부패할 때 발생하는 그 독소(botulism toxin)는 요리를 해

도 제거되지 않을 수도 있다는 사실에 주목하였다. 그럴 경우에는 낚시꾼들은 병들지 않은 물고기만을 잡아야 한다.

장점이 너무나 지나쳐서 오히려 결점이 될 만큼 **극단적으로**
장점이 지나칠 정도로 강한

to a fault

John Daly can be brutally candid. Almost *to a fault*. Need proof? Then just read his recently released autobiography, "My Life In and Out of the Rough." The one in which he said, among other things, that he has gambled away upward of $50 million. ▶ 존 댈리는 엄청나게 솔직하다. 극단적으로 솔직해서 오히려 결점이 될 정도이다. 증명이 필요하다고? 그렇다면 최근에 발간된 그의 자서전을 읽어보라. 그 책에서 그는 5,000만불 이상을 도박으로 날렸다는 등의 (하지 않아도 될) 이야기를 털어 놓았다. ♣ *among other things* : ~ **등과 같은 것들** 참조

He is still unassuming *to a fault* and incredibly low-key. ▶ 그는 여전히 지나칠 정도로 겸손하고 믿기 힘들 정도로 감정을 잘 드러내지 않는다.

Controversial *to a fault*, the story behind The Da Vinci code is one that's been criticized and praised by more people than I care to count. ▶ 지나칠 정도로 격렬한 논쟁을 불러일으킨 다빈치 코드는 내가 세어볼 엄두가 나지 않을 정도로 많은 사람들에 의해서 비난과 찬사를 받았다.

극빈(極貧)
매우 가난함

abject poverty

The success of North Korean nuclear program is proof that even the most *abject poverty*, backwardness and isolation cannot stop a truly determined regime from building a nuke. ▶ 북한 핵개발 프로그램의 성공은 최악의 극빈, 후진성, 고립이라는 극한 상황도 핵무기를 개발하려고 진정으로 작정한 정권을 멈추게 할 수 없다는 사실을 증명한다. 《2006년 북한이 핵실험을 한 이후의 이야기다.》

Lebanon has one of the highest percentages of Palestinian refugees who are living in *abject poverty*. ▶ 레바논은 극빈상태의 팔레스타인 난민들이 가장 많이 살고 있는 나라다.

상황이 절망적일 때는 **극약처방이라도 써야 한다**
상황이 절망적일 때는 극단적인 대책도 필요하다

desperate times call for desperate measures

We, as a people, are definitely heading in the wrong direction. Crime is out of control; the time to act is now. *Desperate times call for desperate measures*: not at the expense of decent law-abiding citizens, but the few bad eggs that we can definitely do without. ▶ 우리는, 한 나라의 국민으로서, 확실히 잘못된 방향으로 가고 있다. 범죄는 통제할 수 없을 지경에 이르렀고 이제는 행동을 보여야 할 때다. 상황이 절망적일 때는 극약처방이라도 써야 하는데, 그렇다고 선량하고 법을 잘 지키는 국민들을 희생시켜서라도 해야 된다는 말이 아니고, 없어져도 우리가 사는 데 아무 지장이 없는 일부 나쁜 놈들을 필요하다면 제거해야 한다. ♣ *law-abiding* : **법을 잘 지키는** 참조 ♣ *egg* : 놈(Informal)

Senate Majority Leader is getting desperate and, as the saying goes, *desperate times call for desperate measures*. ▶ 상원 다수당의 리더는 매우 어려운 처지에 점점 빠져들고 있기 때문에, 속담에도 있듯이, 상황이 절망적일 때는 극단적인 대책이라도 필요할지 모른다. ♣ *as the saying goes* : **속담에도 있듯이** 참조

매우 중요한 손님에게 베푸는 **극진한 대우/대접**

red carpet (treatment)

We'll give her some VIP treatment and *roll out the red carpet*. ▶ 우리는 그녀에게 귀빈 대우를 해주고, 극진한 대접을 하려 한다.

He was embarrassed by *the red carpet treatment*. ▶ 그는 극진한 대우에 곤혹스러워 하였다.

주 *"red carpet"*은 귀빈이 지나가는 자리에 펼쳐놓는 붉은색 양탄자를 의미한다.

비난/이야기/이론/학설 등의 **근거가 잘못된**
잘못된 근거에 기인한

ill-founded

Ask Australian consumer banks whether a crisis is looming as a result of the steep rise in household debt and they will answer in a shrill chorus that any such nervousness is ***ill-founded***. ▶ 가계부채의 가파른 증가로 인하여 위기가 조만간 닥쳐올 것인지 호주 소비자은행에 물어본다면, 그들은 강하게 이구동성으로 그 같은 불안함은 잘못된 근거에 기인한 것이라고 대답할 것이다. ♣ *in chorus* : **이구동성으로** 참조

Critics say that his theory is ***ill-founded***. ▶ 비난하는 사람들은 그의 이론의 근거가 잘못되었다고 말한다.

비난/이야기 등이 **근거가 충분한**
근거가 있는; 사실에 입각한; 일리가 있는

well-founded

They insisted that the report was ***well-founded***. ▶ 그들은 그 기사의 근거가 충분하다고 주장했다.

Spokesperson for the Executive Office of Immigration Review said that immigration judges adjudicate each asylum request on a case-by-case basis and that applicants must prove that they suffered past persecution or have ***a well-founded fear*** of future persecution because of race, religion, nationality, membership in a particular social group or political opinion. ▶ 이민 신청자 심리를 담당하는 위원회 대변인은 이민을 결정하는 심판관들은 각각의 망명 요청을 사안별로 따로 판결하며, 신청자들은 인종, 종교, 국적 때문에 혹은 특정한 사회 집단의 구성원이거나 정치적인 견해로 인하여 과거에 실형을 살았거나 장래에 실형을 받을 것이라는 근거가 있는 두려움 속에서 살고 있다는 것을 증명해야 한다고 말했다.

~을 **근거로**
~을 토대로; ~을 이유로

on the grounds of

Parties wishing to terminate a contract ***on the grounds of*** default must understand that it is incumbent upon them to prove that the termination is proper. ▶ 계약불이행을 근거로 계약을 종료하기를 원하는 당사자들은 계약종료가 타당하다는 것을 입증하는 책임이 자신에게 있다는 사실을 알아야 한다.

Opposition parties have opposed the Congress moves to bring some lawmakers out of jails to vote in government's favor ***on the grounds of*** morality. ▶ 비록 잘못을 저지르고 수감되어 있지만 투표를 못하게 하는 것은 도의에 어긋난다며 수감 중인 일부 여당 의원들을 감옥에서 나오게 하여 정부에 유리하게 투표하도록 하려는 국회의 움직임에 야당들은 반대하고 있다.

비난/이야기 등이 **근거 없는**

groundless

Fears that the world was about to run out of fuel proved to be ***groundless***. ▶ 지구에서 연료가 바닥이 나간다는 걱정거리는 근거가 없는 것으로 나타났다.

Moscow has condemned as ***groundless*** and unlawful a US move to impose sanctions on two of Russia's biggest defense groups over arms sales to Iran. ▶ 모스크바는 러시아에서 가장 큰 무기 생산업체들 중 2개 업체가 이란에 무기를 팔지 못하도록 제재를 가하려는 미국의 시도는 근거가 없으며 불법이라고 비난했다.

특정한 장소에 **근거지를 두고 있는**
본부/본사를 두고 있는

-based

New York-based Citigroup, which turned to the US government for a $45 billion bailout, has sold more than $7 billion of its Japanese assets this year. ▶ 미국정부로부터 450억 달러의 구제금융을 지원받은 뉴욕에 본사를 둔 시티그룹은 올해 일본에 있는 자산 70억 불 이상을 매각했다.

In a meeting with chief editors of ***Seoul-based*** media Friday, Prime Minister Chung Un-chan said the government will map out an attractive plan to make Sejong City self-sufficient. ▶ 서울에 근거지를 두고 있는 언론사 편집국장들과 만난 자리에서 정운찬

총리가 정부는 세종시를 자족도시로 만드는 사람들의 관심을 끄는 계획을 세울 것이라고 말했다.

회사/국가/개인의 예산/자금이 부족하여 **근근이 꾸려가다**

keep something **afloat** ☞ 간신히 물에 떠 목숨만 부지하도록 하다

Two years ago, the nation's governors were wrestling with soaring healthcare costs, rising populations, and agonizing choices over how to ***keep*** their Medicaid programs ***afloat***. ▶ 2년 전, 나라를 다스리는 사람들은 치솟는 의료비와 늘어나는 인구 문제들과 씨름하고 있었고, 의료혜택 프로그램을 어떻게 근근이 꾸려나갈 것인지에 대하여 고뇌하고 있었다. ♣ ***wrestle with*** : 사람/일/문제 등과 **씨름하다**

stay afloat ☞ 간신히 물에 떠 목숨만 건지다/부지하다

They are trying to borrow money just to ***stay afloat***, not for investment. ▶그들은 투자를 위해서가 아니고 겨우 목숨만 부지하려고 돈을 빌리려 노력 중이다.

~으로 **근근이 살아가다**
최저 상태로 겨우 목숨을 부지하다; 생계를 근근이 유지하다

subsist on

The prisoners ***subsisted on*** one mug of the worst quality porridge three times a day. ▶ 그 죄수들은 하루에 세 번 주는 한 컵의 형편없는 오트밀 죽으로 겨우 목숨을 부지하고 있다.

Despite having to ***subsist on*** relatively flat funding for much of its existence, the National Earthquake Hazards Reduction Program (NEHRP) is generally viewed as a successful effort. ▶ 매우 부족한 자금으로 근근이 꾸려가야 함에도 불구하고, NEHRP는 대체로 성공적이라고 간주된다.

근시안적인
멀리 내다보지 못하는

near-sighted; short-sighted

Unmistakably, this course of action is immature and ***near-sighted***. ▶ 이 일련의 행위가 어설프고 근시안적이라는 것이 너무나 분명하다. ♣ ***unmistakable*** : 다른 것과 **혼동할 여지가 전혀 없는** 참조

근정(謹呈)
~로부터 (책이나 물건 등을 선물로 줄 때 쓰는 정중한 표현)

with the compliments of; with one's compliments

To Dr. Kim ***with the compliments of*** Professor Lee ▶ 김 박사께 이 교수 근정.

With the author's compliments ▶ 저자 근정.

Please give this to your father ***with my compliments***. ▶ 이것은 내가 당신 부친께 드리는 것이니 전해 주시길 부탁드립니다.

Please accept this ***with my compliments*** ▶ 제가 드리는 선물이니 이것을 받아 주십시오.

어떤 특정한 값/나이/시기 혹은 그 **근처**
어떤 특정한 값/나이/시기 등의 전후; 안팎; 무렵

or thereabouts

The final numbers will be 40%, ***or thereabouts***. ▶ 최종 수치는 40% 근처가 될 것이다.

Her age is thirty ***or thereabouts***. ▶ 그녀의 나이는 30 안팎이다.

It could take until 2020, ***or thereabouts***, to complete the construction. ▶ 그 공사는 2020년 무렵이 되어야 끝낼 수 있을 것이다.

근처도 못 간다
한참 멀었다

nowhere near

I' ve been to a lot other airports ***nowhere near*** as pretty as this one. ▶ 내가 많은 다른 공항에 가보았지만 멋지기로는 이 공항에 비교하면 근처도 못 간다.

The city is ***nowhere near*** back to normal. ▶ 이 도시는 정상으로 돌아가려면 한참 멀었다.

The Iraqi government, in fact, is today ***nowhere near*** having the power necessary to bring the invasion-inspired violence under control. ▶ 오늘날 이라크 정부는 (미국의) 침공 때문에 일어난 폭력사태를 통제할 힘을 갖기에는 사실상 한참 멀었다.

사진이나 책의 겉장에 직접 손으로 쓰거나, 돌(묘비 등)이나 금속에 조각된 **글귀**

inscription

The inscription from the first of the photographs, Harry Truman, says it all: To the CIA, A necessity to the President of the United States, from one who knows. ▶ (미 정보국 CIA 복도에 걸려 있는) 역대 대통령 사진들 중 첫 번째 사진인 해리 트루먼의 사진에 쓰여진 "미합중국 대통령에게 꼭 필요한 기관인 CIA에게, 이 사실을 알고 있는 사람으로부터"라는 글귀는 CIA가 미국 대통령에게 얼마나 필요한 존재인가를 잘 말해 준다. ♣ ***says it all*** : 더 이상 **군말이 필요가 없다** 참조

The inscription reads: "To Sally, with love from Harry." ▶ 그 묘비에는 "To Sally, with love from Harry"라는 글귀가 새겨져 있다.

Chinese graduate school student Wang Jie originally came up with the idea of seal character pictograms for the Beijing Olympics Games when he read rubbings from stone ***inscriptions***. ▶ 중국의 대학원생인 왕 지는 돌에 새겨진 글귀의 탁본을 읽을 때 베이징올림픽을 상징하는 그림에 대한 아이디어를 처음 떠올렸다.

글자 그대로
말 그대로; 그야말로(어떤 사실을 강조할 때 자주 쓰인다)

literally

We' ve got to get the economy under control or it will ***literally*** eat us up. ▶ 우리가 경제를 제대로 통제하지 않으면 글자 그대로 경제가 우리를 집어 삼킬 것이다.

The views are ***literally*** breath-taking. ▶ 그 경치는 말 그대로 숨이 멎을 정도로 멋지다. 《말로만 그런 것이 아니고 진짜로 숨이 멎을 지경이었다는 의미다.》

금과옥조(金科玉條)
인생을 살아가거나 어떤 일을 할 때 반드시 명심해야 하는 귀한/중요한 교훈/원리원칙

golden rule

To be treated with respect and kindness, one must follow ***the Golden Rule*** and extend respect and kindness to others. ▶ 존경과 호의를 받고 싶다면, 이 금과옥조를 지켜 남들에 존경과 호의를 베풀어야 한다.

I learned ***the golden rule*** of banking: lend short, borrow long. In other words, make sure that the loans you make to your customers are due to be repaid to you before you have to pay back your own creditors. ▶ "짧게 빌려주고, 길게 빌려라"라는 은행업을 하는 사람이 꼭 명심해야 하는 교훈을 나는 배웠다. 다시 말하자면, 채권자에게 돈을 갚기 전에 고객이 빌려간 돈을 갚도록 해야 한다.

주 원래 "***the golden rule***"은 신약성경 누가복음 6장 31절 "Do to others as you would have them do to you (너희는 남에게 대접을 받고자 하는 대로 남을 대접하여라)"을 의미한다.

금맥을 발견하다
큰 돈을 벌다; 대성공을 거두다

strike gold

Melbourne, the events capital of Australia, ***struck gold*** with the recent Commonwealth Games. This spectacular sporting showcase, held in March, was not only the largest event ever staged in the city, it was also the biggest revenue earner to date for Melbourne hotels. ▶ 오스트레일리아에서 각종 행사의 중심 도시인 멜버른은 최근 Commonwealth Games을 개최하여 대성공을 거두었다. 3월에 열린 이 화려한 스포츠 행사는 그동안 이 도시에서 개최된 행사들 중에서 가장 큰 행사였을 뿐 아니라, 멜버른 호텔에게는 역대 최고의 수입원이었다.

A number of developers who bought land at a pittance as it lied outside the temporary development schemes have now ***struck gold*** as their lands have been included in the extended development boundaries proposed by cabinet. ▶ 임시 개발계획에 포함되지 않았던 땅을 매우 싼 값에 구입한 많은 개발업자들이 그 땅이 내각이 제안한 개발구역 경계확장에 포함되는 바람에 큰 돈을 벌었다.

They have ***struck scientific gold*** ▶ 그들은 대단한 과학적 발견을 했다.

국가 간의 교역에 대한 **금지조치**

embargo

The United Nations ***imposed*** an arms ***embargo*** against the country. ▶ 유엔은 그 나라에 무기교역 금지조치를 가했다.

Thirty-one U.S. senators have requested Korean President Roh Moo-hyun seek to resolve his country's prolonged ***embargo*** against American beef. ▶ 31명의 미국 상원의원들은 대한민국 노무현 대통령에게 오랫동안 지속되어 온 미국산 쇠고기 수입금지조치를 풀도록 노력해 달라고 요청했다.

U.S. President George W. Bush went to Europe and tried to dissuade the E.U. from ***lifting embargo*** on selling arms to China—arms that would be most useful for invading Taiwan. ▶ 부시 미국 대통령은 유럽에 가서 중국에 대한 무기수출 금지조치를 풀지 말도록 유럽연합을 설득하려 시도했는데, 이 무기들이 중국이 대만을 침공하는 데 매우 유용하게 사용될 수도 있기 때문이다.

주 금수조치를 가하다: ***impose embargo***; 금수조치를 풀다: ***end/lift embargo***

출입/접근이나 어떤 일/행동 등이 **금지된**
허용되지 않는

off limits

The UN compound, just a few meters away, encased by wooden fencing, was ***off limits to*** refugees. ▶ 겨우 몇 미터 떨어진 나무 울타리로 둘러싸여 있는 유엔관할 지구는 난민들의 출입이 금지되었다.

Everything is ***off-limits*** unless expressly allowed by the administrator. ▶ 관리인이 허용하지 않는 한 모든 것이 접근금지다.

Those statements are ***off limits to*** the FBI and cannot be used in any prosecution. ▶ 그 진술서는 FBI가 볼 수 없고, 어떤 기소 목적을 위해서도 사용될 수 없다.

There are clear rules about the sort of questions that are ***off-limits***. ▶ 허용되지 않는 질문의 종류에 대한 명확한 규정들이 있다.

급락하다
급감하다; 빠른 속도로 줄어들다

tumble ☞ 아래로 굴러 떨어지다

Middle-class people are struggling to make ends meet, what with wages ***tumbling*** from year to year. ▶ 임금이 매년 급감함에 따라서, 중산층 사람들은 가계 수지를 맞추느라 고생하고 있다. ♣ ***what with***: 좋지 않은 ~한 **이유로 인해서** 참조

House prices have ***tumbled*** by almost 30% for the last 5 years. ▶ 주택가격이 지난 5년간 거의 30%나 급락했다.

plummet ☞ 무거운 추처럼 수직으로 떨어지다

On Dec. 29 in 1989, the Nikkei peaked at 38,916 points, having doubled in only three years. Then it began to fall, and then to ***plummet***. The bubble had burst, just as the tumultuous '90s were beginning. ▶ 1989년 12월 29일, 니케이 지수가 3년간 2배가 되면서 38,916포인트로 정점에 올랐다. 그러고는 떨어지기 시작하다가 수직으로 하락했다. 요동치던 90년대의 시작과 함께 거품이 꺼졌다.

Demand for unconnected handheld PDA devices continues to ***plummet*** in the face of stiff competition from internet-enabled smart-phones, market watchers have reported. ▶ 인터넷이 가능한 스마트폰과의 치열한 경쟁에 직면하여, 휴대용 무선 PDA의 수요가 계속 급감하고 있다고 시장전문가가 보고하였다.

plunge ☞ 아래로 곤두박질치다

The company's profits ***plunged*** by 54%. ▶ 그 회사의 수익이 54%나 곤두박질쳤다.

The tire maker reported a 68 percent ***plunge*** in profit for the first half. ▶ 그 타이어 회사가 전반기 수익이 68% 급감했다고 보고했다.

be in free fall ☞ 자유낙하하다

Oil prices have ***been in free-fall*** in part due to warmer-than-expected weather in the north-east of the US. ▶ 원유가격이 부분적으로 미국 북동부지역의 이상 고온 현상으로 인하여 급락했다.

단기간에 일어나는 물가/세금 등의 **급상승**
급등

hike ☞ 동사형으로도 사용, 미국, Informal

A hike in electricity and petrol prices to offset rising oil costs has prompted numerous street protests. ▶ 원유가 상승으로 인한 전기와 휘발유 값의 급상승은 많은 거리 시위를 불러일으켰다.

His economic plan, with its ***tax hikes*** and spending cuts, will slow down the economy. ▶ 대폭적인 세금인상 및 지출삭감과 함께 그의 경제정책은 경제를 둔화시킬 것이다.

The cost of having a car towed after it has been illegally parked is about to go up 30 percent. The Honolulu City Council is on the verge passing a bill to allow towing companies to ***hike*** their fees. ▶ 불법으로 주차한 차의 견인비용이 30% 오를 예정이다. 호놀룰루 시의회는 견인회사가 비용을 대폭 올리는 것을 허용하는 법안을 곧 통과시킬 예정이다. ♣ ***on the verge*** : **곧 어떠한 일이 일어나기 직전의 상태** 참조

surge ☞ 동사형으로도 사용

Though this year, the under cultivation area of rice is 400,000 acre more than the last year but the recent ***surge*** in the diesel price will badly affect the rice production. ▶ 올해는 비록 쌀 경작면적이 400,000에이커로 작년보다 크지만, 디젤가격의 급등으로 쌀 생산에 큰 차질을 빚을 것이다.

We will see gold and silver prices ***surge*** in the next couple of days. ▶ 앞으로 이틀 안에 금과 은의 가격이 급등할 것이다.

근무/복무 **기간**
임기

stint

During his stint in the army, he learned how to manipulate state-of-art communication equipment. ▶ 군복무 기간 동안 그는 최신 통신장비의 작동법을 배웠다.

He is coming back soon after ***a five-year stint*** in the London-based branch. ▶ 런던 지사에서 5년간 임기를 마친 후 그는 곧 다시 돌아올 것이다.

어렵고 힘든 일이지만 **기꺼이 하다**
아무런 불평 없이 하다 ; 즐거운 마음으로 하다 ; 쾌히 하다 ; 선뜻 하다

do something **with (a) good grace**

He appears to have accepted his demotion ***with characteristic good grace***, making no complaint. ▶ 그는 아무런 불평도 하지 않고 그답게 좌천을 기꺼이 받아들인 것처럼 보인다.

Take care of obligations and accept unavoidable changes ***with good grace***. ▶ 주어진 의무를 충실히 이행하고, 피할 수 없는 변화를 즐거운 마음으로 받아들여라.

He has gone along with my environmental suggestions ***with a good grace***. He carries a travel mug and scorns disposable coffee cups. ▶ 그는 어렵지만 환경보호를 위한 나의 제안들을 선뜻 받아들였다. 그는 여행용 머그잔을 들고 다니며, 일회용 커피잔 사용을 거부한다.

어렵고 힘든 일이지만 반드시 해야 하기 때문에 **기꺼이 하다**

어렵고 힘든 일이지만 반드시 해야 하기 때문에 (즐거운 마음으로) 아무런 불평 없이 (흔쾌히/선뜻) 하다; 어렵고 힘들지만 반드시 해야 하는 일을 통해서 즐거움이나 긍정적인 효과를 얻다

make a virtue of necessity

Marathon Oil also intends to have its projects work for both itself and its host, said the firm's chief financial officer. In today's world, oil producers must embrace state-owned oil companies as partners, not try to squeeze them out of projects, she said. Marathon is ***making a virtue of necessity***, she admitted. "We're not Exxon or Chevron, and we can't push people around." ▶ 미국계 회사인 마라톤 오일의 금융담당 최고경영자는 회사와 산유국에게 모두 유리한 쪽으로 프로젝트를 이끌어가려고 한다고 말했다. 요즘 세상에서는 유전개발회사는 산유국이 소유하고 있는 회사를 파트너로 안고 가야만 하며, 그들을 배제시키려고 해서는 안 된다고 그녀는 말했다. 마라톤 오일은 그들을 기꺼이 프로젝트에 함께 참여시키려 한다는 사실을 인정했다. "우리 회사는 엑손이나 쉐브론 같은 거대 회사가 아니기 때문에 그들을 밀어낼 수가 없다."

However, the Liberals are ***making a virtue of necessity***. Unlike the Tories, whose war chest is brimming over, the Liberals don't have the money to pay for costly television ads, negative or otherwise. Cash-strapped Liberals have launched a low-budget counter-attack against pricey negative Tory ads, using humor and the Internet to mock Prime Minister Stephen Harper. ▶ 자유당 사람들은 어려운 상황 속에서 긍정적인 효과를 얻고 있다. 정치자금이 넘쳐나는 토리당과는 달리, 자유당은 네거티브 선전 혹은 그 반대 선전(자기 선전)을 하기 위해 비싼 TV광고를 내보낼 돈이 없다. 현금이 궁한 자유당 사람들은 토리당 수상을 조롱하기 위해서 유머와 인터넷을 이용하여 적은 돈으로 토리당의 값 비싼 네거티브 광고를 되받아치는 전략을 시작했다. 《자유당이 정치자금이 부족해 인터넷을 통해서 선거운동을 하고 있지만 오히려 이 방법이 더 큰 효과를 내고 있다는 뜻이다.》 ♣ *war-chest*: **자금**; *brimming*: ~으로 **넘쳐나다**; *strapped*: 돈/자원/공간 등이 **궁하다** 참조

It represents a pathetic attempt to ***make a virtue of necessity***, to extract a positive value from an unpleasant datum. ▶ 그것은 좋지 못한 자료에서 긍정적인 가치를 끌어내기 위한, 말하자면 곤란한 상황 속에서 긍정적인 면을 찾으려는, 애처로운 시도이다.

When his mother became sick, there was no one but him to take care of her, so he ***made a virtue of necessity*** and resolved to enjoy their time together. ▶ 그의 어머니가 병들었을 때, 그 말고는 아무도 그녀를 돌봐줄 사람이 없었다. 그래서 그는 기꺼이 그녀와 함께하는 시간을 즐기기로 했다.

주 이 표현은 다른 의미도 지니고 있다: **하지 않으면 안 될 일을 하면서도 스스로 선택해서 혹은 자발적으로 한 것처럼 행세하다/유세부리다** 참조

기꺼이 ~할 용의가 있다

more than willing to

I am ***more than willing to*** do that. ▶ 나는 기꺼이 그것을 할 용의가 있다.

기껏 해보아야

잘되어야; 잘해야

at best

At best a strike would set back Iran's program by a few years. ▶ 이란의 핵무기 개발을 저지하기 위하여 폭격을 해보아야 기껏 몇 년 정도 늦추는 것에 불과할 것이다.

Much attention is being focused now on the potential of ethanol to help the country out of its escalating petrol crisis. But some experts are warning not to place too much hope in that alternative fuel, cautioning that ethanol will only be a short-term solution, ***at best***. ▶ 그 나라는 휘발유 값 상승으로 인한 어려움을 극복하기 위하여 에탄올의 잠재력에 큰 관심을 쏟고 있다. 그러나 일부 전문가들은 에탄올은 잘해야 단기적인 해결책밖에 될 수 없다고 경고하면서, 이 대체연료에 너무 큰 기대를 하지 말라고 주의를 주고 있다.

기념일
경축일

red-letter day

June 17, 2007, was ***the red letter day*** in the career of two budding musicians Ashwin and Joel, as they released their first ever music album. ▶ 그들의 첫 번째 음반을 발매하게 되어, 2007년 6월 17일은 풋내기 음악가 애슈윈과 조엘의 경력에서 기념할 만한 날이 되었다. ♣ ***budding*** : **경험이 없는** 참조

It was ***a red-letter day*** for the state's police. ▶ 그 날은 주 경찰 기념일이었다.

The 9th of October is ***a red letter day*** in Korea—marking the day Hangul was made in 1446. ▶ 10월 9일은 1446년 이날 한글이 창제된 것을 기념하는 대한민국의 경축일이다.

선물로 주거나 혹은 구입하는 조그만 **기념품**

keepsake

The event featured refreshments along with the dancing and the music, as well as ***keepsake photos***. ▶ 그 행사에서는 다과가 제공되며 음악에 맞추어 춤도 추고 기념사진도 찍어 준다.

Each girl will receive ***a beautiful keepsake flower***. ▶ 모든 소녀들은 기념품으로 주는 예쁜 꽃을 받게 된다.

Every ticket holder may select a bowl as ***a keepsake***. ▶ 티켓을 가진 사람들은 누구나 기념품으로 그릇 한 개를 고를 수 있다.

~한 **기능을 갖추고 있는**

-enabled

The world's largest mobile phone maker will in 2007 set up a rival to Apple's iTunes online music store and also hopes its ***music-enabled phones*** will eventually depose Apples iPod digital music player. ▶ 세계에서 가장 큰 휴대전화 제조업체는 온라인상에서 음악을 내려받는 애플사의 iTunes에 필적할 만한 것을 2007년에 출시할 것이고, 음악을 듣는 기능을 갖추고 있는 자사의 휴대전화가 궁극적으로 디지털 음악 재생기인 iPod를 앞지르길 희망하고 있다.

The company has unveiled ***a wireless-enabled device*** aimed primarily at people who like to send text messages and make free calls over the Internet. ▶ 그 회사는 문자를 보내고 인터넷으로 무료전화를 거는 것을 좋아하는 사람들을 주 대상으로 하는 무선통신기능을 갖춘 장비를 새롭게 선보였다.

It is ***an internet-enabled mobile phone***. ▶ 그 휴대전화는 인터넷기능을 갖추고 있다.

모든 준비를 끝내고 행동을 취할 기회/때/순번 등이 오기를 **기다리다**
모든 준비를 끝내고 대기하다; 모든 준비를 끝내고 기회를 엿보고 있다

wait in the wings

With the sixth phase of its expansion program ***waiting in the wings***, the Port Authority is considering the purchase of the causeway from the Government. ▶ 6단계 확장프로그램의 준비가 끝나 대기중인 상황에서, 항만 당국은 정부로부터 둑길을 구입하는 것을 고려 중이다.

As NASA looks to the stars for its future, the agency is no doubt also keeping an eye trained on countries looking to usurp the agency's lead in space travel. Take China, for example, which is ***waiting in the wings*** to match several of NASA's proudest accomplishments. ▶ NASA가 미래를 걸 수 있는 별들을 찾기 위해 노력하는 가운데, 우주 여행에서 그들이 점하고 있는 우위를 빼앗으려는 나라들을 예의주시하고 있는 것이 분명하다. 중국을 예로 들자면, 이 나라는 나사가 최고로 자랑하는 여러 가지 업적을 따라잡기 위해서 모든 준비를 끝마치고 기회를 엿보고 있다.

The contestants polished their shoes as they ***waited*** nervously ***in the wings***, hoping to sing their way to stardom. On-stage, lights flashed, cameras rolled and the judges got ready for action. ▶ 노래를 잘 불러 스타덤에 오르길 희망하면서, 대회 참가자들은 무대 뒤에서 긴장한 모습으로 자기 차례가 오길 기다리며 구두에 묻은 먼지를 털어냈다. 무대 위에서는 조명이 빛나고 카메라가 돌아가고 있었으며 심사자들은 대회가 시작되기만을 기다리

고 있었다.

주 무대 뒤 양쪽에 있는 대기실에서 차례가 오기를 기다리고 있다는 뜻이다.

아무런 행동을 취하지 않은 채 어떤 일이 끝나길 **기다리다**
어떤 일이 끝날 때까지 잠자코 기다리다/있다

sit out

Small investors ***sit out*** Wall St. rebound. ▶ 소액 투자자들은 미국 주식시장이 다시 활기를 띨 때까지 잠자코 기다린다.

The only thing I can do is keep quiet and ***sit*** this one ***out***. ▶ 내가 할 수 있는 일이라곤 조용히 있으면서 이 일이 끝나길 기다리는 것뿐이다.

기대에 미치지 못하다

Something/someone **is not all it's cracked up to be**

Everybody wants fame, but it is ***not all it's cracked up to be***. ▶ 누구나 명성을 원하지만, 명성을 얻어봐야 그렇게 좋지는 않다.

This job, though it has many positives, is ***not all it's cracked up to be***. ▶ 이 직업이 좋은 점이 많기는 하지만 기대했던 것만큼 좋지는 않다.

주 막상 껍질을 쪼개보니 내용물이 기대에 미치지 못한다는 말이다. 놀부가 박을 탔을 때보다는 덜 심각한 경우다.

leave something **to be desired**

While the outcome to the recent world trade talks in Geneva ***left something to be desired***, the meeting did prove one thing: U.S. agriculture is standing tall on its commitment of improved market access for U.S. farmers and ranchers. ▶ 제네바에서 최근 개최된 세계무역회담의 성과가 기대 이하인 반면, 그 회담에서 나타난 한 가지 확실한 사실은 미국 농업계가 미국의 농축산업자들에게 판로를 넓혀주기 위해 적극적으로 노력하고 있다는 것이다.

Food is easily available, even if the quality ***left much to be desired***. ▶ 비록 품질은 기대에 크게 못 미치긴 하지만 식료품을 쉽게 구할 수 있다.

The plan ***leaves a lot to be desired***. ▶ 그 계획은 기대에 크게 못 미친다.

특정한 기준이나 사람의 **기대에 부응하다**
충족시키다

measure up

It is very hard for me to ***measure up*** his standard of perfection. ▶ 나로서는 완벽을 요구하는 그의 기준에 부응하기 매우 어렵다.

His mother is always comparing him to other people, and somehow he has difficulty ***measuring up***. ▶ 그의 어머니는 언제나 그를 남들과 비교한다. 어쨌든 그는 어머니의 기대를 충족시키는 데 어려움을 느끼고 있다.

Job-seekers often have to ***measure up*** to a long list of "essential skills and personality traits," wielded by a potential employer's human resources manager. ▶ 구직자들은 종종 입사를 희망하는 회사의 인사관리부서 책임자가 마구 휘두르는 "꼭 필요한 능력과 품성"에 대한 많은 요구사항들을 충족시켜야 한다. ♣ *wield*: 권력/무력 따위를 마구 **휘두르다** 참조

주 기대치와 크기가 같다는 의미다.

기대 이상이다

leave nothing to be desired ☞ 더 이상 바랄 게 없다

"The new labs are spectacular," he says. "Unbelievable. The equipment ***leaves nothing to be desired***." ▶ 그는 "새 실험실은 너무 멋지다"고 말한다. "믿기 어렵다. 실험장비는 더 이상 바랄 나위가 없다."

Suspension and brakes have ***left nothing to be desired***. ▶ 충격흡수장치와 브레이크는 더 이상 바랄 게 없다.

Something/someone **is more than all it's cracked up to be**

The job *is more than all it's cracked up to be*.
▶ 그 직장은 기대 이상이다.

주 흥부가 박을 탔을 때 느낀 심정을 잘 대변하는 표현이다.

기대 이상의/이하의
예상보다 수준/정도가 낮거나 높은

형용사 비교급**-than-expected**

The company posted a *narrower-than-expected* quarterly loss as expenses reduced. ▶ 그 회사는 비용이 감소함에 따라 예상보다 적은 분기손실을 발표했다.

German retail sales fell by a *greater-than-expected* 1.4 percent on the month in June. ▶ 독일의 6월 소매판매고가 예상보다 크게 1.4% 하락했다.

~을 기대하면서
희망하면서

In/with hopes of/to; in the hope that

In hopes of appealing to a weekend crowd, owners recently announced that their restaurants are open on Saturday nights. ▶ 주말 군중의 관심을 끌길 기대하면서, 식당 주인들은 토요일 밤에도 문을 연다고 최근 발표했다.

Sunday night, a memorial service will be held in front of the post office *in hopes to* gain some closure. ▶ 불행한 사건을 사람들이 받아들이고 이겨내길 기대하면서 토요일 밤 우체국 앞에서 (총기사고로 사망한 우체국장에 대한) 추모식이 거행될 예정이다. ♣ *gain closure*: 불행한 사건/일을 인정하고 **받아들이다** 참조

A United Nations report says Zimbabwean men are fuelling AIDS by having unprotected sex with virgins *in the hope that* it would cure the disease. The United Nations Children's Emergency Fund (UNICEF) condemned the practice which it blames for the upsurge in cases of children being raped. ▶ 한 유엔보고서는 에이즈가 낫기를 희망하면서 짐바브웨 남자들이 처녀들과 콘돔 없이 섹스를 하여 에이즈 확산을 부추기고 있다고 밝히고 있다. 유니세프는 그 같은 행위가 어린아이 성폭행 사고가 급증하는 원인이라고 비난했다.

기대하시라!
놀라지 마시라; 깜짝 놀랄 것이다

prepare to be surprised

Try it in a blind tasting with French bubbly that costs $30 or $40 and *prepare to be surprised*. ▶ 상표를 감추고 그것(값싼 미국산 샴페인)과 30에서 40달러나 하는 비싼 프랑스산을 비교해 보라. 그러면 (품질에서 별 차이가 없다는 사실에) 깜짝 놀랄 것이다. ♣ *bubbly*: sparkling wine(샴페인)

Prepare to be surprised by the creative dishes, emphasizing seasonal ingredients, served in elegant, contemporary dining rooms. ▶ 우아한 현대풍의 식당에서 제공하는, 제철 재료를 이용한 독창적인 요리를 기대하시라!

기대했던 것과는 다르게
예상과는 달리

unexpectedly

Unexpectedly He did not show up. ▶ 기대했던 것과는 다르게 그는 모습을 보이지 않았다.

The dollar gained against the euro after a government report showed the U.S. trade deficit *unexpectedly* narrowed in June. ▶ 6월 미국의 무역적자폭이 예상과는 달리 줄어들었다고 한 정부 보고서에서 밝힌 후, 달러가 유로화에 대해 강세를 보였다.

기득권
현 체제/제도하에서 누리는/부여받은 권리

vested right

The developer of the shopping center agreed to give up *its vested right* to build a grocery store. ▶ 그 쇼핑센터 개발업자가 식료품가게를 지을 수 있는 기득권을 포기하는 데 동의했다.

He has *a vested right* to subdivide his land, but not sell the resulting lots. ▶ 그가 자기의 땅을 분할할

권리는 가지고 있지만, 분할된 땅을 팔 권리는 없다.

기라성(綺羅星) 같은 사람
많은 사람 가운데 눈에 확 들어오는 사람; 선각자; 유명인사; 저명인사

luminary ☞ Literary

Moore is a cult figure and *a luminary*. He's an original. ▶ 무어는 숭배 대상이며 선각자이다. 그는 매우 특이한 사람이다. ♣ *cult*: 특별한 그룹이나 사람들 사이에서 **유행하는 것** 참조

Luminaries from Hollywood and the U.S. Military will come together for an historic event — the first annual GI Film Festival (GIFF) to be held at the Ronald Reagan Building on Memorial Day Weekend. ▶ 할리우드와 미국 군부의 저명인사들이 현충일 주말 로날드 레이건 빌딩에서 열리는 역사적인 제1회 군인 영화 축제를 위하여 함께 모일 것이다.

Can technological innovation rein in our nation's escalating health care costs? On Wednesday, Nov. 18, *luminaries* including Andy Grove, former CEO of Intel Corp., and Steve Burd, CEO of Safeway, will take up this question at the second annual A. Richard Newton Global Technology Leaders Conference, "Translating Technology into Cost-Effective Health Care." ▶ 기술혁신이 우리나라의 치솟는 의료비용의 고삐를 잡을 수 있는가? 11월 11일 수요일에 전 인텔 최고경영자 앤디 그로브와 세이프웨이 최고경영자 스티브 버그를 포함하는 기라성 같은 사람들이 이 물음에 대한 토론을 벌일 것이다. ♣ *rein in*: 사람/상황 등을 **통제하다** 참조

주 태양처럼 스스로 빛을 발하는 물체를 말한다.

출연자들과 인터뷰하거나 그들이 카메라를 향해 쳐다보는 일이 없이 따라다니면서 그들이 평소에 하는 모습을 있는 그대로 촬영한 기록영화/기록물

fly-on-the-wall documentary

He wanted to make *a fly-on-the-wall documentary-type comedy*. ▶ 그는 출연자들의 평소 모습을 그대로 담는 코미디물을 제작하고 싶어했다. ♣ *fly on the wall*: 남들이 어떤 일을 하거나 대화를 하고 있을 때 직접 참여하지 않고 전혀 방해하지도 않으면서 옆에서 **지켜보거나 엿듣는 사람** 참조

A fly-on-the-wall documentary was made by a friend of hers who followed her on tour. ▶ 그녀의 순회공연을 따라다닌 친구에 의해 그녀의 자연스런 모습을 촬영한 기록물이 만들어졌다.

성공/결과/성취 등이 기록적인

record-breaking ☞ 이전 기록을 깨는/경신하는

Governor today announced that thanks to the Arizona Lottery's *record-breaking* sales year, the state will receive over $141 million in net profit — the highest return in the Lottery's 25-year history. ▶ 올해 기록적인 복권판매 덕분에 아리조나 주는 25년의 복권 역사상 가장 큰 1억 4천 백만 불이 넘는 순이익을 얻게 될 것이라고 오늘 주지사가 발표했다.

The power outages were spurred by last month's *record-breaking* heat wave. ▶ 지난달에 몰려온 기록적인 더위 때문에 정전 시간이 늘어났다.

record

Profits were at *record levels*. ▶ 이익은 기록적인 수준이었다.

She won the race in *record time*. ▶ 그녀는 신기록으로 그 경주에서 우승하였다.

The average price of a gallon of regular gasoline reached *a record high* of $3.052 today. ▶ 일반 휘발유의 갤런당 평균 가격이 3.052달러로 역대 최고치를 기록했다.

all-time ☞ 사상; 역대

Sales of foreign cars have reached *an all-time high*. ▶ 외국산 자동차의 판매량이 사상 최고치에 도달했다.

As Australian golfers experience unprecedented success on the U.S. PGA Tour, domestic interest in the sport has slumped to *an all-time low*. ▶ 호주 골프 선수들이 미국 PGA Tour에서 전대미문의 성공을 거둠에 따라서, 호주에서 열리는 골프대회에 대한 관심도가 역대 최저로 낮아졌다.

The United States' credibility as a diplomatic

broker in the Middle East has been pushed to ***an all-time low*** by the Bush administration's handling of the conflict in Lebanon, experts say. ▶ 부시 행정부가 레바논 사태를 처리하는 방식 때문에, 중동지역 분쟁 조정국으로서의 미국의 신임도가 역대 최저 수준으로 밀렸다.

~이라는 기미가 보이지 않는다

there are no signs of/that

He said "***there are no signs of*** an immediate cease-fire" before a possible meeting of the UN Security Council Monday." ▶ 월요일에 있을지 모르는 유엔안전보장이사회 이전에 조속한 휴전이 이루어질 기미가 보이지 않는다고 그가 말했다.

Homes priced above $300,000 are selling at a record rate, and ***there are no signs that*** it's slowing down. ▶ 30만 불이 넘는 주택이 기록적인 판매고를 보이고 있으며, 진정될 기미가 보이지 않는다.

~하는 기미를 보이지 않는다

show no signs of

Just weeks after his 60th birthday, he ***showed no signs of*** slowing down, powering his mountain bike up steep hills in 100-degree (38 Celsius) heat and exhausting younger riders. ▶ 60세 생일이 지난 몇 주 후, 그는 속도를 늦출 기미를 보이지 않은 채, 화씨 100도의 열기 속에서 가파른 언덕을 산악자전거 페달을 힘차게 밟아 오르며 따라오는 젊은이들을 지치게 만들었다.

The heat wave ***shows no signs of*** letting up soon. ▶ 몰려오는 열기는 조만간 누그러질 기미를 보이지 않는다.

~에 대한 기미를 보이지 않은 채

with no sign of/that

Israel's security cabinet has agreed to expand its ground war in Lebanon, where the bloodletting continued on both sides ***with no sign of*** early agreement on a UN ceasefire resolution. ▶ 이스라엘 국가안보회의는 레바논에서 지상전을 확대하기로 결정하였는데, 그곳에서는 유엔의 휴전협정 결의안에 대한 이른 합의가 이루어질 기미를 보이지 않은 채 양측은 피비린내 나는 싸움을 계속하고 있었다.

The inquiry is still limping along, ***with no sign that*** it will be finished in the near future. ▶ 그 조사는 가까운 장래에 끝날 기미를 보이지 않은 채 여전히 지지부진하게 진행되고 있다. ♣ ***limp along***: 특정한 과정이나 조직 등이 지지부진하다 참조

기복(起伏)
부침(浮沈); 좋은 일과 나쁜 일을 포함한 온갖 경험; 파란만장

ups and downs

Despite the shares' ***ups and downs***, the company's most recent earnings suggest that its performance remains admirably steady. ▶ 비록 주가가 오르내리고 있지만, 그 회사의 가장 최근 수익은 회사가 매우 견실하다는 것을 시사한다.

The County Fair has had its ***ups and downs***, but it's packed with 150 years of memories. ▶ 카운티 축제는 온갖 부침을 격어 왔지만, 150년의 전통을 자랑한다.

The President's term of office will expire in 2007 and there are lots of ***ups and downs*** during his tenure of office. ▶ 대통령의 임기는 2007년에 끝나는데 임기 중 많은 기복이 있었다.

rollercoaster ☞ 형용사형으로도 사용

The reaction in the City of London to yesterday's thwarted bomb plot was jittery, with leading UK shares having ***a rollercoaster day***. ▶ 어제 발각된 폭탄테러 음모에 대하여 런던이 예민하게 반응했고, 영국 주가는 하루종일 등락을 거듭했다.

We watch, fascinated, for 90 minutes, as Ms. Hughes flits between 24 characters to tell her own story of growing up in war-torn Belfast. ***The emotional rollercoaster*** never stops, as the story is told with laughter and tears. ▶ 휴 여사가 전쟁으로 폐허가 된 벨파스트에서 자랄 때의 이야기를 들려주면서 24명의 인물 사이를 오가는 90분 동안 우리는 매료되어 그녀를 바라보았다. 웃기도 하며 때로는 눈물을 흘리며 이야기하는 동안, 그녀는 마치 롤러코스터를 타고 있는 사람처럼 끝없이 감정의 변화를

일으켰다. ♣ *war-torn* : **전쟁으로 폐허가 된** 참조

Italy's World Cup odyssey has been nothing short of remarkable given their burdening off-field problems. The three-time world champions have ***ridden an emotional rollercoaster***, on their way to Sunday's final in Berlin, where they will meet France. ▶ 이탈리아의 월드컵 대장정은 그들을 짓누르고 있는 외적인 문제를 감안한다면 매우 놀라운 일이 아닐 수 없다. 일요일 베를린에서 벌어지는 프랑스와의 결승전에 오르기까지 월드컵에서 3번이나 우승한 이탈리아의 여정은 파란만장했다. 《2006년 독일 월드컵 당시 승부조작과 관련된 문제들로 이탈리아 축구계가 매우 어려운 처지에 있는 것을 감안할 때 결승에 오른 것은 매우 놀라운 일이라는 말이다.》 ♣ *odyssey* : 대장정 ; *nothing short of* : ~이라고 해도 **과언이 아니다** ; *given* : ~라는 현 상황(주어진 상황)을 **감안한다면** 참조

기본으로 돌아가다
어떤 문제/상황/일 등에서 가장 기본적인 사항들(basic facts)부터 먼저 고려하다

get down to brass tacks

Legislators must ***get down to the brass tacks*** of actually debating and passing legislation. ▶ 국회의원들은 실질적인 토론을 거친 후 법안을 통과시키는 기본원칙을 지켜야 한다.

I think it is about time we ***get down to brass tacks***. ▶ 나는 이제 우리가 기본으로 돌아가야 할 때라고 생각한다.

주 옛날에 옷감의 길이를 표시하기 위하여 놋쇠 못(*brass tacks*)을 사용한 데서 유래되었다는 설과 의자나 책상 등과 같은 가구를 살 때 겉모습만 보지 말고 놋쇠 못을 사용한 이음새가 얼마나 튼튼한지 살펴보아야 한다는 데서 유래되었다는 설이 있다. 두 가지 중 독자가 이 표현을 기억하는 데 도움이 되는 쪽으로 생각하면 된다.

매우 훌륭한 **기술**
매우 훌륭한 솜씨(great skill at doing something)

prowess ☞ Formal

For nearly a half-century, the strategy of putting money into science guaranteed that the U.S. would lead the world by just about every measure of scientific and technological ***prowess***. ▶ 거의 반세기 동안, 과학분야에 돈을 쏟아붓는 전략으로 미국이 과학과 공업분야의 거의 모든 기술에서 세계를 선도할 수 있었다. 《그러나 지금은 과학분야에 투자가 부족하여 다른 나라에 우위를 빼앗기고 있다고 개탄하는 어느 미국인의 글이다.》

President Bush's lackluster approval ratings may not help U.S. Sen. George Allen's run for re-election. But Allen gladly will lean on Bush's fundraising ***prowess*** to fatten a campaign war chest that already dwarfs that of his Democratic challenger. ▶ 부시 대통령의 낮은 지지율은 조지 앨런 상원의원이 재선을 위해 출마하는 데 도움이 되지 않을지도 모른다. 그러나 그에게 도전하는 민주당 후보가 모금한 돈을 초라하게 만들 정도로 이미 훨씬 많은 선거자금을 모금했음에도 불구하고, 더 확보하기 위하여 부시 대통령의 자금모금 솜씨에 기대려 한다. ♣ *war chest* : **자금** ; *dwarf* : 상대방을 **작아 보이게 만들다** 참조

벌레처럼 ~ 안으로 살살(슬금슬금) **기어들어가다**
~로 슬금슬금/천천히 다가가다 ; 파고들다

worm one's way into

Fear that inflation has ***wormed its way back into*** the economy turned into panic in the financial markets Wednesday. The Dow Jones industrial average had its worst day in three years, losing more than 214 points, as investors decided a government report of higher-than-expected inflation threatens further interest rate hikes. ▶ 인플레이션이 슬금슬금 다가오고 있다는 두려움은 수요일 금융시장에서 공황상태로 돌변했다. 인플레이션 수준이 예상보다 높다는 정부 보고서로 인해 이자율이 더 급등할 것이라고 투자자들이 판단함에 따라서, 다우존스지수가 214포인트 이상 급락하는 지난 3년 중 최악의 날을 맞이했다.

He never misses a chance to ***worm his way into*** the public's heart. ▶ 그는 대중들의 가슴에 파고들 수 있는 기회를 절대로 놓치지 않는다.

갑자기 떠오르는 과거의 특정한 순간에 대한 또렷한 **기억**
과거에 일어나던 어떤 일에 대한 회상

flashback to

He has recurring ***flashbacks to*** the night his

friend died. ▶ 친구가 죽은 그날 밤에 대한 기억이 그에게 다시 떠오르고 있다.

If there's a goose wandering near Silver Lake with a funny look on its face, it could be that it's having ***a flashback to*** a strange day in June when human beings came calling for fecal samples. ▶ 만일 거위 한 마리가 재미있는 표정을 지으면서 실버호수 근처를 배회하고 있다면, 아마도 인간들이 자기들의 배설물 표본을 채집하러 왔던 6월의 어느 이상한 날에 대한 기억을 떠올렸기 때문일지도 모른다.《사람들이 야생 거위의 조류독감 감염 여부를 조사할 목적으로 배설물을 채집하기 위하여 호수 주변을 헤매고 다녔다는 사실을 재미있게 쓴 글이다.》

만일 내 **기억이 맞는다면 ~이다**

If my memory serves me correctly/right/well ~

If my memory serves me correctly the Romans worshiped many Gods and Goddesses and had the Temples to prove it. ▶ 만일 내 기억이 맞는다면, 고대 로마인들은 많은 신과 여신들을 숭배했으며 이런 사실을 증명하는 사원들을 가지고 있었다.

If my memory serves me well, I think it was nearly two months ago. ▶ 내 기억이 맞는다면, 그 일은 두 달 전쯤으로 생각된다.

~을 잊지 않도록 잘 **기억해두다**
머릿속에 꼭 담아두다

make a mental note of something

I ***made a mental note of*** the show because I knew I would probably write about it at some point. ▶ 언젠가는 내가 그것에 관하여 글을 쓸지도 모른다는 것을 알았기 때문에, 그 공연을 머릿속에 꼭 담아두었다.

I ***made a mental note of*** both the suspect and the suspect vehicle. ▶ 나는 용의자와 용의 차량을 잘 기억해두었다.

Hopefully he ***made a mental note*** not to make the same mistake. ▶ 똑같은 실수를 되풀이하지 않도록 그가 잘 기억했길 바란다.

(주로) 나쁜 결과는 ~에 **기인한다**
~ 때문이다

stem from ☞ ~로부터 줄기가 뻗어져 나오다

America's troubles ***stem*** more ***from*** the decay of family life than any government failure. ▶ 미국이 겪고 있는 어려움은 정부정책보다는 가정생활의 몰락에 더 크게 기인한다.

Much of the instability ***stems from*** the economic effects of the war. ▶ 불안정한 상황은 그 전쟁이 경제에 미친 영향 때문이다.

기회가 있을 때마다
기회가 날 때마다

at every opportunity

It's become very common these days for politicians to declare, ***at every opportunity***, that their government would ensure that "we create employment, provide free education, free medical services, free, etc.." ▶ "일자리를 창출하고, 무상교육과 무료의료혜택을 제공하며 어쩌고 저쩌고" 할 수 있도록 정부가 책임지겠다며 정치인들은 요즘 기회가 있을 때마다 떠들어댄다.

Since the June election, opposition supporters have staged protests ***at every opportunity*** in Tehran, triggering the worst political crisis in the Islamic republic's 30-year history. ▶ 6월 (이란 대통령) 선거 이후, 야당 지지자들은 30년 이슬람 공화국 역사에서 최악의 정치 위기를 촉발시키면서 기회가 날 때마다 테헤란에서 항의집회를 열었다.

특정 집단의 구성원들이 매우 **긴밀하게 맺어져 있는**
유대관계가 매우 긴밀한; 사이가 매우 가까운/좋은

close-knit; tight-knit ☞ 매우 촘촘하게 짜인/얽혀 있는

Shetland's ***close-knit community*** is furious about plans to deport a 23-year-old Thai man. ▶ 유대관계가 매우 긴밀한 (영국 섬 지방) 셰틀랜드 주민들이 친한 이웃처럼 생각하고 있는 태국인을 테러의 위협이 있는 요주의 인물

로 생각하고 영국정부가 그를 추방하려고 하자 주민들이 격노하고 있다는 이야기다.

He has a successful business, a 67-year marriage, ***a close-knit family***. ▶ 그는 사업에 성공했으며, 67년간 결혼생활을 하고 있고, 유대관계가 매우 긴밀한 가족을 두고 있다.

Employees at the tavern say their co-workers are like a family. So when tavern owner Scott Amendola's daughter was diagnosed with leukemia three months ago, ***tight-knit workers*** at the bar and grill knew they had to help. ▶ 그 선술집에서 일하는 종업원들은 마치 가족과도 같다. 석 달 전 주인의 딸이 백혈병으로 진단받았을 때, 매우 가까이 지내는 주방이나 바에서 일하는 모든 종업원들은 그녀를 도와주어야만 한다는 사실을 알고 있었다.

긴장을 풀다
긴장을 풀고 편한 마음으로 여유를 즐기다(relax)

let one's hair down

If you can ***let your hair down*** and play with a few simple, mindless toys during stress breaks at work, that'll also help. ▶ 직장에서 스트레스를 풀기 위하여 잠시 쉬는 동안, 긴장을 풀고 아무 생각 없이 몇 가지 장난감을 가지고 놀면 도움이 될 것이다.

It's a fun and relaxing environment where people get to ***let their hair down***. ▶ 그곳은 사람들이 긴장을 풀고 여유를 즐길 수 있는 즐겁고 편한 분위기를 가지고 있다.

주 우리나라 옛 여인들처럼 서양에서도 귀족의 부인들이 파티나 중요한 행사에 참가할 때 머리를 말아 올려 치장을 했지만, 남들이 보지 않는 자리나 극히 사적인 곳에서는 자유롭게 머리를 풀어 내렸다는 데서 유래되었다.

길을 떠나다
비교적 긴 여행을 떠나다

hit the road ☞ Informal

After a short break, they got back on the car and ***hit the road*** again. ▶ 잠시 휴식 후 그들은 차에 올라 다시 길을 떠났다.

With hundreds of millions of holidaymakers expected to ***hit the road*** for next month's Lunar New Year celebrations, travel in Asia could be hell. ▶ 다음 달 음력 설날에 수억 명의 사람들이 휴가를 떠날 것으로 예상되는 가운데, 아시아 여행은 매우 고통스러운 일이 될 수 있다.

길을 비켜주다
자리를 내어주다/양보하다 ; ~에게 밀려나다

give way to

Morning clouds will ***give way to*** summer sunshine and warm conditions Monday. ▶ 월요일에는 구름이 비켜나고 여름 태양이 빛나는 더운 날씨가 될 것이다.

Able to lug heavy loads for days without water, camels — once the only reliable form of desert travel — ***are giving way to*** pickup trucks. ▶ 여러 날 물도 안 먹고 무거운 짐을 나를 수 있는, 한때는 믿을 수 있는 유일한 사막여행 수단이었던, 낙타는 픽업트럭에게 자리를 내주고 있다.

Oil/gas projects will start to ***give way to*** new power generation projects. ▶ 오일/가스 개발사업은 새로운 에너지 개발사업에 밀려나기 시작할 것이다.

~로 향하는 길을 열다/터주다
~을 할 수 있는 기회/장치를 마련해 주다

clear/open/prepare the way for

By Saturday, the fire was only 5 percent contained. Gov. Arnold Schwarzenegger declared a state of emergency for San Bernardino County, ***clearing the way for*** state government assistance with costs related to the fire. ▶ 토요일까지 고작 5%의 산불만이 진압되었다. 화재진압에 주정부 예산을 투입할 수 있는 길을 열어 주면서, 주지사 아놀드 슈왈츠네거는 San Bernardino 카운티에 주 비상사태를 선포했다.

The talks, which ideally should have ***prepared the way for*** a more inclusive conference that would bring all political factions to the discussions table, produced a new "moderate" government coalition. ▶ 그 회담은, 이상적으로 생각한다

면 모든 정치 파벌들을 협상테이블로 끌어들일 수 있는 보다 포괄적인 협의체를 위한 길을 터줄 수 있었음에도, 새로운 온건적인 연립정부를 이끌어내는 데 그치고 말았다.

가지고 가는 도중 또는 보내는 도중에 **길을 잃다**
분실되다; 사라지다

go astray

Many items of mail being sent to me have ***gone astray***. ▶ 나에게 보내진 우편물 중 상당수가 분실되었다.

It is explained in Isaiah 53:6: "All we like sheep have ***gone astray***. We have turned everyone to his own way. But the Lord has laid on Jesus Christ the sins of us all." ▶ 이사야서 53장 6절: "우리는 모두 양처럼 길을 잃었고, 각기 제 갈 길로 흩어졌으나, 하나님께서 우리 모두의 죄악을 예수님께 지우셨다."

~의 **깃발 아래**
~의 기치 아래; 통제하에

under the flag of

The election was posted ***under the flag of*** the United Nations. ▶ 그 선거는 유엔에 의해서 공표되었다.

Most European governments agree that some kind of peacekeeping force will be required to help the weak Lebanese government and army to disarm Hezbollah, but not ***under the flag of*** NATO, because it is too strongly identified with the United States. ▶ 대부분의 유럽국가들은 헤즈볼라를 무장해제시키기 위하여 힘 없는 레바논정부와 군대를 도와줄 일종의 평화유지군이 필요하다는 데에 동의하지만, 나토가 미국과 너무나 강하게 연관되어 있기 때문에 나토의 깃발 아래 파견하는 것에는 동의하지 않는다.

깃발을 휘날리며
자랑스럽게; 의기양양하게; 당당(堂堂)히

with flying colors

He passed all the tests ***with flying colors***. ▶ 그는 깃발을 휘날리며 모든 시험에 당당히 통과했다.

Although his cholesterol was a touch on the high side, he had never experienced any chest pains and had just passed a stress test ***with flying colors***. ▶ 비록 그의 콜레스테롤 수치가 약간 높았지만, 그는 가슴통증을 느껴본 적이 없었으며 얼마 전에 스트레스를 받고 있는 상황에서 실시되는 심장기능테스트에 당당히 통과했었다.

If attendance is any measure of the festival's success, the third annual event this weekend passed ***with flying colors***. ▶ 만일 참석자의 수가 축제의 성공을 가늠하는 척도라면, 이번 주말 개최된 제3회 연례행사는 당당하게 합격점을 받았다.

(손가락을) **깍지끼다**

lace/pinch one's fingers together

He took to ***lacing his fingers together*** in an attempt to his hands still. ▶ 그는 손을 가만히 두기 위하여 손가락을 깍지끼는 버릇이 있었다.

The people are a bit nicer than New York — just a shade," he said, ***pinching his fingers together***. ▶ 그는 깍지를 끼면서 "그 사람들은 뉴욕 사람들보다 약간 친절해, 정말 조금"이라고 말했다.

해야 할 일을 빨리 처리하지 않고 **깔고 앉아서 뭉그적거리다**
시간만 질질 끌고 있다; 오랫동안 붙들고 있다

sit on

The legislature has been ***sitting on*** the appropriation bill for at least three months. ▶ 의회는 석 달 이상이나 그 예산안을 깔고 앉아서 뭉그적거리고 있다.

You have been ***sitting on*** the document too long. ▶ 너는 그 서류를 너무 오랫동안 붙들고 있다.

The company is ***sitting on*** $6 billion in cash and carries no debt, which could provide a war chest with which to outsource a competitive next-generation hardware system. ▶ 그 회사는 부채가 없으며 경쟁력 있는 차세대 하드웨어 시스템을 들여오는 데 사용할 수도 있는 60억불이나 되는 현금을 (아무데도 투자하지 않은 채) 그냥 깔고 앉아 있다.

체격이 **깡마른**
빼빼 마른

rail-thin

Nineteen-year-old Jessica isn't a typical model. She's not ***rail-thin***. She hasn't taken modeling classes. And Saturday morning, while waiting to try out for "America's Next Top Model," she was more worried about finding something to eat than planning her catwalk strut. ▶ 19살 난 제시카는 전형적인 모델의 모습이 아니다. 그녀는 깡마른 체격이 아니며, 모델수업을 받은 적도 없다. 토요일 아침, 미국의 "차세대 최고 모델" 선발 대회에 참석하기 위하여 기다리고 있는 동안 그녀는 패션쇼 무대 위에서 어떻게 멋지게 걸을까 하고 생각하는 대신 먹을 것을 찾느라고 더 고심하고 있었다.

You don't have to be ***a rail-thin model*** to wear the new volume look. ▶ 그 새로운 볼륨 있는 의상을 입기 위해 당신은 빼빼 마른 모델 같은 체격일 필요가 없다.

잘못이나 어리석음을 **깨닫게 하다**

make someone see sense/reason

I even threatened her with divorce because I thought it would be the only thing to ***make her see sense***. ▶ 나는 그녀를 깨닫게 만들 수 있는 유일한 방법이라고 생각했기 때문에, 심지어 이혼하자고 겁을 주기도 했다.

No matter what I said, I could not ***make him see reason***. He insisted I was yelling at him even though I was talking in a low voice. ▶ 무슨 말로도 그의 잘못을 깨닫게 할 수 없었다. 그는 비록 내가 낮은 목소리로 이야기를 해도 자기에게 소리치고 있다고 우겼다.

~을 점차 **깨닫기 시작하다**
~이 마침내 분명해지다

dawn on ☞ 동이 트고 있다; 점점 밝아지고 있다

The truth gradually ***dawned on*** my mind. ▶ 나는 그 사실을 점차 깨닫기 시작했다.

It slowly ***dawns on*** Americans that their lives are changing. For more and more of us, "the American Dream," which we assumed as our birthright — founded on infinite plenty, a bottomless cup of creature comforts, and fair rewards for hard work — is fading. ▶ 그들의 생활이 바뀌고 있다는 사실을 미국인들이 서서히 깨닫고 있다. 우리들이 타고난 권리로 여겼던, 한없이 풍족한 의식주와 관련된 훌륭한 물품들과 열심히 일하고 받는 합당한 보상에 기초한, "아메리칸 드림"이 점점 많은 사람들에게서 멀어지고 있다. ♣ *birthright*: 타고난(천부적인) **권리**; *creature comfort*: 육체적인(동물적인) **만족감(쾌락)을 줄 수 있는 의식주에 관련된 훌륭한 (사치스러운) 물품** 참조

It gradually ***dawned on*** her that she still had talent. ▶ 자신이 여전히 재능을 지니고 있다는 사실을 그녀가 점차 깨닫기 시작했다.

어떤 사실/말 등이 무엇을 뜻하는지 얼마 후에 **깨닫다**
얼마가 지난 후에야 실감나다; 마음에 와 닿다

sink in ☞ 마음속 깊이 가라앉다

The news did not produce any immediate cheers, only a stunned silence while it ***sank in***. ▶ 그 뉴스는 즉각적인 환호성을 불러일으키지 않았다. 그 사실이 사람들의 마음에 와 닿을 동안, 어안이 벙벙하며 아무 말도 하지 못했다.

Newly crowned WBC heavyweight champion Oleg Maskaev admitted that he would have to go home and spend time with his family before the enormity of what he had achieved would ***sink in***. ▶ 새로운 WBC 헤비급 챔피언으로 등극한 올레그 마스카에프는 집에 가서 가족들과 얼마간 시간을 보낸 후에야 자신이 얼마나 엄청난 일을 해냈는지 실감할 수 있을 것이라고 고백했다.

This may be a little hard to believe, so we'll go through it slowly to let it ***sink in***. ▶ 이것은 아마도 믿기 힘들지 모른다. 그것이 무엇을 의미하는지 깨닫기 위해서 우리는 천천히 하나씩 겪어봐야 할 것이다.

깨닫지 못하다
인식하지 못하고 있다

be unaware of/that

He ***is unaware of*** how much money he spends. ▶ 자신이 얼마나 많은 돈을 쓰고 있는지 그는 인식하지 못하고 있다.

Many people *are unaware of* just how much food and drink they consume. ▶ 많은 사람들은 그들이 얼마나 많이 먹고 마시는 깨닫지 못한다.

They *were unaware* that they were being watched by someone. ▶ 누군가에 의해서 감시당하고 있다는 사실을 그들은 깨닫지 못했다.

꽉 **껴안기**
친밀한 관계를 표시하는 동작이다

bear hug

He enveloped her in *a bear hug*. ▶ 그는 그녀를 두 팔로 감싸 안았다.

He gave his son *a bear hug*. ▶ 그는 아들을 꽉 껴안았다.

꼬리를 내리고
꼬리를 감추고

with one's tail (tucked) between one's legs

They have returned home *with their tails between their legs* after a humiliating defeat. ▶ 치욕스러운 패배 후, 그들은 꼬리를 내리고 집으로 돌아왔다.

The enemy retreated last night *with their tails tucked between their legs*. ▶ 적군은 지난 밤 꼬리를 감추고 퇴각했다.

주 싸움에서 진 동물들이 하는 행동이다.

~를 향해 자신을 무시해서 화가 났거나 모욕을 받았다는 의미로 몸과 머리를 당당하게 **꼿꼿이 세우다**
몸과 머리를 세우면서 당당하게 맞서다/대들다

bridle at

America's children have come of age and, as befits this rite of passage, they *bridle at* their parent. ▶ 성년이 된 미국의 아이들은, 통과의례에 걸맞게, 그들의 부모에게 몸을 꼿꼿이 세우며 대들고 있다. 《과거 어려운 시절 미국의 도움을 받던 나라들이 지금은 미국의 말을 잘 안 듣는다는 의미다.》 ♣ *come of age* : 법적으로 **성년이 되다** ; *as befit* : ~에 **걸맞게** ; *rite of passage* : **통과의례** 참조

Russia *bridles at* U.S. sanction over Iran. Sanctions imposed by the United States against two leading Russian arms exporters mark a new low in relations between the White House and the Kremlin and could scupper potential trade deals, the Russian press said yesterday. ▶ 러시아는 이란에 대한 미국의 제재에 화를 내며 당당하게 맞서고 있다. 러시아의 양대 무기수출업자들에게 가한 미국의 제재로 인하여 양국의 관계가 최악의 상태에 있으며, 성사될 가능성이 있는 무역회담이 실패로 돌아갈 수도 있다고 러시아 신문이 어제 보도했다.

꽃피우다
더 좋은 상태로 발전하다

blossom into

The local movie festival has *blossomed into* an international event. ▶ 그 지역 영화제는 국제적인 행사로 꽃피웠다.

After a difficult start to life, the "miracle" baby has *blossomed into* a charming, witty young girl. Jane was born at only 23 weeks and spent most of her early years in hospital battling with illnesses caused by birth at such a tender age. ▶ 힘들게 태어난 후, 그 기적의 갓난아이는 매력적이고 재치가 넘치는 소녀로 어엿하게 성장했다. 제인은 임신 23주 만에 태어났으며, 너무 때 이른 출산으로 인하여 얻은 여러 가지 병들과 싸우느라 어린 시절의 대부분을 보냈다. ♣ *tender age* : 몇 살이라는 어린/젊은 **나이** 참조

What began as merely a flirtation has now *blossomed into* a full-blown romance. ▶ 장난삼아 시작했던 연애가 지금은 열렬히 사랑하는 관계로 발전했다.

괜히 **꾸물거린다**
한 번에 해도 될 일을 늑장을 부리며 천천히 한다

make/take two bites of a cherry

It is no use quarrelling about this or *making two bites of a cherry*. ▶ 이에 관하여 말싸움을 하거나 괜히 꾸물거릴 필요가 없다.

주 한입에 쏙 넣어도 되는 조그만 cherry를 여러 번 깨물고 있다는 말이다.

방/집/건물 등을 새롭게 **꾸미다**
새롭게 단장하다 (주로 벽지를 다시 바르거나 페인트 칠을 하여 외관을 고치는 경우다)

redecorate

We have not long since ***redecorated*** our office. ▶ 우리는 너무 오랫동안 사무실을 새로 꾸미지 않았다.

He has ***redecorated*** his house in a bid to remove all traces of his estranged wife. ▶ 별거중인 부인의 흔적을 모두 지우기 위하여 그는 집을 새롭게 단장하였다.

길이나 강이 **꾸불꾸불 나 있다**
굽이치다

meander through ☞ 굽이치다

The railway track ***meanders through*** the valley. ▶ 그 철길은 그 계곡 사이를 꾸불꾸불 지나간다.

We crossed a small wooden bridge over ***a meandering stream***. ▶ 우리는 굽이치는 시냇물 위로 지나가는 조그만 나무다리를 건넜다.

For years, the Rahway River has been the source of Rahway's drinking water and a recreational destination for the many towns it ***meanders through*** on a nearly 30-mile trek to the Arthur Kill. ▶ 오랜 세월 동안 라웨이 강은 라웨이에 식수를 제공해 왔으며, 아서 킬까지 거의 30마일이나 되는 길을 굽이치며 통과하는 많은 도시에 휴양지를 제공해 왔다.

snake through ☞ 뱀이 기어가듯 한다

The road ***snaked through*** forested mountains. ▶ 그 길은 산림이 울창한 산악지대를 뱀처럼 꾸불꾸불 지나갔다.

The three-mile procession ***snaked its way through*** the richest streets of the capital. ▶ 길이가 3마일인 그 행렬은 수도의 가장 번화한 거리들을 뱀처럼 꾸불꾸불하게 통과하면서 지나갔다.

길 등이 **꾸불꾸불한 상태**

twists and turns

It is very difficult for the train to maintain a constant speed through ***the twists and turns*** of existing track. ▶ 꾸불꾸불한 현재의 철길 위에서 기차가 일정한 속도를 유지하는 것이 매우 어렵다.

불러다 **꾸짖다**
소환하여 질책하다

call on the carpet

A drug company got ***called on the carpet*** for not making clear that a couple of its drugs had big time side effect. The FDA added warnings to the labels of its anemia drugs. ▶ 한 제약회사는 두 가지 약품이 엄청난 부작용을 가지고 있다는 사실을 명확하게 밝히지 않았다며 질책을 받았다. 미국 식품의약품안전청은 그 회사의 빈혈치료약 표지에 부작용에 대한 경고를 추가하도록 지시했다.

He was ***called on the carpet*** last week by an angry Senate Judiciary Committee. ▶ 그는 지난주 상원 법사위원회에 소환되어 질책을 받았다.

주 옛날 카펫이 귀하던 시절 사장실이나 어떤 단체의 최고책임자 방에만 주로 카펫이 깔려 있었다. 카펫 위로 오라는 것은 잘못을 꾸짖기 위해 부른다는 의미를 내포하고 있다.

꿈속을 헤매고 있다
잠에 푹 빠져 있다

in the arms of Morpheus

She was ***in the arms of Morpheus***. ▶ 그녀는 꿈속을 헤매고 있었다.

The day's activities were so enervating that he was soon ***in the arms of Morpheus***. ▶ 그날 일과가 너무 힘들어 그는 곧 잠에 푹 빠졌다.

주 ***Morpheus***는 그리스 신화에 나오는 꿈의 신(the god of dreams)으로 잠의 신(the god of sleep) Hypnos의 아들이다.

(손가락으로 불꽃을 집거나 작은 용기로 덮어서) 촛불 등을 끄다

He *snuffed out* the candle. ▶ 그는 촛불을 껐다.

여러 시간/날/해 동안 끊임없이
계속해서 ; 지속적으로

for ~ on end

We talked about the matter *for hours on end*. ▶ 우리는 여러 시간 동안 끊임없이 그 일에 관하여 이야기를 나눴다.

They organized road blockades, strikes, protests and hunger strikes *for weeks on end* until the president was ousted. ▶ 그들은 대통령이 축출될 때까지 여러 주 동안 지속적으로 도로봉쇄, 파업, 항의, 단식투쟁을 조직적으로 벌였다.

어떤 특정한 장소/사물/활동 등에 호감이 가서 끌리다
선호하다 ; ~로 기울다

gravitate towards/to

Traditionally young Asians in the U.S. have *gravitated towards* medicine, law, and engineering. ▶ 전통적으로 미국에 사는 젊은 아시아계 사람들은 의학, 법, 공학을 선호해 왔다.

Many of the people who use Washington Square Park every day *gravitate to* a favorite section. For Wayne, it is the chess area, where former world chess champion Bobby Fischer played. For high school student Rachel, it is the lawn where she lounges and chats with her friends. ▶ 워싱턴 스퀘어 공원을 매일 찾는 사람들 중 많은 이들은 마음에 끌리는 장소를 하나씩 가지고 있다. 웨인이 제일 선호하는 곳은 체스구역인데, 그곳에서 전 세계 체스챔피언인 바비 피셔가 시합을 했었다. 고등학생인 라첼은 이리저리 다니며 친구들과 잡담하는 잔디밭을 제일 좋아한다.

강제로 끌고 가다

force-march

They *force-marched* the enemy troops to a prison camp 85 miles distant. ▶ 그들은 적군을 85마일 떨어진 포로수용소에 강제로 끌고 갔다.

비록 즐겁지 않거나 위험할지라도 끝까지 ~을 하다
파국이 오더라도

to the bitter end

They said they would fight *to the bitter end* to achieve their main goal. ▶ 그들은 목적을 달성하기 위하여 끝까지 싸울 것이라고 말했다.

Her attorney said it could take years for her to see any money, but "we are ready to fight *to the bitter end*." ▶ 그녀의 변호사는 돈을 받아내기까지는 몇 년이 걸릴 수도 있지만 끝까지 싸울 준비가 되어 있다고 말했다.

㈜ 여기서 *"bitter end"*는 닻줄을 메는 *"bit"*의 끝부분을 말한다. 풍랑이 심해서 배를 정박하려고 닻줄을 끝까지 풀었는데도 바다가 너무 깊어서 줄이 모자라는 경우에 비유한 표현이다. 씁쓸한 결말이라는 의미로 해석하기도 한다.

~이 끝나다
종식되다

come to an end/a close

The cold war finally *came to a close*. ▶ 냉전은 마침내 끝났다.

Her eight-match winning streak *came to an end* last weekend. ▶ 지난 주말 그녀의 8게임 연승 행진이 끝이 났다.

draw to an end/a close ☞ Formal

As the war *drew to an end*, the Nazis looted Europe from east to west with astonishing zeal and thoroughness. Countries overrun by the German army were systematically stripped of their wealth. The treasures of museums, banks and ordinary people were mercilessly looted.

▶ 전쟁이 종식되면서 나치군대는 유럽을 동서에 걸쳐 놀라울 만큼 열정을 가지고 치밀하게 약탈했다. 독일군에게 침략당한 나라들은 조직적으로 재산을 빼앗겼다. 박물관의 보물들과 은행 그리고 일반 사람들도 인정사정없이 약탈당했다.

끝난 상태인
종료된

be at an end

After seventeen days in Afghanistan my journey *is at an end*. Most will ask me if I liked this adventure. ▶ 아프가니스탄에서의 17일이 지나 나의 여정은 끝난 상태다. 대부분 사람들은 이 모험을 내가 좋아했는지 나에게 물어볼 것이다.

The court has passed sentence and the case *is now at an end*. ▶ 법원은 형을 선고했고, 그 사건은 현재 종료된 상태다.

관계/결혼/조직/기구 등을 공식적으로 끝내다
공식적으로 해산/해체하다

dissolve ☞ 자동사로도 사용된다

The marriage *was dissolved* in 1976. ▶ 그 결혼은 1976년에 공식적으로 끝이 났다.

The country's president on Monday *dissolved* the government's bloated cabinet, saying it failed to deliver during its two-year tenure and ordered a new one named within a week. ▶ 그 나라 대통령은 월요일에, 내각이 2년간의 임기 중에 일을 제대로 처리하지 못했으며 이번 주 내에 새로운 내각을 구성하라고 지시했다고 말하면서, 정부의 거대하고 비효율적인 내각을 공식적으로 해산했다.

They are discussing all agenda items, including items from the *now-dissolved* Finance Committee. ▶ 그들은 지금은 해체되고 없는 재정위원회에서 넘어온 항목을 포함하여 안건에 있는 모든 항목을 논의하고 있는 중이다.

~을 끝내다
종식시키다

put an end to

We have to *put an end to* the war of attrition as soon as possible. ▶ 우리는 가능한 한 빨리 그 소모전을 종식시켜야 한다.

The ceasefire *put an end to* fighting that began five weeks ago when Hezbollah abducted two Israeli soldiers. ▶ 그 휴전협정으로 5주 전 헤즈볼라가 두 명의 이스라엘 병사를 납치했을 때 시작한 싸움이 끝났다.

~로 끝맺음을 하다
~을 끝으로 막을 내리다

come to an end with ; end with

A year-long arts program *comes to an end with* a series of unusual performances in a Hackney park. ▶ 일 년간에 걸쳐 진행된 예술프로그램이 헤크니에 있는 한 공원에서 펼쳐진 일련의 색다른 공연들을 끝으로 막을 내렸다.

The Memorial Day Parade will step off at 8:30 a.m. Monday and *end with* a ceremony in the Village Cemetery. ▶ 전몰장병기념일 행진이 월요일 오전 8시 30분에 시작하여 마을 공동묘지에서 벌어지는 행사로 끝맺음을 할 것이다.

끝에서 두 번째
꼴찌에서 두 번째, 마지막에서 두 번째

last but one

The team finished *last but one*. ▶ 그 팀은 꼴찌에서 두 번째로 시합을 마쳤다.

It was *the last but one* day in February 1978. ▶ 그날은 1978년 2월 마지막에서 두 번째 날이었다.

The last but one sentence stated that the increase in our total urbanized zone as a result of the boundary extensions totals 0.4 percent. ▶ 끝에서 두 번째 문장에 경계확장의 결과로 도시화된 지역의 증가율이 0.4%라고 기술되어 있다.

주 뒤에 하나가 더 있다는 의미다. 끝에서 세 번째: ***last but two***

도시/장소/지역 등의 **끝자락**
변두리; 외곽(중심부에서 가장 멀리 떨어져 있는 지역)

outskirts

Hours later we reached ***the outskirts*** of the town. ▶ 몇 시간 후 우리는 그 마을의 외곽에 도착했다.

Authorities closed parts of County Road 42 on ***the outskirts*** of the Ocala National Forest as firefighters battled two brush fires that flared up the night before. ▶ 소방관들이 어젯밤 두 군데에서 발화된 산불을 진압하는 동안, 당국은 오스칼라 국립산림지역 외곽에 있는 42번 도로를 부분적으로 봉쇄했다.

끝장을 볼 때까지 계속되는 싸움
죽기 살기로 하는 싸움; 처절한 싸움

fight to the finish

The conflict in the North and East of the island is ***a fight to the finish***. ▶ 그 섬 남북 간의 분쟁은 끝장을 보아야 하는 싸움이다.

During ***the fight to the finish*** between the Soviet-era Congress and Yeltsin, it made sense for the U.S. to back him up to the hilt. ▶ 소비에트 연방 시절의 의회와 옐친 사이에서 죽기 살기로 하는 싸움이 벌어지는 동안, 미국이 옐친을 철저하게 밀어 주는 것은 당연했다. ♣ ***to the hilt***: **철저하게** 참조

결정/논쟁/토론 등에 **끼어들다**
간섭하다

weigh in on ☞ Informal

Admittedly, legalization wouldn't be problem-free either. Americans have a peculiar voracious appetite for drugs, and probably no one should ***weigh in on*** the debate who hasn't seen a friend or loved one hollowed out by cocaine or reduced to selling used appliances on the street. ▶ 법제화 역시 (마약) 문제를 완전하게 해결할 수 없다는 것을 인정하지 않을 수 없다. 미국 사람들은 약(마약)을 유별나게 좋아한다. 사랑하는 사람이나 친구가 마약 때문에 심신이 황폐해지거나 마약을 구입하기 위하여 가재도구까지 내다파는 비참한 지경에 이른 꼴을 보지 않은 사람들은 이 논쟁에 끼어들 자격이 없다. ♣ ***admittedly***: **고백하건대**; ***reduce to***: **전락하다** 참조

He improperly tried to ***weigh in on*** the decision. ▶ 그는 부적절하게 그 결정에 간섭하려 했다.

【나】

나

나른한
께느른한 : 편안하고 여유로운(relaxed and not energetic)

languorous ☞ Literary

We enjoyed *languorous* morning coffees on the terrace. ▶ 우리는 테라스에서 편안하고 여유로운 모닝커피를 즐겼다.

The event took place in a *languorous* summer afternoon. ▶ 그 행사는 나른한 한 여름날 오후에 벌어졌다.

Many of the tempos are *languorous*, as befits the subject matter(Noah and the Whale), and the dominant instrument on many songs is spare electric guitar. ▶ (이 앨범의) 템포는 대부분 주제로 삼은 대상(노아와 고래)에 걸맞게 께느른하며, 많은 곡에서 전자기타의 절제된 연주가 반주를 주도한다. ♣ *as befits* : ~에 **걸맞게** 참조

주 즐거운 의미를 담고 있다.

정신적이나 육체적으로 나쁜 상태/상황
어떤 상황이 나쁜/좋지 않은 상태

sorry state

Should government take responsibility for *the sorry state* of our nation's financial education, or should employers? Or should individuals step up their own efforts to learn how to get ahead? ▶ 우라나라의 금융교육이 나쁜 상황에 처해 있는 것에 대하여 국가가 책임을 져야 하는가 혹은 고용주가 책임을 져야 하는가? 혹은 개인들이 스스로 노력을 배가하여 빚지지 않고 (혹은 금전적으로 여유롭게) 사는 법을 배워야 하는가?

Such is *the sorry state* of the National League that a team such as Milwaukee at 45-48 is just four games out of the wild-card lead. ▶ 45승 48패의 초라한 성적을 거두고 있는 밀워키가 내셔널리그의 와일드카드 경쟁에서 고작 4게임밖에 뒤져 있지 않을 정도로 내셔널리그는 좋지 않은 상황에 처해 있다. 《미 프로야구 내셔널리그가 시즌 막판에 야구팬들의 관심을 끌기 어려운 상황에 처해 있다는 이야기다.》

무거운 발걸음으로 혹은 덜커덕거리거나 불규칙한 동작을 하며 ~를 향해 매우 천천히 그리고 힘겹게 나아가다

trundle

Despite a troop surge in the spring, the war in Iraq *trundled on*. ▶ 봄에 병력을 크게 증강했음에도 불구하고, 이라크에서 벌어지고 있는 전쟁은 힘겹게 진행되고 있다.

After villagers got to the scene, he was able to throw off the bear after a bloody struggle, and the animal *trundled back into* the forests. ▶ 마을 사람들이 그곳에 도착한 다음, 그는 사투 끝에 그 곰을 떼어낼 수 있었고 그 곰은 천천히 숲으로 돌아갔다.

Clouds of dust rose from the narrow laterite road as the convoy of cars *trundled through* the estate. ▶ 호송차량이 덜커덕거리며 그 지역을 지나갈 때 황토길에서 먼지구름이 피어 올랐다.

When Kate and I went for our afternoon walk we *trundled through* more than an inch of pristine white snow. ▶ 케이트와 나는 오후 산책을 나가서 1인치 이상 쌓인 새하얀 눈 속을 천천히 걸었다.

저돌적(공격적)으로 목적/목표를 향해 나아가다
방해되는 것/사람 등을 팔꿈치로 밀치고 목적/목표를 향해 나아가다

elbow one's way into/to

A record crowd *elbowed its way into* the stadium

to see him play. ▶ 그가 경기하는 모습을 보기 위하여 기록적인 관중이 서로 밀치면서 경기장으로 들어갔다.

The two women ***elbowed their way into*** a man's world. ▶ 남자들이 지배하는 세상에서 두 여성이 남자들을 밀치고 목표를 향해 나아갔다.

It's his game again. Or wasn't it always? Vijay Singh tried to grab it for a while. Phil Mickelson ***elbowed his way to*** the head of the line. But we knew that golf, championship golf, belonged to Tiger Woods. ▶ 또 타이거 우즈가 우승을 차지하였다. 언제는 그렇지 않았던가? 비제이 싱이 애써서 잠시 동안 1위 자리에 있었다. 필 미켈슨도 다른 선수들을 제치고 선두에 오르기 위하여 저돌적으로 경기를 벌였다. 그러나 골프는, 챔피언십 골프는 타이거 우즈 것이라는 사실을 우리는 알고 있었다. 《타이거 우즈가 2006년 British Open에서 우승을 차지한 이야기다.》

몇 살이라는 어린/젊은 나이
나이상으로 아직 그럴 때가 아님에도 불구하고 어떤 일이 벌어졌을 때 사용한다 (나이가 너무 어리다는 것을 강조하는 표현)

tender age

The polite and sweet young girl who became a music icon by ***the tender age of 20*** seems to be going through a very hard time in her life. ▶ 20세라는 젊은 나이에 음악계의 우상이 된 예의 바르고 사랑스러운 그 소녀는 인생에서 매우 힘든 시기를 보내고 있는 것처럼 보인다.

Even at ***the tender age of 4***, he was already showing the first signs of a talent that would later propel him onto international success. ▶ 심지어 4살이라는 어린 나이에 나중에 그가 국제적인 성공을 거둘 수 있도록 만들어준 재능을 이미 보여주고 있었다.

Due to a financial strain on the family he went to work in a butter factory at ***the tender age of eight years***. ▶ 어려운 집안 형편 때문에, 8살이라는 어린 나이에 그는 버터공장에 일하러 갔다.

시간적인 나이
실제 나이

chronological age

It is now accepted that we have not one, but three ages to calculate. There is the usual ***chronological age*** that we are most often called on to disclose, or lie about. But then there is the physical age, which could, if you take care of yourself, be 20 years younger than your ***chronological age*** or, if you have neglected your body, could be 20 years older than your actual age. There is also your emotional age. So you can be 60 ***chronologically***, 40 physically, and emotionally anywhere from an adolescent to an elder. ▶ 우리에게 재야 할 나이가 한 가지가 아니고 세 가지가 있다는 사실이 일반적으로 받아들여지고 있다. 사람들이 우리에게 자주 물어보거나 우리가 속이는 통상적인 시간적 나이가 있다. 그 다음은 육체적 나이가 있는데, 당신이 스스로를 잘 가꾼다면 실제 나이보다 20년이나 젊어질 수 있으며, 만일 당신의 몸을 소홀하게 대하면 실제 나이보다 20년이나 더 늙을 수도 있다. 정서적 나이(정신연령)도 있다. 따라서 실제 나이는 60세지만, 육체적으로는 40세이며 정서적으로는 청소년기에서부터 노인 사이에서 어떤 데에도 속할 수 있다.

원숙한 나이
고령의 나이 (어떤 일을 하기에 나이가 충분하다는 의미와 매우 오래 살았다는 두 가지 의미로 사용된다)

ripe old age

At ***the ripe old age*** of 52, he is perhaps the most seasoned auto executive in Detroit. ▶ 52세라는 원숙한 나이에 접어든 그는 아마도 디트로이트 자동차 업계에서 가장 경험이 많은 경영자다.

He lived to ***the ripe old age*** of 90. ▶ 그는 90세라는 고령의 나이까지 살다 죽었다.

나이가 ~보다 같거나 많은 (사람들)
나이가 ~ 이상인

~ and older/above

Our target is ***high school students and older***. ▶ 우

리의 대상은 고등학생이거나 그 이상인 사람들이다.

A recent poll indicated a large majority of the people who are ***18 years and above*** would not vote because they did not have identity cards. ▶ 최근에 실시한 한 여론조사로부터 18세 이상인 사람의 다수가 신분증이 없어서 투표를 하지 않겠다고 답을 한 것으로 나타났다.

나이가 ~보다 같거나 적은 (사람들)

나이가 ~ 이하인

~ and younger/under

This movie is prohibited to people ***14-year-old and younger***. ▶ 이 영화는 14세 이하는 관람불가다.

The ticket is priced at $10 for adults and $5 for youngsters ***16 years and under***. ▶ 입장권 가격은 성인은 10불이며, 16세 이하 아이는 5불이다.

The baseball team is holding tryouts Saturday from 10 a.m. to 12:30 p.m. for its ***16-and-under*** teams, and from 1 to 3 p.m. for its ***12-and-under*** team. ▶ 그 야구팀은 16세 이하 팀은 토요일 오전 10시부터 오후 12시 30분까지, 그리고 12세 이하 팀은 토요일 오후 1시부터 3시까지 선수선발을 위한 테스트를 실시할 예정이다.

나이가 몇 십대인

in one's ○○s

The neatly dressed husband and wife are ***in their 50s***. ▶ 말끔하게 차려 입은 그 부부는 50대다.

A man ***in his 30s*** was arrested in connection with the abduction and molest of a 21-year-saleswoman. ▶ 한 삼십대 남자가 21살 난 여점원의 납치 및 성추행과 관련되어 체포되었다.

○○-something

This was not a phenomenon unique to the United States. I once talked with ***a 30-something man*** who was sipping a grande iced coffee in Singapore. Why do you like Starbucks, I asked him. Why don't you go to a local cafe where the coffee costs a quarter as much? "It is cool," he responded; "I'm cool when I'm drinking it." ▶ 이는 미국에만 국한된 현상이 아니었다. 나는 싱가포르에서 그랑데 아이스커피를 홀짝거리고 있는 30대 남자와 이야기한 적이 있다. 왜 스타벅스를 좋아하는지, 왜 값이 1/4밖에 안 되는 지역 커피점에 가지 않느냐고 그에게 물었다. 그는 "멋져 보이기 때문이다, 스타벅스 커피를 마시고 있으면 내 자신이 멋지게 보인다"고 대답했다. 《스타벅스가 등장한 초기 시절의 이야기다.》

He lives with his wife and ***two twenty-something daughters*** in another mansion deeper in the woods. ▶ 그는 아내와 20대인 두 딸과 함께 그 숲속 깊은 곳에 있는 또 다른 저택에서 지내고 있다.

나이가 육순인 (사람)

sexagenarian

Because he has yet to achieve greatness on his sport's ultimate stage, the annual Ironman World Championship, ***sexagenarian*** triathlete Tom Spasojevich continues to push his aging body to its limit. ▶ 매년 개최되는 세계 철인 3종 경기 선수권대회에서 탐 스파소예비치는 아직 우승을 한 적이 없기 때문에, 견딜 수 있는 최대한도까지 60대의 늙은 몸을 최고조로 끌어올리기 위해 부단히 노력하고 있다.

나이가 칠순인 (노인)

septuagenarian

Many ***septuagenarians*** are still working. ▶ 나이가 칠순이 되어서도 많은 사람은 여전히 일을 하고 있다.

나이가 팔순인 (노인)

octogenarian

Octogenarian Robert Brodie is a familiar sight in the Wilcox area, traveling the highways and byways on his reclining bicycle. ▶ 팔순 노인인 로버트 브로디가 몸을 눕혀 타는 자전거로 고속도로와 한적한 길을 다니는 모습은 윌콕스 지역에서 낯익은 광경이다.

나이가 구십 대인 (노인)

nonagenarian

A 90-year-old who made a parachute jump from 12,000ft today said the experience made "an old bird feel like a feathered bird." Great-grandmother Mary Armstrong completed her fourth tandem parachute jump just four days after becoming ***a nonagenarian***. ▶ 오늘 12,000피트 상공에서 낙하산을 타고 뛰어내린 90살 먹은 한 노인은 마치 (털이 다 빠져버린) 늙은 새가 깃털 달린 새가 된 기분이었다고 말했다. 증조할머니인 메리 암스트롱은 90대가 된 지 꼭 4일 후에 4번째 2인용 낙하산 점프를 성공적으로 마쳤다.

나이는 그저/한낱 숫자에 불과하다

나이가 많음에도 불구하고 젊은 사람들 못지않게 어떤 일을 매우 잘한다는 의미다

Age is just a number

"***Age is just a number*** for me. I have always lived a life of an athlete," said Johnson. "When I left school I never started drinking, doing drugs or smoking so I have always been in shape. I believe that I am fit and ready for this test and that my age will not count against me. ▶ "나에게 있어서 나이는 그저 숫자에 불과하다. 나는 언제나 운동선수의 삶을 살아왔다"고 존슨이 말했다. "학교를 졸업한 후 나는 술이나 마약 혹은 담배를 입에도 대지 않았기 때문에 언제나 좋은 몸 상태를 유지해 왔다. 나는 이 테스트를 위한 준비가 되어 있으며 내 나이가 나에게 불리하게 작용하지 않을 것이라고 믿고 있다."

"***Age is just a number***," he said. "If my memory serves me correctly Mark made his F1 debut at my age and went on to win the world championships." ▶ "나이는 한낱 숫자에 불과하다"고 그는 말했다. "만일 내 기억이 맞는다면, 마크는 내 나이에 F1(자동차 경주의 일종)에 데뷔했고 세계선수권 대회에서 우승했다." ♣ ***If my memory serves me correct***: 만일 내 **기억이 맞는다면 ~이다** 참조

나이는 들었지만 마음만은 젊다/청춘이다

old but young at heart

Mr. Nelson Mandela is 92 years ***old but young at heart***! ▶ 넬슨 만델라는 나이가 92이지만 마음만은 젊다.

젊은/어린 나이답지 않게 생각이나 행동이 어른스럽다

애늙은이 같다

have an old head on young shoulders

She said "Matthew was a funny boy, he always seemed to be in a hurry to live and ***had an old head on young shoulders***." ▶ "매튜는 재미있는 소년이었고, 항상 바쁘게 살아가고 있는 것처럼 보였으며, 나이답지 않게 생각이나 행동이 어른스러웠다"고 그녀가 말했다.

특정한 나이대의 (사람, 집단/그룹)

demographic

The station has won more listeners in ***the 40-59 demographic***. ▶ 그 방송국은 40세에서 59세 사이의 사람들에게 인기가 있다.

"Our target is high school students and older, not ***elementary school demographic***," says an executive of the company. ▶ 그 회사의 한 임원은 "우리의 대상은 고등학생 이상의 사람들이지, 초등학생 나이대의 사람들이 아니다"라고 말했다.

Recent natural disasters have negatively affected older people significantly more than ***other demographic groups***. ▶ 최근에 발생한 자연재해들은 다른 나이대 사람들보다 노인들에게 특히 좋지 않은 영향을 미쳤다.

나이든 사람은 새로운 것을 받아들이기 힘들다 ◦

한 가지 일만을 오랫동안 해온 사람은 새로운 것을 배우기 어렵다

you can't teach old dog new tricks

The old saw has it that ***you can't teach old dog new tricks***. Sorry, folks. I'm beginning to suspect that whoever said that got it backwards. The older I get, the more I learn, and some of the things I learn are really important. ▶ 옛말에 나이든 사람들은 새로운 것을 받아들이기 힘들다는 말이 있다. 여러분들에게 미안한 말이지만, 이 말이 거꾸로 되었다고 누군가가 말했다는

생각이 나에게 들기 시작한다. 나는 나이가 들수록 더 많이 배우고, 내가 배우는 것들 중 일부는 정말로 중요한 것들이다.

Maybe it's an indication that ***you*** really ***can't teach an old dog new trick***, but I am tired, no, let me change that to say I'm sick and tired, of the phrase "politically correct." ▶ 아마도 이는 내가 (이 말을 받아들이기에) 너무 늙었기 때문일지도 모른다. 그렇지만 나는 "politically correct"라는 말에 진절머리가 난다. ♣ ***politically correct***: 사회적으로 약자 계층에 속하는 사람들(여성, 소수민족, 장애자 등)의 심기를 불편하게 만들거나, 그들을 화나게 하지 않으려고 매우 **조심하는** 참조

나이든 사람을 무시하는/차별하는

ageist

Employers are ***ageist***. They want the option of throwing you out of work when you reach 65. ▶ 고용주들은 나이든 사람을 무시한다. 그들은 당신이 65세가 되면 내쫓으려 한다.

One particular trend E.U. officials want to quash is the casual removal of older workers from the labor market with early retirement, in the belief that this frees up jobs for younger people. But this is based on simple prejudice, says Anna-Sophie Parent, director of the Brussels-based AGE Europe, a group representing the elderly. "People who wish to should be enabled to work as long as they like, even beyond their official retirement age," she says, pointing out that Europe's elderly are healthier than their predecessors were, which means they could be more productive for longer. "If elder workers are empowered to remain in employment, they will help change mentalities and ***the ageist attitudes*** that still prevail in almost all E.U. countries," Parent adds. "The E.U. can no longer afford to waste any of its human capital." ▶ 유럽연합 관리들이 억제하려 하는 한 가지 특이한 경향은 젊은 사람들에게 일자리를 내어준다는 생각으로 노동시장에서 노인들을 아무렇지도 않게 일찍 은퇴시켜 제거하는 것이다. 그러나 이는 단순한 편견에서 비롯된 것이라고 Anna-Sophie Parent는 말한다. 유럽의 노인들은 그들은 선조들 때보다 더 건강하며 이는 그들이 더 오랫동안 생산적인 일을 할 수 있다는 것을 의미한다고 지적하면서 그녀는 "원하는 사람들은 비록 공식 은퇴 나이 이후라도 일을 할 수 있어야 한다"고 말한다. "만일 나이든 사람들이 일할 수 있는 권한을 부여받는다면 그들은 거의 모든 유럽연합 국가에서 팽배하고 있는 사고방식과 노인을 차별하는 태도를 바꾸는 데 기여할 것이다"라고 그녀는 덧붙인다. "유럽연합은 더 이상 인적자원을 낭비해서는 안 된다."

나이에 걸맞게 행동하다

act one's age

My friends say I should ***act my age***. ▶ 내 친구들은 내가 나이에 걸맞게 행동해야 한다고 말한다.

나이에 비해 늙어/젊어 보인다

look old/young for one's age

He ***looks young for his age***. ▶ 그는 나이에 비해서 젊어 보인다.

I do think she is pretty, but she ***looks old for her age***. ▶ 그녀가 예쁘다고 생각하지만, 그녀는 나이가 더 들어 보인다.

~가 있더라도 아마도/그다지 나쁘지 않을 것이다
좋은 면이 있을 것이다; 즐겁거나 쓸모 있을 것이다
(would be not bad)

would not be/come/go amiss

The cracks in the walls ***would not come amiss***. ▶ 벽에 금이 있다고 해서 나쁠 게 없다. 《벽에 난 금은 실내의 분위기를 해치는 것이 아니라 오히려 고풍스러우면서 자연스런 느낌을 더해줄 수도 있다는 의미로 쓴 글이다.》

A bit of humor ***would not go amiss***. ▶ 약간의 유머가 있다면 더 좋을 것이다.

For too long the policy has been wrapped up with ideology and now some more common sense ***wouldn't go amiss***. ▶ 정치가 너무나 오랫동안 이데올로기로 쌓여 있었다. 상식이 좀더 통하는 정치가 이루어진다면 좋을 텐데.

많은 사람들이 어떤 사람에게 해직과 같은 **나쁜 일이 벌어지길 바라고 있거나 그렇게 되도록 일을 꾸미고 있다**

knives are out for

The Party ***knives are out for*** the leader. ▶ 그 정당은 당수를 몰아내려 한다.

He has led his country in more tests than any other Wallaby, yet ***the knives are out for*** Australia skipper George Gregan. ▶ 호주 크리켓 대표팀 감독인 조지 그레건은 다른 어떤 감독들보다 많은 업적을 이루었음에도 불구하고, 그를 해임시키려고 하는 사람들이 있다.

주 사람들이 특정 사람을 어떤 자리에서 물러나게 하려고 사방에서 칼을 들이대고 있다는 의미이다.

나팔을 불어대다

~에 대하여 자랑스럽게 혹은 매우 중요하다며 대중에게 강요하듯이 요란하게 떠들어대다; 떠벌리다; 외쳐대다; 홍보하다

trumpet

Italians went to the polls Sunday in a referendum on changing the constitution ***trumpeted*** by former Prime Minister Silvio Berlusconi, but critics warn its proposals could endanger national unity. ▶ 이탈리아에서 전 수상 실비오 베르루스코니가 나팔을 불어대던 개헌안에 대한 국민투표가 일요일 실시되었다. 그러나 비평가들은 그 개헌안이 국가의 단합을 해칠 수 있다고 경고한다.

For decades the message has been ***trumpeted***: "Buckle up and save lives." Motor vehicle crashes are a leading cause of death and disability among children. Children who are not properly buckled up may be seriously hurt not only in crashes, but also from sudden stops. ▶ 수십 년 동안 "안전벨트는 목숨을 구한다"라는 메시지가 요란스럽게 홍보되었다. 자동차의 충돌은 어린아이들의 사망이나 신체장애를 초래하는 주요 원인이다. 적절하게 안전벨트를 착용하지 않은 아이들은 충돌 시뿐만 아니고 급정거 시에도 심각한 부상을 당할 수 있다.

낙천적인

carefree, unconcerned

happy-go-lucky

John is a ***happy-go-lucky*** guy. No matter what happens, he's smiling. ▶ 존은 낙천적인 사람이다. 무슨 일이 벌어지든 그는 웃는다.

난상토론

free-for-all discussion

We are going to have ***a free-for-all discussion*** in today's meeting. ▶ 우리는 오늘 회의에서 난상토론을 벌일 예정이다.

Personal finance columnist Michelle Singletary hosted ***a free-for-all discussion*** about money matters. ▶ 개인금융에 관한 칼럼니스트인 미첼 싱글테리는 돈과 관련된 문제들에 대한 난상토론을 주최하였다.

화가 나 시끄럽게 굴거나 무엇을 요구하면서 어떤 장소(건물)로 **난입하다**

쳐들어가다; 쳐들어오다

storm into

She ***stormed into*** my office, demanding to tell where he was. ▶ 그녀는 그가 있는 곳을 대라고 강요하면서 내 사무실로 쳐들어왔다.

A group believed to be striking workers has ***stormed into*** the store, damaging property and stealing money from cash registers, police said. ▶ 파업을 벌이고 있는 노동자로 생각되는 한 무리의 사람들이 그 가게로 난입하여 기물을 파손하고 금전등록기에서 현금을 훔쳤다고 경찰은 말했다.

난투극

여러 사람이나 그룹에서 하고 원하는 바를 얻기 위해서 어떤 통제도 안 받고 마음대로 할 수 있는 상황

free-for-all

They certainly are not going to wait the fatwa

permitting attacks on civilians. They figure the previous ones are all they need. It's ***a free-for-all***. ▶ 그들(테러주의자들)은 민간인들을 공격해도 좋다는 명령을 더 이상 기다리지 않을 것이다. 그들은 이전 사건들(9/11 미국 테러, 7/7 영국 런던 테러 등)을 이제부터는 공격해도 좋다는 명령으로 생각하고 있다. 이제는 아무나 원하기만 하면 누구의 통제/명령도 없이 테러를 저지를 수 있는 상황이다. ♣ *fatwa* : 이슬람 지도자들의 명령

I agree that hazing is a criminal offence and the practice has no reason other than to put fear and intimidation into the hearts of students. The abusers (hazers) are simply hiding behind what they think is ***a free-for-all*** to beat up other students. Good for the students that had the guts to report them. ▶ 신입생 신고식은 범죄행위이며, 학생들에게 위협을 가하고 겁을 주기 위한 이유 외에는 다른 이유가 없다. 신고식을 가하는 학생들은 다른 학생들을 마음대로 때려도 좋다고 생각하면서 그만 뒤로 숨어버린다. 그들을 신고하는 용기를 지닌 그 학생들은 칭찬을 받을 만하다.

난해한
문장/생각/조직 등이 너무 복잡해서 이해하기 어렵다고 거부감을 나타내는 표현이다

convoluted ☞ Formal

The policy is so ***convoluted*** that even college presidents are confused. ▶ 그 정책은 너무 난해해서 심지어 대학총장들조차도 혼란스러워 한다.

Despite its length and ***convoluted*** plot, this novel is a rich and rewarding read. ▶ 이 소설은 매우 길고 구성이 매우 복잡함에도 불구하고, 내용이 풍부하고 얻을 게 많기 때문에 읽어볼 만하다. ♣ *is a ~ read* : **책의 내용이 ~해서 읽어볼 만하다** 참조

There isn't a trace of ergonomic thinking in the Medicare plan, which is famous for the confusion it has caused. From all accounts, the language of the program is not user friendly: so ***convoluted*** that even the government doesn't understand it. ▶ 그 의료보장제도 안(案)에서 인간공학적인 사고의 흔적을 찾아볼 수 없는데, 이 안은 사람들을 혼란스럽게 만드는 것으로 정평이 나 있다. 사람들의 말을 빌리자면, 심지어는 정부의 관계자들조차도 이해하지 못할 정도로 매우 난해하다. ♣ *from all accounts* : 사람들의 말을 **빌리자면** 참조

거칠게 이리저리 마구 **날뛰다**
미친 듯이 설치고 다니며 행패를 부리다

run amok

She has also spoken out against the militants who are now ***running amok*** in the country. ▶ 그녀도 그 나라에서 지금 마구 설치고 다니며 행패를 부리는 무장세력들을 비난하였다.

The 192 animals ***ran amok*** on a highway after their truck turned over in the early morning. ▶ 동물들을 싣고 가던 트럭이 이른 아침에 전복되어 192마리의 동물들이 고속도로 위를 이리저리 마구 뛰어다녔다.

The elephants again ***ran amok*** in the same area Sunday night but this time the villagers were alert and ran away. ▶ 그 코끼리들이 일요일 밤에 같은 지역에 또 다시 나타나 마구 날뛰며 다녔지만, 이번에는 마을 사람들이 미리 주의를 하고 도망쳤다.

화가 나서 혹은 너무 기뻐서 **날뛰다**
펄쩍 뛰다; 길길이 날뛰다

jump up and down

Children shrieked with excitement, ***jumped up and down***. ▶ 아이들은 흥분하여 괴성을 지르며 펄쩍펄쩍 뛰었다.

기회/돈/자원 등을 헛되이 **날려버리다**

squander ☞ 탕진하다

The president has somehow ***squandered*** the international outpouring of sympathy, goodwill and solidarity that followed the attacks of Sept. 11. ▶ (미국이 일방적으로 이라크 전쟁을 일으킴으로 인해서) 부시 미국 대통령은 9/11 사태 이후 미국에 쏟아졌던 국제적인 동정심, 선의, 유대감 등을 다 날려버렸다. 알 고어(Al Gore)가 대통령 선거 유세 중에 한 말이다.

The team ***squandered*** a number of first-half chances to seal the win before the break. ▶ 그 팀

은 하프타임 이전에 승리를 확정지을 수 있는 여러 번의 기회를 날려버렸다.

In one way or another, they ***squandered*** the golden opportunities to give their candidacies the boost needed to put them on road to victory. ▶ 어찌하다 보니 그들은 그들 후보에게 승리를 향해 나아가는 데 필요한 활력을 불어넣어 줄 소중한 기회를 날려버렸다. ♣ *give boost* : **활력을 불어넣다** 참조

일상 생활의 일부로서 **날마다 일어나는/하는**
매일 일어나는; 늘상 일어나는

day-to-day

I am a vegetarian and use a lot of beans in my ***day-to-day*** cooking. ▶ 나는 채식주의자이며, 날마다 하는 요리에 많은 콩을 사용한다.

Bell says that open communication will alleviate a lot of fears. Prior to September, parents can calm their child's anxiety by visiting the school in advance to meet the teacher and principal. Spending time at the school playground in the summer also helps, as does talking to them about their ***day-to-day*** school activities. ▶ 열린 대화는 많은 (학교에 가는 것에 대한) 두려움을 완화시켜 줄 수 있을 것이라고 벨은 말한다. 9월 전에 (입학하기 전에), 부모들이 미리 아이들과 학교를 방문해서 선생님들과 교장을 만나는 것도 아이의 걱정을 덜어줄 수 있다. 여름에 학교 운동장에서 아이와 함께 보내는 것도 학교에서 매일 하는 활동에 관하여 아이들에게 이야기해 주는 것만큼 도움이 된다. 《초등학교에 입학하는 아이를 둔 부모가 해야 하는 일이다.》

궂은, 사나운 **날씨가 누그러지다**
좋아지다; 잠잠해지다

relent

Heavy rains ***relented*** on Thursday morning, but meteorologists said they expected two flooded rivers to keep rising. ▶ 목요일 아침 폭우가 누그러졌지만, 기상학자들은 물이 많이 불어난 두 강의 수위가 계속 높아질 것이라고 예측했다.

Mother Nature ***relented*** at last as the game, originally slated for June 1, got underway on June 4 after a pair of rain cancellations. ▶ 원래는 6월 1일로 예정되었던 그 시합이 우천으로 두 번 취소된 후, 6월 4일에 시작되면서 궂은 날씨가 마침내 누그러졌다. ♣ *Mother Nature* : 자연 (궂은 날씨)

Except for a few periodic sprinkles, the weather ***relented*** Sunday. ▶ 이따금 가랑비가 뿌리기는 하지만 일요일에 날씨가 많이 좋아졌다.

특정한 **날씨가 한동안 지속(계속)되는 것/기간**
한 차례/동안 계속되는 ~한 날씨

spell

We are very much enjoying ***an unusual spell of sunny weather***. ▶ 우리는 예년과는 다르게 한동안 지속되는 맑은 날씨를 매우 즐기고 있다.

A dry spell has lowered the water level dramatically in Okefenokee Swamp, hindering motor boats and canoes, raising the danger of wildfires and forcing alligators to crowd into the deeper pools in search of fish. ▶ 계속되는 건조한 날씨 때문에 오케페노키 늪의 수위가 많이 낮아져, 모터보트나 카누가 다니기 힘들고 산불의 위험이 높아지고 있으며 악어들이 물고기를 찾아 깊은 곳으로 몰려가고 있다. ♣ *crowd into* : 많은 사람/동물들이 우르르/떼지어 **몰려 들어가서 어떤 장소를 가득 채우다** 참조

In what could be ***its longest spell*** ever, heavy rains continue to pound Mumbai on Wednesday with no sign of a letup. ▶ 역사상 가장 오랜 기간 우기가 지속되고 있는 동안, 폭우가 멈출 기미를 보이지 않은 채 수요일에도 계속 뭄바이에 억수같이 퍼붓고 있다. ♣ *with no sign of* : ~에 대한 **기미를 보이지 않은 채** 참조

날씨에 상관없이
날씨가 좋든 나쁘든 간에

in all weathers

They go out to play golf ***in all weathers***. ▶ 그들은 날씨에 상관없이 골프치러 간다.

come rain or shine

Come rain or shine, a growing number of people in London are jumping on their bike to enjoy the dual benefits of saving money on public transport and keeping fit. ▶ 날씨가 좋든 나쁘든 간에, 점점 많은 수의 런던 시민들이 교통비도 절약하고 건강도 유지하는 일석이조의 혜택을 누리기 위하여 자전거를 이용하고 있다.

날이면 날마다 항상 그런 것은 아니다

~은 자주/흔히 발생하는/있는 일이 아니다 (강조하는 표현)

it is not every day

It's not every day that you meet people whose relationship touches your heart or tickles your funny bone. ▶ 당신을 감동시키거나 당신의 유머감각을 자극하는 사람들을 날이면 날마다 만날 수 있는 것은 아니다.

It's not every day we see a birthday cake with a number like this, but she just received the paperwork to prove that she is in fact turning 125. ▶ 이 같은 수의 초가 꽂혀 있는 생일 케익은 자주 볼 수 있는 게 아니다. 그러나 그녀는 실제로 125세가 된다는 것을 증명하는 문서를 방금 받았다.

날조된 혐의/증거

조작된 혐의/증거

frame-up ☞ 짜맞춘 혐의/증거

We sent a letter of protest to Governor regarding the case of Gary Tyler, the victim of ***a 1974 frame-up***. ▶ 우리는 1974년 날조된 증거의 피해자인 게리 타일러 건에 대하여 주지사에게 항의 서한을 보냈다.

Smelling ***a frame-up***, his colleagues rallied around him, raising money and preparing to do battle in court. ▶ 혐의가 조작되었다는 것을 눈치채고는, 그의 동료들은 성금을 모으고 법정투쟁을 준비하며 그를 돕기 위하며 모여들었다.

이야기/사건/증거/혐의 등을 **날조하다**

위조하다; 조작하다; 없는 것을 꾸며내다/지어내다

fabricate

He said the charges had been ***fabricated*** by the government. ▶ 그 혐의들은 정부에 의해 날조되었다고 그가 말했다.

"The victim then admitted that the incident was ***fabricated***, and that the incident did not occur," said the police. "The person she described did not exist." ▶ "그 피해자가 그 사건은 꾸며낸 것이라고 실토했으며 그 사건은 실제로 일어나지 않았다"고 경찰은 말했다. "그녀가 말한 인물은 존재하지 않았다."

Jurors didn't accept her claims of ***fabricated*** evidence or that she acted in self-defense. ▶ 배심원들은 증거가 날조되었고 자신의 행동이 정당방위였다는 그녀의 주장을 인정하지 않았다.

invent/manufacture out of whole cloth

He ***invented out of whole cloth*** conversations that never happened by them. ▶그는 그들이 나눈 적이 없는 대화를 지어내었다.

All of these crises are artificial, cut ***out of whole cloth*** to advance a political agenda. ▶ 이 모든 위기 상황들은 정치적 안건을 성사시키기 위해 인위적으로 조작된 것이다.

They just made up quotes ***out of whole cloth***. Ask them for a citation and they'll tell you they read it on the Internet. ▶ 그들은 그저 인용문을 날조했다. 그들에게 어디서 인용했느냐고 물어보면 인터넷에서 봤다고 말할 것이다.

주 옷을 만들려고 하면 옷감(원단)을 다양한 치수와 모양으로 재단한 다음 바느질을 해야 한다. 가위질도 안 하고 원단 통째(**whole cloth**)로 옷을 만드는 것은 있을 수 없는 일이다.

cook up ☞ Informal

He is trying to ***cook up*** a convincing explanation about the phenomenon. ▶ 그는 그 현상에 관하여 그럴듯한 설명을 꾸며내려고 한다.

Many people on both sides of the Atlantic believe that the official inflation figures are misleadingly low. There is even a conspiracy theory suggesting that the figures were deliberately ***cooked up***. ▶ 대서양 양편에 있는 많은 사람들은 그 공식적인 인플레이션 관련 수치들이 오해를 불러일으킬 만큼 낮다고 믿고 있다. 심지어는 그 수치들이 고의적으로 날조되었다고 주장하는 음모론도 있다.

Journalists who ***cook up*** fake gossip about "Shakespeare In Love" star Gwyneth Paltrow to boost their tabloid sales should watch out in the future, for the actress has said that they will be punished for their sins. ▶ 타블로이판 신문의 판매부수를 늘이기 위하여 "Shakespeare In Love"의 주연배우인 그위네스 펠트로에 관하며 없는 이야기를 꾸며낸 기자들은 앞날을 걱정해야 될 것이다. 왜냐하면 그 여배우가 그들이 죄값을 치르게 될 것이라고 말했기 때문이다.

낡아빠진
노쇠한; 너무 오래되어 상태가 좋지 않은; 늙고 약해진

decrepit

The Dec. 20 editorial "A Better Life in New Orleans," on the ***decrepit*** state of public housing in the city, made several correct points about why public housing there needs improvement but drew the wrong conclusion. ▶ 12월 20일자 시의 낡아빠진 공공주택에 관한 사설 "A Better Life in New Orleans"은 왜 공공주택의 개량이 필요한지 여러 가지 올바른 지적을 했지만 잘못된 결론을 내렸다.

In a note read on Cuban television, ***decrepit*** Cuban dictator Fidel Castro indicated that he did not intend to "cling" to power forever, hinting that he might be stepping down soon. Bloggers retort that they've heard all that before, and they'll believe it when they see it. ▶ 쿠바 TV에서 한 연설에서 노쇠한 쿠바의 독재자 피델 카스트로는 곧 권좌에서 물러날지도 모른다는 사실을 암시하면서, 자신은 영원히 권력에 집착하지 않을 것이라고 말했다. 블로거들은 전에도 이런 말을 들었으며 실제로 물러나는 것을 보아야 믿을 수 있다고 반박했다.

좋지 않은 흔적/상처 등을 **남겨놓다**
어려운 일 등을 떠맡기다

leave someone with

The car crash ***left*** him ***with*** a scar on his face. ▶ 자동차 충돌사고는 그의 얼굴에 흉터를 남겼다.

She ***left*** me ***with*** a child to support. ▶ 그녀는 나에게 어린아이 한 명을 돌보라며 떠맡겼다.

다른 용도를 위해서 ~을 따로 **남겨두다**
별도로 남겨두다/지정하다/챙겨두다

set aside

Locked-out employees at AK Steel have ***set aside*** $500,000 from their $4 million union treasury to help struggling members. ▶ 폐쇄된 AK Steel의 직원들은 형편이 어려운 회원들을 돕기 위하여 노동조합 재원 4백만 불 중 50만 불을 따로 남겨두었다.

They have officially taken sides in the legal battle to force the federal government to ***set aside*** protected land for the threatened Louisiana black bear. ▶ 그들은 연방정부가 멸종 위기에 처한 루이지애나 검은곰을 위한 보호구역을 별도로 지정하도록 밀어붙이기 위한 법정투쟁을 공식적으로 지지하고 나섰다. ♣ ***take sides*** : 어느 한쪽 편을 **지지하다** 참조

~에게 **남겨진 것**

what someone is left with

What we are left with is only a country corrupt in its political dealings. ▶ 우리에게 남겨진 것은 정치적인 거래로 부패해진 나라뿐이다.

What we are left with now is to find ways and means of responsibly working together. ▶ 지금 우리에게 남겨진 것은 책임감을 가지고 함께 일할 수 있는 수단과 방법을 찾는 일이다.

What I am left with, when left alone, is the ability to realize how thoroughly hateful it is to be alone. ▶ 홀로 되었을 때 나에게 남겨진 것은 홀로 된다는 것이 얼마나 지겹고 힘든지 깨닫는 능력이다.

남들이 하는 것을 보고 배우다
한 수 배우다; 비슷한 상황에서 남들이 한 대로 따라하다

take cue from

Taking their cue from America's success, many countries around the world have also realized that they must focus on innovation by investing in education, research, and infrastructures. ▶ 미국의 성공을 보고는 세계 많은 나라들도 교육, 연구, 사회기반시설 등에 대한 투자를 통한 혁신에 초점을 맞추어야 한다는 사실을 깨달았다.

He has urged all hosting cities for the 2006 African Cup of Nations to *take a cue from* the performance of German cities during the just ended 2006 World Cup. ▶ 그는 the 2006 African Cup of Nations을 개최하는 도시들은 방금 끝난 2006년 독일 월드컵 기간 동안에 개최 도시들이 한 일을 보고 배워야 한다고 촉구했다.

take/borrow a leaf from/out of someone's book/someone/something ☞ 책에 쓰여진 대로 따라하다

The company would like to *borrow a leaf from Wal-Mart's playbook*. ▶ 그 회사는 월마트가 하는 대로 따라하려 한다.

He urged the people to *take a leaf from* the life of Komaram. ▶ 그는 코마람의 삶을 보고 배워야 한다고 국민들에게 촉구했다.

남들처럼 행동하는 것
대부분의 사람들이 행동하는 대로 따라하려는 태도

conformity

Excessive *conformity* is usually caused by fear of disapproval. ▶ 지나칠 정도로 남들처럼 행동하려는 태도는 보통 비난에 대한 두려움 때문에 나타난다.

Emerson wrote that "most men have bound their eyes with one or another handkerchief, and attached themselves to communities of opinion. This *conformity* makes them not false in a few particulars, authors of a few lies, but false in all particulars. Their every truth is not quite true. Their two is not the real two, their four not the real four: so that every word they say chagrins us and we know not where to begin to set them right." ▶ 에머슨 (1803-1882, 미국의 유명한 철학자이자 시인이며 평론가)은 다음과 같은 글을 남겼다: "대부분 남자들은 손수건으로 한쪽 눈을 가린 채 남들의 견해에 무작정 동조한다. 남들처럼 행동하려는 이 같은 태도는 남자들이 몇 가지 점에서만 잘못을 저지르나 한두 가지 거짓말을 지어내도록 만드는 정도가 아니라, 모든 점에서 그릇되게 만든다. 그들이 진실이라고 말하는 것이 사실상 모두 진실은 아니다. 그들이 말하는 둘은 사실 둘이 아니며, 넷이라고 말해도 사실 넷이 아니다. 그들이 하는 말 한 마디 한 마디가 우리를 실망시키며 도대체 어디서부터 그들을 바로잡아야 할지 모를 지경이다."

~가 되기까지는 아직 얼마의 시간/기간이 남아 있다

be ~ away

His return to action after suffering a broken jaw *is* still at least *3 weeks away* according to a team doctor. ▶ 팀 닥터의 말에 의하면 턱뼈가 부러지는 부상을 입은 후 그가 복귀하려면 아직 3주가 남았다고 한다.

Annual Christmas Parade *is* exactly *a month away* and organizers say it promises to be bigger and better. ▶ 매년 열리는 크리스마스 퍼레이드는 꼭 한 달이 남았으며, 조직위원원회는 더욱 성대하고 멋진 퍼레이드가 될 것이라고 말한다.

옛 건물/전통/문화 등에서 어떤 부분이 아직 남아 있다
잔존해 있다

remain/survive of

Nothing *remains of* the building after the fire. ▶ 화재로 그 건물에서 남아 있는 것이 하나도 없다.

One of my goals on the expedition is to see what *remains of* Bedu culture during this time of turbulent change. Another is simply to experience the Rub al Khali's harsh and gorgeous landscape on its own term. ▶ 이 탐험여행의 목적 중의 한 가지는 급격한 변화가 일어나는 이 시대에 베두족(아라비아반도 Rub al Khali 사막에서 사는 종족) 문화에서 아직까지 남아 있는 것이 무엇인지 알아보는 것이다. 또 다른 목적은 Rub al Khali 사막의 거칠고 멋진 풍경을 현지 방식대로 경험하는 것이다. ♣ *on its own term* : 자신만의 **방식으로** 참조

A pillared marble entryway was all that ***survived of*** his home after the great quake in 1906. ▶ 출입구에 있는 대리석 기둥 한 개가 1906년 샌프란시스코 대지진 이후 그의 집에 남아 있는 전부다.

남은 것이라곤 ~이 전부다
~만 남아 있다

all that's left is ~

All that's left to do ***is*** to assemble the pieces. ▶ 남은 일이라곤 그 조각들을 맞추는 것이다.

All that's left for Jimmie to complete the perfect season ***is*** the Nextel Cup championship. ▶ 완벽한 시즌을 이루기 위해 지미에게 남은 것은 넥스텔컵 대회다.

남의 떡이 더 크다(크게 보인다)
남의 것이나 남이 하는 일이 더 좋아 보인다

(The) grass is greener somewhere

The persistent message is ***the grass is always greener*** and prettier ***out there***; let us jump over the fence even if it's just for a while. ▶ 담장 밖이 더 푸르고 아름답다는 말이 계속 나돌고 있는데, 잠시 동안이라도 담장을 뛰어넘어 밖으로 나가 정말로 그런지 확인해 보자.

Let's hope more companies will realize that the grass ***is*** not ***always greener on the other side of the fence***. ▶ 많은 회사들이 다른 주로 공장을 옮겨봐야 더 좋을 것이 없다는 사실을 깨닫길 바란다는 의미다.

"***The grass is*** not ***always greener***," Thomas said. "I've been in three organizations. I've had different experiences in all three." ▶ 남의 떡이 항상 더 큰 것은 아니라고 토마스가 말했다. "나는 3개의 조직에서 일을 해보았는데 세 곳 모두에서 다른 경험을 했다."

주 소가 목장 울타리 안에서 풀을 뜯으면서 "담장 밖에는 신선한 풀이 더 많을 텐데"라며 아쉬워한다는 의미다.

남자(남자 아이)들이란 원래 그런 거야
남자(남자 아이)들이란 어쩔 수 없어(남자 또는 남자 아이들이 거친 행동을 할 때를 두고 하는 말)

boys will be boys

Boys will be boys and girls will get better grades. The land of opportunity looks bleak for American boys struggling academically with poor grades and lower rates of college attendance than girls. Once out of college, young men now face more competition in the work force than ever before. While some cite a "feminized" learning environment as reason for boys' lack of scholastic interest and future success, public schoolroom practices haven't changed enough to explain recent trends. ▶ 남자 아이들이란 어쩔 수 없으며, 여자 아이들이 더 좋은 성적을 받을 것이다. 낮은 학업성적으로 고생하며 여자 아이들보다 대학 진학률이 낮은 미국 남자 아이들에게는 기회의 땅(미국)이 너무나 냉혹하게 보인다. 일단 대학 문을 나서면, 젊은 남성들은 직장에서 그 어느 때보다도 치열한 경쟁을 해야 한다. 어떤 이들은 남자 아이들이 교육에 대한 관심이 부족하고 미래에 성공할 확률이 떨어지는 이유로 여성화된 교육환경을 들지만, 공립학교 교실에서 이루어지는 수업 방식은 이 같은 최근 경향을 설명할 수 있을 만큼 변하지 않았다.

"The worst thing we could do as an institution is say, '***Boys will be boys*** and girls will be girls,'" he said. ▶ 미국의 한 사관학교에서 빈번하게 발생하고 있는 성추행 문제에 관해서 "남자들이란 원래 다 그런 거야" 혹은 "여자들이란 어쩔 수 없어"라고 말하면서 그냥 내버려 둬서는 절대로 안 된다는 말이다.

집/건물 등을 납작하게 만들다
폭삭 허물어(무너) 뜨리다

flatten

The air strike ***flattened*** three houses and killed several families. ▶ 그 공중 폭격으로 집 3채가 폭삭 무너지고 여러 명의 사람들이 사망했다.

Around him are mountains of rubble, the remains of over 100 mostly 10-storey residential buildings ***flattened*** by Israeli missiles now turned monuments of destruction. ▶ 그의 주변에는,

지금은 폐허의 상징으로 변해버린, 이스라엘의 미사일 공격으로 폭삭 허물어진 100채가 넘는 대부분 10층짜리 주거건물들의 잔해가 산더미처럼 쌓여 있다.

level

Last Wednesday, fire ***leveled*** the three-story building that was scheduled to open later this year. ▶ 지난 수요일 화재로 인하여 올해 말에 입주가 예정된 그 3층짜리 건물이 폭삭 무너졌다.

내가 아는 한 아니다
it's not as far as I know

not that I know of

"Is he going to win the election? "***Not that I know of***." ▶ "그가 그 선거에서 승리할 것인가?" "내가 아는 한 그렇지 않다."

When asked if similar incidents had occurred before, he said, "We have heard of such sightings from inside Tibet, but not in India, at least ***not that I know of***." ▶ 비슷한 사건이 이전에도 발생했는가 하는 질문을 받았을 때, 그는 "티베트 깊숙한 곳에서 그러한 사건을 목격했다는 말을 들은 적이 있지만, 적어도 내가 아는 한 인도에서는 그런 일이 없었다"고 말했다.

논쟁/전쟁 등이 나라 또는 단체 **내부에서 일어나는**

internecine ☞ Formal

The confrontation could well set in motion an ***internecine*** battle at the top levels of the House leadership. ▶ 그 논쟁으로 하원의 지도급 인사들 사이에서 내분이 시작될지도 모른다.

He condemned the explosion of ***internecine*** violence between the two groups in Gaza as "a public attempt at suicide in the streets. ▶ 그는 가자 지구의 두 단체 사이에서 벌어진 (팔레스타인) 내부 폭력사태를 거리에서 벌어진 공공연한 자살행위라고 비난했다.

내일 따위는 없다는 듯이
자제하지 않고

like (there is) no tomorrow

After the spend-***like-there's-no-tomorrow*** Generation Y, the economic crisis is breeding a new generation of financially savvy kids, a banker says. "Unlike spendthrift generation Y, the next generation has watched and learned as their parents coped with the economic downturn. The general population has tightened their belts up over the last couple of years and there's some anecdotal evidence that that attitude is being passed on to the children," he said. ▶ "우리에게 내일 따위는 없다는 듯이 마구 돈을 쓰던 Y세대 이후, 경제위기가 금융지식이 풍부한 새로운 세대의 아이들을 길러내고 있다"고 한 은행가가 말했다. "돈 씀씀이가 헤픈 Y세대와는 달리 다음 세대는 부모들이 경제위기에 대처하는 모습을 보며 배웠다. 지난 2년간 일반 사람들이 허리띠를 졸라 매었고, 이런 태도가 아이들에게 전해지고 있다는 것을 보여주는 일화가 있다"고 그가 말했다.

We're suffocating the oceans with pollutants, deforesting ***like there's no tomorrow***. ▶ 우리는 내일은 없다는 듯이 자제하지 않고 오염물질로 바다를 질식시키고 있으며, 마구 산림을 황폐화시키고 있다.

기능/설비/장치 등이 **내장된**
갖추어진

built-in

The program has ***a built-in spam filter***. ▶ 그 프로그램에는 스팸메일을 차단하는 장치가 내장되어 있다.

Many webcams include ***built-in microphones*** that do an excellent job of picking up your voice from a few feet away. ▶ 많은 웹 카메라들은 몇 피트 떨어진 곳에서 나는 목소리도 잘 담아내는 마이크를 갖추고 있다.

사람의 마음속 깊이 **내재하고 있는 감정/느낌**

undercurrent ☞ 강이나 바다의 맨 밑바닥에 흐르는 물

There is ***a deep undercurrent*** of hatred in this

society now. ▶ 지금 이 사회 깊이 증오가 내재하고 있다.

In the succeeding years, even after the 1997 handover, the June 4 vigil became a relaxed, almost festive exercise of the rights Hong Kong still enjoyed, though always tinged with ***a nervous use-it-or-lose-it undercurrent***. ▶ 천안문 사태 이후, 심지어 1997년 홍콩이 중국에 반환된 이후에도 매년 개최되는 7/4 철야 침묵시위는, 비록 권리를 사용하지 않으면 잃어버릴지도 모른다는 홍콩 사람들 마음속 깊이 내재하고 있는 초조한 느낌으로 엷게 물들어 있기는 하지만, 편안하고 축제에 가까운 분위기 속에서 홍콩이 여전히 누리고 있는 권리를 행사하는 방법이 되었다. ♣ *tinged with* : 특별한 감정/색깔/색조 등을 약간 **내포하고 있다** 참조

Democrats were demanding an increase in the federal minimum wage, which hadn't been raised from $5.15 an hour since 1997. Given the widening gap between rich and poor, and ***an undercurrent*** of economic anxiety, it was proving to be a powerful political issue against Republicans in political swing districts of the Northeast and Midwest. ▶ 민주당 사람들은 1997년 이후 시간당 5.15불에 머물러 있던 최저임금의 인상을 요구하고 있었다. 점점 심화되는 빈부의 격차와 사람들 마음속 깊이 자리잡고 있는 경제에 대한 근심을 고려한다면, 최저임금의 인상 문제는 누구에게 표를 던질지 아직 결정하지 못한 북동부와 중서부지역 선거구에서 공화당에게 불리하게 작용하는 강력한 정치적 쟁점이 되었다. ♣ *swing districts* : **확실한 의사 표명을 하지 않는 유권자** 참조

특정한 성질이 ~에 **내재하다**
특정한 성질이 ~에 존재한다

reside in ☞ Formal

Happiness dos not ***reside in*** strength or money. ▶ 행복은 힘이나 돈에 있는 것이 아니다.

immanent in ☞ ~이 없다면 존재할 수 없는; ~이 없다는 것을 상상도 할 수 없는, Formal

God is ***immanent in*** the world. ▶ 신은 이 세상에 존재한다. 신이 없는 세상은 상상도 할 수 없다.

They were essentially transmitters of the divine essence ***immanent in*** the universe — and it was the sculptors' task to use the very stone of the earth to bring that to people. ▶ 그것들(아테네에 있는 神像들)은 우주에 내재하고 있는 신성한 본질을 인간들에게 전달하는 근본적인 수단이었다. 그리고 땅에 있는 돌을 사용하여 그것을 인간에게 전달하는 것은 조각가들의 임무였다.

특별한 감정/색깔/색조 등을 약간 **내포하고 있다**
~을 띄고 있다; ~이 감돌고 있다

tinged with ☞ ~으로 엷게 물들어 있다

Her office was ***tinged with*** yellow by light filtered through the curtains. ▶ 그녀의 사무실은 커튼을 통하여 들어오는 노란 빛으로 엷게 물들어 있다.

A miracle rescue yesterday was ***tinged with*** tragedy when a boy was pulled alive from a sand tomb that had already killed his older brother. ▶ 형은 이미 죽고 난 후 한 소년이 모래무덤에서 살아서 구출되던 기적 같은 순간, 비통한 감정이 감돌았다.

The halls of Washington Elementary School were mainly empty last week, but the air was ***tinged with*** a back-to-school buzz for new Principal Matthew Stahl. ▶ 지난주 워싱턴 초등학교의 복도는 대부분 텅 비어 있었지만, 새로 부임한 교장에게는 (여름방학이 끝나) 다시 수업이 시작되어 북적거리는 기운이 감돌고 있는 듯한 기분이 들었다.

짧은 시간 동안 확/훅하고 풍기는 **냄새**
가볍게/은은하게 풍겨오는 냄새/향기

whiff

He caught ***a whiff*** of her perfume. ▶ 그는 그녀에게서 확하고 풍겨오는 향수냄새를 느꼈다.

She believes there is nothing like ***a whiff*** of perfume to salve the tired soul. ▶ 피곤한 심령을 달래는 데 은은하게 풍겨오는 향수 냄새만큼 좋은 것이 없다고 그녀는 믿는다.

She was busy in her ranch home when she caught ***a whiff*** of wood smoke. ▶ 그녀가 목장 집에서 바쁘게 일하고 있을 때 가볍게 풍겨오는 나무 타는 연기 냄새를 맡았다.

냄새가 나는 방향으로 가다
냄새를 따라가다; 규정이나 계획에 얽매이지 않고 그저 느낌대로 어떤 일을 하다

follow one's nose

"As soon as you get out of the shuttle bus, you *follow your nose*, and it takes you automatically to the food," her husband said. ▶ "당신이 셔틀버스에서 내리자마자 냄새가 나는 방향으로 가면 그 음식이 있는 곳으로 갈 수 있어"라고 그녀의 남편이 말했다.

Just *follow your nose*. The aroma is unmistakable! ▶ 그저 냄새 나는 곳으로 가라. 그 향기는 놓칠 수가 없다.

Let's just say he *followed his nose*. Two years later he opened a store in Edmonton and in 2001 bought the company. He now operates 13 stores across Canada. ▶ 이를테면 그는 그저 느낌대로 했을 뿐이다. 2년 후 그는 에드먼튼에서 지점 하나를 열었고 2001년에 그 회사를 샀다. 그는 현재 캐나다 전역에서 13개의 지점을 운영하고 있다.

냄새를 맡고 다니다
뭐 흥미로운 게 없나 하고 이리저리 둘러보다

nose around

Security people were *nosing around* the building. ▶ 경비하는 사람들이 그 건물을 이리저리 둘러보고 있었다.

A sniffer dog soon arrived on the scene. After *nosing around* for a while, the dog barked a couple of times. Jittery police grew more suspicious, and decided that they would open the briefcase. ▶ 곧 탐지견이 현장에 도착했다. 한참 동안 이리저리 킁킁 냄새를 맡으며 돌아다닌 후 그 개는 두 번 짖어댔다. 신경이 예민해진 경찰은 더욱 수상히 여기고 그 서류가방을 열어보기로 했다.

냉담
지나친 무관심 (너무나 무관심하다고 비난하는 의미가 담겨 있다)

apathy

Medications are helping HIV patients live longer, but as AIDS turns 25 this year the medical community is concerned about *apathy* as more women and blacks are getting the disease. ▶ 약물치료는 HIV바이러스에 감염된 사람들이 더 오래 살도록 도와준다. 그러나 에이즈 환자가 처음 발생한 지 25년이 된 올해 이 병에 감염되는 여성과 흑인의 수가 늘어나면서 의학계는 사람들이 이 병에 대해서 지나치게 무관심하다고 염려하고 있다.

Former Prime Minister criticized the state governments for their *apathy towards* the farming community saying that farmers were committing suicide apparently due to lack of support from the authorities towards various requirements for agriculture. ▶ 농업에 필요한 여러 가지 것들에 대해 당국이 제대로 지원을 해주지 않아 농부들이 자살하는 것이 분명하다고 말하면서, 전 수상은 농업에 종사하는 사람들에 대한 주정부의 냉담한 태도를 비난했다.

냉대
차가운/싸늘한 대접/대우

frosty reception

Gary Neville is apparently angry with Rolando. Renaldo got *a frosty reception* from his club captain when he returned to training. ▶ 게리 네빌은 호나우두에게 화가 나 있는 것이 분명하다. 호나우두가 훈련캠프에 돌아왔을 때 주장으로부터 냉대를 받았다. 《포르투갈 국가대표이면서 당시 영국 프리미어리그 맨체스터 유나이티드 소속인 호나우두가 2006월드컵 경기에서 웨인 루니를 퇴장당하게 만든 사건으로 맨체스터 유나이티드의 주장인 게리 네빌로부터 싸늘한 대접을 받았다는 이야기다.》

Japanese Foreign Minister Taro Aso risked *a frosty reception* from his hosts at an Asian forum yesterday after complaining that full-on air conditioning had made the venue (Malaysia's Kuala Lumpur Convention Centre), "way too cold." ▶ 에어컨을 너무 세게 틀어 회의장소가 너무 춥다고 일본 아소 수상이 불평하는 바람에, 아시아 포럼 주최국인 말레이시아로부터 냉대를 받을지도 모른다는 우스갯소리다.

사람/국가 간의 관계 등이 **냉랭한**
싸늘한

frosty

Political relations between the two countries are so ***frosty*** now. ▶ 현재 두 나라의 정치적 관계가 매우 냉랭하다.

The increasingly ***frosty*** relations between Poland and Germany threatened to take a turn for the worse on Thursday (10 August, 2006) when a new exhibition on the plight of Germans after the Second World War opened in Berlin. ▶ 폴란드에서 살다가 2차대전이 끝난 후 추방된 독일 사람들의 어려운 처지를 보여주는 전시회가 2006년 8월 10일 베를린에서 열렸을 때 (독일이 이 같은 전시회를 여는 것은 적반하장 격이라고 독일의 점령하에서 극심한 고생을 겪은 폴란드가 독일을 맹렬하게 비난하여) 점점 더 싸늘해지고 있는 독일과 폴란드의 관계가 최악으로 치달을지도 모른다. 《일본이 패전한 후, 한국에 살던 일본인들이 자기 나라로 돌아가기 전에 고생한 이야기를 주제로 일본계 미국 여성이 쓴 소설이 미국에서 교과서로 채택된 데 대하여 재미교포들이 맹렬하게 항의한 2006년 사건과 유사하다.》

냉정함을 잃다
욱하고 성질을 부리다; 마구 날뛰다

fly off the handle ☞ Informal

It's not a surprise that he would ***fly off the handle***. ▶ 그가 냉정함을 잃는다 해도 놀라운 일이 아니다.

Male flies, like male humans, seem more prone to ***flying off the handle***. Female fights tended to be more measured encounters, dominated by head-butting and shoving rather than boxing or wrestling. ▶ 수컷 파리들은 인간 남성들처럼 쉽게 냉정함을 잃고 마구 날뛰는 경향이 있다. 암컷 파리들은 서로 때리고 붙잡고 쓰러뜨리는 것이 아니라 머리를 받거나 어깨를 밀치는 정도의 조심스럽고 신중한 행동을 보이는 경향이 있었다. 암수를 구별하여 파리를 모아 놓고 작은 접시에 설탕 물 한 방울을 떨어뜨린 후 행동을 관찰한 이야기다. 수컷들은 서로 엉켜서 거칠게 치고받고 하는 데 반하여 암컷들은 상대적으로 침착한 행동을 보였다고 한다.

주 장작을 패는 도중 시퍼런 도끼 날이 자루에서 떨어져 나가 공중에서 춤을 추는 광경을 상상하면 충분하다.

냉혈적인
냉혹한; 잔인한

cold-blooded

They called him ***a cold-blooded murderer***. ▶ 그들은 그를 냉혈적인 살인자라고 불렀다.

A marine officer allegedly killed two Iraqis ***in cold blood***. ▶ 알려진 바에 의하면 한 해병장교가 두 명의 이라크인을 잔인하게 살해했다고 한다.

옷이나 책 등이 **너덜너덜해진**
다 헤어진; 갈갈이 찢어진; 권위/명성/희망 등이 상처/손상을 크게 입은; 계획 등이 실패로 돌아간; 계획 등이 무용지물(無用之物)이 되어버린; 계획/희망 등이 무산되어버린

in tatters

Her jeans were left ***in tatters***. ▶ 그녀의 청바지가 다 헤져버렸다.

A government plan to monitor offenders more closely was ***in tatters*** last night after ministers scaled back the program because costs had almost doubled to £512 million. ▶ 범죄자들을 좀더 밀착하여 감시하려는 정부의 계획이 비용이 5억 천2백만 유로로 거의 두 배로 늘어나 어젯밤 각료들이 규모를 축소하는 바람에 무용지물이 되어버렸다. ♣ *scale back* : **규모를 줄이다** 참조

His and the government's reputations are ***in tatters***. ▶ 그와 정부의 명성이 크게 손상을 입었다.

Her Oscar hopes were left ***in tatters*** after she was snubbed by the Screen Actors Guild Award for her role in the hit film. ▶ 히트한 그 영화에서 맡은 그녀의 배역이 여성영화배우 협회에서 주최한 시상식에서 무시당한 후, 그녀의 오스카상 수상에 대한 희망이 무산되어버렸다.

주 옷이 다 헤어지거나 갈갈이 찢겨서 넝마(누더기)가 되어 못 입을 정도라는 의미다.

기간/시간/예산/자금 등이 **넉넉한**
여유 있는 ; 충분한

generous

I am just delighted that we have been given such a ***generous*** time for this meeting. ▶ 이 회의를 위해 그처럼 충분한 시간이 주어져 기쁘다.

This very ***generous*** donation will greatly help save lives. ▶ 이 넉넉한 기부금은 생명을 구하는 데 크게 도움이 될 것이다.

넋을 빼앗긴
매료된 ; 매혹된

spellbound ☞ 주문(呪文)에 걸린듯한

His Passion of the Christ left me ***spellbound*** and still warms my soul. ▶ 나는 멜 깁슨이 주연한 영화 "Passion of the Christ"에 매료되었고, 이 영화는 아직까지 내 마음을 따뜻하게 만든다.

The show itself is exceptionally classy, fascinating, fast moving and holds audiences ***spellbound***. ▶ 그 쇼는 품격이 있고 환상적이며 빠르게 진행되어 관객들의 넋을 사로잡는다.

사람들의 **넋을 빼앗는**
사람들을 매혹시키는 ; 매료시키는

spellbinding ☞ 주문(呪文)을 걸어 사람들을 홀리는

He created a ***spellbinding*** show, with tightly choreographed dance moves and theatrical sets. ▶ 그는 잘 짜여진 안무와 극적인 무대장치를 사용하여 사람들을 매료시키는 쇼를 만들어냈다.

Blood Diamond runs too long and gets a bit preachy, but it has a ***spellbinding*** intensity, with surprises around every corner. ▶ 영화 "Blood Diamond"는 상영시간이 너무 길고 약간은 설교조로 진행되지만, 반전을 거듭하면서 관객의 넋을 빼앗을 정도로 긴장감이 넘친다.

넋이 나간 상태에 있는
망연자실한 상태에 있는

in a trance

"It was like I was ***in a trance***," she says, smiling at her behavior. ▶ 자신의 행동에 대하여 그녀는 웃으면서 "나는 마치 넋이 나간 사람 같았다"고 말한다.

He was like a scantily-clad zombie who was making their way through the trees ***in a trance***-like state early morning. ▶ 그는 마치 넋이 나간 상태에서 몸이 드러나는 옷을 입고 이른 아침 나무 사이를 지나가는 좀비 같았다. ♣ *clad* : 어떤 **옷을 입고 있다** 참조

자세히 읽지 않고 대충 (훑어)보면서 책/책장을 **넘기다**

leaf through

She ***leafed through*** a questionnaire she gave some 11-year olds. ▶ 그녀는 11살 먹은 아이들에게 준 설문지를 넘기면서 대충 훑어보았다.

My mother was ***leafing through*** an old album. ▶ 어머니는 옛날 사진첩을 대충 훑어보면서 넘기고 계셨다.

flip through

I always thought it would be nice to have a pocket-size book of my grandmother's advice. Whenever I was perplexed about something, I could just ***flip through*** the book and see what Big Mama would say. ▶ 나는 할머니의 충고를 담은 포켓북을 한 권 가지고 있으면 좋겠다고 늘 생각했었다. 그랬다면 난감한 상황에 처했을 때 휙 넘기면서 할머니가 무어라고 말씀하시는지 볼 수 있었을 것이다.

The students did more than ***flip through*** a book to take a look at history earlier this summer. ▶ 학생들이 책으로만 역사를 배우다가 역사의 현장을 직접 방문하여 체험하는 기회를 가졌다는 의미다.

엄지손가락을 붙여대고 책/잡지 등의 페이지를 빠르게 (휙) **넘기다**

thumb through

He ***thumbed through*** a newsletter. ▶ 그는 소식지를 빠르게 넘기면서 보았다.

He fidgeted behind the lectern and trembled slightly as he ***thumbed through*** his notes. ▶ 그는 노트를 빠르게 넘기면서 강단 뒤에서 안절부절 못하며 가볍게 몸을 떨었다.

~으로 **넘쳐나다**
~이 대단히 많다

brimming with ☞ 가장자리로 흘러 넘칠 정도로 가득 차 있는

Plains Park was ***brimming with*** entertainment, musical acts and fireworks yesterday as the town held Independence Day celebrations. ▶ 그 도시가 독립기념일 행사를 개최하는 동안, 플레인즈 공원은 즐거운 행사, 음악공연, 불꽃놀이로 넘쳐났다.

The Church was ***brimming with*** people who came to pray for an 11-year-old boy fatally gunned down in a schoolyard shooting last week. ▶ 그 교회는 지난주 학교운동장에서 총을 맞아 생명이 위독한 11살 소년을 위해 기도하러 온 사람들로 넘쳐났다.

The team was ***brimming with*** confidence and self-belief. ▶ 그 팀은 자신감과 자신에 대한 믿음으로 가득 차 있었다.

flush with ☞ 짧은 시간에 (특히 많은 돈이) 쏟아져 들어오는

Flush with oil revenue, Chavez has shown little concern for plummeting foreign investment. ▶ 넘쳐나는 오일 수입으로 인해 베네수엘라의 차베스 대통령은 급감하는 외국투자에 대하여 별 걱정을 하지 않고 있다.

The company is ***flush with*** cash. ▶ 그 회사는 쏟아져 들어오는 현금으로 넘쳐난다.

flooded with ☞ 홍수가 난

His office was ***flooded with*** complaints. ▶ 그의 사무실에는 불만의 소리들이 넘쳐났다.

Housing market is ***flooded with*** homes that stay unsold for months and sometimes years. ▶ 주택시장에는 여러 달 동안 어떤 경우는 여러 해 동안 팔리지 않고 있는 집들로 넘쳐나고 있다.

deluged with ☞ 대홍수가 난

We were so ***deluded with*** our multiculturalism that we did not realize the risk of losing the very culture we prided ourselves on having. ▶ 우리는 넘쳐나는 다문화 속에서 살고 있었기 때문에 우리가 자랑스럽게 여기던 고유의 문화를 잃어버릴 위험을 깨닫지 못했다.

주 *deluge*: 구약성서 창세기에 나오는 노아의 대홍수

행동 등이 **노골적인**
숨기지 않는

naked ☞ 다/그대로 드러내는

Naked aggression and an attempt to change frontiers by force could not go unchallenged. ▶ 노골적인 공격행위와 무력으로 국경을 변경하려는 시도를 그대로 두고 보지는 않을 것이다.

He called the raid a "***naked violation***" of the U.N.-backed truce. ▶ 그 기습 공격은 유엔평화협정의 노골적인 위반행위라고 그가 말했다.

Naked pursuit of power is what he must avoid for the time being. ▶ 그는 당분간 권력에 대한 욕심을 노골적으로 드러내는 것을 삼가야 한다.

노동집약적인
많은 (육체)노동이 요구되는

labor-intensive

Cheap wages — possibly the lowest in Southeast Asia — have been a big draw in ***labor-intensive*** industries such as textiles. ▶ 동남아시아에서 아마도 제일 싼 임금은 섬유산업과 같은 노동집약적인 산업체들을 많이 끌어

들였다.

~을 위해/향해 많은 **노력을 기울이며 천천히 나아가다**
많은 애를 쓰다; 애써 나아가다

be working one's way towards/to

Rescuers *were* still *working their way towards* the trapped men. ▶ 여전히 구조원들은 사람들이 갇혀 있는 곳을 향해 많은 노력을 기울이며 천천히 나아가고 있었다.

She *is working her way towards* starting her own business. ▶ 그녀는 자신만의 사업을 시작하기 위하여 많은 애를 쓰고 있다.

Three-year-old Bryce *is* gradually *working his way back to* some semblance of normalcy after a July 3 fire left him with second and third degree burns over 48 percent of his body. ▶ 7월 3일 화재로 몸의 48%에 2도와 3도 화상을 입은 후, 3살 난 브라이스는 천천히 어느 정도의 정상적인 모습을 되찾아가고 있다. ♣ *semblance* : **겉으로 보이는 (나타나는) 상태/성질** 참조

노력을 아끼지 않다

spare no effort

Iranian Ambassador to Lebanon has said that Iran is *sparing no effort* in the attempt to bring the stances of Syria and Saudi Arabia closer together. ▶ 레바논 주재 이란대사는 시리아와 사우디아라비아의 견해 차이를 줄이기 위하여 이란은 노력을 아끼지 않고 있다고 말했다.

We should *spare no effort* as a nation to provide our youth with the hope and promise of a better future. ▶ 더 나은 미래에 대한 희망과 약속을 우리 젊은이들에게 심어주기 위하여 우리는 한 국가로서 노력을 아끼지 말아야 한다.

~을 하기 위한 **노력의 일환으로**

in an effort to

Mass burials are now under way *in an effort to* ward off an outbreak of cholera. ▶ 콜레라의 발생을 예방하기 위한 노력의 일환으로 대규모의 매장 작업이 지금 진행중이다.

China raised interest rates today by 0.27 percentage points *in an effort to* rein in the overheated economy by curbing excessive credit and redundant investments that could bust the world's fourth-largest economy. ▶ 세계에서 4번째로 큰 경제를 파산시킬 수도 있는 무절제한 신용대출과 넘쳐나는 투자를 억제함으로써 과열된 경제를 통제하기 위한 노력의 일환으로 중국은 오늘 금리를 0.27% 올렸다. ♣ *rein in* : 사람/상황 등을 **통제하다** 참조

노망(老妄)
나이가 들어 다시 어린아이처럼 행동하는 시기; 정신이 오락가락하는 시기

second childhood ☞ 제2의 어린 시절

This camera is ideal for anyone entering *their second childhood*, too, who might enjoy a simple digital camera to get shots of the grandkids. ▶ 이 카메라는 작동이 간편한 디지털카메라로 손자들의 사진을 찍는 것을 좋아하는 나이가 들어 정신이 오락가락하기 시작하는 사람들에게도 이상적이다.

"Most guys my age are going through *their second childhood*, but I'm not even finished with my first," says White, who admits that he likes to watch cartoons, play video games, and read the Harry Potter books. ▶ 자기 나이대의 대부분 남자들은 노망을 부리는 시기를 보내고 있지만, 나는 아직 어린아이 티를 벗지도 못했다고 화이트는 말한다. 그는 만화영화를 즐겨보며 비디오게임을 좋아하고 해리포터를 읽는 것을 좋아한다고 털어놓는다.

국가, 정당(政黨)이나 단체의 정책 **노선**
정책 방향

line

Why are so many respected journalists parroting *the Democratic Party line*? ▶ 왜 존경받는 많은 저널리스트들이 앵무새처럼 민주당의 정책노선을 되뇌고 있는가? ♣ *parrot* : 생각도 없이 **앵무새처럼 남이 한 말을 그대로 따라하다** 참조

It has become increasingly clear that Bush and Roh don't like each other much and that their respective administrations don't trust each other. In policy, the two capitals have fundamentally different ideas on how to treat North Korea, Washington taking ***a hard line*** while Seoul comes close to appeasing Pyongyang's dictator, Kim Jong-Il. ▶ 미 부시 대통령과 노무현 대통령은 서로 좋아하지 않으며 각 행정부는 서로 신뢰하지 않는다는 사실이 점점 명확해지고 있다. 두 나라는 대북정책에 대한 생각이 근본적으로 다르다. 서울은 평양의 독재자 김정일의 비위를 맞추기 위해 노력하고 있는 반면 워싱턴은 강경노선을 취하고 있다.

~의 **노예가 되다**
~에 완전하게 속박되어 있다 : 얽매여 있다

in thrall to ; in the thrall of ☞ Formal

She tried to seek the freedom of women held ***in thrall to*** male domination. ▶ 그녀는 남성의 노예처럼 살고 있는 여성의 자유를 찾기 위하여 노력했다.

Many children are ***in the thrall of*** computer games. ▶ 많은 아이들이 컴퓨터 게임에 얽매여 있다.

비밀/모습/심정 등을 완전히 **노출시키다**
비밀/모습/심정/모습을 전부 드러내다

lay bare

Pictures of astonishing clarity have ***laid bare*** the secrets of the Red Planet. ▶ (Sprit호가 찍어서 보내온) 놀라울 정도로 또렷한 (화성) 사진들은 붉은 빛 위성의 신비한 모습들을 전부 드러내었다.

American generals have ***laid bare*** the facts: Baghdad is descending into chaos, and the specter of all-out civil war looms. ▶ (이라크 전에 참가하고 있는) 미국 장성들은 바그다드가 혼란 속으로 빠져들고 있으며 내전이라는 좋지 않은 사태가 다가오고 있다는 사실을 완전히 노출시켰다. ♣ ***specter*** : ~ 라는 **좋지 않은 것** 참조

이슈/문제/보고서 등이 **논란거리가 되는**
논란을 일으킬 소지가 많은 ; 물의를 일으키는

contentious ☞ Formal

At that time, moving the administrative capital was the most ***contentious*** issues in Korea. ▶ 행정수도의 이전은 그 당시 한국에서 가장 논란거리가 된 이슈였다.

Few disputes can be more ***contentious*** than development versus non-development. ▶ 개발을 주장하는 사람들과 환경보호를 위해서 개발을 억제해야 한다는 사람들 사이에서 벌어지는 논쟁처럼 사회적으로 심하게 물의를 일으키는 것은 별로 없다.

~라는 것에는 아무런 **논란의 여지/소지가 없다**
누가 뭐래도 너무나 분명하다

unarguably

Sixteen is an arbitrary and inappropriate age at which to make such an ***unarguably*** life-altering decision. Two years can make all the difference in a child's intellectual and moral growth and the development of his or her passions. To raise the dropout age might be paternalistic, but such a move is as warranted as the many other legal age restrictions. ▶ 인생의 진로를 바꿀 수 있는 결정이라는 사실에 아무런 논란의 소지가 없는 그러한 (중대한) 결정을 내릴 수 있는 16세라는 나이는 임의적이고 적절하지 않은 나이다. 2년이라는 기간은 아이의 지적, 도덕적 성장에 엄청난 차이를 가져올 수 있다. 학교를 자퇴할 수 있는 나이를 올리는 것은 지나친 간섭일 수도 있지만, 그 같은 움직임은 다른 많은 법적인 나이 제한들과 마찬가지로 충분한 근거가 있다. 미국 메사추세츠 주에서는 16세까지만 의무 교육을 받도록 규정하고 있다. 이로 인하여 고등학교를 다니다 16세가 되면 학교를 그만두는 학생들 수가 많기 때문에 의무 교육 연한을 18세로 올리자는 주장이다. ♣ ***paternalistic*** : 온정적 **간섭주의** 참조

He is ***unarguably*** an emblem of the romantic lyric in Latin American music and one of the best selling artists that Venezuela has ever produced. ▶ 그는 라틴아메리카의 로맨틱한 노래의 상징이며 지금까지 베네수엘라가 배출한 베스트셀러 음악가들 중 한 사람이라는 사실은 너무나 분명하다.

결론이 나지 않는 **논쟁**
끝없이 오가는/주고받는 논쟁

back-and-forth

The back-and-forth between the two went on for so long that most members lost interest. ▶ 그 두 사람 사이에서 벌어진 결론이 나지 않는 논쟁이 너무 길어지는 바람에 대부분의 회원들은 흥미를 잃어버렸다.

He says he hopes ***the back-and-forth*** between the Democrats and Republicans can be more like a respectful argument among friends. ▶ 그는 민주당과 공화당 사람들 사이에서 끝없이 오가는 논쟁이 상대방을 존경하는 마음을 지닌 친구들이 하는 논쟁처럼 되길 바란다고 말한다.

~을 **논쟁거리로 삼다**
~을 문제삼다

make an issue of ☞ 이슈화하다

People enjoy ***making an issue of*** the marriage of a gay couple. ▶ 사람들은 남자동성애자들의 결혼을 논쟁거리로 삼는 것을 즐긴다.

별로 중요하지도 않은 (사소한/하찮은) 문제에 관하여 **논쟁하다**
사소한 문제를 놓고 말싸움을 벌이다; 옥신각신하다

squabble ☞ 명사형으로도 사용

Reporters and government officials have always ***squabbled*** over access. ▶ 기자들과 정부관리들은 늘 출입문제에 대하여 옥신각신해 왔다.

Airlines and Britain's largest airport operator ***squabbled*** over who was to blame for the misery. ▶ 항공사들과 영국에서 가장 큰 공항의 운영기관이 그 불행한 사태의 책임소재를 놓고 논쟁을 벌였다.

bicker

Leave the contentious issue of Roe vs. Wade for one minute, quit the ideological ***bickering*** about when life begins for a while, take down the barricades, and craft a strategy that assumes abortion will be legal for the foreseeable future, but try to reduce it. ▶ Roe vs. Wade라는 논쟁거리가 되는 이슈를 잠시 떠나라, 당분간 언제 생명이 시작되는가에 관한 이념적인 말싸움을 중지하라, 장벽들을 무너뜨려라, 그러고는 앞으로 오랜 기간 동안 낙태가 합법적이 될 것이라고 여길 수 있도록 하는 전략을 세워라, 그러나 낙태를 줄이려는 노력을 하라. ♣ ***Roe vs. Wade***: 1973년 미국 대법원이 낙태금지법이 헌법에서 보장한 개인 권리의 침해라고 판결한 사건이다. "Jane Roe"는 당시 원고였던 "McCorvey"라는 여자 대신 사용된 가명이고, "Henry Wade"는 당시 텍사스 주 Dallas County의 District Attorney 이다.

The victory will end years of political ***bickering***. ▶ 그 승리는 여러 해를 끌어온 사소한 정치적 말싸움을 종식시킬 것이다.

미처 예상치/예기치 못했던 사건이 ~를 **놀라게 하다**

take someone by surprise

His sudden resignation ***took*** Washington ***by surprise*** last week. ▶ 지난주 예상치 못했던 갑작스러운 그의 사임은 워싱턴 정계를 놀라게 했다.

They were ***taken by surprise*** when they heard the news. ▶ 예상치 못했던 그 뉴스를 듣고 그들은 놀랐다.

물건에 붙어 있는 가격표를 보고 너무 비싸서 **놀라는 것**

sticker shock ☞ 미, Informal

Sticker shock is a United States term for the feeling of surprise experienced by consumers upon finding unexpectedly high prices on the price tags (stickers) of products they are considering purchasing. The term is commonly thought to have originated with high automobile sticker prices in the U.S. in the late 1970s or early 1980s, as inflation and increasing government regulation of automotive safety and environmental issues greatly increased car prices. ▶ "Sticker shock"는 사람들이 구입하려는 물건의 가격표에 쓰여진 가격이 예상보다 너무나 비쌀 때 느끼는 놀라운 느낌을 나타내는 미국식 표현이다. 1970년대 후반이나 1980년대 초반, 인플레와 자동차의 안전과 환경문제에 대한 정부의 심한 규제가 자동차의 가격의 상승을 초래하던 시기에, 자동차에 붙은 높은 가격표에서 유래했다고 알려진다.

The Pentagon's position on cost cutting was a sign that the United States was facing serious ***sticker shock*** over Iraq, and that the Bush administration was looking to pinch some pennies, even if that meant skimping on benefits for those who had already served. ▶ 비용 절감에 대한 미 국방부의 입장은 이라크전쟁에 너무나 많은 비용이 들어가고 있다는 사실을 미국이 깨닫고 있으며 이미 이라크에 참전했던 군인들에 대한 혜택을 대폭 줄이는 한이 있더라도 부시 행정부가 극도로 돈을 아끼려 한다는 사실을 보여주었다.

To overcome ***sticker shock***, the professional must prove to the customer that the value they will derive from the service exceeds the cash price they pay. ▶ 사람들이 높은 가격에 놀라지 않도록 하기 위해서는, 전문가는 서비스의 가치가 지불하는 비용을 상회한다는 사실을 고객들에게 증명해 보여야 한다.

너무 **놀라서 현기증이 날 지경이다**
너무나 큰 정신적인 충격을 받아 쓰러질 지경이다; 몸을 제대로 가누지 못할 지경이다

reel from shock

The school community is ***reeling from shock*** following the fatal shooting. ▶ 목숨을 앗아간 그 총격 사건으로 학교사회는 너무나 큰 정신적인 충격을 받고 있다.

주 진행형으로 주로 사용된다.

나쁜 일이 일어나 매우 **놀란**
정신적으로 큰 충격을 받은

shell-shocked

The powerful French men's basketball team was left ***shell-shocked*** after its upset loss to Australia on Sunday night. ▶ 파워가 넘치는 프랑스 남자농구팀은 일요일 저녁 오스트레일리아에게 예상 밖의 패배를 당하여 큰 충격을 받았다.

Shell-shocked UAE residents caught in Lebanon during the war have started reporting signs of psychological stress, leading mental health professionals to warn family and friends to be prepared to intervene. ▶ 그 전쟁 중 레바논에 갇혀 있다가 큰 정신적인 충격을 받은 아랍에미레이트 사람들이 심리적 스트레스 증상을 호소하기 시작했다.

주 원래는 전쟁 중 마구 쏟아지는 포탄(shell)으로 인해서 정신적인 충격을 받았다는 의미이지만, 나쁜 일 때문에 매우 놀랐다는 의미로 넓게 사용된다.

전혀 **놀라운 사실이 아니다**
너무나 당연하다

(it is) no wonder

Under such circumstances, ***it is no wonder*** that they experience difficulties. ▶ 그와 같은 환경하에서 그들이 어려움을 겪는 것은 전혀 놀라운 사실이 아니다.

You know how guys are. Sensitive. Fragile. ***No wonder*** they keep dragging you to all those wimpy, lump-in-the-throat dude flicks. The buddy dying of incurable cancer. The guy who finally bonds with his distant, hard-to-please father (or coach, or drill sergeant). ▶ 남자들이 어떤지 당신은 알고 있다. 남자들은 예민하고 연약하다. 감정이 북받쳐 올라서 목을 메게 하는 스타일의 남자영화, 예를 들자면 불치의 암으로 죽어가는 남자가 주인공인 영화나, 주인공이 매우 소원한 관계에 있으면서 기쁘게 해주기가 매우 힘든 아버지(운동 코치 혹은 신병훈련을 담당하는 하사관)와 극적으로 화해/재결합하는 영화를 보자고 끈덕지게 조르면서 여자들을 영화관으로 끌고 가는 것은 전혀 놀라운 일이 아니다. ♣ ***lump in the throat***: **목을 메게 하는 북받쳐 오르는 감정** 참조

놀랍게도
~때문에 놀랐다

to one's surprise

To my surprise, there was nobody in the room. ▶ 놀랍게도 그 방에는 아무도 없었다.

The owner of an antique store in Wales discovered ***much to his surprise*** that the man who robbed him apparently had a conscience — and returned the goods. ▶ 웨일즈에 있는 그 골동품 가게의 주인은 가게를 턴 사람이 양심이 있어 훔쳐간 물건들을 제자리에 갖다 놓은 것을 발견하고 매우 놀랐다.

Much to the researchers' surprise, the great improvements appeared in those who spent the most time in the second stage of non-REM (REM: rapid eye movement) sleep. ▶ 매우 놀랍게도, 연구자들은 눈동자를 빨리 움직이지 않고 고요하게 자는 잠의 두 번째 단계를 많이 보낸 사람들이 (숫자로 하는 게임에서 실력이) 많이 향상된다는 사실을 발견하였다.

너무나 **놀랍다**
경이롭다(놀라운 일들이 그치지 않고 일어나고 있다는 의미다)

Will wonders never cease?

Wow, ***will wonders never cease?*** The patient goes under a general anesthesia, and has all vital signs carefully monitored by technicians, and then just about any image you could think of regarding internal organs and tissues begins appearing on the computer screen. ▶ 와, 너무나 놀랍다. 환자가 전신마취 상태로 들어가고 기계를 작동하는 사람들이 건강상태를 나타내는 모든 수치들을 주의 깊게 바라보고 있다. 그러고는 당신이 생각해 보았을지도 모르는 모든 장기와 신체조직의 모습이 컴퓨터 화면에 나타나기 시작한다. ♣ *vital signs* : 신체의 **건강상태를 나타내는 중요한 지표** 참조

주 "별 볼 일 없다(과연 그럴까?)"는 반어적인 의미로도 자주 사용된다. 당사자는 대단하다고 생각할지 모르지만 실제로는 **별 볼 일 없다** 참조

일부러 놀라게 혹은 걱정하게 하는 말을 하여 사람을 **놀려대다**
make fun of

be pulling someone's leg

She said she thought people ***were pulling her leg*** when she heard he was coming. ▶ 그가 오고 있다는 이야기를 들었을 때 사람들이 자신을 놀려대는 것으로 생각했다고 그녀가 말했다.

People first thought whether he ***was pulling their legs*** until he left the room. ▶ 사람들은 그가 방을 나가기 전까지는 처음엔 그가 놀려대는 것이 아닌가 생각했다.

가족/친구 등이 모인 장소나 파티 등에서 하는 **놀이**
퀴즈게임, 말 이어가기, 스무고개 등과 같은 주로 말로 하는 게임

parlor game

One could craft ***a parlor game*** called "Which Republican's Schedule Will Be Wide Open By Super Bowl Sunday?" Perhaps it's John McCain, who has spent most of the last year struggling in the polls. ▶ 어떤 공화당원의 스케줄이 수퍼볼이 열리는 일요일 이전에 비게 될지 알아맞히는 놀이를 한다면, 아마 존 메케인이 답일 것이다. 그는 여론조사에서 지난해 내내 고전한 것으로 나타났다. 《2008년 미국 대통령선거에 출마할 공화당 후보 경선에 나선 상원의원 존 메케인이 끝까지 경선에 참여하지 못하고 수퍼볼(Super Bowl) 경기가 열리는 2008년 2월 말 이전에 포기할 가능성이 높다는 것을 풍자해서 쓴 글이다. 존 메케인이 경선에서 승리하여 공화당 후보가 되기 훨씬 이전의 상황에 대한 이야기다.》

This is not ***a parlor game*** of twenty questions. ▶ 사태가 매우 심각하기 때문에 스무고개 같은 말장난이나 하며 여유부리고 있을 때가 아니다.

Wall Street's latest ***parlor game*** is best played with a comforting cocktail in hand: trying to guess just how the ever-fragile banking crisis could tip into doomsday territory. ▶ 미국 증권가에서 일하는 사람들이 2007년 송년파티에서 칵테일을 마시면서 "서브프라임 모기지 사태로 인해서 흔들거리고 있는 은행들이 어떤 식으로 완전히 도산할 것인가"라는 주제를 가지고 주로 대화를 나누었다는 말이다.

주 "*parlor*"는 상품을 파는 가게가 아니고 서비스를 제공하는 가게(massage parlor; funeral parlor; beauty parlor)를 뜻한다. 서비스를 받는 동안 손님들이 이야기를 주고받으면서 시간을 보내는 데서 유래된 표현이다.

어떤 일을 **농담으로 돌리다**
우스개로(우스갯감으로) 만들다/삼다; 우스운 꼴로 만들다

make/turn a matter into a joke

The report claimed that the devolution of power to lower level has been ***turned into a joke*** as the district enjoys powers more than the central government. ▶ 중앙정부보다 지역정부가 더 많은 권력을 누리고 있기 때문에 하위 기관으로의 권력이양이 우스운 꼴이 되어버렸다고 그 보고서가 주장했다.

Freedom of speech is an important right. But does it include the right to shout "Fire!" when there isn't one? Of course not. The right to freedom of speech should always be mitigated by our responsibility to others. They complain that Muslims overreacted over the pictures, claiming that it was 'just a joke'. But blasphemy is always 'just a joke' to someone, and that's the point; ***making Mohammed into a joke*** turns something sacred into something meaningless. ▶ 표현의 자유는 중요한 권리다. 그러나 표현의 자유가 불이 나지도 않았는데 불이야 하고 외치는 권리를 포함하고 있는가? 표현의 자유를 누리는 권리는 다른 사람에 대한 책임의식을 가지고 자제되어야 한다. 그들은 그 그림이 '단순한 조크'라고 주장하면서 무슬림 사람들이 과잉반응을 보였다고 불평한다. 그러나 신에 대한 불경은 언제나 어떤 사람에게는 단순한 조크일 뿐이이라는 사실이 바로 내가 하고 싶은 말이다. 마호메드를 우스갯감으로 삼는 것은 신성한 것을 아무 의미가 없는 것으로 만든다. 《한 네덜란드 화가가 터번 위에 미사일을 이고 있는 예언자 마호메드의 모습을 만화로 그려 이슬람 세계가 분노로 들끓은 사건에 대한 한 이슬람 사람의 이야기다.》

누군가 말하기를
출처를 밝히기 싫을 때 쓰는 표현이다

a little bird tells

A little bird told me that they were not going to give the green light. ▶ 그들이 허락하지 않을 것이라고 누군가 나에게 말했다. ♣ *green light*: 권한이 있는 사람 또는 기관으로부터 받는 ~을 해도 좋다는 공식적인 **허락** 참조

In fact, ***a little bird tells*** us, the film had her in tears. "She was very moved," reveals the little bird. ▶ 사실, 누군가 내게 말하기를 그녀는 그 영화를 보고 눈물을 흘렸으며 큰 감동을 받았다고 한다.

어리석은 행동이나 잘못 때문에 시련을 겪거나 징벌을 받아 **누그러진**
기가 한풀 꺾인; 순화된; 의기소침해진

be chastened by ☞ Formal

"The president ***is chastened by*** reality and the election of Nov. 7, when Democrats regained control of the House and Senate," he said. ▶ 2006년 11월 7일에 치러진 미국 중간선거에서 공화당이 패하여 민주당이 상원과 하원을 장악하는 바람에 부시 대통령의 기가 한풀 꺾였다.

It is unrealistic to hope that radical Islamists will be ***chastened by*** a rebuke from "moderate" imams. ▶ 급진적인 이슬람 사람들이 온건한 이슬람 지도자의 비난으로 누그러질 것이라고 기대하는 것은 비현실적이다.

상대방보다 더 우수한 방법/논리 등으로 상대방을 **누르다**
제압하다

trump

The opposite part is trying to ***trump*** the ruling party ***with*** the slogan. ▶ 야당은 그 슬로건으로 여당을 제압하려고 노력하고 있다.

Voters' need to know who they're voting for is important enough to ***trump*** the right to privacy of a presidential candidate's spouse. ▶ 유권자들이 투표할 사람에 대하여 알아야 할 필요성이 대통령후보 부인의 사생활 보호보다는 우선이다. 《어느 대통령 후보의 부인이 공개석상에 모습을 잘 보이지 않는 것을 비난하는 이야기다. 후보의 부인에 대해서도 유권자들이 알아야 한다는 말이다.》

주 트럼프 게임에서 마지막 비장의 카드를 꺼내 상대방을 누른다는 의미다.

비밀, 개인 정보 등을 **누출시키다**
누설하다; 발설하다

divulge ☞ Formal

Authorities refuse to ***divulge*** details of the negotiations. ▶ 당국은 그 협상의 세부사항에 대하여 발설하

기를 거부했다.

The life-insurance company was accused of ***divulging*** customers' private information. ▶ 그 생명보험회사는 고객들의 개인정보를 누출시킨 혐의로 고소되었다.

맨눈
육안

the naked eye

The worms cannot be seen ***by the naked eye***. ▶ 그 벌레들은 육안으로는 보이지 않는다.

Did you see the study the other day that found up to 20,000 different species of bacteria in a liter of sea water? Impossible to see ***with the naked eye***, hard to imagine, like so much of science to the average person. ▶ 바닷물 1리터에 20,000개의 서로 다른 종류의 박테리아가 있다는 사실을 발견한 며칠 전에 발표된 그 연구를 본 적이 있는가? 그 박테리아들은 맨눈으로는 볼 수 없으며, 과학의 많은 부분이 일반 사람들에게 그렇게 보이는 것처럼, 상상하기조차 힘들다.

The well-respected applied research center has created a digital watermark that is invisible ***to the naked eye*** and resistant to picture editing. ▶ 사람들로부터 인정을 받는 그 응용연구센터는 맨눈에는 보이지 않고 그림편집을 할 수 없는 디지털 워터마크를 만들어냈다.
♣ *watermark* : **육안으로는 볼 수 없는 무늬/도안/표시** 참조

The planet Mars will be visible ***to the naked eye*** all week. ▶ 한 주 내내 육안으로 화성을 볼 수 있을 것이다.

반만 뜬 **눈**
날카로운 눈(눈매 ; 눈초리)이라는 의미로 종종 사용된다

hooded eyes

A tall man with sparkling, ***hooded eyes*** was guarding the entrance gate. ▶ 번뜩이는 날카로운 눈매를 가진 키가 큰 남자가 그 출입문을 지키고 있었다.

주 눈꺼풀이 눈을 반쯤 덮었다는 의미다.

나쁜 일이나 불법적인 일을 **눈감아 주다**
보고도 못 본 체하다 ; 알고도 모르는 척하다

turn a blind eye to

In years before Sept. 11, 2001, French authorities despaired at what they claimed was the tendency of the British authorities to ***turn a blind eye to*** events in London. ▶ 9/11 사태가 발생하기 수년 전, 테러 모의로 의심된다고 그들이 주장했던 런던 지역에서 일어난 사건들에 대하여 영국당국이 알고도 모르는 척하는 경향에 프랑스당국은 낙담했다.

Frustrated in gathering cyber-info, some agencies have in the past ***turned a blind eye to*** free-lancers — or even encouraged them — to do the job. ▶ (정부의 공식적인 허락 없이는 전화통화 내역, 전자메일, 은행계좌 등과 관련된 정보를 수집할 수 없는 현실로 인하여) 미국의 군사기밀을 빼가는 해커들에 대한 정보를 수집하는 데 한계를 느끼고 곤혹스러워하고 있는 일부 미국 정보기관들은 프리랜서로 활동하는 민간 컴퓨터전문가를 고용해서 그들이 불법으로 개인정보를 빼내는 것을 눈감아 주거나 심지어는 그렇게 하도록 장려하고 있다.

These days, some teachers are ***turning a blind eye to*** students smoking at school. ▶ 요즘 일부 선생님들은 학생들이 학교에서 담배를 피우는 것을 알고도 모른 척하고 있다.

눈길을 끄는
사람들의 흥미를 끄는

eye-catching

Beautifully located in rolling hills, the ***eye-catching*** buildings of the spa, as well as the houses in this town, are just exquisite. ▶ 기복이 심한 언덕 위에 아름답게 자리잡고 있는 눈길을 끄는 온천 건물들은, 이 도시에 있는 가정집들과 마찬가지로, 매우 세련되고 멋지다.

눈덩이처럼 불어나다/커지다/확대되다
급격하게/급속히 불어나다/커지다/확대되다

snowball

Russia and the US on Friday exchanged 14

secret agents in their biggest spy swap deal since the Cold War in dramatic style, burying a major irritant which had the potential to ***snowball*** into a diplomatic crisis. ▶ 외교 분쟁으로 눈덩이처럼 확대될 수 있는 잠재력을 지닌 매우 성가신 문제를 덮으면서, 러시아와 미국은 금요일(2010년 7월 9일) 냉전 이후 최대규모의 스파이 교환협상을 통하여 극적으로 14명의 비밀요원들을 서로 교환했다. 《러시아에서 활동하던 미국 스파이 4명과 미국에서 활동하던 러시아 스파이 10명을 서로 맞교환한 이야기다.》

There is a risk that the problems might ***snowball*** out of control. ▶ 그 문제들이 통제할 수 없을 정도로 급격하게 커질 수 있는 위험이 존재한다.

눈물을 그치려고 애쓰다

fight back the tears

"It has taken two years of work to achieve this," he said, ***fighting back the tears***. ▶ 그는 눈물을 그치려고 애쓰면서 "이것을 성취하기 위하여 2년이 걸렸다"고 말했다.

Trying to ***fight back the tears***, Steve read his heartfelt poem entitled "You Are A Princess In My Heart." ▶ 눈물을 그치려고 애쓰면서 스티브는 온 정성을 기울여 쓴 "당신은 내 마음의 공주입니다"라는 제목의 시를 읽었다.

~을 감동시키거나 슬프게 만들어 눈물을 흘리게 하다
~를 울리다

bring tears to the eyes of

The death of a baby gorilla born earlier this month ***brought tears to the eyes of*** many staff at the Calgary Zoo. ▶ 이달 초에 태어난 아기 고릴라의 죽음은 많은 캘거리 동물원 직원들을 울렸다.

눈물을 흘리다

shed tears

They ***shed a few tears*** at their daughter's wedding. ▶ 그들은 딸의 결혼식에서 눈물을 흘렸다.

Should they be banned? I would ***shed no tears*** for them if they were. ▶ 그들은 출장금지 처분을 받아야 마땅한가? 만일 그렇게 된다면 나는 눈물 한 방울 흘리지 않을 것이다.

눈물의 골짜기
고달픈(슬픈, 어려운, 한 많은) 삶/세상/세상살이/인생을 두고 하는 표현이다

vale of tears ☞ Literary

They hope to end ***their vale of tears*** this season by beating their rival team. ▶ 그들은 라이벌 팀을 격파하고 어려웠던 올 시즌을 마칠 수 있기를 바라고 있다.

The dearly departed are leaving ***a vale of tears*** and moving toward the light, perhaps even being greeted by those who passed earlier. ▶ 사랑하는 고인들은 한 많은 세상을 떠나 빛을 향해서 가고 있으며, 어쩌면 일찍 세상을 떠난 사람들로부터 영접을 받고 있을지도 모른다.

Instead of life being ***a vale of tears***, it is a vale of diseases. ▶ 인생은 눈물의 골짜기가 아니라, 질병의 골짜기이다.

주 ***vale***은 valley의 시어(詩語)다.

감동하거나 슬퍼서 눈시울을 적시지 않은 사람이 없다

there is not a dry eye in the house; there are few dry eyes ~

He grabbed his guitar and sang "Memories of us" to his new bride at their reception last night, and ***there was not a dry eye in the house***. ▶ 지난 밤 피로연에서 그가 기타를 붙들고 신부에게 "Memories of us"라는 노래를 불러주어 눈시울을 적시지 않은 사람이 없었다.

Erin, who has spina bifida, shocked everyone, including her parents, when she suddenly got up and walked across the stage to get her diploma. She got a rousing ovation. Her mom says ***there wasn't a dry eye in the house***. ▶ 척추장애가 있는 에린이 학위증서를 받기 위하여 갑자기 일어나서 무대를 가로질러 걸어가는 모습을 보고는 부모를 포함한 모든 사람들이 깜짝 놀랐다. 그녀는 열렬한 박수갈채를 받았다. 그녀의 어머니는 모든 사람들이 감동하여 눈시울을 적셨다고 말한다.

There were few dry eyes in the house when the movie ended. ▶ 그 영화가 끝났을 때, 눈시울을 적시지 않은

사람이 없었다.

His presentations *leave a dry eye in the house*. ▶ 그의 발표에 아무도 감동하지 않았다.

눈썹을 치켜 올리다
눈을 치켜 뜨다; 눈살을 찌푸리다; 놀라움을 표시하다 (놀랍거나, 의아하게 생각하거나 거부감을 느낄 때 사용한다)

raise one's eyebrows

He *raised his eyebrows* over the suggestion. ▶ 그는 그 제안에 눈살을 찌푸렸다.

He was looking at her with *his eyebrows raised* questioningly. ▶ 그는 의심스러운 듯이 눈을 치켜 뜨고는 그녀를 쳐다보았다.

In the past week reporters and pundits have started *raising eyebrows* about the near total absence of his wife, Dr. Judith Steinberg Dean, in the primaries. ▶ 지난주 (미국의 민주당 대통령 후보를 뽑는) 예비 선거에서 딘이 의사인 부인을 데리고 나타나지 않은 것에 대하여 기자들과 정치전문가들이 의아하게 생각했다.

furrow one's brow

He shook his head, *furrowed his brow* and uttered "not true, not true." ▶ 그는 고개를 흔들고 눈살을 찌푸리며 "사실이 아니야"라고 말했다.

주 눈썹을 치켜 올리면 이마에 주름이 진다.

눈(알)을 이리저리 굴리다
놀라워하다; 관심이 없다는 듯이(지루하다는 듯이) 다른 곳을 쳐다보며 딴전을 피우다

roll one's eyes

People may *roll their eyes* and talk about it. ▶ 사람들은 놀라운 표정으로 그것에 관해 이야기할지도 모른다.

One of the Mickelson's closest friends on the tour, Davis Love III, chuckles at his pal's cosmic rumination. "Basically, I'm like, 'What the hell?' " he says. "Obviously, he's a very smart guy. But sometimes that leads to quirkiness." And leads others to *roll their eyes*. ▶ PGA Tour에서 미켈슨과 절친한 선수 중의 한 사람인 데이비스 러브 3세는 미켈슨이 우주에 대하여 깊은 생각을 하고 있다는 사실에 대하여 낄낄거리면서 "그게 뭐 어쨌다는 거냐? (그가 무얼 하던 나하고는 아무런 상관 없다)"라고 말한다. "분명 그는 매우 똑똑한 친구다"라고 데이비스 러브 3세는 말한다. 그러나 가끔 의아하게 생각하는 선수들도 있고, 또 어떤 선수들은 그것에 대하여 전혀 관심을 보이지 않는다 (그런 이야기를 들을 때면 귀찮다는 듯이 딴전을 피운다).

주 놀라거나 지루할 때 혹은 귀찮다고 느낄 때 하는 동작이다.

눈앞이 캄캄해지다
잠시 동안 의식을 잃다

black out

After the car accident, I wondered whether I was about to *black out*. ▶ 그 차 사고 후, 나는 의식을 잃게 되는 것이 아닌가 생각했다.

A man told police he had a coughing fit and *blacked out* before crashing into a home yesterday. ▶ 감기주사 때문에 갑자기 눈앞이 캄캄해져서 그만 사고를 냈다고 변명하는 이야기다.

주 "전기가 나가서 온통 암흑천지가 되다"라는 뜻으로도 사용된다

~한 사람들 눈에는 ~처럼 보인다

in/to the eyes of

In the eyes of the public, a divorced man is footloose and fancy-free. ▶ 일반 사람들 눈에는 이혼한 남자는 자유롭게 보인다. ♣ *footloose and fancy-free*: 결혼을 하지 않았거나 사랑하는 사람이 없기 때문에 **자유로운** 참조

Chilean wine group Santa Carolina has undergone a major rebranding in a move that it hopes will give the company a more modern image *in the eyes of* consumers. ▶ 칠레의 와인 업체인 산타 캐롤라이나는 회사가 소비자들의 눈에 좀더 현대적인 이미지로 비춰질 수 있길 희망하면서 대대적으로 상표를 바꾸는 작업을 진행하고 있다.

The practice of religion in America sometimes seems strange *to European eyes*. ▶ 미국에서의 종교

활동이 유럽 사람들 눈에는 가끔 이상하게 보인다.

남들 **눈에 잘 띄는 (상태)**
남의 이목을 끄는 (상태)

high-profile ☞ 조각이 측면에서 볼 때 윤곽이 뚜렷한

In a new chapter of one of the most ***high-profile*** cases in international law, deposed Iraqi president Saddam Hussein is scheduled to go on trial Monday for a second time — this time on charges of genocide and war crimes related to his alleged scorched-earth offensive against Kurds two decades ago. ▶ 사람들의 이목을 가장 많이 끈 국제재판들 중 한 사건이 새로운 장을 맞이한 가운데, 권좌에서 축출된 이라크 대통령 사담 후세인이 월요일 두 번째 심리를 받을 예정인데 이번에는 20년 전 쿠르드족을 초토화시킨 공격과 관련된 대량학살과 전쟁범죄 혐의에 관한 건이다. ♣ *scorched-earth*: **초토화(焦土化)** 참조

There are the now weekly ***high-profile*** terrorist acts, like the bombing of the U.N. headquarters two weeks ago, and of a shrine in Najaf last week. ▶ 지난주 나자프에 있는 사원과 2주 전 유엔건물에 가한 폭탄테러처럼, 사람들의 이목을 끄는 테러행위가 매주 벌어지고 있다.

남들 **눈에 잘 띄지 않는 (상태)**
남들이 잘 알아보지 못하는 (상태)

low profile ☞ 조각이 측면에서 볼 때 윤곽이 뚜렷하지 않은

No matter the size of your initial investment, if you put it to work in the common stock of high-quality but ***low-profile*** small companies, add to your investments regularly, and stick with the best of them through thick and thin, like so many investment masters throughout time, you too can be a millionaire. ▶ 초기투자 액수가 얼마든지 간에, 투자의 대가들이 하는 것처럼 사람들에게 잘 알려지지 않은 소규모 회사의 우량 보통주에 투자하여 정기적으로 투자를 늘리고 상황이 좋을 때나 나쁠 때나 그 중에서 최고로 좋은 주식을 붙들고 있는다면 당신도 백만장자가 될 수 있다. ♣ *through thick and thin*: **시종일관** 참조

The police deliberately kept ***a low profile*** in most places. ▶ 경찰은 거의 모든 곳에서 사람들의 눈에 띄지 않도록 신중하게 행동하였다.

눈에 불꽃이 튀다
눈이 번뜩이다(주로 화가 나서 감정이 격해 있는 경우)

eyes flash ☞ Literary

Her dark ***eyes flashed*** and she spoke rapidly. ▶ 그녀는 검은 눈을 번뜩이며 매우 빠르게 말했다.

어떤 사람/물건이 어떤 장소/자리에 나타나지/등장하지/참여하지 않은 것이 **눈에 확 뜨이다**

conspicuous by one's absence

He played little part in the game and was ***conspicuous by his absence*** in the post-game celebrations. ▶ 그는 그 시합에서 별 역할을 못했으며 게임이 끝난 후 가진 축하연에 그가 나타나지 않은 것이 사람들 눈에 확 뜨였다. 《그가 축하연에 나타나지 않은 것으로 보아 시합에서 별 역할을 못한 게 확실하다는 의미다.》

Already ***conspicuous by his absence*** in the drawn-out security guards' strike, Labor Minister has found something else to stay away from: the problem of the 900 people camped out at the City Hall. ▶ 시간을 오래 끌고 있는 경호원 파업 현장에 나타나지 않아 이미 사람들의 눈에 더 확 뜨인 후, 노동부 장관은 멀리 떨어져 있어야 할 또 다른 것을 발견했다. 다름아닌 900명의 사람들이 시청 밖에서 진을 치고 있는 문제다. 《노동부 장관이 할 일을 제대로 하지 않고 방관만 하고 있다고 비꼬는 글이다.》

I hear that Time could name a successor as early as this week. One name that is ***conspicuous by its absence*** is that of former NY magazine editor, and all around Renaissance man Kurt Andersen. Could he be the dark horse in the field? ▶ 나는 TIME이 이르면 이번 주에 후계자를 지명할 수도 있다고 듣고 있다. 매우 관심이 가는 사람이지만 예상 후보명단에 빠져 있어 더 눈에 확 뜨이는 이름은 뉴욕 매거진의 편집장을 지냈고 예술과 과학에 두루 조예가 깊은 커트 앤더슨이다. 그가 다크호스가 될 수 있을까? 《TIME지 편집장 선정에 관한 이야

기다.》 ♣ *Renaissance man* : 다방면에 특히 예술과 과학에 관심과 **조예가 깊은 사람** 참조

주 "*conspicuous*"는 "어떤 존재가 사람들 눈에 잘 뜨이는"이라는 뜻을 가지고 있다. 그러나 꼭 있어야 할 어떤 자리/장소에 없음으로 해서 사람들의 눈에 더 확 뜨인다는 의미다.

눈여겨 보다
관심을 두고 지켜보다

have an eye on

When one writes with your company pen he or she will definitely *have an eye on* your products. ▶ 누군가가 당신 회사의 이름이 새겨진 펜으로 글을 쓴다면, 그 사람은 분명히 당신 회사의 제품을 눈여겨 볼 것이다.

눈요기
눈요깃거리 ; 볼거리 ; 겉보기가 매우 아름답거나 흥미로운 것

eye candy ☞ 그 밖의 다른 점은 그저 그렇거나 별로 쓸모가 없는 경우에 주로 사용됨, Informal

Often it's hard to tell if an object is harmless *eye candy* or something that'll explode if we get too close. ▶ 겉보기에 사람들의 흥미를 끄는 어떤 물체가 아무런 해가 없는지 아니면 우리가 가까이 다가가면 폭발할 것인지 구분하기 힘든 때가 종종 있다.

Many social sites jam-pack the landing page with *eye-candy* and links in an attempt to show you just how exciting the site really is. ▶ 많은 사회단체들의 홈페이지 초기화면은 그 사이트가 얼마나 흥미로운지 보여주기 위해 눈요깃거리와 링크(다른 사이트로 연결하는 배너)들로 가득 차 있다.

Her part is useless and serves no purpose in advancing the story because she's just there for *eye candy*. ▶ 그녀는 그저 눈요기를 위해서 그 자리에 있는 것이기 때문에, 그녀의 배역은 이야기를 진행시키는 데 아무런 역할을 못한다.

feast for the eyes ☞ 눈을 즐겁게 해주는 것

The burnt-orange vistas and rust-colored hills are certainly *a feast for the eyes*, but fall in Tuscany is really about one thing : eating. ▶ 진한 오렌지색으로 물든 거리의 풍경과 적갈색 언덕은 눈을 즐겁게 해주지만, 투스카니의 가을은 무엇보다도 먹거리가 최고다.

Showing how good locally grown food really is, he provided *a feast for the eyes* as well as the palate at the wrap-up luncheon. ▶ 지역 음식이 얼마나 좋은지 보여주면서, 그는 마지막 오찬에서 눈과 입을 모두 즐겁게 해주는 향연을 베풀어 주었다.

상대방의 눈을 가리다
눈을 속이다 ; 기만하다

pull the wool over one's eyes

The people are not going to be fooled by the president *pulling the wool over their eyes*." ▶ 국민들은 그들의 눈을 속이려는 대통령에게 속지 않을 것이다.

Please do not *pull the wool over the community's eyes*. Health, education and security should be top priorities in any developing country. ▶ 제발 사회를 기만하지 말아라. 건강, 교육 및 안전보장은 어느 개발도상국가에서든 최고의 우선순위가 되어야 한다.

주 옛날 서양에서는 판사처럼 지체 높은 사람들이 털로 만든 가발을 쓰고 다녔는데 이전에는 재판 중에 변호사가 판사를 속일 때 "가발에서 삐쳐 나온 실로 판사의 눈을 가린다"는 이 표현을 많이 썼다. 그러나 요즘은 보통 사람들의 눈을 속이는 경우에도 광범위하게 적용된다.

근심/눈물/걱정/슬픔 등이 눈을 덮다
앞을/시야를 가리다

cloud one's eyes ☞ Literary

As he looked at her, great sorrow *clouded his eyes*. ▶ 그가 그녀를 바라보는 순간, 그의 눈은 큰 슬픔으로 덮였다.

"He is our lamb of suffering; he is our scapegoat," he said to himself, despairing, while tears *clouded his eyes*. ▶ 그가 "그는 우리의 고통받는 어린 양이며 속죄양이다"라고 절망에 빠져 혼잣말을 할 때 눈물이 앞을 가렸다.

She did everything in her power to divert his thoughts from unhappy memories which often *clouded his eyes*. ▶ 그를 자주 괴롭혔던 불행했던 기억들을 떠올리지 못하도록 하기 위하여 그녀는 할 수 있는 범위 내에서 온갖 노력을 다했다.

눈을 부릅뜨고 살피다

keep one's eyes peeled for ☞ 눈을 뒤집고 보다, **Informal**

Police officers are *keeping their eyes peeled for* the 33-year old man who escaped earlier this month from a prison in Oklahoma. ▶ 오클라호마에 있는 한 감옥소에서 이번 달 초에 탈옥한 33살의 한 남자를 찾기 위하여 경찰은 눈을 부릅뜨고 살피고 있다.

눈을 서로 마주보다
의견/관점 등이 서로 일치하다

see eye to eye; see eye-to-eye

Historically, the world's Anglicans and Roman Catholics have not always *seen eye-to-eye*, with the faiths taking opposing lines on many sensitive issues. ▶ 많은 민감한 사안들에 대하여 서로 반대의 입장을 보이는 종교관 때문에, 역사적으로 영국성공회 신도들과 로마가톨릭 신도들의 관점이 항상 일치하지는 않았다.

He *saw eye to eye* with the boss on the plan. ▶ 그는 그 계획에 대해서 사장과 의견을 같이한다.

눈을 즐겁게 만들다
오랫동안 바라보면서 즐기다

feast one's eyes on something

Festival goers can treat their ears to live music, *feast their eyes on* the zoo's animals, and satisfy their taste buds with a variety of food and beverages. ▶ 축제에 가는 사람들은 생음악으로 귀를 즐겁게 해주고 동물원의 동물들로 눈을 즐겁게 해주며 다양한 음식으로 미각을 만족시켜 줄 수 있다.

잠이 모자라거나 술이 덜 깬 것처럼 보이는 멍한/피곤한 눈을 하고 있는

bleary-eyed

Europe's fisheries chief wants to reduce the pain of EU negotiating marathons where *bleary-eyed* ministers haggle through the night to agree how much countries should cut fishing quotas and preserve depleted stocks. ▶ 유럽의 수산업 기관장들은 조업 할당량의 감축과 고갈된 수산자원의 보존에 관한 합의점을 찾기 위하여 밤을 새가며 피곤한 눈으로 입씨름하며 장시간 진행되는 회의가 빨리 끝나길 원한다. ♣ *marathon*: (매우 힘들고) **장시간에 걸친** (일/회의 등); *haggle*: **입씨름하다** 참조

Parents don't like to see their kids *bleary-eyed* late at night while trying to finish a science project. ▶ 부모들은 아이들이 과학 과제를 끝마치기 위해서 밤 늦게까지 피곤한 눈을 하고 있는 것을 좋아하지 않는다.

눈을 휘둥그래 뜨고
매우 놀라서 하는 동작이다

with one's eyes wide open

He looked at her *with his eyes wide open*. ▶ 그는 눈을 휘둥그래 뜨고 그녀를 바라보았다.

Tired of swimming anxiously *with eyes wide open* to avoid the tentacles of stingy jellyfish? Well soon we might have to be on the lookout for shark fins too. ▶ 침이 있는 해파리의 촉수를 피하기 위해서 눈을 크게 뜨고서 걱정하면서 수영하는 것에 넌더리가 났는가? 어쩌면 조만간 상어 지느러미도 조심해야 할 것이다. 《상어도 자주 출몰하고 있다는 뜻이다.》

눈이 서로 마주치다

eyes meet; meet one's eyes

I found myself smiling back instinctively when *our eyes met*. ▶ 우리들의 눈이 서로 마주쳤을 때, 나도 모르게 본능적으로 미소로 화답했다. ♣ *find oneself*: **뜻하지 않았던 상황에 처하다** 참조

When the professor asked me a difficult question,

I shook my head, refusing to ***meet his eyes***. ▶ 교수님이 나에게 어려운 질문을 했을 때, 눈이 마주치지 않으려고 고개를 좌우로 흔들었다.

모든 사람들의 **눈이 ~에 집중되다**
모든 사람들의 시선/이목이 ~에 집중되다

all eyes are on

All eyes will ***be on*** tomorrow's vote. ▶ 모든 시선이 내일 선거에 집중될 것이다.

Oil prices are steady ***with all eyes on*** Iran. ▶ 이란에 모든 시선이 집중된 가운데 원유 값이 안정세를 보이고 있다.

the eyes of the world are on ☞ 세계의 눈이 ~에 집중되다

The eyes of the world are now ***on*** the war in Iraq. ▶ 세계의 모든 눈이 현재 이라크전쟁에 집중되어 있다.

With Israel maintaining its stranglehold on the Gaza Strip and ***the eyes of the world on*** a fragile truce in Lebanon, rival Palestinian leaders renewed a push to bridge their differences and form a national unity government. ▶ 이스라엘이 가자지구의 숨통을 계속 죄고 있고, 언제 깨질지 모르는 레바논의 휴전 협정에 세계의 이목이 집중되어 있는 상황 속에서, 서로 경쟁관계에 있는 팔레스타인 지도자들이 의견차를 좁히고 국가의 단일정부를 설립하기 위한 노력을 재개했다. ♣ ***With Israel maintaining*** : 어떤 일이 벌어지고 있는 **상황 속에서** : ***stranglehold*** : **목 조르기** 참조

눈이 휘둥그래진
매우 놀라서 하는 동작이다

wide-eyed

The first few days of college are enough to make a ***wide-eyed*** freshman's head spin. The choices seem endless, from course catalogs to all-you-can-eat dining halls. The freedom seems boundless, the adult supervision nonexistent. ▶ 대학에서의 처음 며칠은 눈이 휘둥그래진 신입생들의 머리를 빙빙 돌게 만들기 충분하다. 학과목 요람에서부터 아무거나 골라 먹을 수 있는 식당까지 선택은 끝이 없는 것처럼 보인다. 자유는 끝이 없고 어른들의 감독은 존재하지 않는 것처럼 보인다. ♣ ***make head spin*** : **머리를 빙빙 돌게 만든다** 참조

눈 주위가 시퍼렇게 멍든 상태
멍든 눈

black eye

He punched her in the face giving her ***a black eye***. ▶ 그는 그녀의 얼굴에 주먹을 가해 눈 주위를 시퍼렇게 멍들게 만들었다.

Breaking the firm's profitability streak became ***an embarrassing black eye*** for the CEO. ▶ 그 회사의 흑자행진이 깨어지는 바람에 대표이사는 불명예를 안게 되었다.

What an embarrassment and ***a black eye*** for the City of Selma! How did Mayor Perkins, Chief Martin and the remainder of us in city government let drug lords take over part of our city for six years? ▶ 셀마시로서는 정말로 곤혹스럽고 수치스러운 일이 아닐 수 없다. 퍼킨스 시장과 마틴 경찰서장 그리고 나머지 시 정부 사람들이 어찌해서 불법 마약거래자들이 시의 일부 지역을 6년 동안이나 장악하도록 내버려두었다는 말인가?

㈜ 비유적으로 패배, 불명예, 수치, 치욕의 의미로도 자주 사용된다

눈 하나 깜박하지 않는다
전혀 반응이 없다; 전혀 대응/대꾸를 하지 않는다; 전혀 대수롭지 않게 여긴다/생각한다

do not blink (an eye)

The prime minister ***did not blink*** when the group fired an anti-tank missile into a border outpost killing one soldier in January 2004. ▶ 그 단체가 2004년 1월 국경 초소에 대전차 미사일을 발사해서 군인 한 명이 사망했을 때, 수상은 눈 하나 깜박하지 않았다.

They could spend $150 million to $200 million on a marketing campaign and ***not blink an eye***. ▶ 그들은 1억 5천만 불에서 2억 불에 달하는 엄청난 돈을 광고비로 쓸 수 있으며 전혀 이를 대수롭지 않게 여긴다.

뉴스거리가 될 수 있는
뉴스거리가 될 만큼 매우 흥미로운

man-bites-dog

There is ***a man-bites-dog element*** to his comment that a system that permits a private equity executive to pay less tax than a cleaning lady can't be right. ▶ 민간 자산관리 회사의 이사가 청소하는 여자보다 세금을 덜 내도 되는 제도는 옳지 않다고 말한 그의 발언은 뉴스거리가 될 수 있는 흥미로운 요소를 지니고 있다.

Energy company executives talking green are decreasingly ***man-bites-dog***. ▶ 에너지 회사의 경영진이 청정에너지에 대해서 이야기하는 것은 점점 뉴스거리가 되지 못한다. 《요즘에는 많은 회사들이 풍력, 태양열 등과 같은 청정에너지원을 사용한 에너지 개발에 힘을 쏟고 있다는 뜻이다.》

주 개가 사람을 물면 뉴스거리가 못되지만 사람이 개를 물면 뉴스거리가 된다는 말이다.

어떤 중요한/특별한 일이 곧 벌어질 것이라는 **느낌**
예감

sense of occasion

Nothing warms up the room or evokes ***a sense of occasion*** like the glow of candles, especially at a wedding. ▶ 특히 결혼식에서 식장의 분위기를 고조시키거나 아주 특별한 일이 벌어질 것이라는 느낌을 일깨우는 데는 촛불 만한 것이 없다.

Secret gig and exclusive showcases are a canny marketing tool used to create ***a sense of occasion*** and build some hype around an act. ▶ 비공개 공연이나 (기자 등과 같은) 제한된 일부 사람들에게만 공개하는 것은 특별한 일이 곧 벌어진다는 느낌을 심어주며, 그 활동을 둘러싸고 언론이 떠들썩하게 보도하도록 만들기 위한 교묘한 마케팅 수단이다.

There was ***a genuine sense of occasion*** to him when he saw her. ▶ 그가 그녀를 보았을 때 진짜로 어떤 특별한 일이 일어날 것이라는 예감을 받았다.

(보거나 혹은 말하는 것을 들어보면) 사람 또는 어떤 것이 ~하다는 **느낌을 준다**

come across as/like ☞ ~하다는 느낌으로 다가온다

Few of her subjects ***come across as*** real. ▶ 그녀의 화젯거리는 대부분 현실과 매우 동떨어져 있다는 느낌을 준다.

Anderson ***comes across like*** a child prodigy with a genius for filling up coloring books with unique shades and hues. ▶ 앤더슨은 독특한 명암과 색조로 칠하기 그림책을 채우는 천재적인 기질을 지닌 신동이라는 느낌을 준다.

배나 자동차 등이 고장이 나거나 파손되어, 사람이 부상을 입어 혹은 회사나 조직이 큰 피해를 입어 **느릿느릿 나아가다**
일/작업 등이 지지부진하다 ; 매우 더디게 진행된다

limp (along) ☞ 다리를 절뚝거리며/절면서 나아가다

He ***limped*** off the field in the second inning tonight against the Detroit Tigers. ▶ 그는 디트로이트 타이거즈와 오늘 저녁 경기에서 2회에 다리를 절뚝거리며 경기장 밖으로 나왔다.

The battleship, which had been severely damaged in the battle of Midway, came ***limping*** back to the port. ▶ 미드웨이 해전에서 크게 손상을 입은 그 전함은 느릿느릿 항구로 들어왔다.

The inquiry is still ***limping along***, with little sign that it will be finished in the near future. ▶ 그 조사는 여전히 지지부진하며, 가까운 장래에 끝날 기미가 보이지 않는다.

In recent years the project has been ***limping along*** due to limited funds. ▶ 최근 몇 년간, 이 프로젝트는 제한된 예산으로 인하여 매우 더디게 진행되고 있다.

느슨한
허술한; 규정/의무를 소홀히 취급하거나 엄격하게 지키지 않는

lax

The incident spotlights ***his lax oversight*** of the corrupt agency. ▶ 그 사건은 그가 부패한 그 기관을 허술하게 감독했다는 사실을 잘 보여준다.

The key problem is ***lax security*** for airport personnel. ▶ 중요한 문제는 공항직원에 대한 느슨한 보안조치다.

㈜ 줄이 팽팽하게 당겨진 상태가 아닌 느슨한 상태를 말한다.

늑대가 왔다고 소리치다
거짓말을 하다

cry wolf

He has ***cried wolf*** over deadlines so often that nobody now believes him. ▶ 최종 시한에 대하여 너무나 자주 거짓말을 해서 지금은 아무도 그를 믿지 않는다.

They compared the former prime minister to the shepherd boy who ***cried wolf*** as his words were no longer believable. ▶ 이전 수상의 말을 더 이상 믿을 수 없게 되자 그들은 그를 늑대가 왔다고 거짓으로 소리친 양치기 소년과 비교했다.

㈜ 이솝 우화의 양치기 소년에서 유래되었다.

그와 같은 상황에서는 늘 그렇듯이
언제나/항상 그렇듯이

as usually occurs/happens in such a case /situation

By September 30 — the end of the federal government' s fiscal year — Congress had yet to pass 10 of the 13 annual appropriation bills. ***As usually occurs in such a situation***, the president signed a continuing resolution to fund on a short-term basis those federal agencies whose appropriation bills for fiscal year 2004 had not been passed. ▶ 연방정부의 회계연도 마지막 날인 9월 30일 이전까지 하원은 13개의 세출예산안 중 10개를 통과시키지 못했다. 그와 같은 상황에서 늘 그렇듯이, 대통령은 2004회계연도 예산안이 통과되지 않은 연방기관을 위해 금번과 동일하게 계속 예산을 집행하도록 하는 안에 서명을 했다.

The price war between chip makers Advanced Micro Devices and Intel has intensified with AMD' s PC processor prices being slashed by up to 57 percent. And ***as usually happens in such a case***, the winner will be the consumer who can soon expect to walk away with great bargains. ▶ 컴퓨터 칩 제조업체인 Advanced Micro Devices(AMD)와 Intel 사이에서 벌어진 가격전쟁은 AMD가 PC processor의 가격을 57%나 대폭 내리는 바람에 더욱 심화되었다. 이처럼 심한 가격 경쟁이 벌어지는 상황에서는 언제나 그렇듯이 소비자들만 덕을 보게 된다.

~의 중요성/심각성/이점 등이 ~을 능가한다

outweigh ☞ ~보다 무게가 더 나간다

The benefits ***outweigh*** the costs. ▶ 이득이 비용을 능가한다.

The costs ***outweigh*** the benefits. ▶ 득보다는 실이 더 많다.

The advantages of this deal largely ***outweigh*** the disadvantages. ▶ 이 협상은 대체적으로 볼 때 불리한 점보다는 유리한 점이 더 많다.

비록 ~을 했지만 때가 이미 늦었다

not/never until too late

My turtle fell behind a radiator and was ***not*** discovered ***until too late***. ▶ 내 거북이가 라디에이터 뒤로 떨어진 것을 발견했지만 이미 죽은 뒤였다.

He ***never*** noticed the danger ***until too late***. ▶ 그가 위험을 알아채긴 했지만 이미 때가 늦었다.

늦었다고 생각될 때가 가장 좋은 때다
늦는 법이 없다

It is never too late to do something

It is never too late to mend. ▶ 잘못을 고치는 데 늦는 법은 없다(속담).

To all who served in every battle in every war, we say that ***it's never too late to say thank you***. ▶ 매년 전쟁터에서 수고하는 모든 군인들에게 우리는 고맙다고 말하는 데 늦는 법이 없다고 말하고자 합니다.《2009년 오바마 미국 대통령이 미국 국립묘지를 참배하면서 한 말이다.》

"***It's never too late to quit smoking***," he said. ▶ "늦었다고 생각될 때가 금연하기에 가장 좋은 때다"라고 그가 말했다.

미리 예방하기 위하여 충분한 조치를 취하지 않았으며, 상황이 매우 나빠진 다음 조치를 취해 봐야 이미 늦은 경우
소 잃고 외양간 고치기; 사후처방(死後處方); 사후약방문(사後藥房文)

too little too late

The government is now bringing in laws to reduce air pollution. But is it a case of "***too little too late***"? ▶ 정부는 공기오염을 줄이기 위한 법을 도입하려 한다. 그러나 이미 늦은 게 아닌지?

He quickly dismissed the government's actions as "***too little too late***." ▶ 그는 주저하지 않고 정부의 행동을 "소 잃고 외양간 고치기"라며 일축해버렸다.

[다]

다

누구에게 최대한 가까이 **다가가다**
바싹 다가가서/붙어서 눕거나 앉아 있다

cuddle up to someone

We went home and ***cuddled up*** together to watch TV. ▶ 우리는 집에 가서 함께 바싹 붙어 앉아 TV를 봤다.

Every night, someone always ***cuddled up to*** her until she fell asleep. She didn't like to sleep alone. ▶ 매일 밤 누군가가 그녀가 잠들 때까지 언제나 그녀 가까이에 누워 있었다. 그녀는 혼자 자는 것을 좋아하지 않았다.

The wife complained that she and her husband used to sit ***cuddled up*** and close in the car, but now they sat apart — how could she get the romance back? ▶ 그 부인은 남편과 함께 차를 타면 바싹 붙어 앉곤 했었지만 지금은 서로 떨어져 앉는다며 불평했다. 어떻게 하면 그녀가 로맨스를 되찾을 수 있을까?

사람/기계/장비 등이 **다루기 힘든**
말을 잘 듣지 않는

recalcitrant ☞ **Formal**

He had a knack for coxing ***recalcitrant people.*** ▶ 그는 다루기 힘든 사람들을 제어하는 기술을 가지고 있다.

Faced with such ***recalcitrance***, Chinese officials have reached for the stick. ▶ 사람들이 말을 잘 듣지 않게 되자, 중국 관료들은 매를 들었다.

확연히 서로 **다른**
차이가 너무나 뚜렷한

disparate ☞ **Formal**

The five countries are immensely ***disparate*** in size, culture and wealth. ▶ 그 다섯 나라들은 크기와 문화 그리고 부에서 너무나 뚜렷한 차이를 보인다.

This fusion of different, apparently ***disparate cultures*** created one great entertaining and intriguing evening. ▶ 겉보기에 서로 확연히 다른 문화들이 한데 어우러져 매우 흥겹고 호기심을 자극하는 저녁시간을 만들어내었다.

The 9/11 commission report, due on July 26, is expected to call for the creation of a new Cabinet-level chief who would consolidate control over all the nation's ***disparate intelligence operations.*** ▶ 6월 26일 제출될 예정인 9/11 테러 진상조사위원회 보고서는 서로 너무나 다른 정보작전들에 대한 통제를 일원화할 수 있는 각료 수준의 새로운 직책의 신설을 요구할 것으로 보인다.

확연히 서로 **다른 것들이 모여서 이루어진 집단/단체/물건**

disparate group

China is ***a very disparate nation***, with enormous regional differences. ▶ 중국은 엄청난 지역 간의 차이를 지닌 다민족 국가이다.

The fighting spirit bonded ***this disparate group*** of soldiers. ▶ 싸워서 이기려는 투쟁정신이 온갖 군인들이 다 모인 이 부대를 한데로 묶었다.

도시/나라 안에 **다른 국적이나 문화를 가진 사람들이 모여 사는 지역**
특정한 외국인이나 외국문화를 가진 사람들이 모여 사는 지역

enclave

All grand houses in this former ***Spanish enclave*** have tall, cathedral ceilings and brightly painted cypress shutters. ▶ 이전에 스페인 사람들이 모여 살던 이 지역의 모든 대저택들은 높은 성당식 천장과 밝은 색으로 칠해진 사이프러스 나무로 만든 덧문을 가지고 있다.

Pakistani enclaves in the U.S. are in many ways different from their counterparts in Britain that have proved to be breeding grounds for terrorists. ▶ 미국에서 파키스탄인들이 모여 사는 지역들은 테러리스트를 양성하는 곳이 돼버린 영국의 그 같은 지역들과는 여러모로 다르다.

~와 다를 바 없다

별반 다를 게 없다; 진배없다 (주로 나쁘다는 것을 강조하는 경우에 사용된다)

tantamount to ☞ Formal

I would like to think that our "leaders" know better, but the conditions show otherwise. They have yet to reduce the size and cost of government and acknowledge the fact that borrowing to pay a debt is wrong! That is ***tantamount to*** digging yourself deeper into the hole. ▶ 나는 우리의 지도자들이 그보다는 더 잘 알고 있다고 생각하고 싶지만, 상황을 보면 그렇지 않다. 그들은 정부의 규모와 운용 비용을 아직까지 감축하거나 빚을 갚기 위해서 돈을 빌리는 것이 옳지 않은 일이라는 사실을 아직까지 인식한 적이 없다. 이 같은 일은 제 무덤을 점점 더 깊이 파는 것과 다를 바 없다.

The administration's announcement is ***tantamount to*** a stealth-attack on Social Security in the name of "fiscal responsibility". ▶ 행정부의 이 발표는 국가재정을 책임진다는 미명하에 스텔스 폭격기로 사회보장제도에 폭격을 가한 것이나 진배없다.

다름 아닌 바로 그 (사람/것)

none other than

Britain's ambassador to Italy declared last September that the "best recruiting sergeant for al-Qaeda" was ***none other than the U.S. President***, George W. Bush. ▶ 이탈리아 주재 영국대사는 지난 9월 알카에다 요원을 최고로 잘 모집하는 사람은 다름 아닌 바로 조지 부시 미국 대통령이라고 말했다.《부시 대통령의 일방적이고 강경한 대테러정책으로 인하여 이슬람 사회의 서방 세계에 대한 반감이 더 커지고 테러에 가담하는 사람들이 점점 많아지고 있다고 비꼬는 말이다.》

The idea of a "summit" conference was coined in 1950, according to David Reynolds, by ***none other than Winston Churchill***, speaking in Edinburgh four years after his memorable Iron Curtain speech. The concept of "summit talks" long ago entered into general usage, but for most people they are a part of Cold War history, when the Soviet Union and the United States dominated the world order. Soviet-American meetings really did represent the summit. ▶ "정상회담"이라는 말은, 데이비드 레이놀즈에 의하면, 다름 아닌 바로 윈스턴 처칠이 기념비적인 철의 장막 연설 후 4년이 지난 1950년 에딘버그 연설에서 처음 사용했다고 한다. 정상회담이라는 개념이 오래 전부터 일반적으로 사용되기는 했지만, 많은 사람들은 이 말이 미국과 소련이 세계의 질서를 지배하던 냉전 역사의 한 부분이라고 생각한다. 소련과 미국의 회담이야말로 진정한 정상회담이었다. ♣ *coin* : 새로운 단어/용어 등을 **만들다** 참조

다리를 걷어 차이기

뜻밖의 어려움/좌절/쓰라린 경험; 정신을 번쩍 들게 하는 자극

kick in the pants

SARS was ***a big kick in the pants*** for China. They were tainted by the SARS experience, and the health officials there now want to do the right things with AIDS. ▶ 사스(severe acute respiratory syndrome: 급성호흡기증후군)는 중국에게는 쓰라린 경험이었다. 사스가 발생했을 때 제대로 대처를 못했다는 오점이 남았기 때문에, 보건당국은 에이즈에 대해서는 올바로 대처하기를 원한다. ♣ *tainted by* : ~으로 인하여 평판 등에 **오점이 남은** 참조

Sometimes, we all need ***a kick in the pants*** to make us do something we know we should do but haven't done yet. ▶ 반드시 해야 한다고 알고는 있지만 아직까지 하지 않은 일을 하도록 만들기 위해서 우리는 가끔은 정신을 번쩍 들게 하는 자극을 필요로 한다.

다반사(茶飯事)
먹고 마시는 것처럼 늘상 일어나는 일; 매우 흔한 일/것; 보편화된 것; 일반화된 것

commonplace ☞ 형용사로도 사용

In many countries, politicians consider taking bribery as ***a commonplace*** in their own backyard. ▶ 많은 나라에서, 정치인들은 뇌물 받는 것을 그들의 뒤뜰에서 흔히 일어나는 일쯤으로 여긴다.

While surfing the Internet for news and games on company time has become ***commonplace***, some four in ten marketing executives still think the practice is not acceptable. ▶ 근무시간에 인터넷과 게임을 하는 것이 다반사처럼 되었지만, 회사의 마케팅담당 임원들 10명 가운데 4명 정도는 여전히 이 같은 일을 용납할 수 없다고 생각한다.

다방면의
다방면에 걸친; 다방면에서 중요한 역할을 하는; 다양한 재능을 지니고 있는

multi-faceted

He was ***a multi-faceted actor***. ▶ 그는 다양한 재능을 지닌 배우였다.

He has ***a multi-faceted career*** as a lawyer, judge and ombudsman. ▶ 그는 변호사로, 판사로 그리고 옴부즈맨으로 다방면에 걸친 경력을 소유하고 있다.

An India-born water management expert has been awarded the USD 150,000 Stockholm Water Prize for his ***multi-faceted contribution*** to global water resource issues, including research, education and creating awareness in both developing and developed countries. ▶ 인도 태생의 한 물관리 전문가는 연구와 교육 그리고 개발도상국과 선진국 모두에서 경각심을 불러일으키는 등의 활동을 포함하는 지구의 수자원 문제에 대한 다방면의 공헌으로 미화 15만 불의 상금을 수여하는 Stockholm Water Prize를 수상했다.

다시
새로; 새롭게; 새로이 (주로 새로운 방법으로 어떤 일을 다시 할 때)

anew ☞ Written

Spring is the time to clean and start ***anew***, so Mayor Rudy Clay announced the kickoff of a citywide cleanup that will partner city, county, religious and educational groups with volunteers and citizens. ▶ 봄은 주변을 깨끗이 청소하고 다시 출발하는 시기다. 이에 따라서 시와 카운티, 자발적으로 참여하는 종교와 교육단체들, 그리고 시민들이 함께하여 도시 전체를 청소하는 일을 시작한다고 시장이 발표했다.

An 89-year-old man crashed through several vendor stalls at the Rochester Public Market Thursday morning, injuring 10 people and raising ***anew*** the question of whether aging drivers should be receive special scrutiny. ▶ 89세의 남자가 목요일 아침 로체스터 시장에 있는 여러 노점들 사이로 돌진하여 10명이 부상당했다. 이 사고로 나이든 운전자들이 별도의 정밀 검사를 받아야 하는지에 대한 문제가 다시 제기되었다.

He began his life ***anew***. ▶ 그는 인생을 새롭게 다시 시작했다.

회사/단체 등에서 떠났던 사람이 **다시 돌아올 때**
복귀할 때

to the fold ☞ 둥지/보금자리로

He ***returned to the fold*** last night just six weeks after having a golf-ball sized tumor removed from his lung. ▶ 폐에서 골프공 만한 종양을 제거한 지 6주 만에 어젯밤 그가 다시 돌아왔다.

They have welcomed former Deputy Secretary-General ***back to the fold***. ▶ 그들은 복귀하는 사무부총장을 반갑게 맞이했다.

다시 말하면
즉 (보다 구체적이고 명확하게 말하고자 할 때 사용)

that is to say ☞ Formal

ARTICLE 21(1) of the Constitution provides:

"Except with his own consent, a person shall not be hindered in the enjoyment of his freedom of assembly and association, ***that is to say***, his right to assemble freely and associate with other persons and in particular to form or belong to any political party, trade union or other association for the protection of his interests." ▶ 헌법 제21조 1항에는 다음과 기술되어 있다: "본인의 동의가 있을 때를 제외하고는, 사람은 집회와 결사의 자유, 다시 말해서 다른 사람들과 모임을 결성하고 활동하는 권리 특히 정당이나 노동조합 혹은 자신의 권익을 보호하기 위한 모임을 결성하는 권리에 제약을 받아서는 안 된다." ♣ *freedom of assembly and association* : **집회/결사(結社)의 자유** 참조

"Zimbabwe will never be a colony again. ***That is to say*** the country will be sovereign forever," he says. ▶ "짐바브웨는 다시는 식민지가 되지 않을 것이다. 다시 말하면, 그 나라는 영원히 주권국가가 될 것이다"라고 그는 말한다.

주 "*to say*"를 생략하기도 한다

중단되었던 활동 등이 **다시 시작되다**
재개되다

resume ☞ Formal

A search ***resumed*** today for a woman who disappeared over the weekend. ▶ 주말에 실종된 한 여자를 찾기 위한 수색작업이 다시 시작되었다.

Shops opened, public transport ***resumed*** and markets were bustling after the government made significant concessions to trade unions, ending a crippling nine-day strike that was marked by violence. ▶ 정부가 노동조합에 중대한 양보를 하여 도시를 마비시킨 폭력이 난무한 9일간의 파업이 끝난 후, 상점들은 문을 열었고 대중교통이 운행을 재개했으며 시장들은 다시 북적거렸다.

다시 태어난
새로운 믿음을 받아들이거나 새로운 방식의 생활을 하는 사람들을 표현할 때

born again

He was ***a born-again actor***. ▶ 그는 배우로 다시 태어났다.

The parents of four-year-old twins who were separated after 26 hours of surgery said they were overwhelmed by their reunion with their daughters. A day after the operation, they said it was like seeing them ***born again***. ▶ 26시간의 수술 끝에 분리된 4살짜리 쌍둥이의 부모는 딸들을 다시 만나 너무나 감격했다고 말했다. 수술 후 다음날, 부모는 마치 딸들이 다시 태어나는 것을 본 것 같다고 말했다.

바로 **다음의**
시간적으로 바로 다음에 오는; 공간적으로 매우 가까운 (인접한, 바로 옆에 있는)

immediate

In ***the immediate aftermath*** of the riots, a mood of hope and reconciliation sprang up. ▶ 폭동 직후에 희망과 화해의 분위기가 일어났다.

For ***the immediate future***, this is where George Bush's war on terrorism is being fought — and this is where his political future may be decided. ▶ 당장은(앞으로 잠시 동안은) 이곳(이라크)은 조지 부시 대통령의 테러와의 전쟁이 벌어지고 있는 장소이지만, 그의 정치적인 미래가 결정될 수 있는 곳이기도 하다.

I was seated at ***his immediate left***. ▶ 나는 그의 바로 왼쪽 옆자리에 앉게 되었다.

~을 놓고 **다투고 있는**
~을 놓고 싸우고 있는

at loggerhead over ~

The school is situated near an area which has been somewhat turned into a 'war zone' by two communities who are ***at loggerhead over*** boundaries. ▶ 경계를 놓고 두 지역사회가 벌이는 전쟁터처럼 되어버린 한 지역과 매우 가까운 곳에 그 학교가 위치하고 있다.

The ministry and carriers have been ***at loggerhead over*** the issue of the congestion surcharge. ▶ 항공 당국과 항공사들은 혼잡부담금에 대한 문제를 놓고 다투어 왔다.

South Korea's ruling and opposition parties are

at loggerhead over the multi-billion dollar Four-Rivers Restoration Project. ▶ 한국의 집권당과 야당들이 수십억 달러가 소요되는 4대강 프로젝트를 놓고 서로 싸우고 있다.

주 *loggerhead*는 끝부분이 둥글고 큰 긴 쇠막대기인데 끝을 달궈서 타르를 녹여 배의 틈새를 메우는 데 이용했다고 한다. 가끔 선원들이 싸울 때 무기로도 이용되었다고 한다.

불행한/나쁜 일이 ~에게 **닥치다**

befall ☞ Literary

Pluto is no longer a planet. What terrible fate ***befell*** the planet popularly known as the namesake of a cartoon Disney doggie? Did aliens blast it into nothingness with a powerful death ray? ▶ 명왕성은 이제 더 이상 행성이 아니다. 도대체 어떤 무시무시한 운명이 디즈니 만화영화에 나오는 개와 이름이 같은 이 행성에게 닥쳤다는 말인가? 외계인들이 강력한 죽음의 광선이라도 쏘아 사라지게 만들었다는 말인가? 《2006년 8월 국제천문학회에서 명왕성을 태양계 행성에서 제외시킨 사건에 대한 이야기다.》 ♣ ***namesake*** : 누구와 **이름이 같은 사람/것** 참조

They hoped to draw attention to the harm that might ***befall*** certain states. ▶ 그들은 특정한 주들에게 닥칠지 모르는 그 불행한 사태에 사람들의 주의를 환기시키길 희망한다.

This problem may ***befall*** a great majority of people due to America's tendency to spend money, which it does not have. ▶ 돈이 없으면서도 낭비하는 미국의 습관 때문에 이 문제가 압도적인 대다수 미국 사람들에게 닥칠지 모른다.

It has been described as the biggest calamity to ***befall*** the world in human history. Others call it the disease (as if other illnesses aren't diseases). It is HIV/AIDS. In Africa alone, 25 million people would be alive were it not for this pandemic that spread like a bush fire two decades ago. ▶ 이것은 인간 역사에서 세상에 닥친 가장 큰 재앙으로 묘사되어 왔다. 어떤 사람들은 이를 질병이라고 부른다(마치 다른 병들은 질병이 아닌 것처럼). 바로 에이즈바이러스 HIV다. 20년 전 마치 덤불에 난 화재처럼 번졌던 이 대유행병이 없었더라면, 아프리카에서만 2천5백만의 사람들이 지금까지 살아 있었을 것이다.

단체/집단의 **단결심**

자기가 속한 단체에 대한 충성심; 자긍심; 자부심 (feeling of loyalty or pride)

esprit de corps ☞ team spirit, French, Formal

The former CIA Chief brought back ***an esprit de corps*** and a modicum of adventurousness that is necessary to get useful information. ▶ 전 CIA 국장은 충성심과 필요한 정보를 모으기 위해서 필요한 어느 정도의 모험심을 다시 소속원들에게 심어주었다. ♣ ***modicum*** : **어느 정도의 양** 참조

단계적으로 ~을 도입하다

점진적으로 ~을 도입하다

phase something in

The new rules would be ***phased in*** over four years. ▶ 그 새로운 규정들은 4년에 걸쳐 단계적으로 도입될 것이다.

The conversion would be ***phased in*** over a three-to-five year period. ▶ 그 전환은 3년에서 5년 사이에 점진적으로 이루어질 것이다.

In the last six to seven years, we've ***phased in*** a new plan to meet the need. ▶ 지난 6~7년간 우리는 그 필요성을 충족시키기 위한 새로운 계획을 단계적으로 도입해 왔다.

단계적으로 ~을 제거하다

점진적으로 ~을 폐지/철거하다

phase something out

"Over the next few years, fewer and fewer movies will be made in the HD format and it will eventually be ***phased out*** completely," says an expert. ▶ "앞으로 몇 년에 걸쳐 HD 형식으로 제작되는 영화의 수가 점점 줄어들 것이고, 궁극적으로는 완전히 사라질 것이다"라고 한 전문가는 말한다.

몸을 **단련시키다**
체력, 근육 등을 강화하다

tone (up) ☞ 명사형으로도 사용

All the quick changes of direction loosen and ***tone up*** the muscles — but not so severely as to cause injury. ▶ 급격한 방향전환 동작은 근육을 풀어주고 단련시키지만 부상을 입을 정도로 심하게 하면 안 된다.

A good 30 to 60 minutes of training a day will eventually burn off the love handles or ***tone up*** thunder thighs. ▶ 하루에 30분에서 60분간 운동을 열심히 하다 보면 허리둘레에 붙은 군살이 빠지고 살이 진동하는 허벅지가 강화될 것이다. ♣ *love handle* : **허리둘레에 붙은 군살** 참조

Whether you want to ***tone up*** or slim down, these exercises are sure to help! ▶ 체력을 강화시키길 원하든 살을 빼길 원하든 간에, 이러한 운동은 분명 도움이 된다.

단속적으로
특정한 활동이 진행되다 멈추기를 반복하면서

in fits and starts

Cooperation between communist North Korea and capitalist South Korea has progressed ***in fits and starts*** since a June 2000 summit. ▶ 공산주의 국가인 북한과 자본주의 국가인 남한 사이의 협력은 2000년 6월에 개최된 정상회담 이후 단속적으로 진척되어 왔다.

Though the market has moved ***in fits and starts*** through most of the past few months, its trajectory has, alas, been downward. ▶ 지난 몇 달 간 그 시장이 움직임을 보이다 멈추기를 반복해 왔지만, 유감스럽게도 시장은 하향곡선을 그리고 있다. ♣ *alas* : **유감스럽게도** 참조

단속적인
특정한 활동이 진행되다 멈추기를 반복하는

fitful

The government is making slow and ***fitful progress*** in these negotiations. ▶ 정부는 이 협상에서 느리고 단속적인 진전을 보이고 있다.

Scott Verplank slept with his cell phone under his pillow Sunday night, waiting for a dream to come true. At 7:30 a.m., two hours after Verplank awoke from ***a fitful sleep***, the phone rang. It was U.S. Ryder Cup captain Tom Lehman. ▶ 스콧 버플랭크는 꿈이 실현되길 기다리면서 일요일 밤 베개 밑에 휴대전화를 놓고 잠이 들었다. 자다 깨다 하는 잠(선잠)에서 깨어난 지 2시간 후인 오전 7시 30분에 전화벨이 울렸다. 라이더컵 미국 대표팀 주장인 탐 레이먼이 건 전화였다. 《미국 대표팀과 유럽 대표팀이 겨루는 2006 라이더컵(Ryder Cup) 골프대회의 미국 대표팀 일원으로 선발되었다는 전화를 기다리느라 잠을 설친 스콧 버플랭크의 이야기다.》

on-again, off-again

The February deal came after more than three years of ***on-again, off-again negotiation*** during which North Korea conducted its first-ever nuclear test detonation in last October. ▶ 진행되다 중단되기를 반복하면서 협상이 3년 이상 지속되다가 2월에 협정이 이루어졌는데, 그 사이에 북한은 지난 10월 최초의 핵실험을 하였다.

단식 투쟁

hunger strike

A total of 41 convicted and detained Jordanian Islamists ended ***a hunger strike*** started on Saturday to demand improvements in their living conditions. ▶ 유죄판결을 받고 구금되어 있는 총 41명의 요르단 이슬람교도들은 생활환경의 개선을 요구하며 토요일에 시작된 단식투쟁을 끝냈다.

They have begun ***a hunger strike*** in protest at the alleged beating. ▶ 그들은 폭행당했다고 알려진 그 사건에 대한 항의로 단식투쟁을 시작하였다.

여러 단어들의 첫 글자를 따서 이루어진 이름(acronym)을 갖고 있는 **단체들의 집합**
약자로 표시된 많은 단체들

alphabet soup

Be careful of people who call themselves experts who list ***an alphabet soup*** of unfamiliar professional designations after their name and entice you to attend their seminars with a free dinner. ▶ 전문가를 자처하면서 이니셜로만 표기된 잘 모르는 전문단체의 명칭을 잔뜩 써놓은 명함을 들고 다니며 저녁식사가 무료로 제공되는 세미나에 참석하라고 유혹하는 사람들을 조심하라.

Meanwhile, BP's record includes a deadly explosion at one of its refineries and a major oil pipeline leak in Alaska. Because of these incidents, the company is under investigation by ***an alphabet soup*** of federal and state agencies — EPA, OSHA and DOJ — for a possible law violation. ▶ 한편, BP(British Petroleum)는 정유공장 한 곳에서 엄청난 폭발사고를 낸 적이 있고, 알래스카에서 대규모의 원유 유출사고를 일으켰다. 이러한 사고들 때문에, 그 회사는 EPA, OSHA, DOJ와 같은 여러 연방 및 주정부 기관들로부터 법률 위반의 가능성에 대하여 조사를 받고 있다.

주 뉴욕 주 주지사였으며 1928년 민주당 대통령 후보였던 알프레드 스미스(Alfred E. Smith)는 자신을 누르고 1928년 뉴욕 주지사에 당선되었으며 1933년 미국 대통령이 된 루즈벨트의 뉴딜 정책(The New Deal)을 별로 좋아하지 않았다. 뉴딜정책을 담당하는 기관들에는 NRA, TVA, CCC and AAA (national Recovery Administration, Tennessee Valley Authority, Civilian Conservation Corps and Agricultural Adjustment Administration) 등이 있었는데 이들 기관들을 빗대어 스미스가 "The government is submerged in a bowl of ***alphabet soup***"이라고 하였다. 알파벳을 본떠서 만든 파스타 수프를 ***alphabet soup***라고 부르는 데서 유래되었다.

단추만 누르면 된다
모든 준비가 끝났다; 일/작동 등이 너무 간단하다/쉽다/용이하다

a/one button click away from

By most accounts Kim's son and successor, "Dear Leader" Kin Jong Il, is only ***a button click away from*** detonating a nuclear weapon. ▶ 사람들의 말을 빌리자면, 김일성의 아들이자 후계자인 김정일은 핵폭탄을 터트릴 모든 준비를 끝냈다고 한다. 《북한이 2006년 핵실험을 강행하기 몇 년 전 한 잡지에 기고된 글이다.》 ♣ ***by most accounts***: 사람들의 **말을 빌리자면** 참조

Converting your files is just ***one button click away*** because this program is user-friendly directing the users from start. ▶ 쉽게 사용할 수 있도록 시작부터 작동법을 친절하게 안내하기 때문에, 이 프로그램으로 파일을 변환하는 것은 너무나 간단하다.

기록/가격/비용/시간 등을 약간 단축하다
약간 줄이다

shave off

The non-stop flight will ***shave*** a few hours ***off*** his journey home. ▶ 직항을 이용한다면 집에 가는 시간이 몇 시간 단축될 것이다.

He ***shaved*** two seconds ***off*** the world record. ▶ 그는 세계기록을 2초 단축하였다.

상황이 완전히 달라지다
이제부터 새로 시작이다; 판도가 완전히 달라지다

it's a whole new ball game

When you get on to the island ***it's a whole new ball game*** and the jungle and the lack of food and water makes for a very even playing field. ▶ 당신이 그 섬에 도착하면 그때부터 새로 시작이다. 정글과 식량 및 물이 부족한 상황은 모든 사람이 공정한 경쟁을 할 수 있는 여건을 조성한다. 《정글이 우거진 무인도에서 서바이벌 게임을 펼치는 사람들에 관한 이야기다.》 ♣ ***even playing field***: 어느 한편에 유리하거나 불리하지 않도록 **공정한 경쟁을 할 수 있는 여건을 조성하다** 참조

A few years ago, service providers thought it was enough to provide their business customers with an air-conditioned, secured room where they could keep their web servers. But now, ***it's a whole new ball game***. Today's business customers expect — and need — more. ▶ 몇 년 전까지만 해도, 웹 서버를 제공하는 업체들은 서버를 보관하기 위한 온도조절이 잘 되고 안전한 공간만 있으면 충분하다고 생각했었다. 그러나 지금은 상황이 완전히 달라졌다. 요즘의 고객들은 더 많은 것을 기대하고 있으며 또한 필요로 하고 있다.

주 스포츠에서 한 팀이 일방적으로 지고 있다가 극적으로 동점을 만들었을 경우에 아나운서나 해설자가 이 표현을 자주 사용한다.

~했다고 해서 이전과 비교했을 때 전혀 **달라진 게 없다**
~을 했음에도 불구하고 차도/차이가 전혀 없다; 더 나빠진 게 없다; 더 나아진 게 없다

none the + 형용사 비교급 + for

He is ***none the better for*** a change of air. ▶ 휴양을 했지만 전혀 차도가 없다.

The jeans looked ***none the better for*** having been washed. ▶ 세탁을 했지만 청바지는 더 나아 보이지 않았다.

The road would be ***none the smoother for*** it. ▶ 그렇게 해도 그 길은 더 평탄해지지 않을 것이다.

He appeared ***none the worse for*** his ordeal. ▶ 그는 시련을 겪었음에도 불구하고 더 나빠 보이지 않았다.

요구 조건을 들어주면서 상대방을 **달래다**
환심을 사려는 행동이나 말을 하다; 회유하다

appease

Chen may be refraining from calling on a referendum on sovereignty, but that's unlikely to ***appease*** China. ▶ 첸 대만 대통령은 독립을 묻는 국민투표를 실시하겠다고 공표하는 것을 자제할지도 모른다. 그러나 그렇게 해도 (관계가 악화된) 중국을 달랠 수 있을 것 같지 않다.

The final offer will not seem to ***appease*** separatists. ▶ 그 최종 제안은 분리주의자들의 환심을 사지 못할 것으로 보인다.

The government was accused by most people of trying to ***appease*** trade unions by giving up the very basic principle — "No work, no paycheck." ▶ 사람들은 정부가 "무노동, 무임금"이라는 가장 기본적인 원칙을 포기하면서 노조들을 회유하려 한다며 비난했다.

placate ☞ Formal

He tried to ***placate*** her, reassuring her there was nothing to it. ▶ 그는 별것이 없다고 안심시키며 그녀를 달래려고 애썼다. ♣ ***there was nothing to it***: 어떤 것 혹은 상황 등이 너무나 **간단하다는 것을 강조할 때** 참조

결정/권한/책임 등이 어떠한 사람에게 **달려 있다**
~에게 주어져 있다

rest with

Regulation of the insurance industry ***rests*** mainly ***with*** the states. ▶ 보험업계에 대한 규제는 주로 주정부에 달려 있다.

The final decision ***rests with*** the president. ▶ 최종 결정은 대통령에게 달려 있다.

급하게/서둘러/황급히 **달리다**
잽싸게 내빼다/달리다

hightail it

An Iraqi resistance fighter claimed that all he wants is for Americans to leave his country. If this is true, all he needs to do is lay down his arms. The Americans will then set up a government that is representative of the Iraqi people and ***hightail it*** out of there. ▶ 한 이라크 저항군 병사는 그가 원하는 것은 미국 사람들이 이 나라를 떠나는 것이 전부라고 주장했다. 만일 이것이 사실이라면, 그가 해야 할 일은 무기를 버리는 것이다. 그렇게 된다면 미국은 이라크 국민들을 대표하는 정부를 수립하고 서둘러 그곳에서 철수할 것이다.

Rabbits respond with alarm when a flying shadow passes over them. They ***hightail it*** into the underbrush. ▶ 하늘에서 날고 있는 (매나 독수리 같은 포식자의) 그림자가 무리 위로 지나갈 때, 토끼들은 위험을 알아차리고 나무 아래 덩굴 속으로 황급히 달려가 숨는다.

주 말이 놀라서 꼬리를 높이 치켜들고 달리는 모습을 상상하면 된다.

부리나케 **달아나다**
잽싸게 내빼다

take to one's heel ☞ 걸음아 나 살려라 하고 줄행랑치다, Literary

When the robber heard a dog bark, he ***took to his heel***. ▶ 그 도둑은 개 짖는 소리를 듣고는 잽싸게 내뺐다.

The security man raised alarm, before the robbers could ***take to their heels***. ▶ 도둑들이 줄행랑

치기 전에 경비원이 경보를 울렸다.

show a clean pair of heels ☞ 뒷굽이 땅에 닿을 새도 없을 정도로(뒷굽에 흙이 묻을 새도 없을 정도로) 빨리 달아난다는 의미다

He wanted to ask her out but she ***showed her clean pair of heels*** before he had a chance. ▶ 그는 그녀에게 데이트 신청을 하고 싶었지만, 그녀는 말할 기회도 주지 않고 얼른 떠나버렸다.

Tiger Woods claimed his 12th major championship yesterday with a clinical display of golf that ***showed a clean pair of heels*** to the rest of the field in the US PGA Championship from the moment he holed a 12-foot birdie putt at the first to take the outright lead. ▶ 타이거 우즈는 미국 PGA 챔피언십 대회 첫 번째 홀에서 12피트짜리 버디 퍼트를 성공시켜 단독 선두를 차지하던 순간부터 대회가 끝나는 순간까지 냉정한 경기를 펼쳐 경쟁자들을 멀찌감치 따돌리고 어제 생애 통산 12번째의 메이저대회 우승을 차지하였다.

He today ***showed a clean pair of heels*** to its rivals. ▶ 그는 오늘 경쟁자들보다 한참 앞서 나갔다.

주 "시합/경주 등에서 상대방보다 한참 앞서다" "경쟁자들을 멀찌감치 따돌리다"라는 의미로도 자주 사용된다.

양/수/수준 등이 ~에 **달하다**
~에 해당하다; ~에 해당되다; ~나 마찬가지다

amount to

The membership of the internet café will ***amount to*** 1,000,000 by the end of this year. ▶ 그 인터넷카페의 회원수는 연말이면 100만 명에 달할 것이다.

The State Attorney's Office determined a deputy city manager technically violated the state's public records law by shredding four code enforcement employees' performance evaluations — but the violation did not ***amount to*** a criminal action, officials said Thursday. ▶ 주 검찰청은 부시장이 법을 집행하는 사람들(경찰들)의 수행기록 평가서를 파기하여 주의 공공기록에 관한 법률을 위반하기는 했지만, 그 위반행위는 범죄행위에 해당되지 않는다고 결정했다.

The rules ***amount to*** sleight of hand. ▶ 그 규정들은 교묘한 눈속임이나 마찬가지다. ♣ ***sleight of hand***: 교묘한 손놀림으로 사람의 눈을 **속이는 것** 참조

닭이 먼저냐 계란이 먼저냐 하는

chicken-and-egg

Hydrogen has always suffered from ***the classic chicken-and-egg debate***: the car manufacturers wait for a fuel distribution network to be set up, and the fuel suppliers for cars to be produced. ▶ 수소 가스는 언제나 "닭이 먼저냐 계란이 먼저냐"라는 고전적인 논쟁에 휘말려 왔다. 수소를 연료로 쓰는 자동차를 생산하는 업체들은 수소 보급망이 갖추어지길 기다리고 있으며, 수소 공급자들은 자동차가 생산되기를 기다리고 있다.

The American-led war on Iraq was probably more historically significant than the 9/11 attack itself, though it was also a response to 9/11. There is ***an irritating chicken-and-egg element*** to this issue. In remembering 9/11, we should keep in mind a simple but crucial question: Did Al-Qaeda-like terror trigger Anglo-American militarism ("the global war on terror") or did Anglo-American unilateralism and triumphalism provide the political and psychological nourishment that helped feed the growth of Al-Qaeda and its twisted worldview? ▶ 미국이 주도하는 이라크 전쟁은, 비록 이 전쟁이 9/11 테러에 대한 대응이긴 했지만, 9/11테러 그 자체보다 역사적으로 더 중요할지도 모른다. 이 문제는 사람을 괴롭히는 "닭이 먼저냐 계란이 먼저냐" 하는 논쟁의 요소를 지니고 있다. 9/11 사태를 기억할 때, 우리는 다음과 같은 단순하면서도 핵심적인 의문을 마음속에 지니고 있어야 한다: 알카에다가 저지르는 것과 같은 테러가 미국식 군국주의(전세계적인 테러와의 전쟁)를 촉발시켰는가 아니면 미국 백인들의 일방주의와 승리주의(전쟁이나 경쟁에서 승리하여 우월감에 도취되어 남들을 깔보거나 무시하는 태도)가 알카에다의 세력확장과 왜곡된 세계관을 부추겼는가?

외모/모습이 누구/무엇을 꼭 **닮았다**

spitting image of ☞ Informal

He is ***the spitting image of his grandfather***. ▶ 그는 할아버지와 꼭 닮았다(붕어빵이다).

다

외모의 특정 부분이 누구를 꼭 **닮았다**

have someone's ~

She ***has her mother's nose***. ▶ 그녀는 엄마 코를 꼭 빼닮았다.

I don't know ***whose eyes*** the baby ***has***. ▶ 그 아기가 누구의 눈을 닮았는지 모르겠다.

행동이나 재능이 부모를 **닮았다**

chip off the old block ☞ 빼다 놓은 것 같은 사람

His son is apparently ***a chip off the old block*** — he, too, has been busted for drunken driving. ▶ 그의 아들은 아버지를 닮았음이 분명하다. 그도 역시 (아버지처럼) 음주운전으로 체포되었다.

He proved himself ***a chip off the old block*** with his success. ▶ 그의 성공으로 그도 부모처럼 재능을 가지고 있다는 것이 입증되었다.

like father/mother, like son/daughter ☞ 그 부모에 그 자식이다

Like father, like daughter? Jenny Wilson — a first-term Democratic Salt Lake County councilwoman and daughter of former Salt Lake City Mayor Ted Wilson — will look to succeed Rocky Anderson as mayor of Utah's capital(Salt Lake City). ▶ 그 아버지에 그 딸이라 했던가? 전 솔트레이크 시장 테드 윌슨의 딸이자 솔트레이크 카운티 의회 위원으로 첫 임기를 수행 중인 제니 윌슨은 유타 주의 수도 솔트레이크 시장인 로키 앤더슨의 뒤를 잇는 차기 시장에 출마하려 한다.

대출 등이 ~을 **담보로 한**

something-backed

Since late last year, the government has taken a set of measures to stabilize soaring housing prices with a focus on building more apartments and making it more difficult to borrow ***home-backed loans*** from banks. ▶ 작년 후반기부터 정부는 더 많은 아파트를 건설하고 집을 담보로 한 은행대출을 더 어렵게 만드는 데 역점을 두면서 치솟는 주택가격을 안정화시키기 위한 일련의 조처를 취하여 왔다.

~에 대한 **답례로 주는 선물/혜택**
~에 대한 보상/보답으로 주는 선물/혜택

quid pro quo ☞ Latin

The Great Britain should not ask ***a quid pro quo*** for the involvement in Iraq War. ▶ "영국도 공동의 목표를 위해 이라크와의 전쟁에 참전했으므로 미국에게 따로 보상을 요구하지 말라"는 의미다. 《문구가 정확한지는 모르나, 저가가 CNN 뉴스에서 미국 부시 대통령이 이와 비슷한 발언을 한 것을 들은 적이 있다.》

Is the collapse of the Doha Round the beginning of the end for the WTO? What could be the fallout — effects and consequences — of the collapse of the Doha Round on neo-liberal globalization? An attempt will certainly be made to revive the Doha Round, possibly after the mid-term elections in the United States, in November 2006. That attempt, in the short and even medium terms, will probably be successful, for three reasons: 1. The rich countries will cut their agricultural and export subsidies, and reduce their tariffs on the poor countries' exports significantly; 2. As ***a quid pro quo*** the "emerging" countries will open their markets more in the tertiary sector — banking, insurance, communications, information technologies, patent protection, education and health services; 3. The poor countries will be offered a substantial 'Aid for Trade' package. ▶ 다자간 자유무역협상인 도하라운드의 실패가 WTO의 종말이 오고 있다는 것을 의미하는가? 도하라운드의 붕괴가 신자유주의적 세계화에 어떠한 결과를 초래할 것인가? 2006년 미국의 중간선거 이후쯤이면 도하라운드를 부활시키려는 움직임이 틀림없이 나타날 것이다. 그와 같은 시도는 중단기적인 관점에서 다음 세 가지 이유 때문에 성공할지도 모른다: 1. 부자 나라들은 농업 및 수출 보조금을 삭감할 것이고, 못사는 나라에 대한 수입관세를 줄일 것이다; 2. 이에 대한 보상으로 개발도상국들은 금융업, 보험, 통신, 정보기술, 특허 보호, 교육, 의료서비스 등의 3차 산업 부문에서 사장의 문호를 더 열게 될 것이다; 3. 가난한 나라들은 문호개방의 대가로 상당한 원조를 제공받게 될 것이다. 《도하라운드는 2006년 7월 24일 공식적으로 협상이 결렬되었다.》

답례하다
호의에 보답하다

return the courtesy

The people ***returned his courtesy*** with cheers and bows. ▶ 사람들은 환호와 인사로 그에게 답례를 보냈다.

Five years later, he ***returned the courtesy***, making a historic visit to the Vatican. ▶ 5년 후 그는 바티칸을 방문함으로써 호의에 보답하였다.

옛것을 답습하다
이전 것을 다시 들고 나오다; 재탕하다(이전과 별로 달라진 게 없다는 거부감을 나타내는 표현이다)

rehash ☞ 명사형으로도 사용

Most of the "new" models promised by American car makers look set to be little more than ***rehashes*** of existing products. ▶ 미국 자동차회사들이 약속한 새로운 모델의 대부분은 이미 나와 있는 제품들의 답습에 지나지 않는 것처럼 보인다.

He ***rehashed*** his plan to boost wind and move natural gas over to transportation. ▶ 그는 풍력발전을 장려하고 천연가스는 수송연료로만 사용하도록 하는 계획을 다시 들고 나왔다.

Most of the testimony simply ***rehashed*** facts that have already been covered by previous testimony, but there were a few new developments. ▶ 증언의 대부분은 이전 증언에서 이미 다루어진 사실들을 단순히 재탕하는 것에 불과했지만 몇 가지 새로운 사실도 있었다.

당당하게 ~로 걸어 들어가다
자신에 찬 발걸음으로 ~에 들어가다; 입성하다

sweep into ☞ Written

Martin ***swept into*** the Governor's mansion this year. ▶ 그는 올해 주지사 공관으로 당당하게 걸어 들어갔다. 《주지사가 되었다는 의미다.》

He ***swept into*** power four years ago embodying the highest of hopes and expectations. ▶ 그는 4년 전 최고조의 희망과 기대를 대변하면서 당당히 권좌에 올랐다.

The 400 legislators who ***swept into*** the city council in Leningrad's first free elections wanted to turn the council into a laboratory for reforms. ▶ 레닌그라드의 첫 번째 자유선거를 통해 시의회에 당당히 입성한 400명의 의원들은 의회를 개혁을 시험하는 장소로 변화시키길 원했다.

주 선거에서 (주로 압도적으로) 승리하여 당당하게 집무실로 들어갈 때 자주 사용된다.

앞으로 당분간은
앞으로 확실하지 않은 얼마의 기간 동안은

for some time yet

I expect it to continue growing double digits ***for some time yet***. ▶ 앞으로 당분간은 두 자릿수의 성장세를 보일 것으로 나는 예상한다.

The intersection may remain closed ***for a few days yet***. ▶ 앞으로 며칠 동안은 그 교차로가 폐쇄될 것이다.

Nothing will happen ***for a few years yet***. ▶ 앞으로 몇 년간은 아무 일도 일어나지 않을 것이다.

당선자

-elect

"This is our moment," ***President-Elect*** Barack Obama told electrified crowds in Chicago's Grant Park. ▶ "지금 이 순간은 우리 것입니다"라고 시카고 대공원에서 대통령 당선자 버락 오바마가 흥분에 들뜬 군중들에게 말했다.

I want to congratulate ***Governor-elect*** Bob McDonnell of Virginia. ▶ 버지니아 주지사 당선자인 밥 맥도넬에게 축하를 보내고 싶습니다.

어떤 일을 하다 보면 때에 따라서는 힘든 일도 마다 않고 해야 하는 경우가 **당연히 있기 마련이다**

~은 당연히 따라온다; ~은 당연한 일이다; ~은 감수할 수밖에 없다

something **comes/goes with the territory**

Getting to sleep around 2 a.m. for the second night in a row, not so much, but ***it comes with the territory***. ▶ (취재하느라) 이틀 연속 새벽 2시에 잠자리에 들었지만 기자 입장에서 보면 이러한 일은 당연히 있기 마련이다. 《2007년 3월 중남미 국가들을 순방하는 부시 대통령과 동행하면서 취재하는 어느 기자의 이야기다.》

You hear the tragic stories of people getting injured in the ring for years and ***it just comes with the territory***. ▶ 오랫동안 링에서 부상당하는 사람들의 비극적인 이야기를 들어왔지만, 이 같은 일은 감수할 수밖에 없다. 《프로 레슬링을 하다 보면 치명적인 부상을 당하는 것은 어쩔 수 없는 일이라는 말이다.》

주 물건을 팔기 위해서 먼 길을 떠난 신참 세일즈맨에 대한 이야기다. 가고자 하는 마을에 대한 아무런 사전 정보가 없기 때문에 가끔은 고생만 잔뜩 하고 별 소득이 없는 경우를 일컫는 표현이다. 그 마을에 가면 그럴 수밖에 없다는 뜻이다. 극작가 아서 밀러(Arthur Miller)의 히트작이며 우리나라에서도 여러 번 무대에 올려진 적이 있는 세일즈맨의 죽음(Death of a Salesman)에서 이 표현이 사용된 후 널리 퍼졌다고 한다.

(때로는 노력도 하지 않으면서) ~을 **당연히 주어지는 것으로 여기다**

어떤 것을 당연한 것으로 여기다

take something **for granted**

In most of the country's urban areas, the constant availability of clean water is virtually ***taken for granted***. ▶ 그 나라의 대부분 도시 지역에서는 깨끗한 물을 항상 얻을 수 있다는 것을 당연한 사실로 여긴다.

Vision is sometimes ***taken for granted***, but it shouldn't be. Eye health is important for maintaining a high quality of life, and it is never too late to get checked for potential vision problems. ▶ 시력은 가끔 당연히 주어지는 것으로 여겨지지만 그렇지 않다. 눈의 건강은 질 높은 삶을 유지하는 데 중요하며, 잠재적 시력 문제들을 검사하는 것은 늦는 법이 없다. ♣ ***never too late*** : **늦었다고 생각될 때가 가장 좋은 때다** 참조

당장 ~을 할 마음이 내키지 않는다

서둘러서 ~할 마음이 별로 없다

be in no hurry to

I love my house, though it is small, so that I ***am in no hurry to*** move. ▶ 비록 작지만 내 집을 너무 좋아하기 때문에 당장 이사할 마음이 별로 없다.

Stocks rebounded from two days of losses as oil fell to a five-month low and a Federal Reserve policy maker signaled the central bank ***is in no hurry*** to raise interest rates again. ▶ 원유값이 지난 5개월 중 최저로 떨어졌고 연방준비은행 정책을 입안하는 사람들이 이자율을 서둘러 올리려 하지 않음에 따라 주가가 이틀간의 하락세로부터 반등했다.

(~을 하느니 차라리) **당장이라도 ~을 하고 싶은 심정이다**

would just as soon do ~ (**as** do ~)

There are thousands, perhaps even millions, of young Americans who ***would just as soon*** pay to breathe air ***as*** pay for music. ▶ 음악을 돈 내고 듣느니 당장이라도 차라리 숨 쉬는 공기 값을 내겠다고 생각하는 젊은 미국인들이 너무나 많다. 《인터넷 음악 사이트에서 무료로 음악을 다운로드하여 듣는 데 익숙해진 많은 젊은 사람들이 유료화에 반대하고 있다는 이야기다.》

I ***would just as soon*** forget that day. ▶ 나는 당장이라도 그날을 잊고 싶은 심정이다.

경험/활동 등이 **당혹스러운**

불명예스러운; 수치스러운; 굴욕적인

ignominious ☞ **Formal**

The historical verdict on U.S. involvement in Vietnam is unfair: despite ***the ignominious retreat*** from Saigon, Vietnam ultimately applied to join the Association of Southeast Asian

Nations (ASEAN). ▶ 미국의 베트남전 참전에 대한 역사적인 평가는 불공평하다. 사이공에서의 당혹스러운 퇴각에도 불구하고, 마침내 베트남이 ASEAN에 가입을 신청했다.

I learned that David Beckham had been dropped from the English national soccer team while riding the elevator at work late last week. Receiving news while trapped in a metal box is nothing new in this age of aggressive technology. What was surprising, though, was learning that one of the best English players of his generation — if not the best — was being dumped in such ***an ignominious fashion***. ▶ 나는 데이비드 베컴이 영국 축구대표팀에서 제외되었다는 사실을 지난주 회사 내 엘리베이터 안에서 (전화를 받고) 알았다. 엘리베이터 안에서 새로운 소식을 받는 것은 기술이 급격히 발전하는 이 시대에서는 하나도 새로울 것이 없다. 그렇지만 놀라운 사실은, 비록 역대 최고의 선수는 아닐지 몰라도, 그의 세대에서는 영국 최고의 선수가 그처럼 불명예스럽게 대표팀으로부터 버림받았다는 것이다.

어찌해야 할 바를 몰라 **당황하는**

어쩔 줄 모르는; 어쩔 줄 몰라 헤매고 있는; 무슨 일을 해야 할지 몰라 막막한 기분이 드는

at loose ends(미국); at a loose end(영국)

The family has been a bit ***at loose ends*** — the glue is gone, and we' re all looking for some way to stick. We all have different ways of expressing our loss — at times these expressions cause discord, which was the very last thing mom would have wanted. ▶ 가족들을 하나로 결합시켜 주시던 어머니께서 돌아가신 후 가족들이 어찌해야 할 바를 몰라 당황하고 있는데, 우리는 다시 뭉칠 방법을 찾고 있다. 우리는 어머니를 잃은 슬픔을 제각기 다른 방법으로 표현하고 있지만, 가끔씩 이러한 표현들이 불협화음을 일으키고 있는데 이는 어머니가 원하는 바가 절대로 아니었다. ♣ *the last thing* : 가장 **피해야 하는 것** 참조

When you retire after many years on the job, no matter what kind of job you have, you feel a little bit ***at loose ends***. ▶ 직장에서 오래 근무한 후 은퇴하게 되면, 어떠한 직장이든지 간에 앞으로 무슨 일을 해야 할지 몰라 약간은 막막한 기분이 들게 된다.

It was the week between Christmas Day and New Year' s Day and a group of people ***at a loose end*** had gathered in the pub. ▶ 크리스마스와 새해 사이에 있는 주였다. 할 일 없이 빈둥거리는 일단의 무리들이 그 선술집에 모여들었다.

㈜ 흔들거리는 줄 끝에 매달려 있는 형국이다. "할 일이 없어 빈둥거리는"이라는 의미도 가지고 있다.

at a loss

The government is ***at a loss*** to know how to tackle the violence. ▶ 정부는 폭력 문제를 어떻게 해결해야 할지 몰라 당황하고 있다.

They are ***at a loss*** to explain why the flu season has arrived so early. ▶ 그들은 독감시즌이 그렇게 빨리 왔는지에 대한 이유를 제대로 설명하지 못하고 헤매고 있다.

at sixes and sevens

The government is ***at sixes and sevens*** over the strike of the railroad union. ▶ 정부는 철도노조의 파업에 어떻게 대처해야 할지 몰라 헤매고 있다.

The team was very poorly organized and the defense was all ***at sixes and sevens***. ▶ 그 팀은 조직력이 매우 형편없었으며, 수비를 어떻게 해야 할지 몰라 당황하고 있었다.

㈜ 구약 성경의 욥기 5장 19절에서 유래되었다: "From six calamities he will rescue you; in seven no harm will befall you." "하나님께서는 여섯 가지 환난에서도 너를 구원하여 주시며, 일곱 가지 환난에서도 그 재앙이 네게 미치지 않게 하실 것이다."

~에는 **대가(代價)가 따른다**

대가를 감수해야 한다

come with costs

It is clear that every day of delay in enacting the bill ***comes with costs***. Those costs are project delays that increase price tags on infra-structure, lost jobs, and a further burden on states. ▶ 그 안을 법제화하는 일이 하루하루 지연되면 그에 대한 대가가 분명히 따른다. 프로젝트가 지연되면 사회 기반시설의 건설비용이 증가하게 되고 일자리의 손실이 커지고 주가 떠안아야 하는 추가적인 부담이 가중된다.

대규모
대대적인 규모

full scale

Aid delivery was running ***at full scale*** in Lebanon, but needs for water and electricity were still huge, UN agencies said. ▶ 지원물품이 대규모로 레바논에 전달되고 있지만 물과 전기가 여전히 매우 부족하다고 유엔구호기관들이 말했다.

A full-scale reconstruction is now underway in the margins of the city. ▶ 대대적인 규모의 재건축이 그 도시의 변두리 지역에서 지금 벌어지고 있다. ♣ *in the margins* : 가장 **소외된 지역에서** 참조

대낮에
백주에 ; 한낮에 ; 많은 사람들이 보는 앞에서

in the face of day

He was kidnapped last Sunday right in the street, ***in the face of day***. ▶ 그가 지난 일요일 거리에서 그것도 대낮에 많은 사람들이 보는 앞에서 납치되었다.

대다수
대부분의 것/사람

vast majority

As stated above, ***a vast majority*** (88%) believes the government should take action to ensure that people have enough to live on in retirement. ▶ 앞에서 언급된 바와 같이, 대다수 사람들은(88%) 정부가 사람들에게 은퇴 후 살아나갈 수 있도록 충분한 돈을 보장해 주는 조치를 취해야 한다고 믿고 있다.

The vast majority of the eggs are likely to hatch out in time. ▶ 대부분의 계란들이 제 시간에 부화할 것이다.

압도적인 **대다수**
거의 모든 것/사람

overwhelming majority

The overwhelming majority of Jewish people have lived outside of Palestine for nearly 2000 years. ▶ 압도적인 대다수 유태인들은 2000년 가까이 팔레스타인 밖에서 살아왔다.

In this context we need to address the key element characterizing ***the overwhelming majority*** of crime in America, especially those crimes of which we're most likely to be victims. Simply put, the vast majority of crimes in America are addiction-related. ▶ 이와 같은 상황에서 우리는 미국에서 일어나는 범죄의 거의 대부분을 차지하는, 특히 우리가 피해자가 될 수 있는 그러한 범죄들을 특징짓는 중요한 요소에 역점을 두어야 할 필요가 있다. 쉽게 말하자면, 미국에서 일어나는 범죄의 대부분은 마약중독과 관련되어 있다. ♣ *put* : ~하게 **표현하자면** 참조

~처럼 **대단한**
~와 같이 대단한 (사람이나 사물이 놀라움이나 경탄을 자아낼 정도로 대단하다는 것을 강조할 때)

no less ~ than

No less an expert ***than*** Newt Gingrich says, "Hillary has become one of the very few people who know how to do about health care." ▶ 뉴트 깅그리치와 같은 대단한 정치 전문가가 "힐러리는 의료문제를 어떻게 다루어야 하는지 알고 있는 몇 안 되는 사람 중의 하나다"라고 말한다.

Why should a doctor, ***no less***, be reduced to an adjunct of her husband's ambition? ▶ 도대체 왜 의사처럼 대단한 사람이 남편의 야망이나 거드는 사람으로 전락해야 하는가? 《2004년 당시 미국 민주당 대통령 후보로 나섰던 하워드 딘(Howard Dean)의 부인(현직 의사)이 공개석상에 전혀 나타나지 않는 것에 대하여 비꼬는 말이다.》 ♣ *be reduced to* : 불쾌한, 당혹스러운 일 등을 마지못해서 할 수밖에 없는 비참한/처량한/처참한 상황/신세/지경으로 **전락하다** 참조

그다지/그리 **대단한 ~이 아니다**
별 볼 일 없는

not much of

Although he had previously spent two years in the Royal Navy, he himself admits that he's ***not much of*** a seaman. ▶ 비록 그가 영국 해군에서 2년간 복

무했지만, 그는 자신은 그리 대단한 뱃사람(해군)이 아니었다고 고백한다. 《영국의 왕세자에 대한 이야기다.》

We're ***not much of*** a superpower if we let someone like that blow up the biggest buildings in our biggest city and get away with it. ▶ 만일 우리가 그 같은 사람이 가장 큰 도시에 있는 가장 큰 건물을 날려놓고는 그대로 달아나도록 내버려둔다면 우리는 그리 대단한 강대국이 아니다. 《9/11 사태에 대한 어느 미국인의 이야기다.》

It has ***not been much of*** a holiday. ▶ 별 볼 일 없는 휴일이었다

비서, 수행원 등을 **대동하고**
~를 데리고; ~와 함께 다니는

with someone in attendance

He lived in considerable style, traveling widely, usually ***with*** a cook, valet, butler and chauffeur ***in attendance***. ▶ 그는 대개 요리사, 시종, 비서, 운전수를 대동하고 여기저기를 여행 다니면서 멋진 인생을 보냈다.

accompanied by

Each child must be ***accompanied by*** an adult. ▶ 모든 어린이는 어른과 함께 다녀야 한다.

Accompanied by more than a dozen aides and, at times, she waved to passing motorists, greeted shoppers and chatted with residents who offered support or challenged her to explain why they should vote for her in the Democratic primary Tuesday. ▶ 12명이 넘는 수행원들을 대동하면서 그녀는 지나가는 운전자들에게 가끔씩 손을 흔들었고 쇼핑객들에게 인사하였으며 그녀를 지지하거나 화요일에 개최되는 민주당 대통령 후보 경선에서 왜 그녀에게 투표를 해야 하는 이유를 말해 달라고 도전해 오는 사람들과 이야기를 나누었다. 《2008년 미국 대선 민주당 후보 경선에 나섰던 힐러리 클린턴에 대한 이야기다.》

~와 **대등한 관계/신분/입장/지위**

equal footing with

Russia said Friday it plans to write off about $700 million in debt owed by the poorest countries a move reflecting its soaring oil-fueled wealth and a desire for ***equal footing with*** the world's top industrialized nations. ▶ 러시아는 빈곤 국가들이 지고 있는 7억 달러의 채무를 탕감해 주는 계획을 금요일 발표했다. 이는 치솟는 오일 가격으로 축적된 부와 세계 정상의 위치에 있는 국가들과 대등한 지위를 누리고 싶은 욕망을 반영하는 움직임이다. ♣ *write off*: 채무/부채를 **탕감해 주다** 참조

After years spent bottled up in legislative committees, a move to put mental health insurance ***on equal footing with*** physical health coverage finally came up for a vote. ▶ 정신적 건강에 대한 보험이 신체적 건강에 대한 보험과 대등한 적용을 받도록 하는 의안이 법사위원회에서 몇 년간 보류되어 있다가 마침내 표결에 회부되기에 이르렀다. ♣ *bottle up*: 어떤 일이 발생하지 못하게 혹은 사람들이 원하는 행동을 못하게 **억누르다** 참조

거래나 교섭 등에서 당사자가 각기 **대등한 입장을 갖는**
독립을 유지하는; 독립적인 입장에서 이루어지는

at arm's length

The group was created to ***remain at arm's length*** from the government to promote human rights, civil society and democratic development in other countries. ▶ 그 단체는 정부와는 독립적인 입장에서, 다른 나라들에서 인권을 증진하고 시민사회 및 민주주의 발전을 조장하기 위해 설립되었다.

The arm's length principle (ALP) is the condition or the fact that the parties to a transaction are independent and on an equal footing. Such a transaction is known as an "***arm's-length transaction***." ▶ APL은 당사자들이 독립적인 입장에서 혹은 대등한 입장에서 거래가 이루어지는 것을 의미한다. 이와 같은 거래는 "arm's-length transaction"이라고 알려진다. ♣ *on an equal footing*: ~와 **대등한 관계/신분/입장/지위** 참조

The Proposed Transaction is ***at arm's-length***, and will be subject to a number of conditions. ▶ 이 제안된 거래는 당사자들이 대등한 입장에서 이루어지며 여러 가지의 조건을 만족해야 한다.

Why did Warren Buffet have ***an arm's-length transaction*** with the banks, and why did the American people not get an arms' length transaction? ▶ 어째서 워렌 버펫은 그 은행들과 대등한 입장에서 거래를 했고 일반 미국시민들은 그렇지 못했는가?

대략 ~ 정도
about

or so

I am going to stay there for ***a week or so***. ▶ 나는 대략 1주일 정도 그곳에 머무르려 한다.

For the past two years, the oil price went up as high as ***10% or so***. ▶ 지난 2년간 오일 가격은 대략 10% 정도 올랐다.

대리인에 의하여
대리인을 앞세워/통하여

by proxy

"The Europeans killed six million Jews out of twelve million. But today the Jews rule the world ***by proxy***. They get others to fight and die for them. 1.3 billion Muslims cannot be defeated by a few million Jews. There must be a way. And we can only find a way if we stop to think, to assess our weakness and our strength, to plan, to strategize and then to counterattack." ▶ 유럽 사람들은 1,200만의 유태인 중 600만 명을 학살했다. 그러나 오늘날 유태인들은 대리인을 앞세워 세상을 지배하고 있다. 그들은 자신들을 위해서 사람들이 싸우다 죽게 만든다. 13억의 이슬람 사람들은 겨우 몇 백만밖에 안 되는 유태인 사람들에게 져서는 안 된다. 분명히 방법은 있다. 우리들이 생각하고, 우리의 약점과 강점을 파악하고, 계획을 세우고 전략을 수립한 다음 역습을 가한다면 가능하다. 《2003년 10월 말레이시아 수상(hathir Mohamad)이 "Organization of the Islamic Conference"에서 한 말이다.》

Those who cannot attend the meeting may vote ***by proxy***. ▶ 그 회의에 참석할 수 없는 사람들은 대리인을 통해 투표해도 된다.

The Second Lebanon War (2006) is considered by many as a "War ***by Proxy***." That's to say: Hezbollah is the Dobermann of Iran, we are the Rottweiler of America. Hezbollah gets money, rockets from the Islamic Republic and we get money, cluster bombs from the United States of America. ▶ 많은 사람들은 2006년 벌어진 제2차 레바논전쟁을 대리전쟁으로 간주한다. 다시 말하자면, 헤즈볼라(레바논의 무장 정파)는 이란의 도베르만(Dobermann, 테리어의 일종)이고 우리는 미국의 로트베일러(Rottweiler, 독일산 경찰견)이다. 헤즈볼라는 이슬람 공화국에게서 돈과 로켓을 얻고, 우리는 미국으로부터 돈과 집속탄을 제공받는다. 《2006년에 발발한 레바논과 이스라엘 간의 전쟁을 바라보는 어느 이스라엘 사람의 시각이다.》

행사/사건 등이 ~으로 대미를 장식하다
~으로 마지막을 장식하다; ~으로 절정/최고조에 이른 후 (대단원의) 막을 내리다; ~으로 끝을 맺다

culminate with/in

The three-month scuba instruction program ***culminated in*** a trip to the Caicos Islands for open water dive certification. ▶ 3개월간 진행된 스쿠버 교육 프로그램은 해양 다이빙 면허시험을 위해 터키와 카이코스 섬으로 여행을 떠나는 것으로 대미를 장식했다.

Their arrest was ***the culmination*** of an operation in which 120 other people were detained. ▶ 그들의 체포는 120명의 다른 사람들을 구금한 작전의 대미를 장식하였다.

A week-long summit began yesterday and will ***culminate with*** the meeting of 50 heads of states, including anti-American leaders from Iran and Venezuela. ▶ 일주일로 예정된 정상회담이 어제 시작되었고, 이란과 베네수엘라에서 온 반미 성향의 지도자들을 포함한 50명의 국가 정상들이 참여한 회의를 끝으로 대단원의 막을 내리게 된다.

A two-month investigation by police ***culminated with*** his arrest Jan. 25 on theft and official misconduct charges. ▶ 절도와 직권남용 혐의로 그를 체포함으로써 2달 동안 진행된 경찰 수사가 대단원의 막을 내렸다.

~ 중 대부분의 시간
~ 중 많은 시간

the better/best part of

If spending hours for Christmas shopping wasn't stressful enough, cooking the turkey can be just as much of a headache. Especially if you've spent ***the best part of a day*** in the kitchen but you end up with a dry or undercooked bird. ▶ 크리스마

스 쇼핑을 하느라 여러 시간을 보내는 것이 그다지 스트레스를 주는 일이 아니라면, 칠면조를 요리하는 것은 큰 골칫거리가 될 수 있다. 특히 부엌에서 칠면조를 굽느라고 하루 중 대부분의 시간을 보냈지만, 너무 바싹 구워지거나 덜 익은 채로 상에 오르는 경우다.

The crime lab director said tests on even a small piece of evidence can take ***the better part of a week***. ▶ 범죄수사연구소의 책임자는 심지어 작은 증거 조각 하나를 조사하는 데도 한 주일을 거의 다 보내야 할 때도 있다고 말했다.

He stayed in his office for ***the better part of twenty-four hours***. ▶ 그는 24시간 거의 대부분을 그의 사무실에서 지냈다.

~와의 극명한 **대비**
대조가 매우 극명한; 판이(判異)한 대비/대조

stark contrast to

The oak trees swayed softly in the cool breezes blowing across Cate Square. The sky was clear with the exception of a few gauzy clouds. The balmy weather was ***a stark contrast to*** a year ago. ▶ 케이트 광장을 가로질러 불어오는 시원한 산들바람에 떡갈나무들이 부드럽게 흔들렸다. 하늘은 맑았고 얇고 가벼운 구름 몇 조각이 떠 있었다. 이 기분 좋은 날씨는 일 년 전과는 극명한 대비를 이루었다.

The secrete cooperation between London and Washington was ***in stark contrast to*** official policy. ▶ 런던과 워싱턴 사이에서 벌어진 비밀스런 공조는 공식적인 정책과는 판이한 대조를 이루었다.

혹시 일어날 좋지 않은 일을 **대비하기 위하여**
만전을 기하기 위하여

to be on the safe side ☞ 안전을 기하기 위하여

But ***to be on the safe side***, jars with a bulging lid or a bad odor should not be eaten, she added. ▶ 안전을 기하기 위해서, 병뚜껑이 불쑥 올라왔거나 나쁜 냄새가 나면 먹어서는 안 된다고 그녀는 덧붙였다.

You might still want to go for an X-ray just ***to be on the safe side***. ▶ 혹시 일어날 좋지 않은 일을 대비하기 위해서 X선 촬영을 해볼 필요가 있다.

They usually plan for storms to be at least one category stronger than the hurricane center predicts, just ***to be on the safe side***. ▶ 만전을 기하기 위하여 그들은 일반적으로 허리케인 센터의 예측보다 최소 한 등급 더 높은 폭풍에 대비한 계획을 세운다.

just in case ☞ 만일(극히 드물게 일어나는 일)에 대비하여

I guess we've already talked about this but I'll ask again ***just in case***. ▶ 우리가 이미 이것에 대하여 이야기했을 것으로 짐작되지만, 만일에 대비하여 다시 한 번 묻겠다.

Just in case, we need some more extra money. ▶ 만일에 대비하여, 우리는 좀더 많은 여윳돈이 필요하다.

She didn't want the friends and extended family gathered in her home on the house phone too long, ***just in case*** her father tried to call. ▶ 그녀의 아버지가 전화할지도 모르기 때문에, 그녀는 친구들이나 먼 친척들이 집에 모였을 때 전화를 오래 붙들고 있는 것을 원하지 않았다.

~에 대한 유력한 **대안**
실행 가능한 대안

viable alternative to

Adding value to your home is now considered ***a viable alternative to*** moving up-market to a more expensive house in a more salubrious neighbourhood. Nationwide Building Society has revealed converting your loft could boost the price of a property by around 10.9 per cent, while adding an extra bedroom within existing walls could raise its value by 6 per cent. ▶ 살고 있는 집의 가치를 올리는 방법이 (부동산을 통한 재산의 증식을 목적으로) 주변환경이 좋은 곳에 위치한 값비싼 집으로 이사 가는 것에 대한 유력한 대안으로 현재 고려되고 있다. Nationwide Building Society는 침실을 하나 더 만드는 것은 집의 가치를 6% 정도 올리는 반면 물건이나 저장하던 다락방을 사람이 지낼 수 있는 방으로 개조하는 것은 10.9% 정도 올릴 수 있다고 밝혔다.
♣ *salubrious*: 지역/장소 등의 주거환경이 좋아 사람들이 **선호하는** 참조

The head of the Australian Nuclear Science and Technology Organization (ANSTO) says nuclear power is ***an economically viable alternative to*** other forms of power generation. ▶ ANSTO의 책임자는 핵발전은 다른 형태의 발전에 대한 경제적으로 유력한 대안이라고 말한다.

Sweet potato cultivation on a commercial scale is ***a viable alternative*** for tobacco growers and curers. ▶ 고구마를 상업적인 규모로 경작하는 것은 담배를 생산하고 건조하는 사람들에게 (담배 수요의 감소에 대비한) 유력한 대안이다.

주로 좋지 않은 처지에 있는 ~한 사람들의 **대열에 합류하다**
~와 같은 비참한/처량한 신세/처지가 되다

swell/join the ranks of

Long before the ballot last weekend, millions of Zimbabweans had voted with their feet, ***swelling the ranks of*** exiles in South Africa and Britain. ▶ 지난 주말 투표가 실시되기 오래 전부터, 수백만의 짐바브웨 사람들이 조국을 등지고 남아프리카나 영국으로 망명한 사람들의 대열에 합류하고 있었다. ♣ *vote with one's feet*: **떠남으로써 싫다는 감정을 표현하다** 참조

Millions more people who were previously earning enough to feed their families can now no longer afford the food in their local stores, and now ***swelling the ranks of*** those expecting relief from aid organizations. ▶ (2008년 초 세계적인 곡물 가격의 폭등으로) 가족을 먹여 살릴 수 있을 만큼 충분히 벌던 수백만의 (주로 아프리카) 사람들이 현재 수입으로는 더 이상 동네 가게에서 음식을 살 수 없어, 원조 기관의 도움을 기다리는 처량한 신세가 되고 있다.

ATA is the third low-cost carrier to file for bankruptcy in as many years, ***joining the ranks of*** other defunct airlines that include Eastern Airline. ▶ ATA(American Trans Air)는 지난 3년 동안 파산 신청을 한 3번째 저가 항공사로, Eastern Airline을 포함한 다른 사라진 항공사들과 같은 신세가 되었다.

대장정
많은 일들이 벌어지는 장시간의 흥미로운 여행

odyssey ☞ Literary

At the end of the week, Eric Larsen, a 38-year-old adventurer from Minnesota, embarks on a yearlong ***odyssey*** that will take him to the North and South Poles and the summit of Mount Everest. His intention is to bring public attention to effects of global warming on the vast expenses of ice at the extremes of the planet. ▶ 이번 주말 미네소타 출신 38세의 탐험가 에릭은 북극과 남극 그리고 에베레스트 정상을 향한 1년간의 대장정을 출발한다. 그의 의도는 지구 온난화가 지구의 극지에 있는 얼음에 미치는 영향에 일반 사람들의 관심을 끌어 모으는 것이다.

We are embarking on ***an odyssey*** that we hope will shine a bright light on the people and places of Canada, starting right here in Victoria. ▶ 바로 여기 빅토리아에서 출발하여 캐나다의 여러 지역 사람들에게 밝은 빛을 비추기를 희망하는 대장정을 시작하려 한다. 《2010년 캐나다 동계올림픽 성화 봉송을 앞두고 하는 이야기다.》

㈜ Odysseus의 방랑을 그린 호머(Homer)의 서사시 ***Odyssey***에서 유래된 것이다.

~를 누구와 **대적시키다**
서로 경쟁시키다; 맞붙이다

pit against

If no candidate gains 42 percent or more, the two highest-ranking hopefuls will be ***pitted against*** each other in a runoff vote a week later. ▶ 어떤 후보도 42% 이상 획득하지 못하면, 한 주 후에 득표율이 가장 높은 두 명의 후보자가 서로 결선투표에서 맞붙게 될 것이다. ♣ *runoff*: **결선투표** 참조

This one ***pits*** the humans ***against*** a swarm of the Matrix's sentinels. ▶ 영화 "Matrix"의 3편 마지막 부분에 나오는 로봇과의 전쟁에 관한 이야기다.

Pitted against a team that had won only two matches at the international stage, many believed it was going to be a walk in the park on Saturday. ▶ 국제 무대에서 겨우 2경기만 이겼던 팀과 대적하

기 때문에, 많은 사람들은 토요일 시합은 누워서 떡 먹기처럼 쉬울 것이라고 믿었다. ♣ *a walk in the park* : 어떤 일이 매우 **쉽다는 것을 강조할 때** 참조

자신보다 힘센 상대와 **대적하다**
도전하다; 덤벼들다

take on

Al-Qaeda was stateless and fluid, ***taking on*** expensive, high-tech American defenses with homemade devices and fanaticism. ▶ 알카에다는 사제폭탄과 광적인 행동으로 값비싼 미국의 최신식 방어 시스템에 덤벼드는 국적이 없고 유동적인 조직이다. ♣ *stateless* : **국적이 없는** 참조

Democrats were reluctant to ***take on*** a president whose popularity ratings were historically high. ▶ 민주당 사람들은 역사상 높은 인기도를 누리고 있는 대통령과 대적하는 것을 꺼려 했다.

With a bitter primary fight out of the way, John Spencer is ready to ***take on*** Hillary Clinton. "The current U.S. Senator spends all of her time as a full-time candidate for president of the United States and is a part-time lack of focus candidate for the needs of the people of New York," said Spencer of Clinton. ▶ 뉴욕 주 상원의원 선거에 출마하는 공화당 후보를 선출하기 위한 매우 치열했던 예비 선거가 끝난 후, 존 스펜서는 힐러리 클린턴에 도전할 준비가 되어 있다. "현 뉴욕 주 상원의원은 미국의 대통령 후보로서 그녀의 모든 시간을 보내고 있고, 뉴욕 주 사람들이 필요로 하는 것에는 관심도 없고 시간도 별로 쓰지도 않는 그러한 후보다"라고 스펜서가 클린턴에 대해서 말했다.

~에게 ~를 **대접하다**
buy or arrange something for someone who likes it

treat someone to

True to military tradition, the victors are now ***treating*** themselves ***to*** the spoils of war. ▶ 군대의 전통에 따라, 승리자들은 전리품을 챙기고 있다.

Today, I' d like to ***treat*** you ***to*** a dinner as a token of appreciation. ▶ 오늘 저는 감사의 표시로 당신에게 저녁을 대접하고 싶습니다. ♣ *a token of* : 감사 등의 **표시** 참조

~과 **대조되는 것으로서**
~과는 대조적으로

as opposed to

An old debate has flared up again about the relative merits of a tough policy of isolating the military regime with sanctions, ***as opposed to*** a policy of "constructive engagement." ▶ "건설적인 연대" 정책에 대조되는 것으로서, 군사 (독재) 정부를 경제제재로 고립시키는 강경한 정책의 상대적인 장점들에 관한 오래된 논쟁이 다시 불붙었다.

The fact that herds of people who went into the affair with such strong convictions left with more questions than answers illuminates the complexity of the current matters involving the Middle East and the entire global community. It demonstrated how similar dialogue must continue to take place in order for us to better understand our adversaries, ***as opposed to*** mindlessly dismissing them as "crazy." I believe that every person who witnessed the discussion, regardless of background or partiality prior to it, left feeling satisfied and grateful that it took place. ▶ 그처럼 강한 확신을 지니고 그 토론회에 갔던 많은 사람들이 해답보다 더 많은 의문을 안고 그 자리를 떠났다는 사실은 중동과 모든 지구촌에서 일어나고 있는 일들의 복잡성을 잘 조명하고 있다. 그들을 별 생각 없이 미친 사람으로 취급하는 것과는 대조적으로, 이 토론회는 우리가 우리의 적들을 보다 더 잘 이해할 수 있도록 이와 유사한 대화가 어떤 방식으로 계속 지속되어야 하는지를 잘 보여주었다. 배경이나 이전에 지니고 있는 편파성과는 상관없이, 그 토론을 목격한 사람들은 만족스러움과 그 같은 자리가 마련되었다는 데에 고마움을 지닌 채 그 자리를 떠났다. 《2007년 9월에 미국 콜럼비아 대학이 부시 행정부가 매우 싫어하는 이란 대통령을 연사로 초청하여 토론회를 벌인 것에 대한 반응이다.》

어떤 문제/일을 심각하게 받아들이고 **대처하다**
어떤 문제/일을 심각하게 인식하고 해결하기 위하여 대책을 강구하다

come/get to grips with

Washington and its allies need to ***come to grips with*** reality and switch course. ▶ 미국과 동맹국들은 현실을 심각하게 받아들이고 진로를 바꾸어야 할 필요가 있다.

The fledgling government's first task is to ***get to grips with*** the worsening economy. ▶ 갓 출범한 정부의 첫 번째 임무는 악화되고 있는 경제문제를 심각하게 인식하고 이를 해결하기 위한 대책을 강구하는 일이다. ♣ ***fledgling*** : **경험이 없는** 참조

어렵고 힘든 일/상황을 침착하고 용이하게 **대처하다**
난관/어려움을 잘 극복하다

take something in (one's) stride ☞ 난관을 쉽게/훌쩍 뛰어넘다

You might look shocked, but for the players, it's part of the game and they ***take*** these ***in their strides***. ▶ 당신은 깜짝 놀라 바라볼지도 모르지만, 선수들로서는 그것도 게임의 일부이며 그 정도의 어려움은 잘 극복한다. 격렬한 운동 시합 중 큰 부상을 당해 쓰러지는 선수들을 보고 하는 말이다.

He ***took*** bad luck and mistakes of others ***in his strides***. ▶ 그는 불운과 다른 사람들의 실수로 인한 어려움을 잘 대처했다.

대치
서로 상대방의 움직임을 기다리며 특별한 조치를 취하지 않는 상황

stand-off

A tense two-and-a-half hour ***stand-off*** between police and the man ended just before five o'clock this afternoon when a single gunshot rang out. ▶ 경찰과 그 남자 사이에서 2시간 반 동안 벌어진 팽팽한 대치는 단발의 총성이 울려 퍼지면서 오늘 오후 5시 직전에 끝이 났다.

Japan's new stance won't alter the fundamentals of the nearly 60-year cross-strait ***stand-off***. ▶ 일본의 새로운 태도는 거의 60년 동안 벌어지고 있는 대만 해협을 사이에 둔 중국과 대만과의 대치상황을 근본적으로 변화시키지 않을 것이다.

같은 목적이나 흥미를 지니고 있는 사람들이 모인 그룹을 **대표하는 사람**
이끄는 사람 ; 지도자 ; 앞장서는 사람

standard-bearer

In the months since the Iraq crisis began, France has shrewdly positioned itself not so much as the enemy of the United States but as ***the standard-bearer*** for everyone on the globe who does not share the Bush administration's with-us-or-against-us world view. ▶ 이라크 전쟁이 시작된 지 몇 달이 지나서, 프랑스는 미국의 적이 되었다기보다는 약삭빠르게도 "우리편이 아니면 모두 적"이라는 부시 행정부의 세계관에 동의하지 않는 국가들을 대표하게 되었다. ♣ ***not so much as ~ as*** : ~이라기**보다는 ~인** 참조

Sometimes by accident and sometimes design, Blair has been ***the standard-bearer*** of the ideas of post-cold war humanitarian intervention. ▶ 가끔은 실수로 그리고 가끔은 계획적으로, 블레어(2006년 현재 영국 수상)는 냉전 이후 인도주의적인 차원에서 죄 없는 선량한 사람들이 희생당하는 것을 막기 위한 분쟁개입에 앞장서 왔다.

주 군대에서 기수를 말한다.

~를 **대표하여**
대신하여

on behalf of

I would like to thank all of you for participating ***on behalf of*** KSCE (Korean Society of Civil Engineers). ▶ 저는 대한토목학회를 대표하여 참석하신 모든 분들께 감사의 말씀을 드리고 싶습니다.

He is expected to run the school system ***on behalf of*** the state government for several years. ▶ 그는 몇 년간 주정부를 대신하여 학교 교육시스템을 관리할 것으로 보인다.

대필(代筆)하다
글을 남이 대신 써주다

ghost-write ; ghostwrite

I learned how drug companies used *ghost-written* articles signed off by big name doctors, placed in prestigious journals, to achieve their marketing objectives. ▶ 나는 제약회사들이 제품 홍보를 위하여 권위 있는 학술지에 유명 의사의 이름으로 실린 대필 논문들을 어떻게 이용했는지 알게 되었다.

She wrote an autobiography, *ghostwritten* by Don Arthur. ▶ 그녀의 자서전을 단 아서가 대필했다.

Books authored by celebrities can normally be counted on for two things: either the book is actually *ghostwritten* or the writing is mediocre. ▶ 유명 연예인들의 이름으로 출간된 책들은 보통 다른 사람이 대필하거나 혹은 그게 아니면 별 볼 일 없는 경우가 대부분이다.

(심하게 다투거나 하여) 누구와 대화를 단절한 채 지내고 있는
소원(疏遠)하게 지내는 ; 사이가 멀어진

estranged ☞ **Formal**

She, 31, spent most of her twenties virtually *estranged from* her mother. ▶ 31세인 그녀는 20대의 대부분을 사실상 어머니와 대화를 단절한 채 지냈다.

A man was arrested after entering an apartment and assaulting his *estranged wife* and her companion. ▶ 한 남자가 아파트에 들어가서 별거중인 아내와 그녀의 친구를 폭행한 후 체포되었다.

대화 상대자
대담 상대자 ; 협상 대표(단체나 국가를 대표해서 회담이나 협상에 임하는 사람)

interlocutor ☞ **Formal**

"We are trying hard that someone in the government close to the prime minister should meet them," said *an interlocutor*. ▶ "우리는 수상과 가까운 정부 사람이 그들을 만나도록 열심히 노력하고 있다"고 협상대표 한 사람이 말했다.

~은 물론 더더욱 아니다
~은 말할 것도 없이 아니다 (부정적인 의미를 강조하는 표현)

much less ~ ☞ **Formal**

Her disease left her in a kind of stupor, unable to identify herself, *much less* her husband, children and beloved grandchildren. ▶ 그녀는 병 때문에 일종의 혼수상태에 빠졌고, 남편과 자식들 그리고 사랑스런 손자들을 알아보지 못하는 것은 말할 것도 없고, 자신이 누군지조차 몰랐다.

Sexual abuse is one of the hardest topics to talk about, *much less* write. ▶ 성적 학대는 이야기를 꺼내기가 매우 어려운 것은 물론 글로 쓰기는 더욱더 어려운 주제 중의 하나다.

물이나 음식물 등이 더럽혀진
부패한 ; 상한 ; 독극물 등과 같은 좋지 않은 것에 오염된

tainted

Sewage-tainted water that has been entering the ocean via the north-flowing Tijuana River in recent weeks has drifted into the South Bay area. ▶ 북으로 흐르는 티후아나 강을 따라 바다로 들어가고 있는 하수로 더럽혀진 물은 South Bay지역까지 흘러갔다.

There is no evidence that *any tainted meat* was sent to any schools, the state schools superintendent said in a prepared release. ▶ 상한 육류가 학교에 공급되었다는 증거가 없다고 교육감이 준비된 자료를 인용하여 말했다.

Japanese police have asked their Chinese counterparts to help determine how dumplings exported to Japan became *tainted with* pesticide. ▶ 일본 경찰은 중국 경찰에 어떻게 해서 일본으로 수출된 만두에 농약이 들어가게 되었는지 문의하였다.

날씨가 매우 더운

baking ☞ 날씨가 탈듯이 뜨거운, 태양이 작열하는

The cool evening breeze heralds the end of *the baking hot summer*. ▶ 저녁에 불어오는 시원한 산들바람은 탈듯이 뜨거운 여름이 끝나 간다는 것을 예고한다.

We'd better stay inside drinking cool beverages in such ***a baking day***. ▶ 태양이 작열하는 그런 날에는 시원한 음료를 마시면서 실내에 머무르는 것이 좋다.

sultry ☞ 푹푹 찌는 듯이 더운(hot and damp), Written

There has been a long spell of ***sultry weather***. ▶ 푹푹 찌는 더운 날씨가 오랫동안 계속되고 있다. ♣ *spell* : 특정한 **날씨가 한동안 지속(계속)되는 것/기간** 참조

One ***sultry late July evening***, he came to my house with a pack of cool beer. ▶ 푹푹 찌는 어느 6월 저녁에 그는 시원한 맥주 한 팩을 들고 내 집에 왔다.

더위에 지치다

무더위에 지쳐 땀 투성이가 되다; 더위를 먹다

swelter

This year people ***sweltered*** through 16 century days. ▶ 올해에는 온도가 화씨로 100도가 넘는 날이 16일이나 계속되어 사람들이 무더위에 지쳤다.

더 이상 ~에 대해서 말할 필요 없다

더 이상 군말이 필요 없다; 더 이상 이야기하지 마라; 더 이상 이야기하고 싶지 않다; 더 이상 왈가왈부하지 마라 (앞에서 한 말을 강조할 때)

period

English is the language spoken in the United States. ***Period***. ▶ 영어는 미국의 공용어다. 더 이상 이것에 대하여 왈가왈부하지 마라. 《다른 언어도 미국의 공식적인 언어로 삼아야 한다는 주장에 대하여 반박하는 말이다.》

I don't like it, ***period***. ▶ 나는 그것이 싫으니 더 이상 이야기하지 마라.

더 이상 ~한 것을 바랄 게 없다

현재 상태에 100% 만족한다

could not wish for ☞ 형용사 비교급을 수반한다

He knows where he is going and knows the challenge. We ***could not wish for*** a more balanced, focused individual. ▶ 그는 자기가 어디로 가고 있고 도전 과제가 무엇인지 안다. 우리는 그보다 더 균형이 잡히고 자기 일에 집중하는 사람을 바랄 수 없다.

Who ***could wish for*** a better opportunity? ▶ 이보다 더 좋은 기회가 어디 있다는 말인가? 누가 한번 말해 보아라.

이보다 더 이상 ~할 수는 없다

이 이상 더 ~할 수는 없다

as ~ as you can get

The plan is ***as near perfect as you can get***. ▶ 이 계획보다 더 이상 완벽에 가까울 수는 없다.

The town has a population of 714 and is about ***as rural and isolated as you can get***. ▶ 그 마을의 인구는 714명이며 그 마을보다 더 전원적이고 고립된 지역은 거의 없다.

이에 더하여

더욱이; 더군다나; 이에 덧붙여(furthermore, moreover)

what is more

We have almost no electricity, no fuel, bad water supply and ***what is more***, you could get killed whether you are Shiite or Sunni if you fall into the wrong hands! I nearly got killed on several occasions! ▶ 전기도 거의 들어오지 않고, 연료도 없으며 식수도 제대로 공급되지 않는다. 더군다나 시아파든 수니파든 상대방에게 잘못 붙들리면 살해당할 수도 있다. 나는 여러 번이나 죽을 뻔했다. 《2006년 이라크의 수도 바그다드의 비참한 현실에 대하여 쓴 글이다.》

기술/능력 등이 더할 나위 없이 완벽한/완전한

기술/능력 등이 신기(神技)에 가까운; 매우 유능한

consummate ☞ Formal

He fixed the creaky machine in just matter of hours with ***consummate skill***. ▶ 신기에 가까운 기술로 그는 단 몇 시간 만에 삐걱거리는 기계를 고쳤다. ♣ *creaky* : **삐걱거리는** ; *in just matter of* : ~라는 매우 **짧은 시간 안에** 참조

He is respected by teammates, coaches, journalists and all the teams in the NBA as being

a consummate professional. ▶ 그는 더할 나위 없이 완벽한 직업운동선수로서 동료, 코치, 기자 및 모든 팀들로부터 존경을 받는다.

To his patients, he was ***the consummate physician***. But to his seven children, he was ***the consummate father***. ▶ 그는 그의 환자들에게는 의술이 매우 뛰어난 의사이지만 7명의 자식들에게는 더할 나위 없이 좋은 아버지이기도 하다.

덧붙이자면
덧붙여 말하자면; 무슨 말인가 하면(앞에서 언급한 부정적인 표현을 부연 설명할 때 사용한다)

if anything

I never had to clean up after him. ***If anything***, he did most of cleaning. ▶ 나는 그가 어지럽혀 놓은 것을 청소할 필요가 전혀 없었다. 덧붙이자면, 그가 청소를 거의 다 했다.

Well-designed and well-operated hotels will have little negative impact on the values of surrounding properties. ***If anything***, they will increase values in the long-term and bring renewed vitality to the city. ▶ 잘 설계되고 운영이 잘되는 호텔들은 주변 부동산의 가치에 부정적인 영향을 거의 미치지 않는다. 덧붙여 말하자면, 이들은 장기적으로 볼 때 주변 부동산의 가치를 높이며 시에 새로운 활력을 불어 넣을 것이다.

Indeed, his association with President Bush has not only cost him his position of power in Britain but also any global legitimacy he might have had. ***If anything***, his close relationship with the president is proving to be his Achilles heel not only in terms of his own legacy but also for any success in his new mission. ▶ 부시 대통령과의 친밀한 관계는 영국 수상이라는 그의 직위뿐만 아니라 그가 지니고 있었을지도 모르는 전 세계가 인정하는 정통성에 해를 끼쳤다. 무슨 말인가 하면, 부시 대통령과의 가까운 관계는 그의 업적 측면에서뿐만 아니라 그가 맡은 새 임무를 성공시키는 데에도 그의 최대 약점으로 작용하고 있음이 판명되고 있다는 뜻이다. 《토니 블레어가 2007년 6월 영국 수상 자리에서 물러난 후 중동 평화협상 특사로 임명되었지만 부시 대통령과 친밀했던 그의 전력이 임무를 완수하는 데 큰 걸림돌이 되고 있다는 이야기다.》

도깨비 같은 사람
동에서 번쩍 서에서 번쩍하는 사람; 신출귀몰하는 사람

will-o-the-wisp

South Korean coach Dick Advocaat says that attacking ***will-o-the-wisp*** Park Ji-Sung is peaking at the right time and is eager to make a big impact in his second World Cup. ▶ 한국 축구대표팀 감독 딕 아드보카트는 동에서 번쩍 서에서 번쩍하는 공격 선수인 박지성이 적기에(월드컵을 눈앞에 둔 시점에서) 실력이 최고조에 이르고 있으며 그의 두 번째 월드컵에서 큰 공헌을 하기를 열망하고 있다고 말한다.

But they are like ***will-o-the-wisp***, in that they appear and disappear unannounced. ▶ 말도 없이 나타나고 사라진다는 점에서 보면 그들은 마치 도깨비 같다. ♣ ***in that***: ~라는 **점에서 (보면)** 참조

도끼로 제 발등을 찍다
스스로 어려움을 자초하다

axe one's own feet

The President denounced the ruling part, ***axing his own feet***. ▶ 대통령은 도끼로 제 발등을 찍는 격으로 여당을 비난했다.

They ***axed their own feet*** by not letting him to visit and using threatening and abusive language against him. ▶ 그들은 그의 방문을 허락하지 않고 그에게 협박하고 매도하는 언사를 퍼부어 스스로 어려움을 자초했다.

뉴스나 정보 등이 점진적으로 ~에 도달하다
~에게 점차/차차 알려지다

filter through (to)

Federal leaders have stated that it takes time for the moves to ***filter through*** the economy. ▶ 연방정부 지도자들은 그 정책들의 효과가 점진적으로 경제에 미치기까지는 시간이 걸릴 것이라고 말했다.

It took a month before the findings began to ***filter through to*** the politicians. ▶ 그 발견들이 점차 정치가들에게 알려지기 시작하기까지 한 달이 걸렸다.

The news *filtered through* the college. ▶ 그 뉴스가 차차 그 대학에 퍼져 나갔다.

도대체
무엇 때문에 (강조하는 표현)

on earth ☞ 아니 세상에

Why *on earth* should they do that? ▶ 도대체 왜 그들이 그것을 해야만 하는가?

And despite all the wars and billions and billions of dollars that governments are pouring into this war on terror, it seems that we are no safer now than we were in 2001. And every so often Mr. Bin Laden or his lieutenants come on TV to tell us that they are still in Afghanistan. How *on earth* Mr. Bin Laden, that needs dialysis machine to stay alive, has managed to hide for three years in Afghanistan is beyond me. He must be a very clever man indeed. ▶ 정부가 수십억불의 돈을 쏟아부으면서 테러와의 전쟁을 벌이고 있음에도 불구하고, 우리는 2001년(9/11 사태가 발생한 해)보다 더 안전한 것처럼 보이지 않는다. 빈라덴이나 그의 부하들이 TV에 자주 등장하여 자신들이 지금도 여전히 아프가니스탄에 있다고 우리에게 말하고 있다. 아니 세상에 어떻게 신장투석기에 의존하여 목숨을 부지하고 있는 빈라덴이 3년 동안이나 아프간에 숨어 지낼 수 있었는지 나는 이해할 수 없다. 그는 분명 매우 영리한 사람임에 틀림이 없다.

~이라는 도박을 하다
~이라는 매우 위험한 일을 벌이다

take gamble in

The President of Taiwan, Chen, 52, is *taking the biggest gamble of his political career in* declaring independence to boost his re-election chances. ▶ 첸 대만 대통령(52)은 그의 재선 확률을 높이기 위하여 독립선언이라는 그의 정치생활에서 가장 큰 도박을 벌이려고 한다.

The president is willing to *take a risky gamble in* calling a referendum. ▶ 대통령은 국민투표라는 위험한 도박도 마다하지 않는다.

도약의 발판
새로운 출발점; 어떤 일을 촉진시키는 역할을 하는 것

springboard

They intend to use its success at the International Wine Challenge as *a springboard* for increasing its export markets. ▶ 그들은 국제 와인대회에서의 성공을 수출증가를 위한 도약의 발판으로 삼으려 한다.

It comes in the form of a Government-funded eight to ten week course, designed as *a springboard* to empower youngsters and help motivate them to move into a positive future. ▶ 그것은 젊은이들에게 능력을 길러주고 건설적인 미래를 향해 나아가도록 동기를 부여하는 발판으로 계획된, 정부가 지원하는 8주에서 10주간의 과정으로 이루어져 있다.

어려움에 처한 사람들을 보면 그냥 지나치지 못하고 도와주는 사람
지나가던 선한/착한 사람

Good Samaritan ☞ 선한 사마리아 사람

Jonathan, 21, who is deaf and has mental and physical problems, was found by *a Good Samaritan* in a ditch. ▶ 귀가 안 들리며 정신적 육체적인 장애를 가지고 있는 조나단(21)이 도랑에 빠졌다가 지나가던 사람에 의해서 발견되었다.

He and five other people were pulled from the water yesterday by *a Good Samaritan* on a nearby boat. ▶ 그와 다른 5명의 사람들이 물에 빠졌다가 근처에서 보트를 타고 지나가던 사람에 의해 구조되었다.

주 신약성경 누가복음 10장 30~35절에서 유래되었다: In reply Jesus said: "A man was going down from Jerusalem to Jericho, when he fell into the hands of robbers. They stripped him of his clothes, beat him and went away, leaving him half dead. A priest happened to be going down the same road, and when he saw the man, he passed by on the other side. So too, a Levite, when he came to the place and saw him, passed by on the other side. But *a Samaritan*, as he traveled, came where the man was; and when he saw him, he took pity on him. He went to him and bandaged his wounds, pouring on oil and wine. Then he put the man on his own donkey, took him to an inn and took care of him. The next day he took out two silver coins and gave them to innkeeper. 'Look after him,' he said, 'and when I return, I will reimburse you for any extra expense you may have.'

~를 도와주다
~에게 손을 빌려주다 ; 도움의 손길을 뻗치다

lend a hand to someone

He's quick to ***lend a hand to*** a mom juggling a baby and diaper bag. He stops to greet a boy getting off the escalator. ▶ 그는 양손에 아기와 기저귀 가방을 들고 쩔쩔매는 엄마를 보면 주저하지 않고 도와준다. 그는 꼬마가 승강기에서 내리는 것을 보면 지나가다 멈추고는 반갑게 인사를 해준다. ♣ *be quick to* : ~을 하는 데 **주저하지 않는다** 참조

It is a program designed to help raise much-needed funds for the American Red Cross this Christmas season and allow people from all walks of life to come together and ***lend a hand to*** families in need. ▶ 그것은 올 크리스마스 시즌에 미국 적십자사가 절실히 필요로 하는 자금을 모금하고, 각계각층의 사람들이 한데 모여 빈곤한 가정들에게 도움의 손길을 뻗칠 수 있도록 계획된 프로그램이다. ♣ *all walks of life* : **각계각층** 참조

도저히 ~할 수 없을 정도이다
매우 신비하거나/이상하거나/놀랍거나 혹은 극단적이라는 것을 강조하는 표현

defy

When the flowers open in spring they fill the night air with a fragrance that ***defies description***. ▶ 봄에 꽃들이 필 때면 밤 공기는 말로는 도저히 표현할 수 없는 향기로 가득 찬다.

It's a devastating and barbaric act that ***defies all comprehension***. ▶ 그것은 도저히 이해할 수 없는 파괴적이고 야만적인 행위이다.

The roads here are quite a maze, crisscrossing one another in a fashion that at times ***defies logic***. ▶ 이곳 길들은 논리로는 도저히 설명할 수 없는 형태로 서로 복잡하게 교차해서 지나가는 미로다. ♣ *crisscross* : 선/길 등이 위, 아래로 서로 복잡하게 **교차해서 지나가다** 참조

It ***defies belief*** that this administration is still clinging to such a benighted policy. ▶ 이 행정부가 그처럼 시대에 뒤진 정책에 매달리고 있다는 사실은 도저히 믿을 수가 없다. ♣ *benighted* : 문화/시대에 **뒤진** ; *cling to* : 쓸모가 없거나 타당하지 않을 수도 있지만 특정한 생각/관습 등에 **집착하다** 참조

도전장을 던지다
결투/대결을 신청하다

throw down the gauntlet to someone

The company today ***threw down the gauntlet to*** rivals SAP and Oracle with the launch of its new enterprise software package. ▶ 그 회사는 오늘 새로운 기업용 소프트웨어를 출시하여 SAP와 오라클 같은 라이벌 회사에게 도전장을 던졌다.

This week, in her campaign trail to be the first female President, once again she has ***thrown the gauntlet down*** on health care. ▶ 이번 주 첫 여성 대통령이 되기 위한 선거 유세에서, 그녀가 다시 한 번 의료문제에 대하여 대결을 신청했다.《민주당 대통령 후보 경선에 나서고 있는 힐러리 클린턴 상원의원이 가장 자신이 있는 분야인 의료문제에 관하여 한바탕 토론을 벌이자고 제안을 했다는 말이다.》

㈜ *gauntlet*은 펜싱을 할 때 끼는 목이 긴 쇠나 가죽으로 만든 장갑이다. 장갑을 상대방 앞에 내던지는 것은 결투 신청을 의미한다.

도전(장)을 받아들이다
대항하여 싸우다 ; 반항하다

pick/take up the gauntlet

"It cannot be achieved just sitting silently on the sidelines and waiting for someone else to ***take up the gauntlet***," he said. ▶ 그는 "장외에서 조용히 앉아 누군가가 도전장을 받아들이길 기다리기만 해서는 그것이 이루어질 수 없다"고 말했다. ♣ *on the sidelines* : 회담이나 특정한 모임이 이루어지는 장소 **밖에서 따로 혹은 다른 일/주제 등에 관하여 이야기하거나 토론할 때** 참조

The government there has finally decided to ***take up the gauntlet*** on the water issue in the Supreme Court. ▶ 정부는 마침내 물 문제에 관하여 대법원에서 싸우기로

결정하였다.

어떤 일이 벌어지는 또는 어떤 곳으로 가는 **도중 어디에선가**

somewhere along the way

A half-century ago, an ammunition barge broke loose from the U.S.S. Bennington, an aircraft carrier anchored a mile offshore in Gravesend Bay. The barge drifted over to Rockaway Point, but ***somewhere along the way*** it overturned, scattering 15,000 live antiaircraft shells, each as long as a man's leg, onto the sea floor. ▶ 반 세기 전, 그레이브샌드 만에서 일 마일 떨어진 곳에 정박하고 있던 미국 항공모함 베닝턴호에 묶인 탄약을 실은 바지선이 떨어져 나갔다. 그 바지선은 로커웨이 포인트 쪽으로 떠내려가는 도중 어디에선가 전복되어 어른 남자 다리 길이 만한 15,000개의 대공포탄들이 바다 밑바닥에 흩어졌다.

Somewhere along the way, she lost her driver's license. ▶ 도중 어디에선가 그녀는 운전면허증을 잃어버렸다.

Somewhere along the way, others help us navigate the obstacles we all face in our journey from child to adult. ▶ 우리가 아이에서 어른으로 성장하는 기간 중 어디에선가 직면하게 되는 장애물들을 헤치고 나아갈 수 있도록 다른 사람들이 도움을 준다.

~로 가는 **도중에**
~로 가는 길에

en route to/toward ☞ French

They have arrived in London ***en route to*** the United States. ▶ 미국으로 가는 길에 그들이 런던에 도착했다.

One of the bags was lost ***en route***. ▶ 가방 하나가 도중에 분실되었다.

A firefighter died when the tanker truck he was driving crashed ***en route to*** a fire. ▶ 소방차를 몰고 불이 난 곳으로 가는 도중에 소방관이 충돌사고로 사망했다.

~특정한 기간/활동이 진행되는 **도중에**

partway through; part way through

Even though it is only ***part way through*** May, temperatures will rise quite significantly so we're looking at a difficult day in terms of fire danger tomorrow. ▶ 아직 5월이 채 지나가지도 않은 시기지만, 내일 온도가 매우 높아져 화재의 위험이 커질 것이다.

Young children lose interest ***partway through*** the game. To be honest, that happens to adults, too. ▶ 어린 아이들은 그 게임 도중에 흥미를 잃는다. 솔직하게 말하자면 어른들도 마찬가지다.

They lost defenseman McElroy ***part way through*** the second period with an apparent shoulder injury. ▶ 2피리어드가 진행되던 중에 어깨부상으로 수비수인 맥엘로이가 경기를 뛸 수 없게 되었다.

오랜 숙의/노력 끝에 계획/안 등을 **도출해 내다**
이끌어내다

hammer out

Many believe an agreement may not be ***hammered out*** until next year. ▶ 내년 이전에는 합의가 도출되지 않을 수도 있다고 많은 사람들은 믿고 있다.

City Manager Russell Allen ***hammered out*** the plan to end labor strife that boiled over last week. ▶ 러셀 알렌 시장은 지난주 폭발한 노동쟁의를 끝내기 위한 안을 이끌어 냈다.

The original draft was ***hammered out*** by a parliamentary committee and presented in mid-August but has yet to be debated in parliament. ▶ 의회의 한 상임위원회에서 그 최초 법안이 도출되어 8월 중순에 제출되었지만, 아직까지 한 번도 의회에서 토론에 붙여진 적이 없다.

주 대장장이가 쇠망치로 두들겨서 좋은 연장을 만들듯 한다는 의미다.

결혼하기 위하여 ~와 남몰래 멀리 **도피하다**
눈이 맞아 달아나다

elope

Stacey, 17, ***eloped*** to Gretna in September 2004 to marry a 64-year-old publican. They are trying for a baby. ▶ 2004년 9월 스테이시(17)가 64살 먹은 선술집 주인과 결혼하기 위하여 그레트나로 도피하였다. 그들은 아이를 가지려 노력 중이다.

Police statistics showed that 2,540 ***eloped*** with their lovers, 1,857 were influenced by friends, 1,592 had family problems and 1,371 wanted freedom outside. ▶ 경찰 통계자료에 의하면 연인과 눈이 맞아 달아난 2,540명 중에 1,857명은 친구의 영향을 받았으며, 1,592명은 가정문제를 가지고 있었고, 1,371명은 집을 떠나 자유를 누리고 싶었던 것으로 나타났다.

신문의 **독자 투고란**
독자 의견란 (주로 전문가의 의견을 싣는 난을 의미한다)

op-ed ☞ opposite editorial page(사설 맞은편 페이지에 있다는 의미다), 미국

Two influential conservative pundits have called for sending many more troops to Iraq, in ***an op-ed*** in Tuesday's Washington Post. ▶ 워싱턴 포스트의 독자 투고란에서 두 명의 영향력 있는 보수파 전문가가 이라크에 더 많은 병력을 파병해야 한다고 주장했다.

The Washington Post recently announced that it had hired a former Bush aide as ***an op-ed columnist***. ▶ 워싱턴 포스트는 전 부시 대통령 보좌관을 전문가 의견란의 기고가로 채용했다고 발표했다.

독점 기사/인터뷰/방송
특종

exclusive

He told a reporter in ***an exclusive interview***: "I love her." ▶ 그는 그녀를 사랑한다고 독점 인터뷰에서 한 기자에게 말했다.

In ***a TV exclusive***, a police officer spoke for the first time about the night Officer James was shot to death by another police officer. ▶ 한 독점 TV 방송에서, 한 경찰관이 경찰관 제임스가 다른 경찰관의 총에 맞아 숨진 그날 밤에 대하여 최초로 이야기했다.

기대(예상)보다 매우 적은 **돈**
헐값

pittance

A number of developers who bought land at ***a pittance*** as it lied outside the temporary development schemes have now struck gold as their lands have been included in the extended development boundaries proposed by cabinet. ▶ 임시 개발계획에 포함되지 않았던 땅을 매우 싼 값에 구입한 많은 개발업자들이 그 땅이 내각이 제안한 개발구역 경계확장에 포함되는 바람에 큰 돈을 벌었다. ♣ *strike gold*: **금맥을 발견하다** 참조

The Federal Bureau of Investigations arrested one person in Miami for what is described as stealing some 10 million minutes of internet phone service and then selling these minutes to unsuspecting customers for ***a pittance***. ▶ 미 연방수사국(FBI)은 인터넷 전화서비스 1,000만 분어치를 훔친 후 영문도 모르는 고객들에게 헐값에 판 마이애미에 사는 한 남자를 체포했다. ♣ *unsuspecting*: **영문도 모르는** 참조

쥐꼬리 만한 **돈**
매우 적은 돈; 껌 값

peanuts ☞ **Informal**

The then Minister of Tourism, Billie Miller, defended the salaries, saying: "If you pay ***peanuts***, you'll get monkeys." In essence, Miller was saying if one wanted quality personnel, one has to pay for them. In life, one generally gets what one pays for. ▶ 그 당시 관광부 장관이던 빌리 밀러는 "쥐꼬리 만한 월급으로는 원숭이밖에 고용할 수 없다"고 말하면서 그 급여에 대해서 변론했다. 그가 한 말은 우수한 직원을 고용하기 위해서는 그들에게 대가를 지불해야 한다는 의미다. 인생에 있어서도 보통 지불한 만큼만 얻게 마련이다.

chicken feed

That's not ***chicken feed***. It's a lot of money and

a lot more than we had before. ▶ 그것은 적은 돈이 아니다. 그것은 매우 많은 돈이며 우리가 전에 가지고 있던 것보다 훨씬 많다.

많은 돈

pretty penny ☞ Informal

It's a standout in downtown Lawrence for more than 100 years, but part of the Watkins Museum needs to be replaced — and it's going to cost ***a pretty penny***. ▶ 왓킨스 박물관은 로렌스 다운타운에 100년 이상을 서 있었다. 하지만 일부분을 헐고 새로 지어야 할 필요가 있으며 이를 위해서 많은 돈이 소요될 것이다.

주 영국 왕 헨리 3세(Henry 3)가 1257년 금으로 만든 1페니짜리 주화를 만들었는데 잘 통용되지 않아서 다음 왕들은 더 이상 만들지 않았다고 한다. 오늘날에 와서는 희소성으로 인해서 그 가치가 매우 크기 때문에 이 표현이 생겨났다.

특별한 용도로 남겨놓은/모은 돈

nest egg ☞ Informal

Generally, the more you earn during your career, the larger ***the nest egg*** you'll need in retirement to maintain something close to your pre-retirement. ▶ 일반적으로 직장생활을 하면서 돈을 많이 벌수록, 은퇴 후에 은퇴 전과 비슷한 생활을 유지하기 위해 더 많은 돈이 필요하게 된다.

My wife and I have worked our whole lives to build ***a small nest egg*** for our retirement. ▶ 아내와 나는 은퇴 후에 쓸 약간의 돈을 모으기 위해 평생을 일해 왔다.

They hold two saving accounts for their two kids, as ***a nest egg*** for them as they grow older. ▶ 그들은 아이들이 커감에 따라 아이들에게 필요한 돈을 모으기 위한 두 개의 저축계좌를 가지고 있다.

보다 근본적인 해결을 외면한 채 돈으로만 문제를 해결하려고 하다

돈을 마구 쏟아붓다 (거부감을 나타내는 표현이다)

throw money at

The homeless problem cannot be solved by just ***throwing money at*** it. ▶ 집 없는 사람들에 대한 문제는 돈으로만 해결할 수는 없다.

He accused the producer of ***throwing money at*** the film. ▶ 그는 제작자가 그 영화에 너무 많은 돈을 쏟아부었다고 비난했다.

돈을 갈취하다

부당하고 강압적인 방법으로 돈 등을 뜯어내다

extort

Corrupt government officials were ***extorting*** money from him. ▶ 부패한 정부 관료들은 그에게서 돈을 갈취했다.

Her kidnapper ***extorted*** a $ 100,000 ransom for her release. ▶ 납치범은 그녀를 풀어주는 대가로 10만 불의 몸값을 뜯어냈다.

돈을 너무 많이 쓰는 (사람)

낭비가 심한 (사람); 씀씀이가 헤픈 (사람)

spendthrift

During the summer U.S. households reduced outstanding consumer credit at the highest rate in almost fifty years. Without a ***spendthrift*** American consumer going forward China's economic miracle is probably headed for disaster. ▶ 여름에 미국 가정은 지난 50년 중 거의 최고 비율로 체납된 소비자 부채를 갚았다. 돈을 많이 쓰는 미국인들이 앞으로 나서지 않는다면 중국의 경제기적은 파국을 맞게 될지도 모른다. ♣ *outstanding* : **미해결의** 참조

돈을 너무 아끼다
극도로 절약하다

pinch pennies

But don't be tempted to *pinch pennies* by cutting back on preventive care. ▶ 그러나 예방치료에 드는 비용을 줄여 돈을 아끼려 하면 안 된다.

When it comes to health, you shouldn't *pinch pennies*. ▶ 건강에 관한 경우 너무 돈을 아끼지 마라.

Students are being forced to *pinch pennies* more today than at anytime since the 1970s. Youth unemployment rates have soared to a 30-year high. ▶ 1970년대 이후로 그 어느 때보다 학생들은 극도로 절약해야 하는 상황에 내몰리고 있다. 청년 실업률이 지난 30년 중 최고치에 도달했다.

주 땅에 떨어뜨린 1센트짜리 동전을 집을 정도라는 이야기다.

돈을 댄 사람 마음이다
어떤 일을 하는 데 필요한 비용을 부담한 사람이 결정권을 가지고 있다; 비용을 부담한 사람에게 마땅한 혜택이 돌아가야 한다

He who pays the fiddler/piper calls the tune

Some have the perception, rightly or wrongly, that "*he who pays the piper calls the tune*." Those perceptions are well-founded. The donors are expecting to get something for their dollar. Major donors have enormous power and influence over political parties. ▶ 어떤 사람들은 옳든 그르든 간에, "돈을 댄 사람 마음이다"라는 인식을 지니고 있다. 그러한 인식에 일리가 있다. 기부자들은 그들이 지불한 돈의 댓가로 무언가 얻길 기대한다. 큰 돈을 기부한 사람들은 정당에 대해서 엄청난 힘과 영향력을 가진다. ♣ *well-founded* : 비난/이야기 등이 **근거가 충분한** 참조

More than half of the financial support of our schools is on the local level, and *he who pays the fiddler calls the tune*. ▶ 우리 지역의 학교들에 대한 경제적인 지원의 절반 이상이 지역에서 나오기 때문에, 돈을 지원한 사람들이 사용처에 대해서 당연히 말할 권한이 있다.

주 악사에게 돈을 준 사람이 마음대로 듣고 싶은 음악을 청할 수 있다는 의미다.

주체할 수 없을 정도로 돈을 많이 가지고 있다

have money to burn; with money to burn

At that time, HD-DVD was something only for people who *had money to burn*. ▶ 그 당시, HD-DVD는 돈이 많아 주체를 못하는 사람들만이 구입할 수 있는 물건이었다.

He was a high-earning broker *with money to burn*. ▶ 그는 주체하지 못할 정도로 돈이 많은 고소득 중개업자였다. ♣ *high-earning* : **고소득인** 참조

부정한 방법으로 돈을 많이 모은 사람
날강도

robber baron

The Socialist Republic of Vietnam is capitalism-unbound, the communist world as America's Wild West, complete with its own snake-oil salesmen and *robber barons*. ▶ 베트남 사회주의 공화국은 사기꾼들과 날강도들이 설쳐대는 개척시대의 미국 서부지역과 같은 고삐 풀린 자본주의식 공산주의 지역이다. ♣ *complete with* : ~을 **갖추고 있는** 참조

Remarkably, for more than a decade between 1906 and 1917, *a robber baron* selfishly stole the aesthetic beauty of the falls from the people and turned their water to his own monetary advantage. ▶ 어떤 날강도 한 사람이 폭포에서 흘러내린 물을 사람들에게 돈을 받고 팔았다는 이야기다. 《대동강물을 팔아먹은 봉이 김선달 같은 사람이다.》

주 중세 시대에 자기 영지를 지나가는 여행자들을 털던 정말 어처구니가 없는 귀족이다.

남은 돈을 몽땅 걸고 내기하다
100% 확신한다

bet one's bottom dollar

He's already scored a few goals and you can *bet your bottom dollar* he'll score a few more. ▶ 그는 이미 몇 골을 성공시켰고, 그가 몇 골 더 넣을 것이라고 남은 돈을 몽땅 걸고 내기해도 좋다.

The popular musical has arrived in Chicago and is now playing at the LaSalle Bank Theatre downtown, and you can ***bet your bottom dollar*** that the Depression-era story will bring a smile to your face. ▶ 그 유명한 뮤지컬이 시카고 다운타운에 있는 the LaSalle Bank Theatre에서 지금 공연 중이다. 대공황 시절의 그 이야기는 당신 얼굴에 웃음을 선사할 것으로 100% 확신한다.

많은 돈을 쉽게 벌다

laugh all the way to the bank ☞ Informal

Office-leasing market is swinging further in favor of property owners, and recent deals are seeing many ***laughing all the way to the bank***. ▶ 사무실 임대시장은 건물 소유주에게 더 유리한 방향으로 움직이고 있고, 최근 계약으로 많은 임대업자들이 많은 돈을 쉽게 벌고 있다.

주 떼돈을 번 후 은행에 저금하러 가면서 웃는다는 의미다.

일이 힘들지도 않으면서 돈을 쉽게 많이 벌 수 있는 기회/일/직장/자리
놀고 먹는 직장/자리

gravy train

Despite slower growth recently, DVDs remain a lucrative ***gravy train*** for studios. ▶ 최근 둔화된 성장세에도 불구하고, DVD는 여전히 영화제작업체가 많은 돈을 쉽게 벌 수 있도록 해준다.

Americans are all too familiar with ***the gravy train*** of outrageous lawsuits (remember the famed too-hot-coffee case against McDonald's, for instance). Filing a lawsuit is seen by far too many people — and lawyers — as a Golden Ticket to Easy Street. ▶ 미국인들은 모두 많은 돈을 쉽게 챙긴 엄청난 소송들에 대하여 잘 알고 있다(예를 들어 유명한 too-hot-coffee case against McDonald's를 생각해 보라). 너무나 많은 사람들이 소송을 제기하는 것이 열심히 일하지 않고 쉽게 부자가 되는 길이라고 여기고 있다. 《"too-hot-coffee case against McDonald's"란 수년 전 미국 McDonald's에서 한 여자가 커피를 사 마시다가 무릎에 흘린 커피 때문에 화상을 입었다고 고소해서 엄청난 보상금(수십만 불 상당)을 타낸 유명한 사건이다.》 ♣ ***Easy Street***: **부유한 환경** 참조

주 미국 가정에서 직접 "***gravy***"를 만들던 시절의 이야기다. 철도를 놓는 인부들이 죽도록 고생해도 돈을 별로 벌지 못하는 자신의 신세와 비교하면서, 기차를 타고 호화스럽게 여행하는 돈 많은 사람들을 보고는 못마땅해 하면서 이런 표현을 처음 사용했다고 한다. ***Gravy***는 없어도 되는 단지 입맛을 돋우기 위한 사치스러운 소스라는 의미를 내포하고 있다.

돈을 쏟아붓다
많은 돈을 투자하다

pour money into

The company, that produces 18 per cent of its electricity from wind power, chose a future by ***pouring money into*** renewable energy. ▶ 풍력으로 전력의 18%를 생산하고 있는 그 회사는 미래를 위해서 재생에너지에 많은 돈을 투자하기로 결정했다.

돈을 엄청나게 많이 벌다

make a mint ☞ 화폐를 찍어내는 공장을 세우다, Informal

He had once ***made a mint*** off eco-friendly power plants by using laws that required power companies to buy his plant's power for above-market rates. ▶ 환경친화적으로 생산한 전력을 전력회사가 시장가격보다 높은 가격에 사도록 하는 법을 이용하여 그는 한때 엄청난 돈을 벌었다.

Southern Copper and Phelps-Dodge, among many others, have ***made a mint*** from rising prices on basic materials like copper and zinc. Prices on these metals have been skyrocketing and it's mostly on account of demand in developing massive infrastructures, like those of the BRIC countries (Brazil, Russia, India, and China). ▶ Southern Copper and Phelps-Dodge 등과 같은 회사들은 구리와 아연 같은 기초 소재의 가격이 오름에 따라서 돈을 쓸어 담았다. 이런 금속의 가격이 하늘 높은 줄 모르고 치솟고 있는데, 이는 주로 BRIC 같은 나라에서 대규모의 사회간접 시설을 건설하는데 필요한 수요 때문이다. ♣ ***among many others***: ~ **등과 같은 것들**; ***skyrocket***: 가격이나 양이 갑자기 크게 **증가하다** 참조

주 "돈을 쓸어 담는다"는 말과 어울리는 표현이다.

be in the money ☞ 돈 방석에 앉다, 돈에 파묻히다, Informal

If the price rises, you ***are in the money***. If not, your options aren't worth a cent. Options usually expire after 10 years, whether you've made money or not. ▶ 가격이 오른다면 당신은 돈 방석에 앉는다. 만일 그렇지 않다면 당신의 옵션은 한 푼의 가치도 없게 된다. 옵션은 돈을 벌던 못 벌던 보통 10년 후에 종료된다.

make it rich ☞ 부자가 되다

Mexico's rigid and outdated labor laws, thin public education (which in some places is virtually nonexistent), widespread government corruption (which discourages entrepreneurialism and capital formation), and an economy overly dependent on the vagaries of extractive industries have perpetuated poverty in a nation whose location, natural resources (especially if money therefrom had been invested in higher-value-added goods and services), and hard-working people might, you'd think, have long since ***made it rich***. ▶ 멕시코의 경직되고 시대에 뒤떨어진 노동법, 열악한 공교육(어떤 지역에서는 사실상 존재하지 않음), 넓게 퍼진 정부의 부패(기업가적 정신과 자본 형성을 억제했음) 그리고 일시적으로 호황상태에 있던 채취산업(광업 어업, 임업 등)에 지나치게 의존하는 경제는, 지리적인 이점을 가지고 있으며 매우 열심히 일하는 국민이 있고 천연자원(특히 천연자원을 판 돈으로 좀더 부가가치가 높은 상품과 서비스 산업에 투자했더라면)이 많아, 당신이 생각하기에 오래 전부터 부자나라가 될 수 있었을 그 나라에 가난을 영속화시켰다.

She has ***made it rich*** as a fashion designer. ▶ 그녀는 패션 디자이너로 부자가 되었다.

돈을 움켜쥐고 쓰지/풀지 않는
인색한

tight-fisted

Shoppers remained ***tight-fisted*** in July, raising concern about the back-to-school and holiday shopping seasons. ▶ 개학과 크리스마스 및 연말연시 쇼핑 시즌에 대한 우려를 불러일으키면서 소비자들이 7월에도 돈을 쓰지 않고 움켜쥐고 있었다.

Banks are still so ***tight-fisted*** about lending. ▶ 은행들이 여전히 대출에 인색하다.

He blamed the recession and customers' ***tight-fisted*** spending habits for the job cuts. ▶ 일자리가 줄어드는 것은 불경기와 소비자들이 돈을 쓰지 않는 습관 때문이라고 그가 말했다.

싫지만 어쩔 수 없어서 많은 돈을 지불하다

cough up ☞ 뱉어내다, Informal

One of the great bipartisan axioms of the times is that if you irritate the rich and the corporations — for example, by insisting that they ***cough up*** some tax revenue — they'll get all huffy and will refuse to create any jobs for the rest of society. ▶ 초당적으로 인정되고 있는 당시 생각들 중 하나는 만일 당신이 부자들이나 기업들의 심기를 건드린다면, 예를 들어 세금을 더 내야 한다고 주장하면, 그들은 기분 나빠서 나머지 사회를 위한 일자리 창출을 거절할 것이라는 사실이다. ♣ ***bipartisan*** : **초당적(超黨的)인** 참조

You have to ***cough up*** $20,000 a year for tuition. ▶ 등록금으로 한 해에 20,000달러나 내야 한다.

돈이 모든 것을 말해 준다
돈만 있으면 안 되는 게 없다

money talks

The formula in Hollywood is simple ***money talks***. ▶ 할리우드의 공식은 간단하다. 돈이 모든 것을 말해 준다.

He believes ***money talks***. ▶ 그는 돈만 있으면 안 되는 게 없다고 믿는다.

대조/대비가 되거나 보완하여 남을 혹은 다른 것을 돋보이게 하는 사람/것
compliment

foil

In 2000 Tiger Woods started piling up major tournament victories, obliterating one filed after another. He needed ***a foil***. Now he has two (Vijay Singh and Phil Mickelson). ▶ 2000년에 타

이거 우즈는 매 경기를 싹쓸면서 메이저 대회 우승기록을 쌓기 시작했다. 그는 자신을 돋보이게 해줄 조역이 필요했었는데, 비제이 싱과 필 미켈슨이 지금 그 역할을 담당하고 있다.

A cold beer is ***a perfect foil*** for a pizza. ▶ 피자에는 찬 맥주가 제격이다.

주 빛이 반사되도록 거울 뒷면에 대는 금박이다.

돌고 도는 게 인생이다
얻는 게 있으면 잃는 것도 있게 마련이다; 인간만사 새옹지마(塞翁之馬)

What you lose on the swings you gain on the roundabouts; What you gain on the roundabouts, you lose on the swings

He spoke of the need to bring in "height" when he looks to recruit new players for his team next month, but he is also aware that ***what you gain on the roundabouts, you lose on the swings***. ▶ 그는 다음 달 스카우트에서 키 큰 선수를 데리고 와야 할 필요성에 대하여 이야기했다. 그러나 그는 얻는 게 있으면 잃는 것도 있게 마련이라는 사실을 잘 알고 있다. 《키 큰 선수를 다른 팀으로부터 데려오기 위해서는 어쩔 수 없이 다른 좋은 선수들을 내주어야 한다는 의미다.》

We lose on the swings but gain on the roundabouts of the genetic diversity that ensures the survival of our species. ▶ 생명체가 죽음으로써 종족의 생존을 보장하는 유전적 다양성을 얻게 된다.

Hedging is a sort of insurance against ***the swings and roundabouts*** that are commonplace in foreign exchange markets. ▶ 헤지 거래는 외환거래 시장 같은 곳에서 다반사로 일어나는 "한 곳에서 얻은 것을 다른 곳에서 잃어버리는 상황"에 대한 일종의 보험이다. ♣ ***commonplace*** : **다반사(茶飯事)** 참조

It's ***a swings and roundabouts situation*** — a downturn in purchases of houses and apartments and a corresponding upturn in rentals. ▶ 잃는 게 있으면 얻는 것도 있게 마련이다. 주택과 아파트 구매의 하락은 임대의 증가를 의미한다.

주 ***roundabout***은 merry-go-round(회전목마)의 영국식 표현이다. 그네 타면서 잃어버린 것을 회전목마를 타면서 줍는다는 말이다. 혹은 회전목마를 타면서 주운 것을 그네 타면서 잃어버리기도 한다는 의미다. 줄여서 ***swings and roundabouts***으로 표현하기도 한다.

소문/질병 등이 **돌다**
circulate

be going around

There is a nasty sort of rumor ***going around*** about her. ▶ 그녀에 관한 악성 루머가 돌고 있다.

There's a virus ***going around***. A lot of students are sick at home. ▶ 바이러스가 돌고 있어 많은 학생들이 집에서 앓고 있다.

사람들을 들여보내지 않고 **돌려보내다**

turn someone away

Turning boat people ***away*** would be an inhumane action. ▶ 보트 피플을 돌려보내는 것은 비인간적인 처사다.

He ***turned away*** uninvited guests at the door. ▶ 그는 문 앞에서 초대받지 않은 손님들을 돌려보냈다.

기분/의견/입장/분위기/태도 등이 **돌변하다**
급변하다; 한순간에 확 바뀌다

swing

He ***swung*** all the way from punitive to forgiving. ▶ 그는 벌을 주어야 한다고 주장하다가 용서하는 쪽으로 태도가 완전히 돌변했다.

They were totally unaware of a fact that the voters could ***swing*** away from the ruling party at any moment. ▶ 여당을 지지하는 유권자들이 언제라도 돌변할 수 있다는 사실을 그들은 전혀 모르고 있었다.

주 추가 반대편으로 휙 하고 움직이는 것처럼 돌변한다는 의미다.

어려움을 겪은 후 정상 상태로 다시 돌아오다

back on one's feet ☞ 넘어졌다가 다시 일어서다

In the aftermath of Tuesday's bloodbath on the rails, many outsiders were in awe of the resilience that put the city ***back on its feet*** in no time. ▶ 2006년 7월에 발생하여 많은 사상자를 낸 인도 뭄바이(Mumbai) 열차 테러사건이 발생한 이후 곧바로 도시를 다시 정상 상태로 돌아오게 한 회복력에 대하여 외부 사람들이 경외하였다. ♣ *aftermath*: 특히 좋지 않은 사건이 벌어진 **이후의 시기/상황**; *be in awe*: ~을 **경외하다** 참조

Too many layers of management have built up at Ford Motor during the company's 103 years and must be streamlined to get the ailing automaker ***back on its feet***, a departing Ford executive said. ▶ 포드자동차가 설립된 후 103년 동안 관리자 층이 너무나 많아졌고, 경영이 악화된 회사를 다시 정상으로 돌아오도록 하기 위해서는 몸집을 줄여야 한다고 회사를 떠나는 한 임원이 말했다.

돌을 녹이다
목석 같은 사람의 마음을 녹이다

melt a stone

Unconditional love on a daily basis can ***melt a stone***. ▶ 매일같이 조건 없는 사랑을 베푼다면 목석 같은 사람의 마음을 녹일 수 있다고 그는 말한다.

먼저 돌을 던지다
자신도 잘못한 점이 있음에도 불구하고 남을 먼저 비난하다

cast/throw the first stone

Before you ***cast the first stone***, consider where she's been, what she has overcome, what she has done for constituents for eight years. ▶ 당신이 그녀에게 먼저 돌을 던지기 전에, 그녀가 8년 동안 어디에 있었으며 무엇을 극복했고 유권자들을 위해서 무엇을 했는지 생각해 보라.

Far be it from me to ***cast the first stone***, but I do pray every day for the salvation of our country. ▶ 남들을 먼저 비난할 의도는 추호도 없습니다만, 나는 우리나라의 구원을 위해서 매일 기도를 합니다. ♣ *far be it from me to*: ~할 의도/생각은 **추호도(털끝만큼도) 없습니다만** 참조

Whose hands are clean enough to ***cast the first stone***? ▶ 누가 먼저 돌을 던질 수 있을 정도로 결백하다는 말인가?

주 신약 성서 요한복음 8장 7절에서 유래되었다: "If any one of you is without sin, let him be ***the first to throw a stone*** at her."

돌이킬 수 없는 상태로 되어버린
회복할 수 없는 상태에 이른

irrevocable ☞ Formal

The government's relationship with the public still seems ***irrevocably*** broken. ▶ 정부와 국민의 관계가 돌이킬 수 없을 정도로 벌어졌다.

My relationships with friend have been ***irrevocably*** altered. ▶ 내 친구들과의 관계가 회복할 수 없을 정도로 변해버렸다.

다시 돌이킬 수 없는 중대 사건이 벌어지다
이미 엎질러진 물이다; 영구적으로 좋지 않은 큰 변화를 가져오는 중대 사건이 벌어지다; 이미 늦었다

the genie is already out of the bottle; it is late to put the genie back in the bottle

Trepidation over humans creating duplicate people began. ***The genie is already out of the bottle***. Let's make sure it works for us, not against us. ▶ 복제인간을 만드는 공포가 시작되었다. 이미 돌이킬 수 없는 큰 일이 벌어지고 말았다. 인간복제가 우리에게 해가 되지 않고 우리를 위한 일이 되도록 확실히 해두어야 한다.

And although vaccinations resumed last summer, by then ***it was too late to put the genie back in the bottle***. ▶ 지난 여름부터 예방접종을 다시 시작은 했지만 돌이키기에는 이미 늦었다. 《소아마비의 전염을 거의 잡아가고 있는 2003년 여름 나이지리아 북부 마을 지도자들을 소아마비 예방접종을, 에이즈를 전염시킬 우려가 있고 여자 아이들을 불임으로 만든다며, 금지시켰다가 2004년 여름에 다시 예방접종을 시작한 일을 두고 하는 이야기다.》

주 ***Genie***는 아라비안 나이트에 나오는 마술 병 속의 인물이다.

너무 멀리 갔기 때문에(일이 너무나 많이 진행되었기 때문에) 이제는 다시 **돌이킬 수 없다**
다시는 되돌아올 수 없다

pass/reach the point of no return

Global warming ***passed the point of no return.*** ▶ 지구온난화 현상은 다시 돌이킬 수 없을 만큼 많이 진행되었다.

The Israeli defense minister warned yesterday that Iran will ***reach the point of no return*** within the next 12 months in its covert attempt to secure a nuclear weapons capability. ▶ 이스라엘 국방부 장관은 이란이 12개월 이내에 핵무기 개발능력을 확보하기 위하여 은밀하게 일을 벌임으로써 다시 돌이킬 수 없는 지경에 이를 것이라고 어제 경고했다.

cross the Rubicon ☞ 루비콘 강을 건너다

Having resumed uranium enrichment, has Iran ***crossed the Rubicon***? ▶ 우라늄 농축을 재개하면서, 이란은 루비콘 강을 건넜는가?

주 로마시대에는 전쟁에서 승리하고 개선한 장군이 공화정에 위협을 가하지 않는다는 의미로 군대를 이끌고는 로마 국경부근에 있는 루비콘 강을 건너지 않는 전통이 있었다. 그러나 BC 49년 줄리어스 시저가 이 전통을 깨뜨리고 말았다.

요란스럽게 (맹렬히) **돌진하다**
매우 빠르고 거칠게 움직이다

hurtle

On March 27, 1977, a Pan Am 747 awaiting takeoff at the Tenerife airport in the Canary Islands was sliced open without warning by a Dutch KLM jet that had come ***hurtling*** out of the fog at 260 km/h. ▶ 1977년 3월 27일, 카나리아제도의 Tenerife 공항에서 이륙을 기다리던 팬암 소속 747 항공기가 시속 260km로 맹렬하게 돌진하며 안개를 뚫고 아무런 경고도 없이 나타난 KML 항공사 제트기에 의해서 두 동강이 나버렸다.

He went ***hurtling*** down the stairs. ▶ 그는 우당탕 거리며 계단을 뛰어내려 갔다.

Gone are the days when the business owner could walk out back to talk to his local production crew before knocking off early to sneak in a round of golf or go fishing. Many small businesspeople today are ***hurtling*** around the globe at breakneck speed as larger competitors leave them little room for error. ▶ 기업주가 일을 중단하고 슬쩍 골프 치러 가거나 낚시하러 가기 전에, 지역 생산담당자들과 이야기하기 위해 사무실 밖으로 나오던 시절은 이미 지나갔다. 오늘날 중소기업을 운영하는 많은 사람들은 대기업들과의 경쟁에서는 실수가 용납되지 않기 때문에 매우 빠르게 지구 곳곳을 누비고 다닌다. ♣ ***gone are the days when***: ~하던 **시절은 이미 지나갔다**; ***at breakneck speed***: 목이 뒤로 확 젖혀질 정도로 굉장히 **빠른 속도로**; ***room for error***: **실수가 용납되는 여지** 참조

돌파구
과학 기술 분야에서의 획기적인 발견/발전/성공/업적; 외교 등의 업무에서 어려운 난관의 타결

breakthrough

The country expects no ***breakthrough*** in global trade talks before the November US Presidential elections. ▶ 그 나라는 11월 미 대선 전에는 세계무역회담에서 돌파구가 마련될 것이라고 기대하지 않는다.

The research park produces the ideas and ***breakthroughs*** that may one day change all of our lives. ▶ 그 연구단지는 언젠가 우리 모두의 삶을 바꿀 수도 있는 아이디어와 획기적인 업적을 내놓고 있다.

Apollo Life Sciences announces it has achieved a major ***breakthrough*** by successfully lowering blood glucose levels in diabetic rats with oral insulin, using its proprietary oral delivery technology. This makes needle-free insulin for diabetes treatment now possible. ▶ Apollo Life Sciences는 자기 회사만이 가지고 있는 경구투약 기술을 이용하여 경구용 인슐린으로 당뇨가 있는 쥐의 피에서 글루코스를 성공적으로 낮춤으로써 중요한 돌파구를 마련했다고 발표했다. 이 기술로 주사기를 쓰지 않고 당뇨병을 치료하는 것이 이제 가능하다.

방이나 건물 등의 내부 공간이 커다란 **동굴 같은 느낌을 주는**
내부 공간이 매우 넓은/큰

cavernous

I walked into ***the cavernous hall*** where the opening general session was being held. ▶ 나는 개막총회가 열리고 있는 매우 넓은 홀로 걸어 갔다.

Officers and their families filled the pews in ***the cavernous cathedral***'s central aisles. ▶ 경찰관들과 가족들은 내부가 매우 큰 그 성당의 중앙 복도에 마련된 의자에 앉았다.

모든 사람/것을 **동등하게 대하는 방식/제도**

equal basis

They called for sharing available water resources ***on an equal basis***. ▶ 그들은 가용한 수자원을 동등한 방식으로 분배할 것을 요구했다.

The Financial Supervisory Commission (FSC) said it plans to ease rules for local companies, enabling them to compete ***on an equal basis*** with foreign rivals in the acquisitions of financial firms. ▶ FSC는 지역 회사들이 금융회사를 인수하는 데 있어서 외국회사들과 동등하게 경쟁할 수 있도록 규정을 완화시킬 계획을 가지고 있다고 발표했다.

~와 **동등하게 취급되는**
동등한 위치에 있는

on a par with

To be ***on a par with*** the medical profession, we must change now. An engineering degree must be made very difficult to earn. ▶ 의료업과 동등한 위치에 서기 위해서, 우리(engineering profession)는 당장 변해야 한다. 공학사 학위의 취득이 매우 어려워지도록 만들어야 한다. 《대학에서 공학사 학위를 4년 만에 너무 쉽게 주기 때문에 사회에서 엔지니어가 의사에 비해서 낮은 대우를 받는다는 뜻으로 쓴 글이다.》

Paul Simon is one of the all-time great pop songwriters, ***on a par with*** Bob Dylan in the poetry vein and in crafting warm, engaging, harmonious melodies. ▶ 폴 사이먼은 시인적 기질과 부드럽고 매력적이며 하모니가 좋은 선율을 만드는 데 있어서 밥 딜런과 동등하게 취급되는 팝음악 사상 위대한 작곡가 중의 한 사람이다.

동문서답을 하고 있는
서로 의도하는 바를 제대로 이해 못 하고 엉뚱한 말/행동만 하고 있는; 행동이나 말이 서로 엇갈리는; 제각기 다른 의도/목적으로 말/행동하는

at cross purposes

He appears to be talking ***at cross purposes*** to my original points. ▶ 나의 원래 취지에 대해서 그가 동문서답을 하고 있는 것처럼 보인다.

The two sides are at times working ***at cross purposes***. ▶ 양측은 가끔씩 서로 엇갈리는 행동을 한다.

Without a proper integration, these projects will work ***at cross purposes***. ▶ 적절한 통합이 없이는, 이 프로젝트들은 원래 취지와는 다르게 엉뚱한 방향으로 진행될 것이다.

동분서주(東奔西走)하며 다니다
종횡무진으로 다니다; 구석구석을 누비며 다니다; 빈번히 드나들다/왕래하다

crisscross

I'm going to ***crisscross*** this state and we're going to have financial education seminars. ▶ 나는 이 주를 동서분주하며 다닐 예정이며 우리는 금융교육 세미나를 개최하려 한다.

They are applying for a job and there is no good reason why we should pay their fares and accommodation costs as they ***crisscross*** the country making their pitches — the burden should be shouldered by the Liberal and Labor parties and their supporters. ▶ 그들은 일자리에 응모하고 있다. 그들이 선거연설을 하면서 전국을 누비며 다닐 때 우리가 그들의 교통비와 숙박비를 지불해야 하는 합당한 이유가 없다. 이 부담은 자유당과 노동당 및 그들을 지지하는 사람들이 부담해야 한다. 《국회의원 선거비용을 국민세금으로 부담하는 것은 옳지 않다는 주장이다.》

주 열십자 모양으로 경로를 달리하면서 자주 왔다갔다한다는 의미다.

동시 공연/상연/행사

두 가지 영화가 한꺼번에 상영되거나, 두 가지의 공연/행사 등이 한꺼번에 열리는 것

double feature

He runs a drive-in theater, where he shows ***a family-friendly double feature*** every night of the year. ▶ 그는 자동차 전용 극장을 운영하는데, 그곳에서는 매일 저녁 가족용 영화 2편이 동시 상영된다.

The Audrey Hepburn retrospective continues tonight with ***a double feature*** of Charade (7:30 pm) and Wait Until Dark (9:35 pm). ▶ 오늘 저녁에도 오드리 헵번 회고 영화전이 계속되는데 2편이 동시 상영된다.

Don't miss this ***double feature*** event: the annual conference and the welcome reception by the alumni association on Oct 30. ▶ 이 두 가지 행사를 놓치지 마라. 동문회가 주최하는 연례 학술대회와 환영 리셉션이 10월 30일에 열린다.

특정한 기간/시간 **동안 계속해서/내내/죽** 어떤 일이 벌어지다

특정한 기간/시간에 걸쳐서

over ~

Over breakfast we discussed planes for the work. ▶ 우리는 식사하는 동안 내내 그 일에 대한 계획을 논의했다.

Digital devices of all shapes and sizes will ***over the next several years*** invade the living room. ▶ 각양각색의 디지털 장비들이 앞으로 몇 년에 걸쳐서 거실에 자리잡게 될 것이다. ♣ *all shapes and sizes*: **각양각색** 참조

동의서(同意書)

합의각서

letter of intention

The Norwegian energy company has signed ***a letter of intention*** with Chinese authorities to build a windmill park in the southwest province of Hubei. ▶ 그 노르웨이 에너지회사는 중국 당국과 후베이성 남서지역에 풍력발전 단지를 건설하는 합의각서에 서명하였다.

We sent ***a letter of intention*** to them. ▶ 우리는 그들에게 동의서를 보냈다.

동족상잔의

싸움, 분쟁 등이 사회나 단체 내부에서 일어나 서로 죽이는

fratricidal ☞ Formal

The Korean Peninsula has experienced ***a fratricidal war*** in the early 1950s. ▶ 한반도는 1960년대 초 동족상잔의 전쟁을 겪었다.

The fratricidal ethnic conflict in Sri Lanka is one of the most protracted violent conflicts of recent times. ▶ 스리랑카의 인종분쟁은 최근 들어 가장 오랜 기간 끌어온 폭력적인 충돌의 하나다. ♣ *protracted*: 일반적으로 생각했던 것보다 **시간(기간)을 오래 끄는** 참조

동족의식

집단적 우월주의; 자기 종족이나 자신이 속한 집단이 혹은 남자나 여자가 다른 성보다 더 우월하다는 생각

tribalism

Government has rebuked a human rights organization for allegedly inciting ***tribalism*** on a land dispute between the two tribes. ▶ 그 두 종족간의 영토분쟁에 대해 정부가 동족의식을 부추겼다고 주장하는 한 인권단체의 주장을 정부가 강력히 반박했다. ♣ *alleged*: 실제로 입증되지는 않았지만 사람들이 진실이라고 **주장하는** 참조

The scrouge of ***tribalism*** which is creeping into the politics of Ghana today is causing headaches for all well-meaning Ghanaians. ▶ 가나의 정치에 살금살금 기어들어 오고 있는 집단적 우월주의라는 골칫거리가 선의의 가나 국민들에게 고통을 안겨주고 있다. ♣ *scrouge*: 사회나 많은 사람들에게 고통을 주는 **골칫거리**; *well-meaning*: **선의의** 참조

~이 되고 싶어하는
~을 지망하는

wannabe ☞ 거부감을 나타내면서 비꼬는 표현, Informal

He is ***a wannabe musician*** who even does not know which way up to hold a guitar. ▶ 그는 기타를 잡는 법조차 모르면서 음악가가 되고 싶어한다.

would-be

This is a book that provides encouragement for ***would-be writers*** who cannot get their novel printed. ▶ 이 책은 소설을 출판할 수 없는 작가 지망생들에게 격려가 된다.

The would-be president should possess strong political will to withstand all pressures from all sectors of society. ▶ 대통령이 되길 희망하는 그 사람은 사회 모든 분야에서 오는 압력을 견딜 수 있는 강한 정치적 의지력이 있어야 한다.

~이 어떻게 되다

become of

What will become of them. ▶ 그들에게 무슨 일이 일어날까?

I don't know ***what has become of*** them. ▶ 나는 그들이 어떻게 되었는지 모른다.

What would have become of the country without international support in the 1950-53 Korean War and thereafter? ▶ 한국전쟁(1950-1953) 동안 그리고 그후에 국제적인 도움이 없었더라면 이 나라가 어떻게 되었을까?

주 의문사 what을 주어로 하여 "어떻게 되었을까?" "지금쯤 어디서 무얼 하고 있을까?" "무슨 일이 일어났을까?" 등의 의문문 형태로 종종 사용된다.

되도록이면 ~이면 더욱 좋다
~이라면 더 좋다

preferably

You'd better take exercise everyday, ***preferably*** in the fresh air. ▶ 되도록이면 맑은 공기 속에서 매일 운동을 하는 것이 좋다.

We want a candidate with credentials. ***Preferably***, one with solid experience and a few good references. ▶ 우리는 경력이 있는 지망생을 원한다. 되도록이면 탄탄한 경험과 좋은 추천서를 갖고 있는 사람이면 더욱 좋다.

되돌릴 수 없는 일
돌이킬 수 없는 일; 이미 벌어진 뒤라 걱정해 봐야 아무 소용 없는 일

water under the bridge

You have to work together because the past is ***water under the bridge***. ▶ 과거는 되돌릴 수 없기 때문에 너희들은 합심해서 일해야 한다.

It is ***water under the bridge*** and we've got to move on. ▶ 그것은 돌이킬 수 없는 일이고 우리는 계속 나아가야 한다.

돼지에게 진주목걸이를 걸어주다
가치를 모르는 사람에게 귀한 물건을 주다

cast/throw pearls before swine

I feel like I am ***casting pearls before swine***. ▶ 돼지에게 진주목걸이를 걸어주고 있는 심정이다.

We also must exercise stewardship over our charity, rather than just ***throw pearls before swine***. ▶ 자선사업을 할 때에는 고마움도 모르고 노력을 하지 않는 사람들에게 무작정 자선을 베풀지 말라는 의미로 쓴 글이다.

돼지에 진주

보통 사람은 가치를 모르는 귀한 물건; 보통 사람들이 이해하기 어려운 것

caviar to the general ☞ **Literature**

Poetry is close to people, not *caviar to the general*. Unsuspected people try to write it: doctors, secretaries, and teachers. ▶ 시는 보통 사람들이 이해하기 힘든 장르가 아니라 사람들 가까이에 있다. 의사, 비서, 교사 같은 미처 생각지도 않은 사람들이 시를 쓰려고 한다. ♣ *unsuspected*: 미처 **생각지도 않은** 참조

Not everyone could understand his style, which was certainly of a sort to be *caviar to the general*. ▶ 그의 스타일은 누구나 쉽게 가치를 이해할 수 있는 그런 것이 아니었다.

Art becomes *caviar to the general* when the reality it imitates no longer corresponds even roughly to the reality recognized by the people. ▶ 예술이 모방하는 현실이 사람들이 인식하는 현실과 조금이라도 일치하지 않으면 예술은 보통 사람들이 이해할 수 없는 분야가 되고 만다.

주 옛 러시아에서 황제나 지체 높은 귀족들이 즐기던 비싸고 귀한 캐비아(철갑상어 알)를 맛도 모르는 군인(장군)에게 주어봐야 가치를 모른다는 의미다.

말/글/일/사건 등이 두 가지로 해석할 수 있는

양면성을 지니고 있는; 칭찬인지 욕/비난인지 알기 힘든; 좋은 것인지 나쁜 것인지 알기 힘든; 어느 쪽을 노리고 있는지 알기 힘든; 의미가 애매한

double-edged

The rape was *a double-edged incident* and it was difficult to attribute blame to any one side. ▶ 그 성폭행은 어느 한 쪽에 책임이 있다고 말하기 힘든 사건이었다.

God's consistency of character towards us, however, is *double-edged*. Let me explain. It is undeniably, indeed gloriously, true, that our covenant Lord is faithful to all his promises. What we can so easily forget, however, is that God's promises embrace the blessings and the cursings of his covenant. In brief, the Lord not only promises to bless our faithfulness (our response to his grace and love in Christ), but also to curse our unfaithfulness. He will never stand idly by while his people sin, congregationally or individually. ▶ 그러나 우리를 향한 하나님의 일관된 특성은 양면성을 지니고 있다는 것이다. 설명하자면, 약속의 하나님께서는 모든 언약을 전부 실천하신다. 하지만, 우리가 쉽게 잊는 것은 하나님의 언약은 축복과 저주를 모두 다 포함하고 있다는 사실이다. 간단히 말하자면, 주 하나님께서는 그의 은총에 감사하고 예수님을 사랑하는 우리의 신앙심에 축복을 내리실 뿐 아니라, 회중이나 개인이 죄를 지을 때 절대로 그저 서서 바라만 보시지 않는다.

Certainly, China's involvement in the U.S. economy is *double-edged*. Beijing's taste for Treasury securities and other U.S. debt has kept the American economy afloat. But as our trade deficit shows, it has also encouraged us to live well beyond our means. ▶ 중국이 미국경제와 관련되어 있다는 사실은 확실히 양면성을 지니고 있다. 미국의 국채와 기타 채권을 선호하는 중국의 기호가 미국경제를 근근이 유지시켜 왔다. 그러나 우리의 무역적자가 보여주듯이 이 때문에 우리는 분수에 넘치게 살아왔다. ♣ *keep afloat*: 회사/국가/개인의 예산/자금이 부족하여 **근근이 꾸려가다**; *beyons one's means*: **분수에 넘치게 살다** 참조

Lest we forget, the term "politics" is an ambiguous one that is *double-edged*. To say of someone that she or he has behaved in a "political manner" is, as we all know, a backhanded compliment. It can often be understood in realist terms as harbouring the propensity to place political gains and considerations above all else. A good politician, in this respect, is someone who plays the political game well; but that doesn't necessarily make the person a good human being. On a similar note, one can also be a good thief — that is a thief who manages to steal and doesn't get caught — but that certainly doesn't make one a good human being. ▶ 혹시 우리가 잊어 버렸을까 염려해서 하는 말인데 "정치"라는 용어는 두 가지로 해석할 수 있는 의미가 애매한 용어다. 어떤 사람이 정치적으로 행동했다고 말하는 것은 우리가 잘 알다시피 빈정거리는 칭찬이다. 실제적으로 이 말은 정치적인 이해나 고려를 다른 모든 것보다 우선시하는 타고난 성향을 가지고 있다는 것으로 종종 인식된다. 이런 관점에서 본다면 좋은 정치가는 정치게임을 잘하는 사람이지만 그렇다고 좋은 인간성을 지녔다는 것을 반드시 의미하지는 않는다. 이와 마찬가지로, 잡히지 않고 남의 물건을 잘 훔치는

솜씨 좋은 도둑이 좋은 인간을 절대 의미하지 않는다. ♣ *Lest we forget*: 혹시 **잊어버렸을까 봐 염려해서 하는 말인데**; *backhanded compliment*: **빈정거리는 칭찬**; *propensity*: 타고난 **성향**; *place above*: ~을 ~보다 **우선시한다** 참조

두 가지를 다 가질 수는 없다
둘 중에서 하나만을 선택해야 한다

cannot have it both ways

We ***cannot have it both ways***: the cost of a cleaner environment may sometimes be fewer jobs in dirty industries. ▶ 우리는 두 가지를 다 가질 수는 없다. 깨끗한 환경을 얻는 대가로 공해산업의 일자리가 줄어들 수도 있다.

Make up your mind. You ***can't have it both ways***. ▶ 마음을 결정해라. 너는 둘 중의 하나만을 선택해야 한다.

앞으로 어떻게 될지는 (더) 두고 봐야 안다
앞으로 어떻게 될지 아직은 모른다; 지금으로선 예상/예측하기 힘들다

it remains to be seen whether ~; whether ~ remains to be seen

It remains to be seen whether he will come back. ▶ 그가 돌아올지는 더 두고 봐야 안다.

Whether the democratic contagion will spread ***remains to be seen***. ▶ 민주주의가 널리 전파될지는 지금으로선 예측하기 힘들다.

눈에 이상이 생기거나 술에 취해 사물이 두 개로 보이다
눈의 초점이 잘 맞지 않아 사물이 둘로 보인다

see double

A blood clot the size of a golf ball behind her left eye was causing her to ***see double***. ▶ 왼쪽 눈 뒤에 있는 골프공 만한 핏덩이 때문에 그녀는 사물이 두 개로 보인다.

I felt dizzy, ***seeing double***. ▶ 나는 어지러워 눈의 초점이 잘 맞지 않았다.

여기서 ~란 ~를 두고 하는 말이다
여기서 ~란 ~를 말한다

a reference to

An opposition leader said "It's the people who have taken power. They have been fighting for so long against corruption, against the family," ***a reference to*** Akayev's family ▶ 야당 지도자는 "권력을 쥐고 있는 사람들은 국민들이다. 국민들은 너무나 오랫동안 부패와 그 가족에 대항하여 싸워왔다"고 말했다. 여기서 그 가족이란 아카이예프(Akayev)의 가족을 말한다. 《2005년 키르기스스탄(Kyrgyzstan)에서 발생한 민중봉기로 대통령이던 아카이예프가 망명한 사건에 대한 이야기다.》

He decried the sad reality, saying "we do not have an abundance of good jobs in" Wisconsin, ***a reference to*** the fact that per capita wages in Wisconsin still lag the U.S. average. ▶ 그는 "위스콘신 주에 좋은 직장이 많지 않다"고 말하면서 이 슬픈 현실을 강하게 비난했다. 여기서 슬픈 현실이란 위스콘신 주의 일인당 평균 임금이 미국 평균치에 여전히 못 미친다는 사실을 두고 하는 말이다.

가슴이 두근두근하다
가슴이 울렁거리다; 조마조마하다

have butterflies in my stomach ☞ Informal

"At the very beginning of the game I ***had so many butterflies in my stomach*** and right now they've all floated away," he said. ▶ "그 시합 초기에는 가슴이 두근두근했지만, 지금은 아무렇지도 않다"고 그는 말했다.

An exam may ***produce butterflies in the stomach***. ▶ 시험은 가슴을 울렁거리게 만들 수도 있다.

두뇌의 유출
고급인력이 빠져나가는 것

brain drain

Zimbabwe has lost half of its public health professionals in the last few years and is the African country hardest hit by ***a brain drain*** driven largely by economic hardship. Skilled health staff has migrated mostly to Western Europe and some neighboring African countries in search of better salaries and better work conditions. ▶ 짐바브웨는 지난 몇 년간 공공보건을 담당하던 전문인력의 절반을 잃었고, 아프리카에서 경제적인 어려움으로 인한 두뇌의 유출이 가장 심각한 나라다. 숙련된 의료진들은 주로 서유럽으로 일부는 이웃 아프리카 나라로 더 높은 보수와 일하기 좋은 조건을 찾아 이민 가 버렸다.

As the Exodus of highly-trained people continues to plague the Caribbean, Barbados has appealed for help to stem the tide of ***brain drain***. ▶ 고등교육을 받은 우수한 사람들이 보다 월급을 많이 받을 수 있는 나라로 대이동을 계속함에 따라서, 어려움을 겪고 있는 바베이도스(카리브해에 위치한 섬나라)가 두뇌의 유출을 막기 위해 도움을 요청했다.

가장 **두드러진**
현저한; 가장 중요한

salient ☞ Formal

Chronic fatigue is also one of ***the salient features*** of depression. ▶ 만성피로는 우울증의 가장 두드러진 특징의 하나다.

Combine some of ***the salient qualities*** of Muhammad Ali, Jimmy Carter and Richard Nixon and you have the world's most captivating character: William Jefferson Clinton. The full Clinton — charisma, determination and resiliency — was on display last week in New York at the annual meeting of the Clinton Global Initiative, which brings together political and business leaders from around the world to seek solutions to big problems. More than $7 billion was pledged to address four issues: climate change, poverty, health care, and religious and ethnic conflict. ▶ 무하머드 알리와 지미 카터 그리고 리처드 닉슨의 가장 두드러진 성격들을 조합해 보면 윌리엄 제퍼슨 클린턴이라는 세상에서 가장 매혹적인 인물이 탄생한다. 세계 각국의 정계와 재계 지도자들이 참가하여 지난주 뉴욕에서 열린 연례 the Clinton Global Initiative 회의에서 클린턴은 카리스마와 결단력 그리고 강인함으로 빛났다. 그 자리에서 기후변화, 가난, 의료, 종교 및 민족 분쟁의 4가지 이슈를 해결하기 위하여 70억 달러 이상의 기부금이 약정되었다.

~에 대한 **두려움 속에서**
걱정/염려 속에서

in fear of

One in 10 people is unemployed and thousands more live ***in fear of*** losing their jobs. ▶ 10명 중 한 사람은 실업자이고, 수천 명 이상의 사람들이 직장을 잃게 될지도 모른다는 두려움 속에서 살고 있다.

For decades Saddam Hussein's brutal regime held power through intimidation, arbitrary arrest, torture, killing and mass murder. Every Iraqi lived ***in fear of*** Saddam's paranoia and cruelty. ▶ 수십 년 동안 사담 후세인 정권은 위협, 임의 구금, 고문, 살인 그리고 대량 학살을 통하여 정권을 유지해 왔다. 이라크 사람들은 누구나 사담의 편집증과 잔혹함에 대한 두려움 속에서 살았다.

~이 **두려워서**
걱정스러워서; 염려스러워서

for/from/out of fear of/that ~

Faced with this predicament, many states suspended major projects ***for fear of*** not having the funds to pay for them later. ▶ 이러한 곤경에 직면하여, 많은 주들이 나중에 자금이 모자랄까 염려스러워서 대규모 사업들을 연기했다.

We are living with a sick, rabid dog on our doorstep, but no one can say that out loud ***from a fear that*** the dog will bite. ▶ 우리는 현관문 앞에 있는 병들고 미친 개 한 마리와 살고 있지만, 물까 봐 두려워서 누구도 큰 소리로 나가라고 소리치지 못한다. 《북한에 대한 남한의 입장을 비유한 재미있는 표현이다.》

많은 경쟁자들 중에서 **두 사람만이 이길 확률이 있는 시합**

two-horse race

The election may be ***the two-horse race*** between the Democrat and Republican Party candidates. ▶ 그 선거는 민주당과 공화당 후보 간의 경쟁이 될지도 모른다.

The championship looks like being ***a two-horse***

race again. ▶ 또 다시 두 팀이 우승을 다툴 것처럼 보인다.

주 경마에서 두 마리만이 서로 치열하게 우승을 다투는 경주를 뜻한다.

두 사람만 있으면 친구가 되지만 세 사람 이상이 모이면 불화가 생기게 마련이다

연인 두 사람이 잘 지내고 있는데 쓸데없이 끼어들지 말고 그냥 내버려두라는 의미도 가지고 있다

Two's company, three's a crowd/three's none

Three friends spend a summer of fun in a charming adventure where the saying, "*two's company, three's a crowd*" is proved wrong. ▶ 두 사람만 있으면 친구가 되지만 세 사람 이상이 모이면 불화가 생기게 마련이라는 옛말이 틀렸다는 것을 증명이라도 하듯이 3명의 친구들이 매력적인 모험을 즐기며 재미난 여름을 보냈다.

Poor Jane looked so uncomfortable. It was definitely a case of *two's company, three's none*. ▶ 제인의 남자 친구가 다른 여자를 만나고 있어 둘 사이에 불화가 일어났다는 말이다.

외부와 연락/접촉이 **두절된**

외부와 연락/접촉을 끊고 있는

incommunicado

Yesterday she was *incommunicado*, putting the finishing touches to her autobiography. ▶ 어제 그녀는 자신의 자서전을 마무리 손질하느라 외부와 접촉을 끊고 지냈다.

A United Nations Volunteer arrested and detained in Eritrea more than three weeks ago remains *incommunicado*, despite appeals by Secretary-General Kofi Annan. ▶ 코피 아난 유엔사무총장의 탄원에도 불구하고 체포되어 3주 이상 에리트레아(아프리카 북동부 홍해에 접해 있는 나라)에 구금되어 있는 유엔 자원봉사자 한 사람이 연락이 끊긴 채로 있다.

He is *incommunicado* in a secluded cottage somewhere. ▶ 그는 어딘엔가에 있는 외딴 집에서 외부와 접촉을 두절하며 지내고 있다.

둘 다 마음에 들지 않지만 그나마 조금 덜 싫은 것/사람

the lesser of two evils

Under my view that "all politicians are evil" I always vote for *the lesser of two evils*. ▶ "정치인은 모두 다 싫다"라는 관점하에 나는 언제나 그나마 조금 덜 싫은 사람에게 투표한다.

I prefer to vote for someone rather than against someone, and I don't like *lesser-of-two-evil choices*. ▶ 나는 누구에게 반대하는 투표를 하기보다는 누군가 마음에 드는 사람에게 투표하기를 선호한다. 둘 다 마음에 들지 않지만 그나마 조금 덜 싫은 사람을 선택하는 것을 좋아하지 않는다.

I am not sure there is a cure for our *two-party-pick-the-lesser-of-two-evil* system we've been stuck in for so long. ▶ 정당이 둘밖에 없어 둘 다 마음에 들지 않아도 하나를 선택할 수밖에 없는 오래된 정치 체제에 대한 대안이 무엇인지 잘 모르겠다.

뒤늦은

때늦은

belated ☞ Formal

He gave her a *belated* birthday present. ▶ 그는 생일이 지난 다음에야 그녀에게 생일 선물을 주었다.

He called Jane to wish her a *belated* happy 25th birthday. ▶ 늦었지만 25번째 생일을 축하하기 위하여 그는 제인에게 전화했다.

The belated *attempts* to alleviate the plight of the poor are not likely to be a big relief for them. ▶ 가난한 사람들의 곤경을 덜어주기 위한 때늦은 노력이 그들에게 커다란 위안이 될 것처럼 보이지 않는다.

The government realized *belatedly* that the attempt would be useless. ▶ 정부는 그 시도가 소용이 없다는 사실을 뒤늦게 깨달았다.

~을 **뒤로 한 채**
뒤에 남겨두고

leaving behind

The insurgents fled into the mountains, ***leaving behind*** their weapons and supplies. ▶ 저항군들은 무기와 물자를 뒤에 남겨두고 산으로 도망갔다.

He came to the U.S., ***leaving behind*** his family. ▶ 그는 가족들을 뒤로 한 채 미국에 왔다.

~의 **뒤를 따르다**
~가 한 대로 따라하다; ~와 같은 일을 하거나 같은 직업을 갖다

follow in the footsteps of someone

Chris, a former St. Mary's High School football coach, left his job to follow his dream of running a barbecue place and ***follow in the footsteps of*** his grandfather. ▶ 전 미식축구 코치 크리스는 조부의 뒤를 따라 바베큐 가게를 여는 꿈을 이루기 위하여 그 자리를 떠났다.

He decided to ***follow in the footsteps of*** his father and grandfather. ▶ 그는 조부와 부친의 뒤를 따르기로 결정했다.

~의 **뒤를 밟고 있는**
행적을 추적하고 있는; 뒤쫓고 있는; 어떤 사람이 무슨 일을 하는지 알기 위하여 애쓰는

on someone's trail; on the trail of someone

He turned himself in after learning that the fugitive task force was ***on his trail***. ▶ 그는 추적대가 그의 뒤를 밟고 있다는 사실을 알고 자수했다. ♣ ***turn himself in*** : ~에 **자수하다** 참조

He is ***on the trail of*** Josh on the run with the stolen money. ▶ 그는 훔친 돈을 갖고 도주 중인 조쉬의 행적을 추적하고 있다.

An armed robbery suspect trying to force himself into a 67-year-old man's home to hide from police officers ***on his trail*** met unexpected resistance Tuesday afternoon. The homeowner shot the suspect in the leg, thus ending what the police believe had been an armed robbery spree for Sam who has been connected to unsolved armed robberies in the same area last month. ▶ 화요일 오후 뒤쫓고 있는 경찰을 피해 숨기 위하여 67세 노인 집에 침입하려던 무장강도 혐의자가 뜻하지 않은 저항에 부딪혔다. 집주인이 그 혐의자의 다리를 쏘아 지난달 같은 지역에서 벌어진 미해결 무장강도 사건들과 연관이 있다고 경찰이 믿고 있는 샘의 무장강도 행각이 끝났다.

계획/사업 따위를 **뒤엎다**
망쳐놓다; 그르치다

upset the apple cart

They're making so much money; they don't want to ***upset the apple cart***. ▶ 그들은 많은 돈을 벌고 있기 때문에 사업을 그르치는 것을 원치 않는다.

We like the idea of ***upsetting the apple cart***. We like the idea of doing something that disrupts the unnatural order of things. ▶ 우리는 "사과 손수레를 뒤엎는다"는 아이디어를 좋아한다. 우리는 부자연스러운 질서를 깨뜨리는 어떤 일을 한다는 아이디어가 좋다.

주 과일을 잔뜩 싣고 가다 그만 큰 돌에 부딪히는 바람에 손수레가 뒤집혀 하루 장사를 망치는 경우에 비유한 표현이다. "***upset***" 대신 이와 유사한 의미를 지닌 동사를 사용하기도 한다.

~가 **뒤에서 돌봐주는**
~가 후원하는; ~가 뒤에서 미는

someone-backed

A ***United Nations-backed*** emergency campaign is underway following a recent outbreak of the sometimes deadly. ▶ 때에 따라서 치명적일 수도 있는 그 병이 최근 발발한 후 유엔이 후원하는 긴급활동이 진행 중이다.

뒤에서 이래라 저래라 하는 사람
뒤에서 일을 조정하는 사람

back-seat driver

They accused the former prime minister of

trying to be ***a back-seat driver***. ▶ 그들은 전 수상이 뒤에서 일을 조정하려 한다고 비난했다.

"Tony Blair will not be ***a back-seat driver*** after he steps down from power," he said. ▶ 토니 블레어가 영국 수상 자리에서 물러난 후 뒤에서 이래라 저래라 하지 않을 것이라고 그가 말했다.

(등) 뒤에서 칼을 들이대다
배신하다

stab someone in the back

Dutch striker Ruud van Nistelrooy has accused Manchester United boss Alex Ferguson of ***stabbing*** him ***in the back***. Van Nistelrooy left Old Trafford for Real Madrid in the summer in a £10.5mil transfer following a highly-publicized rift with Ferguson. ▶ 네덜란드 출신 스트라이커인 반 니스텔루이는 알렉스 퍼거슨 맨체스터 유나이티드 감독이 자신을 배신했다고 비난했다. 반 니스텔루이는 퍼거슨과의 널리 알려진 불화 이후 1,050만 유로의 이적료로 여름에 올드트렛포드(맨체스터 유나이티드의 홈구장)를 떠나 레알 마드리드로 갔다.

They denounced the defection as ***a stab in the back***. ▶ 그들은 그 변절을 등 뒤에서 칼로 찌르는 행위라고 비난했다.

뒤죽박죽인
매우 혼란스러운

topsy-turvy ☞ 위아래가 마구 뒤바뀐/뒤섞인, Informal

"She was asking for my autograph," he says, shaking his head. "It was totally ***topsy-turvy***. Can you imagine in the U. S. the Secretary of Education fawning on a Nobel prizewinner? It just won't happen." ▶ 그(미국의 유명한 로렌스 버클리 연구소의 책임자이며 1997년 노벨 물리학상 수상자인 중국계 Steven Chu)는 "중국을 방문했을 때 교육부 장관인 그녀가 나에게 사인을 해달라고 요청했다"고 말하면서 고개를 절래절래 흔들었다. "그것은 위아래가 뒤바뀌어도 한참 뒤바뀌었다. 미국 교육부 장관이 노벨상 수상자에게 아첨을 떠는 것을 상상이나 할 수 있겠는가? 절대로 그런 일은 없을 것이다."《미국에서 팽배하고 있는 관료주의를 비난하는 말이다.》

The topsy-turvy first round with four birdies, three bogeys and a double bogey highlighted his continuing problems on the USPGA Tour. ▶ 4개의 버디, 3개의 보기, 1개의 더블보기를 기록한 뒤죽박죽인 첫 라운드는 미국 프로골프 투어에서 그가 줄곧 안고 있는 문제들을 극명하게 보여주었다.

The topsy-turvy path of India-Pakistan dialogue has become so predictable that any talk of a breakthrough after a deadlock can evoke only a yawn. ▶ 인도와 파키스탄 사이에서 매우 혼란스럽게 진행되고 있는 회담은 교착상태에 빠져 있다가 어떤 돌파구가 마련되더라도 하품만 일으킬 뿐이라는 것을(별 볼 일 없을 것이라고) 누구나 예상할 수 있을 정도가 되어버렸다. ♣ *breakthrough*: **돌파구**; *deadlock*: **교착(膠着) 상태** 참조

뒤지다
찾다

ransack ☞ ~을 찾기 위하여 건물 등을 구석구석 마구 뒤져 어지럽혀 놓다

The film industry, especially in the four-month peak-viewing period it calls summer, rarely tries squarely addressing Zeitgeist anxieties. Instead it ***ransacks*** its attic ***for*** sequels, spin-offs and, this year, remakes. ▶ (2000년대에 들어와서는) 영화업계는 특히 여름이라 불리는 관객이 가장 많이 몰리는 4개월간의 기간에 이 시대의 고민을 제대로 다루는 영화를 내놓으려는 노력을 거의 하지 않는다. 그 대신 옛날 영화필름이 쌓여 있는 창고를 마구 뒤져서 속편이나 약간씩 변형한 영화를 만드는 데에만 관심을 기울이다가, 올 여름(2005년 여름)에는 리메이크를 들고 나왔다. ♣ *zeitgeist*: **시대 정신/사조** 참조

Demonstrators ***ransacked*** and burned the house where he was staying. ▶ 시위대는 그가 머무르고 있던 집을 마구 뒤지고는 불태워 버렸다.

scour ☞ ~을 찾기 위하여 특정 지역을 샅샅이 뒤지며 돌아다니다

He was said to have disappeared from the mountains in northern Georgia, and police had ***scoured*** the area looking ***for*** his body for six days. ▶ 조지아 주 북쪽에 있는 산에서 그가 실종되었다고 하는데, 경찰은 그를 찾기 위해 6일 동안 그 지역을 샅샅이 뒤지며 돌아

다녔었다.

rake through ☞ ~을 찾기 위하여 건물이 무너진 더미 등을 써레(갈퀴)로 일일이 긁듯이 파헤치다

They tried to find survivors by ***raking through*** the rubbles. ▶ 그들은 잔해를 파헤치며 생존자들을 찾기 위해 노력했다.

Since the ground was covered in snow it was difficult finding his lost stick and he was forced to ***rake through*** with his bare hands. ▶ 땅이 눈으로 덮여 잃어 버린 지팡이를 찾기 어려워 그는 맨손으로 눈을 긁어 파헤치며 찾을 수밖에 없었다.

Congress has ***raked through*** the missteps that led to 9/11 and the misevaluation of intelligence on weapons of mass destruction (WMD) in Iraq. ▶ 의회가 이라크의 대량살상무기에 대한 정보의 오판과 9/11 테러 사태가 오기까지 저지른 실수들을 일일이 파헤치고 있다.

rifle through ☞ ~을 찾기/훔치기 위해서 ~를 급히 뒤지다

I saw him ***rifle through*** the filing cabinet. ▶ 나는 그가 서류 캐비닛을 급히 뒤지고 있는 것을 목격했다.

A thief apparently ***rifled through*** his van and made off with a box holding the $2,300 in cash. ▶ 도둑이 그의 밴을 급히 뒤져 현금 2,300달러가 들어 있는 상자를 들고 사라진 게 분명하다.

문화/시대에 **뒤진**
미개한

benighted

It defies belief that this administration is still clinging to such ***a benighted policy***. ▶ 행정부가 그 같은 시대에 뒤진 정책에 집착하고 있다는 사실은 도저히 믿을 수가 없다. ♣ *cling to* : 쓸모가 없거나 타당하지 않을 수도 있지만 특정한 생각/관습 등에 **집착하다**; *defy* : **도저히 ~할 수 없을 정도이다** 참조

There are two kinds of people in this world: those who understand and revere the genius of the great Neil Diamond and those who are ***benighted***, ignorant and pathetic. ▶ 이 세상에는 두 부류의 사람들이 있다: 위대한 닐 다이아몬드(팝 음악가)의 천재성을 이해하고 존경하는 사람들과 미개하고 무지한 애처로운 사람들이다.

She soon lost sight of John as she headed up ***the benighted road***. ▶ 그녀는 날이 저물어 캄캄한 길을 따라 올라가다가 금방 존을 시야에서 놓치고 말았다.

㈜ 문학에서는 "밤이 된," "날 저문" "날이 저물어 캄캄한/어두운"이라는 의미로 쓰인다.

자기 집 **뒷마당**
자기 집 뒷뜰; 자기 집 앞마당 (자기의 영역 또는 영향력이 미치는 곳이라는 것을 강조하는 말이다)

one's own backyard

Cuba is the largest island in the Caribbean, an area that the United States has long since regarded as ***its own backyard***. ▶ 쿠바는 미국이 오랫동안 자기 집 뒷뜰이라고 여겨오던 카리브해에서 가장 큰 섬이다.

Their mindset is nothing but "***Not in my (own) backyard*** (NIMBY)." ▶ 그들의 사고방식은 그저 "님비"에 불과하다. ♣ *mindset* : **사고방식** 참조

Back in 2004, a pastor in Seattle pastor watched with dismay as gay couples in Massachusetts flocked to courthouses and churches, exchanged vows and walked away legally wed. Now he worries a similar scenario could unfold in ***his own backyard***. ▶ 2004년 미국 메사추세츠 주에서 동성 간의 결혼을 합법화했는데, 시애틀에 있는 한 목사가 자기가 살고 있는 곳에서도 곧 이런 일이 벌어질까 봐 걱정하고 있다는 말이다.

㈜ 서양에는 마당이 주로 집 뒤에 있다. 우리가 가끔 사용하는 일본말 "나와바리"와 같은 뜻이다.

뒷문으로
남몰래; 뒷구멍으로; 은밀하게

through the back door

They shouldn't go ***through the back door*** and ask the states to pay for this at a time when we're facing budget deficits. ▶ 우리가 적자예산에 직면해 있는 시기에 그들이 은밀하게 이를 위해 돈을 대달라고 주정부에 요청하

면 안 된다.

Last year he returned ***through the back door*** to become Defense Minister. ▶ 작년 그는 국방부장관이 되기 위하여 남몰래 돌아왔다.

증거나 기록 등이 어떤 사람이 범죄나 심각한 실수를 저질렀다는 것을 강력하게 **뒷받침하는**
유죄임을 확실하게 증명하는; 잘못/죄가 있다는 것을 보여주는

damning

A week after Abu Ali's arrest, the FBI searched his parents' home in Virginia and found, among other things, Arabic audiotapes "promoting violent jihad"; a book by Osama bin Laden's deputy, Ayman al-Zawahiri, condemning democracy as a "new religion that must be destroyed"; and an issue of Handguns magazine. "That was pretty ***damning stuff***" says a former terrorism prosecutor now in private practice. But she adds, "A professor of terrorism could have that stuff too." ▶ 아부 알리가 체포되고 일주일 후, 미연방수사국(FBI)이 버지니아에 있는 그의 부모 집을 수색해서 폭력적인 지하드운동을 조장하는 아랍어로 된 오디오테이프, 오사마 빈 라덴의 수하인 아이만 알자와히리가 쓴 민주주의를 "파괴시켜야 하는 새로운 종교"라고 비난하는 책 한 권과 권총 잡지 한 부 등과 같은 것들을 찾아냈다. "이 물건들은 그가 9/11 테러에 가담했을 가능성이 높다는 것을 매우 강력하게 뒷받침해 주었다"라고 지금은 개업을 한 전 테러담당 검사가 말한다. 그러나 그녀는 "테러전문 교수들 역시 그런 것을 가지고 있을 수 있다"고 덧붙였다. ♣ *among other things* : ~ **등과 같은 것들** 참조

A damning Public Service Commission report shows some key public service departments are rotting from the top down. ▶ 일부 대국민 서비스기관들이 위에서부터 아래까지 썩어 가고 있다는 사실을 Public Service Commission 보고서가 확실하게 증명하고 있다.

뒷자리에 편안하게 앉아서 구경만 한다
뒤로 물러나서 사태를 방관하고 있다

sit in the backseat

He doesn't like ***sitting in the backseat.*** ▶ 그는 뒷자리에 편하게 앉아 구경만 하는 것을 좋아하지 않는다.

In 1998, we still needed the military help of NATO to end the conflict in the Balkans. But we were ***sitting in the backseat***, watching the Americans. ▶ 1998년 우리는 발칸반도의 분쟁을 종식시키기 위해 나토의 군사적 도움이 필요했었다. 그러나 우리는 미국만 바라보며 뒤로 물러나서 사태를 방관하고 있었다.

둘 중의 하나
어느 한 쪽/한 편

either

I've personally never subscribed to the view that ***either sex*** is superior to the other. ▶ 나는 개인적으로 어느 한 쪽 성(남성 혹은 여성)이 다른 성보다 우월하다는 견해에 동의한 적이 결코 없다. ♣ *subscribe to* : **동의하다** 참조

There is no question that ***either one*** is much better than the other as far as cost-effectiveness. ▶ 비용의 효율성 측면에서 둘 중의 하나가 다른 것보다 훨씬 우수하다는 것에는 의문의 여지가 없다.

둘째가라면 서럽다
어느 누구에게도 뒤지지 않는다

second to none

He is ***second to none*** in surfing. ▶ 그는 서핑에 관해서는 둘째가라면 서럽다.

The appetite for live music in the United States is pretty much ***second to none***. ▶ 미국의 라이브 뮤직에 대한 욕구는 어느 누구에게도 뒤지지 않는다.

알기 어려운 정보/감정 따위를 의도함이 없이 **드러내는**
의도함이 없이 흘리는; 유출하는

telltale; tell-tale

Occasionally did ***the telltale redness*** around his eyes betray the fatigue he was suffering. ▶ 이따금씩 자기도 모르게 눈 주위로 빨개진 얼굴은 그가 몹시 피로하다는 것을 드러내고 있었다.

In June, strategically placed sensors began detecting traces of ***the tell-tale isotope krypton-85***, a byproduct of the extraction process of plutonium, in North Korea's air. ▶ 6월에 (미국은) 북한 상공에서 플루토늄을 추출할 때 부산물로 발생하여 유출되는 동위원소 크립톤 85를 추적하기 시작했다. 《동위원소 크립톤 85가 발견되면 이는 북한이 핵무기 제조를 위하여 플루토늄을 추출하고 있다는 것을 의미하기 때문이다. 북한이 핵실험을 감행하기 몇 년 전의 이야기다.》

Police is looking at tiny, blood-stained parts for ***telltale*** clues. ▶ 경찰은 원인을 밝혀줄 단서를 찾기 위하여 작고 피 묻은 조각들을 조사하고 있다.

감정이나 견해 등을 강하게 **드러내다**
강하게 표현하다; 속 시원하게 털어놓다

give vent to someone's feeling ☞ formal

He ***gave vent to his anger***. ▶ 그는 분노를 강하게 드러냈다.

This novel was intended no more than to ***give vent to the author's grievances***. ▶ 이 소설의 의도는 단지 작가의 불만을 강하게 표현하는 것에 불과했다. ♣ ***no more than*** : 단지 ~에 **지나지 않는** 참조

Many of our columnists have a blog where they ***give vent to their more personal views*** on what's happening in the news. ▶ 우리 신문의 많은 칼럼니스트들은 벌어지고 있는 일들에 대해 보다 개인적인 견해를 속 시원하게 털어놓는 블로그를 가지고 있다.

주 배출구를 활짝 열어준다는 의미다.

알기 어려운 정보/감정 따위를 자신도 모르게 **드러내다**
흘리다

betray

She studied his face, but it ***betrayed*** nothing. ▶ 그녀는 그의 얼굴을 꼼꼼하게 살펴보았으나, 그의 얼굴은 어떤 감정도 드러내지 않았다.

드러누워 꼼짝도 않고 있는
(병들어) 몸져 누워 있는; 특정한 계획이나 활동이 전혀 진전이 없는

flat on one's back

He was ***flat on his back*** in bed for two months. ▶ 그는 2개월 동안 병상에 몸져 누워 있었다.

The President's plan for an overhaul for Social Security is ***flat on its back***, and it's unlikely to get back up. ▶ 사회보장제도를 대대적으로 개혁하려는 대통령의 계획은 전혀 진전이 없으며, 다시 시작될 것처럼 보이지 않는다.

근심/걱정/슬픔 등이 **드리우다**
덮다

cloud

His face was ***clouded with*** dismay. ▶ 그의 얼굴은 낙담하는 빛으로 드리워져 있었다.

As he looked at me, great sorrow ***clouded*** his eyes. ▶ 그가 나를 바라볼 때, 큰 슬픔이 그의 눈을 덮고 있었다.

매우 **드문**
극히 드문

few and far between ☞ 매우 드물다는 것을 강조하는 표현

Every once in a while, there's been a little bit of activity there, but ***few and far between***. ▶ 이따금씩 약간의 활동이 있긴 하지만, 극히 드물다.

Thankfully cases such as the jewelry robbery two weeks ago are ***very few and far between*** and I cannot remember the last time a crime like this was committed anywhere in the county. ▶ 다행스럽게도, 2주 전에 발생한 보석강도 사건과 같은 사건들은 매우 드물게 일어난다. 이 나라 어디에서 이 같은 사건이 마지막으로 일어난 때가 언제인지 기억도 할 수 없을 정도다.

These gentlemen are ***few and far between*** and are perhaps a dying breed. ▶ 이런 신사들은 매우 보기 드물며, 아마도 사라져 가는 부류의 사람들이다.

해봐야 아무런 **득이 되지 않다**
아무 도움도 되지 못한다; 아무런 소용이 없다

do not do any good

We gave him water and kept him warm, but it *didn't do any good*. ▶ 우리는 그에게 물을 주고 따스하게 해주었지만 아무 도움이 되지 못했다.

This will *not do any good* to them anyway. ▶ 이것은 그들에게 아무런 득이 되지 않을 것이다.

누가 이야기하는 것을 **듣고 있노라면** ~라는 생각이 든다

to hear someone say/talk/tell

As a conventional politician, Johnson fails on every level: he looks silly, he often says unwisely; he cheerfully admits to not being terribly "organized" and *to hear him tell the story*, he doesn't really have a good head for policy. As you might imagine, it's hard not to like him. ▶ 전통적인 정치인으로서 존슨은 모든 면에서 낙제다. 그는 어리석게 보이고, 종종 분별없는 이야기를 하며, 자신이 조직적이지 못하다는 사실을 즐겁게 받아들인다. 그가 그런 이야기를 하는 것을 듣고 있노라면, 그는 정치적인 머리를 전혀 가지고 있지 않다는 생각이 든다. 당신이 상상하는 것처럼, 그를 좋아하지 않을 수 없다.

But *to hear him talk*, he grew up in the audience, not on movie sets. ▶ 하지만 그의 이야기를 듣고 있노라면, 그는 어릴 적에 영화는 많이 봤지만 직접 영화에 출연한 경험이 없는 것처럼 들린다.

She has had a storybook career, building a thriving bridal, fashion and house wares empire, but *to hear her tell it*, she would just as soon have eloped. ▶ 그녀는 신부와 관련된 용품, 패션 및 가정용품과 관련된 커다란 제국을 이루고 있으며, 이야기 책을 한 권 써도 될 정도로 대단한 경력을 지니고 있다. 그러나 그녀의 이야기를 듣고 있노라면, (그 일이 너무 힘들어) 당장이라도 도망치고 싶어하는 것처럼 들린다. 《유명 패션디자이너 베라 왕(Vera Wang) 이야기다.》 ♣ *would just as soon*: ~을 하느니 **차라리 ~을 하고 싶은 심정이다** 참조

기쁨, 흥분 등의 감정으로 **들떠 있는**

giddy with

Nationally, Republicans appear *giddy with* a growing number of them predicting big victories for the GOP in November. ▶ 전국적으로 공화당 사람들은 11월 선거에서 그들이 큰 승리를 거둘 것으로 예상하는 사람들이 점점 많아져 들떠 있는 것처럼 보인다. ♣ *GOP*: Grand Old Party(미국 공화당)

They're *giddy with excitement*. ▶ 그들은 흥분으로 들떠 있다.

She is *giddy with anticipation*. ▶ 그녀는 기대감으로 들떠 있다.

Republicans are *giddy with delight* at the upset, blaming it on President Barack Obama's health care legislation. ▶ 공화당 사람들은 오바마 대통령의 의료개혁 입법 때문이라면서 예상 밖의 결과에 기쁨으로 들떠 있다. 《에드워드 케네디 민주당 상원의원이 사망하여 공석이 된 메사추세츠주 상원의원 자리를 놓고 2010년 1월 19일 민주당과 공화당이 대결을 벌였지만 전통적인 민주당 텃밭에서 그만 민주당이 패한 사건에 대한 이야기다.》

유명한 사람의 이름을 **들먹이며 자신이 대단한 사람인 것처럼 행세하다**

name-drop

His role here, unfortunately, seems mainly to *name-drop* and talk about how cool it is to sit right backstage during a Springsteen concert. ▶ 불행하게도 그의 역할은 단지 스프링스턴의 이름을 들먹이며 콘서트 중 무대 뒷자리에 앉아 있는 것이 얼마나 대단한지 이야기하는 것에 불과한 것처럼 보인다. 《브루스 스프링스턴 콘서트에 참여한 별 볼 일 없는 트럼펫 연주자에 대한 이야기다.》

Are hip hop artists and rappers getting paid to *name-drop* liquor brands in their songs? ▶ 노래에서 술 브랜드 이름을 들먹이는 대가로 힙합 가수와 래퍼들이 돈을 받고 있는가? 《최근 힙합가수와 래퍼들이 노래하면서 이상할 정도로 술 이름을 너무 자주 들먹거린다는 이야기다.》

If you're going overseas, a good way to ease the culture shock is to study up on the names in the news. Every country has their own TV, movie, sports and political stars, and that's who people will be talking about. If you want to be able to keep up with the local chatter, do a little studying before you leave so that you know who's making buzz and why. Being ready to ***name drop*** a few celebs will really make an impression on the people you meet as you travel. ▶ 해외 여행을 하기 전 미리 그 나라의 유명인들을 알아두었다가 나중에 이름을 들먹이며 잘 알고 있는 듯이 행동하면 큰 효과가 있다는 이야기다.

~이야말로 특정한 상황에 꼭 **들어맞는다**
만일 ~이라는/하다는 것이 있다면 바로 ~이다; 말하자면 ~이 바로 그 경우에 해당된다 (강조하는 표현임)

if ever

If ever the time ***was*** ripe for the chairman to step down, it is now. ▶ 의장이 물러날 최적의 시기가 있다면, 그 때는 바로 지금이다. 지금이야말로 의장이 물러날 최적의 시기다.

If ever an instrument ***belonged*** to a country, the guitar belongs to Spain. ▶ 한 나라에 속하는 악기가 있다면, 기타야말로 진정 스페인에 속하는 악기다. 기타는 스페인을 대표하는 악기다.

If ever there ***was*** a city for shoppers it's New York City, with top brand names from all over the world and goods in every price range. ▶ 만일 쇼핑객들을 위한 도시가 있다면, 전 세계에서 온 최고급 브랜드들과 다양한 가격대의 상품이 넘쳐나는 뉴욕이 바로 그 도시이다.

주 ***If ever*** 다음에 가정법처럼 동사의 과거형을 사용하는 것에 주의!

이전에는 **들어본 적이 없는**
이전에는 없었던

unheard of

They sell wine at the ***unheard-of*** rate of two bottles for $5. ▶ 이전에는 들어본 적이 없는 병당 5달러의 가격으로 그들은 포도주를 판매한다.

It's almost ***unheard of*** in France for a top politician not to come from the social elite. ▶ 프랑스 유명 정치인 중에 사회의 엘리트 계층 출신이 아닌 사람이 있다는 것은 거의 들어본 적이 없다.

Serious winemaking was virtually ***unheard of*** in China before the 1980s. ▶ 본격적인 포도주 생산은 1980년대 이전 중국에서는 사실상 없었던 일이다.

자세히 알지는 못하지만 어디선가 혹은 언젠가 **들어본 적이 있다**
조금은 들어서 알고 있다

have heard of

I ***have heard of*** the university. ▶ 나는 그 대학에 대해서 언젠가 들어본 적이 있다.

The poll found 53 percent of those who ***had heard of*** the scandal said he acted unethically or illegally. ▶ 그 여론조사로부터 그 스캔들에 관해 들어서 조금은 알고 있는 사람들의 53%가 그가 비윤리적으로 혹은 불법적으로 행동했다고 응답한 것으로 나타났다.

~ **등과 같은 것들**
그 중에서도 특히 (많은 것들 중에서 특정한/중요한 것 몇 가지만을 언급할 때)

among other things

The board of education met to discuss, ***among other things***, the smoking policy. Much of the discussion focused on whether the policy was strict enough. ▶ 교육위원회는 흡연정책 등에 관하여 토론하기 위하여 모였다. 토론의 많은 부분이 그 정책이 과연 충분히 엄격한가에 대하여 초점을 맞추었다.

Hong Kong's Beijing-appointed Chief Executive has been strongly criticized by public for his handling of, ***among other issues***, the economy and the SARS crisis. ▶ 베이징이 임명한 홍콩 총독은 특히 경제나 SARS 문제 등을 제대로 처리하지 못했다는 강력한 비난을 받고 있다.

통제할 수 없을 정도로 빠르게 등락을 반복하다
빠르게 오르내리다; 요동치다

gyrate ☞ 소용돌이치며 오르내리다

Stocks *gyrated* Wednesday as investors' perception of the interest rate outlook swayed. ▶ 금리에 대한 투자자들의 견해가 왔다갔다 하는 바람에 수요일 주가가 요동쳤다.

시합이나 선거 등에서 등외를 한 사람
남들의 들러리나 서는 보잘것없는/하잘것없는/하찮은 존재

also-ran

He is credited with turning the office, *a relatively small also-ran*, into a powerhouse that has been rated No. 1 in Canada for competitiveness for several years. ▶ 그는 상대적으로 작고 보잘것없는 그 영업소를 몇 년 동안 캐나다에서 가장 경쟁력이 높은 강력한 곳으로 바꾸어 놓았다고 인정받는다. ♣ *be credited with* : 성과 등에 대하여 공로/업적 등을 **인정받다** 참조

He emerged from *also-ran player* to Texas Tech star. ▶ 그는 남의 들러리나 서는 하찮은 존재에서 Texas Tech 대학의 스타로 부상했다.

㈜ 19세기 시절 경마가 끝난 후에 다음 날 신문들은 1, 2, 3착을 한 말들에 대하여 자세한 소개(기록, 나이, 주인, 입상경력 등)를 실었다. 그러고는 마지막에 이러이러한 말들도 또한 달렸다고 이름만 간단히 언급했다고 한다(It was a common practice to mention many or all of the horses that *also ran*).

~에게 등을 돌리다
포기하다; 떠나다; 거부하다

turn one's back on

He will not *turn his back on* people who need his help. ▶ 그는 도움을 필요로 하는 사람들에게 등을 돌리지 않을 것이다.

He *turned his back on* college to play baseball. ▶ 그는 야구를 하기 위하여 대학을 떠났다.

대회나 시합에서 ~ 등을 차지하다
상위 입상하다

place ☞ 자동사와 타동사로 모두 사용

He *was placed* 21st in the overall standings out of more than 600 competitors. ▶ 그는 600명 이상의 경쟁자들 중 종합 순위에서 21등을 차지하였다.

He *placed* in several taekwondo tournaments. ▶ 그는 여러 태권도 대회에서 상위 입상을 했다.

㈜ 별도로 순위를 표시하지 않은 경우에는 상위 입상(보통 2~3등)을 했다는 것을 의미한다.

안고서 친근감 있게 상대방의 등을 툭툭 두드리다

back-slap

When the two leaders (Bush and Putin) met later in the week in Bratislava, Slovakia, there was no chummy *back-slapping*. ▶ 부시 미국 대통령과 푸틴 러시아 대통령이 만났을 때 분위기가 쌀쌀했다는 뜻이다.

One could almost hear *the back-slapping* through the closed doors of the Helsinki conference room. Eurozone finance ministers concurred that years of painful economic reforms were finally paying off. ▶ 헬싱키 회담장의 닫힌 문을 통하여 등을 툭툭 두드리는 소리를 들을 수 있을 정도였다(회담장의 분위기가 매우 좋았다는 의미다). 유럽의 경제 관료들은 여러 해에 걸친 고통스러운 경제개혁이 마침내 성과를 내고 있다는 데에 의견의 일치를 보았다.

He swept into the bar as usual, knocking back vodka on the rocks with a lime, hugging and *back-slapping* half a dozen men gathered at the bar. ▶ 그는 평소와 같이 그 술집에 당당하게 걸어 들어가 얼음을 채운 보드카를 벌컥 들이키고 그 바에 모인 여섯 남자들의 등을 반갑게 툭툭 두드렸다. ♣ *sweep into* : **당당하게 ~로 걸어 들어가다** 참조

hand/give someone **a pat on the back; pat** someone **on the back** ☞ 잘했다고 등을 두드리며 격려/칭찬하다

City manager was *given a collective pat on the back* and a 5 percent pay raise by the city council after an annual review. ▶ 연례 시정감사 이후,

시장은 시위원회 사람들 모두에게서 칭찬을 받았고 연봉이 5% 인상되었다.

The teacher ***patted*** him ***on the back***. ▶ 선생님은 그의 등을 두드리며 칭찬해 주었다.

소설/연극/사건 등의 주요 등장 인물
주인공; 주역

protagonist ☞ Formal

The protagonist of his new novel is a man who lost his family during the fratricidal war. ▶ 그의 새 소설의 주인공은 동족상잔 전쟁 중에 가족을 잃은 남자다. ♣ *fratricidal*: **동족상잔의** 참조

His novel is a historical fable with ***a long-suffering protagonist*** to rival the Biblical Job. ▶ 그의 소설은 구약성서에 나오는 욥과 필적할 만한 오랜 고생을 하는 주인공의 일대기를 다루고 있다.

등장하다
나타나다

come to town

In the 1830s the railroad had ***come to town*** and a station was established in the southern part of town. ▶ 1830년대에 철도가 등장했고 마을 남쪽에 역이 생겼다.

This administration has ***come to town*** with lofty rhetoric, but yet nothing has been changed. ▶ 이 행정부가 고귀한 뜻을 펼치겠다고 미사여구를 늘어 놓으며 등장했지만 아직 변한 것이 하나도 없다.

디딤돌
~을 하기 위하여 혹은 어떤 목적지에 도달하기 위하여 반드시 거쳐야 하는 것/곳

stepping stone

In these days some people no longer see university as ***a stepping stone*** to get a good job. ▶ 요즈음 어떤 사람들은 더 이상 대학을 좋은 직장을 얻기 위한 디딤돌로 여기지 않는다.

Somali refugees are leaving Zambian settlement camps, and although they have the right to move, the government and the UN refugee agency are concerned about being used as ***a stepping-stone to*** other destinations. ▶ 소말리아 난민들이 잠비아에 있는 정착촌을 떠나가고 있다. 비록 그들이 떠날 권리를 가지고 있긴 하지만, 잠비아 정부와 유엔 난민구호기관은 그 정착촌이 다른 목적지로 가기 위해 잠시 거쳐가는 곳으로 사용되고 있다는 사실을 우려하고 있다.

주 징검다리: ***stepping stones***

갈이 가자는 요청이 없었음에도 ~를 따라가다
졸졸 따라다니다

tag along with

The early season deer hunting will soon be upon us. This year I am going to ***tag along with*** my deer hunting friend. ▶ 이른 사슴사냥 시즌이 곧 다가온다. 올해 나는 사슴 사냥하는 친구를 따라가려 한다.

We chose to ***tag along with*** two volunteers as they knocked on doors. ▶ 우리는 두 명의 자원봉사자들이 집을 방문할 때 따라가보기로 했다.

어떤 문제나 부상 등 좋지 않은 일이 내내 따라다니면서 괴롭히다
좋지 않은 일이 항상 붙어 다니다; 좋지 않은 일로 항상 시달리다

dog

Dogged by corruption accusations, Brazil's leftist president fell just short of the majority of votes needed to be re-elected. ▶ 임기 내내 부패혐의로 비난을 받고 있는 브라질의 좌파 성향의 대통령은 재선에 필요한 과반수를 득표하는 데 아깝게 실패했다.

His career has been ***dogged*** by injuries. ▶ 그는 항상 부상에 시달려 왔다.

The problems that have ***dogged*** him all year are just a temporary setback. ▶ 일 년 내내 그를 괴롭혔던 그 문제들은 단지 일시적인 것이다.

관습/법률 등에 **따라서**
준하여 ; 의거하여(according to)

in conformity with

The U.S. Olympic Committee grilled her about ethical violations, including her failure to conduct herself ***in conformity with*** the tradition of the Olympic Games. ▶ 미국 올림픽 위원회는 올림픽 전통에 따라서 올바르게 처신하지 못한 점을 포함한 그녀의 비도덕적인 행위들에 대하여 장시간 엄하게 많은 질문을 했다. ♣ *grill*: ~에게 장시간 엄하게 많은 **질문을 퍼붓다** 참조

The chief of the Supreme Court is, ***in conformity with*** the constitution, chosen by the president. ▶ 대법원장은 헌법에 의거하여 대통령이 정한다.

자연스럽게(당연히) ~이 **따르게 마련이다**
자연스럽게(당연히) ~이 수반한다

bring in one's train something ☞ ~을 뒤에 달고 다닌다

Nuclear power plants ***bring in their train a host of environmental problems***. ▶ 핵 발전소들은 당연히 많은 환경문제들이 수반하게 마련이다.

Deregulation will ***bring in its train a series of attributes***, which would free the economy, reduce wastage, promote efficiency, and sustain access to product availability and increase competition. ▶ 규제를 철폐하면 경제가 자유롭게 돌아가며, 낭비가 줄고, 효율성이 증진되며, 원하는 제품을 언제나 구입할 수 있게 되며, 경쟁이 강화되는 일련의 부속효과가 자연스럽게 따르게 될 것이다.

~을 하라는 경고/명령/요구/지시/충고 등을 잘 **따르다**
경고/명령/요구/지시/충고하는 사항에 주의를 기울이며 그대로 행동한다

heed; pay heed to; take heed of ☞ Formal

Some 400 police officers were deployed to ensure that residents ***heeded the call*** to evacuate to two local schools. Approximately 22,000 people were evacuated, police said. ▶ 주민들이 그 지역에 있는 두 학교로 피신하라는 지시를 잘 따르는지 확인하기 위하여 400여 명의 경찰관들이 파견되었다. 약 22,000명의 주민들이 피신했다고 경찰은 말했다.

Lifesavers on the Gold Coast are appealing to beachgoers to ***heed warnings*** as conditions deteriorate. ▶ 기상조건이 악화됨에 따라서 골드코스트의 구조대원들은 주의사항을 잘 따르라고 해변에서 놀고 있는 사람들에게 호소하고 있다.

I'm not concerned about him because he will ***heed my advice***. ▶ 그는 나의 충고를 잘 따를 것이기 때문에 그에 대해서 염려하지 않는다.

According to the residents the builder has failed to ***pay heed to*** a number of notices issued to him by the health authorities. ▶ 주민들에 의하면, 그 건설업자는 보건당국이 그에게 발부한 여러 가지 주의사항들을 따르지 않았다고 한다.

People must seriously ***take heed of warnings*** over floods that are a result of torrential rains, which have affected most parts of the country. ▶ 그 나라의 많은 곳에 피해를 준 폭우로 인한 홍수경보에 사람들은 주의를 기울여야 한다.

명예/위신/체면이 **땅에 떨어지다**
명예/위신/체면이 곤두박질치다

fall from one's pedestal

But if one superstar has ***fallen from his pedestal***, science as an institution has way to recover from its mistake. It was a group of young Korean researchers operating on the Internet who poked the first hole in Hwang's work. Scientists by nature are relentlessly self-correcting — skepticism is at their heart of the scientific method. ▶ 만일 슈퍼스타 한 사람의 명예가 땅바닥으로 곤두박질쳤다면, 과학단체는 그 실수로부터 다시 일어날 수 있는 방법을 지니고 있다. 황우석 교수 논문의 결함을 제일 먼저 찾아낸 사람은 인터넷상에서 활동하는 한국의 젊은 과학자들이었다. 과학자들은 선천적으로 끊임없이 자기 자신의 잘못을 고쳐나간다. 과학적인 논리 전개 과정을 언제나 회의적인 시각으로 바라본다. 《황우석 교수의 줄기세포 논문 위조 사건에 관한 이야기다.》

주 조각상(인물상)이 주춧돌에서 땅으로 떨어지는 것에 비유한 표현이다.

명예/위신/체면을 땅에 떨어뜨리다
명예/위신/체면을 끌어내리다; 곤두박질치게 만들다

knock/pull down/topple someone from/off their pedestal

The actor, who plays Gandhi, Dilip Prabhawalker, confesses his own ignorance, saying at school he learnt only rudimentary details about Gandhi. "Most young people know nothing about his philosophy. That's why they find the movie so fresh," said Prabhawalker. "We've ***knocked*** Gandhi ***off his pedestal*** and made him approachable. I've been overwhelmed at the reaction of young people," he said. He was worried people might react with shock at Gandhi being portrayed in a comic way. But Gandhi's great-grandson, Tushar Gandhi, says he had a mischievous sense of humor. ▶ 간디의 역할을 맡았던 배우 Dilip Prabhawalker는 학교에서는 간디에 관해서 오직 기본적인 세부사항들만 배웠다고 말하면서 그 자신의 무지를 털어놓았다. "대부분의 젊은 사람들은 그의 철학에 대해서 아무것도 모르기 때문에 이 영화를 신선하게 받아들인다"고 그는 말했다. "우리는 일반 사람들이 범접하기 어려운 성인으로만 알려져 있던 간디의 매우 인간적인 면모를 보여주었다. 나는 젊은 사람들의 반응에 압도당했다"고 그는 말했다. 그는 코믹한 방법으로 그려지는 간디에 대해 사람들이 너무 놀라지 않을까 걱정했다. 그러나 간디의 증손자인 Tushar Gandhi는 간디가 장난기 넘치는 유머감각을 가지고 있었다고 말한다.

The hero had to be ***pulled down from his pedestal*** by the Musharraf administration. By then Khan had done enough harm to this world. ▶ 그 영웅은 무샤라프(2006년 당시 파키스탄 대통령) 행정부에 의해 모든 영예를 박탈당했다. 그때까지 칸은 이 세계에 충분한 해악을 끼쳤다. 《파키스탄의 원자폭탄 개발을 주도했으며 북한에 핵폭탄 제조기술을 이전해 준 인물로 알려져 있는 칸(Khan) 박사에 대한 이야기다.》

~이 끝날/발생할/이루어질 때까지

pending ☞ Formal

The company said its shares have been temporarily suspended from trading ***pending*** the outcome of court proceedings concerning the positions of former chief executive and chief financial officers. ▶ 전 대표이사 및 재무대표이사와 관련된 법원소송이 끝날 때까지 회사주식의 거래가 잠정적으로 중단되고 있다고 그 회사는 말했다.

A teacher of the school said the boy had been suspended ***pending*** investigation, but denied the incident was related to drugs or gangs. ▶ 조사가 끝나 진상이 밝혀질 때까지 그 소년은 정학처분을 받았지만, 그 사고가 마약이나 갱단과의 관련된 것은 아니라고 그 학교의 한 교사가 전했다.

~ 때문에 가능하다
~이 아니라면/없다면 불가능하다; 전적으로 ~에 달려 있다

be predicated on ☞ Formal

A post-Kyoto deal must include developing nations; the framework convention ***is predicated on*** this. If not, the whole process faces collapse. ▶ (지구온난화 방지를 위한 온실가스 배출의 규제를 다룬) 교토 의정서 이후의 협상은 개발도상국들도 포함해야 하며 기본틀을 짜기 위한 그 회의는 전적으로 이에 달려 있다. 만일 그렇지 않다면 모든 과정은 무너지고 말 것이다.

Much of his success ***is predicated on*** the nonchalant persona he cultivated in his comedy act and on his TV show. ▶ 그가 이룩한 성공의 대부분은 TV 쇼와 코미디 활동에서 갈고 닦은 겉으로 무관심하게 보이는 성격 때문이다. ♣ ***persona*** : 겉으로 들어난 사람의 **성격** 참조

그 중에서도 특히 ~ 때문에
중요한 이유를 강조하기 위한 표현

not least because

Dieting itself can be bad for you, ***not least because*** it is a cause of chronic stress. ▶ 다이어트 그 자체는 특히 만성스트레스를 유발하기 때문에 건강에 나쁠 수 있다.

That worries the United States, which has been keen to keep the Sunnis involved, ***not least***

because any future troop-withdrawal plans could hinge on what come of this government. ▶ (수니파가 시아파가 주도하는 새 이라크 정부에 함께 참여하는 것에 대하여 회의적으로 생각하고 있다는) 그 사실은 미국을 걱정스럽게 만들고 있다. 미국은 수니파 사람들이 새 정부에 포함되기를 간절히 바라고 있었는데, 이는 특히 장래의 미군 철수계획이 이 정부가 어떻게 결말지어지느냐에 전적으로 좌우되기 때문이다. ♣ ***hinge on*** : 전적으로 ~에 **좌우된다** 참조

어떤 행동이 특별한 감정 **때문이다**

out of

Toyota Canada's special edition Celica Tsunami was renamed the Celica Sports Package last week ***out of sensitivity*** to the tsunami victims. Across the Atlantic, South Africa food franchise Mugg and Bean dropped its bacon-and-Thai-sauce Tsunami chicken burger. ▶ 토요다 캐나다가 특별히 내놓은 셀리카 쓰나미(Celica Tsunami)가 2006년 동남아시아를 휩쓴 쓰나미의 희생자들을 생각하여 지난주 이름을 Celica Sports Package로 바꾸었다. 대서양 건너에서는, 남아프리카의 음식 프랜차이즈 회사인 Mugg and Bean는 베이컨과 타이소스가 들어간 Tsunami 치킨버거의 판매를 중단했다.

It is ***out of sorrow and suffering*** that man becomes interested in philosophical matters and begins his spiritual journey. ▶ 사람이 철학적 문제에 관심을 갖고 영적인 여정을 시작하는 이유는 슬픔과 고통 때문이다.

They conducted an online survey last year in which nearly 20 percent of the respondents admitted they'd dropped a computer on the floor ***out of anger***. One confessed to urinating on his. Another said he had thrown his laptop in a fryer. At least three claimed to have shot at hardware. ▶ 그들이 작년에 실시한 온라인 여론조사에서 응답자의 거의 20%가 화가 나서 컴퓨터를 바닥에 내동댕이친 적이 있다고 고백했다. 한 사람은 자기 컴퓨터에 오줌을 싸버렸다고 고백했고, 또 어떤 이는 휴대용 컴퓨터를 프라이팬 위에 던져버렸다고 말했다. 최소 3명은 컴퓨터를 총으로 쏴버렸다고 주장했다.

~ 때리기

~ 죽이기 ; 특정 사람이나 집단을 몹시 싫어해서 마구 공격하는 것(hating and attacking)

something/someone-bashing

The politics of ***China-bashing*** is misplaced for two other reasons. As long as the U.S. must trade with someone to make up for its own savings shortfall, it is to the advantage of American consumers to have access to lower-cost, high-quality Chinese products. Moreover, China's export juggernaut is not what it appears to be. Fully 62% of the country's export growth over the past decade came from Chinese subsidiaries of multinationals headquartered elsewhere in the world — in Asia, Europe, and America. The West may be surprised at the damage it inflicts on itself if it restricts trade with China. ▶ 중국을 마구 공격하는 정치는 두 가지의 또 다른 이유로 대상을 잘못 골랐다. 미국이 자신의 재정적자를 메우기 위해 누군가와는 교역을 해야 하는 이상, 값싸고 질 좋은 중국산 제품을 구입할 수 있도록 하는 것은 미국 소비자들에게 유리하다. 더욱이, 중국의 거대한 수출 조직은 겉으로 보이는 것과는 다르다. 지난 10년간 중국의 수출증가액의 62%가 아시아, 유럽, 미국 등에 본사가 있는 다국적 기업들의 중국지사에서 나왔다. 서방세계는 중국과의 무역에 제재를 가할 때 자신에게 돌아오는 피해가 얼마나 심각한지 알면 놀랄지 모른다. 미국 정치인들이 일자리를 잃어가는 자국민들의 환심을 사기 위해 무역적자 및 재정적자가 다 중국 때문이라고 비난하며 무역제재를 가하자고 하는 주장이 잘못되었다는 이야기다. ♣ ***juggernaut*** : 거대하고 막강한 힘을 지닌 **조직** 참조

Press-bashing by the then government was a hardball. ▶ 그 당시 정부의 언론 죽이기는 장난이 아니었다. ♣ ***then*** : **그 당시에 ~이었던** ; ***hardball*** : 목적을 이루기 위하여 **수단방법을 가리지 않는** 참조

It is no secret there's a lot of anti-American sentiment in the world right now. President Bush has quite a few enemies, but the leader of Venezuela is taking ***Bush-bashing*** to a whole new level. One day after President Bush addressed the United Nations from the same podium, Hugo Chavez was applauded for his tirade. "The devil came here yesterday," Chavez said. "Right here. Right here." ▶ 현재 세계에 반미 감정이 많이 퍼져 있다는 것은 비밀이 아니다. 부시 대통령에게 꽤 많

은 적들이 있지만, 베네수엘라의 대통령은 "부시 때리기"를 완전히 새로운 수준으로 끌어 올리고 있다. 부시 대통령이 유엔에서 연설 한 다음 날, 같은 단상에서 베네수엘라 차베스 대통령이 한 (미국을 비난하는) 긴 연설은 박수갈채를 받았다. 차베스는 "악마(부시 대통령)가 어제 여기에 왔다"고 말했다. "바로 이 자리에. 바로 이 자리에."

특별히 할 일이 없거나 혹은 어떤 일을 기다리는 동안 ~하면서 시간을 **때우다**
시간을 보내다

while away

Inside the train station, scores of people packed the waiting area. Some sat on their bags, while others ***whiled away the time*** listening to iPods. ▶ 기차역 안에서는 수십 명의 사람들이 대합실을 꽉 메우고 있었다. 어떤 사람들은 가방 위에 걸터앉아 있었고, 또 다른 사람들은 iPod를 들으면서 시간을 때웠다.

The 24-year-old model ***whiled away her morning*** by telling amusing anecdotes to the group, who called her "a genius" and a "natural talent." ▶ 24살 먹은 그 모델은 그 사람들에게 재미난 일화를 들려주며 아침시간을 보내고 있었다. 그들은 그녀를 천재이며 타고난 재주꾼이라고 불렀다.

때가 되어도 떠나지 않다
예정된 시간보다 너무 오래 머무르다/지속하다

linger

The fans and players ***lingered*** so long in the gym. ▶ 팬과 선수들은 (경기가 끝난 후에도) 한동안 체육관을 떠나지 않았다.

Many have ***lingering*** pain, both physical and psychological. ▶ 많은 사람들이 육체적 정신적 고통을 오랫동안 겪고 있다.

Lingering problems with ice, wind and sloppy roads were expected to stretch power outages and school closures. ▶ 오랫동안 지속되는 결빙, 바람, 미끄러운 길로 인한 문제들은 전력공급의 중단과 휴교로까지 이어질 것으로 예상되었다.

어떤 행사나 모임 등에 참여하다가 간다는 말/인사도 없이 훌쩍 **떠나다**
간다는 말도 없이 사라지다

take French leave of

He has ***taken French leave of British angling***. "I saw the job advertised, applied, got it and am now about to start my third year. It's marvelous," he said. ▶ 그는 영국 낚시계를 말도 없이 훌쩍 떠나버렸다. "나는 구직 광고를 보고 지원해서 합격했고, 지금 막 3년째에 접어들었다. 이 일은 너무 좋다"라고 그는 말했다. 다른 직업을 찾아 말없이 떠나버린 영국의 한 유명한 프로 낚시꾼에 대한 이야기다.

He ***took French leave of his companions***, sneaking off at dead of night. ▶ 그는 한밤중에 친구들에게 간다는 말도 없이 몰래 떠났다. ♣ *at dead of night*: 적막하고 깜깜한 **한밤중에** 참조

주 18세기 프랑스에서는 파티에서 흥겹게 놀다가 주인한테 간다는 인사도 없이 훌쩍 떠나도 예의에 벗어나는 행동으로 여기지 않았다고 한다. 미국 독립전쟁 시절 파티에 초대 받은 프랑스 군인들이 "adieu"라는 말조차 없이 떠나가는 행동을 보고는 못마땅하게 여겨 이 표현이 생겨났다고 전해진다.

지내던 곳(집, 건물, 직장 등)에서 **떠나다**

pack up ☞ 떠나기 위해서 짐을 꾸리다

For those of you ***packing up*** for summer vacation, Travel Guide has a few tips for keeping your clothes wrinkle-free. ▶ 여름휴가를 떠나려고 짐을 꾸리는 사람들을 위해 Travel Guide는 옷이 구겨지지 않도록 보관하는 몇 가지 방법을 알려준다.

Many businesses are ***packing up*** and moving due to renovating of the building. ▶ 많은 영업점들이 그 건물의 리모델링으로 인하여 짐을 꾸려 다른 곳으로 떠나고 있다.

pull up stakes ☞ 천막(tent) 줄을 고정하는 말뚝을 뽑다

The first occupant of a building in the Industrial Park has ***pulled up stakes*** without warning. ▶ 산업단지에 있는 한 건물의 최초 입주자가 예고도 없이 떠나버렸다.

uproot ☞ 오랫동안 뿌리내리고 살던 정든 땅을 떠나다

Post-retirement usually means living a tranquil life in a place you call 'home'. But why do some people ***uproot***, move to a strange land and start all over again? ▶ 은퇴 후의 생활은 보통 고향이라 부르는 곳에서 조용히 살아가는 것을 의미한다. 그러나 왜 어떤 사람들은 정든 땅을 떠나 낯선 곳으로 이주해서 새 출발을 하는가?

Uprooted vendors who once lined the streets of the city may now have a place of refuge in which to ply their trade. ▶ 한때는 그 도시 거리에 즐비하게 늘어서 있다가 떠난 노점상들이 이제야 행상을 위한 터전을 마련한 것처럼 보인다. ♣ *once* : **한때는 ~ 했던** ; *line* : **즐비하다** 참조

떠남으로써 싫다는 감정을 표현하다
싫어하는 장소나 상황으로부터 떠나가다

vote with one's feet

Some East Berliners continue to ***vote with their feet*** by climbing over, digging under or slipping through the Wall. ▶ 일부 동베를린 사람들은 베를린 장벽을 기어오르거나 밑을 파서 혹은 틈 사이를 지나 계속 떠나가고 있다.

With five or more minutes still to play at the end of the game the stadium looked half empty as supporters ***voted with their feet***. ▶ 게임이 끝날 때까지 아직 5분 이상이 남은 상황에서 경기장은 서포터들이 떠나버리는 바람에 절반이 빈 것처럼 보였다.

The drought in donor sperm follows moves to enact disclosure laws that will enable children to make contact with their biological parents. Scared of being identified, men have ***voted with their feet***. One clinic reportedly has only one donor, another just four. ▶ 아이들이 나중에 생물학적 아버지를 찾을 수 있게 기증자의 이름을 밝히도록 법제화하려는 움직임은 정자 기증자 수의 급감을 불러왔다. 신원이 밝혀지는 것이 겁이나 남자들이 떠나버렸다. 한 불임병원은 기증자가 한 명밖에 없고 또 어떤 병원은 고작 4명뿐이다.

집 없이 **떠돌아다니는 사람**
부랑자

flotsam and jetsam

Although the German stories contain those ingredients most familiar to us in fairy tales — wonder and enchantment, witches and wolves — the protagonists are not brave men and women brilliantly plotting moves against an unknown enemy. Here are farmers and woodcutters, hopeless students, ordinary housewives and professional thieves, ***the flotsam and jetsam*** of the world, who challenge overwhelming odds to triumph in acquiring self-knowledge and learn the meaning of gentleness and of affection. ▶ 비록 이 독일 이야기들은 기적, 마법, 마녀, 늑대 등과 같은 동화 속에 나오는 우리에게 가장 친근한 요소들을 포함하고 있긴 하지만, 등장인물들은 모르는 적과 대항하여 기발한 시도를 꾸미는 용감한 남자와 여자들이 아니다. 그들은 이 세상에 살고 있는 농부들이며, 나무꾼들이며, 희망이 없는 학생들이며, 평범한 주부들이며, 전문 도둑들이고, 부랑자들이다. 그들은 자신의 정체성을 깨닫고 너그러움과 사랑에 대한 의미를 배우기 위해 가능성이 매우 희박한 도전을 벌이고 있는 사람들이다. ♣ *odds* : ~에 대한 **확률이 어느 정도다** 참조

주 **잡동사니** 참조

여기저기 **떠돌아다니면서 활동**(공연, 선거유세, 시합 등)**을 하다**
여기저기를 전전하면서 활동하다

barnstorm

He ***barnstormed*** through Florida this week in hopes of cementing himself as the front-runner in the Republican governor's primary. ▶ 공화당의 주지사 후보를 뽑는 예비선거에서 자신을 선두주자로 굳힐 수 있길 기대하면서, 이번 주 그는 플로리다 전역을 돌며 유세를 했다. ♣ *in hopes of* : ~을 **기대하면서** 참조

Barnstormer starter Brian Whitaker notched the win, working six innings, giving up just four hits and one run. ▶ 여러 구단을 전전하던 선발투수 브라이언 휘태커는 6회를 던져 4개의 안타와 한 점만을 내주고 승리를 따냈다.

주 공연할 좋은 장소를 구하지 못해서 이리저리 전전하면서 빈 외양간(***barn***)이라도 있으면 마다하지 않고 공연하던 옛날 삼류 극

단에서 유래된 표현이다.

상대방이 대꾸/응답도 하지 않는데 계속해서(줄기차게) **떠들다**

bang/knock on a closed door ☞ 문을 열어주지 않는데도 계속 두드리다

That fear has inspired calls for sanctions against Asian Imports, and the pressure on Tokyo and Beijing to allow their currencies appreciate in value. From the Asian standpoint the risks of upwardly floating currencies are too great, and, therefore Washington is ***banging on a closed door***. ▶ (미국에서 일자리가 점점 줄어들고 있다는) 그 걱정은 아시아 제품의 수입에 대해 제재를 가해야 한다는 요구를 불러일으켰으며, 일본과 중국에 화폐가치의 절상을 요구하라는 압력을 부추겼다. 아시아의 관점에서 보면, 화폐가치를 절상하는 것은 너무나 위험하기 때문에 미국이 아무리 압력을 넣어봐야 일본이나 중국은 못 들은 채 아무런 응답도 하지 않는다. ♣ *appreciate in value* : **가치가 오르다** 참조

"Ukraine is ***knocking on a closed door***. Ukraine is keen to join the EU, but existing members are less than excited at the prospect," he says. ▶ "우크라이나는 잠긴 문을 계속 두드리고 있지만 아무런 반응이 없다. 이 나라는 유럽연합에 가입하는 것을 열망하고 있지만, 현 회원국들은 시큰둥한 반응을 보이고 있다"고 그는 말한다.

(주로 하찮은) 특정 사건에 대한 세상의 **떠들썩한 소동/반응**

brouhaha

He is not aware of ***the recent brouhaha*** over a congressional pay raise. ▶ 국회의원들의 봉급인상에 대한 최근의 떠들썩한 반응에 대해 그는 모르고 있다.

"None of ***the Gucci brouhaha*** matters because we'll all wearing Target and Abercrombie & Fitch in two years," says one industry insider. ▶ "(1990년대에 구찌를 번창하게 만들었던 Tom Ford와 De Sole이 구찌를 떠난 사건에 대한) 떠들썩한 소동은 아무런 문제가 되지 않는다. 왜냐하면 우리는 2년 안에 Target과 Abercrombie & Fitch 같은 (구찌에 비하여 값이 싼) 제품들을 입게 될 것이기 때문이다"라고 한 패션업계 사람이 말한다.

그렇지 않아도 어떤 문제로 골치 아파하고 있는데 계속 그 문제가 중요하다고 지겹도록 **떠들어대다**

be bending someone's ear about

Ask any legislator, and they'll tell you one of the main things constituents ***are bending their ear about*** is gas prices. The problem for state legislators is that there's not much they can do. They don't control the price of oil from the Middle East or have much effect on global supply and demand. ▶ 어느 의원에게 물어보더라도, 그렇지 않아도 골치 아파 죽겠는데 계속해서 유권자들이 그들에게 지겹도록 떠들어대는 문제들 중의 하나는 휘발유 가격이라고 대답할 것이다. 주의원들에게는 그 문제는 그들 능력 밖의 일이다. 그들은 중동산 원유가격을 통제하지도 않으며 원유 공급 및 수요에 대한 영향력을 가지고 있지도 않다.

She is fed up with people ***bending her ear about*** problems of obesity. ▶ 그녀는 자신의 비만 문제를 가지고 떠들어대는 사람들에 넌더리난다.

다른 사람들이 하던 일을 그들이 더 이상 수행할 수 없거나 하지 못하기 때문에 대신해서 **떠맡다**
빈자리를 메우다 ; 대신하다

step into the breach ☞ 빈틈을 메우다

There is good potential for China to ***step into the breach*** and be a positive force for the world economy by continuing to boost its consumption. ▶ 소비를 지속적으로 부추김으로써 중국은 미국이 주도해 오던 일(소비)을 떠맡고 세계경제에 긍정적인 영향력을 갖게 될 높은 잠재력을 지니고 있다.

I was persuaded to ***step into the breach*** temporarily when he became too ill to continue. ▶ 그가 계속하기에는 너무 병약해졌을 때, 나는 그가 하던 일을 맡으라는 권유를 받았다.

fill/step into someone's shoes

There are probably about ten from his party alone who want to ***step into his shoes***. ▶ 그의 당에서 약 10명 정도가 그의 빈자리를 떠맡길 원한다.

He wants me to ***fill her shoes***. ▶ 그는 그녀가 하던 일

을 내가 떠맡기를 바란다.

pick/take up the slack

Fortunately, they had Dominic to ***take up the slack***. ▶ 다행스럽게도, 그들에게는 그 빈자리를 메워줄 도미니크가 있었다.

The team is so deep in talent that even if some of the batters aren't producing, their teammates will ***pick up the slack***. ▶ 그 팀은 재능 있는 선수들이 매우 많기 때문에, 일부 타자들이 제대로 활약을 못하더라도 팀 동료들이 대신할 것이다.

주 남이 잡고 있다가 손을 놓아 느슨해진 줄을 대신 붙잡는다는 의미다.

비용/일 등을 떠맡다
비용/일을 부담하다

underwrite ☞ Business

The government will have to create a special agency to ***underwrite*** small business loans. ▶ 정부는 중소기업 융자업무를 떠맡는 특수기관을 설립해야 할 것이다.

Sacramento lawmakers have approved emergency legislation to allow the state to continue to ***underwrite*** prescription drug benefits for thousands of California's poorest senior citizens. ▶ 새크라멘토 시의원들은 캘리포니아에 사는 수천의 가난한 노인들을 위한 처방약값 보조금을 주정부가 계속 부담하도록 하는 긴급 법안을 승인했다.

~를 높이 떠받들다
매우 존경하다

place/put someone on a pedestal ☞ 높이 치켜세우다

When we received a Mother's Day card from my sister after she'd moved to the U.S. in 1985, we wondered what all the fuss was about. In India, after all, celebrating mothers only one day in the year would be grossly undermining someone we ***put on a pedestal*** virtually every day. ▶ 미국으로 이민 간 동생으로부터 어머니날 카드를 받고는, 우리는 도대체 무엇 때문에 이런 호들갑을 떠는지 의아하게 생각했다. 인도에서는 일 년 중 오직 하루만 어머니들에게 축하를 보내는 것은 결국 매일같이 우리가 실제로 떠받들고 있는 사람의 권위를 손상시키는 행동이다.《인도에서는 항상 어머니를 존경하며 떠받들고 있는데 미국에서는 평소에는 잘 못하다가도 어머니날에만 야단법석을 떤다고 비꼬는 이야기다.》♣ *fuss* : **호들갑** 참조

President Bush ***put*** Tuskegee University ***on a pedestal*** Wednesday as an example of what needs to be done to make sure today's students can compete for the high-tech jobs of tomorrow. ▶ 부시 대통령은 고급 기술이 요구되는 미래의 직장에서 학생들이 경쟁력을 갖추기 위해 학교가 어떤 일을 해야 하는지를 보여주는 예라고 터스키기 대학을 높이 치켜세웠다.

~에게 어떤 생각이나 아이디어가 갑자기 떠오르다
불현듯 생각나다; 문득 깨닫다

occur to someone

But sitting in the restaurant the other day, it ***occurred to me*** that I was looking at a changed America from the one I left in 1970. ▶ 며칠 전 그 식당에 앉아 있을 때, 내가 1970년에 떠났을 때와 비교하면 미국이 변했다는 사실이 불현듯 떠올랐다.

It may not have ***occurred to*** him — or it may not have mattered — that people dislike being invaded. ▶ 사람들이 침략당하는 것을 싫어한다는 사실이 그에게 떠오르지 않았을지도 모른다. 아니면 그 같은 사실이 그에게는 아무런 상관이 없었는지도 모른다.

불행한 처지에 놓여 있지만 불평하지 않고 좋은 점들을 떠올리며 위안을 삼다
그나마 다행이라고 생각하다; 긍정적으로 생각하다

count one's blessings

Folks, as he said yesterday, this snow is frustrating, but ***count your blessings*** if you have heat and electricity. ▶ 그가 어제 말한 것처럼 이 폭설은 너무 당혹스럽지만 난방이 되고 전기가 들어온다면 그나마 다행이라고 생각해야 한다.

The couple ***count their blessings***. They say they have a good marriage, and their medical conditions allow them to spend more time with their children. ▶ 그 부부는 좋은 점을 떠올리며 위안을 삼는다. 그들은 부부 사이가 좋으며 그들의 건강 상태 때문에 (직장을 제대로 다닐 수 없어 집안 형편은 말이 아니지만) 아이들하고 더 많은 시간을 보낼 수 있다고 말한다. 《양쪽이 모두 암에 걸려 고생하는 어느 부부의 이야기다.》

떡 줄 사람은 생각도 없는데 김칫국부터 마시다
일이 다 잘될 것이라고 성급하게 낙관하다/지레 짐작하다

count one's chickens (before they are hatched)

To win the hearts and minds of the voters is always an uphill battle. Unless the electorate is convinced, they will dismiss what politicians say as a load of hogwash and not worth their support. Politicians should not ***count their chickens before they are hatched***. The eggs will have to be methodically incubated and cared for, to hatch healthy chicks. It means work, work and more work, to win the goodwill of the voters. ▶ 유권자들의 표심을 얻는 것은 언제나 엄청나게 힘든 일이다. 선거구민들은 확신을 갖기 전까지는 정치인들이 하는 말을 모두 허풍이며 지지할 가치가 없다고 무시해버릴 것이다. 정치가들은 부화하지도 않은 병아리를 세면 안 된다. 계란은 체계적인 방법으로 품어주고 돌봐주어야 건강한 병아리로 부화한다. 이 말은 유권자들의 호의적인 감정을 얻어내기 위해서는 (선거 기간뿐만이 아니라 평소부터) 노력에 노력을 거듭해야 한다는 것을 의미한다. ♣ *uphill battle* : 엄청나게 **힘든 일** 참조

Tourism minister has been very positive about supporting the event, but we ***can not count the chickens before they are hatched***. ▶ 관광부 장관이 그 행사를 지원하는 것에 대하여 매우 호의적이지만, 우리는 김칫국부터 마시면 안 된다.

벌벌 떨게 만들다
전율시키다 : 몸서리치게 만들다

send shudders around/through someone

Around the area, schools are beginning to experiment with software programs, sure to ***send shudders through*** the legion of students who may earn the proverbial "Gentlemen's C" on a piece of homework, but who "forget" the grade when questioned by parents. ▶ 그 지역에서 학교들이 (부모들이 집에서 학생들의 성적을 볼 수 있도록 하는) 프로그램을 시험가동하기 시작했는데, 이렇게 되면 C를 받고도 부모들이 성적을 물어보면 무엇을 받았는지 잊어버렸다고 변명하던 많은 학생들을 떨게 만들 것이다.

This week's six cents a liter surge in petrol prices has ***sent shudders around*** New Zealand. ▶ 금주에 휘발유 값이 리터당 6센트가 올라 뉴질랜드 사람들을 전율케 했다.

A hit from the blind side can flatten a quarterback like a rag doll, and ***send shudders through*** stadium crowds and coaching staffs. ▶ (미식축구에서 공을 패스할 곳을 찾기 위하여 전방을 주시하고 있는 동안) 쿼터백 모르게 수비수가 뒤나 옆에서 헬멧으로 세게 들이 받으면 쿼터백은 너덜너덜한 인형처럼 완전히 정신을 잃고 푹 고꾸라질 수 있다. 이때 관중과 코칭스태프가 그 광경을 본다면 (쿼터백이 큰 부상을 당하거나 영영 깨어나지 못할 수도 있다는 두려운 생각에) 몸서리를 치지 않을 수 없을 것이다.

매우 심하게 부르르 떨다
사시나무 떨듯 한다

shake like a leaf ☞ 바람에 떨리는 나뭇잎 같다

I almost wet my pants. I started to shake, I ran to the restroom and sat there for almost an hour thinking, sweating and ***shaking like a leaf***. ▶ 나는 거의 바지에 오줌을 쌀 지경이었다. 나는 떨기 시작했고 화장실로 뛰어가 거의 한 시간 동안 땀을 흘리고 심하게 떨며 앉아 있었다.

I ***was shaking like a leaf*** on the first tee at Muirfield Village, playing alongside Seve Ballesteros. ▶ 아마추어 골퍼가 스페인 출신의 유명한 골프 선수인 Seve Ballesteros와 동반 라운딩에서 첫 티샷을 할 때 몹시 떨리던 심정을 표현한 글이다.

견해 차이 등으로 인해서 큰 집단으로부터 떨어져나간
분리되어 나간

breakaway

The mainland considers the island (Taiwan) ***a***

breakaway province and has not ruled out reuniting with it by force. ▶ 중국은 대만을 떨어져나간 성(省)이라고 생각하고 있으며 무력통일의 가능성을 배제하지 않는다.

Two breakaway provinces in Georgia — Abkhazia and South Ossetia — are also petitioning Moscow for unification. ▶ 그루지아로부터 분리된 두 지역(Abkhazia and South Ossetia)이 다시 합치게 해달라고 모스크바(러시아)에 탄원하고 있다.

과거에 발생했던 문제나 미련, 아픈 기억 등을 **떨쳐버리다**

put something **behind** ☞ 뒤로 하다

He is trying to ***put the nightmare behind*** him. ▶ 그는 그 악몽을 떨쳐버리려고 애쓰고 있다.

We have ***put behind all our differences*** and we plan to build our association for the sake of the community we serve. ▶ 우리는 모든 차이를 뒤로 하고 우리가 봉사하는 사회를 위해 협력하려고 한다.

부끄러워하거나 감추지 않고 사람들 앞에서 **떳떳하게 나서서 생각한 바를 말하다**
당당하게 자신의 입장을 밝히다

stand up and be counted

They simply wanted to ***stand up and be counted*** without shame or apology for the choice they made. ▶ 그들은 선택한 것에 대해 창피하게 생각하거나 사과를 하지 않고 그저 떳떳하게 나서서 생각한 바를 말하기를 원했다.

His appeal to the "decent silent majority of Muslim men and women" to ***stand up and be counted*** drew further rapturous applause. ▶ 점잖고 조용한 대다수의 무슬림 사람들에게 보낸 당당하게 자신의 입장을 밝히라는 그의 호소는 열광적인 박수갈채를 받았다.

아이에게 먹이던 젖을 **떼다**
이유시키다; 흡연 등과 같은 나쁜 습관을 근절하다/버리다/떨치다

wean

My second daughter still complains today that I ***weaned*** her after only six weeks of nursing because I had to return to a high-stress career. ▶ 둘째 딸은 내가 스트레스를 많이 받는 직장으로 돌아가야 하기 때문에 겨우 6주 만에 젖을 뗀 것에 대하여 오늘날에도 여전히 불평하고 있다.

I've finally ***weaned*** myself ***off*** the daydream of becoming ridiculously rich. ▶ 마침내 나는 터무니 없이 부자가 되려는 헛된 꿈을 떨쳐버렸다.

젖을 **뗀 후 대신 ~을 먹이다**
~ 대신 ~를 먹이다

wean someone on (to)

She is ***weaning her baby off milk on to meat***. ▶ 그녀는 우유를 뗀 후 대신 아기에게 고기를 먹이고 있다.

She ***weaned her family on*** home cooked vegetable — not bottled stuff. ▶ 그녀는 가족에게 병에 들어 있는 것이 아닌 집에서 요리한 채소를 먹였다.

The children, who had all been ***weaned on*** fish congee, a type of porridge, had eaten fish up to eight times a week and were being treated for developmental delays or neurological problems. ▶ 호주에서 젖을 뗀 후 바다 생선으로 만든 죽을 일주일에 최대 8번까지 먹어 왔던 아이들이 뇌 발달장애 문제로 치료를 받고 있었다. 《호주 근해에 사는 많은 종류의 바다 생선이 수은에 오염되었기 때문으로 밝혀졌다.》

거리/시간/금액 등이 **또(다시) 다른 특정 양만큼 추가될 때**
추가로 ~ 만큼

another ~

Experts believe prices will not rise by more than ***another 2 percent***. ▶ 전문가들은 가격이 추가로 2% 이상 오르지 않을 것이라고 믿는다.

Continue down the same road for ***another 3 kilometers*** until you reach the City Hall. ▶ 같은 길로 다시 3km 내려가면 시청에 당도할 것이다.

After paying $530 million to build the quarter-mile-long, 1.7 million-square-foot convention center, the Convention Center Authority is looking at spending ***another $20 million*** to fix a leaky roof and roadway problems. ▶ 길이가 1/4마일이고 면적이 1.7백만 평방 피트인 그 컨벤션 센터를 짓는 데 5억 3천만 달러를 쓴 후, 컨벤션 센터 당국은 새는 지붕과 진입로 고치는 데 추가로 2천만 달러가 더 들 것으로 예상하고 있다.

상대방이 위협하거나 공격할 때 사용하는 **똑같은 수단/방법으로 맞대응하다**
맞대결하다 ; 응사(應射)하다 ; 맞불을 놓다

fight fire with fire

He has to ***fight fire with fire***, and wield anger in the service of what right, true, and good. ▶ 그는 똑같은 수단으로 맞대응해야 하며 옳고 진실되며 선한 것을 행함에 있어서는 분노를 폭발시켜야 한다.

But history has shown that the approach of ***fighting fire with fire*** is not always the most efficacious in the long run. ▶ 그러나 상대방이 위협을 가할 때 똑같은 방법으로 맞대결하는 것은 멀리 보면 언제나 가장 효과적이지만은 않다는 것을 역사는 보여주었다.

return fire

Faced with sharp criticism from a former US commander in Iraq, the White House has chosen not to ***return fire***. ▶ 이라크전쟁에 참전하고 있는 전 사령관의 날카로운 비평에 직면하여 백악관은 맞대응하지 않기로 결정했다.

성격/취향/행동 등이 너무나 **똑같이 닮은**
쌍둥이 같은

(a twin) separated at birth ☞ 태어나는 순간부터 헤어져 자란 쌍둥이 같은

It seems that they were ***separated at birth***. ▶ 그들은 마치 쌍둥이 같다.

The Sports magazine reveals athletes ***separated at birth***. ▶ 그 스포츠 잡지는 너무나 (재능이) 똑같이 닮은 운동선수들을 보여준다.

The character that he plays in the drama is such a perfect fit, it seems to have been waiting for him like ***a twin separated at birth***. ▶ 그가 그 드라마에서 맡은 인물은 그에게 너무나 완벽하게 어울린다. 그 역할은 태어나는 순간부터 헤어져 자란 쌍둥이처럼 그를 만나기 위해 기다리고 있었던 것처럼 보인다.

똑똑한 체하는 사람
아는/잘난 체하는 사람 (비꼬는 표현이다)

smart aleck (alec) ☞ Informal

In the midst of the best year of his golfing life, it was Brett Quigley, himself, and not some ***smart-aleck sports writer***, who brought up the fact that he still has yet to win a PGA Tour event. ▶ 브렛 퀴글리가 골프 인생에서 최고의 해를 보내는 가운데, 그가 아직 PGA tour에서 우승한 적이 없다는 사실을 끄집어낸 사람은 똑똑한 체하는 스포츠 기자가 아니라 그 자신이었다.

He is ***a smart alec TV reporter***. ▶ 그는 잘난 체하는 TV 기자다.

~ 사람이나 자동차 등이 너무 많아서 복잡한 곳을 이리저리 **뚫고 지나가다**
헤집고 지나가다

weave in and out of ; weave through

He ***weaved in and out of defenders*** during the game on his way to picking up 37 points. ▶ 그는 그 시합에서 수비수 사이를 이리저리 헤집고 다니면서 37점을 득점했다.

He ***weaved his way through a crowd***. ▶ 그는 군중 속을 뚫고 지나갔다.

Minutes later, the convoy barrels down the Airport Expressway at 90 miles an hour ***weaving through traffic***. ▶ 몇 분 후 그 호송행렬은 차량들 사이를 뚫고 시속 90마일의 속도로 공항고속도로를 빠르게 질주했다.
♣ *barrel down* : 사람이나 자동차 등이 특정한 방향으로 매우 **빠르게 이동하다** 참조

화가 나 시끄럽게 굴면서 빨리 어떤 장소(건물)에서 **뛰쳐나가다**
자리를 박차고 나가다

storm out (of)

After a bitter argument, he *stormed out of* the meeting room. ▶ 격렬한 논쟁 후 그는 회의장을 뛰쳐나갔다.

Efforts to bring North Korea back to disarmament talks were in tatters as Pyongyang *stormed out of* a meeting with the South and a senior U.S. diplomat. ▶ 북측이 남측과 미국의 고위 외교관이 함께한 회의장을 화를 내며 박차고 나감에 따라, 북한을 비핵화 회담장으로 끌어들이려는 노력이 실패로 돌아갈 처지에 놓였다. ♣ *in tatters*: 옷이나 책 등이 **너덜너덜해진** 참조

He returned home intoxicated one morning, got into an argument with his wife, shattered his coffee cup into a corner and then *stormed out*. ▶ 그는 어느 아침 만취되어 집으로 돌아와, 부인과 논쟁을 벌이고 커피잔을 구석으로 집어 던져 깨버리고는 집을 뛰쳐나갔다.

뜨거운 감자
누구도 다루기 싫어하는 골치 아픈 문제/사람/이슈; 서로 상대방에게 떠넘기려 하는 문제/사람/이슈

hot potato

How to close the gap between the rich and the poor is *a hot potato*. ▶ 빈부격차를 어떻게 줄인 것인가 하는 문제는 뜨거운 감자다.

All the while, U.S. and Saudi investigators *played a game of hot potato*; each country hoping for the other would charge Abu Ali with a crime. ▶ 그동안 내내, 미국과 사우디의 조사관들은 상대방이 아부 알리를 범죄혐의로 기소하길 희망하면서 서로 상대방에게 골치 아픈 문제를 떠넘기려 하고 있었다. 부시 대통령을 암살하려는 음모에 가담했다는 혐의로 사우디에서 체포된 아랍계 미국인 아부 알리(Abu Ali)에 대한 이야기로, 골치 아프기 때문에 서로 상대방이 그 사람을 기소했으면 하고 바라고 있다는 뜻이다.

The phenomenon of patients being transferred around to different hospitals like *a human "hot potato"* has existed for a long time, but it used to be a sporadic phenomenon. It usually happens when patients, or a patient's relatives, are hard to deal with. Patients who do not respond well to treatment or who suffer from complications are not welcome in a medical establishment where consumer interests take priority, especially when doctors fear malpractice suits. ▶ 환자들이 마치 인간 "뜨거운 감자"처럼 이 병원 저 병원으로 옮겨 다니는 현상은 오래전부터 있어왔지만, 가끔씩 일어나는 현상이었다. 이 현상은 환자나 환자의 친척들이 다루기 힘들 때 주로 나타난다. 치료를 해도 차도가 별로 없거나 합병증으로 고생하는 환자들은 소비자의 이익이 최우선인 의료업계에서 특히 의사들이 의료과실로 인한 소송을 두려워할 때 환영을 못 받는다.

뜬눈으로 밤을 새다
한숨도 자지 않다(못하다) ◦

not get/have a wink of sleep; not sleep a wink ☞ Informal

New research shows that killer whales *don't get a wink of sleep* during their first month of life. And neither do their moms. ▶ 새로운 연구는 범고래는 생후 첫 달에는 한숨도 자지 않는다는 것을 밝혔다. 어미고래도 마찬가지다.

Some insomnia sufferers complain that they *could not get a wink of sleep*, but research has shown that most have micro sleeps, very brief periods of sleep during periods of wakefulness which are so brief that they go unnoticed. ▶ 불면증으로 고생하는 사람들은 뜬눈으로 밤을 새웠다고 불평한다. 그러나 연구결과 그들 대부분은 깨어 있는 동안 그들이 눈치채지 못할 정도로 매우 짧은 기간 동안 잠을 자는 것으로 나타났다.

I was so excited about our trip that I *didn't sleep a wink* last night ▶ 여행 생각으로 흥분되어 지난 밤 한숨도 못 잤다.

부당하고 강압적인 방법으로 **뜯어내다**
갈취하다

extort

Corrupt government officials were *extorting* money from him. ▶ 부패한 정부 관리들은 그에게서 돈을 갈취했다.

다

Her kidnapper ***extorted*** a $ 100,000 ransom for her release. ▶ 그녀를 납치한 범인들은 풀어주는 대가로 10만 불의 몸값을 뜯어냈다.

But the threat goes far beyond North Korea's crude efforts to ***extort*** aid and concessions from its neighbor and the American. ▶ 그러나 그 위협은 이웃과 미국으로부터 원조와 양보를 얻어내기 위한 북한의 노골적인 시도 이상으로 진행되고 있다.

흥미롭거나 놀라운 새로 밝혀진 **뜻밖의 사실**
새로 밝혀진 의외의 사실; 비밀의 누설/폭로

revelation

The sensational revelation is contained in his autobiography. ▶ 매우 놀라운 뜻밖의 그 사실이 그의 자서전에 나와 있다.

The Prime Minister is fuming at ***the revelation*** private detectives are still on his trail. ▶ 수상은 사설탐정이 여전히 그의 뒤를 밟고 있다는 사실을 알고 노발대발하고 있다. ♣ ***fume*** : **열 받다** ; ***on his trail*** : **뒤를 밟고 있는** 참조

뜻하지 않았던 상황에 처하다
뜻하지 않게 ~을 경험을 하다; 예상 밖의 상황을 접하다; 어쩌다 보니 ~한 상황에 처하게 되다; 자신도 모르게 ~한 상황에 처하게 되다

find oneself in somewhere; find oneself doing something

She ***found herself in*** the middle of nowhere. ▶ 어쩌다 보니 그녀는 외딴 곳에 남게 되었다. ♣ ***in the middle of nowhere*** : **외딴 곳에서** 참조

We ***found ourselves taking*** on issues beyond just our research agenda. ▶ 우리는 뜻하지 않게 연구의 범주를 넘어선 주제까지 다루게 되었다.

I have historically ***found myself siding*** more with Democratic candidates on most issues, although I don't want to label myself a Democrat. ▶ 나는 나에게 민주당원이라는 표 딱지를 붙이고 싶지는 않지만 대부분 이슈에 관해 민주당 후보들을 내 자신도 모르게 지지해 왔다.

띄엄띄엄 말하면서
감정이 격해져서 혹은 울먹이며 말을 제대로 잇지 못하면서; 말을 더듬거리며

brokenly

She wiped away her tears away with a handkerchief and announced ***brokenly*** that her life was now over. ▶ 그녀는 손수건으로 눈물을 훔치고는 말을 제대로 잇지 못하며 그녀의 인생은 이제 끝났다고 발표했다.

She whispered ***brokenly***. "Let's go home," he said, gently lifting her into his arms. ▶ 그녀는 뛰엄뛰엄 작은 소리로 속삭였다. 그는 그녀를 팔로 부드럽게 안아 들면서 "자 이제 집으로 가자"고 말했다.

(한번 고려해 보라는 의미로) 생각이나 계획 따위를 남들에게 **띄워보다**
제안하다; 내놓다; 운(韻)을 띄우다

float an idea/plan

The French had ***floated the idea*** of placing the diplomatic work in the hands of the UN. ▶ 프랑스는 그 외교업무를 유엔이 맡도록 하자는 안을 띄워본 적이 있었다.

An idea first floated at an early-morning meeting is gaining ground as a possible solution. ▶ 이른 아침 회의에서 처음 내놓은 한 아이디어는 가능한 해결책으로서 힘을 얻고 있다. ♣ ***gain ground*** : **강세를 보이다** 참조

He first ***floated the plan*** last year. ▶ 그는 작년에 그 계획에 대해 제일 먼저 운을 뛰웠다.

[라]

라

정신적인 또는 육체적인 활동이 평상시의 **리듬을 되찾다**
평소와 다름없는 활기찬 상태로 다시 돌아오다/되돌아가다; 평상시의 활기찬 상태를 되찾다/회복하다

be/get (back) into the swing of things

Noel, who joined the team just a few weeks ago, is finding it tough to ***get into the swing of things***. ▶ 몇 주일 전에 그 팀에 합류한 노엘은 평상시의 리듬을 되찾는 데 어려움을 겪고 있다.

I had a difficulty to ***get into the swing of things*** after such a long absence. ▶ 나는 오랜 공백기간 후 평상시의 상태로 다시 되돌아가는 데 어려움을 겪었다.

I think if I can devote my time to healing and resting, I feel confident I can ***be back in the swing of things*** soon. ▶ 내가 치료와 휴식에 전념할 수 있다면, 곧 평소와 다름없는 활기찬 상태로 다시 돌아올 수 있을 것이라고 확신한다.

주 시계추의 리드미컬하고 반복적인 운동에서 유래되었다.

[마]

마

날/밤/월/주/해면 날/밤/월/주/해**마다**

~ after ~

Maybe they are tired, what with that they have not slept well ***night after night***. ▶ 밤이면 밤마다 잠을 제대로 자지 못해 아마 그들은 피곤할 것이다. ♣ ***what with*** : 좋지 않은 ~한 **이유로 인해서** 참조

The media reveals ***day after day*** many stories about violence against children committed by stepparents. ▶ 날이면 날마다 언론매체들은 양부모들이 아이들에게 저지르는 폭력에 대한 이야기를 폭로한다.

매 특정한 기간**마다 몇 번씩**

~ every ~

He comes to visit me ***once every two weeks***. ▶ 그는 2주일에 한 번씩 나를 방문하러 온다.

Medicare offers a cardiovascular screenings ***twice every year*** that checks cholesterol, lipid and triglyceride levels. ▶ 의료보장제도는 콜레스테롤, 지방 및 중성지방의 수치를 체크하는 심혈관 검사를 1년에 2번 받을 수 있게 한다.

~해야 **마땅하다**
당연히 ~해야 한다

by rights ☞ should, ought to가 동반된다

This is the Age of Consumerism, and ***by rights*** there's ***should***n't be anything you can't buy if the need is there and the price is right. ▶ 지금은 소비자 중심시대이다. 필요하고 가격이 알맞다면 어떤 것이든 구입할 수 있어야 마땅하다. ♣ ***the price is right*** : **가격이 알맞다** 참조

He has started something that, ***by rights***, ***ought to*** serve as a model for the nation. ▶ 그는 나라에 귀감이 되어야 마땅한 일을 시작했다.

He ***should***, ***by rights***, do it. ▶ 그는 당연히 그것을 해야 한다.

강/우물의 물이나 자원 등이 **마르다**
고갈되다

run dry

You never miss the water until the well ***runs dry***. ▶ 우물이 마르기 전까지는 물이 귀한 줄 모른다. 《우물이 다 마른 다음에 물을 찾아봐야 아무 소용이 없다.》

Where do you turn for inspiration when the well of ideas ***runs dry***? ▶ 아이디어가 고갈될 때 당신은 어디에서 영감을 얻습니까?

마지막 **마무리를 하다**

round out

He ***rounded out*** the note of the State of the Union address last night. ▶ 지난 밤 그는 연두교서 연설문을 마무리했다.

The team ***rounded out*** their 2006 season by playing in the final. ▶그 팀은 결승전을 끝으로 2006년 시즌을 마무리하였다.

주 모가 난 부분을 다듬어 둥글게 만들듯이 최종 마무리작업을 한다는 의미다.

마무리 (손질)

finishing touch

Right up until the last minute, they were still putting *the finishing touches* on the building. ▶ 막판(준공 직전)까지 그들은 여전히 그 건물에 마무리 손질을 하고 있었다. ♣ *last minute* : **막판** 참조

A simple white icing, on the top or covering the cake, would be *a lovely finishing touch*. ▶ 케익 위나 주위에 간단한 하얀 장식을 입힌다면 멋진 마무리가 될 것이다.

일/협정/회의/방송프로그램 등의 마지막 남은 부분을 잘 마무리하다

만족스럽게 끝내다; 만족스럽게 결말 짓다

wrap up

Asia-Pacific tourism ministers and officials are due to *wrap up* a meeting on ways to boost the fast-growing travel sector in a dynamic region home to 2.6 billion people. ▶ 아시아-태평양 지역 관광부 장관 및 관리들은 26억 인구가 모여 사는 역동적인 그 지역에서 여행업계의 빠른 성장을 촉진시키기 위한 회담을 마무리할 예정이다. ♣ *home to* : 특정한 성향(믿음)을 지닌 사람이나 특정한 동물/식물들의 **본거지** 참조

Nearly constant rainstorms have further delayed his attempts to *wrap up* this year's crop harvest on his farm. ▶ 거의 끊임없이 지속되는 폭우로 인하여 농장에서 올해의 수확을 마무리하려는 그의 작업이 더 연기되었다.

마음먹기에 달린 문제/일

생각하기에 따라 달라질 수 있는 일; 비록 고통스럽거나 어려울지라도 마음먹기에 따라서 얼마든지 극복할 수 있는 문제/일

mind over matter

I have learned it is *mind over matter* and if you believe it and set your mind to it, it can happen. ▶ 나는 그것은 마음먹기에 달린 문제라는 것을 알았고, 당신이 믿고 그 일을 하기로 마음을 먹으면 이루어질 수 있다.

These days hypnosis is being used for all kinds of things — to help kick a smoking habit, shed a few pounds, treat a nagging skin condition and even limit labor pain in the delivery room. Some women swear *the mind-over-matter technique* is actually helping them to get pregnant. ▶ 요즘 최면술은 온갖 방면에 다 이용되고 있다. 금연, 체중감량, 처진 피부의 치료를 도와주고 심지어 분만의 고통을 줄이는 데도 도움이 된다. 어떤 여자들은 the mind-over-matter technique(최면술)이 실질적으로 임신하는 것을 도와준다고 증언한다.

마법을 부려 ~을 만들어내다

마법처럼 ~을 만들어내다/불러내다; 주문을 외어 ~을 만들어내다/불러내다; 주문을 외운 것처럼 ~을 만들어내다/불러내다

conjure up

A significant number of people profit greatly from the present U.S. defense budget. Since even people with little knowledge of military tactics realize that aircraft carriers and nuclear attack submarines are worthless for deterring ideologically driven young people from strapping IEDs (improvised explosive devices) to their waists, a more compelling threat must be *conjured up* is to justify increased Pentagon spending. Since the end of the Cold War, China has become the candidate of choice among illusionist hawks. ▶ 많은 사람들(미국의 무기 생산 업체들)이 큰 돈을 벌고 있다. 그러나 군대전술에 관해서 거의 알지 못하는 사람들도 항공모함이나 핵무기를 탑재한 잠수함 같은 첨단무기들이 (테러와의 전쟁에서) 허리춤에 사제폭탄을 차고 달려드는 젊은 이슬람 광신도들을 막는 데 아무런 소용이 없다는 것을 너무나 잘 알고 있기 때문에, 늘어나는 국방예산을 정당화시키기 위해서는 보다 사람들의 관심을 끌 수 있는 새로운 가상의 위협(적)을 마법처럼 불러내야 한다. 냉전이 끝난 이후 (국방비에 막대한 돈을 쏟아붓고 있는) 중국은 망상에 사로잡혀 있는 미국 강경파들 사이에서 미국에 위협을 줄 수 있는 새로운 후보로 떠오르고 있다.

Tiger Woods *conjured up* a brilliant back-nine performance yesterday to seal his seventh victory in eight outings as Ernie Els let a fourth Dubai Desert Classic title slip from his grasp. The world No 1 trailed the South African by four shots when he bogeyed the ninth. But a remarkable turnaround saw Woods card six birdies coming home, which included a crucial 25-foot putt at the last, as he covered the back nine in just 31 to complete a round of 65 and set the mark at 14 under. ▶ 타이거 우즈가 2008년 European Gulf Tour인 Dubai Desert Classic 최종 라운드에서 남아프리카공화국 출신 어니 엘스에게 4타까지 뒤진 후 마법처럼 역전 우승을 만들어낸 이야기다.

When you utter the word "Vacation", different images are ***conjured up*** in different people. ▶ 당신이 휴가라는 단어를 입 밖에 내면, 사람들 사이에서 서로 다른 영상들이 머릿속에 마법처럼 그려진다.

마음속 깊은 곳에서는

마음 한 구석에는 (비록 밖으로 들어내지는 않더라도 ~라는 매우 강한 경험/느낌/생각을 지니고 있다는 것을 강조하는 표현)

deep down (inside)

But it soon became obvious that ***deep down inside*** he was secretly anticipating it. ▶ 그러나 마음속 깊은 곳에서는 그가 남몰래 그것을 기대하고 있었다는 사실이 곧 명확해졌다.

I don't know if ***deep down***, he realizes it's his one last chance. ▶ 그가 마음 한 구석에서는 그것이 그의 마지막 기회라는 것을 깨닫고 있는지 나는 모른다.

마음을 움직이다

strike a (resonant) chord with/among ☞ 호응을 불러일으키다

His column last week ***struck a chord with*** many readers who agreed that it's time we stopped blaming others for our city's misfortunes. ▶ 지난 주 그의 칼럼은 우리 시의 불행에 대하여 남들을 비난하는 것을 이제는 그만두어야 한다는 것을 인정하는 많은 독자들의 마음을 움직였다.

Papaya proprietors vend their hot dogs and fruit juice all over the city every day. For years, the unlikely but affordable combination has ***struck a pleasing chord with*** New Yorkers. ▶ 파파야를 재배하는 사람들은 날마다 도시 전역의 거리에서 핫도그와 과일주스를 판매한다. 여러 해 동안, 어울릴 것 같지는 않지만 값이 적당한 그 컴비네이션은 뉴욕시민들을 즐겁게 해주고 있다.

His promise to get the country off its knees has ***struck a resonant chord among*** many his people. ▶ 그 나라를 다시 일으켜 세우겠다는 그의 약속은 많은 사람들의 호응을 불러일으켰다.

pull/tug at someone's heartstring ☞ 심금을 울리다

The author knows exactly how to ***tug at readers' heartstrings***. ▶ 그 저자는 독자들의 마음을 움직이는 방법을 정확하게 알고 있다.

She has ***a soft heartstring-tugging voice***. ▶ 그녀는 부드럽고 심금을 울리는 목소리를 가졌다.

The Andante, with ***its heartstring-pulling melody*** was the concert's highlight. ▶ 심금을 울리는 멜로디를 가진 안단테 악장은 그 콘서트의 하이라이트였다.

마음을 읽다

심중/의중을 헤아리다; 무슨 생각을 하고 있는지 알아내다

read someone's mind

Don't expect children to ***read parents' mind***. ▶ 어린 아이들이 부모의 마음을 읽으리라 기대하지 마라.

They apparently have the ability to ***read his mind***. ▶ 그들은 분명 그의 의중을 헤아릴 수 있는 능력이 있다.

너무나 원하기/좋기 때문에 ~에 마음을 정하다

set one's heart on

He ***set his heart on*** joining the forces and was posted to Afghanistan a year after. ▶ 그는 군대에 가기로 마음을 정했고 일 년 후 아프가니스탄으로 배속되었다.

He loved the outdoor life and ***set his heart on*** farming. ▶ 그는 야외 생활을 너무나 좋아했으며 농업에 종사하기로 마음을 정했다.

마음의 안정을 위해 꼭 필요한 것

someone's **security blanket**

Our insurance is meant to be ***our security blanket***. We hope to never need it, but remain prepared for an emergency. ▶ 우리가 들고 있는 보험은 마음의 안정을 위해서 꼭 필요한 것이다. 우리는 보험이 필요없기를 바라지만 비상시를 위하여 대비하기를 희망한다.

Peter plays so well with his mask; he hasn't taken it off in several years. It's kind of ***his security blanket***. ▶ 피터는 마스크를 쓰면 매우 잘하기 때문에 여러 해 동안 그것을 벗지 않았다. 그것은 그가 마음을 안정시키기 위해 꼭 필요한 물건 같은 것이다.

주 Charles M. Schulz의 유명한 만화 "스누피(Peanuts)"에 등장하는 어린 꼬마 "라이너스(Linus)"는 항상 담요를 지니고 나타난다. 이동 중에는 담요 한쪽 모서리를 잡고 질질 끌면서 다니며, 엄마가 지저분하다고 빨래하기 위해 뺏어가면 매우 불안해 한다. 비록 이전에도 "어린아이를 재울 때 포근히 덮어 주는 담요"라는 의미로 사용되었지만 이 만화의 등장 이후 "없으면 마음이 불안해지기 때문에 꼭 있어야 하는 것"을 의미하는 용어로 정착되었다.

마음이 부드럽고 인정이 많은
정이 많은; 고운 마음씨를 지닌; 따듯한 마음을 지닌

have one's heart in the right place

She really ***had her heart in the right place*** and loved kids. If she wasn't such a sweet and caring person, she'd be intimidating because she was so thorough and intelligent. ▶ 그녀는 정말로 마음이 부드럽고 인정이 많았으며 어린아이들을 사랑했다. 그녀는 매우 완벽하고 지적인 사람이었기 때문에, 만일 그녀가 그처럼 다정하고 남들을 생각하는 사람이 아니었다면 사람들은 그녀에게 두려움을 느꼈을 것이다.

주 아주 먼 옛날 인간의 신체 구조에 대해 거의 지식이 없던 시절 사람마다 심장의 위치가 다르고 때에 따라서는 심장이 팔이나 다리로도 옮겨 다닌다고 믿었다고 한다. 심장이 제 위치에 있다는 것은 제대로 된 (사람다운) 사람이라는 의미다.

warm-hearted

He described Roosevelt as a man of irreproachable, extremely responsible character and immovable will and ***a warm-hearted leader*** of the people with a profound understanding of social needs. ▶ 그는 루즈벨트를 흠잡을 데 없고 책임감이 매우 강하며 확고한 의지를 지닌 사람으로, 그리고 사회의 요구를 깊이 이해하는 마음이 따뜻한 지도자로 묘사했다.

She is a very likable, ***warm-hearted person***. ▶ 그녀는 매우 호감이 가고 따뜻한 마음씨를 지닌 사람이다.

마음 편하게 즐길 수 있는
가벼운 마음으로 즐길 수 있는; 심각하지 않은

light-hearted

The club meets at least once a month and features a presentation by each resident on a theme of his choice. The idea is to have a ***light-hearted***, fun evening. ▶ 그 클럽은 최소 한 달에 한 번 만나서, 주로 주민 각자가 선택한 주제를 발표하는 시간을 갖는다. 이 아이디어는 마음 편하게 즐길 수 있는 재미난 저녁시간을 갖기 위한 것이다.

He admitted what he had written was not fact, but said it was meant to be ***light-hearted*** reading not to be taken seriously. ▶ 자신이 쓴 것은 실제 일어난 일이 아니라고 그가 고백했지만, 자신의 의도는 독자들이 심각하지 않게 가벼운 마음으로 즐길 수 있도록 하는 것이었다고 말했다.

마지막으로
끝으로

last but not least

The staff at Jacobsen Middle School would like to thank "Moms In Touch" for the cookies they have provided throughout the year; the students and parents for staff appreciation lunches they have provided; parent volunteers for the countless hours of support; and ***last but not least***, our incredible Parent Teacher Organization for all the gifts, exceptional lunches and continued help. ▶ 제이콥슨 중학교 교직원들은 일 년 내내 과자를 제공해 주신 어머니회(Moms In Touch)에게, 교직원들에게 감사의 표시로 점심을 마련해 주신 학생들과 부모님들께, 셀 수 없을 정도로 많은 시간 동안 자원봉사를 해주신 부모님들께, 그리고 마지막으로 모든 선물들

과 특별한 점심 그리고 지속적인 도움에 대하여 부모교사회(Parent Teacher Organization: 부모들이 특별히 시간을 내어 정규시간에 학생들을 가르치는 모임)에게 감사 드리고 싶습니다.

I think you are still misunderstanding the meaning of "***last but not least***." It does not mean that a thing is last (or least) in order of importance. It only means that this is the last thing in the list. For example, let's say that you go on a game show and win prizes. The host might say, "Well, let's look at what you've won … a book, a plant, an ashtray, and ***last but not least*** … a new car!!" All that means is that it is the last thing in the list, but not the least important. ▶ 나는 네가 여전히 "last but not least"의 의미를 잘못 이해하고 있다고 생각한다. 이 말은 중요도 순서에서 마지막이라는 의미가 아니고, 목록의 순서상으로 마지막이라는 의미다. 예를 들어 네가 게임 쇼에 가서 상을 탄다고 해보자. 진행자는 "자, 당신이 무엇을 탔는지 한번 봅시다 … 책, 화분, 재떨이 그리고 마지막으로 … 새 자동차!!"라고 말할지 모른다. 그 말은 목록에서 순서가 마지막일 뿐이지 가장 덜 중요하다는 의미가 아니다.

주 정해진 순서대로 혹은 임의의 순서로 소개/언급/호명하다가 맨 마지막 순서가 되었을 뿐이지 중요하지 않아서가 절대로 아니라는 의미다.

어려운 상황에 처해서 성공할 가능성이 희박하지만 다른 뾰족한 방법이 없기 때문에 **마지막으로 시도해 보는**
절체절명(絕體絕命)의 순간에 한번 시도해 보는; 최후에 시도하는; 물에 빠진 사람이 지푸라기라도 잡으려는 심정으로 시도하는

last-ditch

German Chancellor Angela Merkel met Poland's president yesterday in ***a last-ditch effort*** to convince Warsaw to drop its threat to veto talks on a new European Union treaty. ▶ 새로운 유럽연합 협정에 관한 회담을 거부한다는 위협을 거두도록 설득하기 위한 마지막 시도로 어제 독일 수상은 폴란드 대통령을 만났다.

African nations are engaged in ***last-ditch negotiations*** on elephants and ivory as the end of a major wildlife trade meeting nears. ▶ 야생동물 교역에 관한 주요한 회담이 끝나감에 따라서, 아프리카 국가들은 코끼리와 상아에 관하여 최후의 협상을 벌이고 있다.

주 전쟁 중 더 물러날 곳도 없어서 도랑(*ditch*) 속에서 몸을 낮추고 마지막 저항을 한다는 의미다.

마지못해서 하는
열의 없는; 성의 없는; 건성으로 하는

half-hearted

They pointed out that the support seems to be ***half-hearted*** at best. ▶ 그들은 그 지원이 마지못해서 하는 것처럼 보인다고 지적했다.

The big issue now is how low the U.S. will go to maintain momentum in the Six-Party Talks. The Bush Administration, entering its final year and longing for a foreign policy legacy, will be increasingly tempted to accept Pyongyang's ***half-hearted compliance*** as sufficient justification to continue negotiations. ▶ 현재 커다란 이슈는 6자 회담을 지속시키기 위해서 미국이 얼마나 저자세로 나갈 것이냐 하는 것이다. 마지막 해에 접어들고 있고 외교정책에서 중요한 성과를 거두기를 희망하는 부시 행정부는 평양의 성의 없는 태도를 협상을 지속할 만큼 정당성이 충분하다고 인정하고 싶은 유혹을 점점 더 크게 받을 것이다. 《부시 대통령이 북한을 달래며 저자세로 나가는 한이 있더라도 북핵문제를 해결한 대통령으로 역사에 길이 남길 원하고 있다는 이야기다.》 ♣ ***increasingly***: 강도/세기(intensity)가 점점 **증가하면서** 참조

어떤 경우든 **마찬가지다**
엎어치나 메치나 마찬가지다; 그게 그거다; 아무런 차이가 없다

it's all the same

The ratings are based solely on wins, losses and ties. You can win 100-0 or 10-9; ***it's all the same***. ▶ 순위를 매기는 것은 오로지 승리, 패배, 무승부의 수에 근거한다. 100:0으로 이기나 10:9로 이기나 마찬가지다.

What's the difference between a white lie and a lie? I mean, ***it's all the same*** to me. ▶ 선의의 거짓말과 그냥 거짓말 사이에 무슨 차이가 있는가? 나에게는 그게 그거다. ♣ ***white lie***: 선의의 **거짓말** 참조

six of one and half-dozen of the other
☞ 6개나 반 다스나 마찬가지다

So *it's six of one and half a dozen of the other*, as far as I'm concerned. ▶ 나에게 있어서는 그게 그거다.

"Blu-ray is a little bit of a headache because of royalty fees, but *it's six of one and a half dozen of the other* with the format wars," he said. ▶ "블루레이는 특허 사용료가 좀 비싸다는 단점이 있지만, (DVD와) 규격 전쟁을 벌이고 있는 상황에서는 그 정도의 가격 차이는 아무것도 아니다"라고 그는 말했다. ♣ *Blu-ray* : DVD(디지털 비디오 디스크)의 약 10배를 저장할 수 있는 청자색 레이저를 사용하는 대용량 차세대 광디스크.

"The situation in Iraq isn't quite as serious as it was when he went last time," she said adding, "*It's six of one, half a dozen of the other.*" ▶ "이라크의 상황은 그가 지난 번에 갔을 때만큼 그리 심각하지 않다"고 말하면서 "(심각하던 덜 심각하던) 어떤 경우든 나에게는 (소중한 아들이 위험지역에 간다는 사실은) 마찬가지다"라고 덧붙였다. 《이라크 파병 명령을 또 다시 받은 아들을 둔 어느 어머니의 이야기다.》

~의 경우에도 **마찬가지다**
~도 이에 해당된다 ; ~도 다를 바 없다

the same goes for someone/something

The largest LCD TV we have launched so far is a 65in (165cm) and *the same goes for plasma televisions*. We don't expect an instant demand for mega-large sizes such as 108in. ▶ 우리가 출시한 가장 큰 LCD TV는 65인치짜리고, 플라즈마 TV의 경우도 마찬가지다. 108인치짜리처럼 매우 큰 TV의 수요는 당장에는 없을 것으로 예상한다.

The city has created wireless hot spots at community centers and hopes to add more at libraries as early as this fall. But questions about cost and implementation have delayed the effort. *The same goes for other cities including Dallas*. ▶ 그 시는 시민회관에 무선인터넷이 가능한 공간을 만들었고, 이르면 올 가을에 도서관에도 추가하기를 희망한다. 그러나 비용과 설치에 관한 문제들 때문에 지연되어 왔다. 달라스를 포함한 다른 도시들의 경우도 마찬가지다.

이와 **마찬가지로**

by the same token

If you give up exercise, your muscles shrink and fat increases. *By the same token*, if you expend more energy you will lose fat. ▶ 운동을 중단하면 근육이 줄어들고 지방이 늘어난다. 마찬가지로 에너지를 많이 소비할수록 지방이 없어진다.

Low-priced stocks also tend to be volatile. "Because there typically aren't many shares in circulation, it doesn't take much to move them once investors warm up to their stories," he says. *By the same token*, it takes just a few sellers to sink the typical low-priced stock. ▶ 또한 저가 주식은 주가가 매우 심하게 요동치는 경향이 있다. 일반적으로 이런 주식은 거래가 활발하지 않기 때문에, 일단 투자자들이 그 주식이 좋다는 말에 열기를 띠기만 하면 주가가 금방 올라간다. 이와 마찬가지로 단지 몇 사람의 매도자가 전형적인 저가 주식을 폭락시킬 수 있다.

on a similar note

A genuine two-way conversation makes a more memorable — and usually more favorable — impression than a recitation of speaking points. Demonstrate that your communication skills include the ability to respond thoughtfully to questions and follow the interviewer's train of thought. *On a similar note*, when asking questions at the end of the interview, focus them on the company's needs, not your own. ▶ 진정한 양 방향 대화는 주제를 혼자서 길게 이야기하는 것보다 훨씬 당신에 대해 기억에 남는 (보통 호의적인) 인상을 심어준다. 질문에 대해 신중하게 생각하고 인터뷰를 담당하는 사람의 생각을 받아서 대답하는 능력이 있다는 것을 보여주어야 한다. 이와 마찬가지로 인터뷰 마지막에 질문을 할 때 당신의 필요가 아닌 회사의 필요에 초점을 맞추어라. 《구직 인터뷰 시, 그냥 혼자의 생각만을 떠들지 말고 질문자의 의도에 귀를 기울이고 회사의 입장에서 생각하라는 충고다.》

바람직하지 않은 일이 발생하는 것을 **막기 위하여 노력하다**
방지하기/저지하기 위하여 노력하다/애쓰다

combat

The government is now preparing to ***combat*** an ever increasing tide of crime in earnest. ▶ 정부는 점점 증가하는 범죄를 막기 위하여 본격적으로 준비하고 있다. ♣ *increasing tide of*: 나쁜 감정, 범죄, 미움 등과 같이 좋지 않은 것이 크게 자리잡고 있으며 점점 **증가하는 추세에 있는 상태** 참조

A national strategy to ***combat*** HIV and AIDS is to be launched by the end of the year. ▶ 연말까지는 HIV와 AIDS의 확산을 방지하기 위한 국가적인 작전이 개시될 것이다.

~와 **막상막하의 경쟁을 벌이다**
~와 접전을 벌이다; ~와 용호상박하다

give someone a run for his money

He plans to ***give John a run for his money*** in the upcoming election. ▶ 그는 다가오는 선거에서 존과 막상막하의 경쟁을 벌이려는 계획을 가지고 있다.

Clint can grill a mean steak. He insists he can belt out some tunes, although he is his only witness. He also could ***give Superman a run for his money***. ▶ 아무도 본 사람은 없지만, 클린트가 자신은 스테이크를 매우 잘 굽고 노래도 부를 줄 안다고 주장한다. 심지어는 슈퍼맨과도 용호상박한다고 떠벌린다.

막역(莫逆)한 친구
사생활 문제까지 이야기를 나눌 수 있는 사람/친구; 매우 가까운 사람/친구

confidant

He is ***a close confidant*** of the president. ▶ 그는 대통령과 매우 막역한 친구 사이이다.

It's been hard for me losing him because he was ***my confidant*** when I was a little girl. ▶ 내가 어린 소녀였을 때 그는 내 이야기를 잘 들어주는 사람이었기 때문에 그를 잃은 것은 큰 고통이었다.

막판
지정된 시한이 임박한 때; 정해진 시간이 끝나갈 무렵

last minute

To concede a goal in ***the last minute*** is really, really unlucky. ▶ 경기가 끝날 무렵에 한 골을 내준 것은 정말 운이 없다.

South African Football Association CEO Raymond Hack dismissed suggestions that ***the last-minute decision*** to move the national soccer team's friendly international against Japan from Johannesburg's Rand Stadium to Port Elizabeth's Nelson Mandela Bay Stadium was motivated by a desire to make a quick buck. ▶ 국가 대표팀과 일본 대표팀과의 친선 국제경기를 요하네스버그의 랜드 스타디움에서 포트 엘리자베스에 있는 넬슨 만델라 베이 스타이움으로 옮기는 막판 결정은 돈을 쉽게 벌기 위한 의도라며 남아프리카 축구협회 회장이 이 제의를 거부했다.

새로운 단어/용어 등을 **만들다**
어떤 단어/용어 등을 처음 사용하다

coin

We have ***coined*** a new term for this type of sound-bite-based, factoid-heavy understanding: eco-gibberish. ▶ 우리는 (환경문제와 관련하여) 정치적인 구호처럼 들리면서 사람들이 사실인 것처럼 알고 있지만 사실과는 많이 다른 이 같은 이야기를 표현하기 위하여 "eco-gibberish (nonsensical but smooth-sounding talk about ecological problems)"라는 새로운 용어를 만들어내었다. 《여기서 "this type of sound-bite-based, factoid-heavy understanding"은 "지구는 위험에 처해 있다(The earth is in peril)"는 등의 이야기를 의미한다. 지구는 우리가 구해 주지 않아도 우주 안에서 계속 존재할 것이고, 자연은 인류가 지구에서 사라지든 말든 전혀 관심이 없기 때문에 이 표현은 사리에 맞지 않다는 것이다.》 ♣ *sound-bite*: 사람들의 관심을 끌기 위해서 정치적인 선전, 연설이나 방송물에서 발췌한 짧은 **구호**; *factoid*: 확실한 근거가 없지만 책/신문/잡지 등에 실렸기 때문에 **사실처럼 인정되고 있는 기사/이야기**; *gibberish*: **횡설수설(橫說竪說)** 참조

He ***coined*** the term "virtual reality." ▶ 그는 "가상현실"이라는 용어를 처음 사용했다.

지속적으로 많이 **만들다**
지속적으로/계속해서 많이 만들어/생산해 공급하다; 지속적으로 대량 생산하다

pump out

Fickle, trendy consumers in big cities like Shanghai sometimes replace their phones every three months — compared with the global average of about 18 months — forcing the major phone makers to ***pump out*** new models as quickly as they can. ▶ 상하이와 같은 대도시에 사는 마음이 쉽게 변하고 최신 유행을 따르는 소비자들은 때로는 휴대전화기를 3개월마다 (세계 평균은 약 18개월) 교체하기 때문에 메이저 휴대전화기 제조업체들은 최신 모델을 될 수 있는 한 빨리 지속적으로 많이 만들어내야 한다.

US refiners ***pumped out*** record volumes of gasoline and diesel fuel last month. ▶ 미국 정유회사들은 지난달 기록적인 양의 휘발유와 경유를 생산했다.

주 펌프로 물이나 원유를 뽑아 올리듯 한다는 의미다.

짧은 시간에 많이 **만들다**
짧은 시간에 대량/많이 생산하다

crank out

The studio ***cranked out*** thirty feature films for just two years. ▶ 그 영화사는 단 2년 동안 30편의 장편영화를 제작했다. ♣ *feature film*: full-length film

John Paul II ***cranked out*** 1,340 beatifications and 484 canonizations — more than the combined output of his predecessors over the past five centuries. ▶ 교황 요한 바오로 2세는 지난 5백 년 동안 선대 교황들이 집전한 수를 합한 것보다 많은 수의 축복미사(1,340회)와 성인추대미사(484회)를 집전하였다.

주 특별한 노력을 들이지 않고 기계를 돌려서 만들어내듯 한다는 의미다.

churn out

In 2005, GM ***churned out*** 9.17 million units. ▶ GM은 2005년에 9백17만 대의 자동차를 생산했다.

주 우유를 큰 통에 넣고 휘휘 저어서 버터를 만들듯 대량으로 만든다는 의미다.

만원 관중/관객
꽉 들어찬 관중/관객/사람들; 가득 메운 관중/관객/사람들

capacity crowd/audience

As he entered the room, ***the capacity crowd*** of about 270 people unanimously rose and applauded. ▶ 그가 방에 들어 섰을 때 가득 메운 270명의 사람들이 일제히 일어나서 박수갈채를 보냈다.

We have an excellent atmosphere here, not ***a capacity crowd***, but a good one. ▶ 만원 관중은 아니지만 제법 많은 관중이 입장해서 이곳 분위기가 매우 좋다.

An enthralled, but less than ***capacity audience*** at Symphony Hall in Boston last weekend engaged in the musical. ▶ 보스턴 심포니 홀을 가득 메울 정도는 아니었지만 매료된 관객이 지난주 그 뮤지컬 공연을 관람했다.

만일 ~이라면 얼마나 좋을까!
그렇다면 얼마나 좋을까!; 그렇게만 된다면 얼마나 좋을까!; 그렇게만 된다면 더 좋을 텐데

If only

Most people plan their summer vacations down to the very last detail. They book hotel rooms, take sunscreen, swimsuits and casual clothes, and know exactly what they are going to do each day. ***If only*** the same attention ***could*** be given to planning for summer disasters. ▶ 많은 사람들은 매우 세세한 사항까지 다 포함하여 여름휴가 계획을 세운다. 그들은 호텔방을 예약하고, 썬크림, 수영복, 활동복을 챙기고 매일 무엇을 하고 지낼지 미리 생각해 둔다. 여름에 발생하는 재난에 대해서도 여행 준비할 때처럼 주의를 기울여 미리 대비하면 얼마나 좋을까! ♣ *down to*: ~와 같은 **세세한 부분까지 다 포함하여** 참조

If only the average person ***knew*** what it takes to actually put up a fence between the United States and Mexico, says an Army General. ▶ "(불법 이민자들을 막기 위해서) 멕시코와 미국 사이의 국경에 담장을 치는 것이 얼마나 어려운지 보통 미국 사람들이 안다면 좋을 텐데" 라고 한 육군장성이 말한다. 《아무것도 모르고 담장을 치자고 주장

하는 사람들이 많이 있는 현실을 두고 하는 말이다.》

You want to be careful not to become just a blowhard. ***If only*** poor Ann ***had listened*** to herself. ▶ 허풍선이가 되지 말고 신중해야 한다. 불쌍한 앤이 자신이 허풍 떠는 소리를 들었어야 하는데. ♣ ***blowhard***: 허풍선이, 떠버리(미, ***Informal***)

We, those who have graduated, tell you, those who just did, something really smart to protect you from mistakes. Probably you won't truly appreciate the advice you receive now until experience teaches you why. ***If only*** it ***were*** that easy, right? ▶ 이미 오래 전에 졸업한 우리가 갓 졸업한 너희들에게 실수를 예방할 수 있는 매우 현명한 방법을 말해 주고 싶다. 아마도 너희들은 실수하기 이전까지는 이 조언의 의미를 진정으로 깨닫지 못할 것이다. 이 조언을 잘 명심하여 미리 실수를 예방하는 것이 그리 쉽다면 얼마나 좋겠는가!

주 가정법의 "***I wish***"와 같은 용도를 가지고 있기 때문에 동사의 과거형이나 과거분사가 뒤따른다.

만일 ~한 기회/상황/조건 등이 주어진다면
만일 ~이 있다면

given something

Write down the sort of thing you would like to do in our company, ***given the opportunity***. ▶ 만일 일할 기회가 주어진다면, 우리 회사에서 어떤 일을 하고 싶은지 써보아라.

Given patience, successful breeding of this species can be achieved. ▶ 인내심만 있다면, 이 종을 성공적으로 번식시킬 수 있다.

~라는 **만족감에 도취되어 있다**
~을 매우 크게 즐기고 있다; 어떤 일을 성취하였거나 혹은 어떤 일이 뜻대로 되었을 때 느끼는 만족감/즐거움/행복감 등에 빠져 있다; 만족감/즐거움/행복감 등을 누리고 있다

bask in the glow of ~

The rest of the nation ***basks in the glow of the miracle rescue*** while the residents settle back into the tough realities of a mining town run by a greedy operator. ▶ 그 지역 주민들이 탐욕스러운 업주가 운영하는 광산촌의 어려운 현실 속으로 다시 들어가는 동안, 나머지 국민들은 (광부들을) 기적적으로 구출했다는 만족감에 도취되어 있다.

It's a large Korean flag — and it ***stood in the glow of bright orange sun***. ▶ 커다란 대한민국 국기가 밝은 오렌지색 태양 빛을 받으며 서 있었다.

Hillary Clinton ***basked in the glow of her primary win*** in New Hampshire, where she defied polls and narrowly beat rival Barack Obama in the state's key Democratic presidential nominating contest. ▶ (2008년 민주당 대선후보 경선에서 힐러리가 최초로 벌어진 아이오와 주 경선에서는 버락 오바마에게 패했지만) 여론조사의 예상을 뒤엎고 뉴햄프셔 주 경선에서 경쟁자인 버락 오바마를 근소한 차이로 누르고 승리했다는 만족감을 즐기고 있다.

주 ~이라는 열기/불꽃(***glow***)을 쬐며 행복감에 빠져 있다는 의미다. ♣ ***bask in***: ~한 상황 속에서 **행복을 누리다** 참조

육체적인(동물적인) **만족감을 채워줄 수 있는 의식주에 관련된 고급/사치스런 물품**
육체적인 쾌락을 위한 물품

creature comfort

If you still equate tent camping with hard-ground sleeping, tepid-bean dining and grungy (or no) shower, surprise: These places have elevated camping to a luxe art form. Inside your tent flap: ***every creature comfort***. Outside: all the beauty of nature. ▶ 당신은 여전히 텐트를 치고 캠핑하는 것을 딱딱한 땅바닥 위에서 잠을 자고, 식어버린 콩 수프를 먹고, 샤워를 하기 어렵거나 혹은 아예 할 수 없는 상황으로 여긴다면, 이곳이 캠핑을 호화로운 예술형식으로 격상시켰다는 것을 알고 놀랄 것이다. 텐트 안에는 생활에 필요한 모든 것이 갖추어져 있고, 밖에는 자연의 아름다움이 펼쳐져 있다.

Air conditioning begins to shift from ***a creature comfort*** to a necessity. ▶ 에어컨은 사치품에서 필수품으로 바뀌고 있다.

He indulges in ***every creature comfort***, delectable cakes and champagne, drugs and gambling. ▶ 그

마

는 맛있는 케익, 샴페인, 마약, 도박 등 육체적인 쾌락을 주는 모든 것에 빠져 있다.

모든 사람들을 전부 다 **만족시키려고 노력하는 사람**

all things to all men/people

This movie tries to be ***all things to all men*** — comedy, romance, fantasy and satire. ▶ 이 영화는 모든 사람들을 만족시키기 위하여 코미디, 로맨스, 판타지, 풍자의 요소를 다 지니고 있다.

The World Wide Web can be ***all things to all people***: music store; shopping mall; and radio. But for many employers, the Internet is one thing in particular: trouble. ▶ The World Wide Web은 모든 사람들을 다 만족시킬 수 있다. 음악을 구입할 수 있고, 쇼핑몰도 있으며 라디오도 들을 수 있다. 그러나 많은 고용주들에게는 인터넷은 특히 골칫거리다.

Grandparents today have to be ***all things to all people***. They are often parents, spouses, lovers, daughters and sons. ▶ 오늘날 조부모는 모든 사람들을 전부 다 만족시켜야 한다. 그들은 종종 부모이고, 배우자이며, 연인이며, 딸과 아들이 된다.

많아서 나쁠 게 없다

Too much fish/meat does not spoil the soup

He has no inhibitions about another coach joining their camp. When contacted for his view, he said he supports the idea of recruiting another coach, if that would ensure success for the team. "Two heads are better than one. Obviously, ***too much meat does not spoil the soup***," he said philosophically. ▶ 그는 또 다른 코치가 캠프에 합류하는 것에 대해 반대하지 않는다. 그의 의견을 묻기 위해 만났을 때, 그는 팀의 성공을 보장해 줄 수 있다면 코치 한 명을 더 영입하는 것을 지지한다고 말했다. "머리 둘이 하나보다 낫다. 수프에 고기가 많이 들어가서 나쁠 게 없다는 것은 분명하다"고 철학적인 이야기를 했다.

수가 매우 **많은**

많다는 것을 강조하는 표현

many a ~

Many a mother tries to act out her unrealized dreams through her daughters. ▶ 매우 많은 어머니들은 자신의 못 이룬 꿈을 딸을 통해 실현하려고 애쓴다.

주 단수 형태로 사용되는 것에 주의!

양이나 수가 **많은**

galore ☞ 명사 뒤에 사용함, Written, Informal

It's as easy as 1, 2, 3! Becoming a registered member is fast, easy and free. Just fill out the following information and you'll see World, regional, and local news ***galore***. ▶ 그것은 너무나 쉽다. 등록회원이 되는 절차는 매우 빠르고 간단하며 무료다. 다음에서 요구하는 정보를 기입하기만 하면, 세계 도처에서 일어나는 많은 뉴스를 볼 수 있을 것이다. ♣ *as easy as 1, 2, 3*: 어떤 일이 매우 **쉽다는 것을 강조할 때** 참조

Summer means outdoor concerts, picnics in the park and deck parties ***galore***. ▶ 여름은 수많은 야외공연, 공원에서의 피크닉, 야외 파티를 의미한다.

많은 것을 다 가지고 있다

모든 것을 다 가지고 있다; 없는 게 없다 (강조하는 표현)

have it all

Now here's a car that ***has it all***. It'll even park itself for you. Of course you'll need a little extra cash to purchase this new model. ▶ 자, 여기에 모든 것을 다 갖춘 차가 있다. 심지어 당신을 위해서 스스로 주차를 할 것이다. 물론 이 새 모델을 구입하려면 돈을 조금 더 내야 한다.

He appears to ***have it all***: a happy marriage, a comfortable home and beautiful children. ▶ 그에게는 없는 게 없는 것처럼 보인다. 행복한 결혼생활을 하고 있으며, 안락한 집과 예쁜 아이들이 있다.

One of Russia's biggest oil firms is set to go public in the next few weeks in a deal that ***has it all***: risk, political intrigue, and what investors crave — the prospect of great rewards. ▶ 러시아 최대 정유회사 중 한 곳은, 큰 손실을 입을 위험과 정치적 술수가 개입될 여지 그리고 투자자들이 가장 바라는 큰 돈을 벌 수 있는 가능성을 모두 지닌 협상 끝에, 앞으로 몇 주 안에 주식을 공개하려 한다. ♣ *go public* : 특정 회사가 자사 소유의 **주식을 일반인들에게 공개하다** 참조

매우 **많은 수의 사람/물건**
수많은 사람/물건

a multitude of

Most youngsters joining McDonald's at age 16–18 learn ***a multitude of*** skills transferable to all jobs: opening a bank account, timekeeping, work ethic, elbow grease, dealing with tax forms, etc. ▶ 맥도날드에서 일하는 16세에서 18세 사이의 청소년들의 대부분은 모든 직장에서 적용할 수 있는 은행계좌 열기, 제시간에 출근하기, 직업윤리, 육체노동에 필요한 힘과 끈기, 세금관련 서류 취급하기 등 매우 많은 기량을 습득한다.

So far, CNN has hosted 11 debates with the presidential candidates in ***a multitude of*** formats. At some of the events, voters asked questions from the audience and via the video Web site YouTube. ▶ 지금까지 CNN은 수많은 형식으로 대통령 후보가 참여하는 11번의 토론회를 주최하였다. 어떤 때는, 유권자들이 유튜브를 통하거나 방청석에서 질문하기도 했다.

많은 점에서
여러모로 (볼 때); 여러 가지 관점/측면에서 (볼 때)

in many/several respects

In fact, ***in many respects*** (including record) the team had a better season than last year. ▶ 실제로 그 팀은 기록(승률)을 포함하여 많은 점에서 작년보다 나은 시즌을 보냈다.

In several respects, national opinion polls are meaningless, because the election will be decided in a dozen or so key battleground states. ▶ 여러모로, 선거는 열쇠를 쥐고 있는 대략 12개 정도의 주에서 승부가 결정이 날 것이기 때문에, 국가 전역에서 실시하는 여론조사들은 의미가 없다. ♣ *or so* : **대략 ~ 정도** 참조

in several/many ways

Computerized reservation systems help airline profit ***in several ways***. ▶ 전산예약 시스템은 여러모로 항공사에 이득이다.

어떤 즐거운 모임이나 장소에 사람들이 **많을수록 더 좋다**
참여하는 사람들이 많을수록 더 좋다

the more the merrier

Invite as many people as you can to the party because it's truly ***a the-more-the-merrier type*** of day. ▶ 참여하는 사람들이 많을수록 더 좋은 그런 날이기 때문에, 네가 초청할 수 있는 한 많은 사람을 파티에 초청하라.

"Quite frankly, ***the more, the merrier***, so it's open to any restaurant that bakes its own pies," said an organizer of the pie contest. ▶ "솔직히 말하면, 참여자가 많을수록 더 좋기 때문에, 파이를 만드는 어떤 레스토랑에게도 문이 열려 있다"고 한 파이 콘테스트 조직위원이 말했다.

목소리를 높이면서 하는 **말다툼**
언쟁

altercation ☞ Formal

They are now focusing more on long-term interests instead of ***insignificant altercations*** across the strait. ▶ 그들(대만과 중국)은 대만해협을 사이에 두고 사소한 말다툼을 하는 대신 지금은 장기적인 관심사에 더 많이 집중하고 있다.

A man has died following a fight outside the restaurant. Police say ***an altercation*** broke out at around 9:30 last night. ▶ 한 남자가 그 식당 밖에서 벌어진 싸움으로 사망했다. 경찰은 지난 밤 9시 30분경 언쟁이 시작됐다고 말한다.

실제로는 그렇지 않은데 쉽다고 혹은 아무런 문제가 없다고 **말로만 그럴싸하게 떠드는**
입심 좋은

glib

He talks ***glibly*** of equality of opportunuty. ▶ 그는 기회의 균등에 대해서 말로만 그럴싸하게 떠든다.

The People want this country to be strong in every way without the political parties backstabbing each other or ***their glib comments***. ▶ 국민은 서로를 등 뒤에서 찌르거나 말로만 떠들어대는 정당 없이 이 나라가 모든 분야에서 강해지길 바란다.

Many dismissed him as ***a glib politician***. ▶ 많은 사람들은 말로만 그럴 듯하게 떠드는 입심 좋은 정치가라며 그를 무시했다.

말문을 막다
입을 닫게 만들다; 조용하게 만들다

silence

The shock ***silenced*** him completely. ▶ 그는 놀라서 완전히 말문이 막혔다.

The achievement of French surgeons who carried out the world's first face transplant has ***silenced*** doubters, a British doctor hoping to perform similar procedures has said. ▶ 세계 최초로 얼굴 피부이식 수술을 집도한 프랑스 외과의사들의 업적은 회의적이던 사람들의 말문을 막았다고 비슷한 수술을 해보길 희망하는 한 영국의사가 말했다.

He ***silenced*** his most vocal critics with a big home run. ▶ 그는 장쾌한 홈런으로 그를 가장 소리 높여 비난하는 사람들을 조용하게 만들었다.

너무 놀라서 **말문이 막힌**
어안이 벙벙한; 할 말을 잊은

dumbfounded

The mayor says he's ***dumbfounded*** that the federal government has cut nearly $12 million dollars in funding to fight the mountain pine beetle. ▶ 시장은 주정부가 소나무 딱정벌레를 퇴치하기 위한 자금을 거의 1천2백만 불이나 삭감해서 말문이 막혔다고 말한다.

She was ***dumbfounded*** at his response. ▶ 그녀는 그의 반응에 어안이 벙벙했다.

dumbstruck

The suggestion left the reporters ***dumbstruck***. ▶ 그 제안에 기자들은 너무 말문이 막혔다.

Dumbstruck and stunned, all strength in my limbs drained. I wanted to cry, but could not. She was larger than life to have gone so quickly. ▶ 나는 놀라서 할 말을 잊었고, 팔다리에서 힘이 다 빠져버렸다. 나는 울고 싶었지만 울음이 나오지도 않았다. 그녀는 우리에게 매우 소중한 사람이었는데 그렇게 빨리 세상을 떠나버렸다. ♣ *larger than life* : ~는 겉보기에는 보통 사람들과 다르지 않지만 우리(나)에게는 매우 **중요한 사람이었다** 참조

사람은 **말보다는 행동에 의해서 평가된다**

A tree is known by its fruit ☞ 나무는 열매로 평가된다

A tree is known by its fruit; a man by his deeds. A good deed is never lost; he who sows courtesy reaps friendship, and he who plants kindness gathers love. ▶ 나무는 열매로 평가되고, 사람은 행동에 의해 평가된다. 선한 행동은 절대로 잊혀지지 않는다. 예의 바르게 행동하는 사람은 우정을 얻게 되고, 친절함을 베푼 사람은 사랑을 얻는다.

A tree is known by its fruits. Similarly, the spiritual vitality of any faith is evident by the spiritual freedom it provides for enlightened souls to evolve. Hindu teachings do not hinder one's spiritual progress by limiting doctrines and dogmas but provide the freedom and the challenge to experience the divine — the ultimate goal of human life. ▶ 나무는 열매로 평가된다. 이와 유사하게, 어떤 종교든지 종교의 영적인 생명력은 깨우친 영혼들이 더 성장할 수 있게 만드는 영적인 자유에 의해서 분명하게 나타난다(어떤 종교가 영적인 생명력/활력을 가지고 있는가는 신도들이 영적인 자유를 누릴 수 있는지 여부에 의해서 평가된다는 의미다). 힌두교의 가르침들은 제한적인 교리(敎理)로 영적인 성장을 방해하지 않으며, 삶의 궁극적인 목표인 신성함(해탈)을 체험하기 위해 자유와 도전과제를 부여한다.

주 신약성경 마태복음 12장 33절에서 유래되었다: Make a tree good and its fruit will be good, or make a tree bad and its fruit will be bad, for ***a tree is known by its fruit***.

말뿐인
뜻/의도는 좋지만 도대체 실천하지 않는; 실행에 옮겨지지 않는

pious

What we need is not manifestos of ***pious*** intentions, but real action. ▶ 우리가 필요한 것은 실제로 행동하는 것이지, 말뿐인 정치적 성명서가 아니다.

Celebrity activists are an easy target. After all, when Hollywood stars stoop down to help the underprivileged, their efforts often appear pious or self-serving. ▶ 명사 운동가들은 매우 쉬운 공격목표다. 할리우드 스타들이 자신을 낮추고 불쌍한 사람들을 도울 때면, 의도는 좋지만 제대로 실천하지 않는 것처럼 혹은 자기만족을 위한 것처럼 보일 때가 자주 있다. ♣ *stoop down*: **겸손하게 처신하다** 참조

말수가 적은
입이 무거운; 과묵한; 말을 삼가는/억제하는

reticent

He was so ***reticent*** about his marriage. ▶ 그는 결혼생활에 대하여 매우 입이 무거웠다.

말수가 적은 사람
과묵한 사람

man/woman of few words

John, who built his reputation as ***a man of few words***, has started talking about himself, and recently even spoke about his mother, once a taboo subject. ▶ 과묵한 사람으로 알려진 존은 자신에 대해서 이야기를 하기 시작했으며, 심지어 한때는 금기였던 어머니에 대한 이야기도 최근에 했다.

Florence, 74, ***a woman of few words*** said her older brother was a quiet man with a big heart. ▶ 말수가 적은 74세의 플로렌스는 그녀의 오빠는 매우 조용하고 마음이 넓은 남자였다고 말했다.

말실수
실언

slip of the tongue

Anyone can make ***a slip of the tongue*** but unfortunately this is becoming a habit with him. ▶ 누구나 말실수를 할 수 있지만 불행하게도 말실수가 그에게 습관이 되어가고 있다.

Was this ***a slip of the tongue*** on the part of the minister, or a deliberate statement aimed at misleading the reporter and her readers? ▶ 이것이 그 장관의 입장에서 볼 때 실언이었는가 아니면 그 기자와 그녀의 글을 읽는 사람들을 호도하기 위한 고의적인 발언인가?

소매/바지 혹은 창문 블라인드나 자동차 유리창 등을 말아 올리다

roll up

The jacket was too big for her so she ***rolled up*** the cuffs. ▶ 그 상의가 너무 커서 그녀는 소맷부리를 말아 올렸다.

Walking in the surf, she had to ***roll*** her pants ***up*** to her knees. ▶ 파도 속을 걸을 때 그녀는 바지를 무릎까지 말아 올려야 했다.

He took off his suit jacket and ***rolled up*** his sleeves in the overheated room. ▶ 방의 온도가 너무 높아 그는 상의를 벗고 소매를 말아 올렸다.

He frantically tried to free his arm and to stop the vehicle, but the highly intoxicated man merely looked at him and ***rolled up*** the window further and dragged him down the street. ▶ 그는 팔을 빼고 차를 세우려고 필사적으로 애를 썼지만, 약물에 취해 정신이 없는 그 남자는 그저 그를 바라보고는 창문을 더 올리고 그를 질질 끌고는 거리를 달렸다.

주 반의어: *roll down*

~의 말에 따르면

in the words of

In the words of a U.S. State department official, nothing was clear yet. ▶ 미 국무부의 한 관리의 말에 따르면, 아직 아무것도 확실하지 않았다.

Jamie was shy, self-effacing, "just a really nice guy" ***in the words of*** his mother. ▶ 어머니의 말에 따르면, 제이미는 부끄럼을 잘 타고 자신을 내세우지 않으며 정말 착한 남자였다.

지나가는 사람을 세우거나 혹은 사람에게 다가가서 불쑥 말을 걸다
주로 낯선 사람이 무례하게 혹은 위협을 주는 태도로 말을 거는 경우다

accost

I struggled to keep up with the team as children ***accosted*** me to take their photos. ▶ 아이들이 불쑥 다가와 사진을 찍어 달라며 나를 세우는 바람에 일행을 따라잡느라 고생했다.

Two men ***accosted*** two furniture shop employees carrying two briefcases containing an undisclosed amount of money in the parking lot outside the shop. ▶ 가게 밖 주차장에서 두 남자가 액수를 알 수 없는 돈이 든 가방 두 개를 들고 있는 가구점 종업원 두 명에게 다가가서 불쑥 말을 걸었다.

사람들의 말을 빌리자면
사람들에 의하면

by/from all/most accounts

The country's current ruling elite is aging and ill, and ***by all accounts*** lacks serious popular support from the Iranian street. ▶ 현재 그 나라의 통치 계급은 나이가 들어가고 병약하며, 사람들의 말을 빌리자면 국민들로부터 지지를 못 받고 있다고 한다.

From all accounts, the efforts were far more successful than we anticipated. ▶ 사람들에 의하면, 그 노력은 우리가 예상한 것보다 훨씬 성공적이었다고 한다.

He was, ***by most accounts***, an outgoing, fun-loving, successful entrepreneur who did not seem to have many enemies. ▶ 사람들의 말을 빌리자면, 그는 사교적이며 재미를 즐기는 적이 많지 않은 성공한 기업가라고 한다.

말을 예절 바르고 정확하게 그리고 듣기에 거북하지 않게 잘하는

well spoken

I remember her as a quiet, hard-working and ***well-spoken*** girl. ▶ 나는 그녀를 조용하고 열심히 일하며 말을 예절 바르게 잘하는 소녀로 기억한다.

He was very ***well spoken*** and very intelligent. ▶ 그는 매우 말을 잘하고 지적인 사람이었다.

수줍음을 많이 타거나 초조해서 사람들 앞에서 말을 잘 못하는

tongue-tied

Some young people suddenly become self-conscious and ***tongue-tied*** in early adolescence. ▶ 일부 젊은이들은 청소년기 초기에 갑자기 남을 의식하고 수줍음을 타서 말을 잘 못하게 된다. ♣ *self-conscious* : 남들 앞에서 **수줍음을 많이 타는** 참조

Most rural women cast their eyes down and hide their faces behind veils when they see strangers. They are ***tongue-tied***. ▶ 대부분 시골 여자들은 낯선 사람들을 보면 아래를 쳐다보며 베일로 얼굴을 가린다. 그들은 남들 앞에서 말을 잘 못한다.

누가 어떤 말을 하려던 참에 남이 먼저/앞서 해버리다

take the words out of someone's mouth

You ***took the words out of my mouth*** when I read your posting. ▶ 당신이 올린 글을 보니 바로 내가 하려던 말이었다.

Another reviewer, Kellie ***took the words out of my mouth***! Her description and mine match, perfectly! ▶ 또 다른 심사원 켈리가 내가 하려던 말을 먼저

해버렸다. 그녀의 평은 내 것과 완벽하게 일치한다.

His wife was keenly interested in everything he said, laying down her fork the better to listen, chiming in, *taking the words out of his mouth*. ▶ 그가 이야기를 꺼낼 때마다 그의 부인은 식사 도중에 포크를 내려놓고 귀를 기울이고, 때로는 맞장구를 치기도 하며, 그가 하려는 말을 먼저 하기도 하면서 그가 하는 모든 말에 매우 관심을 보였다. ♣ *the better to ~*: ~을 더 **잘 하기 위하여**; *chime in*: **맞장구치다** 참조

말처럼 행동하는
약속을 실천하는

true to one's words

I don't think he will be *true to his words*. ▶ 나는 그가 말처럼 행동할 것이라고 생각하지 않는다.

True to his word, he swung into action immediately. ▶ 그는 약속한 대로 즉각 행동에 들어갔다.

말하기는 쉬우나 실행에 옮기는 것은 어렵다
말처럼 쉽지 않다

easier said than done

A lot of people will tell you the answer lies in building friendships with those who share your spiritual beliefs; but sometimes that's *easier said than done*. ▶ 많은 사람들은 영적인 믿음을 나눌 수 있는 사람들과 우정을 쌓아가는 것에 해답이 있다고 말할 것이다. 그러나 그렇게 하는 것이 말하기는 쉬우나 실행에 옮기기 어려울 때가 가끔 있다.

Avoiding mosquito bites is *easier said than done*. ▶ 모기에 물리지 않는 것은 말처럼 쉽지 않다.

~에 대하여 나쁘게 말하다
~에 대하여 좋지 않게 말하다

speak ill of someone

Most people are raised not to *speak ill of* the dead. ▶ 대부분 사람들은 죽은 사람들에 대하여 나쁘게 말하지 말도록 교육을 받는다.

He criticized the journalists and activists in harsh terms, claiming that they were *speaking ill of* the party. ▶ 그는 언론인들과 운동가들이 그 당에 대해 나쁘게 말했다고 주장하면서 매우 격한 표현으로 그들을 비난했다.

~에 대하여 좋게 말하다
높이 평가하다

speak well/highly of someone

This enterprise has so many people who *speak well of* it. ▶ 이 기업에 대해 좋게 말하는 사람들이 매우 많다.

Those who know her work *speak highly of* her legal skills and tenaciousness. ▶ 그녀의 일하는 솜씨를 아는 사람들은 그녀의 변호사로서의 능력과 끈질김에 대하여 높이 평가한다.

말하자면
정확한 표현이라기보다는 다소 unusual하거나 amusing한 방법으로 무엇에 관하여 이야기하면서 상대방의 주의를 끌 때

so to speak

Where the devil, *so to speak*, was he? ▶ 그 사람, 말하자면 그 악마가 어디에 있는가?

I was an outsider, *so to speak*. ▶ 말하자면 나는 이방인이다.

Administration officials still expect to strike gold, *so to speak*. "I'll tell you what," said one Bush political insider, "We really need to find some f—kin' Weapons of mass destruction." ▶ 여전히 행정부 관료들은 말하자면 금맥을 발견하리라 기대하고 있다. "우리는 정말로 이라크에서 대량살상무기를 찾아내야 할 필요가 있다"고 부시 대통령의 한 측근이 말했다. 《이라크 전쟁의 구실이 되었던 WMD를 찾아내야만 전쟁의 정당성을 온 세계에 입증할 수 있다는 말이다.》 ♣ *strike gold*: **금맥을 발견하다** 참조

as it were

He is, *as it were*, a grown-up baby. ▶ 말하자면 그는 다 큰 아기다.

Comes the tsunami and we realize to our horror

that Nature has merely to shrug, to flick a finger, ***as it were***, and hundreds of thousands of us are broken, entire nations thrown into chaos and grief. ▶ 쓰나미가 오면, 우리는 자연이 한 번만 움찔해도 말하자면 손가락 하나만 까딱해도 수십만의 사람들이 죽거나 고통을 당하고 모든 국가들이 혼란과 비탄에 휩싸인다는 사실을 깨닫고 공포감을 느낀다.

~은 누가 말하지 않아도 사람이 너무나 잘 알고 있다
~은 말할 필요가 없다; ~은 분명한 사실이다

It goes without saying

It goes without saying respecting peoples' human and civil rights everywhere is a good way to end wars. ▶ 어디서나 사람들의 인권과 공민권을 존중하는 것이 전쟁을 종식시키는 좋은 방법이라는 것은 말을 하지 않아도 사람들이 너무나 잘 알고 있다.

It goes without saying that nobody wants to be here today. ▶ 아무도 오늘 여기에 있고 싶어하지 않는다는 것은 말할 필요가 없다.

말 한마디가 천냥 빚을 갚는다

flattery will get you anywhere

"Good dinner, Mom," Cole said, forking up a bite of pork chop. "***Flattery will get you anywhere***," she said and gave him a small smile. ▶ "저녁식사가 괜찮은데, 엄마"라고 콜이 돼지고기 한 점을 포크로 집으면서 말했다. 그녀는 "말 한마디가 천냥 빚을 갚는다더니"라고 말하며 아들에게 살짝 미소를 지었다.

A little compliment can go a long way — remember that phrase, "***Flattery will get you anywhere***" Well it is true. Spread out compliments like no tomorrow, don't be ashamed to tell someone they look good, you like their hair cut, or those shoes. ▶ 작은 칭찬이 큰 효과를 볼 수 있다. "말 한마디가 천냥 빚을 갚는다"는 구절을 생각해 보라. 이 말은 사실이다. 자제하지 말고 내일 따위는 없다는 듯이 칭찬을 늘어놓아라. 누군가에게 멋지게 보인다, 머리 스타일이 마음에 든다, 혹은 신발이 멋지다 등과 같은 말을 하는 것을 부끄럽게 생각하지 마라. ♣ *go a long way* : ~은 ~하는 데 큰 **효과가 있다** ; *like no tomorrow* : **내일 따위는 없다는 듯이** 참조

~라고까지는 말할 순 없지만
~이라고 할 것까지는(수는) 없지만

not to say

It is very cool, ***not to say*** cold. ▶ 춥다고까지 말할 수는 없지만 매우 서늘하다.

He is very frugal, ***not to say*** he is stingy. ▶ 그는 인색하다고 말할 것까지는 없지만 매우 검소하다.

Let's face it. Most football players aren't highly regarded for their intelligence, ***not to say*** there aren't some smart guys playing the game. ▶ 그들 중에 스마트한 사람이 없다고까지 말할 순 없지만, 대부분 미식축구선수들은 그들의 지적인 능력에 대해 높게 인정받지 못한다는 것은 어쩔 수 없는 사실이다. ♣ *Let's face it* : 싫더라도, 좋은 일이 아니더라도 현실을 **직시해야 한다** 참조

~은 말할 필요도 없고
~은 물론이고

to say nothing of

Some people don't have many of the simple things they need, ***to say nothing of*** the extras that most of us enjoy during the holiday season. ▶ 어떤 사람들은 우리들 대부분이 휴가기간에 특별하게 즐기는 것들은 말할 필요도 없고, 일상생활에 필요로 하는 간단한 물품들조차 제대로 가지고 있지 않다.

not to mention, without mentioning ☞ ~긍정적 표현에 주로 사용

He can fluently speak French, ***without mentioning*** English. ▶ 그는 영어는 말할 것도 없고 불어도 유창하게 말할 수 있다.

Bob Hope lacked Grouch's surrealism, W.C. Field's misanthropy, Chaplin's soul, ***not to mention*** that element of the grotesque they all shared. ▶ 밥 호프(매우 유명했던 미국 코미디언)에게는 그들 모두가 가지고 있던 그로테스크한 요소는 말할 것도 없고, Grouch의 초현실주의적 요소와 W. F. Field의 염세주의적 성향 그리고 Chaplin의 열정이 결여되어 있었다. 《밥 호프는 그저 농담으로 사람들을 웃기기만 했다고 비평하는 글이다.》

let alone ☞ ~은 고사(姑捨)하고, 부정적인 표현에 주로 사용

He hasn't enough money for food, ***let alone*** amusements. ▶ 그에게는 여흥은 고사하고 음식을 살 돈조차 충분치 않다.

Most people would struggle to point out Pridnestrovskaya Moldavskaya Respublika on a map, ***let alone*** pronounce it. ▶ 대부분 사람들은 발음하는 것은 물론이고, 지도에서 Pridnestrovskaya Moldavskaya Respublika를 찾는 것조차 힘들어할 것이다. 《Moldova라고 알려진 루마니아와 우크라이나 사이에 있는 나라다.》

Moscow still refused to give Pyongyang a turn-key nuclear program — what's needed to design a plant from scratch — ***let alone*** the specific expertise needed to build a bomb. ▶ 소련은 원자폭탄 제조에 필요한 특별한 전문지식은 고사하고, 백지상태에서 핵발전소를 짓는 데 필요했던 설계부터 건설까지의 과정을 북한에 전수하는 것을 여전히 거부했었다. ♣ *from scratch* : **처음부터** 참조

말할 필요도 없이
말하고자 하는 상황이 너무나 분명하다(당연하다)는 것을 강조할 때

needless to say

He suffered a seizure and has trouble moving his hands. ***Needless to say***, he will never drive a motor vehicle again. ▶ 그는 발작증세로 고생했으며 손을 제대로 움직일 수 없다. 말할 필요도 없이, 그는 다시는 자동차를 운전하면 안 된다.

My parrot got out of its cage while my cat was in the room. ***Needless to say***, the cat was quicker than me and caught it. ▶ 앵무새가 고양이가 방에 있을 때 새장 밖으로 나왔다. 말할 필요도 없이, 고양이는 나보다 빨랐고 앵무새를 물어버렸다.

~은 ~이 매우 좋다(우수하다)는 것을 잘 말해 준다
잘 나타낸다 ; 잘 대변해 준다 ; 잘 보여준다

it says a lot/much for someone/something that

It says a lot for the company that its products account for more than 60% of the world-market. ▶ 그 회사 제품이 세계시장의 60%를 차지하고 있다는 사실은 그 회사가 얼마나 우수한지를 잘 말해 준다.

It says much for his writing skill that while the book is suffused with profound ideas, it is never boring. ▶ 그 책이 심오한 사상을 가득 담고 있지만 절대로 읽기에 지루하지 않다는 사실은 그의 글솜씨가 매우 좋다는 것을 잘 대변해 준다.

이럴까 저럴까 망설이고 있다
둘 중에서 어느 것을 택할지 아직 결정을 못 내리고 있다

be in two minds(영국) ; **be of two minds**(미국)

I ***am in two minds*** about what to do after graduation: get a job or continue to study. ▶ 나는 졸업 후 직장을 잡을 것인가 아니면 계속 공부를 할 것인가를 두고 망설이고 있다.

He ***was of two minds*** whether to quit the job. ▶ 그는 직장을 그만둘까 말까 망설이고 있다.

~와 맞물려서
~와 결부되어

coupled with

That niche market, ***coupled with*** a burst of interest from Europeans struggling with high gas prices, has breathed new life into the company. ▶ 그 틈새시장은 높은 휘발유 가격으로 고생하는 유럽 사람들의 폭발적인 관심과 맞물려 그 회사에 새 생명을 불어넣었다. ♣ *breathe ~ into ~* : ~을 ~에 **불어넣다** 참조

Scarcity of skilled personnel ***coupled with*** lack of specialized training institutes is restricting the growth of animation industry in India. ▶ 숙련된 사람들의 부족 현상은 특별 훈련기관의 부족과 결부되어 인도에서 만화영화 산업의 성장을 억제하고 있다.

(특히 종을 울리며) 새해 등을 **맞이하다**
~을 축하하며 맞이하다; 기쁘게 맞이하다; ~을 반갑게 맞이하다; ~을 반기다

ring in

For those who are planning to ***ring in*** the New Year with fireworks, local officials are urging people to be safe and remember the law. ▶ 지역 경찰은 불꽃놀이로 새해를 맞이하려는 사람들에게 안전에 만전을 기하고 법규를 준수하도록 촉구하고 있다.

Many people like to ***ring in*** the New Year with a big celebration at midnight with friends and family. ▶ 많은 사람들은 친구들 및 가족과 함께 자정에 큰 축하파티를 하며 새해를 맞이하는 것을 좋아한다.

Iranian officials ***rang in*** a new phase of cooperation after talks with the head of the UN nuclear watchdog agency. ▶ 유엔의 핵 감시기관의 책임자와 회담한 후, 이란의 관리들은 협조를 위한 새로운 국면을 반겼다. ♣ *watchdog*: 불법적인 일(범죄) 등을 **감시하는 사람(단체)** 참조

주 반의어: *ring out*

남의 말이나 행동에 **맞장구치다**
남이 한 말에 동의한다고 하면서 덩달아 같은 뜻의 말을 하다; 장단을 맞추다; 화답하다

chime in

David ***chimed in***: "You are very important to us." ▶ "당신은 우리에게 매우 중요한 사람입니다"라고 데이빗이 맞장구를 쳤다.

"Keep the pier," a New York resident wrote. "My family and I have been going to this pier for 30 years now. Emerald Isle wouldn't be the same without it," a Raleigh resident ***chimed in***. ▶ "그 다리(pier)를 보존하라"고 뉴욕에 사는 사람이 편지를 썼다. "나와 내 가족은 30년 동안 이 다리에 다니고 있다. 에메랄드 섬은 그것이 없다면 예전 같지 않을 것이다"라고 한 랄리 주민이 맞장구를 쳤다. 《여기서 pier는 해변에서 바다 쪽으로 놓인 다리로 사람들이 산책을 하거나 낚시를 즐기는 곳이다.》

Brett was the teams' best with 24 points, Nick ***chimed in*** with 21 points and Willie was not at his best but finished with 18 points. ▶ 브렛이 팀의 최고 득점인 24점을 얻었고 닉은 21점으로 화답했으며 윌리는 그의 최고 기록은 아니지만 18점을 얻었다.

조잡하게 주워 **맞추다**
여러 조각들을 여기저기서 가져와 이리저리 꿰맞추다

cobble together

As we know, recent state budgets have been ***cobbled together*** with lots of borrowing and revenue shifting. ▶ 우리가 알다시피, 최근 주정부 예산은 용도변경과 많은 차입금으로 이리저리 꿰맞추어져 왔다.

서로 **맞붙다**
서로 다투다; 서로 싸우다

lock horns

The two teams favored to meet in the grand final later this year will ***lock horns*** in the opening round. ▶ 올해 말 최종 결승에서 만날 것으로 예상되는 그 두 팀은 첫 라운드에서 맞붙게 된다.

African countries are set to ***lock horns*** at a conference of the Convention on International Trade. ▶ 아프리카 국가들은 국제무역 총회의 한 회의에서 서로 싸울 태세를 갖추고 있다.

주 수사슴 두 마리가 뿔을 맞대고 싸우는 광경을 상상하면 된다.

매료된
어떤 것에 매우 큰 흥미를 보이는; 정신이 팔린; 넋을 잃고 있는

rapt ☞ Literary

Everyone was watching her with ***rapt attention***. ▶ 모든 사람이 매료된 시선으로 그녀를 보고 있었다.

They sat in ***rapt silence*** as Dr. Lee spoke. ▶ 이 박사가 이야기할 때 그들은 정신이 팔린 채 조용히 앉아서 듣고 있었다.

The audience was staring ***raptly*** at images on the

screen. ▶ 청중들은 화면에 나타난 영상을 넋을 잃고 응시하고 있었다.

~에 매료된
너무나 좋아하는; 홀딱 빠진/반한

enamored of ☞ Literary

I became totally ***enamored of*** the wildflowers there. ▶ 나는 그곳에 있는 야생화에 완전히 매료되었다.

It is thus no surprise that the young are ***enamored of*** him. ▶ 젊은 사람들이 그에게 반하는 것은 놀라운 일이 아니다.

매 몇 개마다 몇 개씩은
몇 개 중에서 몇 개씩은

(out) of every

During the '80s and '90s, Nintendo, the Kyoto-based game company could count on at least ***one of every two game consoles*** gift-wrapped under Christmas trees. ▶ 80년대와 90년대에 크리스마스 트리 아래 놓여 있는 게임기 선물 꾸러미 두 개 중 한 개는 교토에 본사가 있는 게임기회사 닌텐도의 제품이었다.

If he can keep winning ***two out of every three games***, then he will win a lot and get in position to accomplish the ultimate goal. ▶ 그가 계속 3경기 중 2경기에서 승리할 수 있다면, 그는 많은 승수를 쌓을 것이고 최종 목표를 달성할 위치에 있게 될 것이다.

매물로 나와 있는
구입이 가능한

on offer

Retail investors placed orders for 625 times the shares ***on offer***. ▶ 개인 투자자들은 매물로 나와 있는 주식보다 625배나 많은 매수 주문을 냈다.

There are a few country cottages ***on offer*** at bargain prices. ▶ 싼 가격에 구입할 수 있는 시골 별장이 몇 개 매물로 나와 있다.

for sale

The site is the world's largest real estate database of homes ***for sale***. ▶ 그 사이트는 매물로 나와 있는 집에 관한 정보를 모아 놓은 세계에서 가장 큰 데이터베이스다.

주 "*on sale*(할인 가격에 판매하는)"과 혼동하지 마시길.

구내 매점
남의 건물이나 운동 경기장 등에서 물건이나 음료들을 팔도록 허락받은 곳

concession

Texas Stadium's requests to sell beer and wine at ***concession stands*** have been repeatedly denied by the city council. ▶ 구내 매점에서 맥주와 와인을 팔도록 허락해 달라는 텍사스 경기장 측의 요청이 시의회로부터 번번이 거절당했다.

제자리에서 맴돌기만 하다
애만 쓸 뿐 별 진전이 없다; 제자리 걸음만 하고 있다

go (round) in circles

We just keep ***going in circles*** with this issue. ▶ 우리는 그 문제에 관하여 그저 제자리에서 맴돌기만을 계속하고 있다.

In the meeting, they were ***going round in circles*** all day. ▶ 그 회의에서 그들은 하루종일 진전 없이 제자리 걸음만 했었다.

맹목적으로 사랑하다
설사 잘못하더라도 덮어놓고/무조건적으로 귀여워하다/사랑하다/좋아하다; ~에 홀딱 빠지다

dote on

He ***dotes on*** his wife and daughter. ▶ 그는 아내와 딸을 맹목적으로 사랑한다.

Her daughter ***dotes on*** the pictures kept in the front of the house. ▶ 그녀의 딸은 집 앞에 걸어 놓은 그림들에 홀딱 빠져 있다.

머리를 빙빙 돌게 만든다
머리를 어지럽게/혼란스럽게 만든다

makes one's head spin

It *makes my head spin* to think about the exam. ▶ 그 시험을 생각하면 머리가 빙빙 돈다.

The question *makes his head spin* and his face turn red. ▶ 그 질문은 그를 혼란스럽게 만들었고 그의 얼굴은 빨갛게 변했다.

머리를 맞대고 생각하다
함께 논의/생각하다

put heads together ; put head together with

I'm sure if we *put our heads together*, we can figure this out. ▶ 우리가 머리를 맞대고 생각한다면 이것을 해결할 수 있을 것이라고 확신한다.

I'm happy to *put my head together with* the others to see if we can advance these ideas. ▶ 우리가 이 아이디어들을 발전시킬 수 있는지 알아보기 위하여 다른 사람들과 함께 논의하게 되어 기쁘다.

머리를 쥐어 짜서 생각하다
~에 대해서 생각하느라 골머리를 앓다

rack one's brain/brains

I had to *rack my brain* to remember her name. ▶ 나는 그녀의 이름을 기억하기 위하여 머리를 쥐어 짜야만 했다.

He *racked his brains* trying to come up with a solution and nothing seemed to work. ▶ 그는 해결책을 얻기 위하여 골머리를 앓았지만 소용이 없었다.

머리를 치켜 들다
고개를 치켜 들다 (상대하기 귀찮거나 상대방을 경시하는 듯한 태도이다)

cock one's head

When I requested a map of the train system, the ticket agent looked at me and *cocked her head* saying "Sorry, we have no map." ▶ 열차 노선도를 얻고 싶다고 말했을 때, 표 판매원은 나를 바라보고는 고개를 치켜 들며 귀찮다는 듯이 "죄송하지만 지도가 없습니다"라고 대답했다.

많은 생각/의문 등이 **머리를 혼란스럽게 스쳐 지나간다**

buzz around one's head

When I heard the news, many questions were *buzzing around my head*. ▶ 그 뉴스를 들었을 때, 많은 의문들이 내 머리를 혼란스럽게 스쳐 지나갔다.

Anyway, for years I kept thinking about it with a few ideas *buzzing around my head* but nothing really did stand out. ▶ 어쨌든 여러 해 동안 내 머리를 혼란스럽게 스쳐 지나가는 여러 아이디어를 가지고 그것에 관해 계속 생각을 했지만 특별한 것이 떠오르지 않았다.

주 사람, 자동차/비행기나 모기/벌 등이 요란한 소리를 내면서 주변을 바쁘게 지나다닐 때도 이 표현을 쓴다.

헝클어진 **머리칼**
헝클어진 머리 ; 머리칼이 서로 뒤엉켜 있는 상태

matted hair

"That was just fine, Alex," I smiled, tousling his *matted hair*. ▶ 나는 그의 헝클어진 머리카락을 마구 문지르며 "좋았어, 알렉스"라고 웃으며 말했다.

To illustrate how ghastly these girls are, we are shown footage of them staggering about pubs and clubs with sweaty faces and *matted hair*. ▶ 이 여자 아이들의 꼴이 얼마나 흉했는지 설명하기 위하여, 그들이 땀에 젖은 얼굴과 헝클어진 머리카락을 하고 술집과 클럽을 비틀거리며 돌아다니고 있는 장면들을 우리들에게 보여주었다. ♣ *footage* : 특정한 사건 등을 보여주는 영화 필름 전체 또는 필름의 일부에서 보여주는 **장면** 참조

tangled hair

You'll need patience to separate out each stem — it's just like unknotting long, *tangled hair*. ▶ 줄기를 서로 분리하려면 인내심이 필요하다. 그것은 마치 묶지 않은 채 뒤엉킨 긴 머리칼 같다.

머리칼이 쭈뼛하게 일어서는
매우 놀랍지만/무섭지만 흥미로울 수 있는

hair-raising

She was driving at *hair-raising speeds*. ▶ 그녀는 머리칼이 쭈뼛하게 일어설 정도로 빠르게 차를 몰고 있었다.

It should be as *hair-raising* as finding yourself shipwrecked and alone in a vast uninhabited island Robinson Crusoe-like. ▶ 로빈슨 크루소가 배를 타고 가다가 난파하여 사람이 살지 않는 넓은 섬에 떠밀려온 자신을 발견할 때처럼, 그것은 틀림없이 당신의 머리칼을 쭈볏하게 만들 것이다.

머리칼이 쭈뼛하게 만들다
몹시 놀라게 하다; 두렵게 만들다

makes one's hair stand on end

When we see what it was these people had in store for us, it *makes your hair stand on end*. ▶ 이 사람들이 우리에게 어떤 일을 꾸미려 했는지 안다면 머리칼이 쭈뼛하게 설 것이다.《2003년 프랑스가 체포한 테러범에 대한 이야기다.》

I could spell out other scenarios which would *make your hair stand on end*. ▶ 나는 당신을 몹시 놀라게 만들 수 있는 다른 시나리오들에 관해 상세히 설명해 줄 수 있다.

중요한 결정을 못하고 **머뭇거리다**
망설이다

waver over

Some military commanders *wavered over* whether to support the coup. ▶ 일부 군 지휘관들은 그 쿠데타를 지지해야 되는지 결정을 못 내리고 머뭇거렸다.

He admitted that the Government had *wavered over* a reform program intended to cut the bloated public sector. ▶ 확대된 공공부문을 축소하려는 개혁프로그램에 대해 정부가 망설였었다고 그가 시인했다.

He told *wavering* employees the strike must stop. ▶ 그는 망설이고 있는 직원들에게 파업이 중지되어야 한다고 말했다.

먹어봐야 맛을 안다
어떤 것의 상태가 좋은지 나쁜지 판별/시험하는 가장 좋은 방법은 실제로 적용해 보거나 사용해 보는 것이다

the proof of the pudding is in the eating

The proof of the pudding is in the eating, so I'll really believe in management when they can show me growth and improved margins. ▶ 먹어봐야 맛을 안다. 따라서 경영진이 회사의 성장한 모습과 이윤이 늘어나고 있다는 것을 나에게 보여준다면 그들을 진정으로 믿을 것이다.

Wall Street got *the proof of the pudding* on Thursday, and the taste was sour. Data on the U.S. gross domestic product for the fourth quarter came in lower than expected, just a day after Federal Reserve Chairman Ben Bernanke told members of Congress that slowing economic growth was his primary concern. ▶ 연방준비은행 총재 벤 버냉키가 하원 의원들에게 경제 저성장이 그의 가장 큰 걱정거리라고 말한 바로 다음날, 월스트리트가 목요일 푸딩을 검사했는데 맛이 시큼했다. 사사분기 미국 국내생산에 관한 데이터는 예상보다 낮게 나왔다.

주 푸딩의 맛이 어떤지는 겉모습만 봐서는 판단할 수 없고, 직접 먹어봐야 알 수 있다.

먼 길을 고생하면서 달려왔다
오랜 고생 끝에 발전/성공을 이루었다; 열심히 노력해서 발전/성공 등을 이루었다

have come a long way

Russia *has come a long way* since its 1998 default on $40 billion of Soviet-era debt, burying its image of a hungry giant and positioning itself as one of the world's energy superpowers. ▶ 러시아는 소비에트 연방 시절의 부채 400억 불에 대한 1998년 채무불이행 이후, 배고픈 거인이라는 이미지를 묻고 세계의 에너지 강국 중 하나로 입지를 굳히면서 먼 길을 고생하면서 달려왔다.

In its nearly 11 years of existence, the auction site eBay *has come a long way* from its early days as an online flea market. Thanks to its anyone-can-sell business model and a prevailing philosophy that there's a buyer out there for anything, eBay has become the granddaddy of all auction sites.

Countless people have managed to sell an item or two at a profit. ▶ 시작한 지 거의 11년 만에, 경매 사이트 이베이는 온라인 벼룩시장에서 출발하여 오랜 노력 끝에 큰 성공을 거두었다. 누구나 팔 수 있다는 사업 모델과 어떤 물건이라도 살 사람이 반드시 있다는 유력한 사고방식 덕분에, 이베이는 경매 사이트의 원조가 되었다. 셀 수 없이 많은 사람들이 한두 가지의 물건을 어찌 해서든 이윤을 남기고 팔 수 있었다.

~을 하려고 작정하고 있었는데 남이 한발 앞서 **먼저 ~을 하다**

~을 간절하게 원하고 있었는데 다른 사람이 한발 앞서 먼저 가져가다

beat someone to

My daughter ***beat me to*** Africa ▶ 그렇지 않아도 아프리카에 가고 싶었는데 내 딸이 먼저 가버렸다.

She thinks Lucas is much better looking than me. I had to propose to her to ensure Lucas wouldn't ***beat me to*** her. ▶ 그녀는 루카스가 나보다 훨씬 더 잘 생겼다고 생각한다. 나는 루카스보다 한발 먼저 그녀에게 청혼해야만 했다.

I got up and tried to get to the ball, but John ***beat me to*** it. ▶ 일어나 공을 잡으려 했지만 존이 나보다 먼저 잡았다.

먼지만 쌓이고 있다

오랫동안 사용하지 않고 혹은 진행되지 않고 방치되어 있다

gather dust

My golf clubs are ***gathering dust*** in the basement. ▶ 지하창고 안에서 내 골프채에 먼지만 쌓이고 있다.

The book is finally being released in November after ***gathering dust*** for over a year. ▶ 그 책이 일 년 넘게 방치되어 있다가 11월에 드디어 출간된다.

산산조각이 나서 **먼지처럼 사라지다**

먼지가 되어 사라지다

crumble to dust

His hope has ***crumbled to dust***. ▶ 그의 희망은 산산조각이 나서 먼지처럼 사라져버렸다.

His long-cherished certainties — lifetime employment, a booming economy, crime-free streets and stalwart political leadership — ***crumbled to dust***. ▶ 그가 그토록 오랫동안 확신하고 있던 평생고용, 활력이 넘치는 경제, 범죄 없는 거리 그리고 굳건한 정치 리더십이 한순간에 먼지가 되어 사라져버렸다. 《일본 경제의 거품이 꺼지기 시작한 1989년 직후 일본의 상황에 대한 타임지 기사의 일부다.》

너무 싫어서 **멀리 달아나다**

너무 싫어서 멀리 피하다; 끔찍하게 생각되어 멀리 피한다

run a mile ☞ Informal

Jane admits she would ***run a mile*** if Mike ask her out. ▶ 제인은 마이크가 자신에게 데이트신청을 하면 너무 싫어 멀리 달아나고 싶은 심정일 것이라고 말한다.

Talk of a diet and I generally ***run a mile***. I enjoy good food too much. ▶ 다이어트 이야기가 나오면 나는 보통 멀리 피해버린다. 나는 맛있는 음식을 너무도 즐긴다.

He ***runs a mile from*** anything resembling political commentary. ▶ 그는 정치 비슷한 이야기만 나오면 싫어서 멀리 피해버린다.

소리쳐도 들을 수 없을 정도로 **멀리 떨어져 있는**

멀리 떨어진 곳에서

out of earshot of

The two attorneys discussed the motion while standing near a bench and ***out of earshot of*** the general public. ▶ 일반 사람들이 들을 수 없는 멀리 떨어진 한 벤치 근처에 서서 두 변호사는 제정신청에 대해서 의견을 나누었다.

Part of the reply reached me before I was ***out of earshot***. ▶ 내가 멀리 떠나가기 전에 그 대답의 일부가 나에게 들려왔다.

While they paid for their souvenirs, I ventured to a few shops down the way. I wanted to see as much as possible in the time allotted, but I shouldn't be *out of earshot of* the group. I felt uncomfortable wandering too far from familiar faces in such a place so foreign. I returned to the group, at a firm gait, and we all joked about my fear. But clearly I was not the only one who thought we should stick together. ▶ 그들이 기념품 값을 치르는 동안, 나는 길을 따라 가면서 몇 군데 상점을 둘러보았다. 나는 정해진 시간 내에 가능하면 많은 것을 보고 싶었지만, 일행과 너무 멀리 떨어져서는 안 되었다. 그처럼 낯선 곳에서 아는 사람들로부터 너무 멀리 떨어져 다닌다는 사실은 나에게 불안감을 안겼다. 나는 딱딱한 걸음걸이로 다시 일행에게 돌아왔고, 우리 모두 내가 느꼈던 무서움에 대해서 농담을 했다. 그러나 우리가 함께 붙어 있어야 한다고 생각한 사람은 나만이 아니었다. 《이라크 전쟁에 참전하고 있는 미군병사들이 휴가를 얻어 카타르의 도하를 관광하는 이야기이다.》 ♣ *gait* : **걸음걸이** 참조

특정한 위치 혹은 중요한 지역으로부터 **멀리 떨어져 있는**
외딴/외진 곳에 있는(remote)

far-flung

To reach *the far-flung corners* of the district, candidates had no choice but to spend heavily on advertising. ▶ 선거구의 멀리 떨어진 구석까지 알리기 위해서 후보자들은 광고에 주로 의존하는 것 말고는 다른 방법이 없었다.

He asked to extend the service in *far-flung areas* of the province so that not a single family could face this problem. ▶ 그는 한 가정도 이 문제를 겪는 일이 없도록 그 지방의 외진 곳까지 그 서비스를 늘려줄 것을 요청했다.

저 **멀리서**
아득히 먼 곳에서

from afar ☞ Literary

There is anger at his attempt to unilaterally impose reform *from afar*. ▶ 저 멀리서 일방적으로 개혁을 강요하려는 그의 시도에 대하여 분노가 표출되고 있다.

The service will allow nurses to monitor the vital signs of diabetics and people with congestive heart failure *from afar*. ▶ 그 설비로 당뇨병 환자들과 울혈성심부전 환자들의 체온, 맥박, 혈압 등을 간호사들이 매우 멀리 떨어진 곳에서 관찰할 수 있게 될 것이다. ♣ *vital signs* : 신체의 **건강상태를 나타내는 중요한 지표** 참조

~에 도달하려면 아직 **멀었다**
아직 더 가야/있어야 한다

be way down the road

The decision *is a long way down the road*. ▶ 그 결정을 내리려면 아직 한참 멀었다.

The freedom of speech *is still some way down the road* in the country. ▶ 그 나라에서 표현의 자유를 누리려면 아직 더 있어야 한다.

상승세나 하향세가 **멈추다**
등락을 멈추고 안정기에 접어들다 ; 안정세를 보이다

level off

House price inflation rose sharply in April but is predicted to *level off* later in the year, he has said. ▶ 주택가격이 4월에 급격하게 올랐지만, 연말이 되면 상승세가 멈추고 안정기에 접어들 것으로 예상된다고 그는 말했다.

Gasoline prices set another record high this week, but there are indications prices may be beginning to *level off*. ▶ 휘발유 값이 이번 주 또 최고치를 경신했다. 그러나 가격이 안정세에 접어들기 시작했을지도 모른다는 조짐들이 보인다. ♣ *record high* : 성공/결과/성취 등이 **기록적인** 참조

문득 어떤 것이 생각나 갑자기 하던 일을 **멈추다**
지나가던 중 문득 호기심을 자극하는 것이 눈에 띄어 (발)걸음을 갑자기 멈추다

bring/pull someone up short

The picture of a picturesque town *brought me up short*. I wish I were there. ▶ 고풍스러운 그 고장의 그림을 보고 나는 지나가던 발걸음을 갑자기 멈추었다. 내가 그곳에 있다면 얼마나 좋을까! ♣ *picturesque* : 어떤 장소가 **그림처럼 멋지고 아름다운** 참조

This email has *pulled me up short*. ▶ 이 이메일이 호기심을 자극하여 나는 하던 일을 갑자기 멈추었다.

마

~을 가지고 **멋대로 행동하다**
~을 자의적으로/함부로 만지다/고치다

take liberties with

You have to report on the event without ***taking liberties with*** the truth. ▶ 너는 사실을 멋대로 해석하지 말고 그 사건을 있는 그대로 보고해야 한다.

Singers have ***taken more artistic liberties with*** the anthem. Some versions have succeeded; others have failed miserably. ▶ (미국에서 운동경기 직전행사에) 가수들이 자기 나름대로 멋을 부리며 국가를 함부로 고쳐 부른다. 그 중에는 괜찮은 것도 있지만, 도저히 들을 수 없을 정도로 형편없는 노래들도 있다.

He was charged with two counts of second degree sexual offense and one count of ***taking indecent liberties with*** a child. ▶ 그는 두 건의 2급 성범죄와 한 어린아이를 억지로 마구 만진 혐의로 기소되었다.

몸이 심하게 **멍든**
타박상을 심하게 입은

black and blue

Not literally, but when Bangladesh beat India ***black and blue***, the 45-year-old cricket fan went into depression. ▶ 실제로 그랬다는 말은 아니지만, 방글라데시가 인도를 멍이 들도록 두들겨 팼을 때, 45세의 그 크리켓 팬은 의기소침해졌다. 《2007년 Cricket World Cup에서 인도가 방글라데시에게 무참히 패한 것에 대한 반응이다.》 ♣ *literally* : **글자 그대로** 참조

Four million employees call in sick every year from being left ***black and blue*** after taking part in sport or exercise. ▶ 매년 4백만의 종업원들이 스포츠나 체력단련을 하다가 심한 타박상을 입어 출근하지 못한다고 직장에 전화한다. ♣ *call in sick* : **아파서 출근하지 못한다고 직장에 전화하다** 참조

어떤 장소/구멍 등을 사람이나 어떤 것들로 가득 채워서 아무것도 지나가지 못하게 꽉 **메우다**
막다

clog (up) ☞ 미국

The inventory is ***clogged up*** with millions of unwanted cars. ▶ 재고목록이 수백만 대의 판매되지 않은 차들로 가득 차 있다.

The town's main arteries have been ***clogged up*** with road works for almost 18 months. ▶ 그 도시의 주요 간선도로들이 도로작업으로 거의 18개월 동안 막혀 있다.

fur up ☞ 머리카락/털 등으로 하수 구멍을 메우다, 영국

The economic arteries are getting ***furred up***. ▶ 경제의 동맥이 막혀가고 있다.

In this procedure, a mini spring-like coil is fitted into ***furred up*** arteries of the heart. This widens the arteries and allows more blood to flow through. ▶ 이 시술에서는, 스프링처럼 생긴 소형 코일을 막힌 심장동맥 안으로 집어 넣는다. 이것은 동맥을 확장시켜 피가 잘 흐르도록 한다.

며칠 전
a few days ago

the other day

I have spoken to him probably twice on the whole trip, once in Brisbane and a three minute chat ***the other day*** in the hotel lobby. ▶ 나는 전체 여행 기간 중 2번 그에게 말을 걸었었다. 한 번은 브리즈번에서 그리고 나머지 한 번은 며칠 전 호텔로비에서 3분간 잡담한 것이다.

He held a press conference ***the other day***, in company with David. ▶ 며칠 전 그는 데이빗을 대동하고 기자회견을 열었다.

명문가
명문(귀족) 혈통

blue-blood

Both candidates are scions of wealthy, ***blue-blood families***. ▶ 양 후보 모두 부유한 명문가 자손이다.

In the wake of the flood, a small group of powerful business leaders and developers — ***the old blue-blood elite*** — took it upon themselves to plan the city into the next 20-30 years. ▶ 그 홍수의 여파 속에서 오래된 명문 계급인 힘 있는 재계 지도자들과 개발업자들로 구성된 한 소규모 그룹은 향후 20~30년을 내다보는 그 도시의 발전계획을 수립하는 책임을 떠맡았다. ♣ *wake*: 특히 좋지 않은 사건의 **여파** 참조

권위 있는 기관으로부터 공식적인/절대적인 **명령에 의해서 실행되는/이루어지는/집행되는**

by fiat ☞ Formal

He thinks Massachusetts' highest court was wrong to legalize gay marriage ***by fiat***. ▶ 그는 메사추세츠 주 최고법원이 공식적인 명령을 내려 동성애자들 간의 결혼을 합법화한 것은 잘못이라고 생각한다.

Khaddafi continues to rule ***by fiat***, denying freedom of the press. ▶ 리비아의 카다피 대통령은 언론의 자유를 무시하면서 계속 명령으로 나라를 통치하고 있다.

The real solution is to enact laws that prevent debasement of the currency — whether that currency is gold, backed by gold, or is nothing more than money ***by fiat***. ▶ 금이든 금본위이든 혹은 명령에 의해서 돈으로 인정되든 상관없이 진정한 해결책은 통화가치의 하락을 막는 법률을 제정하는 것이다.

메시지/의사 등의 전달이 **명료한**
분명하게/또렷하게 전달되는

loud and clear

But he must be made to understand one thing before any talks, any negotiations or any agreements begin. One message must be ***loud and clear***. ▶ 그러나 그는 어떤 회담이나 협상 혹은 협정을 시작하기 전에 한 가지 명심해야 한다. 취지를 명료하게 전달해야 한다.

사건의 전모나 재판의 결과가 너무나 **명백한**
보면 금방 알 수 있는

open and shut ☞ Informal

It's ***an open and shut case***. The hospital is at fault. ▶ 그것은 너무나 명백한 사건이다. 잘못은 그 병원 측에 있다.

This supposedly ***open-and-shut case*** turned into an unruly tangle of conflicting legal principles. ▶ 너무나 명백하리라 생각되었던 이 사건이 서로 모순되는 법률상의 원칙들이 마구 엉켜버린 사건으로 변했다.

두 가지/사람 **모두 다**
둘 다; 너나없이; 너나 할 것 없이(equally)

alike

When the Lower Manhattan Development Corporation unveiled six plans to rebuild the 16 acre World Trade Center site last July, ***the public and critics alike*** were under-whelmed. ▶ The Lower Manhattan Development Corporation이 지난 6월 세계무역센터의 16에이커 부지에 건물을 다시 짓기 위한 6가지 계획을 발표했을 때, 일반 시민이나 비평가들 모두 시큰둥하게 생각했다.

There is a general sense that ***the country and economy alike*** are drifting. ▶ 그 나라와 경제가 모두 표류하고 있다는 일반적인 인식이 있었다.

Around the world, ***in rich and poor countries alike***, the structure of family life is undergoing profound changes. ▶ 세계 어디서나 부자 나라나 가난한 나라나 너나없이 가족생활의 구조가 큰 변화들을 겪고 있다.

모금하다
기부금을 걷다; 모자를 돌리다

pass the hat (around)

After the shows, entertainers ***pass the hat*** for tips to help with living expenses. ▶ 쇼가 끝난 후 공연자들은 생활비에 쓸 팁을 걷으려고 모자를 돌렸다.

Still offering their live music shows for free, the bend is a bargain even with their ***Pass the Hat*** for Donations after the show. ▶ 그들의 공연은 여전히 무료이기 때문에 공연 후 그 악단이 모자를 돌려 돈을 좀 걷더라도 비싼 편이 아니다.

They helped ***the pass-the-hat operation*** and raised about $4,500. ▶ 그들이 모금운동을 도와 4,500불을 걷었다.

주 거리의 악사들이 구경꾼에게 모자를 돌려 돈을 걷는 데서 유래되었다.

모닥불
야외에서 분위기를 돋우기 위해 피우는 불

bonfire

He was critically burned in ***a bonfire incident***. ▶ 그는 모닥불을 피우다 사고를 당하여 큰 화상을 입었다.

As she walked around ***a giant bonfire***, her face was illuminated by the glowing blaze despite the frigid temperatures and inky dark sky. ▶ 그녀가 커다란 모닥불 주위를 걸을 때 몹시 추운 날씨와 어두운 하늘에도 불구하고 그녀의 얼굴은 타오르는 불꽃을 받아 밝게 빛났다.

주 시신을 화장하기 위해 피우는 불(***bone-fire***)에서 유래되었다.

~에서부터 ~에 이르기까지 **모든 것**
~에서부터 ~에 이르기까지 총망라한 것; 모든 것을 망라한 것; 하나도 빠짐이 없는 모든 것 (많은 것들을 포함하고 있다는 것을 강조하는 표현이다)

everything from ~ to ~

The country was the center of innovation, inventing ***everything from*** paper ***to*** gunpowder. ▶ 그 나라는 종이에서부터 화약에 이르기까지 모든 것을 발명한 기술혁신의 중심지였다.

Students at the school learn ***everything from*** mathematics and science ***to*** agricultural practices and how to raise livestock. ▶ 그 학교에서 학생들은 수학과 과학에서부터 농사짓는 법과 가축을 기르는 법에 이르기까지 모든 것을 배운다.

His cook book was once the bible of the kitchen, its instructions covering ***everything from*** setting a table ***to*** boning a duck. ▶ 그의 요리책은 한때는 부엌에서 없어서는 안 될 필수 품목이었는데, 상 차리는 법에서부터 오리 뼈를 제거하는 법에 이르기까지 총망라하였다.

모든 것/종류들을 다 포함한다
온갖 것/종류를 다 포함한다; 전 영역을 다 포함한다

run the gamut of something

His very large figurative paintings of people are intriguing and ***run the gamut of size***. ▶ 그가 그린 매우 큰 인물화들은 매우 호기심을 자극하며, 온갖 종류의 크기가 다 있다.

In addition, he tells a story that ***runs the gamut of life*** in the Middle Ages and he does so in such a way that we are not only captivated but also educated. ▶ 덧붙여, 그는 중세시대의 모든 생활에 대한 이야기를 들려주는데, 듣고 있노라면 우리는 이야기 속으로 푹 빠져들며 또한 많은 것을 배우게 된다.

주 "*gamut*"은 목소리나 악기의 전 음역을 말하며 비유적으로 어떤 사물의 전 범위, 전 영역, 전반이라는 의미로 사용된다.

어떤 상황/장소/지역의 **모든 것/곳**
구석구석; 곳곳; 전부

every inch

Mark was born near the marsh and knows just about ***every inch of it***. ▶ 그는 그 습지 근처에서 태어났고 그 지역 구석구석을 거의 모두 알고 있다.

She killed the grass and weeds by covering ***every inch of the strips*** with cardboard. ▶ 그녀는 판지로 밭 이랑을 모두 덮어 풀과 잡초를 없앴다.

every nook and cranny

She has visited ***every nook and cranny of the city*** this year. ▶ 그녀는 올해 그 도시 곳곳을 방문했다.

Her adventurous father loved to take his family out to explore ***every nook and cranny of Thailand***. ▶ 모험심 많은 그녀의 아버지는 가족들을 데리고 태국의 구석구석

을 찾아 다니는 것을 좋아했다.

주 모든 구석(*nook*)과 갈라진 틈(*cranny*)조차도 하나도 빼놓지 않는다는 의미다.

~의 **모든 면에서**

in all aspects of ~

South Korea clearly outclasses the North ***in all aspect of the military arts*** with the exception of sheer numbers. ▶ 남한은 단순한 군인 수를 제외하고 군대 전술의 모든 면에서 확실하게 북한을 앞선다.

The senior people should guide and act role model for the younger generation ***in all aspect of life***. ▶ 나이 많은 사람들은 인생의 모든 면에서 젊은 세대를 인도하고 모범을 보여야 한다.

These peace talks are promising ***in all aspects***. ▶ 이 평화회담은 모든 면에서 성공할 것처럼 보인다.

모든 사람이 다 그렇게 하는 것은 아니다

It's not everyone who ~

It's not every student who respects his or her teachers. ▶ 모든 학생이 다 스승을 존경하는 것은 아니다.

바람이 부는 대로 변화하는 **모래언덕**
너무 자주 변해서 대처하기 힘든 (상황)

shifting sand

He has been a rock in ***the shifting sands*** of political circumstances. ▶ 그는 자주 변하는 정치적 환경 속에서 흔들리지 않는 반석이었다.

You cannot build a structure upon ***shifting sand*** and harbor any hope that it will survive. ▶ 너는 모래언덕에 구조물을 짓고 그것이 오래 견딜 것이라는 어떤 희망도 품어서는 안 된다. ♣ ***harbor***: 감정/계획/꿈/생각/희망 등을 **품고 있다** 참고

~가 **모르게**

unbeknown/unbeknownst to

They asked 106 test subjects to transform a string of numbers, using a simple but tedious mathematical equation. ***Unbeknownst to the study volunteers***, there was a hidden trick to the calculations that could cut their response time dramatically. ▶ 그들은 106명의 실험 대상자들에게 간단하지만 길고 지루한 수학방정식을 사용해서 일련의 수들을 변환하도록 요청했다. 연구원들은 연구에 참여한 지원자들이 모르게 시간을 엄청나게 단축시킬 수 있는 트릭을 숨겨 놓았다.

Unbeknown to her mother, she began taking dancing lessons. ▶ 어머니 모르게 그녀는 댄스교습을 받기 시작했다.

Unbeknownst to me, my wife immediately wrote a letter to my doctor, pleading with him to put me on medication. ▶ 내가 모르게 아내는 내 의사에게 편지를 써서 내가 약물치료를 받도록 간청했다.

당사자도 **모르게 발생한**
고의가 아닌(unintentional); 본인도 모르는 사이에 발생한 (고의가 아니게 어떤 일이 잘못되었을 경우 사용한다)

inadvertent

His plagiarism may or may not have been ***inadvertent***, but his continuing employment as University President is certainly inappropriate. ▶ 그의 표절은 고의일 수도 있고 그렇지 않을 수도 있지만, 그가 대학 총장직을 계속 맡는 것은 확실히 부적절하다.

The power button is concealed underneath a plastic covering, stopping ***inadvertent*** switching. ▶ 그 전기 스위치는 사람들이 자신도 모르는 사이에 누르는 일을 방지하기 위하여 플라스틱 덮개로 밀봉되어 있다.

도대체 무슨 말인지 통 **모르겠다**
너무 난해하다; 도저히 이해할 수 없다

It's all Greek to me ☞ 남의 나라말 같다

How are we supposed to know what's going on?

마

It's all Greek to me. ▶ 무슨 일이 벌어지고 있는지 우리가 어떻게 알 수 있는가? 나는 무슨 말인지 통 모르겠다.

주 세익스피어의 희곡 "줄리어스 시저(Julius Caesar)"에 나오는 다음과 같은 대사에서 유래되었다: Casca replies: "Those that understood him smiled at one another and shook their heads; but for my own part, *it was Greek to me*." 지나가는 사람들이 엿듣지 못하도록 키케로(Cicero)가 그리스어로 말했기 때문에 무슨 말을 했는지 자기는 통 모르겠다고 Casca가 Brutus와 Cassius에게 하는 말이다.

부주의해서, 주의를 기울이지 않아서 혹은 관심을 두지 않아서 **모르고 있는**
미처 깨닫지 못하고 있는 ; 간과하고 있는

blithely unaware of

Though Europeans seem *blithely unaware of* it, the strategic balance in East Asia is extraordinarily fragile. ▶ 유럽이 그 사실(중국에 대한 무기수출금지를 해제하는 것이 타이완이나 동아시아의 안보에 나쁜 영향을 미칠 수 있다는 사실)을 모르고 있는 것처럼 보인다. 하지만 무기수출금지가 해제된다면 동아시아에서의 전략적 균형이 매우 위험한 처지에 놓일 수 있다.

He appears *blithely unaware of* the disastrous effects of the new system. ▶그는 새로운 시스템이 몰고 올 좋지 않은 효과를 간과하고 있는 것처럼 보인다.

Naturally, the short sighted people who voted him into office are *blithely unaware of* where their leader is taking them. ▶ 당연히, 그에게 표를 던진 근시안적인 사람들은 지도자가 자신들을 어디로 인도하고 있는지 미처 깨닫지 못하고 있다. ♣ *short sighted* : **근시안적인 참조**

혹시 당신이 **모르고 있을까 봐 하는 이야기인데**
혹시 당신이 미처 눈치채지 못하고 있을까 봐 하는 이야기인데 ; 혹시 당신이 궁금해하고 있을까 봐 하는 이야기인데 (명백하지만 남이 관심을 기울이지 않았던 사실을 약간 자극적으로 이야기할 때)

(just) in case you didn't notice/know

She was nervous about something, *in case you didn't notice*. ▶ 혹시 당신이 눈치채지 못하고 있을까 봐 하는 이야기인데, 그녀는 무엇인가에 대하여 매우 예민해 있었다.

And *in case you didn't notice*, the law leaves out any distinction between so-called "enemy combatants" and the rest of us — U.S. citizens, legal residents, anyone can be arrested, detained indefinitely without trial without the ability to even challenge the charges. ▶ 그리고 혹시 당신이 모르고 있을까 봐 하는 이야기인데, 그 법은 소위 말하는 적군들과 나머지 우리들 즉 미국 시민과 합법적인 거주자를 구분하지 않으며, 누구나 체포되어 재판이나 이의신청조차 없이 무한정 구금당할 수 있다.

in case you're wondering

"I'm waiting for him," she said, "*in case you're wondering*." ▶ "네가 혹시 궁금해할까 봐 하는 이야기인데 나는 그를 기다리고 있는 중이야"라고 그녀는 말했다.

모르는 게 너무나 당연하다
일이 그렇게 될 줄 어찌 알 수 있었겠는가?

How was someone to know ~?

How was I to know that the Korean soccer team would advance to the final four? ▶ 대한민국 축구팀이 4강까지 진출할 줄을 내가 어찌 알 수 있었겠는가?

That was his habit. "*How was I to know* that it would be his last goodbye to me?" she said for the first time unable to hold back her tears. ▶ 그것은 그의 습관이었다. "그게 그의 마지막 인사가 될 줄을 내가 어찌 알 수 있었겠는가?"라고 그녀는 흐르는 눈물을 멈추지 못한 채 처음으로 말했다.

How was someone supposed to know ~?

How was I supposed to know the results presented to me were false? ▶ 나에게 제출된 결과들이 거짓이라는 사실을 내가 어찌 알 수 있었겠는가?

모르는 게 약이다

Ignorance is bliss

If you feel *ignorance is bliss* when it comes to your knowledge about the foods you eat, then "The Ethical Gourmet" is probably not the book for you. It's a thinking person's bible for selecting foods that nourish not only you, but the environment, too. ▶ 하지만 당신이 먹는 음식에 관한 지식의 경우에는 모르는 게 약이라고 느낀다면, "The Ethical Gourmet"은 당신에게 적합한 책이 아닐지 모른다. 그 책은 당신뿐 아니라 환경도 살찌게 하는 음식을 고르기 위해 숙고하는 사람을 위한 바이블이다. ♣ *when it comes to* : **하지만 ~에 관한 경우에는** 참조

어떤 일이 벌어질지 아무도 **모른다**
누구도 예상/예측하기 힘들다

anything can happen

Anything can happen in racing and you just keep fighting until the end. ▶ 자동차 경주에서는 어떤 일이 벌어질지 누구도 예상하기 힘들기 때문에 끝까지 포기하지 말아야 한다.

The Red Sox, one inning away from elimination Sunday night, now are one game away from climbing out of a 3-0 deficit and forcing ***an anything-can-happen Game 7***. ▶ 2004년 미국 메이저리그 아메리칸 리그(American League) 챔피언 시리즈에서 보스턴 레드삭스가 뉴욕 양키스에게 3전 전패하고 4차전에서도 뒤지고 있다가 9회에 극적으로 역전승한 후 연승하여 3:3을 만들어 어떤 일이 벌어질지 (누가 이길지) 아무도 모르는 최종 7차전까지 가게 되었다.

누구도 잘 **모른다**
누구도 정확하게 알 수 없다

anyone's guess

Just when this will happen is ***anyone's guess***. ▶ 이게 언제 일어날지 누구도 잘 모른다.

All the same, it's ***anyone's guess*** how the public will respond to such a measure. ▶ 그럼에도 불구하고 여전히 국민들이 그와 같은 조치에 대해 어떻게 반응할지는 누구도 정확하게 알 수 없다. ♣ *all the same* : **그럼에도 불구하고 여전히** 참조

your guess is as good as mine

Political corruption seems to be its main issue, though as to the details of who does what to whom, and why, ***your guess is as good as mine***. ▶ 어떤 사람이 누구에게 무엇을 왜 했는지에 관한 상세한 사항들은 누구도 잘 모르지만, 정치권의 부패가 주요한 이슈인 것처럼 보인다.

아무것도 **모르는 상태에 있는**
깜깜한 상태에 있는; 전혀 아는 것이 없는

in the dark

The players have been ***kept in the dark***; everybody's not sure where they will be next season. ▶ 그 선수들은 아무것도 모르는 상태에 있었고, 다음 시즌에 어느 팀에서 뛰게 될지 누구도 확신하지 못한다.

The deal is subject to the approval of shareholders — who are to vote on Friday — but he claims investors have been ***left in the dark*** about the conditions of the sale, despite requesting this information. ▶ 그 거래는 금요일 투표에서 주주들의 승인을 받아야 한다. 그러나 정보를 요청했음에도 불구하고 주주들이 매각조건에 관하여 전혀 아는 것이 없는 상태라고 그가 주장한다.

(범죄 등을) **모방하는**

copycat

There is some evidence that extensive media coverage of train and subway deaths does encourage ***copycat deaths***. ▶ 열차와 지하철에서 발생한 (자살로 인한) 죽음들을 언론 매체들이 상세하게 다루는 바람에 모방자살이 늘어나고 있다는 일부 증거가 있다.

They noted what appeared to be a string of ***copycat crimes***. ▶ 그들은 일련의 모방범죄처럼 보이는 사건들에 주목했다.

책/종이 등이 하도 오래 되어서 **모서리가 접힌**
낡은

dog-eared

There are a lot of ***dog-eared copies*** of ancient history books. ▶ 매우 오래된 고대 역사책 사본들이 많이 있다.

They were middle-aged before you were even born. Check ***the dog-eared photos***. ▶ 그들은 당신이 태어나기 전에 이미 중년의 나이였다. 낡은 사진을 확인해 보라.

모욕(감)
굴욕(감) ; 창피

a slap in the face

It was as big ***a slap in the face*** to them. ▶그것은 그들에게 커다란 모욕이었다.

If Barack Obama hoped to woo the radical Islamist mullahs ruling Iran with a clenched iron fist, Supreme Leader Ali Khameini just gave Obama ***a diplomatic slap in the face***. Khameini rejected Obama's open hand, calling talks with the US a perverted notion, and warned Iranians not to be deceived by smooth-talking Americans. ▶ 버락 오바마 미국 대통령이 철권으로 이란을 통치하는 급진적인 이슬람 지도자들에게 구애하려 했다면, 이란의 최고 지도자는 오바마에게 외교적 굴욕감을 안겨주었다. 그는 미국과의 대화를 변태적인 생각이라고 부르면서 오바마의 열린 손길을 거부했고 말을 번지르르하게 하는 미국인들에게 현혹되지 말라고 이란 국민에게 경고했다.

주 사람들이 보는 앞에서 뺨을 한 대 맞는 기분이라는 의미다.

모유를 먹여 아이를 키우다
모유수유하다

breast-feed

The benefits of ***breast-feeding*** are many and varied. Studies suggest that ***breast-fed kids*** are smarter, taller, thinner, healthier and less stressed than babies on bottles. Plus, breast-feeding helps mom's bond with their babies and may even lower their blood pressure. ▶ 모유수유의 장점들은 매우 많고 다양하다. 모유를 먹고 자란 아이들은 우유병을 빨고 자란 아이들보다 더 영리하고, 키가 크고, 날씬하고, 건강하며 스트레스를 덜 받는다고 연구결과들은 시사한다. 이에 더하여, 모유수유는 엄마와 아이 간의 결속을 도와주며 심지어 혈압을 낮추어 줄 수도 있다.

어떤 일을 하는 데 필요한 사람, 힘, 지원, 도움, 에너지, 자금, 찬성표 등을 최대한 한데 끌어 **모으다**
한 곳으로 모으다

muster (up)

He was worn out coming into the match and could not ***muster up any energy***. ▶ 그는 그 시합을 하러 나왔을 때 지쳐 있었고 도대체 에너지를 모을 수가 없었다.

In the face of devastating news of her illness at such an early age, she ***mustered all her strength*** to fight it physically and mentally. ▶ 그처럼 이른 나이에 자신의 병에 대한 참담한 소식을 접한 그녀는 병과 싸우기 위하여 육체적, 정신적으로 온 힘을 한데 끌어 모았다.

They need to ***muster the necessary sixty votes*** to pass the bill. ▶ 그들은 그 의안을 통과시키기 위해서 60표를 끌어 모아야 한다.

It is a powerful weapon for ***mustering emotional support*** from international community should any threat be made by China to Taiwan's sovereignty. ▶ 중국이 대만의 주권을 위협할 경우, 그것(대만의 독립에 대한 찬반 국민투표를 실시한다는 발표)은 국제사회로부터 감정적인 지원을 한데 끌어 모으는 강력한 무기가 된다.

수나 양이 ~보다 약간 **모자란**
약간 부족한

shy/short of

KOSDAQ dropped ***just short of 2%*** today. ▶ 코스닥은 오늘 2%보다 약간 적게 하락했다.

He is ***two homeruns shy of 300*** in his baseball career. ▶ 그는 300홈런에서 2개 모자란다.

~에게 **모자를 벗다**
~에게 경의를 표하다 ; 예를 갖추다

take off one's hat to someone

In the West, people ***take off their hats to*** a woman or a senior person. ▶ 서양에서는 여자나 나이든 사람에게 예를 갖추기 위하여 모자를 벗는다.

목소리를 내다
의견/감정 등을 말로 표출하다 ; 피력하다

voice

Some scientists have ***voiced concern*** that the disease could be passed on to humans. ▶ 일부 과학자들은 그 질병(조류독감)이 사람에게 전염될 수도 있다고 우려의 목소리를 내었다.

Israel ambassador ***voiced alarm*** at growing anti-Semitism in Germany. ▶ 이스라엘 대사는 독일에서 반유태인 감정이 자라고 있는 데 대하여 경계심을 표출했다.

More than 2,000 people ***voiced support*** on Wednesday for the government plan. ▶ 수요일 2천명 이상의 사람들이 정부의 계획을 지지한다는 의견을 피력했다.

남들은 하지 않지만 ~에 대하여 큰 목소리를 내다
큰 목소리로 사람들에게 알리다

give voice to

Peter, Paul & Mary didn't just have hits — they ***gave voice to*** a social movement and sang some of the most iconic tunes in pop history, including "Blowing in the Wind," "Puff, the Magic Dragon," and "Where Have All the Flowers Gone?" ▶ 피터 폴 앤 메리는 그저 히트곡만을 가지고 있는 것이 아니다. 그들은 사회운동에 대해 큰 목소리를 내었고, 팝 역사상 가장 상징적인 노래들을 불렀다.

European Parliament deputies demanded the United States close its prison camp at Guantanamo Bay, ***adding their voice to*** growing European pressure on Washington over the issue. ▶ 유럽의회 의원들은 미국에게 쿠바 관타나모 베이에 있는 테러용의자 수용소를 폐쇄하라고 요구하며, 그 문제에 관하여 유럽 사람들이 미국에 가하는 압력에 목소리를 보탰다.

전쟁/질병/사고 등이 목숨을 앗아가다
생명을 빼앗다

claim life ☞ Formal

In Nepal, the Maoist rebellion ***claimed*** as many as ***3,000 lives*** in two years. ▶ 네팔에서 모택동을 추종하는 반군들이 2년간 자그마치 3천 명의 목숨을 빼앗았다. ♣ *as many as* : **자그마치** 참조

The insurgency so far has ***claimed the lives of 191 soldiers*** since President George W. Bush declared the end of "major combat operations" last May. ▶ 지난 5월 부시 대통령이 주요 군사작전들의 종료를 선언한 이래 191명 군인들이 반군들의 폭력적인 저항운동으로 목숨을 잃었다.

목안의 가시
매우 성가시게 굴거나 골치 아픈 존재

pain in the neck

He is ***a pain in the neck*** in the group. ▶ 그는 그 그룹에서 목안의 가시 같은 존재다.

목을 내놓다
매우 위험한 일을 감수하다

stick one's neck out

Did I drink and drive? Hell no, I am not going to ***stick my neck out***. ▶ 내가 술 마시고 운전을 했다고? 천만에, 나는 목을 내놓고 싶지 않다.

But since there is nobody else who would want to ***stick his neck out***, I have to do it. ▶ 그러나 위험을 감수하려는 사람이 아무도 없기 때문에 내가 그것을 해야 한다.

목을 메게 하는 북받쳐 오르는 감정

lump in one's throat

When he talked about ***the lump*** he gets ***in his throat*** as he walks up the court's marble steps, it suggested he is not interested in burning the place down. ▶ 그가 (대법관이 되어서) 대법원 청사의 대리석 계단을 올라갈 때 느끼는 목을 메게 하는 북받쳐 오르는 감정에 대해서 이야기하는 걸로 봐서, 그가 대법관이 되어도 과거의 판례를 완전히 무시할 것 같지는 않다. 《2005년 부시 미국 대통령이 새로운 대법관 후보로 지명하여 의회청문회 및 인준을 앞두고 있던 존 로버츠(John Roberts)의 이야기다.》

He saw the launch with ***a lump in his throat***.

▶ 그는 북받쳐 오르는 감정으로 그 발사장면을 보았다.

목을 옥죄는 올가미
사람을 꼼짝달싹 못하게 옥죄는 것; 숨통을 조이는 것

noose (hanging) around one's neck

Too often women find their jobs turning into ***nooses around their neck***. ▶ 여자들은 직장이 오히려 자신의 목을 옥죄는 올가미로 변해가고 있다는 사실을 자주 깨닫곤 한다.

Soaring oil prices are tightening ***the noose around the country's export-oriented-economy***. ▶ 치솟는 원유가격은 수출이 주도하는 그 나라 경제의 숨통을 바싹 죄고 있다.

The urgent matter for now is to ascertain the real intentions of Pyongyang and to tighten ***an international noose around the secretive communist state***. ▶ 당장 해야 할 시급한 일은 북한의 진짜 의도를 확실히 파악하고, 국제적인 협력을 통하여 외부와 단절된 그 공산국가를 꼼짝달싹 못하게 옥죄는 것이다.

The noose hanging around the neck of the company is slowly choking it to death. ▶ 그 회사의 목을 죄고 있는 올가미는 천천히 숨통을 조여오고 있다.

목이 뻣뻣한
목에 힘을 주는; 거드름을 피우는; 거만한; 완고한; 잘난 체하는

stiff necked

This was mainly due to the immunization boycott sparked off in Northern Nigeria by ***stiff-necked Islamic clerics*** in the year 2003. ▶ 이는(소아마비를 아직까지 지구상에서 완전히 퇴치하지 못한 이유는) (소아마비의 전염을 거의 잡아가고 있는) 2003년 나이지리아 북부 마을의 완고한 이슬람 지도자들에 의해 시발된 예방접종 거부운동 때문이다. 《소아마비 예방주사가 여자 아이들을 불임으로 만들며 또 에이즈를 전염시킬 우려가 있다고 금지시키는 바람에 소아마비를 지구상에서 완전히 사라지게 할 수 있는 절호의 기회를 놓쳤다는 말이다.》

Washington strategist should understand that this sort of satire strikes a chord with younger voters who aren't as ***stiff necked*** as their parents. ▶ 워싱턴의 전략가들은 이런 종류의 풍자가 부모들처럼 목에 힘을 주지 않는 젊은 유권자들의 마음을 움직인다는 사실을 깨달아야 한다.
♣ *strike a chord*: **마음을 움직이다** 참조

평소와는 달리 목소리가 변하다
목이 쉬다; 목이 잠기다; 목소리가 갈라지다; 감정이 격해져서/북받쳐 목이 메다

voice cracks ☞ 목소리가 평소와는 다른 소리(pitch)를 내다

He recalled that special conversation as ***his voice cracked*** with emotion. ▶ 그는 감정이 격해져 목 메인 소리로 특별했던 그 대화를 회상하며 이야기했다.

His voice cracked and tears trickled down his creased face. ▶ 그는 목이 메였고 주름 잡힌 그의 얼굴에 눈물이 흘러내렸다.

목적의식

sense of purpose

He had never seen hackers work so quickly, with such ***a sense of purpose***. ▶ 목적의식을 갖고 그렇게 빨리 일을 해치우는 해커들을 그는 본 적이 없었다.

The team is lacking intensity and ***a sense of purpose***. ▶ 그 팀은 집중력과 목적의식이 결여되어 있다.

목적의식이 확고한
목표의식이 확고한; 설정된 목적/목표를 달성하기 위하여 부단히 노력하는

target driven

You must be able to work under pressure, be motivated and ***target driven***. ▶ 당신은 압박감 속에서도 일을 할 수 있어야 하고 욕구가 있어야 하며 목표의식이 확고해야 한다.

I enjoy working in ***a target-driven environment*** and love the thrill of smashing targets. ▶ 나는 목적의식이 확고한 환경에서 일하기를 즐기며 목표를 달성할 때 느끼는 짜릿함을 좋아한다.

목 조르기
자유나 발전 등을 억누르기

stranglehold on/over

A supermarket giant defended itself against allegations that it exerts *a stranglehold over* the UK's grocery market. ▶ 한 대형 슈퍼마켓이 자신이 영국의 식료품 시장의 목을 조르고 있다는 주장에 대해 항변했다.

China's *stranglehold on* the diving at the world championships was finally ended when Russia's Gleb Galperin won the men's 10m platform title. ▶ 중국이 세계 다이빙선수권 대회를 석권해 오다가 마침내 러시아의 Gleb Galperin이 남자 10m 플랫폼에서 우승했다.

The supermarkets' high-street *stranglehold* has killed off thousands of smaller rivals in recent years. ▶ 그 슈퍼마켓이 거의 모든 도시의 주요 쇼핑지구마다 지점을 두어 수천 개의 소규모 경쟁자들을 억눌러 문닫게 만들었다. ♣ *high-street*: 거의 모든 도시의 주요 쇼핑지구마다 지점을 두고 있는(영)

주 레슬링 경기에서 하는 목 조르기다.

헛기침 등을 하여 목청을 가다듬다
목소리를 가다듬다

clear one's throat

The professor *cleared his throat* and spoke in low tones. ▶ 그 교수는 목청을 가다듬고 낮은 목소리로 말했다.

When they got back to his car after dinner, he *cleared his throat* nervously and said "I think it's time we get married, my dear." ▶ 그들이 저녁식사를 마치고 차로 돌아왔을 때, 그는 긴장한 듯 목소리를 가다듬고는 "우리가 결혼할 때라고 생각해, 내 사랑"이라고 말했다.

(분배 등에서) 가장 큰 몫
가장 좋은 부분; 노른자위; 단물

lion's share

Saddam Hussein's regime stole *the lion's share of* national resources for the army and the secret police. ▶ 사담 후세인 정권은 군대와 비밀 경찰을 위해서 국가 재원의 큰 부분을 빼돌렸다.

Whether Choi will ever evolve into an everyday player remains to be seen, but the Dodgers are pleased with how well he's doing with *the lion's share of* the first-base. ▶ 최희섭 선수가 매 경기 출전할 수 있는 선수로 성장할지는 아직 더 두고 봐야 안다. 그러나 LA Dodgers는 일루수로서 큰 몫을 다하고 있다고 만족스러워한다. 《최희섭이 미국 메이저리그 LA Dodgers를 떠나기 전 이야기다.》

♣ *Whether ~ remains to be seen*: 앞으로 어떻게 될지는 (더) 두고 봐야 안다 참조

While the QB may receive too much credit for a team's victory, all too often he receives *the lion's share of* the blame for a team's poor showing. ▶ 미식축구의 쿼터백(Quarterback)은 팀이 이겼을 때 공헌이 크다며 과할 정도로 칭찬을 받는 반면에, 종종 팀이 시합을 잘못했을 때 비난의 주요 대상이 되기도 한다.

주 이솝우화에서 유래된 표현이다. 사자를 포함한 여러 동물들이 함께 사냥을 나가서 먹이를 잡으면 당연히 사자가 제일 좋은 부분을 많이 차지하게 된다.

많은 사람들이 우르르/떼지어 몰려가다

flock to/into

South Africa rejected calls to set up a refugee camp for the thousands of hungry Zimbabweans who daily *flock into* the country. ▶ 남아프리카는 수천 명씩 날마다 떼지어 몰려드는 짐바브웨 사람들을 위한 난민수용소를 마련해 달라는 요청을 거부했다.

What I discovered was that when several hundred students *flock into* a computer lab, you need to either slay one or challenge them to a duel before you get an outlet to yourself. ▶ 내가 알아낸 사실은 수백 명의 학생들이 컴퓨터 실습실로 우르르 몰려갈 때 자리를 차지하려면 한 명을 죽이거나 또는 한 사람을 붙잡고 결투를 신청해야 한다는 것이다. 《학교에 학생들을 위한 컴퓨터실이 너무 부족하다는 사실을 우스갯소리로 한 이야기다.》

많은 수의 사람/차량 등이 빠르게 ~로 몰려가다

stream into

Refuges have been *streaming into* the camp.

▶ 많은 난민들이 그 수용소로 빠르게 몰려가고 있다.

Foreign banks are *streaming into* Russia, undeterred by risk and government pressure on foreign investors in the energy sector. ▶ 에너지 부문에 투자하는 외국계 투자자들에 대한 러이아 정부의 압력과 위험에도 굴하지 않고, 외국계 은행들이 러시아로 빠르게 몰려들고 있다.

많은 사람(군중)들이 혼란스럽게 이리저리 **몰려다니다**

mill around

Thousands of commuters had left Underground train stations and were *milling around* the streets looking for alternative ways to get to work. ▶ 수천의 통근자들이 지하철역을 빠져 나와 직장에 갈 다른 대체 수단을 찾기 위해 거리를 이리저리 몰려다니고 있었다. 《2005년 7월 7일 영국 런던에서 벌어진 지하철 폭탄테러 직후의 이야기다.》

With thousands of demonstrators *milling around* in the Timor, United Nations envoys stepped up their efforts to calm tensions and plan for a possible expanded UN police force in the small South-East Asian nation that the world body shepherded to independence from Indonesia just four years ago. ▶ 티모르에서 수천의 시위자들이 혼란스럽게 몰려다니고 있는 상황에서, 유엔사절단은 유엔이 4년 전 인도네시아로부터 독립시킨 이 작은 동남아시아 국가에서 긴장을 완화시키고 유엔 경찰군을 증강하기 위한 노력에 박차를 가했다. ♣ *With thousands of demonstrators milling around*: 어떤 일이 벌어지고 있는 **상황 속에서** 참조

주 맷돌이나 제분기를 돌릴 때 곡식이 이리저리 몰리는 것에 비유한 표현이다.

많은 사람/동물들이 우르르/떼지어 **몰려 들어가서 어떤 장소를 가득 채우다/메우다**

crowd into

They *crowded into* a tiny concrete room next to the shop to weather the storm with their three children and two grandchildren. ▶ 그들은 3명의 자식들과 2명의 손자들과 함께 폭풍우를 피하기 위해서 상점 옆에 있는 작은 콘크리트 방으로 몰려 들어갔다. ♣ *weather*: 어려움을 겪었지만 잘 **견뎌내다** 참조

Anti-war groups have used various techniques, from trying to *crowd into* lawmakers' offices to flying a 12-foot blimp emblazoned with the words "end the war" over a gathering of Republican presidential candidates. ▶ 반전단체들은 국회의원 사무실로 떼지어 몰려 들어가는 것에서부터 공화당 대통령후보들이 모여 있는 곳 위로 "전쟁을 끝내라"는 글이 적힌 12피트짜리 풍선을 띄우는 것까지 다양한 방법을 사용해 왔다.

다른 사람이 아닌 바로 그 사람이 **몸소**
친히 (놀랍게도 어떤 사람이 어느 장소에 모습을 드러내었다는 것을 약간은 우스개로 삼고 하는 표현이다)

as large as life

If you say that someone was somewhere *as large as life*, you mean that you were surprised to see them there. ▶ 어떤 사람이 어떤 곳에 있다고 말하면서 "as large as life"를 쓰면, 그 사람을 그곳에서 보게 되어 놀랐다는 것을 의미한다.

He walked through the gate into my compound *as large as life*. He had been away in Australia these past fourteen months. ▶ 놀랍게도 그가 내 집 출입문을 통해 걸어 들어왔다. 그는 지난 14개월 동안 호주에 가 있었다.

Here he is, *as large as life* once again. ▶ 자! 여기에 그가 또 몸소 납시었다.

옷 등이 **몸에 꼭 맞는**
몸에 꼭 달라붙는

formfitting ; close-fitting

I once rented *a formfitting French maid's outfit* for an audition for a commercial. ▶ 나는 상업광고 모델 오디션에 참가하기 위해서 몸에 꼭 달라붙는 프랑스풍의 여성복을 빌린 적이 있었다.

England soccer star David Beckham was reported as "surprised" when a female Italian TV presenter made a grab between his legs, his spokesman said today. The stunt was apparently to "test" whether the 34-year-old former Manchester United player measured up to his photo in Armani advertisements, in which he wears *close-fitting underwear*. ▶ 한 이탈리아 여성 TV 진행자가 영국의 축구 스타 베컴의 다리 사이를 움켜잡는 바람에 그가 매우 놀랐다고 그의 대변인이 오늘 말했다. 이 용감한 행동은 몸에 꼭 달라붙는 속옷을 입고 찍은 아르마니 광고처럼 실제로 그렇게 입고 있는지 알아보기 위한 것임이 분명했다.

너무나 ~을 하고 싶어서 **몸이 근질거리는**
좀이 쑤시는; 안달하는

be itching for/to

We've got three guys who haven't played yet, and they *are itching to play*. ▶ 아직 한 번도 경기에 나가지 않은 선수가 3명이 있는데, 그들은 너무나 시합을 뛰고 싶어 몸이 근질거린다.

"I've been second at three marathons, third at one and fourth at another. I'm *itching for a win*," he said. ▶ "나는 3번의 마라톤 시합에서 2위를 했고, 그 밖에 3등과 4등을 각각 한 번씩 해봤다. 나는 너무나 우승하고 싶어 안달이 날 지경이다"라고 그는 말했다.

몸집을 줄이다
규모를 축소하다

cut/chop something down to size

India's politically influential media empires will be forced to restructure under proposed legislation designed to *cut down to size* the country's broadcasting monopolies. ▶ 방송을 독점하는 회사들의 몸집을 줄이기 위해 제안된 법률로 인도에서 정치적 영향력을 가진 언론제국들이 구조개편을 강요받을 것이다.

Responding to spiraling construction costs, they are *chopping plans for high-rise housing down to size*. ▶ 치솟는 건설비용 때문에 그들은 고층주택을 짓는 계획의 규모를 축소하려 한다.

~이라는 또는 ~하라는 **몸짓을 하다**

motion

She *motioned* for the locked front doors to be opened. ▶ 그녀는 몸짓으로 잠긴 앞문을 열라고 했다.

He *motioned* me out. ▶ 그는 나에게 나가라는 몸짓을 했다.

A stranger came up to him, *motioned* with his hand as if he had a gun and said, "Give me your money." ▶ 한 낯선 사람이 그에게 다가와 마치 총을 가지고 있는 듯한 몸짓을 하며 그에게 가진 돈을 내놓으라고 했다.

As I came into the room, he *motioned* to me to join them. ▶ 내가 그 방에 들어갔을 때 그는 나에게 그들과 함께하자는 몸짓을 했다.

beckon

Even though the bright lights of the slot machines may *beckon* when you first walk through the doors, don't fall prey to the temptation. ▶ 문을 처음 들어설 때 슬롯머신에서 나오는 밝은 불빛들이 어서 오라는 몸짓을 해도 절대로 유혹에 넘어가지 마라.

Gold finger. He is the man, man with the Midas touch, a spider touch. Such a cold finger *beckons* you to enter his web of sin, but don't go in. ▶ 007 영화 골드핑거(Gold finger)의 주제가 가사의 일부다.

못질을 하다
못을 박아 잠그다

nail shut

Mainland authorities announced that any change in Hong Kong's electoral process would have to be initiated by the central government. That effectively slammed the door; then Beijing proceeded to *nail* it *shut* and brick it over. ▶ 중국 당국은 홍콩에서 어떤 선거절차의 변화도 중앙정부의 주도하에 이루어져야 한다고 발표했다. 이는 사실상 문을 쾅 소리 나게 닫고는 못질을 한 후 벽돌로 막아버린 것과 같다. 《중국정부가 홍콩사람들이 선거법 개정에 더 이상 개입할 여지를 주지 않았다는 의미다.》

The windows were all *nailed shut*. ▶ 모든 창문들을 못을 박아 잠갔다.

He *nailed shut* the front door. ▶ 그는 앞문에 못질을 했다.

마

그림이나 사진 액자 등을 **못을 박아 벽에 걸다**

nail up

He ***nailed up*** the picture on the wall of his office. ▶ 그는 그 그림을 사무실 벽에 못을 박아 걸었다.

They have ***nailed up*** signs declaring “Gun & Drug Free” zones to try to make the area safer. ▶ 그들은 그 지역을 보다 안전한 곳으로 만들기 위한 노력으로 “총기와 마약 휴대 금지”라는 표지판을 내다 걸었다.

특수한 질병을 단기간에 완벽하게 치료할 수 있는 **묘약**
어려운 문제를 쉽게 해결할 수 있는 묘안/묘책; 어려운 문제에 대한 쉬운 해결책

magic bullet

Even as Americans celebrate the 50th anniversary of the Salk vaccine—***the magic bullet*** that all but wiped out polio in the U.S.—the disease is on the march around the world. ▶ 미국에서 소아마비를 완벽하게 퇴치한 묘약인 소크백신 탄생 50주년을 미국인들이 축하하고 있지만, 그 병은 지구상에서 활보하고 있다.

I don't think there is ***any single magic bullet***. I don't think that we should send U.S. troops into Sudan, but we could do much more to put the issue on the international agenda, to push Sudan to reach a peace agreement in Darfur and to prevent the genocide from spreading to neighboring countries like Chad and Central African Republic. ▶ 단기간에 완벽하게 해결할 수 있는 어떤 묘책이 있다고 나는 생각하지 않는다. 미군을 수단에 파병해야 한다고 생각하지는 않지만, 우리는 그 문제가 국제적인 관심을 끌고 인종말살이 차드나 중앙아프리카 공화국 같은 이웃나라로 번지지 않게 다푸르 지역에서 평화협정을 체결하도록 수단에 더 많은 압력을 가해야 한다.

무거운 심정으로
지치거나 슬픈 심정으로

with a heavy heart ☞ Literary

He handed over his resignation letter ***with a heavy heart***. ▶ 그는 무거운 심정으로 사직서를 제출했다.

He played the game ***with a heavy heart*** after his mother died of cancer earlier in the day. ▶ 오늘 아침 어머니가 암으로 돌아가신 후 그는 슬픈 심정으로 시합을 뛰었다.

남들에게 존경을 받고 있거나 힘이 있기 때문에 어떤 사람이나 그 사람의 의견에 혹은 어떤 것에 **무게가 있다**
큰 영향력을 가지고 있다

carry weight

Any championship in the world ***carries weight***. ▶ 어떤 종목이든 세계 챔피언에게는 무게가 있다.

His name ***carries considerable weight***. He opens doors that were hard for us to get through before. ▶ 그의 이름은 상당한 영향력을 가지고 있다. 그는 이전에 우리가 통과하기 힘들었던 문을 열어준다.

He may be preparing to relinquish his role as virtual ruler of the hi-tech world, but Bill Gates's vision on the future of the industry still ***carries weight***. ▶ 빌 게이츠는 최첨단 분야의 실질적인 지배자로서의 역할을 그만두려고 준비하고 있을지도 모른다. 그러나 그의 미래에 대한 안목은 여전히 큰 영향력을 가지고 있다.

~과 **무관하게**
~과 아무런 관계 없이(regardless of)

irrespective of ☞ Formal

All senior citizens, ***irrespective of age, health condition or claims history***, will have access to health insurance, if the Insurance Regulatory and Development Authority (IRDA) endorses a recommendation made by the panel on health insurance. ▶ 만일 IRDA가 건강보험 위원회의 추천을 승인한다면, 모든 고령자들은 나이나 건강상태 또는 보험지급청구 전력과 무관하게 건강보험에 가입할 수 있게 될 것이다.

This book offers strategies that help patients and their families enjoy quality of life ***irrespective of an unfortunate diagnosis***. ▶ 이 책은 어떤 나쁜 진단을 받았든지 관계없이 환자와 가족이 삶을 영위하는 데 도움되는 방법들을 제시한다.

스스로 자기 **무덤을 파다**
스스로 어려움을 자초하다

dig one's own grave

The magazine isn't trying to ruin his career. The man is ***digging his own grave*** by refusing an interview. ▶ 그 잡지는 그의 경력을 파멸시키려는 것이 아니다. 그 남자는 인터뷰를 거부하여 자기 무덤을 파고 있다.

The party had ***dug its own grave*** by building up its political power without paying heed to what was rational and legitimate. ▶ 그 정당은 합리적이고 합법적인 방법을 따르지 않고 정치권력을 쌓아 자기 무덤을 파버렸다. ♣ *pay heed to* : ~을 하라는 경고/명령/요구/지시/충고 등을 잘 **따르다** 참조

I think he has ***dug his own grave*** with regard to Iraq policy. ▶ 나는 그가 이라크 정책과 관련하여 스스로 어려움을 자초했다고 생각한다.

시간이 **무르익다**
때가 무르익다; 적절한 때가 오다; 지금이야말로 적절한 시기다

the time is ripe

The airline plans to extend its air routes to Europe and America as well as other countries in Asia when ***the time is ripe***. ▶ 그 항공사는 시간이 무르익으면 다른 아시아 국가들은 물론이고 유럽과 미국 노선을 확장하려는 계획을 가지고 있다.

The time is ripe to learn how to design and install solar electric systems for our homes and businesses. ▶ 지금이야말로 가정과 사업체를 위한 태양발전 설비를 설계하고 설치하는 방법을 배울 적절한 시기다.

음식점 등에서 손님에게 **무료로 제공하는 것**

something **on the house**

A waiter brought them ***glasses of champagne on the house***. ▶ 종업원이 음식점에서 무료로 제공하는 샴페인을 그들에게 가져왔다.

The manager has promised ***a drink on the house*** for the first 20 punters through the door on the first day of opening. ▶ 지배인은 개업 첫날 오는 처음 20명의 고객에게 무료로 음료수를 제공하겠다고 약속했다.

무릎을 꿇리다
굴복시키다

bring someone ***to someone's knees***

Their aim is to ***bring this government to its knees***. ▶ 그들의 목표는 정부의 무릎을 꿇리는 일이다.

They are not likely to be ***brought to their knees*** easily. ▶ 그들은 쉽게 굴복할 것 같지 않다.

무모하게 달려들다
앞뒤를 안 가리고 너무 성급하게 달려들다; 물불을 안 가리고 뛰어들다; 아래로 곤두박질치다

crash/fall/plunge/rush headlong into/to

Europe is ***rushing headlong to*** an all-digital TV future. ▶ 유럽은 디지털 TV산업에 앞뒤를 안 가리고 성급하게 달려들고 있다.

The ill-fated train ***crashed headlong into*** a freight train. ▶ 그 운이 나쁜 열차는 화물열차에 정면으로 달려가 충돌했다.

The truck hit a wall just before it crossed the bridge and demolished the wall as it ***plunged headlong into*** the river. ▶ 그 트럭은 다리를 건너기 직전 벽을 들이받아 무너뜨리면서 강으로 곤두박질쳤다.

He has filed a lawsuit to stop ***the headlong rush to*** form small school districts, and has asked the U.S. District Court for an injunction to halt the referendum. ▶ 그는 학군을 잘게 쪼개려는 무모한 시도를 중지시키기 위하여 소송을 제기했고, 미 지방법원에 주민투표를 중단하라는 명령을 내리도록 요청했다.

~라고 말을 해도 **무방하다**
~가 확실한 것처럼 보인다

it's safe to say

With an 18-9 record at the new Busch Stadium thus far, ***it's safe to say*** the St. Louis Cardinals have felt right at home in their current park. ▶ 미국 메이저 리그의 세인트루이스 카디널스가 새 홈구장(Bush Stadium)에서 18승 9패의 성적을 올린 것으로 보아서, 지금의 야구장을 집처럼 매우 편하게 느끼고 있다고 말해도 무방하다.

It is safe to say that he had a good night's sleep. He qualified for the finals in four events Friday at the track and field championships. ▶ 그가 밤에 잠을 잘 잔 것이 확실하다. 그는 육상선수권 대회에서 4개 종목에서 결승전에 진출했다.

위험이나 곤경에서 아무런 해를 입지 않고 **무사한**
강조하는 표현

safe and sound

When word came that the young father was ***safe and sound***, the nation let out a collective sigh of relief. ▶ 그 젊은 아버지가 무사하다는 소식이 전해지자, 온 나라가 안도의 한숨을 내쉬었다. ♣ *sigh of relief* : **안도의 한숨** 참조

An elderly woman, missing for more than seven hours, was found ***safe and sound***. ▶ 7시간 이상 행방을 알 수 없었던 한 노파가 무사한 채로 발견되었다.

무시무시한 영향력/힘을 갖고 있는 일련의 것들/사람들
강타자들로 이루어진 타순

murderer's row

He will try to line up ***a murderer's row*** of billionaires and private equity firms for a hostile takeover. And he will make such a pest of himself so that GM will buy him out for a premium, just so he'll buzz off. ▶ 그는 적대적 인수를 위해서 무시무시한 영향력을 행사하는 억만장자들과 사모(私募) 펀드회사들을 모집하려 할 것이다. 그리고 그 자신은 GM이 (경영권 방어를 위해서) 웃돈을 주고 그의 지분을 사들이도록 하는 골치아픈 역할을 맡을 것이며, 일이 끝나면 바로 떠날 것이다. 《2005년 미국의 한 억만장자가 Standard & Poor가 junk 판정을 한 GM주식의 9% 가까이를 인수한 사실에 대해 나도는 소문이다.》

Gathered at the 92nd Street Y, ***a murderer's row*** of poets came together for an evening in hell. Dante의 *Inferno* 영문번역본 중에서.

When the season started back in April 2006, the New York Yankees and their modern-day ***Murderer's Row*** were expected to score 1,000 runs and blow their opponents. ▶ 2006년 4월 시즌이 시작하던 그 당시에는, 무시무시한 파괴력을 지닌 뉴욕 양키스 타순은 점수를 1,000점 이상 얻고 상대팀들을 손쉽게 이길 것으로 예상되었다. 《무시무시한 파괴력을 지닌 강타자들(Lou Gehrig, Babe Ruth, Earl Combs, Tony Lazzeri, and Bob Meusel)로 구성된 1927년 New York Yankees의 타순(lineup)을 ***the murderer's row***라고 불렀다.》 ♣ *back in* : **그 당시** 참조

무인지대
임자 없는 땅; 사람이 살지 않는 곳; 우리나라의 비무장지대처럼 서로 대치하고 있는 최전선 사이에 있는 누구의 통제도 받지 않는 지역; 야구나 테니스 등과 같은 경기에서 수비수의 위치상 상대방의 공격을 방어하기 어려운 지역

no man's land

The area is an odd ***no man's land*** such as the demilitarized zone between North and South Korea. ▶ 그 지역은 남한과 북한 사이에 있는 비무장지대와 같은 특이한 무인지대다.

He lofted a pop fly into ***no man's land*** in shallow right field, near the foul line. ▶ 그는 수비수가 공을 잡기 힘든 파울 라인 근처의 우측 얕은 곳으로 높이 공을 날렸다.

During the war period, Father Jim fetched bundles of essential goods for his laypeople, carrying them on his shoulders for several kilometers on foot through ***the no man's land*** between the rival forces. ▶ 그 전쟁 중, 짐 신부는 신도들을 위해 생필품들을 구해와 어깨에 짊어지고는 서로 대치하고 있는 군대들 사이에 있는 지역을 통과하여 수 킬로미터를 걸어서 날랐다.

~에 대해 법정에서 무죄를 주장하다

plead not guilty to ~

He *pleaded not guilty to* murder after a New Year's Eve gathering turned deadly. ▶ 새해 전 날 한 모임에서 살해사건이 발생한 후 그는 살인혐의에 대해 무죄를 주장했다.

A taxi driver has *pleaded not guilty to* indecently touching one of his taxi passengers. He is alleged to have kissed the hand and then touched the breast of an 18-year-old woman when driving her home. ▶ 한 택시 운전사가 승객 한 사람을 마구 만진 혐의에 대해 무죄를 주장했다. 그는 18세 여자를 집에 태우고 가는 도중 손에 키스를 하고 가슴을 만졌다고 한다.

무지(無知)한 소견/의견

어떤 일에 대하여 제대로 알지도 못하면서 내는 소견/의견

unenlightened opinion

In my *unenlightened opinion*, we were born to be human beings, and therefore, nothing human should be erased from us. ▶ 나의 무지한 소견으로는, 우리는 인간으로 태어났기 때문에 인간답지 못한 모습을 보여서는 안 된다.

~에 대해 조사한 결과 무혐의로 밝혀졌다

혐의가 없는 것으로 밝혀졌다; 무혐의 판결을 받다

be acquitted/cleared of

A Muslim cleric was convicted of one charge linked with the 2002 Bali bombings, but *acquitted of* six other counts in an Indonesian courtroom. ▶ 인도네시아 법정에서, 한 무슬림 성직자가 2002년 발생한 발리 폭탄 테러사건과 연루되어 있다는 건에 대해서는 유죄선언을 받았지만, 6가지의 다른 사건에 대해서는 무혐의 판결을 받았다.

A police officer has *been cleared of* threatening to display naked images of his girlfriend in public. ▶ 한 경찰관이 여자 친구의 나체 사진을 사람들에게 공개하겠다고 겁을 준 사건에 대해 조사한 결과 무혐의로 밝혀졌다.

무지개를 쫓아다니다

헛된 꿈을 품고 많은 시간을 낭비하다; 이룰 수 없는 소망/꿈을 품고 많은 시간을 허비하다

chase (after) rainbows

You just can't *chase rainbows*. You have to be a smart people and do the right thing. ▶ 너는 무지개만을 쫓아다녀서는 안 된다. 현명한 사람이 되어야 하고 옳은 일을 해야 한다.

I *chased after rainbows* to find a pot of gold. ▶ 나는 황금 단지를 찾으려는 헛된 꿈을 품고 많은 시간을 낭비했다.

Everybody has *chased after rainbows* and taken mirages for the real deal. ▶ 모든 사람들이 이룰 수 없는 꿈을 품고 많은 시간을 허비했으며 신기루를 진짜로 착각했다.

무표정한

무표정한 얼굴; 무표정한 얼굴을 한 채 짐짓 아무 일도 없는 체하면서 사람을 웃기는 연기

deadpan

He showed his natural ability for irony and *deadpan* humor. ▶ 그는 풍자와 무표정한 얼굴로 사람을 웃기는 유머에 타고난 능력을 보였다.

The senior senator introduced Barack Obama this morning with his trademark *deadpan*. ▶ 그 원로 상원의원은 자신의 트레이드마크인 무표정한 얼굴로 오늘 아침 버락 오바마를 소개했다. 《버락 오바마가 미국 민주당 대통령 후보 경선에 나서기 전, 에드워드 케네디(2009년 사망) 상원의원이 자신이 지지하는 후보라며 사람들에게 그를 소개했다.》

묵인(默認)

모르는 체하고 슬며시 하는 승인

tacit approval/consent

They stormed into the building with *a tacit approval*. ▶ 그들은 묵인하에 그 빌딩으로 쳐들어갔다.

His boss gave him *a tacit approval* to move forward on the next stage of the plan. ▶ 사장은 그가 계획의 다음 단계를 진행하도록 묵인했다.

문서업무
문서(편지, 계약서, 보고서, 기록 등)를 작성하거나 다루는 일상적인 업무; 서류업무/작업

paperwork

However, he was unable to make his debut last Saturday due to a delay in ***the paperwork***. ▶ 하지만 그는 계약서의 지연으로 지난 토요일 데뷔를 할 수 없었다.

문을 가리키다
문밖으로 내쫓다; 해고하다

show someone the door

He is returning to the team for first time since the owner ***showed him the door*** after last season. ▶ 구단주가 지난 시즌을 끝으로 그를 해고한 후 그는 처음으로 그 팀에 돌아온다.

Vesey, who was two days shy of her 85th birthday, grabbed the startled and now-intimidated burglar by the sleeve and ***showed him the door*** early Tuesday morning. ▶ 화요일 이른 아침, 85세 생일을 이틀 남겨놓은 베시는 깜짝 놀라 겁을 집어먹은 강도의 소매를 붙잡고는 문밖으로 내쫓았다. 《한 노파가 집에 들어온 강도를 용감하게 내쫓은 이야기다.》

문을 열어놓다
새로운 아이디어/의견 등을 항시 받아들이다

leave/keep the door open

Each new NATO member is making important contributions. We need to ***keep the door open*** to new members. ▶ NATO의 새 회원국은 각각 모두 중요한 기여를 하고 있다. 우리는 새 회원국들에게 문을 열어놓을 필요가 있다.

Tony Blair yesterday ***left the door open*** for an inquiry into the British Government' s handling of the Iraq War and its aftermath. ▶ 어제 토니 블레어 영국 수상은 이라크전쟁과 전쟁 후 이라크에 대한 처리 문제에 대한 질문을 받았다.

~을 문전박대하다
거부하다; 무시하다

close the door on ~

But given the mayor' s reply to that question, I think he' s ***closed the door on*** the idea. ▶ 그러나 그 질문에 대한 시장의 답변을 고려할 때 나는 시장이 그 제안을 거부했다고 생각한다.

Thankfully, no one ever ***closed the door on*** me. ▶ 고맙게도 누구도 나를 문전박대하지 않았다.

~의 물결에 휩싸여 있는
~으로 가득한/충만한

awash with

Back then, they were ***awash with*** self-confidence. ▶ 그 당시 그들은 자심감으로 충만했었다.

Vancouver is suddenly ***awash with*** Olympians preparing to compete for those coveted gold and silver medals. ▶ 뱅쿠버는 누구나 탐내는 금 · 은메달을 놓고 경쟁하는 올림픽 참가자들의 물결에 갑자기 휩싸여 있다.

물꼬를 트다
어떤 일이 이전보다 더 자주 혹은 본격적으로 발생하도록 하다

open the floodgate

The territory' s economic recovery is partly due to Beijing' s ***opening the floodgate*** for mainland tourists to visit and spend money in Hong Kong. ▶ 그 지역(홍콩)의 경제 회복은 부분적으로 중국 관광객들이 홍콩을 방문하여 돈을 쓸 수 있게끔 중국정부가 물꼬를 터주었기 때문이다.

The decision against the cigarette companies could ***open the floodgate*** to many more lawsuits. ▶ 담배 회사들에게 불리한 그 판결은 더 많은 법률소송의 물꼬를 트게 될 수도 있다.

중요한 자리에서 **물러나게 하다**
자리/의석을 빼앗다 ; 현직에 있는 사람을 낙선시키다

unseat ☞ 자리/의석을 빼앗다

The Prime Minister is trying to ***unseat*** opponents of the administration's reform agenda in the upcoming elections. ▶ 수상은 오는 선거에서 행정부의 개혁을 반대하는 의원들을 낙선시키려고 애쓰고 있다.

Several challengers are vying to ***unseat*** him in the Nov. 7 election. ▶ 11월 7일 선거에서 그의 자리를 빼앗기 위하여 여러 명의 도전자들이 다투고 있다.

A campaign to ***unseat*** the president for alleged corruption has gained momentum after more than 600,000 people threw their support behind it in just four days. ▶ 부패 혐의를 받고 있는 대통령을 물러나게 하려는 운동은 단 4일 만에 60만 명 이상의 사람들이 지지를 보내 탄력을 받았다.

~로부터 조용히/점잖게 **물러나다**
허리를 굽히고 인사하며 떠나다

bow out of ☞ written

He had ***bowed out*** gracefully when his successor had been appointed. ▶ 그는 후임자가 위촉되자 점잖게 물러났었다.

Seventh-seeded American Jamea Jackson ***bowed out of*** the event, retiring with a right leg injury while trailing Russian Anastassia Rodionova 6-2 2-1. ▶ 7번 시드를 배정받은 미국 선수 Jamea Jackson은 러시아 출신 Anastassia Rodionova에게 첫 세트를 6-2로 내주고 2세트를 2-1로 뒤지고 있다가 오른쪽 다리 부상으로 게임을 포기하고 허리를 굽혀 인사하고 떠났다.

They say the party has healed the rift over the tough economic reforms of Gerhard Schröder, who ***bowed out of*** politics after losing last year's election. ▶ 그 정당이 (전 독일 수상) 게르하르트 슈뢰더의 강경한 경제개혁으로 인한 불화를 무마시켰다고 사람들이 말하는데, 그는 작년 선거에서 패한 후 조용히 정계에서 물러났다.

주 "그만 물러나게 되어 미안하다 혹은 그동안 감사했다"는 표시로 허리를 굽히고 인사하며 떠난다는 의미다.

떠날 때/시간이 되어도 **물러나지 않는다**
너무 오래 머물러 남들에게 폐를 끼치다(눈총을 받다)

outstay/overstay one's welcome

We're not going to ***outstay our welcome*** here but we'll certainly make the most of it while we are here. ▶ 우리는 폐를 끼칠 정도로 여기에 오래 머무르지 않을 것이지만, 여기 있는 동안 이 기회를 확실하게 최대한 활용할 것이다.

Having felt deep shame and embarrassment because of our country's status as the fattest, drunkest, sickest and ugliest nation in Europe, I was now being told that our population is set to soar, in part because of immigration, but mostly because we are increasingly ***outstaying our welcome*** on Planet Earth. Refusing to die. Getting old. ▶ 우리나라가 유럽에서 가장 뚱뚱한 사람들이 많고, 술을 가장 많이 마시며, 아픈 사람도 제일 많은 추한 나라라는 소식에 큰 굴욕감과 당혹감을 깊게 느끼고 있는 판에 나는 우리나라의 인구가 치솟고 있다는 이야기를 들었다. 이는 부분적으로는 영국으로 이민오는 사람들의 증가 때문이지만, 대부분 지구라는 행성에 우리가 점점 더 오래 머무르고 있기 때문이다. 우리는 죽기를 거부하면서 늙어가고 있다. 《자기 나라에 대한 어느 영국인의 자조 섞인 이야기다.》

It is always very hard for leaders to relinquish power. Indeed, it appears there is no way for political leaders to leave the scene gracefully. For some time, I thought that the 22nd Amendment to the United States' Constitution was probably the best way to ensure that political leaders do not ***overstay their welcome*** and, just as importantly, wear out their effectiveness. ▶ 지도자들이 권력을 포기하는 것은 언제나 매우 어렵다. 사실, 정치 지도자들이 점잖게 정치현장에서 물러날 방법이 없는 것처럼 보인다. (선거에서 비참하게 패하고 나서야 물러난다는 의미다.) 한동안, 나는 제22수정헌법(미국 대통령의 임기를 2번으로 제한한 1951년에 발효된 수정헌법)은 아마도 정치 지도자들이 때가 되면 물러나도록 하고 그들이 가지고 있는 효용성이 닳아 없어지지 않도록 만드는 가장 좋은 방법이라고 생각했다.

I shouldn't ***overstay my welcome***. ▶ 더 이상 있으면 폐가 되니 이제 그만 일어나야겠습니다. 《남의 집에 초청을 받아 대접을 잘 받고 일어설 때 하는 표현이다.》

Do not ***overstay your welcome***. ▶ 몇 년 전 개봉된 영

화 "박수칠 때 떠나라"를 이렇게 표현하면 어떨지.

주 사람들로부터 오랫동안 대접을 잘 받았거나, 인기를 오래 누려왔으면 적당한 때에 알아서 물러나야 하는데 그렇지 못한 경우에 사용하는 표현이다.

물려받은

hand-me-down ☞ 명사형으로도 사용

He is wearing ***hand-me-down jeans*** from his older brother. ▶ 그는 형으로부터 물려받은 바지를 입고 있다.

Born in Sherman Oaks but raised in Manhattan, as a child she had to make good with ***hand-me-down clothes, crayons and dolls***. ▶ 그녀는 Sherman Oaks에서 태어나고 Manhattan에서 자랐는데, 어린 시절 물려받은 옷, 크레용, 인형으로 부족한 물품을 보충해야만 했다.

She got all of her older sister's ***hand-me-downs***. ▶ 그녀는 언니가 쓰던 것을 모두 물려받았다.

주 단순히 남(모르는 사람)이 쓰던 중고품(used or second-hand one)이 아니고 형제나 친지 등이 나이가 들어 더 이상 사용하지 않거나 필요없기 때문에 아래 사람들에게 물려주는 물건을 의미한다.

물밑에서 벌어지는

협상/회의 등이 비공식적으로/비밀리에 벌어지는; 뇌물 등을 남들이 모르게 비밀리에 건네는

under the table

At least three teams have attempted ***under-the-table negotiations*** to sign him up. ▶ 적어도 3개 팀이 그와 계약하기 위하여 물밑협상을 시도한 적이 있다. ♣ *sign up* : 공식적으로 ~와 **계약하다** 참조

A quarter of the current members of the Norwegian Parliament have admitted either making or receiving ***under-the-table payments*** that have avoided taxes. ▶ 노르웨이 국회의원의 1/4이 그들의 세금을 피하기 위하여 비밀리에 돈을 건네주거나 받은 적이 있다고 고백했다.

He was charged of taking money ***under the table*** from a company. ▶ 그는 한 회사로부터 뇌물로 돈을 받은 혐의로 기소되었다.

주 문법적으로는 부사지만 hyphen(-)을 이용해 형용사형으로 자주 사용된다.

물샐틈없는

경비/수비나 논리 등이 빈틈없는; 말이나 문장 등의 논리가 정연한

water tight

We offer ***a water-tight security service***. ▶ 우리는 물샐틈없는 보안서비스를 제공한다.

Albert Einstein's theory is ***water tight***. ▶ 아인슈타인의 이론에는 빈틈이 없다.

The alibi you sold me, you know it is not ***water tight***. ▶ 네가 나에게 말한 알리바이의 논리가 정연하지 않다는 것을 너는 알고 있다.

남들에게 뭔가를 보여주다

남들에게 뭔가를 알고 있거나 할 수 있다는 사실을 보여주다

prove a point

It's not a good idea to dig deep into your pocket simply to ***prove a point***. ▶ 그저 남들에게 뭔가를 보여주기 위해서 큰 돈을 쓰는 것은 좋은 생각이 아니다. ♣ *dig deep into pocket* : **주머니를 깊이 뒤지다** 참조

"We had a big letdown last week at home. We want to come back and ***prove a point***," the coach said. ▶ "우리는 지난주 홈경기에서 큰 좌절을 맛보았다. 우리는 다시 추스르고 뭔가를 보여주기를 원한다"고 코치가 말했다.

미동도 하지 않고

부동자세로; 꼼짝 않고

stock still ☞ 통나무처럼 꼼짝 않고

They stood ***stock-still*** in shadow, like bare trees in a dark wood. ▶ 그들은 어두운 숲 속에 있는 벌거벗은 나무들처럼 어둠 속에서 미동도 하지 않고 서 있었다.

She was sitting ***stock still*** staring ahead. ▶ 그녀는 앞을 응시한 채 꼼짝 않고 앉아 있었다.

하던 일을 다음 날로 **미루다**

sleep on something ☞ 한밤 자고 다음 날 일하다

The research shows that why ***sleeping on a problem*** often brings such good results. Perhaps the brain just needs to restore itself. "We've all had the experience of going to bed with a problem, getting a good night's sleep and waking up in the morning, and there is a solution," says an expert. ▶ 그 연구는 왜 하던 일을 미루고 한밤 자고 난 후 다음 날 일하면 종종 좋은 결과를 얻는지를 보여준다. 아마 뇌는 그저 회복이 필요해서일지도 모른다. "우리 모두 한 가지 문제를 안고 침대로 가서 잠을 푹 자고 아침에 일어나면 해결책이 떠올랐던 경험을 가지고 있다"고 전문가는 말한다.

One young apprentice was burnt with a blowtorch for ***sleeping on the job***, and another boy was beaten by a teacher in class until he fainted. ▶ 한 어린 견습공이 일을 다음 날로 미룬다며 주인이 용접불을 대는 바람에 화상을 입었고, 또 어떤 아이는 실신할 때까지 선생에게 두들겨 맞았다. 《토고에서 빈번히 일어나는 어린이 학대 사건들에 대한 이야기다.》

당장은 별로 중요치 않아서 뒤로 **미루어 놓은 상태에 있는**
유보 상태에 있는

on/onto the backburner

Pushing the whole issue ***onto the backburner*** and ignoring the alarm signals would surely prove fatal to everyone. ▶ 그 모든 이슈를 모두 뒤로 미루고 경고 신호를 무시하면 모두에게 치명적이 될 것이다.

Circumstances have changed dramatically and the Government should ***put*** all of this ***on the backburner*** to allow everyone to calm down. ▶ 상황이 극적으로 변했기 때문에 정부는 모든 사람들을 진정시키기 위해 이와 관련된 모든 것을 유보해야 한다.

주 *backburner*: 당장 내어놓지 않아도 되는 요리를 식지 말라고 잠시 올려놓는 뒤쪽에 있는 불이 약한 버너를 말한다. ♣ 반의어: *on the front burner* 참조

미루어져 왔던
지연되어 온; 사건이나 변화 등이 진작에 일어났어야 하지만 아직까지 일어나지 않은

overdue

Long-overdue research is underway to develop new construction materials. ▶ 오랫동안 미루어져 왔던 새로운 건설재료 개발을 위한 연구가 진행 중이다.

I am going to pay ***an overdue visit*** to my father soon. ▶ 나는 오랫동안 미루고 있었던 아버지 댁 방문을 할 예정이다.

One of Mayor's first initiatives is to overhaul the shelter, and that's ***long overdue***. ▶ 시장이 제일 먼저 주도한 일 중의 하나는 그 대피소를 정밀 조사하여 보수하는 것인데, 이 일은 진작에 이루어져야 했던 일이다.

미리
사전(事前)에

in advance

If you can help me on this matter, I thank you ***in advance***. ▶ 이 일에 관하여 당신이 나를 도와준다면 미리 감사를 드립니다.

The subject of the talk will be announced a week ***in advance***. ▶ 그 좌담의 주제가 일주일 전에 발표될 것이다.

Wal-Mart began its discounting ***in advance*** of the holiday season. ▶ 월마트는 크리스마스 시즌이 오기 전에 할인판매를 시작했다.

미봉책
임시 방편(Something that serves a purpose for a short time but is replaced as soon as possible)

stopgap

With unprecedented declines in tax revenues, which have plunged a third since 2007, the state needs ***stopgap funding***. ▶ 2007년 이후 1/3로 세원이

마

급감한 전대미문의 상황에서 주는 미봉책으로 임시 재원을 마련해야 한다.

On the surface, nearly a mile up, a fleet of ships maneuvered to deploy the latest ***stopgap plans*** hatched by BP engineers desperate to keep the Deepwater Horizon disaster from becoming the nation's worst spill. ▶ "The Deepwater Horizon" 참사가 미국 최악의 원유유출로 진행되는 것을 막기 위해서 BP엔지니어들이 제안한 임시 계획을 실행에 옮기느라 해저에서 거의 일 마일이 되는 수면 위에서는 한 무리의 선박들이 분주히 움직이고 있었다. 《2010년 4월 20일 멕시코 만에서 석유시추선이 폭발한 사고 이야기다.》

미숙한
설익은; 미완성의; 불완전한

half-baked ☞ 반만 구워진

The administration should start a real dialogue with Syria — and in the process shelve any ***half-baked ideas*** about regime change that may be lurking in the Old Executive Office Building(The White House: 백악관). The Syrians pose a deadly threat in Lebanon, which is all the more reason to be talking with them. ▶ 행정부는 시리아와 실질적인 대화를 시작해야 하며 이 대화 중에는 대통령의 심중에 도사리고 있을지 모르는 정권교체에 관한 어떤 설익은 생각들도 보류해야 한다. 시리아는 레바논에 치명적인 위협을 가할 소지가 있는데 이는 그들과 대화해야 할 더 큰 이유다. ♣ *shelve*: **보류하다** 참조

There is no point in going ahead with ***a half-baked plan***. ▶ 미완성된 계획을 가지고 앞으로 나가봐야 아무런 소용이 없다. ♣ *There is no point*: 해봐야 아무런 **소용이 없다** 참조

We urge the government to include bolder measures before it presents ***the half-baked reform bill*** to the National Assembly in November. ▶ 우리는 11월 국회에 설익은 개혁법안을 제출하기 전에 보다 과감한 조처를 그 법안에 포함시킬 것을 정부에 촉구한다.

미지의 세계로 뛰어들기
모험; 무모한 행동

leap into the dark/unknown

It is ***a leap into the dark*** and not one we take without some fear. ▶ 그것은 미지의 세계로 뛰어드는 일이며 우리가 두려움 없이 받아들일 수 있는 것이 아니다.

Once more he is making ***a leap into the unknown*** without a plan. ▶ 또 한 번 그는 아무런 계획도 없이 무모한 행동을 하려 한다.

Here are some easy tricks to make ***the leap into the unknown*** a little less scary, and a lot more fun. ▶ 그 모험을 무섭지 않게 그리고 매우 재미있게 만드는 몇 가지 쉬운 비결이 여기 있다.

미해결의
아직까지 해결되지 않은; 갚지 못한; 결제가 안 된; 미처리의; 미결제의

outstanding

You have to pay your ***outstanding bill*** by tomorrow. ▶ 당신은 내일까지 미결제 청구서에 있는 돈을 갚아야 한다.

Deputy Prime Minister says he will settle unpaid traffic summonses issued under his name and called on other ministers with ***outstanding fines*** to do so. ▶ 부수상은 자신의 이름으로 본인에게 발부된 "교통위반 벌과금을 내지 않은 사람에게 발부하는 출두 명령서"를 받고는 벌과금을 내겠다고 그리고 다른 각료들에게도 밀린 벌금을 내라고 종용했다고 말한다.

미해결 상태에 있는
소송 사건이 재판을 기다리는; 제출된 법률이나 안 등이 심의를 기다리는; 대기 중인

pending ☞ Formal

Currently the bill is ***pending*** in the senate. ▶ 현재 그 법안은 상원에서 심의를 기다리고 있다.

He dismissed two of four ***pending*** lawsuits. ▶ 그는 대기중인 4개의 소송 중 2개를 취하했다.

미혹시키다
타락시키다 ; 잘못된 길로 인도하다 ; 잘못된 판단을 내리게 하다(mislead)

lead astray

When people are clinically depressed, their minds often ***lead*** them ***astray***. ▶ 사람이 우울증에 빠져 있을 때 종종 잘못된 판단을 내린다.

Church members are told that the prophet will never ***lead*** them ***astray***, therefore they should always believe what they are told and act accordingly. ▶ 교회에 다니는 사람들은 그 예언자는 절대로 사람들을 미혹시키지 않기 때문에 그의 가르침을 믿고 그대로 따라야 한다는 설교를 듣는다.

The two tricks the devil uses on most people to ***lead*** them ***astray*** are Jealousy and the Love of the world. ▶ 악마가 사람들을 타락시키기 위해 사용하는 두 가지 술책은 질투심과 세상(현실 세계)에 대한 사랑이다.

미혼의

unwed

She became ***an unwed mother*** at 18. ▶ 그녀는 18세에 미혼모가 되었다.

The reality is that trends like ***unwed motherhood***, rising divorce rates, smaller households and the feminization of poverty are not unique to America, but are occurring worldwide. ▶ 결혼하지 않고 아이를 낳아 기르기, 증가하는 이혼율, 소규모 가정, 여성 빈곤층의 증가(여성의 빈곤화)와 같은 경향은 미국에서만 나타나는 것이 아니라 전 세계적으로 나타나고 있다. ♣ *the feminization of poverty* : 사회적 차별로 인해서 여성이 남성보다 혹은 여자가 세대주인 가정이 그렇지 않은 가정보다 더 가난하게 사는 현상이다.

민간 부문
민간이 경영하는(주도하는) 기업/산업

private sector

Nobody knows whether the railway will flourish or wither in the hands of ***the private sector***. ▶ 철도가 민간기업의 손에서 번성할지 혹은 쇠퇴할지 아무도 모른다.

The gap between the salaries of public and ***private sector*** employees becomes narrow. ▶ 공공부문과 민간부문의 급여 격차가 좁혀지고 있다.

Small firms in ***the private sector*** are working their way towards survival during the recession. ▶ 민간 중소기업들이 불경기에서 살아남기 위하여 노력하고 있다.

주 공공 부문: *public sector*

비난 등에 대해서 **민감하게 반응하는**
화를 쉽게/잘 내는

thin-skinned ☞ 피부가 얇아 내부로 잘 전달되는

Many newspaper editors are ***thin-skinned***. They consider themselves to be above reproach; models of rectitude. ▶ 많은 신문 편집자들은 비난에 대해 민감하게 반응한다. 그들은 스스로를 흠잡을 데가 없으며, 정직하고 도덕적인 사람의 전형이라고 생각한다. ♣ *above reproach* : **흠잡을 데가 없는** 참조

"The guy is not made for politics," he said, pointing out that the governor is known to be ***thin-skinned***. ▶ 그는 주지사가 화를 잘 내는 사람으로 알려져 있다고 지적하며 "그 사람은 정치를 할 사람이 아니다"라고 말했다.

믿기지 않는다
사실처럼 들리지 않는다 ; 거짓(말)처럼 들린다 ; 공염불(空念佛)처럼 들린다

ring hollow

Without the numbers and stats to verify the claims, these claims ***ring hollow***. ▶ 그 클레임들은 증명하는 수치나 통계자료 없이는 믿기지 않는다.

They have promised tighter discipline, but the pledges ***ring hollow*** to some. "If the same thing happens next year, they will make the same promises," she said. ▶ 그들이 보다 엄격한 규율을 약속했지만, 그 맹세는 공염불처럼 들린다. "만일 똑같은 일이 내년에 벌어지면 그들은 같은 약속을 할 것이다"라고 그녀는 말했다.

너무나 좋아서 사실이라고 **믿을 수 없다**
사실이라고 믿기 힘들 정도로 너무 좋다

too good to be true

He has warned them to be wary of mortgage deals that seemingly have *'too good to be true'* interest rates as they are frequently subject to hidden fees. ▶ 숨어 있는 수수료를 내야 하는 경우가 빈번히 발생하기 때문에, 믿을 수 없을 정도로 싼 이자로 해주는 담보대출을 조심하라고 그는 그들에게 경고했다.

Expect information obtained from car salesmen to be woefully incomplete. If it sounds *too good to be true*, it probably is. ▶ 자동차 판매원으로부터 얻는 정보는 끔찍할 정도로 불완전하다고 예상하면 된다. 만일 정보가 너무나 좋아서 사실이라고 믿을 수 없을 정도라면 아마 그럴 것이다. 자동차 판매원이 차를 팔기 위하여 나쁜 것을 감추고 좋은 이야기만 한다는 뜻이다.

너무 놀라워서 도저히 **믿을 수 없다는 반응을 보이며**

with incredulity

They looked at her *with open-mouthed incredulity*. ▶ 그들은 입을 딱 벌리고 믿기 어렵다는 표정으로 그녀를 쳐다보았다.

The discovery was met *with incredulity*. ▶ 그 발견은 도저히 믿을 수 없다고 여겨졌다.

"Of course" I said. "Really?" he asked *with a sense of incredulity*. ▶ "물론이지"라고 나는 말했다. 그는 믿을 수 없다는 느낌으로 "정말이야?"라고 반문했다.

맹목적인 **믿음**
맹신

blind faith

The blind faith of Cambodian chicken sellers in preventive powers of sunlight and local earth should be ample cause for international concern. ▶ 닭 장사를 하는 캄보디아 사람들이 가지고 있는 맹목적인 믿음(조류에 햇볕을 쪼이거나 그 지방의 흙을 바르면 조류독감 바이러스가 죽는다)은 국제사회의 우려를 자아내기 충분하다.

The blind-faith "everyone else is wrong because I have absolute truth" is creating more division and doing more damage than anything else in our society. ▶ "나만 옳고 그 밖의 모든 사람들은 틀리다"라는 맹신은 우리 사회에 더 큰 분열을 일으키며 그 무엇보다 더 많은 해를 끼친다.

주체할 수 없는 특별한 감정/생각 등이 갑자기 **밀려오다**
큰 물결처럼 휩쓸고 지나가다

wash over/through ☞ Written

At that moment, the waves of anguish *washed over* him. ▶ 그 순간 번민의 파도가 그에게 밀려왔다.

Sympathy *washed through* her when she heard the news about the homeless. ▶ 집 없는 사람들에 대한 뉴스를 들었을 때 연민의 정이 그녀에게 밀려왔다.

짧은 시간에 ~이 지나칠 정도로 많이 **밀려오다**
홍수처럼 밀려오다; 쇄도하다; 물밀듯이 밀려오다

flood

The water *flooded into* the basements of several office buildings. ▶ 여러 사무실 건물의 지하실로 물이 홍수처럼 밀려왔다.

An estimated 5,000 to 7,000 refugees have *flooded into* the country over the last 24 hours. ▶ 지난 24시간에 걸쳐서 5,000에서 7,000명 정도로 추정되는 난민들이 그 나라로 물밀듯이 밀려왔다.

The refugees were *flooding out of* the country. ▶ 난민들이 그 나라를 물밀듯이 빠져나가고 있었다.

deluge

The sea *deluged into* the control room. ▶ 바닷물이 조정실로 홍수처럼 밀려들었다.

주 *deluge*: 구약성서 창세기에 나오는 노아의 대홍수

민주적이며 공개적으로 하지 않고 힘 있는 몇 사람들이 모여서 정치적인 흥정을 하는 **밀실**

smoke-filled room

Such an important decision should not be made in *a smoke-filled room*. ▶ 그와 같이 중요한 결정은 밀실에서 이루어져서는 안 된다.

According to the New York Times, Daugherty predicted a deadlock in the convention and said the nomination would be decided by a group of men who "will sit down about two o' clock in the morning around a table in *a smoke-filled room*." ▶ 뉴욕 타임스에 따르면 Daugherty는 그 대화가 교착 상태에 빠질 것으로 예상하고 새벽 2시경에 밀실 테이블 주위에 모여 앉게 될 몇 사람들에 의해서 후보가 선정될 것이라고 말했다고 한다.

주 1920년 당시 미 상원의원 Warren G. Harding의 공화당 대통령 후보 경선 총책임자인 Harry M. Daugherty가 처음 사용했다고 전해진다. 그러나 본인은 그런 말을 한 적이 없다고 부인했다고 한다.

바

해/세기 등이 **바뀌는 기간**
연말연시

the turn of the year/century/millennium

We are going to have a getaway at Jeju Island during ***the turn of the year***. ▶ 우리는 연말연시 기간 동안 제주도에서 휴가를 보내려 한다.

This historical novel, set in San Francisco at ***the turn of the last century***, is sure to be a hit. ▶ 지난 세기가 바뀌는 시기에 샌프란시스코를 배경으로 한 이 역사 소설은 틀림없이 대성공을 거둘 것이다.

After ***the turn of the millennium***, he joined the faculty at the University. ▶ 새로운 천 년이 온 후(2000년에) 그는 그 대학교의 교수가 되었다.

가격/경기 등이 **바닥을 치다**
더 이상 떨어지거나 나빠지지 않고 현 상황이 지속되다

bottom out

The new home market will ***bottom out*** sometime in 2007 and then begin to rebound in 2008. ▶ 신규 주택시장은 2007년 중에 바닥을 치고 2008년에 회복될 것이다.

He expects KOSPI Index to ***bottom out*** sooner or later. ▶ 그는 코스피 지수가 조만간 바닥을 칠 것으로 예상한다.

The economy is likely to ***bottom out*** in the last quarter this year before accelerating to a faster pace next year, driven by export and domestic demand. ▶ 경제는 올 사사분기에 들어서면 더 이상 나빠지지 않고 현상을 유지하게 되며, 내년에는 수출과 국내 수요로 인해서 빠른 속도로 회복될 것으로 보인다.

바닥이 꺼지다
멈출 줄 모르고 하락세가 지속된다

the bottom falls out

Breaking the firm's profitability streak became an embarrassing black eye for him, who had the great misfortune of taking over the company a year-and-a-half ago—just as ***the bottom was falling out***. ▶ 그 회사의 흑자 행진이 멈추는 바람에 그는 당혹스런 불명예를 안게 되었는데, 억세게도 운이 나쁘게 멈출 줄 모르고 하락세가 시작되던 1년 반 전에 그는 그 회사를 인수했다.
♣ *black eye* : **눈 주위가 시퍼렇게 멍든 상태** 참조

The bottom has fallen out of the US housing market. ▶ 미국 주택시장의 바닥이 꺼져버렸다.

돈/예산/자원 등이 **바닥이 나 가는**
얼마 남지 않은; 고갈되어 가는

low on something

However, airline officials have declined to reveal just how ***low on fuel*** the plane was when it landed. ▶ 그러나 항공사 관리들은 그 비행기가 착륙했을 때 연료가 어느 정도로 바닥이 났는지 밝히기를 거부했다.

His campaign is ***low on*** cash. ▶ 그의 선거운동 자금이 얼마 남지 않았다.

바람처럼
바람같이; 매우 빠르게 (매우 빠르다는 것을 강조는 표현)

like the wind

Opinions, even facts, change ***like the wind***. ▶ 의견은 물론 심지어 사실조차도 바람처럼 변한다.

No matter where he would be, when he would

hear the garage door open, he would come running *like the wind* to greet me in the garage. ▶ 그가 어디에 있든지 차고 문이 열리는 소리를 들으면 그는 나를 맞으러 바람같이 달려온다. 《키우던 개에 관한 이야기다.》

바로 그 (사람/것)
강조의 의미로 사용

the very

They considered him as *the very man* for the job. ▶ 그들은 그가 그 일을 위한 바로 그 사람이라고 여겼다.

This is *the very problem* we need to solve in a hurry. ▶ 이것이 우리가 시급히 해결해야 할 바로 그 문제다.

잘못 인식되어 온 사실을 **바로잡다**
진실이라고 알려져 왔던 어떤 것이 실제로는 그렇지 않다는 것을 보여주다

put/set the record straight

Regardless of our individual political views, we think it is time to *set the record straight*. ▶ 정치에 관한 개인적인 견해에 상관없이 우리는 지금이 잘못 인식되어 온 사실을 바로 잡을 때라고 생각한다.

The doctor is hoping to *put the record straight* on how a young infant died. ▶ 그 의사는 어떻게 한 갓난아기가 죽었는지에 대해 잘못 알려진 사실을 바로잡고 싶어한다.

바삐 돌아 다니다
바삐 움직이다

buzz around

There's nothing unusual about clusters of people in their 20s and 30s *buzzing around* at the Chambers hotel, downtown Minneapolis' newest hot spot. ▶ 새롭게 인기 있는 장소로 떠오른 미네아폴리스 중심가의 Chambers 호텔에 20대와 30대 사람들이 무리를 지어 바삐 돌아다니고 있는 것은 하나도 이상할 것이 없다.

She was intimidated by the number of businessmen *buzzing around* the saleroom. ▶ 그녀는 매장을 바삐 돌아다니는 영업직원들의 수에 압도되었다.

한 사람이 가지고 있던 **바이러스가 다른 많은 사람에게 전염되듯이**
매우 빠르게 퍼져나가면서/확산되면서

in viral fashion

The rumor is spreading rapidly *in viral fashion*. ▶ 그 소문은 바이러스가 번지듯이 매우 빠르게 퍼져나가고 있다.

Online video is growing *in viral fashion* among people under 30. ▶ 온라인 비디오는 30세 이하 사람들 사이에서 매우 빠르게 확산되며 성장하고 있다.

The company has 70 employees and it started in 2003. It has never spent any money on marketing, and *in true viral fashion* it has grown based on its own word-of-mouth. ▶ 그 회사는 70명의 종업원을 두고 있으며 2003년에 시작했다. 그 회사는 홍보에 절대로 돈을 쓴 적이 없으며 사람의 입 소문을 통하여 많은 사람들에게 알리는 방법으로 성장했다. ♣ *word-of-mouth* : **구두로 전하는 (방법)** 참조

회담이나 특정한 모임이 이루어지는 장소 **밖에서 따로 혹은 다른 일/주제 등에 관하여 이야기하거나 토론할 때**
장외에서 ; 회담장 밖에서

on the sidelines

The Korean Minister of Foreign Affairs had bilateral talks with the Mexican Foreign Minister Patricia Espinosa in Sydney, Australia on September 9 *on the sidelines* of the APEC Summit, and exchanged views on matters of mutual interest between the ROK and Mexico. ▶ 한국과 멕시코의 외무장관이 2007년 9월 9일 APEC 정상회담장 밖에서 따로 만나 두 나라의 상호관심사에 대하여 의견을 교환했다.

His comments were made *on the sidelines* of a petroleum forum attended by senior government and industry officials from the two countries. ▶ 그가 두 나라의 정부와 업계의 고위급 인사들이 참여한 석유포럼장 밖에서 견해를 내놓았다.

주 경기장 금 밖이라는 의미다.

~에 대하여 **반대하는 사람들과 찬성하는 사람들**

opponents and proponents

A measure to make Vermont the second US state to permit physician-assisted suicide was defeated in a vote that surprised both ***opponents and proponents***. ▶ 미국에서 두 번째로 버몬트 주에서 의사의 도움을 받아 스스로 목숨을 끊을 수 있도록 만드는 법안이 부결되어 이를 반대하는 사람들과 찬성하는 사람들을 모두 놀라게 했다.

I would personally like to thank the Chronicle for allowing both ***the opponents and proponents*** of senior-only housing to voice their opinions. ▶ 나는 노인전용 주택에 반대하는 사람들과 찬성하는 사람들 모두가 의견을 낼 수 있도록 허락한 the Chronicle 신문에 개인적으로 감사하고 싶다. ♣ *voice*: **목소리를 내다** 참조

반드시 ~해야 하는 (것)
꼭 ~해야 하는 (것)

must-do

Wine is the latest ***must-have item*** in urban China. ▶ 포도주는 중국 도시지역에서 최근에 반드시 있어야 하는 품목이 되었다.

This movie is ***a must-see***. ▶ 이 영화는 꼭 봐야 한다.

It's ***a must-win situation*** for us to advance to the championship series. ▶ 챔피언십 시리즈에 출전하기 위해서 우리가 반드시 이겨야 하는 상황이다.

아무리 많은 비용/희생/대가/노력 등이 들더라도 **반드시 ~을 해야 한다**
무조건 해야 한다.

at all/any costs

He ordered the army to recapture the camp ***at any costs***. ▶ 그는 어떤 희생이 있더라도 반드시 그 주둔지를 탈환할 것을 군에 명령했다.

They told EC president a disastrous world trade war must be avoided ***at all costs***. ▶ 그들은 유럽연합 의장에게 어떤 노력이 들더라도 엄청난 재난을 몰고 올 무역전쟁을 무조건 피해야 한다고 말했다.

whatever the costs

Last week, a People's Liberation Army general warned that China is willing to wage war with Taiwan to prevent it from declaring independence ***whatever the costs***. ▶ 중국은 어떤 대가를 치르더라도 대만의 독립선언을 저지하기 위해 전쟁이라도 할 각오가 되어있다고 지난주 한 인민해방군 장군이 경고했다.

급격한 하락세 후에 나타나는 일시적인 **반등**
일시적인 오름세 ; 반짝하는 오름세

dead cat bounce

Some analysts are saying this could just be ***a dead cat bounce***, but I'm not that pessimistic. It's too early to make that conclusion. ▶ 일부 분석가들은 이는 일시적인 반등일 수도 있다고 말하지만 나는 그렇게 비관적이지 않다. 그런 결론을 내기에는 아직 너무 이르다.

During the night I kept wondering: is this ***a dead cat bounce*** — that is, one that fizzles out and is followed by fall that is steeper than before? ▶ 나는 이것이 일시적인 오름세인지, 다시 말하면 급격한 하락 후에 반짝 좋아졌다가 전보다 더 가파르게 하락하지 않을지 밤새도록 생각했다. ♣ *that is*: **다시 말하면**; *fizzle out*: 힘차게(화려하게) 시작은 했으나 매우 보잘것없이 **실망스럽게 끝나다** 참조

주 점프 능력이 대단해서 높은 곳으로 잘 뛰어오르는 고양이에 비유한 표현이다. 심지어 죽은 고양이라도 매우 높은 곳에서 떨어뜨리면 땅에 부딪히는 순간 반동으로 약간 튀어 오르게 마련이라는 의미다. 이 표현은 주식을 거래하는 사람들 사이에서 오래 전부터 사용되어 왔다고 한다. 그러나 1985년 싱가포르와 말레이시아의 주식시장이 경기침체로 인하여 급격한 하락세를 면치 못하다가 오름세로 돌아섰을 때 어느 주식 중개인이 그 현상은 일시적인 오름세에 불과하다는 의미로 이 표현을 사용한 것을 영국의 Financial Times의 기자가 듣고 기사화함으로써 최초로 활자화되었다고 한다.

남은 인생의 **반려자**
결혼 상대

Ms./Mr. Right

He confessed to having trouble finding ***Ms. Right***. ▶ 그는 결혼 상대를 찾는 데 어려움을 겪고 있다고 고백했다.

She thinks she's found ***Mr. Right***, but I don't trust Internet romance. ▶ 그녀는 인생의 반려자를 찾았다고 생각하지만 나는 인터넷 로맨스를 신뢰하지 않는다.

비용을 **반반씩 부담하다**

go halves on

We will ***go halves on*** the phone bill. ▶ 우리는 전화 요금을 반반씩 부담할 것이다.

The two firms have ***gone halves on*** this deal, which will cost them a total of $470 million. ▶ 총 4억 7천만 불이 소요될 이 거래의 비용을 두 회사가 반반씩 부담했다.

반반의 가능성을 가지고 있는 것

toss-up; tossup

The question of which institution provides a superior education is ***a toss-up***; the tie breaker is going to take place on the basketball court. ▶ 교육적으로 누가 더 우수하다고 말하기 힘든 두 대학이 농구 시합으로 자웅을 가리려고 한다.

In the end, it's ***a tossup***, both sites are good and the features are pretty close. ▶ 결국 가능성은 반반이다. 두 장소 모두 좋고 지형이 매우 비슷하다.

I guess it's ***a tossup*** as to who is likely to play. ▶ 누가 시합에 나갈 가능성이 있는지는 반반이라고 나는 생각한다.

주 동전을 던지면 앞면 또는 뒷면이 나올 가능성이 각각 50%라는 의미다.

피곤하거나 기분 나쁜 일이 또 다시 **반복될 때**

all over again

The news opens up the debate ***all over again***. ▶ 그 뉴스는 또 다시 피곤한 논쟁을 불러일으켰다.

양이나 크기를 **반으로 줄이다**
절반으로 줄이다

halve

The agency ***halved*** its funding of academic information-technology research from 2001 to 2004. ▶ 그 기관은 정보기술 연구를 위한 대학 연구지원금을 2001년에서부터 2004년까지 절반으로 줄였다.

The work force has been ***halved*** in two years. ▶ 2년 사이에 인력이 반으로 줄었다.

~에 양성/음성 **반응을 보이다**

test positive/negative for

Just last week polio was officially diagnosed in him, the first Indonesian child to ***test positive for*** the virus in 10 years. ▶ 지난주 그가 소아마비에 걸렸다는 공식 진단이 나왔는데, 그는 10년 만에 소아마비 바이러스에 양성 반응을 보인 첫 번째 인도네시아 어린아이다.

Two dead swans have ***tested negative for*** the H5N1 strain of bird flu. ▶ 죽은 두 마리의 백조는 조류독감 H5N1 바이러스에 음성반응을 보였다.

Three tug crew members ***tested negative for*** alcohol and results of drug tests are pending. The cause of the collision is under investigation. ▶ 3명의 예인선 승무들은 알코올에 대해 음성반응을 보였고 약물검사 결과는 아직 나오지 않았다. 충돌 원인은 현재 조사 중이다.

어떤 사건/행동/일 등에 대한 좋지 못한 **반작용**
반동; 좋지 않은 결과/여파/영향

repercussion ☞ 주로 복수형으로 사용, Formal

The slumping stock market, falling housing

prices, and weakening economy have ***serious repercussions*** for older Americans who are approaching retirement or already retired. ▶ 침체에 빠져드는 주식시장과 떨어는 주택가격 그리고 약화되는 경제로 인하여 이미 은퇴했거나 은퇴할 시기에 접어드는 나이든 미국인들에게 심각한 반작용이 나타나고 있다.

The country's biggest banks probably won't ignore an expected interest rate cut by the Bank of Canada next week because ***the repercussions*** could affect their relationship with the central bank and leave them vulnerable to the competition, bank watchers said Wednesday. ▶ 그 나라의 최대 은행들은 다음 주 캐나다 중앙은행이 실시할 것으로 예상되는 금리인하를 무시하지 않을 것으로 보이는데, 왜냐하면 이를 무시하면 중앙은행과의 관계가 악화되고 경쟁력이 취약해지는 좋지 않은 영향이 나타날 수 있기 때문이다.

상황이 **반전되다**
상황이 역전되다

The boot/shoe is on the other foot

In the past, Democrats often have been seen as weak in dealing with tough-minded Republicans. Now ***the shoe is on the other foot***. ▶ 과거에는 민주당 사람들이 드센 공화당 사람들과의 협상에서 약한 모습을 보여왔다. 지금은 상황이 반전되었다.

With ***the boot on the other foot***, we wonder how the government is handling the problem. ▶ 상황이 역전된 마당에 우리는 정부가 그 문제를 어떻게 다룰지 궁금하다.

상황을 **반전시키다**
상황을 역전시키다

put the boot on the other foot

They have ***put the boot on the other foot*** with two superbly taken goals in the second half. ▶ 그들은 후반전에 2개의 멋진 골로 상황을 반전시켰다.

나의 **반쪽**
배우자

better half ☞ Informal

She is ***my better half***. ▶ 그녀는 나의 반쪽이다.

His better half is pregnant with a boy. ▶ 그의 부인이 남자 아이를 임신했다.

반추(反芻)하다
곱씹다; 돌이켜 생각하다

chew the cud on/over

What that means is condensing the difficult concepts into a simpler literary form for the grass roots to ***chew the cud over***. ▶ 그것은 어려운 개념들을 보통 사람들이 반추할 수 있도록 쉬운 문학의 형태로 압축하는 것을 의미한다. ♣ *grass roots* : **풀뿌리** 참조

ruminate on/over

I ***ruminated over*** what he said. ▶ 나는 그가 한 말을 돌이켜 생각해 보았다.

주 소가 되새김질하듯이 곰곰이 돌이켜 생각해 본다는 의미다.

반항아
이단아; 문제아 (한 집단/사회의 가치관을 거부하면서 보통 사람들과 다르게 행동하는 사람; 부모의 말을 잘 안 듣는 사람)

rebel

He has been ***a rebel*** at school. ▶ 그는 학교에서 반항아였다.

We pose as if we are the excellent creatures who live with decent etiquette and the one who raises point of social cause is ***a rebel***. ▶ 우리는 마치 우리가 교양이 있는 훌륭한 창조물인 것처럼 그리고 사회의 공동목표에 이의를 제기하는 사람은 이단아인 것처럼 여긴다.

어떤 이야기/진술 등이 **받아들이기 힘든**
믿기 어려운

hard to swallow

I don't live in the U.S., and I had enormous sympathy for it after the vile acts of 9/11. I still do. But an almost unilateral, pre-emptive strike on Iraq in defiance of the U.N. (with no conclusive link between Iraq and Al-Qaeda) and the subsequent Vietnamization of the war on the terrorism are ***hard to swallow***. ▶ 나는 미국에 살고 있지 않으며, 9/11 테러라는 비열한 행위 이후 미국에 큰 연민을 느꼈다. 지금도 그렇다. 그러나 이라크와 알카에다가 연루되었다는 결정적인 사실이 밝혀지지도 않은 채 유엔을 무시하고 이라크에 가한 일방적인 선제공격과 테러와의 전쟁이 결과적으로 제2의 베트남전쟁이 되었다는 사실은 받아들이기 힘들다. ♣ *unilateral* : 남의 의견을 무시한 채 **일방적으로 행동하거나 어떤 일을 결정하는** ; *pre-emptive strike* : 선제 **공격** 참조

I too found this story a little ***hard to swallow***. ▶ 나 역시 이 이야기가 약간은 믿기 어렵다는 것을 알았다.

Losing is ***hard to swallow***. It's heart-wrenching knowing that we were so close. ▶ 패배를 받아들이기는 힘들다. 우리가 매우 근소한 차이로 졌다는 사실은 우리의 가슴을 쓰라리게 한다. ♣ *heart-wrenching* : **가슴을 쓰라리게 하는** 참조

새로운 생각이나 제안 등을 잘 **받아들이는**

receptive to

Democrats are generally more ***receptive*** than House Republicans ***to*** Bush's call for granting undocumented workers citizenship. ▶ 민주당 사람들은 일반적으로 공화당 하원의원들보다 불법노동자들에게 시민권을 부여하자는 부시 대통령의 요구를 더 잘 받아들인다.

Be ***receptive to*** various forms of communication. We have a lot of communication tools these days, everything from formal memos to e-mail. ▶ 의사소통의 다양한 형태를 잘 받아들여야 한다. 요즘 우리는 공식적인 메모(짧은 서한)에서부터 이메일에 이르기까지 많은 의사소통 도구들을 가지고 있다. ♣ *everything from ~ to ~* : ~에서부터 ~에 이르기까지 **모든 것** 참조

불행한 사건/일을 인정하고 **받아들이다**

achieve/gain closure ☞ 미국

The fact that his son cannot ***achieve closure*** pains him deeply, he said. ▶ 자기 아들이 불행한 사건을 인정하고 받아들이지 못한다는 사실이 자신을 매우 고통스럽게 만든다고 그가 말했다.

The couple divorced this year and Katie revealed that she hoped to ***gain closure*** on her broken marriage by returning to the place where it all began. ▶ 그 부부가 올해 이혼했으며 캐티는 모든 것이 시작되었던 곳으로 돌아가 결혼생활이 끝났다는 것을 인정하고 받아들일 수 있길 바란다고 했다.

어떤 사실/진실 등이 비록 받아들이기가(인정하기가) 고통스럽고 힘들지만 사람들이 **받아들이다**
사람의 마음을 찌르다 ; 정곡을 찌르다 ; 인정하다

hit/strike home among/to/with

The truth ***hit home among*** the members. ▶ 비록 인정하기 힘들었지만 회원들은 진실을 받아들였다.

Their inspirational message ***hit home with*** him. "These guys are true heroes," he said. ▶ 영감을 주는 그들의 메시지는 그의 정곡을 찔렀다. "이들은 진정한 영웅이다"라고 그는 말했다.

I think we had a successful campaign by sticking to the issues. I think it really ***struck home to*** some people. ▶ 나는 우리가 그 이슈들을 붙들고 늘어짐으로써 성공적인 캠페인을 벌였다고 생각한다. 나는 진정으로 사람들이 그것을 인정했다고 생각한다.

완전히 **발가벗고 수영하다**
맨몸/알몸으로 수영하다

skinny-dip ; skinny dip ☞ 명사형으로도 사용, Informal

The boys wanted to ***skinny-dip***, and to make them feel at ease, I ***skinny-dipped***, too. ▶ 그 소년들은 자유로운 기분을 느끼기 위해 발가벗고 수영하고 싶어했고, 나도 알몸으로 수영했다.

Once the midnight hour had struck, she stripped off to take *a skinny dip* in the sea. ▶ 시계가 12시를 치자 그녀는 바다에서 알몸으로 수영하기 위하여 옷을 벗었다.

~를 향해 내딛는 첫 **발걸음**
새롭고 어려운 일의 시작/출발

foot in the door of

The deal gives the company *a foot in the door of* new market — personal computers. ▶ 그 협정으로 그 회사는 개인 컴퓨터라는 새로운 시장에 첫 발걸음을 내딛게 된다.

I am going to get *my foot in the door of* my own business. ▶ 나는 나만의 사업을 시작하려 한다.

~를 향해 **발걸음을 내딛다**
~을 향해 출발하다

take a step towards/toward

The defending champion *took a big step toward* a repeat title on Friday. ▶ 챔피언은 금요일 타이틀 방어를 향해 발걸음을 내딛었다.

The EU *took a step towards* a broad nuclear pact with Kazakhstan, the world's third-biggest producer of uranium, with proposals on Tuesday for joint work worth 500 million Euros ($630 million) over 10 years. ▶ 유럽연합은 10년에 걸쳐 5억 유로에 달하는 협력사업을 하자는 제안을 가지고 세계에서 3번째로 우라늄을 많이 생산하는 카자흐스탄과 광범위한 핵 협정을 맺기 위한 발걸음을 내딛었다.

싫다고 **발버둥을 치며 소리지르는 사람을 억지로(강제로) 끌고 가다**

drag someone **kicking and screaming**

The boy was *dragged kicking and screaming* into a bath. ▶ 싫다고 발버둥을 치며 소리지르는 그 남자 아이는 강제로 목욕탕으로 끌려갔다.

I don't recall ever being *dragged kicking and screaming* with a gun held to my head to get me to vote. I consider it an honor and a privilege. ▶ 싫다고 발버둥을 치며 소리지르고 있는데도 내 머리에 겨누어진 총 때문에 내가 강제로 투표장으로 끌려들어간 기억이 한 번도 없다. 나는 투표권을 영예와 특권으로 여긴다.

발뺌하다
어떤 일을 숨기거나 책임 등을 면하기 위해서 명확한 답변이나 결정을 고의적으로 미루다/회피하다 (비난하는 의미가 담겨 있다)

stonewall

Unfortunately, *the continued stonewalling* of the White House in the scandal has deprived the American people of the truth. ▶ 불행하게도, 그 스캔들에 대하여 백악관이 지속적으로 발뺌하는 바람에 미국인들은 진실을 모르고 있다.

After *stonewalling Italian officials* for years, a Museum of Fine Arts in U.S. has finally agreed to return looted antiquities to Italy. ▶ 여러 해 동안 이탈리아 관리들에게 명확한 답변을 미루고 있다가, 미국에 있는 한 순수예술품 박물관이 마침내 약탈된 골동품들을 이탈리아에 반환하기로 했다.

The Senate Judiciary, members of both parties, was disgusted with *his stonewalling* during the hearings. He sidestepped every question and responded with "I don't know." ▶ 양 당 의원들로 구성된 상원 사법위원회는 청문회가 열리는 동안 명확한 답변을 회피하는 그의 행위에 몹시 분개했다. 그는 모든 질문을 옆으로 비켜나갔으며 "나는 모른다"는 대답뿐이었다. ♣ *sidestep* : **옆으로 비키다** 참조

주 남들이 못 들어 오게 돌담을 높이 쌓아 놓듯이 완강하게 저항한다는 의미다.

발언권
의견을 개진할 수 있는 권한/권리

say in/over

Hong Kongers desire to have *a say over* everything in the city, from job creation to pollution to traffic congestion to the preservation of the harbor. ▶ 홍콩 주민들은 일자리 창출에서부터 오염문제, 교통체증, 항구의 보존에 이르기까지 그 도시의 모든 것들에 대해 발언권을 갖기를 원한다.

The students wanted more ***say in*** the government of the university. ▶ 학생들은 대학의 행정에 대해 더 많은 발언권을 갖길 바랐다.

You can get married at sixteen, and yet you haven't got ***a say in*** the running of the country. ▶ 16살에 결혼은 할 수 있지만, 나라의 운영에 의견을 개진할 권리는 없다.

어떤 곳/장소에 **발을 들여놓다**
처음 가다/참가하다

step foot on

I applaud Jackie Robinson not only for his athletic prowess, but for his courage to be the first to ***step foot on*** a major league ball field. ▶ 나는 훌륭한 운동 솜씨뿐만이 아니고 흑인 최초로 메이저리그 야구장에 발을 들여 놓은 용기에 대해서도 재키 로빈슨을 높이 산다.

I have been excited for weeks about finally getting a chance to ***step foot on*** Augusta National. People who know golf know that it's the toughest ticket in all of sports to get your hands on. ▶ 마침내 Augusta National 골프장에 처음 가볼 기회를 잡게 되어 나는 여러 주 동안 몹시 들떠 있었다. 골프를 아는 사람들은 그 입장권이 모든 스포츠를 통틀어 가장 손에 넣기 힘든 표라는 것을 알고 있다. 《미국 PGA 메이저 대회인 마스터스에 관객으로 참여한 사람의 이야기다.》

악천후 등이 사람들의 **발을 묶다**
오도가도 못하게 하다

strand

They have been ***stranded*** by a heavy storm. ▶ 그들은 심한 폭풍우에 발이 묶여 있다.

The airport had to be closed due to a typhoon, ***stranding*** tourists. ▶ 태풍으로 인해서 여행객들의 발을 묶은 채 그 공항을 폐쇄시켜야 했다.

Lots of people are still ***stranded*** in the downtown of New Orleans in the aftermath of Hurricane Katrina. ▶ 허리케인 카트리나가 휩쓸고 지나간 이후 수많은 사람들이 뉴올리언즈 중심가에서 여전히 오도가도 못하고 갇혀 있다.

♣ *aftermath* : 특히 좋지 않은 사건이 벌어진 **이후의 시기/상황** 참조

발을 빼다
혹시 실패하지 않을까 혹은 잘못되지 않을까 겁을 먹거나 불안하여 어떤 일을 하는 도중에 갑자기 그만두다

have/get cold feet

A Customs spokeswoman says it was pretty obvious that whoever planned to import the drugs ***got cold feet*** at some stage. ▶ 한 세관 대변인은 그 마약을 들여오려고 했던 사람이 누군지는 몰라도 들킬까 봐 겁을 먹고는 도중에 그만둔 것이 너무나 분명했다고 말한다.

But the lengthy timeline of lease negotiations, as well as questionable outcomes if the county were to opt to sell the land during the lease term, have ***given*** the investor ***cold feet***. ▶ 임대 협상이 너무 길어지고, 땅을 빌려서 사업을 하는 도중에 카운티 당국이 그 땅을 다른 사람에게 팔아버리지 않을까 걱정되어 투자하려던 사람이 그만 발을 빼버렸다. ♣ 동사 '*give*'를 사용하면 '발을 빼게 만들다'라는 의미가 된다.

한쪽 **발을 잘못 디디다**
실족하다; 실수하다

put a foot wrong

He did it all without ***putting a foot wrong*** — on three hours' sleep. ▶ 그는 잠을 세 시간만 자고서도 모든 일을 실수없이 해냈다.

When he's around, we never ***put a foot wrong***. ▶ 그가 옆에 있으면 우리는 절대로 실족하지 않는다.

She didn't ***put a foot wrong*** last night, landing a triple Axel in fine form. ▶ 그녀는 지난 밤 트리플악셀을 한 후 실수없이 멋지게 착지했다.

혀가 잘 돌지 않아 **발음하기 어려운**

tongue-twisting ☞ 혀를 꼬이게 만드는

He served in the Reagan and first Bush administrations and under Reagan had ***the tongue-twisting title*** of Deputy Assistant Secretary of

Defense for Nuclear Forces and Arms Control Policy. ▶ 그는 레이건 행정부와 부시의 첫 행정부에서 일을 했는데, 레이건 대통령 밑에서 그는 "Deputy Assistant Secretary of Defense for Nuclear Forces and Arms Control Policy"라는 발음하기도 어려운 직책을 맡았다.

I explained that ***the tongue-twisting name***—Savolaiskansuklaakakku—meant a "lazy person's cake from the district of Savo." ▶ 나는 혀를 꼬이게 만드는 그 이름이 "Savo 지역에서 만든 게으른 사람들을 위한 케이크"를 의미한다고 설명해 주었다.

주 발음하기 어려운 단어나 문장을 ***"Tongue-twister"***라고 한다. 예: She sells sea-shells, sherry and sea-shoes by the sea.

계획/법안 등을 공식적으로 **발의(發意)하다**

sponsor

The bill was ***sponsored*** by a Republican Senator. ▶ 그 법안은 한 공화당 상원의원에 의해서 발의되었다.

The President has signed the bill ***sponsored*** by him. ▶ 대통령은 그가 발의한 법안에 서명했다.

발판

발 디딜 틈; 발붙일 자리; 설 자리; 입지; 더 좋은 상태로 발전하기 위한 토대

toehold

"Once hackers have got ***a toehold*** in a network, it's pretty much game over," he said. ▶ "일단 해커들이 네트워크에서 발붙일 자리를 마련했다 하면 게임은 끝난 것이나 다름없다"고 그는 말했다.

We believe ***this toehold*** in the market will enable us to make a deeper footprint as time goes on. ▶ 그 시장에서 마련한 이 발판이 시간이 지나면서 우리의 입지를 확고히 해줄 것이라고 우리는 믿는다.

주 험한 암벽을 오를 때 몸을 지탱하기 위해 발가락을 겨우 올려놓을 수 있을 정도의 틈/홈이다.

foothold

Asia Pacific Breweries (APB) is hoping to gain ***a foothold*** in the Canadian beer market for its flagship Tiger Beer. ▶ APB는 캐나다 맥주시장에서 그들의 대표 상품인 Tiger Beer의 진출을 위한 입지를 마련하길 희망하고 있다.

The United States is keeping a watchful eye on developments in North Africa to ensure terrorists don't gain ***a foothold*** there. ▶ 미국은 테러리스트들이 북아프리카에서 발붙일 자리를 마련하지 못하도록 하기 위하여 그 곳에서 전개되고 있는 상황을 예의주시하고 있다.

주 "toehold"보다는 입지 조건이 더 좋을 때 사용하면 된다.

밝혀지고 있는 바와 같이

나타나고 있는 것처럼

as it turns out

The son of the senator was arrested this week, and ***as it turns out***, it wasn't his first time. ▶ 그 상원의원의 아들이 이번 주에 체포되었고, 밝혀지고 있는 바와 같이 그가 체포된 것이 처음이 아니었다.

잘 알려지지 않았거나 숨겨진 사실 등을 명확히 **밝히다**

bring something to light ☞ ~을 불빛이 환한 곳으로 가져가다

The truth is unlikely to be ***brought to light*** by the enquiry. ▶ 그 조사로 진실이 명확하게 밝혀질 것처럼 보이지 않는다.

The most recent letters, published in the October issue, ***bring*** the real-world view of this matter ***to light***. ▶ 10월호에 실린 가장 최근 편지들은 이 문제에 관한 사회의 진짜 견해가 무엇인지 잘 보여준다.

shed light on something ☞ ~에 불을 밝히다

Now a newly discovered burial ground promises to ***shed light on*** the lives and deaths of Africans in the Caribbean. ▶ 이제 새로 발견된 매장터는 카리브에 살던 아프리카 사람들의 삶과 죽음을 명확하게 밝혀줄 것으로 기대된다.

밟아버리다

담뱃불 등을 밟아서 끄다; 끝내다; 중단시키다; 진압하다; 근절하다

stamp out

He *stamped out* a cigarette. ▶ 그는 담배를 밟아 껐다.

The state government says, "Let's do one thing," while the federal Government is trying to *stamp* it *out*. ▶ 연방정부가 그것을 중단시키려 하는 데 반하여 주정부는 "이것을 합시다"라고 말한다. 《예산집행에 관하여 미국 연방정부와 주정부의 손발이 잘 안 맞고 있다는 이야기이다.》

All of these problems could be *stamped out* with the right advice. ▶ 이런 모든 문제들은 올바른 충고를 해준다면 근절될 수 있다.

하루 3교대 근무제에서 자정부터 아침 8시까지 하는 **밤근무**

night shift

graveyard shift

"I was terrified at first," said a 19-year-old manager who works *the graveyard shift* two nights a week. "I've handled robberies before in another job and as long as you're calm and handle yourself properly, no one gets hurt." ▶ "나는 처음에는 너무나 무서웠다"고 일주일에 2번 밤근무를 하는 19세 매니저가 말했다. "나는 다른 직장에서도 강도를 만났지만 잘 대처했었다. 침착하고 적절하게 행동하면 아무도 다치지 않는다."

주 밤근무를 하느라 잠을 한숨도 못 잔 선원들이 아침에 부스스한 눈을 하고 있을 때 뻑뻑한 *gravy* 소스에 빗대어 *"gravy-eyed"* 라는 말을 썼다고 한다. 이 말을 처음 들은 육지 사람이 으스스한 기분이 드는 공동묘지를 연상하면서 *"graveyard"*라고 잘못 알아듣는 바람에 이 표현이 생겨났다고 한다.

밤 늦도록 불을 밝히다

밤 늦도록 일하다

burn the midnight oil

State lawmakers are *burning the midnight oil* once again today to come to an agreement on some pieces of legislation. ▶ 주의원들은 몇 가지 법안들에 대한 합의를 보기 위하여 오늘 밤 또 다시 늦도록 불을 밝히고 있다.

Government parties and the opposition *burned the midnight oil* Monday night to reach a resolution on welfare reforms. ▶ 집권당들과 야당은 사회복지제도 개혁에 대한 결의안을 마련하기 위하여 월요일 밤 늦도록 일했다.

밤이 오다

어둠이 내리다; 날이 어두워지다

night falls

As *night fell* outside, they sat down to eat at long table. ▶ 밖에 어둠이 내릴 때 그들은 식사하기 위하여 긴 테이블에 앉았다.

The dive team immediately began a search for him but was forced to suspend it when *night fell*. ▶ 잠수팀은 즉시 그를 찾기 시작했지만 밤이 와 중단해야 했다.

사태를 **방관하고 있는**

참여하지 않고 구경만 하고 있는; 지켜보고만 있는

on the sidelines

It's very volatile here, but we're not seeing a tremendous amount of volume. People are *on the sidelines*. ▶ 주가가 매우 심하게 요동치고 있지만, 거래량이 그렇게 많지는 않다. 사람들은 사태를 지켜보고만 있다.

People, who *sat on the sidelines* as the housing market boomed out of control, believe the government needs to back off and let the market work itself out. ▶ 주택시장이 지나칠 정도로 붐을 일으키고 있을 때 사태를 방관하고 있던 사람들은 정부가 뒤로 물러나 있어야 하고(주택시장의 붕괴에 대해 정부가 직접 개입하면 안 되고) 시장이 스스로 문제를 해결하도록 내버려 두어야 한다고 믿고 있다.

주 선수가 부상당하거나 후보라서 경기장 밖에서 구경만 하고 있다는 의미다.

방귀를 뀌다

break wind

A prisoner was slammed in the cells after he *broke wind* in court, then burst out laughing about it. ▶ 한 죄수가 법정에서 방귀를 뀌고는 갑자기 낄낄거리고 웃음을 터트리는 바람에 법정 모독죄로 다시 감방에 쾅 갇혀 버렸다. ♣ *burst out* : **갑자기 어떤 일을 하다** 참조

공식적으로 정중하게 ~를 **방문하다**
예의를 갖추고 존경하는 태도를 보이며 정중하게 방문하다

make/pay a courtesy call/visit on/to

We *made a courtesy call to* the president and had a friendly conversation. ▶ 우리는 대통령을 공식적으로 방문해 매우 우호적인 대화를 나누었다.

Ambassador of the Republic of Egypt to Nepal *paid a courtesy visit on* Speaker of the House of Representatives. ▶ 네팔 주재 이집트 대사는 하원의장을 공식 방문했다.

방송되다
방영되다

be on the air(미국) ; be broadcasted(영국)

He hopes the program can *be on the air* within a year. ▶ 그는 그 프로그램이 일 년 내에 방영될 수 있길 희망한다.

The voting for the new premier is to *be broadcasted* live via TV Channel 21. ▶ 새 수상 선출을 위한 투표가 채널 21을 통하여 생방송될 예정이다.

방송 시간
방영 시간

air time ; airtime

CNN devoted its most of *airtime* to covering the Hurricane Katrina. ▶ CNN은 방송 시간의 대부분을 허리케인 카트리나를 다루는 데 할애했다.

The state television and radio company has agreed to provide 30 minutes of *the air time* daily for opposition leaders. ▶ 국영 TV와 라디오 방송국은 야당 지도자들을 위해서 매일 30분의 방송 시간을 제공하기로 합의했다.

Air time is 4 pm Saturday with long-time announcer Don Allen handling play-by-play. ▶ 방송은 토요일 4시부터 시작될 것이고 오랜 경력을 지닌 아나운서 단 알렌이 실황중계를 맡는다.

방송에 출연하다

be on the air

He is going to *be on the air* as a guest of Channel 11's "No Brain Survivor." ▶ 그는 채널 11 "No Brain Survivor"의 초대 손님으로 방송에 출연할 예정이다.

The television news anchor *is* back *on the air* after recovery from a car accident. ▶ 그 TV 뉴스 앵커는 자동차 사고 후 회복되어 다시 방송에 출연한다.

자신만의 **방식으로**
자기 생각대로

on one's own terms

Baby boomers want to continue working past pension age but *on their own terms*. ▶ 베이비붐 세대들은 연금을 받는 나이가 지나서도 계속 일하기를 원하고 있다, 단 그들만의 방식으로.

Parents are learning that if they want teens to communicate with them, they need to keep up with the technology whether it's MySpace and instant messaging or cell-phone texting and multi-player computer games. Parents who embrace the new technologies are learning that kids are willing to communicate *on their own terms*. ▶ 십대 자녀들과 대화를 원한다면, MySpace이든 즉석 메시지 보내기이든 혹은 휴대전화로 문자 보내기나 여러 명이 참여하는 컴퓨터 게임이든, 나날이 발전하는 기술에 보조를 맞추어야 할 필요가 있다는 것을 부모들이 깨닫고 있다. 새로운 기술을 받아들이는 부모들은 아이들이 자기들 방식대로라면 기꺼이 대화를 나누려 한다는 것을 깨닫고 있다.

좋지 않은 일을 사전에 **방지하다**

head off

He asked Congress to intervene and ***head off*** a strike. ▶ 그는 중재를 통하여 파업을 사전에 방지하도록 의회에 요청했다.

If current trends continue for another decade or so, China could overtake Africa, where 29 million people have been infected with the AIDS virus. It's to ***head off*** that scenario that he has traveled more than a dozen times to China over the past three years. ▶ 만일 현 추세가 앞으로 10여 년간 계속된다면, 2천900만 명이 에이즈 바이러스에 감염된 아프리카를 추월할 수 있다. 그(중국계 미국인 에이즈 전문가)가 지난 3년 동안 12번 이상을 중국을 방문한 이유는 이 같은 최악의 시나리오를 미리 방지하기 위함이다.

정치 등에서의 **방해 공작**

obstructionism

Obstructionism is going on in the run-up to the poll. ▶ 투표를 앞두고 방해공작이 벌어지고 있다. ♣ ***in the run-up to*** : ~을 시기적으로 **앞두고** 참조

Any form of violence or ***obstructionism*** or statements designed to incite hatred need to be condemned. ▶ 적개심을 자극하는 어떤 형태의 폭력이나 방해공작 혹은 발언들은 비난받아야 한다.

긴 연설 등으로 시간을 끌어 회의, 의사진행, 의안통과 등을 **방해하는 것**

filibuster ☞ 미국

He started a ***filibuster*** last week against a bill that would end recognition of common-law marriages. ▶ 그는 관습법에 의한 결혼(동성이 아닌 남녀의 결혼)의 종말을 뜻하는 법안(동성 간의 결혼을 합법화하자는 법안)에 반대하여 지난주 의사진행 방해를 시작했다.

One of Sen. Jim Talent's signature initiatives died by ***filibuster*** on the Senate floor. ▶ 상원의원 Jim Talent가 발의하고 서명해서 제출한 법안들 중의 하나가 상원에서 의사진행 방해로 인하여 폐기되고 말았다.

방향을 전환하다
진로를 바꾸다

veer

The wind had ***veered from*** the west ***to*** north-by-west. ▶ 바람이 서에서 북북서로 방향을 바꾸었다. ♣ ***north-by-west*** : 약간 서쪽으로 치우친 북쪽(북북서)

The plane ***veered off*** the runway. ▶ 그 비행기가 활주로를 벗어났다.

맥주를 너무 많이 마셔서 불룩 나온 **배**

beer belly

I'm dressing up as Nicole, because she's pregnant and I have ***a beer belly***. ▶ 나는 니콜처럼 옷을 입는다. 왜냐하면 그녀는 임신 중이고, 나는 불룩 나온 맥주 배를 가지고 있기 때문이다.

볼록한 **배**
올챙이처럼 볼록하게 나온 배

pot belly

It is believed that soybean milk, a vegetable protein, interferes with the processing of excess sugar into fat — helping to flatten out ***a pot belly***. ▶ 식물성 단백질인 두유는 과하게 섭취한 당이 지방으로 변화하는 과정을 방해하기 때문에 볼록한 배를 들어가게 하는 것을 도와준다고 알려져 있다.

He has ***a small pot belly*** and a double chin. ▶ 그는 올챙이처럼 배가 약간 볼록하게 나왔으며 턱이 두 겹이다.

영화나 소설 등이 특정 사건/지역을 **배경으로 하고 있다**

have/take/use a place as its setting

His novel ***takes as its setting*** the civil war in Liberia. ▶ 그의 소설은 라이베리아의 내전을 배경으로 한다.

배금주의(拜金主義)
황금만능주의; 탐욕의 신

Mammon

Most religious and moral traditions warn against replacing God with ***Mammon***. ▶ 대부분의 종교적 도덕적 관습들은 신을 버리고 배금주의를 선택하는 것을 경고한다.

The rest of humanity are mere mortals and as such are slaves in the hands of ***Mammon***. ▶ 나머지 인간들은 죽을 수밖에 없는 하찮은 존재이고 황금만능주의에 빠진 노예 같은 존재이다.

주 신약성서 마태복음 6장 24절에서 유래되었다: No one can serve two masters. Either he will hate the one and love the other, or he will be devoted to the one and despise the other. You cannot serve both Good and ***Mammon***(너희는 하나님과 재물을 모두 섬길 수 없다). ♣ ***Mammon***: 고대 이스라엘 사람들이 사용하던 시리아 사람들에 대한 호칭으로 부자들을 의미한다.

배수진(背水陣)**을 치다**
퇴로를 스스로 없애고는 죽기/죽음을 각오하고 싸우다; 죽기살기로 싸우다; 다른 사람과의 관계를 악화시켜 다시 돌이킬/회복될 수 없을 지경으로 만들다

burn someone's bridges behind him

When they went on the warpath their tribal leaders ***burnt their bridges behind them*** to ensure that there would be no retreat. ▶ 그들이 출정을 나섰을 때 부족의 지도자들은 후퇴하지 못하도록 배수진을 쳤다.

"Don't ***burn your bridges behind you***," he scolds me. "You never know when you'll see Jane again, so you shouldn't say something to her that you'll later regret." ▶ "다른 사람과의 관계를 돌이킬 수 없을 정도로 악화시키면 안 된다"고 그는 나를 꾸짖는다. "네가 제인을 언제 다시 볼지 모르기 때문에 네가 나중에 후회할 말을 그녀에게 하면 안 된다."

burn someone's boat

They have already ***burnt their boat*** by going public with their letter asking her that she cannot be the Prime Minister since she is foreign born and since she has no experience. ▶ 그들이 그녀에게 외국에서 태어났고 경험이 없기 때문에 수상이 될 수 없다고 요구한 편지를 보냈다고 공개하는 바람에 이미 돌이킬 수 없을 정도로 관계가 악화되어 버렸다.

If you need to succeed in your business, you need to have killer instinct and to ***burn your boat***. That guts and tough decision making are the popular traits of great business leaders in business history. ▶ 당신이 사업에 성공하려면 킬러 본능이 있어야 하고 죽기살기로 임해야 한다. 기업 역사상 두둑한 배짱과 강한 결단력은 위대한 기업가들의 공통된 특징이다.

바

감정/습관/태도 등이 사회/조직/성격 등에 견고하게/깊게/확고하게 **배어 있는**
견고하게/깊게/확고하게 자리잡고 있는

embedded ☞ 깊이 파묻혀 있는

Those as yet unborn will not understand how deeply the myth of European cultural superiority had been ***embedded*** into the Indian psyche. ▶ (인도가 영국의 식민지이던 시절에) 태어나지도 않았던 그들은 인도 사람들의 정신세계에 영국문화가 그들 문화보다 우월하다는 생각이 신화처럼 얼마나 뿌리 깊게 자리잡고 있는지 이해할 수 없을 것이다. ♣ ***psyche***: **정신** 참조

After all, somebody's beliefs, values, assumptions and worldview are ***embedded*** into every movie. ▶ 어쨌든 누군가의 믿음, 가치관, 가설, 세계관은 모든 영화에 깊이 배어 있다.

ingrained ☞ 물들어 있는

In Yemen, gun culture is so ***ingrained*** that it ranks as one of the most heavily armed society in the world. Despite this wealth of weapons, there remain proper ways of behaving, especially among Bedouin herdsmen. So, as tradition demands, we continue our approach toward bin Hassan's tent, letting him complete his welcome. CRACK! Another bullet shatters the afternoon sky. It rips the air above my head, again trailed by the roar of the rifle. ▶ 세계에서 가장 중무장을 한 사회의 하나로 매겨질 만큼 예멘에는 총 문화가 깊이 물들어 있다. 무기를 많이 가지고 있음에도 불구하고, 특히 베두인 유목민들 사이에서는 행동을 함부로 하지 않는 전통이 남아 있다. 그래서 전통대

로 우리는 빈 하산이 우리를 환영하는 행사를 끝내도록 내버려 두면서 그의 텐트를 향해 계속 접근한다. 탕 하는 총성과 함께 또 한 발의 총탄이 저녁 하늘을 산산 조각 낸다. 총탄은 내 머리 위의 하늘을 찢어발기고, 이어서 장총의 포효소리가 울린다. 《방문하는 사람들을 환영한다는 뜻으로 공중에 총을 쏘는 관습을 갖고 있는 아라비아 반도의 Rub al Khali 사막에 사는 베두인을 방문한 National Geographic 기자가 쓴 글이다.》

She said that the American people had been ***ingrained with*** an inherent fear of Muslims after 9/11 by US politicians. ▶ 9/11 사태 이후 미국 정치인들이 미국 시민에게 무슬림 사람들은 원래부터 무서운 존재라는 생각을 갖도록 물들여 놓았다고 그녀는 말했다.

entrenched ☞ 견고한 참호 속에 들어가 있는

The recession remains deeply ***entrenched***. ▶ 경기침체가 여전히 깊게 자리잡고 있다.

So far, Cambodia hasn't reported any major outbreaks (of bird flu), but Dr. Yi, an avian-flu expert at the University of Hong Kong, fears it may already be ***entrenched*** there. ▶ 현재까지 캄보디아가 대대적인 조류독감의 발병을 보고한 적이 없지만, 홍콩 대학의 조류독감 전문가인 Yi 박사는 조류독감이 이미 그곳에 확고하게 자리를 잡았을지 모른다고 걱정한다.

Violence may already have become ***entrenched*** in our city. ▶ 우리 도시에 폭력이 이미 견고하게 자리를 잡았을지도 모른다.

어떤 가능성/것도 **배제되지 않는다**

모든 가능성이 다 열려 있다; 모든 가능성을 다 고려하고 있다

Nothing is off the table

But heading into negotiations for next year's contract, ***nothing is off the table***, he said— including the possibility of job cuts. ▶ 내년 계약을 위한 협상장으로 향하면서 그는 인원 감축을 포함한 모든 가능성이 다 열려 있다고 말했다.

She is emphasizing that "***nothing is off the table***" in resolving the problem. ▶ 그 문제를 해결하는 데 있어서 어떤 가능성도 배제되지 않는다고 그녀가 강조하고 있다.

고려 대상에서 **배제하다**

고려 대상에서 제외하다; 고려하지/생각하지 않다

close the door on

I have not ***closed the door on*** going overseas. ▶ 나는 해외로 진출하는 것을 고려 대상에서 배제하지 않았다.

But Iran has not ***closed the door on*** the U.N.-backed concessions and has suggested there is room for some agreement on ways to keep tabs on its nuclear fuel and uranium enrichment. ▶ 그러나 이란은 유엔이 지지하는 양보안을 고려 대상에서 제외하지는 않았고, 핵연료와 우라늄 농축을 감시하는 방법에 대해 타협의 여지가 있음을 시사했다. ♣ ***keep tabs on***: 수상하거나 범죄를 저지를 가능성이 있기 때문에 늘/항상 **감시하다** 참조

~을 **배제한 채**

제외한 채

to the exclusion of

She dedicated her life to caring for her children ***to the exclusion of*** all else. ▶ 그녀는 그 밖의 모든 것을 배제한 채 오직 자식들을 돌보는 데 일생을 헌신했다.

사상/요구조건/이해관계가 서로 **배치(背馳)되는**

서로 상반되는; 동시에 다 만족시킬 수 없는; 상충(相衝)하는

competing

Japan and China laid out ***competing visions*** of how to create a European Union-style trade bloc in Asia at a regional summit here Sunday, with China pushing for stronger ties with its trading partners in Southeast Asia while Japan held open the door for the U.S. to play a role in a proposed East Asia regional trade group. ▶ 일본과 중국은 이곳(태국 방콕)에서 일요일(2009년 10월 25일) 개최된 지역 정상회담에서 유럽연합과 같은 형태의 아시아 무역권을 만드는 방안에 대하여 서로 배치되는 입장을 피력했다. 중국이 동남아시아 지역 무역 파트너들과의 강한 결속을 주장하는 데 반하여 일본은 미국이 일정 역할을 수행하도록 문호를 개방하는 동아시아 지역 교역그룹을 제안했다.

Most women were doing their best to balance *competing emotions* about their abortions, simultaneously sad and relieved. ▶ 대부분 여성들은 낙태에 대하여 슬픔에 잠기면서 동시에 안도감을 느끼는 서로 상반되는 감정의 균형을 유지하려고 최선의 노력을 하고 있었다. 《낙태 수술 전문병원에 취재하러 간 어느 여기자의 글이다.》

먹잇감 등을 찾아 **배회하다**
찾아다니다/찾아 헤매다

be on the prowl for

She plays a divorced woman *on the prowl for* men and talks incessantly about sex with anyone who will listen. ▶ 그녀는 남자들을 찾아 배회하고 자기 이야기를 들어주는 사람이면 누구에게나 끊임 없이 섹스에 대해서 이야기하는 이혼녀 역할을 맡는다.

Both uniformed and plainclothes officers will *be on the prowl* looking for underage drinkers and people causing disturbances. ▶ 제복 및 사복 경찰관들이 미성년 음주자들과 소란을 피우는 사람들을 찾아다닐 것이다.

백문이 불여일견

a picture is worth a thousand words

A picture is worth a thousand words — specially when those words are associated with the weather. ▶ 특히 날씨와 관계된 경우에는 백문이 불여일견이다.

a picture is worth more than a thousand words

A picture is worth more than a thousand words, and it is much easier to shop and search by clicking on pictures than by typing complex search terms. ▶ 백문이 불여일견인 것처럼, 복잡한 검색용어를 입력하는 것보다 그림 위를 클릭하여 필요한 것을 찾아 쇼핑하는 것이 훨씬 쉽다.

a picture speaks a thousand words

If *a picture speaks a thousand words*, this one says it all. ▶ 만일 백문이 불여일견이라면 이것이 바로 모든 것을 말해 준다.

a picture paints a thousand words

There are times when *a picture paints a thousand words* and this is one of them. ▶ 백문이 불여일견인 경우가 있는데 이것이 바로 그 경우에 해당한다.

백미(白眉)
여러 가지 중에서 가장 뛰어나거나 흥미로운 것 (highlight)

centerpiece

This year *the centerpiece* of the Festival will be its presentation of two rarely performed operas. ▶ 올해 그 축제의 백미는 흔히 볼 수 없는 두 편의 오페라 공연이 될 것이다.

The auction's *centerpiece* is a select grouping of paintings, mostly by late 19th- and early 20th-century Impressionists. ▶ 그 경매의 백미는 19세기 말과 20세기 초에 활동하던 인상파 화가들의 그림 중에서 선별한 것이다.

백방으로 노력하다
온갖 노력을 다하다; 갖은 수단을 다 동원하다

leave no stone unturned

He stressed that he would *leave no stone unturned* in holding a forum to enable both parties discuss the matter. ▶ 양 당이 모두 참석하여 그 문제에 관하여 논의할 수 있는 포럼을 개최하기 위해 백방으로 노력할 것이라고 그는 힘주어 말했다.

We will *leave no stone unturned* and will report back to the media as soon as investigations have been completed. ▶ 우리는 온갖 노력을 다할 것이며 조사가 끝나는 대로 기자회견을 열어 결과를 보고할 것이다.

주 소풍에서 선생님이 숨겨 놓은 보물을 찾기 위해 온갖 돌들을 다 뒤집어 보는 아이들을 상상하면 된다.

바

백일몽
허황된 꿈/생각 ; 환상

daydream ☞ 동사로도 사용

He says a lot of the process of writing a novel is walking around in *a daydream*. ▶ 소설을 쓰는 과정은 백일몽을 꾸면서 배회하는 것과 매우 비슷하다고 그는 말한다.

Chicago-area anglers like to *daydream* about catching a 5-pound bass from Busse Lake. ▶ 시카고 지역 낚시꾼들은 Busse 호수에서 5파운드짜리 베스를 잡는 환상을 즐긴다.

모든 것이 **백일하에 드러날 것이다**
모든 것이 결국에는 밝혀질 것이다

it will all come out in the wash

It all comes out in the wash. They've been instructed to empty their pockets before delivering clothes to the washer. ▶ 모든 것이 결국에는 백일하에 드러난다. 그들은 옷을 세탁기에 가져가기 전에 주머니를 모두 비우라는 지시를 받았다.

Chances are *it will all come out in the wash* anyway, since the commission hearings resume in a little more than three weeks. ▶ 3주가 지나면 위원회가 공청회를 재개할 것이기 때문에 여하튼 모든 것이 밝혀질 가능성이 높다.

㊟ 파도가 한번 휩쓸고 지나가면 모든 것이 들어날 것이라는 의미다.

백지 위임장
모든 권한을 부여하는 것

carte blanche ☞ French

The fact the one has been a victim does not give one *carte blanche* to victimize others. ▶ 한 사람이 희생자였다는 사실이 그 사람에게 다른 사람들을 희생시켜도 좋다는 백지위임장을 주는 것이 아니다.

Schools want *carte blanche* to set different salaries for different types of teachers. ▶ 학교들은 선생님들의 유형에 따라서 보수를 다르게 책정할 수 있는 모든 권한을 갖길 원한다.

놀라서, 분노하여 혹은 아파서 얼굴이 **백지장 같은**
매우 창백한

(as) white as a sheet

He walked back into the room looking *as white as a sheet*. ▶ 그는 백지장 같이 창백한 얼굴로 다시 교실로 걸어 들어갔다.

버팀목을 대다
지탱하다

prop up

Aggressive buying *propped up* the stock market after yesterday's slide. ▶ 어제의 주가 하락 이후 공격적인 매수가 주식시장의 버팀목이 되었다.

Competitive pressure and the need to *prop up* stock prices forced many companies to abandon research and focus mostly on short-term product development. ▶ 경쟁에서 살아남아야 한다는 압박감과 주가를 지탱해야 하는 필요성으로 인하여 많은 회사들이 어쩔 수 없이 연구를 포기하고 단기적인 제품 개발에만 초점을 맞출 수밖에 없었다.

Investments in the U.S. money market have *propped up* the American dollar. ▶ 미국의 자금시장에 투자되는 돈이 미국 달러를 지탱해 왔다.

(정치인들이 주로 하는) 말/결정 등을 **번복하기**
말 바꾸기/뒤집기

flip-flop ☞ 동사로도 사용된다, Informal, 미국

The opposition has attacked administrative performance, blaming frequent policy *flip-flops* in the past few years for having aggravated the country's poor economy. ▶ 과거 몇 년간 빈번하게 정책을 번복함으로써 그 나라의 빈약한 경제를 악화시켰다며 야당이 정부를 공격했다.

He has been criticized on *flip-flopping* on several key issues. ▶ 그는 몇 가지 주요 이슈에 대해 말을

바꾸었다고 비난받았다.

사이/관계가 점점 **벌어지다**
멀어지다

drift apart

The relationship between them looks bad, and it seems like the two will ***drift apart*** further. ▶ 그들 사이의 관계가 나쁘게 보이며 점점 더 벌어지는 것처럼 보인다.

As a result of this conflict, the family was beginning to ***drift apart***. ▶ 이 불화로 인하여 그 가족은 사이가 멀어지기 시작했다.

전쟁/캠페인 등을 **벌이다**
시작해서 한동안 지속하다

wage

The enemy was ***waging*** a classical guerrilla-type campaign. ▶ 적군은 고전적인 게릴라 형태의 전쟁을 벌이고 있었다.

The derailing of the European Union constitution by the no votes in France and the Netherlands saved Blair from ***waging*** a campaign to ratify it in Britain that he almost certainly would have lost. ▶ 프랑스와 네덜란드에서 유럽연합 헌법이 부결됨에 따라서 블레어 영국 수상은 영국에서도 부결될 것이 뻔한 유럽연합 헌법의 비준을 위해서 홍보캠페인을 벌이는 수고를 덜게 되었다.

벌집을 쑤시다/건드리다
괜한 분란/어려움을 야기시키다

stir up a hornet's nest

Some people charge that the war in Iraq actually increased danger by ***stirring up a hornet's nest*** of terrorism. ▶ 이라크 전쟁이 테러리즘이라는 벌집을 쑤시는 바람에 위험이 더 커졌다고 일부 사람들이 주장한다.

The Indian parliament will debate a bill to grant voting rights to Non-Resident Indians in its upcoming session later this month. But the proposal has ***stirred up a hornet's nest***. ▶ 인도 의회는 이달 말 시작하는 회기에서 인도 시민이 아닌 사람에게도 투표권을 주는 법안에 대해 토의할 것이다. 그러나 이 법안은 괜한 분란을 야기시켰다.

법 앞에서는 만인이 평등하다

no man is above the law

The simple commonsense tenet for the ruling is that ***no man is above the law***. ▶ 통치를 위한 간단하고 상식적인 원칙은 법 앞에서는 만인이 평등하다는 것이다.

everybody/everyone is equal before the law

The country has developed into a society where ***everyone is equal before the law***. ▶ 그 나라는 법 앞에서는 만인이 평등한 사회로 발전했다.

"We want an Iraq where ***all Iraqis are equal before the law***," he said. "The policy of discrimination and persecution is over," he added. ▶ "우리는 모든 이라크 사람들이 법 앞에서 평등하길 희망한다"고 그가 말했다. "차별정책과 종교적 박해는 끝났다"고 그는 덧붙였다.

법을 비켜가다
법을 어기다; 법을 위반하다

skirt law ☞ 법망을 피해서 빙 둘러가다

Many Americans believed that Bush Government ***skirted laws*** to listen into private conversations of legal Americans. ▶ 많은 미국인들은 부시 행정부가 합법적인 미국 시민의 사적인 대화를 엿듣기 위하여 법을 비켜갔다고 믿었다.

The Economic Development Office ***skirted state bidding laws*** on four contracts for professional services in the last three years. ▶ 경제개발국은 지난 3년 동안 4건의 전문 용역계약에서 주 입찰법을 위반했다.

법을 잘 지키는

law-abiding

Law should protect decent ***law-abiding citizens*** and their property. ▶ 법은 법을 잘 지키는 선량한 시민들

바

과 그들의 재산을 보호해야 한다.

Gun ownership by *law-abiding people* was not a problem. ▶ 법을 잘 지키는 사람이 총을 소유하는 것은 문제가 되지 않는다.

법을 집행하는 기관/사람

범죄자를 체포하는 책임이 있는 기관/사람; 경찰 관계 기관/경찰관

law-enforcement agency/officer/official

☞ 미국

The day-long training, held yesterday, entitled "Cyber Crimes 101," was attended by more than 300 *law enforcement officers* from across the state. ▶ "사이버 범죄 101"이라는 이름으로 어제 하루종일 열린 그 훈련은 주 전역에서 온 300명 이상의 경찰관계자들이 참여하였다. ♣ *entitled* : ~라는 **제목을 갖고 있는** 참조

A two-day search for a missing resident ended Friday afternoon as local *law enforcement agents* discovered his body. ▶ 지역 경찰이 그의 사체를 발견함에 따라 실종된 주민을 찾기 위한 이틀간의 수색작업이 끝났다.

법적인 구속력이 있는

legally binding

Denmark's prime minister says he does not think *a legally binding deal* on climate change will be agreed upon at a December summit. ▶ 덴마크 수상이 (2009년) 12월 정상회담에서 기후변화에 관한 법적인 구속력이 있는 협정이 맺어질 것으로 생각하지 않는다고 말한다.

The European Commission will propose *legally binding energy efficiency targets* for EU member states in line with the bloc's goal of a 20% cut in energy consumption by 2020. ▶ 유럽연합 위원회가 2020년까지 달성하려는 에너지 소비 절감 목표인 20%에 맞추어 유럽회원국들에게 법적인 구속력이 있는 에너지 효율성 목표치를 제안하려 한다.

법정 모욕/모독(죄)

contempt of court

He faced imprisonment for *contempt of court*. ▶ 그는 법정 모욕죄로 수감되었다.

The judge found his mother in *contempt of court* for not providing information on the whereabouts of her son. ▶ 재판관은 아들의 행방에 관한 정보를 제공하지 않은 데 대하여 어머니에게 법정 모독죄를 선고했다. ♣ *whereabouts* : **행방** 참조

법정에 세우다

bring someone to trial

They will be *brought to trial* and might be sent to prison. ▶ 그들은 법정에 세워질 것이며 감옥에 보내질지도 모른다.

법질서

law and order

If there were a breakdown of *law and order*, the military might be tempted to intervene. ▶ 만일 법질서가 무너진다면 군이 개입하고 싶은 유혹을 받을지 모른다.

The strikers have no respect for *law and order*. ▶ 파업을 일으키고 있는 그 사람들은 법질서를 전혀 존중하지 않는다.

~의 구속/영향권에서 벗어난

be cut loose from

It's about time to be *cut loose from* him on whom I have so long depended. ▶ 이제 내가 매우 오랫동안 의존했던 그의 영향권에서 벗어날 시기다.

At 18, kids become adults overnight and are *cut loose from* the system. ▶ 18세가 되면 아이들은 하룻밤 사이에 어른이 되어 그들을 구속하고 있었던 체제에서 벗어난다. ♣ *overnight* : **하룻밤 사이에** 참조

베일을 벗기다
모습을 드러내다/보여주다

unveil

A new, unofficial Middle East peace plan ***unveiled*** in Geneva is drawing praise and derision. ▶ 제네바에서 베일이 벗겨진 새로운 비공식적인 중동평화 계획은 칭찬과 조롱을 함께 받고 있다.

화를 내며 **벼락같이 소리치다**
매우 화가 나서 버럭 큰 소리를 지르다

thunder

"Don't play silly games," he ***thundered***. ▶ "어리석은 장난을 하지 말아라" 하고 그는 화를 내며 벼락같이 소리쳤다.

He ***thundered***, "Echoes of that disaster are all around us today!" ▶ "그 참사의 여파가 오늘 우리 주위를 둘러싸고 있다!"고 그는 버럭 큰 소리를 질렀다.

벼락부자
졸부; 신흥부자 (최근에 돈을 많이 벌긴 했지만 질이 낮은 사람들을 약간 경멸하는 표현임)

nouveaux riche ☞ French

During much of China's economic boom, the modern shopping malls, flashy apartments and party-hearty lifestyles symbolic of New China were restricted to pockets of ***nouveaux riches*** in a few major metropolises. ▶ 중국이 경제 붐을 일으키던 대부분 기간 중, 새로운 중국을 상징하는 현대식 쇼핑몰과 번쩍이는 아파트 그리고 파티를 즐기며 사는 방식은 몇몇 대도시의 신흥부자들에게 한정되어 있었다.

Most people did not appreciate his ***nouveau-riche*** taste. ▶ 대부분 사람들은 그의 졸부적인 취향을 무시했다.

주 복수형으로 ***nouveaux riches***와 ***nouveau riche***가 다 사용된다.

시험을 위해서 주입식으로 **벼락치기 공부를 하다**

cram

He is ***cramming*** for the final exam. ▶ 그는 기말시험을 위해 벼락치기 공부를 하고 있는 중이다.

Professors swear that ***cramming*** does not work. ▶ 교수들은 벼락치기 공부는 효과가 없다고 단언한다.

주 제대로 씹지도 않고 음식을 마구 입에 넣는 것처럼 제대로 이해도 못하고 지식을 마구 머리 속에 집어 넣는다는 의미다.

벼랑 끝 정책/전술
아슬아슬한 상태까지 밀고 가는 극한 정책

brinksmanship

North Korea is a master of high-stakes ***brinksmanship***, as it has proven time and time again. ▶ 이전에 수없이 증명된 것처럼 북한은 많은 것이 걸려 있는(실패하면 완전히 망할 가능성이 높은) 벼랑 끝 전술의 대가다.

♣ ***high-stakes*** : 많은 것이 **걸려 있다** 참조

House and Senate leaders are engaging in ***brinksmanship*** over the state budget and a bill to cap local property tax hikes. ▶ (양 당의) 하원과 상원 대표들은 주정부 예산과 지방세를 너무 많이 올리지 못하게 하는 법안을 두고 극한 대결을 벌이고 있다.

벽지
소외된 지역 : 고립되고 침체한 지역

backwater

The country could become a political ***backwater*** with no serious influence in the world. ▶ 그 나라는 세계에서 영향력이 별로 없는 정치적으로 소외된 국가가 될 수도 있다.

Once a sleepy ***backwater***, Qatar—rich from oil and gas—is now viewed as the architect of some of the Arab world's most daring foreign policy in decades, at times overshadowing powerful Saudi Arabia and Egypt. ▶ 한때는 활력 없는 고립되고 침체한 나라였지만 석유와 천연가스로 부자가 된 카타르는, 막강한 영향력을 행사하는 사우디아라비아나 이집트가 때로는

초라하게 보일 정도로, 아랍세계에서 지난 수십 년 이래 가장 대담한 외교정책을 주도하는 나라로 지금은 인식되고 있다. ♣ *once* : **한때는 ~ 했던** 참조

시간이 흘러도 **변하지 않는**
확고불변하게 정해진

carved in stone

Of course, the new rates have yet to be ***carved in stone***. ▶ 물론 아직까지 새 금리가 확고불변하게 정해진 것은 아니다.

To survive and thrive in the coming years, humanity must learn to merge the best practices of each of our world's ideologies, religions and cultures into the oneness of life that so many of us already believe in. This coming together of our world's people will not be done by any doctrine ***carved in stone***, rather, world peace will be created by the determination of the people who wish to live and work together in peace to bring about the next great age of humanity. ▶ 앞으로 살아남고 번성하기 위해서 인류는 세계의 모든 이데올로기, 종교, 문화들의 좋은 점들만을 한데로 합쳐서 많은 사람들이 그 가치를 이미 인정하고 있는 인류의 단일성을 창조하는 방법을 배워야 한다. 세계의 모든 사람들이 함께 사는 것은 시간이 흘러도 변하지 않는 어떤 원리원칙에 의해서 이룩되는 것이 아니고, 세계 평화는 인류의 위대한 다음 시대를 열기 위해 평화롭게 함께 일하고 살아가길 원하는 사람들의 결단력에 의해서 가능하다.

㈜ 구약성서에서 모세가 십계명이 새겨진 돌을 들고 산에서 내려오는 모습을 상상하면 된다

좋을 때나 나쁠 때나(즐거울 때나 괴로울 때나) **변함없이**

for better or worse

I will love you ***for better or worse***. ▶ 나는 즐거울 때나 괴로울 때나 변함없이 당신을 사랑하겠습니다.

The words "***for better or worse***" uttered during a wedding ceremony are more than mere words. They are a promise of total devotion and selflessness. ▶ 결혼식에서 입 밖에 내는 "좋을 때나 나쁠 때나 변함없이"라는 말은 그 이상의 의미를 가지고 있다. 이 말은 전적으로 헌신하고 이기심을 버리겠다는 약속이다.

모습/태도/행동/의견의 완벽한 **변화**
180도 변화(complete change)

sea change ☞ 상전벽해

This sea change did not occur overnight. It has evolved over the past 15 months. ▶ 이 상전벽해는 하룻밤 사이에 일어나지 않았다. 지난 15개월간에 걸쳐서 점진적으로 발생한 것이다. ♣ *overnight* : **하룻밤 사이에** 참조

A sea change has taken place in his attitude to his girlfriend. ▶ 여자 친구에 대한 그의 태도가 180도 변했다.

㈜ 바다의 침식작용에 의한 지형의 변화를 의미한다.

about-face ☞ 얼굴을 반대방향으로 돌리기

Few observers believe that the president will ***do an about-face*** and start spending more. ▶ 대통령이 종전의 태도를 완벽하게 바꾸어 예산을 더 쓸 것이라고 예상하는 사람은 거의 없다.

And in ***a remarkable about-face***, Beijing has used its considerable influence to bring its cold war ally North Korea to the bargaining table over the Stalinist country's nuclear weapons program. ▶ 현저한 태도의 변화를 보이며 중국은 스탈린식 공산주의 국가이며 냉전 시대의 우방이었던 북한을 핵무기 개발프로그램에 대한 협상 테이블로 끌어들이는 데 상당한 영향력을 발휘하였다.

예측할 수 없는 **변화**
어떤 상황이나 사람의 행동, 날씨 등이 도저히 예측할 수 없을 정도로 변화하는 것

vagary ☞ Formal

A finance minister should ideally not offer opinions on ***the vagaries of individual stocks***. ▶ 개별 주가들이 예측할 수 없을 정도로 변하는 상황에 대해 재무장관이 의견을 말하지 않는 것이 이상적이다.

We have to make a provision against ***the vagaries of the winter weather*** in Alaska. ▶ 우리는 알래스카의 변화무쌍한 겨울 날씨에 대비해야 한다.

정책/의견/상황/태도 등의 **변화**
전환

shift

He says ***the policy shift*** in Beijing will be evidence of nothing less than "a common interest in Europe and China to combat world domination by America." ▶ 중국의 정책 전환이 미국에 의한 세계 지배구조에 대항하기 위한 유럽과 중국의 공동 관심사를 대변한다고 해도 과언이 아니라는 사실이 증명될 것이라고 그는 말한다. ♣ *nothing less than* : ~이라고 해도 **과언이 아니다** 참조

It is too early to expect ***a shift*** in government policy. ▶ 정부 정책의 변화를 예상하는 것은 시기상조다.

(즐겁고 기분) 좋은 **변화를 가져다 주다**

make a change

It is a complex system, but it certainly ***makes a change***. ▶ 그것은 복잡한 시스템이지만 분명 좋은 변화를 가져다 준다.

The movie also ***makes a change*** from the usual masked maniacs killing teenagers or mutants that American filmmakers seem to be obsessed with. ▶ 그 영화는, 미국 영화제작자들이 집착하고 있는 것처럼 보이는 돌연변이 인간들이나 십대 아이들을 죽이는 가면 쓴 살인마들로부터 탈피하여, 즐거운 변화를 가져다 준다.

변화무쌍한
다재다능한

protean ☞ Formal

His protean genius also extended beyond fashion to the realms of art, theatre, architecture, and interior design. ▶ 그의 다재다능한 자질은 패션을 넘어 예술, 연극, 건축, 실내디자인까지 확장되었다.

"One conclusion that we have definitely drawn from this study," he concludes, "is that English is one of the most dynamically ***protean*** of all languages." ▶ "이 연구로부터 확실하게 이끌어낸 한 결론은 영어는 가장 역동적으로 변하는 언어의 하나라는 것이다"라고 그는 결론을 내린다.

주 그리스 신화에 나오는 자신이 원하는 대로 모습을 바꿀 수 있는 능력을 지닌 ***Proteus***에서 유래되었다.

온갖 가능한 수단을 동원하여 어려움에 빠진 상황을 만족스럽게 **변화시키다**
바람직한 형태로 만들다; 바람직한 형상으로 탈바꿈시키다

lick into shape

The new employees are getting ***licked into shape*** next week at a special training seminar. ▶ 새 종업원들은 다음 주 특별 교육세미나를 통해서 회사에서 필요로 하는 바람직한 사람으로 변화될 것이다.

She was a wonderful woman, but you never got her ***licked into shape***. A man has to get his woman ***licked into shape***. ▶ 그녀는 굉장한 여자였지만 당신은 그녀를 변화시키기 위해 애쓴 적이 없다. 남자는 자기 여자를 바람직한 사람으로 탈바꿈시키기 위해 노력해야 한다.

주 곰은 형체가 제대로 갖추어지지 않은 상태의 새끼 곰을 낳는데 이후 아빠 곰과 엄마 곰이 열심히 혀로 핥아주면 곰의 모습으로 돌아온다는 옛날 서양에서 전해지는 이야기에서 유래되었다.

변화의 바람

wind of change

People say ***the winds of change*** are more of a mild breeze. ▶ 사람들은 변화의 바람이 다소 부드럽다고 말한다.

Democratic Senate leader Harry Reid said the House results showed ***a "wind of change"*** in America. ▶ 민주당 상원 원내대표인 Harry Reid는 (2006년 민주당이 승리한) 하원 선거 결과가 미국에서 일고 있는 변화의 바람을 보여주었다고 말했다.

I have been involved in politics since 1992 when ***the wind of change*** blew across our country. ▶ 나는 우리나라에 변화의 바람이 불었던 1992년 이후부터 정치에 관여하고 있다.

별거중인
남편이나 아내와 헤어져 살고 있는

estranged ☞ Formal

His estranged wife lives near his home with their children. ▶ 별거중인 그의 아내는 아이들과 함께 그의 집 근처에서 산다.

She denies domestic violence between her and ***her estranged husband***. ▶ 그녀는 헤어져 살고 있는 남편과 자신 사이에 가정폭력이 있었다는 사실을 부정한다.

이미 알고 있는 ~라는 사실과는 **별도로**
~ 이외에도; ~ 이외에 다른 상황에 초점을 맞춘다면

apart/besides from

Apart from its scenic beauty, Mt. Sorak has an attraction in its hot springs. ▶ 멋진 경치 이외에도 설악산은 온천으로 사람들의 관심을 끈다.

Besides from my wedding day, this was one of the best days of my life. ▶ 내 결혼일이라는 사실과는 별도로 이날은 내 생애 최고의 날 중 하나다.

별도의 언급/지시/표시 등이 없는 한

unless otherwise stated/indicated/noted

The medical device company today announced its financial results for the second quarter ended June 30, 2006. All dollar amounts referenced herein are in US dollars, ***unless otherwise stated***. ▶ 그 의료기기 회사는 2006년 6월 30일에 끝나는 2사분기의 재무결과를 오늘 발표했다. 별도의 언급이 없는 한 여기에 인용된 액수는 모두 미국 달러로 표시된다.

Listings are subject to change, so call to check availability. All telephone numbers are area code 02 ***unless otherwise noted***. ▶ 목록에 있는 항목들이 변경될 수 있기 때문에 어떤 물품이 구입 가능한지 알고 싶으면 전화하세요. 별도의 표시가 없는 한 모든 전화번호의 지역번호는 02입니다.

당사자는 대단하다고 생각할지 모르지만 실제로는 **별 볼 일 없다**
그리 대단치 않다; 과연 그럴까?

Will wonders never cease?

The Bush administration recently made two useful databases available for searching. ***Will wonders never cease?*** ▶ 부시 행정부가 검색할 수 있는 두 개의 유용한 데이터 베이스를 만들었다. 과연 그럴까? 《데이터 베이스에 들어가 봐야 쓸 만한 정보가 별로 없다는 의미다.》

주 원래는 "it's a marvel or a surprise"라는 의미이지만 "별 볼 일 없다 혹은 과연/정말로 그럴까?"라는 반어적인 의미로 자주 사용된다.

기대했던/의도했던 것과는 달리 **별 볼 일 없다**
흥미롭지 않다

not with a bang but a whimper

He bowed out of the world politics ***not with a bang but a whimper***. ▶ 그는 기대와는 달리 별 볼 일 없이 조용히 정계에서 물러났다. ♣ *bow out*: ~로부터 조용히 **물러나다** 참조

주 *T. S. Eliot*의 시 *"The Hollow Men"* 끝부분에 다음과 같은 구절이 나온다: This is the way the world ends. ***Not with a bang but a whimper***.

with a whimper rather than a bang

The festival started ***with a whimper rather than a bang***. ▶ 그 축제의 시작은 기대와는 달리 흥미롭지 않았다.

별 볼 일 없을 것으로 기대했지만 매우 화려하다/흥미롭다
애초 기대와는 달리 매우 화려하다/흥미롭다

not with a whimper but a bang

The international figure skating event ended yesterday ***not with a whimper but a bang***. ▶ 국제 피겨스케이팅 대회는 어제 애초 기대와는 달리 화려하게 막을 내렸다.

The trilogy ascends and soars with the two

combatants and ends ***not with a whimper but a blast of light***. ▶ 3부작의 마지막 편(Matrix 3편: Matrix Revolution)은 양측 전사들과 함께 클라이맥스로 치솟고는 불꽃 튀는 화려한 전투장면으로 끝이 난다.

병에 걸리다

contract ☞ Formal

He *contracted* AIDS from a blood transfusion. ▶ 그는 수혈을 통하여 AIDS에 걸렸다.

Ovarian cancer is the sixth most common cancer *contracted* by women. ▶ 난소암은 여성이 6번째로 많이 걸리는 암이다.

come down with ☞ 병으로 인해 쓰러지다

He *came down with* malaria while he was in the tropics. ▶ 그가 열대지방에 있을 때 말라리아에 걸려 쓰러졌다.

On Friday afternoon he *came down with* a chest infection and was advised not to sing. ▶ 금요일 오후 그는 폐 감염으로 쓰러졌고 노래를 부르지 말라는 권고를 받았다.

lay low ☞ 질병 등이 사람을 앓아 눕게 만들다

An undiagnosed medical condition *laid* him *low* for months. ▶ 원인 모르는 병으로 그는 몇 달간 앓아 누웠다.

~이라기보다는 ~인

not so much as ~ as ~

But McCaskill's victory was considered by most pundits *not so much as* a victory for women but *as* a victory for the Democratic Party, which took control of the Senate as well as the House. ▶ 그러나 대부분 전문가들은 McCaskill의 승리를 여성의 승리라기보다는 민주당의 승리로 여겼는데, 민주당은 상원과 하원에서 모두 다수당이 되었다. 《McCaskill은 2006년 미국 미주리 주에서 최초 여성 상원으로 당선된 민주당 사람이다.》

His reputation was enhanced — *not so much as* a kingmaker *as* a person of wisdom who had the needs of the average people in mind as much as those of the ruling elite or the academic world. ▶ 킹 메이커라기보다는 보통 사람들이 필요로 하는 것을 염두에 두는 지배계급이나 학문세계에 있는 사람들처럼 지혜로운 사람으로서 그의 명성이 높아졌다.

I *don't* really think of him *as* a son *so much as* a very good friend. ▶ 나는 그를 아들이라기보다는 좋은 친구로 여기고 있다

보류되어 있다
유보되어 있다

on ice

The project will *remain on ice* for a while. ▶ 그 프로젝트는 당분간 보류된 채로 있을 것이다.

The project *is back on ice* again. ▶ 그 프로젝트는 또 다시 유보되어 있다.

They have *put* the plan *on ice* for more than three months. ▶ 그들은 그 계획을 3개월 이상 보류해 왔다.

보류하다

shelve ☞ 선반 위에 처박아 두다

Atlanta has *shelved* plans to include golf in the 1996 Games. ▶ 아틀란타는 1996년 올림픽 경기에 골프를 포함시키는 계획을 보류하였다.

보물처럼 소중히 간직하고 있다
보물처럼 소중히 생각하고/여기고 있다

treasure

The people in this country *treasure* the freedoms and rights enshrined in the constitution. ▶ 이 나라 국민들은 헌법에서 보장된 자유와 권리를 소중히 여기고 있다.

It really is so nice to have an opportunity to relive these *treasured* memories. ▶ 보물처럼 소중히 간직해 오던 옛 기억들을 회상하는 기회를 갖게 되어 매우 기쁘게 생각합니다.

남이 한 것과 같은 비슷한 방법으로 **보복하는** (행위)

tit-for-tat

The two countries have each expelled another diplomat following a round of ***tit-for-tat expulsions***. ▶ 한 차례 보복 추방에 이어서 그 두 나라는 서로 또 다른 외교관을 추방하였다.

A cycle of ***tit-for-tat violence*** may have begun: A Papuan mob stabbed to death an Indonesian soldier in apparent retaliation for the killing last month of at least 10 members of the Free Papua Movements. ▶ 보복적인 폭력의 순환이 시작된지도 모른다. 한 파푸아 폭도가 인도네시아 군을 칼로 찔러 살해했는데, 지난달 최소 10명의 Free Papua Movements의 멤버를 살해한 사건에 대한 명백한 보복으로 보인다.

an eye for an eye; a tooth for a tooth

I think our society should be wiser than back in the days when people believed "***an eye for an eye, a tooth for a tooth***" is the most important law that exists. ▶ 나는 우리 사회가 사람들이 "눈에는 눈, 이에는 이"가 가장 중요한 법이라고 믿던 그 당시보다 현명해져야 한다고 생각한다.

상대방이 자신한테 해롭게 했다고 해서 똑같이 **보복해 보아야 득이 될 게 없다**
잘못된/틀린 것 두 개를 합쳐봐야 옳은 것이 만들어지지 않는다

two wrongs don't make a right

At least in our opinion, the idea amounts to adding a negative measure to an already bad situation. ***Two wrongs don't make a right***. ▶ 적어도 우리의 의견으로는, 그 아이디어는 이미 나쁜 상태에 있는 상황에 부정적인 효과를 내는 조치를 추가하는 것에 해당한다. 잘못된 것 두 개를 합쳐봐야 옳은 것이 만들어지지 않는다.

He said "But ***two wrongs do not make a right***. The deliberate killing of Saddam is the same as a killing by Saddam." ▶ "그러나 똑같이 보복해 보아야 득이 될 게 없다. 사담(2006년에 교수형 선고를 받은 전 이라크 독재자)을 계획적으로 죽인 것은 사담이 사람을 죽인 것과 바를 바 없다"고 그가 말했다.

~를 따듯하게/자상하게 **보살피다**
돌보다; 보호하다

take someone **under one's wing**

She ***took me under her wing*** and taught me about stage presence, how to get up there and strut your stuff, make all eyes be on you. ▶ 그녀는 나를 따듯하게 보살펴 주었고 무대에 오르는 법과 어떻게 하면 실력을 과시하여 모든 시선을 끌 수 있는지를 자상하게 가르쳐 주었다.
♣ *strut your stuff*: 실력/가진 것 등을 남들에게 **과시하다** 참조

She certainly knows nothing about it. I intend to ***take her under my wing*** over the next few months to teach her a few things. ▶ 그녀는 그것에 대해서 아무것도 모르는 게 확실하다. 나는 앞으로 몇 달간 몇 가지 사항들을 가르쳐주며 그녀를 따듯하게 돌봐줄 생각이다.

주 어미 닭이 병아리들을 품듯이 보살펴 준다는 의미다.

사망자/피살자의 유가족에게 주는 **보상금**

blood money

The Philippine government is trying to persuade the victim's family to accept ***blood money*** in a return for forgiveness, which would save the woman from the death sentence. ▶ 필리핀 정부는 용서해 주고 보상금을 받으라며 그 피해자 가족을 설득하려고 애쓰고 있는데, 이렇게 되면 그 여인은 사형선고를 면할 수 있다.

Why will the people making most of ***the blood money*** rarely fight on the front line? ▶ 군인들이 피 흘린 대가로 많은 돈을 버는 그 사람들(군수산업에 종사하는 사람들)은 왜 전선에 나가서 싸우려 하지 않는가?

주 "살인의 대가로 받은 돈" 또는 "피 흘려 번 돈"이라는 의미로도 사용된다.

어떤 목적을 위하여 오랜 기간 동안 쏟은 노력이 **보상받다**
드디어 소기의 목적을 달성하다

pay off

Exactly a year later, all the people's sacrifices have ***paid off***. ▶ 정확하게 1년 후, 그 사람들의 모든 희생이

보상받았다.

~에 대한 **보상으로**
보답으로; 그 대가로

in return (for)

Beijing, in short, could drive a hard bargain ***in return for*** acquiescence on the sanction. ▶ 간단히 말해서, 이란에 대한 경제제재에 마지못해 동의하는 대가로 중국이 협상을 거칠게 몰아붙일 수 있다.《중국이 이란에서 많은 양의 석유를 수입하기 때문에 유엔 안전보장이사회의 이란에 대한 경제제재에 동의하는 대신 다른 큰 대가를 요구할지도 모른다는 이야기다.》

The case was settled when Google gave 2.7m of its shares to Yahoo! ***in return for*** a license to use the technology in perpetuity. ▶ 구글이 그 기술을 영구히 사용하는 허락을 받은 대가로 270만 불어치의 주식을 야후에 넘겨주어 그 사건이 해결되었다.

Kim Jong Il, who took command of the North after his father's death, agreed to sell Khan the plans and parts to build a Pakistani version of the Taepodong nuclear-capable ballistic missile. ***In turn***, says the diplomat, North Korea asked for Pakistan's centrifuge technology for enriching uranium. ▶ 아버지가 죽은 후 북한의 권력을 장악한 김정일은 Khan 박사(파키스탄의 핵 개발을 주도한 인물)에게 핵무기 탑재가 가능한 대포동 탄도 미사일을 제조할 수 있는 공장과 부품들을 팔기로 합의했다. 이에 대한 보상으로, 북한이 우라늄을 농축하는 데 필요한 원심분리 기술을 파키스탄에 요구했다고 그 외교관은 말한다.

숨어 있는 혹은 다듬어지지 않은 **보석**
흙 속의 진주; 재능은 있지만 아직 다듬어 지지 않았거나 경험이 부족한 사람; 숨은/숨어 있는 보석/인재; 잘 알려지지는 않았지만 재능이 뛰어난 사람

diamond in the rough

"He is not well known but is one of those ***diamonds in the rough***," said the coach. ▶ "그는 잘 알려지지는 않았지만 숨은 인재들 중의 하나다"라고 코치가 말했다.

Finding a company that is ***a diamond in the rough*** of today's market may be difficult. ▶ 오늘날의 시장에서 숨어 있는 보석 같은 회사를 찾는 것이 어려울 수도 있다.

보석처럼 빛나는 것/사람/업적
가장 뛰어난/우수한/자랑스러운 것/사람/업적

jewel (in one's crown)

The series of books is ***the jewel in her crown***. ▶ 그 일련의 책들은 보석처럼 빛나는 그녀의 업적이다.

The third baseman was ***the jewel*** of the team's 2006 draft. ▶ 그 3루수는 그 팀의 2006년 선수선발에서 가장 우수한 선수였다.

특정한 단체에서 오랫동안 활동해 온, 새로운 것들을 잘 받아들이려 하지 않는 **보수적인 사람들의 집단**
어떤 주의나 주장을 오래 옹호해 온 사람들

old guard

"***The Old Guard*** is all gone," he says. "We are no longer dealing with a generation (that trained in Afghanistan), a close group of activists who knew each other. We are now dealing with a generation which has kept a low profile." ▶ "옛날식으로 테러를 저지르던 사람들은 이제 없다"고 그는 말한다. "우리는 더 이상 아프가니스탄에서 훈련받고 서로를 잘 알던 폐쇄적인 집단을 상대하고 있는 것이 아니다. 지금 우리는 남의 눈에 띄지 않게 활동하는 세대를 상대하고 있다."《2005년 당시 테러조직의 경향에 대한 이야기다.》 ♣ *low profile* : 남들 **눈에 잘 띄지 않는** (상태) 참조

He belongs to the ruling party's ***old guard***. ▶ 그는 집권당의 보수집단에 속한다.

주 나폴레옹의 Imperial Guard(근위대)에서 유래되었다. The Imperial Guard는 four regiments of the Young Guard, four of the Middle Guard, Four of ***the Old Guard***, Four cavalry regiments, 96 pieces of artillery로 구성되어 있었다. 이 중에서 워털루 전쟁에서 최후의 공격을 감행한 부대가 바로 ***the Old Guard***였다고 한다.

~에 대한 보장이 아니다
~라는 사실이 ~을 보장하는 것은 아니니다

no guarantee of

Technological superiority is ***no guarantee of*** invincibility as the recent events the world over have so amply demonstrated. ▶ 세계 곳곳에서 벌어진 최근 사건들이 충분히 보여주었듯이, 기술적 우수성이 항상 성공을 보장하는 것은 아니다.

The value of investments may fluctuate. Results achieved in the past are ***no guarantee of*** future results. Past performance is ***no guarantee of*** future returns. ▶ 투자의 가치는 변동할 수 있다. 과거에 얻은 결과들은 미래의 결과들에 대한 보장이 아니다. 과거의 실적이 미래의 수익을 보장하는 것은 아니다.

~와 보조를 맞추다
~와 행동을 같이하다

march to someone's drum (beat)

Karl Marx had some good ideas about what an ideal world should be; and plenty of people embraced them and were ready to ***march to his drum beat***. ▶ 칼 막스는 이상적인 세계란 무엇인지에 대한 좋은 생각을 가지고 있었다. 많은 사람들이 그의 생각을 받아들였으며 그와 보조를 맞출 준비가 되어 있었다.

He still believes everyone needs to ***march to his drum***. ▶ 그는 여전히 누구든지 자기와 행동을 같이 해야 한다고 믿는다.

보조를 맞추지 않다
다른 행동을 하다; 따로 놀다

march to the beat of a different drummer

They ***march to the beat of a different drummer***. Their morals and principles are not aligned with the average citizen. ▶ 그들은 남들과 보조를 맞추지 않는다. 그들의 도덕과 원칙은 일반 시민들과 다르다.

The area cannot ***march to the beat of a different drummer***: it have to sink or swim with the rest of the country. ▶ 그 지역은 따로 놀아서는 안 된다. 아무도 도와주지 않기 때문에 그 나라의 나머지 지역들과 힘을 합하여 어려움을 헤쳐나가야 한다. ♣ *sink or swim*: 남들에게 **의존할 수 없는 상황에 처해 있다** 참조

어떤 활동이나 단체에서 제일 중요한 임무를 수행하는 사람을 **보조하는 역할을 하다**
부수적인 임무를 맡다; 이인자 역할을 하다

play second fiddle to

He has expressed frustration about ***playing second fiddle to*** John. ▶ 그는 존을 보조하는 역할을 맡는 것에 대해 불만을 표시했다.

A potential tag team of Yahoo and Microsoft, who have ***played second fiddle to*** Google in the search and online ads, will surely intensify pressure on Google, possibly forcing it to counter through an acquisition, he says. ▶ 탐색과 온라인 광고에서 Google 다음으로 이인자 역할을 해오던 Yahoo와 Microsoft의 잠재적 연합 팀은 Google에 대한 압박을 가중시킬 것이 분명하며 Google이 다른 회사의 인수를 통하여 반격할 수밖에 없을지도 모른다고 그는 말한다. 《2008년 Microsoft의 Yahoo 인수에 대한 이야기다.》

주 악단에서 수석이 아닌 제2 바이올린 주자를 맡는 것을 의미한다.

보호천사
수호천사

guardian angel

Many people who download movies and buying pirate copies insist that doing so has no effect on their legitimate movie-buying or theatergoing habits. But it would be foolish for Hollywood to ignore the grim prophecy of the music industry, where album sales have dropped 16% since 2000. Right now, the movie industry's ***guardian angel*** is slow in technology. ▶ 영화를 내려받고 해적판을 사는 많은 사람들은 그렇게 하는 것이 합법적으로 영화를 사보거나 극장에 가는 습관에 아무런 영향을 미치지 않는다고 주장한다. 그러나 영화업계가 2000년 이후 앨범의 판매가 16% 하락한 음악 산업계에 대한 암울한 예언을 무시한다면 어리석은 일일 것이다. 현재 영화산업을 보호하는 기술의 개발이 느리게 진행되고 있다.

He is my rock and my ***guardian angel***. ▶ 그는 나의 반석(의지할 수 있는 사람)이고 보호천사다.

약을 정기적으로 **복용하다**

be on a drug

Is it really better that someone should have an abortion rather than be ***on the pill***? ▶ 피임약을 정기적으로 복용하는 것보다 낙태수술을 받는 것이 정말로 더 낫다는 말인가? 《피임을 반대하는 사람들에 대한 항변이다.》 ♣ ***be on the pill***: 피임약을 복용하다

She ***is on antibiotics*** for an eye infection. ▶ 그녀는 눈에 염증이 생겨 항생제를 복용하고 있다.

해임되거나 그만두었던 사람을 **복직시키다**

reinstate

Nearly a month after being suspended from duty, he has been ***reinstated***. ▶ 정직 처분을 받은 지 거의 한 달 만에 그가 복직되었다.

He has been ***reinstated to*** the club's board. ▶ 그는 그 클럽의 평의원으로 복직되었다.

특정한 성향(믿음)을 지닌 사람이나 특정한 동물/식물들의 **본거지**

본고장; 많이 모여 있거나 사는 장소; 동물/식물의 서식지

stronghold

Jiri-mountain is the only ***stronghold of*** bears in the Korean Peninsula. ▶ 지리산은 한반도에서 유일한 곰 서식지다.

The U.S. believes that nation-building efforts and the success of last October's presidential election have drained support in former Taliban ***strongholds***. ▶ 국가를 건설하려는 노력과 지난 10월에 있은 대통령 선거의 성공으로 이전에 탈리반의 본거지였던 지역들이 더 이상 탈리반을 지지하지 않게 되었다고 미국은 믿고 있다.

home to

One major problem is habitat erosion. In Vietnam, for example, which is ***home to*** four of 25 most endangered species, habitat loss as a results of development and persistent hunting for food, medicine and animal skins has reduced the populations of species like golden-headed langur from thousands in the middle of last century to only 65 today. ▶ 큰 문제 중 하나는 서식지의 침식이다. 예를 들면 멸종위기에 처한 25종들 중에서 4가지 종들이 모여 사는 베트남에서, 개발 및 먹을 것, 약, 동물가죽을 얻기 위한 지속적인 사냥의 결과로 나타나는 서식지의 손실 때문에, 황금색 머리 긴 꼬리 원숭이 같은 종의 개체수가 지난 세기 중반 수천 마리에서 현재 고작 65마리로 감소했다.

Despite its urban landscape, Hudson County is ***home to*** an estimated one million bats. ▶ 도시적인 모습에도 불구하고, Hudson 카운티는 1백만 마리로 추정되는 박쥐들의 서식지다.

The island is ***home to*** 5,000 people, mostly farmers who have lived there for generations. ▶ 그 섬은 5천 명의 사람들이 모여 살고 있으며, 대부분 여러 세대에 걸쳐 그곳에서 살아온 농부들이다.

본격적으로

in earnest

The two countries can finally start negotiating ***in earnest*** about issues of mutual concern. ▶ 마침내 두 나라는 상호 관심사들에 관해서 본격적으로 협상을 하기 시작했다.

Other nations, realizing how successful the U.S. model of scientific research has been, have begun to copy it ***in earnest***. ▶ 다른 나라들이 미국의 과학연구 모델이 얼마나 성공적이었는지 깨닫고는 본격적으로 미국을 모방하기 시작했다.

사건/프로젝트/일 등이 시작된 후 계속 진행되어 **본격적인 단계에 접어들다**

comes of age ☞ 성숙하다; 성숙 단계에 접어들다

Recycling has *come of age* in Britain in the last decade. ▶ 지난 10년간 영국에서 재활용은 성숙 단계에 접어들었다.

Asia's antismoking movement *comes of age*. ▶ 아시아의 금연운동은 본격적인 단계에 접어들었다.

pick up steam ☞ 활기를 띠다

As the economy *picks up steam*, job growth will follow. ▶ 경제가 활기차게 돌아가고 있기 때문에 일자리가 증가할 것이다.

주 증기기관차의 엔진이 본격적으로/활기차게 가동되고 있다는 의미다.

(자신이 스스로 생각하는 것처럼 그렇게 중요하지 않다는 사실을 깨닫고, 정신을 차리고) **본래/본연의 모습/자세/위치로 돌아오게 하다**

코를 납작하게 만들다

bring/cut someone down to size

Finally, he was *brought down to size*. ▶ 마침내 그는 본래의 모습으로 돌아왔다.

Imagine a system where our politicians are more responsive, our candidates focus on real issues, the special interest groups have limited influence, and "pork barrel" politics is *cut down to size*. ▶ 정치가들이 좀더 책임감 있게 행동하며, 후보들이 현실적인 이슈에 초점을 맞추고, 특정한 이익단체들이 영향력을 행사하는 것을 자제하며, 지역구 사람들의 표를 얻기 위하여 나라의 돈을 마구 쓰는 선심 정치가 본연의 모습으로 돌아오는 그런 시스템을 한번 상상해 보라. ♣ *pork barrel*: 특정 지역구 주민들의 표를 얻기 위하여 정부 돈을 마구 쓰면서 **선심을 쓰는** 참조

England's World Cup stars were last night urged to *cut* Big Phil Scolari *down to size* in Saturday's quarter final. The flamboyant Portugal boss revels in his larger-than-life reputation and loves it when his players call him by his nickname. Now millions of fans are hoping that our boys can give Portugal a right good stuffing and shut Big Phil's big mouth once and for all. ▶ 영국 팬들이 2006년 월드컵 8강전에서 포르투갈 감독을 맡고 있는 스콜라리의 코를 납작하게 만들어 주길 어제 저녁 대표팀에게 촉구했다. 현란한 말솜씨와 행동을 자랑하는 포르투갈 감독은 실제보다 과장된 그의 평판을 한껏 누리고 있으며 선수들이 자신의 별명(Big Phil)을 불러주는 것을 무척 좋아한다. 수백만의 팬들은 영국 선수들이 포르투갈에게 한방 제대로 먹이고 마구 떠들어대는 스콜라리의 입을 이번 기회에 영원히 막아주길 바라고 있다. ♣ *revel in*: 특별한 상황/경험 등을 한껏 **즐기다**; *larger-than-life*: 실제보다 **과장된**; *once and for all*: 이번 기회에 앞으로도 **영원히** 참조

본보기

role model

He was once *a role model* for Korean teenagers. ▶ 그는 한때 한국 십대들의 본보기였다.

She has said it isn't her responsibility to be *a role model* to her young fans. ▶ 그녀는 젊은 팬들의 본보기가 되는 것은 자신의 책임이 아니라고 말했다.

본인 말에 의하면

by one's own account

He was *by his own account* an ambitious workaholic. ▶ 본인 말에 의하면 그는 야망이 있는 일중독자다.

By his own account, Henry's moody on-field persona is the direct product of his tough upbringing in one of Paris' less salubrious suburbs. ▶ 프랑스 축구스타 티에르 앙리 본인 말에 의하면, 축구경기장에서 남들에게 비춰지는 자신의 우울한 성격은 그다지 환경이 좋지 않은 파리의 교외 지역에서 엄한 가정교육을 받고 자랐기 때문이라고 한다. ♣ *persona*: 겉으로 드러난 사람의 **성격**; *upbringing*: **가정교육**; *salubrious*: 지역/장소 등의 주거 환경이 좋아 사람들이 **선호하는** 참조

본질을 벗어난
주제와는 관련 없거나 핵심적인 사항이 아닌; 외적인

extraneous ☞ Formal

We should not bring in ***extraneous matters*** in trying to reach a fundamental agreement. ▶ 근본적인 합의에 도달하려고 노력하고 있는 와중에 본질을 벗어난 문제들을 들고 나오면 안 된다.

We're conscious only of our conscious decision-making but, in reality, our decisions are heavily influenced by ***extraneous factors*** we're not conscious of. ▶ 우리는 우리가 신중히 내리는 의사결정만을 의식하고 있지만, 사실은 우리의 결정들은 우리가 의식하지 못하는 외적인 요소들에 의해서 큰 영향을 받는다.

Health care insurers demand verification of treatment used for purposes quite ***extraneous to patient care***. ▶ 의료보험사들은 환자의 치료와는 전혀 관련이 없는 목적으로 사용된 처치가 정당하다는 것을 증명하라고 요구했다.

사람들이 볼 수 없는
눈에 안 보이는; 오랫동안 보이지 않던

unseen

The unseen world, whether hidden in darkness, blurred by smoke or cloaked in rain, can be a dangerous place, but every night, police officers, firefighters and rescue personnel enter that ***unseen world*** to protect us from what's lurking there. ▶ 어둠 속에 숨어 있든, 연기로 흐리게 보이든, 혹은 빗속에 가려 있든지 간에 사람들이 볼 수 없는 세계는 위험한 장소일 수 있다. 그러나 경찰관과 소방관 그리고 구조대원들은 잠복하고 있는 위험으로부터 우리를 보호하기 위하여 매일 그런 세계로 들어간다.

Previously ***unseen drawings*** of Claude Monet, including one found on the back of another work, provide insight into the artist, a British curator said. ▶ 또 다른 작품 뒷면에서 발견된 그림을 포함하여 이전에 오랫동안 보이지 않았던 모네의 그림들은 그를 깊이 이해할 수 있게 해준다고 한 영국의 큐레이터가 말했다.

많은 사람들로부터 봉변을 당하다
많은 사람들이 퍼붓는 비난이나 공격 때문에 시련을 겪다; 고초를 겪다; 곤욕을 치르다; 수난을 당하다

run the gauntlet

They had to ***run the gauntlet of*** protesters hurling abuse as they were held there by police. ▶ 그들은 경찰에 의해서 붙들려 있는 동안 욕설을 퍼부으며 항의하는 사람들에게 봉변을 당해야 했다.

They had to ***run the gauntlet of*** police scrutiny to attend the meeting. ▶ 그들은 회의에 참석하기 위해 경찰의 정밀 조사를 받는 수난을 당해야 했다.

Kate ***ran the gauntlet of*** dozens of reporters and photographers outside the station. ▶ 케이트는 역 밖에 있던 수십 명의 기자들과 사진사들이 퍼붓는 질문과 플래시 세례로부터 빠져 나오느라 곤욕을 치렀다.

주 여기서 ***gauntlet***은 많은 사람들을 양쪽에 세워놓고는 죄를 지은 사람이 사이로 지나갈 때 마구 때리도록 하는 형벌(태형)을 의미한다.

힘든 문제/일/책임 등을 부과하다
지우다; 떠안게 하다

saddle someone with

The war ***saddled*** the country ***with*** a huge foreign debt. ▶ 그 전쟁으로 그 나라는 엄청난 해외 부채를 떠안았다.

The agreement ***saddled*** him ***with*** $25,000 in fines. ▶ 그에게 2만 5천불의 벌금을 부과하도록 합의되었다.

Forcing foreigners to take the costly vaccine ***saddles*** them ***with*** an unfair financial burden. ▶ 외국인들에게 비싼 백신주사를 맞으라고 강요하는 것은 그들에게 불공평한 경제적인 부담을 지운다.

주 말에 안장을 얹듯이 무거운 짐을 올려 놓는다는 뜻이다.

노여움/불화/논쟁 등이 **부글부글 끓어오르고 있는 중이다**
아직 밖으로 드러나지는 않았지만 하시라도 발생할 수 있는 상태에 있다; 당장에라도 터지려 한다; 터지기 직전이다; 폭발 직전이다

simmer

He exploded with the rage that had ***simmered*** all morning. ▶ 그는 오전 내내 끓어 오르고 있던 분노를 폭발시켰다.

Bitter divisions that have ***simmered*** for more than half a century do not seem to be resolved soon. ▶ 반세기를 이어온 폭발 직전의 심각한 불화는 조만간 해결될 것처럼 보이지 않는다.

Earlier this year, China moved substantively to resolve ***a long-simmering border dispute*** with India — a big step for a nation that has had territorial disputes with everyone except Laos. ▶ 올해 초 중국은 당장에라도 터질듯한 상태로 오랫동안 끌어오던 인도와의 국경분쟁을 해결하기 위하여 실질적인 조치를 강구했는데, 이는 (국경을 맞대고 있는 나라들 중에서) 라오스를 제외한 모든 나라들과 영토분쟁을 해왔던 나라로서는 큰 진일보다.

boil

His temper was ***at boiling point***. ▶ 그는 화가 나 속이 부글부글 끓었다.

The schism between Woods and Mickelson dates back two years, to when Mickelson called Woods' Nike clubs "inferior." Woods ***boiled***. "It was a little sucker punch," says Fred Funk. ▶ 우즈와 미켈슨 사이의 불화는 2년 전 미켈슨이 타이거 우즈가 사용하는 나이키 골프클럽이 형편없다고 말한 때로 거슬러 올라간다. 이 말을 듣고는 우즈는 몹시 속이 끓었다. (그러나 우즈가 대놓고 미켈슨을 맞받아치지 않았기 때문에 싸움으로 번지지는 않았다.) "그것은 예상치 못한 공격이었다"고 프레드 펑크가 말한다. ♣ *date back* : ~로 **거슬러 올라간다**; *sucker punch* : 불의의 **공격** 참조

특정 시간**부로**
특정 시간부터

as of(미국) ; as from(영국)

He is to retire ***as of 1 March***. ▶ 그는 3월 1일부로 은퇴할 것이다.

"Our immediate response to the UN Security Council is that, ***as of today***, we will start the activities at the site of the 3000 centrifuge machines and we will go ahead with full speed," he said. ▶ "유엔 안전보장이사회의 결정에 대한 즉각적인 대응으로 우리는 오늘부로 3,000개의 원심분리장치가 있는 지역에서 활동을 시작할 것이며 전속력으로 진행할 것이다"라고 그는 말했다. 《2006년 12월 24일 유엔안전보장 이사회에서 핵개발과 관련된 물질이나 장비 등의 교역을 금지하는 제재를 가하기로 결정한 데 대한 이란의 반응이다.》

We are to see the new building ***as from next year***. ▶ 우리는 내년부터 새 건물을 보게 될 것이다.

~으로 나타나는 좋지 않은 **부수적인 결과**
부차적인 영향

fallout from something

Experts believe the economy is shrinking now because of ***the fallout from*** the housing and credit debacles. ▶ 주택시장과 신용 붕괴의 부수적인 결과 때문에 경제가 움츠려 들고 있다고 전문가들은 믿고 있다.

야간에 **부업을 하다**

moonlight

He was ***moonlighting*** as a taxi driver. ▶ 그는 야간에 택시 운전사로 부업을 하고 있었다.

Workers in state enterprises are not permitted to ***moonlight***. ▶ 국영기업 직원이 퇴근 후 부업을 하는 것은 허용되지 않는다.

부엌살림
부엌에서 사용하는 식기와 도구의 총칭

pots and pans

In Europe, a visibly capable kitchen has long been a tradition but, in North America, showing off ***the pots and pans*** wasn't always so fashionable. ▶ 유럽에서 안을 들여다 볼 수 있는 식당 부엌은 오랜 전통이지만, 북미

에서는 부엌에서 사용하는 식기와 도구들을 손님에게 보여주는 것이 언제나 멋지다고 여겨지지는 않았다.

It was love at first sight for Kirsten and Jean. After an intense 19-day courtship, Jean proposed to Kirsten. Like many couples, they had all ***the pots and pans*** they needed. What they really wanted from their wedding guests was money for a dream honeymoon to Scotland, where Jean was born. ▶ Kirsten과 Jean은 첫눈에 서로 사랑에 빠졌다. 19일간의 열애 끝에 Jean은 Kirsten에게 청혼했다. 많은 커플들과 마찬가지로 그들은 필요한 부엌살림은 모두 가지고 있었다. 그들이 진짜로 결혼식 하객으로부터 원하는 것은 Jean이 태어난 스코틀랜드로 꿈 같은 신혼여행을 떠나는 데 필요한 돈이었다. ♣ *courtship*: **구애(求愛)활동** 참조

원하는 것을 다 하거나 살 수 있을 만큼 **부유한**
유복한; 형편이 넉넉한; 잘사는

well-to-do ☞ 명사형(부유한 사람)으로도 사용

My mother came from ***a very well-to-do family***. They were well-read, high-class in society. ▶ 내 어머니는 매우 유복한 가정에서 태어났다. 그들은 모두 책을 많이 읽어 박식했고 사회의 상류층이었다. ♣ *well-read*: 책을 많이 읽어 **박식한** 참조

A study hinted that poorer residents of ***well-to-do areas*** are excluded from those benefits and may even fare worse than counterparts in poorer areas. ▶ 한 연구는 부유한 지역에 사는 가난한 주민들이 그러한 혜택에서 제외되고 있으며, 심지어는 빈민가에 있는 사람들보다 훨씬 더 형편이 좋지 않다는 사실을 말해 주었다.

The well-to-do have shouldered more than their share of the cost of government for too long. ▶ 부자들은 너무나 오랫동안 정부 재정에서 그들이 담당해야 할 몫보다 많은 부분을 떠맡아 왔다.

부유한 집에서 태어나다

be born with silver spoon in one's mouth

Every man ***was*** not ***born with a silver spoon with his mouth***. ▶ 모든 남자가 부유한 집에서 태어나지는 않았다.

주 오래전 서양에서 대부모가 부잣집 어린아이에게 세례식에서 은수저 세트(예수님의 12제자를 상징하는 12벌)를 주었다는 데서 유래되었다고 전해진다.

부유한 환경
풍족한/윤택한 생활 환경

Easy Street; easy street

And the undeniable fact of the matter is that as the price of oil goes, so goes the cost of living. Our days of living ***on Easy Street*** are coming to an end. ▶ 거부할 수 없는 사실은 기름값이 올라가면 생활비도 올라간다는 것이다. 우리가 부유하게 살던 시절이 끝나고 있다.

Everybody who knows anything about the project suspects that there is enough oil there to put the country ***on easy street*** if managed well. And that is the catch, if managed well. ▶ 그 프로젝트에 대하여 아는 사람은 누구나 관리만 잘 한다면 부유한 나라로 만들 수 있는 충분한 오일이 그 나라에 있다는 사실을 느낀다. 한 가지 숨겨진 어려움은 관리가 잘 되어야 한다는 것이다. ♣ *catch*: 겉으로 보기엔 매우 좋아 보이지만, 계획이나 제안 등에 감추어진(숨겨진) **어려움** 참조

주 1902년 미국 소설 "*It's Up to You*"에서 처음 이 표현이 등장했다고 한다: "walk up and down ***Easy Street***"

부정한 행위
부적절한 행동

impropriety ☞ Formal

He resigned amid allegations of ***financial improprieties***. ▶ 금융 관련 부정행위에 대한 주장들이 터져 나오고 있는 상황 속에서 그가 사임했다. ♣ *amid*: 어떠한 일이 발생하는 상황 **속에서** 참조

His seven-year tenure had weathered several other scandals involving ***accounting improprieties*** and corporate espionage. ▶ 그는 7년의 임기 동안 회계부정(분식회계)과 기업정보 누출을 포함한 여러 가지 스캔들을 잘 견뎌냈다. ♣ *weather*: 어려움을 겪었지만 잘 **견뎌내다** 참조

부주의하게 행동하는
단정치 못한; 조심성 없는; 마구잡이식으로 행동하는

slipshod

The newspaper details the substandard conditions and ***slipshod treatment*** of wounded soldiers at the Army Medical Center. ▶ 그 신문은 그 육군병원의 열악한 환경과 부상 군인들에 대한 부주의한 처치를 소상히 밝히고 있다.

Friday's disclosure of the FBI's ***slipshod use*** of the secret investigative technique reverberated quickly and loudly on Capitol Hill and inside the Bush administration. ▶ FBI가 은밀한 심문기술을 조심하지 않고 마구 사용했다는 금요일에 나온 폭로는 의회와 부시 행정부에 빠르고 크게 반향을 일으켰다.

주 공식적인 행사에 정장차림으로 나와야 함에도 불구하고 슬리퍼를 질질 끌면서 나타난다는 의미다.

좋지 못한 또는 위험한 상황 등이 부지불식간(不知不識間)에 발생하는
모르는 사이에 점차 나타나고/진행되고 있는

insidious

I had no idea that corporate propaganda was so ***insidious***. ▶ 기업의 선전활동이 우리가 모르고 있는 사이에 그토록 진행되고 있는지 나는 전혀 몰랐다.

Yes, legal drugs, even if heavily taxed and extensively regulated, would no doubt be cheaper than illegal ones, which could mean more people sampling them out of curiosity. But this danger has to be weighed against ***the insidious marketing dynamic*** of illegal drugs, whose wildly inflated prices compel the low-income user to become a pusher and recruiter of new users. ▶ 물론 합법적인 (마약효과를 지닌) 약품들이, 비록 세금을 무겁게 매기고 광범위하게 통제를 하더라도, 불법 약품들보다 싸다는 것은 의심의 여지가 없다. 이는 더 많은 사람들이 호기심으로 한번 시도해 볼 수도 있다는 것을 의미한다. 그러나 이 같은 위험성도 부지불식간에 진행되고 있는 불법약품(마약)의 마케팅에 비하면 상대가 안 된다. 불법약품 가격이 엄청나게 비싸기 때문에 저소득 복용자들은 돈을 마련하기 위하여 새로운 사람들을 마약에 끌어들이지 않을 수 없게 된다.

부채질하다
좋지 않은 감정/상황을 더 악화/확대시키다; 부추기다; 선동하다

fan

Poor US corporate results and falling commodity prices ***fanned*** worries of a protracted global economic slowdown. ▶ 미국 기업의 빈약한 실적과 생필품 가격의 하락은 오랜 기간 지속되고 있는 세계 경제의 후퇴에 대한 걱정거리를 부채질했다.

Colombian stocks had their biggest decline since the creation of the benchmark IGBC index in July 2001 as interest rate increases in Europe, Africa and Asia ***fanned*** concerns that world growth will slow. ▶ 유럽, 아프리카 및 아시아의 금리 인상이 세계적 성장세가 둔화될 것이라는 염려를 부추김에 따라 콜럼비아의 주가는 2001년 역사적인 IGBC 지수를 도입한 이래 최대의 하락을 보였다.

사실을 부풀리다
과장하다

stretch

He ***stretched*** the truth. ▶ 그는 사실을 부풀렸다.

There were things which he ***stretched***, but mainly he told the truth. ▶ 일부 그가 과장한 것들도 있지만 대부분 그는 사실을 말했다. ***Mark Twain***의 ***Huckleberry Finn*** (1884) 중에서.

바로 아래 부하
직속 부하; 부관; 보좌관; 이인자

lieutenant

To try to bolster public confidence, Iraqi officials announced the arrests of three more purported ***lieutenants*** of Jordanian terrorist Abu Musab al-Zarqawi. ▶ 국민의 신임을 북돋우기 위해서 이라크 관리들은 요르단 태생의 테러리스트인 Abu Musab al-Zarqawi(테러조직 알카에다에서 오사마 빈 라덴 다음 인물로 알려진 인물)의 바로 아래 부하로 추정되는 3명을 추가로 검거했다고 발표했다.

♣ ***purported*** : ~라고 **추정되고 있는** 참조

Indiana *Lieutenant Governor* is preparing for a trip to Mexico to strengthen the state's business ties with that country. ▶ 인디아나 주 부주지사는 경제협력 관계를 강화하기 위해서 멕시코 방문을 준비 중이다.

second-in-command

He had been *second-in-command* at the University, serving as vice president for academic affairs, when he was named interim president. ▶ 그가 임시 총장으로 임명되었을 때 그는 학사업무를 담당하는 부총장으로서 그 대학의 이인자였다.

어떤 좋지 않은 감정/상태를 **북돋우다**
심화시키다

stoke (up)

The United States urged Eritrea and Ethiopia not to *stoke up* tensions in neighboring Somalia but adopt a "constructive approach." ▶ 미국은 에리트리에와 이디오피아에 이웃 국가인 소말리아에서 긴장을 북돋우지 말고 건설적인 해결책을 채택하라고 촉구했다.

Drainage of tropical peat bogs is a vast uncharted source of greenhouse gases that may be doing more to *stoke* global warming than fossil fuels, a conservation group and a Dutch research institute said. Wetlands International estimated that emissions from Indonesian peat lands alone, when drained or burnt, amount to total 2 billion tons of carbon dioxide a year—almost a tenth of world greenhouse gas emissions from human activities led by burning coal, oil and natural gas. ▶ 열대 토탄(土炭)늪지가 마르면서 화석연료보다 더 지구 온난화를 심화시키는, 우리가 모르고 있던, 엄청난 양의 온실가스가 방출되고 있다고 한 환경보존 단체와 네덜란드 연구소가 발표했다. 국제습지보존위원회는 인도네시아의 토탄습지가 마르거나 불에 타면서 방출되는 이산화탄소의 양만 해도 20억 톤에 달한다고 추정했는데, 이는 인간이 석탄, 석유, 천연가스를 태울 때 발생하는 전 세계 온실가스의 1/10에 해당한다.

주 불이 꺼지지 않도록 연료를 계속 주입/공급한다는 의미다.

특정한 장소가 ~으로 **북적거리는**
너무 많다

bustling with ☞ 북적거리는 모습에서 활력과 생동감이 넘칠 때

In Hanoi, the open-air markets are *bustling with* customers and abundant with beautiful vegetables. ▶ 하노이의 노점시장들은 손님들로 북적거리며 신선한 야채들이 넘쳐난다.

One of the main attractions in Seoul is the *bustling* Namdaemoon market. ▶ 서울에서 주요 볼거리 중의 하나는 북적거리는 남대문 시장이다.

crawling with ☞ 어떤 장소가 ~으로 버글거린다, Informal

The old barn *is crawling with* vermin. ▶ 그 오래된 헛간은 쥐가 버글거린다.

The lower slopes and ski lifts were *crawling with* skiers and snowboarders. ▶ 낮은 슬로프와 스키 리프트는 스키와 보드를 타는 사람으로 버글거렸다.

infested with ☞ 좋지 않은 것들이 우글거리다; 들끓다; 횡행하다

The *shark-infested* water is off limit. ▶ 상어가 우글거리는 그 수역은 출입이 금지되어 있다.

The rescuers were searching for survivors in the sweltering *rat-infested* tunnels. ▶ 구조대원들이 찌는 듯이 덥고 쥐가 우글거리는 터널 안에서 생존자들을 찾고 있었다.

The road was *infested with* bandits. ▶ 그 길에는 노상강도들이 들끓고 있었다.

Crime and drugs are *infesting* the city. ▶ 범죄와 마약이 그 도시에 횡행하고 있다.

packed like sardines/sardine cans ☞ 통조림이 된 정어리처럼 꼼짝달싹하기 힘들다

Peoples are usually *packed like sardines* in the commuter bus. ▶ 보통 통근버스 안에는 꼼짝달싹하기 힘들 정도로 사람들이 많다.

The boats were *packed like sardine cans* with

more than 100 soldiers in each. ▶ 보트 한 대당 100명 이상의 군인들로 꽉 들어차 있었다.

여러 가지/사람들 중에서 어떤 것이 그것인지 **분간하다**
특정한 것을 구별하다; 구분하다

tell/know which is which

They all look so alike to me that I cannot ***tell which is which***. ▶ 그들은 서로 비슷하게 보여서 나는 누가 누군지 구별할 수가 없다.

It's essential to ***know which is which*** as they will result in a quite difference. ▶ 그것들은 매우 다른 결과를 가져다 주기 때문에 어떤 것이 그것인지 잘 분간하는 것이 필수적이다.

분만예정이다

be due to give birth

She ***was*** originally ***due to give birth*** on December 21. ▶ 그녀는 원래 12월 21일에 분만예정이었다.

If you ***are due to give birth*** at Christmas, don't plan to name the baby Holly. The baby will hear you and intentionally wait another entire month just to avoid that name. ▶ 만일 크리스마스가 분만예정일이라면, 아기를 Holly라는 이름으로 부르려고 하지 마라. 아기가 당신의 말을 듣게 되면 그 이름이 싫어서 고의적으로 한 달 더 기다리려 할 것이다.

남자/여자 아이를 **분만하다**
아이를 낳다

give birth to a baby/boy/girl

She has ***given birth to*** six girls and three boys. ▶ 그녀는 6명의 여자 아이와 3명의 남자 아이를 낳았다.

The 20-year-old rang in 2008 by ***giving birth to*** a 10-pound, one-ounce bouncing baby boy. ▶ 그 20세 여자는 10파운드 1온스의 건강한 사내 아이를 낳으면서 2008년 새해를 맞이하였다. ♣ *ring in* : (특히 종을 울리며) 새해 등을 **맞이하다** 참조

특정한 해결책이나 상황 등이 **분명하고 명백한**
명쾌한

cut-and-dried; cut and dried

Warfare these days is, at best, ambiguous. Nothing is as ***cut-and-dried*** as an outright fight for freedom. ▶ 요즘 세계에서 벌어지고 있는 전쟁들은 도대체 무엇 때문에 하는지 목적의식이 분명치 않다. 잃어버린 자유를 되찾기 위해서 싸우는 전쟁처럼 목적의식이 분명한 전쟁은 없다.

The issues were not so ***cut and dried*** for some other voters. ▶ 어떤 유권자들은 그 이슈들을 명쾌하게 알지 못했다.

clear-cut

The guideline is not ***clear-cut*** to me. ▶ 내게는 그 가이드라인이 명쾌하지 않다.

There was no ***clear-cut*** consensus among them. ▶ 그들 사이에 분명하고 명백한 합의가 없었다.

분수에 넘치게 살다

live beyond one's means

The 22 year old ***living beyond his means*** is not mature enough to realize the trouble he will find himself in 10 years down the road. ▶ 분수에 넘치게 살고 있는 22살 먹은 그 청년은 앞으로 10년 후에 자신이 처할 어려움을 인식할 정도로 충분히 성숙하지 못했다.

분수에 맞게 살다

live within one's means

He can't print money like president, needs to find a way to ***live within his means***. ▶ 그는 대통령처럼 돈을 찍어낼 수 없고, 분수에 맞게 사는 법을 찾아야 한다.

남이 하니까 따라서 경제적 혹은 사회적으로 **분/분수에 넘치는 생활을 하다**

친구 따라서 강남 간다

keep up with the Joneses

The phrase "***keeping up with the Joneses***" — which refers to someone trying to maintain the same social status as their neighbors or contemporaries — is widely understood in the English-speaking world. ▶ 이웃이나 같은 시대 사람들과 똑같은 사회적 지위를 유지하기 위해서 애쓰는 사람들을 나타내기 위한 "keeping up with the Joneses"라는 표현은 영어권 세계에 널리 알려져 있다.

The schools are essentially the same and everybody is ***keeping up with the Joneses*** as far as facilities are concerned. ▶ 모든 학교들이 남들이 하는 대로 분에 넘치는 교육설비를 갖추려고 한다.

The couple is spending a few days at the world-renowned Hotel Del Monte — it is the old story of "***keeping up with the Joneses***." ▶ 그 남녀는 "친구 따라서 강남 간다"다는 옛말처럼 분수에 넘치게 세계적으로 명성이 높은 Hotel Del Monte에서 여러 날 묵고 있다.

주 Arthur R. Momand의 만화(1913) 제목에서 유래되었다. 일주일에 $125을 벌면서 뉴욕에서 호화롭게 살던 젊은 시절 경험을 바탕으로 한 만화다.

어느 한 가지가 어떤 일/장소/정책/행사 등의 전반적인 **분위기를 나타내다**

기조(基調)(기본경향, 기본정책방향)를 정하다; 나머지 부분이 어떤지 혹은 앞으로 일이 어떻게 진행될지 짐작하게 한다

set the tone

The service desk at the entrance, with its friendly, helpful and efficient staff, ***set the tone*** of the rest of the store. ▶ 친절하고 도움이 되며 유능한 직원이 있는 입구 서비스 데스크는 그 상점의 나머지 분위기가 어떨지 짐작하게 한다.

Was this kinder, gentler Bush just for show, or is the President really serious about ***setting a new tone***? ▶ 이 친절하고 부드러운 부시 대통령의 행동이 단순히 쇼맨십인가, 아니면 그가 정말로 그동안 유지해 오던 (외교정책의) 기조를 바꾸는 것을 심각하게 고려하고 있는가? 《미국 부시 대통령이 독단적으로 행동하던 이전과는 달리 2005년 유럽순방 중 다른 나라의 이야기에 귀를 기울이려고 노력하고 있는 이유가 무엇인지 궁금하다는 의미다.》

파티나 모임/회의가 시작될 때 혹은 중간에 어색하고 서먹서먹한 혹은 긴장된 **분위기를 부드럽고 편안하게 만드는 말이나 행동을 하다**

사람들 사이의 혹은 국가 간의 긴장된 관계를 완화시킨다는 의미로도 사용된다

break the ice

Offering a friendly toast is a good way to ***break the ice***. ▶ 건배 제의는 모임의 분위기를 부드럽고 편안하게 만드는 좋은 방법이다.

That helped ***break the ice*** that had built up over the previous five years between the two countries. ▶ 그것은 두 나라 사이에 지난 5년간 쌓여왔던 긴장을 완화시키는 데 도움을 주었다.

A smile will ***break the ice*** if you want to ask a question. ▶ 질문하고 싶을 경우 미소를 지으면 긴장된 분위기가 해소될 것이다.

사람이나 집단 사이에서 서로 상대방에게 어떤 행동을 취하고 있는 것처럼 보이지만 상대방을 건드리는 직접적인 행동을 하지 않는 **분쟁**

말로만 상대방에게 겁을 주고는 실질적인 행동으로는 옮기지 않는 싸움

shadow boxing

The Clinton administration and Saddam Hussein were already engaged in some high-profile ***shadow boxing***. ▶ 이미 클린턴 행정부와 사담 후세인은 실질적인 행동으로 옮기지도 않으면서 곧 서로를 칠듯이 요란하게 싸움을 벌이고 있었다. ♣ *high-profile*: 남들 **눈에 잘 띄는 (상태)** 참조

주 권투선수가 상대방 없이 마치 상대방이 있는 것처럼 허공에 대고 주먹을 휘두르면서 하는 연습을 일컫는 말이다.

바

분쟁의 씨/씨앗

apple of discord

The apple of discord, which brought Moscow and Washington face to face at the meeting, was the lifting of the boycott by international donors on the Palestinian Islamic Movement Hamas government. The donors sanction on the Hamas government, for refusing to recognize Israel, precipitated an economic crisis in the Palestinian territories, worsened by constant Israeli aggressions which devastated the Gaza Strip. ▶ 그 회담에서 모스크바와 워싱턴이 얼굴을 서로 맞대고 논쟁을 벌이게 만든 분쟁의 씨앗은 팔레스타인의 이슬람 무장정파인 Hamas 정부에 대한 국제원조 금지조치를 푸는 문제였다. 원조를 제공하는 나라들이 이스라엘을 국가로 인정하는 것을 거부한 대가로 Hamas 정부에 제재를 가하여, 가자 지구를 유린한 이스라엘의 끊임없는 공격으로 악화되었던 팔레스타인 지역들의 경제를 파탄으로 몰아넣었다.

주 그리스 신화에서 유래되었다. Thetis와 Peleus의 결혼식에 초대받지 못한 불화의 여신 Eris는 복수할 마음으로 "For the Fairest(최고의 미인에게)"라는 글자가 새겨진 황금 사과를 Hera, Athene, 그리고 Aphrodite가 모여 있던 테이블에 던져 놓았다. 이 세 여신들은 이 사과가 서로 자기 것이라고 주장하며 다투다가 트로이의 Paris 왕자에게 판결해 주기를 부탁하자 그는 황금 사과를 Aphrodite에게 주었다. 이에 불만을 품은 두 여신 Hera와 Athene는 복수를 결심하고 이 때문에 트로이 전쟁이 일어나게 되었다.

특정 장소에 가득 들어찬 많은 사람/동물이 이리저리 분주히 움직이고 있다

teem with

The lake ***teems with*** fish. ▶ 그 호수에는 많은 물고기들이 떼지어 이리저리 헤엄치고 다닌다.

The streets of his hometown were ***teeming with*** hordes of starving people, many displaced from the surrounding countryside. ▶ 그의 고향 거리에는 주변 외곽지역에서 이주해 온 굶주린 사람들이 무리를 지어 돌아다니고 있었다.

swarm with

The country is ***swarming with*** terrorists and extremists. ▶ 그 나라에는 많은 테러리스트와 극단주의자들이 바쁘게 활동하고 있다.

seethe with ☞ 펄펄 끓어 오르다; 소용돌이 치다; 뒤끓다

During the 1990s, this ancient caravansary at the gateway between India and Central Asia ***seethed with*** spies of a dozen nationalities, Afghan fighters, war junkies, refugees, aid volunteers, journalists, Arab preachers, and fugitive Islamic radicals. ▶ 1990년대에는, 인도와 중앙아시아를 이어주는 관문에 위치하고 있는 옛적 대상(隊商)들이 머물던 그 숙소는 여러 나라에서 온 스파이, 아프간 전사, 전쟁 물품을 취급하는 고물상, 자원 봉사자, 기자, 아랍 전도사, 도망 다니는 이슬람 급진주의자들로 뒤끓었다.

Washington has ***seethed with*** secrets bursting to be revealed. Lately, it seems, there are more tell-all books than residents. ▶ 워싱턴은 폭로되는 비밀들로 뒤끓고 있다. 최근에는 워싱턴 주민 수보다 비밀을 폭로하는 책들이 더 많은 것처럼 보일 정도다.

통제할 수 없는 특별한 감정/반응의 **분출**
표출

outpouring

The president has somehow squandered the international ***outpouring of sympathy, goodwill and solidarity*** that followed the attacks of Sept. 11. ▶ 부시 대통령은 9/11 사태 이후 분출되었던 미국에 대한 위로의 감정과 호의 그리고 테러행위와 싸우기 위해서는 온 세계가 하나가 되어야 한다는 단결심을 어찌하다가 (너무 일방적으로 테러와의 전쟁을 벌이다가) 모두 헛되이 날려버렸다. 《부시 대통령의 일방주의를 비난하는 어느 미국 정치인의 말이다.》

The world responded to the Asian tsunami disaster with ***an outpouring of generosity***. ▶ 쓰나미로 인해 극심한 피해를 입은 아시아 여러 지역에 온 세계로부터 엄청난 구호 물자와 자원봉사자들이 몰려들었다.

한꺼번에 이루기에는 **불가능한 것처럼 보이는 두 가지 일을 동시에 시도하다**

square the circle between/of ~ and ~

Providers are finding it very difficult to ***square the circle between*** the level of quality of service required ***and*** the amount of money required to provide it. ▶ 소비자들은 양질의 서비스를 요구하지만 그렇게 하려면 돈이 많이 들기 때문에 공급업자들이 어려움을 겪고 있다.

He has ***squared the circle of*** making everybody happy ***and*** spending less money. ▶ 그는 돈을 적게 쓰면서 모든 사람들을 기쁘게 해주려는 불가능한 것처럼 보이는 시도를 했다.

As long as the supervisory board continues to demand he ***square the circle***, he will fail — just like his predecessors. ▶ 감독위원회가 한꺼번에 이루기에는 불가능해 보이는 두 가지 일을 모두 하라고 계속 그에게 요구하는 한, 그는 선임자들처럼 실패하고 말 것이다.

주 원형 안에 정사각형을 끼워 맞추려고 한다는 말이다.

불가능한 일을 시도하다

squeeze/get blood out of a stone/turnip

He is trying to ***squeeze blood out of a turnip***. ▶ 그는 불가능한 일을 하려고 애쓰고 있다.

He said working with a Republican-controlled House has been an uphill battle and compared it to "trying to ***get blood out of a stone***." ▶ 그는 공화당이 장악하고 있는 미 하원과 일하는 것은 엄청나게 힘든 일이었다고 말했으며, "돌에서 피를 짜내려 하는 것"에 비교했다.
♣ ***uphill battle*** : 엄청나게 **힘든 일** 참조

주 돌이나 순무에서 피를 짜내려 한다는 말이다.

~을 해야 함에도 **불구하고**

despite having to do something

He easily won his party's nomination ***despite having to*** run as a write-in due to a petition filing error. ▶ 제출 서류가 잘못되어 투표 용지에 그의 이름이 인쇄되지 않아 유권자들이 그의 이름을 직접 기명해야 하는 후보로 출마해야 함에도 불구하고 그가 당에서 후보로 지명되었다.

~에서 갑자기 확하고 **불길이 치솟다**
화염이 치솟다

burst into flames

The alarm was raised shortly before 1:30pm today after electrical equipment ***burst into flames***. ▶ 전기설비에서 갑자기 불길이 치솟은 후, 오늘 오후 한 시 직전에 경보가 울렸다.

Passersby rescued two children riding in the backseat just before the vehicle ***burst into flames***. ▶ 그 자동차에 화염이 치솟기 직전에 지나가던 사람이 뒷좌석에 타고 있던 두 아이를 구출했다.

불길한 물건/사람
불운; 징크스

jinx

The sophomore ***jinx***, in sports, refers to the tendency for a player to follow a good season in his rookie year with a disappointing season. ▶ 스포츠에서 2년 차 징크스는 첫 해에 좋은 시즌을 보낸 선수가 다음 시즌에는 실망스러운 결과를 보이는 경향을 말한다.

Boyd Duckett of Demopolis, Ala., broke a 37-year ***jinx*** yesterday by becoming the first pro angler from the host state to win the Bassmaster Classic. ▶ 베스마스터 클래식 프로 낚시대회를 주최하는 주에서는 우승자가 나오지 않는 37년이나 이어져 온 징크스를 어제 Alaska 주 Demopolis에 사는 Boyd Duckett이 깨뜨렸다.

주 오래전 미국 남동부 지방에서는 *jinx*라고 불리던 딱따구리과에 속하는 새로 점을 쳤다고 한다. 그런데 좋은 점 궤는 잘 들어 맞지 않고 나쁜 것만 주로 사실로 드러났다는 데서 유래되었다.

불꽃 튀는 논쟁/시합이 벌어지다
논쟁/시합 등이 격렬하게 벌어지고 있다

sparks fly

Sparks fly over fireworks plan. Despite a

mounting uproar for it to cancel the July 1 fireworks at Greenwich Point Park because of traffic and safety concerns, the town is poised to proceed with the event. ▶ 불꽃놀이 계획에 대한 찬반 양론이 불꽃을 튀기고 있다. 교통체증과 안전문제 때문에 7월 1일(미국 독립기념일) Greenwich Point Park에서의 불꽃놀이를 취소하라는 요구의 목소리가 높아지고 있음에도 불구하고, 시는 그 행사를 진행할 태세다.

Sparks fly between rival reporters chasing down the story. ▶ 그 이야기를 추적하는 기자들 사이에서 불꽃 튀는 취재 경쟁이 벌어지고 있다.

불난 곳에 기름을 끼얹다
좋지 않은 감정/상황을 부추기다; 사태를 더 악화시키다

fuel the flames

The recent surge of Chinese textile products into U.S. and European markets has only ***fueled the flames*** of protectionism. ▶ 최근 미국과 유럽에서 중국산 섬유 제품의 수입이 급등하는 바람에 보호주의 목소리가 더 커지게 되었다.

add fuel to the fire

The job of an ambassador is to snuff out any sparks, instead of ***adding fuel to the fire***. ▶ 대사의 업무는 불난 곳에 기름을 끼얹는 것이 아니고 불꽃을 꺼트리는 것이다.

The decision to raise tariffs on imports will only ***add fuel to the fire***. ▶ 수입관세를 올리는 결정은 사태를 더 악화시킬 따름이다.

불난 곳에 부채질하다
좋지 않은 감정/상황을 부추기다; 사태를 더 악화시키다; 선동하다

fan the flames

He accused the government of ***fanning the flames*** of extremism. ▶ 그는 정부가 극단주의를 부채질하고 있다며 비난했다.

He insisted that ill-informed comments had ***fanned the flames*** of prejudice. ▶ 그는 제대로 알지도 못하면서 내놓은 논평들이 편견을 부추겼다고 주장했다.

마약이나 장물들의 불법 거래

trafficking

He was sentenced to twenty years in prison on charges of drug ***trafficking***. ▶ 그는 마약 불법 거래 죄로 20년 형을 선고받았다.

Human ***trafficking*** is a dehumanizing crime. ▶ 인신매매는 반인륜적인 범죄다.

불법 물품 등을 거래하는 시장
암시장

black market

He told the tale of how films get to ***black-market*** stores. ▶ 그는 불법 거래하는 상점으로 영화들이 어떻게 흘러들어가는지 말해 주었다.

The price of the medicine which is normally $ 1,205 is sold for $ 5,850 in ***the black market***. ▶ 보통 1,205불 하는 그 약이 암시장에서 5,850불에 팔린다.

음반/영화 등을 불법 복제하거나 불법 복제물을 유통시키다

bootleg

He has sued an internet site for ***bootlegging*** his songs. ▶ 그는 자신의 노래들을 불법 복제하여 유통시킨 한 인터넷 사이트를 고소했다.

Bootleggers made thousands of copies of the film. ▶ 불법 복제물을 유통시키는 사람들은 그 영화 복사본을 수천 개나 만들었다.

불문율(不文律)
정식으로 혹은 공식적으로 성문화되어 있지는 않지만 모든 사람들이 인정하는 관습법

unwritten law/rule

They say Alex Rodriguez broke one of ***the unwritten rules*** of baseball this week. A teammate hit a pop-up while he was on first. As the third baseman was getting ready to catch it, Rodriguez ran by and shouted "mine" to confuse him. It worked; the guy backed away and the ball dropped in. It has sparked a discussion about ***unwritten baseball rules*** that should be respected. Such as: Don't steal second if you're 10 or more runs ahead; Don't peek at the catcher for the signals while you're batting; Don't hot dog as you circle the bases on a home run; Never bunt to break up a no-hitter. It got me thinking about life's unwritten rules. Today, I thought I'd mention some important ones: Even if you're able to sneak in, never take a parking space that someone else saw first; A limp handshake is a borderline insult; Don't pay for gum or a cup of coffee with a credit card especially if there's a line; Never take the La-Z-Boy from the father or the dining room chair with the armrests. If you do, the rules say you have to start paying the mortgage; If a restaurant kitchen is slow, don't take it out on the waitress; Never block the grocery aisle with your cart; Homicide is justifiable if someone reads over your shoulder so close they're breathing on your neck; Don't use a business card as a toothpick in public; Speaking of rules I sometimes break, Don't ask doctors for free advice at social gatherings; He who uses the last Kleenex tissue replaces the box; Unless you're the president, don't have your secretary place your calls for you. ▶ 사람들은 뉴욕 양키스팀의 홈런타자 알렉스 로드리게스가 금주에 야구의 불문율 중 하나를 위반했다고 말한다. 동료가 공중 볼을 높이 쳤을 때 로드리게스는 1루에 있었다. 3루수가 잡으려고 할 때 옆으로 달려 지나가면서 그를 혼란스럽게 만들기 위하여 "내가 잡을 테니 다른 사람들은 비켜"라는 의미로 "mine"이라고 소리쳤다. 효과가 있었다: 3루수는 뒤로 물러났고 공은 땅으로 떨어졌다. 이 사건은 존중해야 하는 야구의 불문율에 관한 논쟁에 불꽃을 일으켰다. 야구의 불문율에는 다음과 같은 것들이 있다: 10점 차 이상 이기고 있을 때는 도루하지 마라; 타석에 서 있을 때 포수가 투수에게 보내는 사인을 훔쳐보지 마라; 홈런을 치고 베이스를 돌 때 보란 듯이 너무 거만을 떨지 마라; 투수가 노히트 노런을 기록하려 할 때 절대로 이를 막기 위하여 번트를 대어서라도 안타를 만들려고 하지 마라. 이 사건은 나로 하여금 인생의 불문율에 관하여 생각하게 만들었다. 오늘 나는 다음과 같은 몇 가지 중요한 것들을 언급하고 싶다는 생각이 들었다: 비록 슬쩍 끼어들 수 있더라도 절대로 남이 먼저 보고 기다리고 있는 주차공간을 차지하지 마라; 손에 힘을 빼고 흐느적거리며 건성으로 악수하는 것은 상대방을 모욕하는 거와 같다; 특히 사람들이 줄을 서서 기다릴 때는 커피 한 잔이나 껌을 사면서 신용카드를 내지 마라; 아버지가 이용하시는 안락의자나 팔걸이가 있는 식탁의자에 앉지 마라. 정 그렇게 하고 싶으면 집세를 부담해라; 음식이 늦게 나오더라도 여종업원에게 호통치지 마라; 식료품점 통로를 손수레로 막지 말아라; 신문이나 책을 읽고 있는데 낯선 사람이 숨결이 느껴질 정도로 바싹 다가와서 어깨너머로 쳐다보고 있으면 그 사람을 살인해도 정당방위로 인정된다; 남들이 보는 앞에서 신용카드를 꺼내 이를 쑤시지 말아라; 나 자신도 가끔은 지키지 못하는 경우도 있지만 사교 모임에서 절대로 의사에게 공짜로 진료받을 생각을 하지 마라; 티슈 박스에서 마지막 티슈를 꺼내 쓴 사람은 반드시 새 것을 갖다 놓아라; 당신이 대통령이 아닌 한 절대로 비서에게 전화 심부름을 시키지 마라. 《우연히 어느 미국인이 쓴 글을 읽고 그 중에서 우리도 꼭 지켜야 하는 불문율 몇 가지를 발췌하였다.》

주위 환경이 친숙하지 못하거나, 평상시와는 달라서 불안해하거나 불편해하는 사람

a fish out of water ☞ 물 밖으로 나온 물고기

I feel like ***a fish out of water*** in such a big city.
▶ 나는 그 같은 대도시에서는 물 밖으로 나온 물고기처럼 느껴진다.

His middle-class background seemed to render him ***a fish out of water*** when he arrived at New York. ▶ 그는 중산층 환경에서 지내왔기 때문에 뉴욕에 도착했을 때 물 밖으로 나온 물고기 같은 불편한 심정을 느낀 것 같다.

He was ***a fish out of water*** that creates his own water, wherever he goes. He's created his own zeitgeist. ▶ 그는 그가 가는 곳마다 자기 고유의 물을 만들어 내는 물 밖으로 나온 물고기였다. 그는 어딜 가든지 자신만의 시대정신을 창조했다. ♣ *zeitgeist*: 특히 문학/철학/정치 등에서 나타나는 시대 정신/사조 참조

바

불우한
인간다운 삶에 필요한 기본 조건(교육, 좋은 주거환경 등)에 관련된 혜택을 받지 못하는; 가난한

deprived

A powerful group has called for urgent action over severe educational failings among children in ***deprived*** areas of Belfast. ▶ 큰 힘을 가진 한 단체가 벨파스트의 불우한 지역 어린이들이 교육을 제대로 받지 못하는 심각한 문제에 대해 즉각적인 조처를 취할 것을 요구했다.

Crime, air pollution, house prices and substandard housing make the district the second most ***deprived*** district in the state. ▶ 범죄, 대기오염, 높은 주택가격, 수준 이하의 주택 등으로 인해 그 지역이 주에서 두 번째로 주거환경이 나쁘다.

불운한
불행한

ill-starred ☞ **Literary**

They married in 1979 but it was an ***ill-starred*** union. ▶ 그들은 1979년에 결혼했지만 불행한 결합이었다.

George W. Bush, the current incumbent of the White House, has less than 100 days left in his ***ill-starred*** Presidency. ▶ 현재 백악관 주인인 조지 부시의 불운한 대통령 임기가 100일도 채 안 남았다.

주 별자리를 보고 점을 치던 시절로부터 유래된 표현이다. 별자리가 불길하게 배치되었다는 의미다.

논쟁/일/토론 등에 다시 불을 붙이다
다시 기운/활력을 북돋우다/불어넣다

rekindle

The incident has ***rekindled*** the debate over whether insurance companies need federal oversight. ▶ 그 사건은 보험회사에 대한 연방정부의 감독이 필요한지에 대한 토론에 다시 불을 붙였다.

He described the annual event as "an opportunity for married couples to ***rekindle*** their marriages." ▶ 그 연례 행사는 결혼한 남녀가 그들의 결혼생활에 다시 활력을 불어넣을 수 있는 기회라고 그는 말한다.

불을 지르는
방화하는; 선동적인

incendiary

Police have warned business owners to check their premises following a recent number of ***incendiary*** attacks in the area. ▶ 그 지역에서 최근 여러 건의 불을 지르는 습격사건이 발생한 후 경찰은 상점 주인들에게 구내를 잘 살피라고 경고했다.

Some 350 years after Galileo was convicted of heresy, the Italian astronomer's ***incendiary*** suggestion — that the Earth orbited the Sun and not vice versa — is the stuff of primary school science lessons. So, too, is Charles Darwin's blasphemous notion of evolution: a fact that still perplexes right-wing Christian evangelists. ▶ 갈릴레오가 이단으로 몰린 지 350년 정도가 지난 후, 태양이 지구 주위를 돌고 있는 것이 아니고 지구가 태양 주위를 돌고 있다는 그 이탈리아 천문학자의 선동적인 이론은 초등학교 과학 교과과정에 들어가 있다. 찰스 다윈의 불경스런 진화론도 이와 마찬가지로 (초등학교 과학 교과과정이 들어 있는데), 이 사실은 우파 복음주의 기독교인들을 여전히 당혹스럽게 만들고 있다.

건물/집 등에 불을 지르다

set fire to

A teenager, who ***set fire to*** a family's house, leaving them homeless, has been locked up for five years. ▶ 가정집에 불을 질러 온 식구를 집 밖으로 내몬 한 십대가 5년 동안 감옥살이를 하게 되었다.

불이 나다

catch fire

The aircraft ***caught fire*** soon after take-off. ▶ 그 비행기는 이륙 후 곧 불이 났다.

Fire officials say the hotel suffered about a million dollars in damages after it ***caught fire*** Sunday afternoon. ▶ 일요일 오후 불이 나서 그 호텔이 백

만 불 정도에 해당하는 손실을 입었다고 소방 관계자가 말한다.

불이 나서 홀랑 타버리다

burn to the ground

When I asked him why he had moved so swiftly, he had several theories. The previous year, his house in Queens, New York, had ***burned to the ground***. He escaped, blinded by smoke. Oh, yes, he had also been in a serious earthquake as a child in Peru and in several similar ones in Los Angeles years later. He was, you could say, a disaster expert. And there's nothing like a string of bad luck to prepare you for the unthinkable. ▶ 내가 그 남자(9/11 사태 당시 뉴욕 무역센터 빌딩에서 재빨리 탈출한 사람)에게 왜 그렇게 재빨리 움직였는지 물었을 때, 그는 여러 이론들을 가지고 있었다. 한 해 전 뉴욕 Queens에 있는 그의 집이 불이 나서 홀랑 타버렸는데 그는 아무것도 보이지 않는 연기 속에서 탈출했다. 그는 어린 시절 페루에서 큰 지진을 경험했고, 몇 년 후 로스앤젤레스에서 여러 번의 비슷한 지진을 겪었다. 그는 재난 전문가였다고 말할 수 있다. 상상도 할 수 없는 사건에 대비하는 데에 일련의 불운한 사건 만한 것이 없다.

주 ***burn***은 자동사(타다)와 타동사(태우다)로 모두 사용된다.

불이 켜지지 않은
불이 붙지 않은

unlit

He likes chewing an ***unlit*** cigar in meetings. ▶ 그는 회의할 때 불을 붙이지 않은 시가를 씹는 것을 좋아한다.

Such attacks are rare, but we would remind women to be extra vigilant on dark nights and to carry a torch when walking in ***unlit*** or secluded areas. ▶ 그와 같은 공격은 드물게 일어나지만, 어두운 밤에는 보다 조심해야 하며 불이 꺼져 있거나 외진 지역을 걸을 때는 회중 전등을 들고 다니라고 우리는 여자들에게 주의를 환기시키고자 한다.

The streets are ***unlit*** yet. ▶ 거리에는 아직 불이 켜지지 않았다.

불장난하다
많은 문제를 일으킬 소지가 있는 일을 하다

play with fire

The seven-year-old was injured as other boys ***played with fire*** on the city's south side. ▶ 소년들이 그 도시의 남쪽에서 불장난을 하는 도중 7살 먹은 그 아이가 화상을 입었다.

He ***played with fire*** during his nomination convention speech and got burned when the leader told him he wasn't acceptable as a Liberal candidate. ▶ 그를 후보로 지명하는 총회 연설 중 그는 많은 문제를 일으킬 소지가 있는 발언을 했고, 당 대표가 자유당 후보로서 적합하지 않다고 그에게 말하는 바람에 그는 큰 상처를 받았다.

불티나게 팔린다
날개 돋친듯이 팔려 나간다

sell/go like hotcakes

Despite its higher price, organically-produced products ***sell like hotcakes***. ▶ 높은 가격에도 불구하고 유기농 작물들이 불티나게 팔린다.

Needless to say, those hand warmers will ***go like hotcakes***. ▶ 말할 필요도 없이 그 손난로는 날개 돋친듯이 팔려 나갈 것이다.

남의 불행을 기뻐함

schadenfreude ☞ German

It is difficult to feel other than a deep and satisfying sense of ***schadenfreude*** over the regulatory attack on Goldman Sachs. ▶ 2010년 4월 미국 증권거래위원회(Scurities and Exchange Commision)가 골드만삭스를 사기혐의로 기소하여 사람들이 속으로 매우 고소하게 생각하고 있다는 이야기다.

In a surprising display of ***schadenfreude***, various commenters seemed pleased that this Derby favorite, this accomplished horse, wouldn't make it to the gate. ▶ 많은 대회에서 우승하였고 이번 경마에서도 우승이 유력한 경주마가 트레이너와 마주(馬主)가 좋지 않은 일에 연루되어 출전하지 못할 수도 있다는 사실에 대하여 여러 해설자들

이 기뻐하고 있는 것처럼 보여 놀랍다는 이야기다.

주 *schaden*은 "adversity, harm"을 의미하며 *freude*는 "joy"를 뜻한다.

사람들이 그렇다고는 하지만 사실인지 아닌지 불확실한
세간에는 그렇게 알려져 있지만 사실인지 아닌지는 확실치 않은

reputed ☞ Formal

The monster is ***reputed*** to live in the deep dark water of a Scottish loch. ▶ 스코틀랜드에 있는 한 호수(네스 호)에 괴물이 살고 있다고 사람들이 말은 하지만 사실인지 아닌지는 불확실하다.

Authorities have arrested a ***reputed*** organized crime family member. ▶ 당국은 조직 범죄 단체의 회원으로 알려진 한 사람을 체포했다.

The town is ***reputedly*** the world's largest illegal gun market. ▶ 세간에는 그 타운이 세계에서 가장 큰 불법 총기 시장이라고 알려져 있다.

상황이 two stages 사이에서 갈피를 못 잡아 앞날이 **불확실한**

in limbo

The projects status currently appears to be ***in limbo***. ▶ 현재 그 프로젝트들의 앞날이 불확실한 것처럼 보인다.

Peace efforts are now likely to hang ***in limbo*** for several months as both sides remain deeply divided on core issues. ▶ 핵심 사안들에 대하여 양측의 의견차가 매우 심하게 벌어져 있기 때문에 평화협정을 체결하려는 노력은 몇 달간 갈피를 못 잡게 될 것 같다.

주 *Limbo*: 지옥과 천국 사이에 있으며, 기독교를 믿을 기회를 얻지 못했던 착한 사람 또는 세례를 받지 못한 어린아이 등의 영혼이 머무는 곳을 뜻한다.

위험한 사람/동물/물건 등이 아직까지 **붙잡히지 않고 자유롭게 다니고 있는**

at large

But even the best immunization campaign will leave a lot of poliovirus ***at large***, at least for a while. ▶ 그러나 아무리 최선을 다해 예방접종을 하더라도 적어도 당분간은 소아마비 바이러스를 제대로 잡을 수 없을 것이다.

A man who escaped from the detention centre in a mass breakout 10 days ago is still ***at large***. ▶ 10일 전 대량탈주 사건 때 구치소를 탈출한 한 남자가 아직까지 붙잡히지 않고 있다.

on the loose ☞ 마음대로 거리를 활보하고 있는

Is the disease(polio) truly ***on the loose*** again? ▶ 지구상에서 사라졌다고 믿었던 소아마비 병균이 진짜로 다시 돌고 있다는 말인가?

Police say a dangerous sexual assault suspect is still ***on the loose***. ▶ 한 위험한 성폭력 혐의자가 여전히 거리를 활보하고 있다고 경찰은 말한다.

The family of a man found shot to death this week is urging witnesses to come forward. Tonight, the gunman is still ***on the loose*** and the family says witnesses are afraid to speak out. ▶ 이번 주 초에 맞아 사망한 한 남자의 가족이 증인에게 앞으로 나와 줄 것을 촉구하고 있다. 오늘 밤에도 총을 든 그 범인은 붙잡히지 않은 채 자유롭게 다니고 있으며, 그 가족은 증인이 사실대로 이야기하는 것을 두려워하고 있다고 말한다.

회견, 회의, 보고서 등이 **비공개인**

off the record

He says that the comment to the reporter was intended to be ***off the record***. ▶ 그 기자에게 한 발언은 공개하지 않기로 되어 있었다고 그는 말한다.

The remarks, made at an ***off-the-record*** conference, were leaked in the Italian press. ▶ 한 비공개 회담에서 나온 발언들이 그 이탈리아 신문에 새어 나갔다.

상품/영화/음반/장소 등이 공식적으로 사람들에게 공개/판매되기 이전에 하는 **비공식 공개**
시사회 ; 시연회

sneak preview

They will be given ***a sneak preview*** of a new war memorial in the next couple of days. ▶ 이틀 안으로 그들은 공식적인 공개 이전에 새 전쟁 기념비를 미리 볼 기회를 갖게 될 것이다.

They were treated to ***a sneak preview*** of the new James Bond film. ▶ 그들은 새로운 제임스 본드 영화 시사회에 초대되었다.

~와는 **비교 상대가 안 된다**
~와 비교한다면 중요도/심각성/우수성 등이 크게 뒤떨어진다

cannot be compared to

Test results from this year ***can't be compared to*** previous years. ▶ 올해 시험결과들은 작년과 비교 상대가 안 된다.

pale in comparison to

We have identified that incineration is a very real option for our waste. It may have an energy component, but it is not an energy project. The energy recovered through incineration, even with the best technology, still ***pales in comparison to*** the energy saved by reducing, reusing, recycling or composting our wastes. ▶ 소각이 쓰레기를 처리하는 매우 현실적인 선택이라는 것을 우리는 알고 있다. 소각으로 에너지를 얻을 수는 있지만, 에너지를 얻기 위한 목적은 아니다. 소각으로부터 얻을 수 있는 에너지는 아무리 최고의 기술을 사용한다고 해도 쓰레기를 줄이고, 재사용하거나 재생 또는 쓰레기를 비료로 만드는 방법을 통해서 절약되는 에너지와 비교하면 상대가 안 될 만큼 미미하다.

pale against

The forecast of a 9 percent drop in home sales this year ***pales against*** last year's downturn. ▶ 올해 주택판매가 9% 하락할 것이라는 예측은 작년의 주택시장의 하락과 비교하면 매우 적은 수치다.

서로 대조되는 두 가지를 서로에 대한 차이가 확연하게 드러날 수 있도록 나란히 놓고 **비교하다**

juxtapose ☞ Formal

A German photojournalist who was only 20 years old when he was on assignment in Viet Nam in the 1960s has returned to exhibit a new collection of photos that ***juxtapose*** the old with the new. ▶ 1960년대에 베트남에서 근무할 때 겨우 20세였던 한 독일 사진기자가 옛날과 오늘의 베트남을 비교하는 사진전을 열기 위하여 다시 돌아왔다.

It's an opportunity to ***juxtapose*** this piece with two great pieces by Beethoven. ▶ 이는 베토벤의 위대한 두 작품들과 대조되는 이 작품을 나란히 놓고 비교할 수 있는 기회다.

비길 데 없이 훌륭한/아름다운/멋진
누구도/무엇도 견줄 수 없을 정도로 훌륭한/아름다운/멋진

peerless

We spent two days of clear sunshine under ***peerless blue skies*** in Jeju Island. ▶ 우리는 제주도에서 비길 데 없이 푸른 하늘 아래 화창한 날씨를 즐기며 이틀을 지냈다.

They are organizing a dinner party on 26th November for an International Film Festival. The venue of the event is Hotel Eldorado. Luminaries representing the crème de la crème of the global entertainment arena are expected to grace the occasion with ***their peerless presence***. ▶ 그들은 11월 26일 있을 국제영화제 디너파티를 준비 중이다. 그 행사 장소는 Eldorado 호텔이다. 세계 연예계에서 최상의 위치에 있는 사람들을 대표하는 기라성 같은 사람들이 견줄 수 없을 정도로 멋진 모습으로 그 행사를 더욱 빛나게 만들 것으로 예상된다.
♣ *luminary* : **기라성 같은 사람** ; *the crème de la crème* : 같은 부류 중에서 **최상의 것** ; *grace* : 특정한 장소/행사 등을 더욱 **빛나게 만든다** 참조

바

사람들 또는 대중 매체가 최근 사건에 대하여 퍼붓는 강력한 **비난**

outcry

A French official sparked ***an outcry*** by saying he felt ashamed most of France's national footballers were black. ▶ 한 프랑스 관료가 프랑스 국가대표 축구팀 선수의 대부분이 흑인이라는 사실을 창피스럽게 느낀다고 말해 강력한 비난을 초래했다.

After ***outcries*** by U.S. conservatives, he (the CBS President) canceled a mini-series about Ronald Reagan, only to draw fire from American liberals complaining that he caved into pressure. ▶ 미국의 보수주의자들의 강력한 비난이 있은 후, CBS 방송국 회장이 레이건 전 미국 대통령을 소재로 한 미니 시리즈를 취소했지만 그가 압력에 굴복했다고 불만을 터트리는 진보주의자들의 비난의 표적이 될 뿐이었다. ♣ *only to* : 그렇게 해 봤자 오직 ~할 **뿐이다** ; *cave into* : 비난 여론 등의 압력에 밀려 **굴복하다** 참조

당사자는 능력/실력이 있거나 어떤 일을 잘하고 있다고 생각하지만 남들로부터 그렇지 못하다고 자주/종종 **비난을 받는**
남들이 자신을 비방하고 있다고 생각하는; 남들이 자기를 헐뜯고 있다고 생각하는

much-maligned

Over the past two decades General Motors has been ***much maligned*** for its interiors, but the automaker has been working hard to change this. ▶ 지난 20년에 걸쳐서 GM은 자동차 내부가 좋지 못하다는 비난을 자주 받아왔지만, 그 자동차 회사는 이를 바꾸기 위해 열심히 노력해 오고 있다.

The much-maligned point guard played with composure, scoring 15 points without making a single turnover. ▶ 자신은 농구 실력이 뛰어나다고 생각하고 있지만 남들로부터 자주 비난을 받는 그 포인트 가드는 침착하게 플레이했고 공을 빼앗기는 실책을 하나도 저지르지 않고 15점을 기록했다.

~에 대해 **비난하는 열변을 토하다**
비난하는 장광설(長廣舌)을 늘어 놓다

launch into a tirade

They remember him as someone who regularly attended an interfaith group and spoke with "the voice of reason" whenever schoolmates ***launched into anti-Israel tirades***. ▶ 정기적으로 종파를 초월한 모임에 참석하여 학교 친구들이 이스라엘을 비난하는 열변을 토할 때마다 사려 깊은 이야기를 했던 사람으로 그들은 그를 기억한다.

She ***launched into a tirade against*** the policies that ruined her business. ▶ 그 여자는 자신의 사업을 망하게 만든 정책들을 비난하는 장광설을 늘어 놓았다.

~을 강하게/거세게/마구/세차게 **비난하다**

lash out at/to ☞ ~에 채찍을 휘두르다, 명사형으로도 사용

The once feared online message board, where frustrated Internet workers went to ***lash out at*** their bosses during the dot com collapse, is for sale. ▶ 인터넷 사이트를 운영하는 회사들이 몰락하던 (닷컴 버블이 꺼지던) 시기에 불만이 가득한 인터넷 사이트 종업원들이 사장을 마구 비난하기 위해 방문했던 한때는 무시무시했던 그 온라인 메시지 보드가 매물로 나왔다. ♣ *once* : **한때는 ~했던** 참조

People believed the vote was ***a lash-out to*** the President. ▶ 사람들은 그 투표 결과가 대통령에 대한 강한 비난이라고 생각했다.

상대방 혹은 경쟁자가 불법적으로 행동하거나 불공정하다고 **비난하다**

cry foul ☞ "Foul"이라고 큰 소리로 외치다

Deprived of the crushing victory it was confidently expecting, the opposition party ***cried foul***. ▶ 야당이 일방적인 승리가 예상되는 선거에서 패하자 상대방이 불법적인 행동을 했기 때문에 그렇게 되었다고 비난했다.

혀를 끌끌/쯧쯧 차면서 **비난하다**
못마땅해하면서 (못마땅하다는 듯이) 혀를 끌끌/쯧쯧 차다

tut-tut

The professor *tut-tutted* about his attitude on the study and lifestyle. ▶ 그의 공부하는 태도와 생활습관이 못마땅하다는 듯이 그 교수가 혀를 끌끌 찼다.

비단결 같은

(as) smooth as silk ☞ 일 처리 등이 매끄러운; 순조로운; 일사천리로 진행되는

Implementing Electronic Student Information System in schools hasn't been *as smooth as silk*, says a teacher. ▶ 학교에서 전자학생정보시스템을 구축하는 일이 순조롭게 진행되지 못하고 있다고 한 교사가 말한다.

The team crushed opponents with *smooth-as-silk* offenses. ▶ 그 팀은 매끄러운 공격으로 상대방을 뭉개버렸다.

(as) soft as silk ☞ 매우 부드러운

The drawing in colored pencil alone is so sharp and tensile, yet *soft as silk*. ▶ 색연필만으로 그려진 그 그림은 또렷하고 긴장감이 넘치지만 그럼에도 불구하고 매우 부드럽다는 느낌을 준다. ♣ *yet* : **그럼에도 불구하고** 참조

Her voice was *as soft as silk*. ▶ 그녀의 목소리는 비단결처럼 부드러웠다.

어딘가 **비린 구석이 있다**
어딘가 수상쩍은/의심스러운 데가 있다

smell fishy

Yet nobody notices that his behavior *smells fishy*. ▶ 그렇지만 아무도 그의 행동에 어딘가 비린 구석이 있다는 것을 눈치채지 못하고 있다.

There seems to be something *fishy* going on in the under-the-table negotiation. ▶ 그 물밑협상에서 무언가 수상쩍은 일이 벌어지고 있는 것처럼 보인다. ♣ *under the table* : **물밑에서 벌어지는** 참조

남을 정당한 이유도 없이 **비방하는 말**

cheap shot

There is a difference between *a cheap shot* and the truth. ▶ 남을 정당한 이유도 없이 비방하는 말과 진실 사이에는 차이점이 존재한다.

It came across as a suggestion that only dummies end up in Iraq. Instead of taking *a cheap shot* at the president, it came out as *a cheap shot* at the troops. ▶ 그 말은 오직 바보들만 이라크에 간다는 암시 같다는 느낌을 준다. 대통령을 정당한 이유도 없이 비난하는 대신 군인들을 비방하는 말이 되어버렸다. 《어느 미국 상원의원이 한 고등학교에서 연설하는 도중 "공부를 열심히 하지 않으면 군인이 되어 이라크에 가서 고생한다"고 한 말을 비난하는 글이다.》 ♣ *come across as* : (보거나 혹은 말하는 것을 들어보면) 사람 또는 어떤 것이 ~하다는 **느낌을 준다** 참조

㈜ 축구, 농구, 미식축구 등의 시합에서 상대방이 크게 다칠 정도로 심하게 파울을 범하는 것을 뜻하기도 한다.

비수(匕首)**처럼 가슴을 찌르는**
가슴을 찌르는 비수와 같은; 매우 강하게 사람의 가슴/마음을 슬프게/아프게 하는

like a dagger at the heart

In a distant land back in 2002, a buzzer-beater three-point shot came down *like a dagger at the heart of* Jong Uichico, then the national coach. ▶ 2002년 당시 머나먼 땅에서, 3점짜리 버저비터(buzzer-beater)는 그 당시 국가 대표 코치였던 Jong Uichico의 가슴을 찌르는 비수처럼 쑥 들어가 버렸다. 《2002년 부산 아시안 게임 여자 농구 결승전에서 필리핀이 2점 차로 이기고 있다가 몇 초 안 남은 상태에서 한국팀이 3점 슛을 성공시키는 바람에 금메달을 놓친 그 당시 필리핀 대표팀 코치의 가슴 아픈 사연이다.》

In a powerful, albeit symbolic, assertion of its unassailable control over Tibet, China has inaugurated the 2,500-mile (over 4,000 km) railway link between Beijing and Lhasa. With that it has railroaded any surviving hope of Tibet's independence. Unquestionably an engineering marvel, the railway line rises to the dizzying altitude of up to 16,500 feet — making it the world's highest. Quite like the British colonial masters in the late 19th century and the early 20th century, China is using railway as an instrument of control. Built almost entirely by Han Chinese workers, a fact acknowledged by Chinese officials, the railway is being projected by Beijing as a sign of its commitment to Tibet's economic progress under its rule. While at one level that claim is fairly credible, in the broader context of Tibet's future the railway line is ***like a dagger right in the middle of the heart***. ▶ 비록 상징적이지만, 티베트에 대한 통제는 어느 누구도 건드릴 수 없다고 강력하게 공표하는 의미로, 중국은 베이징과 티베트의 수도 라싸를 연결하는 4,000km가 넘는 철길을 개통했다. 이 철도로 중국은 티베트의 독립에 대한 한 가닥 남은 희망을 짓밟아 버렸다. 현기증이 날 정도인 16,500피트라는 세계 최고의 높이에 건설한 철도가 놀라운 기술적 개가라는 데에는 의심할 여지가 없다. 19세기 말과 20세기 초 사이에 식민지를 지배하던 영국 사람들과 똑같이 중국은 철도를 지배의 도구로 이용하고 있다. 거의 대부분 한족 노동자들에 의해서 건설되었으며, 그 철길은 중국의 지배하에서 티베트의 경제를 발전시키겠다는 약속의 표시라고 중국 관리들은 생각하고 있다. 어떤 면에서 보면 이 같은 주장은 꽤 신빙성이 있긴 하지만, 티베트의 미래를 보다 넓게 종합해서 고려한다면 그 철길은 (독립에 대한 희망을 간직하고 있는 티베트 사람들의) 가슴 한복판에 꽂힌 비수와 같다. ♣ ***in the context of***: ~과 관련된 모든 배경/상황/환경들을 **종합적으로 고려하여** 참조

비신사적인

ungentlemanly; ungentlemanlike

It was a political attack that was ***ungentlemanly***. ▶ 그것은 비신사적인 정치공격이었다.

They were cautioned against the repetition of such ***ungentlemanlike*** conduct. ▶그들은 그 같은 비신사적인 행동을 반복해서는 안 된다는 경고를 받았다.

unsportsmanlike

Referee gave him a 10-minute penalty for ***unsportsmanlike*** conduct. ▶ 심판은 비신사적인 행위에 대하여 그에게 10분간 퇴장명령을 내렸다.

주 운동시합에서 주로 쓰인다.

특정한 부류에서 가장 비싼

high-end

A former New York City mayor turned ***high-end security consultant***, happened to be eating breakfast in a London hotel when the bombs went off. ▶ 현재 특급 대우를 받는 보안 컨설턴트로 일하고 있는 전 뉴욕 시장은 폭탄이 폭발할 때 런던의 한 호텔에서 아침식사 중이었다. ♣ ***turned***: **과거/이전에는 ~일을 하고 있었지만 현재는 ~을 하는** 참조

They are selling ***high-end personal computers***. ▶ 그들은 가장 비싼 개인컴퓨터를 판매하고 있다.

비약이 너무 심한
너무 비현실적인

far-fetched

He devised an explanation which seemed to be ***far-fetched***. ▶ 그는 너무 비약이 심한 것처럼 보이는 설명을 꾸며냈다.

That sounds a little ***far-fetched*** — not to say impossible. ▶ 그것은 불가능하다고 말할 순 없지만 약간 비현실적으로 들린다. ♣ ***not to say***: ~라고 **말할 순 없지만** 참조

모든 비용과 어느 정도의 이익을 보장받는 계약 방식/제도

cost-plus basis

The company retains the right to buy back the shares priced ***on a cost-plus basis*** at any time within the next 18 months. ▶ 그 회사는 오는 18개월 안에 언제라도 제반 비용과 어느 정도의 이익을 보장하는 가격으로 주식을 다시 사들일 권리를 확보하고 있다.

The company performs some government work ***on a cost-plus basis***. ▶ 그 회사는 모든 비용과 적절한 이익을 보장받는 방식으로 정부의 일을 한다.

Their contract is what's known as ***cost plus contract***, meaning that after all the costs for labor, materials and other expenses are added together and the company makes its profit based on a percentage of that total. ▶ 그들의 계약은 인건비, 재료비 및 기타 비용들을 합산한 금액에 대한 일정한 비율의 이윤을 보장받는 것을 의미하는 cost plus contract라고 알려진 계약 방식이다.

~의 **비용으로**
~가 비용을 부담하여 ; ~의 부담하에

at the cost of

In case of any calamity, natural or unnatural, the employees would be repatriated ***at the cost of employer***. ▶ 자연적이든 아니든 간에 어떤 재난이 발생하면 고용인들은 고용주의 비용으로 본국으로 송환된다.

주로 도덕, 정치, 종교 등에 관한 **비유적인 그림/시/이야기**
우화

allegory

In dictatorships, it can be foolish to mock rulers, although satire can sometimes be disguised as parody or ***allegory***. ▶ 비록 풍자가 가끔은 패러디나 우화로 위장될 수 있긴 하지만, 독재체제하에서 통치자를 조롱하는 것은 바보 같은 짓이 될 수도 있다. ♣ *parody* : 유명한 인물이나 사람들이 잘 알고 있는 특정한 상황을 익살스럽게 과장하여 **흉내 내는 글/드라마/영화** 참조

비유적인 의미로
비유적으로 표현하자면 ; 상징적인 의미로

in figurative sense ; figuratively

Until this week, David Pauley had come nowhere near Yankee Stadium, in either the literal or ***the figurative sense***. ▶ 말 그대로 또는 비유적인 의미로 David Pauley는 (뉴욕 양키스에 입단하기 전인) 지난주까지 뉴욕 양키스 스타디움 근처에도 가본 적이 없었다. 《그는 진짜로 양키스 스타디움 근처에도 가본 적이 없었고, 뉴욕 양키스 선수 생활을 한 적도 없었다는 뜻이다.》

The future is in our hands ***in a more figurative sense***. ▶ 비유적으로 표현하자면 미래는 우리 손에 달려 있다.

We are born again at baptism. ***Figuratively***, we reach an agreement with the Creator. In short, we may go to heaven if we observe certain commitments(Commandments). ▶ 우리는 세례를 통해서 새로 태어난다. 세례는 우리가 창조주와의 합의에 도달했다는 상징적인 의미를 지니고 있다. 간단히 말해서, 만일 우리가 특정한 계명을 준수하면 천국에 갈수 있다.

비장(秘藏)의 카드/계획/무기 등을 가지고 있다
몰래 감추어 놓은 카드/계획/무기 등이 있다

have something(an ace/a trick) up his sleeve

He ***has an ace up his sleeve***. ▶ 그는 비장의 카드를 지니고 있다.

Steve Jobs will likely ***have a few tricks up his sleeve*** when he takes the stage at the company's developer conference in San Francisco today. ▶ 오늘 샌프란시스코에서 개최되는 그 회사의 개발업무 담당자 회의에서 스티브 잡스는 몇 가지 비장의 무기들을 들고 나올 것 같다.

But a rich and powerful rival, Blake Randolph, also has his heart set on her. As the two suitors lock horns, Wayne discovers his rival ***has a nefarious scheme up his sleeve***. The courtship battle escalates into a full-scale war. ▶ 돈 많고 강력한 경쟁자인 Blake Randolph 역시 그녀를 마음에 품고 있다. 두 구혼자들이 서로 맞붙게 되었을 때, Wayne은 경쟁상대가 사악한 계획을 몰래 감추고 있다는 것을 알았다. 구애활동은 대규모 전쟁으로 치닫고 있다. ♣ *lock horns* : **맞붙다** ; *courtship* : **구애(求愛)활동** ; *full-scale* : **대규모** 참조

주 카드 놀이에서 소매 안에 에이스 카드를 감추고 있다는 말이다.

~을 있는 그대로 **비추다**
~을 있는 그대로 보여주다

hold (up) a mirror to ☞ ~에 거울을 갖다 대다

Yet, as "Satirical London" demonstrates, the whole purpose of satire is to cross the line, to enter dangerous territory, to upset those targeted and to ***hold up a mirror to*** the foibles of both individuals and society. ▶ 그럼에도, "Satirical London(2006년 런던에서 열린 풍자물 전시회)"가 보여주듯이, 풍자의 목적은 넘지 말아야 하는 선을 넘는 것이며, 위험한 영역으로

들어가는 것이고, 목표로 삼는 사람들을 불쾌하게 만들며, 개인들과 사회의 어리석고 이상한 점들을 있는 그대로 비추는 것이다.

Cancer is a rite of passage. Before cancer, people repress their emotions, have emotional problems, and hide their emotions and feelings in a flurry of activity, work, or drugs and alcohol, then contract cancer. Cancer comes into your life to ***hold a mirror to*** the way you' ve been conducting yourself, repressing emotions maybe, accepting abuse without expressing your feelings. ▶ 암은 일종의 통과의례다. 암이 발생하기 전에는 사람들은 자신의 감정을 억누르며 정서적 문제를 가지고 있고, 활동, 일, 마약, 술 속에 빠져서 감정과 느낌을 감추다가 암에 걸리고 만다. 어쩌면 감정을 억누르고, 감정을 표출하지 않은 채 자신을 혹사시키면서 행동해 왔던 방식을 그대로 보여주기 위해서 암이 나타나는 것이다. ♣ *rite of passage* : **통과의례** ; *flurry* : 특정한 행동/일 등이 **집중해서 몰리는 상태** ; *contract* : **병에 걸리다** 참조

특정한 목적/용도를 위하여 재원(money)을 **비축하다**
set aside

earmark ☞ 특정한 용도로 사용하기 위하여 표시를 해서 남겨두다

China has ***earmarked*** more than $20 billion for oil exploration. ▶ 중국은 오일 탐사를 위하여 200억 달러 이상을 비축해 놓았다.

주 가축(양)의 소유주를 구분하기 위해서 귀에다 표시한 데서 유래되었다.

(주로 술에 만취해서) **비틀거리며**
몸을 제대로 가누지 못하면서

three sheets to the wind ☞ Informal

When we were waiting for dinner, he reeled in late, ***three sheets to the wind***, and sat pontificating at the head of the table. ▶ 우리가 저녁식사를 기다리고 있을 때, 그가 늦게 술에 취해서 비틀거리며 와서는 마구 자기 이야기만 떠들어대며 테이블 윗자리에 앉았다. ♣ *pontificate* : 남들의 이야기는 안 듣고 자기 **주장만 내세우다** 참조

Most of the Beer Tour members are responsible; they don't walk out of here ***three sheets to the wind***. ▶ 맥주공장을 견학하는 사람들의 대부분은 처신을 잘하는 편이다. 그들은 술에 취해서 몸을 제대로 가누지 못하며 걸어 나오지 않는다.

주 오래전 범선은 주로 네 개의 돛대를 달고 다녔는데 보통 돛을 다 사용하지만 세 개만 펼치고 항해할 때도 있었다. 폭풍을 만나면 4개를 전부 펼쳐야 배가 중심을 제대로 잡을 수 있었다. 하지만 바람이 너무 거세, 나머지 돛 하나를 제대로 펼치지 못하면 배가 중심을 못 잡고 좌우로 심하게 흔들거리는데 이를 두고 일컫는 표현이다.

전년도 전체 또는 전년도와 동일한 특정한 시점에 **비해서**
전년도 대비

year-over-year

The fiscal 2007 forecast anticipates total revenues rising a modest 1.9% ***year-over-year***, to $95.2 billion. ▶ 2007회계연도에는 총수입이 전년도에 비해서 1.9% 증가한 952억 불에 달할 것으로 예상된다.

The year-over-year change is due primarily to the increases in operating expenses and net interest expense. ▶ 전년도와 비교했을 때 나타난 변화는 주로 운용비용과 순수 이자비용의 증가 때문이다.

The rapid year-over-year growth in net sales was attributable to growth across all of our products and services. ▶ 전년도 대비 순매출의 급격한 증가는 제품생산과 서비스의 전 분야에 걸친 성장에 기인했다.

The barometer was down 0.8% ***on a year-over-year basis*** after a 1.4% decline the prior week. ▶ 그 지표가 전 주에 1.4% 하락하여 전년도와 비교했을 때 0.8% 낮아졌다.

전년도와 동일한 특정한 시기(월, 분기 등) 동안에 발생한 것에 **비해서**

year-on-year

The airline passenger traffic jumped in August, ***year-on-year***, on the back of growing demand on its Asian routes. ▶ 아시아 지역 노선에 대한 수요가 증가한 이후 8월에 그 항공사 승객이 전년도에 비해서 대폭 늘어났

다. ♣ *on the back of* : ~의 **이후에** 참조

Third-quarter net profit surged four times as third quarter sales rose by 125% ***year-on-year.*** ▶ 3분기 매출이 전년도 같은 기간에 비해서 125% 증가함에 따라 3분기 순익이 4배나 증가했다.

The composite consumer price index (CPI) in February was a 2.0 pct ***year-on-year*** increase, the government said. ▶ 2월 종합소비자물가지수(CPI)가 전년도 같은 기간에 비해서 2% 증가했다고 정부가 발표했다.

특별한 목적/일 없이 **빈둥거리다**
시간을 낭비하다

mess around

We've decided to focus on the emerging markets in the U.S. Why ***mess around*** in China? ▶ 우리는 미국 신흥시장에 초점을 맞추기로 결정했다. 중국에서 특별한 일도 없이 빈둥거릴 이유가 있는가?

They thrust him into a position of great responsibility. He didn't have time to ***mess around.*** ▶ 그들은 그에게 큰 책임이 있는 자리를 떠맡겼다. 그는 빈둥거릴 시간이 없었다.

He takes the ball and pitch. He does not ***mess around*** on the mound. ▶ 그는 공을 잡으면 바로 던진다. 그는 피처 마운드에서 시간을 낭비하지 않는다.

빈손으로
아무런 소득/결과도 없이

empty-handed

They held a new round of 6 party talks but went away ***empty-handed.*** ▶ 그들이 6자 회담을 다시 열었으나 빈손으로 돌아갔다.

빈정거리는 칭찬
칭찬처럼 들리지만 사실은 모욕적인 말

left-handed compliment

It sounds a bit like ***a left-handed compliment.*** ▶ 그것은 다소 빈정거리는 칭찬으로 들린다.

주 옛날 중세시대 독일에서는 귀족 남자가 신분이 낮은 여자와 결혼하는 것이 금기시 되었다. 만일 천한 계급의 여자와 귀족 신분의 남자가 결혼을 하게 되면 특별한 결혼식을 치렀다고 한다. 보통 신랑이 신부를 맞이할 때 오른손을 내밀었지만, 이 때만은 신부를 비하하는 의미로 왼손으로 맞이했다고 한다.

backhanded compliment

When asked how Joe had changed in the last few years, Marian paid him ***a backhanded compliment***, saying that he tended to be in a good mood nowadays. ▶ 지난 몇 년간 조가 어떻게 변했는지에 대해서 질문을 받았을 때, 메리엔은 빈정거리는 투로 그는 요즘 기분이 매우 좋아지고 있다고 말했다.

주 잘했다고 진심으로 칭찬을 할 때 손바닥으로 어깨나 등을 두드리거나 혹은 볼을 가볍게 두드리기도 한다. 그런데 손등으로 한다는 말은 속마음은 그렇지 않다는 의미다.

빗발처럼 쏟아지는 것(비난/욕설/질문/폭언 등)
억수 같이 쏟아지는 것

torrent

French Prime Minister faced a crisis of authority Wednesday after sustaining ***a torrent of*** abuse from the opposition, press and even inside his own ruling party accusing him of political incompetence. ▶ 프랑스 수상은 야당과 언론 그리고 심지어는 그의 정치적인 무능력을 비난하는 집권당 내부로부터 빗발치듯 쏟아지는 공격을 받아 권위가 심각하게 실추되는 위기를 맞았다.

Home computers are being swamped by ***a torrent of*** up to 68 million spam emails every day. A quarter of PCs get at least 10 unwanted messages from unknown senders. ▶ 가정집 컴퓨터들은 매일 억수같이 쏟아지는 6천8백만 개에 이르는 스팸메일 속에서 허우적대고 있다. 개인 컴퓨터의 1/4이 모르는 사람으로부터 최소 10개의 원치 않는 메일을 받는다.

바

참빗으로 빗질하듯이 샅샅이/철저하게 조사하거나 검사하다

go through/over something with a fine-tooth comb

The two days leading up to the recording were spent *going through* the songs *with a fine tooth comb* … well, Alex's *fine tooth comb*. ▶ 녹음하기 전 이틀 동안 알렉스는 노래들을 참빗으로 빗질하듯이 샅샅이 살펴보았다.

After *going over* the report *with a fine tooth-comb*, they still have not produced any statistics to refute the report. ▶ 그 보고서를 참빗으로 빗질하듯이 철저하게 조사했지만, 여전히 그들은 그 보고서를 반박할 만한 어떤 통계치도 얻어내지 못했다.

~주위를 빙 둘러서 지나가다
~을 피해서 둘러 지나가다

weave around

He *weaved around* the tables to where she sat with Bob. ▶ 그는 테이블 주위를 빙 둘러 그녀가 밥과 함께 앉아 있는 곳으로 갔다.

Attendance was up about 4 million people over last year. Lines to get in the zoo *weaved around* the parking lot. ▶ 작년 한 해 동안 찾아온 관람객의 수는 약 4백만 명에 달했다. 그 동물원에 들어가기 위한 줄들이 주차장 주위를 빙 둘러 지나갔다.

빙산의 일각

tip of the iceberg

Declining sea ice is *tip of iceberg*. Signs of warming continue in the Arctic with a decline in sea ice and an increase in shrubs growing on the tundra. "There have been regional warming periods before. Now we're seeing Arctic-wide changes," an oceanographer in Seattle, said. ▶ 빙산이 줄어드는 것은 빙산의 일각이다(빙산이 녹는 것은 지구 온난화를 나타내는 극히 일부 사례에 불과하다). 빙산의 감소 및 툰드라 지역에서 자라는 관목의 증가와 함께 북극에서 지구온난화의 징후가 계속 나타나고 있다. "이전에도 지역적인 온난화 시기가 있었지만, 지금은 북극지방 전역에서 변화들이 나타나고 있다"고 시애틀의 한 해양학자가 말했다. ♣ *Arctic-wide* : 어떤 일이 특정한 **지역을 대상으로/포함하는** 참조

The recently unveiled incident is just *the tip of the iceberg*. ▶ 최근에 밝혀진 그 사건은 빙산의 일각에 불과하다.

빚으로 빚을 갚다
재원이 부족하여 급히 필요한 곳에 사용할 목적으로 다른 곳이나 다른 사람으로부터 돈/자금을 임시변통하다 ; 돈/자금을 빌려 시급히 필요한 곳을 메우다

borrow/rob/steel from Peter to pay Paul

People living in the city have accumulated more than $2 million in overdue debt in the past year. Poverty is not something many people are ready to admit struggling through as they try to survive mounting bills and constantly rising living costs. Some fold under the pressure and never recover financially while some *steal from Peter to pay Paul*, living in a vicious cycle. ▶ 지난해 도시에 사는 사람들이 대출만기가 지나도 갚지 못한 부채가 2백만 불이 넘었다. 쌓이는 고지서와 계속 오르는 생활비 속에서 악전고투하면서도, 그들은 궁핍하게 살아야 한다는 사실을 받아들일 준비가 되어 있지 않다. 어떤 사람들은 빚으로 빚을 갚는 악순환 속에서 살고 있는 반면, 어떤 사람들은 재정적 압박으로 파산하여 다시 회복할 수 없는 지경에 이르기도 한다. ♣ *fold* : 사업/일 등을 **접다** ; *vicious cycle* : **악순환** 참조

While Maryland has a balanced budget, as required by state law, he said the state has only managed to do it by taking money from other funds. "We cannot continue to *borrow from Peter to pay Paul*," he added. ▶ 메릴랜드 주가 주법에 따라서 예산의 수지균형을 맞추고 있긴 하지만, 다른 자금에서 돈을 가져와서 겨우 균형을 맞추고 있는 실정이라고 그가 말했다. "우리는 필요한 자금을 마련하기 위하여 언제까지나 임시변통할 수는 없다"고 그는 덧붙였다.

특정한 장소/행사 등을 더욱 **빛나게 만든다**
더욱 멋지게/매력적으로/아름답게/우아하게/훌륭하게 만든다 ; 품격/품위를 높여준다

grace ☞ Formal

The 66th Annual Golden Globe Award Nominations were announced today and several of the nominees have ***graced*** the Broadway stage many times. ▶ 제66회 골든 글러브상 후보들이 오늘 발표되었는데, 이 중 여러 사람이 브로드웨이 무대를 수차례 빛나게 만들었다.

The sage green textured wallpaper shimmers in the afternoon sunlight that ***graces*** the room. ▶ 그 방을 더욱 우아하게 만드는 오후 햇빛 속에서 쑥색 무늬 벽지가 희미하게 반짝거린다.

The Christmas tree ***graces*** the room, along with many tropical indoor plants. ▶ 크리스마스 트리는 많은 실내 열대 화초들과 함께 그 방을 더욱 아름답게 만든다.

My favorite Corvette, the '63 split-window model, ***graces*** the cover of "The Complete Book of Corvette." ▶ 내가 좋아하는 63년 모델인 분리형 창문 Corvette은 "The Complete Book of Corvette" 표지의 품격을 높여준다.

매우 **빠르게**
매우 신속하게

double quick ; in double-quick time

Don't worry. I'll go there ***double quick***. ▶ 걱정하지 마라. 나는 매우 신속하게 그곳에 갈 것이다.

Once word spread amongst binocular-wielding birdwatchers, some 2000 people turned up ***in double-quick time*** to catch a glimpse of the bird for themselves — including one guy who abandoned his wife at her own birthday party to get down there. ▶ 쌍안경을 가지고 다니며 새를 관찰하는 사람들 사이에서 말이 퍼지자, 그 새를 직접 보기 위하여 2천여 명의 사람들이 매우 빠르게 모습을 나타냈다. 이들 중에는 부인의 생일파티에 부인을 버려두고 그곳에 온 남자도 있었다. ♣ ***wielding*** : 남들이 볼 수 있게 ~을 **소지하고 있는** 참조

사람이나 자동차 등이 특정한 방향으로 매우 **빠르게 이동하다**
질주하다 ; 내닫다

barrel down ☞ 미국

The car was ***barreling down*** the street at a crazy speed. ▶ 그 자동차는 미친 듯이 거리를 질주하고 있었다.

Minutes later, the convoy ***barreled down*** the Airport Expressway at 90 miles an hour weaving through traffic. ▶ 몇 분 후 호송대는 자동차 사이를 이리저리 뚫고 시속 90마일의 속도로 공항고속도로를 질주했다. ♣ ***weave through*** : ~ 사람이나 자동차 등이 너무 많아서 복잡한 곳을 이리저리 **뚫고 지나가다** 참조

주 통(*barrel*)이 언덕 아래로 구르듯이 빠르게 움직인다는 의미다.

어떤 계획/사업 등이 **빠르게 진척되는/진행되는**
온 힘을 쏟으며 ; 전력을 다하며

full-steam ahead

Bond producers are moving ***full-steam ahead*** with the untitled 22nd James Bond film, a follow-up to Casino Royal, by hiring a new screenwriter and director. ▶ 본드 영화 제작자들은 시나리오 작가와 감독을 새로 고용함으로써 'Casino Royal' 후속으로 아직 제목이 정해지지 않은 22번째 제임스 본드 영화를 위해 빠르게 움직이고 있다.

The signing of the funding agreement means the project can now go ***full steam ahead*** towards the planned opening of September, 2010. ▶ 자금조달 합의안에 서명함으로써 그 프로젝트가 지금부터 2010년 9월 개장에 맞춰 빠르게 진행될 수 있을 것이다.

"We are ***full steam ahead***," she said yesterday. "Our strategy will be complete by the end of the year and that is when we are going to release it. ▶ "우리는 전력을 다하고 있다"고 어제 그녀는 말했다. "우리의 전략은 연말에 완성될 것이며 그때 가서 공개할 예정이다."

주 증기기관차가 최고의 속도로 달려나가는 모습에서 유래되었다.

목이 뒤로 확 젖혀질 정도로 굉장히 **빠른**

breakneck

China is growing at ***breakneck speed*** and, as so nicely symbolized by its successful space launch last week, is making world-class technological strides. ▶ 중국은 굉장히 빠른 속도로 성장하고 있으며, 지난주 성공적인 우주선 발사로 잘 대변되듯이 세계적인 수준의 기술발전을 이루고 있다. ♣ *make strides* : 큰 **걸음을 내딛다** 참조

Previous ***breakneck growth*** in China is also slowing. ▶ 이전 중국의 엄청나게 빠른 성장 역시 둔화되고 있다.

형편이 허락하는 대로 **빠른 시간에**
되도록이면 빨리

at one's earliest convenience

We urge the Legislature to review this matter ***at its earliest convenience*** to decide if changes need to be made to existing law to protect the state's most valuable resource. ▶ 주의 가장 귀한 재원을 보호하기 위해서 기존 법률의 개정이 필요한지 결정할 수 있도록 되도록이면 빨리 이 문제를 검토할 것을 우리는 의회에 촉구한다.

Please return his call ***at your earliest convenience***. ▶ 형편이 허락하는 대로 빠른 시간에 그에게 회신하기 바랍니다.

~에 푹 **빠져든**
~에 몰입/몰두하고 있는

immersed in

We need to make sure we are ***immersed in*** the consumer's world every single day. ▶ 우리는 하루도 빼놓지 않고 소비자의 세상 속에 푹 빠져들어야 한다. 소비자의 기호를 파악하기 위해서는 소비자들을 제대로 알아야 한다는 의미다.

All my life I have been ***immersed in*** other languages and traditions. ▶ 평생 동안 나는 다른 언어와 관습에 몰두해 왔다.

절대로 **빠지는 법이 없다**
언제나 등장한다/나타난다/존재한다

never absent

In his novels, the tragic necessity of sacrifice is ***never absent***. ▶ 그의 소설에서 희생이라는 비극적인 숙명이 절대로 빠지는 법이 없다.

The theme of spiritual warfare is ***never absent*** in Scripture and ***never absent*** in the life of a single canonized saint. ▶ 영적인 싸움이라는 주제는 성서에서 언제나 등장하며, 성인으로 추앙받는 사람의 인생에서도 절대로 빠지는 법이 없다.

어렵게, 강제로 혹은 불법적으로 ~로부터 ~을 **빼앗다**
탈취하다

wrest something from someone

Japan ***wrested*** the island (Taiwan) ***from*** the Qing dynasty in 1895 and colonized it for 50 years before surrendering it Chiang Kai-shek's army in 1945. ▶ 일본은 1895년에 청 왕조로부터 대만을 강제로 빼앗아 1945년 장개석 군대에게 넘겨주기 전까지 50년 동안 식민지로 삼았다.

For the past year he has been trying to ***wrest*** control ***from*** the central government. ▶ 지난해 그는 중앙정부로부터 통제권을 탈취하려 했었다.

주 팔을 비틀어 가지고 있는 것을 빼앗는다는 의미다.

선물 등을 주었다 다시 **뺏는 사람**
다시 돌려달라고 하는 사람

Indian giver ☞ 미국, Informal

Let's clear a few things up once and for all. Your buddy who wants his sweatshirt back after you thought they gave it to you is a jerk, not an "***Indian giver***." ▶ 몇 가지 사실을 이번 기회에 앞으로도 확실하게 해두자. 당신이 친구에게 분명하게 스웨터를 받았다고 생각했는데 나중에 다시 돌려달라고 하는 친구는 그냥 "Indian giver"가 아니라 멍청한 놈이다. ♣ *once and for all* : 이번 기회에 앞으로도 **영원히** 참조

Before political correctness, a person who gave someone a gift and later took it back was called an "***Indian giver***." This is what a majority in the House did last week when they gave their support to American forces fighting to stabilize Iraq and defeat our enemy and then promptly took it back. ▶ 사람들의 심기를 불편하게 만들지 않으려고 조심한 나머지, 선물을 주었다가 다시 돌려받는 사람을 "Indian giver"라고 불렀다. 이라크를 안정시키고 적을 물리치기 위해서 싸우고 있는 미국 군대를 지지하다 지난주 재빨리 지지를 철회한 하원의 다수당(민주당)이 한 일이 바로 그것이다. 《이라크전이 장기화되자 국민여론이 나빠져 철군시한을 못박은 결의안을 통과시킨 민주당을 비난하는 글이다.》 ♣ *political correctness* : 사회적으로 약자 계층에 속하는 사람들(여성, 소수민족, 장애자 등)의 심기를 불편하게 만들거나, 그들을 화나게 하지 않으려고 매우 **조심하는** 참조

주 미국 서부개척시대에 백인들이 인디언들을 우습게 보는 시각이 반영된 표현이다.

너무나 **뻔뻔한**
철면피 같은; 노골적인

bare-faced

What ***a bare-faced man*** he is! ▶ 그는 정말로 철면피 같은 사람이구나!

Politicians usually do not care about telling ***bare-faced lies***. ▶ 정치인들은 일반적으로 뻔뻔한 거짓말을 아무렇지도 않은 듯이 해댄다.

It's ***a bare-faced attempt*** to take power. ▶ 그것은 권력을 장악하려는 노골적인 시도다.

주 원래는 화장을 하지 않은 맨 얼굴을 의미한다.

성격이 **뻣뻣한**
냉정한; 감정에 잘 흔들리지 않는

hard-boiled

At the end the whole hall broke out into applause and he was crying and even the most ***hard-boiled journalists*** were fighting back the tears. ▶ 끝내는 그 홀에서 박수갈채가 터져 나왔고, 그는 울고 있었으며 심지어 가장 냉정한 기자들조차도 눈물을 그치려고 애쓰고 있었다.

♣ *fight back the tears* : **눈물을 그치려고 애쓰다** 참조

주 오래전에는 옷을 빳빳하게 만들기 위해서 풀을 넣고 삶았다. 실수로 풀을 많이 넣어서 옷이 너무 뻣뻣해지는 경우에 빗댄 표현이다. 계란이 너무 삶아져 딱딱해진 경우에도 이 표현을 쓴다.

뼈 속이 시리도록 추운
뼈가 시릴 정도의 추위에 떨고 있는

chilled to the bone

It's ***chilled to the bone*** outside. ▶ 바깥은 뼈 속이 시리도록 춥다.

She was ***chilled to the bones*** with facing that bitter east wind for hours. ▶ 여러 시간 동안 살을 에는 듯한 동풍 속에서 그녀는 뼈가 시릴 정도의 추위에 떨었다.

Tired and ***chilled to the bone***, we returned home early. ▶ 피곤하고 뼈 속이 시리도록 추워서 우리는 일찍 집에 돌아왔다.

~에 **뿌리를 내리고 있다**
~에 자리잡고 있다; ~를 근간으로 하고 있다; ~에 바탕을 두고 있다

rooted in

His music was complex, forbidding, convoluted, proudly ***rooted in*** so-called dissonance. ▶ 그의 음악은 복잡하고 가까이 하기 어렵고 난해하며 소위 말하는 불협화음에 당당하게 뿌리를 내리고 있었다. ♣ *convoluted* : **난해한** 참조

Coping with future climate change must be ***rooted in*** a full understanding of the complex structures and causes of present vulnerability, and how it may evolve over the coming decades. ▶ 앞으로 다가올 기후변화에 대한 대처는 기후변화의 복잡한 구조와 현재 우리가 기후변화에 취약한 원인 그리고 앞으로 수십 년에 걸쳐서 기후변화가 어떤 식으로 전개될 것인가에 대한 완벽한 이해에 바탕을 두어야 한다.

바

믿음/사상/관습/행동 등이 ~에 뿌리를 내리다
~에 자리를 잡다

take root in

Time would be needed for democracy to ***take root in*** the country. ▶ 그 나라에 민주주의가 뿌리를 내리기 위해서는 시간이 필요할지 모른다.

City police are concerned about the potential for gangs to ***take root in*** the city, but see little evidence that they pose a serious threat now. ▶ 시 경찰은 갱들이 그 도시에 자리를 잡을 가능성에 대해서 염려하고 있지만, 갱들이 현재 심각한 위협이 되고 있다는 증거가 거의 없다.

(좋지 않은 것을) **뿌리뽑다**
근절하다

root out

The government is now trying so hard to ***root out*** widely spreading corruption. ▶ 현재 정부는 넓게 퍼진 부정부패를 뿌리뽑기 위해 노력하고 있다.

그렇게 했더니 오직 ~라는 좋지 않은 결과를 낳을 **뿐이었다**
그렇게 해봤지만 ~라는 나쁜 결과를 초래할 뿐이었다

only to

After outcries by U.S. conservatives, the CBS President canceled a mini-series about Ronald Reagan, ***only to*** draw fire from American liberals complaining that he caved into pressure. ▶ 보수주의자들의 강한 비난이 있은 후, 미국 CBS 회장은 레이건에 관한 미니시리즈를 취소했지만, 부당한 압력에 굴복했다며 불만을 터트리는 미국 진보주의자들로부터의 공격을 받는 결과를 낳을 뿐이었다. ♣ *cave into* : 비난 여론 등의 압력에 밀려 **굴복하다** 참조

Their main weapon is the decoy file, which it dispatched by the tens of thousands. Downloaders spent hours pulling down the bait, ***only to*** find a mess of ones and zeros. ▶ 그들(영화의 불법복제를 막으려는 사람들)의 주무기는 decoy file인데, 이미 수만 개가 뿌려진 상태다. 그 파일을 이용해서 영화를 다운로드받으려고 여러 시간을 보내지만 그들이 얻은 것은 0과 1로 마구 엉켜 있는 쓸모없는 파일뿐이었다.

그렇게 해봤자 ~라는 좋지 않은 결과를 낳을 **뿐일 것이다**
그렇게 해봤자 ~라는 나쁜 결과를 초래할 따름일 것이다

will only

Turing Iraq over to the newly appointed and weak Governing Council, say U.S. officials, ***will only*** ensure chaos and instability. ▶ 이라크의 통치권을 새로 위촉된 힘 없는 평의회에 넘겨주어 봤자 혼란과 불안정을 초래할 뿐일 것이라고 미국 관리들은 말한다.

If the government clamps down on the movement, that ***will only*** serve to strengthen it in the long run. ▶ 정부가 그 운동을 엄하게 통제해 봐야 결국에는 그것을 더 강하게 만들 뿐일 것이다. ♣ *clamp down on* : 사람/상황 등을 **통제하다** 참조

삐걱거리는
낡은

creaky ☞ 오래되고 낡아빠져 삐걱거리는; 상태가 좋지 않은

First of all, we have to completely reform our ***creaky*** and corrupt political system to enter into the developed world like the G7. ▶ G7 같은 선진국으로 진입하기 위해서 우리는 무엇보다도 먼저 낡고 부패한 정치체제를 완전히 개혁해야 한다.

For some, elementary school may conjure memories of long days in ***a creaky desk*** under the buzz of fluorescent lights, next to a clanking radiator. ▶ 어떤 사람들에게는 초등학교는 탁탁 소리를 내는 라디에이터 바로 옆 삐걱거리는 책상에서 웅웅거리는 형광등 불빛을 받아가며 공부하던 힘들었던 시절에 대한 기억을 떠올리게 만든다.

rickety ☞ 제대로 만들어지지 않았거나 약하여 곧 부러지거나 무너질 것 같은

I just want to get away for a while, away from the traffic, away from everyday mundane scenery, and just drift along with the noisy,

rickety train. ▶ 나는 잠시 동안이라도 복잡한 거리와 날마다 반복되는 지루한 풍경으로부터 잠시 벗어나 시끄러운 소리를 내며 달리는 낡은 기차를 타고 어디론가 표류하고 싶은 심정이다.

He has given up playing basketball because of ***his rickety knees***. But he annually swims across the Hudson River for charity. ▶ 그는 삐걱거리는 약한 무릎 때문에 야구를 포기했지만, 매년 자선행사를 위해 허드슨 강을 헤엄쳐 건넌다.

바

예술작품 등이 많은 지적인 사고력을 요구하는
생각이 많이 필요한; 이해하기가 너무 어려운; 수준이 너무 높은

highbrow

His latest collection of poems is ***the highbrow analogue*** to this cultural boom. ▶ 그의 최신 시 모음집은 급격히 변하는 문화처럼 이해하기 너무 어렵다.

Although critics may prefer to review ***highbrow books***, they must remember books also are a form of entertainment. ▶ 평론가들이 수준 높은 책을 비평하는 것을 선호하긴 하지만, 그들은 책 역시 사람들을 즐겁게 해 주는 한 가지 형식이라는 사실을 기억해야 한다.

주 직역하면 "이마가 넓은"이라는 뜻이다. 아마도 옛날 서양에서 귀족들이 이마를 다 드러내는 머리 스타일을 하며 거들먹거린 데서 유래된 것으로 짐작된다. 지식수준/교양이 높은 사람(지식인) 혹은 경멸적으로 지식인 체하는 사람을 뜻하기도 한다.

예술작품 등이 흥미롭고 재미가 있을지는 모르지만 그다지 많은 사고력을 요하지 않는
많은 생각이 필요없는; 이해하기가 그다지 어렵지 않은; 수준이 평범한

middlebrow

But in the eyes of an art world that had always been a little unconvinced by Marc Chagall, he had become ***the middlebrow modernist***, the go-to guy for shopworn lyricism, bathos and kitsch. ▶ 언제나 마크 샤갈을 잘 이해하지 못했던 미술계의 눈에는, 그는 진부한 서정주의적 화풍으로 익살스럽고 저속한 그림을 많이 그린 평범한 현대주의 화가로 보였었다. ♣ ***in the eyes of*** : ~한 사람들 눈에는 ~처럼 보인다; ***go-to guy*** : 필요한 정보/자료를 가장 많이 가지고 있거나, 필요한 일을 잘 처리해 주는 사람; ***shopworn*** : 방법/개념 등이 **진부한** 참조

"The key word that people always use about ***middlebrow books*** is 'cozy'," she says. ▶ "많은 생각이 필요없는 책들에 대해 사람들이 늘 사용하는 핵심 단어는 'cozy'"라고 그녀는 말한다.

예술작품 등이 지적인 사고력을 전혀 요구하지 않는
이해하기가 너무 쉬운; 수준이 너무 낮은

lowbrow

This ***lowbrow approach*** to campaigning wastes valuable time which could have been spent discussing the urgent issues. ▶ 이 저속한 방식의 선거 운동은 긴급한 사안들을 논하는 데 보냈어야 할 귀중한 시간을 낭비한다.

This ***lowbrow film*** is unwatchable. ▶ 이 수준 낮은 영화는 볼 만한 가치가 없다.

주 지식수준/교양이 낮은 사람을 의미하기도 한다.

사고방식
정신자세; 마음가짐

mind-set; mindset

In these days, the college student's ***mind-set*** is, "I am not going to take courses in which it is very difficult to get a good grade." ▶ "좋은 성적을 받기 매우 힘든 과목은 듣지 않는다"는 것이 요즘 대학생들의 사고방식이다.

We need to understand ***the mindset*** of the vast majority of consumers. ▶ 우리는 대다수 소비자들의 사고방식을 이해할 필요가 있다. ♣ ***vast majority*** : **대다수** 참조

사고방식이 비슷한

like-minded ☞ 비슷한 생각/의견/태도 등을 지니고 있는

Men and boys with small lives and big hopes for the afterlife visit Jihadist websites and meet ***like-minded rejects*** at the local mosque. ▶ 어려운 환경에서 살고 있지만 내세에 대한 큰 희망을 품고 있는 남자들과 소년들이 Jihadist(지하디스트: 이슬람교에서 말하는 성전에 참여하는 사람)가 운영하는 웹사이트를 방문하고 지역 무슬림 사원에서 사회에서 소외된 사고방식이 비슷한 사람들을 만난다. 《영국과 프랑스 등 유럽국가에서 어렵게 살고 있는 무슬림 사람들에 대한 이야기다.》

This is a good opportunity to mix with hundreds of ***like-mined people***. ▶ 이는 비슷한 생각을 지닌 많은 사람들과 어울릴 수 있는 좋은 기회다.

on the same wavelength ☞ 서로 마음이 잘 통하는; 이심전심으로 서로 통하는

Life is so much easier when you work with people ***on the same wavelength***. ▶ 서로 마음이 잘 통하는 사람들과 함께 일하면 삶이 매우 편하다.

He is truly ***on the same wavelength as*** I am. ▶ 그는 정말로 나와 이심전심으로 서로 통한다.

주 주파수가 같아 서로 공명이 일어난다는 의미다. 기타를 튜닝할 때 줄 두 개가 주파수가 같을 경우 하나를 튕기면 다른 하나도 저절로 울리게 된다.

사교장

watering hole

Nick's old ***watering hole*** in Singapore, Harry's Bar, is one of dozens of drinking venues enjoying a windfall as the city hosts the annual meetings of the International Monetary Fund and World Bank. ▶ 닉이 예전에 싱가포르에서 사람들과 어울리며 술을 마시던 Harry's Bar는 싱가포르가 국제통화기금과 세계은행의 연례 회의를 개최하게 되어 뜻밖의 호황을 누리고 있는 수십 개의 술집들 중의 하나다. ♣ *windfall*: **횡재** 참조

A lot of people play darts for fun at their local ***watering hole***. ▶ 많은 사람들이 지역 바에서 다트 경기를 즐긴다.

주 사람들이 만나 술을 마시면서 이야기를 나누는 장소(클럽이나 바와 같은 술집)를 말한다.

매우 **사교적인 사람**
매우 활달하며 주위 사람들과 잘 어울려 모임의 분위기를 띄우는 사람

the life and soul of the party(영국); the life of the party(미국)

He was ***the life and soul of the party***. And I know he was laughing and joking right until the morning he died. ▶ 그는 매우 사교적인 사람이었다. 그리고 나는 그가 죽는 날 아침까지 웃고 농담했던 것으로 알고 있다.

She was always ***the life of the party*** at family gatherings. She had an exceptionally outgoing and engaging personality. ▶ 그녀는 언제나 가족 모임에서 분위기를 띄워 사람들을 즐겁게 해주는 사람이었다. 그녀는 매우 활달하고 사람의 마음을 끄는 성격을 지니고 있었다.

사기꾼
남을 속여서 돈을 뜯어내는 사람

confidence man; conman ☞ 미국

Even friendship seems to have a price these days as ***a conman*** has allegedly tricked some of his friends and acquaintances out of thousands of dollars on the pretext of doubling their investments within two weeks. ▶ 한 사기꾼이 2주 안에 투자한 돈을 두 배로 불려주겠다는 구실로 친구들과 친지들을 속여 수천 불을 뜯어냈다고 전해지는 말을 듣노라면, 요즘에는 심지어 우정도 대가를 치러야 하는 것처럼 보인다. ♣ *on the pretext of*: **구실(口實)** 참조

사느냐 죽느냐 하는 일/문제
생사가 걸린/달린 문제

issue/matter of life and death

When it comes to driving a motor vehicle, person's abilities are often literally ***an issue of*** *life and death*. ▶ 하지만 자동차를 운전하는 경우에는, 개인의 능력은 종종 글자 그대로 죽느냐 사느냐 하는 문제와 직결된다. ♣ *When it comes to* : **하지만 ~에 관한 경우에는** ; *literally* : **글자 그대로** 참조

Environmental issues are ***a matter of life and death*** and should be a priority. ▶ 환경문제들은 생사가 걸린 문제이며 우선적으로 다루어져야 한다. ♣ *priority* : **우선순위** 참조

사돈
배우자의 부모나 가까운 친척

in-laws

As many as 2 million newly married couples will spend the upcoming Thanksgiving and Christmas holidays with ***their in-laws*** for the first time, and they will discover what millions before them have already found: It can be a hassle; It can be stressful; They will not be able to make everyone happy. But it doesn't have to be that way, say the experts. "People really get freaked out visiting ***the in-laws*** over the holidays, but it's only about four or five hours and maybe an overnight at most," she says. "So, just be your best self and try to enjoy it." ▶ 자그마치 2백만 명에 달하는 신혼 부부들이 다가오는 추수감사절과 크리스마스 휴일을 처음으로 배우자의 부모와 친척들과 함께 보내게 될 것이다. 그들은 먼저 결혼했던 수많은 사람들이 이미 깨달은 "사돈들과 함께 지내는 것은 어렵고 스트레스를 받는 일이며 모든 사람들을 다 즐겁게 해줄 수 없다"는 사실을 알게 될 것이다. 그러나 그렇지 않을 수도 있다고 전문가들은 말한다. "사람들은 휴일에 사돈을 방문할 때면 매우 당황하여 어쩔 줄 몰라 한다. 그러나 고작해야 4~5시간이며 길어야 하룻밤이다"라고 그녀는 말한다. "그렇기 때문에 최선을 다하고 그 시간을 즐기도록 노력하는 것이 좋다."

~을 구하기/찾기 위하여 사방을 주의 깊게 살펴보다
이리저리 살펴보다

be/stay on the lookout for

Police are asking the public to ***be on the lookout for*** strange activity on or near oil well sites. ▶ 경찰은 유전이나 혹은 그 근처에서 수상한 활동이 일어나는지 사방을 주의 깊게 살펴보라고 주민들에게 당부한다.

For the second straight night, patrolmen ***were on the lookout for*** homeless people who needed help. ▶ 이틀째 밤에도 계속 순경들은 도움이 필요한 노숙자들을 찾기 위하여 사방을 이리저리 살피며 다녔다.

They have little choice but to ***stay on the lookout for*** energy savings wherever they can be found. ▶ 에너지를 절약할 수 있는 곳을 찾기 위하여 사방을 주의 깊게 둘러보는 방법 밖에 그들에게는 다른 선택의 여지가 거의 없다.

사라지다
싸움에서 전사하다 ; 완전히 망가지다

have gone for a Burton ☞ 영국, Informal

Another chance ***has gone for a Burton***. ▶ 또 다른 기회가 사라져버렸다.

You may have been thinking that the German economy ***has gone for a Burton***, and if you're British, you may have been sniggering at the so-called power-house of Europe creaking and croaking like an old virgin at its 10% unemployment and it's less-than-1% growth rate, while the unfastidious English have been getting rich selling people more Italian sandwiches and cartons of coffee than a rational society should need. ▶ 당신은 독일 경제가 완전히 망가져 버렸다고 생각해 왔을지도 모른다. 그리고 당신이 영국인이라면, 이것저것 가리지 않는 영국은 합리적인 사회가 필요로 하는 이상으로 사람들에게 커피와 이탈리안 샌드위치를 많이 팔아 부자가 되고 있지만, 소위 말하는 유럽의 강대국인 독일의 실업률이 10%이고 성장률이 1% 미만이라고 노처녀처럼 키득거리며 비웃고 있었을지도 모른다.

주 제2차 세계대전 중 영국 공군들 사이에서 전쟁 중에 행방불명되거나 전사한 동료를 두고 이 표현을 쓰기 시작했다고 한다. 이 표현의 유래에 대해 두 가지 설이 있다. 영국에 "Montague ***Burton***"이라는 유명 의류회사가 있었는데 "***gone for a Burton***"이라는 표현은 "***Burton***제 수의를 사러 갔다"라는 말을 함축한 표현이라는 설이 있다. 다른 하나의 설은 다음과 같다. 2차 대전 직전 "***Burton***"이라는 맥주회사가 맥주광고를 대대적으로 해서 유명해졌다고 한다. "***Burton*** 맥주 한잔 하러 가서 아직 오지 않았다"라는 의미다.

홀연히 **사라지다**
신기하게도 감쪽같이 사라지다

vanish/disappear into thin air

They ***vanished into thin air*** in a matter of minutes. ▶ 몇 분도 안 되어 그들은 홀연히 사라졌다. ♣ *in a matter of*: ~라는 매우 **짧은 시간 안에** 참조

If you fly fairly regularly it's almost a statistical certainty that your bags will ***disappear into thin air*** at least once during your lifetime. ▶ 만일 당신이 꽤 정기적으로 비행기를 타는 사람일 경우, 통계에 따르면 일생 동안 최소 한 번은 당신의 가방이 감쪽같이 사라질 확률이 매우 높다.

사라지지 않는다
계속 지속되다; 없어지지 않는다

not go anywhere

Although the committee has hit its sunset date, it seems the need for it is ***not going anywhere*** anytime soon. ▶ 비록 그 위원회가 끝이 났지만, 그 위원회의 필요성은 앞으로도 당분간 지속될 것처럼 보인다.

만나자마자 금방 **사랑에 빠지게 하다**
첫눈에 반하게 만들다

sweep someone off his/her feet

Juliet says it to Romeo in Shakespeare's Romeo and Juliet after Romeo has been ***swept off his feet*** by her and steals a kiss: "You kiss by the book." ▶ 로미오가 줄리엣을 만나자마자 사랑에 홀딱 빠져 몰래 키스를 하자 줄리엣이 로미오에게 키스를 하려면 좀 제대로 하라고 말한다.

I think he enjoyed the fact that the man who ***swept*** her ***off her feet*** wasn't ***swept off his feet*** by her. ▶ 그 남자는 별로 마음에 들지 않았던 그녀가 자기한테 첫눈에 반해버렸다는 사실을 즐겼던 것으로 생각된다.

연인들이 **사랑을 속삭이는 한적한/후미진 산책길(장소)**
사랑의 오솔길

lover's lane

They were supposed to be at a Christmas concert but instead had parked at a popular ***lover's lane*** spot near Lake Herman. ▶ 그들은 크리스마스 콘서트에 가기로 되어 있었지만, 연인들이 사랑을 속삭이기 위해 자주 찾는 Herman 호수 근처에 차를 세웠다.

Two teenagers were sitting in a parked vehicle on ***a lover's lane*** when a stranger approached them and fired into their car. ▶ 두 명의 십대가 후미진 길가에 차를 세우고 앉아 있을 때 한 낯선 사람이 다가와 차에 총을 쏘았다.

귓가에 **사랑을 속삭이다**

whisper sweet nothings

They ***whispered sweet nothings to each other*** as they sat in the corner of a cozy restaurant. ▶ 안락한 레스토랑의 구석 자리에 앉아서 그들은 서로 귓가에 사랑을 속삭였다.

When they hugged, she ***whispered sweet nothings in his ear***. ▶ 그들이 서로 포옹을 했을 때 그녀는 그의 귓가에 사랑을 속삭였다.

둘만의 **사랑의 보금자리**

love nest

The pair revealed they were going to sharing ***a love nest***. John said: "Hopefully, we'll move in together before Christmas." ▶ 그들이 사랑의 보금자리를 함께 나누려 한다고 발표했다. 가급적이면 크리스마스 전에 함께 이사할 수 있었으면 좋겠다고 존이 말했다.

The couple is looking for ***a perfect love nest*** and a comfortable home. ▶ 그 부부는 이상적인 사랑의 보금자리를 펼칠 수 있는 안락한 집을 찾고 있다.

사랑의 표시/징표

love token

The woman carried a phial of her previous husband's blood around with her as ***a love token***. ▶ 그 여자는 사랑의 징표로 전 남편의 피가 담긴 작은 유리병을 지니고 다녔다.

The old custom was that a coin was broken in two as ***a love token***, and each lover received a half. ▶ 동전을 둘로 쪼개서 사랑의 징표로 서로 반씩 갖는 것이 옛 관습이었다.

사랑한다는 (그) 말

(those) three romantic words

He remembers saying to the girl ***those three romantic words***. ▶ 그는 그 소녀에게 사랑한다는 말을 한 것을 기억하고 있다.

주 "I love you" or "Love you always"

사람의 가슴/마음을 사로잡다
감동시키다

capture someone's heart

The historic building has ***captured his heart***. ▶ 그 역사적인 건물은 그의 마음을 사로잡았다.

어떤 이야기 또는 일련의 사건에 시선/관심이 사로잡혀 있다

be gripped by

The nation ***is gripped by*** the dramatic story of the child who survived from the fire. ▶ 그 나라는 화재에서 살아난 그 아이의 극적인 이야기에 사로잡혀 있다.

Despite the US Congress passing $US700 billion rescue package last week, the markets are still ***gripped by*** fear. ▶ 지난주 미 하원이 7천억 불의 구호자금을 투입하는 법안을 통과시켰음에도 불구하고 시장은 여전히 두려움에 사로잡혀 있다.

~라는 병으로 사망하다

die of

He ***died of a heart attack*** while he was at the controls of the plane. ▶ 비행기를 조종하는 도중에 그는 심장마비로 사망했다. ♣ *at the controls of*: 기계/장비/비행기 등을 조정하는 참조

More than 1 million people ***die*** each year ***of malaria*** and 3 million ***die of AIDS***. ▶ 매년 백만 이상의 사람들이 말라리아로, 3백만 명이 에이즈로 사망한다.

An autopsy performed Friday confirmed that the boy ***died from a fall*** from a tree. ▶ 금요일에 수행된 부검 결과 그 소년이 나무에서 떨어져 사망한 것으로 확인되었다.

주 죽음의 원인이 병이 아닌 경우에는 'of' 대신 다른 전치사를 사용하기도 한다.

사소한 일에 너무 신경을 많이 쓰다
시시콜콜 따지다; 사소한 단점을 들추어내다

nit-pick

A former CIA Middle East expert says "I'm tired of ***nit-picking*** over how we should bully the Iraqis into becoming better citizens of their own country." ▶ 전 CIA 중동 전문가는 "나는 이라크 사람들을 훌륭한 시민으로 만들기 위하여 그들을 어떻게 들볶아야 되는가 하는 사소한 일에 너무 신경 쓰는 것에 지쳤다"고 말한다.

I'm not worrying about ***the nit-picky things*** that a lot of coaches worry about. ▶ 많은 코치들이 걱정하는 사소한 것들에 대해서 나는 걱정하지 않는다.

주 머리카락을 헤치며 이가 까놓은 알(*nit*)을 집어낸다는 의미다.

split hairs

These and other views have been chewed over at a meeting of the Royal Society in London this week, and will be further masticated in Texas this April at a conference organised by the SETI [Search for Extraterrestrial Intelligence] Institute in California. You'd think if these guys were that intelligent, they'd see the acronym for their organisation is actually SEI, but let's not ***split***

사

hairs or, for that matter, words. The mission of SETI is "to explore, understand and explain the origin, nature and prevalence of life in the universe." Well, it' s nice to have a hobby. ▶ 이런 저런 견해들이 금주 영국 왕립협회 회의에서 검토되었고, 올 4월 SETI가 텍사스에서 개최하는 컨퍼런스에서 더욱 자세하게 검토될 것이다. 이 사람들이 그렇게 지적(知的)이라면 그들 조직의 약자를 'SEI' 라고 표기해야 맞다고 생각할 수도 있지만, 단어 문제로 시시콜콜 따지지 말자. SETI의 임무는 우주에 존재하는 생명의 기원, 특성, 존재 여부를 탐구하고 이해하며 설명하는 것이다. 아무튼, 취미를 한 가지 갖는다는 것은 좋은 일이다.

사실상의
실질적인

in all but name ☞ 이름만 걸지 않았을 뿐 실질적으로 존재하는

The group has become a political party ***in all but name***. ▶ 그 단체는 이름만 내걸지 않았을 뿐 사실상의 정당이 되었다.

His supporters believed the nomination a foregone conclusion and behaved like the next government ***in all but name***. ▶ 그를 지지하는 사람들은 그가 지명되는 것은 예견된 결과라고 믿었고 마치 실질적인 차기 정부처럼 행동했다. ♣ *foregone conclusion* : **예견된 결과** 참조

The country has entered a recession ***in all but name***. ▶ 그 나라는 사실상의 경기침체에 접어들었다.

사실은
실은 (앞에서 언급한 내용을 더욱 자세히 설명할 때 혹은 앞에서 언급한 내용과 대조되는 말을 꺼낼 때)

as a matter of fact

According to the "Romance in America" survey, Americans are looking forward to escaping their demanding schedules for a weekend whether they have kids or not. These days, a simple box of chocolates as a sign of love is not the preferred gift anymore. ***As a matter of fact***, Americans today are looking for more than the traditional gifts to express those three little romantic words. Half (50 percent) of Americans with children and a majority of couples without kids (37 percent) say a weekend escape is the best Valentine' s Day gift. ▶ "Romance in America"의 조사에 의하면, 미국인들은 그들에게 아이가 있거나 없거나 주말에 힘든 일상에서 벗어나길 바라고 있는 것으로 나타났다. 요즘은 조그만 초콜릿 상자를 선물하는 것은 더 이상 사랑의 표시가 되지 못한다. 사실은, 미국인들은 사랑한다는 감정을 표현하기 위해 전통적인 선물 이상의 것을 찾고 있다. 아이를 둔 부부의 절반이 그리고 아이가 없는 부부의 37%가 최고의 발렌타인데이 선물은 주말 여행이라고 말한다. ♣ *three romantic words* : **사랑한다는 (그) 말** 참조

~은 사실이다
사실 ~은 맞는 말이다

granted ☞ 부사

Granted, some amount of delusion is probably part of the human condition. In A.D. 63, Pompeii was seriously damaged by an earthquake, and the locals immediately went to work rebuilding, in the same spot — until they were buried altogether by a volcano 16 years later. ▶ 어느 정도의 망상은 인간이 되기 위한 조건의 일부라는 것이 사실이다. 서기 63년 폼페이는 지진으로 엄청난 피해를 입었고, 시민들은 즉시 같은 장소에서 도시 재건작업에 돌입했지만 16년 후 화산 폭발로 그만 모두 파묻히고 말았다.

다음 말하는 것이 사실이라고 치더라고

granted (that) ☞ 접속사

Granted that all milks at the store are wholesome and safe, is it accurate to go further and say that there are no differences in nutritional content, flavor, etc. relating to how cows are fed and managed? Is it accurate to imply that all milks are exactly the same? ▶ 상점에 있는 모든 우유가 건강에 좋고 안전하다는 것이 사실이라고 치더라도, 소에게 어떤 사료를 주고 어떻게 관리했는가와 관련된 영양 성분과 맛 등등에서도 전혀 차이가 없다고까지 말하는 것이 정확한가? 모든 우유들이 똑같다고 말하는 것이 정확한가?

사실이 아니거나 아닐 수도 있지만 많은 사람들이 **사실이라고 믿고 있는 이상하고 놀라운 이야기**
사람들 사이에 떠돌고 있는 이상하고 놀라운 이야기

urban myth

The accusation (made by Putin: reporters from TV network CBS had been fired in the U.S.) confused Bush and reinforced the Administration view that Putin sometimes act based on ***urban myths*** about the U.S. fed to him by ill-informed aids. ▶ 푸틴 러시아 대통령이 미국 정부가 CBS TV 방송국 기자들을 해고했다고 미국을 비난해서 부시 대통령을 어리둥절하게 만들었으며, 푸틴이 가끔 그릇된 정보를 입수한 보좌관들이 전해준 "사실이 아니거나 아닐 수도 있지만 많은 사람들이 사실이라고 믿고 있는 이상하고 놀라운 이야기"에 근거해서 행동한다는 부시 행정부의 견해를 강화시켰다.

Police claimed today that a bizarre ***urban myth*** was currently fuelling a surge in car crime across South Wales. Criminals were targeting Ford car radios in the belief that the microchips they contained could be used to gain free access to satellite TV channels! ▶ 경찰은 사람들 사이에 떠돌고 있는 한 괴이한 이야기가 지금 South Wales 전역에 걸쳐서 자동차 범죄를 부추기고 있다고 말했다. 절도범들은 안에 들어 있는 마이크로 칩이 위성 TV 채널을 공짜로 보는 데 이용될 수 있다고 믿고 포드 자동차 라디오를 목표로 삼고 있었다.

An ***urban myth*** says that birds are too fast and small to be captured by the radar. ▶ 사람들 사이에 떠도는 놀라운 이야기에 따르면 새는 너무 빠르고 작아서 레이더에 잡히지 않는다고 한다.

~이 **사실이 아니라는 것을 강조할 때**
절대로 아니다

by no means; not by any means

The U.S. was "pleased with the outcome," says the diplomat, although it was ***by no means*** triumphal. ▶ 절대로 승리는 아니지만 미국은 그 성과에 만족했다고 그 외교관은 말한다.

A nice start can quickly evaporate. One excellent month does ***not by any means*** guarantee an excellent season. ▶ 좋은 시작은 금방 사라질 수 있다. 한 달 동안 성적이 매우 훌륭했다는 사실이 뛰어난 시즌을 보장하는 것은 절대로 아니다.

사실처럼 느껴진다/들린다
마음에 와 닿는다; 정말처럼 느껴진다/들린다

ring true

The scene where Dan and Marie meet in a bookstore doesn't entirely ***ring true***. ▶ 댄과 마리가 서점에서 만나는 장면이 그다지 마음에 와 닿지 않는다.

"My stories ***ring true***," he says, "because they are true." ▶ "내 이야기들은 마음에 와 닿는다. 왜냐하면 사실이기 때문이다"라고 그는 말한다.

This is the only part of the episode that doesn't quite ***ring true***. ▶ 이 에피소드에서 그다지 사실처럼 느껴지지 않는 유일한 부분이 이곳이다.

확실한 근거가 없지만 책/신문/잡지 등에 실렸기 때문에 **사실처럼 인정되고 있는 기사/이야기**

factoid

There have been several careful studies on nation-building efforts in Iraq, most recently an excellent study by the Rand Corporation. But, an official says Rumsfeld refers to none of them, basing his view on a handful of misleading ***factoids*** and anecdotes. ▶ 어떻게 이라크에 나라를 세워야 하는지에 대한 여러 가지 면밀한 연구들이 진행되었으며, 가장 최근에 Rand Corporation이 훌륭한 연구를 수행한 바 있다. 그러나 럼스펠트(당시 미 국무장관)는 이 연구 중 어떤 것도 참조하지 않은 채 근거도 없이 사실처럼 인정되고 있는 잘못된 몇 가지 이야기와 일화에 근거해서 그의 입장을 정한다고 한 관리가 말한다.

A live commentary spiced with ***factoids*** enhanced the enjoyment. Did you know that male flamingos produce pink milk to feed their chicks? ▶ 흥을 돋우기 위해서 근거 없는 이야기를 첨가한 현장설명은 관람객들을 보다 즐겁게 만들어 주었다. 수컷 플라멩고가 새끼들을 먹이기 위하여 분홍색 우유를 만든다는 사실을 알고 있었습니까? ♣ *spice with*: **흥을 돋우기 위하여 재미있는 요소를 첨가하다** 참조

주 "*fact*"와 "~ 같은 것"이라는 의미를 갖는 접미사 "*oid*"의 합성어다.

사

지극히 사적인
very personal and private

intimate

Jacqueline Kennedy tried to suppress the book's publication (*The Death of a President*, William Manchester) because of inclusion of ***intimate family details***, but relented when Manchester removed some passages. ▶ 재클린 캐네디는 지극히 사적인 가족사를 포함하고 있다는 이유로 윌리엄 맨체스터의 "대통령의 죽음"이라는 책의 출판을 저지하려고 애썼지만, 저자가 일부분을 삭제하자 반대의사를 철회했다. ♣ *relent*: 허락하지 않았거나 거부하던 것을 **철회하다** 참조

A Muslim sexologist on her weekly television show answers questions from Muslims across the Middle East about the most ***intimate bedroom issues*** with an openness that is shocking to some and revolutionary to others in a society where talking about sex remains taboo. ▶ 한 무슬림 성학자가 그녀가 매주 진행하는 TV 쇼에서 지극히 사적인 침실에서 일어나는 문제들에 대하여 중동 전역의 무슬림 사람들이 던지는 질문에 어떤 사람들에게는 쇼킹할 정도로 그리고 성에 관한 이야기가 금기로 남아 있는 사회의 사람들에게는 혁명적일 만큼 솔직하게 대답을 해준다.

사적인/가족 간의/내부의 좋지 않은 일들을 다른 사람들에게 떠들어대다

air/expose one's dirty laundry/linen (to the public)

Everyone knows how he feels about players and coaches ***airing dirty laundry***. ▶ 팀 내부에서 일어난 좋지 않은 일들을 다른 사람들에게 떠들어대는 선수와 코치에 관해서 그가 어떻게 느끼고 있는지 누구나 알고 있다.

He should not have ***exposed their dirty laundry to the public***. ▶ 그는 좋지 않은 가족 간의 일들을 떠들어대지 말았어야 했다.

wash one's dirty laundry/linen in public

It is in the family, not ***in public***, that one ***washes one's dirty linen***. ▶ 가족 간의 좋지 않은 일은 내부에서 해결해야지 다른 사람들에게 떠들어대면 안 된다. 《나폴레옹이 엘바 섬에서 돌아와서 한 연설에 있는 문구다.》

There are many things behind this break-up and I don't want to ***wash my dirty linen in public*** now. ▶ 이 결별에 대해서 할 말이 많지만 현재로서는 다른 사람들에게 말하고 싶지 않다. ♣ *break-up*: **결별** 참조

어떤 일에 대하여 사전에 정보를 알고 있으면 미리 대비/대처할 수 있다

Forewarned is forearmed

It's a good thing we know all about this because, as they say, ***forewarned is forearmed***. ▶ 이것에 관해 모든 것을 안다는 것은 좋은 일이다. 왜냐하면 사람들이 말하듯이 사전에 정보를 알고 있으면 미리 대비할 수 있기 때문이다.

취재진이 사진을 찍을 수 있도록 마련하는 자리(기회)
사진기자들과의 회견

photo-op ☞ photo opportunity

Nearly three months after ***his photo-op landing*** on an aircraft carrier, Bush now needs to convince Americans once again that "mission accomplished" means more than the words that were stenciled on the banner behind him that day. ▶ 사진을 멋지게 찍으라고 기회를 주며 항공모함에 착륙한 지 거의 석 달 후, 부시 대통령은 그날 뒤편에서 펄럭거리는 깃발에 새겨진 "임무완수"는 그 말 이상을 의미한다는 것을 미국 국민들에게 확신시켜 줄 필요가 있다. 《이라크전쟁 초기에 사담 후세인의 정규군을 물리친 후 부시 대통령이 헬기를 타고 걸프 해에 정박해 있던 항공모함에 보란 듯이 내린 후 "mission accomplished"라고 소리 높여 외쳤지만, 예상 밖으로 전쟁이 오래가고 있는 상황에 대한 이야기다.》

He flew into Baghdad for ***a photo op*** with US troops. ▶ 그는 미군들과 사진 찍을 기회를 마련하기 위하여 바그다드로 날아갔다.

사형수가 수감되어 있는 감방
사형을 선고받고 집행을 기다리고 있는 사람들을 수감하는 방

death row

He has been on ***death row*** for 7 years. ▶ 그는 7년 동안 사형수 감방에 수감되어 있다.

Most ***death row inmates*** avoid execution for many years by filing several appeals. ▶ 사형수 감방에 수감된 죄수들의 대부분이 여러 가지 탄원서를 제출하는 방법으로 오랜 기간 동안 형 집행을 피하고 있다.

자신이 속한 **사회에 소속감과 의무감을 가지고 있는**
시민정신이 투철한

civic-minded

Business owners, community activists, and other ***civic-minded folks*** gathered at the Hotel to learn what the region's great minds had to say about just that. ▶ 기업주들과 사회활동가들 그리고 기타 시민정신이 투철한 사람들이 훌륭한 지성을 지닌 이 지역 사람들이라면 그 일에 대해서 어떻게 말해야 하는지 배우기 위하여 그 호텔에 모였다.

We appreciate ***the civic-minded move*** of the country's leading business groups to sponsor and host the debate. ▶ 이 나라의 선도적인 기업들이 사회에 대한 소속감과 의무감을 가지고 이 토론을 개최하고 협찬해 준 것에 대해서 우리는 감사를 드린다.

산더미 같이 많은 것

mountain of

China's burgeoning ***mountain of foreign currency reserves*** has finally breached the $1 trillion mark, the country said yesterday. ▶ 산더미처럼 늘어나는 외환보유고가 마침내 1조 달러를 넘어섰다고 어제 중국이 발표했다.

A man who says he sells books and magazines on the street was rescued after being trapped for two days under ***a mountain of reading material*** in his apartment. ▶ 거리에서 책과 잡지를 팔고 있다고 말하는 한 남자가 그의 아파트에서 이틀 동안 산더미처럼 쌓인 서적들 밑에 깔려 있다가 구출되었다.

꿈/희망/믿음 등을 **산산조각 내다**

shatter

The decision ***shattered*** our hope. ▶ 그 결정은 우리의 희망을 산산조각 내버렸다.

산재해 있다
여기저기 많이 널려 있다

be dotted with ☞ ~에 점점이 박혀 있다

The region that experienced strong ground shaking during the earthquake ***is dotted with*** towns of a few thousand people. ▶ 그 지진이 일어나는 동안 심한 지반의 흔들림을 경험했던 그 지역에는 수천 명의 사람들이 모여 사는 마을들이 산재해 있다.

The yard ***is dotted with*** dozens of Santa statues. ▶ 마당에 수십 개의 산타 동상이 여기저기에 서 있다.

be strewn with ☞ 여기저기 나뒹굴고/흩뿌려져 있다

A small mountain waterfall rushes past a boulder ***strewn with*** yellow autumn leaves. ▶ 노란 가을 잎들이 나뒹굴고 있는 둥근 바위를 지나 조그만 폭포가 빠르게 흘러내린다.

Literature is ***strewn with*** the wreckage of men who have minded beyond reason the opinions of others. ▶ 문학에는 도가 지나칠 정도로 다른 사람들의 의견을 배려하다 파멸된 사람의 모습들이 여기저기 산재해 있다.

Early transmission from the 350-kg probe revealed a smog-shrouded landscape of ***boulder-strewn*** plains, winding drainage channels, and dark pools that may contain liquid hydrocarbon. ▶ 350kg의 무게가 나가는 탐사선(토성의 최대 위성인 Titan 탐사선)으로부터 초기에 전송된 사진은 크고 둥근 바위들이 산재한 평원이 스모그에 덮여 있는 모습, 꾸불꾸불한 배수로, 액체 탄화수소가 담겨 있을지도 모르는 시커먼 웅덩이들을 보여주었다.

His cabin is located on a ***rock-strewn*** hillside. ▶ 그의 오두막은 바위가 여기저기 나뒹굴고 있는 언덕에 위치하고

있다.

studded with ☞ 점철(點綴)되어 있다

Pop culture is ***studded with*** other examples of gone-too-soon celebrities — from James Dean to John Lennon — whose final works drew audiences like mourners to a funeral mass. The timing is tricky — the star has to go out at or near the peak of his or her celebrity, not its valley — but results can be powerful. ▶ 대중문화계는 제임스 딘에서 존 레논에 이르기까지 너무 일찍 사라져버린 유명 연예인들의 예로 점철되어 있으며, 이들의 마지막 작품들은 장례미사에 온 조문객들처럼 관객들을 끌어 모은다. 이 타이밍이 묘해서, 스타가 죽기 전에 내리막길이 아닌 정상 혹은 정상 근처에 있어야 하지만, 그 결과는 엄청날 수 있다.

산하 기관/조직

affiliate

The World Baduk Federation has ***affiliates*** in about 30 countries. ▶ 세계바둑연맹은 약 30개국에 산하 조직을 가지고 있다.

산하에 많은 조직/단체를 거느리고 있는 그룹

umbrella group/organization

Last spring he wrote to the prestigious National Academies, ***an umbrella group*** that includes the National Academy of Sciences and the National Academy of Engineering, and asked for a formal assessment of the U.S.'s eroding superiority in science and technology. ▶ 지난 봄 그는 산하에 국립과학학술원과 국립공학학술원을 두고 있는 명성이 높은 국립학술원에 편지를 보내 과학과 기술분야에서 쇠퇴하고 있는 미국의 우월성에 대한 공식적인 평가를 요청했다.

살과 피

혈육/피붙이/친자식/친족; 육신/몸뚱이; 신이나 기계가 아닌 나약한 인간/존재; 생생한 느낌을 주는 존재; 생동감; 생동감이 있는 존재; 실제 생명이 없음에도 살아 있는 듯한 느낌을 주는 존재; 실제 생명이 없음에도 살아 움직이는 (듯한) 존재

flesh and blood ☞ 형용사형으로도 사용

You cannot cut him out of your life. He is ***your flesh and blood***. ▶ 너는 그를 나 몰라라 하고 내버려두면 안 된다. 그는 너의 혈육(피붙이)이다.

They see ***flesh-and-blood evidence*** of the good old days. ▶ 그들은 지난 날들이 얼마나 좋았는지를 나타내는 생생한 증거들을 보고 있다.

We are all ***flesh and blood***, human beings who, from time to time, do stupid things. ▶ 우리는 모두 가끔씩 어리석은 짓을 행하는 나약한 존재에 불과하다.

I can't do everything — I'm only ***flesh and blood***. ▶ 나는 인간에 불과하기 때문에 모든 것을 다 할 수는 없다.

The curious hybrid of puppet and human (***flesh-and-blood*** legs with puppet torso) is very effective. ▶ 인간과 인형을 조합한(상반신은 인형이고 다리는 살아 있는) 이 인물은 매우 효과적이다.

It is full of zest, but lacks ***the flesh and blood*** of great drama. ▶ 그 연극은 매우 흥미롭지만, 훌륭한 드라마가 갖추어야 할 생동감이 결여되어 있다.

He puts ***flesh and blood*** on what might easily seem a glib little fable, so that you become engrossed in both plot and characters. ▶ 그는 그럴듯하게 지어낸 이야기처럼 보일 수도 있는 작품에, 독자들이 줄거리와 인물에 푹 빠져들 수 있도록, 생동감을 불어넣는다.

앞으로 살 날이 얼마 남지 않았다

~의 시대는 앞으로 조금밖에 남지 않았다; 곧 끝나게 된다; 곧 종말을 맞게 된다

someone's days are numbered

Fidel Castro missed his 80th birthday bash, prompting fresh speculation that ***his dictatorial*** *days are numbered*. ▶ (쿠바의 독재자) 피델 카스트로가 그의 80세 생일 파티를 열지 않아서 그가 독재정치를 펼 날이 얼마 남지 않았다는 전에 없던 추측이 나오게 되었다.

There is no question that *oil and natural gas days are numbered* as the world's primary energy source. What is still unclear, however, is how we are going to replace them. ▶ 원유와 천연가스가 세계의 주요 에너지원인 시대가 곧 종말을 맞게 된다는 사실에는 의심의 여지가 없다. 그러나 여전히 불확실한 것은 어떻게 우리가 그것들을 대체할 것인가 하는 문제다.

㈜ 구약성경 다니엘서 5장 26절에서 유래되었다: "This is what these words mean: Mene: *God has numbered the days* of your reign and brought it to an end." "그 뜻을 해석하건 데 메네는 하나님께서 이미 왕의 나라의 시대를 세어서 그것을 끝나게 하셨다 함이요."

살아 있는 듯한
생명을 지니고 있는 듯한

lifelike

A surprisingly lifelike new android came to life at the 2005 World Expo in Japan. ▶ 놀라울 정도로 생명을 지니고 있는 듯한 인조인간이 2005년 일본에서 개최된 세계박람회에 출품되었다.

You too can draw *lifelike portraits* of family, friends and favorite personalities. ▶ 당신도 가족, 친구, 좋아하는 사람의 초상화를 인물이 살아있는 듯한 느낌이 들도록 그릴 수 있다.

The classical ballet tells the story of *an enchantingly lifelike doll* that captures the heart of a young man and inspires a toymaker to transform her into a living human being. ▶ 이 고전 발레는 한 젊은 남자의 마음을 사로잡고 장난감 제작자가 살아있는 인간으로 만들고 싶은 마음이 들 정도로 생명을 지니고 있는 듯한 매혹적인 인형의 이야기를 그리고 있다. ♣ *capture someone's heart*: 사람의 가슴/마음을 **사로잡다** 참조

살얼음을 밟고 있는
조금만 삐끗하면 매우 위험한/위태로운 상태에 처할 수 있기 때문에 조심해야 하는

on thin ice

He said police *walk on thin ice* when it comes to patrolling the area. If they are too aggressive, they would be accused of harassment. ▶ 하지만 경찰이 그 지역을 순찰하는 경우에는 살얼음 위를 걷는 것처럼 매우 조심해야 한다고 그가 말한다. 만일 경찰이 너무 공격적으로 행동하면 사람들을 괴롭힌다는 비난을 받을 수 있다.

It seems to me that he is like a polar bear *skating on thin ice*. ▶ 나에게는 그가 살얼음 위에서 아슬아슬하게 스케이트를 타고 있는 북극 곰처럼 보인다.

The idea for the film comes from the belief that polar bears are *on thin ice* — literally and figuratively — as a result of man-made global warming. ▶ 그 영화의 아이디어는, 글자 그대로 그리고 비유적으로, 인간이 초래한 지구 온난화의 결과로 북극곰들이 살얼음을 밟고 있다는 생각에서 나왔다. ♣ *literally*: **글자 그대로**; *figuratively*: **비유적인 의미로** 참조

~으로 새로운 삶을 시작하다
새 인생을 시작하다; 새 출발하다

begin life as

He *began life* in the U.S. *as* an illegal immigrant. ▶ 그는 불법 이민자로 미국에서 새로운 삶을 시작했다.

We *began life* in 1776 *as* a nation of less than four million people — spread over a vast continent — with seemingly inexhaustible riches of nature all about. ▶ 우리는 모든 종류의 천연자원을 무궁무진하게 지닌 것처럼 보이는 광대한 대륙에 널리 퍼져 사는 400만이 안 되는 인구를 가진 나라로서 1776년 새 출발을 했다. ♣ *seemingly*: **겉으로는 ~처럼 보이는** 참조

삶의 수준
생활 수준

standard of living

We need generating the jobs in order to sustain

our standard of living. ▶ 생활수준을 유지하기 위해서 우리는 일자리를 창출할 필요가 있다.

He said he would spare no effort for ***a decent standard of living*** for the employees. ▶ 종업원들의 남부럽지 않은 생활 수준을 위하여 노력을 아끼지 않을 것이라고 그가 말했다. ♣ *spare no effort* : **노력을 아끼지 않다** 참조

삼삼오오 짝을 이루어

in twos or/and threes

We fanned out from the place ***in twos or threes***. ▶ 우리는 삼삼오오 짝을 이루어 그 장소에서 사방으로 흩어졌다. ♣ *fan out* : 한 장소에서 서로 다른 방향으로 **흩어지다** 참조

They made their way back to the ship ***in twos and threes***, sometimes carrying drunken shipmates on their shoulders. ▶ 그들은 때로는 술 취한 동료 선원들을 어깨에 메고 삼삼오오 배로 돌아왔다.

in teams/groups of twos and threes

Those who took refuge in Iranian Kurdish cities have been crisscrossing the border ***in teams of twos and threes***. ▶ 이란의 쿠르드족이 사는 도시로 피난 온 사람들은 삼삼오오 짝을 이루어 국경을 빈번히 드나들고 있다. ♣ *crisscross* : **동분서주(東奔西走)하며 다니다** 참조

~때문에 **상기되어**
흥분되어 ; 의기양양해져서 ; 고무되어

flush with ☞ ~ 때문에 흥분되어 얼굴에 홍조를 띠고

Were you drunk with success, giddy with anticipation, ***flush with*** victory? ▶ 당신은 성공에 취했거나, 기대감에 들떠 있었거나, 승리로 상기되지는 않았었는가? ♣ *giddy with* : 어떤 감정 등으로 **들떠 있는** 참조

Flush with success, the company rebuilt its headquarters and shops in 1882. ▶ 성공으로 고무되어 그 회사는 1882년에 본사 건물과 점포들을 개축했다.

~에 대하여 잊어버리지 않도록 하기 위하여 계속/지속적으로 **상기시키다**
되풀이하여 말하다

rub in ☞ 계속 문지르다

Russian deputy Prime Minister gently ***rubbed in*** this paradigm shift in an interview with him. ▶ 러시아 부수상은 한 인터뷰에서 이 패러다임 변화를 점잖은 어조로 지속적으로 상기시켰다.

The doubtful proposition has been ***rubbed in*** by official statement. ▶ 의심스러운 그 계획이 공식 성명서를 통해 되풀이하여 발표되었다.

~에 **상당하는 것**
~에 해당하는 것 ; ~와 마찬가지인 것

the equivalent of

Secure Web servers are ***the equivalent of heavy armored cars***. Those problems are ***the equivalent of*** getting your car window smashed. ▶ 안전한 웹 서버는 중무장한 자동차에 해당한다. 그런 문제들(웹 서버가 해킹당하는 문제들)은 당신 자동차의 창문이 박살나는 것과 마찬가지다.

Skeptics say the measure, which cost EU taxpayers ***the equivalent of $216.6 million*** last year, is a quick fix that does not get at the root of the problem. ▶ 회의론자들은 유럽연합의 납세자들이 작년에 미국 달러로 2.167억불 상당의 비용을 떠맡은 그 조처는 그 문제의 근원을 해결하지 못하는 단기적인 처방이라고 말한다.

"There is a lot of this that we can borrow," said a director of a branch of ***the Chinese equivalent of*** the Environmental Protection Agency. ▶ 미국의 환경보호국(EPA)에 해당하는 중국 기관의 지부장은 "우리가 배워야 할 점이 매우 많다"고 말했다.

The Landmarks Preservation Council is ***the US equivalent of English Heritage***. ▶ 미국의 The Landmarks Preservation Council은 영국의 Heritage에 해당하는 기관이다.

상부상조하다
서로 도우며 사이좋게 지내다

(You) scratch my back and I'll scratch yours
☞ 오는 정이 있으면 가는 정이 있다

Much in this world is attempted through exchange the "*you scratch my back and I'll scratch yours*" method of doing business. ▶ 이 세상의 많은 일들이 서로 상부상조하는 방법으로 이루어진다.

Recently the Western diplomats stood up together to defend the NGOs. Obviously, they felt that the NGOs, who were their local partners in directing the domestic agenda of the host country, were under attack. It was a rare display of public solidarity which confirms the symbiotic relationship between NGOs and Western embassies. Normally, both parties acknowledge their mutual *you-scratch-my-back-I'll-scratch-yours* arrangement only tacitly each time a diplomatic function is held in town. ▶ 최근 서방 외교관들이 NGO들을 보호하기 위해 함께 일어섰다. 그들은 주재국의 국내 사안을 관리감독하는 동반자인 NGO들이 공격을 받고 있다고 느끼고 있는 것이 분명하다. 이는 NGO들과 서방 대사관들 사이의 공생관계를 확인해 주는 보기 드문 결속이었다. 평소에는 양측이 외교 행사가 있을 때마다 묵시적으로만 서로 상부상조한다.

~라는 것은 도저히 상상도 할 수 없다
도저히 믿을 수 없다

cannot conceive of

Prime Minister categorically said that Pakistan was created in the name of Islam and that its government *could not conceive of* making decisions against Islam or its teachings. ▶ 파키스탄은 이슬람의 이름하에 탄생했으며 정부가 이슬람이나 이슬람의 가르침에 반하는 결정을 내리는 것은 도저히 상상도 할 수 없다고 수상이 단호히 말했다.

Jawaharlal Nehru, the first Indian Prime Minister, once said the defeat of Russia in 1905 by Japan first triggered the idea of independence for India in his mind. That was a remarkable admission; it implied that intelligent Indians *could not conceive of* governing themselves before Japan, an Asian power, defeated a European one. ▶ 인도의 초대 수상이었던 네루는 1905년 러시아가 일본에게 패배한 것을 보고 그의 마음속에서 인도의 독립에 대한 생각이 처음 일어났다고 말한 적이 있다. 이는 정말 놀랄 만한 고백인데, 러일전쟁에서 아시아의 맹주인 일본이 유럽국가인 러시아를 이기기 전까지는 인도가 독립한다는 것은 인도 지식인들 사이에서는 상상도 할 수 없는 일로 여겨졌었다.

아무리 상상해 보아도
어떤 식으로 생각을 해도 (절대로 ~이 아니라고 강조하는 표현이다)

by any stretch of the imagination

This Fourth of July, many of us have found our time consumed by friends, family and fireworks — not a bad thing *by any stretch of the imagination*. We celebrate the Fourth with these things, reveling in the freedom we have as American citizens. ▶ 미국 독립기념일인 7월 4일에 많은 사람들이 친구와 가족과 함께 지내며 불꽃놀이를 즐기는데, 이는 아무리 상상해 보아도 절대로 나쁜 일이 아니다. 우리는 미국 시민으로서 우리가 지닌 자유를 한껏 즐기면서 불꽃놀이로 독립기념일을 축하한다. ♣ *revel in* : 특별한 상황/경험 등을 한껏 **즐기다** 참조

A community that is growing at a rate of 2 percent cannot be described as "super-growth" *by any stretch of the imagination*. ▶ 경제 성장률이 2%인 사회는 어떤 식으로 생각을 해도 절대로 빠르게 성장하고 있다고 말할 수 없다.

~에서 상위 ~ 이내에 드는

in the top ~ of

An engineer must be *in the top 1% of* the staff of an engineering firm to earn the median salary of a physician. ▶ 엔지니어가 의사의 평균 연봉을 받기 위해서는 엔지니어링 회사의 직원들 중에서 상위 1% 이내에 들어야만 한다.

His chances of finishing *in the top 30* and earning a PGA Tour card for next year were gone. ▶ 그가 상위 30위 이내에 들어 내년 PGA Tour 출전권을 획득할 수 있는 기회는 물 건너 갔다.

특정한 그룹에서 **상위 자리**

top of the heap

In recycling, Minnesota is near ***the top of the heap***. The state was ranked the second-best in the nation for recycling in a national survey. ▶ 재활용에서 미네소타는 상위에 속한다. 미네소타는 국가적으로 실시된 재활용 실태 조사에서 2위를 차지했다.

It takes no digging to find some of the most neglected stocks nowadays. They're sitting on ***top of the heap***. Look at the 10 stocks that carry the greatest weight in the most closely followed U.S. market index: the Standard & Poor's 500. Each is big, famous and unloved by investors. ▶ 요즘 사람들이 가장 거들떠보지 않는 주식들을 찾기 위해서 파헤칠 필요조차 없다. 그들은 상위에 자리잡고 있다. 미국의 주식시장에서 사람들이 가장 관심을 가지고 지켜보는 지수인 Standard & Poor's 500에서 가장 큰 비중을 차지하고 있는 10개의 주식을 보라. 이 회사들은 모두 규모가 크고 이름이 나 있지만 투자자들이 좋아하지 않는다.

주 쌓아 올린 더미 중에서 위 부분을 의미한다.

조직에서 **상위직이 하위직보다 많은**

top-heavy

First of all, we have to reform our ***top-heavy structure*** to survive in the recession. ▶ 불경기에서 살아남기 위해서 우리는 제일 먼저 상위직이 하위직보다 많은 구조를 개편해야 한다.

The fact is that as long as the Sox are ***top-heavy*** in starting pitching, they will be the subjects of plenty of trade rumors. ▶ The Sox(시카고에 연고지를 둔 메이저리그 팀: 시카고 화이트 삭스)가 선발 투수진에 우수한 선수를 많이 보유하고 있는 한 트레이드 설이 많이 나돌게 될 것이 분명하다.

상장회사
주식을 공개한 회사

publicly-listed company

Indonesian ***publicly-listed shipping company*** PT Arpeni Pratama Ocean Line (APOL) and South Korean Hyundai Merchant Marine Co. Ltd (HMM) have formed a joint venture dealing with sea transportation, a spokesperson said. ▶ 인도네시아의 상장 해운회사인 APOL와 한국의 HMM이 해상 운송을 취급하는 합작회사를 설립했다고 대변인이 말했다.

지울 수 없는, 잊기 어려운 마음의 **상처**

scar on

The early years of fear and the hostility left ***a deep scar on*** the young boy. ▶ 유년기 시절의 두려움과 적대감은 그 어린 소년에게 지울 수 없는 마음의 상처를 남겼다.

Closing libraries will be ***a scar on*** the heart of the city. ▶ 도서관의 문을 닫는 것은 시 주민들에게 잊기 어려운 마음의 상처가 될 것이다.

어떤 것의 **상태가 좋은**
상태가 정해진 기준을 통과한/만족하는; 상태가 양호한

up to scratch

The country's drinking water is not ***up to scratch***, with many areas not meeting the World Health Organization's minimum standards. ▶ 그 나라의 식수는 수질 상태가 좋지 못한데, 많은 지역들이 세계보건기구의 최소 기준들을 만족시키지 못한다.

City Council food safety inspectors visited the stalls following a complaint and found they were not ***up to scratch***. ▶ 불평이 있은 후 시의회의 식품 안전 검사관들이 방문해 보니 노점상들이 정해진 기준을 만족하지 못하고 있다는 사실을 알았다.

I would have preferred being given a bit more time to get the stadium ***up to scratch***, 60 days at least. ▶ 그 스타디움을 제대로 만들기 위해서 최소 60일 정도의 기간이 더 있었으면 했다.

주 옛날 맨주먹으로 권투시합을 하던 시절 요즘과 같은 링이나 technical knockout과 같은 규정이 없었다. 대신 입회인들이 땅바닥에다 돌로 사각형 모양의 금(*scratch*)을 그었다. 한 라운드가 끝난 후 금에 다가가서 한 발을 올려 놓으면 기권하지 않고 계속 싸움할 의향이 있다는 표시였다고 한다.

up to snuff

Investors punish companies whose earnings aren't ***up to snuff*** by sending their shares tumbling. ▶ 투자자들은 주가를 급락하게 만듦으로써 배당소득이 만족스럽지 않은 회사들을 혼내준다. ♣ *tumble*: 급락하다 참조

식료품이나 음식 등이 상하기 쉬운
우유, 야채, 육류처럼 저온에서 잘 보관하지 않으면 쉽게 상하는

perishable ☞ 명사형(주로 복수형)으로도 사용

Township officials are asking people to bring ***non-perishable food*** items with them today as they head to Central Park. ▶ 시 당국이 주민들에게 오늘 Central park에 올 때 상하지 않는 음식을 가지고 오라고 부탁하고 있다.

He is trying to attract investment in cold chains, distribution network for ***perishables***. ▶ 그는 저온 보관이 필요한 식료품을 취급하는 냉동식품 유통망에 투자를 유치하려고 노력 중이다.

주변에서 어떤 일이 벌어지고 있는 상황 속에서
주변상황을 묘사하거나 앞에서 한 말을 구체적으로 부연 설명할 때 사용된다

with someone doing something; with something happening

Fed up with losing revenue and market share to China's ubiquitous DVD pirates, Warner Home Video last week announced that it is setting up a mainland video distribution network with a local partner and that it is pricing the discs to compete with local fake copies. The studio is gambling that people will be willing to pay about $3 a piece for authentic DVDs of Warner hits like Harry Porter and the prisoner of Azkaban. ***With pirated discs selling*** for as little as $1, however, Chinese consumers may still not bite. ▶ 중국 어디서나 존재하는 DVD 해적판에 시장을 빼앗기고 수입이 감소하고 있는데 진절머리가 난 Warner Home Video는 지난주 중국 본토에 현지 파트너와 함께 비디오 유통망을 설립하는 중이며 지역 해적판과 경쟁할 수 있는 가격을 책정할 것이라고 발표했다. 이 영화 제작업체는 사람들이 "Harry Porter and the prisoner of Azkaban"과 같은 히트작의 진품 DVD를 3불을 주고 기꺼이 사볼 것이라고 생각하며 큰 모험을 하고 있다. 그러나 해적판이 고작 1불에 팔리고 있는 상황에서, 여전히 중국 소비자들은 덥석 사려고 하지 않을지도 모른다.

With his dog wandering the cabin and White House chief of staff Andrew Card taking notes, Bush listened as his visitors explained how Americans beyond the capital were digesting the events in Iraq. ▶ 미국 대통령 전용기 "Air Force One"에 초청된 사람들이 이라크에서 벌어지고 있는 일들을 수도(워싱턴) 밖에 사는 일반 사람들이 어떻게 참고 견디는지 설명하는 것을 부시 대통령이 듣고 있는 동안 주변에서는 개가 기내를 어슬렁거리고 백악관 비서실장인 Andrew Card가 메모를 하고 있었다.

주 영어권 사람들은 자주 사용하지만 우리나라 사람들은 감히 엄두를 내지 못하는 표현이다. 본 사전 예문에 이와 같은 표현이 자주 등장한다.

그/이와 같은 상황에서는
그/이와 같은 때/시기에는

at times like that/this; at a time like that/this

At times like that we literally feel the humanity. ▶ 그와 같은 상황에서는 우리는 글자 그대로 인간애를 느낀다.

At a time like this, when our economic future is so tenuous, we must do all we can do to ensure stability. ▶ 우리 경제의 미래가 불확실한 이 같은 때에는, 우리는 경제를 안정시키기 위해 우리가 할 수 있는 모든 일을 다 해야 한다.

현재나 과거의 특정 시점에서와 마찬가지로 앞서 언급한 것의 상황/상태가 매우 나쁘다는 것을 강조할 때

such as it is

At that time, the labor union, ***such as it is*** these days, came up with a violent demonstration after failing to reach an agreement. ▶ 요즘과 마찬가지로 그 당시에도 노동조합이 합의안 도출에 실패할 경우 폭력적인 시위를 벌였다.

The country's military, ***such as it is***, has not

received the whole-hearted backing of the people. ▶ 그 나라의 군부는 지금과 마찬가지로 국민들의 열렬한 지지를 받은 적이 없다.

An ice cream maker borrowed $100 and bought the recipe and manufacturing equipment — ***such as it was*** — and founded the Frito Company in 1938. ▶ 한 아이스크림 제조업자가 100달러를 빌려 아이스크림을 만드는 기술과 그 당시의 별로 좋지 않았던 설비를 도입해서 1938년에 Frito Company를 설립했다.

양/가격 등이 ~을 **상회하는**
~보다 많거나 높은

upwards of

The average coffee drinker may consume ***upwards of*** 300mg caffeine a day, often with no discernable effect on mood. ▶ 커피를 마시는 사람은 하루 평균 300mg을 상회하는 카페인을 섭취하게 되는데, 일반적으로 이 양은 눈에 띌 정도로 사람의 기분에 영향을 주지는 않는다.

Companies that develop oil and gas from public lands pay ***upwards of*** 12.5percent in royalties to the federal government. ▶ 국유지에서 오일과 가스를 개발하는 회사들은 연방정부에 12.5%를 상회하는 사용료를 지불한다.

무늬, 글씨 등이 또렷하게 **새겨져 있는**

emblazoned with

Bush gives Sharpie pens ***emblazoned with*** White House & his sig as gifts. ▶ 부시 대통령이 선물로 백악관 그림과 그의 사인이 새겨진 샤프펜을 선물로 주었다.

This is a charming keepsake fabric bag ***emblazoned with*** our name and logo. ▶ 이는 우리 회사 이름과 로고가 새겨진 천으로 된 멋진 기념품 가방이다.

새로운 제품을 생산하기 위해서 공장 설비/기계/부품 등을 **새로 갖추다**
설비/기계/부품 등을 개조하다

retool

As the product changes, the machines have to be ***retooled***. ▶ 제품이 변하고 있기 때문에 설비를 새로 갖추어야 한다.

The company spent years studying how people use its programs and ***retooled*** the user interface accordingly. ▶ 그 회사는 사람들이 자사 프로그램을 어떻게 이용하고 있는지 여러 해 동안 연구를 한 끝에 유저인터페이스를 개조했다.

어떤 것들이 시험되거나 혹은 대립이나 갈등이 빚어지면서 **새로운 것들이 만들어지는 장소/상황**

crucible ☞ 쇠붙이를 녹이는 도가니, Literary

I was searching for an explanation of how Afghanistan became ***the crucible for*** the two defining events of the late 20th century and early 21st century: the implosion of the Soviet Empire and the worldwide upsurge of Islamic militancy. ▶ 나는 아프가니스탄이 어떻게 해서 소비에트 연방의 해체와 전 세계에 걸쳐 이슬람 사람들이 벌이는 도발적인 행위의 급증이라는 20세기 말과 21세기 초에 벌어진 두 가지의 분명한 사건들이 만들어진 장소가 되었는지에 대한 설명을 찾고 있는 중이었다. 《9/11 테러사건 이후, 오사마 빈 라덴이 이끄는 이슬람 테러조직인 알카에다가 은거하는 아프가니스탄을 방문한 어느 기자의 이야기다.》

Many people believe that the current administration serves as ***a crucible for*** forging left-wing ideas and values. ▶ 많은 사람들이 현 행정부가 좌파적인 사상과 가치를 만드는 도가니 역할을 하고 있다고 믿고 있다.

The Mediterranean basin is ***a crucible of*** killer waves. More than 300 tsunamis have been recorded in the last 3,300 years, with volcanic activity known to have triggered a dozen in the last 2 millennia. ▶ 지중해 분지는 살인적인 파도가 만들어지는 장소다. 지난 2,000년 동안 12개의 해일을 촉발시킨 것으로 알려진 화산활동과 함께, 이곳에서 지난 3,300년 동안 300번 이상 해일이 기록되었다.

그 이후는(다음은) **새삼스럽게 다시 말할 필요가 없다**
누구나 다음에 무슨 일이 일어났는지 이미 잘 알고 있다

the rest is history

They met at high school, ***the rest is history***. ▶ 그

들은 고등학교에서 만났고, 그 이후는 새삼스럽게 다시 말할 필요가 없다. 《여기서는, 다 알다시피 지금은 결혼해서 잘 살고 있다는 의미로 썼다.》

A strong earthquake hit the city, ***the rest is history***. ▶ 강진이 그 도시를 강타했고, 그 이후는 새삼스럽게 다시 말할 필요가 없다.

~을 생각나게 하는
떠오르게 하는 ; 회상하게 만드는

reminiscent of ☞ Formal

While Beijing has a constitutional right to do so, the manner in which the central government has handled this whole issue, coupled with its public rhetoric and posturing ***reminiscent of the Cultural Revolution***, have left most Hong Kong people puzzled, hurt and frustrated. ▶ 중국 당국이 헌법적으로 그렇게 할 권리가 있긴 하지만, 문화혁명을 생각나게 하는 수사(과장된 미사여구) 및 시민을 대하는 자세와 맞물려서 중앙정부가 그 이슈 전반을 다루는 방법은 대부분 홍콩사람들을 곤혹스럽게 만들었으며 그들에게 상처와 실망을 안겼다. ♣ *coupled with* : ~와 **맞물려서**

Trying to frighten people is ***reminiscent of the false propaganda*** used in the run-up to the Iraq War. ▶ 국민을 겁주려는 시도는 이라크 전쟁을 앞두고 사용되었던 거짓 선전을 떠오르게 한다. ♣ *in the run-up to* : ~을 시기적으로 **앞두고** 참조

~을 생각나게 한다
떠오르게 한다(remind of)

bring someone (back) to

Karl has been back in the Czech Republic for several years now. But, the news ***brought him back to*** Dothan, Alabama. That's where Karl, now, 28, spent 15 months as an illegal worker cleaning one of the chain's outlets. ▶ 칼은 여러 해 전 체코로 돌아와서 지금까지 살고 있다. 그 뉴스(미국이 불법 노동자를 추방한다는 뉴스)는 알라바마 주 Dothan 시에서 지내던 시절을 생각나게 했다. 그곳은 지금은 28세가 된 칼이 직매장에서 청소하는 불법노동자로 15개월간 지냈던 곳이다.

The incident ***brings me to*** a delicate matter I would like to raise. ▶ 그 사건은 내가 제기하고 싶었던 미묘한 문제를 떠오르게 한다.

깊은/아무 생각 없이 행동하다

shoot/fire from the hip

Moreover, without a plan politicians are inclined to ***shoot from the hip*** without thinking the matter through. ▶ 더구나 정치인들은 계획도 없이 깊은 생각도 하지 않은 채 행동하는 경향이 있다.

It is not just ***a shoot-from-the-hip plan***. ▶ 이는 아무 생각 없이 만든 계획이 아니다.

주 서부영화에서 총잡이가 총을 뽑자마자 제대로 겨냥도 않고 쏘는 장면을 연상하면 된다. 약간의 거부감이 담긴 표현이다.

~에 대해 깊은 생각에 잠기다
곰곰이 생각하다 (주로 글을 쓰거나/읽거나 말을 하면서 생각하는 경우다)

muse on ☞ Written

Music lovers frequently ***muse on*** early deaths: suppose Mozart or Schubert had lived to be forty. Would they have gone on to give us even greater works? ▶ 음악을 사랑하는 사람들은 종종 요절한 사람들에 대해 깊은 생각에 잠긴다. 만일 모차르트나 슈베르트 같은 음악가들이 40세까지 살았다면 보다 위대한 작품들을 우리에게 남기지 않았을까?

Yet the author poses more questions than answers, leaving readers to ***muse on*** the issues raised alone. ▶ 그렇지만 작가는 독자들 스스로 그 문제들에 관해서 곰곰이 생각하도록 놔두면서 해답보다는 질문을 더 많이 던진다.

사람들로 하여금 많은 생각을 하게 만드는 것
생각할 거리 ; 마음의 양식

food for thought

Futurist Alvin Toffler said, "The illiterate of the 21st century will not be those who cannot read or write, but those who cannot learn, unlearn or relearn." That's good *food for thought*. ▶ "21세기의 문맹자는 읽거나 쓰지 못하는 사람이 아니라, 배울 수 없거나 과거의 그릇된 지식을 버리지 못하거나 다시 배울 수 없는 사람이다" 라고 미래학자 앨빈 토플러가 말했다. 많은 생각을 하게 만드는 좋은 말이다.

It was a speech that really *gave food for thought* for a lot of people — probably the best I've heard. ▶ 그것은 진정 많은 사람들에게 마음의 양식이 되는 연설이었으며 아마 내가 들어본 중에 최고였다. ♣ *give food for thought*: 많은 생각을 하게 만들다; 마음의 양식을 제공하다.

주 음식을 천천히 음미하면서 씹듯이 곰곰이 되새겨볼 만한 것(마음의 양식)이라는 의미다.

지금 **생각이 나서 하는 말인데**
가만히 생각해 보니 (어떤 것이 불현듯 생각날 때 쓰는 표현)

come to think of it

Come to think of it, no married couples I know, regardless of age, are happy. How can I handle this situation? ▶ 지금 생각이 나서 하는 말인데, 나이에 관계없이 내가 알고 있는 결혼한 부부들 중에 행복한 사람이 아무도 없다. 이 상황에 어떻게 대처해야 할까?

And *come to think of it*, when I come across a technique or model that isn't something I personally invented, my first reaction is intense skepticism. ▶ 그리고 가만히 생각해 보니, 내가 직접 발명하지 않은 기술이나 모델을 접하게 되면 나는 처음엔 매우 회의적인 시각을 갖는다.

최저 **생계를 겨우 유지하는 상태**

the poverty line

One in five people live below *the poverty line*, according to figures released by the National Statistics Institute. ▶ 국립 통계청의 자료에 의하면 다섯 중 한 사람은 최저 생계도 유지하지 못하는 상태로 살고 있다.

근근이 하루하루 **생계를 유지하는 상태**
하루 끼니를 겨우 때우며 살아가는 상태; 하루 벌어 그 날그날을 연명하며 살아가는 비참한 상태

hand-to-mouth existence

His family lived *a hand-to-mouth existence* in a tar-paper shack. ▶ 그의 가족은 타르를 칠한 종이로 만든 움막에서 하루하루 끼니를 겨우 때우며 살았다.

It is *a hand-to-mouth existence* for many who simply could not have afforded to strike. "We have decided to suspend the strike, taking into account the situation which currently prevails," the union negotiator told reporters. ▶ 하루 벌어 그날그날을 연명하며 살아가는 많은 사람들은 파업을 할 여유조차 없었다. "우리는 현 상황을 고려하여 파업을 연기하기로 결정하였다" 고 노조측 협상자가 기자들에게 말했다.

주 흉년이 들어 먹을 것이 귀하던 시절 어쩌다가 음식 한 조각을 손에 넣게 되면 남들이 빼앗을까 두려워서 바로 입으로 넣는 모습을 그린 표현이다.

질병/사고 등이 **생명을 위협하는**
목숨을 잃을 수도 있는

life-threatening

If an accident happens during the test, it could be potentially *life-threatening* to them. ▶ 테스트 중 사고가 일어나면 그들의 생명이 위험할 수도 있다.

When someone you love has *a life-threatening illness*, everything else pales in comparison. ▶ 당신이 사랑하는 누군가가 목숨을 잃을 수도 있는 병을 앓고 있을 때는 다른 일들은 거들떠 보지도 않게 된다. ♣ *pale in comparison*: ~와는 **비교 상대가 안 된다** 참조

생방송으로 내보내다
생중계하다

air/broadcast live

China refused to *air the liftoff live*, lest state TV broadcast a midair disaster. ▶ 중계방송 도중에 공중폭파 같은 참사가 혹시 발생하지 않을까 염려하여 중국 당국은 인공

위성의 발사 장면을 생방송으로 내보내길 거부했다. ♣ *lest*: ~와 같은 좋지 않은 일이 일어날까 **염려하여** 참조

생사의 갈림길에서 헤매고 있다
사경(死境)을 헤매다

hover between life and death

He is ***hovering between life and death*** in the hospital. ▶ 그는 병원에서 사경을 헤매고 있다.

I was in the hospital for a month and only half-conscious most of the time. I had the sense that I was ***hovering between life and death***. It was a strange sensation — not frightening but dreamlike. ▶ 나는 한 달간 의식이 거의 반만 있는 채 병원에 있었다. 나는 생사의 갈림길에서 헤매고 있다는 느낌을 받았다. 무섭지는 않았지만 꿈을 꾸고 있는 것 같은 묘한 느낌을 받았다.

사람들의 기억/마음속에 생생하게 남아 있는

fresh in one's mind/memory

Historically, humans get serious about avoiding disasters only after one has just smacked them across the face. Well, then, by that logic, 2006 should have been a breakthrough year for rational behavior. With the memory of 9/11, the worst terrorist attack in U.S. history, still ***fresh in their minds***, Americans watched Katrina, the most expensive disaster in U.S. history, on live TV. Anyone who didn't know it before should have learned that bad things can happen. ▶ 역사적으로 볼 때 인간들은 재난이 들이닥치고서야 재난을 피하는 것에 대해 심각하게 생각한다. 자 그렇다면, 이 논리에 의해서, 2006년은 이성적인 행동을 위한 획기적인 전기가 마련된 해였음에 틀림없다. 미국 역사상 최악인 9/11 테러에 대한 기억이 아직 사람들 마음속에 생생하게 남아 있는 가운데, 미국인들은 미국 역사상 가장 큰 손실을 입힌 카트리나(2005년 8월 미국 남부를 강타한 허리케인)를 TV 생중계로 목격했다. 이전에는 몰랐던 사람이라도 나쁜 일들이 벌어질 수 있다는 사실을 틀림없이 배웠을 것이다.

The heroism of September 11, 2001 is still ***fresh in the memories of millions of Americans***. ▶ 2001년 9월 11일 벌어진 테러에서 생존자를 구출하려다 숨진 구조대원의 영웅적인 행동은 여전히 수많은 미국인들의 기억 속에 생생하게 남아 있다.

생애 최고의 시간
매우 즐거운 시간이라는 의미다

the time of one's life

The book was a revelation for many, serving as some sort of hard proof that anyone who told you that your teen years would be "***the time of your life***" was delusional. ▶ 그 책은 십대 시절이 생애 최고의 시간이라고 당신에게 말한 사람은 망상에 사로잡혀 있는 사람이라는 사실을 확고하게 보여주면서 많은 사람들에게 흥미로운 뜻밖의 사실을 폭로하는 작품이다. ♣ *revelation*: 흥미롭거나 놀라운 새로 밝혀진 **뜻밖의 사실** 참조

He says he's having ***the time of his life***. ▶ 자신이 생애 최고의 시간을 보내고 있다고 그는 말한다.

독자적으로 생존할 능력이 있는
자립할 수 있는

viable

Cash alone will not make the company ***viable***. ▶ 돈만으로는 그 회사를 독자적으로 생존하도록 만들 수 없다.

The viability of the bank is so shaky now. ▶ 그 은행의 자립능력이 현재 매우 위태롭다.

생체 시계
생체 리듬; 밤이 되면 잠이 오듯이 정해진 시간에 따라 나타나는 몸의 반응

body clock

Three days before a transatlantic flight, he begins going to bed and wake up earlier, nudging ***his body clock*** toward European time. ▶ 미국에서 유럽으로 여행을 떠나기 3일 전부터, 그는 생체 시계를 유럽시간에 맞추기 위하여 일찍 자고 일찍 일어나기 시작한다.

Jet lag is caused because ***the body clock*** does not readjust immediately to the time change. ▶ 시차증은 생체 리듬이 시간 변경에 즉시 적응하지 못해서 생긴다.

집에 **생활비를 벌어오다**
큰 성과를 거둔다는 의미로도 사용된다

bring home the bacon ☞ 미국, Informal

And most married working women with children will tell you that they're not only ***bringing home the bacon*** — they're frying it, serving it, and then cleaning up. ▶ 결혼하여 자녀를 둔 직장여성의 대부분은 자신이 생활비를 벌 뿐 아니라 요리를 하고 상을 차리며 집안 청소까지 한다고 말할 것이다.

Congress isn't ***bringing home the bacon*** as it used to. ▶ 늘 그랬던 것처럼 의회가 큰 성과를 거두지 못하고 있다.

주 오래전 미국 마을 축제에서 돼지에 미끄럽게 기름칠하고는 붙잡은 사람에게 상으로 주던 데서 유래된 것으로 알려진다.

공식적인 문서에 **서명한 사람/기관/국가**
서명인; 조인자; 조인국(國); (조약의) 가맹국

signatory

Who are, on earth, ***the signatories*** to such a ridiculous deal? ▶ 도대체 그처럼 터무니없는 협약에 서명한 사람이 누구란 말인가?

Even though it has nuclear arms, India never signed the nuclear Non-Proliferation Treaty, which obligates the United States not to assist non-NPT ***signatories*** with their weapons programs. ▶ 인도가 핵을 보유하고 있지만 국제 핵확산 방지 조약에 서명한 적이 없는데, 이 조약은 미국이 비가맹국의 무기개발을 도와주지 못하도록 규정하고 있다.

공식 서류/문서에 합의 **서명하다**

sign on the dotted line

He ***signed on the dotted line*** of a multimillion dollar recording contract. ▶ 그는 수백만 불짜리 음반 취입계약서에 서명했다.

It is important to find the right one that meets your needs before you ***sign on the dotted line***. ▶ 서명하기 전에 당신의 요구를 제대로 충족시키는지 확인하는 것이 중요하다.

주 서명하는 난 밑에 보통 점선이 있다.

서슴없이
이럴까 저럴까 망설임 없이; 기꺼이; 기탄없이; 아무런 유보조항 없이

without reservation

I would like to recommend him ***without reservation***. ▶ 나는 아무런 망설임 없이 그를 추천하고자 합니다. 《추천서에서 이러한 표현이 자주 쓰인다.》

I've heard Ted Williams say that ***without reservation***, Joe DiMaggio was the best center fielder in baseball. ▶ 나는 테드 윌리암스가 조 디마지오가 야구 역사상 최고의 중견수라고 서슴없이 말하는 것을 들었다.

이야기/상황/범죄 등에서 **석연(釋然)치 않은 구석/부분**
설명이 잘 안 되는 부분; 찜찜한 구석/부분

loose ends

There are some annoying ***loose ends*** in the story. ▶ 그 이야기에 석연치 않은 구석이 있다.

At present, there are too many ***loose ends*** to be tied up. ▶ 현재 설명이 필요한 부분들이 너무 많다.

Loose ends remain in North Korea Pact. Six-party talks on North Korea's nuclear weapons program concluded in Beijing this week with Pyongyang agreeing to halt its program in exchange for concessions. But now the question is who will move first. ▶ 북한과 맺은 조약에 석연치 않은 부분이 남아 있다. 북한의 핵무기개발 프로그램에 대한 6자회담이 평양이 몇 가지 특혜를 받는 조건으로 핵무기 개발을 중지하는 데 합의하며 이번 주 평양에서 종결되었다. 그러나 누가 먼저 움직임을 보일 것인가 하는 문제가 현재 의문으로 남아 있다. 《북한은 특혜를 먼저 받아야 핵무기개발을 포기하려 할 것이고, 다른 나라들은 북한이 먼저 포기해야 한다고 주장할 것이라는 의미다.》

(이도 저도 아니고) 두 가지가 함께 **섞여 있는** 것
혼합된 것; 잡종

cross between ~ and ~

Tangors are ***a cross between a tangerine and sweet orange*** and offer up a rich, spicy flavor, lots of juice. ▶ Tangor는 귤과 오렌지의 잡종으로 매우 향기롭고 즙이 많다.

One reviewer likened the novel to ***a cross between Charles Dickens and Dan Brown***. ▶ 한 평론가가 그 소설을 찰스 디킨스와 댄 브라운의 특징들이 함께 섞여 있는 것으로 간주하였다. ♣ *liken ~ to* : ~을 ~라고 **간주하다** 참조

서로 다른 인종이나 사상 등이 함께 **섞이는 장소 혹은 상황**

melting pot

In the nearly two decades since the fall of the Wall, the city has become a multicultural ***melting pot*** and a magnet for the music industry. ▶ 베를린 장벽이 무너지고 거의 20년이 지난 후 그 도시는 여러 문화가 함께 섞이고 음악산업을 끌어들이는 장소가 되었다.

The United States remains ***a melting-pot nation***, bringing in millions of people and incorporating them into an Anglo-American civilization based on broadly shared liberal ideals — life, liberty, and the pursuit of happiness. Anti-immigration ideologues may challenge this view of a borderless American dream, but it remains the attraction for tens of millions of documented and undocumented immigrants hoping to stay in the United States. ▶ 미국은 여전히 수백만의 사람들을 끌어들이고, 폭넓게 공유되고 있는 생명, 자유, 행복의 추구 같은 진보적인 관념에 바탕을 둔 앵글로 아메리칸 문명의 일원으로 이민자들을 받아들이는 여러 문화와 인종이 뒤섞여 있는 나라다. 이민을 반대하는 사람들은 국경 없는 아메리칸 드림에 대한 견해에 도전해올지도 모르지만, 미국에서 살길 원하는 수천만의 합법 및 불법 이민자들이 현재도 계속 몰려오고 있다.

~한 형(刑)을 **선고받다**

be sentenced to ~

Bernard Madoff ***was sentenced to 150 years in prison***, the maximum penalty, for operating a multibillion-dollar Ponzi scheme. ▶ 버나트 매도프(전 나스닥 거래소 이사장)가 150년 감옥형을 선고받았는데, 수백만 달러에 달하는 폰지사기를 벌인 죄에 대한 최대 형량이다. ♣ *Ponzi scheme*: 신규 투자자의 돈으로 기존 투자자에게 이자나 배당금을 지급하는 방식의 다단계 금융사기를 일컫는 말로, 1920년대 미국에서 찰스 폰지(Charles Ponzi)가 벌인 사기 행각에서 유래되었다.

A Colorado man convicted in the disappearance and presumed death of a child has ***been sentenced to 106 years behind bars***. ▶ 행방불명되어 죽었다고 추정되는 한 어린아이와 연관되어 기소된 콜로라도에 사는 한 남자가 106년 징역형을 선고받았다.

The jury decided that he should ***be sentenced to death***. ▶ 배심원단은 그가 사형을 선고받아야 한다고 결정했다.

선견지명이 있는
앞을 내다볼 줄 아는

prescient ☞ Formal

Xu in "Chronicle of a Blood Merchant," written by Yu, is willing to sell his plasma to keep his family fed and together — ***an eerily prescient scenario*** that evokes the recent real-life traumas in Henan province, where hundreds of thousands peasants may have contracted HIV by selling their blood. ▶ Yu의 소설 "Chronicle of a Blood Merchant" 속의 주인공 Xu는 그의 가족을 먹여 살리고 함께 지내기 위해서 피라도 팔려고 한다. 이 소설은 중국 Henan 성에서 사람들이 최근 실제로 겪고 있는 엄청난 정신적인 고통을 환기시키는 기이할 정도로 선견지명이 있는 시나리오다. 그곳에 사는 수만 명의 농부들이 피를 팔다가 에이즈 바이러스(HIV)에 감염되었을지도 모른다.

The 126 House Democrats who voted against the Iraq war in 2002 enjoy feeling ***prescient***. ▶ 2002년 이라크 전쟁에 반대하는 표를 던진 126명의 민주당 하원 의원들이 자신들이 선견지명이 있었다는 기분을 즐기고 있다. 《이라크전쟁이 예상과는 달리 오래가고 있으며 시작해서는 안 될 전쟁이라는 것이 드러나고 있다는 의미다.》

사

선무당
선무당이 사람을 잡는 격이다

blind leading the blind ☞ 장님을 인도하는 장님 ; 장님이 장님을 인도하는 격이다

Unfortunately, he is trying to fix the problem himself and we can't have ***the blind leading the blind***. ▶ 불행하게도 그가 이 문제를 혼자서 해결하려고 노력하고 있는데, 우리는 선무당이 사람을 잡도록 내버려둬서는 안 된다.

For the board of supervisors to move forward without the industry basically is ***the blind leading the blind***. The industry understands the problem. ▶ 감독 위원회가 업계를 배제한 채 진행하는 것은 선무당이 사람을 잡는 격이다. 업계가 이 문제를 잘 알고 있다.

주 신약 성서 마태복음 15장 14절에서 유래되었다. "Leave them; they are blind guides. If ***a blind man leads a blind*** man both will fall into a pit." "그들을 내버려 두어라. 그들은 눈먼 사람이면서 눈먼 사람들을 인도하는 길잡이들이다. 눈먼 사람이 눈먼 사람을 인도하면, 둘 다 구덩에 빠질 것이다."

특별한 목적/일을 위하여 권위 있는 기관/사람이 특정한 인물/것을 매우 조심스럽게 **선발하다/선택하다**
엄선하다

hand-pick ; handpick

Both women were recently ***hand picked*** by Mayor to serve in highly-paid appointed jobs at city hall. ▶ 두 여성이 최근 시청에서 높은 봉급을 받는 위촉 업무를 수행하도록 시장에 의해서 특별히 선발되었다.

He was one of 11 people ***hand-picked*** out of about a thousand peers. ▶ 그는 약 천 명의 동료들 가운데 엄선된 11명 중 한 사람이었다.

주 기계를 동원해서 농작물을 마구 거둬들이는 것이 아니라 잘 익고 상태가 좋은 것만 손으로 하나하나 골라 수확한다는 의미다.

선상에서 일어나는
배 위에서 벌어지는

shipboard

I've heard of her ***shipboard romance***. ▶ 나는 그녀의 선상 로맨스에 대해 들어본 적이 있다.

In 1989, following his ***shipboard summit*** with Soviet leader Mikhail Gorbachev, U.S. President George Bush said "It s too soon to declare the Cold War over." ▶ 1989년 소련의 지도자 미카일 고르바초프와 선상 정상회담을 하고 나서 미국 부시 대통령이 "냉전이 끝났다고 선언하기에는 너무 이르다"고 말했다.

취임식에서 ~으로서 맡은 직분을 충실히 수행할 것을 **선서하다**
취임선서를 하다

be sworn in as

He has ***been sworn in as*** the interim prime minister with promises to cut public expenditure, as the country remains in a state of emergency. ▶ 그 나라가 비상 시국에 처해 있기 때문에, 그가 공공지출을 감축하겠다는 약속과 함께 임시 수상으로 취임선서를 했다.

선순환

virtuous circle

There is ***a virtuous circle*** at work here: the longer the economy prospers, inflation stays subdued and markets are cheery, faith in policymakers grows. ▶ 경제가 오랫동안 번창할수록 인플레이션이 낮아지고 시장이 활발하게 돌아가며 정책입안자들에 대한 믿음이 커지는 선순환이 여기서 일어나고 있다.

The amount of portfolio investment capital flowing into India spiked sharply higher in 2003 and contributed to ***a virtuous circle*** — higher capital flows into India resulted in an appreciating currency, the stronger currency helped push down real interest rates, lower interest rates encouraged rising borrowing, increased borrowing resulted in strong credit-driven economic growth, and strong economic growth encouraged even more capital to come into India. ▶ 2003년 주식이나 채권 등의 금융자산을 매입하려고 인도에 들어오는 자본이 급격하게 증가하여 선순환에 기여하였다: 외국자본이 많이 들어와 인도통화의 가치가 올랐으며, 통화강세가 실질 금리를 낮추는 데 기여하였고, 낮은 금리가 대출을 장

려하였으며, 증가한 신용대출로 경제가 견실하게 성장하였고, 견실한 경제성장은 더 많은 자본을 인도로 끌어들였다.

주 반의어: **악순환** 참조

정치인(국회의원, 자치단체 의원)들이 지역구 주민들의 표를 얻기 위하여 정부 돈을 무책임하게 마구 쓰면서 베푸는 **선심 정치**

pork barrel; pork-barrel ☞ 미국

The lawmakers in the state legislature doled out *pork-barrel grants*. ▶ 그 주의회 의원들이 선심성 교부금을 나누어 주었다.

This paper examines *the pork barrel politics* in Japan from 1991 to 2000. ▶ 이 논문은 1991년부터 2000년까지 일본에서 국회의원들이 지역구 주민들의 표를 얻기 위하여 정부 돈을 무책임하게 마구 지출한 사례를 조사하였다.

He said that *pork-barrel spending*, like the "Bridge to Nowhere," and projects like allocating $3 million to study the DNA of Montana bears upset the Republican base. ▶ 인적이 드문 알래스카의 어느 지방에 필요도 없는 다리(Bridge to Nowhere)를 건설하거나 몬태나 주에 서식하는 곰의 DNA를 연구하기 위한 프로젝트에 3백만 불을 배정하는 등의 선심성 지출이 공화당 지도부를 화나게 했다고 그가 말했다.

주 19세기경 미국 시골 마을에 있는 집에서는 돼지고기를 담아 놓은 *barrel*을 쉽게 볼 수 있었다. 돼지고기가 통에 얼마나 가득 차 있느냐가 집안의 경제형편을 재는 한 가지 척도였다고 한다. 19세기부터 미국에서 지역구민들에게 잘 보이기 위하여 정치인들이 무책임하게 예산안을 제출하면 "*pork-barrel bill*"이라는 표현을 쓰면서 상대방 정치가들을 비난했다고 한다.

~에 대해 **선을 확실히 긋다**
~ 을 넘어서면 용납/용서하지 않는다는 것을 확실히/분명히 하다

draw the line at

The company *draws the line at* sexual harassment. ▶ 그 회사는 (사내) 성희롱을 절대로 용납하지 않겠다고 확실하게 선을 그었다.

He says he supported legislation that increased funding for other health research but *draws the line at* any research that would destroy an embryo. ▶ 다른 의료관련 연구를 위한 자금의 증액을 지지했다고 말하지만 배아를 파괴하는 연구에 대해서는 반대한다고 선을 확실하게 긋는다.

And when the Vatican and some Western leaders also criticized the cartoons, it was apparent that *a line had been drawn*. ▶ 바티칸과 일부 서방 지도자들 또한 그 만화를 비난했다는 사실로 보아, 그들도 그 만화가 너무 도를 지나쳤다고 여기고 있음이 분명했다. 《한 네덜란드 화가가 터번 위에 미사일을 이고 있는 예언자 마호메드의 모습을 만화로 그려 이슬람 세계가 분노로 들끓은 사건에 대한 이야기다.》

비록 의심스러운 점이 있더라도 (확실한 증거도 아직 없고 또한 그동안의 예로 보아서) **선의로 해석하는 것**
너그럽게 봐주는 것

benefit of doubt

"I don't think it would be fair to comment upon him as a convict. I think he should be given *the benefit of doubt*," said a friend of his. ▶ "나는 그를 죄인 취급하는 것이 옳지 않다고 생각한다. 비록 의심스럽더라도 아직 확실한 증거가 없기 때문에 죄인 취급을 해서는 안 된다"고 그의 친구가 말했다.

The International Cricket Council has ruled that *the benefit of doubt* should go to the fielder if there was confusion over whether a catch was taken inside the boundary rope. ▶ 국제 크리켓 심의회가 경계선 안에서 공을 잡았는지 혹은 밖에서 잡았는지 확실치 않을 때는 잡은 것으로 간주해야 한다고 판결을 내렸다.

Buffet rightly is getting *the benefit of any doubt*. ▶ 당장은 사람들이 설마 하면서 Warren Buffet이 그 사건에 연루되었을 리가 없다고 생각하고 있다. 《Warren Buffet 소유의 한 회사가 회계부정 사건에 휘말린 것에 대한 이야기이다.》

선의의
좋은 의도/취지를 가지고 있는 (선의로 어떤 일을 했지만 결과가 좋지 않을 경우 주로 사용됨)

well-meaning; well-intentioned

Loneliness, sadness, remorse — "if only I'd

사

given her better care she'd still be alive" — such are the feelings aroused by the death of a beloved pet. ***Well-meaning*** friends unwittingly make things worse when they say, "It's only an animal after all." ▶ 사랑하던 애완 동물이 죽으면 "내가 좀 더 잘 돌보아 주었더라면 아직 살아있을 텐데"라고 한탄하면서 외로움, 슬픔, 양심의 가책을 느끼게 된다. 친구들이 위로하기 위해 선의로 "한낱 동물에 지나지 않는데 (뭘 그리 슬퍼하느냐고)"라고 무의식적으로 말하면 사태가 더욱 악화된다.

Governor vetoed a bill yesterday that would allow over-the-counter sales of hypodermic needles, saying the bill was ***well-intentioned*** but could contribute to other problems, including increased heroin use. ▶ 주지사가 처방전 없이 피하주사바늘을 구입할 수 있도록 허용하는 법안에 대해 의도는 좋으나 헤로인 사용의 증가를 포함한 다른 문제들을 일으킬 소지가 있다고 말하면서 거부권을 행사했다. ♣ *over-the-counter*: 의사의 **처방 없이 구할 수 있는** 참조

선잠
자다 깨다 하면서 자는 잠

broken/fitful sleep

Her ***broken sleep*** and violent dreams are nothing new to her. ▶ 선잠과 악몽은 그녀가 자주 겪는 일이다.

For coach passengers who may complain of ***fitful sleep***, German airline Lufthansa is considering an all sleeper-seat economy cabin with triple bunk beds. ▶ 잠을 제대로 잘 수 없다고 불평하는 일반석 승객들을 위해, 독일 항공사 Lufthansa는 3단 침상이 있는 수면용 객실을 만드는 것을 고려하고 있다.

선장이 너무 많으면 배가 산으로 간다

too many cooks spoil the broth ☞ 요리사가 너무 많으면 수프를 망친다

Do ***too many cooks*** really ***spoil the broth***? In this case, no. In the end, this participatory process should help the city tackle the problem. ▶ 요리사가 많으면 정말로 수프를 망칠까? 이 경우엔 그렇지 않다. 이 참여제도는 시가 이 문제를 해결하는 데 분명 도움이 될 것이다.

The old adage about ***too many cooks spoiling the broth*** doesn't apply here, as at least half a dozen writers made notable contributions to its screenplay. ▶ 선장이 너무 많으면 배가 산으로 간다는 옛 속담이 여기에는 적용이 안 된다. 6명이 넘는 작가들이 그 영화대본에 큰 기여를 했다.

Even in a situation with ***too many cooks for too little kitchen***, the team exhibits a degree of cooperation the United Nations could envy. ▶ 좁은 부엌에 요리사가 너무 많은 것과 같은 상황에서도, 그 팀은 유엔이 부러워할 만한 협동심을 보여주고 있다. 일반적으로 쓰이는 표현은 아니지만 "***too many cooks for too little kitchen***"도 유사한 의미를 내포하고 있다.

세일즈맨이 사람들에게 물건을 팔기 위해서 **선전하는 말**

sales pitch

For instance, rather than directly launching into ***a sales pitch***, he suggested asking a question, such as, "Can I take a moment to tell you what we do?" ▶ 예를 들면 곧바로 선전하는 말을 늘어 놓는 대신, 그는 "우리가 무엇을 하는지 잠시 말해도 될까요?"와 같은 질문을 할 것을 권했다.

선착순으로 서비스를 제공하는 방식

first-come first-served basis

Space is limited and available ***on a first-come first-served basis***, so register for the workshop as early as possible. ▶ 공간이 한정되어 선착순으로 신청을 받기 때문에 가능하면 일찍 워크숍에 등록하십시오.

~을 제외하고는 다른 **선택의 여지가 별로 없다**
~할 수밖에 없다

be left with no/little choice but

If Wal-Mart comes, a good portion of existing stores will ***be left with no choice but*** to close. ▶ 월마트가 들어온다면 현재 있는 상점들 중 상당수는 문을 닫는 것 이외에 다른 선택의 여지가 없게 될 것이다.

Given the uncertainty over the company's future,

I *was left with little other choice but* to find another job. ▶ 회사의 미래가 불확실한 점을 감안할 때, 다른 직장을 찾을 수밖에 없었다. ♣ *given* : ~라는 현 상황(주어진 상황)을 **감안한다면** 참조

어떤 것을 선택해도 어렵기는(곤란하기는) 마찬가지다
어려운 틈바구니에 끼어 있다; 이러지도 저러지도 못하는 상황에 처해 있다; 진퇴유곡/진퇴양난에 처해 있다

between a rock and a hard place

Allied with the United States but desperate for energy, he said, "Pakistan really is *caught between a rock and a hard place.*" ▶ 미국과 동맹관계에 있지만 에너지가 다급히 필요하기 때문에 파키스탄은 어느 누구의 편도 들기가 곤란한 입장이라고 그가 말했다. 《파키스탄이 이란으로부터 많은 원유를 수입하고 있기 때문에 이란에 대한 경제제재에 찬성할 수도 반대할 수도 없는 입장이라는 이야기다.》

The school was *caught between a rock and a hard place* with the recent fight incident. On the one hand, you try not to give too much attention to unsavory incidents involving students so that you don' t get kids who copycat behaviors for the publicity. ▶ 그 학교가 최근 발생한 싸움에 대해 이러지도 저러지도 못하는 상황에 처해 있었다. (학교폭력에 대해서 큰 관심을 가지고 대처를 해야 하지만) 한편으로는 다른 학생들이 이를 모방하여 또 다른 일을 저지지 못하도록 하기 위해서 너무 지나친 관심을 보여서도 안 된다.

between Scylla and Charybdis

Gordon Brown must steer a course *between the Scylla* of the trade unions — who are up in arms about job losses — and *the Charybdis* of wealthy party donors, such as Sir Ronald Cohen, one of the patriarchs of the industry and a close friend of the Chancellor. ▶ 고든 브라운 영국 수상은 일자리를 잃는 것에 대해 몹시 분개하며 강력하게 저항하는 노조라는 실라와 수상의 가까운 친구이자 산업계의 원로인 로날드 코헨 경과 같은 부유한 정치헌금 기부자들인 카리브디스 사이에서 방향을 잘 잡아야 한다. ♣ *up in arms* : 어떤 일에 대하여 몹시 분개하여 강력하게 **항의하는** 참조

Students are caught in financial straits *between Scylla and Charybdis*, two sea monsters of Greek myth who wait treacherously on opposite sides of a narrow passage. ▶ 보다 나은 삶을 위해서 대학교육이 꼭 필요하지만 치솟는 대학 등록금을 마련하기 위하여 은행으로부터 대출받는 금액이 점점 증가하여 학생들에게 큰 부담이 되고 있다는 미국의 이야기다.

㊟ *Scylla*는 그리스 신화에 나오는 이탈리아 메시나 해협 근처 바위에 사는 머리가 6개이고 다리가 12개인 여자 괴물이고, *Charybdis*는 바다의 소용돌이를 의인화한 여자 괴물이다. 무시무시한 괴물들이 양쪽에서 버티고 있는 형국이다.

faced with a dilemma; caught on the horns of dilemma ☞ 딜레마에 빠져 있다

He is *faced with a dilemma* whether or not to return to his country. ▶ 그는 자기 나라로 돌아가야 하는지 말아야 하는지 딜레마에 빠져 있다.

"We are always *caught on the horns of dilemma* — to work fast but not to disturb people too much," he says. ▶ "우리는 언제나 빨리 일을 해야 하지만 사람들을 지나치게 방해하면 안 되는 딜레마에 빠져 있다"고 그는 말한다.

have/hold/take a wolf by the ears

In Afghanistan, Taliban officials have benefited from an amnesty, but at Guantanamo the United States continues to hold Taliban foot soldiers from the 2001 battles to overthrow their regime. Individuals who had little if anything to do with the Taliban or terrorism are being radicalized by their experience in US custody. "Now *we have a wolf by the ears*," he said. ▶ 아프가니스탄에서는 탈리반 정권에서 일하던 사람들이 사면을 받았지만, 탈리반 정권을 전복시키기 위한 2001년 전쟁에서 생포한 병사들을 미국이 쿠바에 있는 관타나모 수용소에 계속 가두어 놓고 있다. 사실 탈리반 정권이나 테러와 거의 관계가 없는 병사들이 미국에 의해 구금되어 있으면서 과격분자가 되어가고 있다. "지금 우리는 늑대의 양쪽 귀를 붙들고 있는 형국에 처해 있다"라고 그가 말했다. 《그들이 수용되어 있는 동안 당한 가혹행위로 인하여 미국에 대한 심한 증오심을 갖게 되었기 때문에, 테러분자로 변신할까 두려워 그들을 풀어 줄 수도 없고 그렇다고 계속 가두어 놓을 수도 없는 처지에 있다는 말이다.》
♣ *little if anything* : 설령/설사 **있다고 하더라도 극히 조금** 참조

㊟ 늑대의 양쪽 귀를 붙들고 있는데 놓아주면 달려들 기세고 그렇다고 계속해서 붙잡고만 있을 수도 없는 형국이다.

지역/장소 등의 주거 환경이 좋아 사람들이 선호하는
살기 좋은; 지내기 좋은(시쳇말로 물 좋은)

salubrious ☞ Formal

Adding value to your home is now considered a viable alternative to moving up-market to a more expensive house, in a more ***salubrious neighbourhood***. ▶ 살고 있는 집의 가치를 올리는 방법이 (부동산을 통한 재산의 증식을 목적으로) 주거 환경이 좋은 곳에 위치한 값 비싼 집으로 이사가는 것에 대한 유력한 대안으로 현재 고려되고 있다.

He has bought the palatial pad in one of New York's most ***salubrious buildings***. ▶ 그는 뉴욕에서 가장 살기 좋은 건물 중 한 곳에 궁궐 같은 거처를 구입했다.

특정한 사람이 선호하는

of someone's choice; of choice for someone

In many societies children still marry someone ***of their parents' choice***. ▶ 많은 사회에서 아직도 자녀들은 부모가 선호하는 사람과 결혼한다.

Alienated by Nintendo's heavy handed ways, coders took their products to Sonny, making the PlayStation the machine ***of choice for most consumers***. ▶ 닌텐도를 위해서 게임을 개발하던 사람들이 자신들을 제대로 대접을 해주지 않고 강압적으로 마구 대하자 그들이 개발한 게임프로그램을 소니에 가져갔고, 결과적으로 소니의 PlayStation이 소비자들이 가장 선호하는 게임기가 되었다.
♣ *heavy handed*: **강압적이고 거칠게 마구 다루는** 참조

어조가 강하고 설득력이 있는
convincing

cogent ☞ Formal

The Nation is this country's oldest and most aggressive weekly magazine of political news and opinion. It has been a movement mainstay since it began publication in 1865. Like The Progressive, The Nation has a long history of aiming power punches at both Democratic and Republican politicians. The Feb. 1 edition has a cover article called "Obama at One" that contains critiques of Obama from the left that are much more ***cogent*** and concise than the cacophonous chorus of caterwaulers on the right. ▶ 'The Nation'은 정치 뉴스와 의견을 다루는 이 나라에서 가장 오래되고 가장 공격적인 주간지다. 이 잡지는 1865년 창간된 이래로 정치와 사회운동의 버팀목이 되어 왔다. 'The Progressive'처럼 이 잡지는 민주당과 공화당 모두를 향해 강력한 펀치를 날리는 오랜 역사를 지니고 있다. 2월 1일자는 "Obama at One"이라는 제목의 커버기사를 싣고 있는데, 우파 사람들이 오바마 대통령을 비난하며 내는 암내난 고양이들이 지르는 듯한 불협화음보다 훨씬 더 강하고 설득력 있으며 간결한 좌파의 비판을 담고 있다.

어떤 일을 하지 말도록 설득하다

dissuade someone from ☞ Formal

U.S. President George W. Bush went to Europe and tried to ***dissuade*** the E.U. ***from*** lifting embargo on selling arms to China — arms that would be most useful for invading Taiwan. ▶ 미국 부시 대통령이 중국에 무기 수출을 금지하는 조치를 풀지 말도록 유럽을 설득하려고 애썼는데, 이 무기들이 대만을 침공하는 데 사용될 수 있다.

His wife had tries to ***dissuade*** him ***from*** smoking. ▶ 그의 부인이 답배를 피우지 말도록 그를 설득하려고 애썼었다.

단체/기관 등이 설립된 때부터
창립된/창설된 이래로

since inception ☞ Formal

The company has hosted more than 100,000 websites on its servers ***since its inception*** in 1999. ▶ 그 회사는 1999년 창설된 이후 서버에서 10만이 넘는 웹 사이트를 관리해 왔다.

He has been with the club ***since its inception***. ▶ 그는 그 클럽이 설립된 때부터 지금까지 회원으로 있다.

연설이나 글로써 ~에 대하여 분명하고 논리적인 방법으로 **설명하다**

set forth ☞ Formal

In a speech to Asia watchers, Prime Minister of Vietnam *set forth* as first among his administration's goals a distinctly noncommunist priority: "to make our people rich." ▶ 베트남 수상이 아시아 전문가들에게 한 연설에서 행정부의 목표 중 공산국가에 전혀 어울리지 않는 우선 과제인 "국민을 부자로 만들기"에 대해 제일 먼저 분명하게 설명했다.

Dr. Lee *sets forth* the principle of virtual work in this book. ▶ 이 박사는 이 책에서 가상일의 원리에 대해 논리적으로 설명한다.

자세하게 혹은 분명하게 **설명하다**
명시하다

spell out

We asked her to *spell out* her objectives. ▶ 우리는 그녀의 목적이 무엇인지 자세히 설명해달라고 그녀에게 요청했다.

~에 **설 자리가 없다**
~에서는 용납/허용이 안 된다

have no place in

As the South Korean who idolized Hwang have come to learn, blind faith *has no place in* laboratory. ▶ 황우석 박사를 우상화했던 한국 국민이 사실을 알고 나서, 맹목적인 믿음은 실험실에서 설 자리가 없게 되었다. ♣ *blind faith* : 맹목적인 **믿음** 참조

The Roundtable Conference affirmed that violence *has no place in* a civilized society. ▶ 그 원탁회의에서 폭력은 문명 사회에서 용납이 안 된다는 것이 분명하게 공표되었다.

~에게 **설 자리를 빼앗기다**
~에게 지지 기반을 빼앗기다; ~에게 입지를 빼앗기다/잃다; 경쟁력을 빼앗기다/잃다; 우위를 빼앗기다/잃다

lose ground to

California-based Yahoo *lost ground to* Google, which now accounts for 50 percent of US Internet searches. ▶ 캘리포니아에 본사가 있는 야후는 현재 미국에서 인터넷 검색의 50%를 점유하고 있는 구글에 설 자리를 빼앗겼다. ♣ *-based* : 특정한 장소에 **근거지를 두고 있는** 참조

After more than a half-century of unchallenged superiority in virtually every field of science and technology, from basic research to product development, America is starting to *lose ground to* other nations. ▶ 기초 연구에서 제품 개발에 이르기까지 사실상 과학과 기술의 거의 모든 분야에서 반세기 이상 절대적 우위를 누린 후, 미국이 다른 나라들에게 우위를 빼앗기기 시작했다.

겉으로 드러난 사람의 **성격**

persona ☞ Formal

The contradictions between her private life and *the public persona* are not fully explored. ▶ 그녀의 사생활이 대중 앞에 드러난 성격과 서로 다른 이유가 제대로 알려지지 않고 있다.

Barbara Bush was poked for being far frostier behind the scenes than her doting *public persona* suggested. ▶ (며느리이자 영부인인 부시 여사가 시어머니인) 바바라 부시가 가족을 너무나 사랑하는 사람으로 대중에게 알려져 있지만 실제로는 너무나 쌀쌀한 성격을 가지고 있다고 놀려댔다. 《미국에서 매년 대통령 부부와 행정부 고위 관료들이 사람들을 초청해서 우스갯소리로 남의 단점을 꼬집으며 흉보기도 하면서 시쳇말로 함께 망가지는 자리를 갖는데, 이때 나온 이야기다.》

성공하다

have arrived ☞ Informal

People in China want a fridge, a car, and a bottle of wine on the table. It means *you've arrived*. ▶ 중국 사람들은 냉장고와 자동차를 갖길 원하며 식사할 때 포도주를 마시고 싶어한다. 이는 성공의 상징이다.

These are cars which show ***you've arrived***. ▶ 이 자동차를 타는 사람들은 성공한 사람들이다.

변화시키려는 노력 혹은 영향력을 행사해 봐야 **성공할 가능성이 전혀 없는 것/사람**
실패할 게 뻔한 목표/사람 ; 아무 소용이 없는 것/사람

lost cause

Iraq is far from ***a lost cause***, as was proved when Iraqis in all walks of life braved the threats of insurgents and headed to the polls to take part in their first free election. ▶ 각계각층의 이라크 사람들이 반군들의 위협에 용감히 맞서 2005년에 첫 번째 시행되는 자유선거에 참여한 사실은 이라크를 변화시키려는 노력이 성공할 가능성이 없다고 단정하기에는 아직 너무 이르다는 것을 말해 준다. ♣ *all walks of life* : **각계각층** ; *brave* : **용감히 어려운 일에 맞서다** 참조

But after an hour into the effort, he knew it was ***a lost cause***. ▶ 그는 한 시간 동안 애를 썼지만 아무 소용이 없었다는 사실을 알았다.

장래에 **성공할 가망/가능성**

prospects

This year seems to be very critical for ***her career prospects***. ▶ 그녀가 성공할 가망이 있느냐가 올해 판가름 날 것처럼 보인다.

He has said it will be up to voters to decide what effect it may have on ***his presidential prospects***. ▶ 그것이 그의 대통령 당선 가능성에 어떤 영향을 미치게 될지는 유권자들에게 달려 있다고 그가 말했다.

완벽하게 **성공할 수도 있고** 철저하게 **실패할 수도 있는**
모 아니면 도 식의 ; 실패할 경우에는 쫄딱 망할 수밖에 없는

make-or-break

The message that NATO's Afghan operation is ***a make-or-break venture*** for the 26-nation alliance is expected to be conveyed to leaders. ▶ 아프가니스탄에서 벌이는 나토 작전이 26개 동맹국에게는 성공할 수도 있지만 완전히 실패할 수도 있는 모험이라는 메시지가 지도자들에게 전달될 것으로 예상된다.

The Government has floated ***a make-or-break housing policy***. ▶ 정부가 모 아니면 도 식의 주택정책을 내놓았다. ♣ *float* : (한번 고려해 보라는 의미로) 생각이나 계획 따위를 남들에게 **띄워보다** 참조

법적으로 **성년이 되다**

come of age

The company is now officially owned by him, but held in trust until he ***comes of age***. ▶ 지금 그 회사가 공식적으로 그의 소유지만, 그가 법적으로 성년이 될 때까지 위탁관리를 받는다.

하는 일에 흥미가 없거나 하여 **성의없이 대충 빠르게 해치우는**
건성으로 후딱 해치우는 ; 겉치레인 ; 마지못해 하는

perfunctory ☞ 형식적인

John gave him ***a perfunctory handshake***. ▶ 존은 그에게 형식적인 악수를 건넸다.

The limited, ***perfunctory response*** was very frustrating to us. ▶ 제한적이고 성의 없는 응답은 우리를 매우 실망시켰다.

~을 특별히 좋아하는 **성향**

penchant for ☞ Formal

Given ***the Chinese penchant for*** careful record keeping, it's no surprise that officials here have been collecting and analyzing information on the AIDS cases for more than a decade. ▶ 세심하게 기록하기를 좋아하는 중국 사람들의 성향을 고려할 때, 관리들이 십 년 이상 동안 에이즈 환자들에 대한 정보를 모으고 분석해 왔다는 사실은 하나도 놀라울 것이 없다.

She has ***a penchant for*** blue jeans. ▶ 그녀는 청바지를 유별나게 좋아한다.

타고난 듯한 **성향**
타고난 듯한 버릇/습관 (주로 좋지 않은 경우 사용됨)

propensity to do something or for something ☞ **Formal**

In the 1930s, John M. Keynes conjectured that as incomes rise, ***the average propensity to*** consume would fall. ***The average propensity*** to consume is the level of consumption divided by the level of income, or the slope of the line from the origin to the consumption function. He estimated this relationship empirically and found it to be true in the short-run. ▶ 1930년대에 존 케인즈는 수입이 늘어나면 평균 소비 성향이 낮아진다고 추측했다. 평균 소비 성향은 소비 수준을 수입 수준으로 나눈 값 혹은 원점에서 소비함수를 연결한 직선의 기울기다. 그는 경험적으로 이 관계식을 추정했으며, 단기적으로는 잘 들어맞는다는 사실을 알았다.

This is just another example of ***America's propensity to*** embrace the glorification of violence and criminal activity in entertainment when those pulling the triggers and those doing the killing are white. ▶ 이는 오락물에서 방아쇠를 당기고 살인을 저지르는 사람이 백인일 경우 폭력과 범죄행위의 미화(美化)를 받아들이는 미국의 타고난 성향을 보여주는 또 하나의 예다.

This propensity for larger vehicles has remained with buyers. ▶ 구매자들은 아직까지 큰 차를 좋아하는 성향을 가지고 있다.

특정한 믿음/생각/목표 등을 지향하는 **성향**

leaning ☞ ~로 기우는/치우치는 경향

Many companies are wary of ***the government's socialist leanings***. ▶ 많은 회사들이 정부의 사회주의 성향에 경계의 눈초리를 보내고 있다.

Spain's north-eastern Catalonia region got a leftist government with ***separatist leanings***, to the dismay of the country's main parties. ▶ 스페인 북동부에 위치한 카탈로니아 지역에 분리주의 성향을 지닌 좌파 정부가 들어서는 바람에 이 나라 주요 정당들을 낙담시켰다.

얼굴 **성형수술**

facelift

Reacting to a news item published in a tabloid about her ***facelift***, she has sent a legal notice to it demanding unconditional apology for publishing inaccurate information on her. ▶ 그녀의 성형수술에 관한 타블로이드판 신문 뉴스에 대응해서, 그녀는 자신에 관한 올바르지 않은 정보를 기사화한 것에 대하여 무조건적인 사과를 요구하는 법적 통지문을 신문사에 보냈다.

세계적으로 유명한
세계적으로 잘 알려진

world-famous

The hospital has become ***world-famous*** for its pioneering heart transplant surgery. ▶ 그 병원은 선구적인 심장이식 수술로 세계적으로 유명해졌다.

Why aren't Austrian wines ***world-famous***? After all, Austrians drink 33L of wine per person per year, well above Germany, whose wines are better known. The reason is that 80% of the annual production is consumed within the country. ▶ 오스트리아산 포도주가 왜 세계적으로 유명하지 않은가? 요컨대 오스트리아 사람들은 일 년에 일 인당 33L의 포도주를 마시는데 이는 포도주로 오스트리아보다 잘 알려진 독일을 훨씬 초과하는 양이다. 오스트리아산 포도주가 (품질이 좋음에도 불구하고) 세계적으로 잘 알려지지 않은 이유는 오스트리아산 포도주의 80%가 국내에서 소비되어 다른 나라 사람들이 구하기 힘들기 때문이다.

도가 지나칠 정도로 선물/칭찬/키스 등의 **세례를 퍼붓다**
퍼부어대다

shower someone **with**

He ***showered*** her ***with*** unwanted letters and gifts, and kept phoning her and going to her and her mother's homes. ▶ 그는 그녀에게 원치 않는 편지와 선물 세례를 퍼부었고, 계속 전화를 하고 그녀와 그녀의 어머니 집을 찾아갔다.

They ***showered*** him ***with*** praise as he fed them

사

technical analyses of what he had found earlier. ▶ 그가 초기에 발견한 자료에 대한 기술적인 분석 결과를 제공해 주자, 그들은 그에게 칭찬을 퍼부어댔다.

(비록 어떤 상황 등이 나빠지더라도) 세상이 끝나는 것은 아니다
최악의 상황은 아직 오지 않았기 때문에 견딜 만하다; 낙담/실망/포기 등을 하기엔 아직 너무 이르다

be not the end of the world

If you fail the test, it would ***not be the end of the world***. ▶ 네가 시험에 실패했다고 하더라도 세상이 끝나는 것은 아니다.

Losing to Japan in their opening game of this stage would ***not be the end of the world*** and Thailand looks capable of reaching the final qualifying stage. ▶ 1차 예선 첫 게임을 일본에게 졌지만 아직 포기하기엔 너무 이르다. 태국은 최종 예선전에 진출할 수 있는 실력이 있는 것처럼 보인다.

세상이 끝날 때까지
지구의 종말이 올 때까지; 언제나 변함없이

until/till the end of time/the world

The moon will continue go around the earth ***until the end of time***. ▶ 달은 언제나 변함없이 지구 주위를 계속해서 돌 것이다.

I'll love you ***till the end of the world***. ▶ 세상이 끝날 때까지 나는 당신을 사랑하겠습니다.

세세하고 장황하게 (이야기 등을 늘어 놓다)

at length

At the hospital she was questioned ***at length*** about her sex life and previous medical treatment. She was then told that she had tested positive for HIV. ▶ 병원에서 그녀는 성생활과 전에 어떤 치료를 받았는지에 관해서 세세하고 장황한 질문을 받았다. 그리고 는 HIV(에이즈 바이러스) 양성반응이 나왔다는 말을 들었다. ♣ *test positive* : ~에 양성/음성 **반응을 보이다** 참조

He talked ***at length*** about the major advances in stem cell research and cancer treatment. ▶ 그는 줄기세포 연구와 암 치료에서 거둔 주요한 진척에 관해 세세하고 장황하게 이야기를 늘어놓았다.

~와 같은 **세세한 부분까지 다 포함하여**
작게는/아래로는/밑으로는 ~에 이르기까지

down to

He said the discovery was likely to alter both the field and laboratory work of dinosaur scientists. They will have to start cracking open bones, he said, if they are to get the "good stuff" and learn what it was like to be a living tyrannosaur, ***down to*** its tiniest blood vessel. ▶ 그 발견은 공룡을 연구하는 과학자들의 현장과 실험실 작업을 바꾸어 놓을 것 같다고 그가 말했다. 살아 있는 공룡(tyrannosaur)이 어떤 모습을 하고 있는지 알기 위해 필요한 정보를 주는 조직을 얻고자 한다면, 그들은 뼈와 미세한 혈관에 이르기까지 모든 부분을 다 깨서 열어보아야 할 것이다. 《2005년 공룡의 뼈 속에서 연 섬유 조직이 발견된 사실에 대한 이야기다.》

Everybody was there ***from*** the chairman ***right down to*** the tea ladies. ▶ 회장에서부터 밑으로는 차 심부름을 하는 여자에 이르기까지 모든 사람이 그곳에 있었다.

Wearing traditional white, ***from*** the sharp square hats ***down to*** the white shoelaces, soon-to-be nurses marched single file into the small auditorium with red roses in hand and a proud smile on their faces. ▶ 날카롭게 각진 모자에서부터 신발끈에 이르기까지 전부 하얀색 복장을 한 조만간 간호사가 될 사람들이 손에 붉은 장미꽃을 들고 자랑스런 웃음을 지으며 한 줄로 나란히 서서 작은 강당으로 들어갔다. ♣ *soon-to-be* : **조만간 ~이 될** 참조; *single file* : **한 줄로 나란히 서서** 참조

세세한 부분/사항들

small points

He does not miss ***the small points***. Whether it's the fixtures in his company's hotel, the dialogue in a movie script or the little snubs that add up to a feud, not much escape him. ▶ 그는 세세한 부분도 놓치지 않는다. 그가 소유한 회사의 호텔 내부시설이나 영화 대본

에 있는 대사 혹은 논쟁을 벌이는 장면에 추가되는 상대방을 윽박지르는 작은 행동까지 대부분 그를 피해가지 못한다. 《매우 세세한 부분까지 일일이 직접 챙기는 매우 세심한 디즈니 영화사 CEO의 이야기다.》

It is easier to reach clarity and agreement on many ***small points*** than a single summary of all those points. ▶ 많은 세세한 사항들을 명확하게 짚고 나서 개별적으로 합의에 도달하는 것이 모든 것들을 한꺼번에 뭉뚱그리는 것보다 쉽다.

We feel comfortable we can work out these ***small points***. ▶ 우리는 이 세세한 부분들을 어려움 없이 잘 해결할 수 있을 것이라고 생각한다.

구직자나 서비스가 필요한 사람을 면담 후 직장이나 적절한 기관/단체에 **소개하기**

알선해 주기; 일반 병원(일차 진료기관)에서 환자를 특정 전문병원에 진단소견서와 함께 보내기

referral

A referral from a primary care provider is required for specialty care. ▶ 전문 병원에서 치료를 받으려면 일차 진료기관에서 진료를 먼저 받은 후 진단소견서를 들고 가야 한다.

211 call center is an information and ***referral line*** that connects people to vital social services provided by non-profit and government services. ▶ 211 콜센터는 사람들에게 비영리 단체 및 정부 담당기관들이 제공하는 지극히 중요한 사회봉사 업무에 대한 정보를 제공하고 소개해 준다.

The Law Society will lobby the government and Legal Services Board to ban the use of ***referral fees*** by all providers of legal services. ▶ 법률학회는 정부와 법률서비스 위원회에 법률서비스를 제공하는 모든 사람들이 알선료를 받는 것을 금지하도록 압력을 가하려 한다.

여러 사람들 앞에서 한바탕 **소란을 피우다**

여러 사람들 앞에서 화를 내며 불만을 토로하여 볼썽사나운 광경을 연출하다

make a scene

He had been there and ***made a scene*** and dented her car. ▶ 그 사람이 거기에 있었고 여러 사람들이 보는 앞에서 한바탕 소란을 피우고는 그녀의 차에 흠집을 내었다.

Police are asking for assistance in locating a man who escaped custody after ***making a scene*** in the Central Medical Center emergency room. ▶ 경찰은 Central Medical Center 응급실에서 한바탕 소란을 피운 후 감시를 피해 탈출한 수감 중이던 한 남자의 행방을 찾는 데 협조를 구하고 있다.

The National Democratic Party, the German's main neo-Nazi political party, which, alarmingly, got more than 9 percent of the votes on a local election in Saxton last fall has been ***making scenes*** — for example, staging a walkout during a moment of silence for the victims of Auschwitz a few weeks ago. ▶ 독일의 유력한 신 나치 정당인 NDP는 지난 가을 Saxton 지방선거에서 9%가 넘는 우려할 정도로 높은 득표율을 보였는데, 그들은 몇 주 전 아우슈비츠 유태인수용소 희생자들을 추모하기 위해 묵념하고 있는 동안 의사당에서 불만을 토로하며 퇴장하는 등 볼썽사나운 광경을 연출해 왔다.

(춥거나/놀라거나/흥분해서 나타나는) **소름**

닭살

goose bumps

Ronal Reagan who, the first time he walked into the Oval Office as President on the day of his first Inaugural, got ***goose bumps*** and wasn't ashamed to say so. ▶ 로날드 레이건은 대통령 취임식 날 Oval Office(미국 대통령 집무실)에 처음 걸어 들어갔을 때 소름이 돋았으며, 이렇게 말하는 것을 전혀 부끄럽게 여기지 않았다. 《고인이 된 미국 전 대통령 레이건을 추모하는 글 중에서.》

기계장비나 비행기 등이 웅웅/윙윙 하고 내는 낮고 지속적이며 지루한 **소리**
단조로운 소리

drone ☞ 동사로도 사용

The low, heavy ***drone*** from what might be an AC-130 gunship rumbles terrifyingly near. ▶ AC-130 전투 헬기에서 나는 듯한 낮고 거친 웅웅대는 소리가 근처에서 무섭게 들려온다.

The Home Secretary ***was droning*** peacefully on about how "people are safer in terms of crime than ten years ago. ▶ 내무부장관은 어떻게 해서 10년 전보다 범죄가 줄어들어 사람들이 안심하고 지낼 수 있는지에 대하여 조용하고 단조로운 소리로 말하고 있었다.

돌연히 들리는 탕/탁/우지끈 하는 날카로운 **소리**

crack

Crack! A chunky 5.45-millimeter bullet splits the blue sky as it whizzes past my car window. ▶ 탕 하는 총성과 동시에 5.45구경 총탄이 휙 하는 소리를 내며 내 차의 창문을 지나 푸른 하늘을 가른다.

문/북 등을 두드리거나 총을 연속해서 발사할 때 나는 탕탕/쿵쿵/쾅쾅거리는 **소리**
쉴 새 없이 떠들어대는 소리

rat-a-tat; rat-a-tat-tat

Suddenly there was ***a rat-a-tat-tat*** of gunfire. ▶ 갑자기 탕탕 하고 총소리가 들렸다.

The small woman has ***a rat-a-tat speaking style***. ▶ 체구가 작은 그 여자는 쉴 새 없이 떠들어대는 스타일이다.

어떤 것이 갑자기 매우 빠르게 일어나거나 지나갈 때 나는 쉭/휙 하는 **소리**
어떤 것이 갑자기 매우 빠르게 일어난다는 것을 강조할 때

whoosh

The cyclists raced past you with ***a whoosh*** so close that it almost leaves you spinning on the walk-way. ▶ 자전거 경주 선수들이 너무나 가까이서 휙 하며 매우 빨리 지나가 보도에 있는 사람들이 빙글 돌 지경이었다.

I heard this ***'whoosh' noise*** and looked up at the kitchen as it exploded in a fireball. ▶ 나는 불덩이 속에서 그것이 폭발하면서 내는 쉭 하는 소리를 듣고 부엌을 바라다 보았다.

A grinning fighter brags about what would have happened if he had known President George W. Bush would be in the Baghdad airport complex on Thanksgiving Day. "We would have … ***whoosh***!" he says, motioning as if firing a shoulder-launched missile. ▶ 한 이라크 반군 병사가 이빨을 드러내고 웃으면서 부시 대통령이 추수감사절에 바그다드 공항에 도착한다는 사실을 알았다면 벌어졌을 일에 대하여 떠벌린다. 마치 어깨 위에서 미사일을 발사하는 동작을 하면서 "우리는 부시 대통령이 탄 비행기를 향해 휙 하고 미사일을 발사했을 텐데"라고 말한다.

웅성/궁시렁거리는 불평불만의 **소리**

rumblings

He is aware that there are ***rumblings*** of discontents within the ranks. ▶ 집단 내부에서 불만을 품고 있는 사람들이 궁시렁거리고 있다는 사실을 그는 알고 있다.

Opposition Leader is still facing ***rumblings*** about his leadership. ▶ 야당 지도자의 리더십에 대하여 사람들이 여전히 불평불만의 소리를 내고 있다.

자동차 브레이크 등에서 삑/끽 하고 나는 고음의 불쾌하며 시끄러운 **소리**

screech ☞ 동사로도 사용

He heard ***the screech*** of brakes. ▶ 그는 삑 하는 브레이크 소리를 들었다.

A black Mercedes ***screeched*** to a halt in front of the building. ▶ 검은 벤츠 승용차 한 대가 그 빌딩 앞에 끽 하는 소리를 내며 멈추었다.

The three rockets ignited at 2-sec. intervals and ***screeched*** away into the dark. ▶ 3개의 로켓이 2초 간

격으로 삑 소리를 내면서 어둠 속으로 날아갔다.

squeal ☞ 동사로도 사용

Various other factors contribute to ***brake squeal***, such as moisture in the air and the condition of the disk brakes themselves. ▶ 공기 중의 습기, 브레이크 디스크의 상태 등과 같은 다양한 요인들 때문에 브레이크에서 삑 소리가 난다.

전자장비나 오락기 등에서 나는 삑삑거리는 **소리**

beep ☞ 동사로도 사용

The receiver began to ***beep*** constantly. ▶ 수화기가 지속적으로 삑삑거리기 시작했다.

지속적으로 시끄럽고 불규칙하게 나는 **소리**

white noise

White noise was played into the subject's ears through headphone. ▶ 헤드폰을 통해서 실험 대상자의 귀에 지속적이며 불규칙한 소리를 들려주었다.

총이나 폭발물 등에서 순간적으로 탕/펑 하고 나는 큰 **소리**

report ☞ Formal

The rifle's report echoes chaotically through the dry canyon. ▶ 탕 하는 소총 소리가 메마른 협곡 속으로 혼란스럽게 메아리친다.

There was ***a loud report*** as the fuel tanks exploded. ▶ 연료 탱크가 폭발할 때 펑 하는 시끄러운 소리가 들렸다.

물체가 세게 부딪히거나 대포 등을 발사할 때 나는 탁/쿵/쾅/퍽 하는 **소리**

thump ☞ 동사로도 사용

He heard ***the thump, thump, thump*** of the battleship's guns beginning to fire. ▶ 그는 전함에서 발사하기 시작한 쾅, 쾅, 쾅 하는 대포 소리를 들었다.

Bats struck. Balls hit the mat. The rhythm rolled across the practice grounds. Crack-***thump***! Crack-***thump***! ▶ 야구 배트로 친 공들이 망에 부딪혔다. 반복적으로 나는 소리가 연습장 전체에 퍼져나갔다. 딱-퍽! 딱-퍽!

Michael Black whipped in a free-kick for Ledger to ***thump*** a header on target. But Witham keeper made the save. ▶ Ledger가 골 문을 향해 공을 머리로 쿵 받아 넣을 수 있도록 Black이 프리킥을 휙 감아 차 주었지만 Witham 골키퍼가 선방했다.

TV 광고나 영화 등에서 화면에 등장하지 않는 사람의 해설 **소리**

voice-over

Nowadays, lots of TV advertisements don't have ***a voice-over***. ▶ 요즘 많은 TV 광고에는 해설 소리가 없다.

There is no ***voice-over***. The people speak for themselves in this film. ▶ 해설이 따로 없다. 이 영화에서는 사람들이 자신을 대변한다.

어떤(주로 즐거운) **소리가 특정한 공간/장소 등에 울려 퍼지고 있다**

someplace **is ringing with** sound

Since the last week, the House of Representatives has ***been ringing with*** the sounds of hot debate. ▶ 지난주부터 열띤 토론 소리가 하원에 울려 퍼지고 있다.

Both teams had massive support, and England especially lingered to salute the fans that had the stadium ***ringing with*** chants of "Bring on Argentina." ▶ 양 팀 모두 엄청난 응원을 받았다. (여자 축구 월드컵 대회에서 독일을 격파한 후) "다음 상대인 아르헨티나를 어서 데리고 오라"는 소리가 경기장에 울려 퍼지도록 외치는 응원단에게 답례하기 위하여 영국 선수들은 시합이 끝난 후에도 오랫동안 경기장을 떠나지 않았다.

여러 소리가 합쳐서 내는 듣기 불쾌한 **소리**
불협화음

cacophony

All around the government was ***a cacophony of voices***. ▶ 정부 부처 전역에서 불협화음이 일었다.

"I'm glad to hear the news," he said amid ***a cacophony*** of ringing phone lines. ▶ 여기저기서 전화벨 소리가 시끄럽게 울려대는 가운데 "그 소식을 들어 기쁘다"고 그가 말했다.

People hate to see ***the cacophonous Cabinet*** over the reunification. ▶ 사람들은 통일 문제에 대해 내각이 불협화음을 내는 것에 짜증을 낸다.

말을 해도 서로 잘 알아듣기 힘들 정도로 매우 크고 오래 지속되는 유쾌하지 않은 **소리 너머로**
소리 속에서

above/over the din

But so that they could be heard ***above the din*** of the urban jungle, the songs of city dwellers were shorter and faster than the forest songs. ▶ 그러나 도시 정글의 시끄러운 소리 너머로 자신들의 소리를 다른 새들이 들을 수 있도록 하기 위하여, 대도시에 사는 새들은 숲에서 사는 새들보다 짧고 빠르게 소리 낸다.

She spent her political career trying to be heard ***over the din*** of the male-dominated Statehouse. ▶ 그녀는 남성들이 지배하는 시끄러운 주 의사당에서 자기 목소리를 내려고 노력했다.

He could barely hear the voice on the other end of the phone ***over the din*** of two dozen fellow firefighters working with heavy tools. ▶ 20명이 넘는 동료 소방관들이 중장비를 다루는 시끄러운 소리 속에서 그는 전화기에서 들려오는 소리를 겨우 들을 수 있었다.

주 매우 시끄러운 주변 환경 속에서 남들에게 자기 의사를 전달하려고 노력할 때 사용한다.

소매를 끌어 당기며 조르다

tug at sleeve

These children with their souvenir postcards are everywhere now in the South Vietnam, ***tugging at sleeves***, beseeching with practiced but adorable smiles. ▶ 기념 우편엽서를 들고 다니면서 미리 연습한 것이긴 하지만 사랑스러운 미소를 지으면서 사달라고 관광객의 소매를 끌어 당기며 조르는 이런 아이들을 남부 베트남 어디서나 볼 수 있다.

A little boy came running up and ***tugged at his sleeve*** excitedly. ▶ 작은 소년이 달려와서는 흥분해서 그의 소매를 끌어 당겼다.

처음에는 활동이 매우 활발하다가 시간이 지남에 따라서 점점 약해져서는 마침내 **소멸하다**
사라지다

peter out

These strategists realized that their resistance would just ***peter out*** over time, as classical insurgencies tend to do. ▶ 전형적인 저항군들과 마찬가지로 그들의 저항은 시간이 지남에 따라서 점점 약해져서 마침내는 소멸되고 말 것이라는 사실을 전략가들이 깨달았다.

주 미국에서 구전되어 오는 서부의 골드러시 당시의 이야기다. *Peter Schmidt*라 불리는 사람이 큰 돈을 벌기 위해서 광산으로 갔는데 처음 며칠은 온 힘을 다해서 일을 했지만 시간이 흐를수록 힘이 빠져갔다. 한 달쯤 지난 후에는 지쳐서 거의 몸을 움직이지도 못할 지경이 되자 주인이 그를 해고시켰다는 데서 유래되었다고 한다.

소문

scuttlebutt ☞ Informal

Bar W Hunt Club members insist any talk the 'W' stands for 'women' is pure ***scuttlebutt***. ▶ "Bar W Hunt Club"의 회원들은 'W'가 여성을 의미한다는 어떤 이야기도 다 헛소문에 불과하다고 주장한다.

The jury is wearing jeans! ***The scuttlebutt*** raced like a battlefront bulletin Tuesday through the five dozen prosecutors, defense attorneys and reporters camped in the federal courthouse awaiting a verdict in the perjury trial of White House ex-aide Lewis Libby. Most trial lawyers and reporters believe jurors dress up when they expect to reach a verdict and don casual clothes if they still have lots of work. The jury got the case last Wednesday, but members had deliberated barely more than four days when they went home Tuesday without a verdict. ▶ 배심원들이 청바지를 입고 있다! 백악관 보좌관이었던 Lewis Libby의 위증혐의에 대한 평결을 기다리며 연방법원 청사 앞에서 진을 치고 있던 기자들, 피고 변호인단 그리고 60여 명의 검사들 사이에서 이 소문이 최전선에서 날아다니는 총알처럼 빠르게 퍼져나갔다. 재판에 참여한 변호사나 기자들은 대부분 배심원들이 평결을 내릴 때면 정장을 차려 입고 평결을 내리기 위해 아직 할 일이 많다면 가벼운 옷차림을 하고 나온다고 믿는다. 지난 수요일 배심원단이 모였지만 4시간이 조금 넘도록 협의를 한 후 평결을 내리지 못한 채 집으로 돌아갔다. 《Lewis Libby는 이라크전쟁에 반대하는 한 공무원의 부인이 미국 정보부 요원이라는 사실을 흘린 혐의로 재판을 받던 사람인데 결국은 2007년 3월에 유죄평결을 받았다.》

주 옛날 범선을 타고 항해를 할 때 선실 위에 있는 창(*scuttle*)이나 hatch가 제멋대로 열리는 것을 막기 위하여 무거운 물통(*butt*)을 주로 그 위에 올려 놓았다고 한다. 선원들이 물을 마시려고 물통 주위에 모이면 당연히 여러 가지 소문을 입에 올리면서 수군대기 마련이다. 옛날 우리나라의 아낙네들이 빨래터나 우물가에 모여서 떠들던 모습을 상상하면 된다.

소문으로 듣다
우연히 누군가와의 대화 중에 알게 되다 : 풍문으로 듣다

hear from/through/on the grapevine

He had only ***heard from the grapevine*** that there was a meeting to determine his future. ▶ 그의 미래를 결정하는 회의가 있었다는 사실을 그는 소문으로만 들었었다.

He ***heard*** about the story ***through the grapevine***. ▶ 그는 그 이야기를 풍문으로 들었다.

소문의 진원지
소문을 퍼트리는 사람

rumor mill

All reports must be carefully studied as ***the rumor mill*** is grinding fast and furious at this time. ▶ 그 소문이 지금 매우 빠르게 마구 퍼지고 있기 때문에 모든 기사들을 주의 깊게 살펴보아야 한다.

The rumor mill worked faster than the speed of light. ▶ 그 소문이 빛보다 빠른 속도로 퍼져나갔다.

The rumor mill is swirling with reports that they may divorce. ▶ 그들이 이혼할지도 모른다는 기사와 함께 그 소문이 마구 퍼지고 있다.

한 조직이 다른 큰 조직에 혹은 사람이 어떤 조직에 소속되다
어떤 조직과 관계를 맺고 있다

affiliate with/to ☞ Formal

Recently, it has disqualified from leadership positions members of churches that ***affiliate with*** groups supportive of same-sex marriage. ▶ 동성 간의 결혼을 지지하는 단체와 관계를 맺고 있는 교회 사람들이 최근에 고위직에서 물러났다.

The Democratic Party caucuses are open to all who wish to ***affiliate with*** the Democratic Party. ▶ 민주당 전당대회는 민주당에 소속되기를 희망하는 모든 사람들에게 열려 있다.

툭하면 소송을 제기하는

litigious ☞ Formal

In the late '70s he loaded up on shares of Columbia Pictures, then turned into such ***a litigious nightmare*** that Columbia bought his stake for a 50% premium. ▶ 70년대 말 그가 Columbia Pictures의 주식을 잔뜩 사들인 후 툭하면 회사운영에 관하여 소송을 제기하였기 때문에, 할 수 없이 Columbia Pictures에서 50%의 웃돈을 얹어주고 주식을 다시 사들였다.

In our ***litigious society***, most physicians would

사

be reticent to write down any numbers in a chart. ▶ 툭하면 소송을 제기하는 우리 사회에서, 대부분의 의사들이 차트에 숫자를 기록하는 것을 꺼려 할지 모른다.

소식통

source

Military ***sources*** say that the plane was shot down at midnight. ▶ 군 소식통에 의하면 그 비행기가 한밤중에 격추되었다고 한다.

Sources close to the team say they have reached an oral agreement on a two-year deal with the free agent outfielder. ▶ 그 팀과 가까운 소식통에 의하면 자유계약 선수인 그 외야수와 2년 계약을 맺기로 구두합의를 보았다고 한다.

주 주로 복수형태로 사용된다.

옳고 그름 혹은 찬성 · 반대에 대해서 소신이 분명한
주장이 강한/뚜렷한

opinionated

he is sober and thoughtful and ***opinionated*** but not pedantic. ▶ 그는 침착하고 생각이 깊으며 소신이 분명하지만 많이 아는 체하지는 않는다.

Be ***opinionated***. No one wants to hear a lukewarm conversation. Agree or disagree, people want to know what you think. ▶ 주장을 분명하게 내세워라. 아무도 미적지근한 대화를 듣길 원치 않는다. 찬성하든지 아니면 반대하라. 사람들은 당신들의 생각을 알고 싶어한다.

사회나 어떤 집단에서 소외당하는 사람
따돌림을 받는 (사람); 외톨이

outcast

It addresses the sensitive issue of a widow remarriage. Why does a young widow become a victim of ridiculous customs, almost ***an outcast***? ▶ 그것은 과부의 재혼이라는 민감한 이슈를 다루고 있다. 왜 젊은 과부가 터무니 없는 관습의 희생자가 되어 외톨이처럼 지내야 하는가?

She faces skepticism — she is treated as ***an outcast*** by her community and family — with great faith and courage. ▶ 사회와 가족으로부터 소외당하고 있는 그녀는 커다란 믿음과 용기를 가지고 회의론에 맞서고 있다.

the odd man out

If it works out that Johnson is ***the odd man out***, he's ready to deal with it. "I know there's a spot for me out there somewhere," Johnson said. ▶ 존슨이 팀에서 방출될 선수로 결정된다고 해도, 그는 이 문제에 대처할 준비가 되어 있다. "나는 어딘가 나를 위한 자리가 있다는 것을 알고 있다"고 존슨이 말했다.

In two experiments with an ***Odd-Man-Out*** choice discrimination task, Parkinsonian subjects had difficulty in alternating between two rules on successive trials. ▶ 분별하는 일을 맡김으로써 파킨스병 환자를 가려내는 두 가지 실험에서, 파킨스병을 앓고 있는 실험 대상자들은 일련의 실험에서 두 가지 규칙을 번갈아 적용하는 데 어려움을 겪었다.

주 동전을 던져서 3명 중 1명을 뽑는 방법(게임) 혹은 이 게임에서 뽑힌 사람을 의미한다. 한 조직에서 방출 혹은 퇴출되는 사람이다.

가장 소외된 지역에 있는

in/on the margins ☞ 가장자리에 있는

As in other countries hit by HIV, the epidemic in the country began ***in the margins*** of society among migrant workers, drug users and prostitutes and then gradually entered the mainstream population. ▶ HIV(에이즈 바이러스)로 고통을 받는 다른 나라에서와 마찬가지로 그 나라에서 소외된 계층에 있는 이주 노동자들, 마약 중독자들, 창녀들 사이에서 에이즈가 시작되어 점차 일반 사람들에게도 퍼졌다.

The public needs to realize the violence inflicted on women living ***on the margins*** of society affects the larger community. ▶ 일반 국민들은 사회에서 소외된 채 살아가는 여자들이 당하는 그 폭력이 더 큰 사회공동체에도 영향을 미치고 있다는 사실을 깨달아야 한다.

이미 많기 때문에 조금 더 있어 봐야 별 **소용없는 것**
별로 보탬이 되지 못하는 것

coals to Newcastle

In ***a coals-to-Newcastle deal*** for the dinner table, Britain has signed an agreement to export pigs' trotters to the Chinese. ▶ 영국이 돼지 족발의 원조 격인 중국에 거꾸로 돼지 족발을 수출하는 것은 뉴캐슬에 석탄을 파는 것과 유사하다는 말이다.

It may be the equivalent of ***coals to Newcastle***, but Marine Harvest Canada Inc. is making a good buck selling fish to Asia. ▶ 뉴캐슬에 석탄을 가지고 가는 것과 마찬가지일지도 모르지만, Marine Harvest Canada Inc.는 아시아에 생선을 수출하여 큰 돈을 벌고 있다.

At first sight, opening a curry house in India would seem a bit like ***selling coals to Newcastle***. But a British-based curry house is planning to do exactly that when it launches a new outlet in Delhi. ▶ 일견 인도에서 카레식당을 여는 것은 마치 뉴캐슬에 석탄을 파는 것처럼 보일 수도 있다. 그러나 영국에 본사를 둔 한 카레식당은 인도 델리에 새로운 지점을 열 계획을 세우고 있다.

주 영국 최대의 탄광지대인 ***Newcastle***에 석탄을 조금 싣고 가봐야 아무도 거들떠 보지도 않는다는 뜻이다.

해봐야 아무런 **소용이 없다**

do not do any good ☞ 득이 되지 않다

We gave him water and kept him warm, but it ***didn't do any good***. ▶ 우리는 그에게 마실 물을 주고 따뜻하게 해주었으나 아무런 소용이 없었다.

This will ***not do any good*** to them anyway. ▶ 어찌되었든 이것은 그들에게 아무런 소용이 없을 것이다.

there is no point ☞ 아무런 의미가 없다

There is no point in staying any longer. ▶ 더 이상 오래 머무는 것은 아무 소용이 없다.

There is no point for us to try our best if it's not appreciated. ▶ 인정받지도 못하면서 우리가 최선을 다해 노력하는 것은 아무런 의미가 없다.

도대체 그렇게 하는 것이 무슨 **소용이 있다는 말인가?**
무슨 의미가 있다는 말인가?

what's the point of ~?

What's the point of complaining about something you have to do? ▶ 네가 해야 할 일에 대해 불평하는 것이 무슨 소용이 있는가?

If kids were allowed to do anything all the time, then ***what's the point of parenting***? ▶ 만일 아이들이 무슨 일을 해도 내버려두기만 한다면, 가정교육이란 게 도대체 무슨 소용이 있다는 말인가?

What's the point of democracy if the fools voting don't know who they're voting for? ▶ 바보 같은 사람들이 누구에게 투표하는지도 모르면서 투표한다면, 민주주의라는 것이 무슨 의미가 있는가?

~가 **소유하고 있는**

someone-owned

The government has no plans to reduce its stake in ***state-owned companies***. ▶ 정부는 국가가 소유하고 있는 회사(국영회사)의 주식 지분을 낮출 계획이 없다.

~에게 매우 **소중한 사람/것**

the apple of one's eye

"I am very thankful and proud of my granddaughter," he said. "She is ***the apple of my eye***, very smart, and I don't know what I'd do without her." ▶ "매우 고맙고 내 손녀가 자랑스럽다"고 그가 말했다. "그녀는 나에게 매우 소중하며 매우 영리하다. 그녀가 없다면 나는 아무 일도 못할 것이다."

Africa's rich reserves of minerals and petroleum have become ***the apple of China's resource-hungry eye***. ▶ 아프리카의 풍부한 광물 및 석유 매장량은 자원을 찾아 헤매는 중국에게 매우 소중하다.

주 옛 영어에서는 the eye's pupil(눈동자)을 ***the apple***로 표현하였다. "눈동자와 같이 사랑하시고 돌보신다"는 성경구절에서 유래된 표현이다.

사

남들이 볼 수 있게 ~을 소지하고 있는
남 보란 듯이 ~을 가지고/들고 다니는

something-toting

Cheaper tickets bring in successively larger waves of ***dollar-toting visitors***. ▶ 값싼 비행기표 때문에 많은 관광객들이 달러를 들고 지속적으로 몰려오고 있다.

Kyung-Ju has much to offer ***camera-toting visitors***. ▶ 경주는 카메라를 메고 다니는 방문객들에게 많은 볼거리를 제공한다.

A gun and knife-toting bandit is being sought after a midnight robbery at the store. ▶ 한밤중 그 가게에서 발생한 강도 사건 이후, 총과 칼을 소지하고 있는 강도가 수배 중이다.

소홀히 여기다
잘 주목하지 않다; 귀담아 듣지 않다; 대수롭지 않게 여기다

give short shrift

His idea has been ***given short shrift*** by colleagues. ▶ 그의 아이디어를 동료들이 대수롭지 않게 여겨 왔다.

Although the task committee is focusing on education, that does not mean we are ***giving short shrift*** to experience in the civil engineer's development. ▶ 그 위원회가 교육에 초점을 맞추고 있기는 하지만, 그렇다고 우리가 토목기술자들의 자기개발에서 경험을 소홀히 여긴다는 의미는 아니다.

주 옛날에 죄수를 처형하기 전에 신부에게 고해성사(*shrift*)를 하도록 허락했다. 그러나 너무 시간을 길게 끌면서 말을 많이 하는 경우 그만 짧게 끝내라고 했다는 데서 유래된 표현이다.

소홀히 취급당하다
무시당하다; 대수롭지 않은 취급을 당하다; 하찮은 취급을 당하다

get short shrift

With all the emphasis on math and science, the study of history and what makes us human ***gets short shrift***. ▶ 수학과 과학에 모든 역점이 두어지고 있는 상황에서, 역사와 무엇이 우리를 인간답게 만드는가에 대한 공부는 소홀히 취급당하고 있다.

Environmental protection ***gets short shrift*** now. ▶ 현재 환경보호 문제가 소홀한 취급을 받고 있다.

속담에도 있듯이
흔히들 말하듯이

as the saying goes

But, ***as the saying goes, it takes two to tango***. There are also things that the U.S. needs to do, such as facilitating visas for Saudi citizens, encouraging U.S. trade delegations to visit the Kingdom, and promoting dialogue between intellectuals in both countries. ▶ 그러나 속담에도 있듯이 손바닥도 마주쳐야 소리가 난다. 사우디 시민들에 대한 비자 발급 절차를 간소화하고 미국 무역 대표단이 사우디를 방문하도록 권장하고 양국의 지식인들 사이의 대화를 조장하는 등 미국이 해야 할 일들이 있다. 《미국이 테러와의 전쟁에서 사우디아라비아의 적극적인 협조를 얻기 위해서는 미국도 노력을 해야 한다는 뜻으로 미국 주재 사우디 대사가 한 말이다.》 ♣ *it takes two to tango*: **손바닥도 마주쳐야 소리가 난다** 참조

The importance of listening is beyond doubt. ***As the saying goes, we have two ears and one mouth so we can listen twice as much as we talk.*** ▶ 남의 말에 귀를 기울이는 것이 중요하다는 사실에는 의심의 여지가 없다. 속담에도 있듯이 말하는 것의 두 배만큼 남의 말을 귀담아 들을 수 있도록 우리는 두 개의 귀와 한 개의 입을 가지고 있다.

If ***"the pen is mightier than the sword," as the saying goes***, is a pen stronger than an AK-47 rifle? ▶ AK-47 rifle의 성능이 매우 우수하다는 말이다.

But government produces nothing by itself. Government gets its money by taxing us. To guarantee this alleged right to a product or service, government tax collectors must therefore take money from one person to give it to another. ***They must take from Peter to pay Paul, as the saying goes***. So, in effect, a person who demands food, housing, or medical care as an alleged right, is really demanding that government tax agents steal money from his neighbor to give him an unearned benefit he didn't work for. Education, like housing or medical care, does not grow free in nature. Just as someone must pay doctors, nurses, and hospitals for all the services they provide, someone must also pay for teachers' salaries, textbooks, janitorial services, and school upkeep. Other than air, nothing that we need is free. ▶ 그러나 정부는 아무것도 혼자만의 힘으로 만들어내지 못한다. 정부는 우리에게 세금을 부과하여 돈을 마련한다. 어떤 제품이나 서비스에 대해 사람들이 주장하는 권리를 보장하기 위해서, 정부는 한 사람에게서 돈을 받아 다른 사람에게 주어야 한다. 속담에서 말하듯 그들은 빚으로 빚을 갚아야 한다. 따라서 사실상 사람들이 음식, 주택 혹은 의료보장을 당연한 권리인 것처럼 주장하는 것은 자신이 노력하지도 않은 혜택을 받기 위하여 정부 세무 당국에게 이웃으로부터 돈을 강탈하라고 요구하는 것과 같다. 주택이나 의료보장처럼 교육도 사실상 공짜가 아니다. 어떤 사람이 의료혜택의 대가로 의사, 간호사, 병원에 돈을 지불하는 것처럼 누군가가 선생님의 봉급, 교과서, 학교 관리 및 유지비 등을 위해서 돈을 내야 한다. 공기 말고는 우리가 필요한 것은 어떤 것도 공짜가 아니다. ♣ *take from Peter to pay Paul* : **빚으로 빚을 갚다** 참조

He warned that this is going to be impossible and will simply lead to economic collapse. ***As the saying goes, you cannot squeeze blood out of a turnip***. A broken economy like that produced under Soviet-style socialism simply cannot sustain the burdens of a welfare state. Why? Because where there is no wealth, one simply cannot steal much. While he was too polite to put it just this way, the plain fact is that a welfare state depends on there being enough wealthy people from whom the government can steal so as to provide the perks. The politicians are always tempted to promise to the voters. ▶ 그는 이 일이 불가능할 것이며 국가경제를 파탄으로 몰고 갈 것이라고 경고했다. 속담에도 있듯이 순무에서 피를 짜낼 수 없다. 소비에트 연방 스타일의 사회주의하에서 파산한 경제는 사회복지제도를 유지할 능력이 없다. 왜냐고? 부자들이 없기 때문에 돈을 많이 빼앗을 수 없기 때문이다. 그가 너무 점잖아 이런 식으로 표현하지 않았지만, 분명한 사실은 사회복지제도가 성공하기 위해서는 정부가 (못사는 사람들에게) 특별한 혜택을 주기 위해서는 돈을 빼앗아도 될 만큼 충분히 잘사는 사람들이 많아야 한다는 것이다. 정치인들은 언제나 유권자들에게 이 같은 약속을 하고 싶은 유혹에 빠져든다. 《사회복지제도를 도입하려는 헝가리의 문제점을 지적한 글이다.》 ♣ *squeeze blood out of a turnip* : **불가능한 일을 시도하다** 참조

다른 엉뚱한 **속셈을 품고 있다**

마음속에는 다른 생각을 지니고 있다; 꿍꿍이속이 있다; 엉뚱한 생각을 하고 있다(have a hidden motive)

have an ax to grind ☞ Informal, 미국

"People who go there are ones who ***have an ax to grind***," he says. ▶ "그곳에 가는 사람들은 꿍꿍이속이 있는 사람들이다"라고 그는 말한다.

These folks ***have an ax to grind*** and want to generate publicity for them. ▶ 이 사람들은 엉뚱한 다른 속셈을 품고 있다. 그들은 자신들이 사람들에게 널리 알려지기를 원한다.

주 미국 작가 벤자민 프랭클린(*Benjamin Franklin*)의 글 "*Poor Richardson's Almanac*" 이후 많이 사용되게 되었다고 한다. 한 낯선 사람이 주인공(작가 자신)에게 다가와서, 도끼를 공짜로 갈고 싶은 속셈으로, 숫돌(주인공 아버지가 쓰는 숫돌)이 멋져 보이는데 과연 얼마나 좋은지 눈으로 직접 보고 싶다며 날이 무뎌진 도끼를 내밀었고 주인공은 숫돌을 자랑하고픈 마음에 열심히 도끼를 갈아주었다.

어떠한 일이 발생하는 상황 **속에서**

~이 벌어지고 있는 와중에; ~의 한가운데에서; 한창 ~이 벌어지고 있는 중에

amid

The Taiwan problem comes ***amid a growing clamor*** for more democracy in Hong Kong. ▶ 홍콩에서 민주화를 요구하는 목소리가 점점 커져가고 있는 와중에 그 대만문제가 터져 나왔다.

Expatriate Iraqis began casting ballots ***amid tight security*** in early voting in 14 countries from Australia to Sweden to United States. ▶ 해외에 거주하는 이라크 사람들은 오스트레일리아에서 스웨덴, 미국에 이르기까지 모두 14개국에서 실시된 조기투표에서 삼엄한 경비 속에 투표를 시작했다.

He walked toward the pedestal ***amid louder cheers***. ▶ 요란한 환호성 속에 그는 연단으로 걸어갔다.

소비자를 **속여서 부당이익을 취하다**

gouge ☞ 미국

Oil companies were accused of ***the gas price gouging***. ▶ 정유회사들이 소비자들을 속이고 휘발유 값을 높이 받아 부당이득을 취한 혐의로 고발되었다.

Many banks are ***gouging*** their customers. ▶ 많은 은행들이 고객을 속여 부당이득을 취하고 있다.

남을 **속여서 ~하게 만들다**

dupe someone into

Hundreds of thousands of people are being ***duped into*** believing they are helping the environment by buying products claiming unsubstantiated green credentials. ▶ 수십만의 사람들이 속아 넘어가 실제로 친환경 제품인지 입증되지도 않은 물건들을 구입하면서 환경보호에 일조하고 있다고 믿고 있다.

He ***duped stamp collectors into*** buying fake rarities. ▶ 그는 우표 수집가들을 속이고 가짜 희귀품을 팔았다.

주 얼간이(바보)로 만든다는 의미다.

교묘한 손놀림으로 사람의 눈을 **속이는 것**
눈속임

sleight of hand

The sleight-of-hand expert, who is a member of the Cardiff Magical Society, has been practicing magic for the past seven years. ▶ 교묘한 손놀림으로 사람 눈을 속이는 마술의 전문가인 그 사람은 the Cardiff Magical Society의 회원인데 지난 7년간 마술 공연을 해왔다.

He is especially adept at ***sleight of hand***, a skill that helped him win the nickname "Merlin." ▶ 그는 특히 교묘한 손놀림으로 속임수를 부리는 뛰어난 재주를 가지고 있는데, 이 때문에 "Merlin"이라는 별명을 얻었다.

감쪽같은 **속임수**
남에게 속아 넘어가서 물건을 잘못 사거나 사기당하는 경우에 사용한다

hook, line and sinker

"I fell for it ***hook, line and sinker***," he said. ▶ 완전히 사기당하는 기분이었다.

The newspaper just ***took hook, line, and sinker*** the information that the government agencies were offering. ▶ 정부기관들이 흘린 거짓 정보를 진짜인 줄 알고 그 신문이 기사화했다.

The poor readers out there ***swallowed hook, line and sinker***. ▶ 아무것도 모르는 불쌍한 독자들이 감쪽같이 속아 넘어갔다.

주 바다 낚시에서 황새치 같은 큰 물고기가 미끼만 무는 것이 아니라 바늘, 낚싯줄은 물론이고 추까지 몽땅 삼키는 경우에 비유한 표현이다. ♣ ***take/swallow hook, line and sinker***: 감쪽 같은 속임수에 걸려들다.

손가락 사이로 빠져나가다
미꾸라지처럼 요리조리 빠져나가다

slip through one's fingers

I thought we had it, and then at the end it ***slipped through our fingers***. ▶ 우리가 그것을 가졌다고 생각했지만 마지막에 손가락 사이로 빠져나가고 말았다.

Some bears apparently ***slipped through the fingers*** and out of the sight of hunters. ▶ 어떤 곰들은 사냥꾼들의 눈을 피해 요리조리 잘 빠져나갔음이 분명하다.

Taxpayers deserve the American dream of home ownership and shouldn't lose that American dream as result of escalating property taxes. But sadly, that American Dream is ***slipping through the fingers*** of many taxpayers in large part because local government bureaucrats are tightening their grasp on the ever-escalating property tax bill. ▶ 납세자들은 집을 소유하는 꿈을 가질 자격이 있으며 재산세가 급격히 증가한다고 해서 그 꿈을 잃어버리면 안 된다. 그러나 슬프게도 많은 납세자들의 손가락 사이로 그 꿈이 빠져나가고 있는데 큰 이유는 지방정부 관료들이 끊임없이 재산

세를 올리고 있기 때문이다.

손가락을 안 갖다 대는 데가 없다

너무나 많은 일에 관여/참여하고 있다; 여기저기 집적거리다; 여기저기 손을 대다

have one's finger in every pie

We have a chance to get someone who isn't an insider and won't ***have his finger in every pie*** that keeps this city from growing and becoming what it should be. My vote is going to help him get there, and my friends who are undecided or are just going to vote for the others in this election are going to get an earful from me. ▶ 우리 시 출신이 아니면서, 너무나 많은 일에 여기저기 손을 대어 이 시가 발전하고 바람직한 모습을 갖추는 것을 방해하지 않을 사람을 선출할 기회가 우리에게 있다. 내 한 표가 그가 시장이 되는 것에 일조하게 될 것이다. 이번 선거에서 아직 결정을 못하고 있거나 다른 사람에게 표를 던지려고 하는 내 친구들은 나에게 귀따가운 소리를 듣게 될 것이다. ♣ *get an earful* : **귀따가운 소리를 듣다** 참조

He has ***had his finger in almost every pie*** in the community for decades. ▶ 수십 년 동안 그는 그 사회에서 여기저기 너무나 많은 일에 관여해 오고 있다.

A new McKinsey study of global banking offers at least a semi-endorsement of the firm's current strategy of ***a finger in every pie***. ▶ 세계 금융에 관한 최근 메킨지 연구 보고서는 온갖 곳에 다 관여(투자)하는 그 회사의 현재 전략이 잘못된 것이 아니라는 것을 보여준다.

~에게 손가락질하다

비난하다; 비난의 손가락질을 하다

point a finger at

They ***point a finger at*** the oil companies and accuse them of making super-profits at the expense of the consumer. ▶ 그들은 정유회사들에게 손가락질을 하면서 소비자들에게 피해를 떠안기며 엄청난 이익을 챙기고 있다고 비난한다.

Forensic evidence ***points the finger of suspicion*** firmly ***at*** him. ▶ 과학수사의 증거물은 그에게 확실한 혐의가 있다는 것을 보여준다.

Those who ***point an accusing finger at*** the parents of obese children clearly have never had to deal with a child with a predisposition to obesity. ▶ 비만아를 둔 부모들을 향해 (아이들의 식습관에 너무나 무심하다며) 비난의 손가락질을 하는 사람들은 분명히 비만아가 될 소인(素因)이 있는 아이들을 길러본 적이 없는 사람들이다.

손가락 하나 까딱하지 않는다

남들을 위하여 아무 일도 하지 않는다

do not lift a finger

Her daughter ***does not lift a finger*** in the house. ▶ 그녀의 딸은 집에서 손가락 하나 까딱하지 않는다.

The late Arafat was confined to his office by the Israelis for over three years and the world ***did not lift a finger*** to secure his release. ▶ 고인이 된 아라파트(전 팔레스타인 지도자)는 3년이 넘도록 이스라엘에 의해 집무실에 갇혀 지냈지만 세상 사람들은 그의 석방을 위해 아무 일도 하지 않았다.

손바닥도 마주쳐야 소리가 난다

특정한 상황에 두 사람 모두 관계되어 있으며 책임이 있다; 양쪽 모두 힘을 합해야 한다

it takes two to tango

Divorce is never the fault of one partner; ***it takes two to tango***. ▶ 이혼은 절대로 어느 한 쪽만의 잘못이 아니다. 두 사람 모두에게 책임이 있다.

New program in area high schools is reminding students ***it takes two to tango***. ▶ 지역 학교에서 실시하는 새로운 프로그램이 성공하기 위해서는 학교만 노력해서는 안 되고 학생들도 적극적으로 협력해야 한다.

It takes two to tango. It is going to take consumers as well as producers to ensure the success of a new EU directive to reduce hazardous battery waste in the environment. ▶ 양쪽 모두 힘을 합해야 한다. 해로운 배터리 폐기물을 줄이기 위한 유럽연합의 새 결정이 성공하기 위해서는 생산자는 물론이고 소비자들도 함께 동참해야 한다.

㈜ 탱고는 남녀가 짝을 이루어 추는 춤이기 때문에 혼자서는 출 수 없다.

많은 **손실을 입다**
큰 손해를 보다

rack up losses

The company has been ***racking up losses*** since 2005. ▶ 2005년 이래로 그 회사는 많은 손실을 입고 있다.

Farmers racked ***up losses*** of US $112 million due to insects. ▶ 곤충 때문에 농부들은 1억 천2백만 불이나 되는 큰 손해를 입었다.

The major Wall Street banks have already ***racked up losses*** of $100-billion in the subprime debacle. ▶ 월가의 대규모 은행들이 서브프라임 대출시장의 붕괴로 인해 이미 1000억 불이라는 어마어마한 손해를 보았다.

사람이나 자원 등의 **손실을 입어 단체/지역이 급격히 약화되다**

hemorrhage ☞ 명사형으로도 사용

Three million manufacturing jobs have been lost since the 1991 recession — more, some say, than at any time since the Depression. Washington needs to act, decisively and fast, to reverse ***the hemorrhaging***. ▶ 1991년 경기불황 이후 300만 개의 제조업 일자리가 없어졌다. 어떤 사람들은 대공황 이후 최대 규모라고 말한다. 일자리가 없어져 미국 사회가 급격히 약화되는 것을 막기 위해 워싱턴(정부와 의회)은 단호하고 신속하게 조처를 취해야 한다.

The outgoing police department commissioner yesterday challenged state leaders to stop ***the hemorrhage*** of financial aid that has left city police facing mounting street violence with badly depleted ranks. ▶ 임기를 마치고 떠나는 한 경찰 고위 간부는 급격히 줄어든 재정지원 때문에 시 경찰이 날로 증가하는 길거리 범죄를 막기에 역부족이라며 재정을 늘려줄 것을 어제 주 지도급 인사들에게 강력하게 요구했다.

주 의학에세 내출혈을 의미한다.

손안에 감추어진
옳지 않은 일이 비밀리에/은밀하게 진행되는 (부정적 의미로 쓰임)

underhand

He has been involved in ***underhand financial deal***. ▶ 그는 은밀한 금융거래에 연루되었다.

People accused the government of being ***underhanded*** in the negotiation with the truck drivers on strike. ▶ 사람들은 정부가 파업 중인 트럭운전수들과 비밀리에 협상을 벌이고 있다며 비난했다.

Major food brands are using ***underhand tactics*** to market unhealthy products to children. ▶ 주요 식품 회사들이 건강에 좋지 않은 제품을 어린이들에게 팔기 위하여 은밀한 전략을 쓰고 있다.

손안에 있는 새
확실하게 수중에 들어온 것; 일단 잡았기 때문에 놓치고 싶지 않은 것

a bird in the hand

A bird in the hand is worth more than two in the bush. ▶ 손안에 있는 한 마리 새가 수풀 속에 있는 두 마리보다 낫다.

He said it would be nice to have a four-lane, but when you've got ***a bird in the hand*** it might be best to take it and my experience tells me if you alter plans you subject yourself to extending timelines. ▶ 연방정부에서 교통체증이 극심한 지역에 3차선 도로를 당장 건설해 주기로 결정하고 예산까지 이미 확보했다. 그런데 일부에서 이왕이면 4차선 도로를 건설해 달라고 요구하는 목소리가 나오자 4차선 도로를 건설하기 위해서는 추가 예산을 확보해야 하고 이렇게 되면 도로의 신설이 상당히 지연될 수 있다고 경고하는 이야기다. 일단 3차선 도로부터 건설하고 추후에 확장하는 편이 더 현실적이라는 말이다.

~의 손에
주로 좋지 않은 일을 당할 때 사용하는 표현

at the hands of

Jesus met his death ***at the hands of Pilate***. ▶ 예수님은 빌라도 손에 죽으셨다.

Having once escaped death ***at the hands of an axe-wielding assassin***, he is nothing if not survivor. ▶ 도끼를 마구 휘두르며 달려드는 살인자의 손에 죽을 뻔하다가 탈출한 적이 있기 때문에, 그는 진정 생존력이 강한 사람이라고 할 수 있다. ♣ *wield*: 권력/무력 따위를 마구 **휘두르다**; *nothing if not*: ~라는 **특성/특징을 매우 많이 지니고 있다** 참조

어렵게 손에 넣다
어렵게 구하다/찾다

get one's hands on

She began reading everything she could ***get her hands on***. ▶ 그녀는 손에 넣을 수 있는 책이라면 무엇이든 구해 읽기 시작했다.

손에 들고 다니면서 사용할 수 있는
휴대용; 휴대가 가능한

hand-held; handheld

Nintendo's previously unassailable monopoly in ***handheld games*** is suddenly facing a host of formidable foes. ▶ 이전에는 어느 누구도 넘보지 못하고 휴대용 게임기 시장에서 독주하던 닌텐도가 어느 순간 만만찮은 경쟁자들을 직면하게 되었다.

The issue of talking on ***hand-held cell phones*** while driving should rank about 217th among priorities for the Washington Legislature when it reconvenes next month. And if they ever get to it, lawmakers should proceed quickly to No. 218. Banning the use of hand-held cell phones by drivers comes up often, and it always gets shot down, fortunately. This year, there's more compelling evidence that such a ban would amount to blatant over-reaction. As reported last week, the Washington State Patrol gathered data about how distractions affected about 57,000 traffic accidents in the first six months of 2006. "Operating a hand-held telecommunications device" ranked only fifth on the list. And, only 557 such cases were found, still far too many, but in the overall context of 57,000 cases, hardly a cause for a ban. "Distractions outside the vehicle" ranked No. 1 with 939 cases, followed by "Unknown driver distractions" at 836, "Other distractions in the vehicle" at 752, and "Interacting with passengers, animals or objects in the vehicle" at 666. ▶ 운전 중 휴대전화로 통화하는 문제가 다음 달 재개되는 미 의회에 상정된 안건 중 우선 순위 217번째가 되어야 한다. (우선 순위가 매우 낮아야 한다는 의미다.) 만일 의회가 이 문제를 다루게 된다면 218번째 안건으로 재빨리 넘어가야 할 것이다. 운전자의 휴대전화 사용 금지 법안은 자주 상정되지만 다행스럽게 언제나 거부된다. 올해, 운전 중 휴대전화 사용을 금지하는 것은 주제넘은 과잉 반응이라는 것을 보여주는 매우 흥미를 끄는 증거가 나타났다. 지난주 발표되었듯이 워싱턴 주 순찰대는 운전자의 주의 산만을 유발하는 요인들이 2006년 전반기 동안 발생한 57,000건의 교통 사고에 어떠한 영향을 미쳤는지 조사하였다. 휴대용 무선전화 사용이 겨우 5번째에 불과했다. 여전히 많은 숫자이긴 하지만, 57,000건 중에서 겨우 557건밖에 차지하지 않았기 때문에 금지할 정도는 아니다. 자동차 밖에서 오는 요인으로 발생한 사고가 836건으로 첫 번째를 차지했고, 자동차 안에서 발생한 기타 요인이 뒤를 이어 752건으로 2위였으며, 함께 탄 사람들과 대화하거나 애완 동물을 돌보거나 혹은 물건들을 찾던 중 발생한 사고가 666건으로 3위를 차지했다. 《미 의회에서 처리해야 할 안건으로 "운전 중 휴대전화 사용을 금하는 법안"이 상정되어 있는데, 이번에도 보나마나 격렬한 반대에 부딪힐 것이 불 보듯 뻔하다는 이야기다.》 ♣ *compelling*: **흥미를 끄는/자극하는** 참조

~의 손에서 놀아나다
~에 의해서 좌지우지되다

play into the hands of someone

The delay is over fears that the election outcome could incite anti-Western sentiment in Serbia and ***play into the hands of right-wing and nationalist groups***. ▶ 선거가 연기된 것은 선거결과가 세르비아에서 반 서방 정서를 자극할 수도 있으며 우익 및 국수주의 단체들의 손에 의해서 선거가 좌지우지될지도 모른다는 우려 때문이다.

손에 장을 지진다
100% 확신한다

eat one's hat

I'll *eat my hat* if he wins the election. ▶ 그가 선거에서 승리하면 내 손에 장을 지진다.

If anyone ever sees me making that mistake again, I guarantee I will *eat my hat*. ▶ 내가 그 같은 실수를 다시 하는 것을 누가 본다면 내 손에 장을 지질 것이다.

더 이상 손을 쓸 수가 없다
더 이상 어찌해 볼 수 없게 문제 혹은 일이 커지다

get out of hand

His gambling habit had *got out of hand*. ▶ 그의 도박습관은 더 이상 손을 쓸 수가 없었다.

She was appointed Health Minister when her predecessor was fired by the Communist Party for mishandling the SARS outbreak denying its existence until the epidemic *was out of hand*. ▶ SARS가 더 이상 어찌해 볼 수 없게 크게 번지기 전까지 이 전염병이 돌고 있다는 사실 자체를 부정하면서 이에 대해 잘못 대처했다는 이유로 공산당에 의해서 선임자가 해임된 후 그녀가 보건부 장관에 임명되었다.

~에서 손을 씻다
손을 떼다; 그동안 해오던 일을 그만두다

wash one's hands of

I believe that was the moment he *washed his hands of me* and that I'd become a lost cause. ▶ 그 순간이 그가 나에게서 손을 떼었고 내가 변화시키려는 노력을 해봐야 아무런 소용이 없는 사람이 되어버린 시점이라고 나는 생각한다. ♣ *lost cause*: (변화시키려는 노력 또는 영향력을 행사해 봐야) 아무런 **소용이 없는 것/사람** 참조

The lady contacted the bus owner who *washed his hands of the matter*. ▶ 그 여자는 그 일에서 손을 씻은 버스 주인과 만났다.

~에 관해서 숨기지 않고 솔직하게 이야기하다
솔직하게 털어 놓다; 솔직하게 인정하다

make no bones about

She *makes no bones about* the fact that Evans is still a major presence in her life — the best friend to whom she'd turn during a crisis. ▶ 그녀는 에반스가 그녀의 인생에서 여전히 매우 중요한 존재이며 어려울 때 의존할 수 있는 가장 친한 친구라는 것을 솔직하게 인정한다.

At a half-hour press conference he *made no bones about* the challenges ahead. ▶ 30분 동안 진행된 기자회견에서 그는 앞에 놓인 도전과제들에 대해서 숨기지 않고 솔직하게 이야기했다.

주 생선으로 만든 수프에 가시(*bone*)가 들어 있으면 마음 놓고 먹을 수 없다. 말 속에 가시를 숨겨 놓고 있지 않다는 뜻이다. ♣ ~을 하는 데 **주저하지 않는다** 참조

솔직히 말하자면

to be honest

To be honest with you, it's my dream come true. ▶ 당신에게 솔직히 말하자면 내가 꿈꾸던 것이 이루어졌다.

"*To be honest*, it is really a fascinating country," he continued. "Where else would you find more AK-47s than mobile phones? ▶ "솔직히 말하자면 이 나라는 너무나 환상적이다"라며 그는 말을 이었다. "휴대전화보다 더 쉽게 AK-47 소총을 구할 수 있는 곳이 어디 있는가?" 《총기를 어디서나 손쉽게 구할 수 있다는 말이다.》

송두리째
하나도 빠짐없이 전부; 몽땅; 통째로

lock, stock and barrel

He decided to put everything he had into the project — *lock, stock and barrel*. ▶ 그는 하나도 남김없이 모든 것을 그 프로젝트에 투입하기로 결정했다.

They dug up their New Jersey garden and move it *lock, stock, and barrel* back home. ▶ 그들은 New Jersey 정원에 있는 식물들을 모두 송두리째 파서 집으로 옮겨왔다.

Prime Minister has accepted the concept "almost ***lock, stock and barrel***." ▶ 수상은 그 생각을 몽땅 받아들였다.

주 "***lock***"(firing mechanism: 총의 발사장치), "***stock***"(wooden handle: 개머리판)과 "***barrel***"(총신)은 총을 구성하는 세 가지 부품으로 하나라도 빠지면 총을 쏠 수 없다는 데서 유래되었다.

whole hog ☞ Informal

You cannot copy a business model in a piecemeal fashion, says Henry, author of "Open Business Model — How to Thrive in the New Innovation Landscape." You have to copy it ***whole hog*** or you do not get the virtues of the business model. ▶ "열린 사업 모델—혁신적인 환경에서 살아남는 법"의 저자인 헨리는 "그 사업 모델을 부분적으로 조금씩 받아들여 봐야 소용이 없다. 송두리째 받아들이지 않는다면 그 사업모델의 장점을 살릴 수 없다"고 말한다.

If your screen is blank, try replacing the LCD inverter before you ***go whole hog*** and replace the entire display. The inverter is a small component that connects the screen to the motherboard. It gets quite hot and thus it tends to burn out quickly … but it's only a $20 or $30 part. ▶ 만일 스크린이 시커멓게 보이면 LCD 스크린을 통째로 바꾸기 전에 인버터(변환장치)를 먼저 교체해 보라. 인버터는 스크린과 마더보드를 연결하는 작은 부품이다. 이것은 열을 받으면 쉽게 타버리며 고작 20~30불 정도이다.

주 옛날 십자군 전쟁 시절 이슬람 사람들은 율법에 따라 돼지고기를 먹지는 않지만 털로 빗자루를 만들었다. 그리고 물 주머니를 만드는 데 사용되는 돼지 가죽을 귀중하게 여겼다. 이를 보고 십자군들이 "Moslems might as well ***go whole hog*** (돼지를 통째로 이용할 수도 있을 텐데) and use them as food"라고 말했다고 전해진다. "하나도 남김 없이 어떤 일을 하다 혹은 철저하게 하다"라는 의미로 "***go whole hog***"라는 표현이 사용된다.

쇠귀에 경 읽기다
들은 척도 하지 않는다

fall on deaf ears

His call seems to be ***falling on deaf ears*** since the government has done little to address this thorny issue. ▶ 정부가 이 골치 아픈 문제를 제대로 다루고 있지 않기 때문에 그의 요구가 쇠귀에 경 읽기가 된 것처럼 보인다.

A terrorist is made when a cry for justice, for help, ***falls on deaf ears***, he said. "Then it turns to rage. We need to hear that initial cry for help." ▶ 정의를 외치며 도움을 요청하는 소리를 아무도 들은 척도 하지 않을 때 테러주의자들이 생겨난다고 그는 말한다. "그렇게 되면 그 소리는 분노로 변한다. 우리는 도움을 요청하는 소리에 처음부터 귀를 기울여야 한다."

쇠퇴기에 있는
감퇴기에 있는; 시들한 상태에 있는

at a low ebb

City election officials say voter interest seems ***at a low ebb*** with one-and-one-half weeks left for non-registered voters to sign up to cast ballots in. ▶ 선거인 등록이 1주일 반밖에 남지 않은 상황에서 유권자들의 관심이 시들한 것처럼 보인다고 시 선거 관계자들은 말한다.

US prestige in the Arab world is ***at a low ebb*** due to the Iraq war and US support for Israel. ▶ 이라크 전쟁과 이스라엘을 지지하는 것 때문에 아랍 세계에서 미국의 세력이 쇠퇴하고 있다.

조사/검사/실험 등에 수고를 아끼지 않는
고심하는; 조심스럽고 철저하게 하는; 최선을 다하는; 공들여 진행하는

painstaking

Forensic experts carried out ***a painstaking search*** of the debris. ▶ 과학수사 전문가들이 파편을 찾기 위해 고심했다.

Broken bones were ***painstakingly*** pieced together and reshaped. ▶ 부러진 뼈들이 조심스럽게 최선을 다해 다시 맞추어졌다.

사

(후계자 혹은 지도자 등) 특별한 임무의 수행에 필요한 **수업을 받다**
특별 훈련을 받다

be groomed to/for

He ***was groomed to*** be a relief pitcher in spring training camp. ▶ 스프링 캠프에서 그는 구원투수 훈련을 받았다.

He was one of several students to ***be groomed to*** become a future leader in the organization. ▶ 그는 그 조직에서 미래의 지도자가 되기 위한 수업을 받는 여러 학생들 중 하나였다.

He thinks he'***s been groomed for*** this job since his earliest days. ▶ 자신이 일찍부터 이 일을 위해 훈련을 받아왔다고 그는 생각한다.

수뇌부 사람
많은 권력과 영향력을 가지고 있는 사람; 윗자리에 있는 사람; 높은 자리에 있는 사람; 상관(上官); 상사(上司)

higher-up(미국); high-up(영국) ☞ Informal

One of the best ways to impress ***higher-ups*** is to demonstrate integrity in your business dealings. Don't gossip, avoid office politics, accept responsibility for your actions and, above all, "make as few enemies as possible." ▶ 윗자리에 있는 사람에게 당신에 대한 강한 인상을 심어주는 가장 좋은 방법 중의 하나는 업무를 처리할 때 성실한 모습을 보여주는 것이다. 쓸데없이 이야기를 하지 말 것이며, 사무실에서 정치적으로 행동하지 말며, 행동에 대한 책임을 지며, 그리고 무엇보다 중요한 것은 될 수 있으면 적을 만들지 말라.

They notified ***higher-ups*** in the administration, including White House officials, who had enough time to veto the strike if they wanted. ▶ 그들은 만일 원했다면 이라크에 대한 공격을 거부할 수도 있는 시간적으로 충분한 여유를 가지고 있었던 백악관 사람들을 포함하여 부시 행정부의 수뇌부 사람들에게 통보했었다. 《대량살상무기를 가지고 있다는 구실을 앞세워 미국이 이라크를 공격했지만, 미 CIA가 이라크에 대량살상무기가 없을지도 모른다는 사실을 사전에 이미 고위 관리들에게 통보했었다는 이야기다.》

전달 **수단**
매개체(媒介體)

vehicle

The most popular ***vehicle*** was graphic art, specifically prints. ▶ 여기서 "vehocle"은 풍자(satire)를 전달하는 수단을 뜻한다

Internet has become the most frequently used ***vehicle*** for communications. ▶ 인터넷은 가장 자주 이용되는 의사전달 수단이 되었다.

수단과 방법
수단; 정부의 세입재원(revenue)을 뜻하기도 함

ways and means

We were strategizing ***ways and means*** of averting the imminent Security threat coming from the country. ▶ 우리는 그 나라로부터 오는 긴급한 안보 위협을 막기 위한 수단과 방법에 대한 전략을 세우고 있었다.

The state Assembly's ***Ways and Means Committee*** is recommending a state tax credit for those who buy hybrid cars. ▶ 주의회 예산위원회는 하이브리드 자동차를 구입하는 사람들에게 세금 감면 혜택을 주도록 권장하고 있다.

목적을 이루기 위하여 **수단방법을 가리지 않는**
경쟁이 매우 치열한; 인정사정 없는

cut-throat

It is getting difficult for small firms to survive in ***the cut-throat competition*** in personal computers. ▶ 소규모 회사들이 PC 업계의 치열한 경쟁에서 살아남기가 점점 어려워지고 있다.

This club has become ***a cut-throat place*** where you put one foot wrong and you're out. ▶ 이 클럽은 한 번 실수하면 바로 퇴출되는 인정사정 없는 곳이다. ♣ *put one foot wrong* : 한쪽 **발을 잘못 디디다** 참조

㈜ 날을 덮는 집도 없는 위험한 면도칼(*cut-throat*)을 들고 마구 휘두르는 장면을 상상하면 된다.

hardball

His company has also come under legal scrutiny for its ***hardball debt-collection*** methods and for overworking its employees. ▶ 또한 그의 회사는 수단 방법을 안 가리는 채무환수와 고용인들을 혹사시키는 것에 대하여 검찰조사를 받아왔다.

She is ***playing hardball*** to success in a world usually dominated by men. ▶ 남성이 주로 좌지우지하는 세상에서 성공하기 위하여 그녀는 수단방법을 가리지 않고 있다.

dog eat dog ☞ 서로 먹고 먹히는; 서로 잡아먹으려고 으르렁대는

It's just such ***a dog-eat-dog world***, where winners take all. ▶ 이곳은 서로 먹고 먹히는, 승자가 모든 것을 차지하는 세상이다.

~이라는 **수렁/늪에 빠지다**
곤경/어려움에 빠지다

be mired in

Just a few years later, Latin America ***is mired in*** stagnation and strife. ▶ 몇 년 지나지 않아 라틴 아메리카는 침체와 분쟁의 수렁에 빠져 있다.

More than a million Palestinians ***are*** now ***mired in*** deep poverty as living standards have deteriorated dramatically following the economic boycott by several international donors in the wake of victory of Hamas in elections, a UN report said. ▶ 한 유엔보고서는 팔레스타인 무장단체인 하마스가 선거에서 승리한 여파로 몇몇 국가들이 경제원조를 중단함에 따라 생활수준이 급격히 나빠져서 백만 명 이상의 팔레스타인 사람들이 극심한 빈곤의 늪에 빠져 있다고 말한다. ♣ *in the wake of*: 특히 좋지 않은 사건의 **여파** 참조

bogged down in

A reconciliation government composed of members from both factions has become ***bogged down in*** mutual hostility and distrust. ▶ 양 당 사람들로 구성된 화해정부는 상호 적대감과 불신의 늪에 빠져버렸다. ♣ *would-be*: ~이 **되고 싶어하는** 참조

A bill to allow US shipment of civilian nuclear fuel to India became ***bogged down*** Wednesday as lawmakers tried to work out differences and time dwindled in a congressional session scheduled to end this week. ▶ 의원들이 의견차이를 좁히려고 노력하고 있지만 이번 주에 하원 회기가 끝남에 따라서, 미국의 민간 핵 원료를 인도에 수출하도록 허락하는 법안이 곤경에 빠졌다.

어떤 감정이나 문제 등이 **수면 위로 떠오르다**
부상하다; 나타나다; 표면화되다

surface

Engineers worked on problems with a system that cools the shuttle's radiators, a predicament that ***surfaced*** during Discovery's flight in July. ▶ 엔지니어들이 7월 디스커버리호 발사 중에 나타난 우주선 냉각 시스템 문제를 해결하기 위해 노력했다.

The photo finally ***surfaced*** about three years ago when a woman found it at a garage sale. ▶ 약 3년 전 한 여자가 거라지 세일에서 발견하여 마침내 그 사진이 수면 위로 떠올랐다.

Still, a few problems have ***surfaced***. Four states have swine herds that became infected with the 2009 novel H1N2 flu virus. ▶ 여전히 몇 가지 문제들이 표면화되었다. 4개 주에서 돼지가 2009년에 새로 발생한 HIN2 독감 바이러스에 감염되었다.

기대 **수명**
평균 수명

life expectancy

HIV/AIDS plaguing more than 10 percent of South African population has brought ***life expectancy*** in the country straight down to 51 years old from 64. ▶ 남아프리카 인구의 10% 이상이 에이즈에 감염되어 그 나라의 평균수명이 64세에서 51세로 급감했다.

South Koreans' average ***life expectancy*** rose to 78.6 years in 2005 from 78 years the previous year, with women outliving men by nearly 7 years, official figures showed. ▶ 공식 통계수치에 따르면 한국 사람의 평균수명이 이전 해의 78세에서 2005년 78.6세

사

로 증가했고, 여성이 남성보다 7년 정도 오래 사는 것으로 나타났다.

수명이 오래가는

long-life

The company is a global leader in rechargeable ***long-life batteries***. ▶ 그 회사는 충전이 가능하며 수명이 오래가는 배터리 업계에서 세계적인 선두주자다.

~을 수상쩍게 생각하는
의심스럽게 생각하는 ; 미심쩍게 생각하는

be suspicious of

The Japanese public ***is*** also ***suspicious of*** Beijing's economic and diplomatic support of North Korea, which has a history of kidnapping Japanese citizens. ▶ 일본 국민들은 자국 시민들을 납치한 경력이 있는 북한에 대한 중국의 경제적 · 외교적 지원에 대하여 수상쩍게 여기고 있다.

He ***was suspicious of*** meeting me until I reassured him I was not writing him about. ▶ 그에 관하여 기사를 쓰지 않겠다고 재차 확신시키기 전까지 그는 나를 만나는 것에 대하여 미심쩍게 생각했다.

수상한 낌새를 채다

smell a rat

Long-time sheriff Charlie Prescott ***smells a rat***, and goes about investigating the death of Otis. ▶ 오랜 기간 보안관으로 일해 온 찰리 프레스캇은 수상한 낌새를 채고 오티스의 죽음에 대하여 조사하고 있다.

주 고양이가 쥐 냄새를 맡듯이 수상한 낌새를 채고 있다는 의미다.

수술을 받다

go under the knife

He is ***going under the knife*** for the fourth time since 2002 in his battle with cancer. ▶ 암과 싸우고 있는 그는 2002년 이후 4번째 수술을 받을 예정이다.

좋지 못한 사건/사태를 수습(收拾)하여 정상 상태로 돌아가다

pick up the pieces ☞ 여기저기 흩어진 조각들을 줍다

Joe said he couldn't have ***picked up the pieces*** without the support he's received since Sept. 3, when a fire caused $70,000 in damages. ▶ 9월 3일 화재로 7만 불의 손해를 입은 후 그가 받은 지원이 없었다면 사태를 수습할 수 없었을 것이라고 조가 말했다.

New Orleans has now ***picked up the pieces*** and is rebuilding its life of music. ▶ (허리케인 카트리나 때문에 엄청난 피해를 입었던) 미국 뉴올리언즈는 사태를 수습하고 다시 음악도시로서의 활기를 되찾아 가고 있다.

전쟁 중에 많은 민간인들이 갇혀 지내는 환경이 매우 열악한 수용소

concentration camp

He was executed at Auschwitz a mere two weeks before ***the concentration camp*** was liberated. ▶ 그는 아우슈비츠 수용소가 해방되기 2주 전에 처형당했다.

발언이나 글, 행동 등의 수위를 낮추다

tone down

The opposition leader ***toned down*** his militant statements after the meeting. ▶ 야당 지도자는 그 회의 후 호전적이던 발언의 수위를 낮추었다.

The Food and Drug Administration (FDA) Thursday radically ***toned down*** its "total ban" on alcohol advertising. ▶ FDA가 목요일 술 광고 전면금지 정책의 수위를 급진적으로 낮추었다.

They ***toned down*** their violent protests and organized various measures, including sit-ins at various parts of the city. ▶ 그들은 과격 시위의 수위를 낮추는 대신 그 도시의 여러 곳에서 벌이는 연좌 항의를 포함한 다양한 수단을 준비했다. ♣ *sit-in* : 연좌 항의 참조

수적(數的)으로 우세하다
수가 더 많다

outnumber

Men of marriageable age now ***outnumber*** women ***by*** 18 million in China and the sex ratio is set to become more skewed because rural families prefer boys. ▶ 중국에서 결혼 적령기에 있는 남성의 수가 여성보다 천 8백만이 더 많다. 농촌 가정들이 남자 아이를 선호하기 때문에 성비가 한쪽으로 더욱 치우칠 것이다.

Turnout was low; absentee ballots ***outnumbered*** those cast on Election Day ***by*** a margin of 2-to-1. ▶ 투표율이 낮았으며, 부재자 투표수가 선거 당일 투표수보다 2대 1로 우세했다.

남들 앞에서 수줍음을 많이 타는
남들이 모두 자신을 보고 있다고 생각하며 어찌할 바를 모르는

self-conscious

Right now, she is a teenage girl much like teenage girls everywhere. At some times, moody, ***self-conscious***, critical of herself and everyone around her. ▶ 지금 그녀는 여느 십대 소녀들과 똑같다. 가끔씩 기분이 울적해지고 수줍음을 타기도 하며 자신과 주위에 있는 모든 사람들을 못마땅하게 생각한다.

수줍음을 잘 타는 사람

shrinking violet

My sister was such ***a shrinking violet***. I tried to get her to talk to people and be less shy. ▶ 내 누이는 수줍음을 잘 탔다. 나는 그녀가 사람들과 이야기를 나누도록 그리고 부끄럼을 덜 타게 하려고 애썼다.

When it comes to expressing herself she is no ***shrinking violet***. ▶ 하지만 자신을 표현하는 경우에는 그녀는 절대로 수줍음을 타지 않는다. ♣ ***When it comes to*** : **하지만 ~에 관한 경우에는** 참조

정보/자료/증거 등을 특정한 출처에서 발췌하여 수집하다
좋은 것/사람만 추려내다; 골라내다; 발췌하여 모으다

cull from

All the information is ***culled from*** various online sources. ▶ 모든 정보가 다양한 온라인 출처로부터 수집된다.

164 have been ***culled from*** the more than 100,000 who auditioned. Then they have to be cut down to 24. ▶ 오디션에 참가한 10만 명 이상의 사람들 중에서 164명이 추려졌으며 다음에는 24명만 남게 된다.

주 화원에서 질이 나쁜 꽃은 버리고 좋은 꽃들만 발췌하여 모은다는 의미다.

정보/자료/증거 등을 천천히 인내심을 가지고 여기저기서 하나씩 수집하다

glean from

He is alleged to have formulated a scheme with financial information ***gleaned from*** stolen documents in the company. ▶ 그 회사에서 훔친 자료로부터 수집한 금융정보를 이용해서 그가 음모를 꾸몄다고 한다.

This warning could stem from intelligence ***gleaned from*** a suspected member of a militant group who was arrested Oct. ▶ 이 경고는 10월에 체포된 한 무장단체의 일원으로 의심되는 사람으로부터 수집된 첩보 때문이었다.

주 흩어진 이삭을 줍듯이 여기저기서 수집한다는 의미다.

숙취
간밤에 술을 너무 마셔 머리가 아픈 상태; 어떤 일 후에 나타나는 좋지 않은 후유증

hangover

I came to work with ***a hangover*** this morning, but not the kind that you get from drinking too much. No, I came to work this morning with ***a vacation hangover***. ▶ 오늘 아침 후유증을 느끼며 직장에 왔다. 술을 많이 마시면 나타나는 그런 후유증(숙취)이 아니고 휴가를 다녀와서 일이 손에 잘 잡히지 않는다.

A beautiful meditation garden will hopefully help to cure those early morning ***hangovers***. However a trip to the poolside bar for a hair of the dog remedy might be a better option. ▶ 명상을 하기에 좋은 아름다운 정원에서 산책하면 이른 아침 잠에서 깰 때 느끼는 숙취를 제거하는 데 도움이 될 수도 있다. 그러나 수영장 옆에 있는 바에서 해장술 한잔하는 것이 더 좋을 수도 있다. ♣ *a hair of the dog* : **독을 제거하는 독** 참조

㈜ 원래는 잔존물, 유물이라는 뜻이지만 술을 많이 마신 다음날 나타나는 숙취 등과 같이 어떤 일 후에 나타나는 좋지 않은 후유증이라는 의미로 많이 사용된다.

순식간에
매우 짧은 순간에

in a split second

Then, ***in a split second***, everything changed. ▶ 그러고는 순식간에 모든 것이 변했다.

Reconciling the US with itself and the world should thus be the twin priorities for America's next president. If there is one candidate who can accomplish this, who can contribute, ***in a split second***, to restoring America's international reputation, it is the Democratic candidate Barack Obama. ▶ 보수파(공화당)와 진보파(민주당) 사이의 갈등을 해소하고 다른 나라들(특히 이슬람 국가)과 조화롭게 지내는 두 가지 일이 차기 미국 대통령의 우선순위여야 한다. 이 일을 성취할 수 있고 짧은 시간 안에 미국의 국제적인 위신을 회복할 수 있는 후보가 있다면, 그 사람은 바로 민주당 후보 버락 오바마다. 《2008년 미국 대선을 위한 민주당 후보경선에 나선 오바마 상원의원을 지지하는 사람의 글이다.》

in/within a twinkling of an eye ☞ 눈 깜짝할 사이에

They disappeared ***in a twinkling of an eye***. ▶ 눈 깜짝할 사이에 그들이 사라졌다.

순진한 척하는 사람
얌전한 체하는 사람

faux-naif ☞ French

He has cultivated a persona as ***a faux-naif*** so as not to appear to know very much about what he's doing. ▶ 자신이 하는 일에 대하여 잘 알고 있는 사람으로 보이지 않게 하기 위하여 그는 아무것도 모르는 순진한 사람인 척하려고 노력했다. ♣ *persona* : 겉으로 드러난 사람의 **성격** 참조

He is not afraid of wearing his heart on his sleeve, even if it does sometimes make him sound ***faux-naif*** or sentimental. ▶ 비록 순진한 척하거나 감상적인 사람이라는 인상을 주는 경우가 가끔 있더라도, 그는 감정을 숨기지 않고 그대로 드러내는 것을 두려워하지 않는다. ♣ *wear his heart on his sleeve* : **감정을 숨기지 않고 그대로 드러내다** 참조

㈜ "*faux*"는 "거짓의", "잘못된"이라는 의미를 지닌 불어이다.

숨겨둔 물자/물품
은닉해둔 물자/물품

cache

Police found ***a cache*** of weapons and explosives in his house. ▶ 경찰은 그의 집에서 숨겨둔 무기와 폭발물을 찾아냈다.

숨기고 싶은 좋지 못한 비밀/물건
감추고 싶은 좋지 못한 비밀/물건

skeleton in one's closet(미); skeleton on the cupboard(영)

Everybody has ***a skeleton in their closet***. ▶ 누구에게나 감추고 싶은 비밀이 있다.

Keeping ***this skeleton in our own closet*** would be the best course of action for all interested parties. ▶ 이 좋지 못한 우리의 비밀을 감추는 것이 모든 이해당사자들이 취해야 할 가장 좋은 길이다.

If he had ***no skeleton in his cupboard***, why would he cover his car's registration number? ▶ 그에게 숨기고 싶은 비밀이 없었다면, 왜 그가 자동차의 번호판

을 가리려 했는가?

주 옛날에 남편과 결투하다 죽은 사람을 남들이 볼까 봐 *closet*에 감추어둔 여자의 이야기에서 유래되었다고 전해진다. 또 옛 영국에서 인간의 해부를 금지해온 시절 외과의사들이 몰래 시체를 감춰 놓고 연구를 했다는 데서 유래되었다는 설도 있다.

상대방이 알기 원하는 것을 **숨기다**
감추다; 드러내지 않다

keep someone guessing ☞ 남들이 궁금히 여기면서 추측하게 만들다

The report, which was made public Wednesday after ***keeping everyone guessing*** about its content, did not say how this diversion could solve the problem. ▶ 어떤 내용인지 밝히지 않고 숨기다 수요일 공개된 그 보고서는 이 전환이 그 문제를 어떻게 해결할 수 있는가에 대해서 아무런 언급이 없었다.

National security experts in Seoul believe that Pyongyang has used special "carbon bed" filters to cut its krypton emission — and hence ***keep the West guessing*** about how much fissile material it has. ▶ 한국의 국가안보 전문가들은 북한이 핵 물질을 얼마나 가지고 있는지 서방국가들에게 숨기기 위하여 크립톤(핵무기의 원료인 플루토늄을 축출할 때 발생하는 비활성 기체 원소)의 방출을 줄이기 위한 특별한 탄소 필터를 사용해 왔다고 믿고 있다.

숨돌릴 겨를도 없이
곧바로; 즉시

without pausing for breath

Without pausing for breath after last month's mid-term congressional elections, America's 2008 presidential race has already begun. ▶ 지난 달 하원 중간선거 이후 숨돌릴 겨를도 없이 2008년 미국 대선 경쟁이 이미 시작되었다.

with hardly a breath

With hardly a breath, he began his Senate campaign. ▶ 숨돌릴 겨를도 없이 곧바로 그는 상원 선거운동을 시작했다.

He keeps the songs coming one after the other ***with hardly a breath*** in between. ▶ 그는 한 노래가 끝나자마자 숨돌릴 겨를도 없이 또 다른 노래를 계속 불렀다.

숨돌릴 여유
어떤 일이 끝나고 다음 일이 시작되기 전까지의 여유 시간

breathing space

There are now 35 million Nigerian kids under age 5, and 20% have no polio vaccinations. Says Oliver Rosenbauer, spokesman for WHO's Global Polio Eradication Initiative: "That's a lot of ***breathing space*** for the poliovirus to survive." ▶ 나이지리아에는 5세 이하의 어린아이가 3천5백만 명이며, 이 중 20%는 소아마비 예방접종을 받지 못했다. 세계보건기구 소아마비 박멸운동 본부의 대변인 올리버 로젠바우어는 "이렇게 되면 소아마비 바이러스에게 숨돌릴 여유를 너무 많이 주게 된다"고 말한다. 《지구상에서 소아마비가 거의 사라져 갈 무렵인 2003년 여름 나이지리아 북부 마을 지도자들이 소아마비 예방접종을 (에이즈를 전염시킬 우려가 있으며 여자 아이들을 불임으로 만든다며) 금지시킴으로 인해서 다시 소아마비가 활개칠 것을 걱정하는 이야기다.》

The mayoral election result gives Taiwan's embattled President ***a breathing space*** and puts pressure on China to start a fresh dialogue with the ruling party. ▶ 그 시장 선거는 (중국과의 마찰로) 어려운 처지에 있는 대만 대통령에게 숨돌릴 여유를 주었으며, 집권당과 새로운 대화를 시작하라는 중국에 대한 압력으로 작용하게 되었다. 《2006년 대만의 지방 선거에서 중국과 마찰을 빚고 있는 현 집권당이 대도시에 승리를 거두어 한숨 돌렸다는 이야기다.》

숨어 지내다
몸을 숨기다; 은거하다; 칩거하다; 처박혀 지내다

hole up ☞ 구멍 속으로 쏙 들어가다, Informal

On the rare occasions when she steals a moment for herself, she likes to ***hole up*** in her attic office in the middle of the night, writing her manifesto and playing online computer games. ▶ 매우 드문 경우지만 그녀는 자신만을 위한 시간을 보낼 때면 한밤중에 다락방으로 쏙 들어가 성명서를 작성하거나 컴퓨터 게임을 하는 것을 좋아한다.

I ***hole up*** in my office, turn off the telephone,

사

ignore my e-mails and write, write, write. I can understand the attraction of the isolation of that life. ▶ 나는 내 사무실에 처박혀 전화기를 끄고 이메일도 받지 않고 글을 계속 쓴다. 나는 이와 같이 홀로 있다는 것의 매력이 무엇인지 안다.

Since they come to Hawaii every year, they don't go about doing the touristy sightseeing anymore, but instead ***hole up*** in a rented vacation home in Kailua on Oahu. ▶ 그들은 하와이에 매년 오기 때문에 관광을 다니지 않는다. 그 대신 오아후 섬 카일루아에 있는 임대 별장에 칩거하며 휴가를 즐긴다. 《미국 오바마 대통령 가족이 휴가를 보내는 이야기다.》

The deer ***hole up*** in thick cover during the day, only moving to feed after dark. ▶ 그 사슴들은 낮 동안에는 울창한 숲속에서 숨어 지내고 어둠이 내린 후에 먹이를 찾아 움직인다.

누가 어떤 발표 등을 기다리거나 듣느라 **숨을 죽이고 있다**

hold one's breath

I was ***holding my breath*** to hear the news. ▶ 나는 그 뉴스를 듣기 위해 숨을 죽이고 있었다.

And no one should ***hold his*** or ***her breath*** for a lot of open seats on the Democratic side. Now back in the majority, few will retire. ▶ 민주당 의석에 빈자리가 혹시 날까 해서 숨을 죽이며 기다려서는 안 된다. 민주당이 다시 다수당이 되었기 때문에 은퇴하는 의원이 거의 없을 것이다. 《2006년 미국 중간 선거에서 민주당이 다수당이 되었기 때문에 민주당 의원들 중에서 도중에 정치에서 물러나는 사람들이 거의 없을 것이란 이야기다.》

숨을 죽인 채 ~을 기다리고 있다

wait with bated breath for ☞ Formal

The country ***waits with bated breath for*** Friday's announcement of this year's winner of the Player of the Year. ▶ 온 나라가 금요일에 있을 올해의 선수상 수상자 발표를 숨을 죽인 채 기다리고 있다.

We wait with bated breath for the research team to release its findings. ▶ 우리는 그 연구팀의 발표를 숨을 죽인 채 기다리고 있다.

~때문에 **숨이 막힐 것 같은** 목이 메인

choked with

Minutes later, the shooting scene was ***choked with*** patrol cars and the scrum of officials. ▶ 몇 분 후, 그 총격전 현장은 순찰차와 경찰관들로 꽉 들어차 숨이 막힐 것 같았다.

Calgary is becoming ***choked with*** smog as greenhouse gas emissions in the city continue to rise. ▶ 온실가스의 방출이 계속 증가함에 따라 캘거리는 스모그 때문에 숨이 막힐 지경에 이르고 있다.

"He's been unselfish in all he's done." New commissioner was ***choked with*** emotion as he saluted the outgoing commissioner. ▶ "그는 일을 하면서 자신을 돌보지 않았다." 새 커미셔너는 떠나는 커미셔너에게 인사말을 하면서 감정이 북받쳐 올라 목이 메었다.

She ***choked with*** tears when she spoke of her sister. ▶ 그녀는 여동생 이야기를 하면서 눈물로 목이 메었다.

숨이 멎을 정도로 아름답거나 놀라운

breathtaking

Amtrak's Coast Starlight, the train from Seattle to Los Angeles known for its ***breathtaking views***, is losing passengers because of its chronic tardiness. ▶ 시애틀에서 로스엔젤레스까지 운행하는 엠트랙(미국철도회사) Coast Starlight는 숨이 멎을 정도로 경치가 멋진 지역을 통과하는 열차로 알려져 있는데, 고질적인 느린 운행으로 승객이 점점 줄고 있다.

They transformed the barren area behind the town hall into ***a breathtaking butterfly garden*** a decade ago. ▶ 그들은 시 청사 뒤에 있는 불모지를 숨이 멎을 만큼 아름다운 나비공원으로 바꾸어 놓았다.

직업상 숫자를 다루거나 복잡한 수학적인 계산을 전문으로 하는 사람
경제/통계 전문가, 전문 도박사 등

number cruncher ☞ Informal

South Florida has been battered and bruised by hurricanes for the past two years, yet the region's economy hasn't just weathered the storms — it has flourished. That's the analysis from ***a top number cruncher*** out of California. ▶ 플로리다 남부가 지난 2년 동안 허리케인에 강타를 당해 심한 상처를 입었지만, 놀랍게도 이 지역의 경제는 허리케인을 단순히 잘 견뎌낸 정도가 아니라 번창하고 있다. 이는 한 캘리포니아 출신 최고 통계전문가의 분석이다. ♣ *weather*: 어려움을 겪었지만 잘 **견뎌내다** 참조

The CFO is no longer ***the number cruncher*** and overall controller, they now are a key strategy driver for the entire business. ▶ CFO(chief financial officer: 최고재무관리자)는 더 이상 단순한 경제전문가나 전반적인 조정업무를 담당하는 사람이 아니라, 사업 전체에 대한 전략을 수립하는 데 핵심적인 역할을 하는 사람이다.

숲속에서 길을 잃고 방황하다
여전히 어려움 속에서 헤매고/방황하고 있다

be not out of the woods

We ***are not out of the woods*** yet and won't be for many years. ▶ 우리는 아직 숲속에서 길을 잃고 방황하고 있지만 여러 해 가지는 않을 것이다.

Neither officer ***is out of the woods***, but that doctors are optimistic about their prospects for recovery. ▶ 어느 경찰관도 어려운 고비를 넘기지 못했지만 의사들은 그들의 회복 전망에 대해 낙관적이다.

With oil prices high, United Airlines ***is not out of the woods*** and is seeking strength through a merger, possibly with Continental. ▶ 높은 기름 가격으로 유나이티드 항공은 여전히 어려움 속에서 헤매고 있으며, 다른 항공사와 합병을 통하여 힘을 키우려 하고 있는데 컨티넨탈 항공과 합병할 가능성이 높다.

주 부정형으로 주로 쓰인다.

겉으로 보이는 가장 쉬운 길/방법
겉으로는 쉽게 보이지만 더 나쁠 수도 있다는 의미를 내포하고 있다

the line/path of least resistance

That seems to be ***the path of least resistance***, and it has a lot of attraction for politicians. ▶ 그것은 겉으로는 가장 쉬운 방법처럼 보이며 정치가들에게 큰 관심을 끌고 있다.

If it's inconvenient or difficult, people will take ***the line of least resistance***. ▶ 만일 그게 불편하거나 어렵다면 사람들은 겉으로 가장 쉽게 보이는 길을 택할 것이다.

주 가장 취약하게 보이는 적군의 저항선을 의미한다.

기계/업무/장비 등이 쉬는 시간
컴퓨터/기계/장비 등이 멈춘/고장난 기간; 작동하지 않는 시간

downtime

In some industries, such as financial services, ***a minute of downtime*** can cost thousands of dollars. ▶ 금융서비스업 같은 일부 산업계에서는 컴퓨터가 1분만 멈추어도 엄청난 금전적 손실을 초래할 수 있다.

Maybe sleep provides necessary ***downtime*** so that the brain can deal with all those free radicals. ▶ 수면은 유리기를 처리하도록 뇌에게 필요한 쉬는 시간을 제공하는지도 모른다. ♣ *free radical*(유리기): 인체의 노화, 심장병, 암 등을 일으키는 물질로 알려져 있다.

24시간을 잠시도 쉬지 않고
하루 24시간 내내; 온 종일 잠시도 쉬지 않고; 하루 종일 잠시도 쉬지 않고

around/round the clock

He lived only a few weeks, unconscious the entire time and nursed ***round the clock*** by his parents. ▶ 그는 의식을 완전히 잃은 채로 하루 24시간 내내 부모의 간호를 받으며 겨우 몇 주를 더 살다 죽었다.

The store has not hired extra staff specifically to fill ***the round-the-clock operations***. ▶ 그 가게는

24시간 문을 열기 위하여 추가로 직원을 고용하지 않았다.

일주일 내내 잠시도 **쉬지 않고**

24/7; 24-7 ☞ twenty-four hours a day, seven days a week, 미국, **Informal**

The bank is offering customers access to ***24/7 trade banking services***. ▶ 그 은행은 일주일 내내 잠시도 쉬지 않고 고객들에게 서비스한다.

A radio station in Portland sees a 38 percent bump in the number of listeners after it switches its format from adult contemporary to ***24-7 holiday music***. ▶ 포틀란드에 있는 한 라디오 방송국은 성인을 위하여 요즘 유행하는 음악을 방송하다가 일주일 내내 휴가철에 맞는 음악을 내보내면서 청취자가 38% 증가했다.

쉽게 얻은 것은 잃기도 쉽다
쉽게 돈을 벌었다고 마구 써버리다

easy come, easy go ☞ 형용사형으로도 사용

But it was always ***easy come, easy go***. ▶ 하지만 언제나 쉽게 얻은 것은 쉽게 사라져버렸다.

But the sad truth is that many big winners squander their millions in a matter of years with ***an "easy come, easy go" attitude***. ▶ 하지만 슬픈 현실은 "쉽게 돈을 벌었기 때문에 마구 써버리자"는 태도로 복권에 당첨된 많은 사람들이 불과 몇 년 안에 수백만 달러를 다 탕진해버린다는 사실이다. ♣ *in a matter of*: ~라는 매우 **짧은 시간 안에** 참조

He spent all the money in ***an easy come, easy go manner***. ▶ 그는 쉽게 벌었다고 돈을 전부 마구 써버렸다.

어떤 일이 매우 **쉽다는 것을 강조할 때**
누워서 떡 먹기; 식은 죽 먹기

a walk in the park

What seemed like ***a walk in the park*** for Bush only month ago (remember the landing on the Abraham Lincoln?) looks like another photo finish — if he's lucky. ▶ (이라크 전쟁의 종료를 선언하고 난 후) 부시 대통령이 헬기를 타고 항공모함 링컨 호에 내린 한 달 전만 해도 차기 대통령 선거에서 손쉬운 승리를 거둘 것처럼 보였지만, 지금에 와서는 또 다시 부시가 운이 좋아야 박빙의 승부를 펼칠 수 있을 것처럼 보인다. 《부시가 재선에 도전하던 당시의 이야기다.》 ♣ *photo finish*: **아슬아슬한 승부** 참조

He said that winning a medal in the Asian Games was considered to be ***a walk in the park***. ▶ 아시안 게임에서 메달을 따는 것은 식은 죽 먹기라고 여겨졌다고 그가 말했다.

like a (hot) knife through butter ☞ 달궈진 칼로 버터를 자르듯이

The high-tech machine can cut through any material ***like a hot knife through butter***. ▶ 이 첨단기계는 어떤 재료라도 달궈진 칼로 버터를 자르듯 매우 쉽게 자른다.

He is a young, brainy lawyer from Miami who can slice up an opponent's argument ***like a knife through butter***. ▶ 그는 상대방의 주장을 매우 쉽게 박살낼 수 있는 젊고 영리한 마이애미 출신 변호사다.

He was moving the ball through the defense ***like a hot knife through butter***. ▶ 그는 매우 쉽게 수비를 헤치며 공을 몰고 있었다.

a piece of cake

I have never thought that being a mom is ***a piece of cake***? ▶ 엄마가 되는 것이 누워서 떡 먹기처럼 쉽다고 생각해 본 적이 절대 없다.

With the unemployment rate declining, it's easy to assume that finding a job is ***a piece of cake***. ▶ 실업률이 감소하고 있기 때문에 직장을 구하는 것이 식은 죽 먹기라고 생각하기 쉽다.

as easy as 1, 2, 3

The new version makes data exchange between multiple computers ***as easy as 1-2-3***. ▶ 이 새 버전은 여러 컴퓨터 간의 데이터 교환을 매우 쉽게 해준다.

It's ***as easy as 1, 2, 3!*** Becoming a registered member is fast, easy and free. Just fill out the following information. ▶ 너무나 쉽다. 빠르고 쉽게 무료로 등록회원이 될 수 있다. 그저 다음 정보를 입력하기만 하면 된다.

스스로 자기 자신의 성격이 어떻거나 어떤 능력을 가지고 있다고 생각하는 것
자신에 대한 자신의 생각; 자신이 바라보는 자신의 모습

self-image

Children who have *a positive self-image* are less likely to present behavior and discipline problems. ▶ 자신에 대해 긍정적으로 생각하는 어린아이들은 문제아가 될 가능성이 낮다.

The self-image of the Dutch as the most perfectly integrated Europeans was destroyed when the Netherlands joined the French in voting "no" to the EU constitutional treaty. Europe is awash with new political currents that are difficult to define and identify. A desire to say no to the new forces transforming the economy, culture, gender and race relations is a growing force within Europe. ▶ 네덜란드가 유럽연합 헌법에 반대표를 던진 프랑스에 합세하는 바람에, 네덜란드 사람들이 스스로에 대해 생각하던 가장 완벽하게 융화된 유럽인이라는 이미지가 무너져버렸다. 유럽은 정체를 파악하기 힘든 새로운 정치 물결에 휩쓸리고 있다. 경제, 문화, 성, 인종 관계들을 바꾸는 새로운 힘을 거부하려는 욕망이 유럽 안에서 점점 크게 자라고 있다. ♣ *awash with* : ~의 **물결에 휩싸여 있는** 참조

비록 ~이 사실이 아니지만 **스스로 자기 자신이 그렇다고 믿고 있다**
착각하다

delude oneself ☞ 스스로를 미혹시키다

Those in charge *deluded themselves* that they were up to speed. ▶ 책임을 맡고 있는 사람들이 최근 정보들을 다 알고 있다는 착각에 빠져 있었다. ♣ *up to speed* : 필요한 최근/최신 **정보를 다 알고 있는** 참조

스스로 잘못을 고치는
스스로 잘못을 바로잡아 가는

self-correcting

Self-correcting mechanisms in financial markets operate more efficiently in advanced economies. ▶ 스스로 잘못을 바로잡아 가는 금융시장의 구조는 선진화된 경제 시스템에서 보다 효율적으로 작동한다.

We've learned through 232 years since the Declaration of Independence this very important lesson: democracy is *a self-correcting system*. ▶ 독립선언 이후 232년간 우리는 "민주주의는 스스로 잘못을 고쳐 가는 제도"라는 중요한 교훈을 얻었다.

~을 **스치듯이 지나가다**
~의 곁/옆을 닿을 듯 말 듯하면서 지나가다

brush by/past ☞ Written

Celebrities were *brushing by* people who've waited hours just for a glimpse. ▶유명 연예인들이 잠깐이라도 이들을 보기 위해서 몇 시간을 기다리던 사람들 곁을 스치듯이 지나가고 있었다.

He allegedly drove forward, *brushing past* the officer, before hitting an unmarked police surveillance van as he turned the corner. ▶ 그가 그 경찰관 옆을 닿을 듯 말 듯 지나가면서 차를 앞으로 몰았고, 코너를 돌면서 민간차량으로 위장한 경찰 감시 승합차를 들이받았다고 알려져 있다.

주 비로 살짝 쓸듯이 지나간다는 의미다.

스트레스를 많이 받고 있는

stressed out ☞ Informal

Stress — we all live with it every day. But for many, being *stressed out* can lead to serious problems. ▶ 우리 모두 날마다 스트레스를 지니고 산다. 그러나 스트레스를 많이 받는 것이 다수의 사람들에게 심각한 문제를 일으킬 수 있다.

People who live in cities often complain how they are left *stressed out* by the hectic pace of life. ▶ 도시에 사는 사람들은 눈코 뜰 새 없는 도시 생활로 스트레스를 많이 받는다고 자주 불만을 토로한다.

원하는 것을 가질 수 없어서 혹은 할 수 없어서 **슬픈 심정이 드는**

그리워하는; 동경하는 듯한; 안타까운/슬픈 생각에 잠긴 듯한; 탐내는 듯한

wistful

Her father said tearfully: "My girl has done the nation proud." And her mother added ***wistfully***: "How nice it would have been to be able to watch her win the silver medal." ▶ 그녀의 아버지는 울음 섞인 소리로 "내 딸이 국위를 선양했다"고 말했다. 그리고 어머니는 (딸이 달리는 모습을 직접 보지 못한 것을) 매우 안타까워하며 "내 딸이 은메달을 따는 광경을 보았으면 얼마나 좋았을까"라고 덧붙였다. 《2006년 도하 아시안 게임 육상 여자 800m경주에서 은메달을 딴 인도 여자선수 부모의 이야기다.》

I sensed ***his wistfulness*** when he talked about the house one of his relatives bought. ▶ 그가 자기 친척이 새로 구입한 집에 관하여 이야기할 때 나는 그가 "나도 그런 집이 하나 있었으면" 하는 생각을 하고 있다는 느낌을 받았다.

Che Guevara realized that he needed the whole package to succeed — not just a beret and ***a wistful look*** — so he dropped the name his parents had given him: Ernesto. ▶ 체 게바라는 남미에서 공산주의 혁명을 성공시키기 위해서는 모든 것을 일괄적으로 갖추어야 할 필요성을 깨달았다. 그는 혁명투사처럼 보이기 위해서 베레모를 쓰고 공산주의 혁명을 간절히 원한다는 표정을 짓는 것만으로는 충분치 못하다고 생각되어 부모가 지어준 "Ernesto"를 버리고 "Che"라고 이름마저 바꾸어버렸다.

I cannot help feeling slightly ***wistful*** about the sport car I cannot afford. ▶ 그 스포츠카를 살 돈은 없지만, 그래도 이 차가 있었으면 하는 심정을 지울 수가 없다.

어떤 상황/영화/연극 등에서 사람들의 **슬픔을 자아내게 만드는 성질**

연민의 정을 자아내는 힘

pathos

In the Andante, the symphony's strings played a particularly important role, bringing a silken sheen to ***the pathos***. ▶ 이 안단테에서 오케스트라의 현악기들이 슬픔을 자아내는 멜로디에 비단결 같은 광택을 입히는 중요한 역할을 했다.

His voice had ***a genuine pathos***, and his large brown hands perceptibly trembled. ▶ 그의 목소리는 진정 연민의 정을 자아내는 힘을 지녔고, 그의 큰 갈색 손은 남들이 알아볼 만큼 떨렸다.

비록 경기는 아직 끝나지 않았지만 **승부는 이미 결정되었다**

all over but the shouting

They widened the gap to 48-32 by halftime, and it was ***all over but the shouting***. ▶ 전반전이 끝날 때 그들은 차이를 48 대 32로 더 벌렸고, 이때 승부는 이미 결정되었다.

But once the team took the lead it was ***all over but the shouting***. ▶ 그러나 일단 그 팀이 선두에 나서자 승부가 결정 나버렸다.

주 승부가 너무 일방적이어서 더 이상 볼 것이 없고 종료 신호가 울린 후 축하의 환호성을 지르는 일만 남았다는 말이다.

사실상의 **승리**

실질적인 승리; 정신적인 승리

moral victory

This was an accomplishment, and in a sense ***a moral victory*** in this vast battle ground; but indeed not yet the triumphal end of the war. ▶ 이는 이 광활한 전쟁터에서 얻은 중요한 성과였고 어떤 의미에서 사실상의 승리라고도 할 수 있다. 그러나 아직 진정한 최후의 승리는 아니다.

But as my friend Brian put it so eloquently, "If there's one thing I hate, it's a ***moral victory***." ▶ 내 친구 브라이언이 설득력 있게 표현하는 것처럼 "내가 싫어하는 한 가지가 있다면 사실상의 승리라는 말이다." 《게임에 진 후 이러쿵저러쿵 변명하는 것을 매우 싫어한다는 의미다.》 ♣ ***as ~ put it***: **~가 표현하는 것처럼** 참조

A family living above a Cold War bunker is claiming ***a moral victory*** after a judge granted them more time before County Hall bosses force them out of their home. ▶ 냉전시대에 만들어진 지하벙커 위에 사는 한 가족이 판사가 "시청은 그들을 집에서 강제로 내

보내기 전에 그들에게 시간을 더 주어야 한다"고 판결을 내리자 이는 실질적인 승리나 다름없다고 주장하고 있다.

주 비록 지거나 승부가 나지는 않았지만, 규칙이나 원칙을 준수하며 정정당당하게 싸웠기 때문에 혹은 다른 무엇을 얻었기 때문에, 승리한 거와 다를 바가 없다고 생각하는 경우를 이르는 표현이다.

승자가 모든 것을 다 차지하는

winner-takes-all

With the win, they evened the best-of-three championship series at one game apiece to create ***a winner-takes-all atmosphere.*** ▶ 그 승리로 그들은 3전2선승제 챔피언십 시리즈에서 1 대 1 동률을 이루어 마지막 게임에 승리하는 팀이 우승하는 상황이 되었다.

The Republican system of ***winner-takes-all delegates*** of a state left McCain a clear winner. ▶ 득표율로 대의원을 분배하지 않고 한 주에서 승리한 후보가 득표율에 관계없이 그 주에 할당된 대의원을 모두 차지하도록 하는 미 공화당 대통령 후보 경선 시스템은 메케인에게 압도적인 승리를 안겨주었다.

Instead of ***winner-takes-all***, Democratic delegates are awarded proportionally as a percentage of the state vote. ▶ 승리한 후보가 모든 대의원을 차지하는 공화당과는 달리 민주당은 득표율에 비례하여 주 대의원을 각 후보에게 분배한다.

대가를 지불하고 **시간을 벌다**

buy time

He tried to deal with his problems by closing ranks within his government while scrambling to ***buy time***. ▶ 그는 한편으로는 시간을 벌기 위해 노력하면서 정부 내에서 결속을 다져 문제를 해결하려고 애썼다. ♣ *close ranks* : **결속을 다지다** 참조

일반적으로 생각했던 것보다 **시간을 오래 끄는**

시간을 질질 끄는

protracted ☞ Formal

Americans are getting tired of ***the protracted war*** against Iraq. ▶ 미국인들이 생각했던 것보다 시간을 오래 끄는 이라크 전쟁에 지쳐가고 있다.

Can we negotiate productively with our enemies in the midst of a war? It's not something most Americans find appealing, scarred as we are by the memory of ***protracted*** and ultimately unsatisfactory ***peace talks*** during the Korean and Vietnam wars. ▶ 전쟁이 한창 진행되고 있는 중에 적들과 효과적으로 협상을 할 수 있을까? 한국전과 베트남전 도중에 진행된 평화회담이 시간만 질질 끌고 결과가 만족스럽지 않았다는 기분 나쁜 기억 때문에, 대부분 미국인들은 이런 협상에 흥미가 없다.

시간이 매우 빠르게 지나간다

시간이 쏜살같이 흘러간다

time flies

The days are long here, usually lasting anywhere from 13-15 hours, but ***time flies*** because of the excitement and exhilaration of the Games. ▶ 이곳의 하루 일과는 13-15시간 정도로 길지만 경기들이 너무 흥미진진하고 박진감이 넘쳐 시간이 쏜살같이 흘러간다. 《2010년 밴쿠버 동계올림픽 이야기다.》

Specifically, he hypothesizes that when faced with apparent time distortions people turned to the axiom that "***time flies*** when you're having fun" and concluded that because ***time flew*** (or dragged) they had fun (or didn't). ▶ 특히, 그는 임의로 시간를 조정할 경우 사람들은 "재미있을 때는 시간이 빨리간다"는 이론을 내세우고 시간이 빨리 지나갔기 때문에 즐거웠다거나 시간이 더디게 갔기 때문에 재미가 없었다는 결론을 내린다는 가설을 세운다. 《실험대상자들에게 특정한 시간 동안 게임을 하라고 하면서 일부러 시계를 빠르게 혹은 느리게 가도록 조작한 후 사람들의 반응을 연구하는 심리학자의 이야기다.》

시간이 지나면
적절한 때가 되면; 시간이 지나면서; 시간이 흘러 적절한 시기가 오면

in due course (of time)

I realized *in due course* that the theater was not really my calling. ▶ 시간이 지나면서 연극은 나의 직업이 아니라는 것을 깨닫게 되었다.

The UN resolution imposing sanctions on Iran would *in due course of time* be used to justify a military attack against Iran by the US. ▶ 이란에 제재를 가하는 그 유엔결의안은 시간이 지나면서 미국의 이란에 대한 군사공격을 정당화시키는 데 이용될 것이다. 《2006년 12월 24일 유엔안전보장 이사회에서 핵개발과 관련된 물질이나 장비 등의 교역을 금지하는 제재를 가하기로 결정한 것에 대한 이란의 반응이다.》

We'll now make arrangements to reschedule this match and a further announcement will be made *in due course*. ▶ 우리는 이 경기의 스케줄을 재조정할 것이며 적절한 때가 되면 결과를 발표할 예정이다.

시간이 지나면서 성질/성격이 누그러진/완화된
세월로 단련된

time-tempered

What would an older, *time-tempered* King think if he had lived to see today's world, with its black governors, black CEOs and Barack Obama? ▶ (흑인 인권 신장을 위해 투쟁하다 1968년 39세의 나이에 암살된) 마틴 루터 킹 목사가 죽지 않고 오늘날까지 살아서 흑인 주지사와 CEO가 탄생하고 심지어 민주당 대통령 후보로 흑인인 오바마가 나서는 것을 본다면, 세월로 단련된 늙은 킹 목사가 과연 어떻게 생각할까?

시간이 지나면 자연히 알 수 있다
시간이 흐르면 밝혀질 것이다

time will tell

Only *time will tell* whether it is a right decision or not. ▶ 이게 올바른 결정인지 아닌지는 시간이 지나야만 알 수 있다.

Time will tell if he can be proven right. ▶ 시간이 흐르면 그가 옳았는지 밝혀질 것이다.

발생한 시간적 순서대로
연대순으로

chronologically; in chronological order

The exhibition is organized *chronologically*. ▶ 그 전시회는 연대순으로 짜여 있다.

The four Gospels tell the story of Jesus' life *in chronological order*. ▶ 네 복음서는 예수의 생을 시간적 순서대로 기록하였다.

~한 시기가 오면
~한 때가 오면

come ~

I am going to be there *come the spring*. ▶ 봄이 오면 나는 그곳에 가려 한다.

Come the presidential election, we will have to take a stand and cast our votes. ▶ 대통령 선거 때가 오면 우리는 입장을 정하고 투표해야 할 것이다.

시기적으로 적절치 않은

ill-timed

The public argued that the strike of the container-truck union was *ill-timed*. ▶ 화물트럭 노조의 파업은 시기적으로 적절치 않다고 사람들이 주장했다.

NASA's decision to focus on lunar exploration is *ill-timed*, given that the Mars missions have revealed a great deal about the planet's ancient history, said a U.S. Geological Survey scientist on the team managing the new Mars Reconnaissance Orbiter. ▶ NASA가 한창 잘 진행되고 있는 화성탐사에서 관심을 돌려 달 탐험에만 집중하겠다고 결정한 것은 시기적으로 적절치 못하다고 화성탐사에 참여하고 있던 과학자가 말했다.

시끌벅적한
떠들썩한 ; 소란스럽지만 활기가 넘치는

boisterous

Saigon seems just as it was before the fall, just as ***boisterous*** and kitschy. ▶ 사이공은 함락되기 전과 꼭 마찬가지로 시끌벅적하고 대중적 기호에 맞는 도시처럼 보인다.
♣ *kitschy* : 대중적 기호에 맞는 ; 천박한

She addressed ***a boisterous crowd*** of about 12,000 at a college basketball arena. ▶ 그녀는 한 대학 농구장에 모인 1만 2천 명의 떠들썩한 군중들에게 연설했다.

바람직하지 않은 것에 시달리는
~으로 고통받는

-ridden

Debt-ridden Americans will eventually be forced to cut back — and when they cut away their credit cards, economic growth globally will suffer, especially in U.S.-export-driven Asian economies. ▶ 부채에 시달리는 미국 사람들이 결국에는 소비를 줄이지 않으면 안 될 것이다. 그리고 그들이 신용카드를 쓰지 않으면(소비를 줄이게 되면) 세계적으로 특히 대미 수출을 통하여 성장하고 있는 아시아 지역에서 경제발전에 어려움을 겪을 것이다.

A woman living in ***an insect-ridden flat*** has voiced her distress of the thought of having to spend their Christmas there. ▶ 벌레가 들끓는 아파트에 사는 한 여성이 크리스마스를 그곳에서 보내야 한다는 생각에 스트레스를 받고 있다고 말했다.

특히 문학/철학/정치 등에서 나타나는 시대 정신/사조

zeitgeist ☞ German

He was deeply inquisitive about the tumultuous changes of his time — social, economic, political and cultural — and supremely alert to the nuances of ***the zeitgeist***. ▶ 그는 그가 살던 시대에 나타난 급격한 사회적, 경제적, 정치적, 문화적 변화들에 대해 매우 호기심이 많았으며, (이전과 비교할 때 나타나는) 시대 정신의 미묘한 차이들에 대해 특히 큰 관심을 보였다.

The problem with typical ***zeitgeist films*** is their inherent exclusivity. The beauty of typical ***zeitgeist films*** is their inherent exclusivity. ▶ 한 시대의 사조를 대변하는 대표적인 영화들의 타고난 문제점은 일반 사람들이 이해하기 너무 어렵다는 것이다. 이 같은 특성이 이 영화들의 멋진 점이기도 하다.

I am trying to stay abreast of ***the cyber-zeitgeist*** on the internet. ▶ 나는 인터넷에서 나타나는 사이버 시대 사조에 뒤쳐지지 않으려고 노력하고 있다.

시력

eyesight

Her ambition to become an artist was thwarted by ***failing eyesight***. ▶ 시력이 나빠지는 바람에 예술가가 되려는 그녀의 야망이 좌절되었다.

A diet that's heavy on sweets could impact ***your eyesight***, according to a new study looking at age-related macular degeneration. ▶ 노인성황반변성(老人性黃斑變性)에 대한 새 연구에 의하면 당분이 많은 식단은 시력에 나쁜 영향을 미칠 수 있다고 한다.

She was progressively ***losing her eyesight***. ▶ 그녀는 점차 시력을 잃어가고 있었다.

시사하는 바가 많은
일깨우는

thought-provoking ☞ 사람들로 하여금 깊게 많은 것을 생각하게 만드는

A thought-provoking novel of heartache and triumph, this is a book that has a message of hope for people of all ages. ▶ 이 책은 마음의 고통과 승리를 그린 시사하는 바가 많은 소설로 모든 연령대의 사람들을 위한 희망의 메시지를 담고 있다.

It is not possible to show solutions to all problems, but I can say with certainty that it would prove to be ***a thought-provoking film***. ▶ 모든 문제들에 대한 해결책을 전부 제시하는 것은 불가능하지만, 나는 이 영화가 많은 것을 깊게 생각하게 만드는 영화라고 자신있게 말할 수 있다.

시선(주의)을 끌기 위해서 팔꿈치로 툭 치다

nudge someone with one's elbow

I ***nudged him with my elbow*** and told him to take a look at her. ▶ 나는 그를 팔꿈치로 툭 치며 그녀를 쳐다보라고 했다.

The minder on my left, a chunky young man (Russian) ***nudged me with his elbow***. "Ronald Reagan. Evil Empire," he whispered with dramatic intensity, and shot a glance down to his lap where he had hidden two enthusiastic thumbs up. "Yes!" ▶ 내 왼쪽에 앉아 있던 땅딸막한 젊은 경호인(러시아인)이 미국을 악마의 제국이라고 힘주어 이야기하면서, 한편으로는 팔꿈치로 나를 툭 치면서 보란 듯이 무릎 위로 미국이 최고라고 양 엄지손가락을 치켜세웠다. 《미국 대통령이었던 레이건을 추모하는 기사에서 발췌한 글이다.》

쇼/이벤트/운동시합 등에서 남보다 잘하여 온갖 **시선을 한 몸에 받다**

모든 사람들의 이목을 끌다

steal the show

It was Michael who ***stole the show*** on the first day of competition. ▶ 경연 첫날 온갖 시선을 한 몸에 받은 사람은 마이클이었다.

Brad Pitt ***steals the show*** in the ceremony. ▶ 그 행사에서 브래드 피트는 모든 사람들의 시선을 한 몸에 받았다.

He ***stole the show*** in the first quarter, scoring 20 of his team's 25 points. ▶ 그는 1쿼터에서 팀 점수 25점 중 20점을 기록하여 모든 사람들의 이목을 끌었다.

좁은 **시야**

좁은 시각

tunnel vision

I suspect that ***the tunnel vision*** associated with fear and anxiety can be an asset when it comes to tasks requiring close attention to detail. ▶ 세부적인 사항에 세심한 주의를 요하는 일을 할 경우, 두려움과 걱정으로 인한 좁은 시야가 장점이 될 수도 있다고 나는 생각한다.

It is easy to have ***tunnel vision*** when you are marketing your own business. ▶ 본인 사업을 스스로 마케팅하는 경우 시각이 좁아지기 쉽다. 《마케팅 전문가에 의뢰하는 편이 더 좋을 수도 있다는 말이다.》

시야가 좁은

태도/접근방법 등이 편협한; 생각이 좁은; 남의 의견을 잘 받아들이지 않는

blinkered ☞ 곁눈가리개를 찬

You are, of course, free to emulate such models and choose ***a blinkered view*** of reality, but in the process it may be axing your own feet. ▶ 그와 같은 것들을 본보기로 삼아 모방하고 현실에 대한 좁은 시야를 갖는 것은 물론 너의 자유지만, 지나다 보면 이런 태도가 너의 발등을 찍을 수도 있다. ♣ *axe one's own feet* : **도끼로 제 발등을 찍다** 참조

주 *blinker*는 경주 말에게 곁눈질하지 말라고 채우는 눈가리개를 말한다. 사격선수들도 가끔씩 곁눈가리개를 차는 것을 볼 수 있다.

miss (cannot see; lose sight of) the forest for the trees ☞ 나무는 보고 숲은 보지 못한다; 작은 것에 집착하다 큰 것을 놓치다

It's a classic example of ***missing the forest for the trees***. ▶ 이는 나무는 보고 숲은 못 보는 전형적인 예다.

In the mad whirl of pressure and stress, it can be easy to ***lose sight of the forest for the trees***. ▶ 압박감과 스트레스에 정신이 혼란스러우면 작은 것에 집착하다 큰 것을 놓치기 쉽다.

In situations like this, it is sometimes difficult to ***see the wood for the trees***. ▶ 이 같은 상황에서, 나무는 보고 숲은 보지 못할 때가 가끔 있다.

주 영국에서는 주로 *"the forest"* 대신 *"the wood"*를 쓴다.

narrow-minded

I don't view myself as ***a narrow-minded person***, so I'm willing to listen to people who have first-hand knowledge of the situation here. ▶ 나는 내 자신이 시야가 좁은 사람이라고 생각하지 않기 때문에, 이곳 상황을 직접 경험한 사람의 말을 들을 용의가 있다.

The image of nationalism as a backward and ***narrow-minded political force***, preoccupied with ethnicity and hostile to foreigners, has finally been dispelled. ▶ 인종에 대해 선입관을 가지고 있고 외국인들에 대해 적대적인, 편협하고 시대에 역행하는 정치세력이라는 국수주의의 이미지가 마침내 일소되었다.

시야에 들어오다

come in sight

The car finally ***came in sight***. ▶ 그 자동차가 마침내 시야에 들어왔다.

They were relieved when the light house ***came in sight***. ▶ 등대가 시야에 들어오자 그들은 마음을 놓았다.

시야에서 사라지다

vanish from sight

Suddenly he ***vanished from sight***. ▶ 갑자기 그가 시야에서 사라졌다.

추억/기억/경험 등이 **시원섭섭한**

괴로운/슬픈 일과 기쁜/즐거운 일이 함께 있었던; 슬픔과 기쁨/즐거움이 교차하는

bitter-sweet; bittersweet

I have ***bitter-sweet memories*** of her. ▶ 나는 그녀와 괴로운 일과 즐거운 일을 함께 했던 추억이 있다.

After nearly 27 years on the job, Jacqueline retired Monday from her post as director of communications. "It's ***bittersweet*** because I love what I do here," she said. "But I needed to spend more time with my family and my friends. I owe it to them." ▶ 거의 27년간 근무한 후, 재클린은 월요일 통신국장 자리를 그만두고 은퇴했다. "여기서 내가 하는 일을 사랑하지만 내 가족 및 친구들과 더 많은 시간을 보내는 것이 필요했기 때문에 시원섭섭하다"고 그녀가 말했다.

This visit is ***bittersweet*** because I have to leave them again. ▶ 이번 방문으로 그들을 만나 매우 즐거웠지만 다시 떠나게 되어 섭섭하다.

시위대

일터에 가는 사람들을 못 가게 막거나 설득하기 위하여 거리나 정문 앞 등에서 피켓을 들고 있는 시위대

the picket line

Hundreds of nurses at the hospital said they'll ***walk the picket line*** every day this week until they get a fair contract. ▶ 그 병원에서 근무하는 수백 명의 간호사들이 공정한 계약을 받아낼 때까지 이번 주 날마다 시위를 벌일 것이라고 말했다. ♣ *walk the picket line*: 시위대에 참여하다; 시위를 벌이다.

They haven't had a strike in 32 years, but Monday night, hundreds of workers ***stepped*** off the job and ***onto the picket line***. ▶ 그들은 32년간 파업을 하지 않았었다. 그러나 월요일 수백 명의 근로자들이 일자리를 떠나 시위를 벌였다.

The strike was intensified when drivers and other workers refused to ***cross the picket line***. ▶ 운전사들과 다른 근로자들이 시위대를 떠나길 거부하면서 그 파업이 더 격렬해졌다. ♣ *cross the picket line*: 시위대를 떠나다; 시위를 끝내다.

한동안 중지되었던 일이나 과정 등을 빠르게 다시 **시작하다**

힘차게 출발하다; 힘찬 시동을 걸다; 힘차게 재개하다

kick-start ☞ 명사형으로도 사용

She today ***kick started*** her campaign to become France's first woman head of state, officials said. ▶ 그녀는 오늘 프랑스의 첫 여성 대통령이 되기 위한 선거운동에 힘찬 시동을 걸었다.

It's been a long time since we won at home so maybe it will be ***a kick-start*** for us. ▶ 우리가 정말 오랜만에 홈 게임을 이겼기 때문에, 이번 승리는 우리가 다시 힘차게 출발하는 계기가 될 수 있다.

㈜ 오토바이의 시동 페달을 힘껏 밟듯이 힘차고 빠르게 출발한다는 의미다.

jump-start

The move is expected to ***jump-start*** sales of

사

high-definition disks and players, at least until the next big thing comes along. ▶ 그 조처로 적어도 차세대를 선도할 제품이 나오기 전까지는 고해상 디스크와 플레이어의 판매가 힘차게 재개될 것으로 기대된다.

When someone is having a heart attack, time is of the essence. The machines literally ***jump-start*** the heart, giving the same life-saving treatment that a cardiac patient might receive in an emergency room or from paramedics. ▶ 심장마비가 오면 시급히 조처하는 것이 필수적이다. 이 기계는 심장마비 환자가 응급실에서 혹은 진료보조원으로부터 받는 동일한 구명처치를 하여 글자 그대로 심장을 다시 힘차게 박동시킨다. ♣ *literally* : **글자 그대로** 참조

~하던 **시절은 이미 지나갔다**
~은 이미 옛날이야기다; ~은 이미 지나간 이야기다

gone are the days when

Gone are the days when all the gallery needed was a hammer and nails to hang a show. ▶ 화랑에 그림을 걸기 위하여 못과 망치만 필요하던 시절은 이미 지나갔다. 《손님을 끌기 위해서 화랑들이 내부 환경에 많은 신경을 쓰고 있다는 의미다.》

시종일관
온갖 고난/역경이 오더라도 변함없이; 기쁠/즐거울 때나 괴로울/슬플/어려울 때나

through thick and thin

You have to stand by the people ***through thick and thin***, if you want to be a leader. ▶ 당신이 지도자가 되길 원한다면 시종일관 국민들 편에 서야 한다.

It's also nice to remember that your friends care for you and are there for you ***through thick and thin***. ▶ 친구들이 당신을 염려해 주고 기쁠 때나 슬플 때나 곁에 있다는 사실을 기억하는 것은 기분 좋은 일이다.

주 말을 달릴 때면 초원을 시원스럽게 달릴 때도 있지만 빽빽하게 우거진 숲(*thick forest*: 역경)을 헤치고 어렵게 지나가야 할 때도 있다는 의미다.

항상 옆에 붙어 다니면서 대기하고 있다가 온갖 **시중을 드는 사람**
보좌관; 부관; 수행 비서; 시녀

someone-in-waiting

Gordon Brown is today heading to Germany for talks with Angela Merkel. Discussions between the British chancellor and German leader are being seen as fresh confirmation of Brown's status as ***premier-in-waiting***. ▶ 고든 브라운이 오늘 앙겔라 메르켈 수상과의 회담을 위해 독일로 향한다. 영국 재무장관과 독일 지도자 사이의 협의는 수상을 항상 옆에서 보좌하는 사람이라는 브라운의 위치를 새롭게 확인시켜 주는 사건으로 비춰지고 있다. 《고든 브라운이 토니 블레어의 뒤를 이어 영국 수상이 되기 전 이야기다.》

He said the biggest difference in going from defensive coordinator to ***head coach-in-waiting*** has been getting recognized more often in public. ▶ 수비담당 코치에서 수석코치를 보좌하는 부수석코치가 됨에 따라서 가장 크게 달라진 점은 사람들이 자기를 더 자주 알아본다는 것이라고 그가 말했다.

Her grandmother was ***a lord-in-waiting***. ▶ 그녀의 할머니는 왕실의 시녀였다.

온갖 **시중을 들어주다**
수발들다(do everything for someone so that they do not have to do anything for themselves)

wait on someone's hand and foot

It seems that she spends all her time at work demanding to be ***waited on hand and foot***. She won't do anything herself. If she wants water, she tells someone to get it for her. ▶ 그녀는 직장에서의 모든 시간을 다른 사람들에게 온갖 시중을 들어달라고 요구하는 데 다 보내는 것처럼 보인다. 그녀는 어떤 일도 스스로 하지 않는다. 마실 물이 필요하면 누군가에게 물을 갖다 달라고 말한다.

Now she wants me to ***wait on her hand and foot*** and I can't do anything or go anywhere. ▶ 지금 그녀는 내가 수발 들어주길 바라고 있어, 나는 무슨 일도 할 수 없고 아무데도 갈 수 없다.

주 상대방이 손가락 하나 까딱하지 않아도 될 정도로 음식과 의복

심지어는 신발까지 다 알아서 챙겨주고 보살펴 준다는 뜻이다.

시차(증)

jet lag; jetlag; jet-lag

Brazilian playmaker Ronaldinho said overcoming *jet lag* and fatigue will be the key to Barcelona's chances of winning the Club World Cup. ▶ 브라질 출신 플레이메이커 호나우딩요는 시차와 피로를 극복하는 것이 바르셀로나가 클럽 월드컵에서 우승하는 중요한 변수가 될 것이라고 말했다.

Though a few days have passed, I am still a little *jet-lagged*. ▶ 며칠이 지났지만 여전히 시차로 고생하고 있다.

주 형용사형: *jet-lagged*

정작 자신은 그렇게 못하면서 남들에게 **시키는/지시하는 대로 하라고 말하다**

Do as I say, not as I do

Coaching is a lot like parenting and from my experience "*do as I say, not as I do*" doesn't cut it. ▶ 코치라는 직업은 부모 노릇 하는 것과 닮은 점이 많다. 내 경험으로 볼 때 정작 자신은 그렇게 못하면서 선수들에게 시키는 대로 하라고 말하는 것은 통하지 않는다. ♣ *not cut it*: **통하지 않는다** 참조

Doctors and nurses are a great example of "*Do as I say, not as I do*." Health care workers' resistance to treatment goes beyond their sense of inconvenience. ▶ 의사와 간호사들은 환자에게 약을 먹거나 치료를 받으라고 말하면서도 정작 자신들은 이상하리만치 치료받는 것을 싫어한다.

He doesn't have *a do-as-I-say-not-as-I-do mentality*. ▶ 그는 정작 자신은 그렇게 못하면서 남들에게 그렇게 하라고 지시하는 사고방식을 가진 사람이 아니다.

시키는 대로 행동하다
지시하는 대로 행동하다; 고분고분 말을 잘 듣다

eat out of someone's hand ☞ 주는 대로 받아먹다

In five minutes, he can have kids *eating out of his hand*. ▶ 그는 (시끄럽게 떠들면서 말을 잘 안 듣는) 아이들을 5분이면 고분고분 말을 잘 듣도록 만들 수 있다.

He has that marvelous ability to engage a young audience and had them *eating out of his hand* from the moment he appeared on stage. ▶ 그는 젊은 청중들의 관심을 끌어 모으는 놀라운 능력을 지니고 있으며, 그가 무대에 등장하는 순간부터 그들을 시키는 대로 행동하게 만들었다.

법률/제도/정책 등을 **시행하다**
실행에 옮기다; 펴다

put in place

People don't like the security measures the police have *put in place*. ▶ 사람들은 경찰이 시행해 온 안전조치를 좋아하지 않는다.

한동안 밥을 제대로 못 먹던 사람들에게 제대로 푸짐하게 차려진 **식사**

square meal

"Most of them cannot afford *one square meal*," he says. "With money and food assured, some women do not think twice about joining the rebels." ▶ "그들 대부분은 하루에 한 끼도 제대로 된 식사를 할 수 없다"고 그는 말한다. "돈과 음식이 보장되기 때문에 어떤 여자들은 주저하지 않고 반군에 합류한다."

It is hard to get *a square meal* per day in the country. ▶ 그 나라에서는 하루에 한 끼 식사도 제대로 하기 힘들다.

주 여기서 *square*는 solid, right 의미를 지니고 있다.

~에 대한 식상한 느낌
지루한 느낌 ; 권태로운 느낌

ennui ☞ French, Literary

The current path taken by game developers toward more cinematic graphics, richer story lines and complicated controls is a blind alley that, he says, will only worsen the current "nothing's new" ***ennui*** felt by many customers. ▶ 지금처럼 게임 개발자들이 보다 영화적인 그래픽, 풍부한 스토리, 복잡한 기능을 갖도록 해봤자 더 이상 갈 곳이 없으며, 현재 많은 소비자들이 느끼는 "별반 새로울 것이 없다는 식상한 느낌"을 악화시킬 따름일 것이라고 그는 말한다. ♣ *blind alley* : 더 이상 **갈 곳이 없다** ; *will only* : 그렇게 해봤자 ~라는 좋지 않은 결과를 낳을 **뿐일 것이다** 참조

We are in so many ways fatigued with ***the everyday ennui of living***, the ceaseless process of days filled with the same drudgery, and the senseless capitulation to meaningless things. ▶ 우리는 여러모로 일상생활의 권태로움, 똑같은 단조롭고 고된 일의 끊임없는 반복, 의미 없는 것들을 아무 저항 없이 무감각하게 받아들이는 일에 지쳐 있다. ♣ *drudgery* : 단조롭고 고되지만/힘들지만 꼭 해야 하는 **일** 참조

신경을 건드리다
화나게 하다 ; 자극하다

ruffle the feathers ☞ 깃털을 곤두서게 만들다

Russian businessmen are jostling to acquire key Zimbabwean assets such as national telephone operator in deals that may ***ruffle the feathers*** of locals who feel they are being elbowed out. ▶ 밖으로 밀려나고 있다고 느끼고 있는 현지 사람들의 신경을 건드릴 수도 있는 협상을 통해 러시아 사업가들이 국영 전화국 등과 같은 짐바브웨의 핵심 자산을 사들이기 위해 경쟁을 벌이고 있다.

The federal government determined Tuesday that the California spotted owl does not need protection under the Endangered Species Act, a move that ***ruffled the feathers*** of environmental groups, which are vowing to go to court on behalf of the bird. ▶ 연방정부가 캘리포니아 점박이 올빼미는 "멸종위기에 처한 동물 보호법"에 의해 보호받지 않는다는 결정을 내려 환경단체들을 자극했는데, 이 단체들은 이 새를 대신하여 소송하겠다고 선언하고 있다.

Birds were stolen from a pet store. Police were looking for a thief who ***ruffled the feathers*** of a pet store owner. ▶ 애완동물 가게에서 새들이 도난당했다. 애완동물 가게 주인을 화나게 만든 도둑을 경찰이 찾고 있다.

신경을 건드리는
매우 긴장하고 걱정하게 만드는

nerve-racking

Using a straight razor was a little ***nerve-racking*** at first, she said, watching Joe the Barber run a shiny blade cleanly along a client's neck. ▶ 이발사 조가 손님의 목을 따라 반짝거리는 면도날을 움직이는 것을 보면서, 그녀는 (칼집에 날을 접어 넣는) 면도칼을 사용하는 것이 처음엔 신경을 건드렸다고 말했다.

"It was pretty scary and a little ***nerve-racking***," said Raymond, 22, who watched as the sculpture he spent three months creating was driven on the Southeast Expressway under bridges with less than a foot of room to spare. ▶ 완성하는 데 3개월 걸린 조각작품이 차에 실려 고속도로를 지나가면서 여유 공간이 1피트도 안 되는 다리 밑을 통과하는 것을 보았을 때 "(조각상이 다리에 부딪혀 부서질까 봐) 매우 겁나고 약간 긴장되었다"고 레이몬드(22)가 말했다. ♣ *room to spare* : 공간, 돈(경제), 시간 등의 **여유** 참조

신경을 날카롭게 하다
신경을 곤두서게 하다

set one's teeth on the edge

A squeal of brakes ***set my teeth on the edge***. ▶ 삑 하는 브레이크 소리가 내 신경을 날카롭게 했다.

주 시큼한 레몬을 깨물었을 때 또는 백묵으로 칠판에 선을 긋거나 자동차가 급 브레이크를 밟았을 때 나는 삑 소리를 들었을 때 받는 소름이 끼치는 느낌을 나타내는 표현이다.

어떤 중요한 일이 끝난 다음에나 하는 별 **신경을 쓰지 않아도 되는 것**
우선 순위가 낮은 것; 대수롭지 않은 것

afterthought

Too often for couples, honeymoons are ***an afterthought*** to wedding planning, but, that can be a mistake. We' ve put together several profiles to help you find the perfect escape to fit your personalities. ▶ 종종 결혼을 앞 둔 남녀들이 신혼여행은 결혼준비에서 별 신경을 쓰지 않아도 되는 것으로 생각하지만 그러다 낭패를 볼 수도 있다. 우리는 고객이 취향에 맞는 완벽한 신혼여행지를 고를 수 있도록 다양한 장소를 소개한다.

Online marketing, until recently ***an afterthought***, is fast becoming a leading element in ad campaigns. ▶ 최근까지 대수롭지 않게 여겨졌던 온라인 마케팅이 빠르게 홍보 캠페인의 중요한 부분을 차지하고 있다.

범인을 **신고하다**
고발하다; 넘기다

turn someone in

Police arrested a man and shut down his marijuana farm after his disgruntled wife ***turned*** him ***in***. ▶ 남편에게 불만을 품은 부인의 신고로 경찰이 한 남자를 체포하고 그의 마리화나 재배농장을 폐쇄했다.

신동(神童)

child prodigy

A child football prodigy born in 1995 has been attracting attention from many professional European squads. ▶ 1995년에 태어난 한 축구 신동이 많은 유럽 축구팀들의 주목을 받아 왔다.

He was ***a child prodigy***, playing piano concertos before he was a teenager. ▶ 그는 10대도 되기 전에 피아노 협주곡을 연주한 신동이었다.

어떤 주의나 사상, 믿음 등을 **신봉**(信奉)**하다**
절대적으로 지지하다

espouse ☞ Formal

Thousands of innocent men, women and children were murdered by terrorists who ***espouse*** a corrupt ideology of hate and intolerance. ▶ 수천의 무고한 남자, 여자, 어린아이들이 증오와 불관용이라는 타락한 이데올로기를 신봉하는 테러리스트들에 의해서 살해당했다.

Any elected official and the ideas and philosophies they ***espouse*** will be criticized and even vilified by roughly half the population. ▶ 선출된 어떤 공직자라도 그리고 그들이 절대적으로 신봉하는 이상과 철학도 비판을 받게 되며, 심지어 대략 절반의 인구로부터 욕을 듣게 될 것이다. 《선거에서 겨우 과반수를 넘겨 당선된 국회의원이나 대통령이 꼭 명심해야 할 이야기다.》

이론/믿음/생각 등에 **신빙성을 더해 주다**
확신을 심어주다; 뒷받침해 주다

add/lend/give credence to ☞ Formal

Those do nothing but ***lend credence to*** the notion that the Democrats are undermining the war effort. ▶ 그들은 전쟁에서 목숨을 걸고 싸우는 군인들의 노력을 민주당 사람들이 훼손시키고 있다는 생각에 확신을 심어줄 따름이다. 《부시 대통령이 시작한 이라크전쟁에 반대하는 민주당 사람들을 비난하는 공화당 사람들의 이야기다.》

Our city attorney has been somewhat quiet lately ***giving credence to*** my theory that he realizes the public is slowly falling out of love with his feisty-crusader shtick. ▶ 우리 시 검사가 최근 다소 조용히 지내오고 있다는 사실은 너무나 의욕이 넘치고 십자군 전쟁에 참여하고 있는 듯한 자신의 우스운 행동에 사람들이 점차 식상해하고 있다는 사실을 그가 깨닫고 있다는 나의 추측에 신빙성을 더해 준다.

증거나 변명 등이 **신빙성이 없는**
논리가 박약한

flimsy

Much of the information was faulty and ***flimsy***.

사

▶ 그 정보의 대부분은 잘못되었고 논리가 박약했다.

The criminal charges against him were based on ***flimsy evidence***. ▶ 그에 대한 형사고발은 신빙성이 없는 증거를 토대로 이루어졌다.

㈜ 본래는 종이나 헝겊 따위가 박약하다(매우 얇고 무르다)는 의미를 가지고 있다.

~에 신빙성이 있다고 믿다
~을 신뢰하다

lend/give credence to ☞ Formal

But Democrats are ***giving little credence to*** the video. ▶ 그러나 민주당 사람들은 그 비디오를 거의 신뢰하지 않았다.

신의 뜻이라면 ~일이 벌어질 것이다
신의 가호가 있다면(있길) (모든 일이 순조롭게 진행되기를 기대할 때 사용함)

God willing

The message in Arabic, goes on to say, "We will continue, ***God willing***, to fight you and your allies everywhere, in Iraq, Afghanistan, Somalia and Sudan, until we drain your money and kill your men and send you home defeated." ▶ 아라비아어로 된 그 메시지는 다음과 같이 계속된다. "신의 뜻이라면, 우리는 이라크, 아프간, 소말리아, 수단 그 어느 곳에서든 너의 돈을 바닥내고 군인들을 죽여 너를 집으로 돌려보낼 때까지 네 나라 및 동맹국들과 계속 싸울 것이다."《2006년 6월 내보낸 오사마 빈 라덴(Osama bin Laden)의 육성 녹음 중에서.》

He plans to make the Army a career. "***God willing***, I'll be there 20 years," he said. "I'm looking to retire there." ▶ 그는 군대에 가려는 계획을 세우고 있다. "신의 가호가 있다면, 나는 그곳에서 20년을 보낼 것이다"라고 그가 말했다. "거기서 은퇴할 생각이다."

신이 내려준 선물
매우 도움이 되는 고마운/반가운 물건/사람/선물이라는 것을 강조하는 표현

godsend

A temporary bridge will be ***a godsend*** for a small rural community that's been cut off from the convenient access to the outside world since Friday. ▶ 임시 교량은 금요일 이후 바깥 세계로 통하는 편리한 접근로가 끊긴 한 작은 시골마을에 매우 반가운 선물이 될 것이다.

Soaring oil prices have proved ***a godsend*** for the carmaker as drivers turn to fuel-efficient cars. ▶ 운전자들이 연비가 좋은 자동차를 선호하게 됨에 따라서 치솟는 오일 가격이 그 자동차 회사에게는 신이 내려준 선물이 되었다.

신임투표

vote of confidence

Steve Jobs, the mastermind behind the turnaround of Apple Computer Inc., remains on the payroll after being given ***a vote of confidence*** yesterday from the board of directors, including Al Gore, the former vice-president. ▶ 애플 컴퓨터 회사의 변혁을 주도한 스티브 잡스가 전 미국 부통령 알 고어가 포함된 이사회로부터 신임투표를 받음으로써 회사에 계속 남게 되었다.

The Prime Minister lost ***a vote of confidence*** in the parliament. ▶ 수상이 의회의 신임투표에서 패배했다.

신호가 떨어지기 무섭게 즉각/즉시 반응을 보이면서
곧바로; 조금도/추호도 망설이지/주저하지 않고

at the drop of a hat

Labor unions should act responsibly and not resort to threatening strike action ***at the drop of a hat***. ▶ 노조는 책임있게 행동을 해야 하며, 조금도 주저하지 않고 파업을 하겠다고 위협해서는 안 된다. ♣ *resort to*: 다른 방도가 없어서 어쩔 수 없이 ~에 **의존하다** 참조

Korea is well known for politicians switching parties ***at the drop of a hat***. ▶ 한국은 기회만 있으면 추호도 주저하지 않고 당적을 바꾸는 정치인들로 잘 알려져 있다.

Unfortunately, not all things we request can be made available *at the drop of a hat*. ▶ 불행하게도 우리가 요청한 모든 것들을 곧바로 얻을 수는 없다.

주 멀리 떨어져 있는 사람에게 모자를 벗어 어떤 행동을 개시하라는 신호로 사용한 데서 유래되었다.

기차/자동차/배/비행기 등에 **실려서, 실려 있는**
타고서 ; 타고 있는 ; 탑재되어 ; 탑재되어 있는 ; 탑승하여; 탑승한

on board something ; **aboard** something

The crew *on board the International Space Station (ISS)* is to ring in the New Year without any alcohol, Russian reports said. ▶ 국제 우주정거장에 타고 있는 승무원들이 술 없이 새해를 맞이할 것이라고 러시아 신문이 보도했다. ♣ *ring in* : (특히 종을 울리며) 새해 등을 **맞이하다** 참조

Israel is likely to launch its 18.2 million USD-worth TauvexII scientific telescope for astronomical research of the galaxies *aboard India's GSAT-4 satellite* by mid next year. ▶ 이스라엘이 미국 돈으로 1천 8백2십만 달러의 가치가 있는 과학 망원경을 인도의 GSAT-4 위성에 탑재하여 내년 중반기에 발사할 것으로 예상된다.

He flew over several suburban Manila towns Sunday *on board air force helicopters*. ▶ 그는 일요일 공군 헬기를 타고서 마닐라 교외에 있는 여러 마을 위를 지나갔다.

실례를 무릅쓰고 ~한 행동을 하다
상대방이 불쾌하게 생각하거나 싫어하지 않을 것으로 여기고 허락도 없이 ~한 행동을 하다

take the liberty of

I am *taking the liberty of* writing this letter to enlist your help. ▶ 당신의 도움을 요청하고자 실례를 무릅쓰고 이 편지를 씁니다.

I am getting married in a few months. Much to my horror, our wedding is getting bigger and bigger. So to keep the numbers and costs sane, I invited single friends (with no long-term or serious partners) without dates. The envelopes were addressed "Mary Smith," not "Mary Smith and Guest." Some of my single friends have *taken the liberty of* putting "two guests will attend" on the reply card so they can bring a date. An extra person not only increases the numbers, but also costs us $60 more. It seems a little selfish for them not to have thought of this. I would have appreciated at least a call asking permission. Up until now, I have not said anything because I didn't want to be an ogre, but this is getting crazy! ▶ 나는 몇 달 있으면 결혼한다. 내가 기겁하게도 우리 결혼식의 규모가 점점 커지고 있다. 그래서 하객의 수와 비용을 적절하게 유지하기 위하여 오래 만난 혹은 결혼을 앞둔 애인이 없는 독신 친구들을 혼자 오라고 초청했다. 초대장 봉투에 "Mary Smith and Guest"가 아닌 그냥 "Mary Smith"라는 식으로 썼다. 독신 친구의 일부는 내가 싫어하지 않을 것으로 여기고 내 허락도 없이 애인을 데리고 오기 위하여 "두 명이 참석할 것이다"라는 답장을 보냈다. 초대하지 않은 사람이 오면 하객수가 늘어날 뿐 아니라 한 명당 60불이 더 든다. 그들이 이 사실을 생각하지 않았다는 것은 약간 이기적으로 보인다. 그들이 내 허락을 받기 위해 미리 전화했더라면 좋았을 텐데. 내가 무서운 사람으로 보이기 싫어 현재까지 나는 그들에게 아무 말도 하지 않았다. 그러나 사태가 점점 심각해지고 있다.

기대에 어긋나는 **실망스러운 일/것**
이전만 못한 일/것

comedown

While that may seem like a substantial victory, to the government, it is *a comedown*. ▶ 정부에게는 실질적인 승리로 보일지 모르지만 기대에 못 미쳐 실망스럽다.

힘차게(화려하게) 시작은 했으나 매우 보잘것없이 **실망스럽게 끝나다**
시시하게 끝나다 ; 용두사미로 끝나다

fizzle (out) ☞ 명사형으로도 사용

A project to create a European search engine to rival Google has *fizzled out* due to the German governments' withdrawal of support. ▶ 구글에 필적할 유럽의 탐색엔진을 개발하는 프로젝트가 독일정부가 지원을

사

포기하는 바람에 용두사미로 끝나버렸다.

A number of other high-profile U.S. terrorism prosecutions since 9/11 have grabbed big headlines only to quietly ***fizzle*** or stall in trial. ▶ 9/11 사태 이후 신문의 헤드라인을 요란하게 장식한 테러범들의 기소가 여러 건 있었으나, 실망스럽게 조용히 끝나거나 혹은 재판 진행이 지지부진한 상태에 있을 뿐이다. ♣ *high-profile* : 남들 **눈에 잘 띄는 (상태)**; *only to* : 그렇게 해봤자 오직 ~할 **뿐이다** 참조

The railway strike ***fizzled out*** on its third day as drivers returned to work. ▶ 기관사들이 3일째 되는 날 복귀하여 철도파업이 시시하게 끝났다.

After the relative ***fizzle*** of "The Matrix Reloaded," the Wachowskis rally to bring their trilogy (The matrix revolution) to a satisfying climax. ▶ 영화 매트릭스 속편 "The Matrix Reloaded"가 상대적으로 흥행에 별 성공을 거두지 못한 후, Wachowski 형제는 멋진 클라이맥스 장면이 있는 3편(The matrix revolution)을 다시 들고 나왔다.

주 모닥불에 물을 부어 끌 때 나는 쉬잇 하는 소리를 묘사한 의성어다.

실망스럽게도

to one's dismay

She discovered ***to her dismay*** that she was pregnant. ▶ 실망스럽게도 그녀는 자신이 임신했다는 사실을 알았다.

Bush learned ***to his dismay***, voters' views of the economy tends to get locked in place. ▶ 실망스럽게도 부시는 경제를 바라보는 유권자들의 시각이 전혀 나아지지 않았다는 사실을 알았다.

실망시키다

let someone down

It will never ***let you down***. ▶ 이것은 당신을 절대 실망시키지 않을 것이다.

In his memoirs, Bill Clinton describes his sense of devastation when Yasser Arafat ***let him down*** at Camp David. "I am not a great man. I am a failure, and you have made me one," he told the Palestinian leader. Yet the failure was Clinton's own: a fading president so preoccupied by his place in history he could not see that Arafat never really wanted a deal. ▶ 전 미국 대통령 빌 클린턴은 회고록에서 야세르 아라파트가 미국 대통령 휴양지 캠프 데이비드에서 자신을 실망시켰을 때 느낀 참담했던 심정을 말했다. "나는 위대한 인물이 아니다. 나는 실패자며 당신이 나를 이렇게 만들었다"고 클린턴이 그 팔레스타인 지도자에게 말했다. 그렇지만 중동 평화조약을 성사시키지 못한 것은 클린턴이 자초한 일이다. 임기가 끝나가는 클린턴은 (중동평화협상을 성사시킨 훌륭한 인물로) 역사에 자신의 위치를 각인시키는 데 온 정신을 쏟고 있어 아라파트가 절대 협상을 원하지 않았다는 사실을 눈치채지 못했다. ♣ *preoccupied* : ~에 **정신이 팔려 있기 때문에 다른 곳에 신경 쓸 겨를이 없다** 참조

실물 크기의

실제 크기를 한; 크기가 실물/실제와 같은

as large as life

There are four figures ***as large as life***. ▶ 실물 크기의 조각상이 4개 있다.

His portrait is exactly ***as large as life***. ▶ 그의 초상화는 정확하게 실제 크기다.

사람들을 당혹스럽게 만드는 **실수**

어처구니없는 실수; 사람들을 당혹스럽게 만드는 잘못된 행동(blunder)

faux pas ☞ Formal, French

The move would be seen as ***a faux pas***. ▶ 그 조처는 사람들을 당혹스럽게 만드는 실수로 보일지 모른다.

Boy, this is embarrassing. I've just learned that the Senate Intelligence Committee has made ***a major faux pas*** in today's hearings. ▶ 참 당혹스럽다. 상원 정보위원회가 오늘 청문회에서 엄청난 실수를 저질렀다는 사실을 방금 알았다.

주 "wrong step"이라는 의미의 불어이다.

실수가 용납되는 여지

margin/room for error

Tahahito Iguchi put the Chicago White Sox within a win of the AL championship series and pushed the Boston Red Sox into a familiar position playing with *no margin for error*. ▶ 2005년 미국 프로야구 아메리칸 리그 디비전 시리즈에서 시카고 화이트삭스가 이구치의 3점 홈런에 힘입어 보스턴 레드삭스에 5-4의 역전승을 거둠으로써, 보스턴 레드삭스를 한치의 실수도 용납이 안 되는 막판에 몰아 넣었다. 《2004년에도 보스턴이 아메리칸 리그 챔피언십 시리즈에서 뉴욕 양키스에 막판까지 몰렸지만 기사회생하여 월드 시리즈 챔피언이 된 사실을 염두에 두고 쓴 글이다.》

실언하여 사람들을 매우 당혹스럽게 하다

put one's foot in one's mouth

Last night I was telling a joke, and I really *put my foot in my mouth*. I had no idea I was talking about John's wife. ▶ 어젯밤 농담을 하다 정말로 실언하여 사람들을 매우 당혹스럽게 만들었다. 내가 말한 여자가 존의 부인인지 정말 몰랐다. 《존과 함께 있는 자리에서 그의 부인에 대한 농담을 했다는 이야기다.》

I asked her, "Are you sure he could hear me when I was talking in the next room?" She said, "Yes. You really *put your foot in your mouth*." ▶ 나는 그녀에게 "옆 방에서 내가 하는 소리를 그가 들을 수 있었다고 확신해?"라고 물었을 때, 그녀는 "물론이지, 당신은 정말 실언을 했어"라고 대답했다.

국가에서 실업자들에게 주는 보조금

unemployment benefit

Unemployment benefits are directly related to previous earnings. ▶ 실업 보조금의 액수는 이전에 받던 급료와 직접 관련되어 있다.

Last year more than 20 thousand people were receiving *unemployment benefit*. ▶ 작년 2만 명 이상이 실업 보조금을 받았다.

실오라기 하나 걸치지 않고
알몸으로; 완전히 발가벗고

in one's birthday suit ☞ Humorous, Informal

At that time, he was *in his birthday suit*. ▶ 그때 그는 실오라기 하나 걸치지 않고 있었다.

She was running down the street *in her birthday suit*. ▶ 그녀는 알몸으로 거리를 달리고 있었다.

실체가 없는 적과 싸우다
가상의 적과 싸우다

fight (with) windmills

Not many people know that a few people are getting extremely rich while Bush *fights windmills* in Iraq. ▶ 부시 대통령이 이라크에서 실체가 없는 적과 싸우는 동안 일부 사람들이 (무기를 팔아) 큰 돈을 벌고 있다는 사실을 알고 있는 사람이 많지 않다.

주 돈키호테가 풍차를 괴물로 착각하여 싸우고 있는 광경을 떠올리면 된다.

큰 실패
완전한 실패 (강조하는 표현)

fiascos ☞ Italy

The singer's parenting *fiascos* had created a lot of awareness about child safety regulations. ▶ 그 가수가 부모 노릇을 하다가 큰 실수를 저지른 사건은 어린아이 안전 규정에 대한 사람들의 경각심을 불러일으켰다. 《미국 여가수 브리트니 스피어스가 실수로 어린애를 앞 좌석에 태우고 운전하다가 경찰에게 적발된 사건에 대한 이야기다.》

The United Nations Security Council is making the same mistakes. US, UK and France are again creating the same Iraq type *fiasco*. No one wants Iran to possess a nuclear bomb. Because that will be used as a nuclear device against Israel, US, Europe, Russia and India. But what do you really do to stop it? International politics is more complex than a head-on bullfight. That is exactly what happened when America decided to attack Iraq with little diplomacy in place. ▶ 유엔

안전보장이사회가 같은 실수를 저지르고 있다. 미국, 영국, 프랑스는 또 다시 이라크에서의 실패를 반복하고 있다. 아무도 이란이 핵무기를 소유하길 원치 않는다. 이스라엘, 미국, 유럽, 러시아, 인도에 핵무기를 사용하게 될 것이기 때문이다. 그러나 정말로 이를 저지하기 위해 당신들은 어떻게 하고 있는가? 국제정치는 머리를 서로 맞대고 하는 소싸움보다 훨씬 복잡하다. 외교적인 노력 없이 이라크를 공격하기로 결정한 것과 같은 상황이다. 《이란이 핵개발에 대한 야욕을 포기하지 않자 2006년 12월 24일 유엔안전보장 이사회에서 핵개발과 관련된 물질이나 장비 등의 교역을 금지하는 제재를 가하기로 결정한 사실을 비난하는 한 인도 신문 사설의 일부다.》

주 오래전 이탈리아 베니스에서 만든 고급 유리제품을 금이나 은으로 만든 그릇 이상으로 귀하게 여기던 시절이 있었다. 멋진 작품을 만들려다가 실패할 경우는 유리를 다시 녹여서 일반인들이 쓰는 ***fiasco***(유리병, flask)을 만들었다는 데서 유래되었다.

debacle ☞ French

Their effort was ***a debacle***. ▶ 그들의 노력은 완전히 실패했다.

We should not forget ***the Katrina debacle***. ▶ 2005년 허리케인 카트리나가 미국 남부지방을 강타하는 바람에 뉴올리언즈에 있는 제방이 붕괴되어 온 시내가 물에 잠긴 참사를 두고 하는 이야기다.

Is ***the subprime debacle*** the result of some people's disastrous scheming or the kind of problem the market economy is inevitably prone to? ▶ '비우량 주택담보대출(subprime mortgage loan)' 시장의 몰락이 일부 사람들의 위험한 획책 때문인가 아니면 일종의 시장 경제의 특성상 불가피하게 나타나는 문제 때문인가?

He has convened a meeting of senior members to discuss ***the election debacle*** and the current political situation. ▶ 그는 선거참패와 현 정치상황을 의논하기 위하여 고위급 회의를 소집했다.

Every time I learn of yet another ***government debacle***, I am embarrassed to be an American. ▶ 크게 실패한 정부 정책에 대해서 들을 때마다, 내가 미국인이라는 사실이 부끄럽다.

주 수문의 빗장이 풀려 물이 마구 밀려오는 것을 의미한다. 비유적으로 군중이나 군대의 와해 또는 패주, 선거/전쟁에서의 참패, 주식 시장의 폭락, 정부의 몰락/붕괴 등을 나타낸다.

비록 아슬아슬하게 실패했지만 어쨌거나 **실패는 실패다**
실패한 것은 분명한 사실이다(Failure is absolute, whether it is by a narrow margin or a wide one)

A miss is as good as a mile

A miss is as good as a mile. But we cannot miss a lesson to be learned from it. ▶ 비록 아슬아슬하게 실패했지만 어쨌거나 실패한 것은 분명한 사실이다. 그러나 이로부터 얻는 교훈을 놓쳐서는 안 된다.

주 "오십보백보: 오십보 후퇴한 거나 백보 후퇴한 거나 싸움에 진 것은 마찬가지다"라는 우리 속담과 비슷한 의미를 지니고 있다

어떤 계획이나 안 등이 **실패로 돌아가다**
거부당하다; 무산되다; 불가능하게 되다

go by the board

Their plan ***went by the board***. ▶ 그들의 계획이 실패로 돌아갔다.

They saw a two-on, one-out scenario ***go by the board*** in the first inning because of a double play. ▶ 1회에 원 아웃 상태에서 주자 두 명을 진루시키려던 계획이 더블플레이로 무산되었다.

주 풍랑이 심하여 배가 한쪽으로 급히 기울어지면 선원이 갑판(***board***) 위를 미끄러지면서 바다 속으로 빠질 때가 있는데 이런 경우를 두고 하는 표현이다. 이를 방지하기 위하여 선장이나 갑판장이 "***Man overboard***"라고 미리 소리친다.

계획이나 행동 등이 충분한 검토가 부족하거나 부주의해서 **실패할 것 같은**

ill-conceived ☞ 착상이 나쁜

The government proposed ***an ill-conceived plan*** in a hurry. ▶ 정부는 충분한 검토를 거치지 않은 계획을 성급하게 제안했다.

The plan to bomb the area was reckless, ***ill-conceived*** and hastily approved. ▶ 그 지역을 폭격하려는 무모하고 실패로 돌아갈 가능성이 큰 계획이 성급하게 승인되었다.

생각/말만 할 뿐 전혀 **실행에 옮기지 않는다**

flirt with an idea

I have ***flirted with an idea*** to organize a rock-and-roll band for many years. ▶ 나는 여러 해 동안 록 밴드를 조직한다는 생각만 했지 전혀 실행에 옮기지 못했다.

Many consider that Chen is ***flirting with the idea*** of a referendum on independence, an action that China has consistently threatened would lead to war. ▶ 많은 사람들은 첸 대만 대통령이 대만독립을 국민투표에 부치겠다고 떠들기만 할 뿐 전혀 실행에 옮길 의사가 없다고 생각한다. 중국은 대만이 국민투표를 강행할 경우 전쟁을 불사하겠다고 위협해 왔다.

실험대상이 되는 사람/동물

subject

White noise was played into ***the subject's ears*** through headphone. ▶ 헤드폰을 통하여 실험대상자의 귀에 불규칙하게 나는 소리를 들려주었다. ♣ ***white noise*** : 지속적으로 시끄럽고 불규칙하게 나는 **소리** 참조

They raise all kinds of animals as ***subjects***. ▶ 그들은 온갖 종류의 실험용 동물을 기른다.

음악/연극/문학작품 등이 매우 현대적이며 **실험 정신이 강한 (성향, 작가 그룹)**
전위파

avant-garde ☞ **French**

This is ***an avant-garde music***. ▶ 이는 전위음악이다.

He meant to critique a Chinese society whose capacity for cruelty can still astonish, but even his ***avant-garde peers*** were a bit put off. ▶ 그의 의도는 여전히 경악할 정도로 잔인함을 보이는 중국사회를 비난하는 것이었다. 그러나 심지어 실험정신이 강한 동료 작가들도 이런 소설을 쓰길 좀 꺼려 했다.

In New York he made friends among ***the avant-garde***. ▶뉴욕에서 그는 전위파 사람들과 사귀었다.

평소에 품어 왔던 꿈이나 생각을 **실현하다**
펼치다

live out

Two stock cars were parked at one end of the parking lot for children to sit in and ***live out their NASCAR fantasies***. ▶ 어린이들이 올라 앉아서 NASCAR 경주(미국 스톡카 경주)에 참여한다는 환상을 펼칠 수 있도록 2대의 스톡카(일반 승용차를 개조한 경주용 차)가 주차장 한쪽 끝에 세워져 있었다.

If you think you look like a Hollywood hero or can act like one, then here is your chance to ***live out your dreams***. ▶ 당신이 할리우드의 주연배우 같은 외모를 지니고 있거나 그들처럼 연기할 수 있다고 생각한다면, 여기에 당신의 꿈을 실현시킬 기회가 있다.

~가 너무나 **싫어하는**
질색하는

anathema to someone ☞ ~에게 저주와도 같다

He came to town to weigh in on federal efforts to computerize records and communications in the health-care industry, moves that are ***anathema to many privacy advocates***. ▶ 프라이버시를 옹호하는 많은 사람들이 질색하는 연방정부의 의료기록 전산화 정책을 평가하기 위하여 그가 등장했다. ♣ ***come to town*** : **등장하다** ; ***weigh in on*** : ~에 대하여 **평가하다** 참조

The thought that you may not need life insurance is ***anathema to most life insurance agents***. But as a Certified Financial Planner who is also a life insurance agent, I have a different point of view. There are times when you may not need life insurance. ▶ 생명보험이 필요없을지도 모른다는 생각은 대부분 보험 판매원들에게 저주와도 같다. 그러나 생명보험도 취급하는 공인재무플래너로서 나는 다른 관점을 가지고 있다. 생명보험이 필요하지 않을 때가 있다.

Just north of the demilitarized zone dividing the Korean Peninsula, in possibly the world's most heavily guarded special economic enclave, 500 managers from the South and 7,000 workers from the North are engaged in a capitalist experiment that is ***anathema to the United States***. ▶ 한반도를

가르는 비무장지대 바로 북쪽에 위치한 아마도 세상에서 가장 경비가 삼엄한 경제특구(개성공단)에서 남쪽에서 온 500명의 경영자들과 7천 명의 북한 근로자들이 자본주의 실험을 하고 있는데, 미국은 (이 돈이 김정일 정권의 체제 유지에 사용되기 때문에) 이를 너무나도 싫어한다. ♣ *enclave* : 도시/나라 안에 **다른 국적이나 문화를 가진 사람들이 모여 사는 지역** 참조

주 가톨릭 교회에서의 저주/파문(破門)을 의미한다.

이전의 다툼으로 인하여 발생한 서로 **싫어하는 감정**
불화; 반목

bad blood

But ***the bad blood*** spilled over to last fall's Ryder Cup, at which U.S. Captain Hal Sutton paired Woods and Mickelson against European opponents. ▶ 미켈슨이 "타이거 우즈가 쓰고 있는 나이키 클럽이 좋지 않다"고 말한 적이 있었고, 이 때문에 2005 라이더컵(미국과 유럽 팀 간의 골프 대항전)에서 두 사람이 한 조가 되어 유럽과 시합하는 동안 분위기가 매우 좋지 않았다는 이야기다.

There is some ***bad blood*** between the two teams. ▶ 두 팀은 서로 싫어한다.

The history of Somalia and Ethiopia is marred by ***bad blood*** dating back to 1964, when Somalia first fought against Ethiopia to gain independence from Italy and redefine borders involving both countries. ▶ 소말리아와 에티오피아의 역사는 1964년으로 거슬러 올라가는 반목으로 얼룩져 있다. 이 해에 소말리아는 이탈리아로부터 독립하기 위하여 그리고 두 나라 사이의 국경을 새로 정하기 위하여 에티오피아와 처음 싸웠다. ♣ *date back to* : 특정한 사건 등의 시작은 특정한 시간으로 **거슬러 올라간다** 참조

너무나 **싫어하다**
도저히 견딜 수 없다; 도저히 눈뜨고 못 본다; 도저히 참을 수 없다

cannot abide ☞ 도저히 옆에 함께 있을 수 없다

He talked to his fighters about civilian casualties. "I will kill 10 Iraqis to slaughter one Americans," he said. But, another ex-army man(an insurgent) said he ***couldn't abide*** harming the very people they were fighting for. ▶ 그는 민간인 희생자들에 대하여 동료 전사들과 이야기를 했다. "나는 한 명의 미군을 죽일 수 있다면 이라크 사람 10명이라도 희생시키겠다"고 그가 말했다. 그러나 전에 이라크 군인이었던 다른 반군은 자신들이 위해서 싸우는 이라크 사람들을 다치게 하는 것을 도저히 견딜 수 없다고 말했다.

She ***can't abide*** people who pollute the environment or the quality of another person's life. ▶ 그녀는 환경이나 다른 사람의 생활의 질을 떨어뜨리는 사람들을 도저히 눈뜨고 못 본다.

있는 그대로 받아들이든지 **싫으면 관둬라/떠나라**
이것 말고는 다른 여지/대안이 없다

take it or leave it

Venezuela has taken ownership and control over dozens of privately developed oil fields, but major foreign companies aren't leaving. Rather than negotiating, Venezuelan President Hugo Chavez simply decrees new rules and tells the multinationals to ***take it or leave it***. ▶ 베네수엘라는 수십 개의 민간개발 유전의 소유권을 탈취하여 운영하고 있지만, 주요 외국회사들이 떠나려 하지 않는다. 협상 대신 베네수엘라 대통령 휴고 차베스는 새로운 법령을 공표하고 다국적 기업들에게 싫으면 떠나라고 말한다.

On a number of occasions, he brought "***take-it-or-leave-it***" propositions to the opposition, with no room for negotiations. ▶ 많은 경우에 그는 상대방에게 협상의 여지가 전혀 없는 "싫으면 관둬라" 식의 안을 내놓았다.

심령술사
무당이나 영매처럼 귀신을 불러내거나, 남의 마음을 읽거나 또는 손을 대지 않고 물건을 움직이는 등과 같은 염력(念力)이나 초능력을 지니고 있는 사람; 귀신이나 죽은 사람의 영혼 등과 관련이 있는 (ghostly)

psychic ☞ 형용사형으로도 사용

Banachek is hailed as the world's leading ***psychic***, in that he has the unique ability to convince people (even scientists) that he possesses supernatural abilities. Whether or not he truly does possess a gift for the supernatural remains mystery, what is clear, however, is that Banachek's talents have brought him to the top in terms of live entertainment. ▶ 바나첵은 그가 초능력을 가지고 있다고 사람들을 (심지어 과학자들까지) 믿게 만드는 특유한 능력을 지녔다는 점에서 세계적인 초능력자로 칭송받는다. 그가 정말 초능력을 지녔는지는 미스터리로 남아 있지만, 한 가지 분명한 사실은 이 재능으로 사람들이 보는 앞에서 직접 초능력을 보여주는 분야에서 최고의 자리에 올랐다는 것이다.

Woodward County residents donated money to pay the expenses of ***a psychic*** who they hope can help authorities find the body of a boy who's been missing since 2003. ▶ 우드워드 카운티 주민들은 당국이 2003년 실종된 한 소년을 찾는 데 도움되길 바라면서 심령술사에게 지불할 돈을 기부했다.

My psychiatrist made this statement after a conversation with me about ***psychic activity***, myself and my father and grandfather had experienced. ▶ 정신과 의사는 내 자신, 아버지, 할아버지가 경험했던 유령활동에 대해서 나와 대화한 후 이 말을 했다.

어떤 지역/활동의 **심장부**
중심부

the heart of

The office is located in ***the heart of Seoul***. ▶ 그 사무실은 서울 중심부에 있다.

The manufacturing used to be done in Kowloon, once ***the pumping heart of Hong Kong's industrial economy***. ▶ 한때는 홍콩 산업경제의 심장부였던 구룡에서 제조업이 이루어졌었다. 홍콩이 중국에 반환된 이후 제조업이 중국본토로 거의 넘어갔다는 이야기다. ♣ ***once*** : **한때는 ~ 했던** 참조

심지어 ~까지도 포함하여
여러 가지를 언급하는 도중에 특히 매우 놀랍거나 이상한 것이 포함된다는 것을 강조할 때

something and all

He dropped his sausage on the floor and his dog ate it, ***pickles and all***. ▶ 그가 소시지를 바닥에 떨어뜨리자 그의 개가 심지어는 피클까지 몽땅 먹어버렸다.

Over six years, Mike affixed nearly one million pennies to the bar he owns with his wife, Annie. Now the place is up for sale, ***pennies and all***. ▶ 마이크는 부인과 공동 명의로 된 그 바에 6년에 걸쳐서 백만 개나 되는 페니를 붙였다. 지금 이 바는 팔려고 내놓은 상태다. 심지어 페니까지도.

He instructed the group to spread out on mats across the floor and stretch their limbs — legs, arms, ***feet and all***. ▶ 그는 모인 사람들에게 마루에 깔려 있는 매트 위에 흩어져서 사지를 쭉 펴라고 지시했다. 심지어 발까지도.

잘못한 일에 대하여 당당하게 **심판을 받다**
자진해서 비난/비판/심판을 감수하다

face the music

He has confessed his crime and now has to ***face the music***. ▶ 그는 죄를 고백했으며 당당하게 법의 심판을 받아야 한다.

Senior managers from the department of defense appeared before the committee to ***face the music***. ▶ 국방부 국장들이 비난을 감수하고 그 위원회에 출두했다.

주 여기서 "*the music*"은 옛날에 나쁜 짓을 한 사람을 군대나 사회에서 추방할 때 울리던 추방곡(rogue march) 혹은 야유하는 소리를 의미한다.

십자가를 지다

bear a cross

What then does it mean for the Christian to ***bear a cross***? ▶ 그렇다면 크리스천이 십자가를 진다는 것이 무얼 의미하는가?

~보다 **싸게 팔다**

undercut

Its laser scanner ***undercuts*** its rivals by 50%. ▶ 그 회사는 레이저 스캐너를 경쟁사들보다 50% 싸게 팔았다.

A three per cent excess in ship availability over demand is enough to spur lines to aggressively *undercut* each other's prices. ▶ 수요보다 가용선박이 3%만 초과하여도 해운회사들이 공격적으로 운임을 상대방 가격보다 싸게 하려는 현상이 발생한다.

많은 사람들이 가담한 매우 격하고 거친 **싸움/전쟁**
대격돌; 전면 대결/충돌

pitched battle

Tens of thousands of protesters fought *pitched battles* with riot police before being dispersed with tear gas. ▶ 최루가스로 뿔뿔이 흩어지기 전까지 수만 명의 시위자들이 폭동진압 경찰과 전면 대결을 벌였다.

Both sides would like to avoid *the pitched battle* they expect if they can't reach an agreement. ▶ 양측은 합의에 도달하지 못할 경우 예상되는 대격돌을 피하고 싶어한다.

주 로마시대에 전열을 갖춘 대부대가 맞서서 벌이는 전면전을 상상하면 된다.

본격적인 싸움이 벌어지기 이전에 일어나는 사소한 **싸움**
작은 충돌; 전초전(前哨戰) (minor battle)

skirmish

It was one *skirmish* in a bare-knuckles battle to compete with the world's largest retailer. ▶ 이는 세계에서 제일 큰 소매상(월마트)과 경쟁하기 위하여 벌이는 인정사정 없는 전쟁의 전초전이었다. ♣ *bare-knuckles* : **인정사정 없는** 참조

Both sides must show restraint and the UN forces in the area must do their utmost to ensure that *this skirmish* does not escalate into something more dangerous. Lebanon's recovery from the conflict last summer must be the priority. A return to violence will only undermine the reconstruction efforts. ▶ 양측은 자제력을 보여야 하며, 그 지역에 있는 유엔군은 이 사소한 싸움이 더 위험한 전쟁으로 확대되지 않도록 온 힘을 기울여야 한다. 레바논이 지난 여름 분쟁으로부터 회복하는 것이 우선과제가 되어야 한다. 폭력으로 다시 돌아가는 것은 재건노력을 손상시킬 뿐일 것이다. ♣ *will only* : 그렇게 해봤자 ~라는 좋지 않은 결과를 낳을 **뿐일 것이다** 참조

싸움에는 지고 전쟁에서는 승리하다
작은 것을 내어주었지만 더 큰 것을 얻다

lose the battle, but win the war

The public's perception was that it was a back-room deal. He has *lost the battle, but won the war*. ▶ 이는(그가 자리에서 밀려난 것은) 밀실에서 이루어진 거래 때문이라는 것을 사람들이 알고 있었다. 그는 작은 것을 내어주었지만 더 큰 것을 얻었다. 《비록 자리에서 밀려났지만 많은 사람들이 그의 편에 섰다는 의미다.》

We've *lost the battle but* we have*n't lost the war*. ▶ 우리가 싸움에는 졌지만 전쟁에서 진 것은 아니다.

싸움에는 이기고 전쟁에서는 패하다
작은 것을 얻었지만 더 큰 것을 잃다

win the battle, but lose the war

You can *win the battle but lose the war* if you're not careful. ▶ 조심하지 않으면 싸움에는 이기고도 전쟁에서 패할 수 있다.

싹을 미리 자르다
좋지 않은 상황으로 발전하는 것을 미연에 방지하다

nip something in the bud

I urge all law enforcers to *nip this ugly crime in the bud*. ▶ 이 추악한 범죄의 싹을 미리 자르도록 법을 집행하는 모든 사람들에게 촉구한다.

It is important to recognize a little mistake and to *nip it in the bud* before it gets out of hand. ▶ 작은 실수를 인식하고, 이 실수가 더 이상 손을 쓸 수 없는 지경에 이르기 전에 미연에 방지하는 것이 중요하다. ♣ *get out of hand* : 더 이상 **손을 쓸 수가 없다** 참조

싼 값에 낚아채다
헐 값에 빨리 사들이다

snap up

Last June he *snapped up* the Mandalay Resort Group for $4.8 billion, giving him control of 11 hotel-casinos and more than half the gambling action. ▶ 작년 6월 그는 몬델레이 리조트 그룹을 48억 불이라는 헐 값에 사들여 그 지역 도박의 절반 이상을 차지하는 11개의 호텔카지노가 그의 수중에 들어갔다.

There is a queue of people waiting to ***snap*** them ***up***. ▶ 싼 값에 그것을 사기 위하여 사람들이 줄을 서서 기다리고 있다.

South Korean stocks opened higher Tuesday as foreign investors ***snapped up*** tech shares on the back of overnight gains in U.S. markets, analysts said. ▶ 지난 밤 미국 시장이 강세를 보인 후 외국 투자자들이 기술주들을 싼 값에 사들이는 바람에 화요일 한국 주식시장이 강세로 출발했다. ♣ ***on the back of***: ~의 **이후에** 참조

실패나 실수 등으로 인하여 **쓰라린 경험을 하다**

get/have one's fingers burnt

When the dotcom bubble burst in 2000 it was not just budding entrepreneurs and investors who ***had their fingers burnt***. Business school professors who had pinned their hopes on teaching e-commerce and information technology courses also felt the pain. ▶ 2000년 닷컴버블이 꺼졌을 때 쓰라린 경험을 한 사람들은 신참 기업인들과 경험이 없는 투자자들뿐만이 아니었다. 인터넷 상거래와 정보기술 관련 과목들에 희망을 걸었던 경영대학 교수들 또한 고통을 받았다. 《인터넷 상거래와 정보기술이 미래에 유망하다며 학생들에게 강의하던 교수들이 이와 관련된 기술주들이 폭락하자 크게 상처를 받았다는 이야기다.》 ♣ ***budding***: **경험이 없는**; ***pin hopes on***: ~에 **희망을 걸다** 참조

Young fund managers who have never ***got their fingers burnt*** in a stock market crash are more susceptible to the next financial frenzy, according to research published by Stanford Business School. ▶ 주식시장 붕괴로 쓰라린 경험을 해본 적이 없는 젊은 펀드 매니저들이 다음에 다가올 금융시장의 혼란에 더 취약하다고 스탠포드 경영대학이 발간한 보고서는 말한다.

아무짝에도 **쓸모없는**
아무데도 소용없는

good for nothing

He is ***a good-for-nothing fellow*** who roams around in the city aimlessly. He is often spanked by his father for his lackadaisical attitude. ▶ 그는 할 일 없이 그 도시를 배회하는 아무데도 소용없는 사람이다. 그는 열의 없는 자세 때문에 아버지에게 종종 얻어 맞는다.

His appearance is ***good for nothing***. ▶ 그가 나타나 봐야 아무짝에도 쓸모없다.

씨근벌떡거리다
가쁜/거친 숨을 몰아 쉬다; 말로만 요란하게 겁을 주다(기분 나쁜 표시를 하고 실제로 행동을 취하지 않는 경우다); 말로만 거칠게/요란하게 으름장을 놓다

huff and puff

One time while heading uphill on a hiking trail, I encountered a boy coming downhill ***huffing and puffing*** and warning us that it got really steep up ahead. ▶ 언젠가 등산길 언덕을 올라가는 도중, 거친 숨을 몰아 쉬면서 내려오는 한 소년을 만났는데 점점 경사가 심해진다고 우리에게 주의를 주었다.

Huffing and puffing breathing is not the preferred approach when you are trying to improve your fitness levels. ▶ 건강을 위해 운동할 경우 숨이 차서 씨근벌떡거릴 정도로 심하게 하는 것은 바람직하지 않다.

The huffing and puffing in Washington is so strong these days, it could start a gale. ▶ 워싱턴에서 요즘 상대방을 겁주는 말들이 거칠게 오가고 있어, 한바탕 광풍이라도 일으킬 듯하다.

The government ***huffed and puffed*** at the labor union's decision to strike. ▶ 정부는 노조의 파업결의에 대해 말로만 요란하게 으름장을 놓았다.

사람/일/문제 등과 **씨름하다**

어떤 문제 등을 해결하기 위하여 애쓰다 ; 몸싸움을 벌이다

wrestle with

We have been ***wrestling*** intensively ***with*** these issues for at least the past eight years. ▶ 최소 지난 8년 이상을 우리는 이 문제들과 씨름해 왔다.

Hundreds of people on Sunday ***wrestled with*** armed guards to access the Hospital morgue to identify bodies of their beloved ones who perished in a motor accident late Saturday. ▶ 늦은 토요일에 발생한 자동차 사고로 사망한 사랑하는 사람들의 시체를 확인하기 위하여 병원 시체안치소에 들어가려고 일요일 수백 명의 사람들이 무장경비원들과 몸싸움을 벌였다.

~라는 **씨를 뿌리다**

씨를 심어 놓아 점점 자라고 있다

sow/plant the seeds of ; seed

Rich industrialized countries have ***sown the seeds of global warming***. ▶ 부유한 산업국가들이 지구 온난화의 씨를 뿌렸다.

He ***planted the seeds of doubt*** in her mind. ▶ 그는 그녀의 마음에 의혹의 씨를 심어 놓았다.

Drawings first published four months ago in Denmark have ***seeded outrage*** among Muslims from Gaza to Jakarta. ▶ 덴마크에서 4개월 전에 등장한 그림들이 가자 지구에서 자카르타에 이르기까지 무슬림 사람들 사이에서 분노의 씨앗을 뿌려 놓아 사태가 점점 확대되고 있다. 《머리 위에 미사일을 올려 놓은 마호메트 만화에 대한 이야기다.》

꽃이 지고 **씨앗을 맺다**

go/run to seed

To control these weeds you need to stop them in their tracks before they ***go to seed***. ▶ 그 잡초를 제거하려면 씨앗을 맺기 전에 즉시 뽑아 버려야 한다.

Spinach thrives in cool temperatures, but in warm weather, it ***runs to seed*** and becomes bitter and inedible. ▶ 시금치는 서늘한 기후에서 무성하게 잘 자라지만, 따듯한 날씨에서는 씨앗을 맺고 맛이 쓰게 변해 먹을 수 없게 된다.

실수/잘못을 **씻을 수 없다**

저지른 실수/잘못에 대하여 다른 사람들이 도저히 잊어버릴 수가 없다

never live down

Ford ***never lived down*** a 1976 presidential debate in which he declared, "There is no Soviet domination of Eastern Europe." ▶ 포드 전 미국 대통령은 1976년 대통령선거 토론회에서 "소련이 동유럽을 지배하고 있지 않다"라고 말한 실수를 도저히 씻을 수 없었다.

Chris is known for serenading everyone from fans to journalists. But one fan will ***never live down*** her embarrassing gaffe when Chris singled her out at an intimate cocktail party. Chris was mid-song when he saw the young lady on her mobile and invited her on stage so he could sing to whoever was on the other end. After much coaxing, the woman got up and stood there with the phone to her ear as Chris continually asked her who she was talking to. "Ah, I was just checking my messages," the guest finally spluttered before quickly jumping off stage. Chris then started playing "Baby Did A Bad Bad Thing." ▶ 크리스는 팬에서 기자에 이르기까지 누구에게나 세레나데를 불러주는 것으로 알려져 있다. 그렇지만 한 여성 팬은 친한 사람들만 모인 한 칵테일 파티에서 크리스가 자신을 호명했을 때 당한 창피를 절대로 씻을 수 없을 것이다. 크리스가 노래를 부르고 있는 도중 젊은 숙녀가 휴대전화로 통화하고 있는 것을 보고 통화하고 있는 사람이 누구든지 간에 그 사람을 위해서 노래를 불러주겠다고 그녀를 무대 위로 초대했다. 올라오라고 한참을 설득한 끝에 그 여자가 일어났고 크리스가 누구랑 통화하느냐고 계속 물어보는 와중에 전화기를 귀에 댄 채 무대에 올라섰다. "아, 그저 메시지를 체크하고 있었어요"라고 마침내 빠르게 내뱉고는 무대 밑으로 뛰어 내려갔다. 그러자 크리스는 "Baby Did A Bad Bad Thing." 이라는 노래를 부르기 시작했다. ♣ ***single out***: 특별한 대우나 칭찬을 해주기 위해서 사람들 중에서 한 사람을 **호명하다** 참조

He will ***never live down*** what must be the worst mistake in his career. ▶ 그가 저지른 생애 최악의 실수를 사람들은 절대로 잊어버리지 않을 것이다.

아니 땐 굴뚝에 연기 나랴

where there's smoke, there's fire

After all, this is just a rumor. But there's an old saying that, ***where there's smoke, there's fire***. ▶ 어쨌든 이것은 소문에 불과하다. 그러나 "아니 땐 굴뚝에 연기 나랴"라는 속담이 있다.

아무개
누구누구 ; 아무개 씨 ; 모(某) 씨

so and so ; so-and-so

So many times we've called ***so-and-so***, and they've never called us back. ▶ 우리는 수차례 누구누구에게 전화를 했지만, 그들은 우리에게 다시 전화해 준 적이 없다.

There is a world of difference between having a private conversation between friends saying ***so and so*** is a __ well, you fill in the blank — and posting that opinion or knowledge on a public forum accessible to all. ▶ 친구들과 사적인 대화에서 아무개는 어떻다고 말하는 것과 모두 알 수 있도록 공개석상에서 말하는 것과는 엄청난 차이가 있다. ♣ *a world of difference* : 엄청난 **차이(점)** 참조

아무렇게나 편하게 팔다리를 쭉 벌리고 눕거나 의자에 걸터앉다
큰대자로 드러눕다

sprawl

There was only one topic of conversation among the students at St Hilda's College, Oxford University yesterday. In the lunch queue, in its calm Victorian corridors and ***sprawled*** on its manicured lawns, the decision to admit men to Oxford's last women-only college has sparked passionate debate among the students. ▶ 어제 옥스퍼드 대학교의 St Hilda college 학생들 사이에는 오직 한 가지 화제밖에 없었다. 옥스퍼드 대학교에서 마지막으로 남아 있는 여성만 다니는 대학에 남학생의 입학을 허가하는 결정은 학생들 사이에서, 줄을 서서 점심식사를 기다리는 동안에도 조용한 빅토리아 풍의 복도에서도 그리고 가지런하게 짧게 깎은 잔디밭에 아무렇게나 누워 있을 때도, 열정적인 토론을 불러일으켰다.

He ***sprawled*** over an arm of a couch. ▶ 그는 소파 팔걸이 위에 팔다리를 편하게 벌리고 걸터앉았다.

She was ***sprawling*** on the bed. ▶ 그녀는 침대 위에 큰대자로 누워 있었다.

아수라장
특정한 장소가 매우 시끄럽고 혼란스러운 상태

pandemonium

Pandemonium broke out as they heard the news. ▶ 그들이 그 뉴스를 듣자 아수라장이 되었다.

There was ***pandemonium*** in court as the judge gave his summing up. ▶ 판사가 판결을 내리기 전에 사건의 전모에 관해서 요약하자 법정이 매우 시끄럽고 혼란스러워졌다.

주 마귀들의 소굴, 복마전(나쁜 사람들이 많이 모여서 일을 꾸미는 곳)을 의미한다.

아슬아슬하게 실패한 시도
매우 적은 차이로 진 시합

near miss ; near-miss

It is not easy to forget ***the near miss*** in the semi-final match against Germany. ▶ 독일과의 준결승전에서 아슬아슬하게 진 것을 잊기가 쉽지 않다.

It was ***a second straight near-miss*** for them. ▶ 그 경기는 그들이 두 번 연속해서 매우 적은 점수 차이로 진 시합이다.

아슬아슬하게 자동차나 비행기 등이 충돌을 모면한 것
충돌할 뻔했던 사건; 아슬아슬하게 포탄이 목표물에서 빗나간 경우에도 사용

near miss; near-miss

I heard ***a near miss*** between two airliners over the Pacific Ocean yesterday. ▶ 나는 어제 태평양 상공에서 두 비행기가 아슬아슬하게 충돌을 모면한 이야기를 들었다.

We had only ***a few near-misses*** in the bombing on the enemy territory. ▶ 적지 폭격에서 오직 몇 개의 폭탄만이 아슬아슬하게 목표물에서 빗나갔다.

아슬아슬하여 사람을 불안/초조하게 만드는 것
엎치락뒤치락하는 운동 경기

nailbiter ☞ 미국, Informal

Down by a pair early in the second, Philadelphia rallied to tie the game 3-3 at the end of the period to make it ***a nailbiter***. ▶ 필라델피아는 2피리어드 초반 2점을 뒤지고 있다가 반격을 가해 시합이 3-3 동점이 되는 바람에 매우 아슬아슬한 경기가 되었다.

주 불안하고 초조할 때 손톱을 깨무는 모습에서 유래되었다.

괜찮다고 안심하기에는 너무나 가까이에 있어 아슬아슬한
너무나 가까이에 있어 불안한

too close for comfort

New housing developments continue to sprout up close to the Air Force base. Some city and base officials worry it's ***too close for comfort***. ▶ 주택 개발이 그 공군기지에서 가까운 지역까지 계속 확장되고 있다. 일부 시 및 공군기지 사람들은 너무 가까워 불안하다고 걱정한다.

The bombs fell in the sea; many ***too close for comfort***. ▶ 폭탄들이 바다에 떨어졌는데, 이 중 많은 폭탄이 아슬아슬할 정도로 너무나 (해변가) 가까이에 떨어졌다.

아슬아슬한 승부
박빙의 승부; 대접전

photo-finish

Thailand won ahead of Japan in ***a photo finish*** in the men's 4x100m. ▶ 남자 400m 계주 경기에서 태국이 일본을 아슬아슬하게 앞서 우승했다.

Because of ***the photo-finish outcome*** in the last national elections, neither of the two major parties received a majority of seats in the parliament and was thus forced to a grand coalition. ▶ 작년 총선거에서 박빙의 승부가 펼쳐졌기 때문에, 두 거대 정당 중 누구도 과반수의 의석을 차지하지 못해 대연합정부를 구성할 수밖에 없었다.

주 사진으로 판독해야만 누가 일등으로 들어왔는지 알 수 있는 아슬아슬한 경주를 말한다.

가장 좋거나 혹은 가장 나쁜(최악의) 상황(때)은 아직 오지 않았다
이제부터가 시작이다

The best/worst is still/yet to come

In the last 50 years, only a few primates have been lost to extinction, but some worry ***the worst is yet to come***. ▶ 지난 50년 동안 오직 몇몇 영장류만이 멸종되었지만, 어떤 사람들은 최악의 상황은 아직 오지 않았다고 걱정한다.

Sven-Goran Eriksson has promised England fans "***the best is still to come***" from his team as they head to Germany for the World Cup. ▶ 에릭슨(전 영국 축구팀 감독)은 월드컵을 위해 독일로 향하면서 영국 축구팀이 점점 더 좋아질 것이라고 팬들에게 약속했다.

An official says ***real hurricane test is still to come***. A FEMA (The Federal Emergency Management Agency) official leading the government's Gulf Coast recovery from Hurricane Katrina said this year's hurricane season will be a referendum on the Department of Homeland Security when it comes to storm response. ▶ 허리케인 카트리나로 큰 피해를 입은 걸프 코스트 지역에 대한 정부 차원의 복구사업을 주도하고 있는 한 FEMA 관

리는 진정한 허리케인 테스트는 아직 오지 않았다고 말한다. 올해 허리케인 시즌은 미 국토안보부의 허리케인 대응태세를 평가하는 시금석이 될 것이라고 그가 말했다.

아첨해 봐야 아무 소용이 없다
아양 떨어봐야 아무 소용이 없다; 입에 발린 말을 해봐야 아무 소용 없다

flattery will get you nowhere

Flattery will get you nowhere, unless you really mean it. ▶ 진심에서 우러나지 않는 한 아첨해 봐야 아무 소용이 없다. ♣ *flattery will get you anyhere*: **말 한마디가 천냥 빚을 갚는다** 참조

아파서 출근하지 못한다고 직장에 전화하다

call in sick

The airline also said there were an abysmally high number of crew members who ***called in sick*** at the end of the month. ▶ 이달 말 아파서 출근하지 못한다고 전화한 승무원의 수가 비정상적으로 많았다고 그 항공사가 말했다.

악순환
좋지 않은 상황이 계속 반복되는 것

vicious circle

We should break ***the vicious circle of the armaments race***. ▶ 우리는 군비경쟁이라는 악순환을 끊어야 한다.

A vicious circle of poverty needs to be broken. ▶ 가난의 악순환을 끊어야 한다.

The country has long been caught in ***a vicious circle of prices and wages***. ▶ 그 나라는 오랜 동안 임금상승과 물가상승이라는 악순환에 사로잡혀 있다.

주 *virtuous circle*: **선순환** 참조

악어의 눈물
거짓 눈물

crocodile tears

Everybody knew that he was ***crying crocodile tears***. ▶ 그가 거짓 눈물을 흘리고 있었다는 것을 누구나 다 알고 있었다.

They should instead propose solutions to the problems of the country instead of ***shedding crocodile tears*** in vain. ▶ 그들은 쓸데없이 거짓 눈물을 흘릴 것이 아니라 나라가 안고 있는 문제들에 대한 해결책을 제시해야 한다.

악역
문제를 일으킨 장본인; 영화나 소설에서 악역을 맡은 사람

villain of the piece

If Bill is indeed ***the villain of the piece***, as the police claim he is, he should have been more carefully watched. ▶ 경찰이 주장하는 대로 정말 그가 문제를 일으킨 장본인이라면 그를 보다 주의 깊게 감시했어야만 했다.

He has joined the film, agreeing to play ***the villain of the piece***. ▶ 그는 악역을 맡기로 동의하고 그 영화에 합류하기로 결정했다.

악천후에도 불구하고 ~을 강행하다
나쁜, 고르지 못한 날씨/일기에도 불구하고 ~을 하다

brave a bad weather **to** do something; **brave** a bad weather **for** something

Hundreds of people ***braved*** the wind and rain on Friday night ***to*** raise an astounding $50,108. ▶ 금요일 저녁 수백 명의 사람들이 비바람이 몰아치는 악천후에도 불구하고 모금운동을 벌여 놀랍게도 50,108달러를 모금했다.

Health Minister Andy Kerr joined 1,500 runners in a race for charity yesterday. They ***braved*** lashing rain in the Glasgow Park ***for*** Scotland's first men-only 10k run. ▶ 보건부 장관이 1,500명이 참여한 자선 경주에서 함께 달렸다. 그들은 글라스고우 공원에서 억수같이 퍼붓는 비에도 불구하고 스코틀랜드 최초의 남자 10km 달

리기 대회를 강행하였다.

안경을 쓴

bespectacled ☞ Written

The ***bespectacled*** 32-year old man doesn't seem to realize the power he has, describing himself as quite common. ▶ 안경을 쓴 32살의 이 남자는 자신을 조용하고 평범한 사람이라고 말하면서 자신이 지닌 힘을 깨닫지 못하고 있는 것처럼 보인다.

안도의 한숨

sigh of relief

Knowing that her son was still alive, she ***breathed a sigh of relief***. ▶ 그녀의 아들이 아직 살아 있다는 사실을 알고 그녀는 안도의 한숨을 쉬었다.

There was ***an audible sigh of relief*** in the government when the truck union decided to rescind the strike planned for a long time. ▶ 트럭 운전수 노조가 오랜 기간 계획했던 파업을 중단하기로 결정하자 정부가 한숨 돌렸다.

믿음이나 경험을 통하여 얻은 **안목**
사물을 바라보는 관점; 시각(視覺); 견지

perspective

She says the death of her mother 2 years ago has given her ***a new perspective on life***. ▶ 그녀는 2년 전 어머니의 죽음으로 삶에 대한 새로운 시각을 갖게 되었다고 말한다.

Most literature on the subject of immigrants in USA has been written from ***the perspective of the American themselves***. ▶ 미국에 살고 있는 이민자들을 주제로 한 문학작품 대부분이 미국인 자신의 관점에서 쓰여졌었다.

He offered ***a different historical perspective***. ▶ 그는 다른 역사적 관점을 제시했다.

We believe that real competitive advantage comes from listening to other including those with ***different perspectives***. ▶ 다른 시각을 지닌 사람들을 포함한 그 밖의 사람들에게 귀를 기울여야 경쟁에서 진정한 우위를 점할 수 있다고 우리는 믿는다.

안성맞춤이다
특정한 목적/일 등에 적합하다

fit/fill the bill ☞ 특정한 요구/조건을 충족시키다

In my humble opinion, there is one man who ***fills the bill***. He's a maverick. He marches to the beat of his own drummer. He's not afraid to criticize members of his own party — including his president. And that's what I love about him. ▶ 내 사견으로는 안성맞춤인 사람이 있다. 그는 독립적으로 행동하는 사람이다. 그는 남이 하는 대로 따라하지 않는다. 그는 대통령을 포함하여 자기 정당 사람을 비난하는 것을 겁내지 않는다. 그의 이런 점을 내가 좋아한다. ♣ ***march to (the beat of) someone's drummer***: ~와 **보조를 맞추다** 참조

안식처
피난처; 손해볼 염려가 거의 없는 안전한 투자 대상/상품/처

safe haven

The dollar, which was used as ***a safe haven*** during the credit crisis, weakened sharply this year. ▶ 신용위기 때 안전한 투자 대상으로 이용되었던 달러화가 올해 급격히 약화되었다.

In December 2008, the world was rushing into ***the safe haven*** of US Treasuries and out of stocks as the credit crisis began to play out. ▶ 2008년 12월 신용위기가 나타나기 시작하면서 세계의 자금이 주식에서 빠져 나와 안전한 투자 상품인 미국 국채에 몰려들고 있었다.

We should not allow Afghanistan to once again become ***a safe haven*** for terrorists who are intent on taking the lives of American citizens. ▶ 또 다시 아프가니스탄이 미국 시민의 목숨을 앗으려는 테러리스트들의 안식처가 되도록 놔두어서는 안 된다.

~로 인하여 **안심하다**
한시름 놓다

to one's relief

To his relief, his little boy was not hurt in the car accident. ▶ 자동차사고가 났지만 어린아이가 다치지 않아서 한시름 놓았다.

어떤 곳으로부터 특정한 거리 **안에 있는 지역**
어떤 곳을 중심으로 특정한 반경 안에 있는 지역

~ area around

A one-mile area around the plane crash is still off limits. ▶ 비행기가 추락한 지점으로부터 1마일 안에 있는 지역은 여전히 접근금지다. ♣ *off limits* : 출입/접근이나 어떤 일/행동 등이 **금지된** 참조

A 200 meters area around the building remains cordoned off. ▶ 그 건물을 중심으로 반경 200m 안에 있는 지역은 아직 출입금지다. ♣ *cordon off* : 접근을 **차단하다** 참조

안전망
안전장치; 보호망; 보호장치; 위험에 빠졌을 때 도움이 되는 수단; 위급할 때 도움이 되는 것

safety net

Most kids in foster care get kicked out at 18 with virtually no ***safety net***. ▶ 대부분의 보육원 아이들은 18세가 되면 아무런 실질적인 보호망도 없이 떠나야 한다.

Although the uninsured are served by numerous ***safety-net clinics***, such as the City Free Health Clinic, many places offer only primary care, the kind of basic services provided by a family doctor. ▶ 가난하여 건강보험에 가입하지 못한 사람들이 시 무료의료센터와 같은 여러 병원에서 위급 시 진료를 받을 수 있긴 하지만, 많은 곳이 단지 가정의가 하는 것 같은 기본적인 진료만 수행한다.

안절부절못하다
초조하고 불안하여 계속 손이나 발을 움직이거나 자세를 바꾸다

fidget

He ***fidgeted*** behind the lectern and trembled slightly as he thumbed through his notes. ▶ 그는 연단 뒤에서 안절부절못했으며 엄지손가락을 붙여대고 노트를 휙 넘기면서 가볍게 몸을 떨었다. ♣ *thumb through* : 엄지손가락을 붙여대고 책/잡지 등의 페이지를 빠르게 (휙) **넘기다** 참조

It's May, season of high school graduations. Everywhere, guest speakers are gushing words of wisdom as the seniors ***fidget*** in scratchy gowns and gaze at gym ceilings. ▶ 고등학교 졸업시즌인 5월이다. 어디서나, 졸업생들이 몸에 달라붙는 불편한 졸업가운을 입고 불안하게 몸을 움직이며 체육관 천장을 응시하고 있는 동안 초청연사가 졸업 후 명심해야 할 말들을 토해내고 있다.

다른 사람들에게 잘못된 점을 **알리다**
비밀이나 불법행위 등을 폭로하다

blow the whistle on

But among the usual suspects rounded up by Beijing authorities was Dr. Jiang, the retired surgeon who ***blew the whistle on the government's cover-up*** of the 2003 SARS outbreak. ▶ 베이징 당국에 의해서 구금된 요주의 인물로 늘 꼽히던 사람들 중에 정부가 2003년 SARS의 발병을 감춘 사실을 사람들에게 알린 은퇴한 외과의사 지앙이 있었다. ♣ *round up* : 많은 수의 사람들을 **구금하다** 참조

The cop ***blew the whistle on corruption*** in the New York City police department. ▶ 그 경찰이 뉴욕시 경찰청의 부패를 폭로했다.

주 운동경기에서 선수가 반칙을 범하면 심판이 호루라기를 부는 것과 같다.

알면서도
고의로

knowingly

A murder by deliberate design is defined as one

that is ***knowingly*** and purposefully committed with the intent to kill. ▶ 계획적인 살인은 사람을 죽일 의도를 지니고 고의적으로 저지른 살인으로 정의된다.

It is against the law to ***knowingly*** provide false campaign materials to the public. ▶ 고의로 거짓 선거 자료를 국민에게 배포하는 것은 법률에 위배된다.

알몸수색

strip search ☞ 동사로도 사용

The handheld radiation detectors do flag the occasional chemotherapy patient, leading to at least a couple of unfortunate ***strip searches*** in New York City, but that means the devices are working. ▶ 휴대용 방사선 탐지기가 가끔씩 화학물질 치료를 받는 환자를 오인하여 불행하게도 최소한 하루에 2번 정도 뉴욕 시에서 알몸수색이 벌어지기도 하지만, 이 사실은 그 탐지기가 잘 작동하고 있다는 것을 의미한다.

All of them were ***strip searched*** for drugs. ▶ 그들 모두 마약 검사를 위하여 알몸수색을 당했다.

전혀 **알 수 없는**
미지수인

unknowable ☞ Written

The antiterrorism campaign is encouraging, but its impact is ***unknowable***. ▶ 대 테러 캠페인이 고무적이긴 하지만 효과는 미지수다.

The specific impact of the greenhouse effect is ***unknowable***, at this point. ▶ 현 시점에서 온실가스가 어떤 구체적인 영향을 미치는지는 전혀 알 수 없다.

암표를 팔다

tout tickets(영) ; scalp tickets(미)

Police have warned that anyone found ***touting tickets*** could be detained for up to 15 days. ▶ 암표를 팔다 적발되면 최대 15일간의 구류처분을 받게 될 수 있다고 경찰이 경고했다.

Scalping tickets is legal in most states. ▶ 대부분 주에서 암표를 파는 행위가 인정된다.

암흑가
범죄조직 ; 지하세계(지옥) ; 지하조직

underworld

Police have uncovered ***a criminal underworld***. ▶ 경찰이 한 범죄 지하조직을 적발했다.

She is being investigated for her alleged links to ***the Mumbai underworld***. ▶ 그녀가 뭄바이 암흑가와 연결되어 있다는 이유로 조사를 받고 있는 중이다.

A man has been jailed for killing ***an underworld figure*** whose body was found in a mine shaft. ▶ 한 남자가 광산 수직갱도에서 시체로 발견된 한 범죄조직 인물을 살해한 죄로 감옥에 들어갔다.

특정 지역이 (전기가 나가서) **암흑천지가 된**
온통 깜깜한 상태에 있는

blacked out

Large parts of Seoul were ***blacked out*** after electricity pylons were blown down. ▶ 송전탑들이 강풍에 쓰러져 서울의 많은 지역이 암흑천지가 되었다.

승리/우세/리드가 **압도적인**
일방적인

landslide

Japan's voters, fed up with the party that has governed the country for decades, gave the opposition ***an enormous landslide victory*** in parliamentary. ▶ 수십 년간 나라를 통치했던 그 당(자민당)에 염증을 느낀 일본 유권자들이 의회선거에서 야당에게 압도적인 승리를 안겨주었다.

In ***a landslide lead***, Perry took first place by six seconds with a lifetime best time of 8:29.24. ▶ 일방적인 우세를 보인 가운데서 그는 자신의 생애 최고 기록인 8분 29초 24로 6초 차이로 1위를 차지했다.

남에게 특정한 일을 강제로 하도록 혹은 하지 말도록 **압력의 수위를 높이다**
바싹 죄다 ; 더 세게 압박하다

tighten/turn the screw on/over

The crowd is threatening to storm into the government building to ***turn the screw on the government***. ▶ 군중들이 정부를 더 세게 압박하기 위해서 정부청사에 쳐들어간다고 위협하고 있다. ♣ *storm into* : 화가 나 시끄럽게 굴거나 무엇을 요구하면서 어떤 장소(건물)로 **난입하다** 참조

The two countries have become dictatorships, squelching political opposition and ***tightening the screws over most part of society***. ▶ 이 두 나라는 반대하는 정치세력을 억누르고 사회 전반을 바싹 죄면서 독재국가로 변했다.

~을 시기적으로 **앞두고**

in the run-up to

They confirmed the arrest and disappearance of opposition figures ***in the run-up to polling***. ▶ 선거를 앞두고 반대세력 인물들이 체포되어 사라졌다는 사실을 그들이 확인했다.

U.S and Iraqi officials fear more such attacks ***in the run-up to Sunday's election*** and have announced massive security measures to protect voters. ▶ 미국과 이라크 관리들은 일요일 선거를 앞두고 그 같은 공격이 더 일어날까 염려하고 있으며 투표자들을 보호하기 위한 대규모 안전조처를 발표했다.

경주나 시합 등에서 상대방보다 월등히 **앞서 나가다**
차이를 더욱 벌리다

open up a lead

At the second half, the Korean national soccer team ***opened up a lead*** in the 2002 annual soccer game with Japan. ▶ 한국 축구 국가대표팀이 2002년 일본과의 정기전에서 후반전에 차이를 더욱 벌리며 앞서 나갔다.

특정한 시기를 ~ 정도 **앞서(서)**

~ earlier

A week earlier, two executives of the company had been fired in connection with the case. ▶ 일주일 앞서, 그 회사 임원 두 명이 그 사건과 연루되어 해고되었다.

경쟁에서 남들보다 한발 **앞선 출발**

head start

A good education gives your children ***a head start*** in life. ▶ 아이들이 교육을 잘 받으면 인생에서 남들보다 한발 앞서 출발할 수 있다.

He has had ***a head start*** over most of his competitors. ▶ 그는 대부분 경쟁자들보다 한발 앞서 출발하였다.

Children whose parents read to them have ***a head start*** when they begin school. ▶ 부모가 (미리) 책을 읽어주면 아이들이 학교에 들어가서 남들보다 한발 앞설 수 있다.

누구 **앞에서**
누가 (지켜)보는 앞에서

in the presence of ; in one's presence

The talks took place ***in the presence of*** a diplomatic observer. ▶ 한 외교 옵서버가 지켜보는 앞에서 그 회담이 진행되었다.

In their presence she became self-conscious and tongue-tied. ▶ 그들 앞에서 그녀는 수줍어 말을 잘 못했다. ♣ *self-conscious* : 남들 앞에서 **수줍음을 많이 타는** ; *tongue-tied* : 수줍음을 많이 타거나 초조해서 사람들 앞에서 **말을 잘 못하는** 참조

앞에서 말한 사람/것
앞에서 언급된 사람/것

the said someone/something

I am talking about ***the said president***. ▶ 내가 말하는 사람은 앞에서 언급된 대통령이다.

However, a number of political activities were

being organized in violation of *the said order*. ▶ 그러나 앞에서 말한 명령을 어기고 몇몇 정치활동이 조직되고 있었다.

앞으로
장래에

down the road

The treatment will be effective for years *down the road*. ▶ 이 방법은 앞으로 몇 년 동안 효과가 있을 것이다.

The measure might fix the problem here, but it's just going to create more problems *down the road* or somewhere else. ▶ 이 조처는 이곳 문제를 해결할지는 모르지만 장래에 혹은 다른 곳에서 더 큰 문제들을 야기할 것이다.

앞으로 곧장 가다

follow one's nose

The best way to get there is just to *follow your nose*. ▶ 그곳에 도달하는 가장 좋은 방법은 앞으로 곧장 가는 것이다.

If you're inside the mall, you can find any exit with your eyes closed. Just *follow your nose*. ▶ 그 상가 안에 있다면 눈 감고도 출구를 찾을 수 있다. 그냥 앞으로 곧장 가면 된다.

사람들이 볼 수 있도록 ~을 앞으로 데려오다
앞에 내놓다

bring forth ☞ Literary

Pilate ordered Jesus to be *brought forth*. ▶ 빌라도는 예수를 앞으로 데려오라고 명령했다.

He *brought forth* the lost wallet from his side pocket. ▶ 그는 옆 주머니에서 잃어버렸던 그 지갑을 꺼내 앞에 내놓았다.

앞을 멀리 내다보는
선견지명이 있는

far-sighted

The government rather needs *a far-sighted economic policy* than such a short-sighted approach. ▶ 정부는 그 같은 근시안적인 접근보다 앞을 멀리 내다보는 경제정책이 필요하다. ♣ *short-sighted* : **근시안적인** 참조

Truman's name will forever be associated with the memory of *far-sighted American leadership* in a great global endeavor. ▶ 전 세계가 (한 가지 공동목표를 향해) 엄청난 노력을 기울이고 있던 시기에 발휘된 선경지명 있는 미국의 리더십을 떠올릴 때면 언제나 트루먼의 이름이 거론될 것이다. 《2차 세계대전을 종식시키는 데 지대한 공헌을 한 미국 해리 트루먼 대통령의 이야기다.》

어떠한 일에 앞장선
맨 앞에 서 있는 ; 선두에 서 있는

first in the line

He is the head of a group who is *first in the line* to criticize the leadership of the governor. ▶ 그는 주지사의 지도력을 선두에 나서서 비판하는 단체를 이끌고 있다.

And *the first in the line* was none other than the Chief Minister. "All senior government officials should get tested (HIV test) and become inspiration to other people in the state," he said. ▶ 그 일에 앞장선 사람은 다름아닌 총리였다. "모든 정부 고위관리들은 에이즈 검사를 받아야 하고 그 밖의 모든 사람에게 솔선수범을 보여야 한다"고 그가 말했다. ♣ *none other than* : **다름 아닌 바로 그 (사람/것)** 참조

애매모호한 말
얼버무리는 말

weasel words

The center-right has long criticized the left for *weasel words*. ▶ 중도 우파는 애매모호한 말을 하고 있다며 좌파를 오랫동안 비난해 왔다. ♣ *center-right* : **중도 우파** 참조

This document acknowledges the seriousness of

the situation, then ducks reality by offering ***weasel words*** like 'seriously considering', as if this was an after-dinner discussion rather than the most important issue. ▶ 이 문서는 상황의 심각성을 인식하기는 하지만, 매우 중요한 이슈가 아닌 마치 저녁식사 후 하는 토론인 양 "심각하게 고려 중"과 같은 얼버무리는 말로 현실을 회피하고 있다.

주 서양 사람들도 우리처럼 족제비(***weasel***)를 교활한 동물로 생각하고 있다.

액면가(額面價)

face value

They started at ***a face value*** of $100. ▶ 그것들은 액면가 100달러로 출발했다.

Under this rule, the Income Tax Department takes into account ***the face value*** of shares of non-registered companies as well as their market value and calculates the tax on whichever was higher. ▶ 이 규정에 따라, 국세청은 비상장회사 주식의 액면가와 시장가치를 모두 고려하여 더 높은 가격에 대해 세금을 매긴다.

Treasury notes almost never sell for ***their face value***. ▶ 미국 채권이 액면가로 팔리는 적이 거의 없다.

어떤 결과/수치/사실/이야기 등을 **액면**(額面) **그대로 받아들이지 않는다**

~이 전부 사실이라고 믿지 않는다; 건성으로 받아들이다

take something with a grain of salt

They ask that those reading the statistics ***take them with a grain of salt***. "Our data is purely subjective, based on voluntary replies." ▶ 통계 수치들이 지극히 자발적이고 주관적인 응답에 의해서 얻어졌기 때문에 읽는 사람들은 이를 액면 그대로 받아들이면 안 된다.

When I read a posting online or view a video by an individual using a screen name, I automatically ***take everything they say with a grain of salt***. ▶ 인터넷에 개인이 가명으로 올린 글을 읽거나 동영상을 볼 때면, 나는 습관적으로 그들이 말하는 모든 것이 전부 사실이라고는 믿지 않는다.

주 음식 맛을 제대로 내려면 적당량의 소금을 쳐야 한다. 극히 적은 양의 소금(***a grain of salt***)을 사용한다는 의미는 건성으로 받아들인다는 의미다.

생각도 없이 **앵무새처럼 남이 한 말을 그대로 따라하다**

남의 말을 되뇌다

parrot

In the prestigious New York Times, he dutifully ***parroted*** the propaganda issued by the Bush administration about Iraq's weapons of mass destruction. ▶ 권위 있는 뉴욕타임스에서 그는 이라크의 대량살상무기에 관한 부시행정부의 주장을 충실하게 앵무새처럼 그대로 따라했다.

If ever there was ***a phrase most parroted*** throughout United States history, there is one that no person shall ever forget — "all men are created equal". ▶ 만일 미국 역사에서 사람들이 가장 되뇌는 문구가 있다면, "모든 사람들이 평등하게 창조되었다"라는 누구도 영원히 잊지 못할 말이다. ♣ ***If ever*** : ~이야말로 특정한 상황에 꼭 **들어맞는다** 참조

사람들에게 적개심과 같은 좋지 않은 감정이나 위험한 상황 등을 **야기**(惹起)**시키다**

부추기다; 불러일으키다; 선동하다

whip up ☞ 휘저어서 일으키다

He accused politicians of ***whipping up*** anti-foreign sentiment in order to win right-wing votes. ▶ 그는 정치인들이 우익 표를 얻기 위하여 반 외국인 정서를 부추겼다며 비난했다.

According to U.S. intelligence officials, the young Muslims tend to come from places like Saudi Arabia, Jordan, Yemen and Syria, ***whipped up*** by enthusiastic imams back home. ▶ 미 정보부 관리에 따르면 고향에서 열렬한 이슬람 종교지도자들로부터 선동을 받은 젊은 무슬림 사람들이 사우디아라비아, 요르단, 예멘, 시리아 같은 지역에서 (미국으로) 들어오는 경향이 있다고 한다.

sow ☞ 심어 놓다

He cleverly ***sowed*** doubts into the minds of his

아

rivals. ▶ 그는 영리하게도 라이벌의 마음속에 의구심을 심어 놓았다.

provoke ☞ 자극해서 일으키다

The government's mishandling of the economy ***provoked*** anger throughout the country. ▶ 정부의 잘못된 경제정책은 나라 전역에서 분노를 야기시켰다.

cause ☞ 원인을 제공하다

The book ***caused*** a storm when it was first published. ▶ 그 책이 처음 출판되었을 때 파란을 일으켰다.

stir up ☞ 휘저어서 일으키다

He said senior government officials were trying to ***stir up*** ethnic tension. ▶ 정부 고위 관리들이 인종 간의 갈등을 부추기려 했다고 그가 말했다.

trigger ☞ 방아쇠를 당기다

Crews fired artillery shells to safely ***trigger*** avalanches before they could pose a threat to traffic on a mountain highway, a day after a huge snow slide buried two cars. ▶ 엄청난 눈사태로 차량 2대가 파묻힌 다음 날, 산간 고속도로를 지나는 차들에게 위협이 될까 봐 미리 눈사태를 일으키려고 대포를 쏘았다.

touch off ☞ 촉발시키다

Both Watergate and Whitewatergate ***touched off*** partisan howling for a President's head, and both featured official defense of the said Presidents by aides who obviously had next to no knowledge of what had happened. ▶ 워터게이트와 화이트워터게이트 모두 대통령의 목을 놓고 벌이는 두 당 간의 격렬한 말싸움을 촉발시켰으며, 실제로 무슨 일이 벌어졌는지 거의 알지도 못하는 앞서 언급된 대통령(닉슨, 클린턴)의 보좌관들에 의해서 공식적인 변호(변론)가 이루어졌다는 특징이 있다. 《화이트워터게이트는 연방정부의 자금을 클린턴이 개인적으로 한 금융회사에 투자하여 터진 사건으로 이 스캔들에 대한 수사는 미해결로 끝이 났다.》 ♣ ***the said ~*** : **앞에서 말한 사람/것** ; ***next to no*** : **거의 ~하지 않다** 참조

The massacre is likely to ***touch off*** a new round of violence. ▶ 그 대량학살이 또 다른 폭력사태를 촉발시킬 것으로 보인다.

precipitate ☞ 촉진시키다

A slight mistake could ***precipitate*** a disaster. ▶ 조그만 실수 하나가 재앙을 불러올 수 있다.

China fears that floating the Yuan could worsen the bad-debt problems in its banking system and ***precipitate*** a financial crisis. ▶ 중국은 위안화를 변동환율제로 하는 것은 은행업계의 악성채무 문제를 악화시키고 금융위기를 촉진시킬 수 있다고 염려한다.

약자
시합이나 경쟁에서 승리할 것처럼 보이지 않는 사람

underdog

We like ***the underdog role*** now. We're neither the top dog nor the favorite. ▶ 우리는 약자의 위치를 좋아한다. 우리는 강자도 아니고 승리할 가능성이 높지도 않다.

We are going in the game as ***the underdog***. ▶ 우리는 약자의 입장으로 그 경기에 임하게 될 것이다.

주 개 싸움 도중 힘이 달려 밑에 깔려 있는 개를 말한다.

유일한 **약점**
아킬레스건

Achilles' heel ; heel of Achilles

You've got passwords for accessing your office e-mail from home and your home e-mail from the office. All of these services make life more convenient — except for the potential ***Achilles' heel*** of security and the definite ***Achilles' heel*** of password management. So what to do? First, get your home network under strong security, with one of those ridiculously long letter-number keys. If you haven't done that yet, fix it immediately. Small bother, big benefit. ▶ 당신은 집에서 사무실 이메일을 그리고 사무실에서 집 이메일을 열어볼 수 있는 패스워드를 가지고 있다. 이런 서비스는, 보안에 특히 패스워드 관리에 약점을 보일 수 있다는 점을 제외하면, 생활을 보다 편리하게 해준다. 그렇다면 어찌해야 하는가? 우선, 숫자와 알파벳으로 이루어진 지나치게 보일 정도로 긴 패스워드를 이용해서 가정 네트워크의 보안을 강화해야 한다. 아직 이렇게 하지 않았다면, 당장 해

야 한다. 약간 귀찮은 일이지만 큰 효과가 있다.

주 *Achilles*는 호머의 일리아드에 나오는 트로이전쟁의 영웅으로 아킬레스건(발 뒤꿈치 인대)이 유일한 약점이다.

양극화되다
국가/단체 등의 생각/의견 등이 서로 다른 두 개의 그룹으로 극명하게 갈라지다

polarize ☞ 자동사와 타동사로 모두 사용

The green debate tends to ***polarize into*** science-as-savior and science-as-devil camps. ▶ 환경관련 토론을 할 때면 자연과학을 구세주로 보는 측과 악으로 생각하는 측으로 견해가 양극화되는 경향이 있다.

Hong Kong society is now ***polarized*** to an extent not seen in recent history. There is growing intolerance of different viewpoints. ▶ 홍콩 사회는 지금 근래에 보기 힘들 정도로 양극화되어 있다. 다른 견해를 용납하지 않는 경향이 점점 높아지고 있다.

Fresh from a narrow electoral victory contested by his rival, the government addressed the deep social problems that ***polarize*** the country. ▶ 선거에서 경쟁자에게 근소한 차이로 승리한 후 곧바로, 정부는 나라를 양극화시키고 있는 뿌리 깊은 사회문제들을 중점적으로 다루었다.
♣ *fresh from* : ~한 상황을 경험한 후 **곧바로(곧장)** 참조

협상/흥정 등에서 서로 똑같이 **양보하여 합의점을 찾다**
타협하다; 타협점을 찾다; 절충하다

split the difference

Why don't we ***split the difference***, say 5,000 Won? ▶ 서로 양보하여 5,000원에 타협하면 어떤가?

After winning a surprising number of plaudits from Beltway moderates for ***his split-the-difference speech*** on immigration, calling for a balance between enforcing the law and being receptive to newcomers, President Bush has maintained a more statesmanlike tone. ▶ 법 집행(불법 이민자들의 추방)과 불법이민자를 받아들이는 것 사이에 균형을 요구하는 타협안을 제시한 연설에 대해 놀라울 정도로 많은 워싱턴 정가(政街)의 온건주의자들로부터 박수를 받은 후, 부시 대통령은 보다 정치가다운 태도를 유지했다.

주 차이를 공평하게 둘로 나눈다는 의미다.

meet someone halfway

"We ***met them halfway***," he said. ▶ "우리는 그들과 서로 양보하여 합의점을 찾았다"고 그가 말했다.

When a half-century of convergence between Turkey and the European Union last floundered a decade ago, the Turks regrouped and forged forward and the EU ***met them halfway***. The result was a revolutionary period of reform in Turkey. Last month, grateful for their most fruitful period of political stability in many years, the Turkish electorate gave a resounding 46.7% vote of confidence to the ruling, pro-reform AK Party. ▶ 터키와 유럽연합이 서로 합의를 보려는 반세기간의 노력(1957년 유럽공동체가 출범한 이후 터키가 유럽연합에 가입하려는 노력)이 최근 10년 전 난항을 겪었을 때, 터키 사람들은 전열을 가다듬어 앞으로 나아갔고 유럽연합이 터키와 타협점을 찾았다. 이 결과 터키에서 혁명적인 개혁이 일어났다. 지난 수십 년 이래 가장 정치적으로 안정된 시기를 구가한 덕분에, 지난 달 터키 유권자들의 46.7%가 개혁을 지향하는 집권 AK당에 표를 던졌다. 《터키가 유럽연합에 가입하기 위해서 적극적인 개혁을 실천하고 있다는 이야기다.》

양수가 터지다

waters break

My ***waters broke*** at six in the morning and within three hours he was born. ▶ 아침 6시에 양수가 터졌고 3시간이 못 되어 그가 태어났다.

양심수
정치나 사회시스템에 저항하다 수감된 사람

prisoner of conscience

Through sanctions and unwavering support for the forces of freedom in Burma, democratic nations must secure the immediate and unconditional release of Suu Kyi and all ***prisoners of conscience***, the first step toward a credible process of national reconciliation. ▶ 버마에 대한 경제제재와 자유를 외치는 사람들에 대한 흔들림 없는

아

지지를 통해서, 민주국가들은 수키여사(버마의 여성 운동가) 및 모든 양심수들의 즉각적이고 무조건적인 석방을 얻어내야 한다. 이는 국가적 화합을 확실하게 실천하는 첫 발걸음이다.

양심의 명령

dictates of conscience

It is the ready propensity of human beings to obey authorities even when obedience is wrong. So most people will obey authority over ***the dictates of conscience***. ▶ 심지어 옳지 않더라도 권력기관에 복종하는 것은 인간의 준비된 성향이다. 그래서 대부분 사람들은 양심의 명령이 아닌 권력기관을 따르게 된다. ♣ ***propensity*** : 타고난 **성향** 참조

How can the country regain the natural law, ***dictates of conscience*** that tells every human heart that it is always wrong to kill an innocent human being? ▶ 죄 없는 인간의 생명을 빼앗는 것은 언제나 잘못된 일이라고 모든 인간의 가슴에 말해주는 양심의 명령이라는 자연법칙을 어찌하면 이 나라가 되찾을 수 있을까?

이혼 후 남편이나 부인에게 주어지는 자녀의 **양육권**

custody

A court has given sole ***custody*** of her children to her ex-husband and suspended her visitation rights. ▶ 한 법정이 자녀 양육권이 전 남편에게만 있다고 판결했으며 그녀의 아이들을 방문할 수 있는 권리를 정지시켰다.

He regained ***custody*** of 8-year-old Anna on orders from the state Supreme Court. ▶ 주 대법원 명령에 따라 그가 8살 난 안나의 양육권을 되찾았다.

양육권 싸움/분쟁

tug-of-love ☞ 영국

She is in ***a tug-of-love battle*** with her ex-husband for their four-year-old daughter Sarah. ▶ 4살짜리 딸 사라를 사이에 두고 그녀는 전 남편과 양육권 싸움을 벌이고 있다.

Marley's family has announced plans to move his remains to Ethiopia, sparking a pan-African ***tug-of-love*** not just between his family and his fans but between the country in which he was born and the continent he revered in his religion and music. ▶ 자메이카에서 태어나 1981년 36세라는 젊은 나이에 세상을 떠난 레게 음악계의 슈퍼스타 말레이의 가족이 그의 유해를 그가 음악과 종교생활을 통해 숭배하던 아프리카의 에티오피아로 옮기겠다고 하자 자메이카 사람들과 그의 음악을 사랑하는 사람들이 반대하고 있다는 이야기다.

주 이혼한 부부가 서로 아이를 맡아 키우겠다고, 아이를 가운데 놓고 벌이는 줄다리기 싸움이다.

양의 탈을 쓴 늑대
위선자

wolf in sheep's clothing

The Bible says that Satan disguises himself as an "angel of light" and that he is ***a wolf in sheep's clothing***. ▶ 사탄은 빛의 천사로 위장하며 양의 탈을 쓴 늑대라고 성경이 말한다.

Don't be fooled by him; he is someone who has been described as ***a wolf in sheep's clothing***. ▶ 그에게 속지 마라. 그는 위선자라고 알려진 사람이다.

어깨가 서로 닿을 정도로 가까이 있는
장소가 너무 협소하거나 사람들이 너무 많아 서로 어깨가 닿을 정도인

shoulder-to-shoulder

Shoulder-to-shoulder throngs brush by 34 sandstone figures that line the parapets. ▶ 너무나 많은 사람들이 어깨가 서로 닿을 정도로 밀착한 채 다리 난간 위에 놓인 34개의 사암으로 만든 석상을 스치듯이 지나간다. ♣ ***brush by*** : ~을 **스치듯이 지나가다** 참조

They have been living ***shoulder-to-shoulder*** under the tarp for a month. ▶ 어깨가 서로 닿을 정도로 협소한 천막에서 그들이 한 달째 생활하고 있다.

뒤에 서서 남들 **어깨너머로 무엇을 하는지 살펴보다**
기웃거리다

look/stand over someone's shoulder

Any time you sell something, the IRS is ***looking over your shoulder***. ▶ 당신이 무언가를 팔 때마다 미 세무국이 당신 뒤에 서서 어깨너머로 살펴본다. 《세금을 제대로 내는지 살펴본다는 이야기다.》

Imagine a thief ***standing over your shoulder*** as you bank online, copying down your sign-on ID and password and even photographing the list of accounts on your computer screen. ▶ 온라인으로 은행 일을 보는 동안, 도둑이 뒤에 서서 어깨너머로 기웃거리며 등록회원 ID와 비밀번호를 받아 적고 심지어 컴퓨터 스크린에 뜬 계정 목록을 사진 찍고 있다고 상상해 보라.

남들이 무슨 일을 하고 있는지 궁금하여 고개를 돌리고 **어깨너머로 주변을 살펴보다**

look over one's shoulder

Hillary Clinton, ***look over your shoulder***. Condi Rice, be on guard. There's a whole generation of smart and savvy, civic-minded young people waiting in the wings. And they're all female. ▶ 힐러리 클린턴, 고개를 돌리고 어깨너머로 주변을 살펴보라. 콘돌리자 라이스, 방심하지 마라. 똑똑하고 해박한 전문지식을 가지고 있으며 사회에 소속감과 의무감을 지닌 한 젊은 세대가 기회를 기다리며 대기하고 있다. 그리고 그들은 모두 여성이다. 《미국 대통령 선거에 출마하려고 날뛰는 힐러리 클린턴과 2006년 현재 미 국무장관을 맡고 있는 콘돌리자 라이스에게 던지는 "더 젊고 능력이 우수한 여성 인재들이 주변에 많기 때문에 너무 혼자 잘난 체하지 마라"는 경고의 메시지다.》 ♣ *savvy* : 특정한 주제에 관하여 지식이 **해박한 사람**; *civic-minded* : 자신이 속한 **사회에 소속감과 의무감을 가지고 있는**; *wait in the wings* : 모든 준비를 끝내고 행동을 취할 기회/때/순번 등이 오기를 **기다리다** 참조

It's like driving with an inexperienced driver, and all the passengers are ***looking over their shoulder*** during lane changes, etc. ▶ 초보운전자가 모는 차를 타고 있는 것 같다. 차선변경 등을 하는 동안 모든 승객들이 (불안해서) 고개를 돌리고 어깨너머로 주변을 살펴보고 있다.

어깨를 나란히 하고
함께 힘을 합하여

shoulder to shoulder; shoulder-to-shoulder

Experienced employees work ***shoulder-to-shoulder*** with new hires. ▶ 경험 있는 직원들이 신참 직원들과 어깨를 나란히 하고 일한다.

We should fight ***shoulder to shoulder*** against the enemy. ▶ 우리는 함께 힘을 합하여 적과 싸워야 한다.

책임/일 등을 (두) **어깨에 짊어지다**
떠맡다

carry something on one's shoulders; shoulder

The much heavier burden of maintaining peace in the Taiwan Strait—making sure China doesn't try to take Taiwan by force, or Taipei doesn't try to provoke Beijing into trying—is ***shouldered*** by Washington alone. ▶ 중국이 무력으로 대만을 점령하지 못하도록 또는 대만이 중국을 자극하여 침범하는 일이 일어나지 않도록 대만해협에서 평화를 유지해야 하는 훨씬 무거운 짐이 미국의 두 어깨에 지워져 있다.

He has to ***carry the responsibility on his shoulders***. ▶ 그는 그 책임을 떠맡아야 한다.

어느 모로 보나
어떤 면으로 보나; 모든 면에서

by/from/to all appearances

By all appearances, his solution is perfect. ▶ 어느 모로 보나 그의 해결책은 완벽하다.

This house, ***from all appearances***, is what I wanted. ▶ 이 집은 모든 면에서 내가 바라던 대로다.

(in) every inch

Sheffield United manager believes his side appeared ***every inch*** a Premiership team following their biggest win of the season—a 3-0 victory over West Ham. ▶ 웨스트햄에 3-0 대승을 거둔 후 셰필드유나이티드 감독은 자기 팀이 어느 모로 보나 영국

프리미어리그 팀으로서 손색이 없는 것처럼 보였다고 믿고 있다.

The image you see of him in the papers, cool, calm, composed, was true ***in every respect***. ▶ 신문에서 보는 그에 대한 냉정하고 조용하며 침착한 이미지는 모든 면에서 사실이다.

in all respects

The government should ensure that the new constitution currently under debate guarantees women's equality ***in all respects***. ▶ 정부는 현재 토의 중인 새 헌법이 모든 면에서 여자의 동등성을 보장하도록 해야 한다.

어느 정도의 양
그 정도면 괜찮다고 생각되는 양(a reasonable amount)

a modicum of ☞ Formal

I think they have had ***a modicum of success***. ▶ 나는 그들이 어느 정도의 성공을 거두었다고 생각한다.

The employees want to enjoy ***a modicum of privacy*** in work. ▶ 종업원들은 직장에서 어느 정도의 프라이버시를 즐기길 원한다.

최근 뉴스나 정보에 어두운
세상물정을 잘 모르는; 현 상황이 어떻게 돌아가는지 잘 모르는

out of touch with

The whole political class appears to be ***out of touch with how this war started, what is happening out there***. ▶ 정치사회 전체가 이 전쟁이 어떻게 시작했으며 그곳에서 무슨 일이 벌어지고 있는지 잘 모르고 있는 것 같다.

The opposition leader shows he is ***out of touch with public opinion*** by refusing to meet with the President. ▶ 야당 지도자가 대통령과 만나기를 거부하는 것으로 보아 민심의 향방에 어둡다.

어둠이 내리다

darkness falls

As ***darkness fell*** outside, they sat down to eat at a long make-shift table. ▶ 밖에 어둠이 내리자 그들은 식사하기 위하여 긴 간이용 테이블에 앉았다. ♣ *make-shift*: **간이용** 참조

풀기 어려운 문제/숙제/수수께끼
난제(難題)

conundrum ☞ Formal

The existence of evil and suffering is ***the theological conundrum*** in a world created by a good God. ▶ 악의 존재와 고통은 선한 신에 의해 창조된 세계에서 신학이 안고 있는 난제다.

There is no shortage of proposals regarding what to do about ***the present Iran conundrum***. Some proposals are authored by experts such as Henry Kissinger, while others are put forward by a variety of lesser luminaries. ▶ 풀기 어려운 현 이란 문제(이란이 핵개발의 욕심을 버리지 않고 있는 사태)에 대한 수많은 해결책이 제안되었다. 일부 해결책들이 헨리 키신저와 같은 전문가들에 의해 제시되었지만, 나머지는 별로 유명하지 않은 다양한 사람들에 의해 제안되었다. ♣ *luminary*: **기라성 같은 사람** 참조

어려운 시기를 겪고 있다
힘든 시기를 겪고 있다

have fallen on tough/hard times

The club ***has*** since ***fallen on tough times***, losing six of its past seven matches. ▶ 그 클럽은 지난 7경기 중 6경기를 패하면서 오래도록 어려운 시기를 겪고 있다.

He helps homeless veterans or other veterans who ***have fallen on tough times*** to get back on their feet. ▶ 그는 집이 없거나 정상적인 민간생활로 돌아오느라 어려운 시기를 겪고 있는 그 밖의 다른 퇴역군인들을 돕고 있다. ♣ *back on their feet*: 어려움을 겪은 후 정상상태로 다시 **돌아오다** 참조

With two major assembly plants that employ

about 9,000 workers, Ford Motor Company is a critical part of Louisville's economy. But Ford ***has fallen on hard times*** lately, leaving employees worried about the future of one of the city's last industrial giants. ▶ 약 9,000명의 근로자를 고용하는 두 개의 대규모 조립공장을 가지고 있는 포드 자동차회사는 루이빌 경제에 매우 중요한 부분을 차지하고 있다. 그러나 포드가 최근 힘든 시기를 겪고 있어, 종업원들이 이 도시에 마지막 남아 있는 거대 산업체의 하나인 포드의 미래를 염려하고 있다.

주 주로 현재완료형 형태로 사용된다.

아무리 상황이 **어렵더라도 반드시 해야 한다**
무슨 일이 있어도 해야 한다; 천하 없어도 해야 한다

come hell or high water

"***Come hell or high water***," he insisted, "I'd like to see this done by the end of the year." ▶ "무슨 일이 있어도 반드시 해야 한다"고 그가 강조했다. "올해 말까지 이 일이 끝났으면 한다."

City of Cambridge is going to fix the flooding problems on the creek ***come hell or high water***. ▶ 켐브리지 시는 천하 없어도 그 계곡의 홍수 문제를 해결하려 한다.

스스로 자초한 **어려움에 빠지다**
스스로 자초한 곤경에 빠지다

get oneself into a fix ☞ Informal

The government has really ***got itself into a fix***. ▶ 정부는 정말로 스스로 자초한 어려움에 빠져 버렸다.

The only fear is that I might ***get myself into a fix*** if I blurt something political. ▶ 단 하나의 걱정거리는 내가 무심결에 정치적인 말을 입 밖에 낼 경우 스스로 곤경을 자초할지도 모른다는 것이다.

겉으로 보기엔 매우 좋아 보이지만 계획이나 제안 등에 감추어진/내재된/숨겨진 **어려움이 있다**

there is a catch

There is a catch to this, however. ▶ 그러나 이에 한 가지 숨은 어려움이 있다.

Given the environmental and financial benefits of veggie oil as a fuel alternative, ***there is a catch***. As he points out, "It's not exactly legal." And he's right. The Environmental Protection Agency (EPA) has stated that tampering with an engine in any way that might pose a risk to public health violates the Clean Air Act, and because the conversion kits have not yet completed EPA testing to see if emissions pose such a risk, drivers who install them may be fined $2,750, even though veggie oil generates few, if any, harmful emissions. ▶ 대체연료로서 식물성 기름의 환경적, 경제적 이득을 감안할 때, 한 가지 숨겨진 어려움이 있다. 그가 식물성 기름을 사용하는 것이 완전히 합법은 아니라고 지적하는데 그의 말이 옳다. 사람들의 건강에 위협을 가할 수도 있는 방법으로 엔진을 함부로 고치는 것은 "맑은 공기에 관한 법률"의 위반이다. 그리고 휘발유 엔진을 식물성 기름을 사용할 수 있도록 변환시키는 장치는 방출 가스가 인체에 해로운지 검사하는 환경보호국의 테스트가 아직 완료되지 않았기 때문에 이 장치를 설치하는 운전자에게, 유해가스가 있다손 치더라도 거의 없는 경우에도, 2,750불의 벌금이 부과될 수 있다. ♣ ***given***: ~라는 현 상황(주어진 상황)을 **감안한다면**; ***tamper with***: 허락/권리도 없이 **함부로 만지다** 참조

Pyongyang had pulled out of the negotiations with the U.S., China, South Korea, Japan and Russia last August, citing a "hostile" U.S. attitude; this time, said delegation leader Republican Curt Weldon, talks could resume in "weeks, not months or years." But as Weldon conceded, ***there is a catch***: before they come back to the table, the North Koreans want to know the make-up of new Bush administration and want Washington to stop making "negative" comments about their regime. ▶ 적대적인 미국의 태도를 들먹이면서, 북한은 미국, 중국, 한국, 일본, 러시아와의 협상에서 철수했다. 미국 대표단을 이끌고 있는 공화당의 커트 웰든은 이번에는 6자 회담이 몇 달 몇 년이 아닌 몇 주 안에 재개될 수 있다고 말했다. 그러나 웰든이 인정하듯이 북한이 6자 회담에 복귀하는 데에는 한 가지 어려움이 내재해 있다. 북한이 협상 테이블로 다시 나오기 전에 새 부시 행정부가 핵 포기 대가로 무엇을 줄 것인지 알고 싶어하며 미국이 그들 정권에 대한 부정적인 언사를 중지하길 원한다는 점이다.

그 같은 행동을 할 정도로 **어리석지 않다**
현명하거나 경험이 많기 때문에 그 같은 어리석은 짓을 하지 않는다

know better than that/to do such a thing

His attorney, McGraw, said his client missed the hearing because he didn't receive notice he was supposed to appear in court. "He would never have consciously missed a hearing," McGraw said. "He ***knows better than that***." ▶ 소송의뢰인이 법정에 출두하라는 통지를 받지 못해 공판에 참석하지 않았다고 변호사가 말했다. "그는 절대로 알고서도 공판에 참석하지 않을 사람이 아니다"라고 변호사가 말했다. "그는 그 같은 어리석은 짓을 할 사람이 아니다."

I ***know better than to look*** a gift horse in the mouth. ▶ 나는 받은 선물을 트집잡을 정도로 어리석지 않다.
♣ ***look a gift horse in the mouth***: 선물이나 혜택을 받고서도 무엇이 안 좋고 어쩌고 하면서 **트집을 잡다** 참조

He should ***know better than to bring*** wine into a prison. ▶ 그는 교도소에 포도주를 들고 가는 그 같은 어리석은 짓을 하지 말았어야 했다. 《교도소에 미사를 집전하러 가면서 포도주를 들고 간 어느 신부를 비난하는 말이다.》

The public ***knows better than to expect*** the president to be an impartial custodian of presidential election. ▶ 대통령이 차기 대통령 선거를 공정하게 관리하리라고 믿을 정도로 국민들이 어리석지 않다.

~를 **어린아이 취급을 하다**
응석을 받아주다

baby someone

They're never going to be prepared for the real world because they're being ***babied*** through everything. ▶ 그들은 무슨 일에서든 어린아이 취급을 받고 있기 때문에, 현실세계에 대비하는 법을 절대 배울 수 없을 것이다.

My parents never ***babied me*** when I was little. They made me do things. ▶ 부모님은 내가 어렸을 때 절대로 응석을 받아주지 않으셨다. 그들은 내 일은 내가 직접 하도록 시키셨다.

어엿한
성숙한; 다 자란; 잘 발달된; 완전한; 제대로 된

full-fledged

Expanding its overseas presence, the Union Bank is opening ***a full-fledged branch*** in Hong Kong. ▶ 해외 영업을 확장하면서 유니언은행은 홍콩에 제대로 된 지부를 두려고 한다.

Education would mould the students into ***full-fledged individuals*** with confidence, sound knowledge and moral values, able to win every battle of life with ease. ▶ 교육은 학생을 자신감과 탄탄한 지식 그리고 도덕적 가치기준을 지닌 인생에서 겪는 모든 어려움을 쉽게 극복할 수 있는 어엿한 사람으로 변모시킬 수 있다.

주 새의 날개에 깃털이 다 자라서 하늘을 훨훨 날 수 있다는 의미다.

태도 등이 **어정쩡한**
이도 저도 아닌; 태도 등이 분명하지 않은; 모호한

betwixt and between

The committee seems similarly ***betwixt and between***. ▶ 그 위원회도 마찬가지로 이도 저도 아닌 어정쩡한 태도를 보이고 있다.

Better to remain ***betwixt and between*** than to choose one side or the other. ▶ 이쪽이나 저쪽을 선택하지 말고 태도를 분명히 밝히지 않는 편이 낫다.

Human stem cell guidelines and legislation are still ***betwixt and between***. ▶ 인간 줄기세포 연구에 대한 가이드라인과 입법은 여전히 모호한 상태다.

주 ***betwixt***는 ***between***의 옛말이다.

~은 마치 **어제 일처럼 느껴진다**

It seems like only yesterday that ~

It seems like only yesterday that the festival was struggling to stay afloat and keep a toehold on the calendar. ▶ 그 축제를 부족한 예산으로 근근이 꾸려나가고 일정을 잡느라 고생하던 것이 마치 어제 일처럼 느껴진다.
♣ ***stay afloat***: 회사/국가/개인의 예산/자금이 부족하여 **근근이 꾸**

려가다 ; *toehold* : **발판** 참조

It seems like only yesterday that we hit the ten thousand member mark. ▶우리가 회원수 만 명을 기록했던 것이 마치 어제 일처럼 느껴진다.

상황이 유감스럽긴 하지만 **어찌할 수 없는 처지에 있다고 변명하다**
양해를 구하다

wring one's hands

The government has got to get a grip on it. ***Wringing its hands*** and saying it is a world problem just isn't good enough. ▶ 정부는 이에 대한 통제력을 가지고 있어야 한다. 이건 (우리만의 문제가 아니고) 전 세계적인 문제이기 때문에 어쩔 수 없다고 변명하는 것만으로는 충분치 않다. ♣ *grip on* : ~에 대한 **통제력**

The aid charity blasted talks on the Middle East crisis between US President George W. Bush and British Prime Minister Tony Blair as more "***hand-wringing***" in the face of a rising death toll. ▶ (2006년 이스라엘과 레바논 내에 있는 과격무장 단체 헤즈볼라 사이에 전쟁이 발발했고 이스라엘의 무자비한 폭격으로 무고한 레바논 시민들의 사망자가 많이 발생했다.) 그럼에도 불구하고, 유감스럽지만 헤즈볼라를 제거하기 위해서는 어쩔 수 없다고 부시 미국 대통령과 블레어 영국 총리가 변명만 늘어 놓고 있다고 한 구호단체가 비판했다.

주 "나도 어쩔 수 없지 않느냐"라는 의미로 양손을 마주 잡고 비틀어 꼬며 상대방의 이해를 바라는 동작이다.

어떤 일이 발생하지 못하게 혹은 사람들이 원하는 행동을 못하게 **억누르다**
막다 ; 억제하다

boot down on ; bring the boot down on ☞ 짓밟다 ; 밟아 누르다

But two ominous developments last week indicate that the resurgent Indonesian military may be about to ***bring the boot down hard on*** Papua's separatists, just as it did earlier this year in Aceh Province. ▶ 지난주에 발생한 두 가지 불길한 사건은 점점 더 강하게 나오는 인도네시아 군부가, 올해 초 아체 지방에서 했던 것처럼, 파푸아의 분리주의자들을 밟아 누르려고 할지도 모른다는 것을 시사한다.

bottle up ☞ 병에 밀봉하다

The storm is the result of a dip in the jet stream that has been keeping cold air ***bottled up*** in Canada and record-setting high temperatures in Lake Erie. ▶ 캐나다의 찬 공기를 (남하하지 못하도록) 억눌러 이리호에서 기록적인 높은 온도를 초래했던 제트기류가 급강하하는 바람에 이 폭풍우가 발생했다.

Those numbers assume that the inflation genie remains ***bottled up*** at under 2 percent, interest rates remain at their current levels, the price of a barrel of crude oil does not exceed $65 and the nation's level of economic growth does not fall below 1.2 percent. ▶ 인플레가 2% 아래로 억제되고, 금리가 현 수준으로 유지되며, 크루드 오일의 배럴당 가격이 65달러를 초과하지 않고, 경제성장률이 1.2% 아래로 떨어지지 않는다는 가정하에 그 같은 수치들이 나왔다. ♣ *genie* : 다시 **돌이킬 수 없는(돌이키기 어려운) 중대 사건이 벌어지다** 참조

put a lid on ☞ 뚜껑을 닫다

The measure is intended to ***put a lid on*** the soaring value of the Brazilian currency, which has been driven up by inflows of capital from foreign investors. ▶ 이 조처는 외국자본이 들어와 치솟은 브라질 통화를 억제하기 위한 것이다.

A rise in interest rate may ***put a lid on*** an economic recovery. ▶ 금리인상이 경제회복을 막을지도 모른다.

curb on ☞ 재갈을 물리다, 명사로도 사용

The U.S.-written constitution for post World War II Japan prohibits the country from going to war. For decades, that ***curb on Japanese militarism*** was much appreciated by Asian nations colonized or brutally occupied by Japan during the war. ▶ 미국이 작성한 전후 일본 헌법은 이 나라가 전쟁에 참여하는 것을 금지한다. 수십 년간, 제2차 대전 중 일본에 의해 식민지가 되었거나 잔인하게 점령당했던 아시아 국가들은 일본 군국주의에 물린 이 재갈에 대해 큰 고마움을 느꼈다.

감정을 억누르다
감정을 밖으로 드러내고 싶지만 꾹 참다

swallow a feeling ☞ 감정을 삼키다

He has ***swallowed the anger*** he felt. ▶ 그는 분노를 느꼈지만 꾹 참았다.

Long time Chairman, Charles has ***swallowed a lot of pride*** and agreed to allow John to continue at the bank until at least the end of this year. ▶ 오랜 기간 회장직을 맡고 있는 찰스는 자존심을 억누르고 적어도 올해 말까지 존이 그 은행에서 일하는 데에 합의했다.

정책이나 방법 등이 ~을 **억제하는 능력이 있는**

deterrent ☞ 명사형으로도 사용

The talks have made us believe that we have no other choice but to strengthen ***our nuclear deterrent force***. ▶ 그 회담은 우리의 핵 억제력(핵무기를 보유함으로써 상대방이 핵무기를 못 쓰게 하는 억제력)을 강화하는 방법 말고는 다른 선택의 여지가 없다는 사실을 믿게 만들었다.

Hopefully, his proposal will have ***a deterrent effect*** on crimes. ▶ 그의 제안이 범죄를 억제하는 효과가 있기를 기대한다.

The tough new policy should act as ***a deterrent***. ▶ 이 강력한 새 정책은 틀림없이 억제장치가 될 것이다.

언변이 좋은
달변인

silver-tongued

He is ***a silver-tongued lawyer***. ▶ 그는 언변이 좋은 변호사다.

갓난아기 시절부터 부모에게 배운 **언어**
모국어

mother tongue

Many want ***mother tongue education*** at primary level to preserve their identity. ▶ 많은 사람들은 그들의 정체성을 보존하기 위하여 기초 수준의 모국어 교육을 원한다.

Today we feel shy of speaking ***our own mother tongue***. We are promoting western culture and languages and are forgetting our own. ▶ 오늘날 우리는 우리 고유의 언어를 말하는 것에 대하여 부끄럽게 느낀다. 우리는 서구의 문화와 언어를 장려하면서 우리의 것을 잊어가고 있다.

언외의 뜻을 알아내다
누가 공개적으로/직접 말해 주지 않아도 어떤 숨은 내용/사실/상황에 대하여 잘 알고 있다

read between the lines ☞ 행간을 읽다; 행간에 숨겨진 뜻을 읽다/파악하다

Reading between the lines she senses a certain lack of sympathy for the deceased. ▶ 누가 직접 말하지는 않지만 그녀는 고인에 대한 동정심이 결여되어 있다는 사실을 느낄 수 있다.

He still may not give you the straight story, but perhaps you can ***read between the lines***. ▶ 그는 여전히 너에게 솔직하게 이야기하지 않을지도 모르지만, 아마도 숨은 사실을 잘 알 수 있을 것이다.

어떤 일이 **언제 일어날지 모른다**
하시라도 일어날 수 있다 (빠른 시간 안에 일어날 가능성이 매우 크다는 것을 강조하는 표현)

at any moment/time

Soldiers have to face possibility of dying ***at any moment***, no matter how many precautions they might take. ▶ 병사들은 아무리 조심해도 하시라도 죽을 수 있다는 사실에 용감히 맞서야 한다.

(비록 직접 남들에게 요청한 적은 없지만) ~을 **얻기 위하여 애쓰다**

angle for ☞ ~을 낚으려고 노력하다

It sounds like he is ***angling for sympathy***. ▶ 그가 동정심을 얻기 위해 애쓰고 있는 것처럼 들린다.

Two communities are ***angling for ownership*** of a water tower, but neither request is likely to be granted soon. ▶ 두 지역사회가 급수탑의 소유권을 서로 차지하기 위하여 애쓰고 있지만, 어느 누구의 요구도 빠른 시일 안에 받아들여질 것 같지 않다.

어떤 감정이 **얼굴 표정에 그대로/역력하게 드러나다**

A feeling is written all over one's face

Utter dejection was written all over his face. ▶ 매우 실망하는 표정이 그의 얼굴에 역력하게 드러났다.

Jubilation was written all over the faces of many participants. ▶ 많은 참가자들의 얼굴에 환희가 가득했다.

Scientists now say that, when it comes to men, ***aggression or passivity is written all over the face***. ▶ 하지만 남자의 경우에는, 공격적인지 수동적인지 얼굴 표정을 보면 금세 알 수 있다고 과학자들이 말한다. ♣ *when it comes to*: **하지만 ~에 관한 경우에는** 참조

~에 **얽매여서 꼼짝 못 하다**
~에 붙들려 매여 꼼짝 못 하다; ~에서 옴짝달싹 못 하다

be pinned down in

America ***is pinned down in Iraq*** and will be for years. ▶ 미국이 이라크에 얽매여서 꼼짝 못 하고 있으며 이 같은 상황이 수년간 계속될 것이다.

Defeated Islamic fighters fled the battle zone and ***are*** now ***pinned down in the southernmost corner of the country***. ▶ 패배한 이슬람 전사들이 전쟁터에서 도망쳐 지금 그 나라 최남단 구석에서 옴짝달싹 못 하고 있다. ♣ *southernmost*: 특정한 방향(동서남북)으로 **최끝단에 위치한** 참조

~과 **얽혀 있다**
~과 뒤얽혀 있다; 여러모로 밀접하게 연관되어 있다

be intertwined with

Beijing's external affairs ***are*** closely ***intertwined with*** its domestic policy, and the watchword that drives both is stability. ▶ 중국의 대외업무는 국내정책과 밀접하게 얽혀 있으며, 중국이 국내 및 대외 업무 추진을 위해 내세우는 표어는 안정이다. ♣ *watchword*: **표어** 참조

엄연한 현실
냉혹한 현실; 좋지 않은 현실; 어두운 현실

grim reality

With ***the grim reality*** of what's going on in the mortgage industry, the option of "financing a home 100%" is going to get a lot harder, If not impossible. ▶ 담보대출업계에서 나타나고 있는 어두운 현실을 고려한다면, 100% 대출로 주택을 구입하는 것은 불가능하지는 않더라도 매우 힘들어질 것이다.

He writes: "We must accept ***the grim reality*** that we are in the middle of a culture war over the issue of homosexuality, and must face the reality that we must not, we cannot, retreat one inch or surrender one piece of ground on the matter. Our nation's moral future is at stake." ▶ 그는 다음과 같이 쓰고 있다: "우리가 동성애 문제에 대한 문화전쟁의 한복판에 있다는 엄연한 현실을 우리는 받아들여야 하며, 이 문제에 관하여 한치라도 후퇴하거나 조금도 양보해서는 안 된다는 사실을 직시해야 한다. 우리나라 도덕의 미래가 걸려 있다." ♣ *at stake*: 돈/목숨/운명이 **걸려 있는** 참조

법률, 규정, 조약 등이 **엄한 조항을 포함하고 있다**
지키지 않을 경우 처벌을 할 수 있는 조항을 포함하고 있다

have teeth

He opposed the measure, saying it needed to be reworked so as to ***have teeth*** in it. ▶ 그는 처벌 조항이 포함되도록 재조정할 필요가 있다고 말하면서 그 조처에 반대했다.

A diplomatic push to halt Iran's nuclear program could work, but "it has to ***have teeth***," US Secretary of State Condoleezza Rice said. ▶ 이란이 핵개발 프로그램을 중지하도록 외교적 압박을 가하는 것이 성공할 수도 있지만, "외교적 압박은 엄한 조항을 포함해야 한다"고 라이스 미 국무장관이 말했다.

조금이라도 있는 것이 전혀 **없는 것보다는 낫다**

half a loaf is better than none

As the President used to say, sometimes ***half a***

loaf is better than none. ▶ 대통령이 늘 말했듯이, 조금이라도 있는 것이 전혀 없는 것보다는 나을 때가 가끔 있다.

One can argue that ***half a loaf is better than none***, but cuts in the National Science Foundation budget and student loan programs make one wonder how dedicated this administration really is to helping solve the country's crucial education deficits. ▶ 굶어 죽을 판에 그나마 빵 반쪽이라도 없는 것보다는 낫다고 누군가 주장할 수 있다. 그러나 과학재단 및 학자금대출 예산의 감축은 행정부가 이 나라의 중대한 교육결손 문제를 해결하는 데 진정으로 헌신적인가에 대하여 회의를 느끼게 만든다.

주 굶어 죽을 판에 그나마 빵 반쪽이라도 없는 것보다는 낫다는 의미다.

있으면 더 좋지만 이미 좋기 때문에 **없어도 별 상관이 없는 것**

없어도 별 지장이 없는 것; 있으면 더 좋긴 하지만 필수적인 요소는 아닌 것

icing on the cake ☞ 케익을 멋지게 보이기 위한 겉/테두리 장식

Jewelry on a woman is like ***icing on the cake***. ▶ 보석은 여자를 더 멋지게 보이게 하지만 없다고 해서 큰 지장을 주지는 않는다.

It means a lot to be recognized, but it is kind of just ***icing on the cake***, because this is the best season we have ever had. ▶ 사람들이 우리를 알아준다면 금상첨화지만 그렇지 않더라도 별 상관이 없다. 왜냐하면 우리는 최고 시즌을 보내고 있기 때문이다.

주 우리말의 "금상첨화"라는 표현과 비슷하다.

없어졌으면 좋겠다고 생각하다

사라지길/없어지길 바라다

wish away

Anyone would ***wish away*** the horrid litter and pollution from the river banks. ▶ 누구라도 강변에서 지긋지긋한 쓰레기와 오염물질이 없어지길 바랄 것이다.

A man's antecedents and character already formed over time is not something you ***wish away***. ▶ 오랜 세월 동안 형성된 한 남자의 경력과 성격은 원한다고 사라지는 것이 아니다.

만일 ~이 **없었다면**

~이 없다면; ~만 아니었다면; ~만 아니라면 (가정법)

if not for someone/something

Last year the film industry made $52 billion, but would have made $3.5 billion more ***if not for piracy***. ▶ 작년 영화업계가 520억 불을 벌어들였지만, 해적판이 없었다면 35억 불을 더 벌었을 것이다.

The earth would be a frozen ball ***if not for the radiant heat of the sun***. ▶ 태양열이 없다면 지구는 꽁꽁 얼어붙을 것이다.

Such dire predictions about a disease that is so far believed to have killed just 42 people might seem hyperbolic, ***it not for the fact*** it has already proven devastating among poultry. ▶ 조류독감이 조류에게 치명적이라는 이미 밝혀진 사실만 아니었다면, 현재까지 단 42명의 사망자를 낸 조류독감에 대한 무시무시한 예측(조류독감이 인간에게 매우 치명적일 수 있다는 예측)이 과장된 것으로 보일 수도 있다.

were it not for someone/something

Were it not for a profligate Washington, America's savings rate would be higher and the trade deficit would be lower. ▶ 낭비가 심한 행정부만 아니라면, 미국의 저축률이 높아지고 무역적자가 감소할 텐데.

This would never have happened ***were it not for some groups*** who provided safe havens for these terrorists. ▶ 테러범들에게 안식처를 제공한 일부 단체들이 없었다면, 이 일은 절대 일어나지 않았을 것이다. ♣ ***safe haven*** : **안식처** 참조

~이 거의 **없이**

~이 거의 없는 채로

with hardly something

Some 15,000 displaced people and residents are trapped in a conflict zone ***with hardly any food***.

▶ 15,000명 정도의 이주민들과 원주민들이 식량이 거의 없는 채로 분쟁지역에 갇혀 있다.

"It's a miracle that this girl survived ***with hardly a scratch***," police said. ▶ 이 소녀가 상처 하나 없이 살아났다는 것은 기적이라고 경찰이 말했다.

엉덩방아
당혹스러운 실수

pratfall ☞ Informal

His pratfall in the season opener Monday night is a reminder that few things are certain in sports. ▶ 월요일 저녁 시즌 개막전에서 그가 보여준 당혹스런 실수는 스포츠에서는 어떤 일도 장담할 수 없다는 사실을 일깨워 준다.

She ***took a pratfall*** before the capacity audience. ▶ 그녀가 만원 관객 앞에서 그만 당혹스런 실수를 저질렀다(엉덩방아를 찧었다). ♣ *capacity audience* : **만원 관중/관객** 참조

그룹이나 조직이 엉성한
볼품없는; 짜임새 없는; 초라한

ragtag ☞ 누더기 (옷) 같은

We started out with ***that little ragtag team*** of 30 people, now we are up to 150. ▶ 우리는 30명의 사람들이 모인 작고 볼품 없는 팀으로 출발했는데 지금은 인원이 150명이다.

Several experts, including some in the Administration, suggest calling the Iraqi Army — ***the ragtag regular army***, not the Republican Guard-back to barracks. ▶ 일부 부시 행정부 사람들을 포함한 여러 전문가들은 공화국 수비대가 아닌 엉성한 이라크 정규군을 이라크군으로 불러들이는 것을 제안한다. 《공화국 수비대는 사담 후세인을 경호하던 정예부대를 말한다.》

엎친 데 덮친 격으로
설상가상으로

to add insult to injury

To add insult to injury, the executioners of Hussein, a Sunni, were Shia. ▶ (이라크 전쟁이 수니파와 시아파 간의 내전으로 확대될 조짐이 보이는 가운데) 설상가상으로 (수니파의 대부였던 전 이라크 대통령) 사담 후세인을 처형한 교도관들이 시아파 사람들이었다.

To add insult to injury, the thieves signed up for "credit protection" on a Macy's card and donated $25 to charity. ▶ (한 여자의 Social Security Number를 포함한 신상정보를 빼낸) 도둑들이, 엎친 데 덮친 격으로 그 여자의 이름으로 메이시 백화점 신용카드를 발급받고는 신용정보 보호신청을 했고 그녀 이름으로 자선단체에 25불을 기부했다.

to make matters worse

To make matters worse, a strong hurricane struck the city. ▶ 설상가상으로 강력한 허리케인이 그 도시를 강타했다.

~으로 에워싸여
~으로 둘러싸여; 한가운데에

amid ☞ Literary

There was a tiny bungalow ***amid clusters of trees***. ▶ 울창한 나무 숲에 에워싸여 있는 조그만 방갈로가 있었다.

어떤 일을 하는 데 여러 가지 방법이 있다
한 가지 방법만 있는 게 아니다

there is more than one way to skin a cat

We've learned over the years that ***there's more than one way to skin a cat*** and we need to be creative to deal with the problem. ▶ 우리는 수년간에 걸쳐서 어떤 일을 하는 데 한 가지 방법만 있는 게 아니라는 사실을 배웠다. 우리는 이 문제를 다루기 위해 창의적인 태도가 필요하다.

여론 형성에 강력한 영향력이 있는 사람

opinion maker/formers

Newspaper reporters have long since played as ***opinion makers***. ▶ 신문 기자들은 오랫동안 여론 형성에 강력한 영향을 끼쳐 왔다.

The company has published 500 limited-edition

calendars, which have been sent only to the most important leaders of industry and ***opinion formers***. ▶ 그 회사는 달력을 500부로 한정 인쇄하여 업계의 중요한 리더들과 여론 형성에 큰 영향력을 행사하는 사람들에게만 보냈다. ♣ *limited-edition* : 책, 자동차 등과 같은 상품의 **한정 생산** 참조

주로 **여성 복장을 즐겨 입는 남자**
여장(女裝)을 한 남자; 남장(男裝)을 한 여자 (cross-dresser)

transvestite

Just because I am ***a transvestite*** a lot of folks assume I am a gay. ▶ 단지 내가 여성 복장을 즐겨 입는다는 이유로 많은 사람들이 나를 게이로 여긴다.

공간, 돈(경제), 시간 등의 **여유**
여분

something **to spare**

The governor says the budget has some ***room to spare***. But if state revenues continue to come in low, budget cuts are a possibility. ▶ 주지사는 예산안에 어느 정도 여유가 있다고 말한다. 그러나 주 세입이 지속적으로 적어지면 예산절감을 해야 할지도 모른다.

He passed the first test with ***room to spare***. ▶ 그는 첫 번째 시험을 여유 있게 통과했다.

She never has much ***time to spare*** in her roles as head of the water authority and a mother of two. ▶ 수자원관리 책임자와 두 아이 어머니로서의 역할을 수행하느라 그녀는 충분한 시간적 여유를 가져본 적이 없다.

She said her retirement check barely covers the essential needs in the house with no ***money to spare*** for special occasions like Christmas. ▶ 퇴직연금으로는 집안 살림을 겨우 꾸려나갈 정도밖에 안 되며, 크리스마스 같은 특별한 행사에 쓸 여유 돈이 없다고 그녀가 말했다.

여자(아내/어머니)**가 시키는 대로 행동하다**
여자의 치마 폭/바람에 휘둘리다

be tied to woman's apron strings

Even at his age, he ought not to ***be tied to his mother's apron strings***. ▶ 심지어 그의 나이에도 그는 어머니가 시키는 대로 행동해서는 안 된다.

People might think I'll ***be tied to her apron strings***, but I'll make an effort so that people won't say 'You've married into her family.'" ▶ 사람들이 내가 그녀의 치마 폭에 휘둘릴 거라고 생각할지 모른다. 그러나 사람들이 "너는 그 여자의 집안을 보고 결혼했다"는 말을 하지 않도록 노력할 것이다.《어느 유명 여자 연예인과 결혼한 한 남자의 말이다.》

집안 일이나 남녀 사이에서 **여자가 실권/주도권을 쥐고 있다**

She wears the pants

She wears the pants in that relationship. He desperately wants a baby but is having to cope with the possibility that her wife may never bear his child. ▶ 그들 관계에서 그녀가 주도권을 쥐고 있다. 그는 아이를 갖고 싶어 안달하지만 아내가 절대로 그의 아이를 임신하지 않을 가능성에 잘 대처해야 할 것이다.

Needless to say, ***she wears the pants*** in that family. ▶ 말할 필요도 없이 그녀가 가정에서 실권을 쥐고 있다.

주 여자가 바지를 입고 있다는 말은 남자처럼 행동한다는 뜻이다.

여자가 한을 품으면 오뉴월에도 서리가 내린다

Hell has no fury like a woman scorned

Hells has no fury like a woman scorned — even an old woman, prosecutors told a jury Tuesday in the case of a 79-year-old woman charged with shooting to death her 85-year-old ex-boyfriend after their yearlong romance ended. ▶ 79세 노파가 여러 해 동안 사귀다 헤어진 85세인 전 남자 친구를 총으로 살해한 사건을 다루는 법정에서 검사가 배심원단에게 "여자가 한을 품으면 오뉴월에도 서리가 내린다. 심지어 나이든 여자라도"라고 말했다.

여자(여자 아이)들이란 원래 그런 거야
여자(여자 아이)들이란 어쩔 수 없어

Girls will be girls

It's an old story about the essential nature of femininity — *girls will be girls*. ▶ "여자들이란 어쩔 수 없어"라는 말은 여자들의 속성을 나타내는 오래된 이야기다.

Boys will be boys and *girls will be girls*. You see the boys wanting to go build with the blocks and the girls want to play dress up but there is that cross over. For decades, researchers and psychologists have been saying boys and girls are fundamentally different because of nature and not nurture. Neuroscientist Eliot is challenging that theory. "There's this idea that boys and girls brains are fundamentally different and unfortunately There's no data to support that," said Eliot. ▶ 남자들과 여자들이란 원래 다르다는 말이 있다. 남자 아이들은 블록 쌓기 놀이를 원하고 여자 아이들은 인형 옷 입히기 놀이를 하고 싶어한다고 생각하지만 뒤바뀌는 경우도 있다. 수십 년간 연구자들과 심리학자들은 남자와 여자는 교육 때문이 아니라 선천적으로 다르다고 말해 왔다. 신경과학자 엘리엇은 이 이론에 도전하고 있다. "남자 아이 뇌와 여자 아이 뇌는 근본적으로 다르다는 생각이 있지만, 불행하게도 이를 뒷받침하는 데이터가 없다"고 엘리엇이 말했다. ♣ *Boys will be boys* : **남자(남자 아이)들이란 원래 그런 거야** 참조

여차여차한 것들
이러저러한/이러이러한 것들

one thing and another

What with *one thing and another*, we returned to the base camp late in the day. ▶ 여차여차한 이유로 우리는 그날 늦게 베이스캠프로 돌아왔다. ♣ *what with* : 좋지 않은 ~한 **이유로 인해서** 참조

We talked about films and *one thing and another*. ▶ 우리는 영화와 이러저러한 것들에 관하여 이야기했다.

so and so; such and such ☞ 명사형과 형용사형으로 모두 사용된다

The book reads that *so and so*. ▶ 그 책에 이러저러한 내용이 쓰여 있다.

The treasure was buried in *such and such a place*. ▶ 그 보물은 여차여차한 장소에 묻혀 있었다.

Someone asked him about his position on *so and so an issue*. ▶ 누군가가 그에게 여차여차한 이슈에 관한 견해를 물었다.

The writer's job is to convince us that *such and such a thing* could have happened. ▶ 작가의 임무는 이러저러한 일이 일어날 수도 있었다는 것을 우리에게 확신시키는 것이다.

특히 좋지 않은 사건의 여파
파문; 후유증

backwash ☞ 역류(逆流); 방파제나 바위 등에 부딪혔다가 다시 돌아오는 물결

Many investors believe that Won is increasingly strong due to *the backwash of the falling dollar*. ▶ 많은 투자자들이 달러가치 하락의 여파로 원화가 점점 강세를 보이고 있다고 믿는다.

wake ☞ 배가 지나간 후 나타나는 물결(자국)

Now *in the wake of the bombings*, what use Tony Blair will make of it? ▶ (2005년 7월 7일 발생한) 런던 지하철 폭탄테러 사건의 파문 속에서, (영국 수상) 토니 블레어는 이 사건을 어떻게 (정치적으로) 이용할 것인가?

Wars usually bring surprises and disappointments *in their wake*. ▶ 전쟁이 끝나면 대개 놀라운 일들과 실망스런 일들이 따라오게 마련이다.

ripple ☞ 물에 돌을 던지거나 바람이 불 때 나타나는 물결/파문

The ripples of the country's crisis continue to be felts in most of the neighbor countries. ▶ 그 나라의 위기로 인한 파문이 대부분 이웃나라에 지속적으로 파급되고 있다.

The problems of the home-electronics industry have created *economic ripples* through the rest of the economy. ▶ 가전업계의 문제들이 경제 전반에 파문을 일으켰다.

It has been almost two weeks since he became

the fifth homicide victim in the township this year. Much like ***the ripples*** caused by a stone dropped into a pond, the repercussions of that tragic incident continue to be felt. ▶ 그가 올해 그 마을에서 발생한 5번째 살인사건의 희생자가 된 이후 거의 2주가 지났다. 연못에 던진 돌이 일으키는 파문처럼, 그 비극적인 사건의 여파가 계속 감지된다.

여파가 오래 지속되다
중요한 사건 등이 오랫동안 반향을 불러일으키다

reverberate

The shock of the London bombings ***reverberated*** because they occurred in circumstances — and in a city — that are familiar to so many around the world. ▶ 런던 지하철 폭탄테러사건이 전 세계의 많은 사람들에게 친숙한 도시에서 발생했기 때문에 쇼크의 여파가 오래 지속되었다.

The controversy surrounding the incident yesterday continued to ***reverberate*** around the country. ▶ 어제 그 사건을 둘러싼 논란이 그 나라에 오랫동안 반향을 불러일으켰다.

시간과 노력이 많이 드는 **여행**
장거리 여행; 힘든 여정

long-haul (travel)

Each ergonomically-designed seat will have a therapeutic footrest installed in front for added comfort during ***long haul travel***. ▶ 인간공학적으로 설계된 각 의자 앞에 장거리 여행 중 편안함을 위해 건강에 도움되는 발판이 설치될 것이다.

Despite ***long-haul travel*** becoming more accessible thanks to the expansion of budget airlines, Europe is still a popular holiday destination. ▶ 값싼 항공사들이 늘어난 덕분에 장거리 여행이 쉬워졌음에도 불구하고, (영국인들에게) 유럽은 여전히 인기있는 휴가장소다.

Revitalizing the economy will be ***a long haul***.
▶ 경제를 소생시키는 일은 힘든 여정이 될 것이다.

The Dubai-based airline's new service, which takes off on September 1, will be the first ever scheduled ***long-haul flights*** to operate from Newcastle. ▶ 두바이에 근거지를 둔 이 항공사의 새로운 서비스가 9월 1일 시작되는데, 이는 뉴캐슬에서 출발하는 사상 최초의 장거리 비행이 될 것이다. ♣ *-based*: 특정한 장소에 **근거지를 두고 있는** 참조

원하는 것을 찾기 위하여 떠나는 흥미롭고 모험적인 짧은 **여행**

foray into

Forty-eight years after mankind's first ***foray into space***, the toxic orange haze covering Titan, Saturn's largest moon, has finally been penetrated. Ending a seven-year, 3.5 billion-kilometer voyage, Huygens probe touched down on Titan last week, giving earthbound gawkers their first glimpse of its icy surface. ▶ 인류가 최초의 우주여행을 한 지 48년이 지난 후, 토성의 가장 큰 위성인 타이탄 위성을 둘러싸고 있는 독성의 오렌지 색 안개가 마침내 관통되었다. 7년간 35억 km의 우주여행 끝에 호이겐스 탐사선이 지난주 타이탄에 착륙했고 지구에서 아무 생각 없이 그저 바라만 보고 있던 사람들에게 얼음으로 덮인 표면 사진을 보내왔다.

I urge you to make ***a foray into the downtown***.
▶ 흥미 삼아 다운타운에 한번 가볼 것을 네게 권한다.

여행 후유증
여행을 오래 다녀와서 일이 잘 손에 잡히지 않는 경우

vacation hangover

My mistake must be due to ***the vacation hangover***. I'm sorry for my carelessness. I promise to be more careful next time. ▶ 내 실수는 여행 후유증 때문입니다. 부주의해서 죄송합니다. 다음엔 보다 조심할 것을 약속합니다.

역 또한 성립한다
반대 상황도 역시 성립한다 ; 상황을 뒤집어 놓아도 마찬가지다

vice versa ☞ Latin

The more people who have cell phones, the more the economy will grow, and ***vice versa***. ▶ 휴대전화를 가진 사람들이 많아질수록 경제가 더 성장할 것이며, 역 또한 성립한다.

Mothers see a lot of themselves in their daughters and ***vice versa***. ▶ 어머니들이 딸에게서 자신과 닮은 점을 많이 보게 된다. 딸들도 마찬가지다.

역사에 길이 남다
사람들이 영원히 기억하다

go down in history

"What I'd like to do," Ronald Reagan said after six months in the White House, "will ***go down in history*** as the President who made Americans believe in themselves again." ▶ 백악관에서 6개월을 보낸 후 로널드 레이건은 "내가 원하는 것은 미국 사람들이 다시 자신들을 믿도록 해준 대통령으로 역사에 길이 남는 것이다"라고 말했다.

Although Kennedy is regularly ranked by historians as one of our nation's best and most beloved presidents, Nixon has ***gone down in history*** as one of the worst and most reviled. ▶ 케네디가 역사가들에 의해 우리나라의 최고이자 가장 사랑받는 대통령의 한 사람으로 꼽히고 있지만, 닉슨은 최악이자 가장 욕을 많이 먹는 대통령의 하나로 역사에 길이 남아 있다.

역사의 답습
과거/옛날의 답습 ; 과거의/옛날 방식대로 따라하는 것

approach to history

He faced an uproar over ***the company's approach to history***. ▶ 회사가 옛날 방식을 그대로 따라한다고 그가 비난을 받았다.

인물이나 사건 등이 **역사의 뒤편으로 사라지다**
더 이상 중요하지 않다

someone/something is history

As soon as the players step foot on court for the first game, ***last year is history***. ▶ 새로운 시즌이 시작되어 첫 시합을 하기 위해서 경기장에 들어서는 순간 지난 시즌의 기록은 더 이상 중요하지 않다. ♣ *step foot on* : 어떤 곳/장소에 **발을 들여놓다** 참조

After he apologized to every civil rights leader he could find, he has basically disappeared, ***his career is history***. ▶ 그가 인권운동 지도자들을 찾아다니며 사과한 후 그는 실질적으로 모습을 감추었다. (코미디언으로서의) 그의 생애는 역사의 뒤편으로 사라졌다. 《흑인을 비하하는 발언으로 파문을 일으키는 바람에 더 이상 활동을 못하게 된 어느 코미디언의 이야기다.》

역사의 수레바퀴
역사적인 사건/변화

the wheel/wheels of history

I set off on a journey to revisit the place where ***the wheels of history*** took observable turns. ▶ 주목할 만한 역사적인 사건이 발생한 그곳을 다시 방문하기 위해 나는 여행을 떠났다.

The wheel of history cannot be turned back. ▶ 역사의 수레바퀴는 되돌릴 수 없다.

역사의 새 장/페이지
역사적으로 매우 중요한 사건/일

new chapter/page in history

They're excited about having a chance to open ***a new page in our history***. ▶ 우리 역사의 새 페이지를 열 기회를 가지고 있다는 것에 대하여 그들은 흥분하고 있다.

We're turning ***a new page in our history***. ▶ 우리는 우리 역사의 새로운 페이지를 넘기고 있다. (우리는 우리 역사에서 매우 중요한 일을 하고 있다.)

We hoped the execution of Saddam Hussein would be the beginning of ***a new chapter in Iraq's*** *history* and a gateway to national reconciliation. ▶ 우리는 사담 후세인의 처형으로 이라크 역사의 새 장이 시작되고 국가적 화해 분위기가 조성되길 희망했다.

A new chapter is written ***in the history*** of the university. ▶ 그 대학 역사의 새로운 장이 기록된다. (그 대학 역사상 새로운 일이 벌어지고 있다.)

역이용하다
불리하거나 해로운 영향을 미칠 수도 있는 일을 오히려 유리한 결과가 나오도록 이용하다

turn something into one's advantage

He could ***turn this into his advantage*** in a number of ways. ▶ 그는 여러 가지 방법으로 이것을 역이용할 수 있다.

The military regime ***turned the students' demonstration into their advantage***. ▶ 군사정권은 학생들의 시위를 역이용했다.

역효과를 불러일으키는
예상과 반대되는 결과를 초래하는

counterproductive

It is ***counterproductive*** to threaten Iran with more sanctions, Russian foreign minister said. ▶ 더 심한 경제제재를 가하겠다고 이란을 위협하는 것은 역효과를 불러일으킬 것이라고 러시아 외무부 장관이 말했다.

The last thing we need is more ***counterproductive meddling***. ▶ 우리가 가장 원치 않는 것은 역효과를 불러일으킬 수 있는 쓸데없는 간섭이다. ♣ *the last thing* : 가장 **피해야 하는 것** 참조

역효과를 불러일으키다

backfire

If you try to get deceptive, and take a dishonest approach, it can ***backfire on*** you because a majority of the jurors around here know the difference between fact and fiction. ▶ 네가 속이려 하고 부정직한 태도를 보인다면, 여기에 모인 다수의 배심원들이 무엇이 사실이고 허구인지 구분할 수 있기 때문에 너에게 오히려 역효과를 불러일으킬 수 있다.

Why do our instincts sometimes ***backfire*** so dramatically? ▶ 어째서 우리의 본능이 가끔 그처럼 극적으로 역효과를 불러오는가?

연속해서 **연결한 것**
연속해서 이어놓은 것

daisy chain ; daisy-chain ☞ 동사형으로도 사용

In the aftermath of ***a daisy chain of riots***, the government began to crack down. ▶ 폭동이 연속적으로 일어난 후, 정부가 강경한 태도를 취하기 시작했다. ♣ *aftermath* : 특히 좋지 않은 사건이 벌어진 **이후의 시기/상황** ; *crack down* : **강경한 태도/입장을 취하다** 참조

Guerrillas ***daisy-chained explosive devices*** along the highway. ▶ 게릴라들이 고속도로를 따라 폭발물을 연속해서 설치했다.

주 국화꽃을 연결하여 만든 목걸이를 말한다.

묘하게 서로 **연관이 된 두 가지/사람**
묘하게 얽혀 있는 것들 ; 서로 연관이 없는 것처럼 보이지만 이상하게도 함께 지내는/활동하는 사람들

strange bedfellows

Economics and politics often make ***strange bedfellows***. ▶ 서로 연관이 없는 것처럼 보이는 경제와 정치가 가끔 묘하게 서로 얽힌다.

Sex and death are ***strange bedfellows***. ▶ 섹스와 죽음은 서로 묘한 연관이 있다.

두 개 이상의 단체/그룹 간을 오가며 **연락 및 의견 조율을 담당하는 사람**
연락관

liaison

An Afghan ***liaison*** with U.S. special forces says Omar was spotted two months ago in Karachi, Pakistan. ▶ 미국 특수부대와의 연락업무를 담당하는 아프간

사람이 두 달 전 오마르(탈리반 정권 수반)가 파키스탄 카라치에서 포착되었다고 말한다.

She acts as ***a liaison*** between patients and staff. ▶ 그녀는 환자와 의사진 사이에서 연락관 노릇을 한다.

기계/장비 등이 ~을 **연료로 사용하다**
~을 에너지원으로 사용하다

run on

The truck ***runs on*** diesel. ▶ 그 트럭은 연료로 디젤을 사용한다.

The brain, like the rest of the body, ***runs on*** glucose. ▶ 뇌는 나머지 신체처럼 글루코스를 에너지원으로 사용한다.

경기력/기술/실력 등을 **연마하다**
갈고 닦다 ; 다듬다

hone

He told the story of the band's time in Hamburg, where they ***honed*** their stage act. It will be shown next year. ▶ 그는 그 밴드가 무대공연을 위한 연주 실력을 연마하며 함부르크에서 보낸 시절에 대한 이야기를 했다. 내년에 그들이 공연할 예정이다.

There, he often showed his acumen in politics, which he ***honed*** as a longtime member of the newspaper's editorial board. ▶ 그곳에서 그는 오랜 동안 그 신문사의 편집위원을 지내면서 갈고 닦은 정치에 대한 날카로운 통찰력을 종종 보여주었다. ♣ *acumen* : 날카로운 **통찰력** 참조

주 칼을 숫돌에 가는 것처럼 기술 등을 연마한다는 의미다.

연막
연막작전 ; 기만책 ; 상대방의 눈을 가리는 혹은 흐리게 하려는 술책 ; 상대방을 현혹시키려는 술책

smokescreen

They argue that their coalition partner is engaged in spreading ***a smokescreen*** on the contentious issue. ▶ 그들은 협력 파트너가 논란이 되고 있는 그 이슈에 대해 연막작전을 펼치고 있다고 주장한다.

The government used the yearly debate as ***a smokescreen*** to discourage debate about its own failure to maintain standards. ▶ 정부는 연례토론회를 기준 유지의 실패에 대한 논쟁을 막기 위한 술책으로 이용했다.

They are trying to develop ***a smokescreen*** that conceals the fact that they want to cut the health service. ▶ 그들은 의료서비스를 줄이려 한다는 사실을 숨기기 위한 연막을 펼치려고 애쓰고 있다.

주 연막탄을 터트려 적군의 시야를 어지럽히는 군사작전에서 유래되었다.

범죄나 좋지 않은 일에 **연루되다**
관련되어 있다

be implicated in

The president who took office just 10 months ago promising to crack down on corruption has not ***been implicated in any scandal.*** ▶ 부패를 엄하게 다스리겠다고 약속하면서 10개월 전에 취임한 대통령은 어떤 스캔들에도 연루된 적이 없다. ♣ *crack down on* : 정부/기관 등이 법이나 규정을 지키지 않는 사람들에게 **강경한 태도/입장을 취하다** 참조

He was obliged to resign when one of his own aides ***was implicated in a financial scandal.*** ▶ 자신의 보좌관 한 사람이 금융 스캔들에 연루되자 그는 사퇴를 강요받았다.

Implication in a murder finally brought him to the gallows. ▶ 살인 사건에 연루되어 그는 결국 교수형을 당하고 말았다.

~을 **연상시키는**
암시하는

suggestive of

She has long finger nails ***suggestive of animal claws.*** ▶ 그녀는 동물의 발톱을 연상시키는 긴 손톱을 가지고 있다.

He composed a piece of music for orchestra

suggestive of a cold snowy winter night. ▶ 그는 눈 내리는 추운 겨울 밤을 암시하는 관현악곡을 한 편 작곡했다.

(전 과정이 몸에 자연스럽게 배도록) 꾸준히 반복해서 **연습해야만 완벽해질 수 있다**
연습이 완벽을 낳는다

practice makes perfect

Practice makes perfect — something Mark now knows is true. Three years of practice helped him beat out the other 20 contestants Tuesday night. ▶ "꾸준히 반복해서 연습해야만 완벽해질 수 있다"는 격언이 사실이라는 것을 이제 마크는 안다. 3년간의 연습이 화요일 저녁 20명의 경쟁자들을 물리치는 데 도움이 되었다.

When it comes to smiling for the cameras, only *practice makes perfect* and the mirror is your friend. ▶ 카메라를 향해 웃는 경우에는 오직 연습만이 완벽을 낳는다. 거울을 친구 삼아 웃는 연습을 하라. ♣ *When it comes to* : **하지만 ~에 관한 경우에는** 참조

연이어서
잇달아서 ; 차례(대)로

one after another

Then, *one after another*, Asian currencies collapsed. ▶ 그러고는 아시아 국가들의 통화가 연이어서 폭락했다.

They have to face *one difficulty after another* with bravery and dedication. ▶ 그들은 용맹과 헌신으로 잇달아서 다가오는 어려움에 맞서야 한다.

They kept going, searching *one building after another*. ▶ 그들은 건물을 차례로 다니면서 조사를 계속했다.

연좌시위
연좌데모 ; 연좌항의

sit-in

The traders toned down their violent protests and organized various measures, including *sit-ins* at various parts of the city. ▶ 그 상인들은 격렬했던 시위의 수위를 낮추고, 시의 여러 곳에서 벌이는 연좌시위를 포함한 다양한 방법들을 준비했다. ♣ *tone down* : 발언이나 글, 행동 등의 **수위를 낮추다** 참조

주먹 등으로 **연타하다**
연이어/계속해서 괴롭히다/떠들어대다

pummel

Moreover, the typhoons and monsoons that routinely *pummel* Bangladesh are intensifying because of climate change. ▶ 게다가 기후변화로 인해서 방글라데시를 일상적으로 연타하는 태풍과 장마의 강도가 세지고 있다.

From all the data and polling, plus what my personal experiences as a political and student organizer have taught me, students frankly just don't care, no matter how much you try to *pummel* them *with* information and the convenience of voting. ▶ 모든 데이터와 여론조사 그리고 이에 더하여 학생정치모임을 조직했던 내 개인경험을 통해서 나타난 바에 의하면, 투표에 관한 정보와 투표하기가 쉽다는 이야기를 아무리 계속해서 떠들어봐야 학생들은 솔직하게 투표에 아무런 관심이 없다.

As winds *pummel* the area, a high wind warning will be extended to noon tomorrow. ▶ 강풍이 연이어서 그 지역을 강타함에 따라서 강풍주의보가 내일 정오까지 연장될 것이다.

많은 사람들이 **열망하는**

coveted ☞ 탐내는

When Bush was asked if he would offer Chirac *a coveted invitation* to his Texas ranch, the President seemed hesitant. ▶ 누구나 초대받고 싶어하는 그의 텍사스 목장으로 쟈크 시락 프랑스 대통령을 초대할 것이냐는 질문에 부시 대통령이 대답하기를 주저하는 것처럼 보였다. 《이라크 전쟁에 영국은 적극적으로 도와주는 반면 프랑스 시락 대통령은 앞장서서 미국의 일방적인 이라크 침공에 반대했기 때문이다.》

He won *the coveted title* of player of the year. ▶ 그는 모든 선수들이 탐내는 "올해의 선수"로 선정되었다.

sought-after ☞ 차지하고 싶어하는

An Olympic gold medal is ***the most sought-after prize*** in world sport. ▶ 세계 스포츠계에서 올림픽 금메달은 누구나 제일 차지하고 싶어하는 것이다.

열받다
몹시 화를 내다 ; 노발대발하다 ; 화나서 씨근거리다

fume

Woods ***fumed*** when Singh's caddie wore a hat at the 2000 Presidents Cup emblazoned with the words "TIGER WHO?" ▶ 2000년 프레지던트컵 대회(미국팀과 세계연합팀이 겨루는 골프대회)에서 비제이 싱의 캐디가 "타이거가 도대체 누구야?"라는 글이 새겨진 모자를 쓰고 나와 타이거 우즈가 열받았다. ♣ *emblazoned with* : 무늬, 글씨 등이 또렷하게 **새겨져 있는** 참조

He was still ***fuming over*** the remark. ▶ 그는 여전히 그 발언에 화가나 씨근거리고 있었다.

상대방을 설득하기 위하여 듣기 거북할 정도로 **열변을 토하다**
장광설(長廣舌)을 늘어 놓다

harangue ☞ 명사형으로도 사용

Venezuela's president calling his U.S. counterpart Satan in a U.N. speech seemed a devilish gambit in the nations' war of words. But Hugo Chavez says he was shooting from the hip. Chavez earned headlines worldwide and sparked U.S. outrage with ***a sulfurous harangue*** at the U.N. General Assembly. ▶ 유엔 연설에서 베네수엘라 대통령이 부시 미국 대통령을 사탄이라고 부른 것은 국가 간에 벌어지는 말싸움에서 우위를 점하기 위한 굉장한 책략으로 보였다. 그러나 휴고 차베스 베네수엘라 대통령은 별 생각 없이 한 이야기라고 말한다. 차베스는 전 세계 뉴스의 머리기사를 차지했고, 유엔총회에서의 독기 가득한 장광설로 미국의 분노를 일으켰다. ♣ *gambit* : 어떤 상황이나 시합 등에서 **유리한 위치를 점하기 위해서 하는 행동/책략** ; *shoot from the hip* : 깊은/아무 **생각 없이 행동하다** 참조

Make sure, when you're ***haranguing*** your travel agent about legroom, you ***harangue*** about seat width, too, so they don't think it's just whining. ▶ 여행사 직원에게 좌석의 앞 공간에 대해서 열변을 토할 때 좌석의 폭에 대해서도 반드시 말해라. 그래야만 그들이 당신이 그저 푸념을 늘어놓고 있는 것이 아니라고 생각할 것이다. 《버스나 비행기를 예약할 때 좌석 앞 다리 뻗을 공간이 넉넉해야 한다고 말하면 고객들이 의례적으로 하는 말로 생각하여 별 관심을 두지 않지만, 좌석의 폭에 대해서도 이야기하면 정말 이 사람이 여유 있는 자리를 원한다고 생각할 것이라는 충고다.》 ♣ *legroom* : 좌석 앞의 다리를 뻗을 **공간** 참조

열성파
어떤 변화나 새로운 생각 혹은 어떤 사람 등을 열성적으로 반대 혹은 지지하는 사람 ; 완강하게/완고하게 버티는 사람

die-hard ; diehard ☞ 형용사형으로도 사용

Washington claims that ***the diehards*** run out of men and munitions and the insurgency will dissipate. ▶ 미국 정부는 완강하게 버티는 그 사람들(이라크 반군)은 인원과 군수품이 바닥나고 있으며 반란행위가 사라질 것이라고 주장한다.

If you don't believe it, ask Jesse Jackson and a number of other Obama ***die-hard supporters***. ▶ 당신이 이것을 믿지 않는다면, 제시 잭슨 목사와 오바마를 열성적으로 지지하는 다른 여러 사람들에게 물어보라.

매우 힘들고 어려우며 별로 즐겁지 않지만 **열심히 일을 하다**
뼈빠지게 일하다 ; 애써 일하다 ; 힘들게 일하다

toil ☞ Literary

People who ***toiled*** in dim, dank factories were too exhausted to enjoy their family life. ▶ 어둠침침하고 축축한 공장에서 힘들게 일하는 사람들은 가정생활을 즐기기엔 너무나 지쳐 있었다.

Workers ***toiled*** long hours. ▶ 근로자들이 오랜 시간 뼈빠지게 일했다.

He spent most of his time ***toiling*** in Seoul as a salary man. ▶ 그는 서울에서 월급쟁이로 힘들게 일하며 대부분의 시간을 보냈다.

With Macau's residential-property prices

soaring, we may soon be ***toiling*** most of our lives just to afford a few square feet of living space. ▶ 마카오의 주택가격이 치솟고 있기 때문에, 평생을 뼈 빠지게 일해 봐야 고작 몇 평방피트의 주거공간밖에 마련하지 못하는 시대가 곧 닥칠지도 모른다.

열정
energy ; enthusiasm (긍정적인 의미로 쓰임)

fire in the belly ☞ 뱃속에서 불끈거리는 열정

But in recent years I've become more relaxed. Not that I've lost ***that fire in the belly***. ▶ 최근 몇 년 동안 나는 마음 편히 지내고 있다. 그렇다고 해서 나의 열정이 식었다는 것은 아니다. ♣ *Not that* : **그렇다고 ~하다는 것은 아니다** 참조

"I'm very excited about running and I've got ***the fire in the belly*** to do it," he said. ▶ "나는 출마하게 되어 매우 흥분된다. 나는 이 일을 하고자 하는 열정을 가지고 있다"고 그가 말했다.

Randy Stevens, headmaster of St. Timothy High School, said yesterday evening that Dozier was a "very active" alumnus who attended a reunion at the school last year and was featured prominently in the most recent issue of the alumni magazine. That article, "***Fire in the Belly***," detailed Dozier's rise as a correspondent. ▶ 성 티모시 고등학교 랜디 스티븐슨 교장이 어제 저녁 도지어(이라크에서 폭탄테러로 사망한 미국 CBS 방송국 특파원)는 작년 동창회에 참석한 매우 활동적인 졸업생이었으며 가장 최근 동창회보에서 두드러지게 다루어졌다고 말했다. "뱃속에서 불끈거리는 열정"이라는 제목의 그 기사는 특파원이 되기까지 그녀가 지나온 과정에 대해 자세히 다루었다.

특정한 일에 대하여 매우 **열정적인**
특정한 일을 하기를 열망하는

gung-ho ☞ Informal

Senate Republicans are less ***gung-ho*** about tax cuts. ▶ 공화당 상원의원들은 감세법안에 대해 그다지 열정을 보이지 않는다.

They're usually really ***gung-ho*** the first three months, January, February, March, and then after that it tapers off. ▶ 그들은 보통 처음 3개월은 매우 열정적이지만 그 이후는 시들해진다.

주 오래전 중국이 서양인들에게 개방되기 시작할 때, 만리장성과 같은 대규모 구조물을 축조하면서 "***gung he***: 공합(工合)"라고 외치며 함께 힘을 합하여 일하는 광경을 보고는 이 말을 사용하기 시작하였다고 한다. 제2차 세계대전 당시 미국 해병대 장군인 E. Carlson이 병사들의 사기를 진작시키기 위해 사용한 이후로 유행되었다고 한다.

~을 **염두에 두고**

with something in mind

The earthquake-stricken city desperately needs help. ***With this in mind***, the President held an urgent Cabinet meeting today. ▶ 지진으로 큰 피해를 입어 고생하는 그 시는 도움이 절실하게 필요하다. 이 사실을 염두에 두고, 대통령은 오늘 비상 내각회의를 소집했다. ♣ *-stricken* : 자연 재해/병/기분 나쁜 감정 등에 의해 **피해를 심하게 입어 고생을 하는** 참조

I recommend keeping the training simple and consistent ***with one goal in mind***: burning fat. ▶ 나는 지방을 태운다는 한 가지 목표를 염두에 두고 훈련을 단순하고 일정하게 유지하도록 권한다.

어떤 일을 할 때 ~한 상황이 가능할/일어날 것이라는 것을 **염두에 두고 있다**

envisage ☞ 마음속에서 그리다

We do not ***envisage*** making changes in the near future. ▶ 우리는 가까운 장래에 변경하는 것을 염두에 두고 있지 않다.

The two-day event is being scheduled for August 2007. Early plans ***envisage*** 20,000 tickets being sold for each day of the event. ▶ 이틀간 진행되는 그 행사는 2007년 8월에 잡혀 있다. 초기 계획은 매일 2만 장의 표가 팔리는 것을 염두에 두고 있다.

But given the technical problems we face, we have to ***envisage*** the worst-case scenario. ▶ 그러나 우리가 직면하고 있는 기술적인 문제들을 감안한다면, 우리는

최악의 시나리오를 마음속에 그리고 있어야 한다. ♣ *given* : ~라는 현 상황(주어진 상황)을 **감안한다면** 참조

~와 같은 좋지 않은 일이 일어날까 **염려하여**
~와 같은 좋지 않은 일이 일어날까 걱정하여/두려워

lest ~ should

The president has gone along with the hardliners *lest* they *should* be tempted to oust him. ▶ 대통령은 강경파들이 자신을 축출하려 할까 두려워 그들과 잘 지내왔다.

China refused to air the liftoff live, *lest* state TV broadcast a midair disaster. ▶ 발사 도중에 공중폭발을 일으키는 장면을 내보내 창피나 당하지 않을까 염려하여 중국은 위성발사 장면을 생중계하길 거부했다.

㈜ *lest* 다음에 "*should* + 동사원형"이 나오지만 *should*를 생략할 수도 있다.

책/예술작품/행위 등이 ~로부터 **영감을 받다**
아이디어를 얻다; 영향을 받다

be inspired by

The book *was inspired by* a real person. ▶ 그 책은 한 실제 인물로부터 영감을 얻었다.

David opened Danube, a New York City restaurant *inspired by* Viennese cookery. ▶ 데이비드는 비엔나 요리에서 아이디어를 얻은 레스토랑 다뉴브를 뉴욕 시에 열었다.

The country is trying to adopt *US-inspired* free market practices. ▶ 그 나라는 미국식 자유상거래를 도입하려고 노력하고 있다.

영리를 목적으로 하는
돈 버는 것을 목적으로 하는

for-profit

High-quality, standard-based educational programs are now offered by *for-profit organizations*. ▶ 고품질의 표준 교육프로그램들이 현재 영리 단체들에 의해서 제공되고 있다.

She hosted *a for-profit party*. ▶ 그녀는 돈을 벌기 위한 파티를 주선했다.

영리를 목적으로 하지 않는
비영리

nonprofit; not-for-profit

The City will hold two workshops for *nonprofit organizations* on how to raise money. ▶ 그 시는 비영리 단체들을 위해 모금방법을 주제로 두 번의 워크숍을 개최하려 한다.

Because the center is *a not-for-profit organization*, churches and partnering individuals have given money to help it. ▶ 그 센터는 비영리 단체이기 때문에, 교회와 개인들이 돕기 위해 돈을 기부했다.

영문도 모르는
현재 벌어지고 있거나 벌어지려고 하는 일에 관하여 아무것도 모르는

unsuspecting

A man who rented out homes he didn't own continued to collect rent from *unsuspecting tenants* even after he was arrested in February on fraud. ▶ 자신이 소유하지도 않은 집들을 남들에게 세를 준 한 남자가, 심지어 2월에 사기 혐의로 체포된 이후에도, 영문도 모르는 세입자들에게서 임대료를 계속 징수했다.

Hundreds of people died *unsuspectingly*. ▶ 수백 명의 사람들이 영문도 모른 채 죽었다.

범죄조직들 사이에서 벌어지는 **영역 싸움/다툼**
특정한 활동에 대한 주도권 싸움/다툼

turf war ☞ Journalism

He has been in *a bitter turf war* with the cartel's other leader. Hundreds have died in fighting between their rival armed bands. ▶ 그는 그 카르텔의 다른 리더와 처절한 영역싸움을 벌여왔다. 무장 조직들 사이에서 벌어진 싸움에서 수백 명이 사망했다.

The British troops leaved behind a city in the

grip of ***a brutal turf war*** between rival militias. ▶ 시민군들 사이에서 잔인한 주도권 싸움이 벌어지고 있는 한 도시를 뒤로 하고 영국군이 철수했다.

"But Lebanon's struggles should be understood as more than simply ***a turf war*** between rival gangs or a proxy war between Washington and Tehran," he said. ▶ "그러나 레바논 전쟁은 단순한 라이벌 갱들 간의 영역 다툼 혹은 미국과 이란의 대리전쟁 이상으로 이해되어야 한다"고 그가 말했다. ♣ *proxy* : **대리인에 의하여** 참조

이번 기회에 앞으로도 **영원히**
변함없이; 완벽하게; 최종적으로; 확고하게 (앞으로 더 이상 변함이 없을 것이라는 것을 강조하는 표현)

once and for all ☞ one time and all time

He says with fewer places to light up, smokers can decide now's the time to make the effort to quit, ***once and for all***. ▶ 금연구역이 계속 늘어나 담배 필 곳이 줄어드는 이 시점이 담배를 앞으로도 영원히 끊어버릴 좋은 기회라고 그가 말한다.

"If the government wants to solve the nuclear waste problem and close the nuclear debate ***once and for all***, it will have to table a good plan for closing nuclear plants," a Greenpeace statement said. ▶ "만일 그 정부가 이번 기회에 완벽하게 핵폐기물 문제를 처리하고 이에 대한 논쟁을 앞으로도 영원히 종식시키길 원한다면, 핵발전소들을 폐쇄하는 적절한 안을 내놓아야 할 것이다"라며 그린피스가 성명을 발표했다.

~에 **영합하다**
~에게 잘 보이려고 노력하다 (비난하는 의미가 포함되어 있음)

pander to ☞ 뚜쟁이 노릇을 하다

Art critics and museum professionals have accused him of ***pandering to popular taste*** to pump up admission figures. ▶ 비평가들과 미술관 관계자들은 입장객수를 늘리기 위하여 대중적 기호에 영합한다며 그를 비난했다.

A Democratic Representative says some lawmakers were backing the bill only to ***pander to voters*** back home this election year. ▶ 일부 의원들이 선거가 벌어지는 올해 자신의 선거구 유권자들에게 오로지 잘 보일 목적으로 그 법안을 지지했었다고 한 민주당 하원의원이 말한다.

여전히 존재하긴 하지만 더 이상 아무런 **영향력이 없는 것(법, 협정 등)**
아무런 효력이 없는 것(법, 협정 등); 사문(死文)화된 것

dead letter

"This reform is ***a dead letter***. No company will voluntarily clear up its entangled ownerships," said a credit analyst who declined to be identified. ▶ "이 개혁은 더 이상 영향력이 없다. 어느 회사도 뒤엉켜 있는 소유권 문제를 자발적으로 해결하려 들지 않을 것이다"라고 신원을 밝히길 거부한 한 신용분석가가 말했다.

Everybody believes that the law will become ***a dead letter*** sooner or later. ▶ 누구나 그 법이 조만간 사문화될 것이라고 믿고 있다.

주 신약성경 고린도후서 3장 6절에서 유래됨: "He made us competent as ministers of a new covenant—not of the letter but of the Spirit; for ***the letter kills***, but the Spirit gives life." "하나님께서 우리에게 새 언약의 일꾼이 되는 자격을 주셨습니다. 이 새 언약은 문자로 된 것이 아니라 영으로 된 것입니다. 문자는 사람을 죽이고 영은 사람을 살리기 때문입니다."

어떤 것이 더 좋은지 혹은 사회적으로 바람직한지 판단하는 데 매우 **영향력이 큰 사람**
품평하는 사람; 일반 사람들의 판단을 주도하는/좌지우지하는 사람

arbiter ☞ Formal

For 15 years, FOOD-MEDIA Company Gambero Rosso has been Italy's premier ***arbiter of taste***, doling out make-or-break gastronomical opinions in its restaurant and wine guide, monthly magazine, and on its food TV channel. ▶ FOOD-MEDIA 회사를 이끌고 있는 감베로 로쏘는 식당과 와인을 소개하는 책자와 월간잡지 그리고 자신의 음식 TV 채널에서 모 아니면 도 식의 맛에 대한 의견을 내놓으면서 15년 동안 이탈리아 최고의 맛 품평가 위치를 점해 왔다. ♣ *make-or-break* : 완벽하게 **성공**

할 수도 있고 철저하게 **실패할 수도 있는** 참조

He is one of *arbiters of fashion* in Korea. ▶ 그는 한국 패션계에서 영향력이 매우 큰 사람이다.

There's *no one arbiter of* what's true and what isn't, what works and what doesn't, who's honest and who isn't. As citizens, it's up to us to evaluate the various claims of politicians, special-interest groups, corporations and lobbyists while also perusing the findings of journalists, academics and disinterested researchers. Boil all that down and you can sometimes find the answer. ▶ 무엇이 옳고 그른지, 무엇이 효과가 있고 없는지, 누가 정직하고 그렇지 않은지 판단을 내려주는 사람은 존재하지 않는다. 신문기자들, 학계에 있는 사람들, 사욕이 없는 연구자들이 찾아낸 것들을 숙독하면서 정치가들, 특수한 이익집단들, 기업들, 로비스트들이 떠드는 다양한 주장들을 평가하는 것은 시민인 우리들의 몫이다.

Since Soriano accepted arbitration, he will now receive a one-year deal for an amount to be determined by *an arbiter*. ▶ 소리아노가 중재에 부치기로 합의했기 때문에, 그는 중재자가 결정하는 액수로 일 년간 계약을 하게 될 것이다.

주 중재자, 조정자의 의미도 있다.

영화 애호가
영화관에 자주 가는 사람

moviegoer

Instead of better films, *moviegoers* want cheaper seats, according to one recent survey. ▶ 최근 여론 조사에 의하면, 영화 애호가들은 더 좋은 영화보다는 입장료가 싼 영화를 원하는 것으로 나타났다.

For $2, *moviegoers* will be able to view previously released films now in the theater. ▶ 2 달러로 영화 애호가들이 이미 개봉되었던 영화들을 그 영화관에서 볼 수 있을 것이다.

주 *partygoer*: 파티를 자주 즐기는 사람

무엇을 혹은 무엇이 사실이거나 존재한다는 것을 단적으로 보여주는 **예**
입증하는 것/증거

testament to ☞ Formal

His house is *a testament to his classical tastes*. ▶ 그의 집은 그의 고전적 취향을 단적으로 보여주는 예다.

Like silent sentries, the dirt graves are *a testament to the country's worst-kept secret*. ▶ 마치 조용한 파수병처럼 늘어서 있는 흙 무덤들(에이즈로 죽은 사람들의 무덤)은 그 나라가 비밀로 유지하려고 노력했지만 이미 만천하에 공개되어 버린 사건을 단적으로 보여주는 증거다. 《에이즈로 많은 사람이 죽은 중국 어느 지방 이야기다.》

Present at the event were over 500 journalist and guests, *testament to the widespread interest* in our new project. ▶ 500명이 넘는 취재진과 손님들이 그 행사에 나타났다는 사실은 우리의 새 프로젝트에 대한 폭넓은 관심을 입증한다.

이미 **예견된 결과**
불 보듯 뻔한 결과/결론

foregone conclusion

The same evidence would never be permitted in a courtroom, but Strauss (then chairman of the Atomic Energy Commission) had seen to it that Oppenheimer was being disposed in an administrative hearing for which courtroom niceties did not apply. The outcome was *a foregone conclusion*. ▶ 그 동일한 증거(청문회에 제출된 불법으로 도청한 녹음테이프)는 법정에서 절대로 증거물로 채택될 수 없었다. 그러나 스트라우스(그 당시 원자력위원회 위원장으로 원자폭탄 개발의 필요성을 주장했던 인물)가 법정규범이 적용되지 않는 행정부 청문회에서 오펜하이머(원자폭탄을 개발한 맨하튼 프로젝트의 책임자)를 확실하게 제거시켰다. 이 청문회에서 나온 결론은 이미 예견된 결과였다. 《오펜하이머가 원자폭탄 개발을 반대하자 그를 제거하기 위해 공산당과 연루되어 있다는 증거를 포착하려고 불법 도청했고, 이 녹음테이프를 행정부 청문회에 증거물로 내놓았기 때문에 결과(유죄결정)는 불 보듯 뻔했다는 말이다. 스트라우스가 오펜하이머를 제거하려고 꾸민 음모에 대한 이야기다.》 ♣ *see to it that*: 어떤 일이 일어나도록 **확실하게 하다**: *niceties*: 특별한 장소에서 적용되는 **예절** 참조

아

Many believe the result is *a foregone conclusion*. ▶ 많은 사람들이 결과는 이미 불 보듯 뻔하다고 생각한다.

Woods had finished in no worse than second place in a stroke play event on the PGA Tour since last July, and it seemed *a foregone conclusion* that he would catch third round leader Andrew Buckle to capture his debut event this year. ▶ 우즈가 지난 7월 이후 PGA Tour 스트로크 경기에서 2위 아래로 내려간 적이 없었다. 따라서 그가 올해 첫 시합에서 3라운드 리더인 앤드류 버클을 따라잡고 우승하는 것은 이미 예견된 결과처럼 보였다. 《타이거 우즈가 2007년 첫 대회 3라운드에서 선두에 나섰던 앤드류 버클을 마지막 4라운드에서 따라잡고 역전 우승한 이야기다.》

~이 올 것이라는 **예고**
전조(前兆) ; 조짐 (주로 좋은 않은 상황에 적용된다)

harbinger of something ☞ Literary

The November air stung my cheeks, *a harbinger of winter*. ▶ 11월 공기가 내 뺨을 자극했다. 겨울이 온다는 전조다.

The incident at the airport may prove to be *another harbinger of a tumultuous campaign season*. ▶ 그 공항에서 발생한 사고는 폭풍이 몰아치는 선거 시즌을 예고하는 또 하나의 사건일지 모른다. 《파키스탄 야당 지도자 부토여사를 살해한 2007년 12월 폭탄테러에 대한 이야기다.》

He admitted the results were a bit of a surprise but were *the harbinger of an unprecedented change* in the country. ▶ 그 결과들이 약간 놀랍긴 했지만 그 나라에 전대미문의 변화가 다가온다는 조짐이었다고 그가 인정했다.

~이 바로 좋은 **예다**

a case in point is ~

In many cases religious prosecution is the cause of people fleeing their country. *A case in point is colonial India*. ▶ 종교적 박해로 사람들이 조국을 떠나는 경우가 많다. 식민지 시대의 인도가 바로 좋은 예다.

It is true that there is ability in disability. *A case in point is that of a disabled young man* who is today a successful photographer. A polio victim, Mr. Amadi defied all odds to make it in life. And despite functioning from a wheel chair, he has trained many young photographers. ▶ 장애자도 능력이 있다는 게 사실이다. 성공한 사진작가가 된 한 장애 청년의 능력이 바로 좋은 예다. 소아마비 환자인 아마디 씨는 가능성이 매우 희박했지만 인생에서 성공을 이루었다. 휠체어를 타고 있음에도 불구하고 그는 많은 젊은 사진작가들을 훈련시켜 왔다.

~에서 많은 **예를 찾아볼 수 있다**

be littered with examples ☞ 예로 널려 있다

Over the past decade, the developing world has *been littered with examples* of quick transition to democracy that have gone badly awry. ▶ 지난 십 년간 민주주의로의 빠른 전환을 시도했다가 잘못된 방향으로 엉뚱하게 가버린 국가들의 예를 개발도상 국가들에서 많이 찾아볼 수 있다.

History *is littered with examples* of pioneers being overshadowed by people who have better PR (Public Relation). ▶ 선각자들이 자기 홍보를 잘하는 다른 사람들에게 가려 빛을 보지 못한 예를 역사에서 많이 찾아볼 수 있다.

The history of cloning *is littered with examples* of animals that are unhealthy or die quite early. ▶ 복제의 역사에서 건강하지 못하거나 일찍 죽은 복제 동물의 예를 많이 찾아볼 수 있다.

병/위험 등을 **예방하다**
방지하다 ; 저지하다

ward off ☞ ~로부터 보호하다

Many people swear by vitamin C's ability to *ward off cold*. ▶ 많은 사람들이 비타민 C가 감기를 예방하는 데 효험이 있다고 믿고 있다. ♣ *swear by* : 사람들이 어떤 것이 ~에 특별한 **효험(효과)이 있다고 믿고 있다** 참조

Mass burials are now under way in an effort to *ward off an outbreak of bird flu*. ▶ 조류독감의 발병을 방지하기 위한 노력의 일환으로 대규모 매장작업이 진행중이다. ♣ *in an effort* : ~을 하기 위한 **노력의 일환으로** 참조

head off ☞ ~을 피하여 나아가다/진로를 바꾸다

If current trends continue for another decade or so, China could overtake Africa, where 29 million people have been infected with the AIDS virus. It's to ***head off that scenario*** that Dr. Ho has traveled more than a dozen times to China over the past three years. ▶ 만일 현재의 추세가 앞으로 10년 정도 계속된다면, 중국은 2천9백만 명이 에이즈 바이러스에 감염된 아프리카를 추월할 수 있다. 호 박사(중국계 미국인 의사)가 지난 3년 동안 중국을 10번 이상 방문한 것은 그와 같은 최악의 시나리오를 피하기 위해서였다.

In an attempt to ***head off pro-democracy protests***, police detained more than 100 politicians and activists in predawn raids last Thursday. ▶ 민주주의를 외치는 시위를 저지하기 위하여 경찰은 지난 목요일 동트기 전에 급습하여 100명 이상의 정치인들과 운동가들을 구금했다.

좋지 않은 것의 **예봉(銳鋒)에 맞서 고생하다**
좋지 않은 것이 몰려와서 괴로움을 겪다; 고통을 당하다

bear/take the brunt of something

With Kenya's crisis showing no signs of easing, the area is ***bearing the brunt of the destruction***. ▶ 캐냐의 사태가 진정될 기미가 보이지 않는 가운데, 그 지역이 파괴행위로 고통을 당하고 있다. ♣ *show no sign of* : ~이라는 **기미가 보이지 않는다** 참조

The black community continues to ***bear the brunt of police stops***. ▶ 경찰이 계속 불심검문을 마구 해대는 바람에 흑인사회가 괴로움을 겪고 있다.

However, the council alone should not ***take the brunt of people's anger***. Central government has repeatedly ignored human deprivation, created by a society that promotes a belief that individualism is more important than community. Therefore, poverty is at epidemic proportions throughout the city, while drug abuse, prostitution and gang membership are all acceptable behaviors. ▶ 하지만 그 위원회만 국민이 뿜어내는 분노의 예봉에 맞서느라 고생해서는 안 된다. 개인주의가 공동체보다 더 중요하다는 믿음을 조장하는 사회 때문에 일어난 인간답게 살 권리를 박탈당하는 사태를 중앙정부가 계속 무시해 왔다. 빈곤이 시 전역으로 급속하게 퍼져나가고 있으며, 한편으로는 마약남용, 매춘, 폭력단 가입 등이 모두 용인되고 있다. ♣ *epidemic proportions* : 전염병이 마구 번지듯이 급속하게 **퍼져나가는 상태** 참조

경기, 선거 혹은 경마 등에서 **예상치 못했던 결과를 가져다 줄 가능성이 큰 말/사람**
기대 밖의/뜻밖의 유력한 경쟁 상대

dark horse

After much critical praise for his performance, Gosling now finds himself in an unlikely position — ***the dark horse Oscar candidate*** for best actor. ▶ 비평가들로부터 연기에 대해 큰 칭찬을 받은 후, 현재 고슬링은 자신도 모르는 사이에 뜻밖의 유력한 남우주연상 후보라는 믿기 어려운 위치에 있다. ♣ *find oneself in* : **뜻하지 않았던 상황에 처하다** 참조

㈜ 오래전 미국 테네시 주에 Dusky Pete라는 이름의 검은 수말을 타고 경마에 참여하던 Sam Flynn이란 전설적인 인물이 있었다고 한다. 이 말이 우승경력이 많다는 사실을 모르고 있는 낯선 지방마다 돌면서 모든 대회를 휩쓸었다고 전해진다.

어떤 사건/일 등이 전혀 **예상치 못했던 일이다**
예상 밖의 일이다; 뜻밖에도 ~한 일이 벌어졌다

be caught/taken unawares by

Investors ***were caught*** completely ***unawares by the Central Bank's action***. ▶ 중앙은행의 그 조처는 투자자들이 전혀 예상치 못했던 일이다.

I ***was taken unawares by his question***. ▶ 그로부터 예상 밖의 질문을 받았다.

어떠한 일이 확실히 닥칠 것이라고 **예상(예측)하고 미리 대비하다**

reckon on

But nobody ***reckon on the Muslim clerics*** in northern Nigeria. ▶ 그러나 아무도 나이지리아 북부 무슬림 지도자들의 행동을 예상하고 미리 대비하지 못했다. 《소아마비의 전염을 거의 잡아가고 있는 2003년 여름 나이지리아 북부 마을 지도자들이 소아마비 예방접종을 에이즈를 전염시킬 우려가 있고 여

아

자 아이들을 불임으로 만든다며 금지시킨 사건에 대한 이야기이다.》

No politician ever lost votes by crusading against sex offenders. But voters don't always ***reckon on*** what happens after the votes are counted. Some of the same law enforcement leaders who persuaded 70% of us to vote for Proposition 83, which among other things mandates the tracking of tens of thousands of sex offenders with GPS for the rest of their lives, now worry that it's unenforceable. The law doesn't spell out who'll run the program or who'll pay for it. California is $14 billion short of this year's budget ante. ▶ 성범죄자를 사회에서 추방하는 운동을 추진하여 표를 잃었던 정치인은 어느 누구도 없다. 그러나 유권자들이 언제나 개표 후에 발생하는 일을 예상하고 미리 대비하는 것은 아니다. 수만 명이나 되는 성범죄자들을 평생 동안 GPS을 이용해 위치추적하도록 의무화한 법안 83호에 우리들 중 70%나 찬성하도록 설득한 바로 그 법 집행 책임자들의 일부가 지금은 이를 집행할 수 없다고 염려하고 있다. 그 법안에는 누가 이 제도를 운영하고 누가 비용을 부담할 것인지 자세히 명시되어 있지 않다. 캘리포니아는 이를 위한 올해 예산 부담금 중 140억 불이 부족하다. ♣ *among other things* : ~ **등과 같은 것들**; *spell out* : 자세하게 혹은 분명하게 **설명하다** 참조

주로 영화 등이 **예술적 가치가 높은**

art-house ☞ 수준 높은 예술 전문극장에서 상영해도 되는

He directed a number of ***art-house movies***. ▶ 그는 여러 편의 예술적 가치가 높은 영화를 감독했다.

France has fallen dramatically out of love with the auteur and the whole idea of ***art-house film*** which it invented. ▶ 프랑스 사람들이 예술성 높은 영화를 만드는 개성 있는 영화감독과 그들이 창조한 예술영화에 대한 모든 생각을 갑자기 멀리해 버렸다. 《한때 프랑스가 이해하기 힘든 난해한 예술영화의 나라로 알려졌지만 지금은 할리우드식 영화에 자리를 내주고 있다는 이야기다.》

그 같은 **예외가 있다는 것은 규칙이 있다는 증거다**
그 경우에는 예외가 인정된다; 그 경우만은 예외다

The exception (that) proves the rule

"***The exception proves the rule***" is often invoked by those trying to dismiss inconvenient facts. ▶ "예외가 있다는 것은 규칙이 있다는 증거다"라는 표현은 불편한 사실을 인정하기 싫어하는 사람들에 의해 종종 인용된다.

Some people think music and civil engineers don't usually go together, but Civil Harmony is ***the exception that proves the rule***. ▶ 일부 사람들이 음악과 토목 기술자들과는 보통 잘 어울리지 않는다고 생각하지만, Civil Harmony만은 예외다. 《Civil Harmony는 대한토목학회 회원들로 구성된 남성합창단으로서 2003년에 창단되었다. 매년 12월 정기공연을 포함하여 4~5회에 걸쳐 공연을 해오고 있으며 현재 저자가 단장직을 맡고 있다.》

Virtually nothing has gone into promoting local food. Ontario's $8 million a year for three years, a pittance compared to what the province threw at automakers, is ***the exception that proves the rule*** of food neglect. ▶ 실질적으로 지역 음식산업을 장려하기 위한 아무런 조치가 없었다. 온타리오가 자동차 제조업체에 퍼부은 돈에 비하면 매우 적은 돈인 3년간 매년 8백만 달러를 보조하기로 한 경우만은 예외다. ♣ *pittance* : 기대(예상)보다 매우 적은 **돈**; *threw money at* : 보다 근본적인 해결을 외면한 채 **돈으로만 문제를 해결하려고 하다** 참조

㈜ 어떤 특별한 경우에만 예외가 있거나 예외가 인정되지만, 나머지 경우에는 규칙을 준수해야 한다는 뜻이다. 예를 들면 엄마가 아이에게 크리스마스 이브니까 오늘만은 늦게까지 밖에서 놀아도 된다고 말할 때는 "보통 때는 일찍 집에 들어와야 한다"라는 규칙이 적용된다는 것을 의미한다. "예외없는 규칙은 없다"와 의미가 다르니 혼동 마시길.

~도 **예외가 아니다**

be no exception

Kicking off smoking is not that easy, and ***I am no exception***. ▶ 금연은 쉬운 일이 아니며 나도 예외가 아니다.

Marketing strategy is required to everything in these days, and ***books are no exception***. ▶ 요즘 시대에 마케팅 전략은 어느 것에나 요구되며 서적도 예외가 아니다.

특별한 장소에서 적용되는 **예절**
행동 규범/양식

niceties

By the end of term, they will have learned ***the niceties of dinner party conversation***. ▶ 주어진 기간이 끝나면 그들은 디너파티 대화 예절을 모두 익히게 될 것이다.

This is beyond ***diplomatic niceties***. ▶ 이는 외교예절에 벗어난다.

Customs such as saying "please" and "thank you," wearing appropriate business attire, and waiting to be invited to sit at an interview often separate the winners from the losers in a job search. But how has the Internet changed these ***business niceties***? What's proper netiquette online? ▶ 업무에 맞는 적절한 복장을 갖추고 "부탁합니다" "감사합니다"라는 말을 하고 인터뷰 차례가 올 때까지 차분하게 기다리는 관습은 직장을 구하는 경우에 종종 승자와 패자를 갈라놓는다. 하지만 인터넷이 이런 업무 행동규범을 어떻게 바꾸어 놓았는가? 온라인에서 적절한 네티켓(netiquette: 인터넷 에티켓)이란 어떤 것인가?

변화가 너무 심해 상황을 **예측하기가 매우 힘들다**
세상일이란 다 그런 것이다 (체념적인 표현)

That's the way the ball bounces ☞ 공이 어디로 튈지 아무도 모른다, Informal

I thought there was that bad call at first base, but ***that's the way the ball bounces***. ▶ 일루심 판정이 틀렸다고 생각했지만, 야구란 원래 다 그런 것이다.

I expect that that's where we should end up, but with ***the way the ball bounces***, you never know what to expect. ▶ 이게 우리의 최종 목표라고 기대하지만, 변화가 매우 심하다는 것을 감안한다면 그 무엇도 예상할 수 없다.

That's the way the cookie crumbles ☞ 과자가 어떤 모양으로 부서질지 아무도 모른다, Informal

If something happens, ***that's the way the cookie crumbles***. ▶ 변화가 심하기 때문에 어떤 일도 일어날 수 있다. 무슨 일이 일어나더라도 받아들여야 한다.

특정한 해 바로 **오늘**
바로 이날에

on this day in ~

On this day in 1948, the General assembly of the United Nations proclaimed the Universal declaration of Human rights as milestone in the forward march of civilization. ▶ 1948년 바로 오늘, 유엔총회는 세계인권선언문을 공표했는데 이는 문명세계로 힘차게 발걸음을 내디딘 획기적인 사건이다. 《1948년 12월 10일의 일이다.》
♣ ***milestone***: 역사/인생 등에서 **획기적인 사건** 참조

He was born ***on this day in 1957*** in Daejeon, Korea. ▶ 그는 1957년 바로 이날에 한국 대전에서 태어났다.

오랫동안 지속되어 온

longstanding

Longstanding poverty in the African nation has been exacerbated by racial division. ▶ 이 아프리카 국가에서 오랫동안 지속되어 온 가난이 인종분쟁으로 악화되었다.

오래된 습관은 잘 고쳐지지 않는다
세 살 버릇 여든까지 간다; 제 버릇 남 못 준다

old habits die hard

Old habits die hard. Three men, with a string of previous convictions for burglary dating back to 1974, are now in police custody on suspicion of involvement in a recent spate of house break-ins. ▶ 제 버릇 남 못 준다. 1974년으로 거슬러 올라가는 일련의 강도행각으로 유죄를 받았던 세 남자가 최근 동시 다발적으로 발생한 주택침입 사건에 연루된 혐의로 현재 경찰에 구금되어 있다. ♣ ***date back to***: 어떤 사건/일 등의 시작은 특정한 시간 때로 **거슬러 올라간다**; ***spate***: **한꺼번에 많은 양이 쏟아져 들어오는 상황** 참조

leopard cannot change its spot

Although we use the expression "***a leopard cannot change its spots***," people can and do change. The proof of this is seen in the life of Jim. ▶ 우리가 "레오파드는 몸에 난 점을 바꿀 수 없다"는 표현

을 사용하지만, 사람들은 변할 수 있으며 또한 변한다. 짐의 삶에서 이 증거를 찾아볼 수 있다.

It is said that ***a leopard cannot change its spots***. Scientific studies show that about 40 percent of the variance in personality and social behavior is biologically inherited. ▶ 세 살 버릇이 여든까지 간다는 말이 있다. 과학 연구에 의하면 사람들의 성격과 사회적 행동에서 나타나는 차이의 40%는 생물학적으로 타고난다고 한다.

주 구약성경 예레미야 13장 23절에서 유래됨: "Can the Ethiopian change his skin or ***the leopard its spots***? Neither can you can do good who are accustomed to doing evil." "에티오피아 사람이 자기의 피부색을 바꿀 수 있느냐? 표범이 자기의 반점들을 다르게 바꿀 수 있느냐? 만약 그렇게 할 수만 있다면 죄악에 익숙해진 너희도 선을 행할 수가 있을 것이다."

이미 **오래전에 ~한 일이 발생하다**
오래되었다는 것을 강조하는 표현이다

have long (since) + 동사 완료형

Even though her parents ***have long since died***, she still talks about them in the present tense. ▶ 부모가 이미 오래전에 돌아가셨음에도 불구하고, 그녀는 여전히 부모에 대하여 현재 시제로 이야기한다.

오로지 누구만이
다름 아닌 바로 누구만이

none but ~

None but God will ever know what I suffer. ▶ 다름 아닌 신만이 내가 어떤 고통을 겪는지 알 것이다.

He whispered so softly that ***none but Julie*** heard him. ▶ 그는 오로지 줄리만이 들을 수 있도록 부드럽게 속삭였다.

오만
지나친 자신감

hubris

"There you see ***the peculiar strain of hubris*** that led the United States astray four years ago in Iraq, and four decades ago in Vietnam," he said. ▶ "4년 전 이라크에서 그리고 40년 전 베트남에서 미국을 잘못된 길로 인도한 특이한 종류의 오만이 존재한다"고 그가 말했다.

"The war in Iraq broke our back in the war on terror," said a former official, the author of "***Imperial Hubris***," a popular book highly critical of the Bush administration's anti-terrorism efforts. ▶ "이라크 전쟁 때문에 테러와의 전쟁이 실패했다"고 부시 행정부의 테러방지 노력을 크게 비판하는 "제국주의적 오만"이라는 인기있는 책의 저자인 전직 관리가 말했다.

"It is my way or the highway." I have always loved that expression — it is so uncompromisingly confident and ***full of hubris***. ▶ "이것은 내가 가야 하는 길이다(내 일은 내가 알아서 한다)." 나는 이 표현이 항상 마음에 든다. 이 표현에는 타협하지 않는 자신감과 오만이 가득하다.

주 그리스 신화에서 신들에 대한 오만을 의미한다.

오만한 사람

Icarus

History of rock music is studded with deaths rooted in excess and hubris, ***Icarus*** tales that make the lives of departed stars seem like mixed blessings. ▶ 록 음악의 역사는 무절제와 오만으로 인한 죽음들로 점철되어 있다. 오만하게 살다가 세상을 떠난 스타들의 삶에는 축복과 저주가 함께 섞여 있는 것 같다. ♣ *studded with* : **점철되어 있다** 참조

There are growth funds that soar toward the sun with their hot, momentum-driven stock holdings, and then plunge, ***Icarus-like***, when the stocks fall out of favor. ▶ 뜨겁게 탄력이 붙은 주식에 투자하여 태양을 향해 치솟다가 주식의 인기가 떨어지면 그만 이카루스처럼 바닥으로 곤두박질치는 성장펀드들이 있다. ♣ *plunge* : **급락하다** 참조

주 날개를 밀랍으로 붙이고 태양에 너무 가까이 다가갔다가 밀랍이 녹는 바람에 바다로 빠진 그리스 신화 속의 인물이다.

너무나 놀랍거나 무서워 **오싹하게 하다**
섬뜩하게 하다; 소름이 끼치게 하다 (좋은 경우에도 사용하지만 주로 기분이 나쁜 경우다)

make someone's flesh crawl/creep ☞ 온몸을 오싹하게 하다

He *made my flesh crawl* when he huged me. ▶ 그가 나를 껴안았을 때 온몸이 오싹했다.

send a chil/chills up/down someone's spine ☞ 등골을 오싹하게 하다

It *sent chills up and down my spine*. ▶ 그것은 나의 등골을 오싹하게 만들었다.

During that ABC interview, Obama said (using words that probably *sent a chill down the spine of every Democrat* holding public office in Washington), "I'd rather be a really good one-term president than a mediocre two-term president." ▶ ABC 방송과의 인터뷰에서 오바마 대통령은 "그저 그런 재임 대통령보다는 한 번 하더라도 훌륭한 대통령이 되고 싶다"고 했는데 아마 민주당 행정부 모든 관리의 등골이 오싹했을지 모른다.

send a chill/chills through someone ☞ 사람을 오싹하게 하다

His warning have *sent a chill through people*. ▶ 그의 경고가 사람들을 오싹하게 했다.

~으로 인하여 평판 등에 **오점이 남은**
먹칠을 당한; 얼룩진; 더럽혀진

be tainted by

The credibility of all research may *be tainted* or perceived to *be tainted* if the source of funding is not or cannot be disclosed. ▶ 연구비의 출처가 밝혀지지 않거나 밝혀질 수 없다면, 모든 연구의 신뢰도가 먹칠을 당하거나 오점이 있는 것으로 보일 수 있다.

It appears that it does not matter whether the ones chosen are qualified for the job or not, nor whether *their tainted backgrounds* would be acceptable to the public. ▶ 선택된 사람들이 그 일에 적합한지 그렇지 않은지 혹은 그들의 더럽혀진 전력(前歷)이 국민들에게 용납이 되는지 안 되는지는 아무런 상관이 없는 것처럼 보인다.

Opposition leaders said that the elections had *been tainted by* corruption. ▶ 야당 지도자들이 그 선거가 부패로 얼룩졌다고 말했다.

아이가 자다가 **오줌을 싸다**

wet the bed

A study published in the medical journal "Pediatrics" in July found that breastfeeding longer than three months may protect against *bed-wetting* during childhood. Researchers looked at two groups of children — those who were *wetting the bed* and those who were not — and asked about whether they were breastfed and for how long. The children who *wet the bed* at night were 81% less likely to have been breastfed for more than three months. "Breastfeeding has been associated with several developmental advantages in kids," says Joseph Barone, M.D., chief of pediatric urology at Robert Wood Johnson Medical School in New Jersey. "*Bed-wetting* is considered a developmental delay. It also runs in the family. If one parent *wet the bed* as a child, then their child has a 40% chance of *wetting the bed*. If both parents *wet the bed*, then it's 80% likely their child will. Breastfeeding may protect against that." ▶ 의학 학술지 "소아과학" 7월호에 게재된 한 연구는 3개월 이상 모유수유를 하면 아이가 자다가 오줌을 싸는 것을 막을 수도 있다는 것을 알았다. 오줌을 싸던 아이들과 그렇지 않았던 아이들 집단을 조사했고 모유수유를 했는지 그리고 얼마나 오랫동안 했는지에 대하여 질문했다. 밤에 오줌을 싼 아이들의 81%는 3개월 이상 모유수유를 하지 않았을 가능성이 높다. "모유수유는 아이들이 성장에 여러 좋은 영향을 끼친다"고 뉴저지 로버트 우드 존슨 의과대학의 소아비뇨기과 과장인 조셉 베론은 말한다. "밤에 자다 오줌 싸는 것은 발달장애로 간주된다. 이는 또한 집안 내력이다. 한쪽 부모가 어릴 적에 오줌을 쌌다면 아이는 오줌 쌀 가능성이 40%이며, 만일 부모 모두 오줌을 쌌다면 가능성은 80% 정도다. 모유수유는 이를 방지해 줄 수도 있다."

♣ *run in the family* : **집(안) 내력이다** 참조

온상
주로 좋지 않은 일들이 빈번히 발생하는 지역

hotbed

The country's role as a conduit for drugs and *a potential hotbed of Islamic extremism* make it volatile. ▶ 마약운반 통로 및 잠재적 이슬람 극단주의의 온상으로서의 역할은 이 나라의 앞날을 예측할 수 없게 만든다.

The U-S military says that 15-hundred more combat troops are now on duty to try to tame *a hotbed of the Iraqi insurgency*. ▶ 추가로 파견된 천오백 명의 전투대원들이 이라크 반군행위가 빈번히 발생하는 한 지역을 통제하는 임무를 수행하고 있다고 미군당국이 말한다.

옳고 그름
잘잘못

the rights and wrongs

The restrictions are for your own good, to keep you safe and sound. *The rights and wrongs* of the restrictions are not up for discussion. ▶ 이 제한규정들은 당신이 아무런 해를 입지 않도록 당신 스스로를 위해서 있는 것이다. 이 제한규정들의 옳고 그름은 논쟁의 대상이 아니다.
♣ *safe and sound*: 위험이나 곤경에서 아무런 해를 입지 않고 **무사한** 참조

Whatever *the rights and wrongs*, the present controversy about buying companies using private equity has generated a rare public debate in which the protagonists are actually listening to each other. ▶ 옳고 그름을 떠나서, 민간자본을 이용해서 회사를 사들이는 것에 관해 지금 벌어지고 있는 논쟁은 주인공들이 상대방의 말에 귀를 기울이는 좀처럼 보기 힘들었던 공개토론회를 낳았다.

The Human Right Act prohibits discrimination in the provision of goods and services on the grounds of ethnic or national origin or of political opinion. A café owner refused to serve two Israeli women in protest at the Israeli Government's actions. A neighbouring kebab shop owner said that he would do the same. *Whatever the rights and wrongs* of the situation in Palestine, it is simply against the law for providers of goods and services in this country to discriminate in this way. ▶ 인권에 관한 법률은 인종, 태생지 혹은 정치적인 견해를 이유로 물품이나 서비스의 제공을 차별하는 것은 금지한다. 한 카페의 주인이 이스라엘 정부의 행동에 항의하여 두 명의 이스라엘 여자에게 서비스를 거부했다. 이웃 케밥 가게 주인도 자기도 그렇게 하겠다고 말했다. 팔레스타인에서 벌어진 일들의 잘잘못을 떠나서 이렇게 차별하는 것은 위법이다.

어떤 옷을 입고 있다
복장을 하고 있다

be clad in ☞ Literary

He *was clad* casually *in slacks and a light blue golf shirt*. ▶ 그는 가끔 헐거운 바지와 옅은 푸른색 골프 셔츠를 입었다.

He lives in *the ivy-clad house*. ▶ 그는 담쟁이 넝쿨로 둘러싸인 집에 산다.

Camouflage-clad troops also left peacefully. ▶ 위장복을 입은 군인들이 평화롭게 떠났다.

in the garb of ☞ Written

A stranger *in the garb of a catholic cleric* rang the doorbell. ▶ 가톨릭 신부 복장을 한 낯선 남자가 초인종을 눌렀다.

At 9:30 p.m. a familiar figure *in civilian garb* came out of the main entrance. ▶ 오후 9시 30분 민간인 복장을 한 낯익은 인물이 정문을 나섰다.

He *wore the garb of a scout*. ▶ 그는 스카우트 복장을 하고 있었다.

dress in

She used to *dress in jeans*. ▶ 그녀는 청바지를 주로 입었다.

He *dresses in* a way that lets everyone know he's got authority. ▶ 그는 자신에게 권위가 있다는 것을 남들이 알아보도록 복장을 한다.

옷이 날개다

the clothes make the man

There's some truth to the old adage that ***the clothes make the man***. ▶ 옷이 날개라는 옛말에 맞는 부분이 있다.

For some, it's impossible to imagine a businessman without the traditional suit and tie. Many companies force their male employees to don a tie on a daily basis. The thought behind this is that what's on the outside does count. Those who disagree with "***the clothes make the man***" mentality will wage a subtle war against the in-office fashion policy. If the rule states "no blue jeans," then the rebel will wear black jeans. ▶ 일부 사람들에게는 정장과 넥타이를 하지 않은 비즈니스맨은 상상이 안 된다. 많은 회사들이 남자 직원들에게 매일 넥타이를 매라고 강요한다. 이 뒤에는 밖으로 드러나는 것이 중요하다는 생각이 숨어 있다. "옷이 날개"라는 사고방식을 거부하는 사람들은 사무실 복장 규정에 대항하여 교묘한 반란을 일으킬 것이다. 만일 청바지를 못 입는다는 규정이 있다면, 이들은 검은색 진을 입을 것이다.

세세한 부분까지 신경을 써서 **완벽하게 처리된**

signed, sealed and delivered

A government official said that the bill must be ***signed, sealed and delivered*** by the end of this week. ▶ 한 정부 관리가 그 법안이 금주 말까지 완벽하게 처리되어야 한다고 말했다.

The contract has been ***signed, sealed and delivered.*** ▶ 그 계약이 완벽하게 처리되었다.

주 직접 서명 날인하고 봉인한 후 배달까지 완료되었다는 말이다.

어떤 것 하나라도 **완벽하지 못하면 전혀 하지 않은 것과 같은**
한 가지라도 나쁘면/없으면 모든 게 아무 소용이 없는

all-or-nothing

One thing to consider is that upgrading is ***an all-or-nothing proposition***. All the pieces of the network must operate on the faster standard. ▶ 한 가지 고려할 것은 업그레이딩은 어느 하나라도 완벽하지 못하면 전혀 하지 않은 것과 같은 경우다. 전산망을 구성하는 모든 부품들이 고속에서 작동해야 한다.

Much of her work focuses on trying to change the way people think about losing weight. "One of the things that can drive extreme dieting is unrealistic weight-loss expectations," she says. Trying to achieve an "ideal weight" can be counterproductive. "We try to get people to change the really strict rules they live by. People tend to be very ***all-or-nothing*** about weight loss." ▶ 그녀는 체중감량에 대한 사람들의 사고방식을 바꾸는 데에 주로 초점을 맞춘다. "극단적인 다이어트로 몰고 갈 수 있는 것 중의 하나는 체중감량에 대한 비현실적인 기대다"라고 그녀가 말한다. 이상적인 체중을 달성하려는 노력이 역효과를 낼 수 있다. "우리는 사람들이 지키는 매우 엄격한 규칙을 바꾸게 만들려고 노력한다. 사람들은 이상적인 목표 체중을 달성하지 못하면 다이어트를 해봐야 아무 소용이 없다고 생각하는 경향이 짙다.

♣ *counterproductive* : **역효과를 불러일으키는** 참조

불안하고 초조하여 **왔다갔다하다**
안절부절못하고 서성거리다

pace

Pacing along a line of barren brown twigs, the French winemaker stares balefully at the ground, then sinks to his knees beside a particularly spindly specimen. ▶ 메마른 갈색 가지들이 늘어선 곳을 따라 초조하게 왔다갔다하면서, 프랑스인 와인제조업자는 슬픔에 잠긴 표정으로 땅을 내려다 보다가 특히 가지가 가는 (포도나무) 한 그루 옆에 털썩 무릎을 꿇고 주저앉는다.《가뭄으로 포도나무가 메말라 근심하고 있는 상황이다.》

He found her ***pacing around the house***, unable to sleep. ▶ 그녀가 잠을 못 이루고 집 주위를 서성거리는 것을 그가 발견했다.

hover

He was ***hovering in his office*** waiting for her. ▶ 그는 그녀를 기다리면서 사무실 안에서 안절부절못하고 서성거리고 있었다.

예술가(작가/화가/작곡가) 등이 왕성한 활동을 하는

prolific

He was also ***a prolific photographer*** and in recent years expanded his work to include computer graphic, producing images of monstrous, disembodied faces. ▶ 그는 또한 왕성한 활동을 하는 사진작가였으며, 근년 몸에서 떨어져 나간 괴물 같은 얼굴을 만드는 컴퓨터 그래픽으로 활동영역을 확장했다.

She is ***a prolific writer*** of novels. ▶ 그녀는 왕성한 활동을 하는 소설가다.

진실/사실을 왜곡하다

bend/distort the truth/facts

When the pollsters come calling about green travel habits, people often ***bend the truth*** because they want to appear more environmentally minded than they really are. ▶ 여론 조사원들이 친환경적인 여행습관에 관하여 외치면서 찾아오면, 사람들은 실제보다 더 친환경적인 태도를 가진 것처럼 보이길 원하기 때문에 종종 진실을 왜곡한다.

He has attempted to ***distort the facts*** and mislead shareholders through numerous public statements. ▶ 그는 사실을 왜곡하고 회사의 여러 가지 정보 공개를 통해서 주주들을 현혹시키려는 시도를 했었다.

건물/구조물이나 장소/지역 등의 외관을 개조하거나 새로 꾸미는 것

facelift

The picturesque arching span of Rainbow Bridge is getting ***a two-point-nine-million dollar facelift***, but the construction should not create a bottleneck for Memorial Day weekend traffic on Highway 55. ▶ 그림처럼 아름다운 레인보우 브리지의 아치 구간이 2백9십만 달러의 외관단장작업에 들어갈 예정이다. 그러나 이 공사가 현충일 주말 55번 고속도로에 병목현상을 일으키지는 않을 것이다. ♣ *picturesque*: 어떤 장소가 **그림처럼 멋지고 아름다운** 참조

The new management gave the upper stands and concession area at Newport Speedway ***a facelift***. ▶ 새 경영진은 뉴포트 자동차 경주장의 상단 관중석과 구내매점 구역의 외관을 새로 꾸몄다.

외딴 곳에서
주변에 아무것도 없는 곳에서

in the middle of nowhere

We found a farmhouse ***in the middle of nowhere***. ▶ 우리는 외딴 곳에서 한 농장을 발견했다.

When they entered the country during the night they were stopped by soldiers, who questioned them and then released them ***in the middle of nowhere***. ▶ 밤중에 그들이 그 나라로 들어갈 때 군인들이 그들을 세웠다. 군인들이 그들을 검문하고는 외딴 곳에 풀어주었다.

외면하고 돌아서다

turn away from

We can't ***turn away from the wish*** for freedom from authoritarianism. ▶ 우리는 독재주의로부터 자유를 찾으려는 소망을 외면할 수 없다.

All over the world, especially in developed countries, students have been ***turning away from engineering***. ▶ 세계 어디서나 특히 선진국에서 학생들이 공학을 외면해 오고 있다.《대한민국이 오늘에 이른 것은 전적으로 엔지니어들의 힘이라고 해도 과언이 아니다. 그러나 요즘에 와서 우리나라도 우수한 인재들이 법대나 의대로만 몰리는 이 같은 문제를 겪고 있다. 우리의 앞날이 걱정이다.》

외모
얼굴 생김새

looks

He is a young man ***with good looks***. ▶ 그는 얼굴이 잘생긴 청년이다.

The only parent, who can trustfully say his child is perfect, is God. Yet, from time to time, you will run into them — those parents who are convinced their offspring have the I. Q. of

Einstein, ***the looks of Tom Cruise***, the athletic potential of Joe Montana, and the talent of the Three Tenors all rolled into one. ▶ 자기 자식이 완벽하다고 진실로 말할 수 있는 부모는 조물주뿐이다. 그럼에도 불구하고, 자기 아이가 아인슈타인의 아이큐, 탐 크루즈의 외모, 조 몬태나(전설적인 미식축구 쿼터백) 같은 운동선수가 될 수 있는 잠재력, 세계 3대 테너(루치아노 파바로티, 플라시도 도밍고, 호세 카레라스)를 모두 합친 재능을 지녔다고 확신하는 그런 부모들을 이따금 만나게 된다.

features

Her features were very charming. ▶ 그녀의 얼굴은 무척 매력적이다.

Your features are your eyes, nose, mouth and other part of your face. ▶ 외모는 눈, 코, 입 및 얼굴 다른 부위의 생김새를 의미한다.

~에게 **요구되는**

required of someone

I will do all that is ***required of me***. ▶ 나는 나에게 요구되는 모든 일을 할 것이다.

It is not reasonable in such complex and rapidly changing times to think that we can impart the specialized body of knowledge and skills ***required of professional engineers*** in four years of formal schooling while other learned professions take seven or eight years. ▶ 이처럼 복잡하고 급변하는 시기에, (의사, 변호사 같은) 다른 전문분야들에서는 7년 또는 8년이 걸리는 데 반하여, 4년의 정규 대학교육으로 전문 엔지니어에게 요구되는 전문지식과 기술을 전수할 수 있다고 생각하는 것은 합리적이지 못하다.

주 전치사 'of'에 주의!

큰 소리로 떠들어대면서 ~을 **요구하다**

clamor for ☞ 명사로도 사용

The day often ends with families relaxing in the front yard while someone lights the big bag of (legal) fireworks the kids have been ***clamoring for*** all day. ▶ 종종 이 날은 아이들이 하루종일 큰 소리로 떠들어대면서 사달라고 졸라대던 (합법적인) 커다란 불꽃놀이 통에 누군가 불을 붙이는 동안 식구들은 앞마당에 모여서 편안하게 이를 즐기는 것으로 하루가 끝난다. 《미국 독립기념일 이야기다.》

For Beijing, the Taiwan problem comes amid ***a growing clamor for more democracy*** in Hong Kong. ▶ 베이징으로서는, 그 대만문제(대만의 독립을 국민투표에 붙이려는 움직임)가 홍콩에서 민주화를 요구하는 목소리가 점점 커지고 있는 가운데 터져 나왔다는 것이 더 곤혹스럽다.

Policy makers are widely expected to decrease short-term rates by up to one-half of one percentage point, a move big institutional investors have been ***clamoring for*** in recent months. ▶ 정책입안자들이 단기금리를 최대 0.5% 낮출 것으로 많은 사람들이 예상하고 있다. 이는 거대 기관투자자들이 최근 몇 달간 큰소리로 요구해 오던 조처다.

나쁜 일이나 부정한 일을 하고도 **요리조리 잘 빠져나가는** 거부감을 나타낸다

slippery

The message of the book *America: Who Really Pays the Taxes?*, by Pulitzer-prize-winning reporters Donalds L. Barlett and James B Steel, is that ***slippery moves*** like these are available only to corporations and millionaires, many of whom are already taxed at far lower rates than other Americans. ▶ 퓰리처상을 탄 기자 도날드 바알렛이 쓴 책 "미국: 누가 정말 세금을 내는가?"의 메시지는 요리조리 잘 빠져나가는 이 같은 행동들(경주용 말을 사고도 농장용이라고 신고하고, 자신에게 많은 이익배당을 하고는 회사가 큰 손해를 봤다고 신고하는 방법 등)은 기업들과 백만장자들만이 할 수 있으며, 이미 이들 대부분은 다른 미국인들보다 매우 낮은 세율로 세금을 내고 있다는 사실이다. 《한마디로 봉급생활자가 봉이라는 이야기다.》

He is ***a slippery customer***, and should be watched carefully. ▶ 그는 몰래 물건을 훔치고 요리조리 잘 빠져나가는 고객이므로 주의 깊게 지켜봐야 한다.

요부(妖婦)

Femme fatale ☞ fatal women, **French**

The femme fatal, sexy, confident, lures men into

아

her trap by her beauty and smooth talk. ▶ 섹시하고 자신감 넘치는 그 요부는 아름다운 외모와 부드러운 말로 남성들을 자기의 덫으로 유혹한다.

siren ☞ Literary

Ellen T. White, author of "Simply Irresistible," believes every one of us ladies has the inner power to be ***a Siren***, or woman men get excited by. ▶ "도대체 저항할 수 없는"이라는 책의 저자인 엘렌 화이트는 모든 여성들이 요부 혹은 남성을 자극하는 여자가 될 잠재능력을 가지고 있다고 믿는다.

주 아름다운 노랫소리로 근처를 지나는 뱃사람을 유혹하여 파선시켰다는 그리스 신화에 나오는 바다의 요정이다.

요약해서 말하면
한마디로 말하자면; 간단히 말하자면

in a nutshell

In a nutshell, we executed very well. ▶ 요약하자면 우리는 매우 잘 해냈다.

He describes the story ***in a nutshell*** as "a guy loses everything and has to win it back." ▶ 그는 그 이야기를 한마디로 "모든 것을 잃고 다시 찾아야 하는 한 남자"에 대한 이야기라고 요약했다.

주 매우 작은 견과류 껍질/그릇에 담을 수 있을 정도로 요약한다는 의미다.

to sum up

To sum up, the situation inside Somalia has changed a great deal over the past year. ▶ 요약하자면, 소말리아 내부 상황이 지난해에 큰 변화를 겪었다.

in brief; briefly

In brief, take no risks. ▶ 간단히 말하자면 절대 위험한 일을 하지 마라.

in a word

She, ***in a word***, does not like him. ▶ 한마디로 말하자면, 그녀는 그를 좋아하지 않는다.

글/대화/연설/행사 등의 요점
요지(general meaning)

gist

The meeting was offered free to the public. ***The gist*** of this event was to find out if there were any other families interested in Christian home-schooling, and if so, what were they interested in. ▶ 그 모임은 일반 사람들에게 무료로 제공되었다. 이 행사의 요점은 기독교식 자택학습(아이를 학교에 보내지 않고 집에서 교육시키는 방법)에 관심있는 다른 가정들이 있는지, 만일 관심이 있다면 어떤 점에 흥미가 있는지 알아보는 것이었다.

I understand just enough Spanish to have derived ***the essential gist*** of a conversation between two Hispanics discussing illegal immigration. ▶ 내 스페인어 실력은 불법이민에 관해 두 스페인계 사람이 나누던 대화의 핵심요지를 알아들을 수 있을 정도다.

매우 정중하게 하는 중대한/심각한 요청
당부; 부탁

entreaty ☞ Formal

Of course, London officials had been making ***the same entreaties*** — for decades. ▶ 물론 런던 당국은 (시민들에게 수상한 사람이나 물건이 발견되면 즉시 신고하라는) 똑같은 당부를 수십 년간 해왔었다. 《2005년 7월 7일 영국 런던에서 테러사건이 발생하기 훨씬 이전부터 이 같은 중대한 요청을 시민들에게 해왔지만 아무 소용이 없었다는 말이다.》

She simply couldn't refuse ***his latest entreaty*** to work on his campaign. ▶ 그녀는 자기 선거운동에 참여해 달라는 그의 마지막 요청을 도저히 뿌리칠 수 없었다.

간절하게 요청하다
간절하게 애원하다

beseech ☞ Literary

Her voice cracked as she ***beseeched***, as if saying a prayer, knowing she could not control the fate of her baby girl. ▶ 그녀가 어린 딸의 운명을 어찌할 수 없다는 사실을 알고 마치 기도하듯 목멘 소리로 간절하게 요청했다.
♣ *voice cracks* : 평소와는 달리 **목소리가 변하다** 참조

They ***beseeched*** Allah to make Somalia a peaceful country. ▶ 그들은 알라에게 소말리아를 평화스러운 나라로 만들어 달라고 간절히 애원했다.

도움/지원 등을 **요청하다**

enlist

He ***enlisted the support*** of the newly appointed director of the Bureau of Health. ▶ 그가 새로 임명된 보건당국 책임자에게 지원을 요청했다.

The war-torn country in Africa is ***enlisting an international help***. ▶ 전쟁으로 폐허가 된 그 아프리카 국가가 국제사회의 도움을 요청하고 있다. ♣ ***war-torn*** : **전쟁으로 폐허가 된** 참조

가운데 손가락을 세워 **욕하다**

flip the bird ☞ Informal

Singh ***flipped*** Chamblee ***the bird***. ▶ 아니카 소렌스탐이 미 PGA the Colonial tournament에 참여한 사실에 대하여 비제이 싱이 "LPGA superstar Annika Sorenstam didn't belong out there"라고 말한 적이 있다. 그런데 챔블리가 "Singh had missed the point about Sorenstam's effort to play with the guys"라고 말한 것에 대한 반감의 표현으로 비제이 싱이 캐나다 토론토에 있는 한 레스토랑에서 챔블리에게 이 같은 행동을 했다고 한다.

He ***flipped the bird*** to fans as he was walking off the field Sunday. ▶ 그는 일요일 운동장을 떠나면서 팬들에게 가운데 손가락을 세워 욕했다.

용감히 어려운 일에 맞서다

brave

President Barack Obama—a man not yet done with his first nine months in the White House—now stands alongside Albert Schweitzer, Mother Teresa and Martin Luther King Jr. He awoke Friday morning and learned that he'd been awarded the Nobel Peace Prize and is now grouped with people who revolutionized agriculture, ***braved totalitarian and racist regimes***, ended wars, fought to end land mines and ***braved war zones*** to deliver medical care. ▶ 백악관에서 9개월도 채 보내지 않은 버락 오바마 대통령이 이제 알버트 슈바이처 박사, 테레사 수녀, 마틴 루터 킹 주니어 목사 옆에 선다. 그는 금요일 아침에 잠에서 깨어나 자신이 노벨상 수상자로 선정되었다는 소식을 들었다. 그는 지금 농업혁명을 이룩했고, 전체주의적이고 인종차별적인 정권에 용감히 맞섰고, 전쟁을 종식시켰고, 지뢰를 사용하지 못하도록 투쟁했고, 부상병들을 치료하기 위하여 용감히 전쟁터에 뛰어든 사람들의 대열에 있다. 《2009년 10월 9일 오바마 미국 대통령이 노벨 평화상 수상자로 선정된 소식에 대한 이야기다.》

용기를 북돋우다
고무시키다 ; 격려하다

hearten

The news ***heartens*** everybody. ▶ 그 뉴스는 모든 사람의 용기를 북돋운다.

I am ***heartened*** that the field of Democratic candidates for president includes a woman, an African-American and a Hispanic. ▶ 민주당 대통령 후보 경선에 참가하는 사람에 여성과 흑인 그리고 스페인계 사람이 각각 한 사람씩 포함되어 있다는 사실은 나에게 고무적이다.

For many film-makers, such an enthusiastic audience is ***heartening*** enough. ▶ 그와 같은 열성적인 관객은 많은 영화제작자들의 용기를 충분히 북돋아 준다.

조그만 실수나 잘못도 절대로 **용납하지 않는 정책**
절대로 용서하지 않는 정책

zero-tolerance

They have ***a zero-tolerance policy for sexual harassment***. ▶ 그들은 성적으로 상대방을 괴롭히는 행위는 절대로 용납하지 않는 정책을 가지고 있다.

Meanwhile, Mohamed ElBaradei, head of the International Atomic Energy Agency, spoke of "disastrous" consequences for North Korea if it conduct a test, warning that the international community "has ***zero tolerance for any new country to go for a nuclear weapon***." ▶ 한편, 국제원자력기구 의장 모하메드 엘바라데이가 국제사회는 핵무기를

개발하려는 어떤 나라도 절대 용납하지 않을 것이라고 경고하면서 북한이 핵실험을 할 경우 북한에게 미치는 엄청난 결과에 대해서 언급했다. 《북한이 핵실험을 감행한 2006년 이전의 일이다.》
♣ *consequence* : ~때문에 발생하는 좋지 않은 **결과** 참조

용납할 수 없는 말/행동 등으로 인하여 **용납할 수 없는 사람**
기피 인물; 외교에서 주재국 정부가 기피하는 사람

persona non grata ☞ Latin

The government has declared the Japanese ambassador ***persona non grata*** and ordered him to leave the country right away. ▶ 정부는 일본대사가 기피인물이라 선언하고 즉시 이 나라를 떠나라고 그에게 명령했다.

These people have been declared ***persona non grata*** and will be deported if they are arrested, he said. ▶ 이 사람들은 용납할 수 없는 인물로 지정되었고 체포되면 추방될 것이라고 그가 말했다.

우는 아이에게 떡 하나 더 준다
보채는/우는 아이에게 젖 준다

The squeaky wheel gets the grease/oil

"***The squeaky wheel gets the grease*** and we're going to start squeaking," he said. ▶ "우는 아이에게 젖 준다는 말이 있다. 우리는 큰 소리로 울어대려 한다"고 그가 말했다.

The loudest complaints get the most attention. No matter what table they give her, Helen generally insists on a better one and gets it — ***the squeaky wheel gets the oil***. ▶ 시끄럽게 불평을 늘어놓으면 사람들이 쳐다보기 마련이다. 그들이 어떤 테이블을 주든 간에, 헬렌은 언제나 더 좋은 자리를 내놓으라고 고집을 피워 좋은 자리를 얻는다. 우는 아이에게 떡 하나 더 주는 격이다.

㈜ 바퀴에서 삐걱거리는 소리가 나면 기름을 치게 마련이다.

우리 둘만의 이야기인데
이건 비밀인데 (지금 하는 이야기를 절대로 남에게 말하지 말라는 의미로 서두를 꺼낼 때 사용)

between you and me (and the post)

Between you and me, he will marry her soon. ▶ 우리 둘만의 이야긴데, 그가 곧 그녀와 결혼한다.

Between you and me and the post, I don't like him at all. ▶ 이건 비밀인데, 나는 그를 전혀 좋아하지 않는다.

㈜ *The post*는 길가에 서 있는 기둥(전신주)이다.

우선순위
우선과제; 우선적으로 해야 하는 것

priority

The government believes that ***their priority*** is to rein in soaring house prices. ▶ 정부는 치솟는 주택가격의 고삐를 죄는 것이 우선과제라고 믿고 있다. ♣ *rein in* : 사람/상황 등을 **통제하다** 참조

Employee Security came top, with 81 percent of respondents feeling it was ***a high priority***. ▶ 응답자의 81%가 우선순위가 높다고 생각하고 있어 고용보장이 선두를 차지했다.

I've ***placed the high priority on*** obtaining my education. ▶ 나는 교육을 받는 것에 우선순위를 가장 높게 두었다.

Until recently, Burma was ***a low priority*** for most foreign country. ▶ 최근까지, 버마는 대부분 나라들에게 우선순위가 낮은 국가였다. 버마에 별 관심을 두지 않았다는 의미다.

Get your priorities in order before you start the work. ▶ 작업을 시작하기 전에 어떤 일을 먼저 해야 하는지 우선순위를 결정하라.

In many primate conservation hot spots around the world — mostly developing countries with limited resources — the health and safety of humans naturally ***take priority over*** the welfare of our closest relatives. ▶ 대부분 자원이 부족한 개발도상국에 있는 영장류 보호가 시급한 여러 지역에서, 인간의 안녕은

당연히 우리의 가장 가까운 친척들의 복지보다 우선순위가 높다. 《멸종 위기에 처한 영장류의 서식지가 대부분 한정된 자원밖에 없는 개발도상국에 있기 때문에 그들이 영장류의 보호에 신경 쓸 여력이 없다는 의미다.》

~을 제일 **우선시한다**
~을 제일 먼저 생각한다; ~을 제일 중요하게 여긴다

put/place something first ☞ ~을 제일 앞에 놓는다

My mother always ***puts her family first***, ignoring her own need. ▶ 내 어머니는 당신은 돌보지 않은 채 언제나 가족을 제일 우선시한다.

Their marriage suffered because he ***placed his work first***. ▶ 그가 자신의 일을 제일 중요하게 여겼기 때문에 그들 결혼생활이 순탄치 않았다.

~을 ~보다 **우선시한다**
중요시한다

put/place one thing above/before another

Some people ***place self-interest before the common good***. ▶ 어떤 사람들은 공익보다는 자신의 이익을 우선시한다

다른 사람/것들보다 훨씬 **우수한**
뛰어난; 위에 있는

head and shoulders above

The student stood ***head and shoulders above the rest***. ▶ 그 학생은 나머지 학생들보다 훨씬 우수했다.

I am very impressed by your report. It is ***head and shoulders above any other***. ▶ 나는 너의 보고서에 깊은 인상을 받았다. 다른 보고서보다 훨씬 뛰어나다.

우여곡절(迂餘曲折)
사정이 뒤얽히고 몇 번이고 변화함; 뒤얽힌 복잡한 사정

twists and turns

The war on terror has ***taken many constitutional twists and turns***. To some, allowing unfettered government snooping into private telephone and computer records, purchases and even movie rentals is a necessary part of the fight. ▶ 테러와의 전쟁은 헌법과 관련된 많은 우여곡절을 겪었다. 어떤 사람들은 족쇄 풀린 정부가 사적인 전화대화와 컴퓨터 기록 심지어 빌려본 영화들까지 마음대로 조사할 수 있도록 허용하는 것이 테러와의 전쟁을 위해 필요하다고 생각한다. 《이 같은 정부의 행동이 과연 헌법에 위반되는지에 대한 논쟁이 매우 격렬하다는 의미다.》

My life has ***taken many twists and turns***. ▶ 내 인생은 많은 우여곡절을 겪었다.

우연

happenstance ☞ Written

It was ***happenstance*** that the events were scheduled for the same date. ▶ 그 행사들이 같은 날에 잡힌 것은 우연이다.

It is not ***happenstance*** that we have two eyes instead of one or three. ▶ 우리가 하나나 셋이 아닌 두 눈을 가진 것은 우연이 아니다.

Things like that don't happen ***by happenstance*** ▶ 그 같은 일들은 우연히 일어나지 않는다.

우연히 ~에 들어가다
우연히 ~에 자리잡다; 어쩌다가 ~에 들어가다

find one's way into

Five of my passes ***found their way into the hands*** of the defenders. ▶ 내가 패스한 공이 어쩌다가 다섯 번 수비수의 손에 들어갔다.

Each of these species has ***found its way into the wild*** and is spreading and reproducing — sometimes forcing out native fish populations. ▶ 이 종들은 모두 우연히 야생의 세계에 자리잡았고, 때에 따라서

아

토착 물고기들을 몰아내면서, 세를 넓히며 번식하고 있다.

선거 등과 같은 경쟁에서 두 사람의 **우열을 가리기 힘들다**

치열한 경쟁/경합/싸움이 벌어지고 있다

neck and neck

The latest polls indicate that the two parties are ***neck and neck***. ▶ 가장 최근 여론조사 결과 두 정당의 우열을 가리기 힘든 것으로 나타났다.

The communists are running absolutely ***neck and neck*** with the Christian Democrats. ▶ 공산당이 기독교 민주당과 치열한 경합을 벌이고 있다.

주 경마에서 두 말이 치열하게 경합을 벌이는 상황이다.

우월주의

특정 종교, 종족, 지역, 성(性) 등이 다른 것에 비해서 우월하다고 생각하는 사고방식

chauvinism

Ethnic chauvinism is known to exist in Kenya, but few suspected it could rear its ugly head in such primitive and horrendous manner.? ▶ 종족우월주의가 케냐에 존재한다고 알려져 있지만, 그처럼 야만적이고 끔찍하게 흉측한 모습을 드러내리라고 생각한 사람이 거의 없었다. 《두 종족 간에 벌어지고 있는 유혈분쟁에 관한 이야기다.》 ♣ ***rear its ugly head***: 좋지 않은 것이 **고개를 들다** 참조

When it fails to oppose ***regional chauvinism***, the party will lose the trust of Muslims and Christians. ▶ 그 정당이 지역우월주의와 맞서지 못한다면 무슬림과 기독교 사람들의 믿음을 잃게 될 것이다.

Recognizing the value of pluralism and the right for societies to develop according to their own historical experience and cultural traditions, "Islam and Democracy" refreshingly manages to avoid the arrogance and implicit ***cultural chauvinism*** that dominates much of the current literature dealing with Islam and democracy that assert the hegemony of the historically-derived Western European/North American model of liberal, parliamentary democracy as the only possible model for democratic development. This book takes the more genuinely and sincerely democratic approach of acknowledging that there are many paths to democracy and that all societies must discover the deep, universal values that sustain popular sovereignty and self-government in their own native traditions. ▶ 다원주의의 가치와 각 사회 고유의 역사적 경험과 문화적 전통에 따라 발전할 권리를 인정하면서, "이슬람과 민주주의"라는 책은 역사적 배경을 지닌 서구 유럽과 북미의 모델인 자유의회 민주주의를 유일한 민주주의적 발전모델이라고 헤게모니를 주장하는, 이슬람과 민주주의를 다루는 요즘 문학작품 대부분을 지배하는, 내재된 문화적 우월주의와 오만함을 참신한 방법으로 피해간다. 이 책은 민주주의로 향하는 길은 많으며 그리고 모든 사회가 주권국민주의 및 고유한 전통 안에서 이룩된 자치정부를 떠받치는 깊은 우주적 가치들을 발견해야 한다는 것을 인정하는 순수하고 진정한 민주적 접근방법을 취한다.

우월주의자

chauvinist

"In a way, because I am neither man nor woman, I can say anything I want without anyone accusing me of being too feminist or ***male chauvinist***," he says. ▶ "어떤 면에서 보면, 나는 남자도 여자도 아니기 때문에, 지나친 여성주의자 혹은 남성 우월주의자라는 비난을 받지 않고 내가 하고 싶은 말을 마음대로 할 수 있다"고 그가 말했다.

경쟁에서 남보다 **우위를 점하기 위하여 온갖 수단을 동원하다**

~을 남보다 먼저 얻기 위하여 갖은 방법을 쓰다; 갖은 노력을 다하다; 온 힘을 쏟다

jockey for

The SEC (Securities and Exchange Commission), which has only limited jurisdiction — and only over insurers that raise capital in the public markets — has begun ***jockeying for a larger role***. ▶ SEC는 공개시장에서 갑자기 자본금을 높이는 보험회사를 감시 감독하는 제한된 권한만을 가지고 있었는데, 보다 큰 역할을 맡기 위하여 온갖 노력을 다하기 시작했다.

The rival political parties are already ***jockeying for power***. ▶ 경쟁 정당들이 정권을 잡기 위하여 이미 온 힘을 쏟고 있다.

주 기수(*jockey*)가 결승선을 향해 치열하게 말을 몰고 있는 모습을 상상하면 된다.

다른 사람/것과 비교했을 때 **우위(에 있는 점)**
앞서 있는 점 ; 강점

edge

The company claims a Disney-like ***imaginative edge*** as its most important asset. ▶ 그 회사는 상상력(창의력)에서 디즈니처럼 남들보다 앞서 있다는 것이 가장 중요한 자산이라고 주장한다.

The lack of science majors at U.S. colleges poses a threat to the United States' already waning ***competitive edge*** in the world technology market, said a renowned physicist. ▶ 미국 대학에서 과학을 전공하는 학생들이 부족하여 세계 기술시장에서 이미 기울고 있는 미국의 경쟁력 우위가 위협을 받고 있다고 한 저명한 물리학자가 말했다.

우적우적 (씹어) 먹다
다소 시끄러운 소리를 내며 먹는 모습이다

munch

Young Chinese couples ***munch*** French fries at KFC and McDonald's. ▶ 젊은 중국 남녀들이 KFC와 맥도날드에서 프렌치 프라이를 우적우적 씹어 먹는다.

Outside the window a deer is ***munching*** on the lawn. ▶ 창 밖에는 사슴 한 마리가 잔디밭에서 우적거리며 풀을 뜯고 있다.

Have you ever found yourself mindlessly ***munching*** in front of the TV, entirely unaware of what you're shoving into your mouth? ▶ 자신도 모르게 입 속에 무엇을 집어넣는지 전혀 의식하지 않은 채 TV 앞에서 아무 생각 없이 우적우적 먹은 적이 있는가? ♣ *find oneself* : **뜻하지 않았던 상황에 처하다** 참조

주 자동사와 타동사로 다 사용된다.

건물/사무실/장소 등이 **우중충한**
어두침침하고 더러운

dingy

He took me to his ***dingy office***. ▶ 그는 우중충한 자기 사무실로 나를 데려갔다.

The city, once known as smoky and ***dingy***, became just ***dingy*** after all of the steel mills that made Pittsburgh famous left town in the 1960s and 1970s. ▶ 한때는 매연이 가득하고 우중충한 도시로 알려졌던 피츠버그는 이 도시를 유명하게 만들었던 모든 제철공장들이 1960년대와 1970년대에 모두 떠난 후론 그냥 우중충할 뿐이다. 《2009년 G20 정상회담을 개최한 미국 피츠버그를 비아냥거리는 이야기다.》

우천
만일의 경우 ; 유사시(有事時)

rainy day

The city's ***rainy day fund*** has dwindled to as little as $11.6 million. ▶ 그 시가 유사시를 대비해 비축해 둔 자금이 1160만 달러까지 줄어들었다.

Save treats for ***a rainy day*** when kids are sick, bored, or have had a major disappointment. ▶ 아이들이 아프거나 지루해하거나 혹은 큰 실망을 겪을 때 나누어 줄 수 있도록 (할로윈데이 때 받아온) 캔디를 다 먹게 하지 말고 남겨두어라.

운 나쁜
재수 없는 ; 불운한

ill-fated

One of the seven crew members aboard ***the ill-fated Coast Guard plane*** that crashed after a mid-air collision Thursday night has been identified by family and friends. ▶ 목요일 저녁 공중충돌로 추락한 운 나쁜 해안 경비대 비행기에 탑승했던 7명의 승무원 중 한 사람의 신원이 가족과 친구들에 의해서 확인되었다.

I have ordered all those living near ***the ill-fated home*** that was engulfed by a landslide to evacuate immediately and move to safer ground.

▶ 나는 불운하게 산사태에 매몰된 집 근처에 사는 사람들에게 급히 안전한 지대로 피신하라고 명령했다. ♣ *engulf*: 불길, 산사태 등이 건물 등을 순식간에 **휩싸다** 참조

옳다고 생각하는 것 혹은 원하는 것을 얻기 위해 장기간 동안 단호한 태도를 가지고 추진하는 **운동**
강력하게 추진하는 일/활동(campaign)

crusade ☞ 동사로도 사용

A Florida mother's loss has led her on ***a crusade*** to stop drinking and driving. ▶ 플로리다에 사는 한 어머니가 음주운전으로 자식을 잃어 음주운전을 근절하기 위한 운동을 추진하게 되었다.

The International Renewable Energy Agency, set up this year to lead ***a global crusade*** for renewable energy development and sharing of technology between the developed and developing worlds, has come a long way in a short time. ▶ 재생에너지의 개발 및 선진국과 개발도상국 간 개발된 기술의 공유를 위한 전세계적인 활동을 주도하기 위하여 올해 설립된 국제재생에너지기구는 단기간에 많은 성과를 거두었다. ♣ *have come a long way*: **먼 길을 고생하면서 달려왔다** 참조

He began ***his crusade*** against social inequality and other iniquities. ▶ 그는 사회적 불평등 및 기타 불공정행위들을 퇴치하는 운동을 시작했다.

㈜ 중세시대의 십자군 전쟁이다.

무슨 일이 있더라도 ~와 항상 **운명을 같이하다**
~와 항상 힘을 합치다; ~와 늘 함께 (일)하다; 한 배를 타다

throw in one's lot with someone

He has decided to ***throw in his lot with the far-left groups***. ▶ 그는 극좌 단체들과 운명을 같이하기로 결심했다.

"Bush has turned his back to the American establishment and his military advisers and is ***throwing in his lot with the neoconservatives and the Israeli lobby***," he said. ▶ "부시 대통령이 미국 기득권층과 그의 군사고문에게서 등을 돌려 신보수주의자들 및 이스라엘 압력단체와 한 배를 타고 있다"고 그가 말했다. ♣ *turned one's back to*: ~에게 **등을 돌리다** 참조

운명의 수레바퀴
운명이 뒤바뀌는 것; 영고성쇠(榮枯盛衰); 흥망성쇠(興亡盛衰)

wheel of fortune

The wheel of fortune will keep turning. ▶ 운명의 수레바퀴는 계속 돌 것이다(흥망성쇠는 계속 될 것이다).

The wheel of fortune seems to have turned full circle for them. ▶ 그들에게 운명의 수레바퀴가 한 바퀴 돈 것처럼 보인다(그들의 운명이 다시 제자리로 돌아간 것처럼 보인다).

In the 20th century that kind of painting became despised, but ***the wheel of fortune*** turned and for the past 20 years Victorian narrative art has become valued again. ▶ 20세기엔 그런 류의 그림이 멸시되었다. 그러나 운명의 수레바퀴가 돌아(운명이 뒤바뀌어) 지난 20년간 빅토리아 시대에 유행했던 설화풍의 그림이 다시 가치를 인정받고 있다.

㈜ 원판을 여러 부분으로 나누어 각종 상품이나 벌칙 등을 적어 놓고는 빙글빙글 돌려 운을 결정하는 게임판을 "*wheel of fortune*"이라 부르기도 한다. 미국 TV 프로에 "*Wheel of Fortune*"이라는 유명한 게임 쇼가 있다

운에 맡겨진

left to luck

There has to be systematic work on the skills of tomorrow's management. It cannot be ***left to luck***. ▶ 미래의 관리기술에 대한 체계적인 노력이 있어야 한다. 이를 운에 맡길 수 없다.

Avoiding disaster is no longer ***left to luck*** but is carefully controlled through risk management. ▶ 재난방지를 더 이상 운에 맡기지 않고 위험관리를 통해 꼼꼼하게 통제하고 있다.

They are trying their best with everything else ***left to luck***. ▶ 그 밖에 모든 것은 운에 맡기고 그들은 최선의 노력을 기울이고 있다.

Diplomacy is a battle of wits, negotiations, and alliance with nothing ***left to luck*** alone. ▶ 외교는 지혜, 협상, 동맹의 싸움이다. 어느 것도 운에 맡기지 않는다.

놀라거나 혐오스러워서 몸을 **움츠리다**

cringe

I ***cringed*** in horror. ▶ 나는 공포에 몸을 움츠렸다.

As long as dinosaurs roamed the earth, our distant ancestors never got to be much more than ***cringing***, shrew-like creatures that slinked out at night to nibble timorously on plants and insects when the terrible lizards were asleep. ▶ 공룡들이 땅 위를 돌아다니는 한, 우리의 먼 조상들은 무서운 도마뱀들이 잠을 자는 밤에 살금살금 기어 나와 조심스럽게 식물을 갉아먹고 곤충을 잡아먹는 몸을 잔뜩 움츠린 쥐 같은 동물에 지나지 않았다. 《공룡들이 지구를 지배하던 쥐라기에 살던 포유류에 대한 이야기다.》

어떤 행동을 하다가 몸을 **움츠리다**

기가 죽어 수그러지다; 꽁무니를 빼다; 투자나 지출을 억제하다

draw/pull in one's horns

The good news for luxury goods and services firms is that neither stocks nor real estate have yet to undergo a correction that will cause significant numbers of wealthy Americans to ***draw in their horns***. On average, wealthy consumers say that it would take a 19 percent drop in the value of their stocks before they would consider cutting back on spending. ▶ 고급 물품과 서비스를 제공하는 기업들에게 좋은 소식은 상당수의 부유한 미국인들이 지출을 억제할 정도로 주식이나 부동산 시장이 조정을 받은 적이 아직 없다는 점이다. 평균적으로, 부유층은 그들의 주식이 19% 정도 떨어져야 소비를 줄일 것이라고 말한다.

Banks are now ***pulling in their horns*** on residential real estate. ▶ 은행들이 현재 주거용 부동산에 대한 투자를 억제하고 있다.

They have ***pulled in their horns*** retreating from the frontline. ▶ 그들은 몸을 움츠리고 최전선에서 물러났다.

주 성난 황소나 사슴이 뿔(***horns***)을 고추 세우고 덤빌듯한 자세를 취하다가 수그러지는 모양이다. 달팽이도 도망갈 때 세웠던 뿔을 집어 넣고 껍질 속으로 쏙 들어간다.

수풀이 **울창한**

being covered with green grass, trees, and plants

verdant ☞ 푸릇푸릇한, 푸른 잎이 무성한, Literary

Its picturesque landscape and ***verdant hills*** and rustic villages inspired him. ▶ 그림 같은 경치, 수풀이 울창한 언덕, 시골 풍 마을들이 그에게 영감을 불어넣었다.

leafy ☞ 나뭇잎이 우거진/무성한

He had been forced to divert from the main roads into ***the leafy squares*** of Bloomsbury, home to the colleges of the University of London. ▶ 그는 간선도로를 벗어나 런던대학이 자리잡고 있는 블룸스베리의 나뭇잎이 우거진 광장으로 방향을 틀 수밖에 없었다. 《2005년 7월 7일 영국 런던에서 발생한 테러사건 직후의 이야기이다.》

Residents fear precious open space — including ***a leafy pedestrian street*** — will be lost under plans to move a community centre. ▶ 주민들은 나뭇잎이 무성한 보도를 포함한 소중한 열린 공간이 마을회관을 옮기는 계획으로 없어질까 걱정한다.

forested ☞ 나무가 빽빽하게 자라고 있는; 산림이 울창한

The road snakes through ***forested mountains***. ▶ 그 길은 산림이 울창한 산을 뱀처럼 꾸불꾸불 지나간다. ♣ ***snake through*** : 길이나 강이 **꾸불꾸불 나 있다** 참조

최후에/마지막에 **웃는 사람**

최후의 승리자; 진정한 승리자

one who has the last laugh

Kyle had the last laugh at the Finals, and what a laugh it was. ▶ 카일이 결승전에서 마지막에 웃었다. 정말 멋진 웃음이었다.

Who will have the last laugh? ▶ 누가 마지막에 웃을 것인가? (누가 최후의 승리자가 될까?)

But it was ***John who had the last laugh***. ▶ 그러나 마지막에 웃은 사람은 존이었다.

~에게 **웃는 표정을 살짝 짓다**
살짝 미소 짓다

flash someone a smile ☞ Written

She ***flashed me a grateful smile***. ▶ 그녀는 나에게 고맙다는 미소를 살짝 지어 보였다.

As I turned to take a second look at her, she ***flashed me a smile***. ▶ 내가 그녀를 다시 쳐다보기 위하여 몸을 돌리자, 그녀는 나를 보며 살짝 미소 지었다.

He ***flashed me a quick grin*** but rapidly swallowed it when he saw my expression. ▶ 그는 나를 보고 살짝 싱글거리다가, 내 표정을 눈치채고는 재빨리 웃음을 감추었다.

거리낌없이/터놓고 **웃다**
파안대소(破顔大笑)하다

laugh outright

They ***laughed outright*** as he came into the room. ▶ 그가 방에 들어오자 그들은 파안대소했다.

기분 나쁘게 깔깔대며/껄껄대며 **웃다**
남에게 일어난 좋지 못한(불행한) 일/사건에 대하여 고소하다는 듯이 큰 소리로 웃다

cackle

When he heard the news, he threw his head back and ***cackled***. ▶ 그가 그 소식을 듣고는 고개를 뒤로 젖히고 껄껄대며 웃었다.

The homemakers who ***cackle*** wildly every time they sharpen the butcher knife are neither tired of hearing about victims nor eager to honor them. ▶ 부엌칼을 갈 때마다 큰 소리로 마구 깔깔대며 웃는 가정주부들은 피해자들에 대한 이야기를 아무리 들어도 싫증을 내지 않으며 그들을 존중할 마음도 없다. 《보비트라는 미국 여자가 남편의 성기를 칼로 자른 사건에 대한 일반 가정주부들의 반응이다.》

어떤 일이 자기 생각대로 되었다고 남들 앞에서 이를 드러내고 **웃다**
능글맞게 웃다; 회심의 미소를 짓다; 득의의 미소를 짓다

grin like a Cheshire cat

With the superb looking trophy in one hand and a suitcase containing almost $900,000 in the other, he was ***grinning like a Cheshire cat*** as the media pressed him for a quote. ▶ 한 손에는 멋진 트로피를 그리고 다른 한 손에는 90만 불의 돈이 든 가방을 든 채, 기자들이 질문을 해댈 때 그는 득의의 미소를 지었다. 《골프대회에서 우승해 상금을 두둑이 챙긴 어느 선수 이야기다.》

He just ***grins like a Cheshire cat***. "We know it," he says. "We know it." ▶ 그는 "내가 그럴 줄 알았어 암 그렇고 말고"라고 말하면서 이를 드러내며 회심의 미소를 지었다.

주 오래전 영국 체셔 지방(***Cheshire***) 을 다스리던 King Richard III가 숲속에 숨어 지내면서 강도 짓을 하는 사람들 때문에 골머리를 앓았다. 왕은 도적들을 소탕하는 임무를 "***Caterling***"이라는 사람에게 맡겼다고 한다. ***Caterling***은 100명이 넘는 도적들을 붙잡아 교수형에 처했다. 교수형 광경을 볼 때마다 ***Caterling***은 "너희들이 아무리 날뛰어 봐야 나한테 걸리면 죽음뿐이야"라는 의미로 회심의 미소를 지었다고 한다. 이 표현은 영국 작가 Lewis Carroll (1832~1898)의 동화 "Alice's Adventures in Wonderland(이상한 나라의 앨리스)"가 등장하고 나서 자주 사람들의 입에 오르내리게 되었다. 앨리스를 이상한 나라로 인도하는 고양이(***Cheshire cat***)가 앨리스가 당황해하는 모습을 보면서 능글맞게 웃곤 한다. 그렇지만 여전히 ***Cheshire*** 지방 사람들은 ***Caterling***이 웃는 모습으로부터 이 표현이 탄생하였다고 철석같이 믿고 있다고 한다.

즐거운 일이 있거나 책을 보다가 재미있어 혼자서 조용히(소리를 죽여) **웃다**
키득대며 웃다

chuckle

When he lost his place in one song, he ***chuckled*** and told the band to stop playing and start over so he could get the words right. ▶ 노래를 부르다 틀리자, 그는 키득대며 웃고는 밴드에게 연주를 중지하고 처음부터 다시 시작하자고 말했다.

I *chuckled* when I read the Mayor' s letter in the newspaper about how clean our streets are until I realized that his self-congratulatory polemic was meant to be serious. ▶ 우리 도로가 매우 깨끗하다는 신문에 실린 시장의 글을 읽고 키득대며 웃다가, 자축하는 그의 주장이 매우 심각하다는 것을 알고는 웃음을 멈추었다. 《시장의 태도가 그냥 웃어 넘길 것이 못 된다는 말이다.》

웃다가 갑자기 울상이 되다
상황이 좋았다가 갑자기 나빠지는 경우다

laugh out of the other side of one's mouth

Paul boasted that he was a good skater, but after he fell, he *laughed out of the other side of his mouth*. ▶ 스케이트를 잘 탄다고 그가 뽐내다가 넘어진 후 갑자기 울상이 되었다.

When he heard the bad news he *laughed out of the other side of his mouth*. ▶ 그는 웃다가 나쁜 소식을 듣고는 갑자기 울상이 되었다.

~을 웃어 넘기다
일소에 부치다

laugh off

They just *laughed off* our advice. ▶ 그들은 우리의 충고를 그냥 웃어 넘겼다.

The couple *laughed off* rumors that their marriage was in trouble. ▶ 그 부부는 그들의 결혼생활이 순탄치 않다는 소문을 일소에 부쳤다.

너무 웃어서 눈물이 날 지경이다

laugh until one cries

If you have *laughed until you cried*, tell me why. ▶ 네가 눈물이 날 지경까지 웃었다면, 왜 그랬는지 나에게 이유를 말해라.

I *laughed until tears squeezed from my eyes*. ▶ 나는 눈물이 나도록 웃었다.

웃으면서 ~라고 말하다

laugh/smile

Oil money is finally trickling down to the Bedu. Government has created population centers in the desert. These are often called markaz, often with free housing and schools and medical care. In the Rub al Khali, many of the Bedu have moved to the markaz. "To meet Bedu these days," he *laughed*, "you may have to go to the towns." ▶ 오일 달러가 마침내는 사막에서 텐트를 치고 살던 베두족(아라비아 반도 남쪽에 있는 Rub al Khali 사막에 사는 부족)에까지 흘러 들어갔다. 정부는 사막에 사람들이 모여 사는 도시를 만들었다. 이 도시는 markaz라고 불리기도 하며 주택, 교육, 의료혜택이 무료로 제공되기도 한다. The Rub al Khali 사막에 사는 많은 베두족 사람들이 markaz로 이사했다. 그는 웃으면서 "요즘 베두족 사람들을 만나기 위해서는 사막이 아니라 도시로 가야 할지도 모른다"고 말했다.

"That was just fine, Alex," I *smiled*, tousling his matted hair. ▶ 나는 그의 헝클어진 머리를 문지르며 웃으면서 "좋았어, 알렉스"라고 말했다.

주 "say laughing"이나 "say smiling"라고 하는 것보다 문장이 훨씬 간결해 보인다.

매우 큰 소리로 깔깔/껄껄거리며 요란하게 웃는 웃음

bell laugh

If you were able to sustain *a bell-laugh* for one full hour, you could laugh off as many as 500 calories! ▶ 큰 소리를 내면서 쉬지 않고 1시간 동안 웃으면 자그마치 500칼로리가 소비된다.

입을 매우 크게 벌리고 웃는 웃음
함지박 같은 미소; 함박웃음

ear-to-ear smile

He wore *an ear-to-ear smile* when entering the press room. ▶ 기자회견실로 들어가면서 그는 입이 찢어지도록 미소를 지었다.

It was *an ear-to-ear smile* filled with satisfaction and achievement. ▶ 그것은 만족감과 성취감으로 가득 찬

함지박 같은 미소였다.

주 입이 양 귀에 걸릴 정도로 크게 입을 벌리고 짓는 미소다. 시쳇말로 입이 찢어지는 미소다.

웃을 일이 아니다
보기와는 다르게 매우 심각한 문제다

it's no laughing matter

Their behavior is an offence. ***It's no laughing matter***. ▶ 그들의 행위는 범죄다. 이건 웃을 일이 아니다.

겉으로는 매우 심각한/진지한 것처럼 보이지만 **웃음을 자아내는 기사/방송물/영화**

spoof ☞ 동사로도 사용된다

Censors had banned the 1975 cult film, ***a musical spoof*** with Tim Curry starring as a transvestite space alien. ▶ 검열관들이 이 1975년 컬트영화의 상영을 금지시켰다. 이 영화는 팀 커리가 여성복장을 입은 남성 외계인으로 출연한, 겉으로는 심각한 척 하지만 웃음 자아내는 뮤지컬 영화다. ♣ *cult*: 특별한 그룹이나 사람들 사이에서 **유행하는 것** 참조

And here, for the first time, Queen and country (even dear old Shakespeare) ***were*** routinely ***spoofed*** before a nationwide public(BBC). ▶ BBC 방송에서 토요일마다 방영한 프로(That Was The Week That Was, fronted by Davis Frost)는 최초로 영국 여왕과 전 국민을 (심지어는 무덤 속에 있는 세익스피어까지) 웃게 만들었다.

교육장소에 직접 가지 않고 인터넷이나 방송 등을 통해 **원거리에서 공부하는/배우는 것**
원격학습

distance learning

A growing number of organizations now offer high quality on-site and ***distance learning*** educational opportunities. ▶ 점점 많은 기관들이 현지에서 그리고 원격학습을 통해서 수준 높은 교육을 제공하고 있다.

For this group of people, ***distance learning*** provides an ideal answer, where the power of the internet is harnessed to open up course materials and provide a platform for conversations between students and teachers. ▶ 인터넷을 이용하여 강의자료들을 공개하고 학생들과 선생님들 사이의 대화를 위한 공간을 제공하는 원격학습이 이런 사람들에게는 이상적인 해답이다. ♣ *harness*: 자연의 힘(수력, 풍력, 태양열, 조력 등)이나 제대로 이용되지 않고 있는 여러 형태의 힘(power), 잠재력(potential) 등을 **유용하게 이용하다/사용하다** 참조

일련의 사건/변화 후 **원상태로 다시 돌아오다**
원점으로 다시 돌아오다; 제자리로 다시 돌아오다

come/turn full circle

We have ***turned full circle*** and long-hairs are once again the height of style. ▶ (짧은 머리가 한동안 유행하다) 원점으로 돌아와 다시 긴 머리가 크게 유행하고 있다.

고장이 난 것을 수리하거나, 잃어버리거나 부족한 부분을 다시 보충해서 **원상회복/복구시키다**
손해/손실 등을 변상/배상하다

make good

It may cost hundreds of dollars to ***make good the damage***. ▶ 그 피해를 원상복구하려면 수백 불이 소요될지 모른다.

In such cases you can make a claim to ***make good the loss***. ▶ 그 같은 경우에는 손실에 대한 배상을 청구할 수 있다.

It's not so difficult for to ***make good the appearance of your damaged car***. ▶ 손상된 당신 차의 외관을 원상회복시키는 것은 그리 어렵지 않다.

근본 **원인**
근원(根源)

root cause

Tony Blair last night held out the prospect of an Israeli ceasefire as soon as next week, but stood by the US insistence that ***the root cause of the current war*** in Lebanon is Hezbollah and its sponsors in Syria and Iran. ▶ 지난 밤 토니 블레어 영국 수상은 이르면 다음 주에 이스라엘 종전협상이 타결될 가능성을 내비쳤다. 그러나 레바논에서 현재 일어나고 있는 전쟁의 근본 원인이 헤즈볼라(레바논의 과격 무장 정파)와 이들을 지지하는 시리아와 이란 사람들에게 있다는 미국의 주장에 동조했다.

This is again an example of addressing the symptoms and not *the root cause of the problem*. ▶ 이는 문제의 근원이 아닌 증상에만 역점을 두고 해결하려는 또 다른 예다.

지금까지 한 일 등이 잘못되었기 때문에 **원점으로 돌아가 다시 시작하다**
처음부터 다시 시작하다 ; 백지 상태에서 다시 시작하다

back to the drawing board

We should *go back to the drawing board* on that matter. ▶ 그 문제에 관해서 우리는 원점으로 돌아가 다시 시작해야 한다.

Chastened by a Washington Post editorial that called his position "astonishing," he retreated: the $87 billion, he said, should be *sent back to the drawing board*. ▶ 그의 태도가 매우 놀랍다고 논평한 워싱턴 포스트의 사설에 기가 한풀 꺾여 그는 "870억 불의 예산을 백지상태에서 다시 재고해야 한다"고 말하면서 물러났다. ♣ *chastened* : 어리석은 행동이나 잘못 때문에 시련을 겪거나 징벌을 받아 **누그러진** 참조

주 그렸던 그림을 지우고 다시 그린다는 말이다.

back to square one

So we're *back to square one*. Contract talks haven't shown much progress since starting. ▶ 그래서 우리는 다시 원점에 와 있다. 계약협상은 시작 이후 큰 진전을 보이지 못했다.

"We are *back to square one* and the situation is more precarious than it was before 9/11," one senior officer said. ▶ "우리는 다시 처음으로 돌아와 있다. 9/11 테러사태 이전보다 상황이 더 위태롭다"고 한 고위관리가 말했다.

주 주사위 놀이가 끝난 후 판 위에 놓여 있던 말들을 모아 한 구석에 몰아놓고는 다시 시작하는 데서 유래되었다.

이론이나 믿음 등의 토대가 되는 기본/주된 **원칙**
기본/주된 원리(main principle)

tenet ☞ Formal

Non-violence was *the central tenet of Gandhi's faith*. ▶ 비폭력은 간디 신념의 핵심 원칙이다.

The simple, commonsense tenet for the ruling is that no man is above the law. ▶ 간단하고 상식적인 통치의 기본 원리는 법 앞에서는 만인이 평등하다는 것이다. ♣ *no man is above the law* : **법 앞에서는 만인이 평등하다** 참조

~을 **원하는 대로 이용할 수 있는**
~을 마음껏/마음대로 이용할 수 있는

at someone's disposal

The natural resources at their disposal have clearly made it easier for the generals to cling defiantly to power. ▶ 천연자원을 그들 마음대로 이용할 수 있기 때문에 장성들(버마의 권력을 장악하고 있는 군인들)이 국내외의 압력에도 불구하고 권력을 쉽게 유지할 수 있었다.

If I can be of service, I am *at your disposal*. ▶ 제가 도움이 된다면 기꺼이 도와드리겠습니다. 저를 마음껏 이용하세요.

The Minister of Labor must now *use all the powers at his disposal* to support these skilled workers in finding alternative employment opportunities. ▶ 노동부장관은 이 숙련된 근로자들이 다른 일자리를 찾을 수 있도록 그가 지닌 모든 권한을 다 발휘해야 한다.

남을 신경 쓰지 않고 자신이 **원하는 대로 행동하다**
마음대로 혹은 마음 내키는 대로 행동하다

suit oneself

He made a dismissive gesture. "*Suit yourself*." ▶ 그가 무시하는 듯한 태도로 "당신이 원하는 대로 하세요"라고 말했다.

They have tended to *suit themselves*, not paying much heed to the reformers. ▶ 그들은 개혁을 주장하는 사람들의 말을 잘 따르지 않은 채 그들 마음대로 행동하는 경향을 보여왔다. ♣ *pay heed to* : ~을 하라는 경고/명령/요구/지시/충고 등을 잘 **따르다** 참조

너무나도 간절하게 **원한다**

What I would not give for something**; to do** something

What I wouldn't give for a camera like this. ▶ 이런 카메라를 너무나도 갖고 싶다.

Oh ***what I wouldn't give to see you*** once again. ▶ 오 당신을 또 다시 볼 수만 있다면 무엇이든지 다 줄 수 있을 텐데.

주 무엇이든 다 내줄 수 있다는 의미다.

과거에 쌓인 **원한을 갚다**
숙원(宿怨)을 갚다/풀다; 맺힌 원한을 갚다

settle score

Assassination was a common way of ***settling scores***. ▶ 암살은 원한을 갚는 흔한 수단이었다.

The two countries have ***historic scores to settle*** with each other. ▶ 두 나라는 서로에게 풀어야 할 역사적인(오래된) 숙원을 가지고 있다.

우승하지 못한 사람에게 **위로로 주는 상/선물**
애석상; 감투상

consolation prize

The consolation prize for the second place was a notebook computer. ▶ 2등 상은 노트북 컴퓨터였다.

In the envelopes of her nine fellow contestants were $100 gas cards, not a bad ***consolation prize***. ▶ 그녀와 경쟁하던 9명이 받은 봉투 안에는 100달러짜리 휘발유 카드가 있었다. 애석상으로 이 정도면 나쁘지 않다.

What would he think about the prize bearing his name being given ***as a consolation prize*** to a leader of a country who just unsuccessfully lobbied for the Olympics? What would he think about the Nobel Peace Prize going to an elected official whose greatest accomplishment in office is killing a fly during a television interview? ▶ 올림픽 유치에 실패한 나라의 지도자에게 위로로 주어진 자신의 이름이 새겨진 그 상에 대해서 그가 무슨 생각을 할까? TV 인터뷰에서 파리를 죽인 것이 가장 큰 업적인 한 나라의 대통령에게 돌아가는 이 노벨상에 대해서 그가 어떤 생각을 할까? 《올림픽 유치 경쟁에서 실패하고 얼마 후, 별로 업적도 없으면서 2009년 노벨 평화상을 수상한 미국 오바마 대통령을 비꼬는 한 미국 신문의 사설이다.》

약속/법/협정 등을 **위반하면서**
어기고; 무시하고

in defiance of

Thousands of people have taken to the streets ***in defiance of the curfew***. ▶ 수천 명의 사람들이 통행금지령을 위반하면서 거리로 나왔다.

Protesters gathered outside a stadium ***in defiance of an official ban*** on the protest. ▶ 시위자들이 항의 집회를 금지하는 공식 명령을 어기고 한 스타디움 밖에 집결했다.

상황이 매우 나빠서 그 정도로는 **위안거리가 못 된다**
있으나 마나 한 위안거리 혹은 위로의 말; 그다지 달갑지 않은 위안 혹은 위로의 말; 그다지 달갑지 않은 사과 혹은 사과의 말

cold comfort

These figures may look good on paper but are ***cold comfort*** to the people. ▶ 이 수치들이 서류상으로는 좋아 보일 수 있지만 그 정도로는 사람들에게 위안거리가 못 된다.

While the news of a rebound in orders was encouraging, the underlying data in the report offers nothing but ***cold comfort***. ▶ 차례로 이어지는 경제회복 관련 뉴스가 고무적이긴 하지만, 보고서의 기본자료들을 보면 별반 나아진 게 없다.

But those words came as ***cold comfort*** to me. I appreciate him standing up and taking responsibility for the comments, but it doesn't take away from what he said. ▶ 그러나 그 말(사과의 말)이 나에게는 그다지 달갑게 느껴지지 않았다. 나는 그가 앞에 나서 그 발언에 책임을 진 사실은 인정하지만, 사과했다고 해서 그가 내뱉은 말을 거두어 들일 수 있는 것은 아니다.

어떤 사람을 ~한 지위에 **위촉하다**

appoint someone to

He has recently been ***appointed to a senior Defense Department post***. ▶ 그가 최근 국방부 고위직에 위촉되었다.

He had bowed out gracefully when his successor had been ***appointed***. ▶ 후임자가 위촉되자 그는 점잖게 물러났다. ♣ *bow out*: ~로부터 조용히/점잖게 **물러나다** 참조

In 1987 they took the unprecedented step of ***appointing a civilian*** to command the force. ▶ 1987년 그들은 민간인을 군사령관으로 임명하는 전대미문의 조치를 취했다.

한 지역으로부터 특정한 방향으로 특정한 거리만큼 떨어진 곳에 **위치한**

~ of somewhere

During a five-day visit, the three-nation team plans to visit North Korea's main nuclear complex at Yongbyon, ***60 miles north of Pyongyang***. ▶ 3개국으로 구성된 조사단이 5일간 방문하는 중에 평양에서 북으로 60마일 떨어진 곳에 있는 북한의 영변 핵 시설을 방문할 예정이다.

The raid was intended to destroy a radar facility ***located 1.5 kilometers south of the village***. ▶ 그 습격작전의 목적은 그 마을에서 남으로 1.5km 떨어진 곳에 위치한 레이다 시설을 파괴하는 것이었다.

주 전치사 'from'을 쓰기 쉬우니 조심! 'located'를 보통 생략한다.

일단 들어서면 중간에 멈출 수도 없고 실패할 수밖에 없는 매우 **위태로운 비탈길/코스**

위험한 길; 위험천만한 길

slippery slope

The slippery slope must be avoided at all costs. ▶ 이 위태로운 비탈길은 무슨 수를 써서라도 피해야만 한다. 《여기서 "The slippery slope"은 보호주의로 치닫고 있는 미국이 중국과 벌이고 있는 무역전쟁을 두고 하는 표현이다.》 ♣ *at all cost*: 아무리 많은 비용/희생/대가/노력 등이 들더라도 **반드시 ~을 해야 한다** 참조

The company ***started down the slippery slope of believing*** that they knew better than the customer. ▶ 그 회사는 자신이 고객보다 더 잘 알고 있다고 생각하는 위험천만한 길로 빠져들었다.

The administration has ***stepped in the slippery slope***. ▶ 이 행정부는 중간에 멈출 수도 없는 위험한 비탈길로 들어서고 말았다.

위험에 빠뜨리다

put someone/something at risk

If some patients in the hospital have the virus, they are ***putting the other patients at risk***. ▶ 만일 어떤 환자들이 이 바이러스를 지니고 있다면, 그들은 다른 환자들을 위험에 빠뜨릴 것이다.

Heroes are people who ***put themselves at risk*** for the benefit of others. He was certainly such a man. ▶ 영웅이란 다른 사람의 이익을 위해서 자신을 위험에 빠뜨리는 사람이다. 그는 확실히 그런 남자다.

put someone/something in danger/jeopardy

His actions ***put their lives in danger***. ▶ 그의 행동이 그들의 목숨을 위험에 빠뜨렸다.

I fully recognize that by voting against this resolution, I ***put myself in jeopardy*** of re-election, and I am willing to do that because I believe a vote for this resolution ***puts my country's fate in significant jeopardy*** for decades to come. ▶ 나는 이 결의안에 반대하면 재선이 위험해질 수도 있다는 것을 잘 알고 있다. 나는 이 결의안이 앞으로 수십 년 동안 우리나라의 운명을 심각한 위험에 빠뜨린다고 믿기 때문에 기꺼이 반대할 것이다.

put someone/something on the line

There have been countless acts of real heroism in Iraq by soldiers who have ***put their lives on the line***. ▶ 자신의 목숨을 돌보지 않았던 병사들이 이라크에서 보여준 셀 수 없이 많은 진정으로 영웅적인 행동들이 있었다.

위험에 처해 있는
위험에 빠져 있는; 위험한 지경에 있는

at risk

Up to 20,000 jobs are still ***at risk***. ▶ 2만 개에 달하는 일자리가 여전히 위험에 처해 있다.

People ***at risk of developing deep-vein thrombosis*** should not take sleeping pills on planes. ▶ 혈전증을 일으킬 위험이 있는 사람들은 비행기에서 수면제를 먹으면 안 된다.

He is monitoring 500 HIV-negative patients in the area who are ***at high risk of becoming infected***. ▶ 그는 높은 감염 위험에 처해 있는 500명의 에이즈 바이러스 음성 환자들을 예의주시하고 있다.

Some homeless people are ***at risk of starvation***. ▶ 일부 노숙자들이 굶주릴 위험에 처해 있다.

With the help of WHO, Rotary and the other groups, 5 million ***at-risk kids*** will be vaccinated in the next few weeks. ▶ WHO와 로터리 클럽 그리고 그 밖의 5개 단체의 도움으로, 위험에 빠져 있는 5백만 아이들이 앞으로 몇 주안에 예방접종을 받을 것이다.

in danger/jeopardy

He says all victims should call police if they feel they are ***in danger***. ▶ 위험에 처해 있다고 느끼는 모든 피해자들은 경찰에 전화해야 한다고 그가 말한다.

Some jobs in the city could be ***in jeopardy*** after a national company announces plans to sell part of the company. ▶ 한 국영회사가 회사의 일부분을 떼어 매각하는 계획을 발표하면 그 시의 일부 일자리들이 없어질지도 모른다.

육체적인 **위험을 즐기는**
무모하리만치 모험을 즐기는; 용감무쌍하게 위험한 일에 도전하는

daredevil ☞ 명사형으로도 사용

He is ***a daredevil skier***. ▶ 그는 매우 위험한 스키를 즐긴다. 스키를 신고 깎아지른 듯한 절벽 위를 뛰어내리는 그런 사람이다.

Daredevil pilots will provide a thrilling curtain-raiser for the Aerobatics Show 2007. ▶ 모험을 즐기는 비행사들이 2007년 공중묘기 쇼의 개막행사로 짜릿한 곡예비행을 선사할 것이다. ♣ ***curtain-raiser*** : **개막행사** 참조

He's ***a total daredevil***, but I love how he smiles while preparing for his stunt. ▶ 그는 너무나 무모할 정도로 모험을 즐기는 사람이지만, 나는 그가 스턴트를 준비하면서 미소 짓는 모습을 좋아한다.

아아 참으로 **유감스럽게도**
아아 참으로 슬프게도; 안타깝게도; 애석하게도 (아아 하고 외치는 감탄사)

alas ☞ Formal

God love them, they do a great job, but, ***alas***, they cannot be everywhere all the time. ▶ 신은 그들을 사랑하며, 그들은 맡은 일을 훌륭하게 해낸다. 그렇지만, 아아 참으로 유감스럽게도 그들은 항상 어느 곳에나 있을 수 없다.《여자들이 인적이 드문 밤길에서 괴한들의 습격을 자주 받기 때문에 가고 싶은 곳을 마음대로 갈 수 없어 매우 안타깝다는 말이다.》

"It's something, ***alas***, that I don't feel I've ever been able to do," he said. ▶ "아아 참으로 슬프게도 이것은 내가 할 수 있다고 생각해 본적이 없는 것이다"라며 그가 말했다.

~은 더욱 **유감스럽다**
~은 더욱 애석하다/안타깝다

(The) more's the pity ~

Given the near-complete disinterest of almost everyone involved in actually maintaining common ground, it seems safe to bet that there won't be a functioning common Palestinian state for a good while yet. The Palestinians will suffer most from this, of course; ***more's the pity*** that they, like their neighbors, also choose leaders prone to these sorts of self-inflicted catastrophes. ▶ 공동관심사(팔레스타인 독립국가를 세우는 일)를 계속 지켜나가야 할 거의 모든 사람들의 무관심한 태도를 감안한다면, 한동안 팔레스타인이 국가를 세우지 못할 것이라고 장담해도 무방하다. 물론 팔레스타인 사람들이 이로 인해 고통을 받겠지만, 더욱 유감스러운 것은 그들이 이웃 나라들처럼 스스로 재앙을 자초하는 경향이 있는 지도자들을 선택한다는 사실이다.《이슬람 과격 무장정파인 하마스

가 팔레스타인에서 선거로 권력을 잡은 사실을 안타까워하는 글이다.》 ♣ *Given* : ~라는 현 상황(주어진 상황)을 **감안한다면** 참조

Killing for the sake of honor is no longer allowed in our decadent society — ***more's the pity***, as it would greatly improve manners. ▶ 더욱 유감스러운 것은, 살인하는 방법은 점점 더 교묘해지고 있지만, 명예를 지키기 위해서 사람을 죽이는 일은 타락한 우리 사회에서는 더 이상 용납되지 않는다는 것이다.

㈜ 속으로는 그것 참 잘됐군 하며 고소하게 생각하면서 겉으로만 동정하는 듯한 놀림조의 표현으로도 자주 사용된다.

어떤 상황이나 시합 등에서 상대방보다 **유리한 위치를 점하기 위해서 하는 행동/작전**
대화/협상 등을 부드럽게 시작하기 위한 첫 마디 ; 실마리 ; 선수(先手)를 치는 작전/행동 ; 상대방의 기선을 제압하기 위한 작전/행동

gambit

Britain, Germany and France, the so-called EU3, are trying to put together a generous package that could offer a nuclear reactor and security guarantees to Tehran. But ***their gambit*** seems doomed with both Iran and Washington unimpressed by the terms. ▶ 소위 말하는 유럽연합 3강인 영국, 프랑스, 독일이 이란에게 원자로를 제공하고 안전을 보장하는 푸짐한 일괄 타결안을 마련하려고 애쓰고 있다. 그러나 이란과 미국이 모두 타결안의 조항을 탐탁지 않게 생각하고 있어 기선을 제압하려는 그들 작전의 운명이 이미 결정된 것처럼 보인다.

It seemed an innocent enough ***opening gambit*** to a conversation, but it unleashed a tale of untold heartache and frustration. ▶ 이것이 대화를 부드럽게 시작하기 위한 순진무구한 첫 마디로 보였지만, 아무에게도 말하지 않았던 심적 고통과 좌절에 대한 이야기 보따리가 터져 버렸다.《한 기자가 포르투갈 출신이지만 브라질에서 활동하고 있는 여성 피아니스트를 취재하러 가서 대화를 부드럽게 이끌어갈 목적으로 별 생각 없이 왜 포르투갈을 떠났느냐고 질문을 했더니, 이 피아니스트가 그동안 가슴에 담아둔 말 못한 사연을 끝없이 털어놓았다는 이야기다.》
♣ *unleash a tale of* : ~에 대한 **이야기 보따리를 풀어놓다** 참조

㈜ 서양 장기에서 실마리를 풀고 유리한 위치를 점하기 위해서 졸 따위를 희생시키면서 두는 첫 수를 말한다.

(주로 논쟁, 토론 등에서) 말로써 상대방보다 **유리한 위치를 점하다**
말로써 상대방을 누르다

score points over/off ☞ 상대방보다 높은 점수를 따다

The politicians are just trying to ***score points off each other*** rather than touching on the real issues. ▶ 정치인들은 실질적인 이슈를 언급하기보다는 그저 말로써 상대방보다 유리한 위치를 점하려고 노력하고 있다.

He steered the debate towards health care hoping to ***score points over his rivals***. ▶ 경쟁자들을 누를 수 있길 바라면서 그는 의료문제로 토론의 방향을 틀었다. 의료문제에 대해서는 누구보다 자신이 있다는 의미다.

많은 수의 **유명 인사(배우, 선수, 연예인 등)들이 출연/참여하는**
출연진이 화려한/호화로운

star-studded ☞ 밤하늘에 별들이 총총히 박혀 있는

The film opened with ***a star-studded premier*** last night. ▶ 많은 유명 배우들이 참여한 가운데 어젯밤에 시사회가 열렸다.

Michael Phelps and Natalie Coughlin lead ***a star-studded field*** of American swimmers at the Mizzou Aquatic Center. ▶ 미조우 수영센터에 모인 많은 미국의 유명 수영선수들 가운데 마이클 펠프스와 나탈리 커플린이 가장 눈에 뜨였다.

The film has not only ***a star-studded cast list***, but also a phenomenal camera crew. ▶ 이 영화는 출연진이 매우 화려할 뿐만 아니라 촬영팀도 굉장하다.

유명한
누구나 다 아는 ; 귀에 익은

household ☞ 일반 가정 사람들의 입에 오르내리는

Robert Joseph is not ***a household name***, but it is just possible that he will become one. ▶ 로버트 조셉은 귀에 익은 이름이 아니지만 그렇게 될 가능성이 있다.

The discovery will make your name ***a household***

아

word. ▶ 그 발견으로 너의 이름이 일반 사람들 입에 오르내리게 될 것이다.

사람이 만든 역사적으로 혹은 문화적으로 가치가 있거나 흥미로운 **유물**

artifact

They found ***a few artifacts*** in the tomb. ▶ 그들은 그 무덤에서 몇 가지의 가치있는 유물을 발견했다.

Namdaemoon is one of ***the most precious artifacts*** in Korea. ▶ 남대문은 한국에서 가장 귀중한 유물 중의 하나다.

~과 **유사한**
~과 가까운; ~과 다름없는; ~과 비슷한 면을 지니고 있는

akin to ☞ 혈족관계에 있는, Formal

It is ***akin to*** splinting a compound fracture with a Band-Aid. ▶ 그것은 복잡 골절에 일회용 반창고를 대는 것과 유사하다.

McCain said withdrawal plans favored by Obama and other Democrats are ***akin to*** surrender. ▶ 오바마와 다른 민주당원들이 선호하는 철수계획은 항복이나 다름없다고 메케인이 말했다. 《민주당이 장악하고 있는 미 하원이 이라크 주둔 미군의 철군 시한을 2008년 봄으로 못박는 결의안을 2007년 3월 말에 통과시킨 것에 대한 반응이다.》

유사한 점
공통점

parallel

The film has ***eerie parallels with*** the drama being played out in real life. ▶ 그 영화는 실생활에서 펼쳐지는 드라마와 신기할 정도로 유사한 점들을 가지고 있다.

There is ***a parallel between*** two murders. ▶ 두 살인사건에 한 가지 공통점이 있다.

유서 깊은
전통 깊은; 옛날부터 내려오는(historic)

time-honored

He tosses sand high on the desert with his right hand: ***a time-honored signal*** of peace in the region. ▶ 그는 오른손으로 모래를 사막 위로 높이 흩뿌렸다. 이는 그 지역에서 옛날부터 내려오는 평화를 원한다는 표시다.

Humor is a serious business, often medically necessary, and ***a time-honored teaching tool***. Humor reduces stress, makes learning easier, contributes to the process of healing, and makes it easier for families to get through the grieving process. ▶ 유머는 (코미디언들에게는) 진지한 업무이기도 하지만, 종종 의학적으로 필요하며 전통 깊은 교육도구이기도 하다. 유머는 스트레스를 덜어주며, 학습을 쉽게 만들고, 치료에 도움이 되고, 사랑하는 가족을 잃은 슬픔을 쉽게 극복하도록 도와준다.

Golf legend Sam Snead began ***the time-honored tradition*** of PGA Tour players fishing on the Disney golf courses. ▶ PGA 투어 선수들의 유서 깊은 전통인 디즈니 골프코스에서 낚시하기는 골프계의 전설 샘 스니드가 처음 시작했다.

가장 최근에 남긴 **유언장**
죽기 직전에 남긴 유언장; 최후의 유언장

last will and testament

Florida law requires the custodian of ***a last will and testament*** to deposit it with the clerk of court where the decedent resided within 10 days after learning of the death. ▶ 플로리다 법에 의하면 가장 최근에 남긴 유언장을 보관하고 있는 사람은 사망 소식을 들은 이후 10일 이내에 고인이 살던 지역 관할법원의 사무관에게 맡겨야 한다.

Alfred Nobel was clear about the way his estate was to be handled. ***In his last will and testament***, referencing the annual awarding of prizes, he wrote: "one part to the person who shall have done the most or the best work for fraternity between nations, for the abolition or reduction of standing armies and for the holding and promotion of peace congresses." ▶ 알프레드 노벨은

그의 재산을 처리하는 방법에 대해서 확실하게 해두었다. 그는 최후의 유언장에 노벨상 수상자 선정에 대하여 언급하면서 다음과 같이 썼다: "이 상의 한 부분(노벨 평화상)은 국가 간의 화합(우애)을 위해서, 상설(정규) 군대의 철폐 혹은 감축을 위해서 그리고 세계평화를 위한 회합의 개최 및 장려를 위해서 가장 일을 많이 하거나 최선을 다한 사람에게 돌아간다."

얼마간의 **유예기간**
여유기간

grace

Transport for London has announced ***28 days grace*** from the £200/day charge for older trucks entering the London Low Emission Zone. ▶ 런던 교통당국이 런던의 배기가스 방출 제한지역을 들어오는 낡은 트럭에 하루 200유로를 부과하는 것을 28일간 유예한다고 발표했다.

According to the agreement, 40 percent of the bill will be paid in 25 years, with ***24 months grace*** period and an interest rate of 1 percent. ▶ 합의에 따르면, 대금의 40%를 25년 안에 지불해야 하는데, 24개월의 여유기간이 있으며 금리는 1%다.

자연의 힘(수력, 풍력, 태양열, 조력 등)이나 제대로 이용되지 않고 있는 여러 형태의 힘(power), 잠재력(potential) 등을 **유용하게 이용하다/사용하다**
쓸모 있게 이용하다/사용하다

harness

Russia can ***harness solar and wind energy*** along its 12,000 km Arctic coast. Windmills are considered cost-effective when average annual wind speeds exceed 4-5 meters per second. Arctic winds blowing at over 5-7 meters per second can generate 45 billion kWh. ▶ 러시아는 12,000km의 북극해안을 따라가면서 태양에너지와 풍력에너지를 발전에 유용하게 이용할 수 있다. 풍력발전소는 연 평균 풍속이 4-5m/s를 넘으면 경제성이 있다고 알려져 있다. 초속 5-7m 이상의 북극 바람은 450억 킬로 와트의 전력을 생산할 수 있다.

To ***harness all this compute power*** and reduce computing costs, these organizations are employing high performance computing architectures like clustering. ▶ 컴퓨터의 모든 힘(기능)을 쓸모 있게 이용하고 컴퓨터 사용료를 절감하기 위하여, 이 기관들은 클러스터링 같은 고성능 아키텍처를 적용하고 있다.

There will be a debate today on whether to ***harness nuclear power*** to reduce our carbon footprint. ▶ 탄소배출을 절감하기 위하여 원자력을 이용할 것인가 하는 주제로 오늘 토론회가 열린다.

The challenge for them is to ***harness their potential***. ▶ 그들에게 주어진 도전과제는 자신의 잠재력을 유용하게 이용하는 것이다.

주 원래는 말, 소 등과 같은 가축을 길들인 후 마구(馬具)를 채워 밭을 갈거나 물건을 운반하는 데 이용한다는 의미다.

유유자적하다
무슨 일을 하려고 힘을 들이거나 서두르는 기색이 없다 ; 느긋하다 ; 여유롭다 ; 한가롭다

be coasting along ☞ 순조롭게 나가다 ; 순항하다 ; 미끄러지듯이 날다/움직이다/활공하다

Peregrine falcons are found on every continent except Antarctica and on many remote and distant offshore islands. They are capable of capturing and eating almost any bird. I have seen these birds just ***coasting along*** a few hundred feet in the air, reaching down and taking bites out of some bird they took on the wing. Superbly adapted to their particular lifestyle, they don't need to land to eat or rest, and they fly with the greatest of ease. ▶ 송골매는 남극대륙과 육지에서 멀리 떨어진 외딴 섬을 제외한 모든 대륙에서 발견된다. 이 새들은 거의 모든 새들을 포식할 수 있다. 송골매가 (날개를 활짝 편 채) 수백 피트 상공에서 유유히 날다가, 아래로 내려가 새를 잡아 비행하면서 물어뜯고 있는 광경을 본 적이 있다. 특이한 그들의 생활방식에 매우 잘 적응한 송골매는 먹이를 먹거나 휴식하기 위하여 땅에 내릴 필요가 없으며 매우 쉽게 비행한다.

The two have been ***coasting along***, deeply in love, but reportedly have hit their first major bump in the road called lover's lane. ▶ 그 둘은 열렬한 사랑에 빠져 순조롭게 잘 지내왔지만, 그들 관계에 큰 이상이 생겼다고 한다. ♣ *lover's lane* : 연인들이 **사랑을 속삭이는 산책길** 참조

This bar continues to serve beer, wine and the

아

hard stuff to a boisterous bunch while most other folks are comfortably *coasting along* through the last stage of sleep. ▶ 대부분 사람들이 편안하게 마지막 단잠을 즐기는 늦은 밤에도, 이 술집은 시끌벅적한 손님들에게 맥주, 포도주, 양주를 계속 가져다 준다.

The regenerative mode is set off when the car is slowing down or *coasting along* a long descending slope. ▶ (하이브리드 자동차의) 재발전 모드는 자동차가 속도를 줄이거나 긴 내리막길을 미끄러져 내려갈 때 작동된다.

This team now seems like the tired, sluggish veteran who is *coasting along*, doing enough and scoring enough to make a contribution, but not really producing the way fans had hoped. ▶ 이 팀은 마치, 충분히 제 몫을 다하고 점수를 뽑아 팀에 공헌을 하긴 하지만 팬들의 기대에 제대로 부응하지 못하는, 힘을 들이거나 서두르는 기색이 전혀 없는 지치고 굼뜬 노장 선수 같다.

주 많은 물건들을 싣고 먼 바다를 신속하게 항해하려고 노력하는 배와는 달리 해안 근처에서 유유히 떠다니며 놀이를 즐기는 배를 두고 하는 표현이다.

laid-back ☞ Informal

We have *a very laid-back work environment* (except when it comes to service quality, of course). ▶ 물론 서비스의 질에 관한 경우를 제외하고, 우리의 근무환경은 매우 여유롭다.

Australia is losing *its laid-back image*. A new report reveals that its citizens are increasingly spending weekends working rather than at the beach or at barbecues. ▶ 호주 사람들이 느긋한 국민이라는 이미지를 잃어가고 있다. 새로 나온 한 보고서는 주말을 해변이나 바비큐 파티에서 보내는 대신 일을 하며 보내는 시간이 점점 많아진다는 흥미로운 사실을 보여준다.

주 몸을 최대한 뒤로 하여 느긋하게 의자나 소파에 앉아 있는 모습이다.

유족

survived-by

His only survived-by was his old mother. ▶ 그의 유족이라곤 노모뿐이었다.

유족으로 ~를 두고 있다

~를 남겨두고 먼저 세상을 뜨다.

be survived by someone

He *was survived by his wife, two sons and a daughter*. ▶ 그는 부인과 두 아들 그리고 딸 하나를 남겨두고 먼저 세상을 떠났다(그의 유가족으로 부인과 두 아들 그리고 딸 하나가 있었다).

놀라움, 아이러니 등이 **유쾌한**

즐겁고 재미있는; 통쾌한

delicious

During the visit to the city, I enjoyed *a delicious feeling of surprise*. ▶ 그 도시를 방문하는 동안, 놀라우면서도 유쾌한 기분을 맛보았다.

The irony was delicious. Who would ever have thought that the principle source of disagreement between U.S. President George W. Bush and his European hosts last week would have been a European desire to sell arms and an American determination to stop them from doing it? ▶ 이는 정말 재미있는 아이러니였다. (중국에) 무기를 팔고 싶은 유럽의 희망과 이를 막으려는 미국의 결의가 부시 미국 대통령과 유럽의 주최 국가들이 의견 합의를 보지 못한 주된 원인이 될 것이라고 누가 감히 생각이나 했겠는가?

웃음으로 표현되는 **유쾌한 기분**

mirth ☞ Literary

His hollow laugh had *no mirth* in it. ▶ 그의 공허한 웃음에서 전혀 유쾌한 기분을 찾아볼 수 없었다.

His presentation caused *considerable mirth* amongst students and the professor alike. ▶ 그의 발표는 교수와 학생들 모두가 유쾌한 웃음을 짓게 했다.

유행을 주도하는 사람/단체

trendsetter

Today's Chinese consumers have gone way

beyond the stage when they were just happy to own their first TV. They want to be ***trendsetters***. ▶ 오늘날의 중국 사람들은 처음 TV를 갖는 것만 해도 즐거워했던 시절에서 한참 지났다. 그들은 유행을 주도하길 원한다.

짧은 기간 동안 반짝 **유행하고는 금방 시들해지는 것**
일시적인 것/현상; 한때의 유행

nine-day wonder

He dismissed it as ***a nine-day wonder***. ▶ 그는 한때의 유행이라며 그것을 무시했다.

Some supernova researchers wondered if it might be just ***a nine-day wonder***. ▶ 일부 초신성(超新星) 연구자들은 그것이 짧은 기간 동안만 반짝이다가 금방 사라져버리는 별이 아닐까 의심했다.

In Henry VI (Part 3) Shakespeare has this exchange (after Edward has said he might marry Lady Grey): Gloucester: "That would be ***ten days' wonder*** at the least." Clarence: "That's a day longer than a wonder lasts." ▶ 세익스피어의 희곡 헨리 5세의 3부에서 에드워드가 그레이 부인과 결혼할지도 모른다고 말한 후 다음과 같은 대화가 나온다. 글로세스터: 그 결혼이 적어도 열흘은 가겠군. 클레어렌스: 그래도 9일보다는 하루 더 길군. 《결혼이 얼마 못 갈 거라고 비꼬는 이야기다.》

주 완벽한 수로 여겨지는 10을 못 채우고 사라진다는 의미다.

fad

He does not believe environmental concern is ***a passing fad***. ▶ 그는 환경에 대한 관심이 한때의 유행처럼 금방 시들해지지 않을 것이라고 믿는다.

This isn't just a trend, ***temporary fad*** or a generational hiccup. ▶ 이것(미국에서 20대들이 결혼을 늦게 하는 경향)은 일시적인 현상이거나 세대차이에서 오는 문제만은 아니다.

특별한 그룹이나 사람들 사이에서 **유행하는 것**
매우 인기 있는 것; 매우 선호하는 것

cult

The watches have become ***cult objects*** for pilots the world over. ▶ 이 시계는 전 세계의 비행사들이 매우 선호하는 제품이 되었다.

The mini-car already enjoys ***cult status*** in Japan. ▶ 그 미니카는 이미 일본에서 특수 계층에서 매우 큰 인기를 누리고 있다.

They used to show things you wouldn't see at an ordinary theater: foreign movies, animation festivals, ***cult movies***. ▶ 그들은 일반 극장에서 볼 수 없는 외국영화, 만화영화, 특수 관객층을 대상으로 하는 영화 등을 상영했었다.

주 원래 소수의 사람들이 모인 이상한/특수한 종교집단을 의미한다.

어떤 말/생각/활동/fashion 등이 최근 들어 한창 **유행하는**

buzz

They are embracing ***the latest buzz topic*** in the media and entertainment business: "user-generated contents," a phenomenon that has many worried that people will spend more time watching YouTube or hanging out on MySpace than reading magazines, going to the movies or spending time with other traditional media. ▶ 언론과 연예계에서 최근 들어 한창 유행하는 토픽인 "사용자가 만든 컨텐츠"를 받아들이고 있다. 이 현상은 사람들이 잡지를 읽거나, 영화관에 가거나, 다른 전통적인 매체에서 시간을 보내는 것보다 점점 많은 시간을 유튜브나 마이스페이스에서 보내게 될 것이라고 많은 이들을 우려하게 만든다.

The young girl with ***a buzz cut*** looks very cute. ▶ 최근 유행하는 머리를 하고 있는 그 소녀는 매우 귀엽게 보인다.

~한 **유형의 것들/사람들**
~한 부류/종류의 것들/사람들; ~한 종

breed ☞ 주로 형용사와 결합하여 사용된다

The butcher shop is ***a dying breed***. First of all, nobody wants to work six days a week, 12 to 14 hours a day. ▶ 푸주간은 사라져가는 업종이다. 무엇보다 아무도 일주일에 6일, 하루에 12~14시간씩 일하길 원치 않는다.

There is ***a new breed*** of gamers in the market.

아

We have to make games for all kinds of people. ▶ 시장에 새로운 부류의 게이머들이 있다. 우리는 모든 종류의 사람들을 위해 게임을 만들어야 한다.

Sleek with bat-like ears, ***the rare breed*** looks more like a cartoon character than a canine. ▶ 박쥐 같은 귀를 가지고 있고 털이 매끄러운 이 흔치 않은 종은 개라기보다는 만화 캐렉터처럼 보인다.

사용/판매 **유효일자**

use/sell-by date

How long after ***sell-by-date*** can cottage cheese be kept? ▶ 판매 유효일자가 지난 카티지 치즈를 얼마나 오래 보관할 수 있는가?

If the product has ***a use-by date***, the product should be consumed or frozen by that date. ▶ 그 제품에 사용 유효일자가 있다면, 그 날짜가 지나기 전에 먹거나 냉동시켜야 한다.

The experts point to ***the use-by*** or ***sell-by-date*** as the best indicators of freshness. And there's one other thing. You should always do a sniff test on the meat to make sure it's okay before cooking it. Tell-tale signs of spoilage include the smell, a slippery texture or packaging that has started to bulge. ▶ 전문가들은 사용 혹은 판매 유효일자가 신선도를 나타내는 가장 좋은 표시라고 말한다. 그리고 또 한 가지가 있다. 고기를 요리하기 전에 상태가 좋은지 반드시 냄새를 킁킁 맡아봐야 한다. 냄새, 미끌미끌한 육질 혹은 부풀어 오르기 시작한 포장은 고기가 상했다는 것을 드러내는 신호다. ♣ ***tell-tale*** : 알기 어려운 정보/감정 따위를 의도함이 없이 **드러내는** 참조

육안으로는 볼 수 없는 무늬/도안/표시

위조방지를 위해서 지폐 등에 넣은 빛에 비추어야 내비치는 무늬/도안; 불법 복제 등을 방지하기 위해서 필름, 컴퓨터프로그램, 컴퓨터 디스크 등에 표시해둔 비밀표시

watermark ☞ 동사로도 사용

One of the ways to tell if a bill is real is to check ***the watermark*** of the president on the bill. ▶ 지폐가 진짜인지 알아보는 방법의 하나는 그 지폐에 위조방지용으로 들어 있는 대통령을 확인하는 것이다.

The company's technology encrypts music files with ***a watermark*** and lets record labels share them securely with radio stations and other destinations. ▶ 그 회사는 음악파일에 비밀표시를 한다. 이 기술로 음반제작사들이 라디오 방송국이나 그 밖의 다른 곳에 음악파일을 안전하게 배포할 수 있다.

육체노동

육체노동을 할 때 필요한 힘과 끈기; 육체적인 노력/수고/애씀

elbow grease ☞ Informal

I know some keen gardeners who spend a lot of time, money and ***elbow grease*** to maintain their perfectly groomed garden. ▶ 정원을 완벽하게 유지하기 위해 많은 시간과 돈을 쓰고 육체노동을 마다하지 않고 열성적으로 정원을 가꾸는 몇 사람을 알고 있다.

Maintenance — financed by towns in the region — requires ***a lot of elbow grease***. Every day, one man skates over 50 kilometres, pushing a one-metre broad brush propelled by an engine. ▶ 그 지역 마을들이 예산을 대는 유지관리는 엄청난 육체적인 노력이 필요하다. 날마다 한 남자가 엔진으로 작동하는 폭이 1m인 브러시를 밀면서 50km가 넘게 스케이트를 탄다. 《체코에 있는 세계에서 가장 큰 스케이트장 이야기다.》

주 팔을 많이 움직여야 하는 육체노동을 위해 엔진에 그리스를 칠하듯 팔꿈치에도 기름칠이 필요하다는 의미다.

불법이기 때문에 **은밀하게 이루어지는**

비밀리에 이루어지는; 남몰래 이루어지는

clandestine ☞ Formal

Will Iran be able to exploit the differences between Russia and the United States to continue ***its clandestine nuclear program***? ▶ 이란이 은밀한 핵무기개발 프로그램을 계속 진행하기 위하여 러시아와 미국의 입장 차이를 교묘히 이용할 수 있을까?

Radical Islamists are facilitating contacts ***clandestinely*** from Europe to the Middle East,

North Africa and Pakistan. ▶ 과격 이슬람주의자들이 유럽에서 중동, 북아프리카, 파키스탄에 이르기까지 은밀하게 연락망을 구성하고 있다.

He left the country ***clandestinely***. ▶ 그가 비밀리에 그 나라를 떠났다.

남들이 알지 못하도록 **은밀하게 일을 진행하다**
비밀리에 일을 처리하다

keep/hold/play one's cards close to one's chest

Though no details have been given about today's protest, police and demonstrators are ***holding their cards close to their chest***. ▶ 오늘 항의집회에 대해서 구체적인 사항들이 밝혀지지 않았지만, 경찰과 시위대는 은밀하게 일을 진행하고 있다.

Both teams have been ***playing their cards close to the chest*** by delaying the naming of their starting line-ups. ▶ 양 팀은 선발 선수의 결정을 미루면서 상대방이 알지 못하도록 비밀리에 경기를 준비하고 있다.

주 카드 놀이를 할 때 자신의 카드가 상대방에게 보이지 않도록 가슴에 가까이 댄다는 의미다.

은혜를 원수로 갚다
배은망덕한 행동을 하다

bite the hand that feeds one ☞ 먹이를 주는 손을 물다

You should heed the old saying, "Never ***bite the hand that feeds you***." ▶ 너는 "절대 은혜를 원수로 갚지 말라"는 옛말을 잘 따라야 한다.

음모론

conspiracy theory

Did you ever swallow ***the conspiracy theory*** about Kennedy? ▶ 케네디에 관한 그 음모론을 믿은 적이 있는가? 《케네디 대통령의 암살과 관련된 수많은 음모론이 제기되었다.》 ♣ *swallow* : 어떤 이야기/진술 등이 **받아들이기 힘든** 참조

The words "***Conspiracy theory***" means: a theory that some unexplained event is the result of covert action by powerful organizations. ▶ 음모론은 설명되지 않은 모종의 사건이 막강한 힘을 가진 조직의 은밀한 활동의 결과라는 이론이다.

음미하다
특정 기회/순간을 마음껏/한껏 즐기다 ; 만끽하다

savor ☞ 천천히 즐기면서 맛을 보다

This new period is a chance for young people to ***savor the pleasures*** of irresponsibility, search their souls and choose their life paths. ▶ 이 새로운 시기(결혼을 미루고 있는 시기)는 젊은이들에게는 무책임의 즐거움을 음미하며 자신의 정체성을 찾고 인생의 진로를 결정하는 기회다. 《요즘 젊은이들이 결혼을 늦추고 있지만 이 기간을 나름대로 소중하게 보낸다는 말이다.》

It was the kind of victory that fans of the team will ***savor*** for years. ▶ 그 승리의 기쁨을 팬들이 앞으로 수년 동안 천천히 만끽하게 될 것이다.

She had no fear, and taught us never to be afraid to ***savor the life***. ▶ 그녀는 아무런 두려움이 없었고, 우리에게 겁내지 말고 인생을 마음껏 즐기라고 가르쳤다.

응급조치
응급처방 ; 임시방편

Band-Aid ☞ 일회용 반창고

If your friend is always experiencing financial problems, any money you give her will just serve as ***a Band-Aid***, and sooner or later she will find herself in dire straits again because that is where she feels comfortable. It's the place that, for now, defines her. Under these circumstances, I'd advise against helping her. The money will get in the way of your friendship: You'll begin to resent that she isn't paying you back; she'll feel indebted and guilty when she sees you. If financial woes are unusual for your friend, ask yourself some additional questions. Why do I want to help her? If it is because you feel guilty that you are doing better financially than she is, do not lend money to her. Your generosity will carry emotional consequences for both of you. If you simply want to help, ask yourself: Can I afford the loan? What would happen if she never paid me back? How would I feel? ▶ 돈이 없어 늘 쩔쩔매는 친구에게 돈을 함부로 빌려주지 말라는 충고다.

This solution just ***puts a Band-Aid on a severed artery***: It might help a little bit, but doesn't fix the problem. ▶ 이 해결책은 절단된 동맥에 일회용 반창고를 붙이는 것에 불과하다. 약간의 도움이 될지는 모르나 그 문제를 해결하지 못한다.

Congress can no longer ***put a band-aid on the problem***. ▶ 의회는 더 이상 그 문제를 임시방편으로 해결하려 해서는 안 된다.

응징하는
잘못에 대하여 사람에게 벌을 가하는; 처벌하는

punitive ☞ Formal

Other economists say ***any punitive measures*** against foreign companies would hurt US interests. ▶ 다른 경제학자들은 외국회사들을 처벌하는 식의 조처는 미국의 국익을 해칠 수 있다고 말한다.

Rush swung all the way from ***punitive*** to forgiving. ▶ 러시가 응징하는 태도에서 용서하는 태도로 180도 변했다. 《미국의 매우 보수적인 라디오 토크쇼 진행자 러시 림바우가 평소에는 마약 복용자들을 몹시 비난하다가 자기 자신이 마약 복용으로 고생한 후 (마약을 끊기 위해서 5주간 재활원에 다녀온 후) 갑자기 관대해졌다고 비꼬는 이야기다.》

규정, 계획 등에 **의거하여, 의거하면**
~에 나와 있는 대로; ~에 준하여; ~에 따르면 (according to)

as per ☞ Formal

Chief Election Commissioner reaffirmed that the general election would be held in 2008 ***as per the Commission's roadmap***. ▶ 선거관리위원회 위원장이 총선은 위원회 로드맵에 의거하여 2008년에 치러질 것이라고 재확인했다.

As per official statistics violence in the area has shown a considerable decrease. ▶ 공식 통계에 따르면 그 지역의 폭력이 상당히 줄어든 것으로 나타났다.

The game will be played ***as per schedule***. ▶ 그 경기는 스케줄대로 치러질 것이다.

신문/잡지 등에 실린 영화/식당/신제품 등에 대한 **의견**
평; 평가 (review)

write-up

The film received ***a good write-up***. ▶ 그 영화는 호평을 받았다.

The tour guide book has ***a short write-up*** of each restaurant. ▶ 그 여행안내 책자는 각 레스토랑에 대한 간단한 평을 싣고 있다.

어떤 결과에 대해 **의기양양한**
우쭐대는; 매우 기쁘고 흥분한 상태에 있는

elated

He was under strict orders from his CIA mentors to launch only one missile, but ***elated*** by his triumph, he reloaded and shot. ▶ (여러 발 발사하면 위치가 폭로되기 때문에) 한 발만 발사하라는 CIA의 명령을 받았지만, 그는 한 대를 격추한 후 의기양양해져 다시 미사일 한 발을 장전하여 러시아 헬기를 향하여 발사했다. 《아프가니스탄에서 옛 소련군과 싸우던 전사 무자히딘(Mujahedin)에 대한 이야기다.》

He was ***elated*** that the project had been proved successful. ▶ 그 프로젝트가 성공으로 판명되어 그가 우쭐댔다.

~에 대하여 **의문을 제기하다**
~을 문제 삼다; 이의를 제기하다

cast/raise doubts/questions

They ***raised doubts about*** the cost-effectiveness of the proposals. ▶ 그 제안의 경제성(비용 대비 효과)에 대해 그들이 의문을 제기했다.

The article ***raises questions about*** the long term

durability of the structure. ▶ 그 기사는 그 구조물의 장기적인 내구성을 문제 삼고 있다.

Nobody has yet ***cast a doubt on*** the validity of the theory. ▶ 아직까지 아무도 이 이론의 타당성에 이의를 제기하지 않았다.

call in question

Failure of significant numbers of Sunnis to participate the poll would ***call into question*** the legitimacy of the new Iraqi leadership. ▶ (이라크에서 최초로 실시되는) 이 선거에 수니파 사람들이 많이 참석하지 않을 경우 새로 구성되는 이라크 지도부의 정통성에 의문이 제기될 수 있다.

서로 **의미가 같다**
서로 불가분의 관계다; 떼려야 뗄 수 없는 관계다; 서로 밀접하게 연관되어 있다; ~이 없으면 ~는 존재할 수 없다

synonymous with

Nintendo's GameBoy has become practically ***synonymous with*** portable gaming and the bleeping scourge of every family road trip. ▶ 닌텐도의 게임보이는 휴대용 게임기를, 또한 가족이 자동차 여행을 하는 동안 시끄럽게 삑삑 소리를 내는 골칫덩이를 의미하는 것이 되었다.

Paris has always been ***synonymous with*** elegance, luxury, and style. ▶ 파리는 언제나 우아함, 호화로움, 스타일과 불가분의 관계에 있었다.

Heungbu is ***synonymous with*** good-natured people. ▶ 흥부는 마음씨 고운 사람을 의미한다.

아무런 **의미가 없다**
아무런 소용이 없다

there is no point

There is no point for us to try our best if it's not appreciated. ▶ 우리가 최선을 다해 봐야 인정받지 못한다면 아무런 의미가 없다.

There is no point at all in telling the rest of the world to do one thing, while we merrily do the opposite. ▶ 우리는 즐겁게 상반되는 일을 하면서, 나머지 세상 사람들에게 어떤 일을 하라고 말해 봐야 전혀 아무 소용이 없다.

도대체 그렇게 하는 것이 무슨 **의미가 있다는 말인가?**
무슨 소용이 있는가?

what's the point of ~?

What's the point of complaining about something you have to do? ▶ 네가 해야만 하는 일인데 불평해 봐야 무슨 소용이 있는가?

If kids were allowed to do anything all the time, then ***what's the point of parenting?*** ▶ 아이들을 아무 짓이나 하도록 항상 내버려 둔다면 부모 노릇이 무슨 의미가 있다는 말인가?

의미심장한
많은 중요한 것/사실을 드러내는/보여주는

revealing

A hacker swiped ***revealing photos*** and celebrity phone numbers from her mobile phone and posted them on the Web, forcing her to apologize to friends and family for the invasion of privacy, and offering the rest of us a valuable lesson: your mobile phone is more vulnerable than you ever realized. ▶ 한 해커가 그녀의 휴대전화에서 의미심장한 사진들(함께 찍은 사람들을 보면 그 사람들이 어떤 관계라는 것을 알 수 있는 사진들)과 유명 연예인들의 전화번호를 훔쳐 인터넷에 올리는 바람에, 그녀는 친구들과 가족에게 사생활 침해에 대해 사과했다. 이 사건은 우리에게 휴대전화가 생각보다 훨씬 해킹당하기 쉽다는 교훈을 준다.

Vanity Fair magazine says it's February issue features ***emotionally-revealing photos*** of scandal-tainted mega-sports star Tiger Woods. ▶ 잡지 "Vanity Fair"가 2월호는 스캔들로 얼룩진 스포츠 스타 타이거 우즈의 감정을 잘 드러내는 사진을 특집으로 다룬다고 말한다.

아

의사전달 수단
상대방에게 의사를 전달하기 위한 매개체

lingua franca

Honking and swearing are ***the lingua franca*** on the roads these days. So is pushing and shoving in the cash register lineups. And every year it gets harder. ▶ 자동차 경적을 울리고 상대방 운전자에게 하나님 이름을 빌어 욕하는 것은 요즘 도로 상에서 사용되는 의사전달 수단이다. 가게에서 물건을 사고 돈을 내려고 줄을 서면서 서로 밀치는 것도 그렇다. 매년 점점 더 살기가 힘들어지고 있다.

Violence is ***the lingua franca*** of the contemporary videogame. If, like other forms of modern media, videogames are a kind of communication between a creator and their audience, then the vocabulary we use to communicate with one another is most frequently made up of aggression, conflict, and destruction. ▶ 폭력은 요즘 비디오게임에서 의사전달 수단이다. 다른 형태의 현대 매체처럼, 비디오게임이 제작자와 이용자 사이에서 이루어지는 일종의 대화라면, 서로 대화하기 위하여 사용되는 단어들은 공격, 투쟁, 파괴가 대부분이다.

Other languages—Russian, German, Spanish, Dutch—had some chance to establish themselves as ***the lingua franca***. But as the twentieth century trundled forward, there were three major factors that contributed to the widespread use of English throughout the world: commerce, entertainment, and globalization. ▶ 러시아어, 독일어, 스페인어, 네덜란드어 같은 다른 언어들도 의사전달 수단으로서 자리매김할 수 있는 기회가 있었다. 그러나 20세기가 천천히 힘겹게 지나가는 동안 교역, 오락, 세계화라는 3가지 주요 요소가 영어가 전 세계에 걸쳐 널리 사용되는 데 크게 영향을 미쳤다. ♣ *trundle* : 무거운 발걸음으로 혹은 덜커덕거리거나 불규칙한 동작을 하며 ~를 향해 매우 천천히 그리고 힘겹게 **나아가다** 참조

의심의 여지가 없이
확실하게

beyond doubt

It is an important occasion in the history of space exploration. NASA today undertook a mission that aims to prove ***beyond doubt*** the presence of water on the moon surface. ▶ 이는 우주탐험 역사에서 중요한 사건이다. 나사는 오늘 달 표면에 물이 존재하는지 확실하게 증명하기 위한 임무를 시작했다.

Previous research has established ***beyond doubt*** that diabetes rates were lower in the past when the standard of living was low and people could not afford their own motor driven vehicles. ▶ 이전 연구는 삶의 수준이 낮고 사람들이 자동차를 소유하기 힘들었던 지난 시절에 당뇨병 발생률이 더 낮았다는 사실을 확실하게 입증했다.

~을 의심할 수 없게 만들다
~이 사실이라는 것을 분명히/확실히 해두다

put something beyond doubt

The Chancellor pledged the support of the Government and the Bank England and he said that he wants to ***put the matter beyond doubt***. ▶ 재무장관이 정부와 영국은행의 지원을 약속했으며 그는 또한 이 문제를 분명히 해두길 원한다고 말했다.

의자 끝에 바싹 다가앉아 있는
현재 벌어지고 있거나 앞으로 벌어질 일 등에 매우 흥미를 갖고 바라보고 있는

on the edge of one's seat

During his lecture, the students were ***on the edge of their seat***. ▶ 그가 강연하는 동안 학생들이 의자 끝에 바싹 다가앉아 열심히 들었다.

People are rapt. Everyone is actually literally leaning forward and ***on the edge of their seat***. We've never seen a presentation like this before. ▶ 사람들이 넋을 잃고 있다. 모든 사람이 실제로 글자 그대로 몸을 앞으로 기울이며 의자 끝에 바싹 다가앉아 있다. 우리는 이전에 이런 프레젠테이션을 본 적이 없다. ♣ *rapt* : **매료된** : *literally* : **글자 그대로** 참조

다른 방도가 없어서 어쩔 수 없이 ~에 **의존하다**
~에 기대다

resort to

Her punishing work schedule made her *resort to alcohol*. ▶ 매우 힘든 업무일정으로 그녀는 어쩔 수 없이 술에 의존하게 되었다.

The state universities are expected to review every possible budget savings before *resorting to tuition hikes*. ▶ 주립대학이 등록금 인상에 기대기 전에 가능한 모든 예산절감 방안을 검토할 것으로 기대된다.

특별한 행위/조치 등에 **의존하지 않고**
~의 도움 없이

without recourse to ☞ Formal

They should settle their differences *without recourse to war*. ▶ 그들은 전쟁에 의존하지 않고 입장차이를 해결해야 한다.

We have enough money to create meaningful change *without recourse to donor funding*. ▶ 우리는 기부금의 도움 없이도 의미있는 변화를 이룩할 수 있는 충분한 자금을 가지고 있다.

남들에게 **의존할 수 없는 상황에 처해 있다**
어려움을 스스로/자력으로/혼자 힘으로 헤쳐나가야만 한다

sink or swim ☞ 명사형으로도 사용

Many public enterprises are forced to *sink or swim*. ▶ 많은 공기업들이 자력으로 어려움을 헤쳐나가도록 내몰리고 있다.

The next time a dog falls through the thin ice into the cold river, the fire department should let the thing *sink or swim*. ▶ 다음에는 개가 얇은 얼음 위를 지나가다가 차가운 강물에 빠져도, 소방대원들은 개가 혼자 헤엄쳐 나오게 내버려두어야 한다.《얼음이 깨져 물에 빠진 개를 구하려다가 개 주인과 구조대원들이 하마터면 큰 일을 당할뻔한 사건에 대한 이야기다.》

The situation I am facing now is *sink-or-swim*. ▶ 나는 지금 남들에게 의존할 수 없는 상황에 직면해 있다.

주 아무도 도와주지 않기 때문에 스스로 헤엄치지 않으면 물에 빠져 죽는 상황이다.

어려울 때 **의지할 수 있는 사람**
기댈 수 있는 사람; 고충/어려운 사정을 잘 들어주고/이해하고 동정/위로해 주는 사람

shoulder to cry on

Her mother was the only person who has been *a shoulder to cry on* for her. ▶ 그녀가 힘들 때 의지할 수 있는 사람은 어머니뿐이었다.

The older brothers and sisters provide *a shoulder to cry on* when he is distressed. ▶ 그가 괴로워할 때면 형들과 누나들이 어려운 사정을 잘 이해해 주고 위로해 준다.

상대의 **의표를 찌르다**
무방비한 곳을 기습하다; 불의의 기습/공격을 가하다; 허점을 공격하다

blind-side

He said later that the announcement *blind-sided* him. ▶ 그 발표가 자신의 의표를 찔렀다고 그는 나중에 말했다.

We were *blind-sided* over and over again. It was one thing after another. ▶ 우리는 연이은 불의의 공격을 계속 받았다.

cut the ground (out) from under someone's feet

The government *cut the ground from under the opposition party's feet* by introducing the bill. ▶ 정부가 그 법안을 제출하여 야당의 의표를 찔렀다.

What you have to do is *cut the ground from under their feet*. ▶ 네가 해야 할 일은 그들의 허점을 공격하는 것이다.

이구동성으로
한 목소리로; 목소리를 합쳐서; 일제히

with one voice

Christians need more than ever to end their divisions and proclaim the gospel ***with one voice***, Pope Benedict XVI said. ▶ 교황 베니딕트 16세가 크리스천들은 그 어느 때보다도 분열을 종식시키고 한 목소리로 복음을 전파해야 할 필요가 있다고 말했다.

When talking to students, Davis said, one thing that always comes up is that young people don't think adults care about them. That's the main thing she wants to change. She wants the entire community to speak ***with one voice*** — that education is important and that everyone is pulling for youth to succeed. ▶ 학생들과 이야기를 할 때 언제나 나타나는 사실은 젊은이들은 어른들이 자기들에게 관심이 없다고 생각하는 점이라고 데이비스가 말했다. 이 점이 바로 그녀가 바꾸고 싶어하는 주된 사항이다. 그녀는 사회 전체가 이구동성으로 교육이 중요하며 누구나 젊은이들이 성공하도록 돕고 있다고 말해 주길 바란다.

in chorus

"Militarization is never the solution," they all say ***in chorus***. ▶ "군국주의로 나가는 것은 절대 해결책이 아니다"라고 그들 모두 한 목소리를 낸다.

이기적인
자신의 잇속만 챙기는; 자신만을 위하는

self-serving

As an elder and liberal American I am frankly disgusted by American politicians' transparent and ***self-serving*** posturing. ▶ 나이 들고 진보적인 미국인으로서 나는 솔직하게 미국 정치인들의 속이 빤히 들여다 보이고 자신의 잇속만 챙기는 태도에 혐오감을 느낀다.

Naming public assets after living politicians still in public service is ***self-serving***. ▶ 공공 자산에 아직까지 국가를 위해 봉사하고 있는 현존하는 정치인들의 이름을 따다 붙이는 것은 이기적인 행위다.

일이 다 벌어진 다음 이러쿵저러쿵하는 사람
잘잘못에 대해 시끄럽게 떠드는 사람

Monday morning quarterback ☞ Informal

Nobody likes ***a Monday morning quarterback***. I know I don't. However, sometimes we must examine a tragedy to determine what went wrong. ▶ 일이 이미 벌어진 후 시끄럽게 잘잘못을 따지며 이러쿵저러쿵하는 사람을 아무도 좋아하지 않는다. 물론 나 역시 좋아하지 않는다. 그러나 무엇이 잘못됐는지 알아보기 위하여 비극적인 사건을 반드시 조사해야 할 때가 가끔씩 있다.

주 미식축구는 통상 일요일에 열리는데 ***Monday morning quarterback***은 경기의 결과가 다 알려진 후에 경기에 대해 이러쿵저러쿵하는 사람이라는 의미다.

이름
명칭

appellation ☞ Formal

Friendship is a plant of slow growth and must undergo and withstand the shocks of adversity before it is entitled to ***the appellation***. ▶ 우정은 천천히 자라는 식물이며, 그 이름(우정이라는 이름)을 부여받기 전에 반드시 역경이라는 충격을 받고 견뎌내야 한다.

For all too many people, ***the conservative appellation*** invokes feelings of repressive, reactionary stagnation. ▶ 많은 사람들에게 보수주의자라는 명칭은 억압적이고 변화(개혁)에 반대하는 사람이라는 느낌을 불러일으킨다.

VQA(Vintner Quality Alliance) is the regulatory authority that administers this province's ***wine appellation system***. ▶ VQA는 이 지방에서 생산되는 포도주에 이름을 부여하는 체계를 관리하는 기관이다.

Appellation of Origin for coffee refers to a strict relationship which exists between the land, the agricultural producer and their product. ▶ 커피의 원산지 명칭은 토지와 재배자 그리고 그들의 제품 사이에 존재하는 엄밀한 관계를 나타낸다.

단어의 첫 글자들로 이루어진 **이름**
약자(略字)

acronym

Geico, originally ***an acronym*** for Government Employees Insurance Co., is the fourth-largest private passenger-auto insurer in the nation. ▶ Geico는 원래 Government Employees Insurance Co의 약자로 국내에서 4번째로 큰 민간 자동차보험회사다.

The acronym NATO stands for North Atlantic Treaty Organization. ▶ NATO는 North Atlantic Treaty Organization(북대서양 조약기구)의 약자다.

The world's longest ***acronym***, according to the Guinness Book of World Records is NIIOMTPLABOPARMBETZHELBETRABSBOMONIMONKONOTDTEKHSTROMONT (Ниомтплабопармбетжелбетрабсбомонимонконотдтехстромонт). The 56-letter initialism (54 in Cyrillic) is from the Concise Dictionary of Soviet Terminology and means "The laboratory for shuttering, reinforcement, concrete and ferroconcrete operations for composite-monolithic and monolithic constructions of the Department of the Technology of Building-assembly operations of the Scientific Research Institute of the Organization for building mechanization and technical aid of the Academy of Building and Architecture of the Union of Soviet Socialist Republics."

새로 바뀐 **이름**
별칭

moniker ☞ Informal

First-time novelist Susan Baker's book on salary-men and geisha in Osaka, *Tsunami Nights*, was all the rage at Frankfurt's book show in 2004; post-disaster, publisher Doubleday pick ***a new moniker***: *Sayonara Bar*. ▶ 오사카의 샐러리맨과 게이샤의 사랑을 그린 수잔 베이커의 첫 소설 "Tsunami Nights"가 2004년 프랑크푸르트 서적 쇼에서 선풍적인 인기를 끌었는데 (2004년 동남아시아 지역에 엄청난 피해를 입힌) 쓰나미 재앙 이후 출판사는 "Sayonara Bar"라는 새 이름을 붙였다. ♣ *be all the rage*: **인기를 끌다** 참조

잘못 붙여진 **이름**
본질을 잘못 파악하여 붙여진 엉뚱한 이름

misnomer

Herbal tea is something of ***a misnomer*** because these drinks contain no tea at all. ▶ Herbal tea에는 전혀 tea가 들어 있지 않기 때문에 Herbal tea는 다소 잘못 붙여진 이름이라고 할 수 있다.

Since the new world order has proved ***a misnomer*** and the end of the big cold war has heralded the start of many small hot wars, a villain of the piece is needed. Nationalism fits the bill. It has become synonymous with evil in general and right-wing extremism in particular. ▶ (냉전이 끝난 후의) "새로운 세계 질서"라는 말은 잘못 붙여진 이름으로 판명되었고, 냉전의 종식 이후 소규모의 많은 격렬한 전쟁이 일어났기 때문에, 악역이 필요하다. 국가주의(민족주의)가 악역으로 안성맞춤이다. 국수주의는 대체로 악과 같은 의미로 취급되었으며 특히 우익 극단주의를 의미해 왔다. ♣ *villain of the piece*: **악역**; *fit the bill*: **안성맞춤이다**; *synonymous with*: 서로 **의미가 같다** 참조

줄여서 부르는 **이름**
약칭; 애칭

diminutive

Lyonya is ***the diminutive form*** of Leonid.

Jim and Jimmy are ***diminutives*** of James.

Mr. Putin showed his closeness to Mr. Medvedev by referring to him with ***the diminutive form*** of his first name, Dima. ▶ 푸틴 러시아 대통령은 메드베데프를 그의 이름을 줄여 'Dima'라고 부르면서 친밀감을 나타냈다. 《2009년 현재 메드베데프는 푸틴의 뒤를 이어 대통령직을 수행하고 있다.》

올바르지 못한 행동을 한 사람의 **이름을 공개하다**
명단을 공개하다

name and shame

In future, the watchdog will ***name and shame*** clinics for similar incidents under new rules to expose mistakes. ▶ 의료사고를 공개하는 새 규정에 따라서 앞으로는 그 감시기관이 유사한 사고를 낸 병원들의 명단을 공개할 것이다.

A new scheme has been launched that aims to ***name and shame*** the private landlords who are renting out slum properties. ▶ 열악한 상태의 건물을 빌려주는 민간 임대업자들의 명단을 공개하는 새로운 제도가 시작되었다.

몇 명/가지 **이름을 들자면 ~ 등과 같은 사람/것들**
몇 가지 예를 들자면 ~ 등과 같은 사람/것들

just to name a few

Patients will have better access to a range of health professionals — including nurses, diabetes educators, dieticians and podiatrists ***just to name a few***. ▶ 환자들은 일련의 보건 전문가들, 예를 들자면 간호원, 당뇨병 교육가, 영양사, 발 전문가 등과 같은 사람들을 보다 쉽게 만나볼 수 있을 것이다.

The 2010 Emmy nominations include categories such as Best Drama, Best Comedy, and Best Animated Show ***just to name a few***. ▶ 2010년 에미상 후보들은 몇 가지 이름을 들자면 최우수 드라마, 최우수 코미디, 최우수 애니메이션 쇼 등과 같은 부문에서 지정된다.

아무거나 생각나는 **이름을 한번 대 보아라**
이름을 나열하면서 온갖(다양한) 것이 다 포함된다는 것을 강조할 때 ; 없는 것이 없다는 것을 강조할 때

you name it

Pickled cucumbers, jam, pickled berries, tomatoes; ***you name it***, they' ve got it all. ▶ 오이 피클, 잼, 베리 피클, 토마토가 있다. 아무거나 생각나는 이름을 한 번 대 보아라, 없는 것이 없다.

I also enjoy windsurfing, tennis, racquetball, swimming, ***you name it***. ▶ 나는 또한 윈드서핑, 테니스, 라켓볼, 수영 등 온갖 스포츠를 다 즐긴다.

누구와 **이름이 같은 사람/것**
다른 사람/것의 이름을 딴 사람/것

someone' s/something' s namesake ☞ Written

Former U.S. Secretary of Transportation Norm Mineta made an appearance at ***his namesake airport*** in San Jose today to join in the celebration of the final steel beam being placed in the airport' s $324 million North Concourse expansion. ▶ 3억 2천4백만 불을 들인 공항 북쪽 홀 확장공사의 마지막 철제 보를 올리는 행사에 참여하기 위하여 전 미국 교통부 장관 Norm Mineta가 산호세에 있는 그의 이름을 딴 공항(Norm Mineta Airport)에 오늘 모습을 드러냈다.

Macy' s Inc. is switching 3.5 million inactive ***namesake credit cards*** to Citibank Master Cards that can be used to make purchases anywhere. ▶ 메이시 회사는 3백5십만의 잘 사용되지 않는 Macy라는 이름의 신용카드를 어디서나 물품을 구입할 때 사용할 수 있는 시티뱅크 마스터카드로 전환시키고 있다.

이를 악물다
매우 힘들고 어렵지만 꼭 필요하기 때문에 어떤 일을 하기로 작정하다

grit one' s teeth

There is going to be hardship, but we have to ***grit our teeth***. ▶ 역경이 닥칠 것이지만, 우리는 이를 악물어야 한다.

Rather than sit out the season on the injured-reserve list, he ***gritted his teeth*** and played through enormous pain. ▶ 부상자 명단에 올라 경기에 빠지는 대신에 그는 이를 악물고 엄청난 고통 속에서 경기를 했다.

주 매우 화가 났을 때도 이 표현을 사용한다.

bite the bullet

You have to ***bite the bullet*** to survive in the fight-to-the-death. ▶ 이 죽기 아니면 살기 식의 전쟁에서

살아남기 위해 너는 이를 악물어야 한다.

주 마취약이 나오기 이전 부상당한 병사를 수술할 때 고통을 참기 위한 방법으로 총알을 깨물라고 시켰다는 데서 유래되었다.

이마를 찌푸리다

furrow one's forehead ☞ 이마에 주름을 잡다

She *furrowed her forehead* in thought. ▶ 그녀는 생각에 잠기며 이마를 찌푸렸다.

이면(裏面)
뒷면; 어떤 좋은 일/상황에 숨겨진 바람직하지 않은 면

flip side

Today the United States has the highest standard of living in the world. *The flip side* of this is that we also have very high labor costs compared to other countries. ▶ 오늘날 미국은 세계에서 생활수준이 가장 높다. 이 이면에는 다른 나라에 비해서 임금이 매우 높다는 사실이 숨어 있다.

The flip side of the government's increasing efforts to narrow the gap between the rich and poor is that the rich and the corporations are not likely to create any jobs for the rest of society. ▶ 정부가 빈부격차를 줄이려는 노력을 점점 증대할수록 부자와 기업들이 나머지 사회를 위해 일자리를 만들려 하지 않을 것이다. 《빈부격차를 줄이는 방법은 잘사는 사람이나 기업으로부터 세금을 많이 걷는 방법뿐이지만, 이럴수록 부자나 기업은 돈을 움켜진 채 쓰지 않으려고 한다는 의미다.》

주 음악을 녹음할 때 별로 인기가 없는 곡들을 디스크나 테이프의 뒷면(*flip side*)에 넣은 데서 유래되었다.

이목을 끌기 위한 행동/행위
관심을 끌기 위한 행동/행위

stunt

In *a creepy public stunt*, a female Italian reporter tried to size up David Beckham's privates. ▶ 이탈리아 TV의 한 여성 기자가 사람들의 이목을 끌기 위하여 (인터뷰 도중에 영국의 축구 스타) 데이비드 베컴의 성기를 움켜잡으려는 저속한 행동을 시도했다. 《이 행동은 베컴이 몸에 꼭 달라붙는 속옷을 입고 찍은 아르마니 광고처럼 실제로 그렇게 입고 있는지 알아보기 위한 것으로 추정된다.》

The Cabinet has staged a mass resignation—*a political stunt* to save face and to buy time, before the government goes to the Supreme Court against opposition parliamentarians. ▶ 내각이 일괄사표를 제출했다. 이는 정부가 야당 국회의원들과 대법원까지 가서 싸우기 전에 시간을 벌고 체면을 세우려 정치적 이목을 끌기 위한 행동이다. ♣ *save face*: **체면을 세우다**; 대가를 지불하고 **시간을 벌다** 참조

이목을 끌다
큰 관심을 끌다

be in the spotlight ☞ 집중 조명을 받다

She *is* back *in the spotlight*. ▶ 그녀는 다시 이목을 끌고 있다.

draw/engage attention

They hoped to *draw attention to the harm* that might befall certain states. ▶ 그들은 특정 주에 닥칠지도 모르는 그 불행한 사태에 사람들의 이목을 집중시키길 원했다.

They never learned skills to *engage the attention of the others*. ▶ 그들은 다른 사람들의 관심을 끄는 기술을 배운 적이 없다.

~이라는 일이 이미 벌어진 상황에서
~이라는 일이 이미 벌어졌다는 사실을 고려한다면; ~라는 일이 이미 벌어진 이상

now that

Now that we have made the planet sick, it will not be cured by green remedies such as wind turbines and biofuels (biological fuels). This is why I recommend instead the appropriate medicine of nuclear energy. After all, the whole universe runs on nuclear energy, so why not us? ▶ 우리들이 지구를 이미 병들게 만든 상황에서, 풍력발전이나 식물연료 등과 같은 친환경 요법으로는 치유할 수 없다. 이 같은 사실이 내가 원자력이라는 적절한 치료제를 대신 추천하는 이유다. 어

짰든 온 우주가 핵에너지를 연료로 사용하는데, 왜 우리라고 그렇게 하면 안 되는가? ♣ *run on*: 기계/장비 등이 ~을 **연료로 사용한다** 참조

"***Now that*** we've declared to the world that we have nuclear weapons, ***now that*** the people feel we are standing tall, we can afford to compromise a little." ▶ "우리가 핵무기를 보유하고 있다고 전 세계에 이미 선언했고, 주민들이 자랑스럽게 느끼고 있는 이상, 우리는 (챙길 것은 이미 다 챙겼기 때문에) 타협의 여지를 약간 가지고 있다." 《2007년 초에 벌어진 6자 회담에 임하는 북한의 생각에 대해 추측하는 글이다.》

상태/상황이 **이미 ~한**
이전부터 그러했던

already

The news coverage of the messy, ongoing conflict in Iraq has worsened ***the already tense relationship*** between the press and the Bush administration. ▶ 엉망인 현 이라크 사태에 대한 뉴스보도는 이미 팽팽한 대립상태에 있던 언론과 부시 행정부와의 관계를 더 악화시켰다. 《좋아지는 점은 거들떠 보지도 않은 채 이라크전쟁의 나쁜 점만 부각시켜 보도하는 바람에 부시 행정부가 언론에 대해 악감정을 가지고 있다는 의미다.》

예전과는 달리 **이번에는**
예전과는 상황이 다르다는 것을 강조할 때

this time around

Unfortunately, I have been forced to go to work during the last few Christmases. I am hopeful that things will be different ***this time around***. ▶ 불행하게도, 나는 지난 몇 번의 크리스마스 휴일 기간에 일을 하지 않으면 안 되었었다. 예전과는 달리 이번 크리스마스에는 상황이 달라졌으면 좋겠다.

This time around six points separate the top five teams and there is going to be very little margin for error from any team. ▶ 예전과는 달리 이번에는 상위 5개 팀 간의 최대 차이가 6점밖에 안 된다. 어떤 팀도 실수하면 안 되는 상황이다. ♣ *margin for error*: **실수가 용납되는 여지** 참조

이복형제/자매
아버지나 어머니 중 한쪽만 같은 형제/자매; 배다른 형제/자매

half-sister; half-brother

She is ***my half-sister***. ▶ 그녀는 나의 이복 여동생이다.

He has ***two half-brothers***. ▶ 그에게 2명의 배다른 형제가 있다.

(이빨이 빠지거나 하여) **이빨 사이에 틈이 보이는**

gap-toothed

A Canadian invention may make ***the gap-toothed smiles*** so closely associated with the sport of ice hockey a thing of the past. ▶ 아이스하키는 워낙 몸과 몸을 마구 부딪히면서 하는 매우 격렬한 운동이기 때문에 이빨이 빠진 선수들이 웃는 모습을 매우 흔히 볼 수 있지만, 캐나다에서 새로 발명한 보호장구를 사용하면 충돌로 이가 부러지거나 빠지는 것을 방지할 수 있다는 말이다. ♣ *thing of the past*: **과거사** 참조

My sandy-haired, ***gap-toothed daughter*** has written "I love Daddy" in green chalk on the driveway. ▶ 갈색머리의 앞니 빠진 내 딸이 초록색 분필로 현관 앞길에 "아빠 사랑해"라고 써놓았다. 《아직 이빨을 다 갈지 않은 귀여운 어린 딸이란 의미다.》

Ronaldo, ***the gap-toothed Brazilian*** who was the picture of pure, unbridled joy four years ago, hadn't looked quite as chipper in the months leading up to this World Cup. Journalists and fans — even politicians — were obsessing over his weight. ▶ 4년 전 한일 월드컵에서 고삐 풀린 말처럼 그라운드를 휘젓던 앞니 사이에 틈이 있는 브라질 축구선수 호나우두가 이번 월드컵(독일 월드컵)을 앞둔 지난 몇 달간 그다지 활기 있는 모습을 보여주지 못했다. (브라질) 기자들과 팬들 심지어 정치인들까지 그의 과체중에 대해서 고민하고 있었다.

이상하게 들릴지도 모르지만 ~은 사실이다

(As) strange as it may sound ~

As strange as it may sound, death is a key principle in all of life. The truth is that something must die in order for something to grow. ▶ 이상하게 들릴지 모르지만, 죽음은 모든 생명에서 중요한 본질이다. 어떤 것이 자라기 위해서 어떤 것은 반드시 죽어야 한다는 것은 진리이다.

이성(異性)을 사랑하는 (사람)

동성애자가 아닌; 동성애자가 아닌 정상적인 사람 (heterosexual)

straight ☞ Informal

Americans can focus on expanding adoption as an alternative to abortion (which means adoption by gays as well as ***straights***). ▶ 미국 사람들은 낙태의 대안으로 입양을 늘리는 데 초점을 둘 수 있다. 이는 정상적인 부부는 물론 게이 부부에 의한 입양도 포함한다.

Her sexual orientation was a lot more lesbian than ***straight***. ▶ 그녀의 성적인 성향은 정상인보다는 레즈비언에 훨씬 가까웠다.

민감한 사안이나 주제에 대하여 조심스럽게 **이야기를 꺼내다**

이야기/화제를 끄집어내다/들고 나오다

broach idea/issue/subject/topic

For the first time the teachers have ***broached homosexuality*** as a part of the official lesson plan in eighth- and 10th-grade health classes. ▶ 최초로 교사들이 8학년과 10학년 보건시간에 공식적인 교과 내용으로 동성애를 포함시키는 안을 조심스럽게 들고 나왔다.

He has ***broached the idea of*** recording with her, although nothing is in the works. ▶ 아직 아무것도 진행되고 있지 않지만, 그는 그녀의 노래를 녹음하자는 아이디어를 조심스럽게 끄집어냈었다.

The last weekend' s G7 finance ministers meeting ***broached the subject of*** hedge fund oversight and regulation. ▶ 지난주 G7 경제장관 회의에서 헤지펀드에 대한 감독과 규제에 관한 이야기가 조심스럽게 나왔다.

When the elderly gentleman ***broached the subject of*** marrying another woman, it became clear quickly that they were opposed to the plan. ▶ 그 노신사가 다른 여자와 결혼하는 문제를 조심스럽게 들고 나왔을 때, 그들(자식들)이 그 자리에서 반대했다.

주 불 판에 올려진 뜨거운 고기를 꼬챙이에 끼워 들듯이 이야기(화제)를 조심스럽게 끄집어낸다는 의미다.

하면 안 되는 말 혹은 비밀스러운 이야기를 꾹 참고 있다가 불쑥 **이야기를 꺼내다**

자기도 모르게 무심결에 입 밖에 내다; 누설하다

blurt (out)

Joe Wilson of South Carolina was wrong to ***blurt out*** "You lie!" during a presidential health care pitch before a joint session of Congress in September. ▶ 9월 하원 합동회의에서 대통령이 자신의 의료 개혁안에 대해 연설하는 도중에 공화당 사우스 캐롤라이나 주의원인 조 윌슨이 "당신은 지금 거짓말을 하고 있어"라는 말을 입 밖에 낸 것은 옳지 못한 일이었다.

The film has one scene midway through that gave me a jolt (I actually felt myself jump) and made me ***blurt out*** "Wow!" ▶ 이 영화 중간쯤에는 내 몸을 움찔하게 만들고(실제로 내 몸이 점프하는 것을 느꼈다) 나도 모르게 "와!"라는 탄성을 지르게 만든 장면이 있다.

If she continues to ***blurt out*** intimate details your relationship won' t last. ▶ 만일 그녀가 (둘만의) 사적인 이야기를 계속 불쑥불쑥 입 밖에 낸다면 관계가 오래가지 못할 것이다.

듣기를 원하든 원하지 않든 간에 ~에 관한 많은/온갖 **이야기를 들려주다**

regale someone with tales of

A couple of male journalists was ***regaling me with tales of*** their hunt for Osama Bin Laden with U.S. Army. ▶ 두 명의 남자 기자가 미군과 함께 오사마 빈 라덴을 추적하던 많은 이야기를 나에게 들려주고 있었다.

I has been ***regaled with tales of*** their night time

escapes into the closest town for gourmet meals — or just dessert and a glass of red wine. ▶ 그들은 맛있는 음식을 먹기 위하여 가까운 마을로 야밤에 빠져나갈 때 벌어진 온갖 이야기를 나에게 들려주었다.

주 진수성찬을 베풀듯이 말 잔치를 베풀어 준다는 의미다.

~에 대한 **이야기 보따리를 풀어놓다**

unleash a tale of ~

His novel of undying love for a woman from his past ***unleashes a tale of*** passion, mystery and an ending that blows you away. ▶ 옛 여인에 대한 식을 줄 모르는 사랑을 다룬 그의 소설은 열정과 미스터리로 가득한 그리고 당신을 압도하는 결말로 이어지는 이야기 보따리를 풀어놓는다.

특별한 **이야깃거리가 못 된다**

흥밋거리가 전혀 없다; 특별한 것/사항이 전혀 없다

nothing to write home about

His daily life in Seoul was ***nothing to write home about***. ▶ 서울에서의 그의 일상생활은 특별한 이야깃거리가 없었다.

That projection's ***not anything to write home about***. ▶ 그 계획은 전혀 흥미롭지 않다.

권력의 **이양**

중앙정부 같은 상급기관이 지방정부 같은 하급기관으로 권력을 넘겨주는 것

devolution

Their plan included setting an early date for ***the devolution of policing and criminal justice powers*** and powers would be transferred close to the general election, expected to be on 6 May. ▶ 그들의 계획은 치안 및 형사 재판권의 이양이 시작되는 날짜를 포함하고 있으며 총선거가 임박한 5월 6일이 될 것이다.

~을 **이용하여 이익을 챙기다**

~을 악용하다

trade on

I don't want to draw comparisons to my dad; I don't want to ***trade on his name***. ▶ 나는 아버지와 비교되길 원치 않으며 또한 아버지의 이름을 이용하여 유명해지길 바라지 않는다.

As demand for the amulets sparked surging prices, many Buddhists became concerned that Buddhism was being turned into a commodity. The Supreme Patriarch's announcement was welcomed as it would protect him from being sullied by those seeking to ***trade on his position*** for financial gain. ▶ 부적의 수요가 늘어나 가격이 치솟음에 따라서 많은 스님들이 불교가 상품이 되어가고 있다고 걱정하게 되었다. 종정스님의 발표는 경제적 이득을 얻고자 종정스님의 직위를 악용하는 사람들에 의해서 스님의 명예가 훼손되는 것을 방지할 수 있다며 환영받았다. 《태국에서 종정스님이 있는 절에 도둑이 들어 부적을 훔쳐간 사건이 발생한 후, 종정스님이 자신의 절에서 더 이상 부적을 만들지 않겠다고 발표한 이야기다.》

실패의 **이유**

몰락/실패의 원인

downfall

His lack of experience may prove to be ***his downfall***. ▶ 경험부족이 그가 실패한 이유일지 모른다.

undoing

In a crisis, our instincts can be ***our undoing***. ▶ (9/11과 같은) 위기 상황에서 본능에만 의지하다가 도리어 잘못될 수 있다. 《건물이 곧 무너지려고 하는데도 불구하고 주변상황을 제대로 파악하지 못한 채, 움직이면 도리어 위험할 거라는 본능적인 생각 때문에 9/11 사태 때 세계무역센터 건물에 있던 수많은 사람들이 목숨을 잃었다는 주장이다.》

전쟁을 일으킨 이유
전쟁의 이유가 되는 사건/사태

casus belli ☞ the case of war, Latin

"The primary goal, ***the key casus belli***, in invading Iraq, was establishing US hegemony in the region with "regime change," he said. ▶ "이라크 침공의 근본 목표, 전쟁을 일으킨 이유는 정권교체로 그 지역에서 미국의 주도권을 확립하는 것이었다"고 그가 말했다.

Professor Bell wants us to believe that history tells us that America overreacted to 9/11. What history tells us, on the contrary, is that men have repeatedly gone into brutal and bloody wars over the moral equivalent of mere candy bars. ***The casus belli*** of the Franco-Prussian war was the fatal Ems telegram. The First World War began with the murder of a Crown Prince. The American Revolution began with a tea party. ▶ 벨 교수는 미국이 9/11 테러사건에 과잉 반응을 보였다고 역사가 우리에게 말하고 있다는 것을 우리가 믿기를 바라고 있다. 이와는 반대로(벨 교수의 희망과는 반대로) 사람들이 도덕적으로 볼 때 매우 하찮은 사건(단지 캔디 바 정도에 지나지 않는 것) 때문에 반복적으로 잔인하고 피비린내 나는 전쟁을 일으켜 왔다는 사실을 역사는 우리에게 말해 준다. 프러시아 전쟁의 이유가 된 사건은 치명적인 Ems 전문이었다. 그리고 제1차 세계대전은 한 황태자의 암살로 시작되었다. 미국독립전쟁은 티 파티에서 발단되었다. ♣ ***The fatal Ems telegram***: 당시 프러시아제국의 황제 빌헬름(Wilhelm) 1세가 철의 수상이라고 불리던 비스마르크(Bismark)를 자극하여 프랑스와 전쟁을 일으킬 구실을 만들어내게 하려는 목적으로 보낸 전문으로 "프랑스 대사가 스페인 왕위 계승문제에 대하여 우리와 다른 의견을 지니고 있다"는 내용을 담고 있었다. ♣ ***The murder of a Crown Prince***: 당시 보스니아주에 속해 있던 사라예보에서 오스트리아 황태자가 두 명의 세르비아 청년에 의해 암살당한 사건으로 이 때문에 제1차 세계대전이 발발했다. ♣ ***the equivalent of***: ~에 **상당하는 것** 참조

좋지 않은 ~한 이유로 인해서
좋지 않은 ~한 이유 때문에

what with

Middle-class people are struggling to make ends meet, ***what with wages tumbling from year to year***. ▶ 해가 갈수록 떨어지는 임금으로 인해서 중산층 사람들이 생활고를 겪고 있다.

Now that we can all pretty much take for granted the fact that his career is over as a prize fighter, ***what with his jail sentence***, it is time to evaluate his achievements as a boxer. ▶ 실형선고로 인해서 그의 프로권투 선수로서 생명이 다했다고 생각할 수 있는 상황에서, 그가 복서로서 이룩한 업적을 다시 평가해 볼 때가 왔다. ♣ ***now that***: ~이라는 일이 **이미 벌어진 상황에서** 참조

~에 대하여 이의를 제기하다
동의하지 않기 때문에 반대의견을 내놓다

take issue with

The ruling party ***took issue with the economist's view*** that we would have a recession. ▶ 우리가 경기침체(불황)를 맞을지 모른다는 그 경제학자의 견해에 대해 집권당이 이의를 제기했다.

Artists that will be part of the Bruce Museum's 21st annual Outdoor Crafts Festival this weekend ***take issue with any perception*** that craft work is not fine art. ▶ 브루스 미술관이 주최하는 21회 연례 야외 공예품 축제에 참여하는 작가들이 공예는 순수미술이 아니라는 인식에 이의를 제기한다.

어떤 상황 등을 이용하여 이익을 챙기다
돈을 벌다/챙기다 (주로 부당한 방법일 때 사용)

cash in on

Local gang leaders had ***cashed in on the violence*** to seize valuable land. ▶ 지역 갱 두목들이 폭력을 휘둘러 가치있는 토지를 차지하여 돈을 챙겼었다.

She recently ***cashed in on some photos*** she took of students receiving their diplomas. ▶ 최근 그녀는 학위를 받는 학생들의 사진을 찍어 돈을 벌었다.

직업이나 경제적인 활동 등이 이익을 많이 내는
수익을 많이 내는; 수지 맞는; 돈을 많이 벌 수 있는

lucrative

The lucrative contract with television means

아

that England's wealthy football clubs will now be laughing all the way to the bank. ▶ 수지 맞는 TV 중계 계약으로 영국의 부유한 축구클럽들이 쉽게 많은 돈을 벌게 될 것이다. ♣ *laugh all the way to the bank* : 많은 **돈을 쉽게 벌다** 참조

If a high-quality copy is made before a film's ***lucrative first weekend*** in release, the studio can lose tens of millions of dollars. ▶ 큰 수입을 올릴 수 있는 상영 첫 주말 이전에 고화질 복제품이 만들어지면 그 영화사는 수천만 불의 손실을 입을 수 있다.

이중잣대

double standard

President H. Mubarak opened the World Economic Forum at a Red Sea resort Saturday (May 20, 2006) with a tough speech that indicated deepening disapproval of U.S. policies. The 78-year-old leader implied that American foreign policy had set ***a double standard*** on nuclear issues, ignored international opposition to the invasion of Iraq and meddled in other countries — including his own — by pressing for Western-style democratic reforms. ▶ 무바라크 이집트 대통령이 2006년 5월 20일 홍해(Red Sea)에 있는 한 휴양지에서 개최된 세계경제포럼에서 미국정책에 대한 깊어가는 불신을 드러내는 강한 어조의 기조연설을 했다. 이 78세 지도자는 미국의 외교정책이 핵 문제에 대하여 이중잣대를 들이대 왔으며, 이라크 침공에 대한 국제적인 반대를 무시했고, 서구식 민주주의로 개혁을 하라고 압력을 넣으며 자기 나라를 포함한 다른 나라에 쓸데없이 참견을 해왔다고 암시했다.

They have ***a double standard*** where they say everybody must play by the rules, but they do not need to. ▶ 그들은 누구나 규정대로 행동해야 하지만 자신들은 그렇게 할 필요가 없다는 이중잣대를 가지고 있다.

이채(異彩)를 띠다
두각을 나타내다 ; 사람들의 눈에 확 들어오다

figure prominently

Distance learning will ***figure more prominently in*** the future in both degree and non-degree programs. ▶ 원격학습이 학위 및 비학위 과정 모두에서 미래에 더욱 두각을 나타낼 것이다.

cut a fine figure

Dressed in ragged cut-off blue jeans, orange suspenders and a straw hat held down with a red bandanna, Bruce ***cut a fine figure*** walking around the village. ▶ 누더기 같은 찢어진 청바지에 오렌지색 멜빵을 하고 붉은 큰 손수건을 묶은 밀집모자를 푹 눌러 쓴 채 브루스가 마을을 돌아다닐 때면 사람들의 눈에 확 들어왔다.

㊟ 멋진 조각상처럼 눈에 확 들어온다는 의미다.

이해관계
이해 당사자로서 갖는 특별한 관심

vested interest

A free-market advocate doesn't think it's a good idea for the federal government to get involved with investigation concerning Toyota when it ***has vested interest in*** the automaker's competitors. ▶ 연방정부가 토요다 자동차의 경쟁자들(미국 자동차 회사들)과 이해관계를 가지고 있을 때는 이와 관련된 조사에 관여하는 것은 좋지 않다고 자유시장을 옹호하는 사람이 생각한다. 《2010년 초에 미국에서 벌어진 토요다 자동차의 대량 리콜사태에 대한 이야기다.》

Some experts believe that Google ***has vested interest in*** improving Internet speed. ▶ 일부 전문가들은 구글이 인터넷 스피드를 향상시키는 데 특별한 관심을 가지고 있다고 말한다.

공(公)적인 업무와 사(私)적인 관심사 사이에서 발생하는 이해충돌
공적인 임무를 수행하면서 사적인 이해관계가 얽혀드는 상황 ; 공사(公私)를 구분하지 못하는 상황

conflict of interest

A conflict of interest is a situation in which someone in a position of trust, such as a lawyer, insurance adjuster, a politician, executive or director of a corporation or a medical research scientist or physician, has competing professional or personal interests. Such competing interests can make it difficult to fulfill his or her duties impartially. ▶ "A conflict of interest"는 변호사, 보험중재인, 정치가, 기업의 이사나 대표, 의학분야에서 연구하는 과학자나 의사 등과 같은 책임있는 위치에 있는 사람이 직업상 혹은 사적으로 서로 배치(背馳)되는 이해관계를 가지고 있는 상황이다. 이러한 배치되는 이해관계들은 이들이 임무를 공평하게 수행하는 것을 어렵게 만들 수 있다. ♣ *competing* : 사상/요구조건/ 이해관계가 서로 **배치되는** 참조

He accused two fellow councilors of having ***a conflict of interest*** when discussing airport-related issues because their wives worked for a firm that subleases a hangar from the city. ▶ 부인들이 시로부터 격납고를 세 내서 쓰고 있는 한 기업에서 일하기 때문에, 공항관련 이슈를 토의할 때 공사(公私)를 구분하지 못했다고 그가 두 명의 동료 시의원들을 비난했다.

글/발언 등을 바르게 **이해하다**

get the right end of the stick ☞ Informal

I just want to make sure I've ***got the right end of the stick*** over all this before I get down to anything. ▶ 나는 일을 착수하기 전에 내가 이 모든 것을 바르게 이해했는지 그저 확실히 해두고 싶다.

글/발언 등을 잘못 **이해하다**

get the wrong end of the stick ☞ Informal

It's easy to ***get the wrong end of the stick*** when you are trying to communicate in a foreign language. ▶ 외국어로 대화할 때 상대방 이야기를 잘못 이해하기 쉽다.

이해하지 못하다

깨닫지 못하다; 주의를 기울이지 않는다; 관심을 보이지 않는다

be lost on one

The meaning of that ***was lost on me***. ▶ 나는 그것의 의미를 이해하지 못했다.

The irony that the choice to save democracy is made secretly, in the early hours of morning, by a chosen few senators should not ***be lost on us***. ▶ 민주주의를 구하려는 그 선택이 이른 아침에 몇 명의 선택된 의원들에 의해서 비밀리에 이루어졌다는 아이러니에 우리는 주의를 기울여야 한다.

약속이나 위협 등을 **이행하다**

약속이나 위협 등을 실천/실행에 옮기다

make good on a threat/promise ☞ 미국

In Brisbane yesterday, dozens of school students ***made good on a threat*** to ditch school for the afternoon to protest against the visit by US President George W. Bush. ▶ 호주 브리즈번에서 수십 명의 학생들이 미국 부시 대통령의 호주 방문을 반대하여 학교 수업을 빼먹겠다는 위협을 실행에 옮겼다.

The coach ***made good on his promise*** to get the team to clean their stadium after home games. ▶ 코치가 홈경기 이후 선수들이 경기장을 깨끗하게 치우도록 하겠다는 약속을 이행했다.

이후부터는 ~라 칭한다

앞으로는 ~라 부른다; 지금부터는 ~이라고 표기한다

hereinafter referred (to) as

The Government of the Democratic Socialist Republic of Sri Lanka (***hereinafter referred to as*** the GOSL) should find a negotiated solution to the ongoing ethnic conflict in Sri Lanka. ▶ 스리랑카 민주사회주의공화국 정부(이후부터는 the GOSL이라 칭한다)는 스리랑카에서 현재 벌어지고 있는 인종분쟁에 대한 해결책을 협상을 통해 찾아야 한다.

~의 **이후에**

on the back of

Steel companies in India were in the losses few years ago, but now most of them have managed to show good numbers ***on the back of*** healthy steel prices. ▶ 인도의 철강회사들이 몇 년 전에는 적자를 냈지만, 지금은 대부분 회사들이 철강가격이 오른 이후 이익을 내고 있다.

The company reported second-quarter net earnings of $67.5 million, or $1.40 a share ***on the back of*** higher sales. ▶ 그 회사는 높은 매출 이후 2 사분기에 6천7백5십만 달러의 순이익을 기록했으며 이는 한 주당 1.4달러에 해당한다.

특히 좋지 않은 사건이 벌어진 **이후의 시기/상황**
특히 좋지 않은 사건이 벌어진 직후의 시기/상황

aftermath

In the immediate aftermath of the riots, a mood of hope and reconciliation sprang up. ▶ 그 폭동 직후에 희망과 화해의 무드가 피어났다.

During the Soviet era and ***its immediate aftermath***, the region was officially known as "Middle Asia and Kazakhstan." ▶ 소연방 시대와 해체 바로 직후 시기에는 그 지역은 "중앙아시아와 카자흐스탄"이라고 공식적으로 알려졌었다.

They battled scores of fires ***in the aftermath of the ferocious earthquake*** that killed more than 1,700 people and destroyed thousands of buildings. ▶ 1,700명 이상의 목숨을 앗아가고 수천의 건물을 파괴한 엄청난 지진이 일어난 이후, 그들은 수십 곳에서 발생한 화재를 진압하기 위하여 고군분투했다.

인기를 끌다

be all the rage ☞ 선풍적인 인기를 끌다, Informal

With gas prices through the roof, hybrids have become ***all the rage*** in the automotive world. ▶ 휘발유 가격이 치솟고 있는 상황 속에서 자동차업계에서 하이브리드 자동차가 선풍적인 인기를 끌게 되었다. ♣ ***through the roof***: **치솟다** 참조

catch on

The idea has been around for ages without ***catching on***. ▶ 그 아이디어는 오랫동안 인기를 끌지 못했다.

The United States Mint hopes new dollar coins ***catch on***. Thursday, it will begin circulating $1 coins featuring George Washington, the first U.S. President. ▶ 미 조폐국은 새 1달러짜리 동전이 인기를 끌 것으로 기대한다. 조폐국은 미국의 초대 대통령 조지 워싱턴이 들어 있는 1달러 동전을 목요일부터 유통시키려 한다.

존경한다는 표시로 허리를 굽히면서 하는 **인사**
절(bow)

obeisance ☞ Formal

He came forward and ***made awkward obeisance***. ▶ 그가 앞으로 나와 서투르게 허리를 굽히며 인사했다.

Dressed in white, he ***paid obeisance*** at the Golden Temple here on Sunday. ▶ 그가 하얀 의복을 입고 일요일 이곳 황금사원에 와서 절을 했다.

주 복종한다는 행동(the act of obeying)이다

인심이 매우 후하다
남에게 아낌없이 자선/선행을 베풀다

give the shirt off one's back ☞ 입고 있는 옷을 벗어주다

He would ***give you the shirt off his back***. That's how family and friends are describing John who was killed in a motorcycle crash. ▶ 그는 너에게 입고 있는 옷이라도 벗어주려 할 것이다. 가족과 친구들이 오토바이 사고로 죽은 존을 이렇게 평한다.

give one's last dime ☞ 마지막 남은 동전 한 닢을 주다

She was so good to folks sometime. I've seen her ***give*** people ***her last dime***. ▶ 그녀는 가끔 사람들을 너무나 잘 대해주었다. 나는 그녀가 사람들에게 아낌없이 자선을 베푸는 것을 본 적이 있다.

어떤 단체나 집단이 소속 **인원 몇 명으로 구성된**
소속 인원수가 몇 명인

strong

The team was probably ***four to six strong***, although it is technically feasible that one or two conducted the attacks. ▶ 비록 기술적으로 한두 명이면

공격이 가능하지만, 그 팀(폭탄 테러 팀)은 아마도 4명에서 6명 정도로 구성되었을 것이다.

A 1,000-strong team of soldiers started evicting some 50 overstaying retired military and police generals in a military housing south of Manila. ▶ 1,000명의 군인들로 구성된 팀이 마닐라 남쪽에 위치한 한 군부대에 오래 머물고 있는 50여 명의 퇴역 군경 장성들을 쫓아내기 시작했다.

~에 **인접한 곳에서**
~과 매우 가까이서; ~과 근접한 곳에서

in close proximity to ☞ Formal

In Cambodia, birds and ducks are routinely raised *in close proximity to* human living quarters. ▶ 캄보디아에서는 보통 사람이 사는 주거지역과 인접한 곳에서 새나 오리 등을 기른다.

In order to be with their children and assist them, many families uproot themselves and relocate to the area. Each family could have a room *in close proximity to* the hospital so they can be near their children during treatment. ▶ 아이들과 함께 있으면서 돌봐 주기 위하여, 많은 가족들이 살던 곳을 떠나 그곳으로 거처를 옮긴다. 각 가족이 아이들이 치료를 받는 동안 옆에 있을 수 있도록 병원에서 근접한 곳에 방을 얻을 수 있다. ♣ *uproot* : 지내던 곳(집, 건물, 직장 등)에서 **떠나다** 참조

성과 등에 대하여 공로/업적 등을 **인정받다**

be credited with

The best-selling designer products *are* now *credited with keeping the company afloat*. ▶ 그 회사를 그나마 근근이 꾸려갈 수 있는 것은 이 베스트셀러 디자이너의 작품 덕이라고 사람들이 인정한다. ♣ *keep afloat* : 회사/국가/개인의 예산/자금이 부족하여 **근근이 꾸려가다** 참조

Mayor has *been credited with cleaning up crack cocaine problems* in the city. ▶ 시장이 그 시에서 크랙 코카인 문제를 퇴치한 공로를 인정받았다.

Credited with resurrecting an Irish carrier, Willie Walsh this month officially took the reins as British Airways' CEO. ▶ 한 아일랜드 항공사를 다시 일으켜 세운 업적을 인정받은 윌리 월시가 이달 공식적으로 브리티시 에어웨이의 대표이사로서 회사의 운영을 책임지게 되었다. ♣ *take the reins* : ~의 **고삐를 쥐다** 참조

경쟁이나 싸움 등에서 **인정사정 없는**
남의 사정을 전혀 봐주지 않는

bare-knuckles/knuckled

Wal-Mart has become the world's largest corporation through *a bare-knuckles business strategy* that forces down prices, driving out competitors and forcing suppliers into fierce competition among themselves. ▶ 월마트는 경쟁자들을 몰아내고 공급업체들이 서로 치열한 경쟁을 벌이도록 강요하는 인정사정 없는 저가전략을 통하여 세계 최대의 기업이 되었다.

They are waging *a bare-knuckles political brawl* for the state Senate seat. ▶ 주 상원의원 자리를 놓고 그들은 인정사정 없는 정치싸움을 벌이고 있다.

Bill Clinton has taken on the task of playing bad cop to Hillary's good cop, attacking Barack Obama in *a bare-knuckled, no-holds-barred street fight*. ▶ 2008년 미국 민주당 대통령 후보 선출 경선에 나선 부인을 대신해서 남편인 빌 클린턴이 경쟁자인 버락 오바마에 대한 무차별한 네거티브 선거 공세를 펴고 있다는 이야기다. ♣ *no-holds-barred* : 싸움이나 경쟁 등이 **규칙이 없는** 참조

주 권투글러브도 끼지 않은 채 인정사정 봐주지 않고 맨주먹으로 상대방을 마구 때리는 상황이다.

비록 어떤 사람을 싫어하거나 그 사람이 단점을 가지고 있더라도, 그 사람의 장점이나 능력 등을 **인정해 주다**
인정할 것은 인정하다

give someone his/her due

You have to *give the devil his due*. ▶ 아무리 미운 놈이라도 인정할 것은 인정해야 한다.

Barry Bonds passes Babe Ruth. So let us *give the San Francisco Giants' slugger his due*. ▶ 비록 베리 본즈가 금지약물인 스테로이드를 복용한 것으로 2006년에 드러났지만, 베이브 루스의 714홈런기록을 경신한 그의 업적만은 인정해 주자는 의미다.

아

Brian Grazer's films and TV shows have been nominated for 39 Oscars and 27 Emmys, but the quirky producer has yet to ***receive his due***. ▶ 브라이언 그레이저의 영화와 TV 쇼가 오스카상 후보에 39번 그리고 에미상 후보에 27번 올랐었다. 그러나 이 괴짜 제작자는 아직까지 그의 능력을 인정받은 적이 한 번도 없다. 《아직까지 한 번도 수상한 적이 없었다는 이야기다.》

주 *due*: 당연히 받아야 하는 것, 당연한 권리

단조롭고 고되지만/힘들지만 꼭 해야 하는 **일**

drudgery

With ***the drudgery of everyday life***, some adults tend to go overboard when they do have the chance to cut loose, she said. ▶ 단조롭고 고된 일상생활에서 일부 성인들은 기회가 있으면 극단적인 행동을 하는 경향이 있다고 그녀가 말했다. ♣ *go overboard*: 관습이나 규범 상식 등을 **일탈하는 행동을 하다** 참조

Laundry is ***drudgery*** because of the steps involved — the sorting, the washing, the measuring, the move to the dryer, the folding, the putting away. ▶ 세탁은 분류, 세탁기 돌리기, 검사, 건조기에 옮기기, 개기, 보관하기 등의 절차를 밟아야 하는 단조롭고 고된 일이다.

일각에서는

일부에서는(이름을 밝히기를 원하지 않는 일부 사람이나 단체를 칭할 때 사용한다)

in some quarters

There are fears ***in some quarters*** that the ruling part would have little chance of winning the upcoming elections. ▶ 일각에서는 집권당이 다가오는 선거에서 승리할 가능성이 거의 없을지 모른다는 두려움을 나타내고 있다.

There is concern ***in some quarters*** about the potential for these funds to upset financial markets. ▶ 일부에서는 금융시장을 혼란에 빠뜨릴 수 있는 이러한 자금의 잠재력에 우려를 표명하고 있다.

일괄안(一括案)

일괄타결안(여러 가지 의안들을 한데 묶어 동시에 전부 통과되지 못하면 모든 안이 부결되는 경우다)

package deal

The labor union has brought out ***a new package deal***. ▶ 노조가 새 일괄타결안을 들고 나왔다.

The package deal contains major investments in infrastructure of the region. ▶ 그 일괄안은 그 지역의 사회기반시설물에 대한 대규모 투자를 포함한다.

~에게 심각성/의미/중요성/필요성 등을 **일깨우다**

이해시키다; 인식시키다

bring something home to someone

The earthquake ***brought home to people the necessity*** of earthquake resistance designs for buildings. ▶ 그 지진은 사람들에게 건물의 내진설계에 대한 필요성을 일깨워주었다

I would like to share a poem with you that ***brings home the meaning of Easter to all of us***. ▶ 나는 부활절의 의미를 우리 모두에게 일깨우는 시 한 편을 여러분들과 함께 나누고 싶다.

The news ***brought home uncomfortable truths***. ▶ 그 뉴스는 불편한 진실을 인식시켰다.

일 년 내내

사시사철

(all) year round; year-round

Many of these plants are evergreen, so you can enjoy them ***all year round***. ▶ 이 중 많은 식물은 사시사철 푸르기 때문에 일 년 내내 감상할 수 있다.

They work 7 days a week ***year-round***. ▶ 그들은 일 년 내내 하루도 쉬지 않고 일한다.

The country has a tropical climate with ***year-round sunshine***. ▶ 그 나라는 일 년 내내 날씨가 맑은 열대성 기후이다.

짧은 시간 안에 발생한/나타난 일련의 비슷한 불유쾌한/나쁜 일/사건
여기저기서 불쑥불쑥 터져 나오는 일련의 비슷한 사건들

rash

Many believe the President is responsible for ***a rash of suicides*** committed by high-profile figures during his tenure. ▶ 대통령이 그의 임기 중 여기저기서 터져 나온 유명 인사들의 자살 사건에 책임이 있다고 많은 사람들이 생각한다.

Police arrested two men in connection with ***a rash of burglaries*** this weekend. ▶ 경찰이 이번 주말 발생한 일련의 강도사건과 연루된 두 남자를 체포했다.

주 온몸에 나는 발진이나 뾰루지를 뜻한다.

신문의 일면
매우 중요하거나 흥미로운 기사가 주로 실리는 면

front page

It was a pleasure to see the story on guardian angels on ***the front page*** of the May 8 Northwest Herald. ▶ 5월 8일자 Northwest Herald의 일면에 실린 보호천사에 대한 이야기를 읽어 즐거웠다. ♣ *guardian angel* : 보호천사 참조

The 192-page newspaper is packed with news and opinion. ***Our front page story*** is about the decision to merge the ambulance service — a decision which has sparked anger and safety fears. ▶ 192쪽의 이 신문은 뉴스와 의견으로 가득하다. 일면 기사는 앰뷸런스 서비스를 하나로 합치는 결정에 관한 소식이다. 이 결정은 분노와 안전에 대한 두려움을 촉발시켰다.

남의 의견은 무시한 채 일방적으로 행동하거나 어떤 일을 결정하는

one-sided

Michigan Attorney General Mike Cox has filed a brief asking the U.S. Supreme Court to rule on the issue of permitting states to protect consumers against ***one-sided cell phone contracts***. ▶ 미시간 주 검찰총장 마이크 콕스는 주가 일방적인 휴대전화 사용계약에 대하여 소비자들을 보호할 수 있도록 허용하는 문제에 대해 판결을 내려달라고 미 대법원에 요청했다.

unilateral

There is continuing outrage over America's ***unilateral decision*** to go to war. ▶ 미국이 일방적으로 전쟁을 일으킨 것에 대해 계속 분노가 일고 있다.

일석이조의 효과를 보다

kill two birds with one stone

"The kinds of emissions that cause global warming are almost the same emissions that pollute our air," he said. "I see this initiative as ***killing two birds with one stone***." ▶ "지구온난화를 일으키는 배출가스들은 대기를 오염시키는 물질과 거의 같다"고 그가 말했다. "나는 이 제안이 일석이조의 효과를 가지고 있다고 생각한다." 《대기오염과 지구온난화를 동시에 억제할 수 있는 제안이라는 의미다.》

일손이 부족한
일손이 달리는; 인력이 부족한

short-handed(미); short-staffed(영)

The factory is desperately ***short-handed***. ▶ 그 공장은 절대적으로 일손이 달린다.

He scored ***a short-handed goal*** 2:26 into the extra period. ▶ 연장전 2분 26초가 경과한 시점에서 자기 팀 선수가 퇴장 당해 수적으로 부족한 상태에서 그가 골을 넣었다.

The company may be ***running short-staffed*** starting next month after the union this week defeated a proposed contract. ▶ 이번 주 제안된 계약조건을 노조가 거부하여 그 회사는 내달 초부터 인력이 부족할지 모른다.

넘어졌다가 천천히 일어나다

pick oneself up

He courageously ***picked himself up*** off the canvas, recovered, regrouped and fought back to take control of the fight. ▶ 그는 (상대방 펀치에 맞아)

아

넘어졌다가 용기 있게 바닥에서 천천히 일어나 정신을 차리고 싸울 태세를 다시 갖추어 시합을 주도하기 위하여 반격했다.

When he was down he ***picked himself up*** and kept on walking. That's the life story of most of us. ▶ 그는 넘어져도 천천히 일어나 계속 걸었다. 이는 우리 대부분이 살아가는 이야기다.

Pittsburgh was a perfect venue for this work. This city has known its share of hard times, as older industries like steel could no longer sustain growth. But Pittsburgh ***picked itself up***, and it dusted itself off, and is making the transition to job-creating industries of the future — from biotechnology to clean energy. It serves as a model for turning the page to a 21st century economy, and a reminder that the key to our future prosperity lies not just in New York or Los Angeles or Washington — but in places like Pittsburgh. ▶ 피츠버그는 이 일(G20 정상회담)을 위한 완벽한 개최지였습니다. 이 도시는 철강산업 같은 옛 산업이 이제는 더 이상 성장을 보장할 수 없게 됨에 따라 어려운 시기를 함께 겪어 왔습니다. 그러나 피츠버그는 천천히 일어나 먼지를 훌훌 털어버리고 생물공학에서부터 청정에너지에 이르기까지 미래의 일자리 창출을 위한 산업으로 전환하고 있습니다. 이 도시는 21세기 경제의 새로운 페이지로 넘어가는 모델 역할을 하고 있으며, 또한 미래의 번영을 위한 열쇠는 뉴욕이나 로스엔젤레스 혹은 워싱턴에만 있는 것이 아니라 피츠버그 같은 곳에도 있다는 것을 상기시켜 줍니다. 《2009년 미국 피츠버그에서 개최된 G20 정상 회담이 끝난 후 가진 기자회견에서 오바마 미국 대통령이 한 말이다.》 ♣ ***dust oneself off***: 몸에 묻은 먼지를 **훌훌 털어버리다** 참조

벌떡 **일어나다**

jump to one's feet

He ***jumped to his feet*** as soon as he heard the news. ▶ 그 뉴스를 듣자마자 그는 자리에서 벌떡 일어났다.

특별한 감정/분위기/상황 등을 불러 **일으키다**
야기시키다

engender ☞ Formal

The tsunami that destroyed thousands of lives from Sumatra to Somalia ***engendered an instant, near-universal outpouring*** of concern, shared grief and charitable giving. ▶ 수마트라에서 소말리아에 이르기까지 수천 명의 목숨을 앗아간 쓰나미가 발생하자 거의 전 세계 모든 사람들이 걱정하며 함께 슬퍼했고 구호물품이 답지(遝至)했다. ♣ ***outpouring***: 통제할 수 없는 특별한 감정/반응의 **분출** 참조

This was not a prize he sought, much less wanted at this stage of his presidency precisely because it would ***engender such criticisms*** and increase expectations. He did the right thing; he accepted it with a great deal of humility and modesty. ▶ 이것은 그가 원하던 상이 아니었으며, 대통령 임기 현 시점에서는 물론 더더욱 아니었다. 그가 이 상을 원하지 않았던 정확한 이유는 이 상이 그 같은 비난(한 일도 별로 없으면서 노벨상을 받는다는 비난)을 불러일으키고 자신에 대한 기대치를 높일 수도 있기 때문이었다. 그는 올바른 판단을 내렸고 매우 겸허하고 조심스러운 태도로 그 상을 받기로 결정했다. 《오바마 미국 대통령이 2009년 노벨 평화상 수상자로 결정된 이야기다.》 ♣ ***much less***: ~은 물론 **더더욱 아니다** 참조

국가나 어떤 사회의 **일**·**인당**
한 사람당

per capita ☞ Latin

From 1998 to 2003, ***the Latin America's per capita income*** did not grow. ▶ 1998년부터 2003년까지 중남미 지역의 일 인당 국민소득이 증가하지 않았다.

The per capita consumption of alcohol has continuously increased over the last few years in Korea. ▶ 한국에서 일 인당 술 소비량이 지난 몇 년에 걸쳐 지속적으로 증가했다.

Finland now has ***the most research scientists per capita*** in the world. ▶ 현재 핀란드가 일 인당 연구과학자 수가 세계에서 가장 많다.

일전(一戰)을 불사(不辭)한다는 태도를 취하다
한번 덤빌 테면 덤벼보라는 호전적인 자세를 가지고 있다; 한번 붙어보자는 태도를 취하다

have/get a chip on one's shoulder ☞ Informal

"We've got a lot to prove," he said. "We don't

want to end our season losing three in a row. We *have a chip on our shoulder*." ▶ "우리가 보여주어야 할 것이 많다"며 "우리는 3경기를 연속으로 패배하면서 시즌을 마감하고 싶지 않다. 우리는 일전불사의 태도를 가지고 있다"고 그가 말했다.

Asked if he is concerned that the opponent will *play with a chip on its shoulder*, Brandon replied: "I hope he does. I really do because we've got one also." ▶ 상대가 한번 덤빌 테면 덤벼보라는 호전적인 자세로 나올까 걱정되지 않느냐는 질문을 받자 브랜든이 "나는 그들이 그런 태도로 나오길 정말 바란다. 왜냐하면 우리도 그렇기 때문이다"라고 대답했다

주 1930년 미국 New York의 한 신문에 실린 다음과 같은 글에서 유래되었다고 전해진다: "When two churlish boys were determined to fight, *a chip would be placed on the shoulder of one* and the other demanded to knock it off at his peril." 나무 조각이나 진흙으로 만든 chip을 어깨 위에 살짝 올려 놓고는 상대방에게 "이것을 떨어뜨리면 가만 놔두지 않겠다"고 하면서 싸움을 걸어 오기를 고대하고 있는 모습이다.

일제히 일어나는 반대

한 목소리로(이구동성으로) 외치는 반대/저항/항의의 목소리

chorus of protests

In the country, where leaders routinely cover up accidents and pressure the media to spin stories, the announcement set off *a chorus of protests* on the Web. ▶ 지도자들이 일상적으로 사건을 은폐하고 사실을 왜곡 보도하도록 언론에 압력을 가하는 그 나라에서, 그 발표로 인하여 항의하는 글들이 인터넷에 일제히 올라왔다.

He has added his voice to *the chorus of protests*. ▶ 그는 일제히 일어나는 반대의 목소리에 합세했다.

~을 보다 일찍 했어야 했다

늦은 감이 있다; 늦어서 유감이다 (늦었다는 것을 점잖게 질책하는 표현)

better late than never

He came to me today but *better late than never*. ▶ 그는 오늘 나에게 왔지만 보다 일찍 왔어야 했다.

I am very pleased to see this scheme being put in place at last, but it is *better late than never*. ▶ 마침내 이 계획이 실행에 옮겨져서 나는 매우 기쁘긴 하지만 늦은 감이 있다. ♣ *put in place* : 법률/제도/정책 등을 **시행하고 있다** 참조

주 하지 않은 것보다야 물론 낫지만 늦어서 유감이라는 의미다.

일촉즉발의

성격이 불 같은; 쉽게 화를 잘 내는

hair-trigger ☞ 머리칼로 살짝만 건드려도 폭발하는

A hair-trigger situation has been created between the two countries which could lead to an outbreak of war at any time. ▶ 하시라도 전쟁이 일어날 수 있는 일촉즉발의 상황이 두 나라 사이에서 벌어졌다. ♣ *at any time* : 어떤 일이 **언제 일어날지 모른다** 참조

Her boyfriend's *hair-trigger temper* could explode at any time and the threat of violence was ever-present in their turbulent relationship. ▶ 그녀 남자친구의 불 같은 성격이 언제라도 폭발할 수 있었으며 그들의 불안정한 관계에서 폭력의 위협이 항시 존재했었다.

A U.S. Senate vote to supply India with nuclear material seems crazy, given that nation's *hair-trigger relations* with Pakistan and tensions over similar work in Iran and North Korea. Why help anyone join the mushroom-cloud club? ▶ 인도와 파키스탄 사이의 일촉즉발의 관계와 이란과 북한이 벌이는 유사한 일(핵개발 시도)을 감안한다면, 인도에 핵 물질을 공급하기로 한 미 상원의 결정이 무모하게 보인다. 왜 핵무기 보유국이 되도록 다른 나라를 도와주는가? ♣ *given* : ~라는 현 상황(주어진 상황)을 **감안한다면** 참조

일치된 행동을 취하다

단합된 행동을 하다; 일사불란하게 움직이다

take concerted action

Activists from the environmental group Greenpeace held simultaneous protests in the Philippines and Thailand to demand that their respective energy officials urge their counterparts at the ASEAN Energy Ministers Meeting in Laos next week to take urgent and ***concerted action*** against climate change. ▶ 환경단체인 그린피스의 운동가들이 내주 라오스에서 개최되는 아세안 에너지 장관 회의에 참석하는 에너지 담당 관리들에게 기후변화에 대응하여 절박한 단합된 행동을 취하도록 촉구하라고 필리핀과 태국의 에너지 담당 관리들에게 요구하는 집회를 두 나라에서 동시에 가졌다.

It is time to muster the political will for ***concerted action***. Stronger leadership at all levels is needed. The time is now. We must rise to the challenge. ▶ 이제 일사불란한 행동을 위해 정치적 의지를 한곳으로 모아야 할 시간이다. 각계의 강력한 지도력이 필요하다. 지금이 적기다. 우리는 도전에 맞서 일어서야 한다. ♣ ***muster***; 어떤 일을 하는 데 필요한 사람, 힘, 지원, 도움, 에너지, 자금, 찬성표 등을 최대한 한데 끌어 **모으다** 참조

견해의 **일치점**

공통된/일치된 견해; 다른 부분에서는 견해가 서로 다르지만 한 가지 일치하는 부분

common ground

Let us put aside our differences of race, religion, color, et cetera and find ***a common ground*** on higher ground. ▶ 인종, 종교, 피부색의 차이 등등은 옆으로 제쳐두고 보다 높은 차원에서 견해가 일치되는 점을 찾아보자.

She has always worked to find ***common ground*** among people and groups with divergent interests. ▶ 그녀는 서로 다른 이해관계를 지닌 사람들과 집단들 사이에서 공통된 견해를 찾기 위해 언제나 노력해 왔다.

주 함께 딛고 서 있을 수 있는 땅이다.

관습이나 규범, 상식 등을 **일탈하는 행동을 하다**

너무 극단적인/비상식적인/지나친 행동을 하다

go overboard ☞ Informal

We need to take measured and timely action, and make a balanced judgment; not to be too benign but also not ***go overboard***. ▶ 우리는 신중하고 시기 적절한 행동을 취해야 하며 균형 잡힌 판단을 내려야 할 필요가 있다. 너무나 부드러워도 안 되고 너무 극단적으로 나가서도 안 된다.

Don't ***go overboard*** buying something impossibly extravagant no matter how irresistible. ▶ 아무리 사고 싶더라도 터무니없이 비싼 물건을 사는 비상식적인 행동을 하지 마라.

주 항해 도중에 배의 갑판(***board***) 위에서 바다로 뛰어내린다는 의미다.

일회성으로 끝나는 것(성공, 업적, 유행 등)

단발성으로 끝나는 것(a temporary success, achievement, or attraction which is unlikely to be repeated)

a flash in the pan

Steve proved that his first win was not ***a flash in the pan*** when he beat Michael in the second race. ▶ 스티브는 두 번째 경주에서 마이클을 이겨 그의 첫 번째 승리가 일회성이 아니라는 것을 입증했다.

Many believe that blogging is not just a fad or ***a flash-in-the-pan*** but a phenomenon that is here to stay. ▶ 사람들이 블로그에 글을 올리는 것이 짧은 기간 반짝 유행하고 금방 시들해지거나 혹은 단발성으로 끝나지 않고 계속될 것이라고 많은 사람들이 생각한다. ♣ ***fad***: 짧은 기간 동안 반짝 **유행하고는 금방 시들해지는 것** 참조

주 화약가루를 부싯돌로 점화하여 총알을 발사하는 옛날식 수발총(flint-lock)의 부품으로 화약가루를 담는 움푹한 접시를 ***pan***이라고 불렀다. 어쩌다 한 번 불꽃(***flash***)이 튀고 대개는 잘 튀지 않아 총알이 발사되지 않는 경우가 많았는데 이를 두고 표현한 것이다.

어떤 것을 흥미롭게 만드는 혹은 활력을 불어넣는 고유한 성질/특성을 **잃어버리다**

lose luster ☞ 빛이 바래다/퇴색하다

Recently the university has ***lost a bit of its luster***. ▶ 최근 그 대학교 고유의 특색이 약간 바랬다.

But the contest's allure ***lost a considerable amount of luster*** in recent weeks. ▶ 그러나 최근 몇 주 사이에 그 경기의 매력이 상당히 퇴색했다. 《리그의 우승자를 가리는 매우 박진감 있는 경기가 될 것으로 예상했었던 두 팀 간 경기가 지난 몇 주 동안 두 팀이 경기를 내리 패하는 바람에 별 볼 일 없게 되었다는 이야기다.》

"While it is hard, if not impossible, to pinpoint

exactly why Yahoo has ***lost its luster*** in recent years, we suspect it has to do with such things as the organization's size/bureaucracy, speed-to-market abilities, management's risk tolerance, and, perhaps, an underestimation of the competitive set," he wrote. ▶ "불가능한 것은 아니더라도, 야후가 최근에 그만의 고유한 특징을 잃어버린 원인을 정확하게 집어내는 것이 어렵긴 하지만, 조직의 크기와 관료주의, 시장 출시 기간을 단축하는 능력, 경영의 위험내성 그리고 아마도 경쟁집단의 과소평가 등과 관련이 있다는 것을 어렴풋이 알 수 있다"고 그가 말했다. 《Yahoo가 Google과 같은 다른 포털 사이트에 비해서 경쟁력을 잃어가고 있는 원인에 대해 쓴 글이다.》

When Levin, after loading his gun, moved on, the sun had fully risen, though unseen behind the storm-clouds. The moon had ***lost all of its luster***, and was like a white cloud in the sky. Not a single star could be seen. **Tolstoy**의 ***Anna Karenina*** 중에서. ▶ 총을 장전한 후 레빈이 계속 전진할 때, 폭풍 구름 뒤에 가려 보이지는 않았지만 해는 이미 완전히 떠올랐다. 달은 광채를 모두 잃어버려 하늘에 떠 있는 하얀 구름 조각 같았다. 별은 전혀 보이지 않았다.

~을 잃어버릴 상황/지경에 처해 있다
likely to lose

stand to lose

Offshore oil and gas producers ***stand to lose billions of dollars*** in federal subsidies under legislation passed by the House yesterday. ▶ 근해에서 석유와 가스를 생산하는 업체들이 어제 하원을 통과한 법안으로 수십억 달러의 연방보조금을 잃게 될 상황에 처해 있다.

About 40 workers ***stand to lose their jobs*** after a voluntary liquidation this week. ▶ 금주에 있은 자진 청산으로 약 40명의 근로자들이 직장을 잃어버릴 상황에 처해 있다.

주 반의어: ***stand to gain***.

매우 힘들게 성취했지만 반대로 매우 쉽게/허망하게 잃어버릴 수 있는 것/상황

greasy pole

Politics is like ***going up a greasy pole***, and if you start looking at the top of the pole — and forget that you can slip down as easily as you climb up — you'll probably wind up down on the ground in a hurry. ▶ 정치란 기름칠한 장대를 올라가는 것과 같다. 꼭대기에서 사방을 내려다보기 시작하면서 올라갈 때처럼 쉽게 아래로 미끄러질 수 있다는 사실을 잊어버린다면, 아마도 순식간에 땅으로 곤두박질치게 될 것이다.

It's ***a greasy pole*** these days. As fast as you go up, you will go down. ▶ 요즘 이것은 기름칠한 기둥과 같다. 아무리 빨리 올라가 봐야 아래로 미끄러지게 마련이다.

This Everyman is a ghostwriter specializing in the autobiographies of second-rate celebrities ***sliding down the greasy pole*** of fame. ▶ Everyman은 한창 인기를 얻다가 하락하고 있는 이류 연예인들의 자서전을 전문으로 대필하는 작가다. ♣ ***ghostwrite*** : **대필(代筆)하다** 참조

주 기름칠이 된 높은 장대에 기를 쓰고 올라가 봐야 아차 하는 순간 다시 아래로 미끄러지게 마련이다.

(비록 실패하더라도) 잃을 것이 없다
손해 볼 것이 없다; 밑져야 본전이다

get/have nothing to lose

A travel agent said to me, "Since you're taking all these flights, why don't you sign up for a Frequent Flyer program? It's easy, it's free, and you can earn free tickets. Since you're traveling anyway, you've ***got nothing to lose***." ▶ 한 여행사 직원이 나에게 "당신은 비행기를 자주 타기 때문에 탑승거리에 따라 혜택을 주는 프로그램에 가입하면 어떻습니까? 가입절차가 쉽고 무료이며 공짜 티켓도 얻을 수 있습니다. 어쨌든 당신은 비행기로 여행을 하기 때문에 손해 볼 것이 없습니다"라고 말했다.

Cuba ***has nothing to lose*** but the myth that transformed a single island into the centerpiece of an American regional diplomatic chess game. ▶ 한 섬나라를 미국 지역외교전쟁의 핵심 대상으로 바꾸어 놓은 신화 말고는 쿠바는 잃을 것이 없다. 《독재자 피델 카스트로가 2008년 2월 권좌에서 물러난 사실이 쿠바에게 나쁜 영향을 미치지는 않을 것이라는 의미다.》

주어진 중요한 **임무를 소홀히 수행하는**
근무 태만인; 방심하는

asleep at the switch ☞ 미국, Informal

They either were ***asleep at the switch*** or didn't have the political courage. ▶ 그들이 임무를 소홀히 수행했거나 혹은 정치적 용기가 없었거나 둘 중의 하나다.

주 중요한 기계의 작동을 책임지고 있는 사람이, 예를 들면 열차가 지나다니는 복잡한 선로를 조작하는 임무를 맡고 있는 사람이, 졸고 있다는 말이다.

asleep at the wheel ☞ 미국, Informal

They have been ***asleep at the wheel*** for years. ▶ 그들은 수년간 임무를 소홀히 수행해 왔다.

The driver was in shock and later admitted that he had fallen ***asleep at the wheel***. ▶ 그 운전자가 쇼크 상태에 있었으며, 운전하다 졸았다고 후에 고백했다.

주 운전대를 붙잡은 채 졸고 있다는 의미다.

~이 시기적으로 **임박한**
가까운 시일 내에 발생할/일어날 것 같은; 머지않아 발생할/일어날 것 같은

on the horizon

There is no breakthrough ***on the horizon***. ▶ 가까운 시일 내에 돌파구가 마련되지 않을 것이다. ♣ *breakthrough*: **돌파구** 참조

With hurricane season ***on the horizon*** city officials have been busy preparing for what forecasters say will be a busy season. ▶ 허리케인 시즌이 임박한 상황에서, 시 관리들이 기상예보관들이 예측하는 분주한 시즌에 대비하느라 매우 바쁘게 움직이고 있다.

With eco-friendly legislation looming ***on the horizon*** in the US, states are racing to roll out their green economic development plans. ▶ 미국에서 친환경 입법이 수평선 위에 어렴풋이 모습을 드러냄에 따라서, 주들이 환경친화적인 경제개발계획을 경쟁적으로 펼쳐 보이고 있다. ♣ *roll out*: 광경/이야기/상황/행사 등이 **펼쳐지다**, **펼치다** 참조

주 태양이 수평선 위에 있기 때문에 곧 떠오를 것이다 혹은 배가 수평선 위로 모습을 드러내었기 때문에 곧 다가올 것이라는 의미다.

in the offing

Correspondents say a diplomatic deadlock is again ***in the offing***. ▶ 특파원들이 머지않아 또 다시 외교가 교착상태에 빠질 것이라고 말한다. ♣ *deadlock*: **교착(膠着) 상태** 참조

A higher economic growth rate seems to be ***in the offing***. ▶ 머지않아 높은 경제성장률을 기록할 것으로 보인다.

주 먼 바다로 항해를 떠났던 배가 앞바다(*offing*)에 모습을 드러내었기 때문에 곧 항구에 도착할 것이라는 의미다.

be looming ☞ Journalism

Another war ***is looming*** in the Middle East, say the pundits. ▶ 머지않아 또 다른 전쟁이 중동에서 일어날 것 같다고 전문가들은 말한다.

Almost a decade after Google became a household name, Microsoft's launch of its Bing search engine, followed by Microsoft and Yahoo's deal to collaborate on search, could give the world's dominant Internet search engine its first serious challenge in years, as search becomes a key front in ***the looming competition*** between Google and Microsoft. ▶ 구글이 유명해진 이후 거의 십 년이 지나, 검색분야에서 마이크로소프트와 야후가 협력하기로 협약을 맺은 다음 마이크로소프트가 출시한 검색엔진 Bing은, 검색분야가 구글과 마이크로소프트 사이에서 곧 벌어지게 될 경쟁에서 중요한 위치를 점하게 됨에 따라서, 인터넷 검색엔진을 주도하던 구글에 첫 번째 중대한 도전이 될지도 모른다.

With the Columbia mayoral election ***looming***, candidates are raiding their coffers in a final push to sway undecided voters. ▶ 콜럼비아 시장선거가 임박한 상황에서 후보들이 아직 마음을 결정하지 못한 유권자들을 잡으려고 선거자금을 마구 쓰고 있다.

주 아련하게/어렴풋이 모습을 드래내고 있다는 의미다.

pending ☞ imminent, Formal

Funeral arrangements are ***pending*** and will be announced by his family. ▶ 장례절차가 조만간 마련되어 가족이 발표할 것이다.

Charges are ***pending*** against a 35-year-old woman after an assault early Saturday morning that sent a 44-year-old man to hospital with non-life threatening injuries. ▶ 토요일 이른 아침 한 남자(44)에게 폭행을 가해 생명에는 지장이 없는 부상을 입혀 병원으로 실려가게 만든 여자(35)에 대한 기소가 임박했다.

이전부터 계속되어 오던 것이 아니라 특별한 목적을 위해서 **임시로 조직된 (단체/위원회/활동)**

특별한 목적을 갖고 한시적으로 활동하는

ad hoc ☞ for this, Latin

Following a contentious public hearing, the Board of Selectmen voted unanimously Monday to establish ***an ad hoc committee*** that would seek ways to increase efficiency and reduce costs by sharing services between the town and school system. ▶ 논란이 많았던 공청회 이후, 월요일 특별위원회는 시와 학교가 업무를 공유함으로써 효율성을 높이고 비용을 절감하는 방안을 모색할 임시 위원회를 설치하기로 만장일치로 결정했다.

They have complained about ***the ad hoc appointment*** of Dr. Johnson to the post of vice president. ▶ 그들은 존슨 박사를 부회장 자리에 특별 위촉한 것에 대해 불만을 표시했다.

임자가 바뀌다

매매가 이루어져 소유주가 변경되다; 시합에서 순위가 바뀌다

change hands

The lead ***changed hands*** 16 times in the second half before going to overtime. ▶ 연장전으로 돌입하기 전 후반전에서 16번이나 선두가 바뀌었다.

Many of the companies have folded or ***changed hands***. ▶ 많은 회사가 사업을 접거나 임자가 바뀌었다. ♣ *fold*: 사업/일 등을 **접다** 참조

They are the third owners of the home, which last ***changed hands*** in the early '40s. ▶ 그들은 그 집의 세 번째 소유주다. 소유주가 이전에 마지막으로 바뀐 때는 1940년대 초다.

입맛을 돋우다

식욕/욕구를 돋우다/자극하다; 구미를 당기게 만들다

arouse/whet the appetite

There is nothing quite like a crisp, dry cherry to ***arouse the appetite***. ▶ 입맛을 돋우는 데 바삭바삭하게 마른 체리처럼 좋은 게 없다.

There is nothing like a long walk to ***arouse the appetite***. ▶ 식욕을 돋우는 데 오래 걷는 것만큼 좋은 게 없다.

The taste of blood had ***whetted the appetite of the mob***, and they needed daily victims to gratify it. ▶ 피 맛이 그 폭도들의 구미를 자극했고, 그들은 매일 이를 만족시키기 위한 희생자가 필요했다.

Iran's uranium enrichment program has already ***whetted the appetite of its neighbors*** to follow suit. ▶ 이란의 우라늄 농축 계획은 같은 일을 벌이고 싶은 이웃 나라들의 욕구를 자극했다. ♣ *follow suit*: 다른 사람들이 한 것과 **같이 행동하다** 참조

입맛을 쩝쩝 다시다

smack one's lips

"I really want some dessert," John says, ***smacking his lips***. ▶ "나는 정말 디저트가 먹고 싶어"라고 존이 입맛을 쩝쩝 다시며 말한다.

The tall gelding dropped his head, and started ***smacking his lips*** and acting as if he were chewing gum. ▶ 키 큰 거세한 수말이 머리를 숙이고 마치 껌을 씹듯이 입맛을 쩝쩝 다시기 시작했다.

입바른 말을 하다
쓴 소리를 해대다; 비록 마음이 내키지 않지만 그렇게 하는 것이 옳기 때문에 반드시 무엇을 해야 한다고 강력하게 주장하다

make the right noises

As interim leader, he has *made more of the right noises*. At last summer's anniversary of the launch of the Cuban revolution, Raúl spoke less about the glories of socialism and more about the economy's deficiencies, errors and indolent bureaucratic attitudes. ▶ 임시 지도자로서 그는 입바른 말을 많이 했다. 지난 여름 쿠바 혁명 기념식에서 라울은 사회주의를 찬양하는 말보다는 쿠바 경제정책의 부족한 점, 잘못한 부분, 나태한 관료주의적 태도에 대하여 많은 이야기를 했다.《쿠바의 오랜 통치자였던 피델 카스트로가 2006년부터 건강 악화로 권좌에서 물러난 후, 임시 지도자 역할을 수행하고 있는 동생인 라울 카스트로가 2007년 쿠바 혁명의 성공을 기념하는 연례 행사에서 사회주의를 찬양하는 대신 그동안 쿠바가 잘못해 온 일들에 대하여 쓴 소리를 했다는 이야기다.》

All the right noises were made about gender parity and jobs for women in politics at the gathering on Women's Day. ▶ "여성의 날"에 벌어진 그 회합에서 여성 평등과 정치에서 여성의 참여 확대 등이 필요하다는 온갖 주장이 펼쳐졌다.

물건 값을 결정하거나 합의안을 이끌어내기 위하여 **입씨름하다**
옥신각신하다; 흥정하다

haggle

John knows how to *haggle with* used car dealers. ▶ 존은 중고차 판매상과 흥정하는 법을 안다.

As the politicians *haggle*, the violence worsens. ▶ 정치인들이 입씨름을 하는 사이에 폭력사태가 악화되고 있다.

They don't *haggle over* every little issue. ▶그들은 작은 문제들에 관해 일일이 옥신각신하지 않는다.

~에 대하여 **입에 발린 말을 하다**
말만 할 뿐 실제론 아무런 도움을 주지 않는다

pay lip service to

Unhappily, she had done no more than *pay lip service to* their view. ▶ 불행하게도 그녀는 그들의 견해에 대해 좋다고 말만 했을 뿐 실제로 아무런 도움을 주지 않았었다.

He *pays lip service to* replacing incompetent teachers. But he never mentions firing them. ▶ 그는 무능한 교사들을 교체해야 한다는 입에 발린 말만 할 뿐 그들을 해고하는 일에 대해서는 아무런 언급이 없다.

모든 사람의 **입에 오르내리는**
많은 사람들이 흥미를 갖고 이야기를 많이 하는

on everyone's lips

We all know that Gordon Brown's going to succeed Tony Blair as Prime Minister, but *the question on everyone's lips* is: "For how long?" ▶ 우리 모두는 고든 브라운이 토니 블레어의 뒤를 이어 (영국) 수상직을 맡게 될 것이라는 사실을 안다. 그러나 모든 사람의 입에 오르내리는 질문은 "얼마나 오랫동안 맡게 될 것인가?"다.

The war was *on everyone's lips*, in all the papers, on radio and TV. ▶ 그 전쟁은 모든 사람의 입에 오르내렸고, 모든 신문, 라디오, TV에서도 이에 대해서 이야기했다.

입을 굳게 다물다
이를 악물다 (매우 화가 났거나 심기가 불편한 경우다)

clench one's jaw/teeth

He *clenched his jaw*, trying to contain his fury. ▶ 그는 분노를 삭이려고 애쓰면서 입을 굳게 다물었다.

She pursed her lips tightly and *clenched her teeth* in apparent anger. ▶ 그녀는 화가 나 입술을 동그랗게 오므려 닫고는 이를 악물었다.

입을 굳게 닫은
입을 열지 않는; ~에 대하여 남들에게 말하지 않는

tight-lipped

Officials are *tight-lipped* about the mid-air collision, insisting all details of the case are classified. ▶ 관리들은 모든 세부상항이 기밀이라고 주장하면서 공중에서 일어난 그 충돌사건에 대해서 입을 굳게 닫고 있다.

Tony Blair remained *tight-lipped* on Sunday about when he will step down as Britain's prime minister. ▶ 토니 블레어는 언제 영국 수상직에서 물러날 것인가에 대하여 일요일에도 입을 열지 않았다.

잘 알지 못하면 괜히 떠들지 말고 **입을 다물고 있는 게 상책이다**
입 다물고 있으면 중간은 간다; 입 다물고 있으면 실수는 하지 않는다

silence never makes mistakes

The value of silence is that *silence never makes mistakes*. Thank you for all the silence. ▶침묵의 가치는 "입 다물고 있으면 실수는 하지 않는다"는 것이다. 여러분들이 침묵을 지켜주어 고맙다.

입을 다물지 못하다
매우 흥분하거나 놀라거나 혹은 걱정하고 있다

have one's heart in his mouth

He *had his heart in the mouth* when he heard of the incident. ▶ 그 사고에 대해서 듣고 그는 입을 다물지 못했다.

주 아주 먼 옛날 인간의 신체 구조에 대해 거의 지식이 없던 시절 사람마다 심장의 위치가 다르고 때에 따라서는 심장이 팔이나 다리로도 옮겨 다닌다고 믿었다고 한다. 심장이 입 안에 있으니 입을 다물 수가 없다. 이 밖에도 심장의 위치와 관련된 표현들이 있다. ♣ **감정을 숨기지 않고 그대로 드러내는; 마음이 부드럽고 인정이 많은** 참조

입을 조그맣게 오므리다

purse one's lips

He cringed, *pursed his lips*, shook his head from side to side in apparent disagreement. ▶ 그는 몸을 움츠리고 입을 조그맣게 오므리며 수긍할 수 없다고 머리를 좌우로 흔들었다.

She furrowed her brow and *pursed her lips* when told the stunning news. ▶ 그 놀라운 뉴스를 듣고 그녀는 눈살을 찌푸리고 입을 작게 오므렸다.

주 보통 어떤 일이 마음에 들지 않거나 깊은 생각을 할 때 하는 동작이다.

입이 딱 벌어지게 만드는
매우 놀라운

jaw-dropping

Scottish singer Susan Boyle rose to fame with her *jaw-dropping performance* of the Les Miserables song 'I Dreamed a Dream' on Britain's Got Talent. ▶ 스코틀랜드 출신 가수 수잔 보일은 영국 TV쇼 'Got Talent'에서 뮤지컬 '레미제라블'에 나오는 노래(나는 한 꿈을 꾸었네)를 청중들의 입이 딱 벌어지도록 너무나 멋지게 불러 유명해졌다.

입장을 바꾸어 보다
다른 사람의 입장에서 생각하다; 역지사지(易地思之)하다

put oneself in someone's shoes

How should *anyone in Andre's shoes* respond to this situation? ▶ 다른 사람이 안드레의 입장이라면 이 같은 상황에 대하여 어떻게 대처해야 하겠는가?

Now *put yourself in Hu's shoes*. ▶ 입장을 바꾸어 당신이 후진타오(중국 주석)라고 생각해 보라. 《이란의 핵무기 개발에 대하여 미국과 영국이 경제제재를 가하고자 할 때 과연 중국이 찬성할 것인가에 대하여 중국의 입장에서 한번 생각해 보라는 뜻이다. 중국이 많은 양의 석유와 천연가스를 이란으로부터 수입하고 있는데 이란에 대한 경제제재에 쉽사리 찬동할 수 없다는 의미를 담고 있다.》

아

모든 결점을 포함하여 **있는 그대로** 공개하다/드러내다/보여주다/알려주다
모든 것; 하나도 남김없이 전부; 하나도 빼놓지 않고 전부; 숨김없이 전부

warts and all

All the crucial information is out there, ***warts and all***. ▶ 모든 중요한 정보가 하나도 빼놓지 않고 전부 공개되어 있다.

All parents love their children ***warts and all***. ▶ 모든 부모들은 그들의 자식들을 있는 그대로 사랑한다.

Teach them the truth, ***warts and all***. ▶ 그들에게 사실을 숨김없이 전부 알려주어라.

The guide book provides us ***a warts-and-all look*** at the City of Seoul. ▶ 이 안내 책자는 서울의 모든 것을 보여준다.

주 몸에 난 사마귀/혹(*wart*)도 감추지 않고 그대로 드러낸다는 의미다.

설령/설사 **있다고 하더라도 극히 조금뿐인**
거의 없는; 거의 하지 않는

little if anything

State laws do ***little, if anything***, to protect our children. ▶ 주 법률에 우리 아이들의 보호와 관련된 조항이 거의 없다.

He argues that these political sciences issues have ***little, if anything***, to do with science. ▶ 그는 이 정치과학 이슈들이 과학과는 거의 관계가 없다고 주장한다.

There is something to be gained and ***little if anything*** to be lost. ▶ 얻을 것은 무언가 있지만 잃을 것은 설령 있다 하더라도 극히 조금뿐이다.

잉크도 채 마르기 전에
협정 등에 서명하고 혹은 법률 등이 제정되고 채 얼마 지나지도 않아서

before the ink is dry

North Korea probably began cheating on the 1994 deal ***before the ink was dry***. ▶ 북한이 1994년 협정(클린턴 행정부와 평양 사이에 이루어진 핵무기 포기 협정)에 서명하고 잉크도 채 마르기 전에 이를 위반하기 시작했을지 모른다.

Before the ink was dry on the bill, gay-marriage opponents launched a petition to prevent the law from taking effect. ▶ 이 법안이 제정되고 채 얼마 지나지도 않아 게이 결혼에 반대하는 사람들이 이 법의 효력을 정지해 달라는 청원서를 제출했다.

혹시 **잊어버렸을까 봐 염려해서 하는 말인데**
~라는 사실을 기억해야/알아야/명심해야 한다

lest someone forget

Lest we forget, our government is accountable to those who elect them for what they do, and must abide by the principle that they represent the people. ▶ 혹시 우리가 잊어버렸을까 봐 하는 말인데, 우리 정부는 유권자들에게 정부가 하는 일의 정당성을 우리에게 설명해 줄 책임이 있으며 국민을 대표한다는 원칙을 지켜야 한다. ♣ *accountable to ~ for ~*: 어떤 일에 대해서 책임과 **해명할 의무가 있는** 참조

Lest you forget, we currently pay almost 18 percent of our GDP in healthcare, far more than any other industrialized nation. ▶ 우리가 현재 GDP의 거의 18%를 의료분야(의료보장제도)에 지출하고 있는데 이는 다른 어느 선진국보다 훨씬 많다는 사실을 명심해야 한다.

[자]

~이라는 **자격으로**
~이라는 신분으로

in one's capacity as/of ☞ Written

This is my first visit ***in my capacity as Secretary-General*** of the United Nations. ▶ 이는 내가 유엔 사무총장의 자격으로 한 첫 번째 방문이다.

I have known the applicant for four years ***in my capacity of a professor*** of Civil Engineering. ▶ 나는 토목공학 교수로서 이 지원자를 4년 동안 알고 지냈다. 《해외유학이나 취직을 위한 추천서에서 자주 쓰이는 표현이다.》

자그마치
매우 많거나 크다는 것을 강조할 때

as many/much as

As many as 30,000 workers at 22 nuclear weapon sites stand to lose their jobs. ▶ 핵무기 공장에서 일하는 자그마치 3만 명이나 되는 사람들이 일자리를 잃어버릴 상황에 처해 있다. ♣ *stand to lose* : ~을 **잃어버릴 상황/지경에 처해 있다** 참조

In the streets lined ***as many as 50 thousand people***. ▶ 자그마치 5만 명이나 되는 인파가 거리에 늘어서 있었다. ♣ *line* : **즐비하다** 참조

The company slashed the price by ***as much as 50%***. ▶ 그 회사는 가격을 자그마치 50%나 대폭 내렸다. ♣ *slash* : 가격 등을 **후려치다** 참조

~한 행동을 하도록 **자극하다**

galvanize ☞ 전기를 통하게 하여 자극을 주다

If not for Hitler, it might still be, but his aggression drove scientists out of Europe, and the desperate need to defeat him ***galvanized the U.S. and Britain into pouring money*** into defense research, creating powerful new technologies — radar, sonar, the atom bomb. ▶ 히틀러만 아니었다면 유럽대륙이 기초과학에서 여전히 우위를 보이고 있을지도 모른다. 하지만 그의 침략으로 과학자들이 유럽을 떠나버렸고, 나치를 물리쳐야 하는 절박한 필요성에 자극을 받은 미국과 영국은 국방 연구에 돈을 쏟아부어 레이더, 소나, 핵무기와 같은 강력한 신기술을 개발했다. 《유럽대륙을 떠나 미국이나 영국으로 망명한 과학자들이 미국과 영국의 기술발전에 크게 기여했었다.》 ♣ *If not for* : 만일 ~이 **없었다면** ; *pour money into* : **돈을 쏟아붓다** 참조

light/set/start a fire under someone/something

If wage data shows a strong rise, it will ***set a fire under the Bank of England***, said an expert. Investors expect the U.K. central bank to raise its main rate to 5.5 percent by June. ▶ 임금이 대폭 인상된 것으로 나타난다면, 이는 영국은행을 (금리를 올리도록) 자극할 것이라고 한 전문가가 말했다. 투자자들은 영국 중앙은행이 6월까지 기본금리를 5.5% 올릴 것으로 예상하고 있다.

He tried to ***light a fire under his supporters*** in yesterday's speech. ▶ 어제 연설에서 그는 지지자들을 자극하려고 노력했다.

주 옛적에 노새(*mule*)는 무거운 짐을 나르는 데 자주 이용되었는데 가끔씩은 꾀를 부리며 땅에 바짝 엎드려 일어나려고 하지 않을 때가 있다. 아무리 일으켜 세우려고 해도 주인 힘으로는 어쩔 수 없는 경우 노새 배 밑에 불을 지피면 깜짝 놀라 일어서기 마련이다.

spur ☞ 박차를 가하다

Bonds also fell on concern that crude oil reaching $100 a barrel for the first time will ***spur inflation***. ▶ 사상 최초로 배럴당 100불에 도달한 원유가격이 인플레를 자극할 것이라는 우려 때문에 채권이 하락했다.

Hoping to ***spur debate and ultimately action***, the nonprofit group will host a series of speakers about green topics over the next five months. ▶ 토론에 박차를 가하고 궁극적으로 행동으로 이어지길 희망하면서, 이 비영리 단체는 앞으로 5개월에 걸쳐 일련의 환경분야 연사들을 초청하려고 한다.

자금
특별한 일/임무를 수행하는 데 필요한 돈; 정치자금이나 활동자금 등

war chest ☞ 군자금

The company is sitting on $6 billion in cash and carries no debt, which could provide ***a war chest*** with which to outsource a competitive next-generation hardware system. ▶ 이 회사는 부채 없이 60억 불의 현금을 깔고 앉아 있는데, 이 돈이면 경쟁력 있는 차세대 하드웨어 시스템을 들여오는 자금을 댈 수 있다. ♣ *sit on* : **깔고 앉아서 뭉그적거리다** 참조

Howard Dean, a would-be Democratic candidate for the President has ***the largest Campaign war chest***. ▶ 민주당 대통령 후보가 되길 희망하는 하워드 딘은 다른 경쟁자들에 비해서 선거자금을 제일 많이 가지고 있다. ♣ *would-be* : **~이 되고 싶어하는** 참조

자기본위의
자기 중심적인; 자신이 편한 대로 생각하는/행동하는

self-centered

Acquired ***Self-centered*** Syndrome (ASS) is not a new disorder, but it's been plaguing humanity ever since Eve bit into the forbidden fruit. ▶ 후천적 자기본위 증상은 새로 나타난 질환이 아니라 (에덴 동산에서) 이브가 금지된 과일에 입을 댄 후 줄곧 인간을 괴롭혀 왔다. 《자기 중심적으로 생각하는 인간본성에 대한 풍자적인 표현이다.》

Kids are naturally ***self-centered***. So if a child's dad wants nothing to do with him, the child naturally assumes it's because he's not worthy of his dad's time. No child deserves to feel that abandoned by one half of the two most important people in his life. ▶ 어린아이들은 원래 자기중심적으로 생각하기 마련이다. 따라서, 만일 아버지가 자기 아이와 아무것도 같이 하길 원하지 않는다면, 이 아이는 당연히 자신이 아버지에게 아무런 가치가 없기 때문이라고 생각한다. 어떤 아이도 자신의 삶에서 가장 중요한 두 사람 중의 한 사람으로부터 버림받았다고 느끼게 해서는 안 된다. 《아버지가 꼭 명심해야 할 금과옥조다.》

자기 비하하는
자신을 경시하는; 자신을 낮게 평가하는

self-deprecating

He is absolutely candid and acutely ***self-deprecating***. ▶ 그는 너무나 솔직하다. 정확하게 표현하자면 자신을 비하한다.

He said: "Women are naturally more ***self-deprecating*** than men and won't ask for pay rises or promotions while their male peers will blow their own trumpets. Women are generally less satisfied at work and more inclined to quit, making them unlikely candidates for promotion." ▶ 그는 다음과 같이 말했다: "남자 동료들은 자화자찬하면서 자신의 능력에 대해서 떠벌리는 반면, 여성은 본질적으로 남성보다 더 자신을 낮게 평가하며 임금인상이나 승진을 요구하려 하지 않는다. 여성들은 일반적으로 남성보다 일에 대한 만족도가 낮으며 그만두는 경향이 더 높고, 이로 인해 승진 가능성이 낮아진다." ♣ *blow their own trumpets* : **자화자찬하다** 참조

자기상실
자기인식의 위기; 자신의 실체/존재에 대하여 의심을 가지는 현상

identity crisis

But like many people I know, I am having the "***Senior Identity Crisis***," which essentially means I'm in an "in-between phase of life." ▶ 졸업을 앞둔 대학 4학년들이 겪는 위기의식이다.

He is a senior at a high school and an activist who speaks on behalf of GLBT (the black gay, lesbian, bisexual and transgender youth). As a speaker at a recent panel discussion on what it means to be both black and homosexual, he explained ***the identity crisis*** that many young people experience. ▶ 그는 고등학교 4학년이며, GLBT를 대변하는 활동을 한다. 흑인이면서 동성애자라는 사실이 무엇을 의

미하는지에 관해서 벌어진 최근 패널 토론회의 연사로서, 그는 많은 젊은이들이 겪고 있는 자기상실에 대해 설명했다.

빨리 자라다
빠른 발전을 이루다; 급격히 성장하다

burgeon ☞ 싹이 터서 쑥쑥 자라다, Literary

Game design programs are ***burgeoning*** in schools across America, however, many more traditional schools have a hard time changing. Students at schools lacking a game design major find themselves at a disadvantage compared to their counterparts in game design-focused programs. ▶ 미국 전역에 걸쳐 대학에서 게임설계를 다루는 교과과정이 급격히 성장하고 있지만, 많은 전통적인 대학들이 변화에 어려움을 겪고 있다. 게임설계 전공과정이 없는 대학의 학생들은 게임설계에 초점을 맞춘 과정에서 공부하는 학생들에 비해서 불리한 입장에 있다고 생각한다.

His confidence began to ***burgeon*** later years. ▶ 몇 년 후 그의 자신감이 쑥쑥 자리기 시작했다.

Biologists have vastly expanded understanding of the biological machinery controlling the intricate process by which plant roots ***burgeon*** from single cells into complex tissues. ▶ 생물학자들은 식물의 뿌리가 하나의 세포에서 복잡한 조직으로 성장하는 미묘한 과정을 조절하는 생물기관에 대한 이해를 광범위하게 넓혀왔다.

자랑거리
자랑할 만한 업적; 영예스러운 것; 공적; 앞에 내세울 만한 업적

feather in one's cap

In addition, attracting one of the world's most reputable companies is ***a feather in our state's cap***. ▶ 또한, 세계에서 가장 평판이 좋은 회사들 중 하나를 유치한 것은 우리 주의 자랑할 만한 업적이다.

The booming Gulf city state of Dubai will add another ***feather in its cap*** with the construction of the world's longest hotel strip at a cost of $27 billion, developers said. ▶ 개발열기가 한창인 페르시아만에 위치한 도시국가 두바이는 270억 불을 들여 세계에서 가장 긴 호텔거리를 건설함으로써 또 다른 자랑거리를 추가할 것이라고 개발업자들이 말했다.

주 큰 공을 세운 병사의 모자에 화려한 깃털을 꽂아주던 관습에서 유래되었다.

가차없이 선수/직원 등을 자르다
해고하다

wield the axe

Coach has reached the end of his tether with his underperforming players and will now ***wield the axe*** to form a competitive outfit. ▶ 코치는 자기 팀 선수들이 제대로 시합을 하지 못하는 것을 보면서 참는 데 한계에 이르렀다. 그는 이제 경쟁력을 갖춘 팀을 만들기 위해서 실력이 없는 선수들을 가차없이 내쫓으려고 한다. ♣ ***reach the end of his tether***: 더 이상 **갈 곳이 없다** 참조

Van Nistelrooy has spoken of his shock at being dropped from Holland's squad to face the Republic of Ireland in Dublin on Wednesday. He joins fellow big name Mark van Bommel on the sidelines as Coach Marco van Basten ***wields the axe*** following an underwhelming World Cup campaign, which ended at the second-round stage with defeat to Portugal. ▶ (네덜란드의 유명한 축구선수) 반니스텔루이가 수요일 아일랜드와 평가전을 앞두고 주전 선수명단에서 제외된 데 대하여 놀라움을 표시했다. 독일 월드컵 16강전에서 졸전 끝에 포르투갈에게 패한 후 반바스텐 대표팀 감독이 맘에 들지 않는 선수들을 가차없이 자르는 바람에 유명 선수인 반봄멜과 함께 명단에서 빠졌다.

The head coach has ***avoided the axe***. ▶ 수석 코치는 해고를 면했다.

주 도끼로 내리 찍듯 단번에 가차없이 자른다는 의미다.

직장 등에서 특정한 기간 동안 허락을 받고 자리를 비우는 것
공식 휴가

leave of absence

Professor Lee is enjoying ***a sabbatical leave of absence***. ▶ 이 교수는 공식적인 안식년 휴가를 즐기고 있다.

The company has appointed Thomas White acting chief executive while John Peterson, CEO, takes ***a medical leave of absence***. ▶ 그 회사는 대표이사인 존 피터슨이 병가를 내고 자리를 비우는 동안 대표이사 대행으로 토마스 화이트를 임명했다.

Thaksin Shinawatra, Thailand's billionaire prime minister, has declared he is ending ***a leave of absence*** from office and retaking the reins of government to fill a political vacuum left by the annulment of controversial elections on April 2. ▶ 태국의 억만장자 수상인 탁신이, 말이 많았던 4월 2일 선거의 무효선언으로 인한 정치공백을 메우기 위해서, 공식 휴가를 끝내고 다시 집무실로 복귀한다고 선언했다. ♣ *vacuum*: 리더십/권력/정치 등의 **공백** 참조

중요하고 어려운 결정을 책임지고 해야 하는 어려운/힘든 **자리에 있는**
위치에 있는

in the hot seat ☞ Informal

For the past couple of week, he has been the man ***in the hot seat***. ▶ 지난 2주 동안 그는 중요하고 어려운 결정을 책임지고 해야 하는 힘든 자리에 있었다.

New chief executive was ***in the hot seat***, facing an onslaught from critics at the company's annual meeting despite a year of record profits for the oil giant. ▶ 그 거대 정유회사가 그 해에 기록적인 이익을 남겼음에도 불구하고, 회사의 연례 주주총회에서 맹비난을 받아 새 대표이사는 매우 힘들고 어려운 위치에 있었다.

단체나 사무실 등이 특정 건물/장소에 **자리잡고 있다**
들어 있다; 입주해 있다

be housed

A 21,800-square-foot multiplex movie theater ***is housed in the building***. ▶ 2만 1천8백 평방피트의 복합 영화관이 그 건물에 들어 있다.

Though the academy will ***be housed at Weldon High School***, it will have its own principal, counselors and teachers. ▶ 비록 그 학교가 Weldon 고등학교 안에 자리를 잡게 되지만, 별도의 교장과 상담원 및 교사를 둘 것이다.

주 "거처할 곳/자리를 주다"라는 뜻을 가지고 있는 동사 ***"house"***의 수동태이다.

자립하다
독립하다; 스스로 일어서다; 남의 도움 없이 두 발로 서다

stand on one's own feet ☞ 남의 도움 없이 두 발로 서다

The parents' intention was to make the child ***stand on his own feet*** and make him an earning member of the family by the time he is 25 well in time before his father is due to retire. ▶ 부모의 생각은 그 아이를 자립시키고 아버지가 은퇴하기 이전인 25세까지는 가족을 부양하는 일원으로 만드는 것이었다.

It's time for you to ***stand on your own feet***. ▶ 이제 네가 스스로 일어서야 할 시간이다.

자만하는
비록 상황이 불확실하고 위험해도 스스로 만족해하는 (거부감을 나타내는 표현)

complacent

He sat back, smiling ***complacently at*** his own cleverness. ▶ 그는 자신의 영리함에 스스로 만족하는 웃음을 지으면서 의자 깊숙이 몸을 기대앉았다.

While most have considered Intel ***complacent*** and slow to respond to competitive threats for the last couple of years, the giant looks to be awakening, and is set to be on the offensive for the foreseeable future. ▶ 대부분 사람들은 지난 2년간 인텔이 현 위치에 자만하고 경쟁자들의 위협에 느리게 대처한다고 생각했을지 모르지만, 이 거대 회사는 깨어 있으며 예견되는 미래를 위해 공격적인 자세를 취할 준비를 갖추고 있다.

자부심을 갖다
당당하게 행동하다

walk tall

Teachers by then were best empowered to carry on their enviable duty and they would ***walk tall***. ▶ 그 당시만 해도 선생님들은 누구나 하고 싶어하는 그들의 업무를 수행할 수 있도록 최고의 대우와 혜택을 받았으며 자부심을 갖고 있었다.

He urged them to ***walk tall***. ▶ 그는 그들에게 당당하게 행동하라고 촉구했다.

주 자신에 대해서 혹은 하는 일에 대해서 자랑스러워하며 가슴을 활짝 펴고 당당하게 걷는다는 의미다.

자수성가한
남의 도움 없이 혼자만의 힘으로 성공한

self-made

He is ***a self-made millionaire***. ▶ 그는 자수성가한 백만장자다.

Unlike Clinton, Rice is entirely ***self-made***. She is not married and cannot be accused of trading on her husband's name. ▶ 클린턴(전 미국 대통령 클린턴의 부인)과는 달리 라이스(부시 대통령 시절 미 국무장관)는 혼자만의 힘으로 성공한 사람이다. 그녀는 결혼하지 않았기 때문에 남편의 이름을 팔았다는 비난을 할 수도 없다.《대통령 남편을 둔 덕을 크게 보고 있는 정치가로서의 클린턴 여사를 비꼬는 이야기다.》 ♣ *trade on*: ~을 **이용하여 이익을 챙기다** 참조

~에 자수하다

turn oneself in to

The wanted man's wife and daughter ***turned themselves in to*** the Americans two weeks ago. "They were tired of living out of a suitcase," says a U.S. intelligence operative in Iraq. ▶ 수배자의 부인과 딸이 2주 전 미국 기관에 자수했다. "그들은 옷 가방 하나 달랑 들고 여기저기 떠도는 것에 신물이 났다"고 이라크에서 정보작전을 수행하는 사람이 말했다. ♣ *live out of*: 특정한 장소/환경에서 특정한 기간 동안 임시로 **지내다** 참조

He has been given until noon today to ***turn himself in to*** authorities. ▶ 그가 당국에 자수하는 시한이 오늘 정오다.

자식
주로 사람/동물의 새끼; 후예; 비유적으로 결과물, 소산(所産)이라는 의미로도 사용

offspring ☞ 집합적으로 사용, Formal

New research has found a possible reason for parental cannibalism: ***Some offspring*** just take too long to grow up. In research published earlier this month in the journal Biology Letters, scientists studied male sand gobies, a type of fish that are in many ways ideal fathers. They alone care for thousands of eggs in the one to two weeks they take to hatch. "Overall, Dad does a pretty good job of taking care of the eggs, except for one thing—he tends to eat about a third of them," said a researcher. And the dads aren't just hungry: Even when they have plenty of food, they still cannibalize their young. Normally, animals want to maximize the number of their offspring, so from an evolutionary standpoint such behaviour doesn't seem to make much sense. ▶ 새 연구는 부모가 새끼를 잡아먹는 가능성 있는 이유를 찾았다. 어떤 새끼들은 너무 늦게 자라기 때문이다. 학술지 Biology Letters에 이번 달 발표된 연구에서, 과학자들은 여러모로 이상적인 아버지 역할을 하는 수컷 'sand goby'를 연구했다. 수컷은 알이 부화하는 1-2주 동안 수천 개의 알을 돌본다. "전체적으로 볼 때, 2/3 정도를 먹어버리는 성향을 제외하면 아빠는 알을 돌보는 역할을 잘 수행한다"고 한 연구자가 말했다. 배가 고파서 알을 먹는 것이 아니다. 심지어 먹이가 풍부할 때도 그들의 새끼를 잡아먹는다. 보통 동물들은 자식의 수를 최대한 늘리길 원한다. 따라서 진화론적인 관점에서는 이 같은 행동을 이해하기가 어려운 것처럼 보인다.

Less than a dozen years after Dolly the sheep became the world's first cloned mammal, grocers and restaurateurs are digesting the fact that milk and meat from cloned animals could soon filter into their supply chains. The government took major steps toward easing cloned livestock and ***their offspring*** into the food supply, when the Food and Drug Administration concluded they're safe to eat. The question is, will consumers swallow the new technology? And how will food businesses cope if their customers balk? ▶ 복제 양 둘리가 세계 최초의 복제 포유동물이 된 후 12년이 지나지 않아 식료품 가게와 식당을 운영하는 사람들은 복제 동물의 우유와 고기가 조만간 점진적으로 공급될 것이라는 사실을 인정하고 있다. FDA가 이를 먹어도 안전하다는 결론을 내린 후, 정부가 복제 가축 및 이들의 새끼를 서서히 유통시키려는 본격적인 조치를 취했다. 문제는 소비자들이 이를 받아들일까 하는 것이다. 그리고 만일 소비자들이 망설인다면 식품업계가 어떻게 대처해야 하는가? ♣ *filter into*: 점진적으로 ~에 **도달하다** 참조

progeny ☞ 집합적으로 사용, Formal

He was never loquacious on the subject of ***his progeny***. ▶ 그는 자식 문제에 관해 절대 큰소리로 떠들지 않았다.

The new cells are ***the laboratory-grown progeny*** of human stem cells harvested from the brains of donated aborted fetuses. ▶ 이 새로운 세포들은 낙태된 태아의 뇌에서 추출한 줄기세포를 실험실에서 배양하여 만든 결과물이다.

Among ***its many progeny***, the 1944 Education Act gave birth to the modern youth Service. ▶ 1944년 발효된 교육법령의 많은 소산물 중 하나는 젊은이들의 현대적인 사회봉사제도다.

자신감이 넘치며 편안한
feeling confident and relaxed

at ease

It is essential to ***feel at ease*** with your therapist. ▶ 치료사들에게 편안한 느낌을 갖는 것이 절대 필요하다.

If everyone ***feels at ease*** mentally, then the preparation phase always works well. ▶ 누구나 정신적으로 자신감이 넘치며 편안한 기분을 느낀다면, 준비단계는 언제나 잘 진행된다.

자신 만만한
자신감이 넘치는

self-assured

He's ***self-assured*** but has humility as well. He knows he's good but he knows he can get better. ▶ 그는 자신감이 넘치지만 겸손하다. 자신이 얼마나 잘하는지 알고 있지만, 더 좋아질 수 있다는 것도 안다.

Most people will agree that moms are special. On Mother's Day, it's almost redundant to speak of that special mom, how she sacrificed her time to make certain her progeny grew up well fed, warm, ***self-assured*** and happy. ▶ 대부분 사람들은 어머니는 특별한 존재라는 사실에 동감할 것이다. 어머니날에 이처럼 특별한 어머니에 대해서 자식을 잘 먹이고, 따듯한 마음씨를 지니고 자신감이 넘치는 행복한 사람으로 키우기 위해서 어떻게 당신의 시간을 희생시켰는지 이야기하는 것은 사족일 수도 있다.

self-confident

There are dozens of books about them, most with stridently ***self-confident*** subtitles such as "The Real Story" or "The Complete Guide." ▶ 그것들에 관한 수십 권이 넘는 책들이 있다. 대부분 책들에는 "진짜로 일어난 이야기" 혹은 "완벽한 안내서" 등과 같이 귀에 거슬릴 정도로 자신만만한 부제가 붙어 있다.

자신만 옳고 남들은 그렇지 않다고 생각하는 사고방식
독선(獨善); 독선주의

self-righteousness

His aggressiveness and ***self-righteousness*** caused prickles of anger at the back of his neck. ▶ 그의 공격적인 성향과 독선주의는 그의 목 뒤에서 가시 돋친 분노를 일으켰다.

자신을 내세우지 않는
앞으로/표면에 나서지 않는; 자신을 드러내길 싫어하는

self-effacing

Someone who is ***self-effacing*** does not like talking about themselves or drawing attention to themselves. ▶ 자신을 내세우길 싫어하는 사람은 자신에 대하여 이야기하거나 주목을 끄는 것을 좋아하지 않는다.

"The numbers aren't the important thing," he says in ***his self-effacing manner***. He's a little uncomfortable being in the spotlight. ▶ 숫자는 중요한 것이 아니라고 자신을 드러내길 싫어하는 태도로 그가 말했다. 그는 집중조명을 받는 것에 대하여 약간 불편하게 생각한다.

자업자득이다
뿌린 대로 거두다

the chickens come home to roost

Politicians can fool some of people some of time, but in the end, ***the chickens will come home to roost***. ▶ 정치가들은 가끔은 어떤 사람들을 속일 수 있다. 그러나 결국에는 뿌린 대로 거둘 것이다.

What he has done is ***coming home to roost***. ▶ 그가 한 일은 자업자득으로 돌아오고 있다.

Curses ***come home to roost***. ▶ 누워서 침 뱉는 격이다.

주 모이를 찾아 먹으라고 밖으로 풀어 놓은 닭들도 때가 되면 다시 둥지로 돌아온다는 의미다.

비록 처음 해보지만 오리가 물에서 헤엄치듯이 **자연스럽게 ~을 잘하다**
체질적으로 타고난 것처럼 ~에 쉽게 적응하다

take to something like a duck to water

He ***took to diplomacy like a duck to water***. ▶ 그는 체질적으로 타고난 외교관이었다.

Some mothers ***take to breastfeeding like a duck to water***, while others find they need some help to get started. ▶ 어떤 엄마들은 모유수유를 자연스럽게 잘하는 반면, 다른 엄마들은 시작하기 위해 도움을 필요로 한다.

Angelina Jolie's adopted son Maddox has apparently ***taken to his role*** as big brother to his mom and Brad Pitt's daughter Shiloh ***like a duck to water***. ▶ 2006년 브래드 피트와 결혼한 여배우 안젤리나 졸리의 양아들이 누구도 가르쳐 주지 않았지만 맏아들로서의 역할에 잘 적응하고 있다는 이야기다.

The midfielder ***took to the left-back slot like a duck to water***. ▶ 미드필더를 보던 그 선수가 매우 자연스럽게 왼쪽 수비수 역할을 해냈다.

주 오리가 물에서 헤엄치듯 특별한 노력을 따로 하지 않거나 누가 가르쳐 주지 않아도 매우 자연스럽게 잘한다는 의미다.

원하는 일을 **자유롭게 하도록 허락하다**
마음껏 하도록 허락하다; 원하는 대로 하도록 허락하다

give someone free rein ☞ 고삐를 풀어 주다

So did private corporations, including AT&T, IBM and Xerox, which hired not just engineers but also mathematicians, physicists, biologists and even astronomers and ***gave them free rein***. ▶ (미국의 정부 출연 연구기관과) 마찬가지로 개인 기업들도 엔지니어뿐만 아니라 수학자와 여러 분야의 과학자를 채용했고 그들이 하고 싶은 연구를 자유롭게 할 수 있는 환경을 만들어 주었다. 《이 때문에 미국이 한동안 과학기술 분야에서 세계의 선두를 유지할 수 있었지만, 지금은 상황이 많이 달라졌다는 이야기다.》

한 직장에 얽매이지 않고 **자유롭게 활동하는 (사람)**

freelance ☞ 부사, 동사로도 사용

She has ***freelanced*** as a writer and researcher. ▶ 그녀는 작가이자 연구자로서 자유롭게 활동해 왔다.

A freelance photojournalist has filed suit against the company for stealing his photo archive of some 1,400 photos. ▶ 한 프리랜서 사진작가는 1,400장이 든 사진첩을 훔쳤다며 그 회사를 상대로 소송을 냈다.

Now she is ***working freelance*** from home in Seoul. ▶ 현재 그녀는 서울에 있는 집에서 한 직장에 얽매이지 않고 자유롭게 일하고 있다.

주 중세시대의 기사는 주로 칼과 긴 창(*lance*)을 가지고 전투를 했다. 대부분의 기사들은 자신이 속해 있는 지방의 영주나 왕을 위해서 싸웠지만, 어떤 기사들은 자유롭게 다니면서 보수를 더 많이 주는 사람을 위해서 싸움을 했다는 데서 유래되었다.

자

자유분방한

자유롭게/편하게/마음대로 행동하는; 형식에 얽매이지 않는

free-wheeling ☞ 자유롭게 굴러가는

Beijing would maintain Hong Kong's ***free-wheeling capitalist ways*** and grant the territory some autonomy and reap international goodwill for doing so. In return, Hong Kongers would quietly go about the business of moneymaking to the exclusion of all other interests, especially political ones. ▶ 베이징은 홍콩의 자유롭게 굴러가는 자본주의 방식을 그대로 유지하고 이 지역에 어느 정도의 자치권을 허용함으로써 국제사회로부터 좋은 소리를 듣길 바랄지도 모른다. 그 대신 이에 대한 보답으로 홍콩 사람들이 정치적인 문제를 포함한 그 밖의 다른 관심사에 눈을 돌리지 않고 조용히 돈 버는 일에만 관심을 두길 바랄 것이다. ♣ *to the exclusion of*: ~을 **배제한 채** 참조

She does not like ***his freewheeling life style***. ▶ 그녀는 그의 자유분방한 생활 방식을 좋아하지 않는다.

"Our progress is incremental," Bush said during ***a freewheeling question-and-answer session***. ▶ 형식에 얽매이지 않고 자유롭게 질문하고 대답하는 시간 중에 "우리는 점진적인 진전을 보이고 있다"고 부시가 말했다.

footloose ☞ 발길이 닿는 대로 가고 싶은 곳을 자유롭게 가는

Such grandiose fancies are usually discarded when ***the footloose dreamer*** returns home. ▶ 발길이 닿는 대로 자유롭게 떠도는 몽상가가 집으로 돌아오면 그런 터무니없는 환상들은 사라지게 마련이다.

Footloose Rooney has physician waltzing out of job. Wayne Rooney's decision to dance at David Beckham's pre-World Cup party may have led to the shock sacking of Manchester United's team doctor. ▶ 자기 멋대로 행동해서 사람들의 관심을 끄는 영국 프리미어 리그 축구팀 맨체스터 유나이티드의 루니가 2006 월드컵 직전에 발가락이 골절되는 부상을 당해 영국 월드컵 대표팀이 어려운 지경에 빠져 있었다. 그럼에도 부상이 채 낫기도 전에 댄스파티에서 춤을 춘다고 하니, 잘못되면 팀 주치의가 해고당할지도 모른다는 이야기다.

결혼을 하지 않았거나 혹은 책임지거나 돌보아 주어야 할 사람이 없기 때문에 **자유로운**

footloose and fancy free

Twenty-nine years ago this month, college diploma in hand and ***footloose and fancy free***, I started fending for myself financially. ▶ 29년 전 이달, 대학 졸업장을 손에 쥐고 내가 돌보아 주어야 할 사람이 없는 자유로운 몸으로, 스스로 생계를 꾸려나가기 시작했다.

In the eyes of the public, a divorced man is ***footloose and fancy-free***. ▶ 일반 대중들의 눈에는 이혼한 남자는 자유로운 사람으로 보인다.

자의로

스스로의 의지로; 자발적으로

of one's own free will

Would he return ***of his own free will***, as he had promised? ▶ 약속한 대로 그가 자의로 돌아올 것인가?

He still claims she went to the house with him ***of her own free will***. ▶ 그는 여전히 그녀가 자발적으로 자신과 함께 그 집으로 갔다고 주장한다.

자주 발생하는

빈번히 발생하는

oft- ☞ Literary

I really don't understand what ***the oft-quoted line*** means. ▶ 자주 인용되는 그 문장이 무엇을 의미하는지 나는 잘 모르겠다.

He committed suicide in 1955: ***the oft-repeated description*** that "he died of a sickness commonly called the blacklist" is very likely accurate. ▶ 그는 1955년 자살했다. "그가 흔히 블랙리스트라고 불리는 병으로 죽었다"라는 빈번하게 반복되는 표현은 당시 정황을 정확하게 말해주는 것처럼 보인다. 《요주의 인물 명단에 올라 괴로워하다 자살했을 가능성이 매우 높다는 이야기다.》

같은 수법을 너무 **자주 써먹는다**

run a film on too many Saturday nights

"The North Koreans have ***run this particular film on too many Saturday nights***," says a Western diplomat. "Now they have got to give something very seriously up front. ▶ "북한은 이 수법을 너무 자주 써먹었다"고 한 서방 외교관이 말한다. "이제 그들은 진정한 태도로 실현 가능한 협상안을 내놓고 대화에 임해야 한다." 《북한이 툭하면 꺼내 드는 벼랑끝 전술에 관한 이야기다.》

주 토요일 밤마다 같은 영화를 방영해 식상하다는 의미다. 일반적으로 사용되는 관용표현은 아니지만 저자의 마음에 들어 포함시켰다.

남들이 하기 꺼려 하는 어렵고 위험한 일을 **자진하여 맡다**

bell the cat ☞ 고양이 목에 방울을 달다

Who will ***bell the cat***? ▶ 누가 고양이 목에 방울을 달 것인가?

But then a small mouse asked: Yes, but who will ***bell the cat***? The UN of course is the one who should be enforcing their laws against nuclear weapons. ▶ 그러고 나서 한 작은 쥐가 "맞는 말이긴 하지만 누가 그 어렵고 힘든 일을 맡을 거야?"라고 질문했다. 물론 핵무기 확산을 금지하는 법을 집행해야 하는 기관은 유엔이다. 《유엔이 당연히 이 일을 맡아야 한다는 이야기다.》

This is something that has been going on for years but nobody wants to ***bell the cat***. ▶ 이는 수년 동안 진행되어 왔지만 그 누구도 자진해서 맡길 원치 않는다.

주 이솝 우화에서 유래된 표현이다.

무엇 그 **자체**(自體)
특정한 단어의 의미를 강조할 때 사용함

something with a capital ~ ☞ Informal

In their universe, romance is totally detached from pragmatic concerns and social pressures, so when they finally marry, they are going to do it for ***Love with a capital L*** and no other reason. ▶ 그들 세계에서는 로맨스는 실용적인 관심사나 사회적 압력과는 전혀 연관이 없다. 따라서 그들(결혼을 늦게 하는 요즘 20대의 젊은이들)이 마침내 결혼할 때는 사랑 그 자체를 위해서 하는 것이지 다른 이유는 없다.

She is not ***feminist with a capital F***. ▶ 그녀는 여권주의만을 고집하는 그런 사람이 아니다.

Poetry — with a capital P — has never been limited to verse forms only. Its diversity can be experienced in all the arts. While this suggests that anything could be poetry, it also means not everything is. ▶ 시 그 자체는 운문형식에만 국한된 것이 절대 아니다. 시의 다양성은 모든 분야의 예술에서 경험할 수 있다. 이는 어떠한 것도 시가 될 수 있다는 의미지만, 또한 모든 것이 다 시가 될 수 있는 것은 아니라는 것을 의미하기도 한다.

Yes, ***Affluence with a capital A***! I would even go as far as say opulence. Did you see the full page color ad in yesterday's edition of the state-owned Daily Graphic they took to advertise his birthday? ▶ 그렇다, 풍요로움 그 자체다! 나는 너무 사치스럽다고까지 말하고 싶은 심정이다. 국영신문 Daily Graphic이 어제 대통령의 생일을 광고하기 위해 칼라로 전면을 장식한 것을 보았는가? 《아프리카의 한 독재국가에서 정부 소유의 한 신문이 대통령의 생일축하를 위해 너무나 화려하게 전면을 장식한 것을 비꼬는 이야기다.》

그 **자체만 본다면**
제한된/좁은/한정된 범위/한도 내에서는

as far as it goes

His plan for tax relief is fine ***as far as it goes*** but will not be sufficient to get the economy moving again. ▶ 그의 세금감면 정책 그 자체만 본다면 좋지만 경제에 다시 활력을 불어넣기에는 충분치 않을 것이다.

This makes sense ***as far as it goes***, but it doesn't explain how a huge trade deficit can be maintained indefinitely. ▶ 이는 한정된 범위 내에서는 일리가 있지만 어떻게 엄청난 무역적자가 무한정 지속될 수 있는지 설명해 주지는 못한다.

His gesture is welcome ***as far as it goes***. But it does not go far enough. ▶ 그의 태도 자체는 환영하지만 충분치 않다.

자초지종(自初至終)
처음부터 끝까지 이르는 동안에 있었던 모든 사실

the whole story

We will never know *the whole story* of who helped him and who did not. ▶ 누가 그를 도왔고 누가 그러지 않았는지에 대한 자초지종을 우리는 절대로 알 수 없을 것이다.

The numbers don't lie, but they don't always tell *the whole story*, either. Don't be fooled by Tampa Bay's stellar 10-3 record in the third game of a series. ▶ 숫자는 거짓말을 하지 않지만, 그렇다고 숫자가 모든 사실을 말해 주는 것은 아니다. 템파베이 팀이 한 시리즈의 세 번째 시합에서 10-3으로 이겼다고 속아넘어가지 마라.《그다지 대단한 팀이 아니라는 의미다.》

As is often the case, *the whole story* doesn't always reveal itself by simply looking at winning percentage. ▶ 흔히 있는 일이지만, 승률이 그동안 일어났던 모든 사실을 항상 다 말해 주는 것은 아니다. ♣ *As is often the case* : **흔히 있는 일이지만** 참조

작은 화(禍)를 피하거나 더 좋은 것을 얻기 위하여 요령/잔꾀를 부리다가 더 큰 화(禍)를 **자초하다**
제 꾀에 넘어가다

jump/go from the frying pan into the fire

Most people have a nasty habit of *jumping from the frying pan into the fire*. God knows I do. ▶ 대부분 사람들은 잔꾀를 부리다 더 큰 화(禍)를 자초하고 마는 좋지 않은 습관을 가지고 있다. 나도 물론 그렇다.

Of course, pulling up stakes and moving to a different company is one way to get a shot at fresh vistas and new challenges, but it's not without risk. Over the years I've heard from plenty of people who felt that in changing jobs they had *jumped from the frying pan into the fire*. A new boss, for instance, often turns out to be no better (or even worse) than the old one, or a different role just isn't as interesting as it first appears. ▶ 정든 직장을 버리고 다른 회사로 옮기는 것은 참신한 안목과 새로운 도전거리를 얻는 한 가지 방법이지만, 위험이 따른다. 수년에 걸쳐서 나는 많은 사람들로부터 직장을 바꾸다가 제 꾀에 넘어갔다고 느꼈다는 이야기를 들어왔다. 예를 들면 새 직장 보스가 옛 보스보다 더 좋지 않거나 심지어 더 악독하며, 새로 맡은 역할이 처음에 보인 것처럼 그렇게 흥미롭지가 않은 경우가 있다. ♣ *pull up stakes* : 지내던 곳(집, 건물, 직장 등)에서 **떠나다** 참조

주 프라이 팬이 뜨거워서 팔딱거리다 그만 불 속으로 떨어진 물고기에 비유한 표현이다. 우리 속담 "여우를 피하려다가 호랑이를 만난다"와 비슷하다.

화/불행 등을 **자초한**
부상 등이 자해(自害)로 인한

self-inflicted

The stab wounds she suffered were *self-inflicted* with a straight razor, he said. ▶ 칼에 찔린 상처는 그녀가 면도칼로 자해한 것이라고 그가 말했다.

He died from an apparent *self-inflicted gunshot* inside a home. ▶ 그가 집에서 총으로 자살한 것이 분명했다.

Those problems are partially *self-inflicted*. ▶ 그 문제들은 부분적으로 스스로 자초한 것이다.

자화자찬(自怜自讚)하다
남들 앞에서 자기 자랑을 늘어 놓다; 떠벌리다

sing one's own praises

Nobody knew it was his 50th cap for his country against Brazil, because nobody asked. Emerton knew, but has never been one to *sing his own praises*. Not even after a performance which ranks among his best in the green and gold. ▶ 아무도 브라질과의 경기가 그가 국가 대표팀 주장으로 뛴 50번째 경기라는 사실을 몰랐는데, 이는 아무도 물어보지 않았기 때문이다. 에머튼은 알고 있었지만 그는 절대로 자화자찬하는 사람이 아니었다. 초록과 황금색 유니폼(호주 대표팀 유니폼)을 입고 뛴 경기 중 최고의 활약을 보인 그 경기 이후에도 이 사실에 대해 아무 말도 하지 않았다.《2006 독일 월드컵 호주 대표팀 주장 에머튼 본인 말고는 아무도 브라질과의 경기가 그가 대표팀의 주장으로서 뛴 50번째의 경기였다는 사실을 몰랐지만, 스스로 자랑을 늘어놓지 않았다고 칭찬하는 글이다.》

"I can honestly say I am neither an opponent nor proponent of the death penalty. I do feel, however, that his execution is one of assisted suicide. The prosecutor will probably be in the limelight on many occasions, now and in the future, boastfully and callously *singing her own praises* for participating in one." ▶ "솔직하게 말하자면 나는 사형제도를 반대하는 사람도 찬성하는 사람도 아니다. 그렇지만 나는 그의 처형이 그가 자살하도록 도와준 격이라고 느낀다. 이 검사(사형선고를 끌어낸 여자 지방검사)는 앞으로 사람들의 주목을 받게 될 것이고, 자랑스럽게 그리고 냉담한 어조로 여기에 참여했다는 사실을 남들 앞에 늘어 놓을 것이다."《아내를 살해한 죄로 미국 오하이오 주에서 사형집행을 당한 한 남자의 아버지가 한 말이다.》

blow/toot one's own horn/trumpet

They don't call attention to them and *blow their own horns* but would rather remain anonymous. ▶ 그들은 사람들의 이목을 끌려고 하지 않았고 자화자찬하지도 않았으며, 익명으로 남길 원했다.

I don't want to give anyone the impression that I'm one of those dudes who goes around *tooting their own horns*. ▶ 나는 남들 앞에서 자기 자랑을 떠벌리며 다니는 그런 사람이라는 인상을 사람들에게 심어주기를 원치 않는다.

I heard that there had been no agreement at the meeting last night and that both had just continued to *blow their own trumpets*. ▶ 어제 저녁 회의에서 아무런 합의도 이끌어내지 못했고 양측은 단지 자기 자랑만을 계속 늘어 놓았다는 이야기를 들었다.

작동시키다

set off

Any escape, once it's detected, *set off* the alarm. ▶ 어떤 탈출도 일단 감지되기만 하면 비상벨이 작동한다.

Someone *set off* a fire extinguisher. ▶ 누군가가 소화기를 작동시켰다.

It could take months before evidence emerges on how the bomb was made, and who *set* it *off*. ▶ 그 폭탄이 어떻게 만들어졌고 누가 작동시켰는지에 대한 증거를 찾으려면 몇 달이 걸릴 수 있다.

작동을 멈춘

없어진 ; 소멸된 ; 더 이상 존재하지 않는

defunct

A company has bought *a nearly defunct part* of the oil field for 50 million dollars. The company says it plans to use new technology to bring the field back to production. ▶ 한 회사가 작동이 거의 멈춘 그 유전의 일부를 5천만 불을 주고 사들였다. 그 회사는 그 유전에서 석유를 다시 생산하기 위하여 새로운 기술을 사용할 것이라고 한다.

A victim of *defunct travel agent* World Discovery Tours has called for stricter controls on the travel industry after losing a dream holiday to China. ▶ 없어진 World Discovery Tours 여행사 때문에 피해를 본 한 사람이 중국여행의 꿈을 잃은 후 여행업계에 대한 보다 강력한 통제를 요구했다.

작별을 고하다

say goodbye

More than 300 Natick High School seniors in blue gowns received their diplomas and *said goodbye to* their high school years during yesterday's graduation ceremony. ▶ 어제 거행된 졸업식에서 푸른 졸업가운을 입은 300명이 넘는 고등학교 4학년 학생들이 졸업장을 받고 학교생활에 작별을 고했다.

작별의 손을 흔들다

wave hand goodbye

He then boarded his plane, *waving his right hand goodbye*. ▶ 그리고 그는 오른손을 흔들며 작별을 고하면서 비행기에 올랐다.

작별의 악수를 하다

shake hand goodbye

We *shook hands goodbye* and she said she wants to keep in touch. ▶ 우리는 작별의 악수를 했고 그녀는 계속 서로 연락을 하자고 말했다.

작별의 키스를 하다

kiss someone goodbye

And yesterday I ***kissed her goodbye*** for the last time. As much as you prepare for the last goodbye, it hurts. It really hurts. ▶ 그리고 어제 나는 마지막으로 그녀에게 작별의 키스를 했다. 마지막 이별의 키스를 하기까지 힘이 들었던 만큼, 이별은 나를 힘들게 한다. 정말로 마음이 아프다.

상대방을 작아 보이게 만들다
초라해 보이게 만들다 ; 무색하게 만들다

dwarf ☞ 왜소하게 만들다

Alleged airline plan had potential to ***dwarf*** terrorist attacks of recent years. Its scope was ruthlessly ambitious, causing destruction that officials say would have been "unimaginable." ▶ (2006년 8월) 영국발 미국행 비행기를 폭파하려 했다고 알려진 한 계획이 최근 발생한 테러사건들을 무색하게 만들 정도로 엄청난 파괴력을 가지고 있었다. 이 계획은 무자비한 야심에 차 있었으며, 성공했다면 피해가 상상을 초월했을 것이라고 관계당국은 말한다.

The country's fourth-biggest software exporter said quarterly net profit jumped 25 per cent but the figure was ***dwarfed*** by rivals which have reported increases of up to 52 per cent. ▶ 그 나라에서 4번째로 소프트웨어를 많이 수출하는 그 회사는 분기 순이익이 25% 증가했지만, 이 수치는 52%까지 증가를 보인 다른 경쟁사들과 비교한다면 왜소하게 보인다고 말했다.

체구가 매우 작은
왜소한

diminutive

He introduced me to the French President, who looked down at ***my diminutive frame***. ▶ 그는 나를 프랑스 대통령에게 소개시켰는데, 그는 나의 작은 체구를 내려다 보았다.

The diminutive ace has responded with a string of eye-catching displays to help the team emerge as a frontrunner in the league. ▶ 체구가 왜소한 이 에이스는 일련의 눈부신 활약으로 그 팀이 리그의 선두주자로 부상하는 데 일조를 했다.

잔무
잔업 ; 수주 등의 잔량/잔고(수주해 놓고 아직 시작하지 않은 일) ; 미처리된/대기중인 업무/재판

backlog

A program designed to streamline processing drunken-driving cases has helped cut ***its backlog***. ▶ 음주운전 사건의 처리과정을 간소화하기 위해 마련된 한 계획이 대기중인 재판 건수를 줄이는 데 도움이 되었다.

Both runways were so busy to treat ***a huge backlog***. ▶ 이륙 허가를 기다리며 대기하거나 공중에서 착륙 허가를 기다리며 선회하고 있는 많은 비행기들을 처리하느라 양쪽 활주로가 몹시 분주했다.

It will take at least a month to clear up ***a backlog*** of specialized medical tests for the patients. ▶ 그 환자들에 대한 특별 검진을 모두 실시하려면 적어도 한 달이 소요될 것이다.

With our ***strong backlog*** and a host of new opportunities on the horizon, we are really excited about our business prospects in 2008. ▶ 수주 잔고가 많고 엄청난 새로운 기회들이 다가오고 있는 상황에서, 우리는 2008년 사업전망에 대하여 매우 들떠 있다. ♣ *on the horizon* : ~이 시기적으로 **임박한** 참고

Unfortunately, that sharp, late season spike in sales resulted in ***a temporary shipping backlog*** that did create a disappointing shopping experience for some customers. ▶ 불행하게도 판매량이 시즌 말미에 급작스럽게 증가하는 바람에 일시적으로 운송/선적을 기다리는 상품들이 발생하여 일부 고객들에게 실망을 안겨주었다.

㈜ 화력을 좋게 하기 위해 난로 깊숙이 넣어 두는 큰 장작을 말한다. 아직 타지 않은 장작이다.

건배에서 잔을 쨍그랑 부딪치다

chink/clink glasses

They ***clinked glasses*** in good cheer. ▶ 그들은 즐거운 기분으로 잔을 부딪쳤다.

"To friendship!" I replied as we ***clinked glasses***.
▶ 서로 잔을 부딪치면서 나는 "우정을 위하여!"라고 화답했다.

They served wine in nice, tall sexy glasses, which we later found was made out of plastic when we ***chinked glasses*** in a toast. ▶ 그들은 멋지고 길쭉하며 섹시한 유리잔에 포도주를 따라주었는데, 우리는 나중에 건배하며 잔을 부딪칠 때에 가서야 그 잔이 플라스틱으로 만들어졌다는 것을 알았다.

성대한 잔치를 벌이다

kill the fatted/fattened calf ☞ 살찐 송아지를 잡다

We'll look back at this Christmas as the one when the country maxed out the credit cards, gave the kids everything they wanted, dressed up like Santa Claus, ***killed the fatted calf***, put the new Lexus with the red bow in the driveway, and when the bills came due in January, declared bankruptcy and began a messy divorce. ▶ 온 나라가 신용카드를 마구 썼고, 아이들에게 원하는 것을 모두 사주었고, 산타클로스 복장을 하고 성대한 잔치를 벌였고, 새 렉서스 자동차를 구입했고, 그리고 1월에 카드 고지서가 날아오자 파산선고를 하고 집안이 엉망이 되어 이혼했다고 우리는 이번 크리스마스를 되돌아 보게 될 것이다. 《부시 행정부가 테러와의 전쟁을 구실로 너무나 많은 국가예산을 낭비하고 있다며 비유적으로 비난하는 글이다.》

Today, it has become fashionable to speak glowingly of ***killing the fatted calf*** to feed a few while the rest must suck salt. ▶ 오늘날, 나머지 사람들은 소금이나 빨아야 하는 판에 소수의 몇 사람들을 위해 살찐 송아지를 잡아야 한다고 열렬하게 떠드는 것이 유행이 되어버렸다.

주 신약성경 누가복음 15장 22~24절(돌아온 탕자의 비유)에서 유래됨: "But the father said to his servants, 'Quick! Bring the best robe and put it on him. Put a ring on his finger and sandals on his feet. ***Bring the fattened calf and kill it***. Let's have a feast and celebrate. For this son of mine was dead and is alive again; he was lost and found.' So they began to celebrate." "그러나 아버지는 종들에게 말하였다. '어서, 가장 좋은 옷을 꺼내서 그에게 입히고, 손에 반지를 끼우고 발에 신을 신겨라. 그리고 살찐 송아지를 끌어내다가 잡아라. 우리가 먹고 즐기자. 나의 이 아들은 죽었다가 살아났고, 내가 잃었다가 되찾았다.' 그래서 그들은 잔치를 벌였다."

잘난 체하는 사람

거들먹거리는 사람; 매우 격식을 차리는 사람; 매우 딱딱하게 구는 사람; 젠체하지만 실질적으로 별 볼 일 없는 사람

stuffed shirt ☞ Informal

You can get more information out of a person if you don't act like ***a stuffed shirt***. ▶ 상대방에게 딱딱하게 굴지 않는다면, 너는 다른 사람으로부터 더 많은 정보를 얻을 수 있다.

If you think they are a bunch of ***stuffed shirt journalists*** who sit around and glorify their articles, you are wrong again. ▶ 그들이 둘러앉아 그저 기사를 멋지게 보이도록 쓰고 있는 잘난 체하는 기자 나부랭이들이라고 생각한다면, 또 잘못 짚었다.

주 속을 가득 채워 부풀린 인형이나 마네킹 같은 사람이다.

잘못된 방향으로 일을 진행하다

엉뚱한 방향으로 나가다

bark up the wrong tree ☞ Informal

A researcher at the center suggests that his fellow researchers may be ***barking up the wrong tree***. ▶ 그 센터에 있는 한 연구원이 동료들이 엉뚱한 방향으로 나가고 있는지도 모른다고 말했다.

Evidently, the government is ***barking up the wrong tree***. It's trying to address the effect, rather than the cause, forcing unilateral decisions and measures that are being repeatedly rebuffed by the industry. ▶ 분명히 정부는 잘못된 방향으로 일을 진행하고 있다. 일방적인 결정과 업계에서 반복적으로 거부하고 있는 조처를 강요하면서 근본원인보다는 효과에 역점을 두고 일을 처리하려 애쓴다.

주 사냥감이 올라간 나무인 줄 잘못 알고 사냥개가 엉뚱한 나무를 향해서 주인이 올 때까지 짖고 있다는 말이다.

어떤 일을 하기로 결정할 당시에는 잘될 것처럼 보였지만 막상 하다 보면 일이 **잘못될 수도 있다**

모든 일이 다 처음 생각처럼 잘 진행되는 것은 아니다 (Between the time we decide to do something and the time we do it, things often go wrong)

There is many a slip between/betwixt/twixt the cup and the lip

There is a possibility of a breakthrough but there are always chances of ***a slip between the cup and the lip***. ▶ 돌파구가 마련될 가능성이 있긴 하지만 막상 하다 보면 일이 잘못될 수도 있다. ♣ *breakthrough*: **돌파구** 참조

What remains to be seen is whether these measures will eliminate ***the slips between the cup and the lip***. ▶ 아직까지 더 두고 봐야 아는 사실은 이런 조처들이 일이 중간에 잘못될 가능성을 배제할 수 있는가 하는 문제다. ♣ *remain to be seen*: 앞으로 어떻게 될지는 (더) **두고 봐야 안다** 참조

When dealing with Pyongyang (and for that matter, the Bush administration), ***a lot can slip betwixt the cup and the lip***. ▶ 북한과 상대할 때는 (그리고 이 문제로 부시 행정부와 상대할 때는), 일이 중간에 틀어지는 경우가 허다하다. 《북한의 핵개발에 대하여 부시 행정부도 싸잡아 비난하는 글이다.》

주 로마신화에 나오는 바다의 신 넵튠(Neptune)의 아들인 안카이오스(Ancaeus)가 포도밭을 가지고 있었는데 노예들을 매우 가혹하고 심술궂게 다루었다고 한다. 어느 날 한 노예를 불러다 놓고 "안카이오스는 올해 수확하는 포도로 만든 와인을 절대로 맛보지 못할 것이다"라는 예언을 하도록 시켰다. 그러고는 나중에 수확한 포도로 만든 첫 와인을 잔에 담은 후 그 노예를 다시 앞에 불러 놓고는 안카이오스가 잔에 입을 갖다 댈 때 ***"There is many a slip between the cup and the lip*** (컵에 포도주를 따른 다음 마시려고 입술을 갖다 대는 사이에도 일이 잘못될 수 있다)"이라고 말하면서 예언이 틀렸다는 것을 고백시켰다는 데서 유래되었다.

실제로 어떤 곳에 존재하지 않는 무언가를 **잘못 보거나 듣다**

헛것을 보거나 듣다; 환청(幻聽)이나 환시(幻視)를 경험하다

be seeing/hearing things

He led her into the place and told her she ***was seeing things***. ▶ 그는 그녀를 그곳으로 안내했고 그녀가 실제로 그곳에 없었던 무언가를 잘못 보았다고 그녀에게 말했다.

She said that I thought I ***was seeing things***. "There were toys on one side of the aisle and tablets on the other." ▶ 통로 양측으로 아이들 장난감을 진열해 놓은 곳과 약품을 파는 곳이 마주보고 있어 내가 뭘 잘못 본 게 아닌가 생각했었다고 그녀가 말했다. 《어린아이들이 잘못하면 아무 약병이나 뚜껑을 열고 꺼내 먹을 수도 있기 때문에 매우 위험하다는 이야기다.》

I thought I ***was hearing things*** at first. ▶ 처음에는 내가 뭘 잘못 들은 게 아닌가 생각했었다.

잘못을 스스로 인정하는 행동이나 말을 하다

굴욕을 감수하다/참다; 백배사죄하다

eat humble pie

Top sports pundit Jack Smith has said he will gladly ***eat a huge slice of humble pie*** if his prediction is proven wrong. ▶ 최고 스포츠 전문가인 잭 스미스가 자신의 예상이 틀린 것으로 밝혀지면 어떤 굴욕도 기꺼이 감수할 것이라고 말했다.

If that happens, he will have to ***eat some humble pie*** and write a letter explaining the situation to Chancellor. ▶ 만일 그 일이 벌어진다면, 그는 백배사죄해야 하며 장관에게 상황을 설명하는 편지를 써야 할 것이다.

Drink shame councilor says sorry to John, but he can't bring himself to apologize to his colleagues. "I think the whole thing of having to stand up in front of my political opponents and ***eat humble pie*** is just too much." ▶ 술에 취해서 존에게 실수를 저지른 의원이 그에게는 미안하다는 말을 하지만, "나의 정적들 앞에 나서서 공개적으로 이번 일에 대해 사과하는 것은 너무나 굴욕적이기 때문에 그렇게 할 수는 없다"고 말한다.

주 "*umble pie*"는 중세시대 영국에서 사냥꾼들이 먹던 짐승 내장(umbles, intestines)으로 만든 파이다. 사냥 후에 왕이나 귀족들은 제대로 상을 차려서 먹고 마시고 하는데 사냥꾼들은 먼 발치에서 "*umble pie*"를 먹었다고 한다. 나중에 "*umble*"이 "겸손한, 자신을 낮추는" 이라는 의미를 가지고 있는 "*humble*"로 변해서 "*humble pie*"가 되었다고 전해진다.

~에 대한 자신의 **잘못을 인정하다**
고백하다 ; 자백하다

own up to

The teacher is waiting for someone to ***own up***. ▶ 선생님은 누군가가 자백하기를 기다리고 있다.

Nationwide protests erupted this month over what China saw as Japan's refusal to ***own up to*** its wartime past and Japan's recent bid for a permanent seat on the UN Security Council. ▶ 일본이 전쟁 중에 저지른 잘못을 인정하길 거부하고 유엔 안전보장이사회의 상임이사국이 되려는 시도를 벌이자 이번 달 중국 전역에서 거센 항의 집회가 열렸다.

He last night ***owned up to*** a previous life of gambling addiction. ▶ 그는 지난 밤 도박에 빠져 살던 지난 날을 고백했다.

~라는 사실을 **잘 보여준다**
잘 나타내고 있다

underscore(미국) ; underline(영국) ☞ 강조하기 위하여 밑줄을 긋다

The disappearance last Wednesday of them appears to be the strongest reaction yet to his criticisms of the government, and ***underscores*** Beijing's continued determination to discourage discussions of Tiananmen. ▶ (천안문 사태 기념일을 며칠 앞둔) 지난 수요일 그들(중국의 천안문 사태의 진상을 세상에 처음 알린 사람과 그의 부인)이 사라진 것은 정부를 향한 그의 비난에 대하여 지금까지 중국 정부가 보인 반응 중에서 가장 강력한 것으로 보인다(중국 정부가 그들을 남몰래 구금했다는 의미를 담고 있다). 그리고 이는 중국이 아직도 이 천안문 사태에 대하여 이야기하는 것을 금지하고 있다는 사실을 잘 보여준다.

The rash of accidental shootings ***underlines*** how difficult it will be to restore order in the country. ▶ 이 일련의 우발적인 총기 사고들은 이 나라에서 질서를 회복하는 것이 얼마나 어려운지를 잘 나타내고 있다. ♣ *rash* : 짧은 시간 안에 발생한/나타난 **일련의 비슷한 불유쾌한 일/사건** 참조

어떤 일이 매우 **잘 진행되는**
한창 잘 나가는

red hot ☞ 벌겋게 달구어진 쇠 같은 ; 뜨거운 열기를 뿜어내는

In short and in sum, the evidence continues to mount that the economy is ***red hot***. ▶ 간단히 요약하자면, 경제가 매우 잘 돌아가고 있다는 증거가 계속 쌓이고 있다.

The basketball team is ***red hot***. After starting the season 1-4, they have won seven of their last eight games. ▶ 그 농구 팀의 열기는 매우 뜨겁다. 1승 4패로 시즌을 시작한 후, 그들은 지난 8게임 중 7게임을 이겼다.

~을 더 **잘하기 위하여**

the better to do something

A briefing is supposed to tell a story at a pace and in a way that attracts the listeners' attention, ***the better to inform*** them. ▶ 브리핑할 때 정보를 더 잘 전달하기 위하여 듣는 사람의 주의를 끄는 방법으로 그리고 적절한 속도로 진행하는 것이 좋다.

The purpose of this book is to take a realistic look at the world of technology, ***the better to understand*** why good products can fail. ▶ 이 책의 목적은 왜 좋은 상품이 실패할 수 있는가를 더 잘 이해하기 위해서 기술의 세계를 현실적인 시각으로 바라보는 것이다.

집을 떠나 **잠시 머무는 것**
짧은 여정(short stay)

sojourn ☞ Literary

It is the ultimate reminder of our common fragility, of just how precarious our species' ***ridiculously brief sojourn*** on this earth really is. ▶ 이것은(2004년 동남아시아에서 발생한 쓰나미로 인한 재앙은) 우리가 얼마나 연약하며, 이 지구에서 잠시 머무는 여정이 얼마나

자

위험으로 가득 차 있는지를 극단적으로 상기시켜 준다.

His unscheduled sojourn in hospital has not dampened the spirits of the plucky octogenarian, however. "He's doing great, he's in good spirits and cracking jokes," Tina France of management company Lieberman said of the singer-songwriter, who is hoping to play on Tuesday at Fort Worth. ▶ 미국의 블루스 음악계의 살아 있는 전설인 BB King(81세)이 갑자기 감기증세를 보여 잠시 병원신세를 지고 있지만 여전히 활기가 넘친다는 이야기다. ♣ *dampen*: 흥겨운 기분, 열정 등에 **찬물을 끼얹다**; *octogenarian*: **나이가 팔순인 (노인)** 참조

잠자는 사자/호랑이

현재는 조용히 있지만 일단 활동을 시작하면 매우 성가시게 구는 다루기 힘든 골치 아픈 존재

sleeping dog

Let ***sleeping dogs*** lie. ▶ 잠자는 사자를 깨우지 말아라(공연히 성가신 일 만들지 말고 가만히 있어라, 긁어 부스럼 만들지 마라).

Of course the president dismissed the idea right away; after all, asking any real sacrifice would risk waking ***the sleeping dog*** that is upper-middle class. ▶ 물론 대통령은 그 제안을 즉석에서 거절했다. 어쨌든 실질적인 희생을 요구하는 것은 부유층 사람들을 건드려 긁어 부스럼을 만드는 결과를 초래할 수도 있다. ♣ *wake the sleeping dog*: 긁어 부스럼을 만들다

Will ***sleeping dog of wage inflation*** lie much longer? ▶ 임금 인플레라는 잠자는 사자가 더 오래 누워 있을 것인가?

~를 잠재우다

~을 끝내다; ~을 그만두다

put someone/something to bed

We should ***put the game to bed***. ▶ 우리는 이 게임을 그만두어야 한다.

"The political career is ***put to bed***," he said. "They've been fun years." ▶ "정치 활동은 이제 끝났다. 내가 정계에 몸담았던 세월은 즐거운 시간이었다"고 그가 말했다.

잡동사니

잔뜩 있어 봐야 별 쓸모가 없는 것들

flotsam and jetsam

As we hopped back from spring to winter last week, a lot of ***flotsam and jetsam*** came blowing in and lies around. ▶ 지난주 봄에서 다시 겨울로 돌아가는 듯 찬 바람이 세게 불어와, 많은 잡동사니들이 바람에 날려와 주변에 널려 있다.

The millions of bits and pieces, ***flotsam and jetsam***, and other ephemera of the modern era gone by are already hard-wired into our collective unconscious in an unavoidable way. ▶ 지나가버린 근대시기가 남긴 수많은 단편들과 잡동사니들 그리고 잠시 머물다 사라진 것들은 우리의 집단적 무의식 속에 어찌할 수 없을 정도로 이미 고정관념으로 자리잡고 있다. ♣ *hard-wired into*: **고정관념으로 사로잡혀 있는** 참조

These refugees are not merely ***the flotsam and jetsam*** of a floundering nation. Many of them are teachers, bankers and other professionals reduced to despair by an engineered economic collapse. ▶ 이 난민들은 허우적거리는 조국을 떠나 집 없이 떠도는 단순한 부랑자들이 아니다. 의도된 경제의 몰락 때문에 자포자기할 수밖에 없는 상황으로 전락한 이들 중 많은 사람들은 교사들이며, 은행가들이고 기타 전문직에 종사하는 사람들이다. ♣ *reduced to*: 불쾌한, 당혹스러운 일 등을 마지못해서 할 수밖에 없는 비참한 상황/지경으로 **전락하다** 참조

주 *flotsam*은 난파선에서 나와 바다에 떠다니는 물건들을 의미하며 *jetsam*은 배를 가볍게 하거나 다른 이유로 배에서 버려진 물건들을 의미한다. 집 없이 떠돌아 다니는 "부랑자들"을 의미하기도 한다.

라디오나 TV 방송, 수화기 등에서 들리는 **잡음**

background static

In one spot on the Broadcast album, flocks of birds make ***background static***. ▶ 실황녹음 앨범의 한 부분에 새들이 내는 잡음이 들린다.

I am experiencing ***an annoying background static*** via headphones when I turn down the volume completely. ▶ 볼륨을 죽이면 헤드폰에서 신경을 거스르는 잡음이 들린다.

장단점
이해득실 ; 득실 ; 좋은(이로운) 점과 나쁜(해로운) 점

pros and cons ☞ advantages and disadvantages, Latin

He said before the meeting there are ***pros and cons*** to both schedules. ▶ 회의 전에 그가 양 스케줄에 장단점이 다 있다고 말했다.

While there are no magic numbers for when school is closed, some schools across the state have closed when an individual building reached the 30-40% student absence rate and, in addition, staff absences made it difficult to conduct school as usual. While closing for three to five days (including weekends) is typical, closing school hasn't been a very effective strategy for disease control over the long term. Rather, it seems that closing school is used when it is impractical to continue school due to the illness' impact on education, such as not enough staff to conduct classes. Because of that, I will weigh ***the pros and cons*** very carefully and consult with the public health department before determining that an individual school or the entire district would be closed. ▶ 언제 휴교해야 하는지 정답은 없지만, 주 전역에서 일부 학교들은 각 건물의 결석률이 30-40%에 도달하고 이에 더하여 교직원의 결근으로 학교를 정상적으로 운영하기 힘들 때 휴교를 했다. 주말을 포함하여 3일에서 5일 정도 휴교하는 것이 일반적이지만, 장기적으로 볼 때 휴교는 질병관리에 매우 효과적인 방법은 아니었다. 더 정확히 말하자면, 교사의 수가 부족하여 실질적으로 수업을 계속하기 곤란할 때 등과 같이 질병이 교육에 미치는 충격에 의해서 휴교조치가 내려지는 것으로 보인다. 이 때문에, 나는 학교 개별적으로 혹은 전 지역에서 휴교를 해야 하는지 결정하기 전에 휴교의 이해득실을 면밀히 재보고 보건당국과 협의할 것이다.

Science will continue to debate ***the pros and cons*** of breast-feeding, but doctors unanimously agree that breast-feeding, in general, is best for babies' health, growth and development. ▶ 모유수유의 이해득실에 관하여 과학계가 계속 논쟁을 벌일 것이지만, 의사들은 모유수유가 아기의 건강과 성장발달에 가장 좋다고 누구나 인정한다.

We asked two experts to weigh in on ***the pros and cons*** of adding ankle weights, which many walkers do to increase calorie burn and muscle strength. ▶ 많은 사람들이 걸을 때 칼로리를 더 소비하고 근육을 강화시키기 위하여 발목에 무거운 것을 차는 것의 이로운 점과 해로운 점에 대하여 평가해 달라고 우리는 두 명의 전문가에게 부탁했다. ♣ ***weigh in on*** : ~에 대하여 **평가하다** 참조

장단점을 다 가지고 있는 것/상황
좋은 점과 나쁜 점이 함께 있는 것/상황

double-edged sword

Being the largest producer and exporter of hazelnuts in the world is something of ***a double-edged sword*** for Turkey. On the one hand, it means international market dominance and good returns when excess production is low, demand is up and prices are high. On the other hand, it implies greater vulnerability when excess production significantly outstrips local and international demand, pushing prices down. ▶ 세계에서 헤이즐넛(개암)을 가장 많이 생산하고 수출하는 나라라는 사실이 터키에게는 장점이지만 단점이 되기도 한다. 우선, 이는 수요가 많고 가격이 비싸지만 초과 생산량이 적을 때는 국제시장을 좌지우지하여 많은 이익을 볼 수 있다는 것을 의미한다. 한편으로는, 초과 생산량이 국내와 국제 수요를 지나치게 초과하여 가격이 하락할 경우에는 큰 약점이 된다는 것을 의미한다.

They said prostate cancer screening is ***a double-edged sword***, catching serious cancers in a few but causing needless worry and expense for the majority of men, who may be getting treatment for tumors growing too slowly to do any harm. ▶ 전립선암 검사는 장단점을 모두 가지고 있다고 그들이 말했다. 몇몇 심각한 암을 찾아내기도 하지만, 너무나 천천히 자라 해가 없는 암에 대한 치료를 받게 될지도 모르는 많은 남성들에게 불필요한 걱정과 비용을 유발시킨다.

주 칼날이 양면에 있으면 잘못 휘두르다가 자신도 다칠 수 있다. 장점보다는 단점이 더 많은/큰 경우를 의미하기도 한다.

mixed blessing

The Internet has been *a decidedly mixed blessing* for the music industry, encouraging people to listen to more songs and discover more bands but also to buy fewer recordings. ▶ 인터넷은 사람들에게 더 많은 음악을 듣고 더 많은 밴드를 알 수 있는 기회를 제공하기도 하지만, 음반을 구입하지 않아도 원하는 음악을 들을 수 있도록 해주기 때문에 음악산업계에 분명히 좋은 영향과 나쁜 영향을 모두 끼쳐 왔다.

주 축복과 저주가 함께 오는 상황이다.

가까운 **장래에**
머지않아 ; 곧

in the near future

Prices are unlikely to change much *in the near future*. ▶ 가격이 가까운 장래에 크게 변할 것 같지 않다.

The sale and purchase agreement is being finalized now and is expected to be signed *in the near future*. ▶ 판매와 구매 계약이 지금 최종단계에 와 있으며 머지않아 서명이 이루어질 것으로 예상된다.

그다지 머지않은 **장래에**

in the not-too-distant future

He will be able to finish his study *in the not-too-distant future*. ▶ 그다지 머지않은 장래에 그는 공부를 끝마칠 수 있을 것이다.

먼 **장래에**
먼 훗날에

in the distant future

In the distant future, the company hopes to be able to use that data to assist with water management in a wider capacity. ▶ 그 회사는 먼 장래에 물을 관리하는 데 도움이 되도록 다양한 용도로 그 자료를 사용할 수 있길 희망한다.

살아생전 머지않은 **장래에**
살아생전 ; 살아 있는 동안

in one's not-so/too-distant future

A breakthrough offers hope that a personalized body repair kit might be *in your not-so-distant future*. It sounds like science fiction. ▶ 한 획기적인 연구가 당신의 살아생전 그렇게 머지않은 장래에 맞춤형 신체수리부품이 나올 것이라는 희망을 준다. 공상과학 소설처럼 들린다.
♣ *breakthrough* : **돌파구** 참조

In your not too distant future, most of you will have opportunities to meet and get to know beings from other Planets, other Solar Systems and other Galaxies, perhaps even other Universes. ▶ 여러분들 중 많은 사람들이 살아생전 머지않은 장래에 태양계의 다른 행성, 다른 태양계, 다른 은하계, 그리고 다른 우주에서 온 생명체(존재)를 만날 기회를 갖게 될 것이다.

아주 먼 **장래에**
아주 먼 훗날에

in the far distant future

The leakage could begin at any time *in the far distant future*. ▶ 아주 먼 훗날 언제라도 유출이 시작될 수 있다.

장래에 ~이 될 가능성이 있는 사람
잠재적인 사람

prospective ~

The best way to make your application materials interesting to *prospective employers* is to list specific, concrete details about your accomplishments and abilities. ▶ 지원서류들이 장차 당신의 고용주가 될 가능성이 있는 사람들의 흥미를 끌도록 하는 가장 좋은 방법은 당신의 업적과 능력에 관한 명확하고 구체적인 세부사항들을 목록으로 만드는 것이다.

He was hired to perform background checks on *prospective employees*. ▶ 그는 장래에 종업원이 될지도 모르는 사람들의 신원을 조회하기 위해 고용되었다.

If you want to earn the maximum sales price for your house or condominium, first read Barb Schwarz's new book, "Home Staging." It reveals with words and pictures how to show ***prospective buyers*** the potential your home offers. ▶ 당신의 집이나 콘도미니엄의 가격을 최대로 올리고 싶다면 우선 Barb Schwarz의 새 책 "집 꾸미기"를 읽어보라. 이 책은 잠재적 구매자에게 당신의 집이 지닌 가능성을 보여주는 방법을 그림과 글로 설명한다.

(사람들에게 보여주기 위하여 혹은 방송용으로) 영화 또는 TV 등에서 이미 방영된 프로그램으로부터 따로 잘라낸 짧은 **장면**

clip

This is ***a famous clip from*** the Movie "Shiri." ▶ 이것은 영화 "쉬리"에 나오는 유명한 장면이다.

At an opening ceremony hosted by French actor Vincent Cassell, the 2006 Festival de Cannes kicked off Wednesday night in France, with the actor presenting the jury, including its president Wong Kar-wai. The esteemed auteur, a favorite of the festival, was greeted with ***a clip from*** his film, "2046" and a live operatic performance. ▶ 개막식의 사회를 맡은 프랑스 영화배우 빈센트 카셀이 심사위원장 왕가위를 포함한 심사위원단을 소개하면서 2006년 칸 영화제가 수요일 저녁 프랑스에서 시작되었다. 개성이 넘치며 존경 받는 영화제의 인기 인물인 이 영화감독(왕가위)은 그의 영화 "2046"의 한 장면이 비춰지고 오페라 같은 공연이 펼쳐지고 있는 가운데 열렬한 환영을 받았다.

The report is posted on the Internet along with ***video clips*** showing some of the violence. ▶ 그 보고서는 폭력의 일부를 보여주는 비디오 장면들과 함께 인터넷에 올라와 있다.

특정한 사건 등을 보여주는 영화 필름 전체 또는 필름의 일부에서 보여주는 **장면**

footage

Many Russians were profoundly shaken by ***the television footage*** of dead and terribly injured children. ▶ 많은 러시아 사람들이 죽거나 다친 어린아이들을 보여주는 TV 장면을 보고 공포에 떨었다.

This ***closed-circuit video footage*** shows what happened there. ▶ 폐쇄회로 카메라로 잡은 이 장면은 그곳에서 무슨 일이 일어났는지를 보여준다.

The company transmits ***news footage*** from Afghanistan. ▶ 그 회사가 아프간에서 찍은 뉴스 장면을 전송한다.

주 원래는 "영화 필름의 길이"를 의미한다.

장밋빛 앞날(미래)이 펼쳐져 있다
앞날이 매우 밝다; 미래가 매우 밝다; 모든 일들이 순조롭게 진행되고 있다

everything is coming up roses

I had to pretend that ***everything was coming up roses***. ▶ 나는 장밋빛 앞날이 펼쳐져 있는 체해야 했다.

But perhaps in the eyes of the couple, not ***everything is coming up roses***. ▶ 그러나 그 남녀의 눈에는 그들의 앞날이 매우 밝기만 한 것은 아닐지 모른다. ♣ *in the eyes of*: ~한 사람들 **눈에는** ~처럼 보인다 참조

everything smells like roses

At earlier stage, ***everything smelled like roses*** for them. ▶ 초기단계에는 그들의 앞날이 매우 밝았었다.

There's something in the air in the city, but residents say it doesn't ***smell like roses***. ▶ 그 도시에 어떤 기운이 감돌고 있지만, 밝은 기운은 아니라고 주민들이 말한다. ♣ *in the air*: 사람들이 말을 하진 않지만 ~한 분위기 등이 **감돌고 있다** 참조

~라는 **장벽을 돌파하다**
~라는 어려움을 뚫고/헤치고 나아가다

break through a barrier

He ***broke through the poverty barrier*** and it was education that did it. ▶ 그는 가난의 장벽을 돌파했는데 이는 교육 때문이다.

Unlike any other woman of any age, O'Connor ***broke through a barrier that*** kept women off the U.S. Supreme Court until 1981, when President Ronald Reagan decided she would make a good justice. ▶ 다른 모든 여성들과는 달리, 오코너는 레이건 대통령이 그녀가 좋은 법관이 될 수 있다는 판단을 내려 1981년 이전까지 여성을 가로막았던 미국 대법원의 장벽을 돌파했다.

손님이 들끓는 **장사**
사람들이 매우 많이 찾는 인기있는 장사/사업; 쉽게 많은 돈(떼돈)을 버는 사업/장사

land-office business ☞ 미국, Informal

While some restaurants closed, some were ***doing a land office business***. Pizza Hut drivers made extra deliveries as holed-up residents called in orders. ▶ 일부 식당들은 문을 닫았지만, 어떤 곳은 떼돈을 벌고 있었다. 심한 폭풍 때문에 고립된 주민들의 주문이 밀려와 피자헛 배달부들은 평소보다 많이 실어 날랐다.

Century ago, Mexican workers came across the border to work in this country's agriculture and on the railroads. Then, as now, we had labor shortages. Then, as now, some U.S. companies were ***doing land-office business*** south of the border. ▶ 한 세기 전, 멕시코 노동자들이 농장과 철도건설 현장에서 일하기 위하여 국경을 넘어왔다. 지금처럼 우리는 그 당시에 노동력이 부족했었다. 지금처럼 그 당시에 남쪽 국경 근처에 있는 어떤 미국회사들은 쉽게 떼돈을 벌고 있었다. 《국경 근처에 있는 회사들이 불법 이민자들을 싼 임금으로 고용해 큰 돈을 벌고 있는 사실을 비난하는 이야기다.》

주 미국 개척시대에 서부에 정착을 하려고 몰려드는 엄청난 수의 사람들이 농장을 등록하기 위하여 *land office*(토지관리청)를 드나들었다. 이를 본 사람들이 동부에 가서 "*land office*"에 몰려드는 사람의 수가 굉장하다며 떠들고 다닌 데서 유래되었다고 한다.

어떤 사건(분쟁/작전/전쟁) 등이 발생하는 **장소**
현장; 터

theater ☞ 무대

Iraq is ***the most vexing theater of operations*** the American military has faced since Vietnam. ▶ 이라크는 월남전 이후 미군이 수행한 군사작전 중 가장 짜증나는 작전이 벌어지는 현장이다.

These thousands of young men and women will go into ***a theater of war*** in which the opponents have merely to wait; wait and shoot, wait and bomb. ▶ 수천의 젊은 남녀들이 적들이 다가오기를 기다리고 있다가 총을 쏘고 폭탄을 터뜨리는 전쟁터로 가게 될 것이다. 《이라크 전쟁에 참가하고 있는 미군들이 겪고 있는 어려운 현실에 대한 이야기다.》

The lawless district was ***a theater of open conflict and deadly raids***. ▶ 무법천지인 그 지역은 공공연한 충돌과 사람을 죽이는 습격이 벌어지고 있는 무대였다.

일/회담 등 매우 힘들고 **장시간에 걸쳐 진행되는**

marathon

Australian forces could face ***a marathon fight*** to restore law and order in East Timor. ▶ 호주 군대가 동 티모르에서 법질서를 회복하기 위하여 장시간 싸워야 할지도 모른다.

The medical team successfully carried out ***the marathon operation***. ▶ 그 의료진이 마라톤 수술을 성공적으로 해냈다.

사소한 문제처럼 보이지만 계획된 일을 진행하는 데 커다란 **장애가 되는 것**
사소한 문제이지만 치명적인 방해/장애가 될 소지가 있는 것

fly in the ointment

There was ***one fly in the ointment***. ▶ 사소한 문제처럼 보이지만 계획된 일을 진행하는 데 커다란 장애가 되는 요소가 하나 있었다.

I don't know about ***ointment***, but I do know that ***one little fly can really spoil a good potato salad***. Ecclesiastes' vivid phrasing — the fly causes not just a "bad smell" but a "stinking savor" — emphasizes how catastrophically, and how quickly, a relatively minor flaw may ruin the best of things. ▶ 나는 연고에 대해서는 아는 바 없지만, 파리 한 마리가 맛있는 감자 샐러드를 진짜 망쳐버릴 수 있다는

것을 안다. 파리가 단지 나쁜 냄새가 아니라 코를 찌르는 악취를 유발시킬 수 있다는 전도서의 생생한 구절은 상대적으로 사소한 결점이 얼마나 비극적으로 그리고 빨리 최상의 상태에 있는 것을 망쳐버릴 수 있는지를 강조한다.

주 구약성경 전도서(Ecclesiastes) 10장 1절에서 유래되었다: "***Dead flies cause the ointment*** of the apothecary to send forth a stinking savor: so doth a little folly in him that is in reputation for wisdom and honor." "연고에 빠져 죽은 파리가 악취를 내듯이, 변변치 않은 작은 일 하나가 지혜를 가리고 명예를 더럽힌다."

장점이 많다
좋은 점을 많이 가지고 있다

there is a lot to be said for someone/something

There is a lot to be said for following the route. ▶ 그 길은 따르는 것은 장점이 많다.

In an age of the Internet, discount airfares and instant gratification, ***there is still a lot to be said for*** personal service and doing things the old-fashioned way. ▶ 인터넷으로 항공료를 즉석에서 할인 가격으로 살 수 있는 시대에, 옛날 방식으로 (서로 얼굴을 마주보면서) 고객을 대하는 것은 여전히 좋은 점을 많이 가지고 있다.

In the small business workplace, ***there's a lot to be said for*** face-to-face contact and working things out. ▶ 작은 사업체에서 서로 얼굴을 대하면서 일하는 것은 장점이 많다.

농담, 연설 등에서 급소를 찌르는 가장 재미있는 (주로 마지막) 한마디
웃음을 자아내는 한마디; 사람들을 배꼽 잡게 만드는 우스갯소리

punch line

In the early 1990s, before the term "emerging markets" went from applause cue to ***punch line***, Latin America was everyone's next big thing. ▶ 1990년대 초반 "떠오르는 시장"이라는 용어가 칭찬에서 우스갯소리로 전락하기 이전에는, 중남미는 모든 사람들이 생각하는 큰 차기 시장이었다.

How many comedians out there can even set up a joke, let alone hit ***a punch line*** without some vile, swearing banter? Mike can, and does. ▶ 야비한 욕설 없이 배꼽 잡게 만드는 말을 유행시키는 것은 고사하고 웃기는 이야기 하나 제대로 만들어낼 수 있는 코미디언이 얼마나 되는가? 마이크는 할 수 있으며 그렇게 한다. ♣ *let alone*: ~은 **말할 필요도 없고** 참조

He tells playing partner De La Hoya that the golf swing should be "like sweeping. You wouldn't sweep dirt this way and that way. You sweep it straight, right into the dustpan." He pauses before adding ***a punch line***. In golf and comedy, timing is everything. "If anybody should know about sweeping," Lopez says, "it's us Mexicans. We should all be scratch golfers." ▶ (유명인사들이 여자 프로골퍼들과 함께 라운딩을 하면서 벌어진 이야기다.) 한 유명 코미디언이 동반자인 오스카 델라호야(유명한 프로복서)에게 "골프스윙은 비로 쓸듯이 해야 하며 이리저리 마구 비를 휘두르지 말고 쓰레받기 쪽으로 휘둘러야 한다"고 말해주었다. 그러고는 다음에 어떤 말로 동반자들을 웃겨줄까 하고 잠시 뜸을 들이고 있었다. 역시 코미디나 골프에서는 타이밍이 너무나 중요하다. 그 사이에 멕시코 출신의 유명 여성골퍼인 낸시 로페즈가 "그렇다면 우리 멕시코사람들은 비로 쓰는 데는 일가견이 있기 때문에 모두 scratch player(핸디캡이 0인 플레이어)가 되겠네"라고 말했다. 《낸시 로페즈 때문에 코미디언이 그만 말할 기회를 잃어버렸다는 이야기다.》

한 문장으로 된 재치 있고 익살스런 표현

one-liner ☞ Informal

There once was a time when presidents could defeat a terrorist with their bare hands. There once was a time when Harrison Ford made good movies. Today, President's Day, remember those times by watching "Air Force One." Ford's President Marshall doesn't negotiate with terrorists, he shoots them point blank. Ford's line, "Get off my plane," made history as ***the greatest one-liner*** of all presidential action movies. In honor of the great men who have led this nation, "Air Force One" is the most fitting of tributes: a no-holds-barred, balls-to-the-wall, action extravaganza. Forget about Al Gore's "An Inconvenient Truth" or Oliver Stone's "Nixon," when I think of President's Day movies, I think of one where I can cheer,

자

laugh and cry. "Air Force One": It's not a choice to watch it; it's your God-given right and patriotic duty. ▶ 해리슨 포드가 주연한 영화 "Air Force One"에 대한 글이다. 이 영화를 본 독자들은 영화의 마지막 부분에서 해리슨 포드가 악당을 비행기에서 떨어뜨리면서 한 재치 있는 말(Get off my plane: 내 비행기에서 내려)을 기억할 것이다.《대통령의 날을 맞이하여 이 영화를 꼭 봐야 한다는 어느 미국인의 글이다.》 ♣ ***no-holds-barred***: 싸움이나 경쟁 등이 **규칙이 없는** 참조 ♣ ***balls-to-the-wall***: 전속력으로 달리는

I call him ***the one-liner king***. You can say anything and he'll come back with something that will leave you rolling. ▶ 나는 그를 재치 있고 익살스런 표현의 왕이라고 부른다. 아무 말이나 그에게 해보라. 그러면 그는 너를 포복절도하게 만드는 익살스러운 말로 대꾸할 것이다.

Last week's press conference included a brilliant response to a question about Iran, ***a one-liner*** that subtly mocked the premise of the questioner. It restored my confidence in a bright and engaged leader. Here is the story. He was asked by a reporter if he was certain the Iranian weaponry seeping into the Iraqi insurgency was getting there with the blessings of the Iranian government. His answer was an unanticipated bit of salty genius. "Which is worse, if they know or if they don't know?" ▶ 지난주 기자회견에서 이란에 대한 질문에 대하여 질문자의 기대감을 교묘하게 조롱한 재치 있는 답변이 나왔다. 이 one-liner로 인해서 총명하고 국가 업무에 열심히 종사하고 있는 부시 대통령의 리더로서의 자질에 자신감을 다시 갖게 되었다. 이야기는 다음과 같다. 한 기자가 (부시 대통령을 난처하게 만들 요량으로) "이란정부의 허락과 지원하에 이란의 무기들이 이라크 반군들에게 흘러 들어가고 있다고 확신하는가?"라고 질문하였다. (확신하고 있다는 대답을 기대하면서 던진 질문이다. 비록 확신하고 있긴 하지만 그렇다고 대답하면 이란과의 관계가 더욱 악화될 것이 뻔한 난처한 상황에서) "이란의 무기들이 이라크 반군들에게 흘러 들어가고 있는 사실을 이란정부가 알고 있는 것과 모르고 있는 것 중에 어떤 것이 더 나쁘다고 생각하느냐?"라고 재치 있게 반문했다.《둘 다 나쁘다는 의미다.》

사람들을 즐겁게 만드는 **재치 있는 말**

quip ☞ Written, 동사로도 사용된다

The caster always makes endless ***quips*** during broadcasts. ▶ 그 캐스터는 중계 도중에 끊임없이 재치 있는 말을 만들어낸다.

The show "The Price Is Right " has become a cult favorite amongst young adults, college bounds, and the elderly, and Barker, with everlasting youth and energy, believes that being a good game show host is to listen to the contestants instead of thinking of ***a good quip***. They will usually provide one for you. ▶ "The Price Is Right"이라는 TV쇼는 청소년과 대학에 갈 나이가 된 사람 그리고 노년층이 열광하는 프로그램이 되었다. 언제나 젊음과 열정을 유지하고 있는 이 쇼의 진행자인 베이커는 좋은 게임 쇼의 진행자가 되기 위해서는 본인이 직접 재치 있는 말을 하려 하지 말고 쇼에 참여한 사람들이 프로를 즐겁게 만들도록 유도하는 것이 바람직하다고 믿고 있다.《유재석 같은 사람을 두고 하는 말처럼 들린다.》

wisecrack ☞ 주로 신랄한 표현을 의미한다, 동사로도 사용된다

Adept at defusing tense moments with ***a wisecrack***, he knows how to keep both his employees and his bosses happy. ▶ 긴장된 순간을 재치 있는 말로 완화시키는 재주가 있는 그는 종업원들과 윗사람들을 동시에 만족시키는 방법을 알고 있다.

It was ***the wisecrack*** heard around the world: As America prepared to invade Iraq in 2003, Dixie Chick Natalie Maines stood on a London stage and said: "Just so you know, we're ashamed the president of the United States is from Texas." ▶ 이 신랄한 말이 전 세계로 방송되었다. 미국이 2003년 이라크 침공을 준비할 때, 미국 텍사스 출신의 유명한 여성 보컬그룹 Dixie Chick 멤버인 Natalie Maines가 런던 무대에 서서 "여러분들이 알고 있듯이, 우리는 미국 대통령이 텍사스 출신이라는 사실이 부끄럽다"고 말했다.

한 사람을 죄인으로 몰기 위해서 여는 불공정하거나 사적인(비공식적인) **재판정**

kangaroo court ☞ 미국, Informal

The US military commission set up to try an Australian terror suspect is little more than ***a kangaroo court***, a panel of Australian lawyers claims. ▶ 호주인 테러 용의자를 심리하기 위해 구성된 미국

군사위원회는 한 사람을 죄인으로 몰기 위해서 여는 불공정한 재판정에 지나지 않는다고 호주 변호인단이 주장하고 있다. ♣ *little more than*: 단지 ~에 **지나지 않는** 참조

So I'd like to create an international tribunal, not ***a kangaroo court*** of military commissions. And let's go back through the evidence. ▶ 따라서 나는 군사 위원회라는 비공식 법정이 아닌 국제재판을 열기를 원한다. 그리고 증거를 처음부터 다시 조사하자.

I think it is part of the tradition of the game that good clubhouses tend to get into ***a kangaroo court***. ▶ 경기가 끝난 후 선수들이 라커룸에 모여서 서로 오늘 게임에서는 누가 잘했고 못했고 하면서 그날 시합에 대한 자평을 하는 모임을 kangaroo court에 비유했다.

주 캥거루가 이리저리 날뛰는 모습과 부자연스러우면서 묘한 생김새에 비유한 표현이다.

쟁점이 되는
논쟁거리가 되는

at issue

The main point at issue is how to earmark the funds for the new projects. ▶ 쟁점이 되는 핵심사항은 어떻게 새 프로젝트를 위해 예산을 따로 비축해 놓는가다.

At issue is a nearly 50-mile dark zone along the four-lane highway through New York's northern mountains. ▶ 논쟁거리가 되고 있는 곳은 뉴욕 주의 북부 산악지대를 지나가는 4차선 고속도로에서 가로등이 없는 50마일 가량의 구간이다.

잿더미에서 다시 태어나다
폐허를 딛고 다시 일어서다; 재기하다; 불사조처럼 다시 부활하다; 새롭게 태어나다

rise/resurrect from the ashes

Being one of these countries located in the Central Asia, Kazakhstan with its 16 million population and a territory that is almost three and a half times larger than Turkey draws an increasing profile after becoming independent in 16 December 1991. ***Rising from the ashes*** of the Soviets, Kazakhstan's people with their charismatic leader Nursultan Nazarbayev take important steps toward creating a modern country. ▶ 중앙 아시아에 위치한 나라로, 1천 6백만의 인구와 터키보다 거의 3.5배 큰 영토를 가진 카자흐스탄은 1991년 12월 독립한 후 점점 세상의 주목을 많이 끌고 있다. 소비에트 연방에 속해 있던 암흑시기를 딛고 새롭게 태어난 후, 이 나라 국민들은 카리스마가 넘치는 지도자와 함께 현대 국가를 만들기 위한 중요한 발걸음을 내딛고 있다. ♣ *take steps toward*: ~를 향해 **발걸음을 내딛다** 참조

Like a Phoenix, the country is fast ***resurrecting from the ashes*** of the gross neglect and anomie that it experienced for almost one decade. ▶ 그 나라는 거의 10년 동안 겪었던 총체적인 무관심과 가치관의 상실 상태에서 벗어나 불사조처럼 빠르게 다시 일어나고 있다. ♣ *anomie*: **가치관/가치기준의 혼돈/상실 상태** 참조

주 불사조(Phoenix)가 자신을 태운 후에 잿더미 속에서 다시 젊은 새로 부활한다는 전설에서 유래된 표현이다.

채무자가 빌린 돈을 갚을 수 없게 되어 채권자가 **저당물을 압류하다**

foreclose (on)

The Bush administration will make it easier for low-income homeowners to get federal mortgage insurance and it plans for federal "jawboning" of private mortgage lenders to persuade them not to ***foreclose on*** homeowners without giving the borrowers a chance to renegotiate payments into longer-term loans. ▶ 부시 행정부는 저소득 주택소유자들이 연방 담보대출보험에 쉽게 가입할 수 있도록 할 것이며, 그리고 대출받은 사람들에게 장기대출로 전환하는 협상의 기회를 주지도 않고 저당물을 압류하지 말도록 민간 담보대출업자들을 연방정부 차원에서 설득하려 한다.

A property owner in desperate financial straits held a gun to the head of banker who came to ***foreclose***, police said. ▶ 매우 어려운 재정상태에 처해 있는 한 부동산 소유자가 저당물을 압류하기 위해 온 은행장의 머리에 총을 겨누었다고 경찰이 말했다.

Mortgages entering ***foreclosure*** hit a new record in the spring. ▶ 봄에 대출금을 갚지 못해 압류되는 저당물의 수가 신기록을 수립했다.

아무런 조치나 행동을 취하지 않으면서 일이 **저절로 잘 해결되기를 바라는 태도**
잘 되겠지 하며 그냥 내버려두는/방치하는 태도

benign neglect

America and Japan have settled back into ***a policy of benign neglect*** of their currencies. ▶ 미국과 일본은 저절로 잘 해결되길 바라면서 그들의 통화를 그대로 방치하기로 했다.

He could choose ***a policy of benign neglect***, hoping the patient's condition wouldn't worsen as the night wore on. ▶ 그는 밤이 지남에 따라서 환자의 상태가 더 나빠지지 않기를 바라면서 그대로 내버려둘 수도 있다.

For decades, US foreign policy in Africa has been either "***benign neglect***" or "selective engagement." ▶ 수십 년 동안, 미국은 아프리카에서 저절로 잘 해결되길 바라면서 방치하거나 혹은 필요에 따라서 선택적으로 개입하는 외교정책을 펼쳐왔다.

적대감
animosity

ill will

All this has created considerable ***ill will*** towards the armed forces. ▶ 이 모든 것이 군에 대한 상당한 적대감을 불러일으켰다.

(사람들을) **적으로 만들다**

make an enemy of someone

Don't ***make an enemy of your neighbors***. ▶ 네 이웃을 적으로 만들지 마라.

Everyone looks up to him and you wouldn't want to ***make an enemy of him***. ▶ 모두가 그를 우러러 보기 때문에 너는 그를 적으로 만들기를 원치 않을 것이다.

양 또는 수준 등이 매우 **적은**
조금밖에 안 되는; 하찮은; 고작해야/겨우/기껏해야 ~ 정도밖에 안 되는

paltry

Anyone with even ***a paltry understanding of human nature*** understands that. ▶ 인간 본성에 대해서 조금밖에 모르는 사람이라도 그것을 이해한다.

Violators pay only ***a paltry fine of ₩10,000***. ▶ 위반한 사람들은 고작해야 만원밖에 안 되는 벌금을 낸다.

They suffered a miserable defeat, winning ***a paltry 5 seats***. ▶ 그들은 겨우 5석을 얻는 참담한 패배를 당했다.

주 부정관사가 언제나 선행한다.

scant

This hole is ***a scant 2 inches*** in diameter. ▶ 이 구멍은 직경이 2인치 정도밖에 안 된다.

The weakness of paper is why the typical dollar bill stays in circulation for ***a scant eighteen months***. ▶ 달러 지폐가 고작해야 18개월밖에 사용되지 못하는 이유는 종이가 너무 약하기 때문이다.

주 부정관사가 언제나 선행한다.

매우 **적은 부분**
~의 극히 일부분; ~과 비교할 때 매우 적은 부분

fraction

Merck, Novatis, Pfizer and others could develop innovative new drugs, nimble Indian companies could copy them—and sell them for ***a fraction of the price***. ▶ Merck, Novatis, Pfizer 등 유명 제약회사들이 (많은 돈과 노력을 들여) 신약을 개발해 놓으면, 약삭빠른 인도 회사들이 복제품을 만들어 매우 싼 값에 판매한다.

"When someone asks you to condemn Islamic violence, demand that they condemn Christian and Jewish violence and apologize for the disproportionate amount of death and destruction they have visited upon the world—for if you totaled every death caused by all the so-called Islamic fundamentalist organizations combined, they would barely equate to *a fraction of the murders* committed by Christians and Jews in the last 100 years alone." ▶ "누군가 당신에게 이슬람 사람들의 폭력을 비난하라고 요구하면, 그들에게 기독교인과 유태인의 폭력에 대해서 비난하고 그들이 이 세상에서 저지른 비교할 수 없는 살인과 파괴에 대해 사죄할 것을 요구하라. 왜냐하면, 소위 말하는 이슬람 극단주의자 조직들에 의해 죽은 사람들의 수를 모두 합해도 지난 100년 동안에만 기독교인들과 유태인들이 저지른 살인과 비교한다면 극히 일부분에 지나지 않을 것이기 때문이다."

적자생존(의 법칙)

survival of the fittest

Among the most hotly debated discoveries was Charles Darwin's profound idea. He claimed that evolution in nature was brought about by the force of natural selection, or *survival of the fittest*. ▶ 가장 뜨거운 논쟁을 불러일으키는 발견들 중에 찰스 다윈의 심오한 사상인 진화론이 있다. 그는 자연에서 일어나는 진화는 자연선택의 힘 혹은 적자생존에 의해 이루어진다고 주장했다.

Indeed, like Charles Darwin's theory of natural selection, business is about *the survival of the fittest*. ▶ 사실, 찰스 다윈의 자연선택 이론처럼, 사업에도 적자생존의 법칙이 적용된다.

It wasn't *survival of the fittest* in the concentration camps but survival of the luckiest. ▶ 그 난민 수용소에서는 적자생존 법칙이 적용된 것이 아니고 가장 운이 좋은 사람만 생존했다.

보기에 ~하는 것이 적절하다고 여기다

보기에 ~하는 것이 온당하다고/옳다고/타당하다고/합당하다고 생각하여 실행하기로 결정하다 (못마땅하다는 의미가 종종 내포된다)

see fit to do something ☞ Formal

"The good Lord didn't *see fit to put oil and gas* only where there are democratically elected regimes friendly to the United States. Occasionally we have to operate in places where, all things considered, one would not normally choose to go." ▶ "선한 하나님은 석유나 천연가스를 미국과 친한 민주적으로 선출된 정권이 있는 나라에만 나누어 주는 것이 옳다고 여기지 않으셨다. 때에 따라서 우리는 모든 것을 고려해 볼 때 보통 누구도 가지 않으려는 곳에서 임무를 수행해야 한다."《부시 대통령 시절 부통령이었던 딕 체니(Dick Cheney)가 많은 석유가 매장된 이라크에서 벌이는 전쟁을 염두에 두고 한 말이다.》 ♣ *all things considered*: 모든 것을 **고려해 볼 때** 참조

The owners are the owners and they do what they *see fit to* run their football club. ▶ 구단주들은 (말 그대로) 구단주(소유주)들이다. 그들은 그들이 보기에 축구팀을 운영하는 데 가장 적절하다고 여기는 것을 실행한다.《구단에 가장 이익이 되는 일을 한다는 말이다.》

Americans could use this money as they *see fit*: *to* help meet their monthly bills; *to* cover higher costs at the gas pump; or *to* pay for other basic necessities. ▶ 미국인들은 이 돈을 그들이 보기에 타당한 곳에 사용할 수 있다. 매달 날라오는 고지서를 납부할 수도 있고, 기름 값에 보탤 수도 있고, 혹은 생활필수품을 구입하는 데 사용할 수 있다.《2008년 미국이 경기침체를 타결하기 위한 임시 부양책으로 세금을 일부 돌려 주기로 결정한 것에 대한 이야기다.》

~에 전념하다

~에 몰두하다; ~에 열중하다

apply oneself to; apply one's mind to

He was a quiet, diligent, trustworthy person who *applied himself to* his studies. ▶ 그는 자기 공부에 전념하는 조용하고 부지런하며 믿을 만한 사람이다.

I am beginning to regret that I did not *apply my mind to* the study of law. ▶ 법률 공부에 열중하지 않았다는 사실이 후회되기 시작한다.

전대미문(前代未聞)의

규모/양/질 등의 면에서 엄청난; 이전에는 한 번도 일어난 적이 없는; 전례가 없는; 미증유(未曾有)의

unprecedented

I find it refreshing that a Democrat has come forward with forceful objections to *the unprecedented abuse* of power resulting from Bush's policies of the past three years. ▶ 한 민주

자

당원이 지난 3년간 부시 대통령의 정책으로 인한 전대미문의 권력 남용에 강력하게 반대하며 앞으로 나왔다는 사실이 매우 신선하게 느껴진다.

Such a move is rare, but not *unprecedented*. ▶ 이런 영화는 보기 드물지만 전례가 없는 것은 아니다.

In 1987 they took *the unprecedented step* of appointing a civilian to command the force. ▶ 1987년 그들은 민간인을 군사령관에 임명하는 미증유의 조처를 취했다.

불쾌한, 당혹스러운 일 등을 마지못해서 할 수밖에 없는 비참한/처량한/처참한 상황/신세/지경으로 전락하다

be reduced to

He *was reduced to* begging for a living. ▶ 그는 목숨을 부지하기 위해 구걸하는 신세로 전락했다.

They may *be reduced to* selling their organs for passports. ▶ 그들은 여권을 구할 돈을 마련하기 위해서 장기를 팔아야 하는 비참한 신세로 전락할 수도 있다.

전력을 다하다
모든/온 힘을 다 쏟아붓다; 전력투구를 하다

click/fire on all cylinders

The company is adjusting to a new system and has yet to *click on all cylinders*. ▶ 그 회사가 새로운 시스템에 적응하고 있으며 아직 전력을 다한 적이 없다.

We must maintain concentration and get all players to *fire on all cylinders*. ▶ 우리는 집중력을 유지해야 하며 모든 선수들이 온 힘을 다 쏟아붓도록 해야 한다.

주 모든 엔진이 가동되고 있다는 의미다.

전력을 다하는
본격적인; 모든 힘을(가진 것을, 가용한 수단을) 다 동원하는/쏟아붓는; 전면적인; 대대적인

all-out

We need an *all-out war* on violent crime. I hope our leaders are listening. ▶ 우리는 폭력범죄와 전면전을 펼쳐야 할 필요가 있다. 우리 지도자들이 귀를 기울이길 바란다.

The labor union is warning of *all-out strike action* if talks today fail to resolve a long-running dispute over pay. ▶ 오래 끌어온 임금협상이 오늘 타결되지 않으면 전면적인 파업에 돌입할 것이라고 노조가 경고하고 있다.

The city passed *an all-out ban* of smoking, including bars, last month that goes into effect in January. ▶ 시는 1월부터 발효되는 술집을 포함한 전면적인 흡연금지 법안을 지난주에 통과시켰다.

특정한 장소가 ~한 전망을 가지고 있다
특정한 장소에서 ~의 모습을 잘 볼/전망할 수 있다 (전망이 매우 좋은 경우에 사용)

commands ~ view of ☞ Formal

This hotel *commands some splendid view of* the Gulf Coast. ▶ 이 호텔에서 걸프만을 바라보는 광경은 정말 멋지다.

We could *command a wide view of* the beach from the top of the mountain. ▶ 산꼭대기에 올라가면 해변을 훤하게 볼 수 있다.

전면적인
총괄적인/포괄적인; 모든 것을 다 포함하는

blanket ☞ 모든 사람/것을 다 감싸는/커버하는

You cannot use the results to make *any blanket statements* about how much any individual should sleep. ▶ 그 결과들로는 특정 개인이 얼마나 잠을 자야 하는지에 대해 포괄적인 결론을 내릴 수 없다.

They were not in favor of bringing a legislation for providing *blanket protection* to witnesses. ▶ 그들은 목격자를 전면적으로 (24시간 내내 목격자의 곁을 떠나지 않고) 보호하도록 하는 법안에 찬성하지 않았다.

나라에서 발생하는 특별한 문제를 해결하기 위해 정부에서 임명된 **전문가**

czar; tsar

And yet even after Madrid, Europe has been slow to respond. The office of ***the European terrorist czar***, created after 3/11, has just three employees. ▶ 놀랍게도 심지어 2004년 3월 11일 스페인 마드리드에서 발생한 열차테러 사건 이후에도 유럽은 느린 반응을 보여왔다. 3월 11일 이후에 설치된 유럽의 테러범 전문가 사무실에는 고작 3명의 직원밖에 없다.

He promised to appoint ***an AID czar*** to deal with the disease. ▶ 그는 이 질병을 다루기 위해서 에이즈 전문가를 위촉하겠다고 약속했다.

He was appointed as ***drug czar*** by Bill Clinton. ▶ 빌 클린턴 대통령은 그를 마약문제 전문가로 임명했다.

주 옛 러시아 황제의 호칭이다.

전문가적 식견(지식/기술)

expertise

The problem is that most local authorities lack ***the expertise*** to deal sensibly in this market. ▶ 문제는 대부분 지역기관들은 이 시장에서 현명하게 대처할 만한 전문가적 식견이 부족하다는 사실이다.

The city of London signed an agreement with Venezuela to import cut-price petrol for its buses in return for offering ***its expertise*** on protecting the environment. ▶ 런던 시는 환경보호에 대한 전문기술을 제공해 주는 대가로 베네수엘라로부터 버스용 휘발유를 할인 가격으로 수입하는 협약을 맺었다. ♣ *cut-price*: 가격이 **할인된**: *in return for*: ~에 대한 **보상으로** 참조

정부나 단체의 일/정책 등을 자문하는 **전문가 집단**
두뇌 집단; 전문 위원회

brain trust

The conservative brain trust may actually not comprehend why so many quiet and unassuming people have suddenly decided to lash out. ▶ 이 보수적인 전문가 집단은 나서지 않고 조용히 있던 그렇게 많은 사람들이 왜 갑자기 태도를 바꾸어 비난하는지 파악하지 못하고 있을지도 모른다.

American's strategic brain trust seems to be in denial about these developments in modern warfare and America's force structure. ▶ 미국의 전략을 담당하는 두뇌 집단이 현대전투와 미국군대의 조직에서 전개되는 상황을 부정하고 있는 것처럼 보인다.

think-tank

Researchers at China's top Communist party ***think-tank*** have called for far-reaching democratic reform to curtail corruption, wind back press censorship and make the country's parliament more representative. ▶ 중국 공산당의 최고 두뇌 집단의 연구원들이 부패를 척결하고 언론검열을 철회하며 의회를 보다 대표성 있는 기관으로 만들기 위한 광범위한 민주적 개혁을 요구했다. ♣ *far-reaching*: **광범위한** 참조

그것이 **전부가 아니다**
어떤 상황을 제대로 이해하기 위해서는 그 설명만으로는 충분치 않다

be not the whole story

What may seem to be a great benefit ***is not the whole story***. ▶ 큰 이익인 것처럼 보이지만 이게 전부가 아니다.

Cash ***is not the whole story*** when it comes to corporate influence on politicians: companies also donate everything from jet flights to beer to political leaders. ▶ 기업들이 정치인들에게 로비를 할 때 건네주는 것은 현금이 전부가 아니다. 기업들은 정치 지도자들에게 항공편에서부터 맥주에 이르기까지 모든 것을 기부한다.

전부 합하면
모두 합하면; 종합하면

all told

All told, there were 95 people in the conference. ▶ 전부 합하면 그 회의에 95명이 참석했다.

All told, this single province accounts for one-

자

third of China's reported AIDS cases. ▶ 모두 합하면 이 하나의 성이 중국에서 보고된 에이즈 환자의 1/3을 차지한다.

All told, it seems like a failure. ▶ 종합하자면 실패로 보인다.

in all

In 1956, Moscow invited them to the newly established United Institute of Nuclear Research in Dubna. ***In all***, some 250 scientists from the North worked and studied there, according to a source. ▶ 1956년 소련은 Dubna에 있는 새로 신설된 종합 핵 연구소에 그들을 초청했다. 한 소식통에 의하면 모두 합해 250명 정도의 북한 과학자들이 그곳에서 일하며 연구했다. 이들이 나중에 북한 핵개발에 중추적인 역할을 수행했다.

There was evidence that thirteen people ***in all*** had taken part in planning the murder. ▶ 모두 합해 13명의 사람들이 이 살인모의에 가담했다는 증거가 있었다.

전사자(戰死者)

war dead ☞ 전몰장병, 집합적으로 사용

In Saigon, park benches are named for Viet Cong ***war dead***. ▶ 사이공에 있는 공원 의자의 이름이 베트콩 전사자의 이름을 따서 지어졌다.

South Korea's Army launched its operations to recover the remains of ***war dead*** in 2000. ▶ 2000년 한국 육군이 전몰장병의 유해를 발굴하기 위한 작전을 시작했다.

fallen soldier

For a few brief moments, only the sound of bagpipes honoring ***fallen soldiers*** could be heard. ▶ 잠시 동안, 사방이 고요한 가운데 전몰장병을 추모하는 백파이프 소리만 들렸다.

전속력으로
전력을 다하여 ; 전력을 다하는

full-throttle

Indiana is ***going full-throttle*** into privatization, beginning with the toll road. It doesn't sound so bad to me. ▶ 인디애나 주는 유료도로를 시작으로 민영화에 전력을 다하고 있다. 이 움직임이 나에게는 그렇게 나쁘게 들리지 않는다.

On a starless December night in 2000, they ***raced snowmobiles full-throttle*** through the snow-covered farm field. ▶ 2000년 별이 보이지 않는 한 12월 밤에 그들은 눈 덮인 농장 지대를 가로지르며 전속력으로 스노우모빌 경주를 했다.

주 자동차 엔진의 연료주입구(*throttle*)를 활짝 열고 달린다는 의미다.

지식/정보 등을 전수하다
전달하다 ; 전하다

impart ☞ Formal

we cannot ***impart*** the specialized body of knowledge and skills required of professional engineers in four years of formal schooling while other learned professions take 7 or 8 years. ▶ (의사나 변호사 등과 같은) 다른 전문직종에서는 7~8년이 걸리는데, 4년간의 공식적인 대학교육으로는 전문 엔지니어들에게 필요한 특별한 지식과 기술을 모두 전달할 수 없다.

The ability to ***impart*** knowledge and command respect is the essential qualification for professors. ▶ 지식을 전수하며 존경을 받는 능력은 교수의 필수적인 자격요건이다.

조직의 전열을 가다듬다
조직을 재정비하다/재편성하다

regroup

The authorities in Bangladesh raided the office of a Islamic terror group amid fears that terrorists were trying to ***regroup*** in the country. ▶ 테러리스트들이 방글라데시에서 전열을 가다듬고 있다는 우려 속에서 방글라데시 당국이 한 이슬람 테러조직의 사무실을 급습하였다.

It is very important that we ***regroup*** quickly because we have two tough games next week against top sides. ▶ 다음 주에 상위 두 팀과의 힘든 경기가 있기 때문에 빨리 팀을 재정비하는 것이 매우 중요하다.

전인미답의 세계
미지의 세계

uncharted area/waters/territory

He will be swimming in ***uncharted waters***. ▶ 그는 아무도 가보지 않은 물속에서 헤엄치고 있을 것이다.

His last album moves into ***uncharted territory***. ▶ 그의 마지막 음반은 전인미답의 세계로 들어간다.

There are still ***uncharted areas*** in medical science. ▶ 의료과학에서 여전히 미지의 세계들이 많다.

The majority of commercial games released today might still be juvenile and vacuous, but this is a fledgling media with astonishing, ***uncharted possibilities*** for entertainment and education. ▶ 오늘 판매용으로 출시된 대부분 게임들이 유치하고 내용이 별 볼 일 없을지도 모르지만, 오락과 교육용으로 엄청난 미지의 가능성을 지니고 있는 갓 태어난 매체라는 것을 기억해야 한다. ♣ *fledgling* : **경험이 없는** 참조

주 지도상에 나타나지 않은 영역이라는 의미다.

~의 전임자

one's predecessor

He was appointed Health Minister when ***his predecessor*** was fired by the Government for mishandling the Chicken-Flu outbreak. ▶ 전임자가 조류독감의 발병에 잘못 대처해 해고된 후 그가 보건부 장관에 임명되었다.

전쟁으로 폐허가 된
전쟁으로 파괴된/피폐한

war-torn

The war-torn country in Africa is enlisting an international help. ▶ 전쟁으로 폐허가 된 이 아프리카 국가가 국제사회의 도움을 요청하고 있다. ♣ *enlist* : 도움/지원 등을 **요청하다** 참조

Students are doing their part to raise money for ***the war-torn Darfur region*** of western Sudan. ▶ 전쟁으로 폐허가 된 수단 서쪽의 다푸르 지역을 위한 성금 모금에 학생들도 동참했다.

전전(前前)
가장 최근 시기(주/해) 바로 전

~ before last

We were 12-4 ***the year before last*** and we underachieved last year as an 8-8 team. ▶ 전전 해에 우리는 12승 4패를 기록했고, 작년에는 8승 8패로 기대에 못 미쳤다.

In ***the week before last***, 66 percent of our guests came from mainland China. ▶ 전전 주에는 우리 손님의 66%가 중국에서 왔다.

전제
전제 조건

the premise ☞ Formal

The program started from ***the premise*** that men and women are on equal terms in this society. ▶ 그 프로그램은 사회에서 남녀가 동등한 취급을 받는다는 전제에서 출발했다.

Primate Evolution is a central topic in biology and much information can be obtained from DNA sequence data. The theory of a molecular clock is based on ***the premise*** that all DNA mutates at a certain rate, not always steady but it evens out over the millennia and can be used to track evolution. ▶ 영장류의 진화는 생물학에서 중요한 주제이며 DNA 염기서열 자료로부터 많은 정보를 얻을 수 있다. 분자시계 이론은 모든 DNA가 언제나 특정한 속도로 변이를 일으키며, 항상 일정하지는 않지만 수천 년간에 걸쳐서 고르게 나타난다는 전제 조건에 기반을 두고 있다. 이 이론은 진화를 추적하는 데에 사용될 수 있다.

전지(轉地) 요양/휴양
기분/분위기 전환

change of air

He is none the better for ***a change of air***. ▶ 그가

자

전지 요양을 했지만 전혀 차도가 없었다. ♣ *none the better*: 이전과 비교했을 때 전혀 **달라진 게 없다** 참조

This fund is used to help poor children to have ***a change of air*** whilst they are recovering from illness or suffering from a long-term illness. ▶ 이 자금은 회복 중이거나 오랜 질병으로 고통받는 불쌍한 어린 아이들이 전지 요양하는 비용으로 사용된다.

"Because, my dear, we need ***a change of air***. Change of scene. Just … a change of country." What a pleasantly clever response as her motive for fleeing her current situation! ▶ "왜냐하면, 여보, 우리는 분위기 전환이 필요해. 눈 앞에 보이는 광경의 변화. 그저 다른 나라." 현재 처한 상황으로부터 도피하는 아내의 동기로는 정말 즐거우리만치 영리한 대답이다.

발언, 생각, 태도 등이 **전향적인**
더 나은 미래를 위해서 진취적으로 행동하는

forward-looking ☞ 앞을 내다보는

The administration operates with ***a forward-looking attitude***. ▶ 행정부가 진취적인 태도로 운영된다.

Auditors will express ***a forward-looking opinion*** for public companies based on the company's liquidity and capital resources. ▶ 감사들이 유동성과 자본을 바탕으로 국영회사들을 위해 전향적인 의견을 제시할 것이다.

We welcome every positive and ***forward-looking idea*** that comes forth. ▶ 우리는 긍정적이고 앞을 내다보는 모든 아이디어를 환영한다.

~을 **전혀 가지고 있지 않은**
~이 완전히 결여된; ~이 전혀 없는; 전혀 지니고 있지 않는

devoid of ☞ Formal

Christmas is now almost entirely ***devoid of*** any religious element. For the overwhelming majority of us, Christmas is simply a fun, national, secular holiday. ▶ 크리스마스는 이제 종교적인 요소를 전혀 가지고 있지 않다. 압도적인 대다수 사람들에게 크리스마스는 단지 즐거운 세속적인 휴일일 뿐이다. ♣ *overwhelming majority*: 압도적인 **대다수** 참조

Corruption has frustrated the promotion of an egalitarian society ***devoid of*** hunger, unemployment and poverty. ▶ 부패가 배고픔과 실업 그리고 가난이 없는 평등사회의 구현을 좌절시켰다. ♣ *egalitarian society*: **평등사회** 참조

전화위복

blessing in disguise

The defeat was ***a blessing in disguise***. ▶ 이 패배는 전화위복이 되었다.

It was ***a blessing in disguise*** that this happened to me at a young age. ▶ 젊은 나이에 이 일이 나에게 일어난 것은 전화위복이 되었다.

주 불행으로 위장한 축복이라는 뜻이다.

그건 **절대로 안 된다**
절대로 용납할 수 없다; 내가 죽기 전에는 안 된다; 내가 살아 있는 한은 절대로 안 된다

over my dead body

You do it ***over my dead body***. ▶ 내가 살아 있는 한 너는 절대로 그것을 해서는 안 된다.

The protesters are carrying banners reading "***Over my dead body***." ▶ 시위하는 사람들이 "내가 죽기 전엔 안 된다"고 쓰여진 깃발을 들고 있었다.

Yeah, it's probably logical and makes sense on a lot of levels, but ***over my dead body***. I've got too much sentimental attachment to the old place. ▶ 장소를 이전해야 하는 이유가 논리적이고 설득력이 있긴 하지만, 그건 절대로 용납할 수 없다. 나는 옛 장소에 정서적으로 너무 많은 애착을 가지고 있다. ♣ *attachment to*: ~을 **좋아하는 감정** 참조

젊은 피
참신한/새로운 사람/인재

new/young/fresh blood

The council needs to get injection of ***young***

blood. ▶ 이 위원회는 젊은 피를 수혈하는 것이 필요하다.

Ukraine head coach is considering bringing *fresh blood* into his squad for next month's friendly against Israel. ▶ 우크라이나 감독은 다음 달에 열리는 이스라엘과의 친선경기를 위해 참신한 선수들을 영입하는 것을 검토 중이다.

~에게 **점수를 따다**
잘 보이다; 좋은 인상을 심어주다

score points with someone

Philippine police said he was killed in shootout. Authorities denied allegations from leftist militants and some politicians that the fugitive was killed in custody in order to *score some points with U.S. president George W. Bush* in advance of his Oct. 18 visit to the country. ▶ 필리핀 경찰이 그가 총격전 중 사망했다고 발표했다. 당국은 10월 18일 미국 부시 대통령의 방문에 앞서 그에게 점수를 따기 위해 수감 중인 그 탈주범을 살해했다는 좌파 무장세력과 일부 정치인들의 주장을 부정했다.

I'm sure there are some people he *scored points with*. It certainly wasn't my colleagues. ▶ 나는 그가 일부 사람들에게 좋은 인상을 심어주었다고 확신한다. 그렇지만 내 동료들이 아니라는 것은 확실하다.

~라는 **점에서** ~이라고 볼 수 있다
~라는 이유로; ~이기 때문에

in that ~

But it is also unusual *in that* it is a pregnancy book with a message for women who are not yet pregnant. ▶ 이 책이 임신에 관한 책인데도 한 번도 임신한 경험이 없는 여자들에게 하고 싶은 말을 담았다는 점에서 또한 이례적이다.

This song is timeless *in that* it speaks too many of the issues we're still dealing with today. ▶ 이 노래는 오늘날 우리가 다루고 있는 너무나 많은 문제를 이야기하고 있기 때문에 시대를 초월한다고 볼 수 있다. ♣ *timeless*: 시간을 **초월하는** 참조

점을 보다

tell one's fortune

Russia's Orthodox Christians, who celebrate Christmas on Jan. 7, flock to *have their fortunes told* in the week before the holiday. ▶ 1월 7일을 크리스마스로 보내는 러시아 정교도인들은 크리스마스 일주일 전에 점을 보러 떼지어 몰려간다. ♣ *flock to*: 우르르/떼지어 **몰려가다** 참조

She *told my fortune* by the line on my hand. ▶ 그는 내 손금으로 점을 보았다.

read the tea leaves

I don't ask you to make wild guesses or *read tea leaves*. ▶ 너에게 아무렇게나 추측해 보거나 점을 보라고 요구하는 것이 아니다. ♣ *wild guess*: 깊은 생각하지 않고 하는 **추측** 참조

How shall we choose between the two theories? We might flip a coin; take a vote; *read tea leaves*. ▶ 이 두 가지 이론 중에서 어떤 방법으로 하나를 선택해야 할까? 동전을 던질 수도 있고 투표를 할 수도 있으며 점을 칠 수도 있다.

점점 작아지다
점점 사라지다; 점차 줄어들다

tail away/off ☞ 차츰 꼬리를 감추다

But the idea *tailed away* due to the delicacy of the relationship that developed between them. ▶ 그러나 그들 사이의 미묘한 관계로 인해서 그 아이디어는 꼬리를 감추었다.

The violence has *tailed off* in recent days. ▶ 폭력이 최근 며칠 점점 줄어들고 있다.

~로부터 **접근이 용이한 위치에 있는**

within easy reach of some place

The hotel is located *within easy reach of the airport*. ▶ 그 호텔은 공항에서 접근이 용이한 위치에 있다.

The store will appeal to commuters because it is

자

within easy reach of the railway station. ▶ 그 상점은 기차역에서 가기가 쉽기 때문에 통근하는 사람들이 선호할 것이다.

비밀스러운 일/사항 등에 대하여 **접근이 허락된**
비밀 문서나 기밀 사항을 알거나 볼 수 있도록 허락을 얻는

privy to ☞ Formal

It's a world we're ***privy to*** today and you see it on the news all the time. ▶ 오늘날 우리는 세상에서 일어나는 모든 일을 다 알 수 있다. 아무 때나 뉴스에서 볼 수 있다.

Ministers and others ***privy to the report*** have been ordered not to release it in whole or in part. ▶ 그 보고서를 볼 수 있도록 허락받은 장관들과 그 밖의 사람들은 그 보고서의 전부 혹은 일부를 유출시키지 말라는 명령을 받았다.

사업/일 등을 **접다**
그만두다; 손을 접다/털다

fold

I clearly remember thinking a pretty negative thought when I first got wind of them. I thought, "Gee, that's nice. Let's see how long it takes them to ***fold***." ▶ 내가 그들에 관해 풍문으로 처음 들었을 때 굉장히 부정적인 생각을 가졌다는 사실을 기억한다. "저런, 좋은 일을 하는군. 그들이 일을 접을 때까지 얼마나 걸리는지 두고 보자"라고 나는 생각했었다. 《예상과는 달리 그들이 도중에 그만두지 않고 계속 잘하고 있다는 말이다.》 ♣ *get wind of*: **풍문으로 듣다** 참조

Online poker players will have to ***fold their hands*** if a Virginia congressman gets his way. ▶ 만일 버지니아 주에서 포커를 금지하는 법안이 통과된다면 온라인 포커를 하는 사람들은 그만 손을 접어야 할 것이다.

도움이나 협조 등을 구하기 위하여 ~와 **접촉을 시도하다**
~에게 손길을 뻗다

reach out to

None other than the farther of Pakistan's nuclear program, Abdul Qadeer Khan, ***reached out to*** Pyongyang in 1993, according to a Western diplomatic source. ▶ 한 서방 외교 소식통에 따르면, 다른 사람이 아닌 바로 그 칸 박사(파키스탄에서 핵개발을 주도했던 사람)가 (그들이 가지고 있는 우라늄 농축기술과 북한의 미사일 기술을 서로 교환할 목적으로) 평양과 1993년 접촉을 시도했다. ♣ *none other than*: **다름 아닌 바로 그 (사람/것)** 참조

한 지역이 다른 지역과 **접하고 있다**
맞닿아 있다

border a place

The considerably larger city of Osaka, a major financial center that ***borders Kobe*** to the east, suffered less damage. ▶ 고베지진 당시 동쪽에서 고베와 접하고 있는 오사카는 상대적으로 적은 피해를 입었다.

The 30-year-old Cambodian sells live birds shipped fresh each morning from farms that ***border Vietnamese provinces*** that have been struck hard by the disease. ▶ 이 30세의 캄보디아 사람은 조류독감이 크게 유행하고 있는 베트남 지방들과 맞닿아 있는 농장들로부터 아침마다 운송되는 살아 있는 조류를 팔고 있다.

정기적으로 하는 방식/제도

regular basis

Many cancers are more prevalent in the older years so it is essential that individuals be tested ***on a regular basis***. ▶ 많은 암들이 나이들수록 더 많이 발생하기 때문에 정기적으로 검사를 받는 것이 매우 중요하다.

Seek diagnosis and treatment if symptoms occur ***on a regular basis***. ▶ 증상들이 정기적으로 나타난다면 진단과 치료를 받아라.

They have established a mechanism to share intelligence information ***on a regular basis***. ▶ 그들은 정기적으로 군사정보를 공유하기 위한 기구를 설립했다.

~할 **정도로**
상태가, 정도가 매우 심하다는 것을 강조하는 표현

to the point of

She complained of heart palpitations and dizziness nearly ***to the point of*** fainting. ▶ 그녀는 심장이 두근거리며 정신을 잃을 정도로 심한 현기증을 느낀다고 호소했다.

My father could not stand my long hair in college, ***to the point of*** threatening not to come to my graduation, even though I was graduating with high academic honors. ▶ 내가 대학을 우등으로 졸업하는데도 불구하고 졸업식장에 오시지 않겠다고 으름장을 놓을 정도로 아버지는 내가 장발을 하고 대학에 다니는 것을 너무나 못마땅하게 여기셨다.

He said communications with North Korea had ceased under the Republican administration, and now relations have deteriorated ***to the point of*** North Korea testing nuclear weapons. ▶ 부시 대통령의 공화당 행정부하에서 북한과의 대화가 단절되었고, 현재는 북한이 핵실험을 감행할 정도로 관계가 악화되었다고 그가 말했다.

어떤 새로운/최근 개념/감정/생각/사상 등이 아직 확실하게 **정립되지 않은**
미발달된; 초기 단계에 있는

inchoate ☞ Formal

There is a scramble to make ground and to channel what is ***an inchoate concern or fear*** into a reasonable and workable plan to confront climate change. ▶ 기후변화에 대처하기 위해 기반을 마련하고 아직 확실하지 않은 초기 단계의 걱정과 두려움을 합리적이고 실현 가능한 계획으로 옮기기 위한 노력이 한창 진행 중이다.

Iraq, as ***inchoate*** as it is, it is a democratic government. And in a democracy, the elected leaders need to support various constituencies. ▶ 이라크는 현재로서는 초기 단계지만 민주국가다. 민주국가에서 선출된 지도자들은 다양한 계층의 유권자들을 돌보아야 한다.

비록 일이 어렵거나 힘들지만 회피하지 않고 용감히 **정면으로 맞서다**

take the bull by the horns

We're going to ***take the bull by the horns.*** ▶ 우리는 용감히 정면으로 맞서려고 한다.

I cannot believe city officials are seriously considering irresponsibly spending $9,500 for a fireworks display. Small municipalities need more dedicated officials like Dorothy. I do not know her or her party affiliation and I wouldn't recognize her if she were to walk past me on the street. However, it is refreshing to see someone ***take the bull by the horns.*** ▶ 시 공무원들이 무책임하게 불꽃놀이로 9,500불이나 쓰는 것을 심각하게 고려하고 있다는 사실을 믿을 수 없다. 작은 자치단체들은 도로시 같은 헌신적인 공무원들을 많이 필요로 한다. 나는 그녀에 대해서 그리고 그녀가 어떤 정당에 속해 있는지 모른다. 길거리에서 그녀가 내 옆을 지나 걸어간다고 해도 나는 그녀를 알아보지 못할지 모른다. 그러나 누군가가 회피하지 않고 이 같은 일에 용감히 정면으로 반대하는 것을 보니 마음이 후련하다.

주 달려드는 황소를 회피하지 않고 양손으로 뿔을 잡고 정면으로 맞선다는 의미다.

정면으로 충돌하다
정면으로 대결하다/맞부딪히다

collide/crash head-on

Tutankhamen's features turned out to be predominantly Caucasoid, ***colliding head-on with*** the opinion of some scholars that ancient Egyptians were black Africans. ▶ (컴퓨터 시뮬레이션 결과) 투탕카멘의 모습이 확연하게 코카서스(백인 인종)계로 나타나 고대 이집트인들이 아프리카 흑인이었다는 일부 학자들의 의견과 정면으로 충돌했다.

The car ***collided head-on with*** a van. ▶ 그 자동차가 한 승합차와 정면으로 충돌했다.

The only victors in ***a head-on clash between*** the president and the assembly would be the hardliners on both sides. ▶ 대통령과 국회의 정면대결에서 승자는 양측의 강경파들뿐일 것이다.

Police identified a man who was killed in *a head-on collision* a day earlier. ▶ 경찰이 전날 정면 충돌로 사망한 한 남자의 신원을 파악했다.

상황/의견 등이 **정반대인** 강조하는 표현

diametrically opposed

Agreement on the plan seems unlikely, however, as both sides are *diametrically opposed*. ▶ 그러나 양측의 의견이 정반대이기 때문에 그 안에 대한 합의가 이루어질 것 같지 않다.

I am *diametrically opposed to* the idea. ▶ 나는 그 생각에 절대 반대다.

대화나 논쟁에서 상대방을 누르는 데 큰 도움이 되는 중요한 **정보**

ammunition

The improved trade figures have given the government *fresh ammunition*. ▶ 개선된 무역 수치들은 정부에 중요한 새로운 정보를 제공했다.

This guide should provide *plenty of ammunition* to help answer the inevitable question. ▶ 이 지침은 피할 수 없는 그 문제를 해결하는 데 도움이 되는 많은 중요한 정보를 제공할 것이다.

놀랍거나 흥미로운 단편적인 **정보**

tidbit(미국) ; titbit(영)

Everybody has some little *tidbits* to say, and when you add all those *tidbits* up, it tells you something. ▶ 누구나 흥미로운 단편적인 정보를 조금씩 알고 있다. 이 모두를 합하면 무언가가 드러난다.

Who passed that *titbit* on to you? ▶ 누가 그 정보를 당신에게 주었는가?

There are some other *notable tidbits* about HDTV: A December 2006 survey of 1,000 customers showed that 37 percent claimed that bigger is better when it comes to HDTV size. ▶ HDTV에 대한 눈에 띄는 다른 몇 가지 흥미로운 단편적인 정보들이 있다. 천 명의 고객을 대상으로 2006년 12월에 실시한 여론조사에서 HDTV의 크기에 관한 경우 37%가 클수록 좋다고 답했다. ♣ *when it comes to* : **하지만 ~에 관한 경우에는** 참조

필요한 최근/최신 **정보를 다 알고 있는** 가장 최근 사실/상황을 다 알고 있는

up to speed on ☞ 뒤처지지 않기 위해 속도를 내는

A day has been set aside to *bring* all councilors *up to speed on* the proposal. ▶ 모든 의원들이 그 제안에 관한 최신 정보를 파악할 수 있도록 하루가 배정되었다.

With the experience everyone has here, this would be the perfect environment to learn and *get up to speed* quickly. ▶ 여기에 있는 모든 사람들이 가지고 있는 경험을 감안한다면, 이 자리는 빠르게 최신 정보를 습득할 수 있는 더할 나위 없이 좋은 여건을 제공하게 될 것이다.

We have to *stay up-to-speed on* the issue. ▶ 우리는 이 문제와 관련된 모든 최신 정보를 잘 알고 있어야 한다.

keep/stay abreast of ☞ 나란히 하고 있는

Spokesman Tommy Vietor said Obama is *keeping abreast of* the combat through the White House Situation Room. ▶ 오바마 대통령이 백악관 상황실을 통해서 최근 전투상황을 잘 알고 있다고 대변인이 말했다.

알고 있는 **정보를 모두 종합해 판단하다**

put two and two together ☞ 이러저러한 것을 모두 합쳐보다

The bar was robbed a few days ago. I *put two and two together* and said to the owner "you're going to get it." ▶ 그 술집이 몇 일 전에 도둑에게 털렸다. 나는 수집된 모든 정보를 종합해서 판단한 후 주인에게 잃어버린 물건을 찾게 될 것이라고 말해 주었다.

Why didn't an intelligent woman *put two and two together* and realize this money came as a result of bad behavior? ▶ (아이들이 집에 자주 적지 않은 돈을 가져오거나 평소에 이상한 행동을 하는 등) 그동안 일어났던

모든 일들 종합해 판단해 보면 아이들이 나쁜 짓을 해서 번 돈이라는 사실을 알 수 있었을 텐데 그토록 현명한 엄마가 어떻게 모를 수가 있었는가? 《진작 이런 사실을 알았더라면 아이가 감옥에 가는 사태를 막을 수 있었다는 의미다.》

정보를 제공하는 사람
기밀/첩보 제공자

informant ☞ Formal

He was ***a confidential informant*** for the FBI. ▶ 그는 FBI에 기밀정보를 제공하는 사람이었다.

A man found dead of a gunshot wound at his home was ***a police informant***, a police officer testified during the trial of the alleged killer. ▶ 총상으로 사망한 채 자신의 집에서 발견된 한 남자는 경찰에 정보를 제공해 주는 사람이었다고 한 경찰이 살인 혐의자의 재판정에서 증언했다.

An Al Qaeda informant provided the critical piece of intelligence that led to Abu Musab al-Zarqawi, a Pentagon official said. ▶ 알카에다 조직에 정보를 제공하는 한 사람이 Abu Musab al-Zarqawi(이라크에서 활동하다 2006년 미군에 의해 사살된 알카에다 조직의 우두머리)의 은신처를 파악하는 데에 중요한 역할을 한 첩보를 제공했다고 미 국방부 관리가 말했다.

정신
정신세계

psyche ☞ Technical(심리학)

Those as yet unborn will not understand how deeply the myth of European cultural superiority had been embedded into ***the Indian psyche***. ▶ 그들(요즘 인도 젊은이들)은 인도가 영국의 식민통치를 받던 당시에 아직 태어나지도 않았기 때문에 유럽문화가 우월하다는 생각이 그 당시 인도 사람의 정신세계에 얼마나 뿌리깊게 배어 있었는지 이해하지 못할 것이다. ♣ *embedded*: 감정/태도 등이 사회/조직/성격 등에 (뿌리)깊게/확고하게 **배어 있는** 참조

"Anyone who understands ***the Iranian psyche*** and Iranian history knows that allowing Iran to obtain nuclear weapons would be disastrous," he said. ▶ "이란 사람들의 정신세계와 그들의 역사를 이해하고 있는 사람이라면 이란이 핵무기를 소유하도록 놔둔다면 엄청난 재앙을 초래할 것이라는 사실을 안다"고 그가 말했다.

주 그리스 신화에 나오는 사이키/프시케: 영혼을 인격화한 것으로서, 나비 날개를 단 미녀의 모습을 취하고 있으며 Eros의 애인이다.

정신을 차리다
정신이 들게 하다; 술이 깨다; 술에 취해 있다가 정신이 들다

sober up

Threats usually have the effect of ***sobering up*** the neighborhood. If Saudi Arabia, Egypt and other countries see that they face a serious problem in Iran they might recognize that they could use outside allies. ▶ 위협은 보통 이웃을 정신 차리게 하는 효과가 있다. 사우디아라비아와 이집트 그리고 다른 중동 국가들이 이란이 핵개발을 하려 한다는 심각한 문제에 직면하고 있다는 사실을 인식한다면, 그들은 중동 밖에 있는 동맹국들을 이용해야 한다고 깨닫게 될지 모른다.

He was left to ***sober up*** in a police cell. ▶ 술이 깰 때까지 그는 경찰 유치장 신세를 졌다.

~에 정신이 팔려 있기 때문에 다른 곳에 신경 쓸 겨를이 없다
~ 때문에 정신이 없다

preoccupied with

In addition to enraging Beijing, Chen has also created an ill-timed headache for Taiwan's biggest ally: the U.S., which is obligated under its Taiwan Relations Act to come to the island's defense in case of attack of China. But Washing is ***preoccupied with Iraq and Afghanistan***. ▶ 첸 대만 대통령이 (독립에 관한 국민 투표를 실시하려는 움직임을 보여) 중국을 분노하게 만들었을 뿐 아니라 최대의 우방인 미국에게 시기적으로 매우 부적절한 골칫거리를 안겨주었다. 미국은 중국이 대만을 침공하면 즉시 달려와 도와주기로 대만과 협정(Taiwan Relations Act)을 맺고 있다. 그러나 이라크와 아프간에서 벌어지고 있는 전쟁에 정신이 팔려 있기 때문에 다른 곳에 신경 쓸 겨를이 없다. 《그렇지 않아도 이라크와 아프간 전쟁으로 한창 정신이 없는 때에 중국을 자극하여 전쟁이라도 벌어지는 날에는 정말 큰일이

라는 이야기다.》 ♣ *ill-timed*: **시기적으로 적절치 않은** 참조

The police was ***preoccupied with the missing child*** and did not want to devote time into the new murder. ▶ 경찰이 행방불명된 아이 때문에 정신이 없었기 때문에 새 살인 사건에 관여하는 것을 원치 않았다.

특수한 목적으로 선발, 조직되고 훈련된 소수의 **정예 집단**
간부 ; 기간 요원

cadre ☞ French

Later, back in North Korea, a team of Soviet experts helped ***the cadre of Korean scientists*** build an experimental 2-megawatt reactor at Yongbyon that went online in 1965 and jump-started North Korea's nuclear program. ▶ 나중에, 그 당시 북한에서는, 1965년에 가동에 들어갔으며 북한의 핵무기 개발계획을 빠르게 재개시킨 연변의 2메가와트급 실험용 원자로를 건설하기 위해 선발된 북한의 정예 과학자 집단을 소련 전문가 팀이 도와주었다. ♣ *back in*: **그 당시**; *jump-start*: 한동안 중지되었던 시스템이나 과정 등을 빨리 혹은 효율적으로 **재개하다** 참조

The company employs ***its own cadre of programmers and designers***. ▶ 그 회사는 자체적으로 소수 정예 프로그래머들과 디자이너들을 고용하고 있다.

정직성
trustfulness

veracity ☞ Formal

If ***their veracity*** cannot be trusted on those matters, who can believe them when they say their health-care plan will really cut costs, or improve the quality of medical care? ▶ 그 일들에 관해 그들의 정직성이 신뢰받지 못한다면, 그들의 의료제도안이 실질적으로 비용을 줄이거나 의료의 질을 개선한다고 그들이 말할 때 누가 믿을 수 있겠는가?

She was shocked to find ***her veracity*** questioned. ▶ 자신의 정직성이 의심받고 있다는 사실을 알고 그녀는 쇼크를 받았다.

사람이나 단체 등이 **정체를 알 수 없는**
mysterious

shadowy ☞ 그림자 같은

The shadowy group calls itself the People's Army. ▶ 정체를 알 수 없는 그 단체는 자신을 국민군이라고 부른다.

It is not the first show to demonize Arab-Americans. Soon after 9/11, Arab- and Muslim-Americans suddenly have been materialized on TV screens as evil and untrustworthy. Since then, more than 50 TV shows have implied that Arabs and Arab-Americans are waging "holy wars" against our country. These shows have told millions of viewers that Arabs and Muslims run ***shadowy terrorist sleeper cells*** inside mosques and shacks, from Los Angeles to Washington. ▶ 그것은 아랍계 미국인들을 악마로 만드는 첫 프로가 아니다. 9/11 사태 직후, 아랍계 및 무슬림 미국인들이 갑자기 TV에서 악마 혹은 믿을 수 없는 사람들로 그려졌다. 그러고 나서, 50개가 넘는 TV 프로들이 이들이 우리나라에 대해 성전을 일으키고 있다고 암시했다. 이 프로들은 수백만의 시청자들에게 그들이 모스크나 회합장소에서 테러를 일으킬 수 있는 그림자 같은 조직을 운영하고 있다고 말했다.

사람이 **정치에 무관심한**
어떤 활동이나 단체가 정치와는 관계가 없는

apolitical

Public outrage culminated in a mass rally on July 1 in which 500,000 of Hong Kong's supposedly ***apolitical inhabitants*** took part. ▶ 정치에 무관심하다고 세간에 알려진 홍콩 주민 5백만 명이 참석한 7월 1일 대규모 군중집회에서 국민들의 분노가 최고조에 이르렀다. ♣ *culminate in* 행사/사건 등이 ~으로 **대미를 장식하다**; *supposedly*: 어떤 상황이 발생했다고 **추정되고 있는** 참조

He maintained that the military is ***an apolitical organization***. ▶ 군은 정치와 관계가 없는 조직이라고 그가 주장했다.

정당/국가의 인쇄된 정치적인 선언
정치적인 선언서/성명서/포고문

manifesto

What we need is not *manifestos* of pious intentions, but real action. ▶ 우리에게 필요한 것은 말뿐인 정치선언이 아니라 실질적인 행동이다. ♣ *pious* : **말뿐인** 참조

The opposite party is now drawing up *their election manifesto*. ▶ 야당은 현재 선거 성명서를 준비 중이다.

사실이나 정보 등에 정통한 사람/소식통으로부터
가장 정확한 사실/정보를 알고 있는 사람으로부터

(straight) from the horse's mouth

From the horse's mouth, we have been hearing many things about him and his whereabouts in the last couple of weeks. ▶ 정통한 소식통으로부터 우리는 지난 2주간 그에 관한 많은 이야기와 그의 행방에 대하여 들었다. ♣ *whereabouts* : **행방** 참조

A New York Times reporter decided to get the story *straight from the horse's mouth* — asking friends why they'd left the social networking site. ▶ 한 뉴욕 타임스 기자는 그들에 관해 가장 정확한 소식을 알고 있는 친구들에게 왜 그들이 사람들이 모인 곳에 나타나지 않는지 알아보기로 하였다.

주 경마에서 돈을 따기 위해서는 말의 나이를 정확하게 아는 것이 기본이다. 겉모습이나 주인이 하는 말은 믿을 수 없고, 말의 입을 벌리고 아래 턱에 있는 이빨을 봐야 말의 나이를 정확하게 알 수 있다는 데서 유래되었다. 정확하다(틀림이 없다)는 것을 강조는 표현이다.

정확하게 말하자면

to be precise

Twenty-one years ago, a quiet young man named Philip Beale visited Java and fell in love with a ship. *To be precise*, it was a picture of a ship. ▶ 21년 전 필립이라는 한 조용한 젊은이가 자바섬을 방문하여 한 배(요트)와 사랑에 빠졌다. 정확하게 말하자면, 멋진 요트의 사진을 보고 홀딱 빠졌다.

To be precise, just knowing to read and write is not education. The need of education is not for any job. We should get education because we are human beings and not animals. In India, good quality education is available at a very reasonable cost. To miss it is just not only foolish, but unforgivable as well. ▶ 정확하게 말하자면, 단지 읽고 쓰기만 배우는 것은 교육이 아니다. 교육은 직장을 구하기 위하여 받는 게 아니다. 우리는 동물이 아니라 인간이기 때문에 교육을 받아야 한다. 인도에서는 매우 합리적인 비용으로 좋은 품질의 교육을 받을 수 있다. 교육을 받지 않는 것은 어리석을 뿐 아니라 용서받지 못할 행위이다.

정황 증거
확실하게 증명할 수는 없지만 추정을 가능케 하는 증거

circumstantial evidence ☞ Formal

The police have enough *circumstantial evidence*. ▶ 경찰은 충분한 정황 증거를 가지고 있다.

There is now considerable *circumstantial evidence* that al-Qaeda was linked to the July 7 London bombings that killed 52 innocent people, the government claimed for the first time last night. ▶ 52명의 죄 없는 사람을 죽인 7/7 런던 폭탄 테러에 알카에다가 연루되었다는 많은 정황 증거가 있다고 영국 정부가 어제 저녁 처음 주장했다.

~에 관한 최근 소식/정보를 ~에게 지속적으로 **제공하다**
알려주다

keep someone posted on

Please *keep me posted on* the progress of the project. ▶ 그 프로젝트의 진행 상황을 지속적으로 나에게 알려주세요.

고의적으로 거짓 혹은 비밀 정보를 **제공하다**

feed

He was surrounded by people who *fed him ghastly lies*. ▶ 그는 터무니없는 거짓 정보를 제공하는 사람들에게 에워싸여 있었다.

자

One of his enemies *fed him a false story* that the regime was no longer actively seeking to suppress his work, and so he returned to his country. ▶ 그의 경쟁자 한 사람이 그 정권이 더 이상 그가 하는 일을 억압하지 않을 것이라는 거짓 이야기를 그에게 흘리는 바람에 그는 자기 나라로 돌아갔다.

There was somebody who was *feeding him with classified information*. ▶ 그에게 기밀 정보를 제공하는 누군가가 있었다.

특정한 사람/단체 등에게 원하는 물건이나 서비스 등을 **제공하다**
특정한 사람/단체를 대상/상대로 사업/영업/장사를 하다

cater to(미국) ; cater for(영국)

A new, multi-million-euro terminal is an immediate priority as arrivals and departures areas are completely inadequate to *cater for* ever-growing passenger numbers. ▶ 도착 및 출발 장소들이 지속적으로 증가하는 승객을 처리하기에는 너무나 협소하기 때문에 수백만 유로가 소요되는 새 공항 터미널의 건설이 최우선 순위가 되어야 한다. ♣ *priority* : **우선 순위** 참조

A new TV channel broadcasting cartoons will be launched aiming to *cater to* a growing category of viewers known as "kidults" — adults that refuse to grow-up. ▶ 점점 수가 늘어나는 어른이 되기를 거부하는 "kidults"로 알려진 시청자 그룹을 대상으로 만화영화를 방영하는 새 TV 채널이 출범할 것이다.

~라는 **제목을 갖고 있는**
~이라는 이름이 붙어 있는

entitled

The concert *entitled "One Voice,"* features a culturally diverse program of music from around the world. ▶ "한 목소리"라는 이름의 그 음악회는 전 세계의 다양한 문화권에 속한 음악들을 연주한다는 것이 특징이다.

As reported in an article *entitled "German health expert's flu warning — Does virus vaccine increase risk of cancer?"* in the German newspaper Bild, "the nutrient solution for the vaccine consists of cancerous cells from animals," and according to him, "we do not know if there could be an allergic reaction." ▶ 독일 신문 빌트에 "독일 건강 전문가의 독감 경고—바이러스 백신이 암의 발병 확률을 높이는가?"라는 제목의 기사가 나간 후, "그 백신을 배양하는 영양 용액에는 동물의 암세포가 들어가 있으며, 알러지 반응을 일으키는지에 대해서는 우리가 모른다"고 그가 말했다.

~을 **제외하고는 누구도/어떤 것도**
~ 말고는 누구도/어떤 것도

anyone/anything other than ~

The route is not recommended to *anyone other than* the most experienced climbers. ▶ 경험이 많은 등산가들을 제외한 누구에게도 그 등산로를 추천하지 않는다.

Tsunami is a Japanese word, of course, but it's been included in *Oxford English Dictionary* since 1897. But since last month's tragedy, which left an estimated 160,000 dead, the term has taken on a whole new gravity — and manufacturers and advertisers have quickly adjusted. As Global Language Monitor's Paul Payack puts it, "The word Tsunami will be the subject of considerable discretion before being used in *anything other than* a most serious manner." ▶ 쓰나미는 물론 일본 용어지만, 1897년부터 옥스퍼드 영어사전에 수록되었다. 그러나 16만 명 가량의 사망자를 낸 지난달의 참사 이후, 이 용어에 아주 새로운 무게가 실렸고 제조업체와 광고회사들은 여기에 신속하게 적응했다. Global Language Monitor에서 일하는 Paul Payack가 말하는 것처럼, "가장 신중한 방법으로 쓰나미라는 단어를 사용하기로 결정한 경우 말고는 어떤 경우에도 이를 사용하기 위해서는 상당한 판단력이 요구될 것이다." 《2004년 동남아시아 지역을 강타한 쓰나미로 너무나 큰 피해를 입었기 때문에 이 단어를 사용할 때는 매우 신중해야 한다는 의미이며, 실제로 Tsunami가 포함된 소설 제목이나 상품 이름을 변경한 사례가 있다.》 ♣ *As ~ put it* : ~가 **표현하는 것처럼** 참조

특정한 것/부분/사람만 **제외하고 전부**
~을 뺀 나머지 모두

all but

The plant will stand *all but* the worst winters out

of doors. ▶ 혹독한 바깥 겨울 날씨를 제외하고 이 식물은 모든 날씨에 견딜 것이다.

The team's top-three scorers scored *all but* four of the 59 points. ▶ 그 팀에서 점수를 가장 많이 기록한 상위 세 명이 59점에서 4점을 뺀 55점을 모두 얻었다.

제철
제철에 나오는/생산되는

seasonal

Find out when your favorite *seasonal fruits* are in season and at their peak of flavor. ▶ 당신이 좋아하는 제철 과일과 야채가 나오는 시기가 언제이고 언제 맛이 제일 좋은지 알아보아라.

Try *seasonal fruits and vegetables* that add a tang to your salad or a zest to your meal. ▶ 샐러드에 특유의 맛을 더하거나 음식에 풍미를 더하는 제철 과일과 채소를 사용해 보아라.

다른 곳에 집중하기 위하여 ~을 잠시 **제쳐두다**

put something **to/on one side** ☞ 한쪽으로 밀어 놓다

In order to maintain profit margin, health and safety regulations are often *put to one side*. ▶ 이윤을 유지하기 위해서 건강과 안전에 대한 규제가 종종 한쪽으로 밀쳐진다.

Personal things are to be *put on one side* when you work for your nation. ▶ 국가를 위해 일할 때는 개인적인 일들은 잠시 제쳐두어야 한다.

한입에 먹을 수 있는 음식의 **조각**

tidbit(미국); **titbit**(영국)

Lunch menu: Beef taco, taco salad cup, steamed corn, *pineapple tidbits*, cinnamon rolls and milk. ▶ 점심 식단: 소고기 타코, 타코 샐러드 컵, 찐 옥수수, 조각 낸 파인애플, 시나몬 롤, 우유.

조각달
초승달(crescent, crescent moon)이나 그믐달에 다 해당된다

crested moon

Silver crested moon was waiting for me on the shore. ▶ 은빛 조각달이 바닷가 위에서 나를 기다리고 있었다.

I'm sure you've heard the terming of a "New Moon," or *a "Crested Moon,"* these altering shapes of the moon are caused by how the earth casts a shadow upon the moon when it gets in the way of the sun. This is what causes Lunar Eclipses. ▶ 나는 네가 "초승달"이나 "조각달"이라는 용어를 들어보았을 것이라고 확신한다. 지구가 태양과 달 사이를 지나갈 때 달에 그림자를 드리우는 정도에 따라서 이처럼 달의 모양이 변한다. 이 때문에 월식이 일어난다.

주 달이 닭볏(*crest*) 모양을 가지고 있다는 뜻이다. 초승달과 그믐달을 구별할 때는 "waxing(차는)," "waning(기우는)"을 앞에 붙이면 된다: 그믐달(*waning crested moon*).

조각을 서로 맞추다

piece together something

This process is akin to *piecing together a jigsaw puzzle*. ▶ 이 과정은 조각 퍼즐을 서로 맞추는 것과 흡사하다.

신체나 얼굴이 **조각한 듯한**
조각상 같은; 이목구비가 뚜렷한; 근육이 멋지게 발달하여 몸매가 좋은

chiseled

He is unmistakably Russian, with *chiseled facial features* and those penetrating eyes. ▶ 그는 이목구비가 뚜렷하고 상대방을 뚫어보는 듯한 눈을 가지고 있는 것으로 보아 러시아인이 틀림없다. ♣ *unmistakable*: 다른 것과 **혼동할 여지가 전혀 없는** 참조

In his next Bond film, Craig promises to go completely nude. When asked why he intends to strip, Craig who has one of *the most finely chiseled bodies* in Hollywood said, "I've got nothing to hide. And, after all, we ask the girls to

자

reveal almost all in films, so why not the men?" ▶ 다음에 출연하는 본드 영화에서 완전히 벗겠다고 그레이그가 약속했다. 왜냐고 질문을 받자, 할리우드에서 가장 멋진 조각한 듯한 몸매를 지닌 그는 "나는 아무것도 감출 게 없다. 어쨌든 우리는 영화에서 여자들에게 거의 모든 몸을 드러내라고 요구한다. 왜 남자는 그러면 안 되는가?"라고 말했다.

계약서, 협정서 등에서 당사자들이 반드시 받아들여야 하는 **조건**

the terms of ~

He is skeptical about ***the terms of the proposal*** and has asked executives to review all options. ▶ 그는 그 제안의 조건들에 관해 회의적이며 임원진에게 모든 선택권들을 재검토하라고 지시했다.

The archbishop accused Israel of dragging its heels over implementing ***the terms of the 1993 treaty*** that established diplomatic relations between the Holy See and the Jewish state. However, the Vatican quickly distanced itself from the comments, saying they were the archbishop's personal views, not church policy. ▶ 그 대주교는 교황청(Holy See)과 이스라엘 사이의 외교관계를 규정한 1993년 협약 조건들을 이행하지 않고 고의적으로 질질 끌고 있다며 이스라엘을 비난했다. 그러나 바티칸은 이 발언은 대주교의 개인 견해이지 교황청의 입장이 아니라고 말하면서 재빨리 이 발언과 거리를 두었다. ♣ *drag its heels*: 어떤 일 등을 빨리 처리하지 않고 고의적으로 **질질 끌다**; *distance from*: ~와 **거리를 두다** 참조

계약이나 협정 등을 체결할 때 약한 상대방에게 불리한 **조건을 강요하다**
자신에게 유리한 조건을 받아들이도록 하다

dictate terms

The United States ***dictated terms*** to Japan as it surrendered in 1945. ▶ 1945년 미국은 일본에게 항복문서에 자신이 불러주는 대로 조건을 받아 적도록 하였다.

Subcontractors were ***dictated terms*** by the company. ▶ 하청업체들이 그 회사로부터 불리한 조건을 강요받았다.

주 불러주는 대로 상대방에게 조건 혹은 계약조건을 받아 적도록 한다는 의미다.

아무런 별도의 **조건 없이**
아무런 구속/제약 조건 없이

with no strings attached

We should help them ***with no strings attached***. ▶ 우리는 아무런 조건 없이 그들을 도와야 한다.

A pilot plan in major US cities is offering free apartments to the homeless ***with no strings attached***. ▶ 미국 주요도시에서 시험적으로 노숙자들에게 아무런 조건 없이 무상으로 아파트를 제공하려 한다.

~라는 **조건하에**

on condition of/that ~

They were investigating possible professional negligence by the train operator, a police spokesman said ***on condition of anonymity***. ▶ 그 열차 기관사가 직무에 태만했을 가능성을 조사하고 있다고 한 경찰 대변인이 익명을 조건으로 밝혔다.

He spoke to reporters ***on condition that he was not identified***. ▶ 그는 신원을 밝히지 않는다는 조건하에 기자들에게 이야기했다.

의심/희망 등이 **조금도 없다**
전혀 없다; 털끝만큼도 없다; 추호도 없다

not a shadow of

There is ***not a shadow of a hope***. ▶ 털끝만큼의 희망도 없다.

Without a shadow of a doubt, he is the best professor in our university. ▶ 그가 우리 대학에서 가장 뛰어난 교수라는 사실에는 추호도 의심의 여지가 없다.

많은 사람이나 특히 대중 매체로부터 조롱을 받다
조롱거리가 되다; 사람들에게 우습게 보일 정도로 비난을 받다; 웃음거리가 되다

be pilloried

"They can't buy the people," said one of Hong Kong's pro-democratic legislators ***pilloried*** by Beijing this spring. ▶ 올봄에 사람들에게 우습게 보일 정도로 베이징으로부터 비난을 받은 민주주의 성향의 한 홍콩 의원이 "그들은 국민을 돈으로 살 수 없다"고 말했다.

Al-Jazeera has ***been pilloried*** in the press for the past five years and it's seen by an overwhelming majority of Americans as the terrorist wire service. ▶ (카타르 도하에 있는) 알자지라 방송은 지난 5년간 세계 언론계에서 조롱을 받아 왔다. 압도적인 대다수 미국인들은 이 방송이 테러리스트들의 연락 업무를 해주는 곳이라고 여겨 왔다. ♣ ***overwhelming majority*** : **압도적인 대다수** 참조

A Vietnam veteran has ***been pilloried*** by some people advocating a pullout of American forces from Iraq. ▶ 월남전 참전 용사들이 이라크로부터 미군의 철군을 주장하는 일부 사람들에 의해 웃음거리가 되어버렸다.

주 남들이 보는 앞에서 죄인에게 씌우는 칼(***pillory***)을 차고 있다는 말이다.

조롱하다
모욕을 주다; 우롱하다

thumb one's nose at

Earlier this year, the county Board of Commissioners ***thumbed its collective nose at*** the Democratic Party by rejecting its recommendation. ▶ 올해 초 카운티 위원회가 집단적으로 민주당의 제안을 거부함으로써 민주당에 모욕을 주었다.

Some private institutions brazenly ***thumb their collective nose at*** the rule of law. ▶ 일부 민영기관들이 뻔뻔스럽게 집단적으로 법이 정한 규칙을 우롱하고 있다.

주 엄지손가락을 코에 대고 다른 손가락을 펴서 상대방을 "약 오르지?" 하면서 조롱하는 모습이다.

주로 친근한 감정으로 ~를 조롱하다
놀려대다

rib someone

He ***ribbed us***, saying that our complexion was so dark and ugly. He then grabbed a beer, opened it and handed it to me, smiling. ▶ 그는 우리들의 얼굴색이 너무 어둡고 보기 흉하다고 말하며 우리를 놀려댔다. 그러고는 맥주병을 들어 뚜껑을 열고는 웃으면서 나에게 건넸다.

We ***get ribbed*** from time to time about our commercials. ▶ 우리는 가끔 우리의 광고에 대해서 조롱을 받는다.

주 친근한 동작으로 옆구리를 찌르거나 간지럼 태우면서 놀려댄다는 의미다.

전혀 조리(條理)가 맞지 않게
아무런 까닭도 없이; 아무런 이유도 없이

beyond/without rhyme or reason

Lots of things seem to occur in New York ***without rhyme or reason***. ▶ 뉴욕에서는 많은 일들이 아무런 이유도 없이 일어나는 것처럼 보인다.

They have assailed him for allegedly dispensing commission funds ***without rhyme or reason***. ▶ 그들은 전혀 조리에 맞지 않게 위원회 자금을 분배했다며 그를 공격했다.

The desire to pile up endless treasure ***beyond rhyme or reason*** would not be a healthy basis for the great mass of human activity. ▶ 아무런 까닭도 없이 끝없이 재물을 쌓아두려는 욕망은 대부분 인간 활동에 있어서 건전한 기준이 못 된다.

주 그냥 듣기에도 이상할 뿐 아니라 곰곰이 따져봐도 이치에 어긋난다는 의미다.

조만간 ~이 될
곧/머지않아 ~이 될

soon-to-be

He has emerged as a front-runner for ***the soon-***

to-be vacant manager's job. ▶ 그는 조만간 공석이 되는 매니저 자리를 차지할 가장 유력한 사람으로 부상했다.

Like many *soon-to-be brides*, I'm spending most of my free time picking out flowers, interviewing photographers, preparing invitations and the like. ▶ 머지않아 신부가 될 많은 여자들처럼, 나는 꽃을 고르고 사진사들과 인터뷰하며 초청장 같은 것들을 준비하면서 빈 시간의 대부분을 보내고 있다.

He moved, with his wife and *soon-to-be 2-year-old son*, from suburban Philadelphia to the outskirts of Harrisburg. ▶ 그는 부인과 곧 2살이 되는 아들을 데리고 필라델피아 교외에서 해리스버그 외곽지역으로 이사했다. ♣ *outskirts*: 도시/장소/지역 등의 **끝자락** 참조

조만간 어떤 일이 일어날 것이다
머지않아 어떤 일이 일어날 것이다

it won't be long before

He believes *it won't be long before* the Orbiter provides an answer to the water question. ▶ 화성 주위를 도는 그 탐사선이 조만간 화성에 과연 물이 존재하는가에 대한 질문에 답을 줄 것이라고 그는 믿고 있다.

However, she accepts that *it won't be long before* her kids start questioning her about the cogency of Santa's annual visits. ▶ 머지않아 그녀의 아이들이 매년 산타가 찾아온다는 말의 설득력에 의심을 품기 시작할 것이라는 사실을 그녀는 인정한다.

증거물 등을 하나하나 면밀히 **조사하다**

sift through

Families *sifted through the rubble* anxious to find belongings that didn't perish. One man was looking for one of his daughter cats. ▶ 가족들은 망가지지 않은 소지품들을 찾기 위하여 잔해를 파헤쳐가며 면밀히 조사하였다. 한 남자는 딸이 키우는 고양이들 중 한 마리를 찾고 있었다.

The judges, prosecutor and his new lawyer *sifted through evidence*, which included a large brown envelope filled with documents and plastic bags of clothes and textiles. ▶ 판사와 검사 및 그의 새 변호사는 서류가 든 큰 갈색 봉투와 옷과 옷감이 든 플라스틱 가방 등을 포함한 증거물을 하나하나 면밀히 조사했다.

주 체로 치듯이 하나하나 꼼꼼히 조사한다는 의미다.

전망이 매우 불투명하기 때문에 매우 **조심스럽게 그리고 천천히 어떤 일을 시작하다**
조심스럽게 그리고 천천히 어떤 일에 발을 담그다; 서서히 어떤 일을 시작하다

dip one's toes into (the waters of)

They are *dipping their toes into the market* in entirely different ways. ▶ 그들은 전혀 새로운 방법으로 조심스럽게 그리고 천천히 그 시장에 진출하고 있다.

The company is *dipping its toes into the waters of* Internet services. ▶ 그 회사는 인터넷 서비스업에 서서히 발을 담그고 있다.

The publishers were *dipping their toes into a new pool to test the waters* for future, more realistic adventures. ▶ 출판업자들이 미래를 위한 보다 현실적인 모험을 서서히 시작하고 있었다.

주 목욕탕에 몸을 푹 담그기 전에 발가락을 넣어 물이 얼마나 뜨거운지 알아본다는 의미다.

매우 **조심스럽게 일을 진행하다**

walk on eggs ☞ 계란 위를 걷는 듯하다

I always feel as if I'm *walking on eggs* around her. ▶ 나는 그녀의 주변에 있으면 마치 계란 위를 걷고 있는 듯한 기분을 항상 느낀다.

We're *walking on eggs* on this one. We don't want to steal other groups' ideas. ▶ 우리는 이 일을 매우 조심스럽게 진행하고 있다. 우리는 다른 사람들의 아이디어를 훔치는 것을 원치 않는다.

사회적으로 약자 계층에 속하는 사람들(여성, 소수민족, 장애자 등)의 심기를 불편하게 만들거나, 그들을 화나게 하지 않으려고 매우 **조심하는**

politically correct

The rabidly right-wing party is not ***politically correct*** at all. ▶ 이 극우정당은 사회적 약자들을 전혀 안중에 두지 않는다.

In an atmosphere of growing religious intolerance and social conformity sustained by fear, ***political correctness*** and electoral apathy, satire can probably do democracy a good service by stretching the limits of the acceptable. ▶ 종교적인 편협성이 날로 심해지고 세상 이목이 두려워서 남들이 하는 대로 행동해야 하고 약자계층의 심기를 건드리지 않으려고 조심해야 하며, 정치에 대한 무관심이 팽배해 있는 상황에서, 풍자물은 사회가 일반적으로 용인하는 한계를 뛰어넘음으로써 민주사회에 청량제를 제공할 수 있다. ♣ *conformity* : **남들처럼 행동하는 것** 참조

사람들에게 ~에 대하여 **조심하라고 충고하는 이야기**
경고하는 이야기

cautionary tale/note/story

It has become ***a cautionary tale*** to anyone thinking of regime change. ▶ 이는 정권교체를 생각하고 있는 모든 사람들에게 경고하는 이야기가 되었다.

He submitted ***a cautionary note*** for investors in the video game sector to think about. ▶그는 비디오 게임 부문에 투자하는 사람들이 염두에 두어야 한다며 조심하라고 충고하는 이야기를 했다.

다방면으로 특히 예술과 과학에 관심과 **조예가 깊은 사람**

Renaissance man

In a musical career that has spanned six decades, Quincy Jones has earned his reputation as ***a renaissance man*** of American music. ▶ 60년이나 되는 그의 음악 활동을 통해 퀸시 존스는 미국 음악계의 르네상스 맨이라는 명성을 얻었다.

The term '***Renaissance man***' could have been invented for him. ▶ 'Renaissance man'라는 용어는 그를 위해 만들어졌을지 모른다.

주 마치 레오나르드 다빈치 같은 사람이라는 의미다.

쥐 죽은 듯이 **조용하다**
너무나 조용하다

could hear a pin drop

It was so quiet; you ***could hear a pin drop***. ▶ 너무나 조용해서 핀이 땅에 떨어지는 소리도 들을 수 있었다.

The auditorium was quiet enough to ***hear a pin drop*** when he told the students stories of human experimentation. ▶ 그가 학생들에게 인간 생체실험에 대해 이야기할 때, 강당은 쥐 죽은 듯이 조용했다.

주 핀이 떨어지는 소리를 들을 수 있을 정도로 고요하다는 뜻이다.

어느 한 쪽에 유리하도록 선거/시합/주가 등을 **조작(造作)하다**
부정하게 고치다

rig

He has been accused of condoning ***the rigging of results***. ▶ 그는 결과 조작을 봐주었다고 비난받았다.

The opposite party accuses the government of ***rigging the vote***. ▶ 야당은 투표를 조작했다며 정부를 비난하고 있다.

Tokyo needs to remove hindrances to foreign direct investments, and to end shady practices that feed fears of ***rigged prices***. ▶ 일본은 외국의 직접투자를 방해하는 요소들을 제거하고, 주가 조작의 우려를 낳고 있는 비밀거래의 관행을 철폐해야 한다.

기계/장비/비행기 등을 **조정하는**

at the controls of

He died of a heart attack while he was ***at the controls of the plane***. ▶ 그는 비행기를 조정하는 도중 심장마비로 사망했다.

Today, John Travolta travels the world ***at the controls of his own airliner***. ▶ 요즘 존 트라볼타는 자가용 비행기를 직접 조정하면서 세계를 여행한다.

모든 일을 전부 자신이 **조종하려고 하는 사람**
앞에 나서기를 좋아하는 사람; 앞에 나서야만 직성이 풀리는 사람

control freak ☞ Informal

Yet when I met, on different occasions, a number of his collaborators, each called him ***a control freak*** but insisted that working with him was highly enjoyable. ▶ 그러나 놀랍게도 내가 그와 함께 일하는 다수의 사람을 다른 일로 만났을 때, 누구나 그는 앞에 나서야만 직성이 풀리는 사람이라고 불렀지만 대신 그와 일하는 것이 매우 즐거웠다고 강조했다.

Castro was what psychologists call ***a control freak***. He believed, like Louis XIV and many other absolutists, that only he knew what was best for his people. ▶ 쿠바의 독재자 카스트로는 모든 일을 자신이 직접 해야만 직성이 풀리는 사람이었다. 루이 14세와 다른 절대 군주들처럼 그는 자기 국민에게 무엇이 제일 좋은지 알고 있는 유일한 인물이라고 믿었다.

~을 **조준하다**
~을 겨냥하다; 카메라/망원경 등의 초점을 ~에 맞추다

zero in on

A gigantic, daisy-shaped space shield could be used to block out pesky starlight and allow astronomers using an orbiting telescope to ***zero in on Earth-like planets*** in other solar systems. ▶ 거대한 국화 모양의 차폐장치는 성가신 별빛을 차단하여 천문학자들이 천체관측용 위성 망원경으로 다른 태양계에 있는 지구와 유사한 행성들을 겨냥할 수 있게 도와준다.

He advised that they should rather ***zero in on issues*** that will unite the nation. ▶ 그들이 국가를 통합하는 이슈에 초점을 맞추는 편이 좋다고 그가 충고했다.

She continued to ***zero in on issues*** on the minds of people: skyrocketing health care costs, the quality of public schools, home foreclosures, and the loss of thousands of manufacturing jobs. ▶ 하늘 높은 줄 모르고 치솟고 있는 의료비용, 공립학교의 질, 저당 잡힌 주택 소유권의 상실, 수많은 제조업 일자리가 사라지고 있는 현실 등과 같은 국민들이 걱정하고 있는 이슈에 그녀는 지속적으로 초점을 맞추었다. ♣ *skyrocket*: 가격이나 양이 갑자기 크게 **증가하다**; *foreclosure*: 채무자가 빌린 돈을 갚을 수 없게 되어 채권자가 **저당물을 압류하다** 참조

주 총 가늠쇠의 영점을 ~에 맞춘다는 의미다.

거대하고 막강한 힘을 지닌 **조직**
위압적인 것/존재; 불가항력적인 것; 엄청나게 커서 꼭 괴물 같은 것(군함/자동차/전차); 괴물 같은 존재 (The term is used to describe any literal or metaphorical force regarded as unstoppable that will crush all in its path)

juggernaut

Moreover, ***China's export juggernaut*** is not what it appears to be. Fully 62% of the country's export growth over the past decade came from Chinese subsidiaries of multinationals headquartered elsewhere in the world—in Asia, Europe, and America. The West may be surprised at the damage it inflicts on itself if it restricts trade with China. ▶ 더욱이, 중국의 엄청난 수출 조직은 겉으로 보이는 것과는 다르다. 지난 10년에 걸쳐 이 나라 수출 증가분의 62%는 아시아, 유럽, 미국에 본거지를 두고 있는 다국적 기업의 중국현지 회사들로부터 왔다. 따라서 서방국가들이 (대중국 무역적자 때문에) 중국에 제재조치를 가하면 그 피해가 고스란히 자기 자신에게 돌아온다는 사실에 놀라게 될 것이다.

What is more frightening is that we are no longer ***the manufacturing juggernaut*** that we once were. ▶ 한때는 미국이 세계 제조업계를 휩쓸었지만 지금은 아니라는 말이다.

주 인도 신화에 나오는 거대한 Krishna 신(神)의 상(像)이다. 이 신상을 옮기는 마차에 깔려 죽으면 극락에 간다고 믿었다고 한다.

학연/지연 등으로 맺어진 남자들의 **조직**
인맥(동문회, 향우회 등)

old boy network

He presumably obtained his current position through *the old boy network*. ▶ 사람들은 그가 인맥을 통해서 현 자리에 올랐다고 생각한다.

I know too many accounts of *the old boy network* influencing our administrative decision-makers. ▶ 인맥이 의사결정 권한을 지닌 행정관료들에 영향을 미친 사례를 나는 너무 많이 알고 있다.

어떤 일이나 사태가 어떤 방향으로 나아갈 것이라고 추측하게 만드는 **조짐**
징후

straw in the wind

The substantial increase in export is *a positive straw in the wind* but there is a long way to go. ▶ 수출이 대폭 증가한 것은 긍정적인 조짐이긴 하지만, 아직 갈 길이 멀다.

Here's *a worrying straw in the wind*, at least if you're a mortgage borrower. ▶ 담보대출을 받은 사람들에게 걱정스러운 징후가 있다.

주 골프를 칠 때 바람의 방향과 세기를 알아보기 위하여 지푸라기를 공중에 날리는 데서 유래되었다.

특수한 목적을 이루기 위하여 정부/기관 등에서 취하는 **조치/조처**

measure ☞ Formal

The measure provides $14.7 billion for highways and $3 billion for mass transit during the five-month period. ▶ 이 조처로 5달 동안 고속도로에 147억 불, 대중교통수단에 30억 불이 투입된다.

He said *stern measures* would be taken against the killer. ▶ 그 살인자에게 엄한 조처가 취해질 것이라고 그가 말했다.

The police have put *strong security measures* in place. ▶ 경찰이 강력한 안전조처를 시행했다. ♣ *put in place* : 법률/제도/정책 등을 **시행하다** 참조

걸었던 희망이나 기대 등이 그만 **좌절되다**
꺾이다

be raised and dashed

Their hopes have *been raised and dashed* so many times, but this day really belongs to them. ▶ 그들의 희망이 수없이 좌절을 겪었지만 오늘은 그들을 위한 날이다.

He has restored stability and a sense of pride among citizens who, after years of Soviet stagnation, rode the heartbreaking roller coaster of *raised and dashed expectations* when Soviet leader Mikhail Gorbachev and then Russian President Boris Yeltsin were in charge. ▶ 그는, 소련(소비에트연방) 시절의 오랜 침체기 이후, 소련 지도자 미카엘 고르바초프와 그 당시 러시아 대통령이었던 보리스 옐친이 집권했던 시절에 걸었던 기대가 수없이 좌절되는 고통을 맛보던 시민들 사이에서 자신감을 회복시켰고 나라를 다시 안정시켰다. 《옐친 이후 집권한 전 러시아 대통령 푸틴에 대한 이야기다.》 ♣ *then* : **그 당시에 ~ 이었던** 참조

족보
가계도(家系圖)

family tree

My grandfather brought forth *the book of family tree*. ▶ 내 할머니께서 족보 책을 앞에 내놓으셨다.

Researchers are doing more climbing in *the human family tree*. And they're finding out new things in the relationship of humans and our next closest relatives. A new study claims that humans and chimpanzees shared a common ancestor up to four million years ago. ▶ 연구자들은 인간의 가계도를 점점 깊이 파고들고 있다. 인간들과 우리와 가장 가까운 친척들 사이에서 새로운 관계를 찾아내고 있는 중이다. 한 새 연구는 4백만 년 전까지 인간과 침팬지의 조상이 같았다고 주장한다.

남들에게 자신의 존재를 알리다
남들이 자신에게 주의를 기울이도록 만들다

make one's presence felt

Rather than politely lobbying politicians, the farmers' union ***made its presence felt*** through demonstrations. ▶ 점잖게 정치인들에게 로비를 하는 대신, 그 농민 단체는 항의집회를 통하여 사람들이 자신에게 주의를 기울이도록 만들었다.

In a film with a dozen odd major stars, it is quite a difficult task to ***make your presence felt***. Still, being noticed amongst a huge crowd and getting appreciated from both within and outside the industry is a thrilling experience. ▶ 12명의 독특한 성격을 지닌 대형 스타들과 함께 출연한 영화에서 자신의 존재를 남들에게 알리는 것은 매우 어렵다. 그럼에도 이들 사이에서 주목을 받고 영화계 안팎에서 칭찬을 받는 것은 가슴 떨리는 경험이다.

존재의 이유
삶의 이유; 살아가는 이유; 누구에게 있어서 혹은 누가 살아가는 데 있어서 가장 중요한 것/사람/요소

raison d'être ☞ French

"When the elephants fight, the grass suffers," says an African proverb. The World Trade Organization's (WTO) Doha Round — whose ***raison d'être*** was, supposedly, the development of the poor countries — collapsed after five years of negotiations (it was launched in 2001). The reason was the failure by the United States and the European Union, the apostles of liberalism widely reported in the mainstream media (the two biggest elephants) to make sufficient concessions in agricultural and exports subsidies, and in lowering their tariffs on agricultural goods. ▶ 아프리카 속담에 "코끼리 싸움에 풀밭이 짓눌린다(고래싸움에 새우등 터진다는 우리 속담과 매우 유사한 표현이다)"는 말이 있다. 빈곤층 국가들의 발전이 그 존재의 이유라고 알려졌던 2001년 출범한 세계무역기구의 도하라운드(다자간 무역협상 체제)가 5년간의 협상 끝에 붕괴되었다. 그 이유는 세계 주요 언론에서 자유무역의 전도자로 널리 보도된 미국과 유럽연합(두 마리의 큰 코끼리)이 자국 농산물과 이의 수출에 대한 보조금 지급을 충분히 삭감하지 못했고 외국 농산물의 수입관세를 낮추는 데에 실패했기 때문이다.

Russian president Vladimir Putin has accused the US of fostering insecurity among members of the international community. Addressing a security conference in Germany today, Mr. Putin pointed to the US's "almost uncontained hyper-use" of military force as the key destabilizing factor damaging the world's prospects for peace. "This is very dangerous, nobody feels secure anymore because nobody can hide behind international law," the Russian president said. Thinly-veiled references to the US's military interventions in Iraq and Afghanistan underpinned his speech. Afghanistan has seen the deployment of NATO forces since the US-led coalition ousted the Taliban from power in 2001, continuing the steady eastward progress of the security organization since ***its original raison d'être*** ended with the fall of the Berlin wall. ▶ 푸틴 러시아 대통령이 국제 사회에서 불안감을 조성시키고 있다며 미국을 비난했다. 오늘 독일에서 개최된 안보회의에서 연설하면서 푸틴이 거의 아무런 제재도 없이 미국이 군사력을 마구 휘두르는 행위가 세계평화의 가능성을 해치는 중요한 요소라고 지적했다. "이는 매우 위험하며, 아무도 국제법으로부터 보호를 받을 수 없기 때문에 누구도 더 이상 안전하다고 느끼지 않는다"고 러시아 대통령이 말했다. 이라크와 아프가니스탄에서 미국의 군사개입을 두고 약간은 우회적으로 표현한 이 같은 발언으로 러시아 대통령 푸틴의 연설은 힘을 얻었다. 베를린 장벽이 무너진 것과 동시에 NATO의 존재 이유가 사라진 이후에도, 2001년 미국이 주도하는 연합군이 아프간에서 탈리반을 축출한 이래 세력을 꾸준히 동으로 뻗치면서 나토군대가 아프간에 주둔해 왔다. ♣ *reference to*: 여기서 ~란 ~를 **두고 하는 말이다** 참조

reason for living/being

Of course everybody likes to get rich but it's not ***the main reason for being*** here. ▶ 물론 누구나 부자가 되길 바라지만, 이는 우리가 여기에 존재하는 주된 이유가 아니다.

In most cases, however, the need to take care of the pets gives ***a reason for living*** to many terminally ill patients, prolonging their life. ▶ 대부분의 경우 애완동물을 보살펴야 할 필요성이 죽을 병에 걸린 많은 환자들에게 생명을 연장시켜 주는 삶의 이유가 된다.

계획하거나 의도하지 않았지만 실질적으로/사실상 **존재하는**

de facto ☞ Latin

They never meet, but *a de facto alliance* has formed between the leaders of Japan and Taiwan. ▶ 그들은 서로 만난 적이 없지만(실제로 구체적인 동맹협약을 맺은 적은 없지만), 일본과 미국의 지도자들 사이에 실질적으로 존재하는 동맹관계가 형성되었다.

Supreme Court has rejected a claim by a transgender prisoner who wants to be treated as another prisoner's *de facto wife*. ▶ 여성으로 성전환 수술은 받은 한 죄수가 자신을 다른 죄수의 실질적인 부인으로 인정해 달라는 요구를 대법원이 기각했다.

The follies of US foreign policy since World War II, with which Australia is often associated at its peril — Vietnam and Iraq being prime examples — have resulted in *a de facto colonial relationship*, not a partnership of equals. It negatively affects Australia's independence. ▶ 세계 제2차 대전 이후 미국의 잘못된 외교 정책 때문에 호주가 월남 전쟁과 이라크 전쟁에 이끌려 들어가는 등 어려움을 자주 겪고 있으며 미국과 동등한 입장의 동반자가 아닌 사실상의 미국 식민지가 되어버렸다는 어느 호주인의 자조 섞인 글이다.

관례상의 **존칭**
경칭(상대방을 높여 부르는 관례적인/의례적인 호칭)

courtesy title

The English title 'Mr.' is *the universal courtesy title* for adult males and is sometimes even used to male children. ▶ 영어 호칭 'Mr.'는 성인 남성에게 붙이는 만국 공통의 관례적인 존칭이며 심지어 남자 아이를 부를 때도 가끔 사용된다.

By consistently using 'Lord' as *a courtesy title* before the Christian name, Byron identified him as a younger son of a duke. ▶ 언제나 기독교식 이름 앞에 'Lord'라는 의례적인 존칭을 붙임으로써, 바이런은 그가 공작의 작은 아들이라는 것을 나타냈다.

주 우리가 처음 보는 사람에게 '선생님', '사장님' 혹은 '사모님'이라고 부르거나, 대학에서 강의하는 모든 사람들에게 '교수님'이라고 부르는 것처럼 특별한 공식적인 직위를 나타내는 호칭이 아니다.

특정한 시기에 어떤 학교를 **졸업한 사람**
졸업생

~ graduate of ~

He is *an August 2008 graduate of our university* with a doctor of pharmacy degree. ▶ 그는 우리 대학에서 약학박사 학위를 받고 2008년 8월에 졸업한 사람이다.

Sgt. Russell 23, *a 2001 graduate of John Stark High School*, has been killed in Afghanistan. ▶ John Stark 고등학교 2001년 졸업생인 러셀 상사(23)가 아프간에서 목숨을 잃었다.

종말
죽음 ; 최후

demise ☞ Formal

I was in the country for the rise of those pious and brutish warriors known as the Taliban, and for *their epic demise* when Americans invaded Afghanistan after Sept. 11, 2001. ▶ 이슬람교를 빙자하여 만행을 저지른 탈리반이라고 알려진 전사들이 활개를 치던 시기와 2001년 9/11 사태 이후 미국이 아프간을 침공하여 그들이 장중한 최후를 맞이하던 시기에 나는 이 나라(아프간)에 있었다.

종이 접기
종이를 가지고 학과 같은 동물, 사람 또는 여러 가지 물건을 만드는 공예(paper folding)

origami

A group of *origami enthusiasts* meets the second Thursday of each month. ▶ 종이 접기에 빠져 있는 사람들이 매주 둘째 화요일에 모인다.

We invite people to while away the day with such activities as using invoices for *origami*. ▶ 우리는 송장(送狀)과 같은 폐지를 이용한 종이 접기 등을 하면서 하루 시간을 때우는 사람들을 초대한다. ♣ *while away*: 특별히 할 일이 없거나 혹은 어떤 일을 기다리는 동안 ~하면서 시간을 **때우다** 참조

자

~과 관련된 모든 배경/상황/환경들을 **종합적으로 고려하여**

~과 관련된 앞뒤/전후 상황을 모두 고려하여

in context of

North Korea announced several days ago that ***in the context of its current negotiations*** about nuclear disarmament, the U.S. has agreed to remove it from the list of terror-supporting countries — a club whose other members include Syria and Iran, Sudan and Cuba. ▶ 현재 진행되고 있는 핵개발 포기 협상 결과를 종합적으로 고려하여 미국이 북한을 시리아, 이란, 수단 및 쿠바가 포함된 테러지원국가 명단에서 제외하는 것에 동의했다고 북한이 며칠 전 발표했다. 《북한이 핵무기를 개발하기 이전 상황이다.》

He said the 4000 jobs lost in August should be viewed ***in the context of recent positive reports*** in retail sales. ▶ 최근 소매 매출이 증가했다는 긍정적인 보도가 발표되었기 때문에 8월에 4000명이나 되는 사람들이 일자리를 잃었다는 소식만을 가지고 경제상황이 악화될 것이라고 전망해서는 안 된다는 의미다.

좋든 나쁘든 혹은 그저 그렇든 간에

어찌되었든 괜찮은(개의치 않는) 경우와 있는 사실 그대로 받아들여야(알아야) 하는 경우에 모두 사용된다

(if it's) good, bad, or indifferent

When it comes to your country's reputation, you need to know ***if it's good, bad or indifferent***. ▶ 당신 나라의 평판에 관한 경우에는, 좋든 나쁘든 혹은 그저 그렇든 간에 정확하게 알 필요가 있다.

I am more than willing to listen to any comment about the city government, ***good, bad or indifferent***. ▶ 시 정부에 관한 의견이라면 좋든 나쁘든 혹은 그저 그렇든 간에 나는 기꺼이 귀를 기울일 용의가 있다.

Everything that happens in your life, ***be it good, bad or indifferent***, is part of the wider cosmic plan, and once you accept that fact you won't worry so much about the little things that sometimes go wrong. In the greater scheme of things you are on course and doing well. Give yourself a spiritual pat on the back. ▶ 살아가는 동안 일어나는 모든 일이 좋든 나쁘든 혹은 그저 그렇든 간에 원대한 우주의 계획안에 들어 있다는 사실을 일단 받아들이면 가끔씩 잘못되는 작은 일들에 대하여 너무 크게 걱정하지 않게 된다. 보다 넓은 차원에서 본다면 당신은 제대로 잘 하고 있다. 가끔씩 (잘 안 풀리더라도 너무 실망하지 말고) 네 자신에게 격려의 말을 해주어라. ♣ *'be it'* 은 가정법적인 표현에서 가끔 사용되는 것처럼 'if' 를 생략하고 동사를 도치시킨 형태다. ♣ *Give yourself a spiritual pat on the back* : 안고서 상대방의 **등을 툭툭 두드리다** 참조

~을 좋아하는 감정

연모 ; 호의 ; 애착

affection for

Many dedicated Islamists in other countries have ***no affection for Saddam loyalists***, whom they regard as having little religious faith. ▶ 많은 신실한 이슬람 신자들은 그들이 신앙심이 별로 없는 사람으로 간주하는 사담 후세인의 추종자들에게 어떤 좋은 감정도 가지고 있지 않다.

She did talk about ***her affection for the island*** — where she spent three months filming. ▶ 영화를 찍으면서 3개월을 보낸 그 섬에 애착이 간다는 이야기를 그녀가 했다.

attachment to

He has a feeling of ***attachment to his homeland***. ▶ 그는 모국에 애착을 느끼고 있다.

좋아하든 싫어하든 간에

like it or not

Like it or not, human cloning is on the horizon. Lab oratories around the world are in a race to be the first to create a human embryo that is the genetic duplicate of an adult — the human equivalent of the early ball of cells that became Dolly, the famous cloned sheep. ▶ 좋든 싫든 간에 인간 복제가 임박했다. 세계 전역에 있는 연구실들은 성인을 유전적으로 복제한 인간 태아(배아)를 최초로 만들기 위하여 경쟁을 벌이고 있다. 이는 유명한 복제 양 돌리로 자란 초기 세포 덩어리에 해당하는 것이다. ♣ *on the horizon* : ~이 시기적으로 **임박한** 참조

㈜ 앞에 "whether you"가 생략된 것으로 보면 된다.

좋았던 시절
즐거웠던 나날들/시절/지난날들; 잘 나가던 시절; 행복했던 나날들 (현재는 이전과 같지 않다는 의미다)

the good old days

"Those were ***the good old days***," he said over his 25 years at the department. ▶ 그는 그 부서에서 보낸 25년에 대하여 "좋았던 시절이었다"고 말했다.

Do you remember ***the good old days***? ▶ 즐거웠던 지난날들을 기억하고 있습니까?

좋은 것이 싫증이 날 정도로 혹은 오히려 해가 될 정도로 너무 지나치게 많은 상황

too much of a good thing

The addition of Mozart's Coronation Mass and his Mass in C minor may seem to be ***too much of a good thing*** for one single concert. ▶ 모차르트의 대관식 미사곡과 C 단조 미사곡을 다 포함시키는 것은 단일 음악회에서 대곡을 지나치게 많이 연주한다고 보일 수도 있다.

Too much of a good thing can cause a problem. Men who pop too many vitamins in the hope of improving their health may in fact be raising their risk of the deadliest forms of prostate cancer, especially men with a family history of the disease, researchers said. ▶ 좋은 것이라도 너무 많으면 문제를 일으킬 수 있다. 건강이 좋아지길 바라면서 비타민을 너무 많이 섭취하는 남자들, 특히 이 병에 대한 집안 내력이 있는 남자들은 치명적인 전립선 암의 발병 확률을 높일 수 있다고 연구자들이 말했다.

사람들에게 **좋은 인상을 심어주기 위해 노력하다**
가장 자신 있는 것(장기, 장점)을 보여주다/뽐내다

put one's best foot forward

To ***put their best foot forward***, they displayed trophies and awards for the quality and design of their vehicles. ▶ 사람들에게 회사의 장점을 보여주기 위하여 그들은 자동차의 품질 및 디자인 상으로 수상한 트로피와 상장을 전시했다.

주 옛날 유럽에서 돈 많고 할일 없는 어떤 귀족이 남들에게 뽐내기 위해서 두 다리와 발을 요란하게 치장을 했다. 심지어는 한 발을 일부러 더 멋지게 장식하고는 남들에게 자랑하기 위하여 다른 발 앞에 내밀기까지 했다고 한다.

언제나 **좋을 수만은 없다**
살다 보면 어느 정도 나쁜 일을 겪게 마련이다

into every life a little rain must fall

But ***into every life***, as the saying goes, ***a little rain must fall***. "I'm just getting over a divorce," she said. "I went into my marriage believing it would last forever. I realized I wasn't happy, so I took the steps to make myself happy. ▶ 그러나 속담에도 있듯이 살다 보면 어느 정도 나쁜 일을 겪게 마련이다. "나는 이혼의 상처를 극복하고 있다"고 그녀가 말했다. "영원히 지속될 것이라고 믿고 결혼했지만, 내 자신이 행복하지 않다는 사실을 깨닫고 내 자신을 행복하게 해주기 위하여 이혼했다." ♣ ***as the saying goes***: **속담에도 있듯이** 참조

주 주로 도치 형태로 사용된다.

~라는 **좋지 않은 것/존재**
기분 나쁜 것; 무서운 것; 바람직하지 않은 것

the specter of

Failure to arrive at a consensus over the issue raised ***the specter of legal action***. ▶ 그 문제에 관하여 합의를 보는데 실패하는 바람에 소송이라는 좋지 않은 과정으로 이어졌다.

On his trip (Bush's 10-day trip to Asia in Oct. 2003), Bush will be accelerating this process by advancing new bilateral-trade deals from Australia to Thailand. He'll also be trailing ***the specter of rising protectionism in America***. ▶ 2003년 10월 열흘간의 아시아 순방 여행 중, 부시 대통령은 호주에서 태국에 이르기까지 새로운 쌍방향 무역협상을 진척시킴으로써 이 과정에 속도를 더하려고 노력할 것이다. 그는 또한 미국에서 일어나고 있는 보호무역주의라는 기분 나쁜 이야기를 들먹이며 다닐 것이다. 《미국이 세계 여러 나라들과 WTO 협정을 맺으려 하면서도 자국 산업의 보호를 위해서 양보를 잘 하지 않을 것이라는 이야기다.》

주 망령, 유령과 같이 기분 나쁜 존재라는 의미다.

전적으로 ~에 **좌우된다**
달려 있다

hinge on

The battle against bird flu ***hinges on*** information, cooperation and quick response. ▶ 조류독감과의 전쟁은 전적으로 정보, 협력 그리고 빠른 대응에 좌우된다.

A lot ***hinges on*** how we are viewed by foreign investors. ▶ 외국 투자자들이 우리를 어떻게 보고 있는가에 많은 게 달려 있다.

China's ability to become a technological superpower ***hinges on*** its ability to get a grip on issues of ownership, including intellectual property. ▶ 중국이 지적재산 등을 포함한 소유권 문제들을 제대로 인식하지 않으면 절대로 기술 강대국이 될 수 없다.

주 문을 원활하게 여닫기 위해서 다는 경첩(*hinge*)과 같은 것에 대롱대롱 매달려 흔들리고 있다는 의미이다.

lie with

The future of Korea ***lies with*** engineers. ▶ 한국의 미래는 엔지니어에게 달려 있다.

President Bush says Iran must suspend uranium enrichment activities if it wants to see an enhanced package of economic incentives. Mr. Bush, speaking Thursday in a press conference with British Prime Minister Tony Blair at the White House, said the choice ***lies with*** the Iranian regime. ▶ 부시 대통령은 이란이 보다 나은 경제적 보상을 원한다면 우라늄 농축 활동을 중단해야 한다고 말한다. 부시 대통령이 백악관에서 영국 수상 토니 블레어와 함께한 기자회견에서 선택은 이란 정권에게 달려 있다고 말했다.

어떤 일이 잘 나갈수록 그만큼 **좌절의 고통도 큰 법이다**

The bigger they are, the harder they fall

"***The bigger they are, the harder they fall***." This old saying sums up the worst nightmare of every homeowner, every gold buyer, and every investor in today's market. ▶ "어떤 일이 잘 나갈수록 그만큼 좌절의 고통도 큰 법이다." 이 옛 말은 요즘 시장에서 모든 주택 소유자들과 금을 구입한 모든 사람들 그리고 모든 투자자에게 닥친 최악의 악몽을 함축한다.

The bigger they are, the harder they fall—especially in the world of celebrity divorce. Basketball great Michael Jordan, singer-songwriter Neil Diamond and Oscar-winning director Steven Spielberg top a new Forbes magazine list of the most costly divorce settlements of the stars. Jordan's pending divorce settlement with his wife of nearly 18 years could end up as the most expensive in entertainment history, Forbes said, if his estranged spouse walks away with half his fortune. ▶ 특히 명사(名士)들이 이혼할 때 "어떤 일이 잘 나갈수록 그만큼 좌절의 고통도 큰 법이다"라는 속담이 적용된다. 최고의 농구선수 마이클 조단, 가수 겸 작곡가 닐 다이아몬드 그리고 오스카상 수상 감독 스티븐 스필버그가 포브 잡지에서 선정한 위자료를 제일 많이 지불한 유명인 명단 상위에 올랐다. 현재 진행중인 18년을 함께 산 부인과의 이혼소송에서 별거중인 부인이 그의 재산의 절반을 받게 된다면 연예계 사상 최고로 비싼 위자료가 될 것이라고 한다.

무슨 일을 하려고 하는데 누군가가 방해하여 일이 뜻대로 안 되어 **좌절하다**

bang one's head against the wall

He has been ***banging his head against the wall***, trying to convince his colleagues of something that they resolutely refuse to believe. ▶ 동료들이 단호하게 믿기를 거부하는 것을 확신시켜 주려고 노력했지만 뜻대로 안 되어 좌절해 왔다.

He had to ***bang his head against the wall*** a few times to learn his lesson. ▶ 그가 깨닫기까지 여러 번의 좌절을 겪어야 했다.

저지른 죄/잘못에 대한 아무런 **죄값을 치르지 않고 빠져나가다**

go(get away; get off) scot-free

It would be wrong to allow the indicted governor ***go scot-free*** considering the enormity of his involvement in the looting of public funds while he served as governor. ▶ 주지사로 재직하는 동안 공공자

금을 빼돌린 사건에 관여한 중대한 범죄를 고려할 때, 기소된 주지사가 죄값을 치르지 않고 빠져나간다면 잘못된 일일 것이다.

Also, I don't think the guys who assisted him in selling these investments should ***get away scot-free*** either. ▶ 또한, 그가 이 투자상품들을 팔도록 도와준 이 사람들 역시 마땅히 죄값을 받아야 한다고 생각한다.

주 여기서 *scot*은 마땅히 지불해야 하는 비용이나 세금 등을 의미하는 고어다.

남과 같은 **죄를 뒤집어 쓰다**
같은 취급을 당하다; 싸잡아서 매도(罵倒)를 당하다

be/get tarred with the same brush

I am a football supporter and I have to often explain that I am not one of the hooligan sort. Because we'll all ***get tarred with the same brush*** when there's trouble. ▶ 축구 서포터의 한 사람으로서 가끔씩 나는 훌리건 같은 사람이 아니라고 설명해야 할 때가 있다. 왜냐하면 훌리건의 난동이 있을 때 같은 죄를 뒤집어 쓸 수 있기 때문이다.

It's a shame that the whole student body ***was tarred with the same brush*** because of the actions of a few. ▶ 몇몇의 행동으로 인해서 모든 학생이 같은 취급을 당했다는 것은 치욕이다.

주 양의 상처를 치료하기 위하여 타르를 묻힌 브러시로 문지른 데서 유래되었다.

대단히 **죄송한 말씀이지만**
대단히 미안하지만, 대단히 송구스럽습니다만 (상대방이 듣기 싫어하는 말을 하면서도 감정 상하지 않도록 배려할 때 사용함)

with due respect to

With due respect to the House, its Committee on Education must have done careful study of the proposal. ▶ 하원에게는 매우 미안한 말이지만, 하원 교육위원회가 그 제안을 면밀하게 검토를 했어야만 했다.

I told him ***with all due respect*** that it's not true. ▶ 나는 대단히 미안하지만 그게 사실이 아니라고 그에게 말했다.

주객(主客)이 전도된 상황

the tail wagging the dog

It's a case of ***the tail wagging the dog***. ▶ 이는 주객이 전도된 경우이다.

The vast majority of society have not gone mad, it's the lunatic minority fringe — "***the tail wagging the dog***" — who need to be stopped. ▶ 사회 대부분은 올바른 정신을 가지고 있다. 미치광이 같은 소수의 과격분자들이 사회 전체를 흔들고 있는 이 같은 주객이 전도된 상황을 막아야 한다.

We have to be careful we don't end up with a situation of ***the tail wagging the dog*** whereby the representation letters are used just to help the auditors feel comfortable with the information given. ▶ 우리는 주객이 전도된 상황을 만들지 않도록 주의해야 한다. 이렇게 함으로써 진술서는 회계감사들이 주어진 정보를 잘 이해할 수 있도록 도와주는 역할로만 사용될 수 있다. 진술서가 회계감사관에게 이래라 저래라 하는 식으로 되어서는 안 된다는 말이다. ♣ *whereby*: ~ 때문에(~으로 인하여) 다음의 일이 **가능하다** 참조

주 꼬리가 개를 흔들고 있는 황당한 광경을 상상하면 된다.

주도권
패권

hegemony

In the past, the United States ***maintained its global hegemony*** relying on its use of force. But now, its national strength has been dramatically undermined by the global financial crisis and a couple of "anti-terrorism" wars it has engaged in. ▶ 과거에는 미국이 군사력에 의존하여 세계에서 주도권을 유지했었다. 그러나 지금 미국의 국력이 세계금융위기 및 이라크와 아프간에서 벌이는 테러와의 전쟁으로 크게 약화되었다.

Trotsky predicted before the Second World War that America would win the war and ***establish world hegemony*** but with dynamite built into its foundation. ▶ 트로츠키는 제2차 세계대전이 발발하기 이전에 미국이 이 전쟁에서 승리하여 세계의 패권을 쥐게 되지만 언제 무너질지 모른다고 예견했다.

주도권을 잡고 있다
마음먹은 대로 할 수 있는 위치에 있다

in the driver's seat ☞ 핸들을 쥐고 있다; 운전석에 앉아 있다

He is *in the driver's seat*. ▶ 그가 주도권을 잡고 있다.

Even though he's now *in the driver's seat*, it may be hard for him to slam on the brake. ▶ 비록 그가 운전석에 앉아 있지만, 급 브레이크를 밟기는 어려울지 모른다. 《John Paul II의 뒤를 이어 교황이 된 Benedict XVI가 이전 교황이 해왔던 일들을 갑작스럽게 그만두지는 못할 것이라는 이야기다.》

~가 주도하는
~가 이끄는

someone-led

The UNHCR-led team visited the border town to assess the situation in the area following the March 3-4 attack. ▶ 유엔 난민 고등판무관 사무소가 이끄는 조사팀이 3월 3, 4일에 벌어진 공격 이후 그 국경 마을의 상황을 파악하기 위하여 방문했다. ♣ *UNHCR*: Office of the United Nations High Commissioner for Refugees

US-led coalition forces said a military operation against Taliban fighters in southern Afghanistan has left two civilians dead. ▶ 아프간 남부지역에서 벌인 탈리반 전사들에 대한 한 군사작전에서 두 명의 민간인이 사망했다고 미국이 주도하는 연합군이 발표했다.

단체/사회/조직/정당 등을 주도하는 사람들
기득권층; 주류(主流)

the establishment

Currently there are two main channels for information on Iraq: the Pentagon and the Iraqi stringers who work for Arab media outlets. For audiences unfamiliar with Arabic or alternative news sources on Iraq, the only available news comes from daily press releases by the U.S. military that are parroted by *the establishment media*. ▶ 현재 이라크에 대한 정보를 얻을 수 있는 두 가지 경로가 있다. 미 국방부와 아랍 언론을 위해서 일하는 이라크인 통신원이다. 아랍어나 혹은 다른 뉴스 출처에 친숙하지 않은 청취자들에게는, 언론을 주도하는 매체들이 그대로 앵무새처럼 따라하는 미군이 매일 내보내는 뉴스가 유일하다. ♣ *parrot*: 생각도 없이 **앵무새처럼 남이 한 말을 그대로 따라하다** 참조

Other members of *the Republican establishment* suggested that he was blaming America for the 9/11 attacks. ▶ 그가 9/11 테러가 미국의 잘못 때문에 발생했다고 주장하고 있다고 다른 공화당 주류 사람들이 시사했다.

As the decade began, there was an overwhelming sense of economic triumphalism in America's *business and political establishments*, a belief that we — more than anyone in the world — knew what we were doing. ▶ 2000년대가 시작했을 때 미국의 재계 및 정치계의 기득권층에서 경제적 승리주의가 팽배해 있었다. 경제적 승리주의란 우리는 세계의 어느 누구보다 우리가 하고 있는 일을 우리가 더 잘 알고 있다는 믿음이다. 《2009년 말 지난 10년간을 되돌아보면서 쓴 글이다. 미국의 금융시스템이 최고인줄 알았었는데 사실은 그렇지 않았다는 말이다.》

어떤 활동의 주동자

instigator

In this game of shadow boxing, it is increasingly difficult to pinpoint who are *the instigators* and who are the innocent bystanders or victims. ▶ 서로 상대방을 직접 건드리지 않는 이런 싸움에서는, 누가 주동자고 누가 죄 없는 구경꾼 혹은 희생자인지 꼭 집어내기가 점점 힘들어지고 있다. ♣ *increasingly*: 강도/세기(intensity)가 점점 **증가하면서**; *shadow boxing*: 사람이나 집단 사이에서 서로 상대방에게 어떤 행동은 취하고 있지만 상대방을 건드리는 직접적인 행동을 하지 않는 **분쟁** 참조

He was one of *the key instigators* of reform. ▶ 그는 개혁을 주동하는 핵심인물 중의 한 사람이다.

ringleader ☞ 주모자(특히 좋지 않은 일을 주동하는 사람)

The suspected ringleader of the plot was killed by police. ▶ 그 음모의 주모자로 의심되는 사람이 경찰에 의해서 사살되었다.

주머니가 깊은
주머니가 두둑한; 돈/자금이 풍부한

deep-pocketed

He cannot hope to win a technological arms race against ***deep-pocketed Sonny and Microsoft***. ▶ 그는 자금이 풍부한 소니와 마이크로 소프트와의 기술경쟁에서 이기길 바랄 수 없다.

Their attention and research is geared toward ***deep-pocketed institutional clients***, not average Americans with their retirement cash. ▶ 그들의 관심과 연구는 퇴직금을 가지고 있는 일반 미국인들이 아닌 돈이 많은 기관 고객들에게 맞추어져 있다.

주머니를 깊이 뒤지다
많은/큰 돈을 쓰다/지불하다

dig deep into one's pocket

It really is worth ***digging deep into your pocket*** for this tour package. ▶ 이 여행 패키지는 큰 돈을 쓸 만한 가치가 있다.

주머니 사정에 맞다
가격이 적당하다; 가격이 자금 사정/형편에 맞다

suit one's pocket

The car may ***suit your pocket***. ▶ 이 자동차는 당신의 주머니 사정에 맞을지 모른다.

주머니에 구멍을 내다
돈을 마구 쓰게 만들다; 돈을 쓰고 싶어서 안달이 날 지경이다

be burning a hole in one's pocket

I had a fifty dollar bill that ***was burning a hole in my pocket***, so I figured I'd go out and have a really good time. ▶ 수중에 있는 50불을 쓰고 싶어 안달이 날 지경이었다. 그래서 밖에 나가 즐거운 시간을 보내는 것이 좋겠다고 생각했다.

These top-quality building materials ***are burning a hole in the buyer's pocket***. ▶ 구매자들이 돈을 마구 쓰며 이 최고 품질의 건축재료들을 구입하고 있다.

The Chinese have been on a global buying spree and will continue to seek opportunities to invest the trillion dollars it has accumulated in trade imbalances. China's economy is growing at a rate in excess of three times the U.S. economy and ***the cash is burning a hole in their pocket*** while they look for a place to invest. ▶ 중국은 전 세계에서 돈을 흥청망청 써왔고 무역 흑자로 축적된 1조 달러를 투자하기 위한 기회를 계속 찾을 것이다. 중국 경제의 성장 속도는 미국보다 3배 이상 빠르며, 돈을 쓰고 싶어 안달을 내며 투자할 곳을 물색하고 있다. ♣ *on a spree*: **흥청거리다** 참조

본인 주머니에서 직접 지불하는 비용
본인이 직접 부담하는 비용; 본인이 일시불로 지불하는 비용

out-of-pocket cost/expense

In 2007, adults with employer coverage faced an average of $729 annually in ***out-of-pocket costs*** for medical services. ▶ 2007년 회사가 부담하는 의료보험을 가진 성인들은 의료비용으로 평균 729불을 본인 주머니에서 지출했다.

The plaintiffs are seeking to be reimbursed for ***out-of-pocket costs*** associated with the repairs. ▶ 원고들은 수리 비용으로 본인들이 직접 부담한 돈을 돌려받으려 한다.

Ask for exact amounts of co-pay or ***out of pocket expense***. Have them fax to you a paper stating what you are expected to pay. ▶ 공동 부담 혹은 당신이 직접 지불해야 하는 비용이 정확하게 얼마인지 물어보라. 당신이 얼마를 지불해야 하는지 설명하는 서류를 팩스로 보내 달라고 요청하라.

주 주머니에서 바로 돈을 꺼내 지불한다는 의미다. 주유소에서 기름을 넣거나 편의점 등에서 물건을 사는 비용이 이에 해당한다. 회사 업무상으로 썼다면 나중에 돌려받을 수 있지만 일단 본인 돈으로 먼저 지불하는 경우도 이에 해당된다.

주머니에 손을 집어 넣다
돈을 쓰다

put one's hand in his/her pocket

I am sure you won't regret if you ***put your hand in your pocket*** for this one. ▶ 당신이 이것을 위해 돈을 써도 후회하지 않을 것이라고 나는 확신한다.

~을 주머니에 챙겨 넣다
부당하게 혹은 손쉽게 돈을 벌다; 사복(私腹)을 채우다; ~으로 주머니를 불리다; 착복하다

pocket

The team, headed by the Finance Minister, is alleged to have extorted and ***pocketed*** about 40% of the workers' money. ▶ 재정부 장관이 주도한 그 팀이 노동자들 돈의 40%를 갈취해서 주머니를 불렸다고 한다.

He ***pocketed*** the money to pay for taxes and his personal mortgage payments and to spend at liquor stores. ▶ 그는 그 돈을 착복해서 세금과 담보대출금을 내고 술을 샀다.

line one's pocket

No minister seeks to ***line his pocket*** through bribes and kickbacks. There are however a lot of inefficiencies in the government ministries as well as in the law enforcement agencies. ▶ 뇌물이나 리베이트로 사복을 채우려는 장관은 없다. 하지만 법을 집행하는 기관들뿐만 아니라 정부 부처들도 너무나 비효율적으로 운영되고 있다.

주 여기서 "*line*"은 "(주머니, 배 등을) 꽉 채우다"라는 의미다.

어떤 문제나 이슈가 시급한 처리를 요하거나 매우 중요하여 큰 주목을 받고 있는
큰 관심을 받고 있는; 이목이 집중되어 있는

on the front burner

This issue I have been writing about for years is now ***on the front burner***. ▶내가 수년간 써온 이슈들이 지금 큰 주목을 받고 있다.

These chronic fiscal problems haven't been ***on the front burner*** recently. ▶ 이 만성적 재정문제들이 최근에 큰 관심을 받지 못하고 있다.

주 *front burner*: 손님에게 바로 만들어 제공할 음식을 요리하는 데 사용하는 주방 앞쪽에 있는 화력이 센 버너. ♣ 반의어: ***on the back burner*** 참조

주목할 만한
눈에 띄는

of note

We have gone through a period in which our nation could have achieved so much, but we really have done ***nothing of note*** in the year 2007 except that we have sunk deeper into the morass of corruption, poverty and underdevelopment. ▶ 우리나라가 많은 성과를 이룰 수도 있었던 시기를 보냈지만, 부패와 가난 그리고 저개발의 늪으로 더 깊이 빠져든 것 말고는 2007년에 주목할 만한 어떤 일도 해내지 못했다.

And ***of note*** in those results is the fact that makers of DVDs will follow the market. ▶ 그 결과에서 주목할 만한 것은 DVD 제조업체들이 시장의 흐름에 따라갈 것이라는 사실이다.

주문 제작하는
맞춤형의

tailor made; custom made

Your investment portfolio should be ***tailor made*** to reflect your risk tolerance levels, as well as your income needs. ▶ 당신의 투자 포트폴리오는 원하는 수익의 정도는 물론이고 당신의 위험내성 수준을 반영한 맞춤형으로 짜여야 한다.

주사위는 이미 던져졌다
이미 결정이 내려졌기 때문에 모두 승복해야 한다

the die is cast

I am sure that there will be plenty more twists and turns before ***the die is cast*** in early May. ▶ 5월 초

주사위가 던져지기 이전에 더 많은 우여곡절이 있을 것이라고 나는 확신한다. ♣ *twists and turns*: **우여곡절** 참조

It is Julius Caesar who coined the phrase "*the die is cast.*" ▶ "주사위는 이미 던져졌다"는 표현을 처음 사용한 사람은 줄리어스 시저다. ♣ *coin*: 새로운 단어/용어 등을 **만들다** 참조

Before *the die is cast*, the Assembly must have a chance to debate this crucial issue. ▶ 법안 통과를 위한 투표를 하기 전에, 의회는 매우 중요한 이 문제에 대해 토론하는 기회를 가져야 한다.

㈜ *die*: a pair of dice (주사위 놀이는 주로 두 개를 사용한다)

주식(主食)
일상에서 주로 먹는 음식

staple food

Rice is *the staple food* of many Oriental nations. ▶ 쌀은 많은 동양 국가들의 주식이다.

특정 회사가 자사 소유의 **주식을 일반인들에게 공개하다**
주식을 상장하다

go public

The company has yet to *go public* since its inception. ▶ 그 회사는 출범 이후 아직 주식을 일반인들에게 공개한 적이 없다.

His firm keeps growing since *going public* in 2000. ▶ 그의 회사는 2000년 주식을 상장한 이후 꾸준히 성장하고 있다.

권리/재산/특권 등이 ~에게 **주어지다**
당연한 것으로 부여되다

Something is vested in/with ☞ Formal

On powers, he said under the constitution of our party, *powers cannot be vested in one single person, but with the party*. ▶ 당권에 관한 우리 당의 규정에 의하면 당권은 일 개인이 아닌 당에게 부여되어 있다고 그가 말했다.

These are matters that are absolutely basic and we need to be clear about them before we proceed to the further and even more important discussion of the division of powers. This is where we haven't even begun to come to grips with the reality of a federal solution. More than anything else we, again as a community, need to think long and hard about which powers should be *vested in the central authority* and which ones *in the constituent units* and possibly which ones should be shared. ▶ 이는 매우 기본적인 문제들이며, 권력의 분할에 대한 보다 중요한 토론을 계속하기 전에 이 문제들에 관해 확실히 해둘 필요가 있다. 우리는 이에 관해 연방정부가 제시한 해결책의 심각성을 인식하고 이에 대처하기 위한 노력을 시작해 본 적도 없다. 무엇보다도 먼저 우리는 한 사회 공동체로서 어떤 권한이 중앙정부에 주어져야 하고 어떤 권한이 유권자들에게 주어져야 하는지 그리고 어떤 권한이 공유되는 것이 좋은지에 대해 심사숙고할 필요가 있다. ♣ *come to grips with*: 어떤 문제/일을 심각하게 받아들이고 **대처하다** 참조

영화/연극 등에서 **주연을 맡다**

star in

She has *starred in tens of films*. ▶ 그녀는 수십 편의 영화에서 주연을 맡았다.

Ronald and Nancy Reagan *starred in only one movie* together, but their partnership made history. ▶ 전 미국 대통령 로널드 레이건과 부인 낸시 여사는 오직 한 영화에서만 함께 주연을 맡았지만, 그들의 동반자 관계는 역사에 길이 남을 것이다.

~을 반드시 해야 한다고 하는 요란스러운 **주장**
시끄럽게 떠드는/외치는 (목)소리; 큰소리로 외치는 주장

drumbeat ☞ 북소리

The drumbeat of protectionism is growing louder by the day. ▶ 보호주의를 주장하는 목소리가 날이 갈수록 커지고 있다.

Responding to *an increasingly insistent drumbeat of lobbying* over the past few months from industry leaders, scientists and legislators, Bush announced in his State of the Union address last week the launch of what he called the American Competitiveness Initiative. ▶ 산업계의 리더들, 과학자들, 의원들이 지난 몇 달간 점점 큰 목소리로 줄기차게 외치는 목소리에 답하여, 부시 대통령은 지난주 연두교서에서 그가 '미국 경쟁력 강화를 위한 발의안'이라 부르는 정책을 시행하겠다고 발표했다.

The media drumbeat is relentless: American manufacturers are in retreat, fleeing our shores for China, India, Mexico and other low-cost countries. And with them go jobs. ▶ 미국의 제조업체들이 미국 땅을 떠나 중국, 인도, 멕시코 및 다른 생산비가 적게 드는 나라로 떠나고 있으며 이와 함께 일자리도 없어지고 있다고 언론들이 끊임없이 큰소리로 외치고 있다.

남들의 이야기는 안 듣고 자기 **주장만 내세우다**
자신이 하는 말만 옳기 때문에 아무도 이의를 제기하면 안 된다는 태도로 의견을 말하다

pontificate about ☞ Formal

There's always at least one person per event who uses the occasion to ***pontificate*** instead of just asking a question. ▶ 행사 때마다 질문이나 하지 않고 자기 주장만 내세우는 기회로 이용하는 사람이 항상 적어도 한 명씩은 있다.

We spent two classes watching a pro-abortion video — abortion was a subject she loved to ***pontificate about*** — when I asked when we were going to watch an anti-abortion video so we could see both sides of the issue, she laughed and muttered "Oh, we're not doing that." ▶ 우리는 낙태를 옹호하는 비디오를 보느라 2교시를 보냈는데, 낙태는 그녀가 자기 주장만을 내세우기 좋아하는 주제였다. 양쪽을 다 알 수 있도록 낙태를 반대하는 비디오도 보느냐고 물었을 때 그녀는 웃고 나서 아니라고 중얼거렸다. 《낙태를 열성적으로 지지하는 미국 어느 대학의 여 교수를 비난하는 글이다.》

주 마치 자신이 교황(*Pontiff*)의 직무를 수행하고 있는 것처럼 이야기한다는 의미다.

실제로 입증되지는 않았지만 사람들이 진실이라고 **주장하는**
~라고 주장하지만 실제로 입증되지는 않은

alleged

The alleged exchanges continued in defiance of the 1994 Agreed Framework signed by Pyongyang and the Clinton administration. ▶ (북한과 파키스탄 사이에서 이루어졌다고 서방측이 주장하는) 그 거래는 클린턴 행정부와 평양이 합의한 1994년 협정을 어기고 계속되었다. 《북한이 파키스탄에게 미사일 발사기술을 전수하는 대가로 우라늄 농축기술을 포함한 핵무기 제조기술을 이전받았다고 알려진 거래에 대한 이야기다.》

He ***allegedly*** ordered his staff to wiretap the phone of a freelance journalist who published articles critical of him. ▶ 그가 자신을 비난하는 글을 쓴 사람들의 전화를 도청하라고 직원들에게 명령했다고 사람들이 주장한다.

회의/행사 등을 직접 **주재(主宰)하다**
책임지고 맡아서 처리하다; 주도하다

preside over

He ***presided over a rebirth*** of Disney's animation franchise that produced such crown jewels as *The Lion King*. ▶ 그는 '*The Lion King*' 등과 같은 훌륭한 영화들을 제작한 애니메이션 왕국 디즈니의 부활을 주도했다. ♣ *crown jewel*: 가장 **중요하거나 가치가 높은 것** 참조

After Pope John Paul II turned beatifications into major events by ***presiding over each ceremony***, often in front of vast crowds in St. Peter's Square, Benedict is reverting to having the Mass led by a designated Cardinal or Bishop. ▶ 교황 요한 바오로 2세가 성 베드로 광장에 모인 많은 군중들 앞에서 모든 시복(諡福)미사를 직접 주재함으로써 이를 중요한 행사로 변모시켰는데, 후임 교황인 베니딕트는 지정된 추기경이나 주교에게 이 미사를 집전케 하는 본래 관행으로 되돌아가고 있다.

조금도 주저하지 않고
추호도 망설이지 않고; 즉시

without a second thought ☞ 더 생각할 겨를도 없이

"Yes," he answered ***without a second thought*** when asked whether the store was always so busy. ▶ 그는 가게가 항상 붐비느냐는 질문에 추호도 망설이지 않고 그렇다고 대답했다.

He took me under his wing ***without a second thought*** and taught me how to train — what's good and what's bad. ▶ 그는 조금도 주저함 없이 나를 자상하게 보살펴주었으며 어떤 훈련방법이 좋고 나쁜지 가르쳐 주었다. ♣ *take someone under one's wing*: ~를 따듯하게/자상하게 **보살피다** 참조

~을 하는 데 주저하지 않는다
매우 빠르게 ~을 하다; 재빠르게 ~을 하다

be quick to do something

Bankers ***are quick to*** condemn retrospective tax law. ▶ 은행 관계자들이 주저하지 않고 소급세법을 비난한다.

make no bones about doing something

She ***made no bones about*** baring details of her colorful love-life in the past on national television. ▶ 국영 TV에서 그녀는 주저하지 않고 자신의 화려한 성생활을 자세하게 털어놓았다.

㈜ 생선으로 만든 수프에 가시(*bone*)가 들어 있지 않기 때문에 혹시나 급히 먹다가 목에 가시가 걸리지 않을까 주저하지 않아도 된다는 말이다. ♣ ~에 관해서 숨기지 않고 **솔직하게 이야기하다** 참조

주체할 수 없을 정도의 많은 양
지나칠 정도로 많은 양; 과잉/과다

plethora ☞ **Formal**

Although ***a plethora of superhero films*** have recently clawed, winged and flown their way onto the big screen, only a handful have truly been super. ▶ 주체할 수 없을 정도로 많은 슈퍼히어로(초인간적인 능력을 지닌 영웅) 영화들이 최근 영화관을 점령하고 있지만, 오직 소수만이 흥행에 성공했다.

The coach said ***a plethora of mistakes*** in the final quarter gave the opponent a chance to take the victory. ▶ 마지막 쿼터에 너무나 많은 실수를 범해 상대에게 승리의 기회를 주었다고 코치가 말했다.

㈜ 의학에서 다혈증(多血症), 적혈구 과다증을 의미한다.

죽도록 일을 하다
매우 힘든 일을 쉬지 않고 하다

work oneself to death

They ***worked themselves to death*** but never lost their humor. ▶ 그들은 죽도록 일을 했지만 절대 유머를 잃지 않았다.

죽어 이 세상에서 사라진
죽었다는 혹은 이 세상에서 없어졌다는 사실을 강조하면서 그 다음에 오는 일을 이야기할 때 사용하는 표현

dead and gone

Often a genius is recognized after he is ***dead and gone***. ▶ 종종 천재는 죽어 이 세상에서 사라진 후에야 인정받는다.

Apparently, uses for the technology could be to set up automatic birthday emails to your grandchildren to arrive after you're ***dead and gone***. ▶ 분명히 그 기술을 사용하면 당신이 죽어 이 세상에서 사라진 후에 손자들에게 자동적으로 생일축하 이메일을 보낼 수 있을 것이다.

I'll be ***dead and gone*** when that happens. ▶ 내가 죽고 난 이후에야 그 일이 일어날 것이다.

죽은 사람이 안다면 너무나 놀랄 일이다
죽은 사람이 무덤에서 벌떡 일어날 일이다

turn/spin/roll in one's grave

If Mao Zedong knew what I'm doing, profiting from him, he would probably ***turn over in his***

자

grave. ▶ 마오쩌둥이 내가 그를 이용해서 돈을 벌고 있다는 것을 안다면, 그는 아마 너무 놀라 무덤 속에서 뒤치락거릴 것이다. 《마오쩌둥이 들어간 포스터와 사진 등을 전시하고 있는 한 미국 여성의 이야기다.》

Monday evening, John Steinbeck ***rolled in his grave***. Then sat up. Then proclaimed: "What's all the noise about?" ▶ 월요일 저녁 존 스타인백이 무덤에서 뒤척이며 벌떡 일어나 앉아 "도대체 웬 소란이냐?"라고 외쳤다.

Theater Mu does the Bard of Avon proud by relocating "A Midsummer Night's Dream" to a fantastical version of 19th-century Japan. Director Rick Shiomi has put together a captivating production with solid casting, a wonderful set and some laugh-out-loud physical comedy that must have Shakespeare ***smiling in his grave***. ▶ Mu 극장이 에이번 강의 시인(the Bard of Avon: 세익스피어)의 "한여름 밤의 꿈"을 19세기 일본을 배경으로 각색하여 세익스피어를 기쁘게 해준다. 감독 Rick Shiomi는 탄탄한 출연진과 멋진 무대세트 그리고 세익스피어가 무덤 속에서 미소 지을 수밖에 없는 몸으로 보여주는 배꼽 잡는 코미디로 매혹적인 작품을 연출했다.

죽은 자식 불알 만지고 있다
이미 다 끝난 후 아무 소용 없는 짓을 하다; 이미 다 끝난 후인데도 미련을 못 버리고 쓸데없는 일을 하다

flog/beat/whip a dead horse ☞ 죽은 말에 채찍을 가하다

It's all over, but he ***is flogging a dead horse***. ▶ 모든 게 다 끝났는데도 그는 미련을 버리지 못하고 아무 소용없는 짓을 하고 있다.

Let's not ***beat a dead horse***. ▶ 이미 다 끝났으니 미련을 버리자.

준비를 채 끝내기도 전에 성급히 어떤 일을 하려고 드는
준비가 덜 된 채로

half-cocked

Don't get into anything ***half-cocked***. ▶ 준비를 채 끝내기도 전에 성급히 어떤 일을 하려고 들지 마라.

Before we go off ***half cocked***, we should ask the police department to quantify the problem. ▶ 준비가 덜 된 채로 성급히 일을 진행하기 전에, 우리는 경찰에게 그 문제의 심각성이 어느 정도인지 파악해 달라고 요청해야 한다.

주 옛날에 사냥꾼이 구식 소총으로 사냥을 할 때, 공이(총탄의 뇌관을 때리는 망치)를 반만 젖혀 놓았다. 공이를 완전히 젖히지 않으면 방아쇠를 당겨도 총탄이 발사되지 않기 때문에 안전장치의 역할을 한다. 또한 공이를 반쯤 미리 젖혀 놓으면 사냥감을 발견하는 즉시 신속하게 쏠 수 있다는 이점도 있다. 초보 사냥꾼이 훌륭한 사냥감을 발견하고는 흥분한 나머지 공이를 뒤로 완전히 젖히는 것을 깜박하고 그대로 방아쇠를 당겨 사냥에 실패한 경우에 빗댄 표현이다.

하시라도 ~할 준비가 되어 있다
만반의 준비를 갖추고 있다; ~할 (준비) 태세를 갖추다

be poised ☞ 준비 자세를 취하고 있다

Alan Garcia, whose 1985-1990 presidency brought economic ruin to Peru, ***was poised for a major political comeback*** as an official vote tally showed him winning a runoff election. ▶ 1985년에서 1990년까지 페루 대통령을 지내면서 나라 경제를 파멸시킨 Alan Garcia가 결선투표의 공식 집계 결과 승리한 것으로 나타나 다시 정치에 복귀할 태세를 갖추었다.

California ***is poised to push*** green, renewable power to a new level. ▶ 캘리포니아는 친환경 재생에너지를 새로운 단계로 끌어올릴 만반의 준비가 되어 있다.

be all set

Brussels, along with the EU, ***is all set to host*** an Indian cultural festival for four months from October 7. ▶ 브뤼셀은 유럽연합과 함께 10월 7일부터 4개월간 인도문화축제를 개최할 준비를 완벽하게 갖추고 있다.

어려움, 위기 등이 닥칠 때를 대비하여 만반의 준비를 하다

batten down the hatches

Many firms are ***battening down the hatches*** and

preparing to ride out the storm. ▶ 많은 기업들이 폭풍(경제불황)을 극복하기 위하여 만반의 준비를 하고 있다.

As rain driven by Tropical Storm Aletta began to fall in Mexico this week, folks from Maine to Miami with memories of Katrina began getting ready to ***batten down the hatches***. ▶ 열대성 폭풍(허리케인) 알레타가 몰고 온 비가 이번 주 멕시코에 내리기 시작함에 따라서, 북쪽 메인부터 카트리나(2005년 8월 미국 남부를 강타한 허리케인)에 대한 기억이 있는 마이애미 사람들에 이르기까지 모든 사람들은 만반의 준비를 갖추기 시작했다.

Batten down the hatches, mosquito season is here. ▶ 모기가 극성을 부리는 시즌이 왔으니 준비를 단단히 하라.

주 거친 풍랑을 대비해서 배 안으로 물이 들어가지 않도록 갑판의 ***hatch***(승강구)을 단단히 걸어 잠그듯이 만반의 준비를 한다는 의미다.

특정한 활동을 위하여 **준비를 갖추다**
채비를 갖추다

gear up

As the summer approaches, many hikers and other outdoor enthusiasts are ***gearing up*** to head onto the trails and into the outdoors. ▶ 여름이 다가옴에 따라서, 많은 등산객들과 그 밖의 야외 스포츠를 즐기는 사람들은 등산로와 야외로 향할 채비를 갖추고 있다.

The town is ***gearing up*** for this year's flu season. ▶ 그 도시는 금년 독감 계절에 대비하여 준비를 갖추고 있다.

주 어떤 활동을 시작하기에 앞서 필요한 장구/장비/채비(***gear***)를 갖춘다는 의미다.

규정이나 원칙 등을 잘 **준수하다**
지키다; 따르다

toe the line

He was very honest and absolutely ***toed the line***. ▶ 그는 매우 정직했으며 규정을 철저히 지켰다.

Our commendation to the President is because he ***toed the line of his principal***. ▶ 우리가 대통령을 칭찬하는 이유는 자신이 내세운 원칙을 잘 지켰기 때문이다.

주 금 밖으로 벗어나지 않는다는 의미다.

특정 주제에 대하여 남들이 귀찮게 생각할 정도로 **줄기차게 떠들어대다**
계속해서 한 가지 주제에 대하여 이야기하다

harp on

For years, they've ***harped on and on*** about a woman's right to choose, while failing to capture in any meaningful way the moral qualms so many of us have about abortion itself. ▶ 오랫동안 그들(여성운동가들)은 낙태 그 자체에 대하여 많은 사람들이 느끼는 양심의 가책에는 무관심한 채 오로지 여성의 권리만을 줄기차게 떠들어 왔다.

The former Prime Minister today cautioned the government against the designs of Pakistan, saying "the neighboring country was, on one hand, ***harping on*** peace talks but engaging in war preparations on the other." ▶ 전 수상이 "이 이웃 나라가 한편으로는 평화회담을 해야 한다고 줄기차게 떠들어대고 있었지만 또 한편으로는 전쟁 준비를 하고 있었다"고 말하면서 파키스탄의 음모에 대해 오늘 정부에 경고했다.

옷, 옷감 혹은 재료의 표면에 불거진(툭 튀어나온) **줄무늬가 있는**

ribbed

It has a smooth but ***deeply ribbed surface***. ▶ 이것은 매우 부드럽지만 깊은 줄무늬가 있다.

This two-button ***ribbed black sweater*** is shot through with silver threads. making it a striking choice for dressy occasions. ▶ 단추가 두 개 달려 있고 줄무늬가 불거진 이 검정 스웨터는 은색 실이 가득 박혀 있어, 화려한 복장이 어울리는 행사에 입고 나가기 알맞다. ♣ ***be shot through with***: 어떤 요소나 특징들로 **가득 차 있는** 참조

주 갈비뼈가 겉으로 드러날 때처럼 줄무늬가 툭 튀어나와 있다는 의미다.

자

물품 따위가 중고인
남이 쓰던

second-hand ☞ 이미 다른 사람의 손을 한번 거친

Buying *a second-hand car* can be a risky business.
▶ 중고차를 사는 것은 위험할 수 있다.

A second-hand shop sells *second-hand goods*.
▶ 중고품을 취급하는 가게에서는 남이 쓰던 물건들을 판다.

중도적인 입장/의견/태도
중용(中庸)

middle ground

A new BBC poll suggests there is *a significant middle ground* which rejects the view that Islam and the West are doomed to clash. ▶ BBC방송에서 최근 실시한 여론조사는 이슬람사회와 서구사회가 결국에는 서로 충돌할 수밖에 없을 것이라는 견해에 반대하는 중도적인 입장을 견지하고 있는 사람들이 많다는 사실을 시사한다.

The president is not advocating for an automatic path to citizenship, but supports *a rational middle ground*. ▶ 대통령은 (불법 이민자들에게) 자동으로 시민권을 부여하는 안을 옹호하는 것이 아니고 합리적 중용을 지지한다.

중도적인 입장/태도를 취하는
한편으로 치우치지 않는; 온건한

middle-of-the-road

He is always *middle-of-the-road* in politics.
▶ 그는 정치에서 언제나 중도적인 입장을 취한다.

At that time, the left-wing party didn't say anything about the government's *middle-of-the-road policies*. ▶ 그 당시, 그 좌익 정당은 정부의 온건 정책에 아무 말도 하지 않았다.

중도 우파

right-of-center; center-right

The electoral law was made and approved within the majority and without any involvement of *the center-right*. ▶ 그 선거법은 중도 우파 정당이 참여하지 않은 채 다수당의 주도하에 입안되고 통과되었다.

중도 좌파

left-of-center; center-left

Many think the ruling party is *a left-of-center party*. ▶ 많은 사람들은 집권당이 중도 좌파라고 생각한다.

중앙무대를 차지하다
무대 중앙을 차지하다; 매우 중요한 위치를 점하다; 사람들의 시선/이목을 끌다

take center stage

The undefeated boxer will once again *take center stage* in the boxing world. ▶ 이 무패의 복서는 다시 한 번 복싱계의 시선을 끌 것이다.

When one thinks of the Islamic world, the nations of Iran, Iraq and Afghanistan tend to *take center stage*. ▶ 사람들이 이슬람 세계를 떠올릴 때면 이란, 이라크, 아프간 같은 나라들이 중요한 위치를 점하는 경향이 있다.

Poland will *take center stage* at some events to celebrate the 20th anniversary of diplomatic ties between itself and Korea. ▶ 폴란드와 한국의 외교관계 수립 20주년을 기념하기 위한 일부 행사에서 폴란드가 중앙무대를 차지하게 될 것이다.

중앙무대에 서 있다
무대 중앙에 자리잡고 있다; 매우 중요한 위치를 점하고 있다; 사람들의 시선/이목을 끌고 있다

be at center stage

"For a number of reasons, we're not expecting many other journalists to parachute in this time, unlike previous visits where hundreds of correspondents arrived," said Seaman. "There's the economic problem the media is facing around the world, which is cutting down on their budgets for travel. Second, the elections in the

US *are at center stage* for the American media. As far as the international media, places like France, England and Australia are concentrating on Afghanistan, Iraq, Kenya and Pakistan." ▶ 미국 언론이 선거에 시선을 집중하고 있고 경제사정이 좋지 않은 등의 이유로 인해서 중동 방문길에 오른 미국 부시 대통령을 취재하러 온 기자들이 많지 않다는 이야기다.

If the Court's opinion is decided by a 5-to-4 majority, he may again *be at center stage*, and his vote may prove decisive. ▶ 만일 대법원의 판결이 5대 4로 결정된다면, 그가 매우 중요한 위치를 점할 수 있으며 그의 투표가 판결의 향방을 결정할 수 있다.

여러 가지 중 가장 **중요하거나 가치가 높은 것/사람**
대표할 만한 것; 핵심적인 것; 내세울 만한 것

crown jewel

A former Qualcomm engineer who stole hundreds of thousands of computer files — *the crown jewels* according to the company — before taking a job with rival Nokia was sentenced to three years of probation and fined $5,000 yesterday. ▶ 경쟁사인 노키아로 직장을 옮기기 전, 회사가 가장 중요하게 여기는 수십만 개의 컴퓨터 파일을 훔친 전 퀄컴 엔지니어가 집행유예 3년과 5,000달러의 벌금형을 선고받았다.

Protecting *the firm's crown jewels* — its patented or copyrighted assets — remains critical. ▶ 그 회사의 핵심 자산인 특허나 판권을 보호하는 문제가 중대한 기로에 서 있다.

He is one of *the crown jewels* of this recruiting class for the team. ▶ 그는 그 팀이 이번에 뽑은 신인들 중 내세울 만한 선수 중의 하나다.

주 중요한 행사에 왕이 지니고 나타나는 물건(왕관, 지휘봉, 각종 보석 장신구 등)을 말한다.

중요한
가치가 있는

of consequence ☞ Formal

He suddenly found himself a person *of consequence*. ▶ 그는 자신도 모르게 중요한 인물이 되어버렸다.

The religious affiliation of those they choose to marry was *of no consequence* to anyone. ▶ 그들이 결혼 상대로 선택한 사람들의 종교는 누구에게도 중요하지 않았다.

But when it comes to winning an Oscar, these statistics are *of little consequence*. In the end, deciding which film wins comes down to the voting members. ▶ 하지만 오스카상 수상에 있어서는, 이런 통계들은 별로 중요하지 않다. 최종적으로 수상작들은 심사위원들이 결정한다.

어떤 상황에서 가장 **중요한 것**

the name of the game ☞ 핵심 요소, Informal

The name of the game for both parties is getting their core voters to the polls. ▶ 양당에게 가장 중요한 것은 자신을 지지하는 핵심 유권자들을 투표장으로 나오게 하는 것이다.

To ease the crisis, they recognize that efficiency is *the name of the game*. ▶ 이 위기에 대처하기 위해서는 효율성이 핵심 요소라는 것을 그들이 인식하고 있다.

the be-all and end-all ☞ 특정한 것만 중요하고 나머지는 중요하지 않다는 의미임

With his health care plan, he's leading the debate on this, but he has never said his plan is *the be-all and end-all*. ▶ 그는 의료문제에 대한 자신의 계획을 가지고 그 토론을 주도하고 있지만 자신의 계획만이 가장 중요하다고 말한 적이 절대 없다.

When the war is about hearts and minds, winning public opinion is *the be-all and end-all*. ▶ 이 싸움이 마음과 생각을 얻기 위한 것이라면, 민심을 얻는 것만이 유일한 방법이다.

자

~는 겉보기에는 보통 사람들과 다르지 않지만 우리(나)에게는 매우 **중요한 사람이었다**
매우 특별한 사람이었다; 없어서는 안 될 사람이었다 (주로 고인이 된 위대한/전설적인/훌륭한 인물을 그리워하며 칭송할 때 사용한다)

someone was larger than life

"***He was larger than life***," said a close friend who was finding it difficult to come to terms with the death of Jim, who had a heart attack on a flight home from a skiing holiday. ▶ "그는 우리에게 매우 중요한 사람이었다"고 스키 여행을 마치고 집으로 돌아오는 비행기 안에서 심장마비를 일으킨 짐의 죽음에 대해 어떤 말을 해야 할지 모르던 가까운 한 친구가 말했다.

He was larger than life. And now, following complications after a heart operation in the US, he is no longer with us. ▶ 그는 우리에게 없어서는 안 될 사람이었다. 미국에서 심장수술을 받은 후 합병증으로 그는 우리 곁을 떠났다.

Winston Churchill was larger than life. His deeds, character, and history are far greater than his humble human being. His life continues to affect us well after his death. ▶ 윈스턴 처칠은 매우 위대한 인물이었다. 그의 행동, 성품, 업적은 그를 그저 한 미천한 인간으로 보기에는 너무나 훌륭하다. 그의 삶은 죽음 이후에도 우리에게 계속 영향을 미치고 있다.

어떤 결정이나 상황에서 고려해야 하는 제일 **중요한 요소**
반드시 고려해야 하는 사항

bottom line

The bottom line is that she does not love him anymore. ▶ 가장 중요한 사실은 그녀는 그를 더 이상 사랑하지 않는다는 것이다.

Here's ***the bottom line*** regarding any investment: you must make your own decisions and do what is right for you. No one will take care of your money more than you. ▶ 어떤 투자든 반드시 고려해야 하는 사실은 투자자 스스로 자신에게 적합한 결정을 내려야 한다는 것이다. 아무도 당신보다 당신의 돈을 더 소중히 여기지 않을 것이다.

주 결산표에서 손익을 나타내는 마지막 줄이다.

쥐구멍에도 볕들 날 있다
어려운 일을 겪다 보면 언젠가는 좋은 일이 있게 마련이다

Every cloud has a silver lining

There is a difference between enjoying the sight of a snow-covered countryside and shoveling a driveway full of heavy, wet snow. It is all part of that Minnesota thing and we are now enjoying just one of our four seasons. The old saying "***every cloud has a silver lining***" can be applied here. For quite a while we have been without substantial precipitation so any moisture we can get (no matter how hard it is to shovel) is welcome. ▶ 현관문 앞 길에 잔뜩 쌓인 축축한 눈을 치우는 일과 눈으로 덮힌 교외 풍경을 감상하는 것 사이에는 차이가 있다. 이것은 모두 미네소타에 살면서 하는 일들의 일부분이며, 우리는 4계절의 하나를 즐기고 있을 뿐이다. "어려운 일을 겪다 보면 언젠가는 좋은 일이 있게 마련이다"라는 속담이 여기에 적용된다. 한동안 눈이 별로 오지 않았기 때문에, 치우기 힘들만큼 많이 내려도 환영이다. 《눈이 겨울 생활의 일부인 미국 북부 미네소타 주에 눈이 한동안 내리지 않았지만, 언젠가는 제대로 내려주길 바라는 심정을 담은 글이다.》

It's not easy to find ***a silver lining*** when you're sitting in traffic with the prospect of improvements, weeks away. My advice is get on that bike and hope for a breeze to make your trip easier. ▶ 곧 좋아지겠지 하는 기대감을 갖고 꽉 막힌 도로 위에 앉아 있어 봐야, 도로 사정이 몇 주 안에 좋아질 기미가 보이지 않는다. 자전거에 올라타 뒤에서 바람이 불어 주길 바라며 출근길에 오르는 편이 훨씬 좋다.

주 *"silver lining"*은 시커먼 구름의 환한 언저리(한 가닥 희망)를 말한다.

쥐방울만한
꼬맹이 (매우 어리거나 키가 작다는 것을 강조하는 표현)

knee-high to a grasshopper

He's been smoking since he was ***knee-high to a grasshopper***. ▶ 그는 쥐방울만 할 때부터 담배를 피워 왔다.

Her dad, also a snowboarder, had her out there when she was ***knee-high to a grasshopper***. ▶ 그녀의 아버지도 스노우 보드를 타는데 꼬맹이일 때부터 그녀를 데리고 다녔다.

돈 때문이 아니고 **즐거워서 하는 일**
사랑의 수고; 보수를 원해서가 아니고 좋아서 하는 일

labor of love

The orchestra was formed at Mr. Abbado's suggestion and is very much ***a labor of love***. It includes top players from around Europe, many of whom had played with Mr. Abbado in his orchestras in the past or as soloists. ▶ 그 오케스트라는 지휘자 아바도의 제의로 창설되었고, 보수를 바라서가 아니라 그가 좋아서 하는 일이다. 이 오케스트라는 유럽 전역에서 활동하는 일류 연주자들로 구성되어 있으며, 단원들 중 많은 사람들이 과거에 그가 지휘하던 오케스트라 단원이었거나 함께 협연한 독주자였다.

He sees the project as ***a labor of love***. "I wouldn't want to do this as a job," Jessie said. "This is something I do to relieve stress and relax." ▶ 그는 이 프로젝트를 돈 때문이 아닌 즐거워서 하는 일로 생각한다. "나는 이 일을 직업으로 하는 것을 원치 않는다. 이 일은 스트레스를 풀고 마음의 여유를 갖기 위해 하는 것이다."

주 신약성경 데살로니카 전서 1장 3절에서 유래됨: "We continuously remember before our God and Father your work produced by faith, ***your labor prompted by love***, and your endurance inspired by hope in our Lord Jesus Christ." "우리는 하나님 아버지 앞에서 여러분의 믿음의 행위와 사랑의 수고와 우리 주 예수 그리스도께서 둔 소망을 굳게 지키는 인내를 언제나 기억하고 있습니다."

남들 눈에는 즐겁게 보일지는 모르지만 항상 **즐겁지만은 않다**
항상 좋은 것만은 아니다; 나쁜 점도 있다

not a bed of roses

Life is ***not going to be a bed of roses***, but believe that God wants us to be successful. ▶ 인생은 항상 즐겁지만은 않다. 하지만 신은 우리들이 성공한 삶을 살길 원한다는 사실을 믿어라.

Through experience these people have realized that the marriage is ***not a bed of roses*** and it is a lifetime fetter. This is one of the best definitions of marriage one can come across anywhere in any society. ▶ 경험을 통하여, 이 사람들은 결혼이란 항상 좋은 것만이 아니며 평생 따라다니는 족쇄라는 사실을 깨달았다. 이는 어느 사회에서나 들을 수 있는 결혼에 대한 가장 적절한 정의 중 하나다.

어떤 사람이 **즐겨 찾는 곳/장소**
잘/자주 가는 곳/장소; 노는 곳/장소

stamping ground

He returned to ***his old stamping ground*** in south east London for the film. ▶ 그는 그 영화를 촬영하기 위하여 런던의 남동부에 위치한 그가 옛적에 즐겨 찾던 곳으로 돌아왔다.

Mike Brown, the man BAA hired a year ago to run Heathrow airport is returning to ***his former stamping ground*** as the new managing director of London Underground. ▶ 일 년 전 영국 항공국이 히드로 비행장의 운영을 위해 고용한 마이크 브라운이 그의 옛 직장인 런던 지하철에 책임자가 되어 다시 돌아온다.

주 원래는 prairie chicken(북아메리카에 사는 뇌조(雷鳥)의 일종) 수컷들이 암놈을 유혹하기 위하여 마구 땅을 요란하게 밟으며 돌아다니던 장소를 의미한다.

특별한 상황/경험 등을 한껏 **즐기다**

revel in

For just one day, the U.S. was knocked from its pedestal, and this engendered an outpouring of genuine empathy, not sympathy, from around the world — not because we ***reveled in the fact*** the mighty had at last fallen but because we realized we are the same, and we are all just people. ▶ 하루 만에 미국의 위신이 땅에 떨어졌으며, 이로 인해 세계 전역에서 단순한 동정심이 아닌 진정으로 아픔을 함께하는 감정이 분출되었다. 이는 우리가 (잘난 체하던) 초강대국이 마침내 무너졌다는 사실을 한껏 즐기기 위해서가 아니라 우리는 모두 똑같은 사람일 뿐이라는 사실을 깨달았기 때문이다. 《9/11 사태 직후 다른 나라 사람들이 미국과 진정으로 아픔을 함께 나누었지만, 그 후 이라크를 침공하

는 등의 일방적인 행위로 인해서 많은 나라들과 멀어지고 있는 미국을 비난하는 글의 일부이다.》 ♣ *knock from one's pedestal*: 명예/위신/체면을 **땅에 떨어뜨리다**; *outpouring*: 통제할 수 없는 특별한 감정/반응의 **분출** 참조

And he ***revels in every moment***. "I come because I enjoy music," he says. ▶ 그리고 그는 매 순간을 마음껏 즐긴다. "음악을 즐기기 때문에 왔다"고 그는 말한다.

주 ~속에 빠져서 흥청거린다며 비난하는 의미를 내포하기도 한다.

즐비하다
특정한 장소(도로/방/복도 등)의 주변/옆을 따라서 어떤 것들이 죽 늘어서 있다

line

The road ***was lined with cars*** heading back home after vacationing this weekend. ▶ 그 도로는 이번 주말 휴가를 마치고 집으로 향하는 차들이 즐비했다.

The French square ***is lined with pubs and clubs***. ▶ 프렌치 스퀘어는 선술집과 바가 즐비하게 늘어서 있다.

On the first floor of CIA Headquarters in Langley, Virginia, there is a hallway ***lined with signed photographs*** of all the Presidents who have served since the agency was established in 1947. ▶ 버지니아 랭글리에 있는 CIA 본부 건물 1층에는 이 기관이 창설된 1947년 이후 미국 대통령을 지낸 사람들의 친필 서명이 있는 사진들이 죽 늘어서 있는 복도가 있다.

Thousands of local people ***lined the streets*** and clapped as the procession went by. ▶ 수천의 지역 주민들이 거리에 늘어서서 행렬이 지나갈 때 박수를 보냈다.

~의 강도/세기를 **증가시키다**
높이다; 강화시키다

step up

With the help of the WHO, Cambodian officials have begun to slowly ***step up*** surveillance and education programs. ▶ WHO의 도움으로 캄보디아 관리들은 천천히 (조류독감에 대한) 감시 및 교육 프로그램의 강도를 높이기 시작했다.

Scrutiny is being ***stepped up*** to deal with the increase in violence. ▶ 증가하는 폭력에 대처하기 위하여 감찰이 강화되고 있다.

나쁜 감정, 범죄, 미움 등과 같이 좋지 않은 것이 크게 자리잡고 있으며 점점 **증가하는 추세에 있는 상태**

rising/increasing tide of

Amid ***a rising tide of anti-Syrian sentiment*** in Lebanon since the assassination of former Prime Minister Rafik Hariri, many of Syrian workers in Lebanon are packing up and heading home. ▶ 전 수상 Rafik Hariri의 암살 이후 레바논에서 반 시리아 정서가 점점 증가하고 있는 상황 속에서, 레바논에서 일하는 많은 시리아 사람들이 짐을 꾸려 집으로 향하고 있다. ♣ *pack up*: 지내던 곳(집, 건물, 직장 등)에서 **떠나다** 참조

The government is now preparing to combat ***an ever increasing tide of crime*** in earnest. ▶ 지금 정부는 지속적으로 증가하고 있는 범죄와 본격적으로 싸울 준비를 하고 있다.

양이 급격히 **증가하다**

balloon ☞ 풍선처럼 급격히 부풀어 오르다

The budget deficit has ***ballooned to $25 billion***. ▶ 예산 적자가 250억 불로 급격히 증가했다.

When the pair (Woods and Mickelson) went shot for shot at the Ford championship on a Sunday in early March (Woods won by a stroke), NBC's year-over-year ratings ***ballooned 96%***. ▶ 3월 초 일요일 타이거 우즈와 필 미켈슨이 포드 챔피언십(우즈가 한 타 차로 승리했음)에서 맞대결을 펼쳤을 때, NBC가 중계한 이 대회 시청률이 전년도에 비해서 96%나 급격하게 증가했다. ♣ *year-over-year*: 전년도 전체 또는 전년도와 동일한 특정한 시점에 **비해서** 참조

U.S. military says about 75 detainees held without charges are refusing to eat. The number of Guantanamo Bay detainees participating in a hunger strike has ***ballooned from three to about 75***, the U.S. military said yesterday. ▶ 특별한 죄목도 없이 잡혀 있는 75명의 수감자들이 식사를 거부하고 있다고 미

군 당국이 말한다. 단식투쟁에 참여하는 관타나모 베이의 수감자 수가 3명에서 약 75명으로 급격히 증가했다고 어제 군 당국이 발표했다.

가격이나 양이 갑자기 크게 **증가하다**
하늘 높은 줄 모르고 치솟다

skyrocket ☞ 로켓처럼 갑자기 치솟다

Economic growth was so weak in 2006 while job creation ***skyrocketed***. ▶ 2006년에 일자리는 갑자기 크게 증가한 반면, 경제성장률은 매우 낮았다.

Ivory prices have ***skyrocketed***, he said, and the incentives for killing elephants for their tusks have never been higher. ▶ 상아가격이 갑자기 치솟았고, 상아를 위해 코끼리를 사냥하고 싶은 유혹이 지금처럼 높은 적이 없었다고 그가 말했다.

The interest rate has ***skyrocketed*** to 8.25%. ▶ 금리가 8.25%까지 하늘 높은 줄 모르고 치솟았다.

go out/through the roof ☞ 지붕을 뚫고 올라가다

If you' ve been in the market for real estate recently, you know prices have ***gone through the roof***. ▶ 최근 부동산 시장에 관여한 적이 있었다면 가격이 갑자기 하늘 높은 줄 모르고 치솟았다는 사실을 알고 있을 것이다.

With the national debt ***going out the roof***, people dying in Iraq while there is no clear plan for withdrawal, dependence on foreign oil, no increase in the minimum wage for 10 years, and increasing tensions and poverty around the globe, it is time for a change in Washington, D.C. ▶ 국가 채무가 갑자기 급격하게 증가하고 있고, 명확한 철군 계획 없이 사람들이 이라크에서 죽어가고 있으며, 외국 오일에 대한 의존도는 여전하고, 10년 동안 최저임금이 동결되었고, 세계 전역에서 긴장이 고조되고 있으며, 빈곤에 시달리는 사람들이 증가하고 있는 상황에서, 이제 정권을 교체할 때가 되었다. 《2008년 미 대선 당시 집권당인 공화당을 비난하는 민주당 사람들의 이야기다.》

점점 빠른 속도로 **증가하다**
가파르게 상승하다

spiral ☞ 소용돌이치면서 증가하다, 명사형으로도 사용

Production costs began to ***spiral***. ▶ 생산비가 가파르게 상승하기 시작했다.

People are becoming wary of ***the spiraling trend*** of violence. ▶ 폭력이 점점 빠르게 증가하는 경향에 대해 사람들이 경계하고 있다.

강도/세기가 점점 **증가하면서**
특정한 성질이 점점 강화되고 있는

increasingly

Creativity is America' s single greatest comparative advantage in an ***increasingly competitive*** global marketplace. ▶ 점점 경쟁이 심화되어 가는 국제 시장에서 창조력은 미국이 가장 큰 경쟁력을 지닌 요소다.

It is ***increasingly difficult*** to pinpoint who are the instigators and who are the innocent victims. ▶ 누가 주동자이고 누가 죄 없는 희생자인지 분간하기가 점점 어려워지고 있다.

~하는 것/사람의 수가 점점 **증가하면서**
점점 늘어나면서

in increasing numbers

Customers are returning ***in increasing numbers***, a sure sign that we are on the right track. ▶ 다시 돌아오는 고객들의 수가 점점 증가하고 있다. 이는 우리가 길을 제대로 찾아가고 있다는 확실한 징조다.

Licensed professionals in Hawaii continue to use the state' s online license renewal services ***in increasing numbers***. ▶ 온라인 서비스를 통하여 자격면허를 갱신하는 하와이 거주 전문 기술자들의 수가 계속 점점 늘어나고 있다.

자

어떤 사람이 죄가 있거나 어떤 것이 옳다는 것을 증명하는 결정적인 **증거**
명백한 증거

smoking gun ☞ 미국

A smoking gun memo has leaked proving that the company pressed its affiliates in Sweden to vote in favor of its proposed new plan. ▶ 그 회사가 스웨덴에 있는 계열사에 새로 제안된 계획에 찬성표를 던지도록 압력을 가했다는 것을 보여주는 결정적인 증거 메모가 유출되었다.

We don't have ***a smoking gun*** to say where it came from. ▶ 우리에게는 그것이 어디에서 나왔는지를 말해주는 결정적인 증거가 없다.

㈜ 총구에서 연기가 나는 총을 가지고 있으면서 총을 쏘지 않았다고 우겨봤자 아무 소용이 없다.

어떤 사람에게 책임 혹은 죄가 있다는 사실을 보여주는 **증거**

incriminating evidence

Pentagon sources say some of ***the most incriminating evidence*** against Marines under investigation in the deaths of civilians is a set of photographs taken by another group of Marines who came along afterward and helped clean up the scene. ▶ 민간인들의 죽음에 대해 조사를 받고 있는 해병대원들에게 책임이 있다는 사실을 보여주는 가장 결정적인 증거는 나중에 와서 현장을 수습했던 다른 해병대원들이 찍은 사진들이다.

He left behind ***an incriminating piece of evidence***. Police found a cell phone inside the building. ▶ 그가 자신이 범인이라는 사실을 보여주는 증거 하나를 뒤에 남겨 놓았다. 경찰은 그 건물에서 휴대전화 하나를 발견했다.

특정 **증거나 증인이 어떤 사람이 무죄임을 밝히는 혹은 특정 사건을 해명하는**

exculpatory

A defendant has a right to use ***exculpatory witnesses*** to get a fair trial. ▶ 피고는 공정한 재판을 위해 자신이 무죄임을 밝혀주는 증인을 채택할 수 있는 권리가 있다.

Defense attorneys have said they have ***exculpatory evidence*** that the district attorney ignored. ▶ 검사가 무시했던 피고의 결백을 밝혀주는 증거를 가지고 있다고 피고측 변호인단이 말했다.

㈜ 동사형: *exculpate*

지구 반대편에 있는
아주 멀리 떨어진 곳에 있는

half a world away

It is storming violently outside, but in the cozy confines of this room the thunder seems ***half a world away***. ▶ 밖에는 폭풍우가 거칠게 몰아치고 있지만, 안락하고 포근한 이 방안에서는 천둥소리가 아주 먼 나라 이야기처럼 들린다.

A global approach is seen as essential because tuna are highly migratory, journeying thousands of miles between feeding and spawning grounds. Overfishing on one side of an ocean can affect fisheries ***half a world away***. ▶ 참치는 수천 마일 떨어진 산란지역과 먹이를 구하는 지역 사이를 여행하는 이주 성향이 매우 높은 물고기이기 때문에 세계적 접근법이 필요하다. 대양 한 편에서 남획하면 지구 반대편 어업에 영향을 미칠 수 있다.

이미 **지나간 일들을 깨끗이 잊다**
과거를 깨끗이 잊다

let bygones be bygones

He says he is willing to ***let bygones be bygones*** and forgive those politicians. ▶ 그는 이미 지나간 일들을 깨끗이 잊고 그 정치인들을 용서해 줄 용의가 있다고 말한다.

I have been struck by the overwhelming desire of them to bury the hatchet, to ***let bygones be bygones*** and to open a new chapter in friendly relations. ▶ 싸움을 멈추고 화해하며 과거를 깨끗이 잊고 우호관계의 새 장을 열고자 하는 그들의 강력한 열망에 감동받았다.

♣ *bury the hatchet*: 하던 싸움, 논쟁 등을 멈추고 **화해하다** 참조

단지 ~에 **지나지 않는**
단지 ~일 뿐인; ~에 불과한

little/no more than

Both books offer a rare glimpse of life beneath the burqa in a land that is too often portrayed as ***little more than a dusty battlefield.*** ▶ 두 책은 단지 먼지 나는 전쟁터에 지나지 않는 지역으로 너무나 자주 그려지는 땅(아프가니스탄)에서 부르카(이슬람 여인들이 얼굴에 두르는 천) 속에 감추어진 여성의 삶을 엿볼 수 있는 흔치 않은 기회를 제공한다.

The city administration proposed to raise more than $200 million in bonds for infrastructure improvements in the city of Lafayette — but it' s ***little more than a Band-Aid***, a former state highway official said. ▶ 시 정부는 라파에트 시 사회기반 시설물의 개선을 위해 채권을 발행하여 2억 불을 조달하겠다고 제안했다. 그러나 이는 단지 응급조치에 불과하다고 주 고속도로를 관리했던 사람이 말했다. ♣ *Band-Aid*: **응급조치** 참조

어떤 사건이 발생한 시점부터 특정한 시간도 채 **지나지 않아서**
불과 특정한 짧은 시간 만에 (빨리 일어났다는 것을 강조하는 표현)

within ~ of

Within days of the test, China voted for and began to implement UN Security Council Resolution 1718 calling for inspection of North Korean cargo. ▶ 북한이 핵실험을 감행한 지 채 며칠도 지나지 않아서, 중국은 북한 화물의 조사를 요구하는 유엔안전보장이사회 결의안 1718호에 찬성표를 던지고 이를 이행하기 시작했다.

Within hours of the news that 261 illegal immigrants had been removed from the plant in Colorado, US citizens lined up to fill the vacated jobs. ▶ 261명의 불법 이주자들이 콜로라도에 있는 그 공장에서 쫓겨났다는 뉴스가 나온 지 불과 몇 시간 만에, 그 빈 자리를 채우기 위해 미국 시민들이 줄을 섰다.

실수로 목적지(목표물)를 **지나치다**

overshoot ☞ 과녁의 위쪽을 쏘다

The accident on Monday occurred at a curve that follows a straightway. Passengers speculated that the driver might have been speeding to make up for lost time after ***overshooting the previous station.*** ▶ 월요일에 발생한 그 사고는 직선구간 다음에 오는 한 곡선 구간에서 일어났다. 승객들은 기관사가 전 정거장을 지나친 후 (다시 돌아가느라) 잃어버린 시간을 만회하기 위하여 속도를 냈을지 모른다고 추측했다.

A $15 million federal grant was released to Midway International Airport to begin construction of lightweight concrete beds at the ends of runways to help prevent planes from ***overshooting their landings***, officials said. ▶ 비행기가 착륙시 활주로를 지나치는 것을 방지하기 위하여 활주로 끝에 경량콘크리트를 입힌 활주로를 추가하는 공사비용으로 1,500만 불의 연방자금이 미드웨이 국제공항에 지원되었다.

행동/말 등이 너무 **지나치다**
도를 넘다

have gone too far

A Florida school decided a dozen pupils ***had gone too far*** on non-uniform day when they turned up wearing their pajamas. ▶ 플로리다의 한 학교는 교복 없이 등교하는 날에 12명의 학생들이 파자마를 입고 학교에 나타나 도를 넘었다고 판단해 벌을 주기로 결정했다.

Jerry Rubin may ***have gone too far*** when he said that it was a sacred duty to steal from the rich. He was more radical than Huey P. Long who proposed during the Depression a "soak the rich" tax scheme. ▶ 제리 루빈이 부자들의 돈을 빼앗는 것은 신성한 의무라고 한 것은 너무 지나친 말일지도 모른다. 그는 미국의 대공황 중 "부자 등쳐먹기"라는 세금제도를 발의했던 휴이 롱보다 더 급진적이었다.

This weekend, a web site asked readers whether the media "***has gone too far*** in its portrayal of Spears as a bad mom." In a figure that surprised the editors, almost 10,000 people answered. The results: 75 percent said yes, 25 percent no. ▶ 이

번 주 한 웹사이트가 미국 유명 여가수 브리트니 스피어스를 나쁜 엄마로 매도한 언론이 도를 지나쳤다고 생각하는지 물어보았다. 놀랍게도 거의 만 명이나 되는 사람들이 설문에 참여했는데 75%가 도를 지나쳤다고 답했고 25%가 아니라고 했다. 《브리트니 스피어스가 실수로 어린애를 앞 좌석에 태우고 운전하다가 아동보호법 위반으로 경찰에 적발되자 언론이 그녀를 나쁜 엄마로 몰아붙인 사건에 대한 이야기다.》

과거의 특정한 시점으로부터 특정한 시간이 **지난 시점**

~ to the day since

It was February 26, ***a year to the day since*** he had written the book. ▶ 그날은 그가 그 책을 쓴 지 꼭 일 년이 지난 2월 26일이었다.

They successfully launched another manned spacecraft on May 5, ***7 months to the day since*** the last one had safely returned home. ▶ 바로 저번 유인 우주선이 무사히 귀환한 지 7개월이 지난 시점인 5월 5일 그들은 또 다른 유인 우주선을 성공적으로 발사했다.

The sniper is still at large until today, ***5 days to the day since*** he killed 5 people in the central park. ▶ 센츄럴파크에서 5명을 살해한 지 5일이 지난 오늘까지 아직 그 저격범이 잡히지 않고 있다. ♣ ***at large*** : 위험한 사람/동물/물건 등이 아직까지 **붙잡히지 않고 자유롭게 다니고 있는** 참조

~이후 특정 시간이 **지났다**
~은 특정 시간 전의 일이다

it has been ~ since

It's been four centuries since the Catholic Church condemned Galileo Galilei for declaring that the earth revolved around the sun, and it still cannot admit it was wrong. ▶ 가톨릭 교회가 지구가 태양 주위를 돈다고 주장한 갈릴레이 갈릴레오를 비난한 지 4세기가 지났지만, 아직까지 잘못을 시인하지 않는다.

It's been almost a year since he seized power. ▶ 그가 권력을 잡은 후 거의 일 년이 지났다.

It's been a while since we ground out a result like that which is one of the most pleasing things. ▶ 애써서 그 같이 매우 만족할 만한 결과를 얻어낸 것은 오래 전의 일이다. ♣ ***grind out result*** : 고심하여/노력해서/애써서 ~라는 **결과/결실을 얻어내다** 참조

특정한 장소/환경에서 특정한 기간을 **지내다**
보내다/살다

live out

He ***lived out his last days*** in New England. ▶ 그는 생의 마지막을 뉴잉글랜드에서 지냈다.

She ***lived out the rest of her days*** as a wealthy, single woman. ▶ 그녀는 여생을 돈 많은 독신녀로 보냈다.

He ***lived out the remainder of his life*** peacefully in a prison. He died at the ripe old age of 93. ▶ 그는 생의 남은 부분을 감옥에서 평안하게 보냈다. 93세까지 장수하다 죽었다.

I ***lived out*** there for two months this summer. ▶ 올 여름 두 달을 그곳에서 지냈다.

There are a lot of retirees and baby boomers who ***lived out*** in the Bay Area, but moved out to this area because the housing is more affordable. ▶ 베이 지역에서 살다가 주택가격이 적당하여 이 지역으로 이사온 은퇴한 사람들과 베이비붐 세대 사람들이 많다.

특정한 장소/환경에서 특정한 기간 동안 임시로 **지내다**
~에 임시로 거처를 마련하고 생활하다

live out of ~

He packed his bags and headed for Los Angeles where, for the first three-and-half months, he ***lived out of his car***. ▶ 그는 짐을 꾸려 로스엔젤레스로 떠났고 처음 3개월 반 동안은 자동차에서 임시로 지냈다.

The soldiers ***lived out of an abandoned school*** during their mission. ▶ 그 군인들이 임무 중 한 폐교에서 임시 거처를 마련하고 지냈다.

He left because there were far more exciting opportunities elsewhere, he says, and for years he ***lived out of a suitcase*** traveling around Europe and the United States. ▶ 다른 곳에 훨씬 더 좋은 기회가 있기 때문에 떠났다고 그가 말했다. 여러 해 동안 그는

옷 가방 하나 달랑 든 채 거처를 정하지 않고 유럽과 미국을 여행하며 지냈다.

지나치게/터무니없이 많은/큰 돈을 **지불하다**

pay through the nose

Despite several new residential complexes and buildings having come up throughout the city, people continue to be plagued by exorbitant rents. Apartments and villas are practically impossible to get without having to ***pay through the nose***. ▶ 여러 개의 주거용 새 복합단지와 건물들이 도시 곳곳에 들어섰음에도 불구하고, 사람들은 여전히 지나치게 비싼 임대료로 어려움을 겪고 있다. 아파트와 빌라들은 터무니없이 큰 돈을 내지 않으면 얻기가 실질적으로 불가능하다.

Australians are ***taxed through the nose***. Personal income tax rates remain ridiculously high. ▶ 호주 사람들은 터무니없이 많은 세금을 낸다. 개인소득세율은 여전히 말도 안 되게 높다.

But we're going to be ***paying through the nose*** for orange juice and salad items because of the freeze that has enveloped California. ▶ 캘리포니아를 뒤덮은 한파 때문에 오렌지 주스와 샐러드용 야채를 구입하려면 지나칠 정도로 많은 돈을 내야 할 것이다.

주 옛날 9세기경 아일랜드에서 세금을 내지 못하면 그 벌로 코를 벤 데서 유래되었을 것으로 추측된다.

특정한 기간 동안 **지속되다**
특정한 시간을 끌다

last ~

The tug-of-war ***lasted weeks*** and was resolved only recently, several sources said. ▶ 몇몇 소식통에 의하면 여러 주 동안 지속된 팽팽한 대결이 최근에 와서야 해결되었다고 한다. ♣ *tug-of-war*: **팽팽한 대결** 참조

The storm ***lasted three days***. ▶ 폭풍우가 3일간 지속되었다.

모든 것들이 다 만족스럽게 이루어졌다고 생각될 때까지 **지속적으로 어떤 계획이나 약속한 일 등을 진행하다**
철저하게 마무리하다; 매듭짓다; 끝을 보다; 끝까지 실천하다

follow through with/on

The North's invitation of outside nuclear experts—the first since July, when U.N. nuclear inspectors verified the shutdown of the Yongbyon reactor—is considered a strong indication it is serious about ***following through with its denuclearization commitments***. ▶ 유엔의 핵 사찰단이 영변 원자로의 가동중지를 확인한 7월 이후 처음으로, 북한이 외부 핵 전문가를 초청했는데 이는 북한이 비핵화 약속을 끝까지 실천하려 한다는 의지를 강력하게 보여주는 것으로 풀이된다. 《북한이 핵실험을 하기 훨씬 전의 이야기다.》

The insurance industry is calling on the Government to ***follow through on its recent road-safety commitments***. ▶ 보험업계는 도로안전 시설을 강화한다는 최근 약속을 철저히 지킬 것을 정부에 요구하고 있다.

To ***follow through on their pledge*** to avoid deficits and reduce taxes on the middle class, congressional Democrats is facing a difficult task. ▶ 하원 민주당 의원들은 중산층에 대한 세금을 감면하고 재정적자를 없애기로 한 그들의 공약을 실천하기 위해 어려움을 겪고 있다.

주 골프나 야구 같은 운동에서 클럽이나 방망이를 끝까지 휘두르는 것을 의미한다.

권위 있는 기관/사람 등으로부터 ~하라는 **지시를 받고 행동하고 있는**
명령하에 행동하는

under order from/of

He was ***under strict orders from his CIA mentors*** to launch only one missile. ▶ 그는 오직 한 개의 미사일만 발사하라는 CIA 조언자의 엄격한 지시를 받고 행동했다.

In March 1942, 227 Japanese-Americans were forced from their homes ***under order of President***

Franklin Roosevelt and marched to the Eagledale Ferry Dock, on their way to internment camps in Idaho and California. Two-thirds of them were U.S. citizens. ▶ 1942년 3월 227명의 일본계 미국인들이 루즈벨트 대통령의 명령으로 강제로 집에서 쫓겨나 아이다호와 캘리포니아에 있는 수용소로 가기 위하여 이글데일 선착장으로 끌려갔다. 이들 중 2/3가 미국 시민이었다. 《일본의 진주만 공습 직후의 상황이다.》

~가 **지시를 내린다**
~가 명령을 내린다; 좌지우지한다

call the shots

He is the man who has really been *calling the shots*. ▶ 그가 실제로 지시를 내리던 사람이다.

The president said the university's policy is not to allow the donor to *call the shots*. ▶ 기부한 사람들이 사용처를 지정하지 못하도록 하는 것이 대학방침이라고 총장이 말했다.

특별한 기후나 분위기를 가지고 있는 **지역**
풍토; 지방; 장소

clime ☞ Literary

Booking travel via the Internet has shown marked increases, especially during the early months of the year, when those *in the colder climes* are eager to travel to warmer destinations. ▶ 추운 지역에 사는 사람들이 따듯한 곳으로 여행하길 원하는 초기 몇 달 동안 인터넷을 통한 여행 예약이 특히 눈에 띄는 증가를 보였다.

The rich usually take their holiday *in foreign climes*. ▶ 부자들은 보통 외국에서 휴일을 즐긴다.

In many parts of the world, there is no tradition of questioning authority through wit or caricature. And *in such climes*, two preferred targets of satires — religious and political power — are totally taboo. ▶ 많은 국가에서는 위트나 풍자만화를 통해서 권위에 도전하는 전통이 존재하지 않는다. 이 같은 풍토에서는 풍자의 주요 대상으로 선호되는 종교나 정치지도자를 건드리면 절대로 안 된다.

어떤 일이 특정한 **지역을 대상으로/포함하는**

-wide

The first-ever *Asia-wide summit* will be held in Kuala Lumpur in December this year (2005). ▶ 사상 최초의 아시아 지역 정상회담이 올 12월 쿠알라 룸푸르에서 개최된다.

A nation-wide campaign is under way. ▶ 전국적인 캠페인이 벌어지고 있다.

European Union justice ministers agreed to set up *a Europe-wide small claims system* by which citizens and businesses can file fast-track lawsuits seeking up to 2,000 euros in other EU countries. ▶ 유럽연합의 법무부 장관들은 시민들과 사업체들이 다른 유럽연합 국가에서 2,000유로 이하를 청구하는 소송의 경우 신속하게 처리할 수 있도록 유럽지역을 대상으로 하는 소규모 클레임 제도를 실시하기로 합의했다.

기억/사건/인상/감동/상처/흔적 등이 **지워지지 않는**
잊을 수 없는; 씻을 수 없는

indelible

The war has made *an indelible mark on the world*. ▶ 그 전쟁은 세계에 지워지지 않는 흔적을 남겼다.

My visit to India in 1986 left *an indelible impression on me*. ▶ 1986년 인도 방문은 나에게 잊을 수 없는 인상을 남겼다.

어느 한 쪽 편을 **지지하다**
~의 편을 들다; ~의 편에 서다

take sides (with); take someone's side

And it's not only this government that *takes sides with the employers*. ▶ 그리고 고용자들 편을 지지하는 측은 정부만이 아니다.

He said that the US never *takes sides* but only supports the leadership of constitutionally elected governments. ▶ 미국은 절대로 어느 한 쪽 편을 지지하는 것이 아니라 헌법에 따라 선출된 정부의 지도부를 지지한다고 그가 말했다.

They called me to *take their side*. ▶ 그들은 자기 편을 들어달라고 나에게 전화했다.

~을 **지지하다**
옹호(擁護)하다

champion ☞ ~을 지키는 투사로 활동하다

A pragmatic Japanese diplomat who participated in the signing of Japan's surrender to the U.S. in 1945 died in Kamakura Japan. After World war II Toshikazu Kase who became a staunch American Ally, *championing the U.S.-Japan alliance* and serving as Japan's first ambassador to the U.N. ▶ 1945년 미국에 항복하는 문서에 서명할 때 참여했던 일본의 한 실용주의 외교관이 일본 카마쿠라에서 사망했다. 제2차 세계대전 이후 토시카주 카제는 미국의 강력한 협력자가 되어 미일동맹을 지지했으며 일본의 첫 유엔대사를 지냈다.

They have *championed President Obama's failed economic policies*, but at least were honest about it. ▶ 그들은 오바마 대통령의 실패한 경제정책을 옹호했었지만 마침내 잘못된 일이라고 시인했다.

주 *champion*: 선수권 보유자(챔피언)로 보통 사용되지만 본래 전사/검투사를 뜻하는 말이다.

한 조직이나 정치적인 이념 등을 이전처럼 더 이상 **지지하지 않는**
불만을 품고 있는; 마음이 떠난; 마음이 이반(離反)한

disaffected

Environmental issues provided a rallying point for *people disaffected with the government*. ▶ 환경문제는 정부에 불만을 품고 있는 사람들이 집결하는 기회를 제공했다.

Disaffected soldiers and fractious security forces have been fighting throughout East Timor, which separated from Indonesia seven years ago. ▶ 정부를 더 이상 지지하지 않는 군인들과 방위부대는 동 티모르 전역에서 싸움을 벌여오고 있다. 이 지역은 7년 전 인도네시아로부터 분리되었다.

논쟁 등에서 누구의 말/의견/주장을 절대로 **지지하지 않는다**
동의/찬동하지 않는다

hold no brief for ☞ ~의 변호를 맡고 있지 않다

I *hold no brief for him*. In my view, he played a pivotal role in the economic and political demise of this country. ▶ 나는 그를 절대로 지지하지 않는다. 나는 그가 이 나라의 경제와 정치가 파멸하는 데 결정적인 역할을 했다고 생각한다.

주 여기서 "*brief*"는 소송 사건의 개요를 적은 서류를 말한다.

지치게 만드는
기력/활력을 빼앗는; 힘을 약화시키는

enervating ☞ Formal

Also, the heat and humidity are *enervating*. Make sure to take a break in the middle of the day. A swimming pool is a great place to cool off and relax. ▶ 또한 열기와 습기는 사람들을 지치게 만든다. 한낮에 잠시 쉬는 것을 잊지 마라. 수영장은 몸을 식히고 편히 쉴 수 있는 좋은 장소다.

~에 **지친**
~에 싫증난; ~에 염증을 느끼는

-weary

Forecasters warned *storm-weary residents* to prepare for as many as six major hurricanes this year. ▶ 기상예보관들이 폭풍우에 지친 주민들에게 올해 불어닥칠 자그마치 6개나 되는 대규모 허리케인에 대비하라고 경고했다.

More than three years after the Iraq invasion, President Bush acknowledged to *war-weary Americans* that the situation is improving only gradually. ▶ 이라크를 침공한 지 3년 이상이 지난 후, 부시 대통령은 전쟁에 염증을 느끼는 미국인들에게 상황이 점진적으로 겨우 나아지고 있다는 사실을 인정했다.

I would recommend this island to *those world-weary travelers* longing for a quiet, relaxing vacation in a place unaffected by the influences of the outside world. It may be easily overlooked on the map, but not easily forgotten. ▶ 외부세계에 영향을 받지 않는 곳에서 조용하고 편안한 휴가를 바라는 세상 일에 지친 여행자들에게 이 섬을 추천하고 싶다. 이곳은 지도상에서 그냥 지나치기 쉬울지 모르지만 한번 다녀오면 쉽게 잊혀지지 않는 곳이다.

남들이 어떤 일을 하거나 대화를 하고 있을 때 직접 참여하지 않고 전혀 방해하지도 않으면서 옆에서 **지켜보거나 엿듣는 사람**

fly on the wall

According to ***a fly on the wall*** during the soft drink company board meeting when it was first proposed to sell bottled water: "We've got to do something. These health scares about harmful effects of soft drinks have hurt our industry. Schools are removing our machines and refusing to sell our products in their cafeterias." ▶ 병에 담은 물을 판매하자는 제안이 처음 나온 그 소프트 드링크 회사의 이사회를 옆에서 지켜본 사람에 의하면 "우리는 무슨 조치를 취해야 한다. 소프트 드링크가 건강에 해로운 영향을 끼친다는 두려움이 우리 업계에 타격을 입혀 왔다. 학교가 우리 자판기를 철거하고 있으며 구내식당에서 우리 제품의 판매를 거부하고 있다"는 말이 나왔다고 한다.

From 11:15 am until 12:30 pm today you can be ***a fly on the wall*** of a Madame Butterfly rehearsal and get a sneak preview of the set on stage. ▶ 오늘 오전 11시 15분부터 오후 12시 30분까지 일반인들이 오페라 나비부인의 리허설을 지켜볼 수 있다.

He wanted to make ***a fly-on-the-wall documentary-type comedy set*** in a school. ▶ 그는 학교를 무대로 한 "fly-on-the-wall documentary" 형식의 코미디 작품을 만들길 원했었다. ♣ ***fly-on-the-wall documentary***: 출연자들과 인터뷰하거나 그들이 카메라를 향해 쳐다보는 일이 없이 따라다니면서 그들이 평소에 하는 모습을 있는 그대로 촬영한 기록영화.

제대로(원하는 방향으로) 진행되어 가는지 주의 깊게 **지켜보다**
주의 깊게 감시하다

keep a close eye on

Foreign policy experts are ***keeping a close eye on the events***. ▶ 외교정책 전문가들이 그 사건들을 주의 깊게 지켜보고 있다.

Police are ***keeping a close eye on sex offenders***. ▶ 경찰이 성범죄자들을 주의 깊게 감시하고 있다.

~을 **지향(志向)하는**
선호하는; 옹호하는; 중시하는; ~의 편을 드는; 친(親)~ 성향인

pro-

The pro-choice movement has just begun. ▶ 낙태에 대한 여성의 선택권(right-to-choice)을 지향하는 운동이 막 시작되었다.

The pro-life movement remains vigilant about measures that expand abortion rights. ▶ (낙태에 반하여) 생명을 중시하는 운동은 낙태의 자유를 확대하는 그 조치를 예의주시하고 있다.

Kim Il Sung's brutal purge of ***pro-Moscow factions*** from the North Workers' Party put a further strain on relations. ▶ 김일성이 북한 노동당 당원들 중 친소련 인사들을 잔혹하게 숙청하여 두 나라의 관계가 더 악화되었다.

직계 가족
조부모, 부모, 형제, 자식

immediate family

The presence of ***his immediate family*** is obviously having a calm effect on him. ▶ 부모형제들이 옆에 있는 것이 분명 그를 안정시키는 효과를 보이고 있다.

Barry Bonds finally passed Babe Ruth's magical home run total of 715 and no one outside of some very faithful Giants fans and ***Bond's immediate family*** seemed to care. ▶ (샌프란시스코 자이언츠의) 배리 본즈가 마침내 (김병현 투수로부터) 716번째 홈런을 때려내어 베이브 루스의 깨어지지 않을 것 같았던 715홈런기록을 경신했지만, 자이언츠의 열렬한 팬이나 직계가족 외에는 아무도 관심을 두지 않는 것처럼 보였다. 《근육을 강화시키기 위해서 금지약물인 스테로이드를 복용한 것으로 밝혀졌기 때문이다.》

어려운 혹은 좋지 않은 상황에 **직면하여**
마주하여

in the face of; faced with

Unhappily for the Communists, Taiwan with its own army, constitution and democratically elected government has a proud history of remaining defiant *in the face of threats from Beijing*. ▶ 공산주의자들에게는 기분 나쁘지만, 자국 군대와 헌법 그리고 민주적으로 선출된 정부를 가진 대만은 중국의 위협에 마주하여 굴하지 않는 자랑스런 역사를 가지고 있다.

Faced with such recalcitrance, officials have reached for the stick. ▶ 그처럼 다루기 힘든 상황에 직면하여 관리들은 매를 들었다. ♣ *recalcitrance*: 사람/기계/장비 등이 **다루기 힘든** 참조

매우 어려운 혹은 좋지 않은 상황에 **직면하여 있다**
마주하고 있다

be up against ~

In briefings, U.S. officials often claim to know the enemy's size, origins, motivations and chances for success. In private, however, they concede that they know a lot less than they would like about what they *are up against*. ▶ 브리핑에서는 미국 관리들이 적의 규모, 소속, 동기, 성공할 가능성 등에 대해서 알고 있다고 자주 주장한다. 그러나 사석에서는 그들이 마주하고 있는 적들에 관하여 잘 알지 못한다고 인정한다.

He *is up against the greatest challenge* to his position. ▶ 그는 그의 자리를 위협하는 매우 큰 도전에 직면하고 있다.

두 지점 사이가 **직선거리로** 얼마 떨어져 있다

as the crow flies

It is just a couple of miles from here to the restaurant *as the crow flies*. ▶ 여기서 그 식당까지 직선거리로 꼭 2마일 떨어져 있다.

The mall is a scant three miles to the north *as the crow flies*, but for humans with shorter-than-average legs, it's a schlep. ▶ 그 상가는 직선거리로 북쪽으로 겨우 3마일 떨어진 곳에 있지만, 평균보다 짧은 다리를 지닌 사람들에게는 먼 거리다. ♣ *scant*: 양 또는 수준 등이 매우 **적은** 참조

누구의 **직속 상관**

one's immediate superior

His immediate superior had singled him out for special mention. ▶ 그의 직속 상관이 특별한 칭찬을 하려고 그를 호명했었다. ♣ *single out*: 특정한 집단이나 사람들 중에서 한 사람을 (특별한 대우/칭찬을 해주기 위해서) **호명하다** 참조

싫더라도, 좋은 일이 아니더라도 현실을 **직시해야 한다**
현실을 받아들여야 한다; 현실을 인정해야 한다; ~는 어쩔 수 없는 사실이다

let's face it

"*Let's face it*, if 9/11 happened tomorrow, there would be dancing in the streets." ▶ 우리는 9/11 사태와 비슷한 테러가 내일 또 발생한다면 길거리에 나와서 춤을 추는 사람들이 있을 것이라는 현실을 직시해야 한다. 《세계 모든 사람들이 미국을 동정하는 것은 아니라는 어느 미국인의 이야기다.》

Let's face it, whether you agree with it or not, big breasts are big business. Women are spending millions of dollars each year for breast implants. Teenage girls are even getting them as high school graduation gifts from their parents. ▶ 당신이 동의하든 말든, 큰 가슴이 좋은 사업거리라는 것은 어쩔 수 없는 사실이다. 여자들은 매년 가슴성형 수술로 수백만 달러를 쓴다. 심지어 부모들이 고등학교 졸업선물로 십대 소녀들에게 가슴성형 수술을 해주고 있다.

여러 중요한 **직위를 두루 거치다**
여러 요직을 두루 거치다

have held several positions/posts ☞ 항상 완료형으로 사용된다

The newly appointed minister *has held several key posts* in the administration. ▶ 새로 임명된 그 장관은 정부에서 여러 요직을 두루 거쳤다.

During this time, he *has held several senior*

financial positions in the consumer goods and high tech industries and is experienced with the financial reporting of a publicly listed company. ▶ 이 기간 동안, 그는 소비재와 하이테크 업계에서 재정을 담당하는 고위직을 두루 거쳤으며, 한 상장회사의 회계보고서를 작성한 경험이 있다. ♣ *publicly listed company*: **상장회사** 참조

직장 생활

working life

No one should start *working life* with a debt around their neck. ▶ 누구도 부채를 안은 채 직장 생활을 시작해서는 안 된다.

He started *his working life* as a taxi driver. ▶ 그는 택시 운전사로 직장 생활을 시작했다.

사람들이 지루해하는 **직장 이야기를 하다**
일/직업에 대한 이야기를 하다

talk shop

At dinner, they didn't *talk shop*. ▶ 저녁 식사에서 그들은 직장 이야기를 하지 않았다.

They meet monthly to drink beer, *talk shop*. ▶ 그들은 한 달에 한 번씩 맥주를 마시며 일 이야기를 하기 위해 모인다.

~ 직전까지 가다
~까지는 가지 않다; ~ 직전에 멈추다/그만두다

stop short of

The mercury is expected to *stop short of the 30-degree mark* through much of Seoul today. ▶ 서울 대부분 지역에서 수은주가 30도 직전까지 올라갈 것으로 예상된다.

Mr. Obama will surely restrict BP's future US drilling but is likely to *stop short of putting it out of business*. ▶ 오바마 대통령이 앞으로 BP의 미국에서의 원유 시추를 제한할 것은 분명하지만, 미국에서 사업을 못하게 하는 정도까지 가지는 않을 것으로 보인다. 《2010년 4월 20일 멕시코만에서 BP(British Patrol)석유시추선 "Deepwater Horizon"이 폭발해서 엄청난 양의 원유를 유출한 사고 이후의 이야기다.》

진로가 올바른
방향을 올바르게 잡고 진행되고 있는

on the right path/track

Customers are returning in increasing numbers, a sure sign that we are *on the right path*. ▶ 다시 돌아오는 고객들의 수가 점점 증가하고 있다. 이는 우리가 길을 제대로 찾아가고 있다는 확실한 신호다. ♣ *in increasing numbers*: ~ 하는 것/사람의 수가 점점 **증가하면서** 참조

Nigeria has pledged to institute real social and economic reform to the poverty-stricken — albeit oil-rich — nation. And although violence and unrest continue to plague the West African nation, some believe that Nigeria is finally *on the right track*. ▶ 비록 석유자원은 풍부하지만 가난에 허덕이는 나이지리아가 진정한 사회적 경제적 개혁을 실시하겠다고 약속했다. 비록 폭력과 사회불안이 아프리카 서부에 위치한 이 국가를 괴롭히고 있지만, 일부 사람들은 나이지리아가 마침내 올바르게 나아가고 있다고 믿는다.

진상 조사단

fact-finder

It's a strike. In a 6-3 vote Monday night, the Hanover school board again rejected a teacher contract prepared by *a neutral fact-finder*. ▶ 이제 파업뿐이 없다. 월요일 저녁 하노버 학교 이사회는 중립적인 진상조사단이 마련한 교사계약안을 6대 3으로 또 거부했다.

Although *the fact-finder's report* is not legally binding, both sides have declared their commitment to making the report the essential tool for reaching an agreement. ▶ 비록 진상조사단의 보고서가 법적인 구속력이 없지만, 양측은 이를 합의에 이르기 위한 중요한 수단으로 삼을 것이라고 선언했다. ♣ *legally binding*: **법적인 구속력이 있는** 참조

[유] 진상조사: *fact-finding*

방법/개념/생각 등이 **진부한**
너무 자주/많이 이용/사용되어 싫증나는; 낡아빠진

shopworn

More than ever, horror flicks like the new 'Omen' are relying on ***a shopworn movie tradition***: the creepy kid. ▶ 새로 나온 '오멘' 같은 괴기 영화들이 소름이 오싹 끼치게 만드는 아이를 등장시키는 낡아빠진 방법에 그 어느 때보다 많이 의존하고 있다.

One of the oldest (and most ***shopworn***) stories in newsrooms across America chronicles is the arrival of the first baby of the new year. ▶ 미국 신문 뉴스란에 실리는 가장 오래되고 가장 진부한 이야기는 새해에 처음 태어난 아기 소식이다.

주 상품이 너무 오래 진열되어 낡았다는 의미다.

진심에서 우러난
진심/진정 어린; 열렬한

wholehearted; whole hearted

The relentless efforts of our management and ***wholehearted support*** of staff paid off and made us leaders in this segment. ▶ 경영진의 끊임없는 노력과 직원들의 열렬한 성원이 성과를 거두어 우리가 이 부분에서 선두에 나서게 되었다.

I never want to see the film again, and I can't give it ***a whole-hearted recommendation*** — it is a good movie, however. ▶ 나는 이 영화를 절대로 다시 보고 싶지 않으며 이 영화를 진심으로 추천할 수 없다. 하지만 좋은 영화다.

전혀 **진전이 없다**
제자리에 머물러 있다; 만족스러운 결과를 얻지 못하고 있다

be not going anywhere

The negotiation does ***not seem to be going anywhere***. ▶ 그 협상이 전혀 진전이 없는 것처럼 보인다.

Aside from ***the United States not going anywhere***, I would say we expect the economic collapse of China in this coming decade. ▶ 제자리에 머물러 있는 미국은 차치하고, 앞으로 10년 안에 중국의 경제가 붕괴될지 모른다.

진정한
진실한/참된(genuine)

bona fide ☞ 명사형으로도 사용, Formal, Latin

Our responsibility to address ***the bona fide crises*** in education, housing and health care in this country has been too long ignored. ▶ 이 나라의 교육, 주택, 의료 분야가 직면하고 있는 진정한 위기에 역점을 두어야 할 책임을 우리는 너무나 오래 방치해 왔다.

The court after considering the apology ordered that in order to demonstrate ***bona fide*** and sincerity of what had been stated before the court, the respondent channel show regret/apology daily at appropriate timings till March 12. ▶ 해당 TV 채널이 제출한 사과문을 검토한 재판부는 사과문에 진실성과 진정성이 담겨 있다는 것을 보여주기 위하여 3월 12일까지 매일 적당한 시간에 사과방송을 내도록 명령했다.

Dividend investing can be ***a bona fide way*** to beat the market with less volatility and muted risk of total capital loss. ▶ 변동이 덜 심하고 모든 자본금을 잃어버릴 잠재적인 위험이 낮은 이익배당을 목적으로 하는 투자가 (주식)시장에 대처하는 진정한 투자방법이다. 《주식이 오르기를 바라면서 하는 투자가 아닌 이익배당을 목적으로 하는 투자가 참된 방법이라는 말이다.》

진정한 의미의
순수한 의미의; 순수한 의미를 지닌

something **proper**

This course will examine British cultural life in the years between 1665 and 1789. We will focus primarily on ***literature proper*** — that is, on the poetry, plays, and novels of the period. ▶ 이 과목은 1665년과 1789년 사이의 영국 문화 생활을 고찰하게 된다. 우리는 주로 이 시기의 순수문학, 말하자면 시, 희곡, 소설에 초점을 맞추게 될 것이다.

You should always bear in mind what are ***medical activities proper***. ▶ 진정한 의미의 의료활동이

무엇인지 언제나 명심해야 한다.

A distinction must be made between ***archaeology proper*** and science-based archaeology. ▶ 순수 고고학과 과학에 바탕을 둔 고고학이 구별되어야 한다.

현재 일들이 **진행되고 있는 상황, 진행되고 있는 상황을 감안한다면**

the way things are going/heading/progressing

He is happy with ***the way things are progressing***. ▶ 그는 현재 진행되고 있는 상황에 만족하고 있다.

The way things are going, perhaps he won't make it in time. ▶ 현재 진행되고 있는 상황을 감안한다면, 아마 그는 제 시간을 맞추지 못할 것이다.

If he had another week or two of vacation, who knows what he might have accomplished? Maybe he'd have caught a 50-pound king salmon or shot a big black bear — or both, ***the way things have been going***. ▶ 그가 1~2주의 휴가를 더 보냈다면 그가 어떤 일을 해냈을지 아무도 알 수 없다. 지금까지 진행되어 온 상황을 감안한다면(그가 지금까지 잡은 연어와 곰을 감안한다면) 아마도 50파운드짜리 연어를 낚았거나 거대한 흑곰을 사냥했을지도 혹은 둘 다 잡았을지도 모른다.

어느 정도까지 진척되었는지는 모르지만 이미 **진행중인**
이미 벌어지고/일어나고 있는; 이미 계획중인

afoot

Something strange is ***afoot***. ▶ 수상한 일이 이미 벌어지고 있다.

There's no movement ***afoot*** to oust him from the seat. ▶ 그를 자리에서 축출하려는 움직임이 아직 없다.

Big changes are ***afoot*** in the auto industry. ▶ 자동차업계에서 이미 커다란 변화들이 일어나고 있다.

Plans are ***afoot*** to put the Olympic torch on a surfboard at Pacific Rim National Park, Canada's hot spot for cold-water surfing. ▶ 차가운 물에서 하는 서핑으로 인기있는 캐나다 Pacific Rim 국립공원에서 올림픽 성화를 서핑보드 위에 올려놓고 봉송하는 계획이 이미 진행중이다. 《2010년 캐나다 동계올림픽 성화봉송에 대한 이야기다.》

여러 가지의 답이 나올 수 있으며, 어떤 것이 절대적으로 옳다고 아무도 말할 수 없는 **질문**
정답이 없는 문제/질문

open question

Who should be the next president is ***an open question*** for us. ▶ 누가 차기 대통령이 되어야 하는가 하는 질문에는 정답이 없다.

The open question is whether this is going to spread to other regions. ▶ 이것이 다른 지역으로 전파될 것인가 하는 문제에 대해서 누구도 어떤 것이 절대적으로 옳다고 말할 수 없다.

~에게 장시간 엄하게 많은 **질문을 퍼붓다**
장시간 엄하게 심문하다/취조하다; 집요하게 추궁하다

grill ☞ Informal

With the burst of acclamation comes fresh scrutiny. Huckabee barnstormed through the Carolinas as reporters ***grilled him*** about statements — in a 1992 Associated Press questionnaire when he ran for the U.S. Senate seat — that he had advocated quarantine for AIDS patients, opposed an increase in federal funding for AIDS research, and described homosexuality as "a sin." ▶ 폭발적인 찬사가 쏟아지는 가운데 면밀한 새로운 조사가 시작되었다. 허커비가 남북 캐롤라이나 주를 돌아다니면서 유세활동을 벌이는 동안, 기자들이 따라다니면서 1992년 상원의원에 출마했을 때 AP의 질문에 대한 "에이즈 환자들을 격리해야 하며, 에이즈 연구에 연방지원금을 증액하는 것에 반대하고, 동성애는 죄악이다"라는 그의 답변에 관하여 집요하게 질문을 퍼부었다. 《2008년 미국 민주당 대통령 후보 경선에 나서고 있는 허커비에게 기자들이 집요하게 곤란한 질문을 해대고 있다는 이야기다.》 ♣ ***barnstorm***: **떠돌아 다니면서 활동하다** 참조

Police ***grilled him*** and made him take a polygraph test. ▶ 경찰이 그를 장시간 취조했으며 거짓말 탐지기로 조사하였다.

주 석쇠(*grill*)에 고기를 올려 놓고 이리저리 뒤집어 가면서 굽듯이 질문하거나 취조한다는 의미다. 우리말의 "사람을 들들 볶는다"와

의미는 같지 않지만 비유하는 방법이 비슷하다.

어떤 일 등을 빨리 처리하지 않고 고의적으로 **질질 끌다**

drag one's heels/feet

The ruling party, he claimed, was *dragging its feet*, and this was definitely threatening moves towards reconciliation. ▶ 집권당이 고의적으로 질질 끌고 있으며 이 같은 행동이 화합을 위한 움직임을 저해한다고 그가 주장했다.

Romania is *dragging its heels* in investigating four suspected Romanian Nazi war criminals discovered a year ago, he said. ▶ 나치의 전쟁범죄에 가담한 혐의가 있는 루마니아 사람들의 정체가 1년 전에 밝혀졌지만 루마니아 정부가 이들의 조사를 고의적으로 질질 끌고 있다고 그가 말했다.

The president has a history of *foot-dragging* when it comes to initiatives that would cause oil companies or automakers short-term pain. ▶ 대통령은 정유회사나 자동차회사에 단기적인 고통을 안겨줄 수 있는 정책의 경우 고의적으로 질질 끄는 역사를 가지고 있다. 《미국의 거대 정유회사나 자동차회사들의 강력한 로비 때문에 단기적인 안목으로 보면 이 회사들에게 악영향을 미칠 수도 있는 정책, 예를 들면 바이오 연료 사용이나 수소 자동차를 장려하는 등의 정책을 시행하는 데 매우 소극적이라는 이야기다.》 ♣ *when it comes to*: **하지만 ~에 관한 경우에는** 참조

주 제대로 걷지 않고 일부러 발을 땅에다 질질 끌며 가는 것처럼 일 처리를 한다는 의미다.

집단소송
집단 법률소송

class action (lawsuit)

A federal judge refused to allow *a class action* against State Farm Insurance Company over the insurer's denial of claims on Mississippi's Gulf Coast after Hurricane Katrina. ▶ 한 연방법원 판사가 허리케인 카트리나 때문에 큰 피해를 입은 미시시피 걸프 코스트 주민들이 보험금 청구를 거부한 State Farm 보험회사를 상대로 낸 집단소송을 기각했다.

According to the Washington Post, *a class-action lawsuit* has been filed alleging the U.S. Department of Education knowingly overcharged student borrowers millions of dollars in fees and interest due to a glitch in the Department's billing system. Lawyers for the plaintiffs estimate over 3 million borrowers could have been effected. ▶ 계산시스템의 결함으로 대출받은 학생들에게 알면서도 수백만 달러의 수수료와 이자를 더 부과한 미 교육부를 대상으로 집단 법률소송이 제출되었다고 워싱턴 포스트가 보도했다. 원고측 변호사들은 3백만이 넘는 학생들이 피해를 보았다고 추정하고 있다. ♣ *knowlingly*: **알면서도** 참조

집(안) 내력이다
가족 내력이다

runs in one's family

His farther plays the drum and piano, and he plays the guitar. Musical talent *runs in his family*. ▶ 그의 아버지는 피아노와 드럼을 치며 그는 기타를 연주한다. 음악적인 재능은 그의 집안 내력이다.

High blood pressure *runs in my family*. ▶ 고혈압은 우리 가족 내력이다.

집안을 거덜나게 하다
너무 많이 먹거나 비용이 많이 들어 감당할 수가 없을 지경이다

eat someone out of house and home

My daughter is a junior in a prestigious music college in New York. She is *eating me out of house and home*. ▶ 내 딸은 뉴욕에 있는 명성 있는 음악대학 3학년이다. 그녀는 우리 집안을 거덜내고 있다.

Douglas walked with his 11-week-old Australian cattle dog, Bobby. "He's *eating me out of house and home*," Douglas said, laughing. "It's not the food. It's the furniture." ▶ 개가 집안에 있는 가구를 모조리 물어뜯어 못쓰게 만든다는 우스갯소리다.

주 집안에 있는 것을 모조리 먹어치워 남아나는 게 없다는 말이다.

내 집안 일이 우선이다

남에게 자선을 베풀기 전에 내 집안부터 먼저 돌봐야 한다; 내 일이 더 바쁘고 급하여 남들에게 신경 쓸 겨를이 없다 (기부나 봉사를 거절할 때 주로 사용하는 표현이다)

charity begins at home

"They keep giving me the excuse that ***charity begins at home***. But if everyone thinks that way, then who will be left to do charity?" she asked. ▶ "언제나 사람들은 나에게 내 코가 석 자라는 말로 구실을 대고 있다. 그러나 모두가 그렇게 생각한다면 누가 자선을 베풀겠는가?" 라며 그녀가 물었다.

Why do we have to spend billions on other countries when all those billions should be spent right here in America? We keep being taxed and taxed and taxed, then the majority of that money is being sent out of America. Why? There is something really wrong with this picture. ***Charity begins at home***. I know we are supposed to help people in trouble, but doesn't ***charity begin at home***? The Bush administration keeps saying how much other countries need our money. Well, what about our own people? ▶ 왜 우리는 이곳 미국에서 사용되어야 할 수억 달러나 되는 돈을 모두 나라 밖에서 써야 하는가? 우리에게 끊임없이 세금이 부과되고 있으며, 이 중 많은 부분이 미국 밖으로 나가고 있다. 왜 그런가? 이 같은 상황은 뭔가 잘못되었다. 집안 일이 우선이다. 우리가 어려움에 처한 사람들을 도와야 한다는 것을 알지만, 내 집안부터 돌봐야 하지 않을까? 부시 행정부는 다른 나라들이 얼마나 우리 돈을 필요로 하는지에 대해 지속적으로 이야기하고 있다. 글쎄, 우리 국민들은 어쩌란 말인가?

주 "내 코가 석 자다"라는 우리 속담과 비슷한 의미를 가지고 있다.

집에 불이 난 것처럼

신속하게; 재빠르게; 맹렬하게

like a house on fire ☞ Informal

He started the second half ***like a house on fire*** scoring two goals in the opening ten minutes. ▶ 그는 후반전 시작 10분 만에 재빠르게 두 골을 넣었다.

주 나무로 만든 집에 한번 불이 붙으면 매우 빠르게 걷잡을 수 없이 번진다.

공연/연설 등이 집을 떠나가게 만들다

청중(관객)들을 열광시키다; 열광의 도가니로 몰아 넣다; 만장의(우레와 같은) 박수갈채를 받다

bring the house down

The final act of the play performed by the children ***brought the house down***. ▶ 어린아이들이 출연한 그 연극의 최종 막이 관객들을 열광시켰다.

Elton John ***brought the house down*** at London's Victoria Palace theatre when he took to the stage. ▶ 엘튼 존이 무대에 올랐을 때 관객들은 런던의 빅토리아궁 극장이 떠나가도록 우레와 같은 박수갈채를 보냈다.

특정한 행동/일 등이 집중해서 몰리는 상태

flurry

A flurry of diplomatic activity aimed at ending of war. ▶ 집중적인 외교 활동은 전쟁을 종식시키기 위함이었다.

But they were unable to complete a comeback against the league's top team despite ***a late flurry of offense***. ▶ 막판 집중 공격에도 불구하고 그들은 리그 선두 팀을 상대로 경기를 뒤집을 수 없었다.

주 *"flurry"*는 비나 눈 등을 동반한 돌풍이다.

이해하기 힘들 정도로 불유쾌한 것(범죄, 죽음 등)에 집착하는

병적인 집착/호기심을 보이는; 병적일 정도로 관심을 갖고 있는

morbid

He showed ***a morbid curiosity*** about the convicted murder. ▶ 그는 유죄 판결된 그 살인 사건에 병적인 호기심을 보였다.

American officials accuse reporters of indulging in ***a morbid obsession*** with death and destruction, and ignoring how Iraq has improved since Saddam Hussein was toppled. ▶ 미 정부관리들이 기자

들은 사담 후세인이 축출된 후 이라크의 상황이 얼마나 좋아졌느냐 하는 데에는 관심이 없고, 사람이 죽거나 건물이 파괴되는 것에만 병적인 집착을 보이고 있다고 비난한다. 《기자들이 나쁜 기사만 써 대고 있다는 말이다.》

쓸모가 없거나 타당하지 않을 수도 있지만 특정한 생각/관습 등에 **집착하다**

cling to ☞ 매달리다; 들러붙어 있다

When it comes to bird flu, what you don't know can hurt you — and everyone else. He is just one of Cambodians ***clinging to*** reassuring misinformation about the disease. ▶ 조류독감의 경우, 당신이 모르고 있는 사실이 당신과 그 밖에 모든 사람들에게 해를 끼칠 수 있다. 그는 그 병에 관해 사람을 안심시키는 잘못된 정보에 집착하고 있는 캄보디아인의 한 사람일 뿐이다. 《캄보디아 사람들은 닭이 햇볕을 쬐면 조류독감에 걸리지 않는다는 잘못된 정보를 철석같이 믿고 있다는 이야기이다.》

The wife of a missing man is ***clinging to*** the hope he will be found alive. ▶ 실종된 한 남자의 부인이 그가 살아 있는 채 발견될 것이라는 희망에 매달려 있다.

집처럼 안락한 곳
집처럼 지내기가 편한 곳

home away from home(미국); home from home(영국)

The cottage is ***a home away from home***, offering a microwave, dishwasher, TV, and video. ▶ 이 오두막은 마이크로 웨이브 오븐, 접시세탁기, TV, 비디오가 갖춰져 있는 집처럼 지내기 편한 곳이다.

The Edmonton Oilers are making themselves quite comfortable in ***their home away from home*** as they prepare for the opening game of the Stanley Cup final Monday night at Carolina. ▶ 캐롤라이나에서 벌어지는 스탠리컵 결승 첫 시합을 준비하면서 에드먼턴 오일러스(캐나다 에드먼턴이 연고지인 NHL(북미 아이스하키 리그) 팀)는 그곳 환경(분위기)에 잘 적응하고 있다.

After a combined 50 years of serving at the High School's cafeteria, Maxine and Barbara said goodbye to what they consider ***a home from home***. ▶ 두 사람이 합해서 50년간 그 고등학교 구내식당에서 일해 온 후, 맥신과 바브라는 그들이 집처럼 편하게 생각했던 그곳에 작별을 고했다.

집회/결사(結社)의 자유

freedom of assembly/association

The Freedom of Assembly is qualified from the beginning with the word "peaceably." ▶ 집회의 자유는 시작부터 평화롭게 진행되어야만 허용된다.

The move would be a "step backward" and would violate constitutionally protected rights of ***freedom of assembly and association***. ▶ 그 조처는 거꾸로 가는 것이며 헌법으로 보장된 집회와 결사의 자유를 침해하게 될 것이다.

자

논쟁/시합/싸움 등에서 상대방을 **짓뭉개다**
완벽하게 제압하다

make mincemeat (out) of someone ☞ 떡으로 만들어 놓다

I am confident I can ***make mincemeat of him***. ▶ 나는 그를 완벽하게 제압할 자신이 있다.

Make no doubt about it, the Lion King is back and in full swing. After two less-than-stellar Pacific League seasons, the Yomiuri Giants' Lee Seung Yeop ***made mincemeat out of the PL's Seibu Lions*** on Saturday at Tokyo Dome. ▶ 라이온 킹(이승엽의 애칭)이 다시 최고의 컨디션으로 돌아왔다는 사실에는 조금도 의심의 여지가 없다. 2년간 퍼시픽 리그에서 그의 명성에 못 미친 성적을 낸 후, 요미우리 자이언츠의 이승엽이 도쿄 돔에서 퍼시픽 리그 세이부 라이온스를 짓뭉개버렸다. 《이승엽이 일본 프로야구 센츄럴 리그 요미우리 자이언츠로 이적한 첫해의 이야기다.》 ♣ *in full swing*: 특정한 활동이 **최고조에 있는** 참조

주 "*mincemeat*"는 야채, 과일과 향신료를 넣어 다진 고기로 파이 속에 넣는다.

짓밟혀 지내는
억눌려 지내는

downtrodden

Like a scab on a wound, nationalism is often the ideology of ***the downtrodden***. So why treat it as taboo, the way the Victorians dealt with sex? Neither can be wished away; both are facts of life. ▶ 상처에 앉은 딱지처럼, 종종 국수주의는 짓밟힌 사람들의 이데올로기로 나타난다. 영국 빅토리아여왕 시대 사람들이 섹스를 대하던 것처럼, 왜 국수주의를 터부시하는가? 이 중에서 어떤 것도 원한다고 해서 없어지는 것이 아니며, 이 모두가 우리가 받아들여야 하는 현실이다. ♣ *wish away*: **없어졌으면 좋겠다고 생각하다**; *fact of life*: 사람들이 어찌할 수 없는 **현실** 참조

The landlords are making huge profits at the expense of ***downtrodden peasants***. ▶ 땅 주인들이 짓밟혀 지내는 농부들을 이용해 엄청난 이익을 챙기고 있다.

People have long been ***downtrodden*** under the military regime. ▶ 사람들이 군사 정권하에서 오랜 기간 억눌려 지내왔다.

좋지 않은 일이 발생할 것이라는 불길한 **징조**
기미; 낌새

handwriting on the wall

They paid attention to that but not enough to see ***the handwriting on the wall*** and realize that it was just the beginning of a new surge of attacks. ▶ 그들이 주의를 기울이기는 했지만, 이게 불길한 징조라는 사실을 알아챌 정도로 그리고 파도처럼 밀려오는 새로운 공격의 시작에 불과하다는 사실을 깨달을 정도로 충분히 주의를 기울이지 않았다.

Aspirants either withdraw from the race or stepped aside when they saw ***the handwriting on the wall*** that a fellow northerner had been favored by the party's hierarchy. ▶ 그 정당의 지도부 사람들이 한 북쪽 출신 당원을 선호하고 있다는 낌새를 알아채고, 나머지 후보자들이 경선에서 사퇴하거나 한쪽으로 물러났다.

주 구약성경 다니엘서 5장에서 유래되었다: 고대 바빌론을 부흥시켰던 느브갓네살 왕(King Nebuchadnezzar)의 아들로 왕위를 이어받은 벨사살(Belshazzar)이 왕국에서 우상을 찬양하고 있는 도중 사람의 손이 나타나 벽에다 글을 쓰기 시작했다. 다니엘은 이 나라에 대한 하나님의 저주가 담겨 있다고 왕에게 해석을 해주었고, 그날 밤 벨사살 왕이 살해되었다.

~은 ~의 **징후이다**
~은 ~의 조짐/징조다; ~은 ~라는 사실을 나타낸다/보여준다 (특히 좋지 않은 경우)

be symptomatic of ☞ Formal

Analysts also point out that market downturns ***are symptomatic of*** an economy that is cooling. ▶ 시장의 내림세는 경제의 열기가 식고 있다는 징후라고 분석가들은 지적한다.

He is not an official representative of the family, but it is thought his dissent ***is symptomatic of*** many family members' resistance to the offer. ▶ 그는 공식적인 가족대표가 아니지만, 그의 반대는 많은 가족 구성원들이 그 제안에 반대한다는 사실을 나타낸다고 생각된다.

짜증나게 하는
불쾌하게 만드는 (상대방이 계속 화나게, 성가시게 굴지만 어찌할 도리가 없을 경우)

galling

How ***galling***, for the Americans, that the French could be proved right. ▶ (이라크전쟁에 반대하는) 프랑스 사람들이 옳았다고 밝혀진다면 미국 사람들로서는 얼마나 짜증나는 일인가.

The chairman of a House committee that oversees the Department of Homeland Security says he intends to question department officials including the Chief about the decision to cut New York's federal anti-terror dollars by 40 percent. "To see a department run by my own party make these cuts is very ***galling***," he said. ▶ 미 국토안보부를 감독하는 하원 위원회 의장은 뉴욕에서 테러를 예방하기 위한 연방지원금의 40%를 삭감하는 결정에 대해 장관을 포함한 관리들에게 따지려 한다고 말한다. "내가 소속된 당이 운영하는 부서가 이런 삭감을 했다는 사실은 나를 매우 불쾌하게 만든다"고 그가 말했다.

주 피부/껍질이 벗겨질 정도로 마구 문질러대듯이 사람을 짜증나게 한다는 말이다.

매우 **짧은 시간 동안에 지속되는**
덧없는; 무상(無常)한; 일시적인

fleeting ☞ 일시적으로 나타났다 휙 하고 사라지는

Of course, China's newfound maturity in the foreign-policy arena might prove ***fleeting***. ▶ 물론, 최근 중국이 외교 무대에서 보여주고 있는 성숙함은 일시적인 현상일지 모른다.

"All glory is ***fleeting***," he said. ▶ "모든 영광은 덧없다"고 그가 말했다.

Forty minutes can be ***fleeting*** or it can be an eternity. ▶ (경기가 잘 풀리면) 40분은 금방 지나갈 수 있지만, 그렇지 않으면 끝없이 이어지는 긴 시간처럼 여겨질 수도 있다.

~라는 매우 **짧은 시간 안에**
불과 ~라는 짧은 시간 내에 (매우 짧은 시간이라는 것을 강조하는 표현)

in/within a matter of

They are expecting their fifth grandchild ***in a matter of weeks***. ▶ 그들은 불과 몇 주만 있으면 다섯 번째 손자를 보게 될 것이다.

Within a matter of days she will be back. ▶ 그녀는 며칠 안에 돌아올 것이다.

in the space of

Moments before, three bombs had gone off ***in the space of a minute*** on London's Underground railway. ▶ 몇 분 전, 런던 지하철 철로 위에서 1분이라는 매우 짧은 시간 안에 3개의 폭탄이 터졌다.

Dramatic changes should occur ***in the space of a few hours*** with this method. ▶ 이 방법을 이용하면, 불과 몇 시간 안에 틀림없이 극적인 변화가 나타날 것이다.

몇 **번째로 가장 ~한**

the ~ 형용사 최상급

Professor is ***the second most favorite job*** among graduate students. ▶ 대학원생들 사이에서 교수는 두 번째로 선호하는 직업이다.

Ovarian cancer is ***the sixth most common cancer*** contracted by women. ▶ 난소암은 여성들에게 여섯 번째로 많이 발생하는 암이다.

쫓고 쫓기는
상대방을 따돌리기 위해서 혹은 추격하기 위해서 혼란스럽게 만들거나 속이는; 속고 속이는; 숨바꼭질하는

cat and mouse ☞ 명사형으로도 사용

After a 26-all halftime tie, the first 13 minutes of the second half was ***cat and mouse***, his team mostly leading, usually by a point or two. ▶ 전반전을 26점 동점으로 마친 후, 후반전 처음 13분은 그의 팀이 한 점이나 두 점의 리드를 유지한 쫓고 쫓기는 경기였다.

After three months of ***a cat and mouse chase***, he has finally agreed to give us an interview. ▶ 3개월간의 숨바꼭질 후, 그는 마침내 우리의 인터뷰에 응하기로 했다.

Yes, it is ***the classic game of cat-and-mouse***. But who's the cat and who's the mouse is yet to be decided. ▶ 이는 전형적인 고양이와 쥐 사이에서 벌어지는 게임이다. 그러나 누가 고양이고 누가 쥐인지 아직 모른다.

Two boy racers engaged in ***a game of cat and mouse*** drove three teenage girls to their deaths. ▶ 두 소년이 쫓고 쫓기는 치열한 자동차 경주를 벌여 3명의 10대 소녀들이 목숨을 잃었다.

The cat and mouse game between drunk drivers and law officers has been going on for a long time. ▶ 음주운전자와 경찰관들 사이에서 벌어지는 쫓고 쫓기는 게임은 오래 전부터 있었다.

주 고양이가 쥐를 잡기 위해서 뒤쫓는 장면을 상상하면 된다.

남의 의견이나 제안을 **찢어 발기다**
완전히 무시해 버리다; 공공연하게 비난하면서 우스갯감으로 만들다; 헐뜯다

rip someone/something **apart**

Bush himself was pushing the proposals through the OMB (Office of Management and Budget), which often ***ripped such initiatives apart***. ▶ 부시 대통령 자신이 그 안들을 OMB를 통하여 밀어붙이려고 했지만, 오

자

히려 OMB가 종종 찢어 발겨 휴지통에 버리곤 했다.

When I showed it to the other students for critique, they ***ripped it apart***. ▶ 내가 다른 학생들에게 그것에 대한 의견을 묻자, 그들은 완전히 우스갯감으로 만들어 버렸다.

주 남들이 가지고 온 서류를 마음에 전혀 들지 않는다며 두 손으로 잡고 찢어 휴지통에 버리는 광경을 상상하면 된다.

차

접근을 **차단하다**

cordon off

Police said they were going to *cordon off the roads*. ▶ 그 도로를 차단하려 한다고 경찰이 말했다.

A 900-ft perimeter wire fence is being erected to *cordon off the apartments building* which collapsed last Sunday claiming five lives. ▶ 지난 일요일 붕괴되어 5명의 목숨을 앗아간 그 아파트 건물로 사람들이 접근하는 것을 차단하기 위하여 900피트 둘레의 철망이 세워지고 있다.

소수인종(racial minorities)이나 장애자, 여성 등과 같은 사회적 약자들을 위한 **차별철폐 정책/조처**

사회 약자들에게 기회/일자리를 주도록 하는 적극적인 정책/조처

affirmative action

An open forum about *affirmative action* took place on campus last Tuesday. ▶ 사회적 약자에 대한 차별철폐 정책에 관한 공개 토론회가 지난 화요일 캠퍼스에서 개최되었다.

As a white female planning to apply to college in a year or so, I' m right in the middle of *the affirmative action debate*. What I truly do not understand is why gender and race should have anything to do with acceptance to college or for a job. I don' t see any reason that I should be accepted into a school over a male who has done better in school than I, or that a black person should be accepted over me. ▶ 일 년 정도 안에 대학에 응시하려는 백인 여성으로서 나는 사회 약자들에게 기회나 일자리를 주도록 하는 정책에 대한 논쟁의 바로 한복판에 서 있다. 성이나 인종이 대학에 입학하거나 직장을 구하는 것과 연관된다는 사실을 나는 도대체 이해할 수 없다. 고등학교의 성적이 나보다 더 좋은 남학생을 제치고 내가 대학입학 허가를 받아야 하거나 또는 나보다 못한 한 흑인이 나 대신 대학에 들어가야 하는 이유를 도저히 모르겠다.

주 잘못하면 일반 사람들이 오히려 역차별을 받는다고 느낄 수 있는 정책이다.

의미/성질/의견 등에서 나타나는 미묘한 **차이**

뉘앙스

shade

Safety is one of those concepts that are difficult to define. Dictionaries give *many shades of meaning*. ▶ 안전이라는 용어는 정의하기 어려운 개념들 중 하나다. 사전들마다 미묘한 의미의 차이를 보인다.

There are literally more than dozens of newspapers of *every shade of opinion*. ▶ 수십 가지나 되는 신문들이 서로 미묘한 차이를 보이는 견해를 피력한다.

엄청난 **차이(점)**

all the difference in the world; a world of difference

That has made *all the difference in the world*. ▶ 그것은 엄청난 차이를 만들었다.

There is *a world of difference* between an amateur video and slick Hollywood production. ▶ 아마추어가 만든 비디오와 할리우드에서 만든 멋진 영화 사이에는 엄청난 차이가 있다.

착공하다
착공식을 거행하다; 공사를 위한 첫 삽을 뜨다

break ground on

The City will officially ***break ground*** today ***on*** a transit operations center. ▶ 그 시는 오늘 공식적으로 교통통제센터의 착공식을 거행한다.

A Chicago-based apartment developer will ***break ground*** Tuesday ***on*** a new $25 million apartment complex near downtown Minneapolis. ▶ 시카고에 본거지를 둔 아파트 개발회사가 화요일 미네아폴리스 다운타운 근처에 2천5백만 불짜리 새 아파트단지의 건설을 위한 첫 삽을 뜬다.

~한 견해/믿음/주장에 **찬동하다**
~한 견해/믿음/주장을 지지하다

subscribe to

I' ve personally never ***subscribed to the view*** that either sex is superior to the other. ▶ 나는 개인적으로 어느 한 쪽 성이 다른 성보다 우수하다는 견해에 절대 찬동한 적이 없다.

Our committee does not ***subscribe to the notion*** that more education in its current form is the answer to meeting the challenges of the future. ▶ 우리 위원회는 현재의 틀 안에서 교육을 더 많이 시키는 것이 미래의 도전과제를 해결할 수 있는 방법이라는 생각을 지지하지 않는다.

흥겨운 파티나 잘 진행되고 있는 모임/일에 **찬물을 끼얹는 사람/것**
분위기/기분을 확 가라앉히는(잡치는) 사람/것

wet blanket

He was literally ***the wet blanket*** at the party. ▶ 그는 글자 그대로 그 파티에 찬물을 끼얹는 사람이었다. ♣ *literally* : **글자 그대로** 참조

The government said that the trade deficit would not be ***the wet blanket*** on activity that everyone expected. ▶ 정부는 무역적자가 모두가 기대하는 활황에 찬물을 끼얹지 않을 것이라고 말했다.

~한 의견/생각/이야기에 **찬물을 끼얹다**
별로 좋은 의견/생각이 아니라고 하다; ~한 이야기가 사실이 아니라고 말하다

pour cold water on

The United States ***poured cold water on*** a proposal by North Korea for direct talks to end a nuclear standoff. ▶ 미국은 핵무기에 대한 대치 상황을 끝내기 위한 직접 대화를 하자는 북한의 제의에 찬물을 끼얹었다.

CEO of the bread company ***poured cold water on*** the idea of buying any bread companies for awhile. The U.S. bread market is highly fragmented, with numerous regional brands. ▶ 그 제빵회사의 대표는 당분간은 다른 제빵회사를 사들이는 것은 좋은 생각이 아니라고 말했다. 미국의 제빵시장은 수많은 지역 브랜드들로 잘게 나누어져 있다.

흥겨운 기분, 열정 등에 **찬물을 끼얹다**
기분을 확 잡치게(가라앉게) 하다; 기를 꺾다

throw the wet blanket on

He ***threw*** literally ***the wet blanket on*** the party. ▶ 그는 말 그대로 그 파티에 찬물을 끼얹었다.

dampen ☞ 축축하게 만들다

Last Thursday we were having dinner in the hotel restaurant. It was an excellent meal and very good service. The ice cold shower ***dampened*** our enjoyable evening when we asked to settle our bill, the waiter said "if it is cash" then it would cost us just Ft 10,000. ▶ 지난 목요일 그 호텔 식당에서 저녁을 먹고 있었다. 음식과 서비스가 모두 너무나 좋았다. 그러나 우리가 계산을 한다고 하자 웨이터가 현금으로 내면 10,000Ft(헝가리 화폐단위)이라고 말해 즐거운 저녁 기분을 확 잡쳐버렸다.

I hate to ***dampen*** your spirit. But do you really think it will work? ▶ 나는 너의 기를 꺾고 싶지 않다. 그러나 그것이 정말로 효과가 있을 것이라고 생각하는가?

찬밥 더운밥 가릴 형편이 못 된다
그 정도나마 있는 것이 혹은 할 수 있는 게 다행이다

beggars can't be choosers

But, ***beggars can't be choosers***, and we have to take whatever we can get. ▶ 그렇지만 우리는 찬밥 더운밥 가길 형편이 못 된다. 얻을 수만 있다면 무엇이든지 다 받아야 한다.

Job opportunities then, for those with moderate academic achievements, were very limited. Even a university degree was not much of a help, when scores of engineers and doctors scoured the 'vacancy' columns of newspapers for a job, any job. It was hardly surprising that those who failed to produce shining proof of academic excellence were left to make a living from odd jobs, as commission agents or small traders. To put it very bluntly, for most, it was a "***beggars can't be choosers***" situation. That was exactly how it was with me, though I did have all good intentions of becoming an engineer. ▶ 그 당시에는 학업성적이 그저 그런 사람들에겐 직장을 구하는 기회가 매우 제한적이었다. 많은 엔지니어와 박사들도 아무 직장이라도 구하기 위해서 신문의 구인광고를 샅샅이 뒤지고 있는 때라, 대학졸업장조차도 그다지 도움이 되지 못했다. 학업성적이 좋지 않은 사람들이 중개업 대리점이나 소규모 중개업 같은 이상한 직업으로 생계를 유지했다는 것이 그다지 놀라운 사실이 아니었다. 솔직하게 표현하자면, 대부분 사람들은 찬밥 더운밥 가릴 형편이 못 되었다. 엔지니어가 되려는 생각이 있긴 했지만, 나도 똑같은 신세였다. ♣ *to put it*: ~하게 **표현하자면** 참조

비록 즐겁거나 만족스럽지 않지만 **참고 견디다**

put up with

They have to ***put up with*** lousy salaries and health care benefits. ▶ 그들은 형편없는 임금과 의료혜택을 참고 견뎌야 한다.

The Pop superstar says she has to ***put up with*** racist remarks when she travels because people forget that she is mixed race. She was reportedly born to an Irish-American mother and an African-American father. ▶ 이 팝 슈퍼스타는 공연 여행 중 사람들이 그녀가 혼혈이라는 사실을 잊고서 그녀 앞에서 내뱉는 인종차별 발언을 참고 견뎌야 한다고 말한다. 그녀는 아일랜드계 미국인 어머니와 미국 흑인 아버지 사이에서 태어났다고 한다. ♣ *born to*: 어떤 사람에게서 **태어난** 참조

억지로 **참는 웃음/하품**

strangled laugh/yawn

A strangled laugh escaped her. ▶ 그녀가 웃음을 참으려 했지만 허사였다.

He stretched his arms above his head with ***a strangled yawn***. ▶ 그는 억지로 하품을 참으면서 두 팔을 머리 위로 죽 폈다.

단순히 말로만 참여하거나 남들을 시켜서 하는 것이 아니고 직접 일에 **참여하는**

hands-on ☞ 손을 직접 대는

Student will be given ***a hands-on project*** in the middle of semester. ▶ 학생들은 학기 중간에 직접 참여하는 프로젝트를 부여받는다.

While these dangers do put home dwellers at risk, he points out that injuries can be avoided by taking ***a hands-on approach*** to home safety and identifying and fixing hazards before an incident occurs. ▶ 이런 위험물들이 주택 거주자들을 위험에 빠뜨리지만, 사고가 발생하기 전에 주택의 안전을 위해 위험요소를 찾아다니며 직접 손을 대어 고침으로써 부상을 피할 수 있다.

While some students are tasting carefree, summer-break freedom, others are deepening their knowledge of the world around them at ***a hands-on summer camp*** this week. ▶ 일부 학생들은 여름방학의 자유를 만끽하고 있는 반면, 다른 학생들은 이번 주 직접 차린 여름캠프에서 그들 주변에 있는 세상에 대한 지식을 넓히고 있다.

특정한 행사나 장소에 **참여하는**

in attendance

Bridal showers certainly have seen some evolution in the past decade. Women aren't the only guests *in attendance at bridal showers*, which sometimes include the men or the whole family. ▶ 결혼 전 신부에게 필요한 물품을 마련해 주는 행사(Bridal shower)는 지난 10년간 많은 변화를 겪었다. 참석하는 손님이 여성들만이 아니고, 가끔 남자들이나 전 가족이 참여하기도 한다. 임신한 사람을 위해 친지들이 육아용품을 마련해 주기 위해 모이는 행사는 'baby shower'다.

He will be *in attendance at the meeting*. ▶ 그가 그 회의에 참석할 것이다.

~가 **참여한 가운데**

with someone in attendance

The weekend before the bombings, the city had hosted the last few days of Wimbledon and a Live 8 concert in Hyde Park *with more than 200,000 in attendance*. ▶ 지하철 테러가 발생하기 전 주말, 런던에서는 윔블던 테니스 대회가 막바지를 달리고 있었으며 하이드파크에서는 20만 명 이상이 참여한 가운데 Live 8 음악 콘서트가 열리고 있었다.

Three and a half years after its initial approval, ground was finally broken Wednesday for the new office complex *with local officials in attendance*. ▶ 초기 승인 이후 3년 반 만에, 마침내 수요일 지방관리들이 참여한 가운데 새 종합 사무실 건물의 착공식이 거행되었다. ♣ *break ground* : **착공하다** 참조

투표나 특정 행사에 **참여한 사람의 수**
참여율

turnout

In 1988 *the turnout* was 50%. ▶ 1988년에는 참여율이 50%였다.

Election officials said *the turnout of voters* was low. ▶ 투표 참여율이 낮다고 선거관리위원들이 말했다.

도저히 더 이상 **참을 수 없는 것**
도저히 더 이상 견딜 수 없는 것; 두고 볼 수 없는 것; 인내의 한계점

the last straw (that broke the camel's back)

He started to become violent with my children and that was *the last straw*. I took them and left. ▶ 그가 내 아이들에게 폭력적으로 나오기 시작했고 나는 그것을 도저히 더 이상 참을 수 없었다. 나는 아이들을 데리고 나왔다.

"Not being allowed to visit Gaza was *the last straw*," he said. ▶ "가자 지구를 방문할 수 없다는 것은 도저히 견딜 수 없다"고 그가 말했다.

Sunday's defeat to Roma was *the last straw* for the Napoli board and they have moved quickly to axe the former Italy coach and bring in Mazzarri as his replacement. ▶ 나폴리 팀의 이사회는 일요일 로마에게 당한 패배로 전 이탈리아 축구 대표팀 감독(도나도니)을 더 이상 두고 볼 수 없어 그를 재빨리 해고하고 마짜리를 그의 후임으로 앉혔다.

주 그렇지 않아도 짐을 잔뜩 싣고 힘들어하고 있는 낙타의 등에 지푸라기를 하나 올려놓자 그만 낙타의 등이 부러지고 말았다는 이야기다. 좋지 않은 일들이 계속 발생하고 있는 와중에 마지막으로 인내의 한계를 초과한 일이 터진 경우다.

남들이 자신처럼 제대로(현명하게) 행동하지 못하는 것을 보면 도저히 **참지 못한다**
바보 같은(어리석은) 짓을 하는 사람들을 그냥 두고 보지 못한다

do not suffer fools gladly

The professor *does not suffer fools gladly*. ▶ 그 교수는 남들이 현명하게 행동하지 못하는 것을 보면 도저히 참지 못한다

She was a caretaker. She would keep her light under a bushel but *not suffer fools gladly*. It was an interesting combination. ▶ 그녀는 불쌍한 이웃을 잘 돌보아 주었다. 그녀는 자신의 선행을 감추며 겸손하게 처신했지만, 바보 같은 짓을 하는 사람들을 그냥 두고 보지 못했다. 이는 매우 흥미로운 조합이었다. ♣ *keep her light under a bushel* : **겸손하게 처신하다** 참조

주 신약성경 고린도 후서 11장 19절에 나오는 "For you *suffer fools gladly*, seeing you yourselves are wise. (너희들은 지혜로운 자들로서 어리석은 자들을 기쁘게 용납하는구나)"에서 유래된 표현으로 지금은 부정적인 표현에만 쓰인다.

전쟁이나 시합 등에서 **참패당하다**
처참한/참담한 패배를 당하다

meet one's Waterloo

He was a high profile cricketer, but as a coach he ***met his waterloo*** with the Indian team. ▶ 그는 매우 유명한 크리켓 선수였다. 그러나 인도 대표팀 코치로서 참담한 패배를 당했다.

"If we're able to stop Obama on this (health care), it will be ***his Waterloo***," he said. ▶ "만일 우리가 오바마 대통령이 강력하게 추진하고 있는 의료보장제도 개혁을 중지하도록 만들 수 있다면, 그에게는 처참한 패배가 될 것이다" 라고 그가 말했다.

주 1815년 나폴레옹이 Waterloo전쟁에서 영국과 프러시아 연합군에게 참패를 당한 데서 유래되었다.

(주로 중소기업이) 최근에 **창업한**
창업과 관련된

start-up ☞ 최근에 창업한 기업/회사라는 명사형으로도 사용

Bill Gates, chairman and co-founder of Microsoft Corp., has invested in EcoMotors International, ***a start-up company*** that is developing environmentally friendly car-engine technology. ▶ 마이크로소프트의 공동창업자이자 회장인 빌 게이츠가 최근에 창업한 친환경 자동차엔진 기술을 개발하는 EcoMotors International에 투자했다.

Lack of technology and ***high start-up costs***, including buying suitable land, are major obstacles, while it is also difficult to compete with cost-efficient imports from China that pour into the UAE. ▶ 아랍에미리트로 쏟아져 들어오는 값싼 중국산 수입품들과 경쟁하기 또한 어려운 상황에서, 기술 부족과 적절한 토지를 구입하는 비용을 포함한 높은 창업비용이 (이 나라에서 중소규모의 제조회사를 설립하는 데) 커다란 장애요인들이다.

본인이 한 일에 대하여 **창피함을 느끼는**
당혹스러워하는; 쑥스러워하는; 계면쩍어하는

sheepish

She looked a little ***sheepish*** when she answered.
▶ 그녀가 대답할 때 약간 창피함을 느끼는 것 같았다.

"Good morning," she said in ***a sheepish voice***.
▶ 그녀가 쑥스러운 목소리로 "좋은 아침"이라고 말했다.

Did you ever feel out there in the afternoon a little ***sheepish*** about the way the match was going? ▶ 2008년 미국 PGA 대회인 액센츄어 매치플레이 대회 결승에서 타이거 우즈(Tiger Woods)에게 일방적인 패배를 당한 스튜어트 싱크(Stewart Cink)에게 중계해설자가 던진 질문이다.

주 한 마리 순한 양 같다는 의미다.

교묘한 방법으로 사람/물건 등을 **찾아내다**

smoke out

The police are now trying all sorts of ways to ***smoke him out***. ▶ 경찰이 그를 찾기 위하여 온갖 방법을 다 동원하고 있다.

Keep the enthusiasm and vigor of the committee by asking unproductive or no-show members to resign. How can you do this diplomatically? If people are not showing up for meetings or responding to messages, you need to tell them: "You must be very busy these days, as you haven't been able to attend recent meetings or do what you said you would do, so I'll understand if you don't have the time to participate in the committee." This will ***smoke them out***, and either they will resign or get energetically involved again. By the way, do not ask them if they want to stay on the committee, because they will feel guilty and say yes, which solves nothing. ▶ 별 도움이 안 되거나 혹은 참석하지 않는 회원들에게 사퇴하도록 요구하여 위원회의 열정과 활기를 유지시켜라. 어떻게 하면 상대방이 기분 나쁘지 않게 사퇴할 것을 요청할 수 있을까? 만일 사람들이 회의에 나타나지 않거나 메시지에 응답하지 않는다면 다음과 같이 말할 필요가 있다: "최근 회의에 참석할 수 없었거나 약속한 일들을 할 수 없었던 것으로 보아, 요즘 당신이 매우

바쁜 게 틀림없군요. 그래서 당신이 이 위원회에 참석할 시간이 없는 것으로 이해하겠습니다." 이렇게 질문하면 누가 그만둘지 아니면 다시 열정적으로 참여하게 될지 찾아낼 수 있다. 그런데 위원회에 남아 있길 원하냐고 물어보지 마라. 왜냐하면 그들은 죄의식을 느껴 그렇다고 말할 것이기 때문이다. 이는 아무런 해결책이 아니다. 《독자들도 만일 이러한 상황을 만나게 되면 꼭 한번 이 글에 쓰여진 대로 해보시길 바랍니다. 효과가 만점일 것으로 예상되는군요!》

The government is introducing new measures to ***smoke out tax evaders***. ▶ 정부가 탈세하는 사람들을 찾아내기 위하여 새로운 조처를 마련하고 있다.

주 굴 속에 연기를 피워 짐승을 밖으로 나오게 해서 잡는 사냥 방법에서 유래되었다.

불확실하고 알려지지 않은 것을 정확하게 **찾아내다**

pin down ☞ 핀을 정확한 위치에 꽂다

It would be useful if you could ***pin down the source*** of this tension. ▶ 이 긴장상태의 원인을 정확하게 찾아낼 수 있다면 도움이 될 것이다.

pinpoint ☞ 핀으로 정확한 곳을 꼭 짚다

No one has been able to ***pinpoint the reason***. ▶ 아무도 원인을 꼭 짚어낼 수 없었다.

It is possible to ***pinpoint the area of the brain*** that is activated when a person suffers from tinnitus, according to US doctors. ▶ 미국 의사들에 의하면, 사람이 이명(耳鳴)을 들을 때 뇌의 어느 부분이 작동하는지 정확하게 찾아내는 것이 가능하다고 한다.

nail down ☞ 정확한 위치에 못을 박다

Leaders try to ***nail down growth plan***. ▶ 지도자들이 발전계획을 찾아내기 위해 노력한다.

This is the time of year when many college students are scrambling to ***nail down summer jobs and internships***. ▶ 지금이 일 년 중 많은 대학생들이 여름방학에 할 일거리와 인턴십을 찾기 위해 애쓰는 시간이다.

하나하나씩 진실/사실을 **찾아내다**
밝혀내다

piece together ☞ 흩어졌던 조각들을 다시 맞추다

In the following days, he was able to ***piece together what had happened***. ▶ 그날이 지나 그는 무슨 일이 일어났는지 하나하나씩 찾아낼 수 있었다.

Since then historians, digging through newspaper archives, historical documents and other information, have ***pieced things together***. ▶ 그 이후 역사가들이 신문 자료, 역사 기록 및 다른 정보들을 파헤치며 진실을 하나씩 밝혀내었다.

찾아보기가 매우 힘든 것/사람
매우 희귀한 것/사람; 진기한 것/사람

rare find

An ancient cave discovered in December in western France contains ***a rare find***: a 27,000-year-old human skeleton. ▶ 프랑스 서부 지역에서 12월에 발견된 한 고대 동굴 속에 매우 희귀한 2만 7천 년 된 인간 뼈가 들어 있었다.

A female mummy with complex tattoos on her arms has been found in a ceremonial burial site in Peru — ***a rare find*** that has sparked interest among anthropologists and archaeologists alike. ▶ 팔에 복잡한 문신을 한 여성 미라가 페루의 한 매장터에서 발견되었다. 이 진기한 미라는 인류학자들과 고고학자들 모두에게 흥미를 불러일으켰다. ♣ *alike* : 두 가지/사람 **모두 다** 참조

His unselfish commitment to his home town is ***a rare find***. ▶ 고향에 대한 그의 헌신적인 행동은 찾아보기 매우 힘든 일이다.

rarity

President Obama continues his vacation in Hawaii and has been scarce before the cameras, which is ***a rarity*** for him even if he is on vacation or on foreign soil. ▶ 오바마 대통령이 하와이에서 계속 휴가를 보내고 있으며 카메라 앞에 모습을 잘 드러내지 않았다. 이는 그가 휴가 중이거나 외국에 있을 경우에도 좀처럼 찾아보기 힘든 모습이다.

찾아보기가 매우 힘들다
매우 희귀하다

be scarcer than ice water in hell

Pro-U.S. sentiment overseas is going to ***be scarcer than ice water in hell***. ▶ 친미 감정은 찾아보기 매우 힘들어지고 있다. 《9/11 사태 이후 미국이 아프간이나 이라크에서 취해 온 일방주의적인 정책으로 인하여 다른 나라들이 미국으로부터 등을 돌리고 있다는 이야기다.》

주 불이 활활 타오르는 뜨거운 지옥에서 얼음물을 찾는 것보다 더 힘들다는 뜻이다.

빈 기금/자리/창고 등을 다시 **채우다**
보충하다

replenish ☞ Formal

The health department is trying to ***replenishing*** the national blood banks' dangerously low stocks. ▶ 보건부는 위험 수위로 내려간 국가혈액은행의 재고를 다시 채우려고 애쓰고 있다.

The national pension fund needs to be ***replenished***. ▶ 국가 연금기금 재정을 다시 보충해야 한다.

Environmental protection runs in his family. His mother was part of a group that planted seedlings to ***replenish*** the forest after a devastating fire in the early 1970s. ▶ 환경보호는 그의 집안 내력이다. 그의 어머니는 1970년대 초반 산불로 황폐해진 그 숲을 다시 나무로 채우기 위하여 묘목을 심는 단체에서 활동했다. ♣ *runs in family* : **집안 내력이다** 참조

책을 많이 읽어 박식한
독서를 많이 해 아는 것이 많은

well-read

She was also very ***well-read***, kept up on current affairs, and was opinionated, honest and transparent. ▶ 그녀는 또한 책을 많이 읽어 매우 박식했으며 현재 일어나고 있는 일들에 관해서도 잘 알고 있었고 소신이 분명했으며 정직했고 솔직했다. ♣ *opinionated* : 옳고 그름 혹은 찬성 반대에 대해서 **소신이 분명한** 참조

책의 내용이 읽기에 ~하다
책의 내용이 ~해서 읽어볼 만하다

be a ~ read

Despite its length and convoluted plot, this novel ***is a rich and rewarding read***. ▶ 이 소설은 매우 길고 구성이 매우 복잡함에도 불구하고 내용이 풍부하고 얻을 게 많기 때문에 읽어볼 만하다.

Blessings sometimes arrive cloaked as hardships. The ability to tell the difference is at the heart of Elizabeth Berg's new novel, "We Are All Welcome Here," making it ***a good read*** in honor of Mother's Day. ▶ 축복은 가끔씩 고난으로 가려진 채 우리에게 다가온다. Elizabeth Berg의 새 소설 "We Are All Welcome Here"는 이 차이를 구분할 수 있는 (축복과 고난을 가려내는) 능력에 대해 이야기하고 있는데 어머니날을 기념하여 읽어볼 만하다.

책임을 본의 아니게 떠맡고 있는
하기 싫은 일을 울며 겨자 먹기로 할 수 없이 해야 하는

left holding the bag ☞ 무거운 짐을 할 수 없이 떠안고 있는, 미국

When the developers declared bankruptcy, the city began moving to foreclose on the property. "It was the same old sad story," he said. "It was mismanaged. And the city was basically ***left holding the bag***." ▶ 개발업자들이 파산신고를 하자, 시는 저당 잡힌 그들의 재산을 압류하기 시작했다. 흔히 있는 서글픈 이야기라고 그가 말했다. "잘못 운영되었으며 시가 책임을 본의 아니게 떠맡은 거나 다름없다."

Just this year, Congress sliced funding to states for foster care by $580 million and tightened eligibility rules, making it more difficult for states to provide federal foster care aid to grandparent-headed households. It also trimmed welfare, Medical and other programs for the needy, many of which were used by states to assist caretakers who take in abandoned children. ***Left holding the bag***, states are redoubling efforts to expand so-called kinship care programs by cutting red tape involved in establishing legal guardianship, providing financial assistance. ▶ 올해 하원이 주정부에 지원하는 부모 없는 아이들을 돌보는 예산을 5억8천만 불이나 대폭 삭감하고 자격 규정을 강화하여, 주정부가 조부모가 가장인 가정에 연방정부 양육지원비를 지원하기가 더 어렵게 되었다. 하원은 또한 불우한 사람들을 위한 사회복지, 의료 및 다른 프로그램의 예산들도 삭감했는데, 이들 예산은 주정부가 버려진 아이들을 돌보는 사람들을 지원하는 데 사용했었다. 울며 겨자 먹기 식으로 무거운 짐을 떠맡은 주정부들은, 합법적인 후견인 지위를 확립하는 행정절차의 간소화 및 예산지원을 통하여, 친척들이 부모 없는 아이를 돌보는 프로그램의 확장을 위한 노력을 배가하고 있다. 《피를 나눈 친척들에 법적 후견인 자격을 부여하여 아이들을 돌보게 하면 아무 연고 없는 사람들에게 아이들을 맡길 때보다 아무래도 주정부 예산이 더 적게 들기 때문이다.》

left holding the baby ☞ 버려진 아이를 할 수 없이 맡고 있는, 영국

Most investors are *left holding the baby* as house prices drop. ▶ 대부분 투자자들은 주택가격이 하락하지만 팔 수도 없기 때문에 할 수 없이 떠안고 있다.

책임을 전가하다
책임을 남에게 떠넘기다

pass the buck ☞ Informal

We've made numerous calls to the contractors but all they seem to do is to *pass the buck* and say the delay is due to the company. ▶ 우리는 그 도급업자들에게 전화를 수없이 했지만, 그들은 책임전가만 일삼으며 지연은 우리 회사의 책임이라고 말한다.

You cannot *pass the buck to* your parents unless you are a child. ▶ 어린아이가 아니라면 책임을 당신 부모에게 전가할 수 없다.

주 여기서 "*buck*"은 포커에서 카드를 돌릴 차례가 된 사람 앞에 놓는 표지를 말한다.

자신이 한 일은 끝까지 책임을 져야 한다
뿌린 씨는 스스로 거둬야 한다

Someone has made their bed and must lie in it

He has made his bed and now he must lie in it. I am sick of his trying to avoid and dodge any and everything of substance. ▶ 그는 자신이 한 일은 끝까지 책임을 져야 한다. 나는 그가 본질을 회피하려는 것에 진절머리가 난다.

~을 하는 것은 ~의 책임이다
~에게 의무나 책임으로 부과되다 ; 지워지다

be incumbent on/upon ☞ Formal

It *is incumbent upon me* to warn him. ▶ 그에게 경고하는 것은 나의 책임이다.

Parties wishing to terminate a contract on grounds of default must understand that it *is incumbent upon them* to prove that the termination is proper. ▶ 약속 불이행을 근거로 계약을 종결하고자 하는 당사자들은 계약종결이 타당하다는 사실을 입증하는 책임이 본인에게 있다는 것을 반드시 알아야 한다.

~처럼 ~한 것이 없다

nothing does like something

Nothing warms up the room or evokes a sense of occasion *like* the glow of candles, especially at a wedding. ▶ 특히 결혼식에서 촛불처럼 실내 분위기를 북돋우면서 곧 중요한 일이 벌어질 것이라는 느낌을 일깨우는 것이 없다. 《결혼식장의 분위기를 잡는 데는 촛불이 최고라는 의미다.》 ♣ *sense of occasion* : 어떤 중요한/특별한 일이 벌어질 것이라는 **느낌** 참조

Nothing ruins a summer vacation *like* arriving at your destination while your luggage is making its own journey elsewhere in the world. ▶ 목적지에 도착했지만 짐은 다른 엉뚱한 곳으로 가고 있는 것처럼 여름휴가를 망치는 것이 없다. 《독자들 중에 이 같은 경험을 해본 사람은 이 글에 전적으로 공감하리라 믿는다.》

의사의 처방 없이 구할 수 있는

over the counter

Governor vetoed a bill yesterday that would allow *over-the-counter sales* of hypodermic needles, saying the bill was well-intentioned but could contribute to other problems, including increased heroin use. ▶ 이 법안의 의도는 좋으나 헤로인 이용의 증가를 포함한 다른 문제들을 일으킬 소지가 있다고 말하면서 주지사는 어제 의사 처방 없이 피하주사기를 팔 수 있도록 하는 법안에 거부권을 행사했다. ♣ *well-intentioned* : **선의의** 참조

It's too dangerous for these drugs to be ***available over the counter***. ▶ 이 약들을 의사의 처방 없이 구할 수 있도록 하면 너무 위험하다.

특정 약품을 구입하기 위해서는 의사의 **처방이 있어야 하는**

on prescription

The drug is ***available on prescription*** only. ▶ 이 약은 의사의 처방이 있어야만 살 수 있다.

A once-a-day pill that helps people reduce their weight significantly is ***available on prescription***. ▶ 체중을 감량하는 데 큰 도움이 되는 하루에 한 알씩 먹는 이 약은 의사의 처방이 있어야 구할 수 있다.

~을 **처분하다**
팔아 치우다

sell off

I have to ***sell*** things ***off*** to pay the bill. ▶ 그 고지서를 납부하기 위해서 나는 물건들을 처분해야 한다.

The company is ***selling off*** some branches to cut debts. ▶ 그 회사는 부채를 줄이기 위하여 일부 지점들을 처분하려 한다.

Today, share prices are expected to open flat after the market saw its biggest ***sell-off*** yesterday. ▶ 어제 사상 최고로 많은 매물이 쏟아져 나온 후, 오늘 주식시장이 활기를 잃은 채 시작될 것으로 예상된다.

세상에 **처음 나오다**

begin/start life

The book ***started life*** last year. ▶ 그 책은 작년에 처음 세상에 나왔다.

처음부터 끝까지
시작부터 끝까지

from start to finish

The program can shorten the odds of seeing a movie ***from start to finish*** without having to plug your laptop into a power outlet. It calculates the remaining battery life and movie's length, and then quickens the movie's pace up to 1.25 times its normal speed. ▶ 그 프로그램은 노트북 컴퓨터에 전원을 연결하지 않고도 영화 하나를 처음부터 끝까지 볼 수 있는 확률을 높여준다. 이 프로그램은 남아 있는 배터리 수명과 영화의 길이를 계산해서 (배터리가 부족할 경우) 영화를 정상 속도보다 1.25배까지 빨리 돌린다. ♣ *shorten the odds* : **확률을 높이다** 참조

He was greeted by an excited group of young fans who have followed his climb ***from start to finish***. ▶ 시작부터 정상에 오를 때까지 그를 따라다녔던 열광적인 젊은 팬들이 그를 맞이했다.

경기 **처음부터 끝까지 선두를 유지한**
경기 시작부터 종료까지 한 번도 리드/선두를 빼앗기지 않은

wire to wire

The team went ***wire to wire*** against its opponent, leading by as many as 23 points with 1:31 left in the game. ▶ 1분 31초를 남기고 최고 23점까지 리드하면서, 그 팀은 처음부터 끝까지 선두를 유지했다.

It was ***a wire-to-wire victory***. ▶ 이는 시작부터 종료까지 한 번도 리드를 빼앗기지 않은 완벽한 승리였다.

주 여기서 "*wire*"는 경마에서 출발선과 결승선을 말한다.

처음부터
백지상태에서 (특히 하던 일을 무시하고 처음부터 다시 시작할 때 사용하는 표현이다)

from scratch

Building a home ***from scratch*** can be both exciting and challenging. ▶ 백지상태에서 집을 짓는 것은 흥분되는 일이자 도전적인 일이다.

He decided to start ***from scratch*** instead of following a plan to rewrite the software code. ▶ 그 소프트웨어 코드를 고치는 대신 처음부터 다시 시작하기로 결정했다.

㈜ 여기서 "*scratch*"는 달리기 경주를 위해서 땅바닥에 그은 출발선을 의미한다.

처음 얼마의 기간 동안

for the first ~

The company had to suspend production on the car ***for the first five months of this year***. ▶ 올해 처음 5개월 동안 그 회사는 그 자동차의 생산을 중단해야 했다.

The team was ranked in the preseason Top 25 and ***for the first two weeks of the season*** before losing two consecutive games. ▶ 그 팀은 시즌 전과 연속해서 2게임을 지기 전인 처음 2주 동안 상위 25위 안에 들었다.

~을 경험하거나 한 것이 그때가 **처음이다**
~ 전까지는 한 번도 ~을 해본 적이 없다

had never done something until ~

I ***had never tried marijuana until*** a friend left me some lovely brownies a few years ago. ▶ 내가 마리화나를 피워 본 것은 몇 년 전 한 친구가 나에게 마리화나를 건네주었을 때가 처음이다.

She ***had never suffered from allergies until*** she moved to the area. ▶ 그녀가 그 지역으로 이사오기 전까지는 한 번도 알레르기로 고생해 본 적이 없었다.

처음이자 마지막
가장 중요한 것/부분; 가장 중심이 되는 것

Alpha and Omega; alpha and omega

Thomas Jefferson lectured that those that hope to be free and ignorant hope for something that never was and never will be. Education is ***the alpha and omega*** of democratic progress. Nigeria's long strides in higher education, private schools, and public elementary and secondary schooling have enriched its democratic discourse and political culture. ▶ 무지한 상태로 마음대로 살기를 원하는 사람들은 이전에도 없었고 앞으로도 없을 무언가를 희망한다고 토마스 제퍼슨이 말했다(교육을 못 받은 사람들은 허황된 것을 바란다는 의미다). 교육은 민주적 발전을 위한 가장 중요한 요소다. 나이지리아가 고등교육, 사립학교 및 공립 초중등교육에서 이룩한 큰 진전은 이 나라의 민주적인 대화와 정치문화를 풍부하게 만들었다. ♣ ***long strides***: 큰 **걸음을 내딛다** 참조

㈜ 신약성경 요한계시록 1장 8절에서 유래되었다: "I am ***the Alpha and Omega***," says the Lord God.

생전 **처음 접해 보는 사람**
문외한(門外漢); 낯선 사람; 특정한 활동/주제에 관하여 전혀 경험/지식이 없는 사람

the uninitiated ☞ 복수 취급

Tell the average Ugandan about kayaking and they will think you are speaking Chinese. ***For the uninitiated***, kayaking is a recreation sport carried out in small, light and sturdy plastic boats (kayaks), on rivers. ▶ 일반 우간다 사람들에게 kayaking에 대해서 이야기하면 그들은 당신이 중국말을 하고 있다고 생각할 것이다. 생전 처음 들어보는 사람들을 위해서 설명하자면, 이는 강에서 작고 가벼운 플라스틱 배를 타는 레크리에이션 스포츠다.

To the uninitiated, it may look odd. ▶ 문외한들에게는 이것이 이상하게 보일 수 있다.

lay person

If everyone here is doing it, how can you honestly say ***a lay person*** would know it's against the law? ▶ 만일 여기 있는 모든 사람이 그렇게 하고 있다면, 일반 사람들이 어떻게 그 일이 법에 위반된다는 것을 알 수 있겠는가?

㈜ '*lay*'는 카톨릭 교회에서 성직자가 아닌 평신도, 일반사람들을 지칭하는 형용사다.

lay reader ☞ 일반독자; 문외한인 독자

Lay readers never had enough time or enough information to judge the potential consequences of these sudden and awful turns of events. ▶ 문외한인 사람들은 사건들이 나쁘게 돌변함에 따라 나타날 수 있는 잠재적인 악영향을 판단하기 위한 충분한 시간이나 정보를 가지고 있

지 못했다.

Although the novel, is unlikely to win awards other than the Bad Sex in Fiction prize, it is at least to ***the lay reader*** more enjoyable than most of his other books. ▶ 비록 그 소설이 "the Bad Sex in Fiction" 상 말고는 아무런 상도 받지 못할 것으로 보이지만, 적어도 일반독자에게는 그가 쓴 대부분의 소설보다는 재미있다.

주 원래는 종교행사에서 성직자 대신 성경을 읽는 평신도를 의미한다. 일반사람, 문외한이라는 의미로도 사용된다.

stranger

We both were ***strangers to city life***. ▶ 우리 둘 모두 도시생활에 낯설었다.

처치가 곤란한 물건

무용지물(無用之物) : 덩치만 크고 쓸모가 별로 없으면서 값이 비싸거나 귀하기 때문에 버리기도 곤란하며 유지비용이 많이 드는 것

white elephant

If he had been guided by first impressions, he would not be where he is today, running the venue formerly known as the Millennium Dome. "When they asked me to do it, I thought: that ***big white elephant***? Why would I work there?" ▶ 그가 자신이 받은 첫인상을 따랐다면, 그는 공식적으로 밀레니엄 돔이라고 알려진 곳을 관리하는 지금의 위치에 있지 않았을 것이다. 그들이 나에게 이 일을 해달라고 부탁했을 때 나는 "아니 이런 처치 곤란한 것을 맡아달라고?" "내가 왜 그곳에서 일을 해야 하지?"라고 생각했다. 《영국에서 새천년(2000년)을 기념하여 세운 밀레니엄 돔의 운영 책임을 맡은 사람의 이야기다.》

Sir Thomas Eliot regarded the new dignity as the gift of ***a white elephant***. ▶ 토마스 엘리엇 경은 부여받은 새 작위를 이름만 거창할 뿐 자유롭게 행동하는 데 방해만 되는 쓸모없는 선물로 여겼다.

주 고대 태국 샴족 왕이 오랫동안 충성하던 신하가 떠날 때 매우 귀하고 신성한 동물인 하얀 코끼리(albino/white elephant)를 선물했는데, 그 후에 신하가 그 귀한 코끼리를 내다버리거나 팔 수도 없어서 코끼리를 돌보느라 재산을 탕진했다는 이야기에서 유래되었다.

척도

어떤 일이나 사람을 판단하는 기준

measuring stick

Financial statements are ***the measuring stick*** for success or failure in business. ▶ 재무제표는 사업의 성패를 재는 척도다.

The 3000-hit mark remains the most enduring Hall of Fame standard, one that is largely unchallenged as ***a valid measuring stick***. ▶ 3,000안타 기록은 오랫동안 야구명예전당에 입성하는 기준이 되고 있다. 이를 귀중한 판단 기준으로 삼는 데 이의를 제기하는 사람이 거의 없다.

barometer

A common graduation rate calculation will give us ***an accurate barometer*** so that we can compare exactly how many of our students successfully complete high school as compared to other states. ▶ 일반적인 졸업률은 다른 주에 비해 우리 학생들이 얼마나 많이 성공적으로 고등학교를 마쳤는지를 비교하는 정확한 척도다.

yardstick

"Even though hematocrit tests are nearly universal before elective surgery, doctors don't have ***a reliable yardstick*** for gauging a normal or a mildly abnormal result. So the test, on many occasions, is not very helpful," said a doctor. ▶ "비록 헤마토크릿 테스트(원심분리기를 통하여 적혈구와 혈청을 분리하여 적혈구의 양을 재는 실험)가 선택적 수술(실제로 문제가 발생하기 이전에 미리 하는 것이 좋다고 판단되어 행하는 수술) 전에 거의 항상 이루어지지만, 정상이냐 아니면 약간 비정상이냐를 판단하는 신뢰할 만한 기준이 없다. 따라서 많은 경우 이 실험은 크게 도움이 안 된다"고 한 의사가 말했다.

It is vain to expect any help from the Press Council. Leading figures in the media, print and electronic, should themselves draw up a code of conduct as ***a yardstick*** by which the public could judge their conduct. They might well set up a voluntary Court of Honor to monitor observance of their code. ▶ 이 언론위원회가 도움을 줄 것이라고 기대해 봐야 아무 소용이 없다. 언론을 이끌어가는 인물들이 스스로 국민들이 그들의 행동을 판단하는 척도로 사용할 수 있는 행동강령을 만들어야 한다. 그리고 이를 준수하는지 감시하는 자발적인 명예법

정을 설립해도 좋다. 《언론이 개인의 사생활을 지나치게 침해하고 있기 때문에 언론 행동강령이 마련되어야 한다는 이야기다.》

상황이 어렵거나 좋지 않음에도 불구하고 짐짓 괜찮은(만족스러운) **척하다**
아무렇지도 않은 척하다

put on a brave face

The Edmonton Oilers are ***putting on a brave face*** after losing their best goaltender, Dwayne Roloson, and Game One of the Stanley Cup finals. ▶ 에드먼턴 오일러스는 NHL(북미 아이스하키 리그) 챔피언 결정전 첫 게임을 지고 더구나 주전 골키퍼가 부상당해 앞으로 경기에 참여할 수 없음에도 불구하고 짐짓 아무렇지도 않은 척하고 있다.

The government tried to ***put a brave face on*** the worsening economic situation. ▶ 정부는 경제 상황이 점점 나빠지는데도 불구하고 괜찮은 척하려고 애썼다.

수/액수/비용 등이 **천문학적인**
엄청나게 많은; 엄청난

astronomical

The bill for reconstruction is ***astronomical***. ▶ 재건축 비용이 천문학적이다.

Some builders are offering ***astronomical sums*** to buy flats owned by the residents of old societies in prime commercial areas. ▶ 일부 건축업자들은 주요 상업지역에서 오래전부터 거주해 오던 주민들이 소유한 아파트를 매입하기 위하여 천문학적인 액수를 제의하고 있다.

천재적인 수완/솜씨/아이디어
기막힌 수완/솜씨/아이디어

stroke of genius

It was ***a stroke of genius*** to bring together Francis Ford Coppola, George Lucas and Steven Spielberg to present the directing honor. ▶ 2007년 오스카상 감독부문 수상의 진행자로 유명한 세 감독을 함께 세운 것은 정말 천재적인 아이디어였다.

What ***a stroke of genius*** to dig out all those old Summer of Love-era tunes and put them on the radio for rapidly aging boomers. ▶ 급격히 늙어가는 베이비붐 세대를 위해 옛날에 연인들이 여름 해변가에서 즐기던 노래들을 찾아내 라디오 방송에 내보내는 것은 정말 기막힌 아이디어다.

Nothing in Rimsky-Korsakov's Mayskaya Noch (May Night) quite lives up to the promise of its overture, a bountiful theme that has the rapture of summer written all over it. And what ***a stroke of genius*** on Rimsky's part to save its appearance in the opera for the closing ensemble, when our young lovers are finally united. ▶ 림스키 콜사코프의 오페라 May Night의 서곡은 여름날의 환희를 그리는 풍부한 주제를 담고 있지만 막상 시작되고 나면 오페라는 서곡에서 약속하는 것과 전혀 다르게 진행된다. 남녀 주인공이 마침내 재회하면서 부르는 마지막 2중창을 위해서 서곡의 주제를 남겨둔 것은 정말 천재적인 솜씨가 아닐 수 없다.

천천히 조심스럽게 나아가다

wend one's way ☞ Literary

As UN Secretary General Kofi Annan ***wends his way through*** Asia's "triangular relationship" of Korea, Japan, and China, he's getting an earful of 19th- and 20th-century grievances. ▶ 코피 아난 유엔사무총장이 아시아 3국(한국, 중국, 일본)을 조심스럽게 방문하는 중에 한국이나 중국으로부터 과거 일본의 만행을 규탄하는 (일본은 절대로 유엔 안전보장 이사회의 상임회원국이 될 수 없다는) 귀따가운 소리를 듣고 있다. ♣ *get an earful*: **귀따가운 소리를 듣다** 참조

주 여기서 *'wend'*는 'go'의 옛말(고어)이다. *'wend'*의 과거형인 'went'가 "go"의 과거형이 되었다. *'wend'*는 이 관용구에만 쓰인다.

철새
좋은 곳을 찾아 이리저리 떠도는 사람

bird of passage

Most of these workers are ***birds of passage*** who will return to their country after a short stay. ▶ 이 노동자들 대부분은 잠시 머무른 후 자기 나라로 돌아갈 철새들이다.

철저하게
끝까지; 완벽하게(to the maximum extent possible or as fully as possible)

(up) to the hilt

The strong earthquake demolished the ancient city ***to the hilt***. ▶ 그 강진이 이 옛 도시를 철저하게 파괴했다.

During the fight to the finish between the Soviet-era Congress and Yeltsin, it made sense for the U.S. to back him ***up to the hilt***. ▶ 소비에트 연방 시절 의회와 옐친 대통령이 끝장을 볼 때까지 싸우고 있는 중에, 미국이 옐친을 뒤에서 끝까지 밀어준 것은 일리가 있었다. ♣ *fight to the finish* : **끝장을 볼 때까지 계속되는 싸움** 참조

주 "칼자루(*hilt*) 끝에 손이 닿도록 칼을 바싹 잡는다" 혹은 "칼자루가 닿을 때까지 깊숙하게 찌른다"는 의미를 가지고 있다.

철창에 갇혀 있는
유치장 신세를 지고 있는; 감옥/교도소에 수감되어 있는

behind the bars

He calculated that even ***remaining behind the bars*** would make him a martyr and help him generate public sympathy. ▶ 심지어 철창에 갇힌 채로 있는 것이 자신을 순교자로 만들며 사람들의 동정심을 유발할 수 있다고 그는 계산했다.

When a convict is ***put behind the bars***, it is not only the man who suffers. The entire family life turns topsy-turvy. ▶ 죄인이 감옥에 수감되면, 당사자만 고통받는 것이 아니다. 전 가족의 생활이 뒤죽박죽이 되어버린다. ♣ *topsy-turvy* : **뒤죽박죽인** 참조

"Strangely, animals don't suffer that much because of the bars that surround them," he said. "However, it's often stress for many people to see animals ***behind the bars***. Therefore we want to change the bars for pits and glass." ▶ "이상하게도, 동물들은 그들 주위를 둘러싸고 있는 철창 때문에 고통을 크게 받지 않는다"고 그가 말했다. "그러나 많은 사람들에게는 철창 안에 갇혀 있는 동물을 보는 것이 가끔은 스트레스가 되기도 한다. 그래서 우리는 철창을 깊은 웅덩이나 유리창으로 교체하길 원한다."

반대/비난 등이 심하여 이전 결정/요구 등을 **철회하다**

back down ☞ 뒤로 물러나다

Conceivably, though, threats of retaliation from the U.S. Congress might convince the E.U. to ***back down*** — Sen. Richard Lugar, chairman of the Senate Foreign Relations Committee, told the Financial Times recently that he would support a ban on the export of sensitive American technology to Europe if there were a chance it would end up in Chinese hands. ▶ 중국의 손에 들어갈지도 모르기 때문에 미국의 중요한 군장비 기술을 유럽에 수출하는 것을 금지하는 법안을 만든다고 겁을 주면, 유럽이 중국에 무기수출을 허용하는 결정을 철회할 수도 있다는 이야기다.

법률/협약 등을 공식적으로 **철회하다**
폐지하다

rescind ☞ Formal

Trade Union leaders have demanded the government ***rescind the price rise***. ▶ 노조 지도부는 가격인상을 철회하라고 정부에 요구했다.

Both said they would vote for the $87 billion if it was funded by ***rescinding the Bush tax cuts*** for the top 2% of taxpayers. ▶ 두 사람은 상위 2%에 드는 납세자들의 세금을 감면해 주는 부시 행정부의 법률안을 폐지하고 그 돈을 걷어서 재원을 마련한다면 870억 불이 소요되는 그 예산안에 찬성할 것이라고 말했다.

이전에 했던 말/의견 등을 사실은 그렇지 않다고 **철회하다**
취소하다

retract ☞ 명사형으로도 사용, Formal

The strange thing is that no one claimed responsibility for the attack. An Islamic Jihad announced its responsibility but later on ***retracted its statement***. ▶ 이상한 점은 아무도 그 (테러) 공격을 했다고 나서지 않았다는 것이다. 한 이슬람 성전 단체가 자신들이 했다고 발표했지만 나중에 이를 철회했다.

허락하지 않았거나 거부하던 것을 **철회하다**
마음이 약해지다 ; 마음이 누그러지다

relent

Jacqueline Kennedy tried to suppress the book's publication (*The Death of a President*, William Manchester) because of inclusion of intimate family details, but ***relented*** when Manchester removed some passages. ▶ 재클린 케네디 여사는 지극히 사적인 가족사를 포함하고 있다는 이유로 William Manchester의 "대통령의 죽음"이라는 책의 출판을 저지하려고 애썼지만, 저자가 일부분을 삭제하자 반대의사를 철회했다.

Finally her father ***relented*** and gave permission for his youngest daughter to marry. ▶ 마침내 그녀의 아버지는 반대의사를 철회하고 제일 어린 딸에게 결혼을 허락했다.

첨단 (기술/산업/장비/학문)

cutting edge

We (the United States) will never be able to compete directly with countries like China and India on the basis of cost, and, as low-wage nations around the world develop skilled workforces and adopt ***cutting-edge technology***, we can no longer assume that we will win on quality either. ▶ 미국은 중국이나 인도 같은 나라들과 가격으로 절대 직접 경쟁할 수 없을 것이다. 세계의 저임금 국가들이 숙련된 노동자들을 키우고 첨단기술을 도입하고 있기 때문에, 우리가 질적인 면에서는 이길 수 있다고 더 이상 장담할 수도 없다.

We need ***cutting-edge machinery*** to compete with other companies. ▶ 다른 회사들과 경쟁하기 위해서 우리는 첨단 장비가 필요하다.

leading edge

Korea is still ***at leading edge*** of stem cell research. ▶ 여전히 한국은 줄기세포연구 분야에서 첨단을 달리고 있다.

They got a close-up view of ***leading-edge science*** at the laboratory. ▶ 그들은 그 실험실에서 첨단 과학을 가까이에서 지켜보았다.

첫 공연/상영(을 하다)

premiere

Civil Harmony ***performed its premiere*** at the anniversary of Civil Engineers Day in 2004. ▶ Civil Harmony는 2004년 토목인의 날 행사에서 첫 공연을 했다. 《Civil Harmony는 토목공학분야에서 활동하는 사람들로 구성된 남성합창단으로 저자가 단장직을 맡고 있다.》

The first pirate of "The Last Samurai" was from a camcorder copy made in a U.S. theater on the day ***the movie premiered***. ▶ "The Last Samurai"의 첫 해적판은 첫 상영날 미국의 한 극장에서 캠코더로 몰래 찍어 만든 것이다.

첫 아이를 갖다/낳다
맏아이를 보다

start a family

They are a young couple, and like all young couples, they want to ***start a family***. ▶ 그들은 젊은 부부이며 모든 젊은 부부들처럼 첫 아이를 갖길 원한다.

Choosing to ***start a family*** is an exciting and life altering decision, but when making this decision, do you really think about the price tag that comes along with kids? ▶ 첫 아이를 낳기로 하는 선택은 흥분되며 인생을 변화시키는 결정이다. 그러나 이 결정을 내릴 때, 아이들을 키우는 데 얼마나 돈이 드는지 진정으로 생각해 보는가?

청천(맑고 푸른) 하늘에 날벼락
청천벽력(靑天霹靂) ; 깜짝 놀랄 만한 사건/일(a complete surprise)

bolt from the blue ☞ thunderbolt from the clear and blue sky

He became president of the company. The decision came as ***a bolt from the blue***. ▶ 그가 그 회사의 회장이 되었다. 이 결정은 청천벽력으로 느껴졌다.

Bolton from the blue. ▶ 2005년 미국 부시 대통령이 새로 유엔대사로 임명한 존 볼튼(John Bolton)이 적임자가 아니라는 비난이 많았다. CNN 방송에서 John Bolton의 임명은 깜짝 놀랄

사건이라는 의미로 이와 같은 비유적인 표현을 사용했다.

체념하고 ~을 받아들이다
다른 수단 혹은 저항할 수 있는 방법이 없기 때문에 어쩔 수 없이 ~을 받아들이다; 단념하고 ~을 받아들이다

be resigned to

Most people ***are resigned to*** the inevitable nowadays. ▶ 요즘 대부분 사람들은 피할 수 없는 이 사실을 체념하고 받아들인다.

Residents ***are resigned to*** having no say in who leads the world's most populous country. ▶ 주민들은 세계에서 가장 인구가 많은 이 나라의 지도자를 선출하는 데 아무 발언권이 없다는 사실을 단념하고 받아들인다.

submit to

In desperation, she ***submitted to*** an operation on her left knee to relieve the pain. ▶ 절박한 심정으로 그녀는 고통을 덜기 위하여 어쩔 수 없이 왼쪽 무릎 수술을 받았다.

Like any other fresh graduates, I had to go job hunting and ***submit to*** countless job interviews. ▶ 다른 갓 졸업한 사람들과 마찬가지로, 나도 직장을 구하기 위하여 어쩔 수 없이 수많은 인터뷰를 해야만 했다.

reconcile oneself to

He has ***reconciled himself to*** never seeing her again. ▶ 그는 체념하고 그녀를 다시 볼 수 없다는 사실을 받아들였다.

These children with their souvenir postcards are everywhere now in the South Vietnam, tugging at sleeves, beseeching with practiced but adorable smiles, the authorities having become gradually ***reconciled to*** such small-scale enterprise. ▶ 베트남 사회주의 정부가 어쩔 수 없이 점차적으로 작은 규모의 기업활동을 허용해 오고 있는 요즘, 기념 우편엽서를 들고 다니면서 미리 연습한 것이긴 하지만 사랑스러운 미소를 지으면서 사달라고 (관광객의) 소매를 끌어당기며 조르는 이런 아이들을 남부 베트남 어디서나 볼 수 있다. ♣ *tug at sleeves* **소매를 끌어당기며 조르다** 참조

체면을 세우다
위신을 세우다

save face

More likely, the government is seeking to ***save face*** by attempting to lay blame for the disaster in Iraq on Iran. ▶ 아마도 정부는 이 참사에 대해 이라크나 이란을 비난함으로써 체면을 세우려고 할 것이다.

Informed of the Justice Department's intentions to fire them, perhaps, they resigned to ***save face***. ▶ 법무부가 자신들을 해고하려 한다는 정보를 듣고, 그들은 체면을 세우기 위하여 미리 사표를 냈다.

체면을 잃다
체면을 구기다; 위신을 잃다

lose face

The government will ***lose face*** if it fails to maintain a fair approach in its dealing with the corrupt elements. ▶ 부패 요소들을 척결하는 데 공정한 태도를 유지하지 않는다면 정부는 위신을 잃게 될 것이다.

Each side would also try to get the other side to make the first move, thinking it might ***lose face*** if its first move was met with no response from the other. ▶ 첫 움직임에 상대방이 아무런 반응을 보이지 않는다면 체면을 구기게 될 수도 있다고 생각하면서, 양측은 상대방이 먼저 움직이게 만들려고 노력할 것이다.

~을 초과하다
능가하다; 웃돌다; 앞서다

outstrip

Farmers are being urged to go organic amid the news that demand for organic beef continues to ***outstrip UK supply***. ▶ 영국에서 유기농 쇠고기의 수요가 공급을 초과한다는 뉴스가 한창인 가운데 농부들이 유기농법으로 소를 사육하라는 권유를 받고 있다. ♣ ***amid*** : **어떠한 일이 발생하는 상황 속에서** 참조

State spending could ***outstrip tax revenue*** as soon as next year. ▶ 주에서 지출하는 돈이 이르면 내년에 세입을 웃돌 수도 있다.

Acer is actively planning to ***outstrip Dell*** to win the world's No. 2 position in notebook PC market. ▶ Acer는 노트북 컴퓨터 시장에서 세계 2위 자리를 차지하기 위하여 Dell을 앞서려는 계획을 적극적으로 추진하고 있다.

주 길고 가느다란 조각이 들어갈 자리보다 커서 불쑥 삐지는 것처럼 초과한다는 의미다.

계획했던 예산을 **초과하다**
초과하여 지출하다

overshoot ☞ 과녁/목표의 위쪽을 쏘다, 명사로도 사용

The construction of a new complex will ***overshoot its original budget*** by at least $3.5 million because of unrealistic planning and expensive delays. ▶ 새 복합단지의 공사 비용이 비현실적인 계획 및 지연으로 당초 예산을 350만 불 이상 초과할 것이다.

A sharp increase in healthcare spending for senior citizens accounts for most of ***the budget overshoot***. ▶ 예산의 초과지출은 대부분 노인들을 위한 의료 비용의 급격한 증가 때문이다.

잘못된 일을 **초기 단계에서 바로잡아야 나중에 큰 수고를 덜 수 있다**

A stitch in time saves nine

She urged parents and teachers alike to be bold to talk about these things, saying "***A stitch in time saves nine***." ▶그녀는 "잘못된 일을 초기 단계에서 바로잡아야 나중에 큰 수고를 덜 수 있다"고 말하면서 부모들과 선생님들 모두에게 용감하게 나서서 이 일들에 대해서 할 말을 하도록 촉구했다.

주 옷이 조금 터졌을 때 빨리 한 바늘 꿰매지 않으면 점점 크게 벌어져 나중에 열 바늘을 꿰매야 한다는 말이다.

초기 단계에 있는
시작 단계에 있는

in one's infancy ☞ 걸음마 단계인

Embryonic stem-cell research still is ***in its infancy***. ▶ 배아줄기세포 연구는 여전히 걸음마 단계다.

Still ***in its infancy***, the site has amassed a music catalog several times more than can be found other sites. ▶ 여전히 초기 단계에 있는 그 사이트는 다른 사이트들보다 수 배나 많은 음악을 축적했다.

The modern gay rights movement was ***in its infancy*** in 1972 when he started a telephone hot line offering a recorded message about gay-friendly parties and clubs. The line's popularity convinced him that he had found a niche. ▶ 그가 게이 취향에 맞는 파티와 클럽을 소개하는 녹음된 안내문을 내보내는 전화 서비스를 시작한 1972년에는 현대적인 게이 인권운동이 시작 단계였다. 이 서비스가 인기를 얻자 그는 틈새시장을 찾았다고 확신했다. ♣ *-friendly* : ~에 **친화적인** ; *niche* : **틈새 시장** 참조

초기 시절에(는)

earlier in the day

Earlier in the day, the public flocked to the show but not anymore. ▶ 초기 시절에는 많은 사람들이 그 쇼를 보려고 우르르 몰려갔으나 지금은 아니다. ♣ *flock* : 많은 사람들이 우르르/떼지어 **몰려가다** 참조

He had apparently forgotten one of the presents she had given him during one of the tender moments ***earlier in the day***. ▶ 그는 초기 시절 서로 한창 좋아할 때 그녀가 준 선물 하나를 잊어버린 게 분명했었다.

초기부터
일찍부터

early on

The company identified adult gamers as one of its key markets ***early on***. ▶ 그 회사는 초기부터 성인 게이머들이 주요한 시장의 하나라는 것을 인식했다.

Canada took control of the game ***early on***, notching two goals in the first period. ▶ 캐나다는 1 피리어드에서 두 골을 성공시키면서 일찍부터 경기의 주도권을 잡았다.

인터넷 사이트의 **초기 화면**
웹 사이트에 들어가면 맨 처음에 뜨는 화면

landing page

In addition, dynamic ***landing pages*** can dramatically increase the conversion rate of e-mail marketing campaigns. A promotional e-mail linking to a specific ***landing page*** that spotlights a certain brand or model drives shoppers directly to what the marketing manager wants them to purchase. The research tells us retailers have eight seconds to engage a shopper when they hit one of your landing pages — you'd better take great advantage of those eight seconds. ▶ 이에 더하여, 역동적인 초기화면은 이메일을 통한 홍보캠페인의 성공률을 극적으로 높여준다. 특정 브랜드나 모델을 부각시키는 초기화면으로 연결되는 홍보 이메일은 판매하려는 상품으로 구매자들을 곧장 안내한다. 구매자들이 초기화면에 들어왔을 때 그들을 붙들어 둘 수 있는 시간이 8초라고 그 연구는 말한다. 이 8초를 최대한 활용해야 한다.

초능력
초감각적 지각능력(보통 사람이 가지고 있는 시각, 청각, 미각, 촉각, 후각 같은 오감 이외의 투시, 천리안, 정신감응(텔레파시) 등과 같은 지각능력)

extra sensory perception (ESP)

She said that ***extra sensory perception*** prompted her to phone his school on the day when he died. ▶ 초능력이 그녀로 하여금 그가 죽은 날 학교로 즉시 전화하도록 했다고 그녀가 말했다.

Many people are skeptical about ***Extra Sensory Perception*** and related states like telepathy, mind reading, clairvoyance etc. ▶ 많은 사람들은 초능력과 이와 연관된 텔레파시, 독심술, 투시력 등에 대하여 회의적이다.

초당적(超黨的)인
양당이 서로 힘을 합치는

bipartisan

Governor-elect Chris Christie Wednesday held his first post-election press conference and said he will seek ***bipartisan cooperation*** as he attempts to move an agenda that will initially focus on state spending, property tax reduction and improving urban education. ▶ 주지사 당선자 크리스 크리스티는 수요일 선거 후 첫 번째 기자회견을 열고 주의 지출, 재산세 감세, 도시 교육환경의 개선에 우선 초점을 맞추려 한다며 초당적인 협조를 구할 것이라고 말했다.

주 미국 같은 양당 정치체제에서 주로 사용된다.

시간/시대를 **초월하는**
특정 시간/시대에 국한되지 않는

timeless

The entire building reflects what its developers describe as a "***timeless classical style***," combining both Italian design and modern conventions. ▶ 그 빌딩 전체는 이탈리아식 디자인과 현대 스타일이 혼합된 시간을 초월하는 정통 양식이라고 개발업자가 표현한 그대로다.

Since 1979, the Nebraska Theatre Caravan has brought Dickens' ***timeless fable*** "A Christmas Carol" to over 2 million people in the United States. The chilling poverty and the luxurious wealth of 19th century London provide the dramatic backdrop to this tale in which the players use music, dance and drama to weave the spellbinding fable of a man who is given the rarest of gifts: the chance to change his life and find his heart. ▶ 1979년 이래로 이 극장은 찰스 디킨스의 시대를 초월하는 우화 "크리스마스 캐럴"을 2백만이 넘는 미국인들에게 공연하고 있다. 삶을 변화시키고 자신의 진정한 모습을 발견하는 기회라는 보기 힘든 선물을 받는 한 남자에 대한 사람들의 넋을 빼앗는 이야기를 엮어나가기 위하여 배우들이 음악, 춤, 극적인 효과를 사용하는 이 연극은 19세기 런던의 가난에 허덕이는 사람들과 사치스럽게 부를 누리는 사람들을 배경으로 한다. ♣ ***spellbinding***: 사람들의 **넋을 빼앗는** 참조

문제/어려움 등을 **초월하다**
문제/어려움 등을 딛고 일어서다; 문제/어려움 등에 아무런 영향도 받지 않는다

rise above

Buddhist monks are those who are trying to ***rise above their vale of tears***. ▶ 불교 수행자들은 눈물의 골

짜기(속세)를 초월하기 위하여 노력하는 사람들이다. ♣ *vale of tears* : **눈물의 골짜기** 참조

Her own dreams met with a cruel ending but this courageous woman has managed to ***rise above her personal misfortunes*** and become a mother to 42 visually impaired children! ▶ 그녀의 꿈이 잔인한 최후를 맞았다. 그러나 이 용기 있는 여성은 그녀의 개인적인 불행을 딛고 일어서 42명의 시력이 손상된 아이들의 어머니가 되었다.

초자연적인

매우 신비한; 보통의 자연과학 법칙으로는 설명이 불가능한(supernatural)

paranormal ☞ 명사형으로도 사용

He has had an interest in ***the paranormal*** for several years and claims to have seen a ghostly figure walk into the room out of the corner of his eye. ▶ 그는 여러 해 동안 초자연적인 현상에 흥미를 가져왔으며, 곁눈으로 한 유령이 방으로 걸어 들어오는 것을 보았다고 주장한다. ♣ *see out of the corner of his eye* : **곁눈/곁눈질로 보다** 참조

The Big Bend Ghost Trackers team has come to the conclusion that while ***paranormal activity*** was not particularly high that night, there is without a doubt something there. The team used a variety of devices. One was an electronic magnetic field detector, which picks up "fluctuations in magnetic, electric and microwave energy levels. ***Paranormal investigators*** believe that anomalous readings in those energy fields are a sign of a ghost. ▶ 이 유령 추적 팀은 초자연적인 활동이 그날 밤에 특별히 활발하지는 않았지만, 틀림없이 무언가가 그곳에 있었다는 결론에 도달했다. 이 팀은 다양한 장치들을 사용했다. 이 중 하나는 전자기장 탐지 장치로, 자장, 전기 및 초단파 에너지 수위의 변화를 감지한다. 초자연적인 현상을 조사하는 사람들은 이런 에너지 장에서 나타나는 이상한 수치들은 유령이 주위에 있다는 것을 나타낸다고 믿는다.

모임이 초청받은 사람만이 참석할 수 있는

초대받은 사람만 참석이 가능한

invitation-only

Every July the country's leading disaster scientists and emergency planners gather in Boulder, Colo., for ***an invitation-only workshop***. ▶ 매년 7월 이 나라에서 재난 과학을 이끌어 가는 사람들과 비상계획을 수립하는 사람들이 초청받은 사람들만 참석할 수 있는 워크샵을 위해 콜로라도 주 Boulder 시에 모인다.

Some worrisome local health trends will be the focus of ***an invitation-only conference*** here Friday. ▶ 금요일 이곳에서 열리는 초대받은 사람만 참석할 수 있는 회의는 몇 가지 걱정스러운 지역 보건 동향에 초점을 맞출 것이다.

초토화(焦土化)

적군이 이용할 만한 것들을 모두 태우거나 파괴하거나 없애는 것

scorched-earth

They decided on ***a scorched-earth operation*** between the rivers to deprive the invaders of shelter and food. ▶ 침략군의 은신처와 식량을 없애기 위하여 그들은 그 강 사이에서 초토화 작전을 펼치기로 결정했다.

주 "매수 대상이 된 기업이 고의로 자사의 업적을 약화시켜 상대방의 매수 의욕을 잃게 만드는 전략"이라는 의미로도 사용된다.

촉각으로 감지/판단하는 능력

sense of touch

Those who are blind have ***a very special sense of touch***. ▶ 앞을 보지 못하는 사람들은 촉각으로 판단하는 특별한 능력을 가지고 있다.

A device which may pave the way for robotic hands that can replicate ***the human sense of touch*** is unveiled. ▶ 인간처럼 촉각으로 감지하는 능력을 지닌 인조 손을 만들 수 있는 터전을 마련해 줄지도 모르는 장치가 모습을 드러냈다. ♣ *pave the way* : ~을 위해 **터전을 마련하다** 참조

촉각을 뻗다

상대방의 의향을 떠보다; 의사를 타진하다

send/put out feelers to

Now the government is ***sending out feelers to***

former Taliban fighters, offering some of them amnesty if they take a public oath of loyalty to the new Afghan constitution. ▶ 새 아프간 헌법을 준수한다고 사람들 앞에서 선언하면 사면해 줄 수 있다고 일부 사람들에게 제안하면서, 지금 정부는 전 탈리반 전사들의 의향을 떠보고 있다.

The ministry was reacting to an article in Le Monde newspaper, according to which French President Jacques Chirac wishes to "***put out diplomatic feelers to Iran***." ▶ 그 장관은 르몽드지의 기사를 반박했다. 이 기사는 자크 시락 프랑스 대통령이 외교 채널을 통해 이란의 의사를 타진하길 원한다고 보도하였다.

주 곤충이 더듬이를 앞으로 쭉 뻗어 주변에 어떤 물체가 있나 탐지하듯이 상대방이 어떤 생각을 가지고 있는지 알아본다는 의미다.

촌스러운
이류의; 시시한; 동네 야구 수준의

bush-league ☞ 미, Informal

This is no longer ***a bush-league city***, mainly because all the bushes are gone, replaced by half-million-dollar estates and country clubs and the ultimate sign of development gone wild: Wal-Marts everywhere. ▶ 이 도시는 더 이상 촌스러운 도시가 아니다. 왜냐하면 모든 덤불이 사라지고 그 자리에 50만 불짜리 집들과 골프장들 그리고 마구잡이로 행해지는 개발의 상징인 월마트가 곳곳에 들어섰기 때문이다.

It was an inexperienced company making ***a bush-league move***. ▶ 그 회사는 동네 야구 수준밖에 안 되는 움직임을 보이고 있는 경험이 적은 회사다.

주 미국 시골 마을의 덤불이 여기저기서 자라고 있는 공터에서 하는 야구(동네 야구)를 일컫는 말이다.

총격전

shootout

Three security cameras recorded last month's ***wild gang shootout***. ▶ 세 개의 보안 카메라가 지난달 갱들이 마구 총격전을 벌이는 장면을 찍었다.

Witnesses to ***a shootout*** between police and a bank robbery suspect said it was like something out of the movies. ▶ 경찰과 한 은행 강도 혐의자 사이에서 벌어진 총격전을 목격한 사람들은 마치 영화의 한 장면 같았다고 말했다.

총부리를 겨누면서
총으로 위협하면서

at gunpoint

He told police he was held up ***at gunpoint*** by two men late Thursday night and robbed of his wallet and cell phone. ▶ 지난 목요일 밤 두 남자가 총부리를 겨누면서 세우고는 지갑과 휴대전화를 강탈했다고 그 남자가 경찰에 말했다.

He allegedly force-marched her into his office ***at gunpoint***. ▶ 그가 총으로 위협하면서 강제로 그의 사무실로 그녀를 끌고 갔다고 한다. ♣ *force-march* : 강제로 **끌고 가다** 참조

총소리도 나기 전에 출발하다
(주로 부정한 방법으로) 남보다 먼저/앞서 무슨 일을 하다; 성급하게/조급하게 행동하다

jump the gun

When asked whether he would seek the death penalty for him, the prosecutor said, "I never ***jump the gun on*** those things for a lot of reasons; I'm all about keeping the options open." ▶ 그에게 사형을 구형할건지 질문을 받자 그 검사는 "많은 이유로 나는 절대로 이 같은 일에 대해 성급하게 행동하지 않는다. 나는 모든 가능성을 열어 놓고 있다"고 대답했다.

The government should not ***jump the gun*** and act too soon. It should keep its cards close to its chest," he says. ▶ 정부는 조급하게 행동해서는 안 된다. 가지고 있는 카드를 남들이 보지 못하게 해야 한다. ♣ *keep its cards close to its chest* : 남들이 알지 못하도록 **은밀하게 일을 진행하다** 참조

Some airlines did ***jump the gun*** canceling flights because they didn't want passengers stranded on tarmacs. ▶ (기상이 악화될 것이라는 예보로) 일부 항공사는 승객들이 활주로에서 발이 묶일까 염려되어 성급하게 항공편을 취소하였다. ♣ *strand* : 악천후 등이 사람들의 **발을 묶다** 참조

차

주 육상 경주에서 출발 총성이 울리기도 전에 출발하는 것을 일컫는 말이다.

총알받이
임무 수행 중에 다치거나 죽어도 상관없는 사람

cannon fodder

Saddam loyalists used the young fundamentalists as ***cannon fodder***. ▶ 사담 후세인을 추종하는 사람들은 젊은 극단주의자들을 총알받이로 사용했다.

Until this week, David Pauley had come nowhere near Yankee Stadium, in either the literal or the figurative sense. He entered last night's game against the Yankees as a middling prospect called up from Class AA to fill a gap in the Red Sox' rotation while David Wells recovered from a bruised knee, and he seemed destined to serve as ***cannon fodder***. ▶ 말 그대로 또는 비유적인 의미로 David Pauley는 지난주까지 뉴욕 양키스 스타디움 근처에도 가본 적이 없었다(그는 진짜로 양키스 구장 근처에도 가본 적이 없었고, 뉴욕 양키스 구장에서 시합을 해본 적도 없었다). 보스턴 레드삭스의 선발투수 David Wells가 무릎 타박상에서 회복하는 동안 선발투수진의 공백을 메우기 위하여 마이너 리그에서 호출된, 장래에 가망성이 어느 정도 있는 선수로서 그는 어제 야간경기에 출전했다. 그는 총알받이(큰 점수차로 지고 있는 팀에서 내보내는 투수) 역할을 수행하게 될 것으로 보였다. 《뉴욕 양키스를 상대로 훌륭한 투구를 했던 한 마이너리그 선수에 관한 이야기다.》 ♣ *in figurative sense* : **비유적인 의미로** 참조

주 마구 떨어지는 포탄 속을 뚫고 맨 앞에서 돌격하는 병사를 일컫는 표현이다.

총회
본 회의; 전체 회의; 자격이 있는 모든 사람/회원이 참여하는 모임/회의(general meeting)

plenary meeting/session

The House will hold ***a plenary session*** on August 7. ▶ 8월 7일에 하원이 본 회의를 개최한다.

The required number to inaugurate ***the plenary meeting*** is 184. ▶ 총회를 개최하기 위한 정족수는 184명이다.

특정한 활동이 최고조에 있는
한창인

at full throttle

The boating season is ***at full throttle*** with the passing of the Memorial Day weekend in the state with waterways galore. ▶ 수로가 많은 그 주에서는 현충일 주말이 지나면서 보트 시즌이 최고조에 있다. ♣ *galore* : 양이나 수가 **많은** 참조

주 자동차 엔진의 연료주입 구(throttle)를 활짝 열어 놓고 있다는 의미다.

in full swing

Sparks are flying around the campus, as constructions of two new schools are ***in full swing***. ▶ 캠퍼스 주위에 불꽃이 튀고 있다. 새 학교 2개를 짓는 공사가 한창이다.

The spring break season is ***in full swing*** as hundreds of college students are here on the island for their mid-semester vacations. ▶ 수천 명의 대학생들이 학기 중간에 휴가를 즐기기 위해 이곳 섬에 오면서 봄방학 시즌이 최고조를 맞이하고 있다.

주 힘차게 그네를 타고 있는 모습을 상상하면 된다.

활동/여건 등이 최고조일 때에
한창 일 때에; 제일 잘 나갈 때

at height

At its height, the factory employed about 10, 000 people. ▶ 제일 잘 나갈 때, 그 공장은 만 명 가량의 직원을 고용했다.

At the height of the ski season, as many as 5,000 skiers flock to the town every day. ▶ 스키 시즌이 최고조에 달했을 때는 자그마치 5천 명이나 되는 스키어들이 매일 그 고장으로 우르르 몰려간다. ♣ *as many as* : **자그마치** ; *flock* : 많은 사람들이 우르르/떼지어 **몰려가다** 참조

in the best of times

This is the amount of money that even ***in the best of times***, would strain the balance sheets of the largest financial institutions. ▶ 이 정도 돈이면 한창 잘나가는 거대 금융기관이라도 휘청거리게 만들 수 있다.

Hardware is a low-margin business even ***in the best of times***. ▶ 하드웨어는 심지어 한창 때에도 이윤이 적게 남는 사업이다.

최근 ~까지만 해도

as recently as

As recently as 2001, the U.S., with just 6 % of the world's population, churned out 41% of its Ph.D.s. ▶ 최근 2001년까지만 해도, 세계인구의 6%밖에 안 되는 미국이 전 세계 박사의 41%를 배출했었다. ♣ ***churn out***: 짧은 시간에 많이 **만들다** 참조

As recently as July he worried inflation would surge, triggering a meltdown in corporate earnings and pummeling U.S. markets. ▶ 최근 7월까지만 해도 그는 기업수익의 하락을 촉발하고 미국시장을 연타하면서 인플레이션이 밀어닥칠지 모른다고 우려했었다. ♣ ***pummel***: **연타하다** 참조

특정한 방향(동서남북)으로 **최끝단에 위치한**
최동/서/남/북단에 위치한

eastern/western/southern/northern most

The town is ***the eastern-most town*** in the state. ▶ 그 도시는 동쪽으로 그 주의 최끝단에 위치하고 있다.

The northern most province of Afghanistan, lying towards the north of the Hindukush, has a terrain that is mostly inaccessible and inhospitable — the reason why it managed to escape the onslaught of the Taliban rule altogether. ▶ 힌두쿠시 산맥의 북쪽을 향해 누워 있는 아프간의 최북단에 위치한 그 지역은 대부분 접근하기 힘들며 사람들이 살기에 적합하지 않은 황량한 지형을 가지고 있다. 이 때문에 이 지역이 탈리반 정권이 저지른 학살을 모두 피할 수 있었다.

최대한으로
철저하게; 마음껏(to as great extent as possible)

to the full (extent)

A woman who lived life ***to the full*** died during her first parachute jump. ▶ 인생을 최대한 즐기며 마음껏 살던 한 여자가 첫 번째 낙하산점프를 하는 도중 사망했다.

to the fullest (extent) ☞ 더욱 강조하는 표현이다

They are prepared to cooperate ***to the fullest extent***. ▶ 그들은 최대한으로 협조할 준비가 되어 있다.

Whatever I do, I want to be helping others and living my life ***to the fullest***. ▶ 무슨 일을 하든지 나는 남을 도와주며 내 인생을 마음껏 살아가길 원한다.

최대한 활용하다
십분 이용하다

make the most of something

Here are 5 tips to ***make the most of your money*** in a buyer's market. ▶ 물건을 구매할 때 당신 돈의 가치를 최대한 활용할 수 있는 5가지 비결이 여기 있다.

The president talked with the group about when he was a kid, and encouraged them to ***make the most of their education***. ▶ 대통령이 자신의 어린 시절 이야기를 그 사람들과 나누었고, 교육을 십분 활용하라고 그들에게 권고했다.

He encouraged local homeowners to ***make the most of the opportunity*** to get free advice that could end up saving them money. ▶ 그는 집을 소유한 그 지역 사람들에게 돈 절약 방법에 대한 무료상담 기회를 최대한 활용할 것을 권했다.

같은 부류 중에서 **최상의 것**
꽃 중의 꽃

cream of the cream; crème de la crème (French) ☞ 최고의 크림소스

Only $139.99 a bottle for ***the cream of the cream of the bubbly stuff***. "It to me is like a diamond in

차

the rough," he said. ▶ 최상의 샴페인 한 병이 고작 139.88달러밖에 안 된다. "나에게 이 것은 숨어 있는 보석과도 같다"라고 그가 말했다. ♣ *diamond in the rough* : 숨어 있는 혹은 다듬어지지 않은 **보석** 참조

The people who love them say that these are ***the crème de la crème of campers***. ▶ 이 캠핑용 자동차를 좋아하는 사람들은 이를 두고 꽃 중의 꽃이라고 말한다.

문제/상황 등이 **최악의 상태에 이르러 특별한 조치가 필요하다**
고비/막바지에 이르다

come to a head

The situation ***came to a head*** when a federal District judge John ruled that the U.S. might have to disclose its role in the detention. ▶ 한 연방 지구 판사가 미국정부가 그 억류에서 어떠한 역할을 했는지 밝혀야 할지 모른다고 판결하는 바람에 상황이 최악의 상태에 이르렀다. 《미국 대통령 암살기도 혐의를 받고 있는 아랍계 미국인에 대한 범죄사실을 제대로 밝히지도 못하면서 구속(억류)하고 있는 부시 정부가 어려운 상황에 처해 있다는 이야기다.》

Flooding ***came to a head*** in October, after nearly six inches of rain fell Sept. 22 and 23. ▶ 9월 22일과 23일에 거의 6인치나 되는 비가 내린 후, 10월에 홍수가 턱밑까지 차올라 왔다.

주 우리말의 "목(턱밑)까지 차오르다"와 유사한 표현이다.

품질이나 상황 등이 **최악의 상태인**(totally bad)
좋지 않은 정도가 극에 달했다는 것을 강조하는 표현

unmitigated

Last year's rice crop was ***an unmitigated disaster***. ▶ 작년 쌀 작황이 최악의 흉작이었다.

Damage to homes and businesses during the flooding due to unprecedented rains last year in Mumbai has caused people ***unmitigated misery*** and placed a heavy financial burden on them. ▶ 작년 뭄바이에서 전례없이 많이 내린 비로 홍수가 났을 때 가옥과 상점들이 입은 피해는 사람들에게 최악의 고통과 큰 경제적 부담을 안겨주었다.

abject

The success of Kim's nuclear program is proof that even ***the most abject poverty***, backwardness and isolation cannot stop a truly determined regime from building a nuke. ▶ 김정일이 핵무기를 개발했다는 사실은 한 나라가 아무리 세계 최악의 빈곤에 시달리며 경제는 퇴보일로에 있고 세상으로부터 고립되어 있더라도 핵무기를 개발하려고 진정으로 마음먹었다면 누구도 막을 수 없다는 증거다.

By today's standards, the first 24 hours of the assault would have deemed ***an abject failure***. Paratroopers, in some instances, were dropped far from their appointed drop zones. The offshore bombardment did not have its desired effect. ▶ 오늘날의 기준을 적용했다면, 공격작전의 첫 24시간은 최악의 실패로 간주되었을 것이다. 몇 가지 예를 들면, 낙하산 부대들이 예정된 지역으로부터 너무 멀리 떨어진 곳에 투하되었다. 해안에서 가한 함포사격은 원하는 효과를 얻지 못했다. 《제2차 세계대전 당시 연합군의 노르망디 상륙작전에 대한 이야기다.》

지금 상태가 **최악이다**
더 이상 나빠질 게 없고 좋아질 일만 남았다; 더 이상 떨어질 곳이 없다; 더 이상 잃을 게 없다; 바닥에 있다.

there is no place/nowhere to fall but up

Indeed, by the time Putin took over in late 1999, ***there was nowhere to fall but up***. ▶ 1999년 말 푸틴이 대통령이 되었을 때 러시아의 경제상태는 더 이상 떨어질 곳이 없을 정도로 비참했다.

There's no place for this stock ***to fall but up***! ▶ 이 주식은 지금이 바닥이다.

전쟁/논쟁/시합 등의 **최종 단계**
마지막 단계; 막판; 종반전

the endgame

This week starts ***the endgame*** for immigration reform in the U.S. Senate. Months of debate have come down to this: whether the comprehensive solution at the core of the Senate bill will survive the hostile attentions of those who do not want real reform at all. ▶ 이번 주에 미 상원에서 이민법 개혁이

최종 단계에 돌입한다. 여러 달에 걸친 토의 끝에 상원 핵심부에서 제안한 이 포괄적인 법안이 진정한 개혁을 전혀 원치 않는 사람들의 적대적인 시선을 어떻게 극복할 것인가 하는 문제만 남았다.

The Celtics did play excellent team defense that reduced the Lakers to one-on-one offense ***in the endgame***. ▶ 보스턴 셀틱스의 뛰어난 팀 디펜스로 인해서 로스 엔젤레스 레이커스는 종반전에 일대일 공격을 펼칠 수밖에 없었다.

As top Democrats wrapped up a marathon meeting with Obama this evening, other signs of ***their endgame*** for the bill also began to emerge. ▶ 민주당 고위 인사들이 오바마 대통령과 장시간에 걸친 회담을 마무리하면서, 그 법안 도출이 막판에 이르렀다는 다른 신호들이 나타나기 시작했다.

㈜ 체스 게임에서 종반전을 의미한다

폭력 등에 의해서 혹은 의문스럽게 **최후를 맞이하다**
죽다

meet one's end ☞ Written

Jesus ***met his death*** at the hands of Pilate. ▶ 예수님은 빌라도의 손에서 최후를 맞이하셨다.

최후의 수단/방책

last resort ☞ 마지막으로 의지하는 수단

A strike was always ***a last resort*** for the union. ▶ 노동조합에게 파업은 언제나 최후의 수단이었다.

They added that litigation should always be ***the last resort*** but felt they had been left with no option. ▶ 그들은 소송을 마지막 수단으로 사용해야 한다고 덧붙였지만 다른 선택의 여지가 없었다고 생각했다.

Piping water from one river basin to another should be ***a last resort*** because of the environmental damage caused, a report says. ▶ 한 유역에서 다른 유역으로 파이프를 통해서 물을 공급하는 것은 환경 피해를 입히기 때문에 최후의 수단으로 남겨놓아야 한다고 한 보고서는 말한다.

(주로 상태는 매우 좋지 않지만) 어쩔 수 없이 **최후의 수단/방책에 의존하다**
비록 상태는 좋지 않지만 어쩔 수 없기 때문에 맨 밑바닥에 조금 남아 있는 것을 이용하다; 얼마 남지 않는 것을 박박 긁어 모으다 (현재 처해 있는 상황이 매우 나쁘다는 것을 강조하는 표현이다)

scrape (the bottom of) the barrel ☞ Informal

John, FC(Family Care) volunteer, organized products at the nonprofit's food shelf in the city. Along with the agency's emergency services fund, the food shelf has also been struggling, running low on staples and perishables such as milk. FC, a major nonprofit social service group in the south metro, ***scraped the bottom of the barrel*** this summer with funds that normally help families in crisis. ▶ 당장 가진 돈이 없어 필요한 응급 약이나 아이에게 먹일 우유 혹은 그날 끼니를 때울 식료품을 구할 수 없는 사람들에게 식료품과 기초 의약품을 나누어주는 자선단체(FC)가 최근 재고가 바닥나는 바람에 하는 수 없이 위급에 처한 가정(가족 중에 한 사람이 큰 병에 걸리거나, 직장을 갑자기 잃거나 혹은 부모 중에 한 사람이 사망한 경우)을 위해 사용하는 기금을 가져다 써야 할 형편이 되었다는 이야기다. ♣ *low on* : 돈/예산/자원 등이 **바닥이 나 가는** 참조

Schools are ***scraping the bottom of the barrel*** to find teachers, thus eliminating any ability to choose the most qualified candidate to educate the leaders of tomorrow. Some might question how we can afford higher teacher salaries. We have to ask: How can we afford not to give their children the best education possible? ▶ 초중고등학교 교사들의 월급이 너무 적어서 능력이 있는 사람들이 기피하고 있기 때문에 어쩔 수 없이 밑바닥에 있는 사람들(능력이 모자라는 사람들)을 쓰고 있다는 하소연이다.

㈜ 통 밑바닥에 남은 것을 박박 긁어 모아 사용한다는 의미다.

최후의 순간
막판; 정해진 기한/시간이 다가오는 마지막 순간; 정해진 기한/시간이 다하기 직전의 시간

eleventh hour

The council has tonight cancelled a meeting ***at***

차

the eleventh hour. ▶ 그 위원회는 오늘 저녁 예정된 시간 바로 직전에 회의를 취소하였다.

Eleventh-hour deals saved the event in the nick of time. ▶ 막판 협상이 가까스로 그 행사를 살렸다. ♣ *in the nick of time* : **가까스로 정해진 시간 내에** (어떤 일을 하다) 참조

Economists will likely debate until ***the 11th hour*** what the Federal Reserve Bank will do when it releases its decision Tuesday afternoon. ▶ 화요일 오후 미 연방준비은행이 결정을 발표하기 전 최후의 순간까지 경제학자들이 연방준비은행이 할 일에 대해 토론을 벌일 것으로 보인다.

주 신약성경 마태복음 20장 6절에서 유래되었다: "About ***eleventh hour*** he went out and found still others standing around. He asked them, 'why have you been standing here all day long doing nothing.'" "오후 5시쯤 (해질 무렵)에 주인이 또 나가 보니, 아직도 빈둥거리고 있는 사람들이 있어서, 그들에게 '왜 당신들은 온종일 이렇게 하는 일 없이 빈둥거리고 있소' 하고 물었다." 그 당시에는 바빌론의 영향을 받아 해가 뜬 후부터 질 때까지를 12단계로 구분했기 때문에 "***eleventh hour***"는 해가 지기 직전 다시 말해서 하루 일과가 끝나기 직전이라는 의미를 담고 있다.

(거리/시간/금액 등이) 특정 양만큼 **추가된**
또/다시 특정 양만큼 추가된; 또 다른 특정 양만큼 추가된

another ~

Prices will not rise by more than ***another 4 percent.*** ▶ 가격이 추가로 4% 이상 오르지 않을 것이다.

Continue down the same road for ***another 3 kilometers*** until you reach the City Hall. ▶ 같은 길을 따라 다시 3km를 가면 시청에 다다른다.

The Convention Center Authority is looking at spending ***another $20 million*** to fix a leaky roof and roadway problems. ▶ 그 컨벤션센터 당국은 새는 지붕과 도로를 고치기 위해 2천만 불을 추가로 지출해야 할 것으로 예상하고 있다.

급격히 **추락하다**
급격히 무너지다

fall/go into a tailspin

Iceland's economy ***went into a tailspin*** late last year after the country was forced to take over its three largest banks, a group that made up nearly the entire Icelandic financial system. ▶ 작년 아이슬랜드가 국가 금융시스템의 거의 전부를 차지했던 3개 거대 은행을 어쩔 수 없이 인수한 후 경제가 급격히 추락했다.

When his career ***went into a tailspin*** in 1997 he started to using the drug. ▶ 1997년 그의 생애가 급격히 무너져내렸을 때 그는 마약을 하기 시작했다.

주 꼬리가 빙빙돌며 비행기가 추락하는 모습이다.

죽은 사람들을 **추모하여**

in remembrance of ☞ Formal

A card had been placed among the bunches of flowers laid ***in remembrance of*** the victim. "The people who did this," it read, "should know that they have failed. They picked the wrong city to pick on." ▶ 희생자들을 추모하여 놓은 꽃다발 사이에 한 카드가 놓여 있었다. 이 카드에는 "이 짓을 한 사람들은 그들이 실패했다는 것을 알아야 한다. 그들은 도시를 잘못 골랐다."라고 적혀 있었다. 《2005년 7월 7일 영국 런던에서 발생한 테러사건 직후의 이야기이다.》

At 11 a.m. today, a four-gun salute ***in remembrance of*** enlisted men who lost their lives during the Allied invasion of Normandy on June 6, 1944, will be fired at the close of the ceremony. ▶ 오늘 오전 11시, 1944년 6월 6일 연합군의 노르망디 상륙작전에서 목숨을 잃은 병사들을 추모하는 4발의 예포가 행사 마지막에 발사될 것이다.

~라고 **추정되고 있는**
소문이나 세간에는 ~이라고 알려진

putative ☞ Formal

Despite Bush's pleas, ***putative allies*** remain unwilling to send more troops or much money to aid the U.S.-led effort in Iraq. ▶ 부시 대통령의 청원에도 불구하고 우방국(동맹국)이라고 알려진 나라들은 이라크에서 미국이 주도하고 있는 전쟁을 돕기 위하여 더 많은 병력이나 돈을 보내지 않으려 한다.

He is ***a putative farther*** of her. ▶ 세간에는 그가 그녀의 아버지로 알려져 있다.

purported ☞ Formal

To try to bolster public confidence, Iraqi officials announced the arrests of three more ***purported lieutenants*** of Jordanian terrorist Abu Musab al-Zarqawi. ▶ 국민들의 신뢰감을 높이기 위하여, 이라크 정부는 Abu Musab al-Zarqawi(요르단 출신의 테러리스트로 이라크 반군을 뒤에서 조종하는 인물)의 부하로 추정되는 사람을 3명 더 체포했다고 발표했다.

어떤 상황이 발생했다고 **추정되고 있는**
소문이나 세간에는 어떤 일이 벌어졌다고 알려진

purportedly ☞ 부사형, Formal

He was questioned by police yesterday over a video that ***purportedly*** shows him smoking crack cocaine. ▶ 그가 크랙 코카인을 피우는 모습이 담겨 있다고 알려진 한 비디오에 관해서 그는 어제 경찰심문을 받았다.

The incident ***purportedly*** occurred in September 2006. ▶ 그 사건은 2006년 9월에 발생했다고 추정된다.

supposedly ☞ 부사형

Hindu chauvinists in 1992 ripped down a mosque ***supposedly*** built over a Hindu temple. ▶ 1992년 인도의 힌두 우월주의자들이 옛 힌두사원 터에 세워졌다고 추정되는 한 이슬람사원을 부셔버렸다.

He was more of a victim than any of the women he ***supposedly*** offended. ▶ 그는 그가 공격했다고 알려진 여자들보다 사실은 더 피해자였다.

Supposedly his last words to her were: "You must not pity me." ▶ 세간에는 그가 그녀에게 마지막으로 "나를 불쌍히 여겨서는 안 된다"라고 말했다고 알려져 있다.

주 "It is supposed/purported that ~" 대신에 사용하면 문장이 훨씬 간결해진다.

깊이 생각하지 않고 하는 **추측**
막연한 추측

wild guess

His prediction is no better than ***a wild guess***. ▶ 그의 예상은 깊이 생각하지 않은 단순한 추측에 불과하다.

I'm taking ***the wild guess*** that it would fail. ▶ 나는 그것이 실패할지 모른다고 막연히 추측하고 있다.

추파를 던지다

make a pass at ☞ Informal

What would you do in this situation? My supervising partner ***made a pass at*** me and I made it clear that I wasn't interested. Since then I feel as if the partner has been deliberately undermining me. What should I do? ▶ 이 경우 당신이라면 어떻게 할 것인가? 나와 함께 감독하는 사람이 나에게 추파를 던져 나는 관심이 없다고 분명하게 말했다. 그 이후 이 사람이 나에게 고의적으로 못살게 굴고 있는 것 같다. 어찌하면 좋겠는가?

He ***made a pass at*** the wrong girl at the wrong time. ▶ 그는 잘못된 시간에 잘못된 여자에게 추파를 던졌다.

~할 의도/생각은 **추호도(털끝만큼도) 없습니다만**
의견을 겸손하게 표시할 때

far be it from one to do ~

Far be it from us to tell a woman how to live her live, but we just don't see much upside in her hanging out with him. ▶ 우리가 한 여자한테 인생을 어떻게 살라고 말할 생각은 추호도 없지만, 그와 다시 만나고 다니는 게 그녀에게 도움될 일이 별로 없다.

Far be it from me to disparage technology. The many e-mails that come every week are a great two-way line connecting readers and us. Yet there is something charming about receiving a recipe written in longhand, with a notation that speaks of history and family traditions. ▶ 기술에 대해서 나쁘게 말할 의도는 털끝만큼도 없다. 매주 오는 많은 이메일은 독자들과 식품부서를 상호 연결해 주는 좋은 수단이다. 그럼에도 불구하고, 보통 글씨로 음식의 역사와 가족 전통에 대한 생각

차

을 담아 써 보낸 조리법을 받아 보는 것은 즐거운 일이다. 《음식을 소개하는 잡지를 편집하는 사람의 이야기다.》

출발부터 일이 잘못되어 일을 완전히 그르치다
시작부터 잘못되다

get/start off on the wrong foot ☞ 엉뚱한 발을 내딛다

He is very conscious of how things have *gotten off on the wrong foot* for him in the past and what he has to do to turn that around this season. ▶ 그는 과거에 어떻게 해서 일들이 출발부터 잘못되었는지 그리고 이번 시즌 상황을 반전시키기 위해서 무엇을 해야 하는지 잘 알고 있다.

주 오른발잡이가 달리기 시합에서 왼발을 먼저 내딛는 광경을 상상하면 된다.

출발이 순조롭다
시작이 순조롭다

off to a good start

The President has *got off to a good start*, but he still has to demonstrate what he can do for the people. ▶ 대통령은 순조로운 출발을 했다. 그러나 그 국민을 위해서 무엇을 할 수 있는지 보여주는 일이 아직 남았다.

Tiger Woods' year *is off to a perfect start*. ▶ 타이거 우즈가 2006년 처음 두 토너먼트에서 모두 연장전까지 가는 접전 끝에 우승해서 완벽한 출발을 보이고 있다.

출발이 좋지 않다
시작이 좋지 않다

off to a bad start

The team *got off to a bad start*, 2-7. ▶ 그 팀은 2승 7패의 전적으로 출발이 좋지 않았다.

The residents *got off to a bad start* Thursday morning after someone broke into their cars overnight. ▶ 간밤에 누군가가 차에 침입하는 바람에 주민들은 목요일 아침 시작이 좋지 않았다.

Morning rush hour traffic is *getting off to a bad start* because of an overturned tanker truck leaking crude. ▶ 원유를 실은 차가 전복되어 기름을 흘리는 바람에 이른 아침부터 출근시간 교통이 엉망이다.

출처
origin ; source

provenance ☞ Formal

Early tests indicated that the explosives were of *military* quality and *provenance*. ▶ 초기 실험 결과 그 폭발물들은 군에서 사용하는 것과 성능이 같고 출처가 군대인 것으로 나타났다.

He was fully aware of *the provenance* of the treasures. ▶ 그는 그 보물의 출처를 확실하게 알고 있었다.

To test the theory that any cook can fake a dinner party by jazzing up grocery stores' prepared foods and passing them off as homemade, I recently served such an Asian-inspired meal to my friends — without disclosing *the provenance* of the meal's ingredients. ▶ 식료품 가게에서 조리된 음식을 멋지게 꾸며 집에서 만들었다고 하면서 나누어 줘도 사람들이 모른다는 이론을 실험하기 위하여, 나는 최근에 음식 재료의 출처를 밝히지 않은 채 친구들에게 조리된 아시아 음식을 사서 대접했다.

공식적으로 (특별한 취임행사를 갖고) ~자리에 **취임하다**

be installed as

He *was installed as* President of ASCE on October 29 during the business meeting held in Los Angeles as part of the annual conference. ▶ 그는 연례 컨퍼런스의 일부로서 로스엔젤레스에서 열린 10월 29일 업무회의에서 ASCE(American Society of Civil Engineers, 미국토목학회)의 회장으로 공식 취임하였다.

원래 말하고자 하는 **취지와는 달리 보도되거나 인용되다**
원래 의도와는 다르게 보도되거나 인용되다

be used/quoted/taken out of context

Dr. Kim said that he ***has been taken out of context*** on the issue. ▶ 김 박사는 그 문제에 대한 자신의 말이 취지와는 달리 보도되었다고 말했다.

Quotes can be manipulated and ***used out of context***. ▶ 인용문들은 조작될 수 있으며 의도와는 다르게 이용될 수 있다.

He said he was ***quoted out of context*** over his remarks. ▶ 자신의 발언이 취지와는 다르게 보도되었다고 그가 말했다.

주 어떤 글이나 발언의 전체적인 취지나 전후 관계, 문맥(*context*)을 무시한 채 일부분만 인용하거나 보도하는 경우다. 예를 들면 "나는 그 사람을 좋아하지 않는다. 그렇다고 해서 싫어한다는 말은 아니다"라고 말했을 때 뒷부분을 생략한 채 "나는 그 사람을 좋아하지 않는다"라는 부분만 남들에게 전달하면 듣는 사람은 "그 사람을 싫어하는구나"라는 생각을 갖게 된다.

~라는 **취지의**
~라는 의미를 담고 있는

to the effect

George Bernard Shaw once said something ***to the effect that*** former US president, Theodore Roosevelt's idea of getting the right end of the stick is to snatch it from the hands of somebody who is using it effectively and to hit him over the head with it. ▶ 바르게 이해하고 있다는 뜻으로 전 미국 대통령 루즈벨트가 한 말(getting the right end of the stick)은 누군가가 잘 사용하고 있는 막대기를 손에서 낚아채고는 그 사람 머리 위를 치는 것이라는 취지의 말을 미국 문학가 버나드 쇼가 한 적이 있다. 《남이 한 말을 역으로 이용해서 뒤통수를 치고 있다며 루즈벨트를 비꼬는 이야기다.》 ♣ *get the right end of the stick* : 글/발언 등을 바르게 **이해하다** 참조

He cited a Chinese proverb ***to the effect that*** you should never wish ill on your neighbor. ▶ 그는 절대로 이웃에게 불행한 일이 일어나길 바라서는 안 된다는 의미를 담고 있는 중국 속담을 인용했다.

A circular ***to this effect*** will be issued in the next few weeks. ▶ 이 같은 취지를 담은 안내장이 다음 몇 주 내에 발부될 것이다.

Legislation ***to that effect*** created fierce controversy both in Parliament and outside. ▶ 그 같은 취지를 담고 있는 입법이 의회 안팎에서 엄청난 논란을 불러일으켰다.

어떠한 **측면을 가지고 있다**
~을 떠오르게 한다; ~을 생각나게 한다; ~한 기미(幾微)가 있다

smack of something ☞ ~한 맛/풍미/향기가 난다/느껴진다/풍긴다

Her talk ***smacks of the stage***. ▶ 그의 말은 무대를 떠오르게 한다(그는 연극에서 대사를 하는 투로 말을 한다).

To lose a laptop may be regarded as a misfortune. To lose a laptop with 26.5 million IDs, including names, social security numbers and dates of birth, ***smacks of carelessness***. ▶ 노트북 컴퓨터를 잃어버리는 것은 불운한 사건의 하나로 치부될지도 모른다. 그러나 2천6백5십만 명의 이름, 주민번호, 생일을 포함한 신원자료가 들어 있는 것을 잃어버리는 것은 부주의한 측면을 가지고 있다.

The labor union was unhappy with the motion, saying it ***smacked of racism***. ▶ 그 노동조합은 인종차별을 떠오르게 한다며 그 제안을 불쾌하게 여겼다.

This dish ***smacks of the Southwest***. ▶ 이 요리는 남서지방의 풍미가 느껴진다.

치안방해
공공질서의 파괴

breach of the peace

He was found guilty of ***breach of the peace***. ▶ 그에게 치안방해죄가 있다는 것이 드러났다.

A police officer has been cleared of threatening to display naked images of his girlfriend in public. He was found not guilty of causing ***a breach of the peace*** by causing her to believe he would display the images of her in a public

차

forum. ▶ 한 경찰관이 사람들에게 자기 여자친구의 나체 사진들을 공개하겠다며 위협한 혐의에 대해 무죄 판결을 받았다. 한 공개된 인터넷 사이트에 그가 그녀의 사진을 올릴지도 모른다는 생각을 갖게 만든 것은 공공질서의 파괴에 해당되지 않는다는 판결이 나왔다.

주 공공장소에서 소란을 피워 남들에게 피해를 입히는 행위를 말한다.

실제로는 그렇지 않을 수도 있지만 ~라고 **치켜세우다**
높이 떠받들며 법석을 떨다

lionize ☞ Formal

Caricatured and ***lionized***, Sen. Edward M. Kennedy is forever a paradox. As a liberal icon, he' s the favorite target of conservative Republicans. As a senator, he' s the quintessential lawmaker, often crossing party lines to craft high-profile legislation. ▶ 사람들이 우스운 모습의 만화로 자주 그리며 훌륭한 정치가로 떠받드는 에드워드 케네디는 영원히 정체를 알 수 없는 사람이다. 진보주의자들의 우상으로서 그는 보수적인 공화당 사람들이 자주 공격의 표적으로 삼는다. 상원의원으로서 그는 사람들의 이목이 집중된 법안을 제정하기 위하여 종종 민주당과 공화당의 경계를 넘나드는 전형적인 입법자다. ♣ *cross lines* : 모든 **경계를 넘나들다** ; *high-profile* : **눈에 잘 띄는 (상태)**

Many songwriters have battled mental illness, and some, like Brian Wilson, have been ***lionized*** as troubled geniuses. ▶ 많은 작곡가들이 정신질환과 싸워왔다. 브라이언 윌슨(미국 유명 그룹 비치보이스의 멤버)과 같은 작곡가들을 고통받는 천재라고 사람들이 치켜세웠다.

도움이 필요한 **친구**

friend in need

I have a wonderful friend who would do anything for ***a friend in need***. ▶ 도움이 필요한 친구를 위해 무엇이든 하는 멋진 친구 한 명이 있다.

A friend in need is a friend indeed. ▶ 어려울 때의 친구가 진정한 친구다.

몇 년간 사귀어 온 **친구**

friend of ~ years

On 9/11 as the second plane was slamming into the World Trade Center tower my wife was on the phone with ***an English friend of many years***. ▶ 9월 11일 두 번째 비행기가 세계무역센터 빌딩을 들이받을 때 내 아내는 수년간 사귀어 온 한 영국인 친구와 전화하고 있었다.

She was shocked to learn ***her friend of five years*** had died. ▶ 5년간 사귀어 온 친구가 죽었다는 소식을 듣고 그녀는 충격을 받았다.

외롭고 쓸쓸한 사람의 **친구가 되어 주다**
벗이 되어 주다

befriend

Police believe two elderly women ***befriended two homeless men***, and then cashed in on the men's insurance policies after deadly crashes. ▶ 나이든 두 여성이 두 명의 남성 노숙자들의 친구가 되어 주고는 (고의적으로) 차량사고를 일으켜 죽게 만든 후 보험금을 타낸 것으로 경찰은 보고 있다. ♣ *cash in* : **이익을 챙기다** 참조

On the train, I was ***befriended*** by a young delightful lady. ▶ 기차 안에서 젊고 매력적인 숙녀가 나의 벗이 되어 주었다.

상대방이 잘나갈 때는 **친구인 척하다가 막상 필요할 때는 외면하는 사람**

fair-weather fan/friend

Following the raid, his shareholders proved to be ***fair-weather fans***. Since last Monday, Livedoor's stock has dropped 52%, shedding more than $3 billion in market value. ▶ 그 급습(검찰이 사무실을 급습하여 모든 서류를 가지고 간 사건) 이후, Livedoor(일본의 internet portal company)의 주식을 가지고 있던 사람들이 회사를 외면해 버렸다. 지난 월요일 이후 주가가 52%나 폭락해 주가 총액이 30억 불 이상 줄어들었다. 《수년 전 Livedoor가 분식회계에 연루되어 검찰의 조사를 받자 사람들이 주식을 한꺼번에 내다 팔아 주가가 폭락한 사실을 빗대어 쓴 글이다.》

I hope he is not just *a fair-weather friend*. ▶ 나는 그가 사람들이 잘나갈 때는 친구인 척하다가 막상 필요할 때는 외면하는 그런 사람이 아니길 바란다.

주 날씨가 좋을 때만 경기장을 찾는 팬을 말한다.

서로의 생각/감정 등을 잘 이해할 수 있는 **친밀한 관계**
좋은 관계

rapport ☞ French

The lefty never stops smiling, even on days that would cause most guys to smash a locker or three. After finishing in a tie for 40th at the Players championship, he dutifully signed autographs. Friends call *his rapport with the fans* genuine. ▶ 이 왼손잡이(미국 프로골프 선수 필 미켈슨)는, 심지어 대부분 선수들이라면 탈의실에 들어와서 화가 나 옷장을 마구 부수고 싶은 심정이 드는 그런 날에도, 절대 웃음을 멈추지 않는다. 플레이어스 챔피언십 대회에서 공동 40위로 마친 후, 그는 공손하게 사인을 해주었다. 친구들은 그가 팬들과 친밀한 관계를 유지하는 것은 진심에서 나오는 행동이라고 말한다.

The president wanted to establish *a rapport with the opposition party*. ▶ 대통령은 야당과의 친밀한 관계를 원했다.

친선경기/시합

friendly(영국) ; exhibition game(미국)

They are to play *a pre-season friendly* against a French team. ▶ 그들은 프랑스 팀과 시즌 전에 친선경기를 가질 예정이다.

Korean soccer team played *an exhibition game* against Ghana yesterday. ▶ 한국 축구팀은 어제 가나와 친선시합을 했다.

권력을 남용/이용하여 **친인척을 주요 자리에 등용하거나 그들의 이익을 위해 행동하는 것**

nepotism

Members of the vice president's family are nabbing government promotions and book deals. No one is screaming *nepotism*, since they are all Beltway veterans and many had promising careers in government before Cheney began his first term. But there is no doubt his re-election has been good for the family. ▶ 미국 부통령 딕 체니의 가족이 한창 잘나가고 있는 사실에 대하여 사람들이 대놓고 "nepotism"이라고 비난하지는 않지만, 부시 대통령이 재선되어 다시 부통령이 된 것이 그의 가족들에게 어느 정도 도움이 된 것은 분명하다는 이야기다. ♣ *Beltway* : 워싱턴을 순환하는 도로로 워싱턴 정계를 의미한다.

Serbia and Montenegro's dwindling World Cup hopes were in tatters after a key player suffered a serious injury, compounding disputes about *nepotism* and coaching tactics. ▶ 세르비아 몬테네그로 감독이 자기 아들을 23명으로 이루어진 월드컵 예선전 출전선수 명단에 넣었다가 구설수에 오르자 뒤늦게 철회하는 바람에 한 명이 모자란 22명으로 대표팀을 구성할 수밖에 없었다. 그런데 팀의 핵심 선수 한 사람마저 부상을 당해 본선 진출이 어렵게 되었다는 이야기다.

사람들을 **친절하고 상냥하게 대하는 것이 불친절한 것보다 훨씬 유리하다**
같은 값이면 사람들을 기분 좋게 만드는 편이 소기의 목적을 달성하는 데 훨씬 도움이 된다

attract more bees with honey than with vinegar

I'm sure you've heard the saying: "You'll *attract more bees with honey than with vinegar*." The adage equates "using honey" with "being nice." ▶ 나는 당신이 "꿀은 식초보다 많은 벌을 끌어들인다"는 속담을 들어보았을 것이라고 확신한다. 이 격언은 "꿀을 사용한다"는 말을 "친절하게 대한다"는 의미로 사용하고 있다.

catch more flies with honey than with vinegar

King County, Wash. is using the "You *catch more flies with honey than with vinegar*" method. Instead of charging those who drive in congested areas, the county's Pay-as-You-Drive (PAYD) Insurance Pilot Project plans to give a positive incentive to those who don't. Using GPS technology, the PAYD pilot will monitor driving habits of willing participants and offer lower insurance premiums to those who drive less and outside of rush-hour traffic. ▶ 미국 워싱턴 주 킹카운티는 교통체증을 완화하기 위하여 교통혼잡 유발금(통행료)을 부과하는 대신 자동차 이용을 줄이거나 러시아워를 피해서 다니는 사람들에게 자동차보험료를 할인해 주는 방법을 이용하고 있다는 이야기다. 우리나라에서 적용해도 효과가 있을 것으로 보인다.

주 우리 속담 "웃는 얼굴에 침 뱉으랴"와 비슷한 의미를 갖고 있다고 볼 수 있다.

서로 통하는 데가 많거나 하여 쉽게 (만나자마자) **친해지다**
금세 잘 어울리다

get on like a house on fire ☞ Informal

We ***got on like a house on fire*** and he's a very quiet and humble kid. There's no tension between myself and him. ▶ 우리는 만나자마자 금세 친해졌다. 그는 매우 조용하고 겸손한 아이였다. 그와 나 사이에는 불편한 감정이 전혀 없었다. ♣ *like a house on fire* : **집에 불이 난 것처럼** 참조

~에 **친화적인**
~의 취향에 맞는

-friendly

The company has launched a groundbreaking project on ***eco-friendly cars***. ▶ 그 회사는 생태친화적인 자동차를 만드는 획기적인 프로젝트를 시작했다. ♣ *groundbreaking* : **획기적인** 참조

Civil engineers have long since recognized how important ***environment-friendly constructions*** of infra-structures are. ▶ 토목기술자들은 오래전부터 사회기반 시설물을 환경친화적으로 건설하는 것이 얼마나 중요한지 인식하고 있었다.

It boasts several ***kid-friendly attractions***, including a reindeer farm with sleigh rides, and Santa Park. ▶ 그곳은 썰매를 타는 순록 농장과 산타 공원을 포함한 어린이들 취향에 맞는 여러 가지 인기 있는 시설을 자랑한다.

칠흑 같은
몹시 어두운 ; 온통 깜깜한

pitch black ; pitch dark

Many could not get out of cars or navigate ***pitch-dark tunnels***. ▶ 칠흑 같은 터널 안에서 많은 사람들은 자동차 밖으로 나오거나 방향을 잡을 수도 없었다.

It was ***a pitch black night*** with a thick smell of smoke, pouring rain and lightning flashing everywhere. ▶ 비가 억수같이 쏟아지고 사방에서 번개가 번쩍이며 매캐한 연기 냄새 가득한 칠흑 같은 밤이었다.

주 "*pitch*"는 물이 새지 않도록 배의 밑바닥이나 지붕에 바르는 끈적끈적한 검정색 물질(타르 종류)이다.

(어린아이를) **침대로 데려가 눕히다**
재우다

put someone to bed

Most parents change the nappies before they ***put the child back to bed***. ▶ 대부분의 부모들은 아이를 재우기 전에 기저귀를 갈아준다.

(오랜) **침묵을 깨고 ~에 대하여 말하다**
입을 열다 ; 말문을 열다

break/end one's silence

He decided to ***break his silence about*** his son's suffering yesterday in the hope helping other families cope with the disease. ▶ 그는 다른 가족들이 그 병을 극복하는 데 도움이 되길 바라면서 오랜 침묵을 깨고 그의 아들이 받고 있는 고통에 대해서 입을 열었다.

He has finally ***broken his silence over*** his relationship with her. ▶ 그는 마침내 침묵을 깨고 그녀와의 관계에 대해서 입을 열었다.

He ***ended his silence to*** express regret about what occurred. ▶ 그는 일어난 일에 대하여 유감을 표명하기 위하여 침묵을 깨고 말문을 열었다.

대다수가 **침묵함으로써 미묘한 상황에 대해서 동의 혹은 반대 의견을 표시하는 것**
묵인(默認) ; 묵살(默殺) (주로 이 때문에 피해를 본 사람이 쓰는 표현이다)

conspiracy of silence

He says there has been ***a conspiracy of silence*** about these crimes to this day. "Nobody was held accountable for a single murder case," he added. ▶ 오늘날까지 이런 범죄들이 묵인되어 왔다고 그는 말한다. "단 한 건의 살인 사건에 대해서도 어느 누구에게도 책임을 묻지 않았다"고 그가 덧붙였다.

This conspiracy of silence ignores an important national issue. It is a breach of trust and the law. ▶ 국가적으로 중요한 사안이 묵살되고 있다. 이는 신뢰를 깨뜨리고 법을 어기는 행위다.

There is always ***a conspiracy of silence*** by the government, but sometimes the evidence is so glaring that it cannot be denied. ▶ 정부가 언제나 침묵으로 일관하고 있지만, 가끔은 부정할 수 없는 증거가 확연하게 드러난다.

침묵하고 있는 대다수 사람들

silent majority

He argues that ***a silent majority*** will never again allow extremist to take control. ▶ 침묵하고 있는 대다수 사람들이 절대로 또다시 극단주의자가 정권을 장악하도록 허락하지 않을 것이라고 그가 주장한다.

Now it may be time for ***the silent majority*** of supportive members to make their views. ▶ 동조하지만 침묵하고 있는 대다수 회원들이 그들의 견해를 밝힐 때가 왔다고 생각된다.

An Internet community PickTheParty gives ***America's silent majority*** a place to explore and/or defend their political position and welcomes all people who are interested in politics and debating political issues. ▶ 인터넷 모임인 PickTheParty(정당 고르기)는 침묵하고 있는 대다수 미국인들에게 자신의 정치적인 입장을 세우거나 변호하는 장소를 제공하며, 정치에 흥미가 있고 정치적인 이슈에 대해 토론하길 좋아하는 모든 사람들을 환영한다.

어떠한 활동/상황 등이 **침체한 상태에 빠져 있는**
정체상태에 빠져 있는 (매우 조용하며 새롭고 흥미로운 일들이 벌어지지 않는다는 의미다)

in the doldrums

Intercontinental travel, in fact, is firmly ***in the doldrums***. ▶ 사실상, (유럽과 북미를 오가는) 대륙간 여행은 확실히 침체한 상태에 빠져 있다.

The Japanese economy is beginning to pick up steam, having been stuck ***in the doldrums*** after the burst of the bubble economy. ▶ 일본 경제가 거품이 꺼진 후 정체상태에 빠져 있다가 다시 활기를 띠기 시작했다.
♣ *pick up steam* : **본격적인 단계에 접어들다** 참조

He was back ***in the doldrums*** last night after blowing his chance to win the match. ▶ 어제 저녁 경기를 이길 수 있는 기회를 날려버린 후 그는 다시 침체 상태에 빠져들었다.

주 *"doldrums"*은 적도 부근에 있는 범선이 꼼짝도 할 수 없는 무풍지대를 말한다.

저작권 등과 같은 개인에게 주어진 권리나 자유 등의 **침해**

infringement

The U.S. ITC (International Trade Commission) is a federal agency that investigates unfair trade practices involving ***patent, trademark and copyright infringement***. ▶ 미국 ITC는 특허, 상표 및 저작권의 침해를 포함하는 불공정 행위를 조사하는 연방기관이다.

Infringement of privacy on the Internet has become a sensitive issue here in Korea after law enforcement authorities found that the personal information of more than 220,000 subscribers to Lineage, a popular online game, were stolen by Chinese hackers earlier this year. ▶ 인기있는 온라인 게임인 리니지를 즐기는 22만 명이 넘는 사람들의 개인정보가 올해 초 중국인 해커에 의해서 도난당했다는 사실을 경찰이 발견한 후, 이곳 한국에서 인터넷상에서 일어나는 사생활 침해가 민감한 이슈가 되었다.

칭찬을 받을 만한

매우 훌륭한(admirable)

laudable ☞ Formal

We have enjoyed 25 years of ***laudable service*** from Professor Kim. Monday, July 2, will be his last day to lecture. ▶ 김 교수께서는 25년간 칭찬을 받을 만한 매우 훌륭한 업적을 남기셨습니다. 7월 2일 월요일이 그가 마지막으로 강의하는 날이 될 것입니다.

We need to be humble when we are rich, famous, or being praised for some ***laudable acts***. ▶ 돈이 많거나, 유명하거나 혹은 훌륭한 행동으로 칭송을 받을 때, 우리는 겸손하게 행동할 필요가 있다.

commendable ☞ Formal

The country showed ***commendable progress*** in anti-trafficking efforts. ▶ 그 나라는 밀거래 추방 노력에서 매우 훌륭한 성과를 보였다.

His manner was ***commendably*** restrained. ▶ 그의 절제된 태도는 칭찬받을 만큼 훌륭했다.

사무실이나 화장실 등에 있는 칸막이로 된 사각형 모양의 작은 방/공간

cubicle

As soon as the building stopped swaying, he jumped up from ***his cubicle*** and ran to the closest stairwell. It was an automatic reaction. As he left, he noticed that some of his colleagues were collecting things to take with them. ▶ 건물이 흔들거리다 멈추자마자 그는 칸막이로 된 사무실을 뛰쳐나와 가장 가까운 계단 통로로 달려갔다. 이는 자동적인 반응이었다. 그가 떠날 때 동료 몇 사람이 가지고 갈 물건을 챙기고 있는 것을 목격했다.《어릴 때부터 이미 지진이나 화재 등의 사고를 경험했던 어느 미국인이 9/11 사태가 발생한 직후 본능적으로 건물에서 잽싸게 뛰쳐나와 목숨을 건졌지만 동료들은 그렇지 못했다는 이야기다.》

He made his way to the nearest toilet and locked himself in ***a cubicle***. ▶ 그는 가까운 화장실로 갔고 한 칸막이 안에 들어가 문을 걸어 잠갔다.

칼에 찔린 상처
자상(刺傷)

stab wound

He died from multiple ***stab wounds*** at his home. ▶ 그는 집에서 여러 군데 칼에 찔린 상처를 입어 사망했다.

칼을 대다
불필요한 것을 잘라내다; 다듬다

take a knife to

Good movies have been made out of mediocre books. Clint Eastwood and Meryl Streep ***took a paring knife to the overheated prose*** in The Bridges of Madison County and created a spare, poignant romance. ▶ 평범한 소설들을 토대로 좋은 영화들이 만들어지곤 한다. 클린트 이스트우드와 메릴 스트립은 지나치게 과열되어 표현된 소설 "메디슨 카운티의 다리"에 칼을 대어 간결하면서도 사람의 마음을 매우 슬프게 만드는 사랑 이야기를 만들어 냈다.

Yet after he had finished, Britain's greatest landscape painter stood back, admired his work, and ***took a knife to it***. ▶ 그림을 다 그린 후에도, 영국에서 가장 위대한 풍경화 작가는 뒤로 물러서서 자기 작품에 찬사를 보내고는 다시 칼을 댔다. ♣ 여기서 ***knife***는 유화를 그리는 칼이다.

코너에 몰려 있는
구석에 몰려 있는; 곤경/궁지에 빠져 있는

in/into a corner

The government is ***in a corner*** on interest rates. ▶ 정부는 금리 문제로 구석에 몰려 있다.

Pressure over role in Lebanon backs Syria ***into a corner***. ▶ 레바논에서 많은 정치적 영향력을 행사하는 것을 그만두고 철수하라는 압력은 시리아를 코너에 몰고 있다.

Public pressure has forced police ***into a corner***: It is no longer enough to say that groups that justify acts of aggression with religion or ethnicity will not be tolerated. They need to act. ▶ 시민들의 압력은 경찰을 궁지로 몰아 넣었다. 종교나 민족성을 들먹이며 공격행위를 정당화하는 단체들은 용서받지 못할 것이라고 말하는 것만으로는 더 이상 충분하지 않다. 경찰은 행동에 나서야 한다.

과장되고 우스꽝스러운 바보 같은 몸짓으로 사람을 웃기는 **코미디**

slapstick

The slapstick spoof of Hitchcock's spy thriller The 39 Steps is in previews in New York, and opens on January 15. ▶ 겉으로는 매우 진지한 것처럼 보이지만 바보 같은 몸짓으로 사람을 웃기는 히치콕의 스파이 스릴러 "The 39 Steps"이 뉴욕에서 시사회 중이며 1월 15일 개봉된다. ♣ *spoof*: 겉으로는 매우 진지한 것처럼(심각한 것처럼) 보이지만 **웃음을 자아내는 기사/방송물** 참조

Why not combine ***the slapstick videos*** with some serious highlights that display a player's game? ▶ 선수들이 바보 같은 실수를 하는 장면을 멋진 장면들과 함께 보여주면 어떤가?

You are sure to have a blast as they make their big-stage debut in a murder mystery infused with a healthy dose of ***slapstick comedy***. ▶ 과장되고 우스꽝스러운 바보 같은 몸짓으로 사람을 웃기는 코미디로 가득 찬 살인 미스터리로 그들이 큰 무대에 데뷔함에 따라서 당신은 한바탕 즐거운 시간을 갖게 될 것이다. ♣ *dose of*: **많은 양** 참조

㈜ 시쳇말로 '몸 개그'다.

코웃음 칠 수 없는
무시할 수 없는; 얕잡아 볼 수 없는

be not to be sneezed at

We feel we aren't far away and the fact is we are accumulating points as we go along and that ***is not to be sneezed at***. ▶ 우리가 그리 멀리 있지 않다고 느낀다. 우리는 앞으로 나아가면서 많은 점수를 쌓아가고 있으며 이 같은 사실을 얕잡아 볼 수 없다.

Of course, close to 31,000 votes ***are not to be sneezed at*** — as someone said on TV, if she were a politician, Olivia would have probably been elected Prime Minister. ▶ 물론 3만 천에 가까운 투표는 무시할 수 없는 많은 표다. 누군가 TV에서 말한 것처럼 만일 그녀가 정치인이라면 올리비아는 수상이 되었을지도 모른다. 《인기 투표에서 표를 많이 받은 한 여배우에 관한 이야기다.》

콧구멍을 벌름거리다
씩씩거리다 (화가 매우 나 있거나 기분이 나쁘다는 의미로 종종 사용된다)

flare one's nostrils

He ***flared his nostrils*** when he heard the news. ▶ 그 뉴스를 듣고 그는 콧구멍을 벌름거렸다.

"Let me make one thing perfectly clear," shouted Dr. Kim, eyes ablaze and ***nostrils flaring***. "I have nothing to do with the Project!" ▶ 김 박사가 "한 가지 분명히 해둘 게 있다"고 이글거리는 눈으로 씩씩거리면서 소리쳤다. "나는 이 프로젝트와 아무런 관계가 없다."

일/계획에 대하여 시간/돈/노력 등을 더 투자하여 **크게 생각하다**
넓게 생각하다; 사고의 영역을 넓히다

think big

Technology innovators seeking success in the business world must ***think big*** and possess a killer instinct that includes the ability to fire their best friend or even themselves. ▶ 업계에서 성공하려는 신기술 개발자들은 크게 생각해야 하며 그들의 가장 친한 친구나 심지어 자신들까지 해고할 수 있는 능력을 포함하는 킬러 본능을 가지고 있어야 한다.

Flush with his first political victory, he continued to ***think big***, suggesting to a crowd of about 150 jubilant supporters Tuesday that Alabama can be the pace car for improving health care and early childhood education. ▶ 선거에서 처음 승리한 후 상기되어, 화요일 환호하는 150명의 지지자들에게 알라바마 주가 의료제도 및 아이들 조기교육의 개선에서 선도주자가 될 수 있다고 제안하면서 그는 사고의 영역을 계속 넓혔다. ♣ *pace car*: 자동차 경주에서 사고가 났을 때 선두에서 속도를 조절하는 차(선도차) ♣ *flush with*: ~때문에 **상기되어** 참조

크기가 얼마 만한

-sized

He returned to the fold last night just six weeks after having ***a golf ball-sized tumor*** removed from his lung. ▶ 폐에서 골프공 만한 종양을 제거한 지 6주 후, 그가 다시 돌아왔다. ♣ *to the fold*: 회사/단체 등에서 떠났던 사람이 **다시 돌아올 때** 참조

A molecule-sized switch just 50 nanometers wide may someday control microscopic machines and also could make DNA sequencing faster, less expensive, and more precise. ▶ 폭이 50나노미터인 분자 크기의 스위치가 언젠가 미세 기계를 조절하게 되고 또한 DNA 염기분석을 더 빠르고 더 저렴하게 그리고 더 정확하게 만들 수 있을 것이다.

The Mavericks left home last week with two wins and ***a Texas-sized swagger***. They staggered back Monday morning after three losses to the Miami Heat, teetering on the brink of elimination from the NBA finals. ▶ Mavericks(미 텍사스 주 달라스에 연고를 둔 농구팀)가 NBA 챔피언 결정전에서 Miami Heat에 홈에서 2연승을 거둔 후 텍사스 주의 크기만큼이나 엄청나게 뽐내면서 원정경기를 하러 Miami로 갔으나 3연패로 막판에 몰려 비틀거리며 다시 돌아왔다.

New Zealand has become an official partner in the Australian Synchrotron, ***a stadium-sized scientific tool*** that creates beams of intense light, used for investigating molecular structures. ▶ 뉴질랜드는 호주 입자가속기의 공식적인 파트너가 되었는데, 이는 강렬한 광선을 만드는 스타디움 크기의 과학연구에 사용하는 기계로 분자구조를 조사하는 데 사용된다.

큰 그림

어떤 특정한 사건/일의 배경이 되는 전반적인 상황; 포괄적인 상황

big picture ☞ Informal

Many common banking mistakes result from not looking at ***the big picture*** but just focusing on one attractive aspect of a banking service. ▶ 금융업에서 흔히 발생하는 많은 실수들은 큰 그림을 보지 않고 금융 서비스의 매력적인 측면에만 초점을 맞춘 결과다.

Is the law missing ***the big picture*** by focusing on the drug abuser rather than on traffickers? ▶ 이 법률이 마약 밀거래자가 아닌 복용자에게 초점을 맞춤으로써 포괄적인 상황을 놓치고 있는 것이 아닌지?

At a time like this it is important to stand back and review ***the big picture***, in order to see how the current action fits into ***the big picture***. In a nutshell, gold is in a steep downtrend within a larger uptrend. ▶ 이와 같은 상황에서는, 현재 취하고 있는 조처가 큰 그림에 어떻게 맞아 들어가는지 살펴보기 위하여 뒤로 물러서서 전반적인 상황을 검토하는 것이 중요하다. 한마디로 말하자면 현재 금 시세는 장기적인 상승세 안에서 단기적인 급락을 보이고 있다. ♣ *at a time like this*: 그/이와 같은 **상황에서는**; *in a nutshell*: **요약해서 말하면** 참조

자기의 주장/견해에 대하여 **큰 소리로 외치는/떠드는**

시끄럽게 외치는/떠드는

vociferous

The hosting of the 58th annual International Whaling Commission meeting in St Kitts this week has brought a resurgence of debate on the whaling issue. This debate has ignited ***vociferous arguments*** between opponents and proponents of commercial whaling, both sides holding steadfastly to their views. ▶ St. Kitts에서 이번 주 개최된 제58회 국제 포경업 감독기구 회의가 고래잡이 문제에 대한 토론을 다시 불러일으켰다. 이 토론은 상업적인 포경업에 반대하는 사람들과 찬성하는 사람들 사이에서 시끄러운 논쟁에 불을 붙였는데 양측은 자신의 견해를 굽히지 않았다. ♣ *opponents and proponents*: ~에 대하여 **반대하는 사람들과 찬성하는 사람들** 참조

After a year of near-total silence, Putin has said he will meet ***a vociferously critical group*** of mothers who lost their children in the tragedy. ▶ 일 년 동안 거의 침묵으로 일관하다가, 러시아 푸틴 대통령은 그 참사에서 아이들을 잃고 큰 소리로 정부를 비난하는 어머니들이 모인 한 단체를 만날 것이라고 말했다.《러시아 한 지역에 있는 초등학교를 점령해서 아이들을 인질로 삼아 대항하던 체첸 반군을 진압하기 위해 서투른 작전을 펴다가 많은 아이들이 목숨을 잃은 사건에 대한 이야기다.》

~은 그 자체가 나타내는 것보다 더 **큰 의미를 지니고 있다**

~에는 더 많은 뜻이 내포되어 있다; ~에는 그 이상의 뜻이 내포되어 있다

mean more than

The multicultural center ***means more than a place*** where white and Anglo students can hang out. ▶ 이 다문화 센터는 백인 학생들이 가서 즐길 수 있는 장소 이상의 의미를 지니고 있다.

Under an agreement reached in Macau last weekend between China's Civil Aviation Administration and Taipei Airlines Association, 48 round-trip charter flights will be allowed to carry passengers to Taiwan from three mainland cities. But last week's deal ***means more than just convenient travel***. ▶ 민간항공사 간의 운항 협정은 대만과 중국과의 교류확대라는 더 큰 의미를 지니고 있다는 말이다.

마우스만 한번 **클릭하면 된다**

a (mouse) click away

The appeal of online gambling on campus is obvious: It's just ***a click away***. There's no group to organize, no snacks to serve, no drinks to pour. You don't have to get dressed. You don't have to make small talk. You don't have to go home, because you're already there. ▶ 학생들이 접근하기가 너무나 쉽기 때문에 캠퍼스에서 온라인 도박이 성행하고 있다는 말이다.

Just as pornography has become ***a mouse click away*** for one's secret pleasures, death is now at our disposal. To click or not to click, that is the question. ▶ 마우스만 한번 클릭하면 남몰래 포르노 사진을 볼 수 있는 것처럼 이제는 우리 마음대로 사람을 죽일 수 있다. 클릭하느냐 마느냐 이것이 문제다.《사람들을 죽이는 장면을 제공하는 인터넷 사이트가 생겨나고 있는 현실을 개탄하는 글이다.》

주변 사람/것들을 내려다 볼 정도로 **키가 매우 크다**

매우 높다

tower above/over ☞ 높은 탑처럼 우뚝 솟아 있다

The 63-Building ***towers above*** the others. ▶ 63 빌딩이 다른 빌딩들 위로 높은 탑처럼 우뚝 솟아 있다.

He, at over 1.8 m tall, ***towers over*** most students. ▶ 키가 1.8미터가 넘는 그는 대부분 학생들을 위에서 내려다 본다.

The hotel ***towers over*** the slopes of Namsan Hill. ▶ 그 호텔은 남산 언덕 경사면에 우뚝 솟아 있다.

[타]

엄청난 **타격**
엄청난 피해/손실

bloody nose ☞ 코피

The American oil giant has ***received the worst bloody nose***. ▶ 이 거대한 미국 정유회사는 최악의 타격을 입었다.

He has warned them to be prepared for ***a bloody nose***. ▶ 그는 엄청난 피해에 대비해야 한다고 그들에게 경고했다.

Arcelor shareholders have ***delivered a bloody nose*** to the European steel giant's board, triggering an emergency general meeting to stall the group's €13bn merger with Russia's Severstal. ▶ 130억 유로가 소요되는 러시아 회사 Severstal의 합병계획을 저지시키기 위하여 유럽의 거대 철강회사인 Arcelor의 주주들이 비상시 주주총회를 개최하여 이사회에 큰 타격을 입혔다.

heavy blow ☞ 무시무시한 타격

The summer draught has ***dealt a heavy blow*** to the government's economic record. ▶ 여름 가뭄이 정부의 경제실적에 큰 타격을 가했다.

death blow ☞ 치명적인 타격(치명타)

The civil war with the communists ***dealt*** the country ***a death blow***. ▶ 공산주의자들과 벌인 내전은 그 나라에 치명적인 타격을 입혔다.

Saturday's election ***dealt a death blow*** to the plan. ▶ 토요일 선거가 그 계획에 치명타를 가했다.

명예/명성이 **타격을 입다**
손상을 입다

take a knock

The company's reputation has ***taken a knock*** in the US thanks to three incidents. First there was the explosion and fire at its Texas City refinery, which resulted in the death of 15 contractors. Then came the massive oil spill from a pipeline in Alaska. ▶ 세 가지 사고 때문에 미국에서 그 회사의 명성이 손상을 입었다. 첫째, 15명의 사람들의 목숨을 앗아간 Texas City 정유공장의 폭발사고가 있었다. 그러고는 알래스카에 있는 송유관으로부터 엄청난 양의 기름이 유출된 사고가 발생했다.

특정한 부/성격/재능 등을 **타고나다**
부여받다

be endowed with

You ***are endowed with*** wealth and good health. ▶ 당신은 부와 건강을 타고났다.

This country is a democratic republic and I see no need for persisting with the practice of royalty, which is based on the belief that certain families ***are endowed with*** the exclusive right to lead others. ▶ 이 나라는 민주공화국이다. 나는 왕권을 행사하려고 고집할 필요가 없다고 생각한다. 이는 특정 가문들이 다른 가문들을 다스리는 독점적인 권리를 부여받았다는 믿음에 바탕을 두고 있다.

Over the last decade, he has built up a formidable reputation as a solid screen performer ***endowed with*** the innate ability to articulate inner anguish better than most other actors in the business today. ▶ 지난 10년에 걸쳐서 그는 오늘날 영화계에서 대부분의 다른 배우들보다 내부의 고뇌를 잘 표현하는 천부적인 재능을 타고난 영화배우로서 확고한 명성을 쌓아 올렸다.

타국에 거주하는 (사람)
외국에 거주하는 (사람); 해외 교민/교포

expatriate

Expatriate Iraqis began casting ballots amid tight security in early voting in 14 countries from Australia to Sweden to United States. ▶ 해외에 거주하는 이라크 사람들이 호주에서 스웨덴과 미국에 이르기까지 14국에서 실시된 조기투표에서 삼엄한 경비가 이루어지는 가운데 투표를 시작했다.

Nine ***Sri Lankan expatriate workers*** died in the Middle East today. ▶ 외국에 거주하는 9명의 스리랑카 노동자들이 오늘 중동에서 목숨을 잃었다.

~을 타도하자!
주로 시위할 때 사용하는 구호

down with

As uniformed and plainclothes police looked on, Chinese protesters incensed at the Japanese prime minister for visiting a controversial war shrine gathered Tuesday in front of the Japanese Embassy in Beijing, chanting "***Down with*** Japanese imperialism! ▶ 제복 및 사복 경찰들이 지켜보는 가운데, 일본 수상이 전범의 위패가 있는 신사(야스쿠니 신사)를 방문한 것에 격앙된 중국 시위자들이 "일본 제국주의를 타도하자!"라는 구호를 외치며 화요일 베이징에 있는 일본 대사관 앞에 모였다.

어떤 일에 대하여 조금도 타협하지 않다
조금도 굴복하지 않다; 태도를 끝까지 견지하다

not budge ☞ 몸을 조금도 움직이지 않는다

We (Taiwanese) will show the Chinese side that we are ***not going to budge*** if China is trying to limit our freedom of expression. ▶ 중국이 우리의 언론자유를 제한하려 한다면, 우리 대만 사람들은 중국측에 우리가 조금도 타협하거나 굴복하지 않을 것이라는 사실을 보여줄 것이다.

Pressuring them (the North Korea), containing them won't work; they ***won't budge***. ▶ 그들(북한)에게 압력을 가하거나 봉쇄해도 소용이 없을 것이다. 그들은 전혀 태도를 바꾸려 들지 않을 것이다.

㈜ 주로 부정형으로 쓰인다

어떤 일을 하다 중도에 탈락하다
도중에 포기하다/그만두다; 중퇴하다

drop out ☞ 명사형(탈락, 탈락한 사람)으로도 사용

The narrow standards penalize students who are not good at taking tests and have lead to a 32 percent increase in ***drop-out rates*** since 2002. ▶ 이 엄격한 기준은 시험성적이 좋지 못한 학생들에게 벌칙을 가한다. 이 때문에 2002년 이후 중도 탈락률이 32%까지 올라갔다.

He is ***a high school drop-out*** at age 16 and his focus was playing poker and working odd jobs. ▶ 그는 16세에 고등학교를 그만두었고 포커와 괴이한 일에 몰두하고 있었다.

They say that when high school students ***drop out***, it's the parents' fault. ▶ 고등학생들이 중퇴하는 것은 부모의 책임이라고 그들이 말한다.

She was among those scheduled to sing, but had to ***drop out of*** the show. ▶ 그녀는 노래를 부르기로 예정된 사람 명단에 있었지만 도중에 포기해야만 했다.

탈진시키다
몸과 마음을 매우 지치게 하다

drain ☞ 기운이 다 빠져나가게 하다

My emotional turmoil had ***drained*** me. ▶ 정서적인 혼란은 나를 탈진시켰었다.

burn out ☞ 에너지를 다 태우다

The incident has ***burnt*** him ***out***. ▶ 그 사건이 그의 몸과 마음을 매우 지치게 만들었다.

특정한 활동이나 단체에서 탈퇴하기로 결정하다
탈퇴를 선택하다; 빠져나오기로 결정하다

opt out of/from

He included a link on each e-mail he sends that lets the recipient ***opt out of*** any future mailings.

▶ 이메일을 받는 사람이 추후 메일리스트에서 탈퇴하고 싶을 경우 클릭할 수 있는 링크를 그가 보내는 모든 이메일에 추가했다.

Online Web directories and address books have made looking up a person's contact information as simple as the click of a mouse — and with that ease comes the danger of abuse or misuse. Now the government wants to give citizens the right to ***opt out from*** having their personal information collected and shared on the Internet. ▶ 온라인 주소록은 개인의 연락처 정보를 마우스만 한번 클릭하면 쉽게 찾아볼 수 있도록 만들었고 이 때문에 개인정보의 오남용이 발생한다. 지금 정부는 개인정보가 인터넷상에서 수집되고 공유되는 것으로부터 빠져나올 수 있는 권리를 시민들에게 주길 원한다.

~을 ~의 **탓으로 돌리다**
~을 ~ 때문이라고 생각하다

attribute something **to ~**

He ***attributed*** his success ***to*** luck. ▶ 그는 자신의 성공을 운 때문이라고 생각한다.

(사실이 아닐 수도 있지만) 좋지 않은 결과를 ~의 **탓으로 돌리다**
~때문이라고 생각하다

pin something **on** someone ☞ ~에게 ~에 대한 비난의 화살을 돌리다

In their minds, it's all about ***pinning*** the distress of beleaguered American workers ***on*** China. ▶ 그들(미국 정치가들)의 마음속엔 자기들의 잘못은 도외시한 채 직장을 잃은 미국 노동자들의 고통을 중국 탓으로 돌리려는 생각으로 가득 차 있다.

Looking for someone to blame for the turmoil on equity markets? A Merrill Lynch & Co. strategist is ***pinning*** the blame ***on*** Federal Reserve Board chairman. ▶ 주식시장을 혼란스럽게 만들었다며 비난할 사람을 찾고 있는가? 한 메릴린치의 전략가는 연방준비은행 의장에게 비난의 화살을 돌리고 있다.

채무/부채를 **탕감해 주다**

write off

Russia said it plans to ***write off*** about $700 million in debt owed by the poorest countries, a move reflecting its soaring oil-fueled wealth and a desire for equal footing with the world's top industrialized nations. ▶ 빈곤 국가들이 지고 있는 7억 불 가량의 부채를 탕감하려 한다고 러시아가 발표했다. 이는 치솟은 유가로 인한 부(富)와 세계 최고의 선진국들과 대등한 관계를 유지하고 싶은 욕망을 반영하는 조치다. ♣ ***equal footing with*** : ~와 **대등한 관계/신분/입장/지위** 참조

Ten years ago the country was ***written off*** as a basket case. ▶ 10년 전 그 나라가 파산하여 채무를 탕감받았다. ♣ ***basket case*** : 특정한 조직이나 나라의 경제/재정이 **파산한 상태** 참조

주 부채 목록에서 삭제한다는 의미를 가지고 있다.

확고하게 **태도를 표명하다**
분명하게 입장을 밝히다; 단호한 태도를 취하다

take a stand

Labor Party is ***taking a stand against*** controversial new immigration laws. ▶ 노동당은 논쟁거리가 되고 있는 새 이민법에 반대한다는 확고한 태도를 표명하고 있다.

It is time for President Bush to ***take a stand***. Despite his cynical and exploitative support of a constitutional amendment that would ban gay marriage, he has long maintained that he is a compassionate and tolerant person who has no gripe against gays and lesbians, as such. ▶ 부시 대통령이 분명하게 입장을 밝힐 때가 왔다. 동성 간의 결혼을 금하는 수정헌법을 냉소적인 태도로 또한 자신에게 유리한 방향으로 교묘히 지지하고 있음에도 불구하고, 그는 동성애자들을 억압하려는 마음이 없는 이해심이 많고 관용적인 사람이라는 태도를 오래 견지해 왔다.

타

~에서 태어나서 자란
~에서 태어나서 어린 시절을 보낸

born and bred

Whether you are a visitor to the city or ***a born and bred local***, you' ll be surprised at the stories. ▶ 당신이 그 도시의 방문객이든 아니면 태어나서 지금까지 지내온 사람이든 간에 그 이야기들을 들으면 놀랄 것이다.

Since she was ***born and bred*** in this town, the 56-year-old councilor knows the top priorities of it. ▶ 56세의 이 의원은 이 도시에서 태어나 자랐기 때문에 시가 우선적으로 해야 할 일들이 무엇인지 알고 있다.

Dozens of roosters rescued from a cockfighting ring have received a death sentence. The roosters were ***born and bred*** for fighting, so they cannot be adopted. ▶ 닭싸움 장에서 구출된 수십 마리의 수탉이 도살되었다. 이 수탉들은 싸움닭으로 태어나서 싸우는 훈련을 받으며 자랐기 때문에 일반 가정에서 키울 수 없다.

어떤 사람에게서 태어난

born to someone

She was ***born to an Irish-American mother and an African-American father***. ▶ 그녀는 아일랜드계 미국인 어머니와 아프리카 흑인 아버지 사이에서 태어났다.

Babies ***born to older men*** carry a higher risk of having genetic problems, says a study from the USA. A French study showed that male infertility shoots up after the age of 40. Not only does the lower quality of older men' s sperm lower fertility, it also makes it more likely that babies with genetic abnormalities are born. ▶ 나이든 남자에게서 태어난 갓난아이들은 유전적인 문제를 가질 위험이 크다고 미국에서 실시된 한 연구가 밝혔다. 프랑스에서 실시된 한 연구는 남성 불임이 40세 이후 크게 나타난다는 것을 보였다. 나이든 남성의 질이 낮은 정액은 수정의 가능성을 낮출 뿐 아니라 유전적인 결함을 지닌 아이가 태어날 가능성을 높인다.

~에서 태어난 사람
출신지가 ~인 사람

native of

He is ***a native of Germany***. ▶ 그는 독일에서 태어났다.

Singh, ***a Fiji native*** of Indian descent, barnstormed the world, playing in Nigeria and Morocco, even working as a bouncer in Scotland to make ends meet. ▶ 인도인의 후손으로 피지에서 태어난 싱(미국 PGA에서 주로 활동하는 유명한 프로골프 선수)은 나이지리아와 모로코에서 선수생활을 하면서 심지어는 생활비를 벌기 위하여 스코틀랜드에서 경비원으로 일하기도 하면서 세계 각국을 떠돌아 다녔다. ♣ *barnstorm* : **떠돌아 다니면서 활동하다** 참조

터널 끝에서 반짝이는 불빛
오랫동안 겪어온 어려운 상황 끝에 멀리서 보이는 가느다란 희망; 한 가닥 희망; 한 줄기 서광(曙光)

light at the end of the tunnel

If supporters of the Central Park restoration project look closely, they just might be able to see ***a light at the end of the tunnel***. For a project that has been plagued by setbacks and delays, Mayor offered encouraging words. ▶ 중앙공원을 재건하는 프로젝트를 성원하는 사람들이 가까이 들여다 본다면, 그들은 저 멀리서 반짝이는 한 줄기 서광을 볼 수 있을지 모른다. 좌절과 지연으로 얼룩진 이 프로젝트에 대해 시장이 매우 고무적인 발언을 했다.

Are direct flights across the Taiwan Strait in the offing? It seems that there is ***no light at the end of the tunnel***, despite this week' s announcement in Taipei and Beijing that the two sides will start nonstop chartered passenger flights during major Chinese holidays. ▶ 대만 해협을 횡단하는 직항로의 개설이 시기적으로 임박했는가? 중국의 큰 명절 기간 중에 특별 논스톱 여객기를 띄우기로 했다는 대만과 중국의 금주 발표에도 불구하고, 아직 희망의 불빛이 보이지 않는다. 《중국과 대만 사이에 직항로를 개설하는 데 아직 어려움이 많다는 기사다.》 ♣ *in the offing* : ~이 시기적으로 **임박한** 참조

Have faith. There is still ***light at the end of the tunnel***, though admittedly it is hard to see after Monday' s 3-0 loss to the Czech Republic. ▶ 미

국이 2006 World Cup에서 체코에게 3:0으로 패한 후 상황이 매우 어렵긴 하지만 그래도 (16강 진출에 대한) 한 가닥 희망이 있으니 믿음을 가져라.

몹시 터무니없는
상식을 벗어난; 황당무계한(extremely unreasonable and foolish)

preposterous ☞ 앞뒤 순서가 뒤바뀐

Reagan was a critic of government waste, but routinely lavished more money on the military than the Pentagon asked for and he stubbornly insisted on funding an utterly ***preposterous*** missile-defense program that his detractors, and eventually his supporters called Star Wars. ▶ 레이건 대통령은 정부의 예산 낭비를 비난했지만, 일상적으로 국방부가 요구하는 돈보다 더 많은 돈을 아낌없이 국방비로 지출했다. 그를 비난하는 사람들과 나중에는 그를 지지하는 사람들도 스타워즈라고 부른 전적으로 황당무계한 미사일 방어 프로그램에 예산을 투입해야 한다고 그는 고집스럽게 주장했다.

If this rumor true, the young man's behavior is ***preposterous***. ▶ 만일 이 소문이 사실이라면, 그 젊은 남자의 행동은 너무나 터무니없다.

~을 위해 터전을 마련하다
일이 순조롭게/순탄하게 진행될 수 있도록 사전에 여건을 조성하다

lay/prepare the groundwork for ☞ 토대를 마련하다

China has been strangely quiet, even though some of Chen's policies, such as a push for a new constitution, arouse suspicions that he is ***laying the groundwork for*** independence. ▶ 심지어 새 헌법의 추진과 같은 첸 대만 대통령의 일부 정책들이 그가 대만독립을 위한 터전을 마련하고 있다는 의심을 불러일으키고 있음에도 불구하고, 중국이 이상하리만치 아무런 반응을 보이지 않고 있다.

Apollo astronaut Frank Borman, now 78, commanded the Apollo 8 mission in 1968—the first manned spacecraft to circle the moon. It ***prepared the groundwork for*** the moon landing the following year. ▶ 현재 78세인 아폴로 우주인 프랭크 보만은 1968년 달 궤도를 선회한 최초의 유인 우주선인 아폴로 8호의 선장이었다. 아폴로 8호는 다음 해 달 착륙을 위한 토대를 마련하였다.

pave the way for ☞ 길을 포장하다

The new proposal is likely to ***pave the way for*** the singing of a chemical weapons reduction agreement. ▶ 이 새로운 제안은 화학무기 감축 합의안에 대한 서명이 순조롭게 이루어지도록 토대를 마련해 줄 것으로 보인다.

The discussions are intended to ***pave the way for*** formal negotiations between the two countries. ▶ 그 회담은 두 나라 사이의 공식적인 협상이 순조롭게 진행될 수 있도록 사전에 여건을 조성하기 위한 것이다.

손으로 턱을 괴고

(with) chin in hand

He sits there reflectively, ***chin in hand***. ▶ 그는 손으로 턱을 괴고 생각에 잠긴 채 그곳에 앉아 있다.

She pulled over a rickety chair and rested her elbows on her knees ***with chin in hand***. ▶ 그녀는 낡은 의자를 끌어당겨 앉아 손으로 턱을 괸 채 팔꿈치를 무릎에 올려놓았다.

턱을 쓰다듬다
주로 생각에 잠길 때 하는 동작이다

stroke one's chin

He was thoughtfully ***stroking his chin***. ▶ 그는 생각에 잠기어 턱을 쓰다듬고 있었다.

Going to be presenting an idea any time soon? If so then this little tip about chin stroking will help you in finding out what the other person is thinking. Watch them closely whilst presenting your idea to them. Don't be surprised if most if not all of your audience members bring their hand up to their face and start using evaluation gestures. After your presentation as you start to look for suggestions and comments from your members you will notice their evaluation

타

gestures stop. One of their hands will now move to their chin and start a chin stroking action. This ***chin stroking movement*** is your signal to know that the person is making a decision. If you are in sales and have just made a presentation and ***the chin stroking decision making action*** is taking place, don' t make the mistake of interrupting the audience. Leave them to decide. You can often guess right what the outcome will be by watching for their gestures after ***the chin stroking***. If they follow ***the chin stroking*** with a negative gesture like crossing their arms, then it' s a sure possibility the answer will not be in your favor. You could possibly take this signal and then try and restate your case. If you are met with positive gestures, like sitting forward, open arms, then you may be in for a positive decision. If someone is wearing glasses they may take off their glasses and use the arm of the glasses in their mouth instead of ***stroking their chin***. ▶ 조만간 어떤 아이디어를 남들에게 발표할 계획이 있는가? 그렇다면 "턱을 쓰다듬는 동작"에 대한 이 조그만 조언이 사람들이 무슨 생각을 하고 있는지 파악하는 데 도움을 줄 것이다. 발표하는 동안 청중들을 자세히 보라. 모든 사람은 아니더라도 대부분 사람들이 손을 얼굴에 대고 평가하고 있는 듯한 몸동작을 보이더라도 놀라지 마라. 발표 후 어떤 제안이나 의견이 없느냐고 물어보면 그들은 평가의 몸동작을 멈추고는 손으로 턱을 쓰다듬기 시작할 것이다. 이 동작은 의사결정을 내리는 중이라는 것을 보여주는 신호다. 만일 당신이 세일즈맨으로서 상품에 대한 발표를 마친 후 청중들이 턱을 쓰다듬는 동작을 하고 있다면, 이들을 방해하는 실수를 하면 안 된다. 의사결정을 내리도록 내버려 두어야 한다. 턱을 쓰다듬은 후 나타나는 동작으로부터 그들이 어떤 결과를 내렸는지 종종 예측할 수 있다. 만일 턱을 쓰다듬은 후에 팔짱을 끼는 부정적인 자세를 취하면 결과가 당신에게 호의적이지 못할 가능성이 높다. 이런 신호를 받으며 설명을 다시 하면 된다. 만일 앞으로 다가가 앉거나 팔을 벌리거나 하는 긍정적인 태도를 보이면 호의적으로 생각한다는 표시일 수 있다. 만일 안경을 쓴 사람이 있다면, 그들은 턱을 쓰다듬는 대신 안경을 벗고 안경다리를 입에 물지도 모른다.

얼굴에 살이 너무 많이 쪄서 **턱이 두 개처럼 보이는 것**

double chin

She confessed that her fleshy arms and ***double chin*** were touched up by photo wizards. ▶ 솜씨 좋은 사진 작가들이 자신의 살찐 팔과 턱이 두 개처럼 보이는 얼굴에 붓을 댔다고 그녀가 고백했다.

말하고 싶었지만 꾹 참고 한동안 마음속에 지니고 있던 괴로운 심정을 **털어놓다**
가슴을 짓누르던 무거운 짐을 홀가분하게 벗어버리다; 마음의 짐을 덜어버리다

get something off one's chest

He ***got a few things off his chest***. "A lot of people said I couldn' t do it," he said. ▶ 그는 말하고 싶었지만 꾹 참고 한동안 마음속에 지니고 있던 괴로운 심정을 털어놓았다. "많은 사람들이 내가 그 일을 할 수 없다고 했다"고 그가 말했다.

UN insiders say there' s a lot he wants to ***get off his chest*** before then. His low esteem for the Bush administration is driven by anger at how it often appears to treat the world body with disdain. ▶ 유엔에서 일하는 사람들은 코피 아난 유엔사무총장이 자리에서 물러나기 전에 홀가분하게 털어놓고 싶은 말들이 매우 많다고 전한다. 그가 부시 행정부를 낮게 평가하는 이유는 부시 행정부가 세계기구인 유엔을 무시하는 듯한 태도를 자주 보이고 있는 것에 대한 분노 때문이다. 《코피 아난 전 유엔사무총장이 부시 행정부가 유엔을 대하는 태도에 대해서 그동안 불만이 무척 많았지만 꾹 참고 있었다가 2006년 12월에 사무총장으로서 마지막 연설을 하면서 부시 행정부를 직접적으로 공격한 데 대한 이야기다.》

통과의례
~에 이르기 위해서 반드시 한 번은 거쳐야 하는 것

rite of passage

During the busy summer travel season, it' s ***a rite of passage*** for travelers young and old to stock up on games and puzzles for entertainment during long flights and car trips. ▶ 바쁜 여름휴가 여행 시즌 중, 젊은 사람이든 나이 먹은 사람이든 장시간 비행기와 자동차를 타는 동안에 즐길 게임이나 퍼즐을 구입하는 것이 통과의례다.

50 seniors successfully delivered their final speeches for their senior projects, completing ***a rite of passage*** at the department of civil Engineering necessary to graduate. ▶ 50명의 4학년 학생들이 토목공학과에서 졸업하기 위한 통과의례인 프로젝트에

대한 마지막 발표를 성공적으로 마쳤다.

용어/관습/이론/학설 등이 많은 사람들 사이에서 **통용되다**
인정받다 ; 타당하다고 받아들여지다

gain currency ☞ Formal

Is it to refresh the body? Not really. Researchers have yet to find any vital biological function that sleep restores. As far as anyone can tell, muscles don't need sleep, just intermittent periods of relaxation. The rest of body chugs along seemingly unaware of whether the brain is asleep or awake. Is it to fresh the mind? That's closer to the mark. The brain benefits from a good night's sleep. But there is no agreement among sleep researchers about what form that benefit takes. One theory is that sleep allows the brain to review and consolidate all the streams of information it gathered while awake. Another suggests that we sleep in order to allow the brain to stock up on fuel and flush out wastes. A third, which has been ***gaining currency***, is that sleep operates in some mysterious way to help you master various skills, such as how to play the piano and ride a bike. ▶ 잠은 신체에 기운을 불어넣기 위함인가? 사실 그렇지 않다. 연구자들은 잠이 회복시켜 주는 지극히 중요한 어떤 생물학적 기능도 아직까지 찾아내지 못했다. 누구나 말할 수 있는 사실은, 근육은 잠이 필요없고 틈틈이 휴식하면 충분하다는 것이다. 뇌가 잠들었는지 아니면 깨어 있는지 알지 못하는 것처럼 보이는 나머지 신체는 활동을 계속한다. 정신을 맑게 하기 위한 것인가? 이게 정답에 가깝다. 밤에 잠을 푹 자면 뇌에 도움이 된다. 하지만 어떤 형태의 도움을 받는가에 대해서는 잠을 연구하는 사람들 사이에서 의견이 갈린다. 한 이론은 잠이 뇌가 깨어 있는 동안 수집한 정보의 모든 흐름들을 재검토하여 통합하게 한다는 것이다. 또 하나의 이론은 뇌가 에너지를 재충전하고 찌꺼기를 내보내도록 하기 위해서 우리가 잠을 잔다는 것이다. 많은 연구자들 사이에서 타당하다고 받아들여지고 있는 세 번째 학설은 어떤 설명할 수 없는 방법으로 피아노 연주법이나 자전거 타기 같은 다양한 기술들이 몸에 완전히 배도록 도와준다는 것이다.

A new phenomenon is ***gaining currency*** in the country: Lesbians, gays and transsexuals are coming out openly to demand their rights. ▶ 그 나라에서 한 새로운 현상이 당연한 것으로 받아들여지고 있다. 여성 및 남성 동성애자들과 성전환자들이 권리를 요구하기 위하여 자신들의 정체성을 사람들에게 공개적으로 밝히고 있다.

"Energy security" is a relatively new term, but it has been ***gaining currency*** in the global political system, particularly in the Europe. ▶ "에너지 안보"는 상대적으로 새로운 용어지만, 세계 정치권 특히 유럽에서 통용되고 있다.

주 반의어: *lose currency*

잘 **통제되고 있는**
잘 관리되고 있는(well under control)

well in hand

The local security situation is ***well in hand***. ▶ 지역 안보 상황이 잘 통제되고 있다.

The government has the matter of public safety ***well in hand***. ▶ 정부가 국민의 안전에 관한 문제를 잘 관리하고 있다.

~에 대한 **통제력**
지배력 ; 장악력

grip on

It knows that more trade, contact and collaboration only undermine ***its grip on its society***. ▶ (미국과의) 무역, 접촉 및 협력을 증진시켜 봐야 사회에 대한 통제력을 손상시킬 뿐이라는 것을 이란 정부는 잘 알고 있다. 《아무리 보상책을 제시하면서 핵무기 개발을 포기하라고 이란을 달래봐야 아무런 소용이 없다는 의미를 담고 있다.》

A surge in prices of basic commodities and a sharp slide by the Zimbabwe dollar in past weeks could undo a fresh initiative by President Robert Mugabe to halt the economy's free fall, further putting pressure on ***his grip on power***. ▶ 지난 몇 주간 나타난 기본 생활필수품 가격의 급등과 짐바브웨 달러의 급락으로 인해서, 무가베 대통령이 통제력을 더 강화하면서 경제의 급락을 막기 위해 시행하려던 새로운 정책을 원상태로 되돌릴 수도 있다. 《남아프리카에 있는 빈국 짐바브웨의 독재자인 무가베가 경제를 회생시키기 위해서 자유시장을 허용하는 정책을 펼치려고 했다가 다시 접을 수도 있다는 이야기다.》 ♣ *free fall*: **급락하다** 참조

타

~이 **통제하는**
~가 장악하고 있는

-controlled

The city is going to adopt ***a computer-controlled traffic system***. ▶ 그 시는 컴퓨터가 통제하는 교통시스템을 도입하려 한다.

The Republican-controlled Senate refused to raise the minimum wage. ▶ 공화당이 장악하고 있는 상원이 최저임금의 인상에 반대했다.

AP Correspondent Matthew Rosenberg is in Sri Lanka covering the recent upsurge in violence and is reporting from ***the rebel-controlled zone***. ▶ AP 특파원 Matthew Rosenberg는 스리랑카에서 최근에 급증한 폭력사태를 취재하고 있으며 반군이 장악하고 있는 지역에서 소식을 전하고 있다.

사람/상황 등을 **통제하다**

clamp down on ☞ 죔 나사를 돌려 바짝 조이다

If the government ***clamps down on*** the movement, that will only serve to strengthen it in the long run. ▶ 만일 정부가 그 운동을 통제한다면, 결국에는 더 강화시켜 주게 될 뿐일 것이다.

The government has ordered the Food and Drugs Authority (FDA) to undertake regular inspection of all pharmaceutical products to ***clamp down on*** counterfeit drugs. ▶ 정부는 FDA에 가짜 약 통제를 위한 정기적인 의약품 검사를 실시하라고 명령했다.

rein in ☞ 고삐를 바짝 잡아당기다/죄다

The administration's economic policy would focus on ***reining in*** inflation and reducing the budget deficit. ▶ 행정부의 경제정책은 인플레의 고삐를 죄고 예산적자를 줄이는 데 초점을 맞출 것이다.

Indonesia must cull more birds in areas where the deadly bird flu virus is found if it is to ***rein in*** the virus which has killed at least 38 people in the country. ▶ 인도네시아가 그 나라에서 38명의 목숨을 앗아간 조류독감 바이러스를 통제하려 한다면, 이 치명적인 바이러스가 발견된 지역에서 더 많은 조류를 도살해야 한다. ♣ *cull*: 생태계를 보호할 목적으로 병들거나 약한 동물을 죽여서 수를 **감소시키다** 참조

The government promised to take more effective fiscal and monetary measures to ***rein in*** prices. ▶ 정부가 물가를 통제하기 위해서 보다 효과적인 재정 및 통화 정책들을 펼치기로 약속했다.

상황이 너무 악화되거나 너무나 화가 나서 **통제할 수 없는 상황/지경에 이르다**
폭발 상태에 이르다

reach boiling point ☞ 비등점에 이르다; 부글부글 끓다

Taiwan's tensions with China are once again ***reaching boiling point***. ▶ 대만과 중국 사이의 긴장이 또다시 악화되어 통제할 수 없는 지경으로 치닫고 있다.

The situation is rapidly ***reaching boiling point***, and the army has been put on stand-by. ▶ 상황이 급속히 악화되어 폭발 일보 직전에 이르고 있으며 군이 투입되어 대기하고 있다.

His temper was ***at boiling point***. ▶ 그는 분노로 부글부글 끓고 있다.

사람/상황 등을 **통제할 수 있는 영향력**
권한(power to control)

leverage ☞ 물건을 들어올리기 위하여 지렛대에 가하는 힘

Even though he is one of the largest single shareholders, with around 17 million shares in the company with 2 billion shares, his less-than-1% holding does not give him much ***leverage*** unless he can inspire a popular revolt. ▶ 비록 그가 그 회사의 총 20억 주 중에서 약 천7백만 주를 보유한 최대 개인주주 중의 한 사람이지만, 그가 일반 주주들의 반감을 자극하여 자기 편으로 끌어들이지 못하는 한 1%가 안 되는 주식으로는 큰 영향력을 행사할 수 없다.

Despite its threat of severe consequences, the Bush administration has little ***leverage*** to use on

North Korea to keep it from testing a long-range missile and few ways to punish the nuclear-armed nation if it proceeds. ▶ 심각한 결과를 초래할 수 있는 위협에도 불구하고, 부시 행정부는 북한의 장거리 미사일 실험을 억제할 수 있는 권한이 별로 없으며 (국제 사회의 비난에도 불구하고) 북한이 핵 개발을 지속하여 핵무장 국가가 된다고 해도 응징할 수단이 별로 없다.

His function as a chairman affords him ***the leverage*** to preside over the meeting. ▶ 의장이라는 역할은 그에게 그 회의를 주재할 수 있는 권한을 부여한다.

날카로운 **통찰력**
날카로운 판단력 ; 올바른 판단을 하고 빠른 결정을 내릴 수 있는 능력

acumen

His sharp business acumen meant he quickly rose to the top. ▶ 사업에 대한 그의 날카로운 판단력은 그를 빠르게 정상에 올려놓았다.

He had sometimes read my unspoken thoughts with ***acumen*** to me incomprehensible. ▶ 나로서는 도저히 이해할 수 없는 통찰력으로 그는 가끔 나의 의중을 꿰뚫곤 했다.

~라는 이름으로 **통하다**
~라는 별명/이름으로 불리다/알려지다

go by

The boxer, who ***goes by the nickname*** "The Ghost," will be on the biggest stage of his seven-year pro career. ▶ 유령이라는 별명으로 통하는 그 권투선수가 7년의 프로 경력에서 가장 큰 시합을 하게 된다.

United States President George W. Bush has imposed sanctions against the impoverished Southeast Asian nation, which also ***goes by the name*** Myanmar. ▶ 미국 부시 대통령이 미얀마라고도 불리는 그 가난한 동남아시아 국가(버마)에 경제제재를 가했다.

통하지 않는다
효력이 없다 ; 쓸모가 없다

not cut it ☞ **Informal**

"Trust me" ***doesn't cut it*** anymore. ▶ "나를 믿으라"고 하는 것은 이제 더 이상 통하지 않는다.

There are hundreds of great college players who ***can't cut it*** in the NFL, and the same goes for coaches. ▶ NFL(미국의 프로 미식축구 리그)에서는 통하지 않는 훌륭한 대학선수들이 수백 명이나 된다. 코치의 경우도 마찬가지다. ♣ ***the same goes for*** : ~의 경우에도 **마찬가지다** 참조

실제 투표 전에 사람들의 의견을 미리 알아보기 위하여 실시하는 비공식 **투표**

straw poll

Members took part in ***a straw poll*** this morning to see where they stood on proposed changes. ▶ 제출된 변경안에 대한 입장을 알아보기 위하여 회원들이 오늘 아침 비공식 투표에 참여했다.

It's a crucial day for Shashi Tharoor, India's candidate for the UN Secretary General's post. The UN Security Council is to hold the third and last straw polls on Thursday. In the first two ***straw polls***, Tharoor landed second after South Korean candidate Ban-Ki Moon. Despite new candidates joining the race, Tharoor believes he still has a good chance. "I think it's good for the world to have as wide a choice as possible. But having taken the measure of the race, I don't believe that any of these candidates pose a major threat to the no.1 or no. 2 position, who are the Korean and myself. I think that this is a two horse race and the rest are not going to overtake us," says Tharoor. ▶ 반기문 전 외교부 장관이 유엔사무 총장에 출마한 당시, 반기문 사무총장과 경합을 벌이던 인도 사람(Shasi Tharoor)의 이야기다. ♣ ***two horse race*** : 경쟁자들 중에서 **두 사람만이 이길 확률이 있는 시합** 참조

주 골프공을 치기 전에 지프라기(***straw***)를 집어 날려 바람의 방향이나 세기를 알아보는 데서 유래되었다.

타

투표로 어떤 사람을 특정한 위치/직위에서 물러나게 하다

vote out someone

We cannot *vote out the chairman* during his tenure. ▶ 임기 중에 의장을 투표로 물러나게 할 수 없다.

If the President does not make things better, we will *vote him out*. ▶ 대통령이 일을 제대로 하지 않는다면 우리는 투표로 물러나게 할 것이다.

퉁명스러운
짧고 약간은 무례한 투의

curt

"We are closed," was *the curt reply*. ▶ "문 닫았습니다"라는 퉁명스러운 대답이 들려왔다.

"The grief didn't hurt her appetite," her mother said *curtly*. ▶ "슬픔이 그녀의 식욕을 떨어뜨리지 않았다"고 그녀의 엄마가 퉁명스럽게 말했다. 《온 가족이 슬픔에 잠겨 있는데 아랑곳하지 않고 마구 먹어대는 딸을 두고 엄마가 한 말이다.》

남의 말/의견에 **트집을 잡는 사람**
남의 의견이나 제안의 타당성 등을 떠보기 위하여 일부러 반대의견을 내는 사람

devil's advocate

He seemed to enjoy playing *devil's advocate* in the discussion. ▶ 그가 토론에서 남의 의견에 일부러 반대 의견을 내는 것을 즐기고 있는 것처럼 보였다.

Last October an earlier statement was shot down during an internal review known as *a devil's advocate panel*. ▶ 지난 10월 "devil's advocate" 패널이라고 알려진 내부 검토회의 중에 한 초기 성명서가 거부되었다. 《대통령의 성명서를 작성하기 전 제출된 초안의 약점을 찾아내기 위하여 내부 사람들이 반대하는 혹은 듣는 입장에 서서 혹독하게 검토하는 위원회를 말한다.》

My whole reason for being *the devil's advocate* here is because I want to see this succeed. ▶ 내가 트집을 잡고 있는 이유는 이 일이 성공하는 것을 보고 싶기 때문이다.

주 가톨릭에서 성인 후보자의 덕행에 대한 반증(反證)을 제출하는 악마의 변호인을 말한다.

선물이나 혜택을 받고서도 무엇이 안 좋고 어쩌고 하면서 **트집을 잡다**
흠잡다

look a gift horse in the mouth

They say you should never *look a gift horse in the mouth*. But if you get a gift check in the mail, you'd better look twice before you cash it. ▶ 절대로 선물에 대해 트집을 잡아서는 안 된다고 사람들이 이야기 한다. 그러나 선물로 배달된 수표를 받는다면 현금으로 바꾸기 전에 다시 한 번 살펴보는 것이 좋다. 《선물로 수표를 잘못 받으면 큰 낭패를 볼 수 있다는 말이다.》

I don't want to *look a gift horse in the mouth*, but at the same time it is disconcerting. ▶ 받은 선물을 흠잡고 싶은 생각이 없지만, 좀 당혹스럽다.

주 겉모습이나 주인이 하는 이야기는 믿을 수 없고, 말의 입을 벌리고 아래 턱에 있는 이빨을 봐야 말의 나이를 정확하게 알 수 있다고 한다. 선물로 말을 받고는 "이 말은 너무 나이가 많이 들어 쓸모가 별로 없겠군" 하면서 트집을 잡는다는 이야기다.

정말로 **특이한**
진짜 묘한/이상한 (강조의 의미임)

the oddest of odd things

Clowns are *the oddest of odd jobs*. ▶ 광대는 정말로 특이한 직업이다.

Sometimes *the oddest of odd couples* produce success on the world stage: Churchill and Stalin against fascism; Thatcher and Mitterrand in favor of Cruise and Pershing missiles and the Single European Act; Nixon linking with Mao against Moscow. ▶ 때때로, 성격상 서로 너무나 안 맞는 두 사람의 묘한 협력은 세계 무대에서 성공을 거두기도 한다: 제2차 대전 당시 파시즘에 대적하기 위한 영국 처칠 수상과 소련의 독재자 스탈린; 순항 미사일과 탄두 미사일 그리고 단일 유럽을 선호한 영국 대처 수상과 미테랑 프랑스 대통령; 소련에 대항하기 위한 미국 닉슨 대통령과 중국의 모택동.

남들과 다른 **특별한 대우**
우대

preferential treatment

Hong Kong-based businesses are given ***preferential treatment*** in mainland China over other foreign firms. ▶ 중국에서는 홍콩에 근거지를 둔 기업들이 다른 외국 회사에 비해 특별한 대우를 받는다. ♣ *-based*: 특정한 장소에 **근거지를 두고 있는** 참조

The US Securities and Exchange Commission is considering taking action against several hedge funds who have given ***preferential treatment*** to certain investors. ▶ 미국 증권거래 위원회는 특정 투자자들을 우대한 몇몇의 헤지 펀드에 제재를 가하는 것을 고려 중이다.

~라는 **특성/특징을 매우 많이 지니고 있다**

nothing if not ~ ☞ 어떤 점을 빼고 나면 남는 게 없다; ~이 없다면 속 없는 찐빵이다

Having once escaped death at the hands of an axe-wielding assassin, he is ***nothing if not survivor***. ▶ 도끼를 휘두르는 살인자의 손에서 죽음을 모면하고 탈출했기 때문에 그는 진정한 "survivor(생존자)"라고 볼 수 있다.

Hollywood is ***nothing if not creative***. ▶ 독창성은 할리우드의 가장 큰 특징이다(독창성이 없다면 할리우드는 속 없는 찐빵이다).

Once a week the German daily of the highest class lightens up its heavy columns — that is, it thinks it lightens them up — with a profound, an abysmal, book criticism: a criticism which carries you down, down, down into the scientific bowels of the subject — for the German critic is ***nothing if not scientific*** — and when you come up at last and scent the fresh air and see the bonny daylight once more, you resolve without a dissenting voice that a book criticism is a mistaken way to lighten up a German. Mark Twain의 *A Tramp Abroad* 중에서 ▶ 고품격의 독일 일간 신문 The German daily는 무거운 주제를 다루던 칼럼란을 일주일에 한 번씩은 마음 편히 읽을 수 있는 가벼운 주제(서평)에 할애한다고 생각하지만, 그 서평은 일반인들이 이해하기 어려울 정도로 너무나 심오하다. 독일 비평가들이 너무나 과학적으로 접근한다는 특징을 지니고 있기 때문에, 책이 다루고 있는 주제들에 대하여 너무나 과학적인 방법으로 점점 깊이 파고든다. 마침내 깊은 곳에서 빠져 나와 신선한 공기 냄새를 맡고 사랑스러운 햇빛을 다시 볼 무렵이면(서평을 다 읽을 무렵이면) 서평은 독일 사람의 마음을 더 무겁게 만들 뿐이라는 사실을 알게 될 것이다. 《하나의 문장(sentence)으로 된 이 글을 한 번 읽고 단번에 문장 구조와 뜻을 파악하기가 그리 쉽지 않다. 저자가 생각하기에 영어실력을 향상시키는 좋은 방법 중 한 가지는 한 문장이 완전하게 이해될 때까지 문장을 하나하나 파헤치고 분석하면서 끝까지 물고 늘어지는 것이다. 이렇게 하다 보면 작문 및 듣기 실력이 저절로 동반 향상되는 것을 느낄 것이다.》

사람/단체 등의 **특성/특징을 잘 나타내는 것(작품/행위/기술 등)**
전형(典型)적인 것

hallmark ☞ 금은의 순도를 나타내는 각인/증명서

The lethal attack bears ***the hallmarks*** of al-Qaeda sophistication in terms of planning, timing and technical ability. ▶ 그 치명적인 공격은 계획, 타이밍 그리고 기술적 능력 면에서의 알카에다의 정교함을 잘 보여주는 전형적인 공격이다.

It's a technique that has become ***the hallmark*** of the company. ▶ 이는 그 회사의 특성을 잘 보여주는 전형적인 기술이 되었다.

~은 ~의 전형적인 **특성/특징을 잘 보여준다**

be typical of

It ***was typical of*** Henry Grunwald's unyielding honesty and his precise mind that he disapproved of using the words "passed away" to refer to someone who has died. ▶ Henry Grunwald(전 TIME지 편집장)가 죽은 사람을 칭하기 위해 "pass away"라는 말을 사용하는 것을 허용하지 않았다는 사실은 굽히지 않는 정직성과 정확성을 추구하는 그의 특징을 잘 보여주었다.

This reluctance to move towards a democratic state ***is typical of*** totalitarian regimes. ▶ 민주국가를 향해 나아가기를 꺼리는 것은 전체주의 정권의 특징이다.

~은 ~이 특성/특징이다

be characterized by

His style in writing *is characterized by* simplicity. ▶ 그의 문체는 간결함이 특징이다.

EEGs(electro-encephalograms) taken during non-REM sleep reveal four distinct stages as we progress from light to very deep sleep. Stages 3 and 4 of non-REM sleep *are characterized by* distinctive low-frequency electrical waves. ▶ 얕은 수면에서 깊은 수면으로 이동하는 non-REM sleep(눈동자가 움직이지 않는 수면) 시기에 촬영된 뇌파사진은 명확하게 구분되는 4단계를 보여준다. 3, 4단계의 non-REM sleep은 확연히 낮은 주파수의 전자파를 내는 것이 특징이다. 《REM sleep(rapid eye movement sleep)은 수면의 마지막 단계인 눈동자자 빠르게 움직이는 수면으로, non-REM sleep 다음에 나타나며 이 기간 중 사람들이 꿈을 꾸면서 대뇌가 활발하게 활동한다고 알려져 있다. 잠잘 때 총 5단계가 여러 차례 반복된다고 한다.》

Osteoporosis, a disease *characterized by* a decrease in bone mass and density and which makes people more susceptible to bone fractures and deformities, afflicts some 10 million Americans over the age of 50. ▶ 골다공증은 뼈의 질량과 밀도가 감소하는 특성을 보이는 질병으로, 뼈 골절과 변형이 일어나기 쉬우며 천만 명 정도의 50세 이상 미국인들이 이 병으로 고생한다.

특혜
특별한 사람들에게 주어지는 혜택

perquisite ☞ Formal

One of *the perquisites* of being a student is cheap travel. ▶ 학생으로서 받는 특혜 중 하나는 여행을 싸게 할 수 있다는 것이다.

For even the high lifted and chivalric Crusaders were not content to traverse two thousand miles of land to fight for their holy sepulcher, without committing burglaries, picking pockets, and gaining other pious *perquisites* by the way. Herman Melville의 *Moby Dick* 중에서 ▶ 왜냐하면 아무리 고귀하고 기사도 정신이 투철한 십자군 원정대원들이라 하더라도, 성묘를 지키기 위해서 떠나는 2천 마일이나 되는 장거리 원정 도중 강도나 소매치기 행각을 할 수 없고 그 밖에 종교를 빙자한 특혜를 누릴 수 없었다면 아무도 기꺼이 참여하려 들지 않았을 것이기 때문이다. 《원정 도중 어느 정도의 나쁜 짓은 암암리에 허용되었다는 말이다.》

특히 ~라는 중요한 것/부분을 포함하고 있다
~을 비중 있게 다루다; ~을 포함하고 있다는 것이 특징이다

feature

The movie, "The Princess and the Frog," which *features* Disney's first African American princess, will premiere in Los Angeles on Fri., Dec.11. ▶ 디즈니 영화 사상 최초로 흑인이 공주로 나오는 영화 "공주와 개구리"는 로스엔젤레스에서 12월 11일 금요일에 첫상영될 예정이다. ♣ *premiere* : **첫공연/상영(을 하다)** 참조

The auction will also *feature* 29 George Washington lots, ranging from a bust and political banner to portraits and a lock of the general's hair (estimated $400-$800). ▶ 또한 그 경매는 조지 워싱턴의 흉상과 정당 깃발, 초상화, 머리 묶는 끈(400에서 800불에 이를 것으로 추정)에 이르기까지 29가지의 조지 워싱턴과 관련된 품목들을 비중있게 다룰 것이다.

The conference will *feature* ispirational and educational presentations and activities. ▶ 이 학술회의에서는 특히 고무적이고 교육적인 발표와 활동들이 있을 예정이다.

틀림없는
절대로 안전한/확실한; 실수나 잘못될 여지가 전혀 없는

foolproof

This method is *an almost foolproof way* to rid our plants the insects that live in the soil. ▶ 이 방법은 식물에서 토양 속에 살고 있는 곤충을 제거하는 거의 틀림없는 방법이다

Gold and other precious metals and stones have traditionally been a gift of choice, especially for special occasions such as weddings and births. Beyond just its cultural significance, gold is also seen as *a foolproof way* of guarding against inflation. ▶ 금과 다른 귀금속 및 보석들은 결혼이나 생일과 같은 특별한 행사 때 사람들이 전통적으로 선호하는 선물이다. 이런 문화적인 중요성을 떠나서, 금은 인플레이션으로부터 자산을 보호하는 확실한 수단으로 여겨진다.

Let me tell you about ***the foolproof diets*** that have worked for me. ▶ 나에게 효과가 있었던 확실한 다이어트 방법에 대해서 말해주겠다.

But it is not ***a foolproof device*** for determining whether an individual is speeding. ▶ 하지만 그것은 사람들이 속도위반을 하는지 실수 없이 판단할 수 있는 장치가 아니다.

능력이나 판단력 등이 언제나 **틀림없는**
빈틈이 없는 ; 적중하는 ; 올바른

unerring ☞ 절대로 실수하지 않는

He has ***an unerring eye*** for reinterpreting what the public wanted. ▶ 그는 국민이 원하는 것을 올바르게 재해석하는 능력을 가지고 있다.

She has ***an unerring instinct*** for people's weak point. ▶ 그녀는 사람들의 약점을 틀림없이 찾아내는 본능을 지니고 있다.

틈새, 틈새시장
수익 가능성이 높은 특수 제품을 취급하는 (시장) 분야

niche ; niche market

That ***niche market***, coupled with a burst of interest from Europeans struggling with high gas prices, has breathed new life into the company. ▶ 그 틈새시장은, 높은 휘발유 가격으로 고생하는 유럽의 폭발적인 관심과 맞물려, 그 회사에 새 생명을 불어넣었다. ♣ ***breathe ~ into ~*** : ~을 ~에 **불어넣다** 참조

Bolivian organic coffee farmers target ***niche market***. In the green and misty hills of Bolivia's tropical Yungas region, thousands of farming families are working together to get better prices for their organic, high-altitude coffee. ▶ 유기농 커피를 재배하는 볼리비아 농부들은 틈새시장을 겨냥하고 있다. 볼리비아 윤가스 지역의 안개 낀 푸른 언덕에서, 수천의 농가들은 유기농 고산지 커피의 가치를 더 높이기 위하여 함께 일하고 있다.

Small-business owners often have to find ***a niche*** to gain an edge over competitors. ▶ 중소기업을 운영하는 사람들은 경쟁자들보다 우위를 점할 수 있는 틈새시장을 찾아야 할 때가 종종 있다. ♣ ***edge*** : 다른 사람/것과 비교했을 때 **우위(에 있는 점)** 참조

[파]

조직에서 사람을 오랜 기간 동안 특정한 지역으로 **파견하다**
배속시키다

post someone **to**

After training they were ***posted to the front line***. ▶ 훈련 후 그들은 전선으로 배속되었다.

It was like a dream come true for him when in December last year he was ***posted to Indonesia*** as his country's ambassador. ▶ 작년 12월 그가 꿈에도 그리던 인도네시아 주재 대사로 파견되었다.

~을 찾기/조사하기 위하여 주의 깊게 **파고들다**
꼬치꼬치 캐다; 연구하다

dig into

One of the ways we are trying to learn the identity of the serial killer is to ***dig into*** the background of his victim. ▶ 이 연쇄살인범의 신원을 밝히기 위하여 우리가 하는 방법 중의 하나는 피해자의 배경을 주의 깊게 파고드는 것이다.

The real work of the 45-day session starts today when lawmakers ***dig into*** some of the 400-plus bills that have been filed so far. ▶ 45일간으로 예정된 이번 회기의 진짜 업무는 의원들이 지금까지 제출된 400가지가 넘는 법안들을 주의 깊게 파고드는 것으로 시작된다.

남의 물건/사생활/일에 꼬치꼬치 **파고들다**
꼬치꼬치 캐다; 동정을 살피다

pry into ☞ 엿보다

The couple doesn't want people ***prying into*** their affairs. ▶ 그 커플은 사람들이 그들 사이에 벌어지고 있는 일들은 꼬치꼬치 파고드는 것을 원치 않는다.

President Bush added a signing statement in recently passed postal reform bill that may give him new powers to ***pry into*** your mail — without a warrant. ▶ 부시 대통령은 영장 없이 사람들의 이메일을 엿볼 수 있는 힘을 자신에게 실어주는 최근 통과된 우편개혁법안에 서명하면서 성명을 발표했다.

주 지렛대(*pry*)를 넣고 들어 올려 밑에 뭐가 있는지 살펴본다는 의미다.

파산(破産)하다
부채를 갚을 능력을 상실하다

go bankrupt

During the 45 years of its existence, the communist regime in Bulgaria ***went bankrupt*** twice — in 1960 and 1987, and has been on the verge of bankruptcy in 1978, a local newspaper reported. ▶ 불가리아에서 45년간 집권한 공산정권은 1960년과 1987년 두 번 파산했으며 1978년에는 파산 직전까지 갔었다고 한 지역 신문이 보도했다. ♣ *on the verge* : **곧 어떠한 일이 일어나기 직전의 상태** 참조

go belly up ☞ **Informal**

The Tampa-based insurer ***went belly up*** after the 2004 and 2005 hurricane seasons. ▶ 템파에 근거지를 둔 그 보험회사는 2004년과 2005년 허리케인 시즌 이후 파산했다. ♣ *-based* : 특정한 장소에 **근거지를 두고 있는** 참조

Then, the problem was solved by the Federal government through the Resolution Trust Corp. In case you don't remember, he reminds us the RTC cost the U.S. economy about $400 billion to bail out ***belly-up savings and loans*** — equal to approximately 6% of GDP. ▶ 그 당시 연방정부는

파

the Resolution Trust Corp를 통하여 그 문제를 해결했다. 혹시 당신이 기억하지 못하고 있을까 봐 하는 이야기인데, 그는 RTC가 파산하는 금융기관들을 구제하는 데 4천억 불이 들었는데 이 액수는 미국 총생산의 6%에 해당한다고 우리에게 상기시킨다. ♣ *in case you don't remember*: 혹시 당신이 **모르고 있을까 봐 하는 이야기인데** 참조

주 죽은 물고기가 허연 배를 드러내고 물위에 둥둥 떠 있는 모습이다.

go bust ☞ Informal

If you don't buy it, they either drop the price or ***go bust***. The choice is up to consumers. ▶ 당신이 사주지 않으면 그들은 가격을 내리거나 아니면 파산할 것이다. 선택은 소비자에게 달려 있다.

특정한 조직이나 나라의 경제/재정이 **파산한 상태**

basket case ☞ Informal

Ten years ago the country was written off as ***a basket case***. ▶ 10년 전 그 나라는 파산하여 부채를 탕감받았다. ♣ *write off*: 채무/부채를 **탕감해 주다** 참조

Serbia's aggression has left the country ***a basket case***. ▶ 세르비아가 보스니아를 침공해서 유엔이 경제제재를 가하였고 이 때문에 세르비아의 경제가 파산상태에 이르렀다.

한동안 유지보수(수리나 손질)를 하지 않고 **파손된 상태로 방치되어 있는**

고장나거나 나쁜 상태로 있는

in (a state of) disrepair

The 21-year-old Community Hall is ***in total disrepair***—and particularly in urgent need of a new roof. ▶ 21년 된 마을회관은 수리를 전혀 하지 않은 채 파손된 상태로 방치되어 있는데, 특히 지붕을 새로 가는 것이 매우 시급하다.

In April last year we discovered our camp hut at the River was ***in a serious state of disrepair***. ▶ 작년 4월 우리는 강가에 있는 야영 오두막이 심각하게 파손된 상태로 방치되어 있는 것을 발견했다.

The plant, known as K-3, was built by the British in the 1930s, allowed to slip ***into disrepair*** for three decades under Saddam Hussein, then bombed by the Americans in 1991 and 2003. ▶ K-3라고 알려진 그 (정유)공장은 1930년대에 영국에 의해서 건설되었고, 사담 후세인 치하에서 30년간이나 유지보수를 하지 않아 매우 나쁜 상태로 있다가 1991년과 2003년 미국에 의해 폭격을 받았다.

많은 사람이 시끄럽게 떠들고 춤을 추며 벌이는 흥겨운 **파티**

축제 : 무도회

shindig ☞ Informal

This year's ball takes place from 6 p.m. to midnight at the Community Center. And while a love-connection isn't guaranteed, this year's ***shindig*** will have plenty of food, drinks and music. ▶ 올해는 무도회가 오후 6시부터 자정까지 마을회관에서 열린다. 연인을 만날 수 있다고 보장은 못하지만, 이번 파티에는 충분한 음식과 음악이 제공될 것이다.

주 춤을 잘 못 추는 남자가 파티에서 여자들과 춤을 추다 보면 리드를 잘못하여 정강이(*shin*)를 채여 쑥 들어간 자국(*dig*)이 남게 마련이다.

책/음반 등이 몇 부가 **팔리다**

판매되다

sell ~ copies

Agatha Christie, the queen of crime, struggled with words (had dyslexia) and yet wrote nearly 100 books, which have ***sold 2 billion copies***. ▶ 범죄소설의 여왕인 아가사 크리스티는 난독증으로 고생했음에도 불구하고 놀랍게도 거의 100권의 책을 썼는데 모두 20억 부가 팔렸다. ♣ *yet*: **그럼에도 불구하고** 참조

원칙/신념 등을 **팔아먹다**

저버리다

sell out

He is not likely to ***sell out*** his principles to keep his job as a Senator. ▶ 그는 상원의원 자리를 지키기 위해서 그의 원칙을 저버리지 않을 것이다.

Prosecutors painted him as a greedy man who could ***sell out*** his country for money with just the information in his head. ▶ 그는 자신의 머릿속에 든 정보로 돈을 벌기 위해 나라를 팔아먹을 수도 있는 탐욕스런 사람이라고 검사들이 말했다.

다른 사람과 **팔짱을 끼고**

arm in arm

He then kissed her on the cheek and the two left the ice ***arm in arm***. ▶ 그리고 그는 그녀의 뺨에 키스를 했고 둘은 팔짱을 끼고 얼음판을 떠났다.

On a sunny afternoon in December, he met a CNN reporter in the parking lot of the Public Library, ***arm-in-arm with his mother***, who is blind. ▶ 12월 어느 화창한 오후에 그는 장님인 어머니와 팔짱을 끼고 공공 도서관 주차장에서 CNN 기자를 만났다.

팽팽한 대결

tug-of-war ; tug of war ☞ 줄다리기

The tug-of-war between government departments seems endless. ▶ 정부 부처들 사이에 벌어지고 있는 줄다리기가 끝이 없는 것처럼 보인다.

This solution is far better than sending the economy into chronic shortages of key materials and supplies due to ***an enduring tug of war*** between private firms and the government. ▶ 민간 기업들과 정부 사이에서 지속되고 있는 팽팽한 대결로 인해 주요 자재들의 만성적 부족사태로 경제를 내모는 것보다는 이 해결책이 훨씬 낫다.

질문/의견/편지 등을 **퍼붓다**
한꺼번에 많은 질문/의견/편지 등을 보내다/발송하다

fire off

The security firm (which requested it not be named) scanned file-trading networks 24 hours a day. It can ***fire off letters*** warning Internet service providers about misbehaving users. ▶ 이름을 밝히지 말아 달라고 요청한 그 보안회사는 파일을 교환하는 인터넷 사이트들을 24시간 내내 세밀하게 살폈다. 그 회사는 복제물을 유통하는 이용자들에 대해 경고하는 많은 편지를 인터넷 사이트 제공업체들에게 한꺼번에 발송할 수 있다. 《인터넷을 통한 불법 복제 영화의 거래를 막기 위한 노력에 대한 이야기다.》

They ***fired off a string of angry*** demands to the company, to improve their pay. ▶ 그들은 화가 나서 연이은 월급인상 요구를 회사에 퍼부어댔다.

I don't always have the chance to ask all of those questions, and even when I do, I don't always ***fire off a round of questions*** out of fear that I'll be seen as nosy or annoying. ▶ 나에게 그 모든 질문들을 할 수 있는 기회가 늘 오는 것은 아니다. 비록 이런 기회가 오더라도 내가 너무 시끄럽거나 성가신 사람으로 보일까 두려워서 언제나 질문을 한꺼번에 다 퍼붓지는 않는다. ♣ *out of fear that* : ~이 **두려워서** 참조

pepper someone with

Lawmakers also ***peppered*** him ***with questions*** about ongoing negotiations over updating the government's terrorist eavesdropping program. ▶ 테러리스트로 의심되는 사람들을 도청할 수 있도록 허가하는 계획을 수정하기 위해 진행되고 있는 협상에 대해서 의원들이 그에게 질문을 퍼부었다.

An angry student ***peppers*** National Assembly leader ***with the kind of questions*** that usually get Cubans tossed into jail: Why does a worker have to toil two or three days just to be able to buy a toothbrush? Why can't Cubans freely travel abroad? ▶ (피델 카스트로가 중병으로 인하여 권력을 동생인 라울 카스트로에게 승계한 이후 피델 카스트로 계열인) 국회의장이 하바나 대학을 방문했을 때 한 성난 학생이 이전 같으면 즉시 감옥에 보내질 상상도 하지 못하던 "왜 노동자가 칫솔 하나를 사기 위해서 2-3일을 뼈빠지게 일해야 하는가?" "왜 쿠바 사람들은 자유롭게 해외여행을 할 수 없는가?" 등과 같은 질문을 마구 퍼부어 그를 곤혹스럽게 만들었다. ♣ *toil* : 매우 힘들고 어려우며 별로 즐겁지 않지만 **열심히 일을 하**다 참조

주 후춧가루를 마구 뿌리듯 질문을 퍼부어 상대방을 괴롭힌다는 의미다.

파

전염병이 마구 번지듯이 걷잡을 수 없이 급속하게 **퍼져나가다**
좋지 않은 것이 열병/전염병처럼 번지다/증가하다/확산되다

reach epidemic proportions

Sexual assault amid war and violence has ***reached epidemic proportions***, the United Nations Development Program (UNDP) warns. ▶ (아프리카 분쟁지역인 Darfur에서) 전쟁과 폭력이 난무하고 있는 상황 속에서 성폭행이 열병처럼 번지고 있다고 유엔개발계획이 경고한다. ♣ *amid* : 어떠한 일이 발생하는 상황 **속에서** 참조

The number of teenagers dying in Australia as a result of listening to their iPods while crossing the road is beginning to ***reach epidemic proportions***, apparently. Don't say we didn't warn you. ▶ 호주에서 음악을 듣느라 자동차가 오는 것도 모르고 횡단보도를 건너다 사망하는 십대들이 계속 증가하고 있다는 이야기다.

Child and adult poverty ***are at epidemic proportions*** throughout the city. ▶ 그 도시 전역에서 빈곤층에 있는 아이와 어른들이 급격히 증가하고 있다.

U.S. obesity rates continue to ***rise at epidemic proportions***. ▶ 미국 사람들의 비만 비율이 전염병처럼 급속하게 증가하고 있다.

주위에서 위험한 상황이 발생했을 때 나는 괜찮겠지 하는 **편견**

normalcy bias

In sociological jargon, ***normalcy bias*** is the phenomenon of disbelieving one's situation when faced with grave and imminent danger and/or catastrophe. ▶ 사회학적인 용어로, normalcy bias는 임박한 위험이나 재난에 직면했을 때 자신이 처한 상황을 믿지 않는 현상이다.

Most people go their entire lives without a disaster. So, the most reasonable reaction when something bad happens is to say, "This can't be possibly happening to me." He saw the same tendency, which disaster researchers call ***normalcy bias***, when entire populations were asked to evacuate. ▶ 대부분 사람들은 아무런 재난도 경험하지 않은 채 평생을 살아간다. 따라서, 나쁜 일이 발생했을 때 주로 나타날 수 있는 반응은 "이런 일이 나에게는 일어날 수가 없어"라고 말하는 것이다. 모든 주민들이 대피하라는 명령을 받았을 때, 재난 연구자들이 'normalcy bias'라 부르는 동일한 경향을 그가 목격했다.

시류에 **편승하다**
시류에 영합하다 ; 남들이 하는 대로 따라서 하다

jump on the bandwagon

Many conservative politicians are ***jumping on the anti-immigrant bandwagon***. ▶ 많은 보수적인 정치인들이 시류에 영합하여 이민자를 받아들이는 데에 반대하고 있다.

Women are still the leading users, but more and more men are ***jumping on the cosmetic surgery bandwagon***, according to the American Society of Plastic Surgeons. ▶ 미국 성형학회에 따르면, 여전히 여성들이 성형수술을 더 많이 이용하지만, 점점 많은 남성들이 남들 따라서 성형수술을 받고 있다.

The National Association of Home Builders says developers and apartment owners ***jumped on the bandwagon*** during the boom in condo production and conversions in the last three years when they should have seen it as a warning that the market could become saturated. ▶ 시장이 포화상태가 될 수 있다는 경고로 받아들였어야 했을 시기인 콘도건설과 주택을 콘도로 개조하는 붐이 일어나던 지난 3년 동안 개발업자들과 주택 소유주들이 시류에 편승하여 콘도를 너무 많이 지었다고 전국주택건설업 협회가 말한다.

주 악단 선전을 위해서 요란하게 연주를 하며 동네를 도는 마차에 올라타 함께 나팔을 불어대는 모습을 상상하면 된다.

분란을 일으키거나 어떤 사람을 비방/중상하기 위해서 익명으로 보내는 **편지**
악의에 찬 익명의 편지/글 ; 음해성 편지/글

poison-pen letter/mail

He inspired skepticism — and received some

poison-pen mail accusing him of selling out to the political establishment. ▶ 그는 회의론을 부추겼고 정치주도 세력에게 그의 정치적 신념을 팔아 넘겼다고 비난하는 익명의 편지들을 받았다. ♣ *sell out*: 원칙/신념 등을 **저버리는 행동을 하다**; *establishment*: 단체/사회/조직/정당 등을 **주도하는 사람들** 참조

In this Age of the Internet, *the poison-pen letter*, known as 'surat layang' in Malay, has gained a high-tech edge over its ink-and-paper cousin. The 'e-layang' (the electronic version of surat layang) now has a global reach, thanks to the World Wide Web. ▶ 작금의 인터넷 시대에, 말레이시아 말로 'surat layang'이라 부르는 악의에 찬 익명의 편지(이메일)는 잉크로 종이에 쓰는 편지보다 기술적 우위를 점령했다. 'surat layang'의 인터넷 버전인 'e-layang'은 the World Wide Web 덕분에 지금 전 세계로 퍼져나갔다. ♣ *edge*: 다른 사람/것과 비교했을 때 **우위(에 있는 점)** 참조

~에게 편한 시간에

at a time that suits one/one's convenience

You may come *at any time that suits your convenience*. ▶ 아무 때나 당신에게 편한 시간에 오면 됩니다.

It's a chance to view a missed program or watch it again *at a time that suits the viewer*. ▶ 이것은 시청자가 놓친 프로그램을 편한 시간에 볼 수 있는 기회를 제공한다.

We face pressures of time and e-learning provides us with a way of training staff *at a time that suits the individual and workflow*. ▶ 우리는 시간적인 압박을 받고 있다. 인터넷을 통한 교육은 개인적으로 그리고 업무적으로 편한 시간에 직원들을 교육시키는 수단을 우리에게 제공한다.

광경/이야기/상황/행사 등이 펼쳐지다
전개되다

roll out ☞ 자동사와 타동사로 모두 사용

For tonight, we are happy inside our tent with our wood stove crackling and with thoughts of the Asian Steppe *rolling out* before us. ▶ 우리 앞에 펼쳐지고 있는 아시아 대초원을 생각하며 화로에서 나무가 타는 소리가 탁탁 나는 텐트 안에서 오늘 밤을 보내게 되어 우리는 매우 행복하다.

A series of benefit events will be *rolled out* throughout the year. ▶ 일련의 자선행사들이 일 년 동안 전개될 것이다.

They *rolled out* their border security game plan. ▶ 그들은 국경경비계획을 펼쳐 보였다.

unfold

The facts started to *unfold* before him. ▶ 그 앞에 진실들이 펼쳐지기 시작했다.

As the lights went down and the movie started, men and women in dark blazers walked solemnly down the aisles, searching for the pale glow of camcorders through their night-vision goggles. Maybe because this was Los Angeles, the moviegoers didn't seem to notice the paramilitary scene *unfolding* besides their military fiction. ▶ 불이 꺼지고 영화가 시작되면, 몰래 영화를 담고 있는 캠코더에서 나오는 희미한 불빛을 찾기 위하여 까만 코트를 입은 사람들이 적외선 안경을 쓰고 진지하게 통로를 돌아다녔다. 아마도 이곳이 로스엔젤레스였기 때문에, 영화 애호가들이 그들이 전쟁영화를 보는 옆에서 펼쳐지고 있는 군사작전을 방불케 하는 행동에 대하여 눈치채지 못한 것처럼 보인다. 《영화 Last Samurai의 불법 복제를 막으려는 노력에 대한 이야기다.》

평등사회
모든 구성원이 같은 대우나 혜택을 받는 사회

egalitarian society

People from marginalized sections of society today staged a march to the parliament for development of *egalitarian society* in the country. ▶ 사회의 소외 계층 사람들이 오늘 그 나라에 평등사회가 실현되기를 바라며 국회의사당으로 행진했다. ♣ *marginalized*: 가장 **소외된 지역에 있는** 참조

The government should not confuse development with building *an egalitarian society* because all growth has to be iniquitous to some extent. ▶ 모든 성장은 어느 정도 불공평할 수밖에 없기 때문에, 정부는 개발을

파

평등사회의 건설과 혼동해서는 안 된다.

매우 **평범한 사람**
보통 사람 ; 일반 사람 ; 범인(凡人)

ordinary/mere mortal ☞ 죽을 수밖에 없는 사람 ; 인간

Tickets seem unobtainable to ***the ordinary mortal***. ▶ 일반 사람들은 표를 구할 수 없는 것처럼 보인다.

The petitioner had sought a ban on the exhibition of the movie and a ban on circulation and publication of the novel (Da Vinci Code) on the grounds that the movie had depicted Jesus Christ in a derogatory manner and has said that the Holy Bible was written by a man called Jesus Christ, who was the son of God and not ***an ordinary mortal***. ▶ 탄원을 낸 그 사람들은 모욕적으로 예수님을 묘사했다는 이유를 들어 영화 상영금지와 소설 다빈치 코드의 출판 및 판매 금지를 요구했고, 성경은 죽을 수밖에 없는 인간이 아닌 하나님의 아들인 예수 그리스도라 불리는 남자에 의해서 쓰여졌다고 말했다.

A mere mortal like me cannot understand what they are doing. ▶ 나 같은 범인은 그들이 무엇을 하고 있는지 이해할 수 없다.

Shakespeare can be a daunting read for ***any mere mortal***. ▶ 보통 사람들에게는 세익스피어 작품은 읽기가 겁날 수 있다. ♣ ***a daunting read*** : **책의 내용이 읽기에 ~하다** 참조

주변 환경/상황 등이 바뀌거나 하였지만 **평상시에 늘 하던 대로 모든 일이 진행되고 있다**
이전과 비교할 때 별반 달라진 게 없다

it is business as usual

In the first week of the 2007 legislative session, local legislators said ***it was business as usual***. "It's basically about the same every year." ▶ 2007년 의회 회기 첫 번째 주에, 지역 의원들은 평상시에 늘 하던 대로 모든 일이 진행되고 있다고 말했다. "기본적으로 매년 똑같다."

Following the acquisition the new owners have confirmed that ***it is business as usual*** and that all existing employee contracts have been transferred to the new company. ▶ 인수 후, 새 주인은 회사 일이 이전과 비교할 때 별반 달라진 게 없으며 모든 직원들의 소속이 새 회사로 옮겨졌다고 확실히 말했다.

평상시와는 다르게 이날 따라 하지 않던 이상한 행동을 하거나 또는 일이 잘 안 될 때 사용하는 표현
일진이 매우 사납다 ; 오늘의 운세가 안 좋다

get/wake up on the wrong side of the bed

"I guess I ***woke up on the wrong side of the bed***," he said. "I'm very disappointed in myself." ▶ "평상시와는 다르게 이날 따라 일이 잘 안 풀렸다"고 그가 말했다. "나는 내 자신에 실망했다."

주 오래전 서양에서도 왼손처럼 몸의 왼쪽이나 모든 물건의 왼쪽은 불길하다고 여겼다. 심지어는 여관 주인은 손님이 아침에 침대의 왼편에서 일어나는 것을 막기 위하여 왼편을 아예 벽에다 붙여 놓기까지 했다고 한다. ***"the wrong side"***란 왼편을 말한다. 우리가 평소에 안 하던 짓을 하는 사람을 보고 "아니 이 사람이 간밤에 잠을 잘못 잤나" 또는 "오늘 뭘 잘못 먹었나"라고 말하는 것과 유사하다.

실제로는 그렇지 않는데 잘못 알려진 나쁜 **평판**

rap ☞ 미국, Informal

He feels that the old Mujahedin commanders like himself are getting ***a bad rap*** these days in the new Afghanistan under President Hamid Karzai. ▶ 자신과 같은 옛 아프간 전사 지휘관들이 오늘날 대통령 Hamid Karzai 통치하에 있는 새로운 아프간에서 실제와는 달리 나쁜 평판을 받고 있다고 느낀다. 《소련(소비에트 연방)이 해체되기 전 소련 점령군을 몰아내기 위해서 싸웠던 아프간 전사(Mujahedin)에 대한 이야기다.》

The rap on me is that I don't really care. ▶ 나에 대한 나쁜 평판에 대해서 나는 아무 상관하지 않는다.

폐쇄 공포증
밀실 공포증

claustrophobia

While hiding in the trunk of a car, he watched his brother gunned down. This left him with a bad case of *claustrophobia*. ▶ 자동차 트렁크 안에 숨어 있으면서 그는 형이 총에 맞아 쓰러지는 것을 보았다. 이 때문에 그는 폐쇄 공포증을 가지고 있다.

It's a book about a dark place, where snow creates a kind of *claustrophobia*, where paths filled with snow as quickly as they were shovelled out. ▶ 이 책은 눈이 일종의 폐쇄 공포증을 일으키고 길에 쌓인 눈을 치우자마자 다시 쌓이는 한 음산한 지역을 그리고 있다.

폐쇄적인
편협한; 새로운 생각을 받아들이거나 다른 생각을 가진 사람들을 만나려고 하지 않는

insular ☞ 섬나라 사람들의 근성을 갖고 있는

About a year after the Solano County grand jury characterized the county's child welfare agency as "bureaucratic and *insular*," the watchdog body has issued a follow-up report that says the local agency is headed toward reform. ▶ 솔라노 카운티의 대배심원단이 카운티의 어린아이들의 복지를 담당하는 기관이 관료적이고 폐쇄적이라고 규정지은지 일 년 후, 이 감시단체는 이 기관이 개혁하고 있다는 보고서를 제출했다.

His essay is a fine example of *the insular thinking*, overblown self-image and moral superiority that so many of my fellow Americans (especially those who do not travel) have exhibited since 9/11. ▶ 그의 사설은 많은 미국 사람들이 (특히 해외여행을 다니지 않아 다른 나라에서 미국을 어떻게 보고 있는지 전혀 모르는 사람들이) 9/11 사태 이후 드러내었던 폐쇄적인 생각, 과대망상, 도덕적 우월주의를 보여주는 매우 좋은 예다. 《미국은 9/11 사태에 대해 그 누구의 동정도 필요없으며 자기가 제일 잘났다는 취지로 쓴 어느 잡지의 사설을 비난하는 한 미국인의 글이다.》 ♣ *overblown self-image* : **과대망상** 참조

폐쇄적인 사고방식

bunker mentality

Ministers were yesterday accused of adopting *a bunker mentality* after they launched an all-out assault on the media over its alleged misuse of the freedom of information laws. ▶ 장관들이 보도의 자유에 관한 법률을 잘못 사용했다고 그 언론매체를 대대적으로 공격한 후, 어제 그들은 폐쇄적인 사고방식에 대해 비난을 받았다. ♣ *all-out* : **전력을 다하는** ; *alleged* : 실제로 입증되지는 않았지만 사람들이 진실이라고 **주장하는** 참조

"The White House is *in a bunker mentality* — won't listen, won't change," said a senator. ▶ 한 상원의원이 "백악관은 폐쇄적인 사고방식에 갇혀 있다. 남의 말을 들으려 하지도 변하려 하지도 않는다"고 말했다.

공식적으로 **포기하다**
특정한 믿음/생각 등을 포기한다고 또는 더 이상 그와 같이 행동을 하지 않겠다고 결심하고 선언하다

renounce

Iraq Prime Minister is trying to stop the carnage in Iraq by offering a reconciliation plan. Part of the proposal gives amnesty to those who *renounce* violence. ▶ 이라크 수상이 화합 안을 내놓으면서 대량학살(살육)을 종식시키려 노력하고 있다. 이 안은 폭력을 포기한다고 선언한 사람들을 사면해 주는 내용을 포함하고 있다.

He calls on China to remove the nearly 500 missiles aimed at Taiwan and demand that Beijing *renounce* the use of force against the island. ▶ 그는 타이완을 겨냥하고 있는 500기에 가까운 미사일을 제거하고 타이완에 대한 무력사용을 포기하라고 중국에 요구했다.

어려움에 처해 있더라도 끝까지 **포기하지 않고 잘 버티다**
잘 견디다

hang tough; hang in there

He exemplifies the true grit of U.S. soldiers who *hang tough* and never give up hope. ▶ 그는 어려움

에 처해 있더라도 끝까지 희망을 포기하지 않고 잘 버티는 미국 군인들의 진정한 용기를 보여준다.

Hang in there and you never know what is achievable. ▶ 끝까지 포기하지 말고 잘 견뎌야 한다. 무엇을 얻게 될지 너는 모른다.

포위망을 서서히 좁혀가다
수사망을 점점 좁혀가다

close in on someone/somewhere

Authorities have been ***closing in on*** the cartel since last year. ▶ 작년부터 당국은 그 카르텔에 대한 수사망을 서서히 좁혀가고 있다.

An armed man who shot at police is still on the run, though police say ***the net is closing in on*** him. ▶ 경찰을 쏜 총기를 소지한 남자가 여전히 도주하고 있지만, 포위망이 서서히 좁혀지고 있다고 경찰이 말한다.

포장만 그럴싸하고 내용물은 형편이 없는 것(상품, 계획, 제안 등)
겉모습만 번지르르하고 알맹이는 형편없는 것

pig in a poke

Buying goods online is sometimes just like buying ***a pig in a poke***. ▶ 온라인에서 물건을 사면 내용물이 겉모습과 다른 경우가 가끔 있다.

"This is ***a pig in a poke***," he said. "We're shortchanging the voters by asking them to vote on something without knowing the details." ▶ 이는 빛 좋은 개살구라고 그는 말했다. "우리 정치인들은 자세한 내용을 알지도 못하는 유권자들에게 어떤 것에 대해 투표하라고 요구하고 있는데, 이는 알 권리를 가진 국민에게 응분의 대우를 해주지 않는 것이다." ♣ *shortchange* : **거스름 돈을 제대로 주지 않다** 참조

주 옛적에 새끼 돼지를 자루(*poke*)에 넣어 팔려고 시장에 나온 사람이 있었다. 사려는 사람이 자루를 열어 보고 싶지만 잘못하여 돼지가 한번 도망가면 도저히 잡을 수 없기 때문에 안 된다고 주인이 고집부리는 바람에 그냥 사고 말았다. 집에 와서 열어보니 그 안에는 돼지가 아닌 고양이가 들어 있었다고 한다. "빛 좋은 개살구"와 유사하다.

모든 사람/것을 다 **포함하여**
전면적으로

across the board

The President promised ***across-the-board tax cuts*** if re-elected. ▶ 대통령이 재선되면 전면적인 감세정책을 펴겠다고 약속했다.

Asian-Pacific stocks rose ***across the board***. ▶ 아시아-태평양 지역에 포함된 모든 국가의 주가지수들이 다 올랐다.

주 *board*(경마에서 순위를 표시하는 판)에 있는1, 2, 3착 전부에 돈을 거는 데서 유래되었다.

흥미롭거나 놀라운 사실의 **폭로**
누설

revelation

The prime minister stepped down following ***the revelation of his affair*** with a former secretary. ▶ 전 비서와의 염문이 폭로된 후 수상이 자리에서 물러났다.

특정한 상황 또는 인물에 대한 놀라운 사실을 **폭로하는 작품(영화/소설 등)**

exposé ☞ French

This movie is ***an exposé*** of prison conditions in Guantanamo Bay. ▶ 이 영화는 (미국이 테러범들을 수용하고 있는 쿠바) 관타나모 베이 감옥소의 열악한 환경을 폭로하는 작품이다.

I've decided to write ***an exposé*** and tell the truth about him. ▶ 나는 그에 대한 진실을 폭로하는 작품을 쓰기로 결심했다.

폭탄선언을 하다
뜻밖의 기분 나쁜 혹은 매우 놀라운 이야기를 하다

drop a bombshell

He has ***dropped a bombshell*** by announcing his retirement. ▶ 그는 은퇴한다는 폭탄선언을 했다.

She ***dropped a bombshell***, claiming she was

secretly engaged to a man she refused to name for a short time after her marriage. ▶ 그녀는 이름을 밝히지 않은 한 남자와 결혼 후 잠시 동안 비밀리에 만났다고 말해서 사람들을 매우 놀라게 만들었다.

He ***dropped a bombshell*** yesterday when he quit as vice-captain of the national soccer team. ▶ 어제 그가 축구 국가대표팀의 부주장 직을 그만둔다고 폭탄선언을 했다.

폭풍 전의 고요
폭풍전야; 큰일이 터지기 전의 불안스런 정적

the calm before the storm

Sir Sean Connery's ex-wife has described their honeymoon period as "***the calm before the storm***." She told of happy times when they lived a normal life before the James Bond phenomenon made the 007 actor a world famous star. ▶ 영화배우 숀 코네리 경의 전 부인은 그들의 신혼기간을 "폭풍 전의 고요"라고 표현했다. 그녀는 제임스 본드 열풍이 이 007영화 배우를 세계적으로 유명한 스타로 만들기 전 그들이 평범한 생활을 즐기던 행복한 시절에 대하여 이야기했다.

He was enjoying ***the calm before the storm***—his team's 9 am practice. ▶ 그는 오전 9시 팀 훈련이 시작되기 전의 고요함을 즐기고 있었다.

표류하다
의도하지 않은 혹은 통제할 수 없는 상황으로 빠져들다

drift into

We need to offer young people ***drifting into crime*** an alternative set of values. ▶ 우리는 범죄에 빠져드는 젊은이들에게 다른 가치관을 보여줄 필요가 있다.

He just loves the travel business. He once told me: "I ***drifted into tourism*** by accident really, attracted by the fun element. ▶ 그는 여행사업을 매우 사랑한다. 그는 나에게 "재미에 끌려서 나도 모르게 우연히 빠져들었다"고 말한 적이 있다.

She was a good person, whose life fell into a tailspin after she ***drifted into drugs***. ▶ 그녀는 좋은 사람이었는데 마약에 빠져든 이후 그녀의 인생은 급격히 추락했다.

♣ *fall into a tailspin* : 급격히 **추락하다** 참조

감사 등의 표시로

as a token of

As a token of goodwill, I'm going to write another letter. ▶ 친선의 표시로 나는 또 다른 편지를 쓰려 한다.

About 70 emergency management personnel were last Friday awarded certificates by the City ***as a token of appreciation*** for their noble services. ▶ 그들의 고귀한 봉사에 대한 감사의 표시로 90명의 비상관리요원들은 지난 금요일 시로부터 증서를 수여 받았다.

표어
구호; 슬로건

watchword

President Barack Obama has made transparency ***a watchword*** of his administration. ▶ 버락 오바마 대통령이 투명성을 행정부의 표어로 삼았다.

The watchword for buying property abroad is caution. ▶ 해외에서 자산을 구입할 때 명심해야 하는 구호는 '주의(主意)'다

His watchword was "Never destroy hope." ▶ 그가 내거는 구호는 "절대 희망을 꺾지 말라"다

주 군대에서 보초들이 사용하는 암호(암구호)다.

공격하거나 속이기 쉬운 표적
어수룩한 사람; 봉

sitting duck

When you travel to Italy, you'd be careful not to be ***a sitting duck*** to pickpockets. ▶ 이탈리아로 여행 갈 때 소매치기의 표적이 되지 않도록 주의하는 것이 좋다.

Marriage proved a nightmare for him. This young man, who could not find a bride in his community, was ***a sitting duck*** for marriage agents on the prowl looking for desperate bachelors willing to pay a price for a wife. ▶ 결혼은 그에게 악몽이 되어버렸다. 자신이 사는 지역에서 신부를 찾

파

지 못한 이 젊은이는 신부를 얻기 위해 자포자기한 심정으로 돈 내기를 마다하지 않는 총각들을 찾아 배회하는 결혼중개업자들의 표적이었다.

주 날지 않고 가만히 앉아 있는 오리는 사냥하기 쉽다는 데서 유래된 표현이다.

표적이 되다
집중공격을 받다; 비난을 불러일으키다/초래하다

draw fire

The administration is ***drawing fire***, however, for the delay in addressing these issues. ▶ 행정부가 이 문제의 처리를 지연시키는 바람에 집중공격을 받고 있다.

President Obama is ***drawing fire*** from feminists for recently playing a basketball game that didn't include any women. ▶ 오바마 대통령이 최근 여자선수가 참여하지 않은 농구시합을 하는 바람에 여성인권운동가들의 표적이 되고 있다.

~가 표현하는 것처럼
~가 말하는 것처럼; ~가 말/표현하는 대로

as someone **puts it**

But he clearly did not trust people, ***as he put it***, who liked "to talk other people's business with other people." ▶ 그가 말하는 대로 그는 남의 일에 관해서 다른 사람들과 이야기하길 좋아하는 사람들을 신뢰하지 않았다.

As he put it, he is not going to let red tape stand in the way of addressing an immediate public safety problem. ▶ 그가 표현하는 것처럼 그는 공공안전에 관한 긴박한 문제를 다루는 데에 관료주의적인 행정절차가 끼어들어 지연시키는 것을 그대로 놔두지 않을 것이다. ♣ *red tape* : **관료주의적인 행정(사무) 절차** 참조

~하게 표현하자면
~하게 이야기하자면/말하자면 (어떤 주어진 상황을 특정한 방법으로 설명하고자 서두를 꺼낼 때 사용)

to put it ~; putting it ~

To put it very simply, I had nothing to do with the incident. ▶ 간단히 이야기하자면, 나는 그 사건과 아무런 관계가 없었다.

"I understand I am, ***putting it mildly***, a controversial figure," said Paul Wolfowitz, a former Deputy Defense Secretary and a chief architect of the Iraq war, upon his confirmation as president of the World Bank, stressing his intention to be more collaborative. ▶ 국방부 차관을 지냈으며 이라크 전쟁의 기획을 주도한 폴 울포위츠는 2005년 세계은행 총재로 확정되자 보다 협력적인 태도로 일을 할 것이라고 강조하면서 "부드럽게 표현하자면, 내 자신이 논쟁거리가 되는 인물이라는 사실을 이해하고 있다"고 말했다.

풀뿌리
어떤 조직이나 사회운동(movement) 등에서 지도자층이 아닌 일반 사람들; 민초

grass roots

A brief scan of the political news these days makes clear that politicians and pundits in Washington are getting very frightened about ***the grass-roots activism*** boiling outside the Beltway. ▶ 요즘 정치 뉴스를 간단하게 살펴보면 워싱턴 정치인들과 정치전문가들이 워싱턴 정가 밖에서 활발하게 일어나는 풀뿌리 사회운동에 대해 매우 놀라고 있다는 사실이 확실하게 나타난다. ♣ *the Beltway* : 워싱턴을 순환하는 도로로 워싱턴 정계를 의미한다.

A grass-roots organization is using education to lift the veil of misunderstanding about American Muslims. He is the teacher of the 10-part course, "Understanding Islam & Muslims." ▶ 한 풀뿌리 조직은 미국 이슬람교도들에 대한 오해를 벗기기 위해 교육을 이용하고 있다. 그는 "이슬람교와 이슬람교도들의 이해"라는 10부분으로 나누어진 과정을 가르치고 있다.

(싸움터에서) 풀썩 하고 먼지를 날리며 얼굴을 땅에 대고 쓰러지다
고꾸라지다; 죽다; 실패하다

bite the dust

The incident caused his political career to ***bite***

the dust. ▶ 그 사건으로 그의 정치생명이 끝났다.

World number one Roger Federer warned that he has found the key to make clay king Rafael Nadal *bite the dust*. ▶ 테니스 세계 랭킹 1위인 로저 페더러가 클레이 코트의 황제인 라파엘 나달을 쓰러뜨릴 수 있는 비결을 찾았다고 경고했다.

For 84 minutes, it looked like Guus Hiddink's proud World Cup record would *bite the dust*. The Dutch coach has never lost a group match in his previous stints with Holland in 1998 and South Korea in 2002, in which he led both to the semi-finals. ▶ 84분 동안 거스 히딩크의 자랑스런 월드컵기록이 종지부를 찍을 것처럼 보였다. 이 네덜란드 출신 감독은 이전 네덜란드와 한국의 감독으로 있을 때 월드컵 조별예선에서 한 번도 패한 적이 없었고, 두 팀을 모두 준결승으로 이끌었다. 《2006 월드컵에서 히딩크 감독이 이끌던 호주가 일본에 1:0으로 지고 있다가 마지막 6분을 남기고 3골을 넣어 승리한 이야기다.》

And another redskin *bit the dust*." ▶ 그리고 또 다른 인디언이 풀썩 땅으로 고꾸라졌다. ♣ *redskin* : 북아메리카에 살던 인디언 종족

주 미국 서부개척시대에 백인들과 인디언이 싸우던 이야기를 할 때 인디언이 죽는 광경을 약간 과장해서 표현한 것에서 유래되었다고 한다.

감정/계획/꿈/생각/희망 등을 **품고 있다**
간직하고 있다

harbor

Any hopes the team *harbored* for a quick start quickly dissipated. ▶ 첫 경기를 승리하여 산뜻하게 시즌을 출발하려는 그 팀이 간직했던 희망이 빠르게 사라졌다.

I had *harbored dreams* of becoming a Lumber Baron, but that hasn't worked out. ▶ 내가 목재 왕이 되려는 꿈을 품고 있었지만 뜻대로 되지 않았다.

소중하게 **품어 온**
고이 간직해 온

cherished

The East Asian Summit last year was both a milestone and a setback for regional integration. It marked the first tangible step towards *the long cherished goal* of forming an East Asian community (EAC). However, the summit was long on diplomatic rhetoric and short on tangible action. ▶ 그 동아시아 정상회담은 획기적인 사건이기도 했지만 지역통합을 이루려는 목적을 이루지 못했다. 동아시아연합의 결성이라는 오랫동안 품어온 목표를 향한 최초의 구체적인 시도였다. 그러나 이 정상회담은 외교적인 미사여구들만 늘어놓았을 뿐 현실적인 행동을 제대로 보여주지 못했다. ♣ *milestone* : 역사/인생 등에서 **획기적인 사건** 참조

One cherished ritual is pulling the treat-filled Christmas crackers. ▶ 고이 간직해 온 풍습의 하나는 과자나 장난감 등으로 가득 찬 크리스마스 크래커를 잡아당겨 여는 것이다.

비싸면서 **품질이 최상인**
최고급 (비즈니스에서 주로 사용되는 표현임)

top-end

The company is a *top-end interiors solution* company. ▶ 그 회사는 최고급 실내장식 전문 회사다.

With this service customers are able to find *top-end graphics*. ▶ 이 서비스로 고객들은 품질이 최상인 그래픽을 찾을 수 있다.

Singapore furniture companies now produce trendy *top-end products* for international markets including East Asia, Eastern Europe and Latin America. ▶ 싱가포르 가구회사들은 현재 동아시아, 동유럽 및 라틴아메리카를 포함하는 국제 시장을 위해 요즘 유행하는 최고급 제품들을 생산한다.

풍문으로 듣다
바람결에 듣다; 의도하지 않았지만 우연한 기회에 듣게(알게) 되다

get wind of ☞ Informal

I first *got wind of him* in May 2003. ▶ 나는 2003년 5월에 그 남자에 대해서 처음 풍문으로 들었다.

The newspaper claimed Israeli intelligence *got wind of the plot* and warned the Palestinian

파

leader that his life was in danger. ▶ 이스라엘 첩보기관이 그 계획에 대해 바람결에 들었고 그 팔레스타인 지도자에게 생명이 위태롭다며 경고했다고 그 신문이 주장했다.

~이 풍부한

-rich

You'd better include plenty of ***mineral-rich foods*** in your diet. ▶ 식단에 광물질이 풍부한 음식을 많이 포함시키는 것이 좋다.

Oil-rich Mauritania holds historic referendum on Presidential term limits. ▶ 오일이 풍부한 국가인 모리타니아는 대통령 임기에 대한 역사적인 국민투표를 실시한다.

Many parents want their children's diet to be as healthy and rich in vitamins as possible. But in their busy day, between work and family life, they don't have the time to plan a balanced diet, much less whip up carefully catalogued ***vitamin-rich meals***. ▶ 많은 부모들은 아이들에게 가능하면 건강에 좋고 비타민이 풍부한 음식을 해주길 원한다. 그러나 직장과 가정을 왔다갔다하는 바쁜 일상에서 균형 잡힌 식단을 계획할 시간이 없으며, 비타민이 풍부한 식단을 세심하게 마련할 시간은 물론 더더욱 없다. ♣ *much less* : ~은 물론 **더더욱 아니다** 참조

도피/수배 중인 사람에게 **피난처를 제공하다**
도피처/망명처/은신처를 제공하다

harbor

The country has ***harbored*** many Afghanistan people after the collapse of the Taliban regime in a US-led invasion in late 2001. ▶ 2001년 말 미국이 주도한 침공으로 탈리반 정권이 무너진 후, 그 나라는 많은 아프간 사람들에게 은신처를 제공해 왔다.

They should be subject to blame as much as the terrorists who plotted it and the countries that ***harbored*** them. ▶ 그 사건을 계획한 테러범들과 이들에게 도피처를 제공한 나라들만큼 그들도 비난을 받아야 마땅하다.

피로 얼룩진 자국

smear of blood

When he arrived on the scene about 25 minutes later, he could see ***smears of blood*** all over the façade of British medical Association headquarters and survivors comforting each other. ▶ 그가 약 15분 후에 그 현장(2005년 7/7 런던 테러로 버스가 폭발한 현장)에 도착했을 때, 도로변에 접한 영국의료협회 본부건물 외벽이 온통 피로 얼룩져 있었고 생존자들이 서로를 위로하고 있었다.

Photographs of the scene showed bodies lying near a billiard table and ***a smear of blood*** on the white-tile floor. ▶ 그 장면을 찍은 사진들은 당구대 근처에 누워 있는 사람들과 하얀 타일 바닥에 묻어 있는 작은 핏자국을 보여주었다.

피를 흘리다
전쟁터에서 죽다

shed blood

"The Americans have ***shed blood*** in defense of freedom and values here, together with Iraqis. This deserves our great respect and admiration," he says. ▶ "미국인들이 여기서 이라크 사람들과 함께 자유와 가치를 수호하기 위하여 피를 흘렸다. 여기에 우리는 크나큰 존경과 경의를 표해야 한다"고 그가 말한다.

피부색이 다르다고 차별하지 않는
인종이나 국적을 차별하지 않는

color-blind

They wanted ***a color-blind government*** where everybody's treated the same. ▶ 그들은 모든 사람이 똑같이 대우받는, 피부색이 다르다고 차별하지 않는 정부를 원했다.

He was not impressed by wealth or power and he was ***color-blind***. For him, people were people and he loved people! ▶ 그는 부나 권력을 가진 사람들을 특별하게 생각하지 않았으며 인종이나 국적을 차별하지 않았다. 그에게는 사람은 다 같은 사람이었으며 그는 사람들을 사랑했다.

In 1966, ***color-blind college basketball coach***

Don Haskins led Texas Western's mixed-race team to the NCAA championship game. ▶ 1966년, 피부색을 차별하지 않는 농구 코치 Don Haskins는 여러 인종이 섞인 텍사스 웨스턴 대학 농구팀을 미 대학연맹 농구대회 결승전으로 이끌었다.

주 원래는 색맹을 뜻한다.

자연 재해/병/기분 나쁜 감정 등에 의해 **피해를 심하게 입어 고생을 하는**

자연 재해/병/기분 나쁜 감정 등 때문에 큰 고통을 받고 있는

-stricken

The earthquake-stricken city desperately needs help. With this in mind, the President held an urgent Cabinet meeting today. ▶ 지진으로 피해를 심하게 입은 그 도시는 절박하게 도움이 필요하다. 이를 염두에 두고 대통령은 오늘 긴급 내각회의를 개최했다.

The people in ***the flood-stricken areas*** are short of food, fuel and other daily necessities. ▶ 홍수로 큰 피해를 입어 고통을 받고 있는 그 지역 사람들은 음식, 연료 및 기타 생활 필수품들이 부족하다.

He was ***panic-stricken*** at the thought he might never see her again. ▶ 그녀를 다시 볼 수 없을지도 모른다는 생각에 그는 큰 심적 고통을 받았다.

가장 **피해야 하는 것**

하면 안 되는 것; 제일 나쁜 것

the last thing

In general, when you're going to do a male work-up, ***the last thing you want to do*** is to show him a needle. ▶ 일반적으로 남자를 정밀검사할 때, 가장 피해야 하는 것은 그에게 주사바늘을 보여주는 것이다. 《남자들은 주사 맞는 것을 매우 싫어한다는 의미다.》

The weather will soon beckon you to ditch your day job and go on vacation. Whether it's a few days at the beach or an extended holiday, ***the last thing you want*** is your luggage to weigh you down. ▶ 곧 날씨는 하던 일을 버리고 여행을 떠나라고 당신을 유혹할 것이다. 해변에서 며칠을 보내든 오랜 휴일을 즐기든, 가장 피해야 하는 것은 당신을 내리누르는 여행가방이다. 《여행갈 때 짐을 너무 무겁게 많이 꾸리지 않는 것이 좋다는 이야기다.》

The last thing you need in a disaster is misinformation. ▶ 재난 시 당신에게 제일 나쁜 것은 잘못된 정보다.

The last thing you people should do is count on the government to help you. ▶ 국민들은 정부가 도와줄 것이라고 절대로 믿어서는 안 된다.

피해의식

남들이 자기에게 피해를 입히려고 하기 때문에 자신을 보호해야 한다는 강박관념

siege mentality

Under increasing pressure to withdraw its troops from Lebanon, Syrian Government is showing signs of ***siege mentality***. ▶ 레바논으로부터 군대를 철수하라는 압력이 증가하고 있는 상황에서, 시리아 정부가 자신을 보호해야 한다는 강박관념을 가지고 있다는 징후가 나타나고 있다.

Many designers develop ***a siege mentality*** because they're terrified someone will steal their ideas. ▶ 많은 디자이너들이 피해의식을 갖게 되는 이유는 누군가가 자신의 생각을 훔쳐갈지 모른다고 겁을 내기 때문이다.

His regime has taken the enclave mentality further to a sort of ***a siege mentality*** against the rest of the world. ▶ 그의 정권은 폐쇄적인 사고방식에서 더 나아가 나머지 세계에 대해 일종의 피해의식을 지니고 있었다.

결말이 어찌 되든 소기의 목적을 달성하기 위하여 **필사적인**

물불을 안 가리고 행동하는

hell-bent on ☞ 지옥에 가더라도 포기하지 않는

Prisoners, including myself, have been described as incurable psychopaths, subversive and ***hell-bent on destruction***. ▶ 내 자신을 포함한 죄수들에게 사회를 무너뜨리려 하고 물불을 안 가리고 파괴를 일삼는 치유 불가능한 정신병자라는 딱지가 붙어 있었다.

"Iran is ***hell-bent on trying*** to build a nuclear

파

bomb and should try to resolve its domestic problems rather than threaten Israel," he said. ▶ "이란은 원자폭탄을 만들기 위하여 필사적으로 노력하고 있다. 이란은 이스라엘을 (원자폭탄으로) 위협하지 말고 국내 문제들을 해결하기 위한 노력을 기울여야 한다"고 그는 말했다.

항상 하는 것이 아니고 **필요에 따라서 하는 방식/제도**

as-needed basis

Various specialists — electrical, structural and plumbing engineers — work in the office ***on an as-needed basis***. ▶ 전기, 구조 및 배관 기술자와 같은 여러 분야의 전문가들이 필요에 따라 그 사무실에 와서 일한다.

The firm provides us with engineering services ***on an as-needed basis***. ▶ 그 업체는 우리가 필요할 때마다 그때그때 엔지니어링 서비스를 제공한다.

~에 절대적으로 **필요한**
없어서는 안 될; 필요 불가결한

essential to

Creativity and innovation have become ***essential to generating jobs***. ▶ 창조적인 정신과 혁신이 일자리를 창출하는 데 절대적으로 필요하게 되었다.

The city government is trying to trim the budget without cutting ***essential services***. ▶ 시 정부는 없어서는 안 될 서비스를 줄이지 않고 예산을 삭감하려는 노력을 하고 있다.

Doctors have long known that vitamin D is ***essential to good health***. Get enough of it and it ensures strong bones and teeth. ▶ 의사들은 오래전부터 비타민 D가 좋은 건강을 유지하는 데 불가결하다는 사실을 알고 있었다. 충분히 섭취하면 뼈와 치아가 튼튼해진다.

필요한 정보/자료를 가장 많이 가지고 있거나, 필요한 일을 잘 처리해 주는 사람
원하는 일을 잘 해결해 주기 때문에 누구나 찾는/찾아가는 사람; 해결사

go-to guy ☞ 미국, Informal

Bill Gross, manager of the world's largest bond fund, is everybody's ***go-to guy*** when it comes to reading the tea leaves about Federal Reserve policy and the potential direction of interest rates. ▶ 세계에서 가장 큰 채권자금을 운용하는 Bill Gross는 연방준비은행의 정책과 금리의 변동을 어느 누구보다 잘 예견하기 때문에 누구나 그에게 찾아가 자문을 구한다.

Hopkins was ***the go-to guy*** in the locker room. Not just for his teammates, but reporters as well. After a tough loss, he was always there to put it in perspective. After a big win, he always had the perfect quote ready. ▶ 홉킨스는 라커룸에서 누구나 찾는 사람이었다. 팀 동료들뿐만 아니라 기자들도 그에게 몰려갔다. 아깝게 진 경기 후에는 언제나 라커룸에 남아서 경기와 관련된 모든 사항을 고려하여 이야기했다. 큰 시합을 이긴 후에도, 언제나 완벽한 인용문구를 준비하고 있었다. 《홉킨스가 말을 너무 잘해서 경기 후에 기자들이 그에게로 몰려들었다는 이야기다.》 ♣ *in perspective*: 관련된 모든 사항을 **고려하여** 참조

신문이나 잡지 등의 기사 제목 바로 밑에 **필자 이름을 쓰는 줄(행)**

byline

Because he (Henry Grunwald, former managing editor of Time magazine, who died at 82) hated homogenized prose, he also introduced ***individual bylines***. ▶ 82세의 나이로 세상을 떠난 전 타임잡지 편집장 Henry Grunwald는 획일화된 글을 몹시 싫어했고 기사 위에 필명을 쓰는 제도를 도입했다.

In at least two cases this month, the Tribune took stories from the Coloradoan and Loveland Reporter-Herald Web sites, copied them onto the Tribune Web site and put ***an Associated Press byline*** on the story. ▶ 이번 달 적어도 두 번에 걸쳐서 Tribune 지는 Coloradoan와 Loveland Reporter-Herald의 Web site에서 기사를 복사해 자기 홈페이지에 올려 놓고는 AP

에서 보내온 기사라고 독자들을 속였다.

주 "*By* Sung C. Lee"와 같이 "누구에 의해서"라는 의미의 전치사 "*by*"로 시작하는 행이라는 의미다.

~에 필적하다

rival ☞ 경쟁 상대가 된다

Cassette recorders cannot ***rival*** the sound quality of CDs. ▶ 카세트 녹음기는 CD의 음질에 경쟁상대가 안 된다.

"To Live" by Yu is a historical fable with a long-suffering protagonist, Fugui, ***to rival*** the Biblical Job. ▶ Yu가 쓴 "To Live"는 구약성서에 나오는 욥과 필적할 만큼 오랫동안 고생을 하는 주인공(Fugui)의 삶을 그린 이야기다.

rank among/with ☞ 같은 위치/지위에 있다; 동급이다

All through animal kingdom, sleep ***ranks*** right up there ***with*** food, water and sexual intercourses for the survival of the species. ▶ 수면은 어떤 동물에게든 음식, 물, 종족 번식을 위한 짝짓기와 필적할 만큼 중요한 위치를 차지한다.

Several government analysts who protect the network at military, nuclear-lab and defense contractor facilities tell him that Titan Rain is thought to ***rank among*** the most pervasive cyber-espionage threats that U.S. computer networks have ever faced. ▶ 군대와 핵 실험실 및 군수물자 납품업체의 전산망을 보호하는 정부의 여러 분석가들은 Titan Rain(미국의 군사기밀을 빼가는 해커들을 통칭하는 이름)은 지금까지 미국 전산망에서 가장 광범위하게 발생했던 사이버 첩보 위협들과 동급으로 생각된다고 그에게 말한다.

피부에서 핏줄이 드러나 보이는

veined

His once smooth dark skin is now ***veined***. ▶ 한때는 부드러웠던 그의 검은 피부에 지금은 핏줄이 불거져 나왔다.

Her hands were thin and ***veined***. ▶ 그녀의 손가락은 가늘었으며 핏줄이 드러나 보였다.

The man had ***blue-veined cheeks***. ▶ 그 남자는 푸른 핏줄이 보이는 뺨을 가지고 있었다.

[하]

하룻밤 사이에
하루아침에 (어떤 일이 매우 빨리 발생한다는 것을 강조할 때)

overnight

Government's bureaucracies are not going to change ***overnight***. ▶ 정부의 관료주의적 행태들은 하룻밤 사이에 변하지 않을 것이다.

I'm not going to succeed ***overnight***. ▶ 나는 하루아침에 성공할 수 없다.

특정한 그룹에서 **하위에 있다**
바닥이다

at the bottom of the heap

During the years that Labour has been in office no progress has been made in raising the educational achievements of those ***at the bottom of the heap***. ▶ (영국) 노동당이 집권하던 기간 중 하위 계층(빈곤층) 사람들이 교육을 더 많이 받을 수 있도록 하는 노력이 전혀 진전을 보지 못하고 있다.

A dirt-poor nation long ***at the bottom of the heap***, Haiti will need years or decades of expanded aid to rebuild. ▶ 먼지가 풀풀 날리는 세계 최악의 빈곤 국가인 아이티는 (2010년 1월 12일 발생한 지진으로 엄청난 피해를 입어) 재건을 위해서 수십년 간의 광범위한 원조가 필요할 것이다.

주 퇴적더미 맨 밑바닥에 깔려 있다는 의미다.

~을 하고 싶긴 **하지만** (할 수 없다)
~을 원하기는 하지만; 마음은 굴뚝같지만; ~이긴 하지만 (어쩔 수 없다)

much as

Much as I'd like to go, I cannot. ▶ 가고 싶은 마음은 굴뚝같지만 갈 수 없다.

Much as they hope to go home, they were resigned to staying on until tomorrow. ▶ 집에 가고 싶긴 하지만 그들은 체념하고 내일까지 머물러야 한다는 사실을 받아들였다. ♣ *be resigned to* : **체념하고 ~을 받아들이다** 참조

하지만 ~에 관한 경우에는
앞에서 언급한 상황과 대비되는 혹은 새로운 주제나 주제와 관련된 이야기의 서두를 꺼낼 때

when it comes to someone/something

When it comes to Iraq, the Bush administration's attitude toward the world seems strangely self-defeating. ▶ 하지만 이라크에 관한 경우에는, 이상하게도 부시 행정부의 세계를 향한 태도는 이상하게도 자멸하는 듯 보인다.

Most of us know we should cut down on fat. But knowing such things isn't much help ***when it comes to shopping and eating***. ▶ 대부분 사람들이 지방을 줄여야 한다는 것을 알고 있다. 하지만 쇼핑을 하고 음식을 먹을 경우에는 이 같은 사실을 알고 있어봐야 별로 도움이 안 된다. 《알지만 실천이 안 된다는 말이다.》

Australia coach Guus Hiddink may be a master tactician on the field, but the Dutch native admits he is lost ***when it comes to figuring out Australian Rules Football***. ▶ (2006년 월드컵에서) 호주 대표팀 감독을 맡은 거스 히딩크 감독은 축구에 대해서는 뛰어난 전략가일지 모르지만, 네덜란드 태생인 자신은 호주식 축구에 대해서는 아무것도 모른다고 말한다.

하지 않으면 안 될 일을 하면서도 스스로 선택해서 혹은 자발적으로 한 것처럼 행세하다/유세부리다
부득이한(피할 수 없는) 일을 하면서도 스스로 선택해서 혹은 자발적으로 한 것처럼 생색을 내다; 부득이한(피할 수 없는) 일을 하고도 공치사하다; 부득이한(피할 수 없는) 일을 하고도 선심을 쓰는 체하다(Obtain kudos from apparently willingly doing something that one was in fact couldn't avoid doing)

make a virtue of necessity

A political leader should also be able to leave voters with the impression that they would quite enjoy the conversation over dinner as well. But they are ***making a virtue of necessity***. ▶ 정치 지도자라면 또한 사람들과 저녁 식탁에 둘러앉아 대화를 하는 것을 즐긴다는 인상을 유권자들에게 심어줄 수 있어야 마땅하다. 그러나 그들은 그렇게 하는 것이 뭐 그리 대단한 것처럼 유세부리고 있다.

Once the mayor was forced by the voters to cut his budget, he ***made a virtue of necessity*** and loudly denounced government spending. ▶ 시장이 유권자들로부터 예산을 줄이라는 압력을 받고는, 그는 자발적으로 하는 것처럼 생색을 내며 시 정부의 지출을 큰 소리로 비난했다.

주 이 표현은 다른 의미도 가지고 있다: 어렵고 힘든 일이지만 반드시 해야 하기 때문에 **기꺼이 하다** 참조

~을 **하찮게 여기는**
별로 중요하지 않다고 무시하는; 대수롭지 않게 생각하는

dismissive of

He was ***dismissive of the report***, saying it was riddled with inaccuracies. ▶ 그는 부정확한 점들 투성이라고 말하면서 그 보고서를 하찮게 여겼다.

하찮게 여기다
무시하다; 대수롭지 않게 여기다

shrug off

So beloved is Apple stock, investors completely ***shrugged off*** disturbing findings from that report ▶ 투자자들이 애플 주식을 너무나 선호하기 때문에 그 보고서에 나타난 애플에 관한 좋지 않은 사실들을 하찮게 여겼다.

주 뭘 그까짓 것 하면서 양 어깨를 약간 쓱 올리는 동작이다.

write off

It's too easy to ***write*** them(결혼을 미루고 있는 요즘 20대들) ***off*** as overgrown children, he argues. Rather, he suggests, they are doing important works to get ready for adulthood. ▶ 결혼을 미루고 부모에게 얹혀 지내는 요즘 20대들을 그냥 다 자란 어린아이라고 무시하기 쉽다고 그는 주장한다. 사실 그들은 어른이 될 때를 대비하여 나름대로 중요한 일을 하고 있다고 그는 말한다.

She was fed up with people ***writing*** her ***off*** because of her age. ▶ 나이가 어리다고 자신을 무시해 버리는 사람들에 대하여 그녀는 염증을 느꼈다.

주 중요한 것들을 적어 놓은 목록에서 삭제한다는 의미다.

belittle ☞ 남들의 업적 등을 비하하다; 낮게 평가하다

No one should ***belittle*** his achievements. ▶ 그의 업적을 낮게 평가해서는 안 된다.

사람/책/문체 등이 **학문적 지식이 풍부한**
조예가 깊은

erudite ☞ Formal

He is ***an erudite scholar***. ▶ 그는 학식이 풍부한 학자다.

She is to be complimented on ***her erudite critique*** of the recent economic disarray and malfunctioning of the capitalistic system of our nation. ▶ 최근 경제 혼란과 제대로 돌아가지 않는 우리나라의 자본주의 시스템에 대한 그녀의 조예 깊은 비판은 찬사를 받아야 마땅하다.

한겨울에

in the dead of winter ☞ Literary

Early one morning ***in the dead of winter*** a blizzard awaked her. ▶ 어느 한겨울 이른 아침 거센 눈보라가 그녀를 깨웠다.

한꺼번에 많은 양이 쏟아져 들어오는 상태

동시 다발적으로 들어오는/일어나는 상태; 마구 쏟아지는 상태

avalanche ☞ 눈사태

The strategy paid off in *an avalanche of astonishing and profitable technologies* as well, from computer chips to fiber optic cables to lasers to gene splicing and more. ▶ 그 전략은 컴퓨터 칩에서 광섬유 케이블, 레이저, 유전자 분리 등에 이르기까지 기술 분야에서도 엄청난 양의 놀라운 성과를 거두었다. 《1900년대 중반부터 미국이 과학기술자들에게 마음대로 연구할 수 있는 환경을 제공함으로써 큰 성과를 거두었다는 이야기다.》

She acknowledged that she had avoided calling for the withdrawal of American troops in Iraq for fear of *the avalanche of angry e-mails* it might engender. I think it is high time we admit, once and for all, that the whole Iraq endeavor was a major blunder. ▶ 성난 이메일이 눈사태처럼 마구 쏟아질까 두려워 이라크에서 미군의 철수를 요구하지 않았다고 그녀는 자인했다. 이제 우리가 이라크에서 시도한 모든 일이 엄청난 실수라는 것을 이번 기회에 확고하게 인정해야 할 때라고 나는 생각한다. ♣ *once and for all* : 이번 기회에 앞으로도 **영원히** 참조

flood ☞ 홍수

A flood of protest letters has prompted the CIA to revise information on its Web site about South Korea. The CIA's World Fact book incorrectly stated that South Korea has been a nation for a millennium despite the fact that the country's history dates back more than 4,000 years. ▶ 홍수처럼 밀려드는 항의 편지 때문에 CIA는 대한민국에 대한 웹사이트 정보를 즉각 수정했다. 이 나라의 역사가 4,000년 이상을 거슬러 올라간다는 사실에도 불구하고 역사가 천 년인 나라라고 CIA의 World Fact book은 잘못 기록했었다. ♣ *date back* : 어떤 사건/일 등의 시작은 특정한 시간만큼 **거슬러 올라간다** 참조

spate ☞ 홍수

Few fighters are as qualified to carry out *the recent spate of suicide-bomb attacks* in Iraq as the men trained in the camp. ▶ 그 캠프에서 훈련받은 사람들 말고는 최근 이라크에서 동시다발적으로 일어나는 자살폭탄 공격을 감행할 수 있는 사람들이 별로 없다.

The current spate of sex scandals may force him to resign. ▶ 현재 마구 터져 나오는 성추문 때문에 그가 사임해야 할지 모른다.

deluge ☞ 구약성서에 나오는 노아의 대홍수

"Should the government go ahead without community participation, it will only end up facing *a deluge of protests* like some previous development projects," he added. ▶ 만일 정부가 지역사회의 참여를 배제한 채 진행한다면, 이전 개발처럼 마구 쏟아지는 항의에 직면하는 결과를 낳을 뿐일 것이라고 그는 덧붙였다. ♣ *will only* : 그렇게 해봤자 ~라는 좋지 않은 결과를 낳을 **뿐일 것이다** 참조

평소에는 잠잠하다가 여러 가지 (특히, 불행한/좋지 않은) 일이 **한꺼번에 일어나다**

It never rains but it pours ☞ 평소에는 비가 잘 오지 않다가 어쩌다 한번 왔다 하면 장대같이 쏟아진다

With bus fares spiraling, many people are forced to walk long distances to and from work. When the eighteenth century satirist Jonathan Swift allegedly coined the proverb "*It never rains but it pours*," he could not have forecast how aptly it describes Zimbabwe's worsening situation. ▶ 버스 요금이 마구 치솟고 있는 상황에서 많은 사람들이 집과 직장 사이의 먼 길을 걸어갈 수밖에 없다. "It never rains but it pours"라는 표현을 처음 만들었다고 알려진 18세기 풍자 소설가 조나단 스위프트도 이 표현이 짐바브웨의 악화되는 상황을 적절하게 묘사하리라는 것을 예측하지 못했을 것이다. ♣ *coin* : 새로운 단어/용어 등을 **만들다** 참조

Why are some Shakespeare plays staged repeatedly, while others remain neglected? *It never rains but it pours*, however, and on Saturday you can catch up with no fewer than three of his lesser-performed works. Running back to back in an all-day marathon are Henry VI, Edward IV and Richard III — only the last of which is staged with any frequency. ▶ 평소에는 잘 볼 수 없었던 여러 세익스피어 작품들(Henry VI, Edward IV and Richard III)이 한꺼번에 무대에 올려진다는 이야기다.

하

Misfortunes/calamities never come single

They assert that happiness never comes in pairs; ***calamities never come single***.

주 우리말의 "화불단행(禍不單行)"에 해당한다.

한때는 ~이었던 (사람)
one-time

erstwhile ☞ Formal

Japan's postwar edifice has rested on two mighty pillars. The first is its military alliance with the US, ***its erstwhile conqueror***, under whose nuclear umbrella Japan has sheltered since 1945. The second is the Liberal Democratic party, stalwart defender of that alliance. ▶ 일본의 전후 체제는 두 가지의 버팀목에 의지해 왔다. 첫 번째 것은 한때는 정복자였던 미국과의 군사동맹인데, 1945년부터 미국의 핵 우산의 보호를 받고 있다. 또 다른 하나는 미일동맹의 강력한 지지자인 자유민주당(자민당)이다.

Erstwhile milkman, truck driver, model, body builder and coffin polisher — it was as James Bond that Sean Connery found his fame and fortune. As he celebrates his 80th birthday, will he ever escape the shadow of 007? ▶ 한때는 우유 배달부, 트럭 운전수, 모델, 보디 빌더, 그리고 관 닦는 사람이었던 숀 코네리에게 명성과 부를 안겨준 것은 (007 영화의) 제임스 본드 역할이었다. 80회 생일을 맞이하는 그가 과연 007의 그늘을 벗어날 수 있겠는가?

한때는 ~했던
과거 특정한 때는 그러했지만 지금은 더 이상 아닌

once

He has forced his political opponents out of office, weakened other branches of government and intimidated ***the once free media*** into near-total silence. ▶ 그는 정적들을 자리에서 몰아냈으며 다른 정부 기관들을 약화시켰고 한때는 자유를 누리던 방송매체를 위협하여 거의 아무 소리도 내지 못하게 했다.

The park is, ***once lovely***, but now ruined by new buildings. ▶ 한때는 멋졌던 그 공원은 지금은 새 건물들 때문에 파괴되었다.

Able to lug heavy loads for days without water, camels — ***once the only reliable form of desert travel*** — are giving way to pickup trucks. ▶ 여러 날 동안 물도 마시지 않고 무거운 짐을 나를 수 있는 한때는 사막 여행에서 믿을 만한 유일한 운반수단이었던 낙타가 이제 픽업 트럭에 자리를 내주고 있다. ♣ ***give way to*** : **길을 비켜주다** 참조

My memory isn't as good ***as it once was***. ▶ 내 기억력은 예전과 같지 않다.

$244,000 was winning bid for a 1999 Volkswagen Golf IV ***once owned*** by Joseph Ratzinger, now Pope Benedict XVI in an internet auction. ▶ 한때는 Joseph Ratzinger(교황 베네딕트 16세의 세속 이름)가 소유하던 1999년형 폭스바겐 골프 IV가 한 인터넷 경매에서 24만 4천 불에 낙찰되었다.

남들보다 한발 앞서다
한발 앞서 나가다

keep/stay one step ahead of

Tony Blair will set out his philosophy on law and order today, stressing the need to "rebalance" the justice system to ***stay one step ahead of modern crimes***. ▶ 토니 블레어 영국 수상은 현대 범죄보다 한발 앞서 나가기 위해 사법제도를 재정비할 필요성을 강조하면서 법질서에 대한 그의 철학을 표명할 것이다.

International investors are always trying to ***keep one step ahead of the competition***. ▶ 국제 투자자들은 경쟁에서 한발 앞서 나가려고 항상 노력한다.

(적막하고 깜깜한) 한밤중에
야음에; 야음을 틈타

in the dead of the night; at dead of night

In the dead of the night, he broke up his camp and fled. ▶ 그는 한밤중에 텐트를 걷고 도망갔다.

The US president was originally scheduled to meet with al-Maliki and his cabinet in a video-conference from Camp David. But instead he chose to fly out to Iraq ***in the dead of the night*** with only a few aides and some reporters briefed and sworn to secrecy. Bush said he wanted to meet al-Maliki face-to-face. ▶ 미국 대통령은 원래 캠프 데이비드에서 이라크 수상 알 말라키 및 그의 각료들과 화상 회의를 하기로 되어 있었다. 그러나 대신 그는 몇몇 수행원들과 일정에 대해 브리핑을 받고 비밀에 부치기로 맹세한 기자들을 대동하고 한밤중에 이라크로 날아갔다. 부시 대통령은 알 말라키와 얼굴을 맞대며 회의하고 싶었다고 말했다.

He flied illegally into the country ***at dead of night***. ▶ 야음을 틈타 그는 비행기로 그 나라에 불법 입국했다.

한 배를 타고 있는
같은 배를 타고 있는; 같은 처지에 있는; 동병상련의 처지에 있는; 운명을 같이하는

in the same boat

We're all ***in the same boat***, so to speak. ▶ 말하자면 우리 모두 한 배를 타고 있다.

In fighting the global financial crisis and striving to improve their economies, the two also are ***in the same boat***. However, they are far apart on how to reconstruct the collapsed international financial order. ▶ 국제 금융위기에 대처하며 국가 경제를 호전시키기 위하여 노력하고 있다는 점에서 (미국과 중국) 두 나라는 같은 처지에 있다. 그러나 붕괴된 국제 금융질서를 어떻게 다시 바로 잡는가 하는 점에 관해서는 서로 매우 다른 입장을 가지고 있다.

한 움큼
소수/소량의/몇 안 되는 사람/물건 (많지 않다는 것을 강조하는 표현)

a handful of

There have been several careful studies on nation-building efforts in Iraq. But Rumsfeld refers to none of them, basing his view on ***a handful of*** misleading factoids and anecdotes. ▶ 이라크에서 어떻게 새롭게 국가를 건설해야 하는지에 대한 여러 가지의 면밀한 연구들이 있었다. 그러나 (당시 국방부 장관이던) 럼스펠드는 이런 연구 결과는 전혀 참고하지 않은 채 몇 안 되는 잘못 알려진 사실과 비화에 의존하여 판단을 내렸다.

Human beings tend to fall back on ***a handful of*** common mistakes when analyzing complex situations. ▶ 인간들은 복잡한 상황을 분석할 때, 누구나 가지고 있는 소수의 잘못된 생각에 의존하는 경향이 있다.

The American choreographer was among ***a handful of*** 20th-century figures to make dance a major art and a major form of theater. ▶ 이 미국 안무가는 춤을 중요한 예술의 하나로 그리고 중요한 무대 공연 형식의 하나로 만든 몇 안 되는 20세기 인물 중의 한 사람이었다.

한입도 더 못 먹겠다
배가 몹시 부르다

cannot eat another bite

Most of us eat until we are full enough that we ***can't eat another bite***. Stop just before that full feeling. ▶ 우리 대부분은 한입도 더 못 먹을 정도로 배가 부를 때까지 먹는다. 포만감을 느끼기 전에 수저를 놓아라.

책, 자동차 등과 같은 상품의 **한정 생산**
수량이 한정되어 있으므로 나중에 가치가 높아질 것이라는 의미를 담고 있음

limited edition

Most of Lauren's cars were produced ***in limited editions***. ▶ Lauren은 대부분의 자동차를 수량을 한정하여 생산했다.

The publisher printed the book ***in a limited edition*** of 1,000 copies. ▶ 출판사는 그 책을 한정판으로 천 부만 찍었다.

한 줄로 나란히 서서

(in) single file

We were walking ***in single file*** to the stadium. ▶ 우리는 그 경기장에 한 줄로 나란히 서서 걸어 들어가고 있었다.

Nearly 400 graduates marched into their commencement ***single file***. ▶ 400명 가까이 되는 졸업생들이 한 줄로 나란히 서서 졸업식장으로 행진했다.

한 줄로 나란히 서서 나가다

file out of

More than a thousand mourners ***filed out of*** the church on Friday and embarked on a journey to bury a fallen Marine. ▶ 천 명이 넘는 추모객들이 금요일 한 줄로 서서 교회 밖을 나와 전사한 해병을 묻기 위해 길을 떠났다.

한 줄로 나란히 서서 들어가다

file into

The sun was still rising Saturday morning as military retirees ***filed into*** the dining hall for breakfast. ▶ 토요일 아침 퇴역 군인들이 아침식사를 하기 위하여 한 줄로 나란히 서서 식당으로 들어갈 때 태양은 아직 떠오르는 중이었다.

한 지붕 아래서 지내는
같은 집/건물에 살고 있는; 한 자리에 모여 있는

under the same/one roof

We are very pleased to have this opportunity to come together ***under the one roof*** to exchange ideas and knowledge, and build valuable partnerships. ▶ 생각과 지식을 교환하고 소중한 협력체제를 구축하기 위하여 한 자리에 모이는 이 기회를 갖게 되어 우리는 매우 기쁘다.

They are living ***under the same roof*** but on separate floors. ▶ 그들은 한 지붕 아래지만 서로 격리된 층에서 살고 있다.

한창 때가 이미 지났다
한물갔다

have seen better days ☞ 한때 좋은 시절이 있었다

The existing hall, built in 1949, ***has seen better days*** and the village hall committee set about finding a replacement. ▶ 1949년에 지어진 현재 건물은 이미 한물갔으며 마을회관 위원회는 대체 건물을 찾기 위한 작업에 착수했다.

The singer ***has seen better days***. ▶ 그 가수는 한때 유명 가수였다.

이전보다 어떤 성질/성격이 놀랄 정도로 **한층 더 강하다**는 것을 강조하는 표현

yet + 형용사 비교급

Yet bigger satellites will be sent up into orbit. ▶ 놀랍게도 이전보다 훨씬 큰 인공위성이 궤도로 쏘아 올려질 것이다.

He may prefer ***a yet more radical option***. ▶ 그는 이전보다 한층 더 급진적인 선택을 할지도 모른다.

한층 더 노력하다
특별한 노력을 기울이다; 가일층 노력하다

go/walk the extra mile

The government is determined to ***go the extra mile*** for economic recovery. ▶ 정부는 경제회복을 위하여 한층 더 노력을 기울이기로 하였다.

Sometimes you' ve got to ***walk the extra mile*** for something you believe in. ▶ 가끔은 네가 믿는 무언가를 위하여 가일층 노력해야 한다.

~을 하면 혹은 그렇다면 **한층 더 좋다**
더욱더 좋다

all the better; so much the better

If they are intelligent and good-looking, that is ***all the better***. ▶ 만일 그들이 지적이고 외모가 훌륭하다면 더욱더 좋다.

If it brings attention to both sides, ***so much the better***. ▶ 이것이 양측의 관심을 끌 수 있으면 한층 더 좋다.

한치도 양보하지 않다
조금도 물러서지 않다

not give an inch to

We ***should not give an inch to*** the terrorism. ▶ 우

리는 테러행위에 한치도 물러서면 안 된다. 《Tony Blair 영국 수상이 7/7 London terror 후 기자회견(7/26, 2005)에서 한 말이다.》

The company is determined ***not to give an inch to*** workers. The workers claim they have waited too long without pay rise. ▶ 그 회사는 직원들에게 한치도 양보하지 않으려 한다. 너무나 오랫동안 임금인상을 기다려 왔다고 직원들이 주장한다.

한치 앞을 못 본다
시야가 너무 좁다; 너무 근시안적이다

not look/see beyond the end of one's nose

It seems that most politicians in this country ***cannot see beyond the end of their noses***. ▶ 이 나라의 대부분 정치인들은 한치 앞을 못 보는 것 같다.

Self-proclaimed privacy advocates who would close yet more public records need to ***look a little further than the end of their noses***. ▶ 공공기록을 공개하면 안 된다고 주장하는 자칭 사생활 보호주의자들은 좀더 멀리 내다볼 필요가 있다. ♣ *self-proclaimed*: 스스로 남들에게 자신이 ~이라고 **공언하는** 참조

한편으로는 ~이 사실이다
어떤 측면/의미에서는 ~이 사실이다

in a way

"***In a way***, it was the export of uranium that financed the military buildup that allowed the North to invade the South in 1950," says a former Russian diplomat. ▶ "한편으로는 북한이 1950년 남한을 침략하기 위한 군사력 강화 비용을 우라늄 수출을 통해 조달했다는 것이 사실이다"라고 전 러시아 외교관이 말한다.

What doctors really need to head off a runaway epidemic is an effective vaccine. In fact, it was a vaccine trial that took him to China in the first place. ***In a way***, China is an ideal place to conduct vaccine research. ▶ 마구 번져가는 전염병(에이즈)을 예방하기 위해 의사들이 정말로 필요로 하는 것은 효과적인 백신이다. 사실상, 그가 제일 먼저 중국에 간 것은 백신을 실험하기 위해서였다. 어떤 의미에서는 중국이 백신연구를 수행하기 위한 이상적인 장소라는 것이 사실이다.

(너무 놀라거나 기막혀) 할 말을 잊은
무슨 말을 할지 모르는

be lost for words

I ***am lost for words***. She is so beautiful. ▶ 나는 할 말을 잊었다. 그녀는 너무나 아름답다.

이야기하는 도중 다음에 할 말을 잊어버리다

lose one's train of thought

He looks frail, ***losing his train of thought***, repeating stories, and asking that a question or two be repeated. ▶ 그는 이야기하는 도중 다음에 할 말을 잊어버리거나 했던 이야기를 다시 하고 질문을 못 알아듣고 다시 해달라고 부탁하기도 하며 매우 병약하게 보인다.

Today, she has a benign brain tumor that causes her to sometimes ***lose her train of thought***. ▶ 현재 그녀는 이야기하는 도중 가끔씩 할 말을 잊어버리는 증상을 일으키는 양성 뇌종양을 가지고 있다.

~을 제대로 할 수 있는

be up to

His fellow-directors ***were*** not ***up to running the business*** without him. ▶ 그의 동료 감독들은 그 사람 없이는 그 일을 제대로 수행할 수 없었다.

The two Iraqi printing plants ***were*** not ***up to the Job***. ▶이라크에 있는 두 개의 인쇄 공장만으로는 그 일(새로운 이라크 지폐를 인쇄하는 작업)을 제대로 할 수 없었다.

가격이 할인된
가격이 정상가격보다 싼; 헐값에 파는

cut-price(영국); cut-rate(미국)

Cut-price champagne could become a thing of the past as French producers cash in on soaring demand for the high-end tipple. ▶ 프랑스 생산업체들이 비싼 최고급 술에 대한 수요가 치솟는 덕에 이익을 챙기고 있기 때문에, 할인된 샴페인은 지나간 이야기가 되었다. ♣ *thing of the past*: **과거사**; *cash in on*: 어떤 상황 등을 (주로 부당한 방법으로)

하

이용하여 **이익을 챙기다**; *high-end*: 특정한 부류에서 가장 **비싼** 참조

The former official should face criminal prosecution for selling city-owned property to friends and relatives *at cut-rate prices*. ▶ 그 전직 관리는 시 소유의 재산을 친구들과 친척들에게 헐값에 판 죄로 형사처벌을 받아야 마땅하다.

허락/권리도 없이 **함부로 만지다**
건드리다; 고치다

tamper with

He was accused of *tampering with the evidence*. ▶ 그는 함부로 증거를 고친 혐의로 기소되었다.

Thieves broke into the Revenue Authority offices on Monday night and *tampered with* or destroyed *28 computers*. Vital information on various large taxpayers was lost. ▶ 도둑들이 월요일 밤 국세청 사무실에 침입하여 28개의 컴퓨터를 함부로 만지거나 망가뜨렸다. 세금을 많이 내는 다양한 납세자들에 대한 중요한 정보가 손실되었다.

Neither does China want to be put in the position of having to *tamper with its stability anchor*— the currency peg — especially if its financial system and economy would be put at risk. ▶ 중국 역시 자국의 금융시스템 및 경제를 위험에 빠뜨릴 수도 있기 때문에 고정환율제도를 함부로 건드리려고 하지 않는다.

합당한 선 안에서
상식을 벗어나지 않는 범위 내에서; 너무 지나치지 않을 정도로

within reason

She also suggested saving for retirement or an investment in home repairs or energy-efficient improvements. "And finally, treat yourself," she said. "Eat dinner at that special restaurant, or buy that item you've had your eye on, *within reason*." ▶ 또한 그녀는 은퇴 후를 위해서 혹은 집을 수리하거나 에너지 효율을 높이는 데 쓰기 위해 저축할 것을 권한다. "그러고 난 다음 여유가 있으면 당신을 위해서 쓰라"고 그녀는 말했다. "합당한 범위 내에서 맛있는 저녁도 사먹고 눈여겨 봐둔 물건도 사라."

The employees can use hands-free headsets on the job *within reason*. ▶ 직원들은 너무 지나치지 않은 범위 내에서 일하면서 헤드폰으로 음악을 들을 수 있다.

합병증

complication

She died of *complications from kidney disease*. ▶ 그녀는 신장질환으로 인한 합병증으로 사망했다.

Blindness is *a common complication of diabetes*. ▶ 시력을 잃는 것은 당뇨병의 흔한 합병증의 하나다.

합의(안)을 끌어내다
합의(안)을 도출하다

put together an agreement; strike an agreement

The legislators have to *put together an agreement* on a revised supplementary appropriation bill before the end of the fiscal year 2003. ▶ 2003년도 회계연도가 끝나기 전에 의원들은 추가예산 수정안에 대한 합의를 끌어내야 한다.

Failing to *strike an agreement* with the company proved to be fatal. ▶ 그 회사와 합의안을 도출하는 데 실패한 것은 치명적이었다.

합의하에 이루어진

consensual

He acknowledges that sex took place but insists it was *consensual*. ▶ 그는 섹스를 했다는 것은 인정하지만 합의하에 이루어졌다고 주장한다.

여럿이 **합쳐져서 큰 집단/시스템을 이루다**

coalesce into ☞ Formal

Cities, if not restricted, tend to *coalesce into*

bigger and bigger conurbations. ▶ 도시들은, 제한을 받지 않을 경우, 서로 합쳐져서 점점 더 큰 광역도시를 이루려는 경향이 있다.

Nipplegate reverberations ***coalesced into*** legislation that increased fines tenfold for stations that breach indecency standards, as the U.S. House passed the Broadcast Decency Enforcement Act by a vote of 379-35 on Wednesday. ▶ 젖꼭지 사건(2004년 미국 슈퍼볼 경기 하프타임 공연에서 여가수 Janet Jackson이 오른쪽 젖꼭지를 드러낸 사건)의 여파로 방송윤리규정의 위반에 대한 벌금을 10배로 올리는 법안이 만들어지기에 이르렀다는 이야기다.

항상 같은 상태를 유지하는
언제나 변함없이 같은 상태를 유지하고 있는

ever-

Pine tree is ***an ever-green tree***. ▶ 소나무는 상록수의 일종이다.

Our roads cannot handle ***the ever-increasing traffic*** anymore. ▶ 우리 도로는 항상 증가하기만 하는 교통량을 더 이상 수용할 수 없다.

어떤 일에 대하여 몹시 분개하여 강력하게 항의하는
강력하게 대항하는; 저항하는

up in arms

A few years ago gas was $1.50 then suddenly went up to $1.90 and everyone ***was up in arms***. ▶ 몇 년 전까지만 해도 휘발유는 갤런당 1.5달러였는데 1.9달러까지 올라 모두 몹시 분개하여 강력하게 항의하였다.

Employees ***are up in arms*** over the plans and have been striking for the past five weeks. ▶ 종업원들이 그 계획에 대하여 강력하게 저항하며 지난 5주간 동안 파업 중이다.

He allegedly instigated them to ***rise up in arms*** against the government. ▶ 정부에 대항하여 무장하고 일어서도록 그가 그들을 선동했다고 한다.

주 무장하고(무기를 들고 싸울 준비를 끝내고) 강력하게 저항한다는 의미다.

해고 통지(서)
면직 통지(서) (dismissal notice)

walking papers ☞ Informal

He was given ***his walking papers*** last week. ▶ 그는 지난주에 해고 통지서를 받았다.

전혀 해롭지 않은
무해한; 악의가 없는

innocuous ☞ 뱀이나 약 등에 독이 없는, Formal

Even seemingly ***innocuous words*** are offensive in certain contexts. ▶ 심지어 전혀 악의가 없는 것처럼 보이는 말들도 특정한 문맥 안에서는 모욕적으로 들린다.

매우 큰 해를 끼치는
악성의; 치명적인; 매우 해로운

pernicious ☞ 유독한, Formal

Politicians in Washington are getting nervous because of two ***pernicious problems*** facing the U.S. economy: a lackluster job market, and America's massive foreign-trade deficit. ▶ 미국 경제가 직면하고 있는 활기를 잃은 인력시장과 엄청난 규모의 대외무역수지 적자라는 두 가지 치명적인 문제점들 때문에 워싱턴 정치인들은 점점 신경이 날카로워지고 있다.

Accusing the government of trying to destroy the foundations of public sector, they today said the trade unions were contemplating a national general strike to protest the "***pernicious economic policies***." ▶ 정부가 공공부문의 근간을 파괴하려 한다고 비난하면서, 노동조합들이 매우 큰 해를 끼치는 그 경제 정책에 항의하기 위하여 범국가적인 파업을 고려하고 있다고 그들은 오늘 말했다.

아무런 이유도 없이 고의적으로 해를 끼치는

wanton

They turned their guns on one another and killed more than 30,000 Kabul civilians in ***wanton bombardments***. ▶ 그들은 서로에게 총을 겨누었고 아무런

이유도 없이 포격을 가하여 무고한 3만 명 이상의 카불 시민들이 목숨을 잃었다.

With Israel's current bombardment and invasion of the Gaza Strip, described by Amnesty International as "*wanton destruction* and collective punishment," many journalists are erroneously reporting that Israel withdrew from the territory after 38 years of occupation. ▶ 국제 사면 위원회가 "이유 없는 고의적인 파괴와 집단 형벌 행위"라고 표현한 가자지구(Gaza Strip)에 대한 이스라엘의 포격 및 침략이 현재 진행되고 있는 상황에서, 많은 기자들이 이스라엘이 38년간의 점령을 끝내고 그 지역에서 철수했다고 잘못된 보도를 하고 있다.

해를 끼치다
악영향을 미치다

do a disservice to ☞ Formal

Many say the strike is *doing a disservice to* the nation. ▶ 많은 사람들이 그 파업이 국가에 해를 끼치고 있다고 말한다.

The recent editorial *does a disservice to* our reputation. ▶ 이 최근 사설이 우리의 평판에 악영향을 미치고 있다.

남에게 짓궂게 굴거나 못된 짓을 하려다가 오히려 자신에게도 **해를 끼치다**

cut off one's nose to spite one's face

Denying these students access to an education is *cutting off your nose to spite your face*. Many have lived here almost their whole lives, and with an education can contribute to the economy, support themselves and their families and have a far lower chance of needing some sort of social services. ▶ (국가 예산을 절감하기 위하여) 이 학생들에게 교육받을 기회를 주지 않으려 하다가 오히려 국가에 해를 끼치고 있는 형국이다. 많은 사람들이 거의 평생을 이곳에서 살아왔으며, 교육을 받는다면 경제에 기여할 수 있고 그들과 가족들을 부양할 수 있기 때문에 사회복지 혜택이 필요한 경우가 크게 줄어들 것이다(사회복지에 드는 국가예산을 크게 절감할 수 있을 것이다).

Put another way, the voters *cut off their noses to spite their faces*. They chose to put blame on the party that inherited the mess, and to make a statement by giving power to the party that created the problems in the first place. The spotlight should be on the citizens that cast ballots tonight. Because they made their choices, and they (and all of us) now have to live with the consequences. Tonight, democracy worked perfectly, as it always does. But working doesn't mean we got what's best, only what we deserve. ▶ 다른 방법으로 표현해 보자. 유권자들은 홧김에 일을 저질러 오히려 자신들이 해를 입게 되었다. 유권자들이 엉망인 국정을 물려받은 당에게 비난을 돌리고, 맨 먼저 문제를 일으킨 당에게 힘을 실어주기로 결정해 버렸다. 오늘 저녁 투표한 시민들에게 주목해야 한다. 왜냐하면 그들이 선택을 내렸고 그들 (그리고 우리 모두) 결과를 받아들여야 한다. 오늘 저녁 민주주의가 훌륭하게 작동했다, 언제나 그랬던 것처럼. 그러나 이 말은 우리가 최선의 결과를 얻었다는 것이 아니고 오직 우리에게 합당한 결과을 얻었다는 것을 의미한다.《에드워드 케네디 민주당 상원의원이 사망하여 공석이 된 메사추세츠 주 상원의원 자리를 놓고 2010년 1월 19일 민주당과 공화당이 대결을 벌였지만 전통적인 민주당 텃밭에서 그만 민주당이 패하고 만 사실을 놓고 하는 말이다. 8년간 공화당 부시 정부가 국정을 엉망으로 만들어 놓았고 민주당이 정권을 인수하여 고작 11개월밖에 지나지 않았는데도 불구하고, 유권자들이 국가 경제가 엉망이라며 불만을 품고 민주당에 등을 돌렸다며 개탄하는 글이다.》

주 남에게 험상궂게 보이기 위하여 칼로 자기 코를 벤다는 의미다. 이 표현의 유래에 대해서 여러 가지 설이 있다. 그 중 하나는 다음과 같다. 800년대 중반에 바이킹이 스코틀랜드에 상륙하여 수도원을 침략하자 수녀들이 자신들의 몸을 지키기 위하여 험상궂게 보이려고 일부러 코를 잘랐다고 한다. 그런데 그 모습이 하도 역겨워서 바이킹들이 그만 수도원에 불을 질러 홀랑 태워 버렸다고 한다. "홧김에 혹은 복수하는 심정으로 일을 저지르다 자신에게 해를 입히다"라는 의미로도 사용된다. "빈대 잡으려고 집에 불 놓는다 혹은 초가삼간 태운다"는 우리 속담과 일맥상통한다.

남들이 자신에게 **해를 끼치더라도 똑같이 보복하지 않고 참고 견디다**

turn the other cheek

The movie explores whether people, when pushed beyond their limits, will *turn the other cheek* or hit back. ▶ 그 영화는 사람들이 인내의 한도를 넘

는 지경까지 내몰렸을 때 또 다른 뺨을 돌려 대는지 아니면 맞대응을 하는지 알아본다.

Hindu in its most extreme form doesn't condone violence upon the weaker but doesn't speak of "*turning the other cheek*" either. ▶ 극단적으로 말하자면 힌두교는 약자에 대한 폭력을 용서하지 않는다. 그렇다고 한 쪽 뺨을 맞았을 때 보복하지 말고 다른 뺨을 대라고 가르치지도 않는다.

주 신약 성경 마태복음 5장 39절에서 유래되었다: "If someone strikes you on the right cheek, *turn* to him *the other* also." "누가 네 오른쪽 뺨을 때리거든, 왼쪽 뺨마저 돌려 대어라."

어떤 일에 대해서 책임을 지고 다른 사람에게 **해명할 의무가 있는**
설명/소명할 의무가 있는

accountable to someone **for** something

They have previously defended the accounts — nearly $22,000 per council member — as a vital way to pay for small projects that may not otherwise get funding in a tight county budget, and have said they are *accountable to constituents for how they spend it*. ▶ 그들은 빠듯한 카운티 예산으로는 충당할 수 없는 소규모 프로젝트를 위해 꼭 필요하다며 의회 의원당 2만 2천 불씩 할당한 것을 변호하면서 의원들은 카운티 주민들(유권자들)에게 그 돈을 어떻게 사용하는지 설명할 의무가 있다고 말했다.

한동안 얼어붙었던 관계가 **해빙되다**
소원했던 관계가 다시 회복되다

thaw ☞ 명사형으로도 사용

At least this second meeting had helped to *thaw* the atmosphere. ▶ 적어도 두 번째 회의는 분위기를 해빙시키는 데 도움이 되었다.

Senior Iranian official notes, "There is no need for an unending crisis in U.S.-Iranian relations." But Administration hard-liners oppose *any thaw*, insisting the only sound policy toward Iran is on pressing for regime change. ▶ 이란 고위 관리는 미국과 이란과의 위기상황이 지속되어야 할 필요성이 없다는 데에 주목하고 있다. 그러나 미국 행정부의 강경파들은 이란에 대한 확실한 정책은 정권교체의 압력을 가하는 것뿐이라고 주장하면서 어떠한 관계회복도 반대한다.

His visit is one of the most striking results of *the thaw* in relations between East and West. ▶ 그의 방문은 동서 관계의 해빙으로 인한 가장 두드러진 결과들 중의 하나다.

문제나 어려운 상황 등이 **해묵은**
매우 오랫동안 지속되는

perennial ☞ 여러 해 동안 계속되어 온

The country is suffering *the perennial urban problems* of drugs and homelessness. ▶ 그 나라는 마약과 노숙이라는 해묵은 도시문제들로 고통을 겪고 있다.

There is *a perennial shortage* of well-trained engineers. ▶ 잘 훈련된 엔지니어의 부족현상이 매우 오랫동안 지속되고 있다.

특정한 주제에 관하여 지식이 **해박한**

savvy ☞ '해박한 지식'이라는 명사형으로도 사용, **Informal**

Most *film-savvy Westerners* don't know, or care, that India also possesses a huge national cinema that rivals Hollywood in quantity and quality. ▶ 대부분 서구의 영화 전문가들은 인도가 질과 양에서 할리우드를 대적할 만한 엄청난 규모의 국립 영화 제작소를 또한 가지고 있다는 사실을 모르고 있거나 혹은 별 관심을 두지 않는다.

The average Brit over the age of 50 is now 100 per cent *computer savvy* — and spends 26 hours a week online. Emailing, internet banking and shopping means the over 50s spend around 1,369 hours or 57 days a year logged on to the worldwide web. ▶ 50세가 넘은 보통 영국인은 컴퓨터 지식이 매우 해박하며 일주일에 26시간 인터넷을 하며 보낸다. 이메일, 인테넷 뱅킹과 쇼핑으로 50세가 넘는 사람들은 일 년에 1,369시간 혹은 57일을 컴퓨터 앞에서 보낸다.

하

특정한 주제에 관하여 지식이 **해박한 사람**
전문가(expert)

pundit

Global warming pundit, Al Gore, star of the hit global warming movie, "Global Warming" had little to say to reporters who asked the former VP (Vice President) exactly which part of the globe might actually be globally warming. ▶ 지구 온난화 전문가이며 지구 온난화를 다룬 영화(The inconvenient truth: 불편한 진실)에 출연한 알 고어 전 미국 부통령은 정확하게 지구의 어느 지역에서 실제로 온난화 현상이 발생할 것인가에 대한 기자들의 질문을 받았을 때 아무 대답도 하지 못했다. 《알 고어를 비꼬는 이야기다.》

But across the Atlantic there's been a warm reaction to the Beckham's impending arrival. One ***sports pundit*** described it as "Tiger Woods meets Brad Pitt on the red carpet." ▶ 그러나 대서양 넘어 미국에서는 임박한 베컴의 도착을 환영하는 분위기였다. 한 스포츠 전문가는 이를 두고 골프 황제 타이거 우즈가 레드 카펫 위에서 영화배우 브래드 피트를 만나는 것과 같다고 묘사했다. 《영국 축구 스타 데이비드 베컴이 미국 축구리그의 LA팀으로 이적한 것에 관한 이야기다.》

주 인도의 학자, 범학자(梵學者)로 일반 사람들이 의견을 구하러 찾아가는 사람을 말한다.

buff ☞ Informal

He is ***a real film buff***. ▶ 그는 대단한 영화 전문가다.

Reading his travel memoir is like taking a six-day drive with a charming, talkative ***history buff***. ▶ 그의 여행담을 읽는 것은 매력적이며 수다스럽고 역사에 대한 지식이 해박한 사람과 함께 6일 동안 자동차 여행을 하고 있다는 느낌을 준다.

~에 대한 매우 폭넓고 **해박한 지식**
백과사전적 지식

encyclopedic knowledge

She was drawn to him because of ***his encyclopedic knowledge of Afghan culture*** — she calls him "a history book on two feet (walking history book)." ▶ 그녀는 그의 아프간 문화에 대한 폭넓고 해박한 지식 때문에 그 사람에게 관심이 끌렸다. 그녀는 그를 걸어다니는 역사책이라고 부른다.

The chef combines ***his encyclopedic knowledge of New Orleans cuisine*** with his love of the city that he calls home in his new cookbook — NEW ORLEANS FOOD. ▶ 그 요리사는 그의 새 요리책 "NEW ORLEANS FOOD"에서 뉴올리언즈 요리에 대한 백과사전적 지식과 그가 고향이라고 부르는 이 도시에 대한 사랑을 한데 묶었다.

해외의
나라 밖의 ; 외국의

overseas ☞ 형용사와 부사로 모두 사용된다

Every year more than 100 thousands ***overseas visitors*** come to Korea. ▶ 매년 십만 명 이상의 해외 방문객이 한국에 온다.

He has just returned home from ***his long overseas trip***. ▶ 그는 방금 오랜 해외여행에서 집으로 돌아왔다.

Chrysler will be helped by declines in the value of the US dollar as the third-largest US automaker tries to boost sales ***overseas***, President Jim Press said. ▶ 미국에서 3위 규모의 자동차 제조회사 크라이슬러의 짐 프레스 회장은 해외에서 매출을 증가시키기 위하여 노력하고 있는 상황에서 미국 달러의 가치 하락은 회사에 도움이 될 것이라고 말한다.

It is normal to spend a couple of years working in the headquarters before being posted ***overseas***. ▶ 해외로 파견되기 전 본사에서 2년을 근무하는 것이 일반적이다.

abroad ☞ 부사형으로만 사용 ; 동사, be 동사, 명사, from 다음에 사용된다

He is planning to ***study abroad*** ▶ 그는 해외에서 공부하려고 계획 중이다.

While he ***was abroad***, he got a call from India that his mother slipped on the staircase and suffered head injury. ▶ 그가 해외에 체류하는 중에, 그는 그의 어머니가 계단통로에서 미끄러져 머리를 다쳤다는 전화를 받았다.

About three million Italians ***resident abroad*** are eligible to vote in the upcoming elections, scheduled to take place on April 13-14. ▶ 해외에 거주하고 있는 약 3백만의 이탈리아 사람들은 4월 13-14일로 예정된 다가오는 선거에서 투표권이 있다.

More students than ever before are leaving India to pursue ***higher education abroad***. ▶ 그 어느 때보다도 많은 학생들이 해외유학을 위하여 인도를 떠나고 있다.

She would never consider getting a kidney ***from abroad***. She said she is afraid that the kidney would not be well-tested and healthy. ▶ 그녀는 절대로 해외에서 신장을 구하려 하지 않는다. 검사를 제대로 거치지 않았거나 건강하지 않은 신장일 수도 있기 때문에 염려된다고 그녀는 말했다.

간밤에 술을 너무 마셔 머리가 아프다는 핑계로 다음 날 마시는 **해장술**

독을 제거하는 독

a hair of the dog (that bit someone)

If someone has ***a hair of the dog***, they have an alcoholic drink as a way of getting rid of a hangover, the unpleasant effects of having drunk too much alcohol the night before. It is commonly used as a way of excusing having a drink early on in the day. ▶ 어떤 사람이 해장술을 마신다면 간밤에 술을 너무 마셔서 나타나는 숙취를 제거할 수 있다고 생각하기 때문이다. 이른 시간부터 술을 마시는 핑곗거리로 종종 사용된다. ♣ ***hangover***: **숙취 참조**

A beautiful meditation garden will hopefully help to cure those early morning hangovers. However a trip to the poolside bar for ***a hair of the dog*** remedy might be a better option. ▶ 아름다운 명상공원에서 산책하며 시간을 보내면 이른 아침에 나타나는 숙취를 제거하는 데 도움이 될지도 모른다. 그러나 수영장 옆에 있는 바에서 해장술을 한잔하는 것이 숙취 제거에 더 좋을 수도 있다.

주 개한테 물렸을 경우 광견병(공수병)을 예방하는 데 그 개의 털(털을 태운 재)이 효험이 있다는 옛 이야기에서 유래된 표현이다.

특정한 활동이나 상황에서의 **핵심 인물/사항**

중추적인 인물/사항

fulcrum ☞ 지렛대의 받침, Formal

The issue is ***the fulcrum*** for this discussion. ▶ 그 이슈는 이 토론의 핵심 사항이다.

He is ***the fulcrum*** of our team. ▶ 그는 우리 팀에서 중추적인 인물이다.

행동강령

행동지침/행동규범

code of conduct

Doctors say ***a new code of conduct*** is urgently needed to protect the doctor-patient relationship. ▶ 의사와 환자 사이의 관계를 보호하기 위하여 새로운 행동강령이 필요하다고 의사들은 말한다.

We will never edit or alter your comments, but we do reserve the right to remove comments that violate ***our code of conduct***. ▶ 우리는 당신의 논평을 절대로 편집하거나 변경하지는 않을 것이지만, 우리의 행동규범을 어기는 부분을 삭제할 권리를 분명 가지고 있다.

말을 **행동으로 보여주다**

말로만 하지 않고 실천에 옮기다

put one's money where one's mouth is

The only remedy to the problem is for our elected officials to stop saying they want to improve the country's educational system and start ***putting their money where their mouth is***. ▶ 그 문제에 대한 유일한 해결책은 우리가 선출한 관리들이 이 나라의 교육시스템을 향상시키길 원한다고 말로만 떠드는 것을 중지하고 행동으로 보여주는 것이다.

Now, with a general election on the way, workers want to see politicians ***put some money where their mouths are***. ▶ 총선이 다가오는 상황에서 노동자들은 정치인들이 말로만 하지 않고 실천에 옮겨 주길 바라고 있다.

주 내기에서 좋다고 말하는 것에 실제로 돈을 건다는 의미다.

하

~하게 **행동하다**

play it ~

I believe that you are going to ***play it smart***. ▶ 나는 네가 현명하게 행동하리라 믿는다.

With a sea of reporters eagerly waiting for him a few feet from his locker, he tried to ***play it cool*** by waving everyone over with a confident look on his face. ▶ 인산인해를 이룬 기자들이 그의 라커에서 몇 피트 떨어진 곳에서 기다리고 있는 와중에, 그는 자신 있는 표정으로 그들에게 손을 흔들며 침착하게 행동하려고 노력했다.

He did not ***play it safe***. ▶ 그는 안전하게 행동하지 않았다(그는 위험을 무릅썼다).

행방
소재

whereabouts

The police are anxious to hear from anyone who may know ***the whereabouts of the missing child***. ▶ 경찰은 그 미아의 행방을 알고 있을지 모르는 사람으로부터 연락이 오기를 고대하고 있다.

Police are stepping up their efforts to locate ***his whereabouts***. ▶ 경찰은 그의 소재를 파악하기 위하여 전력을 기울이고 있다.

~한 상황 속에서 **행복을 누리다**
~을 만끽하다 ; ~을 한껏 즐기다

bask in

He ***basked in royal favor***. ▶ 그는 왕실의 총애를 받았다(왕실의 총애 속에서 행복을 누렸다).

The Government issued a heatstroke warning yesterday as much of UK ***basked in scorching temperatures***. ▶ 많은 영국 사람들이 타는 듯한 날씨를 만끽하고 있는 가운데 정부는 어제 심장마비 주의보를 발령했다.

He ***basked in the sun***. ▶ 그는 햇볕을 쬐었다(햇볕을 쬐며 몸을 녹였다).

너무나도 **행복한 상태에 있는**

in seventh heaven

He was ***in seventh heaven*** last Father' s Day. He didn' t just spend the occasion with his adorable twins, more significantly, he also shared the day with his beloved dad who was finally released from jail after 11 long years. ▶ 그는 지난 아버지날에 너무나도 행복했다. 그의 사랑스런 쌍둥이와 그리고 특히 11년이라는 긴 세월 동안 감옥에 있다 마침내 출옥한 사랑하는 아버지와 함께 그날을 보냈다.

Movie buffs will be ***in seventh heaven*** next month with the opening of the 55th Melbourne International Film Festival. ▶ 55회 멜버른 국제영화제가 다음 달에 열리게 되어 영화 전문가들이 무척 행복할 것이다.

♣ *buff* : 특정한 주제에 관하여 지식이 **해박한 사람** 참조

주 고대 유대인들이 생각하는 천국 중의 천국이다.

도대체 어느 **행성에서 사는/온 사람인가?**
도대체 어디서 온 사람인가? ; 너무나 세상물정/주변상황을 모른다 (너무나 이상한 말이나 행동을 하는 사람에게 쓰는 표현이다)

What planet is someone on/from?

We wonder exactly ***what planet he is living on*** these days. ▶ 그는 도대체 요즘 세상물정을 너무 모른다.

what planet are you from? ▶ 도대체 당신은 어느 행성에서 온 사람입니까?

What planet did someone come from?

He wrote in the newspaper that the president went on one of those loony tangents that left his listeners asking: "***What planet did he come from?***" ▶ 대통령의 말을 듣노라면 "도대체 그가 어느 행성에서 온 사람이길래 그러는가"라고 반문할 정도로 대통령이 잘못된 길로 들어섰다고 그가 신문에 기고했다.

외모보다는 **행실/행동이 고와야 한다**
겉보기보다는 내용이 중요하다; 겉보기보다는 실익이 우선이다

handsome is as handsome does

If ***handsome is as handsome does***, the butterfly bush deserves a place in late summer bouquets. True to its name, this acts like a magnet for butterflies. ▶ Butterfly bush(관목의 일종) 자체는 볼품이 없지만 이름에 걸맞게 나비들이 많이 모여들기 때문에 늦은 여름 꽃다발을 만들 때 사용하면 좋다는 말이다.

As my old aunt used to say, ***handsome is as handsome does***. Centers for treatment should be judged on their data not on the presence or absence of amenities. ▶ 나이든 고모님이 늘 말씀하시던 것처럼, 겉보기보다는 내용이 중요하다. 시설이 쾌적하게 잘 갖추어졌는가에 따라서가 아니라 실적에 의해 의료센터들의 우수성이 판단되어야 한다.

Functionalism is the idea that ***handsome is as handsome does***. ▶ 실용주의란 겉보기보다는 실익을 우선으로 하는 개념이다.

beauty is as beauty does

How many times did your grandmother admonish you with ***Beauty is as beauty does*** and other trite aphorisms? ▶ 몇 번이나 당신의 할머니께서 "외모보다는 행실이 우선이다"를 비롯한 다른 진부한 격언으로 당신을 타일렀는가?

주 우리말의 "마음이 고와야 여자지 얼굴만 예쁘다고 여자냐"라는 표현과 비슷하다.

~이 이루어지도록 **행운을 빌다**

keep one's fingers crossed for/that ~; cross one's fingers for/that ~

He is ***crossing her fingers that*** the construction will start soon. ▶ 그는 그 공사가 곧 시작될 수 있도록 행운을 빌고 있다.

I am ***keeping my fingers crossed for*** their survival. ▶ 나는 그들이 살아 있도록 행운을 빌고 있다.

wish someone breaks a leg

To Cody, Kayla and all of the 16 semi-finalists: congratulations and ***break a leg*** this weekend. ▶ Cody와 Kayla 그리고 16강에 든 모든 사람들에게 축하를 보냅니다. 그리고 이번 주말 행운이 함께하길 빕니다.

Sally had been urged by family and friends to ***break a leg*** — and she almost did it when she dramatically crashed off the end of a 4ft-high stage. ▶ 가족과 친구들이 "break a leg"라고 빌어 주었는데 공연 도중 무대에서 떨어지는 바람에 정말로 다리가 부러질 뻔했다.

주 옛날 우리나라에 아이가 태어나면 일부러 "개똥이" 등과 같이 나쁜 이름을 지어주는 관습이 있었다. 너무 이름이 좋으면 귀신이 샘을 내어 아이에게 나쁜 일이 닥친다고 믿었기 때문이다. 이 표현도 이와 유사한 의미를 내포하고 있다. 정설인지는 확실하지 않으나 이 표현의 유래에 관해 다음과 같은 설이 있다. 오래전부터 독일에서 연극이나 오페라 등의 공연을 앞둔 동료 배우에게 성공적이 공연을 기원하는 의미에서 "Halsbruch und Bienbruch(a broken neck and a broken leg)"라는 표현을 썼는데, 제1차 세계대전 이후 이 표현이 점차 영국과 미국으로 전해졌다고 한다.

어떤 일에 대하여 **행운의 여신에게 감사하다**
운이 너무 좋았다는 것을 강조하는 표현

thank someone's lucky stars that ~

We were just holding each other tight and ***thanking our lucky stars that*** we are survivors. ▶ 우리는 서로 부둥켜 안고 우리가 살았다는 사실에 대하여 행운의 여신에게 감사했다.

For Bush, September 11th was a godsend, and he should ***thank his lucky stars that*** he paid no attention to the warning memo of August 6, 2001 and that the FBI paid no attention to the agent who was concerned that flying lessons were being taken by one of the persons who ultimately was a hijacker on 9/11. Had Bush paid attention to the August 6th memo, or had the FBI heeded warnings, there might have been no 9/11, and Bush would have been sunk. ▶ 부시에게는 9/11 테러가 신이 내려준 선물이다. 그가 2001년 8월 6일자 경고 메모에 주의를 기울이지 않았고, 궁극적으로 9월 11일 비행기 납치범이 된 한 수상한 사람이 비행교육을 받고 있다는 사실

에 우려를 표명한 그 요원의 경고에 FBI가 주의를 기울이지 않은 것에 대하여 행운의 여신에게 감사해야 한다. 만일 부시가 그 메모에 주목했거나 FBI가 그 경고를 따랐다면 부시는 침몰했을 것이다. 《9/11 테러가 없었다면 부시가 재선되기 힘들었을 것이라는 이야기다.》 ♣ *godsend*: **신이 내려준 선물** 참조

~을 통과/통관해도 혹은 비행기가 이착륙을 해도 좋다는 공식적인 **허가**
승인

clearance

He has ***a security clearance*** that allows him to access to classified information. ▶ 그는 기밀 정보를 취급할 수 있는 공식 보안허가를 지니고 있다.

Many airplanes are waiting endlessly on the ground or in the air to get ***clearance*** from the Air Traffic Control to land or take off. ▶ 관제탑으로부터 이착륙 승인를 받기 위하여 많은 비행기들이 땅에서 공중에서 하염없이 기다리고 있다.

~의 **허가에 의한**
~의 허락하에; ~의 제공에 의해; ~가 호의를 베풀어; ~의 지원으로 (허락을 받고 남의 글이나 사진 등을 인용하거나, 기타 물건이나 비용을 지원받을 때 감사의 뜻을 표시하는 표현이다)

(by) courtesy of someone

(Photo ***courtesy of Kia Motors America***) Kia Soul Burner is a youth-oriented design with dragon tattoo imagery and a set of twin vertical exhaust pipes. ▶ (사진 미국 기아 자동차 제공) 기아 Soul Burner는 용 문신상과 두 개의 수직 배기관을 가지고 있는 젊은 층을 겨냥한 디자인이다. 《자동차를 소개하는 글과 함께 실린 사진이 허가를 받은 후 게재된 것이라는 의미다.》

Congratulations, you've won a $30 Amazon voucher—***courtesy of our competition sponsors***. ▶ 축하합니다. 당신은 우리 대회의 후원자들이 제공한 30불짜리 아마존 상품권에 당첨되었습니다.

Tell the desk volunteer if you need transportation, which is provided ***by courtesy of Salter Health Care***. ▶ 교통편이 필요하면 자원봉사 안내원에게 말하세요. 교통편은 Salter 의료원이 지원하고 있습니다.

그렇게 해도 좋다는 **허락**

say-so ☞ **Informal**

Don't even think of doing it without ***my say-so***. ▶ 내 허락 없이는 그것을 하려는 생각조차도 하지 마라.

The New York Times is being accused of revealing that the present administration is hell-bent on whittling away American rights without ***the public's say-so***. ▶ 뉴욕타임스는 현 정부가 국민의 허락도 없이 물불을 안 가리고 미국인들의 권리를 침해하고 있다고 보도하여 (현 정부로부터) 비난을 받고 있다. 《부시 행정부가 테러범들을 검거하기 위하여 용의자들의 개인 계좌를 비밀리에 추적하고 있다고 뉴욕타임스가 보도한 사건에 대한 이야기다.》 ♣ *hell-bent on*: 결말이 어찌 되든 소기의 목적을 달성하기 위하여 **필사적인** 참조

권한이 있는 사람 또는 기관으로부터 받는 ~을 해도 좋다는 공식적인 **허락**
승인

green light

On March 15, 2000 ***a green light*** was given by the federal government and the Department of Transportation for this project to proceed. ▶ 2000년 3월 15일 연방정부와 교통부로부터 이 프로젝트를 진행해도 좋다는 공식적인 허락이 떨어졌다.

Food industry was given ***a green light*** to extend the use of these chemicals. ▶ 식품업계는 이 화학원료를 넓게 사용해도 좋다는 공식적인 승인을 받았다.

Other countries are eagerly awaiting ***an American green light*** to lift the sanctions altogether. ▶ 다른 나라들은 경제제재를 모두 해제한다는 미국의 공식적인 승인을 애타게 기다리고 있다.

허리둘레에 붙은 군살
특히 여성이 남성의 허리에 붙은 군살을 부를 때 사용

love handles ☞ 미국, Informal

A new pair of love handles has sneakily and firmly settled itself upon my mid-section. ▶ 나도 모르게 허리 양 옆에 군살이 확 달라붙었다.

Obviously the more body fat you have or the less frequently you exercise each week, the longer it will take for you to get rid of ***your love handles***. ▶ 확실히 체지방이 많거나 운동을 덜 자주 할수록 허리둘레에 붙은 군살을 빼는 데 시간이 더 많이 걸린다.

경제적으로 어려울 때를 대비하여 허리띠를 졸라매다
어려움을 참고 절약하다

tighten one's belt

We have to ***tighten our belts*** for a better future. ▶ 더 나은 미래를 위해서 우리는 허리띠를 졸라매야 한다.

But the fact of the matter is we couldn't ***tighten our belts*** any more. Eventually you ***tighten your belt*** too much, and you start losing competitiveness. ▶ 그러나 현실적으로 우리는 더 이상 허리띠를 졸라맬 수만은 없다. 너무 허리띠를 졸라매면 경쟁력을 잃게 될 것이다.

허리를 꼿꼿이 펴다
몸을 꼿꼿하게 세우다

draw oneself up (to one's full height)

"Well!" said the innkeeper, ***drawing herself up*** indignantly. ▶ 화가 나서 허리를 꼿꼿이 편 채로 여관 주인이 "글쎄요!"라고 말했다.

At first, being small bothered her. Even when she ***drew herself up to her full height*** of 4 feet 10, people looked down on her, and treated her as if she was 11 years old. ▶ 처음에는 키가 작다는 사실이 그녀의 마음을 상하게 했다. 4피트 10인치의 몸을 꼿꼿하게 세워도 사람들은 그녀를 내려다 보았고, 그녀를 11살짜리 아이처럼 취급했다.

He ***drew himself up to his full height*** saying no. ▶ 그는 아니라고 말하면서 몸을 꼿꼿이 세웠다.

허무하고 허영으로 가득 찬 세상/속세
상류사회나 연예인/유명인들의 세계를 칭하는 데 주로 사용된다

Vanity Fair

I helped her select a dress for ***the Vanity Fair party***. ▶ 나는 그녀가 유명인사들이 모이는 파티에 입고 나갈 옷을 고르도록 도와주었다.

조금씩/서서히 허물어지게 만들다
허물어뜨리다; 점점 약하게 만들다

chip away at ☞ 조금씩 쪼아서 무너뜨리다

Indeed, China is steadily ***chipping away at Taiwan's sovereignty*** by stripping the island of nations that still maintain diplomatic relations with Taipei. ▶ (대한민국이 대만과의 공식적인 외교관계를 단절하고 중국과 새로 외교관계를 맺은 것처럼) 사실 중국은 다른 나라들이 대만과의 외교관계를 단절하게 만들어 대만의 독립국가로서의 지위를 지속적으로 허물어뜨리려고 한다.

Chipping away at the Senate's powers as a house of review is part of the Prime Minister's patient strategy for total control. ▶ 감사기관으로서 상원의 힘을 점점 약하게 만드는 것은 완벽한 장악을 위한 수상의 끈질긴 전략의 일부분이다.

Too much work and too little pay ***chipped away at her desire***. ▶ 일은 너무 많은 반면 보수가 너무 적어 (열심히 일해 보고 싶다는) 그녀의 열망이 조금씩 허물어졌다.

잘못된 정보나 계획으로 인하여 ~을 찾느라고 괜한 시간/노력만 허비하는 것
헛고생; 헛수고

wild goose chase

Officials say a man may owe the Coast Guard thousands of dollars after they say he sent them on ***a wild goose chase***. ▶ 한 남자가 (호수에 배 하나가 침몰했다고 거짓말을 해서) 연안경비대가 출동하여 헛고생을 했기

하

때문에 그는 수천 불에 이르는 손해배상을 물어야 할지도 모른다고 담당관들이 말한다.

The dejected Kal-El returns from ***a wild goose chase*** to the rubble of his home planet Krypton. ▶ 고향인 Krypton 행성의 조각을 찾느라고 괜한 시간과 노력을 허비한 후 낙담한 채 주인공 칼이 지구로 다시 돌아온다. 《영화 "Superman Returns"에 대한 이야기다.》

They're looking for a young female who filed a false report by calling 911 and sending emergency response crews on ***a five hour long wild goose chase***. ▶ 그들은 911 전화를 걸어 거짓 신고를 하는 바람에 비상출동 대원들을 5시간 동안 헛고생을 시킨 한 젊은 여성을 찾고 있다.

허세

허장성세 ; 남에게 보여주기 위해 만용을 부리거나 지나친 자신감을 보이는 것

bravado

The President with ***much bravado*** declared that she could crush the leftist in two or three years. Some generals believe ten years would not even be enough. ▶ 대통령은 큰 허세를 부리면서 2~3년 안에 좌파들을 다 없애버릴 수 있다고 선언했다. 일부 장성들은 심지어 10년도 부족하다고 믿고 있다.

He played with élan and ***bravado*** in an era when all teams are concerned about mistakes and turnovers. ▶ 모든 팀들이 실수하여 상대방에게 공을 뺏기는 것을 염려하는 시기에 그는 열정과 만용을 부린다고 생각될 정도로 지나친 자신감을 가지고 경기를 했다. 《미식축구의 어느 공격수에 관한 이야기다.》

허울 좋은 직책을 맡고는 있지만 실질적으로 아무런 힘도 없는 사람

바지저고리

figurehead

He is the group's pick to basically sit as ***a figurehead non-executive chairman***, a part-time position with no real power. ▶ 그는 실질적인 힘이 없는 파트타임 직책인 집행권한이 없는 '얼굴마담' 의장으로 앉히기 위하여 그 그룹이 선택한 인물이다.

주 옛날 범선을 장식하기 위하여 뱃머리에 달았던 사람의 모습을 한 나무 조각상이다. 이 장식은 항해할 때나 싸울 때 아무런 실질적인 도움을 주지 못한다는 의미다. 시쳇말로 '얼굴마담'이다.

법의 **허점**

빠져나갈 구멍

loophole

Corporations are always trying to exploit ***some loopholes*** in the tax law to cut taxes. ▶ 기업들은 언제나 절세를 위해서 세법의 허점을 교묘히 이용하려 한다.

Every tax bill from 1934 to 1993 has been hailed by the members of Congress as ***the ultimate loophole plugger***, but somehow there are still enough of these leaks to drain off billions from the public treasury. ▶ 하원의원들이 1934년에서 1993년 사이에 입법한 모든 세법들을 근본적인 탈세방지 장치라고 큰소리로 외치며 환영했지만, 여전히 국고에서 매년 수십억 불이 새 나가고 있다.

Criminals and kids get guns. And they can do so easily because of ***a gaping loophole*** in state and federal law that allows them to get guns without undergoing a background check or even showing identification. These no-questions-asked transactions occur everywhere from alleyways to flea markets to gun shows. ▶ 범죄자들이나 아이들 모두 총을 구입한다. 신원조회를 거치지 않고 심지어 신분증을 보여주지 않고도 총기를 구입할 수 있도록 허용하는 주와 연방정부 법률의 허점 때문이다. 아무것도 묻지 않고 이루어지는 이러한 총기 거래는 골목길에서부터 벼룩시장, 총기 쇼에 이르기까지 어디서나 일어난다.

주 총기를 설치하거나 망을 보기 위하여 성벽에 뚫어 놓은 구멍을 말한다.

목소리나 웃음이 **허탈한**

공허한

hollow ☞ 속이 텅 빈

His hollow laugh had no mirth in it. ▶ 그의 허탈한

웃음 속에는 기쁨이 전혀 담겨 있지 않았다.

허풍떨다
침소봉대하다; 사소한 일을 아주 큰 일처럼 떠벌리다

make a mountain out of a molehill

Asked about her ongoing feud with Tom, she said, "He's ***making a mountain out of a molehill***." ▶ Tom과의 불화에 관한 질문을 받자 그녀는 "그가 사소한 일을 아주 큰 일처럼 떠벌리고 있다"고 말했다.

They *make a mountain out of a molehill*. The issue is simple and not worth such tension. ▶ 그들은 침소봉대하고 있다. 그 문제는 간단하기 때문에 그렇게 긴장할 필요가 없다.

주 두더지(*mole*)가 굴을 파느라 밖에 쌓아 놓은 조그만 흙더미를 큰 산이라고 허풍을 떤다는 말이다.

허황된 생각
비현실적인 생각; 이루어질 수 없는 꿈

pipe dream

The ideal of one parent staying at home with the kids while the other brings home the bacon may have been the standard 30 years ago, but for many households today, it's little more than *a pipe dream*. ▶ 한 부모는 집에서 아이들을 돌보고 다른 부모는 집에 생활비를 벌어 온다는 관념은 30년 전 기준이다. 오늘날 많은 가정의 경우 이는 단지 허황된 생각에 지나지 않는다. ♣ *bring home the bacon*: 집에 **생활비를 벌어오다**; *little more than*: 단지 ~에 **지나지 않는** 참조

주 마약을 피우면서 하는 생각이다.

외모나 외관이 험악하여 가까이 하기 어려운
험상궂은; 험준한

forbidding

He cast *a forbidding look* at her. ▶ 그는 그녀를 험상궂은 얼굴로 바라보았다.

Many tribes have survived for centuries by smuggling goods through ***the forbidding mountain passes***. ▶ 많은 부족들이 험준한 산악도로를 통한 물품 밀매로 수세기 동안 생계를 유지해 왔다.

The forbidding appearance and inherent strength of the pales provide an effective deterrent to would-be intruders. ▶ 그 울타리는 험악하게 보이고 견고하여 침입하고 싶은 사람들을 억제하는 효과가 있다.

He said the building had been likened to a mausoleum, *a very forbidding building* that is hardly welcoming. ▶ 그 건물은 마치 커다란 무덤 같은 아무도 반기지 않는 가까이 가기 어려운 건물이었다고 그가 말했다.

헛수고
헛고생; 헛걸음; 바보 같은 짓

fool's errand

If you truly support your troops, you do not send them *on a fool's errand*. If you find they're *on a fool's errand*, the cure is to recall them, not send more. ▶ 진정으로 군대 편에 서 있다면 그들에게 헛고생을 시켜서는 안 된다. 그들이 헛수고를 하고 있다면 이를 막기 위한 방법은 더 보내는 것이 아니라 그들을 불러들이는 것이다.《부시 대통령의 이라크 파병군 증강에 대하여 반대하는 사람의 이야기다.》 ♣ *send someone on a fool's errand*: ~에게 헛고생을 시키다.

Trying to prevent a recession at all costs is *a fool's errand* that could ultimately backfire on us all. ▶ 어떤 대가를 치르더라도 경기침체를 반드시 막으려고 애쓰는 것은 궁극적으로 우리 모두에게 역효과를 불러올 수 있는 바보 같은 짓이다. ♣ *at all costs*: 아무리 많은 비용/희생/대가/노력 등이 들더라도 **반드시 ~을 해야 한다**; *backfire*: **역효과를 불러일으키다** 참조

헤아릴 수 없을 정도로 엄청나게
재기 힘들 정도로 (믿기 힘들 정도라는 것을 강조할 때)

beyond measure

The number of personal computers used at home has increased *beyond measure*. ▶ 가정에서 사용되는 개인 컴퓨터의 수가 헤아릴 수 없을 정도로 엄청나게 증가했다.

Without goals, a team wins very few matches.

하

That is why those who have the knack of scoring them are prized ***beyond measure***. Strikers, they are called, more often than forwards. A forward is just the man in front of the rest, but a striker strikes. ▶ 골을 넣지 않고는 경기를 이기기 어렵다. 이 때문에 골을 넣는 기술을 지닌 선수들은 믿기 힘들 만큼 엄청난 돈을 받는다. 그들은 포워드보다는 스트라이커라고 더 자주 불린다. 포워드는 다른 사람들보다 전방에 있는 사람이지만, 스트라이커는 (말 그대로) 타격을 가한다.

어떤 말/단어 등이 **혀 끝에서 맴도는**

생각이 날 듯 말 듯한; 입 밖에 낼 뻔한 (하고 싶은 어떤 말이 목구멍까지 나왔지만 꾹 참은 경우)

at/on the tip of one's tongue

A question on the validity of the plan was ***at the tip of my tongue***. ▶ 그 계획의 타당성에 관한 질문이 목구멍까지 올라왔었다.

It's ***on the tip of my tongue*** every day to tell her how gross it sounds. ▶ 그게 얼마나 이상하게 들리는지 그녀에게 말하고 싶지만 날마다 꾹 참고 있다.

No, there was something else … it's ***on the tip of my tongue*** ……. Oh yes. I remember now. ▶ 저런, 그 밖에 뭔가가 있었는데 혀 끝에서 맴돌기만 하네. 아 이제 생각이 나는군.

혀를 즐겁게 하는

입맛을 돋우는

tongue-pleasing

Like natural oils, olestra also has a creamy, ***tongue-pleasing texture***. ▶ 천연 오일처럼 얼레스트라(저칼로리이며 콜레스테롤이 함유 안 된 지방 대체품) 역시 혀에서 느끼는 감촉이 크림처럼 부드럽고 좋다. ♣ ***texture***: 입안에서 혹은 혀로 느끼는 음식물의 **감촉** 참조

Their head chef will welcome and surprise you in the 4-star restaurant with delightful and ***tongue pleasing culinary masterpieces***. ▶ 4스타 레스토랑의 주방장이 당신을 맞이하여 입맛을 돋우는 멋진 요리로 당신을 놀라게 할 것이다.

구시대적 관습에 젖어 있는 사회/조직/체제에서는 받아들이기 힘든 **혁신적인 사람/사상/주의**

새로운 사람/사상/주의

new wine in an old bottle ☞ 낡은 부대에 담겨 있는 새 포도주

Basically, KANK is about meeting the right people at a wrong time. In the film Shah Rukh and Rani are married to two different people and pretend to be happy despite the dissatisfaction brewing below the surface. One fine day they bump into each other and realize they are made for each other. Shah Rukh describes KANK as a bold film and adds that it is like ***new wine in an old bottle***. ▶ 기본적으로 KANK(인도 영화)는 엉뚱한 시간에 제 사람을 만나는 내용을 다룬다. 영화에서 Shah Rukh와 Rani는 서로 다른 사람과 결혼하여 비록 수면 아래는 불만으로 가득 차 있지만 겉으로는 행복한 척한다. 어느 화창한 날, 그들은 우연히 만나서 상대방이 자신이 원하는 사람이라는 것을 깨닫는다. Shah Rukh는 이 영화가 사회에서 금기시하는 주제를 다룬 대담한 영화라고 말하며 낡은 부대에 담겨 있는 새 술(구시대적 관습에 젖어 있는 인도 사회에서는 받아들이기 힘든 영화)이라고 덧붙인다.

Some political critics have dismissed the party's leader, as merely ***old wine in an old bottle***, betting that his party might win only a few seats at best in the upcoming election in October. ▶ 일부 정치 평론가들은 그 정당의 리더를 구시대적 관습/체제에 젖어 있는 구시대 인물로 여겼으며, 그 정당이 10월에 있을 선거에서 잘해야 몇 개의 의석밖에 얻지 못할 것이라고 장담했다.

What we need is not ***old wine in a new bottle***, but ***new wine in a new bottle***. ▶ 우리에게 필요한 것은 새로운 시대에 적합한 새로운 제도다. 새 부대에는 오래된 포도주가 아니라 새 포도주를 담아야 한다.

주 신약성서 마태복음 9장 17절에서 유래되었다: "Neither do men pour new wine into old wineskins. If they do, the skins will burst, the wine will run out and the wineskins will be ruined. No, they pour new wine into new wineskins, and both are preserved." "새 포도주를 낡은 가죽 부대에 담는 사람은 없다. 그렇게 하면 가죽 부대가 터져서, 포도주는 쏟아지고, 가죽 부대는 못 쓰게 된다. 새 포도주는 새 가죽 부대에 담아야 둘 다 보존된다."

현금
현찰; 경화(硬貨) (개인 수표나 어음 등이 아닌 지폐나 동전)

hard cash; cold cash; cold hard cash (Informal)

If you do not have ***the hard cash*** to spend, no problem, credit card companies are offering you alluring offers to spend — "buy now, pay later". ▶ 쓸 현금이 없더라도 아무 문제가 없다. 신용카드 회사들이 지금 사고 나중에 갚으라고 당신에게 유혹의 손길을 내밀고 있다.

The second is the more secretive because it involves greasing the wheels of bureaucracy with some ***cold hard cash***. ▶ 두 번째 방법은 관료들에게 잘 봐달라고 뇌물로 현금을 주기 때문에 좀더 비밀스럽게 이루어진다.

주 금속으로 만든 딱딱한 (차가운) 동전이라는 의미다.

나는 당신이 생각한 것보다 **현명하다**
당신이 생각하는 것처럼 어리석지 않다

I wasn't born yesterday

She had been rumored to be interested in a council seat in 2007, but said she wasn't interested in running. "***I wasn't born yesterday***," she said. ▶ 그녀가 2007년 평의회 의원에 관심이 있다는 소문이 있었지만 그녀는 출마에 관심이 없다고 말했다. 그녀는 "나는 당신이 생각한 것보다 현명하다"고 말했다.

사람들이 어찌할 수 없는 **현실**
싫거나 기분 나쁘지만 받아들여야 하는 것/사실

fact of life

The rising prices are just ***a fact of life***. ▶ 오르는 물가는 사람들이 어찌할 수 없는 현실이다.

It is quite ***an unfortunate fact of life*** that we cannot ensure 100 percent the security because of these suicidal terrorist attacks. ▶ 이런 자살폭탄 테러로 인하여 우리가 안전을 100% 보장할 수 없다는 것은 매우 불행한 현실이다.

Global warming is ***a fact of life***. ▶ 지구온난화는 싫지만 우리가 받아들여야 하는 현실이다.

현실감(각)
현재 상황이 어떻게 돌아가는지 잘 알고 있는 것

grip on reality

It seems that the president does not have ***a grip on reality***. ▶ 대통령은 현실감각이 없는 것처럼 보인다.

We urgently need a chief executive who has ***a firm grip on reality*** in such a competitive market. ▶ 이처럼 경쟁이 심한 시장에서 우리는 현실감각이 뛰어난 대표이사를 시급히 영입해야 한다.

Zimbabwe's former information minister on Wednesday called on President Robert Mugabe to step down, saying he had lost ***his grip on reality*** for refusing to talk to the opposition. ▶ 짐바브웨의 전 정보부 장관은, 야당과의 대화를 거절한 것으로 보아 현 상황이 어떻게 돌아가는지 전혀 알지 못한다고 말하면서, 수요일 무가베 대통령에게 퇴진할 것을 요구했다.

특정한 시점에서의 **현 상태**

the status quo ☞ the existing state, **Latin**

By 492 votes to 391 votes, the federation voted to maintain ***the status quo***. ▶ 492표 대 391표로 연방정부는 현 상태를 유지하기로 결정하였다.

They have no wish for any change in ***the status quo***. ▶ 그들은 현 상태에서 어떤 변화도 원치 않는다.

The best we can get is ***the status quo***. The crisis continues. ▶ 앞으로 현 상태보다 좋아질 수는 없다. 위기가 지속되고 있다.

The Virginia Department of Environmental Quality is not interested in simply maintaining ***the status quo*** of the environment. It wants to be proactive and has set a target date of 2010 to improve many areas. ▶ 버지니아 환경부는 그저 현 상태만을 유지하는 것에는 관심이 없다. 좀더 적극적으로 나서서 2010년까지 많은 지역의 환경을 개선하는 목표를 세웠다.

현실도피적인
현실을 잊게 만드는

escapist

Every single person I admire spends a significant portion of time looking for ways to improve themselves, their families and their lives. Whether it's through self-help books, comedy books, educational books or ***escapist literature***, they seek knowledge and improvement wrapped in an icing blanket of entertainment. ▶ 내가 존경하는 사람들은 하나같이 자신과 가족 그리고 그들의 삶을 향상시키기 위한 방법을 찾으면서 많은 시간을 보낸다. 스스로 어떤 일을 할 수 있도록 안내하는 책이든, 코미디 책이든, 교육적인 책이든, 혹은 현실을 잊게 만드는 문학 작품이든, 그들은 오락이라는 달콤한 껍질에 싸여 있는 지식과 개선방법을 탐구한다.

From classic Shakespearean dialogue to a modern-day ***escapist monologue***, the local summer theater scene offers something staged for everyone. ▶ 고전적인 세익스피어의 대화에서부터 현대의 현실도피적인 독백에 이르기까지, 지역 여름 극장은 각자의 취향에 맞게 볼 수 있는 작품을 무대에 올린다.

어떤 일을 성취하거나 기분 좋은 일을 경험한 후 **현실로 돌아오다**
들뜬 마음을 가라앉히고 현실적으로 행동하다; 어떤 일을 성취했다는 흥분을 가라앉히고 냉정하게 현실을 직시하다

back/down to earth

The Christmas tree at City Hall is being ***brought back down to earth***—quite literally. ▶ 정말 글자 그대로 시청에 있는 크리스마스 트리가 다시 땅으로 내려오고 있다. 《크리스마스 축제기간이 지났기 때문에 들뜬 마음을 버리고 다시 일상생활로 돌아가야 한다는 말이다.》 ♣ *literally* : **글자 그대로** 참조

Even though he reached the greatest of heights he was always ***down to earth***. ▶ 최고의 목표에 도달했음에도 불구하고 그는 언제나 들뜬 마음을 가라앉히고 현실적으로 행동했다.

It is not often that you come across a successful movie star who ***remains*** totally ***down-to-earth***. ▶ 영화배우로서 성공했지만 언제나 냉정하게 현실을 직시하는 그러한 영화배우를 만나는 것이 흔한 일은 아니다.

현실성이 있는
실제 상황과 유사한; 현실적인

true to life

The opening scenes of this movie are just not ***true to life***. ▶ 이 영화의 시작 장면들은 현실성이 없다.

The most true-to-life computer simulation ever made of our sun's multimillion-degree outer atmosphere, the corona, successfully predicted its actual appearance during the March 29, 2006, solar eclipse, scientists have announced. ▶ 수백만 도에 달하는 태양 둘레에 있는 코로나에 대해 지금까지 만들어진 그 어느 것보다 실제 상황과 가장 유사하게 예측할 수 있는 컴퓨터 프로그램이 2006년 3월 29 일식 기간 중 코로나의 실제 모습을 성공적으로 예측했다고 과학자들이 발표했다.

I've been waiting for a Hollywood film to give me ***a true-to-life depiction*** of the sport. ▶ 나는 이 스포츠를 가장 현실적으로 묘사하는 할리우드영화를 기다려 왔다.

비록 현재 상황이 좋지만 자만에 들뜨지 않고 혹은 허황된 생각을 버리고 **현실적으로 행동하다**
냉정하게 행동하다

have/keep one's (both) feet on the ground

Both Diego Maradona and Pelé, arguably the two greatest ever footballers, have showered high praise on Philipp Lahm but the Germany leftback vowed to ***keep his both feet on the ground*** for the World Cup. ▶ 아마도 가장 위대한 축구선수인 디에고 마라도나와 펠레 모두 Philipp Lahm에게 칭찬 세례를 퍼부었지만, 이 독일 팀 왼쪽 수비수는 (독일) 월드컵 기간 중에 들뜨지 않고 냉정하게 경기에 임할 것이라고 단언했다. ♣ *shower* : 도가 지나칠 정도로 선물/칭찬/키스 등의 **세례를 퍼붓다** 참조

I am quite pleased with the way things are going but I'm just going to ***keep my feet on the ground***. ▶ 일들이 순조롭게 진행되어 매우 기쁘긴 하지만 나는 자만하지 않고 현실적으로 행동하려 한다.

현장에서
어떤 일이 발생하고 있는 장소에서; 원래 장소에서

in situ ☞ 형용사형으로도 사용, Latin

He sent us photos of the damage ***in situ***. ▶ 그는 피해상황을 담은 사진을 현장에서 우리에게 보냈다.

The ***in-situ*** and ex-situ conservation is being done to protect the endangered species. ▶ 멸종위기에 처해 있는 종들을 보호하기 위하여 현장과 밖에서 보호활동이 진행되고 있다.

범죄/잘못을 저지르고 있는 **현장에서 붙잡히다**
범행 현장에서 체포되다; 현행범으로 체포되다

be caught red-handed

Seventy motorists have ***been caught red-handed*** during the first week since penalties were increased for using a mobile phone while driving. ▶ 운전 중 휴대전화 사용에 대한 벌금이 늘어난 첫 주에 70명의 운전자들이 현장에서 붙잡혔다.

Two police officers ***were*** recently ***caught red-handed*** while accepting bribe from two accused for releasing them on bail. ▶ 구속된 두 사람으로부터 보석으로 풀어준다며 뇌물을 받는 현장에서 두 경찰관이 체포되었다.

주 살인현장에서 범인이 손에 피를 묻히고 있는 채로 체포된다는 의미다.

특정 시간 **현재**

as of

The number of WMD found in Iraq ***as of January 2005*** when the search was formally abandoned is zero. ▶ 이라크의 대량살상무기(WMD: weapons of mass destruction)에 대한 조사가 공식적으로 끝난 2005년 1월 현재 아무것도 발견된 것이 없다.

As of October 31, 2006, the company had $7.0 million of debt, $4.4 million in cash and cash equivalents. ▶ 2006년 10월 31일 현재, 그 회사는 7백만 불의 부채와 440만 불의 현금 및 현금에 해당하는 자산을 갖고 있었다.

혈맹관계
피로 맺어진 의형제 관계; 피를 나눈 관계

blood brotherhood (relationship)

Religious differences have never divided Albanians, who see themselves as ***a single blood brotherhood***. ▶ 종교의 차이도 알바니아 사람들을 갈라놓은 적이 없었다. 알바니아 사람들은 스스로를 단일 피를 가진 형제(민족)이라고 생각한다.

As for Jonathan and David, the bible states their relationship as ***a blood brotherhood relationship***, where they physically cut their palms, gripped their hands together and let their blood contact and exchange, symbolizing ***blood brotherhood***, something very common in the old times where HIV/AIDS contamination was not feared. ▶ 조나단과 데이비드에 관해 성경은 그들의 관계를 피로 맺어진 의형제 관계라고 말한다. 그들은 같은 피를 가진 형제라는 것을 상징하면서 손바닥을 칼로 긋고 손을 꽉 잡아 피가 서로 만나 섞이도록 했다. 이런 행동은 에이즈 바이러스의 전염을 걱정하지 않았던 옛날에는 매우 흔한 관습이었다.

특히 도덕적인 이유 등으로 인해서 **혐오하다**
몹시 싫어하다; 질색하다; 증오하다

abhor ☞ Formal

They ***abhorred*** violence and were deeply committed to reconciliation. ▶ 그들은 폭력을 혐오했고 진정으로 화해하기로 했다.

Many ***abhor*** the idea of prostitution, but they also think it's unrealistic to ban prostitution. ▶ 많은 사람들이 매춘을 혐오하지만, 이를 금지하는 것은 비현실적이라고 생각한다.

법의 한도 내에서 가할 수 있는 최대의 **형벌을 내리다**
중형을 내리다

throw the book at someone

The prosecuting attorney is determined to try to get the judge to ***throw the book at him***. ▶ 그 검사는 판사가 중형을 내리도록 만들겠다고 다짐했다.

Throw the book at him. 18-37 months isn't enough for this kid. He should get at least 25 years for this, with no parole. Additionally, he should never be allowed to own or touch a computer again in his life. ▶ 그에게 법의 한도 내에서 가할 수 있는 최대의 형벌을 내려라. 18에서 37개월 정도는 이 아이에게 충분치 않다. 그는 이 죄의 대가로 집행유예 없이 최소 25년형은 받아야 마땅하다. 추가로 그가 평생 절대로 컴퓨터를 다시 갖거나 만지지도 못하도록 해야 한다. 《컴퓨터 바이러스를 유포하여 남들에게 막대한 피해를 입힌 한 소년에 관한 글이다.》

주 여기서 ***book***이란 법률과 형벌에 대한 책(법전)을 의미한다.

보통 사람들에게 **호감을 주는 기질**
붙임성; 서민적인 기질

common touch

Wee Kim Wee, well-loved Singaporean statesman who as President from 1985 to 1993 used ***his common touch*** to increase the accessibility of the office in Singapore died at 89. ▶ 1985년부터 1993년까지 대통령직을 맡으면서 서민적 기질을 발휘하여 사람들이 대통령 집무실에 쉽게 드나들 수 있도록 한 사랑받는 싱가포르 정치인 Wee Kim Wee가 89세의 나이로 사망했다.

Unlike many others, he has consistently shown that he has ***the common touch***. ▶ 다른 많은 사람들과는 달리 그는 자신이 보통 사람들에게 호감을 주는 기질을 가지고 있는 것을 시종일관 보여 왔다.

She has ***a real common touch*** with just about anyone. ▶ 그녀는 누구에게나 진정 붙임성 있게 대한다.

큰 소리로 **호객행위를 하다**
큰 소리로 외치면서 물건을 사라고 강요하다

hawk

The shop was ***hawking*** T shirts featuring the rock group Kiss. ▶ 그 가게는 록 그룹 Kiss의 그림이 있는 티셔츠를 팔기 위해 큰 소리로 호객행위를 하고 있었다.

Developers are ***hawking*** cut-price apartments and houses. ▶ 개발업자들이 아파트와 주택을 할인가격에 판다고 큰 소리로 사람들에게 외치고 있다. ♣ ***cut-price*** : 가격이 **할인된** 참조

호기심에서 ~을 하다

out of curiosity ; from curiosity

Yes, legal drugs, even if heavily taxed and extensively regulated, would no doubt be cheaper than illegal ones, which could mean more people sampling them ***out of curiosity***. ▶ 물론, 합법적인 약품들은 비록 세금을 무겁게 매기고 심하게 규제를 한다고 하더라도 불법 약품들보다는 싸다. 이는 더 많은 사람들이 호기심에서 합법적으로 판매되는 약품을 써보게 될 수도 있다는 것을 의미한다. 《마약과 비슷한 효과를 주는 합법적인 의약품에 대한 이야기다.》

Just out of curiosity, what are the odds that a hurricane will hit New England this year? ▶ 그냥 호기심이 나서 하는 말인데, 올해 허리케인이 뉴잉글랜드 주를 강타할 확률이 얼마나 될까? ♣ ***the odds*** : ~에 대한 **확률이 어느 정도다** 참조

Archaeologists trace food origins not just ***from curiosity*** about the ancients' everyday lives. How a crop spreads sheds light on prehistoric travel and trade. In the Middle East, figs were domesticated 11,400 years ago. Wheat wasn't far behind. In the New World, corn was being cultivated around 9,000 years ago. ▶ 고고학자들이 고대인들의 일상생활에 대한 단순한 호기심 때문에 음식물의 기원을 추적하는 것이 아니다. 한 곡물이 어떻게 퍼져나갔는지 알게 되면 선사시대의 여행과 교역 경로를 명확히 밝힐 수 있다. 중동에서는 11,400년 전에 돼지를 사육했다. 밀도 이보다 그리 뒤쳐지지 않는다. 신세계(아메리카 대륙)에서는, 옥수수가 대략 9,000년 전에 경작되고 있었다. ♣ ***sheds light on*** : 잘 알려지지 않았거나 숨겨진 사실 등을 명확히 **밝히다** 참조

호들갑
안달복달; 아무 쓸모 없는 격앙된 행동; 공연한 소란/법석; 야단법석

fuss ☞ 동사형으로도 사용

The boss condemned ***the fuss*** among his employees. ▶ 사장은 호들갑을 떠는 직원들을 나무랐다.

He doesn't know what *the fuss* is about. While cleaning his lobster boat Friday, the fisherman said he doesn't understand why people are still talking about the marriage of two young gays in this bustling fishing port. "It doesn't bother me one bit," he said. "As long they're doing their jobs properly, I couldn't care less about it." ▶ 그는 사람들이 왜 그리 야단법석을 떠는지 모른다. 바다가재잡이 배를 청소하면서 그 어부는 이 북적거리는 어항에서 사람들이 아직까지 두 사람의 남성 동성애자들에 관해서 이러쿵저러쿵 말들을 하는 것에 대해서 이해할 수 없다고 말했다. "조금도 내 심기를 건드리지 않는다"고 그는 말했다. "그들이 자신이 맡은 일을 잘하고 있는 한 나는 전혀 개의치 않는다." ♣ *bustling* : 특정한 장소가 ~으로 **북적거리는**; *couldn't care less* : 전혀 ~에 아무런 **관심이 없다** 참조

호랑이 굴에 들어가야 호랑이를 잡을 수 있다
용감한 자만이 미인을 얻는다

nothing ventured, nothing gained

Setting up a new business can be a daunting prospect. There is the possibility of failure, and with it, the risk of losing the money you have invested in your company, as well as seeing all your months or even years of hard work go to waste. But, there is truth in the old saying, *nothing ventured, nothing gained*. ▶ 새로운 사업을 시작하는 것은 겁나는 일일 수도 있다. 실패할 가능성이 있으며, 그렇게 되면 회사에 투자한 돈을 잃게 될 위험이 있고, 몇 개월 혹은 심지어 수년간의 고생이 헛수고가 될 수도 있다. 그러나 호랑이 굴에 들어가야 호랑이를 잡을 수 있다는 옛말에는 진실이 담겨 있다.

특별한 대우나 칭찬을 해주기 위해서 사람들 중에서 한 사람을 **호명하다**
거명하다

single someone out

Former President Clinton was in the audience but didn't speak. He got a standing ovation when the former first lady *singled him out* as "an inspiration, a mentor, a partner." ▶ 전임 대통령 클린턴이 객석에 있었지만 발언은 하지 않았다. 전 영부인이 그를 호명하면서 "자신에 영감을 주는 사람이자 스승이며 파트너"라고 말하자 사람들이 환호하며 기립박수를 보냈다. 《클린턴 여사가 미 대통령 선거 민주당 후보로 오바마와 경선 중 연설할 때의 이야기다.》

He *singled her out* at his intimate cocktail party on Wednesday night. ▶ 수요일 밤 친한 사람들이 모인 칵테일 파티에서 그는 그녀를 거명하였다.

호적수(好敵手)를 만나다
임자를 만나다; 실력/능력이 엇비슷하거나 월등하여 이기기 힘든 상대와 대적하다

meet one's match

President Bush and British Prime Minister Tony Blair looked less like cheerleaders for the latest milestone of democratic political progress in Iraq and more like world-weary leaders who had *met their match*. ▶ 부시 미 대통령과 토니 블레어 영국 수상은 이라크에서 민주정치의 진전을 보여주는 가장 최근에 벌어진 획기적인 사건(이라크에서 최초로 시행된 자유 선거)에 대해 크게 환호하는 것처럼 보이지 않았고, 대신 임자를 제대로 만난 세상 일에 지친 지도자들처럼 보였다. 《미국과 영국이 동맹하여 이라크전쟁을 벌였지만 일이 뜻대로 풀리지 않고 있다는 말이다.》 ♣ *milestone* : 역사/인생 등에서 **획기적인 사건**; *world-weary* : ~에 **지친** 참조

Roddick has used his overpowering serve to dominate opponents throughout the tournament but *met his match* in the final when Lopez served 24 aces to Roddick's 22. ▶ 로딕은 그 대회 내내 강력한 서브로 상대방을 압도했지만, 결승전에서 호적수를 만났는데 상대인 로페즈가 24개, 로딕은 22개의 서비스 에이스를 기록했다.

호전적인
싸움/논쟁 등을 하기를 좋아하는; 하시라도 논쟁/싸움 등을 할 준비가 되어 있는

pugnacious ☞ Formal

The president was in *a pugnacious mood* when he spoke to journalists about the rebellion. ▶ 그 반군에 관해서 기자들에게 말할 때 대통령은 호전적인 분위기를 띠고 있었다.

Pugnacious Australians just love a good

하

fight — in the ring or in the pub. Some 30 bar brawls broke out across the nation and one man died in a fight, on Wednesday night following a much-hyped televised bout between Aboriginal boxer Anthony Mundine and Danny Green. ▶ 싸움하기 좋아하는 호주 사람들은 링 안이든 선술집이든 멋진 싸움을 좋아한다. 요란하게 선전했던 호주 원주민 복서인 Anthony Mundine과 백인 복서 Danny Green 사이에 벌어진 TV중계 시합이 끝난 수요일 밤 전국적으로 30군데의 술집에서 대소동이 벌어졌으며 한 남자가 사망했다.

호조를 띠며/보이며
호조 속에서; 순조롭게

on a positive note

The stock market opened ***on a positive note*** and rose over 30 points in the first hour. After that, it started declining and went below the opening level. ▶ 주식 시장이 호조를 띠며 개장되어 한 시간 만에 30포인트가 올랐다. 이후 떨어지기 시작해서 개장 수준 이하로 내려갔다.

On a positive note, the reduction in prices has jump-started sales for the console, which sold 3.2 million units, up 33% from a year ago. ▶ 호조 속에서, 가격인하로 그 게임기의 매출이 다시 빠르게 늘어나 작년보다 33% 증가한 3백2십만 개가 팔렸다. ♣ ***jump-start***: 한동안 중지되었던 일이나 과정 등을 빠르게 다시 **시작하다** 참조

Talks on North Korea's nuclear programs resumed ***on a positive note*** Thursday, with the Chinese hosts distributing a draft agreement and the North agreeing in principle to initial steps to disarm. ▶ 주최국 중국이 합의문 초안을 배포하고 북한이 원칙적으로 핵 포기 초기절차에 합의한 상황에서, 북한 핵개발에 대한 6자 회담이 화요일 순조롭게 재개되었다.

말 또는 글 등을 통한 비판/비평이 매우 혹독한
강도 높은

searing ☞ 태우는 듯한; 고통이나 열기 등의 강도가 매우 센

He has long been subject to ***searing criticism***. ▶ 그는 오랫동안 혹독한 비판에 시달려 왔다.

~를 ~과 혼동하다
~을 ~으로 착각하다/오인하다

mistake one thing for another

In the streets of Saudi Arabia, ***local traditions are mistaken for Islamic law***. ▶ 사우디아라비아 거리에서 사람들이 지역 전통관습을 이슬람 율법으로 혼동하고 있다.

They ***mistake license for liberty***. ▶ 그들은 방종을 자유로 착각하고 있다.

다른 것과 혼동할 여지가 전혀 없는
너무나 분명히/확연히 구분되는/드러나는

unmistakable

His high-pitch voice was ***unmistakable***. ▶ 그의 높은 목소리는 다른 목소리와 혼동할 여지가 전혀 없다.

What would summer be without fresh, vine-ripened strawberries? Their ***unmistakable*** fragrance and sweet, juicy flesh help make it a magical season. ▶ 덩굴에 달려 잘 익은 신선한 딸기가 없다면 여름이 어찌 되겠는가? 너무나도 확연한 향기와 달콤하고 즙이 많은 살집은 여름을 매혹적인 계절이 되도록 도와준다.

The shift is subtle but ***unmistakable***. European governments — long accused of being pro-Arab — have toned down criticism of Israel, left in shock by the rise to power of Islamic Hamas which they consider a terrorist outfit. ▶ 그 태도의 변화는 미묘하지만 너무나 확연히 드러난다. 친아랍 성향이라고 오랫동안 비난을 받아온 유럽 국가들이 테러집단이라고 여겼던 팔레스타인 이슬람 무장정파 하마스가 권력을 잡자 경악에 빠진 채 이스라엘에 대한 비난의 수위를 낮추었다. ♣ ***shift***: 정책/의견/상황/태도 등의 **변화**; ***pro-***: ~을 **지향(志向)하는**; ***tone down***: 발언이나 글, 행동 등의 **수위를 낮추다** 참조

매우 혼란스러운
난장판인; 매우 어지러운; 너무나 엉망인

in a shambles; a shambles ☞ 도살장 같은

The economy of the country is ***in a shambles***. ▶ 그 나라의 경제는 매우 혼란스럽다.

Three months after the bus transport system here was overhauled, the state government admits it is *in a shambles*. ▶ 버스운행 체계를 철저히 조사하고 개선한 지 3개월이 지난 후, 정부는 그 시스템이 너무나 엉망이라는 사실을 시인한다.

The room's interior was *an utter shambles*. ▶ 그 방의 내부는 완전히 난장판이었다.

특정한 상황이나 이슈를 **혼란스럽게 만들다**
어지럽게 만들다

muddy; muddy the waters ☞ 진흙탕으로 만들다

America's image has been so besmirched and *muddied* by this horrible fiasco that we will be reaping the consequences for decades. ▶ 우리가 앞으로 수십 년 동안 대가를 치러야 하는 이 끔찍한 대실패로 인하여 미국의 이미지가 손상되고 혼란스럽게 되어버렸다. 《이라크전쟁에 관한 글이다.》 ♣ *fiasco* : 큰 **실패** 참조

They tried to *muddy the waters* by raising irrelevant issues. ▶ 그들은 아무 관계가 없는 이슈를 제기하여 혼란스럽게 만들려고 했다.

roil ☞ 휘저어 놓다

The plot's aftermath is *roiling* the strife-torn West African nation. ▶ 그 음모의 여파는 분쟁으로 폐허가 된 이 서아프리카 국가를 휘젓고 있다. ♣ *aftermath* : 특히 좋지 않은 사건이 벌어진 **이후의 시기/상황** ; *strife-torn* : **전쟁으로 폐허가 된** 참조

The announcement *roiled* financial markets. ▶ 그 발표는 금융시장을 혼란스럽게 만들었다.

엄청난 **혼란을 야기시키다**
정상적인 활동/작동을 방해하다

wreak/play havoc on/with

The earth quake *wreaked havoc on* the country, leaving thousands of people dead. ▶ 그 지진은 수천 명의 목숨을 앗아가면서 그 나라에 엄청난 혼란을 야기시켰다.

Stress may *wreak havoc on* the immune system. ▶ 스트레스는 면역체계의 정상적인 작동을 방해할 수도 있다.

Ecological invasions are the stuff of nightmares for many conservationists. Highly competitive plants and animals from other habitats — artichoke thistle from the Mediterranean, for instance — move in and *wreak havoc*, often displacing rare native species. ▶ 많은 생태환경 보호주의자들에게는 생태학적 침입은 악몽과도 같다. 다른 서식지에서 온 생존 능력이 매우 뛰어난, 예를 들면 지중해에서 온 국화과인 엉겅퀴 같은 식물들과 동물들은 종종 진기한 토착 종들을 몰아내기도 하면서 생태계에 엄청난 혼란을 야기시킨다.

The bad weather *played havoc with* overseas airline schedule. ▶ 나쁜 일기는 국외 항공 스케줄에 엄청난 혼란을 야기시켰다.

무슨 일이 벌어질지 몰라 **혼비백산하다**
매우 놀라다; 쩔쩔 매다

run scared

Grown men are *running scared* of this city's children, who are carrying guns. ▶ 어른들은 총을 가지고 다니는 이 도시의 어린아이들 때문에 혼비백산하고 있다.

The crowd *was running scared* after hearing the gun shots. ▶ 총소리를 듣고 군중이 매우 놀랐다.

혼자서
혼자 힘으로 (주변에 사람들이 있음에도 어떤 일을 그 누구의 도움도 받지 않았다는 것을 강조하는 표현)

single-handed; single-handedly

My mother brought up five children almost *single-handed*. ▶ 내 어머니는 누구의 도움도 받지 않고 거의 혼자 힘으로 다섯 아이들을 키우셨다.

He *single-handedly* led the team all the way to the final match. ▶ 그는 혼자서 그 팀을 결승전까지 이끌었다.

혼자 지내는 것을 좋아하는
남들과 있는 것을 피하는; 고독을 즐기는

reclusive

The reclusive millionaire left his luxury home to the house keeper he had hardly spoken to for many years. ▶ 고독을 즐기는 그 백만장자는 여러 해 동안 거의 말을 건네지도 않았던 가정부에게 그의 호화 주택을 남겼다.

Beware the ubiquitous brown ***reclusive spider***. This seemingly harmless creature is definitely dangerous. ▶ 혼자 지내는 것을 좋아하며 어디든지 나타나는 이 갈색 거미를 조심하라. 겉으로는 아무런 해가 없는 것처럼 보이는 이 거미는 절대 위험하다. ♣ *seemingly* : **겉으로는 ~처럼 보이는** 참조

어떤 상황 등이 옳지 않거나 불공정하다고 느낄 때 드는 몹시 화나는 기분
경악; 분노

indignation

He expressed ***his deep indignation*** over this incident. ▶ 그는 이 사건에 대해 몹시 경악했다.

She was filled with ***indignation*** at the condition under which miners were forced to work. ▶ 광부들이 일하는 환경에 대해 그녀는 몹시 화가 났다.

No wonder he could hardly contain ***his indignation***. ▶ 그가 분노를 금치 못한 것은 너무나 당연하다.

드러내놓고 표현을 하지는 않지만 화가 매우 나 있다

seethe ☞ 속이/속으로 부글부글/펄펄 끓고 있다

In their seething rage at Bush, they are perfectly capable of putting the country in great danger if they can harass and frustrate and foil Bush in his role as commander in chief. ▶ 드러내놓고 표현을 하지는 않지만 부시 대통령에 매우 화가 나 있던 차에, 그들이 국가 원수의 임무를 수행하는 그를 괴롭히고 낙담하게 만들고 혼란스럽게 만든다면 이 나라를 큰 위험에 빠뜨릴 수 있다. 《그 동안 부시 대통령이 이끄는 공화당 행정부의 대이라크 정책에 대해 속이 부글부글 끓고 있던 차에 2006년 중간 선거에서 민주당이 미의회의 다수당이 되었다고 부시 대통령을 너무 공격하면 미국이 대외적으로 큰 위험에 처할 수도 있다는 이야기다.》

He ***is seething at*** all the bad press he is receiving. ▶ 언론이 그에 대해 나쁘게 말하는 것에 대해 그의 속이 부글부글 끓고 있다.

화가 나서라기보다는 차라리 슬픈 심정으로

more in sorrow than in anger

A humiliated Kremlin reacted ***more in sorrow than in anger*** last night to President George Bush's decision, for the first time in the nuclear era, to scrap an international treaty unilaterally. ▶ 굴욕을 당한 소련정부는, 화가 나서라기보다는 (국력이 약화된 것에 대한) 슬픈 심정으로, 핵무기 시대에 최초로 국제협약을 일방적으로 파기하려는 부시 대통령의 결정에 반대했다.

She has accused him, ***more in sorrow than in anger***, of racism. ▶ 그녀는 화가 나서라기보다는 차라리 슬픈 심정으로 인종차별을 한다며 그를 비난했다.

몹시 화나게 자극하는

like a red rag to a bull

Doesn't he realize that such a statement would be ***like a red rag to a bull*** for terrorist organizations? ▶ 그 같은 발언이 테러조직들을 몹시 화나게 자극할 수도 있다는 사실을 그가 인식하고 있긴 한가?

If they play like they did last night, it will be ***like a red rag to a bull*** for the manager. ▶ 만일 그들이 지난 밤처럼 경기를 한다면 감독이 몹시 화를 낼 것이다.

There are some media persons to whom security checks have become something ***like a red rag to a bull***. What a noise they make on being challenged to prove identity or being frisked! ▶ 보안검색이 일부 기자들을 몹시 자극하고 있다. 신분증을 보여달라고 하거나 몸수색을 당하면 그들은 매우 시끄럽게 떠든다. 《9/11 테러사건 이후 백악관 출입기자들에 대한 보안검색이 강화된 것에 대한 이야기다.》

주 투우사가 흔들어대는 붉은 천(*red rag*)을 보고 마구 달려드는 황소를 상상하면 된다.

갑자기 **화를 내다**
격노하다 ; 격분하다

see red

They are ***seeing red*** over contract negotiations. ▶ 그들은 계약협상에 격분하고 있다.

If there's one question that makes her ***see red***, it would be asking her when she's planning to start a family. ▶ 그녀를 갑자기 화나게 만드는 질문이 있다면, 그것은 언제 첫 아이를 가지려 하는가 하는 질문이다. ♣ ***start a family*** : **첫 아이를 갖다** 참조

~에 대해 **화를 내며 날카롭게 반응하다**
신경을 곤두세우며 반응하다

bristle at

Sara ***bristled at accusations*** that her experiment is ill-conceived. ▶ 그녀의 실험이 실패할 것 같다는 비난에 그녀는 신경을 곤두세우며 반응했다. ♣ ***ill-conceived*** : 계획이나 행동 등이 충분한 검토가 부족하거나 부주의해서 **실패할 것 같은** 참조

They ***bristled at the suggestions*** that they are sacrificing human rights for profits. ▶ 이익을 위해 인권을 희생시키고 있다는 말에 그들은 화를 내며 날카롭게 반응했다.

주 새나 짐승들이 공격을 받을 때 깃털이나 털을 곤두세우는 장면을 상상하면 된다.

~에게 **화를 폭발시키다**
~에게 울분을 풀다 ; 화풀이하다

vent one's spleen against/at/on

His latest book ***vents his spleen against*** everything he hates about his country. ▶ 그는 최근 책에서 자기 나라에 대해 그가 증오하는 모든 것들에 대해 울분을 풀었다.

Yesterday, he ***vented his spleen at*** his underlings. ▶ 어제 그는 부하들에게 화를 폭발시켰다.

주 ***spleen***(지라, 비장, 脾臟)은 감정을 다스리는 기관으로 오랫동안 알려져 왔다.

별로 대단치 않은 일에 어린아이처럼 툭하면 **화를 잘 내는**
별로 대단치 않은 일에 툭하면 빨끈 화를 내는

petulant

"When a dictator starts acting like ***a petulant teenager***, the best approach is to treat him like one," said U.S. Commerce Secretary of the luxury goods ban imposed against North Korea's Kim Jong Il which cut off his iTunes account and deprived him of Red Bull energy drink, bringing the volatile dictator to his knees. ▶ "한 독재자가 별로 대단치 않은 일에 툭하면 화를 잘 내는 십대처럼 군다면, 가장 좋은 방법은 그를 십대처럼 대하는 것이다"라고 미국 상무부 장관이 북한의 김정일에 대한 사치품 교역금지에 관해 말했다. 정력제를 구하지 못하도록 하고 iTunes account를 끊어 좋아하는 음악을 못 듣게 하는 등의 사치품목 대북교역 금지조처는 김정일의 무릎을 꿇게 만들고 협상 테이블로 끌어낼 수 있을 것이라는 이야기다.

화제(화젯거리)
논쟁/이야기/토론 거리가 되는 흥미 있는 소재

talking point

His marriage was ***the main talking point*** during the lunch time. ▶ 그의 결혼은 점심시간의 주된 화젯거리였다.

서로 나쁜 감정을 지닌 사람들을 **화해시키다**
사람들 사이에서 발생한 불화를 무마시키다/치유하다

heal the rift

Some political activists and lawmakers have started efforts to ***heal the rift*** in the society that emerged after the presidential election. ▶ 일부 정치 운동가들과 국회의원들이 대통령 선거 이후 나타난 사회적 불화를 치유려는 노력을 시작했다.

France was trying to ***heal the rift*** with Turkey and attempting to tone down the anti-France sentiment held by the Turkish public. ▶ 프랑스는 터키와의 서로 좋지 않은 감정을 무마시키려고 애쓰면서 터키 사람들의 반프랑스 정서의 수위를 낮추려는 시도를 하고 있었다. ♣ ***tone*** *down*: 발언이나 글, 행동 등의 **수위를 낮추다** 참조

He decided to take positive action to ***heal the rift*** between the two parties. ▶ 두 정당을 서로 화해시키기 위해서 건설적인 행동을 취하기로 그는 결심했다.

주 사람들 사이에서 벌어진 틈(*rift*)을 다시 메운다는 의미다.

하던 싸움, 논쟁 등을 멈추고 **화해하다/화해하기로 하다**

bury the hatchet

He says he has ***buried the hatchet*** with her. ▶ 그녀와 싸움을 멈추고 화해했다고 그는 말한다.

They said they had ***buried the hatchet*** once and for all. ▶ 이번 기회에 앞으로도 영원히 하던 싸움을 멈추고 화해하기로 했다고 그들이 말했다. ♣ *once and for all*: 이번 기회에 앞으로도 **영원히** 참조

주 옛날 북미 대륙에 살던 인디언들의 무기 중에 돌도끼(tomahawk)가 있었다. 어떤 부족은 전쟁이 끝난 후 돌도끼를 땅에 묻는 의식을 치렀다고 전해진다. 여기서 ***hatchet***는 작은 손도끼를 말한다.

증거/규칙/계획 등이 **확고한**
어떤 일이 있어도 변하지 않는

hard and fast

If there was ***hard and fast proof*** that those headsets cause cancer, they wouldn't still be on the store shelf. ▶ 그 헤드폰들이 암을 유발한다는 확고한 증거가 있었다면, 아마 지금까지 가게 선반에 놓여 있지 않았을 것이다.

There are ***no hard and fast rules***, but rather traditional guidelines as to who goes first. ▶ 누가 먼저 가느냐에 관해 확고한 규칙이 있는 것이 아니고 전통적인 가이드라인이 적용된다.

At this moment, there's ***no hard and fast timetable***. ▶ 현재로서는 확고한 일정이 잡혀 있지 않다.

어떤 일이나 사태가 실제보다 더 심각하거나 염려스럽게 **확대되다**
확대 해석되다

be blown out of proportion

"It ***was kind of blown out of proportion***," he says. "Maybe I shouldn't have said anything. What's done is done." ▶ "내가 한 말이 심각하게 확대 해석되었다"고 그는 말한다. "어쩌면 내가 아무 말도 하지 말았어야 했다. 그렇지만 이미 한 말을 어찌하겠는가." 《지금은 은퇴한 유명한 여자 골프선수 아니카 소렌스탐(Annika Sorenstam)이 미국 남자 프로골프 대회인 PGA "the Colonial tournament"에 참여한 사실에 대하여 비제이 싱(Vijay Singh)이 "LPGA superstar Annika Sorenstam didn't belong out there: 아무리 소렌스탐이 LPGA의 슈퍼스타라도 남자 대회에 참여하면 안 된다"라고 말한 것에 대한 비난 여론이 일자 수습하고자 한 말이다.》

He said the incidents reported by the newspaper reporter have been exaggerated and ***blown out of proportion*** for political purposes. ▶ 그 신문기자가 보도한 그 사건들은 과장되었고 정치적인 목적으로 확대 해석되었다고 그가 말했다.

확률을 낮추다
가능성을 낮추다

lengthen the odds

His presence will only ***lengthen the odds***. ▶ 그가 있어 봐야 확률을 낮추게 될 뿐일 것이다. ♣ *will only*: 그렇게 해 봤자 ~라는 좋지 않은 결과를 낳을 **뿐일 것이다**

The figures reinforced the message coming from the U.S. Federal Reserve that inflation has not been vanquished, and they would seem to ***lengthen the odds against*** any move soon by the Fed to begin reducing interest rates, which some investors had hoped for as early as the spring of next year. ▶ 그 수치들은 인플레이션으로부터 아직 확실하게 벗어나지 않았다는 미 연방준비은행의 경고메시지가 옳다는 것을 입증하였으며, 연방준비은행이 조만간 금리를 하향 조정할 가능성을 낮출 것으로 예상된다. 그런데 일부 투자자들은 이르면 내년 봄까지는 연방 준비은행이 이율을 낮추지 않을까 하는 기대감을 가지고 있었다.

reduce the chances/likelihood

The underpass encourages deer to cross under the road, not over it, ultimately ***reducing the likelihood*** of deer-car collisions. ▶ 그 하부통로는 도로 위가 아닌 아래로 사슴이 지나가도록 하여 궁극적으로는 자동차와 사슴이 충돌하는 확률을 낮춘다.

A synthetic patch over the long incision in the artery ***reduces the chances*** of it narrowing again. ▶ 혈관 속 절개부위에 인조 패치를 대면 다시 혈관이 협착하는 가능성을 줄여준다.

주 *reduce* 대신 감소시키다, 줄이다 등의 의미를 지닌 동사를 사용할 수 있다.

확률을 높이다
가능성을 높이다

shorten the odds

His speech at the reception considerably ***shortened the odds*** that he might be the next president. ▶ 환영만찬에서 그가 한 연설을 그가 차기 대통령이 될 확률을 상당히 높여주었다.

increase the chances/likelihood

When people first become HIV-positive, they have high viral loads, which ***increase the chances*** of transmitting the virus. ▶ 처음으로 에이즈 바이러스인 HIV에 양성반응을 보이는 사람들은 높은 수치의 바이러스를 지니고 있기 때문에 바이러스를 전염시킬 가능성이 높다.

The researchers eventually determined that both controls had ***double the likelihood*** of developing a serious heart disease. ▶ 이 연구자들은 두 조절방법들이 심각한 심장질환을 일으킬 확률을 두 배 높이는 것으로 최종 결론을 지었다.

The President of Taiwan, Chen, 52, is taking the biggest gamble of his political career in declaring independence to ***boost his re-election chances***. ▶ 첸 대만 대통령(52)은 재선 가능성을 높이기 위하여 독립 선언이라는 그의 정치생애에서 가장 큰 도박을 벌이려고 한다.

주 *increase* 대신 증가시키다, 높이다 등의 의미를 지닌 동사를 사용할 수 있다.

특정한 사건/일이 발생할 **확률이 높다**
가능성이 높다

chances/odds are that ~

If the sight and smell of fresh fish blood in the street don't stir your feelings of Yuletide cheer, then ***chances are*** you are not Czech. ▶ 거리에서 풍겨오는 생선 피 냄새가 당신의 크리스마스 기분을 상하게 하지 않는다면, 당신은 체코 사람이 아닐 확률이 높다. 《체코 사람들은 생선을 매우 싫어한다는 뜻이다.》

He does not know what the drugs are but was assured by a doctor in his village that they would help. ***Chances are*** they don't. ▶ 그는 그 약들이 어떤 약인지 모르지만 마을의 한 의사가 효과가 있다고 확신하였다. 그 약이 효과가 있을 가능성은 낮다.

What are the odds of finding a parking space right outside the door? ***The odds are*** that you are going to fail. ▶ 문 밖 근처에서 주차 공간을 찾을 확률이 얼마나 되는가? 실패할 확률이 높다.

~에 대한 **확률이 어느 정도다**
~에 대한 가능성이 어느 정도다

the odds are ~

The odds are 3 to 1 that we shall win the game. ▶ 우리가 이길 확률은 1/3이다.

"Remember, ***the odds are*** roughly ***70-, 75-to-1*** that there would never be a penny paid by the state," he answered. ▶ "주정부가 한 푼도 내지 않을 확률이 70에서 75대 1 정도라는 것을 기억하라"고 그가 대답했다.

The odds are still ***long*** that they will survive. ▶ 그들이 생존할 가능성은 여전히 낮다.

The odds are against of his returning safe. ▶ 그가 안전하게 돌아올 확률이 낮다.

This could happen. But ***the odds***, unfortunately, ***seem against*** it. ▶ 이것이 발생할 수도 있다. 그러나 불행하게도 확률이 낮다.

The odds are in favor of his returning safe. ▶ 그가 안전하게 돌아올 가능성이 높다.

하

He, who put $25 on Eugene, ***at odds of 50 to 1***, has won $1,250. ▶ 그는 50대 1의 확률로 Eugene에게 25불을 걸어 1,250불을 땄다.

The selection of London last week to host the 2012 Olympics provided Blair with another ***long-odds win***. ▶ 영국이 지난주 2012년 올림픽 개최지로 선정되어 블레어 수상에게 또 하나의 매우 확률이 낮았던 승리를 안겨주었다.

주 *Long odds*는 높은 확률을 의미하는 것으로 혼동하기 쉬운데 "3 to 1" 혹은 "75 to 1"에서 앞자리 숫자가 크다(확률이 낮다)는 것을 의미한다.

확률이 낮음에도 불구하고
희박한 가능성 속에서

against ~ odds

The relationship that develops between them, commander and soldier trying to stay alive ***against long odd***s, is like father and son. ▶ 희박한 가능성 속에서 살아남으려고 몸부림치는 지휘관과 사병 사이에 나타나는 관계는 부자 간의 관계와 같다.

Some women do manage to achieve business success ***against all odds***. ▶ 어떤 여성들은 확률이 매우 낮음에도 불구하고 어떻게든 사업에 성공한다.

Finally, late in life and ***against considerable odds***, he succeeded in the business. ▶ 가능성이 매우 희박했지만 그는 말년에 사업에 성공하고야 말았다.

주 *long* 대신 많다, 상당하다 등의 의미를 가진 형용사를 써도 된다.

어떤 일이 일어나도록 확실하게 하다
make sure that

see to it that

We will ***see to it that*** we achieve the goal of placing in the top 10. ▶ 우리는 상위 10위 안에 드는 목표를 확실하게 달성할 것이다.

I requested them to ***see to it that*** the issue is resolved. ▶ 나는 그들에게 그 문제를 확실하게 해결하라고 요청했다.

기뻐서 환성을 지르다
의기양양하게 소리를 지르다

crow ☞ 수탉이 울다; 홰를 치다

Arnold Schwarzenegger this week ***crowed*** that his budget proposal would wipe out California's nagging deficit without raising taxes. ▶ Arnold Schwarzenegger(영화배우, 미국 캘리포니아 주지사)는 이번 주 그의 예산안이 세금을 올리지 않고도 캘리포니아의 만성적자를 해결할 수 있을 것이라고 기뻐서 환성을 질렀다.

Ford and GM's departure from the minivan wars "is great news" LaSorda ***crowed***. "They say they can't compete and they're getting out. I wish they would get out of every other market segment and we could sell everything." ▶ Ford와 GM이 소형승합차 전쟁에서 철수한 것은 정말 좋은 소식이라고 LaSorda(미국의 3대 자동차회사 중의 하나인 DaimlerChrysler의 회장)가 의기양양하게 소리를 질렀다. "경쟁을 할 수 없기 때문에 철수한다고 그들이 말한다. 그들이 다른 모든 영역에서도 물러나서 우리가 모두 팔 수 있으면 좋을 텐데."

~의 환심을 사려고 노력하다
잘 보이려고 노력하다 (거부감을 나타내는 표현)

ingratiate oneself with someone

We were forced into an illegal war in Iraq, based on a false premise, in order that Blair could ***ingratiate himself with Bush***. ▶ 블레어 영국 수상이 미국 부시 대통령에게 잘 보이기 위하여 시작부터 잘못된 이라크와의 불법적인 전쟁에 국민들이 강제로 끌려갔다. 《영국의 이라크전쟁 참전을 반대하는 어느 영국인의 이야기다.》

Perhaps the current crisis will spur the company to try and ***ingratiate itself*** once more ***with its clients***. ▶ 현재의 위기를 극복하기 위하여 아마도 그 회사는 고객들의 환심을 사려는 노력에 박차를 가하게 될 것이다.

활동가
정력가; 정력이 넘치는 사람 (매우 정력적이며 항상 바쁘고 활동적으로 사는 사람)

dynamo

The Vietnam War was equally painful. But the U.S. decision to hold the line in Indochina allowed Southeast Asian countries to become ***dynamos***, rather than dominoes. ▶ 베트남 전쟁은 미국이나 인도차이나 반도 모두에게 똑같이 고통을 안겨주었다. 그러나 미국이 인도차이나 반도에서 손을 떼기로 한 결정으로 동남아시아 국가들이 연쇄적으로 몰락하는 대신 활발한 경제활동이 벌어지는 나라들이 되었다.

Precisely because they don't play it safe, these people are our explorers, adventurers, creators, dreamers, ***dynamos***, discoverers, innovators. ▶ 정확하게 말하자면 그들은 위험을 무릅쓰고 행동하기 때문에 이 사람들은 탐험가이자 모험가, 창조자, 꿈꾸는 사람, 정력가, 발견자, 개혁자들인 것이다. ♣ *play it safe* : ~하게 **행동하다** 참조

주 기계적 에너지를 전기에너지로 바꾸는 발전기를 의미한다.

활력소
활력/기운을 불어 넣는 것/사람; 자극제

shot in the arm ☞ Informal

It was still either team's game to win with five minutes to play, until Hancock, a 5-10 junior guard, hit the shot that gave Northwestern State the lead for good. "That was a monster three," head coach said. "That was ***the shot in the arm*** that we needed." ▶ 키가 5피트 3인치인 3학년 가드 Hancock이 그 슛을 성공시켜 Northwestern 주립대학에게 경기가 끝날 때까지 리드를 안겨주기 전까지는, 5분밖에 남지 않은 그 경기에서 어느 팀이 승리할지 아무도 알 수 없었다. "엄청난 3점 슛이었다"고 헤드코치가 말했다. "그것은 우리에게 필요한 활력소였다."

It's a controversial building no doubt about it, but the dome has been ***a huge shot in the arm*** for the tourism industry. ▶ 문제가 많은 건물이라는 데는 의심의 여지가 없지만, 그러나 그 돔은 관광업계에 엄청난 활력을 불어넣어 왔다. 《그 돔을 보러 오는 관광객이 많다는 이야기다.》

주 기력이 쇠한 사람의 팔뚝에 놔주는 영양주사를 의미한다.

그 당시를 회고해 보면
돌이켜보면 (지금은 그 당시와는 다른 생각을 갖고 있다는 의미를 담고 있음)

in retrospect

In retrospect, it was a very strange feeling: I was frightened, but excited at the same time. ▶ 그 당시를 회고해 보면 매우 이상한 느낌이었다. 놀라기도 했지만 동시에 매우 흥분했었다.

In retrospect, the telltale signs were always present there. ▶ 비록 그 당시에는 몰랐지만 돌이켜보면, 거기에는 여러 가지를 드러내는 징후들이 항시 존재하고 있었다. ♣ *telltale* : 알기 어려운 정보/감정 따위를 의도함이 없이 **드러내는** 참조

소설, 영화, 연극 등에서 과거를 회상하는 장면
과거를 떠올리는 장면

flashback

Like *Reloaded, Revolution* begins with no ***flashbacks***, no summary of the story thus far. ▶ *Reloaded*(영화 Matrix 속편)와 마찬가지로 *Revolution*(영화 Matrix 3편)은 과거를 회상하는 장면이나 지금까지의 스토리에 대한 요약이 없이 바로 시작한다.

When I first heard the news I had ***a flashback to*** 1974. ▶ 내가 그 뉴스를 처음 들었을 때 1974년의 한 장면이 떠올랐다.

명확한 답변 등을 회피하는
둘러대는

evasive

Direct questions would result in ***evasive answers***. ▶ 너무나 단도직입적으로 질문하면 사람들이 대답을 둘러댈지 모른다.

It seems ***his evasiveness*** was not intentional. ▶ 명확한 답변을 회피하는 그의 태도는 고의가 아닌 것처럼 보인다.

어렵거나 곤란한 문제나 질문을 회피하다
직접적인 답을 하지 않고 둘러대다

skirt ☞ ~의 끝자락/주변을 빙글 맴돌다

You should not ***skirt the problem***. ▶ 너는 그 문제를 회피하면 안 된다.

A U.S. appeals court on Friday ***skirted the incendiary issue*** of whether same-sex marriage could be barred under the Constitution, ruling a gay couple had no legal right to challenge such laws. The U.S. 9th Circuit Court of Appeals said the two California men, who sued in 2004 after they were denied a marriage license in Orange County, should wait for California courts to rule on a state law that bans gay marriage. ▶미국의 한 고등법정은, 남성 동성애 커플은 그러한 법률(동성애 결혼을 금하는 법률)에 대해 의의를 제기할 합법적인 권한이 없다고 판결하면서, 동성결혼이 헌법하에서 금지될 수 있는가 하는 민감한 이슈에 대한 명확한 판결을 회피했다. 미국의 9차 순회 고등법정은 오렌지 카운티로부터 결혼증서 발급을 거부당한 후 2004년 고소한 캘리포니아에 거주하는 두 남자들에게 게이의 결혼을 금지하는 주 법률에 대해서 캘리포니아 법정이 판결을 내릴 때까지 기다려야 한다고 말했다. ♣ *incendiary* : **불을 지르는** 참조

parry ☞ 얼버무리다; 잘 받아 넘기다

In an interview last week with National Public Radio, he ***parried criticism*** on his tactics. ▶ 지난 주 국립 라디오 방송과의 인터뷰에서 그는 자신의 전략에 대한 비평을 잘 받아 넘겼다.

After looking baffled by a question about the noise impacts of the proposed changes, he ***parried the question*** saying "I don't study noise." ▶ 제안된 변경이 주는 소음 영향에 대한 질문을 받고 난감한 모습을 보인 후, 그는 "나는 소음에 대해 공부하는 사람이 아니다"라고 말하면서 얼버무렸다.

주 펜싱에서 상대방의 날카로운 공격을 슬쩍 피하거나 잘 받아 넘기는 것을 말한다.

획기적인
생각이나 방법 등이 매우 참신하여 다른 사람들에게 영향을 크게 줄 수 있는

groundbreaking ☞ 새로운 땅/터전을 개척하는

He wrote ***a groundbreaking novel*** on extra-terrestrials. ▶ 그는 외계인에 대한 획기적인 소설을 썼다.

The company has launched ***a groundbreaking project*** on eco-friendly cars. ▶ 그 회사는 친환경 자동차에 대한 획기적인 프로젝트에 착수했다.

역사/인생 등에서 획기적인 사건/일
기념비적인 사건; 중대한 사건; 한 획을 긋는 사건

milestone ☞ 이정표

One of ***a child's earliest milestones*** is making the transition from breast milk or formula to fruits, vegetables and other foods. ▶ 어린아이의 초기에 나타나는 기념비적인 사건들 중의 하나는 모유나 이유식을 떼고 과일이나 야채 혹은 다른 음식을 먹는 것이다.

The upcoming summit meeting will be ***a milestone*** that marks a new stage for the development of the 5-year-old organization. ▶ 다가오는 정상회담은 5년이 된 그 조직의 발전을 위한 새 장을 여는 이정표가 될 것이다.

Monday, June 5, 2006 is the 25th anniversary of the AIDS epidemic. In recognition of ***this grim milestone***, CBS 2 presents information about the disease, including how it attacks the immune system. ▶ 에이즈가 발생한 지 25주년이 되는 2006년 6월 5일 월요일, 인류 역사에 한 획을 그은 이 무서운 사건의 심각성을 인식한 CBS 2 방송은 에이즈가 면역체계를 어떻게 공격하는지를 포함한 이 병에 대한 정보를 제공한다.

주 옛날 로마시대에 주요 도로에 1000보(1 mile) 간격으로 돌을 놓아 거리를 표시한 데서 유래되었다고 한다.

조직이나 체제가 매우 크고 획일적이며 변화에 매우 둔감한

monolithic

The Soviet Union, its old adversary, was *monolithic* and dependent on conventional weaponry. ▶ 미국의 오랜 적인 소련은 체제가 획일적이며 변화에 매우 둔감했고 재래식 무기에 의존했다.

주 원래는 "건물이나 구조물이 하나의 커다란 돌덩이로 만들어진"이라는 의미를 가지고 있다.

횡설수설(橫說竪說)
뭐가 뭔지 알 수 없는 조리(條理)가 없는 말; 이치에 닿지 않는 말(nonsense)

gibberish

At a glance it might look like *gibberish* but that's only at a glance. Reading the message will reveal what went wrong, why it went wrong and where. ▶ 첫눈에는 횡설수설하는 것처럼 보일지 모르지만, 오직 첫눈에만 그렇게 보인다. 그 메시지를 읽어보면 무엇이, 왜, 어디서 잘못되었는지 잘 알 수 있을 것이다.

He is well behaved and not talking *gibberish*. ▶ 그는 행실이 바르며 이치에 닿지 않는 말을 하지 않는다.

주 오래전 영국에서 피부가 까무잡잡하고 까만 머리칼을 한 사람들을 보면 이집트에서 온 사람(Egyptians)으로 여겼다고 한다. *Gypsy*(집시)라는 말도 여기서 파생되었다. 집시들이 모여서 떠들어대면 영국 사람들은 그들이 도대체 무슨 말을 하는지 못 알아 들었음은 물론이다. 집시들이 하는 의미를 알 수 없는 말이라는 의미로 *Gypsy*와 *jabbering*이 합쳐져서 태어난 말이다.

횡재
(복권에 당첨되거나 하여) 뜻밖의 행운으로 생긴 돈

windfall

Indianapolis is getting *an unexpected financial windfall* thanks to the state's correction of a long-running mistake in how it distributes money from alcohol taxes. ▶ 미국 Indiana 주정부가 주세(酒稅)를 분배하는 과정에서 착오를 일으켜 오랫동안 받지 못했던 돈을 인디애나폴리스 시가 한꺼번에 돌려받게 되었다.

There's *a windfall* in store for employees of foreign companies' subsidiaries who are working in India. The government is likely to allow foreign companies to give employee stock options to employees of their Indian subsidiaries. ▶ 인도 정부가 인도 주재 외국계 자회사에 근무하는 인도 사람들에게 스톡옵션을 주어도 된다고 허락을 하게 되어 그들이 뜻밖에 큰 돈을 손에 쥐어 횡재했다.

주 과일 나무 옆을 지나가는데 갑자기 바람이 불어 땅에 떨어진 과일을 보고 하는 말이다.

효과가 있다
효험이 있다; ~으로 소기의 목적을 달성할 수 있다

do the trick ☞ Informal

It's a wonder more bank robbers don't wear terrifying Halloween masks, isn't it? If this guy's gun wasn't enough to intimidate bank tellers, showing up looking like something out of a nightmare seems like it would *do the trick*. ▶ 보다 많은 은행강도들이 무시무시한 할로윈 가면을 쓰지 않는 것이 이상할 정도다. 만일 이 사람의 총이 은행 창구직원을 겁주기에 충분치 않았다면, 악몽에서나 등장하는 모습으로 나타나는 것이 효과가 있었던 것으로 보인다. 《미국에서 한 은행강도가 할로윈 때나 쓰는 해골 마스크를 쓰고 돈을 털어간 이야기다.》

Unfortunately, replacing just one isn't going to *do the trick*. ▶ 불행하게도 단지 하나만 교체하는 것으로는 소기의 목적을 달성할 수 없을 것이다.

투자 대비 효용체감(效用遞減)
노력에 비례한/상응한 결실/효과가 없는 상태

diminishing return

One-third of all state employees work in the prisons, so it follows that we should ask whether "we are getting the desired results, or whether we have reached *the point of diminishing return* with no drop in crime rate." ▶ 주정부 공무원의 1/3이 교도소에서 일하고 있다. 이는 우리가 "범죄율이 낮아지지 않는 상황에서 우리가 과연 바람직한 결과를 얻고 있는가 혹은 노력한 만큼의 결실을 더 이상 볼 수 없는 한계점에 도달한 것이 아닌가" 하는 질문을 던질 때가 되었다는 것을 의미한다.

While the commissioners want to know "at what point there is ***a diminishing return*** for services," that does not mean there will be a downsizing of staff, a commissioner said. ▶ 감독관들은 서비스가 더 이상 좋아지지 않는 효용체감의 시점이 어딘지 알기를 원하고는 있지만, 그렇다고 해서 직원의 수를 줄인다는 의미는 아니라고 한 감독관이 말했다.

In audio, as in most things, you do get what you pay for, but, on the other hand, ***the law of diminishing returns*** has not been repealed. ▶ 오디오 시스템에 있어서, 대부분의 경우와 마찬가지로 지불한 돈에 따라 품질이 달라지기는 하지만, 한편으로는 효용체감의 법칙이 역시 적용된다.《오디오 매니아들은 이 글의 의미를 실감할 것이다.》

The law of diminishing returns says pleasure is inversely related to repetition. You know how the first few bites of a great steak always taste better than the last few. It's because you didn't pause, take a sip of wine, or bite into a side dish. ▶ 효용체감의 법칙에 의하면 같은 것이 반복되면 그만큼 즐거움이 줄어든다. 당신도 알다시피, 맛있는 스테이크라도 마지막 몇 입은 처음 입에 넣을 때보다 맛이 없다고 느껴진다. 쉬지 않고 스테이크만 계속 먹었기 때문이다. 스테이크를 먹는 도중에 와인을 한 모금 마시거나, 곁들여 나오는 요리를 먹어보라.

주 만족도의 수준이 높아질수록 투자에 비하여 효용이 점점 줄어든다는 의미다. 예를 들면 음악 애호가들이 음질을 조금 높이기 위하여 엄청난 돈을 쏟아붓는 것이 좋은 예다.

신병/신참 **훈련소**
기초 교육을 시키는 기관

boot camp ☞ Informal

After three months of ***boot camp***, there is a good chance he'll be sent to one of Taiwan's heavily fortified outlying islands, located just kilometers off the coast of mainland China. ▶ 3개월간 신병훈련소에서 교육을 받은 후, 그는 중국해안으로부터 불과 몇 킬로미터 밖에 떨어지지 않은 매우 튼튼하게 요새화된 타이완 주변 섬들 중 한 곳으로 보내질 가능성이 매우 높다.

Britain's first online ***bridal boot camp*** is being launched to help brides lose the pounds and the stress in the run-up to their big day. ▶ 중요한 날을 앞두고 신부들이 체중과 스트레스를 줄이도록 도와주는 온라인 신부 기초 교육기관이 영국에서 처음 출범한다. ♣ ***in the run-up to*** : ~을 시기적으로 **앞두고** 참조

주 원래는 미 해군이나 해병대의 신병 훈련소를 뜻한다. 배를 타고 훈련을 받기 전에 먼저 육지에서 군화를 신고 기초 군사훈련을 받는 장소라는 의미를 지니고 있다.

화염병

petrol bomb(영) ; Molotov cocktail(미)

Two people have been arrested after ***a petrol bomb*** was hurled at a terrified couple on Christmas Eve. ▶ 크리스마스 이브에 겁에 질린 한 남녀에게 화염병을 던진 두 사람이 체포되었다.

Six more cars were torched in Istanbul Thursday while police arrested three people carrying ***Molotov cocktails***. ▶ 경찰이 화염병을 소지한 세 사람을 체포했지만 목요일 이스탄불에서 6대의 차량이 더 방화로 타버렸다.

확실한 의사 표명을 하지 않는 유권자

swing voter

A study shows that the U.S. is more polarized than it has been since 1994, when angry voters put the Republicans in control of Congress. This hardening of attitudes also helps explain why ***the swing voters***, so sought-after during the 1990s, is getting less attention. ▶ 성난 유권자들이 공화당이 하원을 장악하도록 만든 1994년 이후보다 미국이 더 양극화되어 있다고 한 연구는 보여준다. 특정 정당을 지지하는 확고부동한 태도는 1990년대에 그처럼 양 당에서 자기 편으로 만들려고 애쓰던 확실한 의사 표명을 하지 않은 유권자들이 현재 점점 관심을 덜 받는 이유를 설명해 준다.《미국 국민들이 공화당과 민주당으로 확실하게 나누어져 있기 때문에 마음을 결정하지 못한 유권자들이 얼마 없다는 이야기다.》 ♣ ***polarized*** : **양극화되다** ; ***sought-after*** : 많은 사람들이 **열망하는** 참조

주 그네를 타듯이 마음이 이리저리 왔다갔다한다는 의미다. 반의어: ***decided-voter***

정도가 너무 강해서 겉으로 확연히 드러나는

palpable ☞ 손으로 만질 수 있는

There is ***a palpable discontent*** in the U.S. work force that politicians do not take lightly. ▶ 미국 노동자들이 정치인들이 가볍게 취급할 수 없는 강한 불만을 드러내고 있다.

The tension between the couple is ***palpable***. ▶ 그 부부 사이의 긴장감이 겉으로 확연하게 드러난다.

주 내부의 종기/종양 등이 너무 커서 손으로도 만져진다는 의미다.

활기가 없는
활력이 없는; 활력 잃은(not exciting or energetic)

lackluster ☞ 윤기가 없는; 빛을 잃은

He has long been blamed for his party's ***lackluster performance*** during the election campaign. ▶ 그는 선거운동 기간 중 그의 정당의 활기 없는 유세활동에 대해 오랫동안 비난을 받아 왔다.

The basketball coach retired yesterday, ending ***a lackluster stint***. ▶ 임기 중 활기찬 모습을 보여주지 못한 그 농구코치가 어제 은퇴했다. ♣ *stint*: 근무/복무 **기간** 참조

황금알을 낳는 거위
엄청난 부를 안겨주는 것

golden goose; goose that lays the golden eggs

Politicized Hong Kongers say their only choice is to keep pushing for democracy to show Beijing that ***its golden goose won't merely lay eggs without honking***. ▶ 홍콩 사람들이 정치 및 언론의 자유를 속박당한 채 아무 소리 못하고 중국 당국이 시키는 대로 고분고분하게 일만 열심히 하면서 돈만 벌어주는 사람들이 아니라는 것을 보여줄 필요가 있다는 이야기다.

And they must stand firm against his intent on killing ***the goose that lays the economic golden eggs***. ▶ 그들은 엄청난 경제적 이득을 안겨주는 황금거위를 죽이려는 그의 의도에 반대한다는 확실한 태도를 보여야 한다.

Football is ***the goose that lays the golden eggs***. ▶ 축구는 황금알을 낳는 거위다.

~은 ~하는 데 큰 효과가 있다

go a long way to/towards

So, minimizing fabrication and erection labor is now the more cost-effective design strategy. Anything a bridge designer can do to simplify these operations will ***go a long way towards*** reducing overall steel bridge costs. ▶ 따라서 (교량 건설에 필요한 부재들을) 제작하고 조립하는 인건비를 줄이는 것이 현재로서는 보다 효과적인 비용절감 전략이다. 교량 설계자가 이 작업들을 단순화시킬 수만 있다면 강교(鋼橋)의 건설에 드는 총비용을 절감하는 데 큰 효과가 있을 것이다.

Although by no means a cure, this medicine ***goes a long way toward***s making the patient's life more tolerable. ▶ 비록 절대 치료약은 아닐지라도, 이 약은 환자의 삶을 보다 건강하게 만드는 데 큰 효과가 있다.

~의 효력이 지속되다

stay in effect

A 7 p.m.-6 a.m. curfew began Monday and will ***stay in effect*** through Friday. ▶ 오후 7시부터 오전 6시까지 적용되는 통행금지는 월요일에 시작되며 금요일까지 효력이 지속된다.

The storm warning is expected to ***stay in effect*** until Thursday. ▶ 폭풍주의보가 목요일까지 지속될 것으로 예상된다.

사람들이 어떤 것이 ~에 특별한 효험(효과)이 있다고 믿고 있다

swear by ☞ Informal

Many people ***swear by*** vitamin C's ability to ward off cold. ▶ 많은 사람들이 비타민 C가 감기를 예방하는 데 효험이 있다고 믿고 있다. ♣ *ward off*: 병/위험 등을 **예방하다** 참조

Those who ***swear by*** their morning caffeine fix

하

say it wakes them up and if they missed out they would feel sluggish for a good part of the day. ▶ 모닝커피의 효과를 믿는 사람들은 모닝커피를 마시면 정신이 들며 마시지 않는 날에는 꽤 오랜 시간 동안 몸이 굼뜬 것처럼 느껴진다고 말한다.

후계자로 지목된 사람
뒤를 이을 사람

heir apparent to

He was once ***the heir apparent to*** a media empire. ▶ 그는 한때 한 미디어 제국의 후계자로 지목된 사람이었다.

He has emerged in Iraq as ***bin Laden's heir apparent***. ▶ 그는 이라크에서 빈 라덴의 뒤를 이을 사람으로 부상했다.

주 *heir apparent*: 법정 추정 상속인(법률적으로 상속받을 권리가 있다고 추정된 사람)

가격 등을 **후려치다**
대폭 내리다

slash

His most notable action since taking over the company has been a series of price cuts, ***slashing the cost*** of game consoles by as much as 50% worldwide. ▶ 그 회사의 경영권을 물려받은 이후 그가 내린 현저한 조치는 전 세계적으로 휴대용 게임기들의 가격을 자그마치 50%까지 대폭 내리는 일련의 가격할인 정책이다. ♣ *as much as*: **자그마치** 참조

We hope the Health Minister will succeed in talks with the cigarette companies so that their move to ***slash the price*** can be stopped. ▶ 보건부 장관이 담배회사들과의 협상에 성공하여 그들이 가격을 후려치려는 움직임을 중단시킬 수 있길 우리는 바란다.

선거를 위하여 정당에서 특정 **후보를 내세우다**

field a candidate

The opposition party is trying to ***field fresh candidates*** in elections scheduled for early next year. ▶ 야당은 내년 초로 예정된 선거에서 참신한 후보를 내세우려고 노력하고 있다.

The opposition parties are ***fielding a joint candidate***, so as not to split the vote. ▶ 표를 분산시키지 않도록 하기 위하여 야당들은 공동후보를 내세우려 한다.

위험한 요소가 있는지 미리 조심해서 잘 살펴보아 나중에 **후회하는 일이 없도록 하라**
미리 예방/조심하는 것이 상책이다

better safe than sorry

The best strategy for homebuilders is "***better safe than sorry***" when it comes to illegal immigration, according to a labor law attorney. ▶ 한 노동법률 전문 변호사에 의하면, 건축업자들의 가장 좋은 전략은 사람을 고용할 때 미리 불법이민자가 아닌지 잘 살펴보는 것이라고 한다. 《잘 모르고 불법이민자를 고용했다가 큰 벌금을 물게 될 수도 있다는 의미다.》

Better safe than sorry is the official response to the collapse of the anti-terrorism operation. ***Better safe than sorry*** is apparently the inquiry conclusion on the police killing last year of Jean de Menezes in a London Tube train. ▶ 대테러작전의 실패에 대한 공식적인 반응은 나중에 후회하는 일이 없도록 미리 조심하라는 것이다. 이는 런던 지하철에서 아람계 영국인 Jean de Menezes을 테러범으로 오인하여 경찰이 사살한 사건에 대한 조사 끝에 나온 결론이다. 《이 사건 이후 앞으로 경찰은 매우 신중하게 대테러작전에 임해야 한다는 말이다.》

사람의 마음을 **훈훈하게 만드는**
가슴 따듯한

heart-warming

Have you heard ***the heart-warming story*** of a young man who saved her life? ▶ 그녀의 생명을 구한 한 젊은 남자의 가슴 따듯한 이야기를 들어본 적이 있는가?

This page is for stories that are ***heart-warming*** or thought-provoking. If you have an original one to share, write, in not more than 700 words, and e-mail it. ▶ 이 페이지는 사람의 마음을 훈훈하게 만들

거나 시사하는 바가 많은 이야기들을 위한 곳입니다. 당신만 알고 있는 함께 나눌 이야기가 있다면 700자 이내로 작성하여 이메일로 보내주세요. ♣ *thought-provoking* : **시사하는 바가 많은** 참조

몸에 묻은 먼지를 **훌훌 털어버리다**
어렵고 힘든 시절을 잘 견뎌내고 새출발하다

dust oneself off

Don't be afraid to fail, and don't be discouraged to ***dust yourself off*** and move on when you do fail. ▶ 실패를 두려워하지 마라. 그리고 실패할 때 용기를 잃지 말고 훌훌 털어버리고 계속 나가라.

If you fall, you get up, ***dust yourself off*** and go back out there. No pain, no gain, right? ▶ 넘어지면 일어나 몸에 묻은 먼지를 훌훌 털고는 다시 그곳으로 돌아가라. 고통이 없으면 얻는 것도 없지 않는가?

Despite losing the 2000 Presidential elections in a hotly-contested race, Al Gore picked himself up and ***dusted himself off*** and made himself an enemy of global climate change. ▶ 2000년 치열했던 미국 대통령 선거에서 (부시 대통령에게) 패한 후, Al Gore는 천천히 몸을 다시 일으켜 실패를 뒤로 하고 새출발했다. 그러고는 지구 기후변화를 막기 위한 노력에 앞장섰다. 《"불편한 진실"이라는 영화를 통하여 세계적으로 지구 온난화에 대한 경각심을 불러일으킨 공로로 Al Gore가 2007년 노벨 평화상 수상을 받은 사실에 대한 이야기다.》 ♣ *pick oneself up* : 넘어졌다가 천천히 **일어나다** 참조

주 땅바닥에 쓰러졌다가 일어나서 몸에 묻은 먼지를 훌훌 털어버리고 아무렇지도 않은 듯 다시 어떤 일을 시작한다는 의미다.

권력/무력 따위를 마구 **휘두르다**
기분이 나쁘다는 부정적인 의미가 담겨 있다

wield

He remains chairman, but ***wields little power*** at the company. ▶ 그가 회장직을 계속 맡고 있긴 하지만 그 회사에서 거의 힘이 없다.

Hong Kongers are discontented with ***the considerable power*** that local, self-serving tycoons ***wield***. ▶ 홍콩 주민들은 자기 잇속만을 차리는 지역 갑부들이 막강한 힘을 마구 휘두르는 것에 대하여 못마땅하게 여기고 있다. 《수도나 전기 같은 공공사업의 성격이 큰 사업을 독점하여 마음대로 가격을 올리는 홍콩 기업가들에 대한 이야기다.》 ♣ *self-serving* : **이기적인**; *tycoon* : 사업에 성공해서 **갑부/거부가 된 사람** 참조

The thief was ***wielding a kitchen knife***. ▶ 그 도둑이 부엌칼을 마구 휘두르고 있었다.

America's pro-choicers are ***wielding a new principle*** that's tough to argue with. ▶ 미국에서 낙태에 관한 여성의 선택권을 주장하는 사람들이 반박하기 어려운 한 원칙을 새로 만들어 아무 때나 마구 휘두르고 있다. ♣ *pro-* : ~을 **지향(志向)하는** 참조

좋지 않고 빠져 나오기 어려운 일에 **휘말려들다**

become enmeshed in/with

He becomes the second member of the president's family to ***become enmeshed in the stock options scandal***. ▶ 그는 대통령의 가족으로서 스톡옵션 스캔들에 휘말려든 두 번째 사람이다.

For years, the Air Force and Boeing have been accused of having a cozy relationship — so cozy that the two ***became enmeshed in a conflict-of-interest scandal***. ▶ 여러 해 동안, 공군과 보잉사가 친분관계를 유지해 왔다고 비난을 받아 왔다. 친분이 어느 정도였는가 하면 공사(公私)를 구분 못해서 발생한 이해충돌 사건에 휘말리게 될 정도였다. 《보잉사가 미국 공군에 비행기를 납품하기 위해서 공군 관계자들과 긴밀한 관계를 유지하는 바람에 결과적으로는 국가에 손해를 끼쳤다는 이야기다.》 ♣ *conflict-of-interest* : 공사를 구분하지 못해서 발생하는 **이해충돌** 참조

주 물고기가 그물망에 걸려 꼼짝 못하는 상황이다.

불길, 산사태 등이 건물 등을 순식간에 **휩싸다**
뒤덮다

engulf ☞ 집어 삼키다

A seven year old boy was found dead after a landslide ***engulfed the house***. ▶ 산사태가 그 집을 순식간에 뒤덮은 후 7살짜리 아이가 죽은 채로 발견되었다.

The fire brigade waited two hours before putting out the blaze that ***engulfed the gymnasium*** in which the hostages were being held. ▶ 소방대가 인

하

질들이 갇혀 있던 그 체육관을 순식간에 휩싸버린 불길을 잡는 데 2시간이 걸렸다.

짧은 **휴가**

getaway ☞ Informal

A 13th century farmhouse offers ***peerless getaways*** in the South of France. ▶ 남불 지역에 있는 13세기에 지어진 한 농장은 짧은 휴가를 보내기에 비할 데 없이 훌륭한 장소다. ♣ *peerless* : **비길 데 없이 훌륭한/아름다운/멋진** 참조

Whether you are looking for ***a romantic getaway*** or family vacation/reunion, you will find it at Jeju Island. ▶ 당신이 낭만적인 짧은 휴가나 혹은 가족여행/모임을 생각하고 있다면, 제주도가 바로 그곳이다.

휴일, 명절 등에 집/여행을 떠나 **휴가를 즐기는 사람들**

holidaymaker

With hundreds of millions of ***holidaymakers*** expected to hit the road for next month's Lunar New Year celebrations, travel in Asia could be hell. ▶ 다음 달 음력 설에 수억 명의 사람들이 휴가를 즐기기 위하여 길을 떠날 것으로 예상되기 때문에, 아시아로 여행을 가면 엄청난 고생을 할 수 있다. ♣ *hit the road* : **길을 떠나다** 참조

유명한 인물이나 사람들이 잘 알고 있는 특정한 상황을 익살스럽게 과장하여 **흉내 내는 글/드라마/영화**

parody ☞ 동사로도 사용

Nowadays TV is flooded with ***parodies of*** blockbuster movies. ▶ 요즘 TV에는 흥행에서 큰 성공을 거둔 영화에 나오는 장면들을 익살스럽게 과장하여 흉내 내는 패러디물이 홍수를 이룬다. ♣ *flooded with* : ~으로 **넘쳐나다** 참조

The film ***parodied*** a 1973 TV drama. ▶ 그 영화는 1973년에 방영된 TV 드라마를 흉내 낸 작품이다.

전망/판단력 등을 **흐리게 하다**
어둡게 하다 ; 나쁘게 만들다

cloud ☞ 구름을 드리우다

The legislation ***clouded the financial outlook*** by limiting the amount that the federal government may initially spend on highway. ▶ 그 입법은 연방정부가 처음 고속도로에 사용하려 하던 재원을 제한하여 재원조달 전망을 어둡게 했다.

Perhaps, anger ***had clouded his vision***; his judgment had been faulty. ▶ 분노가 그의 판단력을 흐리게 만들었을지 모른다. 그는 잘못된 판단을 내려버렸다.

기억/전망이나 추억 등이 **흐릿한**
희미한

dim ☞ 어두운

It appears that the rosy days are all but ***a dim memory***. ▶ 장밋빛 나날들은 단지 흐릿한 기억에 불과한 것처럼 보인다.

The prospect of legislating pension reform in the current parliamentary session is looking increasingly ***dim*** amid political turmoil. ▶ 정치적으로 매우 혼란한 가운데 현 회기 내에 연금개혁 입법이 이루어질 전망이 점점 어두워지고 있다. ♣ *amid* : 어떠한 일이 발생하는 상황 **속에서** 참조

흑백논리로

in black and white

But rarely are things outlined so well ***in black and white***. To begin with, there are different shades of gray. ▶ 그러나 흑백논리로 어떤 사물의 개요가 잘 설명되는 경우는 매우 드물다. 우선, 회색에 다양한 색조들이 있다.

He tends to see things ***in black and white***, yes and no. ▶ 그는 사물을 예, 아니오 식의 흑백논리로 보는 경향이 있다.

사람의 마음을 **흔들다**
사람의 마음을 불안하게 만들다

rock

Korean stock market was ***rocked*** by the news.
▶ 한국 증권시장이 그 소식으로 흔들거렸다.

The arrest of CEO ***rocked*** the employees of the company. ▶ 대표이사의 구속은 그 회사 직원들의 마음을 불안하게 만들었다.

흔들림 없는
동요하지 않는; 의연한

unwavering

"We reaffirmed ***the unwavering support*** for the Republic of Korea," U.S. Defense Secretary Robert Gates said during a joint press conference with his South Korean counterpart Kim Tae-young. ▶ "우리는 대한민국에 대한 흔들림 없는 지지를 다시 확인했다"고 로버트 게이츠 미국 국방장관이 한국 김태영 국방장관과 함께 한 공동기자회견 중에 말했다.

What was the most impressive was ***his unwavering confidence***. ▶ 가장 인상이 깊었던 것은 그의 의연한 자신감이었다.

Their unwavering enthusiasm and commitment never ceases to amaze me. ▶ 그들의 흔들림 없는 열정과 헌신은 언제나 나를 놀라게 한다.

He plays tennis with ***an unwavering attitude***—positive and extremely consistent. ▶ 그는 긍정적이고 매우 안정된 태도를 흔들림 없이 유지하면서 테니스 경기를 한다.

흔해 빠진
흔한; 흔히 볼 수 있는; 보통 종류의

garden variety ☞ 미국

The wood is far from ***the garden-variety type***. It comes mostly from Europe, from companies that grow trees specifically to be used in making fine musical instruments. ▶ 그 목재는 흔히 볼 수 있는 종류와는 거리가 매우 멀다. 고급 악기를 만드는 데 사용하기 위한 나무를 특별 재배하는 유럽 회사로부터 대부분 공급된다.

For ***garden-variety insomnia***, sleep experts suggest maintaining strict times for lights out and getting up, as well as avoiding stimulants like coffee and tea beyond mid-afternoon; avoiding alcohol and heavy or fatty meals before crawling under the covers; and using the bedroom for its intended purposes only. ▶ 흔히 나타나는 불면증에 대해, 수면전문가들은 이른 오후 이후에는 커피나 차 같은 자극적인 음료를 피하고 불을 끄고 잠자리에 드는 시간과 일어나는 시간을 철저히 지키고, 자기 전에 술이나 기름진 음식을 피하며, 침대는 잠을 잘 때만 사용하라고 권한다.

주 보통 정원에서 흔히 재배하거나 볼 수 있는 화초라는 의미다.

common or garden ☞ 영국

The diet will make you feel younger, lighter and healthier. The only vegetable you need to avoid during these two weeks is ***the common or garden potato***. ▶ 이 다이어트로 당신은 보다 젊고 가볍게 그리고 건강하게 느낄 것이다. 다이어트를 하는 2주 동안에 피해야 할 단 한 가지 채소는 식탁에서 자주 올라오는 감자다.

But it's not one of ***your common-or-garden sandwiches***. ▶ 하지만 그것은 당신이 흔히 먹는 샌드위치 종류가 아니다.

흔히 있는 일이지만
자주/종종 일어나는 것처럼

as is often the case

As is often the case, new opportunities bring with them new challenges. ▶ 흔히 있는 일이지만, 새로운 기회들은 새로운 도전과제를 안고 온다.

As is often the case for individual awards, team record is heavily weighted into the equation. ▶ 개인 수상자들을 선정할 때 자주 있는 일이지만, 팀 성적이 크게 고려된다.

매서운/사나운 눈초리로 흘겨보다
째려보다; 상대방을 향해 비난하는 혹은 경멸하거나 혐오스럽다는 표정을 지으며 쳐다보다

give someone a withering glance/look/scowl

Bush winked at the Queen, she ***gave him a withering look*** that bordered on disdain. Bush turned it into another joke: "She gave me a look that only a mother could give a child." ▶ 부시 대통령이 여왕을 향해 윙크를 하자 여왕이 경멸에 가까운 "뭐 이런 사람이 다 있어"하는 눈초리로 부시 대통령을 흘겨보았다. 부시는 이를 "여왕이 엄마가 아이에게나 지을 수 있는 표정으로 나를 보았다"고 농담으로 받아 넘겼다. 《2007년 5월 엘리자베스 영국 여왕이 미국을 방문했을 때 일어난 이야기다.》 ♣ ***turn a matter into a joke***: 어떤 일을 **농담으로 돌리다** 참조

She turned around, ***gave me a withering glance***. ▶ 그녀는 돌아서서 나를 째려보았다.

주 여기서 ***withering glance***는 상대방을 움츠러들게 하는 눈초리라는 의미다.

특정한 방향으로 조금씩 천천히 흘러가다
천천히 조금씩 나가다/들어오다

trickle

Oil money is finally ***trickling down to*** the Bedu. Government has created population centers in the desert. These are often called markaz, often with free housing and schools and medical care. In the Rub al Khali many of the Bedu have moved to the markaz. "To meet Bedu these days," he laughed, "you may have to go to the towns." ▶ 오일 달러가 마침내는 사막에서 텐트를 치고 살던 베두족(아라비아 반도 남쪽에 있는 Rub al Khali 사막에 사는 부족)에까지 흘러 들어갔다. 정부는 사막에 사람들이 모여 사는 도시를 만들었다. 이 도시는 markaz라고 종종 불리우며 주택, 교육, 의료혜택이 주로 무료로 제공된다. Rub al Khali 사막에 사는 많은 베두족 사람들이 markaz로 이사갔다. 그는 웃으면서 "요즘 베두족 사람들을 만나기 위해서는 사막이 아니라 도시로 가야 할지도 모른다"고 말했다.

Some donations are already ***trickling in***. ▶ 일부 기부금들이 벌써 조금씩 들어오고 있다.

Reports of swift executions continue ***trickling out of*** the country. ▶ 신속한 처형에 대한 소식이 그 나라 밖으로 계속해서 서서히 전해지고 있다.

주 물이 졸졸 흐르듯이 또는 물방울이 똑똑 떨어지듯 한다는 의미다.

흠잡을 데가 없는
나무랄 데가 없는; 더할 나위 없이 좋은/훌륭한

above/beyond reproach

Their work ethics is ***beyond reproach***. ▶ 그들의 직업윤리는 흠잡을 데가 없다.

He is a wonderful father and his service to the public while on the bench has been ***above reproach***. ▶ 그는 멋진 아버지이며 판사로 재직하는 동안 그의 업무는 나무랄 데 없이 훌륭했다.

한바탕 흥겨운 시간을 보내다
떠들썩하게 한바탕 놀다; 한바탕 신나게 즐기다

paint the town red

He and his younger brother were well-known for ***painting the town red***, lavishly partying all the time. ▶ 그와 그의 남동생은 언제나 호화스러운 파티를 하면서 떠들썩하게 노는 것으로 유명했다.

He's getting ready for the military. Before he leaves, though, he intends to ***paint the town red***. ▶ 그는 군에 갈 준비를 하고 있다. 그렇지만 그는 떠나기 전에 한바탕 흥겨운 시간을 보낼 작정이다.

주 옛날 미국 서부개척 시대에 백인들이 인디언 부락을 습격하여 약탈하고는 집에 불을 질러 그 광경을 보고 즐겼다는 데서 유래되었다는 설과 홍등가(붉은 색 등을 달아서 손님을 유혹하는 매춘부들이 모여 있는 거리)에서 유래되었다는 설이 있는데 모두 확실하지는 않다. 붉은 색은 사람을 흥분시키는 마력이 있기 때문에 이 표현이 자연스럽게 생겨난 것으로 유추할 수도 있다.

흥미를 끄는/자극하는
호기심을 자극하는; 관심을 끄는; 강력한 흡인력이 있는

compelling

He knows how to create *compelling stories*. ▶ 그는 흥미를 자극하는 이야기를 쓸 줄 안다.

A compelling story with evil twists that keep a reader turning the pages, "The Girl Who Played With Fire" is a great read. ▶ 마구 뒤엉킨 불운을 다룬 독자로 하여금 계속 페이지를 넘기게 만드는 강력한 흡인력을 지닌 소설 "불장난을 한 소녀"는 정말 읽어볼 만하다. ♣ *is a great read*: **책의 내용이 읽기에 ~하다** 참조

They have launched *a compelling campaign* to donate your coats gently used. ▶ 그들은 곱게 입었던 코트를 기부하는 흥미를 끄는 운동을 시작했다.

흥을 돋우기 위하여 재미있는 요소를 첨가하다
~으로 흥/흥미을 돋우다

spice; add spice ☞ 양념을 치다

Even Charles Dickens, Anthony Trollope and other writers called on cartoonist to *add spice to* the serialization of their novels in newspapers. ▶ 심지어 Charles Dickens나 Anthony Trollope 및 다른 작가들도 그들의 신문 연재소설에 흥을 돋우는 재미있는 요소를 첨가하기 위하여 만화가에게 부탁했었다.

The film was so boring, though *spiced with the occasional funny moments*. ▶ 때때로 웃기는 장면들이 양념으로 있긴 하지만 그 영화는 매우 지루했다.

The show was *spiced with music and humor*. ▶ 그 쇼는 음악과 유머로 관객들의 흥미를 돋우었다.

흥청거리다
특정한 기간을 지나친 행동(쇼핑, 먹고 마시기 등)을 하면서 흥청망청 보내다

be/go on a spree

Chen is the prototypical Chinese consumer, and he — along with hundreds of millions of others like him — *are on a shopping spree* that would once have seemed unimaginable. ▶ Chen은 전형적인 중국인 소비자다. 그는 그와 비슷한 다른 수억 명의 사람들처럼 흥청망청 쇼핑을 하는데, 한때 이는 상상도 할 수 없는 것처럼 보였었다.

Some Americans *go on a shopping spree* in December. ▶ 일부 미국인들은 12월을 흥청망청 쇼핑하면서 보낸다.

He once *went on a drinking spree*. ▶ 그는 한때 술을 마시며 흥청망청 세월을 보냈다.

be/go on a binge ☞ Informal

She *went on occasional drinking binges*. ▶ 그녀는 이따금 술에 빠져 지냈다.

Chinese consumption has helped push up global prices for oil and steel. But that's nothing compared with *the binges* still to come. ▶ 중국의 소비는 전 세계적으로 석유와 철강 가격을 올리는 데 일조를 했다. 그러나 앞으로 다가올 (중국의) 엄청난 소비에 비하면 지금은 아무것도 아니다.

영화나 연극 등에서 흥행

box-office

E. J. Lee, 24, actress who was one of *the biggest box-office draws* in South Korean film, died of a suicide by hanging. ▶ 한국 영화계에서 엄청난 흥행을 몰고 온 영화배우 이은주(24)가 목을 매달아 자살했다.

The film was *a huge box-office success*. ▶ 이 영화는 흥행에서 엄청난 성공을 거두었다.

주 "*box-office*"는 원래 극장의 매표소를 말하는데 입장수입이나 관객수로 나타나는 흥행의 정도를 나타내는 말로 많이 쓰인다.

향기가 바람을 타고 혹은 소리가 가볍게/부드럽게 흩날리다
공중에 퍼지다

waft ☞ 자동사와 타동사로 모두 사용됨

The scent of roses *wafts* through the window.

하

▶ 장미꽃 향기가 창문을 통해 들어와 부드럽게 흩날린다.

The lyrics depict the fragrances of azaleas and barley ***wafting*** in a spring wind. ▶ 그 노랫말은 봄바람 속에 가볍게 흩날리는 철쭉과 보리의 향기를 그리고 있다.

Lilting notes of the piano ***waft*** gently through the air. ▶ 경쾌한 피아노 선율이 부드럽게 공중에 퍼진다.

A slight breeze ***wafted*** the heavy scent of wild flowers. ▶ 가벼운 산들바람이 야생화의 진한 향기를 공중에 흩날렸다.

한 장소에서 서로 다른 방향으로 **흩어지다**
산개(散開)하다

fan out ☞ 부챗살 모양으로 흩어지다

We ***fanned out*** from the place in twos or threes. ▶ 우리는 삼삼오오 짝을 이루어 그곳에서 서로 다른 방향으로 흩어졌다. ♣ *in twos or threes* : **삼삼오오 짝을 이루어** 참조

The vehicles ***fanned out*** to take team members away. ▶ 차량들이 팀원들을 나르기 위하여 사방으로 흩어졌다.

희망사항 목록

wish list ☞ **Informal**

They' ve recruited vendors from all over the region and put them under one roof to make it a one stop shop to get everything on ***your holiday wish list***. ▶ 명절 때 사고 싶은 물품들을 한 자리에서 살 수 있도록 하기 위하여 그들은 그 지역에 있는 노점상들을 한 지붕 아래 불러 모았다. ♣ *under one roof* : **한 지붕 아래서 지내는** 참조

Synonymous with Christmas is ***the wish list***, all the things the good little boys and girls would like to see Santa bring. ▶ 크리스마스 하면 착한 어린 아이들이 산타가 가지고 오길 희망하는 선물목록이 떠오른다. ♣ *synonymous with* : 서로 **의미가 같다** 참조

New schools in the town were among ***a long wish list*** of what they would' ve done with the money. ▶ 마을 사람들이 그 돈으로 하고 싶은 많은 일들 중의 하나는 새 학교를 짓는 일이다.

이루어질 것 같지 않은 **희망**

wishful thinking

It is just ***a wishful thinking***, but it never hurts to have a little bit of hope in our hearts. ▶ 이는 이루어질 것 같지 않은 희망에 불과하지만, 우리 가슴속에 약간의 희망을 지니고 있는 것이 절대 나쁘지 않다.

한 가닥 **희망**
한 줄기의 희망

a ray of hope

The picture of the smiling Arab and Jewish faces shines ***a ray of hope*** on the intractable Palestinian–Israeli dispute. ▶ 아랍인과 유태인이 함께 미소를 짓는 얼굴을 담은 그 사진은 해결하기 힘든 팔레스타인–이스라엘 분쟁에 한 줄기 희망을 비춘다.

There is ***a new ray of hope*** for the tens of thousands of people who lost their pensions as companies they were working for went bankrupt. ▶ 그들이 일하던 회사가 파산하여 연금을 잃게 된 수만 명의 사람들에게 한 가닥 새로운 희망이 있다.

~에 대한 **희망을 가지고 있다**
~이 이루어질 것이라는 기대를 가지고 있다

hold out hope

If the tissues are as well preserved as they seem, the scientists ***hold out some hope of*** recovering intact proteins, which are less fragile and more abundant than DNA. ▶ (2005년에 발견된 공룡의) 연 섬유 조직이 겉으로 보이는 것처럼 잘 보존되어 있다면 과학자들은 손상되지 않은 완전한 단백질 성분들을 찾아낼 수 있을 것이라는 희망을 가지고 있는데, 단백질은 DNA보다 손상을 덜 받으며 훨씬 많다.

I still ***hold out hope that*** we will find him. ▶ 나는 여전히 우리가 그를 찾을 수 있을 것이라는 기대를 가지고 있다.

~에 희망을 걸고 있다
~에 기대를 걸고 있다

pin one's hopes on

Same-sex couples wanting to tie the knot are ***pinning their hopes on*** a push by senators to overturn the federal government's decision. ▶ 결혼하기를 원하는 동성 커플들은 연방정부의 결정을 뒤집으려는 상원의원들의 압박에 희망을 걸고 있다. ♣ *tie the knot*: **결혼하다** 참조

일어날 가능성이 매우 희박한 사건/사고/일
매우 기이한/특이한 사건/사고/일

freak event/accident

Residents said ***the freak event*** lasted just seconds — but it is expected to have caused thousands of pounds of damage. ▶ 회오리바람(tornado)이 거의 일어나지 않던 지역에서 뜻밖의 강력한 회오리바람이 순간적으로 불어와 큰 피해를 입었다는 이야기다.

A woman was injured in ***a freak accident*** in a school parking lot yesterday, police said. ▶ 어제 한 여인이 한 학교 주차장에서 매우 기이한 사고를 당해 부상을 입었다고 경찰이 말했다.

희생양
속죄양

scapegoat ☞ 동사로도 사용

Always in search of ***a scapegoat*** to deflect attention from its own reckless fiscal policies, Washington is not about to blink. ▶ 부주의한 재정정책으로부터 사람들의 주의를 돌리기 위하여 늘 희생양을 찾으면서도 워싱턴(미국정부)은 눈 하나 깜박하지 않는다. 《미국정부가 늘어만 가는 재정적자, 대외부채에 대한 비난의 화살을 무역역조가 특히 심한 중국이나 일본 등 아시아 국가들에게 돌리는 것을 아무렇지도 않게 여긴다는 말이다.》 ♣ *not blink*: **눈 하나 깜박하지 않는다** 참조

Ethics minorities are continually ***scapegoated*** for the lack of jobs and housing problems. ▶ 소수 민족들은 계속적으로 일자리 부족과 주택문제에 대한 속죄양이 되고 있다.

fall guy ☞ Informal

He began to realize that he is being set up by the president to become ***the fall guy*** in this financial disaster. ▶ 그는 대통령이 자신을 이 금융대란에 대한 희생양으로 삼으려 한다는 것을 눈치채기 시작했다.

The coach shouldn't always be ***the fall guy***. Let's face it! The team had a horrible offensive line because of injuries. ▶ 코치가 늘 희생양이 되어서는 안 된다. 현실을 직시해야 한다. 그 팀은 부상 때문에 공격라인이 형편없었다. ♣ *Let's face it*: 싫더라도, 좋은 일이 아니더라도 현실을 **직시해야 한다** 참조

주 옛날 서양 레슬링 시합에서 돈을 받고 일부러 "*fall*(한판 승부: 양 어깨가 동시에 바닥에 닿는 것)"을 당해주는 경우가 있었다는 데서 유래된 표현이다.

많은 희생(자)
큰 대가/피해

heavy toll

Over the past two years the Administration has been content to stand by as Palestinian militias continued to ***take a heavy toll*** with suicide bombs and Israel launched a full-scale invasion of Palestinian towns in the West Bank. ▶ 지난 2년에 걸쳐서, 팔레스타인 무장세력들이 자살폭탄 테러로 계속 많은 희생자를 내었으며 이스라엘이 West Bank 지역에 있는 팔레스타인 도시들에 대대적인 침공작전을 수행했지만 이 행정부(부시 미 행정부)는 방관하고 있었다.

The disease ***took a heavy toll*** in lives. ▶ 그 병은 많은 생명을 앗아갔다.

Rapid urbanization is ***taking a heavy toll*** on the environment and human living conditions around the world. ▶ 급속한 도시화로 전 세계적으로 환경과 인간의 생활조건이 큰 피해를 입고 있다.

The country ***paid a heavy toll*** for the conflicts of the region. ▶ 그 나라는 지역 분쟁으로 큰 대가를 치렀다.

~의 **희생자가 되다**

fall victim to

There are more and more automobile drivers on our roadways and highways every single year who are individuals who ***fall victim to*** automobile accidents. ▶ 일반도로나 고속도로에서 자동차 사고의 희생자가 되는 운전자의 수가 매년 증가하고 있다.

He ***fell victim to*** a violent crime. ▶ 그는 폭력범죄의 희생자가 되었다.

(물로) **희석하다**
약화시키다 ; 무력화(無力化)시키다

water down

Constant exposure in different channels could ***water down*** the brand ▶ 너무 많은 TV channel에 광고를 내보내면 브랜드 가치를 희석시킬 수 있다.

There are strong forces inside the Council to try to ***water down*** the package proposed by the European Commission. ▶ 유럽연합이 제안한 일괄안을 약화시키려는 강력한 힘이 그 위원회 내부에 있다.

이해하기가, 견디기가 혹은 상대하기가 너무 **힘드는 사람/것**
만만치 않은 사람/것

tough/hard nut (to crack)

He describes Dr. Kim as ***a pretty tough nut***. ▶ 그는 김 박사가 상대하기 매우 힘든 사람이라고 말한다.

Getting out side in such a cold winter night in many ways is ***a hard nut to crack***. ▶ 이처럼 추운 겨울 밤에 밖으로 나가는 것은 여러모로 만만치 않은 일이다. ♣ *in many ways* : **많은 점에서** 참조

The prison guard with hooded eyes seems ***a tough nut to crack***. ▶ 반만 뜬 날카로운 눈매의 그 간수는 상대하기 매우 힘든 사람처럼 보인다. ♣ *hooded eyes* : 반만 뜬 **눈** 참조

엄청나게 **힘든 일**
매우 힘든 싸움

Herculean task

He can't hope to stop bootlegs of Warner Bros. Releases from spreading like a virus. It's ***a Herculean task*** just to delay the inevitable. ▶ 그에게는 워너브라더스 영화의 불법복제물들이 바이러스처럼 퍼져나가는 것을 막을 희망이 없다. 도저히 피할 수 없는 이 상황(불법복제물의 유포)을 지연시키는 것만 해도 엄청나게 힘든 일이다.

Getting the economy back into shape is going to be ***a Herculean task***. ▶ 경제를 다시 제자리로 돌려놓는 것은 매우 힘든 일이 될 것이다.

주 그리스 신화에 나오는 장사 헤라클레스(*Hercules*)로부터 유래되었다.

uphill battle/struggle

Prosecutors are going to have ***an uphill battle*** but they think they are going to win. ▶ 검사들은 매우 힘든 싸움을 하게 되지만 그들이 이길 것이라고 생각한다.

Bush's Iraq plan is facing ***an uphill battle*** on Capital Hill. ▶ 이라크에 파병하는 미군 병력을 증강하려는 부시 대통령의 계획이 민주당이 장악하고 있는 미의회에서 통과되기가 쉽지 않을 것이라는 말이다.

The race is on to unseat Mayor Richard, but a local political science professor said it will be ***an uphill battle*** for the mayor's challengers. ▶ 시장을 자리에서 물러나게 하려는 선거운동이 진행되고 있지만, 지역의 한 정치과학 교수는 도전자들에게는 매우 힘든 싸움이 될 것이라고 말했다. ♣ *unseat* : 중요한 자리에서 **물러나게 하다** 참조

It's been ***an uphill struggle*** to achieve what he had wanted. ▶ 그가 바랐던 것을 이루는 것은 엄청나게 힘든 일이었다.

주 높은 곳에서 유리한 위치를 선점하고 있는 적과의 힘든 싸움이다.

힘을 못쓰게 만들다
상대방을 무력화시키다

defang ☞ 엄니를 뽑다

Resolving it could help ***defang*** extremists and normalize Israel-Arab relations. ▶ 그 문제를 해결하면 극단주의자들을 무력화시키고 이스라엘과 아랍국가들 간의 관계를 정상화시키는 데 도움이 될 것이다.

Everyone loves a close race. Until a few weeks ago most pundits assumed that Hillary Clinton's commanding lead in the national polls would ***defang*** next month's traditionally volatile early Democratic caucus and primary votes in Iowa and New Hampshire. Coronation was the in-word. ▶ 누구나 아슬아슬한 경기를 좋아한다. 대부분 전문가들은 (경선이 시작되기) 몇 주 전까지만 해도 전국에서 실시된 여론조사에서 힐러리 클린턴이 압도적인 우세를 보였기 때문에 전통적으로 어떤 일이 벌어질지 예상하기 힘든 다음달에 열리는 초기 민주당 전당대회와 아이오와와 뉴햄프셔에서 벌어지는 초기 선거가 아무런 힘도 못 쓰게 될 것이라고 예상했다. 앞으로 남은 힐러리 클린턴의 후보 추대식을 어떻게 하면 되는지에 대해서만 사람들이 말하고 있었다.《힐러리 클린턴이 미국 대통령 버락 오바마와 민주당 대통령 후보 경선을 하던 때의 이야기다. 힐러리 클린턴이 오바마에 대해 압도적인 우세를 보인 여론조사 때문에 전당대회나 경선이 무의미하게 될 수가 있다고 예상했다는 이야기다.》 ♣ *in-word*: 사람들의 입에 한창 오르내리는 말

Senior administration officials said more time is needed to shape the diplomacy and to create conditions on the ground for a permanent change of the situation — not merely a cease-fire. Israel needs time to ***defang*** Hezbollah, said one of the officials, who asked not to be named. ▶ (이스라엘) 행정부의 고위 관리들은 단순한 정전이 아닌 영구적인 변화를 위한 외교활동의 전략을 다듬고 제반 여건들을 조성하는 데 시간이 더 필요하다고 말했다. 이스라엘은 헤즈볼라(레바논 무장 정파)를 무력화시키기 위한 시간이 필요하다고 익명을 요청한 한 관리가 말했다.《이스라엘과 레바논 헤즈볼라 사이에 벌어진 전쟁에 관한 이야기다.》 ♣ *shape*: 계획/문구/형상 등을 다듬어 **구체화하다** 참조

주 *fang*(엄니: 뱀의 독니나 육식 동물의 뾰족한 이빨)을 뽑아버리듯 상대방의 강력한 힘을 빼앗아 저항하지 못하게 만든다는 의미다.

별것도 아닌 일에 크게 **힘을 쓰다**
쓸데없이 힘을 낭비하다

break a butterfly on a wheel

But the measure is to ***break a butterfly on a wheel***. ▶ 그 조처는 별것도 아닌 일에 쓸데없이 힘을 낭비하는 격이다.

주 "닭 잡는 데 소 잡는 칼을 쓴다"는 우리 속담과 유사하다.

이전에 가지고 있던 강력한 **힘을 잃은 사람**
이빨 빠진 호랑이

spent force

Less than a year after critics ridiculed her as ***a spent force*** because of dramatic weight gain, she is back in career-best shape. ▶ 갑자기 체중이 많이 불어 이전의 강력한 매력을 잃어버렸다고 평론가들이 그녀를 조롱한지 일 년이 못 되어, 그녀는 가장 멋졌던 옛 모습으로 다시 돌아왔다.

When Saddam was captured, US authorities said he was ***a spent force*** and he had no say in the ever-growing resistance. ▶ 전 이라크 대통령 사담 후세인이 체포되었을 때, 그는 이빨 빠진 호랑이 같았으며 몸으로 점점 심하게 저항하면서도 말은 한 마디도 하지 않았다고 미 당국이 말했다.

A P P E N D I X

부록 : Punctuation(구두점) 사용법

영문에서는 글쓴이의 생각이나 의도를 읽는 사람들에게 분명하고 리듬감 있게 전달시키기 위해—또한 깔끔하며 감칠맛 나는 느낌을 더해 주기 위해—다양한 구두점들이 사용된다. 그러나 이 구두점들 중에 한글로 문장을 작성할 때 거의 사용되지 않거나 혹은 사용되지 않기 때문에 우리가 사용하기에 약간 주저하는 구두점에는 다음과 같은 것들이 있다 : Hyphen(-) ; Dash(—) ; Semicolon(;) ; and Colon(:). 품격이 있는 영문 잡지나 책을 읽다 보면 이와 같은 구두점들이 자주 사용되는 것을 흔히 볼 수 있다. 독자들이 세련된 문장을 쓰는 데 도움이 될까 싶어 이 네 가지 구두점의 사용법에 대한 간단한 설명을 덧붙이고자 한다.

1. Hyphens

▶ 한 줄의 맨 끝에 오는 단어가 너무 길어서 다음 줄로 이어질 때 단어를 분리하기 위해서 사용한다.

Examples

Maga-zine　　some-thing　　semi-colon

▶ 단어에 접두사를 붙일 때 사용한다.

Examples

Pro-choice　　ex-husband　　pre-World War II

▶ 단어에 접미사를 붙일 때 사용한다.

Examples

President-elect (대통령 당선자)　　song-fest　　president-pro-tem (임시 대통령)

▶ 하나의 문자로만 된 단어를 분리시킬 때 사용한다.

Examples

T-shirt　　X-ray　　V-neck　　U-turn

▶ 명사를 꾸며주는 2가지 이상의 단어로 된 복합 형용사에 사용한다.

Examples

blue-green dress　　fact-finding search

first-class cabin　　not-too-distant future

부록

middle-class family

sugar-based drink

blue-veined cheeks

baggage-claim area

high-rise building

89-year-old man

▶ 독자들도 hyphen을 사용해서 얼마든지 복합형용사를 만들 수 있다.

Examples

On a number of occasion, he brought take-it-or-leave-it propositions to the opposition, with no room for negotiations. 물론 다음과 같이 따옴표를 사용해도 된다:

On a number of occasion, he brought "take it or leave it" propositions to the opposition, with no room for negotiations. ♣ 본 사전의 "있는 그대로 받아들이든지 **싫으면 관둬라/떠나라**" 참조

He has an I-am-in-no-hurry-to-do-it attitude. ♣ 본 사전의 **"당장 ~을 할 마음이 내키지 않는다"** 참조

▶ 여러 개의 단어로 이루어진 복합명사에 사용한다.

Examples

father-in-law

will-o-the-wisp

▶ 21부터 99까지 숫자를 영어로 나타낼 때 사용한다.

Examples

The hog weights eighty-two pounds.

There are fifty-seven students in the English class.

He is seventy-four and will be seventy-five in March.

★ 언어는 항상 변화하기 때문에 이상의 일곱 가지의 경우에 반드시 hyphen을 사용해야만 하는 것은 절대로 아니다. 예를 들면 "baggage-claim area"를 "baggage claim area"라고 써도 되고 "on-line"을 그냥 "online"으로 해도 된다. Hyphen을 생략해도 의미의 전달에 지장이 없고 사람들이 생략한 채 많이 사용하고 있다면 그렇게 해도 아무 상관이 없다. 단 한 가지 꼭 하고 싶은 말은 hyphen이 있으면 없는 경우보다 눈에 더 명확하게 들어온다는 사실이다.

2. Dashes (—)

Dash는 다양한 용도로 사용된다. 단 한 가지 주의할 점은 hyphen (-)을 dash (—)처럼 사용하면 안 된다는 것이다. "한글 2007"에는 자판에 있는 키만으로는 dash를 표시할 방법이 없기 때문에 hyphen 두 개를 연속해서 (--) 사용하거나 특수문자에서 따오면 된다. "MS Word"에서는 Hyphen 두 개를 연속해서 친 다음 "Enter" 키를 누르면 dash (—)로 변환된다.

▶ 문장을 따로 분리하거나 관계대명사 등과 같은 접속사를 사용하지 않고 한 문장 안에 어떠한 단어나 상황을 부연 설명하는 표현을 추가할 때 사용한다. 이렇게 함으로써 문자의 구조가 쉽게 눈에 들어온다.

Examples

He asked Mary — the girl who sat next to him in math class — to the Saturday's party.

It took him more than an hour to get ready — to get out of bed, find his clothes, take a shower, eat his breakfast — before he caught the 7 o'clock bus.

It was dark outside, but she could still see the spring flowers — daffodils and tulips — blooming in the garden.

The traditional concert lineup — curtain-raiser, concerto, symphony — usually works well for orchestral concerts. ♣ 본 사전의 **"개막행사"** 참조

The human rights — civil and political, economic and social, and cultural and ecological rights — are in the forefront of preoccupations of the United Nations — UNDP, UNCTAD, UNESCO, ILO, FAO, WFP, etc.. ♣ 본 사전의 **"관심사"** 참조

★ Dashes 사이에 들어 있는 부분을 문장에서 제외시켜도 문맥의 흐름에 아무런 지장을 주지 말아야 한다.

▶ 한 문장 중간에 강조하는 표현을 추가할 때 사용한다.

Examples

I was tired — sick and tired — of revising my proposal.

Filing a lawsuit is seen by far too many people — and lawyers — as a Golden Ticket to Easy Street.

♣ 본 사전의 "일이 힘들지도 않으면서 **돈을 쉽게 많이 벌 수 있는 기회/일/직장/자리"** 참조

Residents fear precious open space — including a leafy pedestrian street — will be lost under plans to move a community centre. ♣ 본 사전의 "수풀이 **울창한"** 참조

▶ 문장 마지막에 부연 설명하는 단어나 문장을 덧붙일 때 사용한다.

Examples

Once welcomed, he is entitled to all we have — food, tea, rest, care. ♣ 본 사전의 "~에 대한 **권리를 부여하다"** 참조

Practice makes perfect — something Mark now knows is true. ♣ 본 사전의 "꾸준히 반복해서 **연습해야만 완벽해질 수 있다"** 참조

If ever there was a phrase parroted throughout United States history, there is one that no person shall ever forget — all men are created equal. ♣ 본 사전의 "생각도 없이 **앵무새처럼 남이 한 말을 그대로 따라하다"** 참조

부록

▶ 글을 읽는 사람으로 하여금 잠시 쉬어가거나 속도를 늦추라는 의미로 사용한다.

Examples

"What — what do you mean?" he asked, startled at my question.

First, I need to call my mom, and then — well — I guess I should call my dad and invite him, too.

3. Semicolon (;)

Semicolon은 교차로나 교통이 복합한 곳에서 좌우전방을 주의하면서 운전하라는 의미로 깜박거리는 노란 신호등과 같은 역할을 한다. 함부로 사용하지 말고 독자의 주의를 환기시키기 위해서 꼭 필요하고 생각될 때만 가끔씩 사용해야 한다. 문장을 읽다가 semicolon을 만나는 경우는 다음 네 가지다.

▶ 서로 독립된 두 개의 절(節, clause)이나 문장(sentence)이 내용상 서로 밀접하게 연관되어 있는 경우 두 개의 절을 마침표(Period)를 사용해서 독립된 문장으로 분리시켜도 되지만 semicolon을 사용해서 연결하면 글을 읽는 사람에게 더 확 다가올 경우가 있다. Semicolon은 because, and, but 등과 같은 접속사와 접속 부사 so의 역할을 한다. 그리고 뒤의 절이 앞에 오는 절을 부연 설명할 때에도 사용된다. Semicolon을 한 문장 안에서 이 같은 접속어의 역할을 수행하는 또 다른 마침표라고 생각하면 된다.

Examples

It is hard to read his novel; it is lengthy and has a convoluted plot. ☞ 여기서는 because의 역할을 한다.

"I am nothing but skin and bones; I have escaped with only the skin of my teeth." ☞ 여기서는 and의 역할을 하고 있다. 구약성경(New International Version) 욥기 19장 20절에 나온다. ♣ 본 사전의 **"가까스로"** 참조

I wouldn't say that the amusement park is the most exciting place I've ever been; I wouldn't say it's totally boring either. ☞ 여기서는 but의 의미가 강하다.

A semicolon is a complicated little mark; use it sparingly and with flair. ☞ 여기서는 so(그러므로)의 의미다.

Its novelty was to move deftly beyond the stale dichotomy between state regulation and our freedom to consume as much as we like; its trick was to accept that we should all be free to choose, while the government nudges us in the right direction. ☞ 여기서는 부연 설명하는 표현인 that is to say(다시 말하면)의 역할을 하고 있다.

▶ 의미가 전환되거나 대조되는 두 개의 절 혹은 문장을 "furthermore, likewise, otherwise, meanwhile, however, but, that way" 등과 같은 접속어를 사용하여 한 문장으로 연결할 때 독자에게 이를 미리 상기시키기 위하여 사용한다.

Examples

He was sick; otherwise, she would have come to the party.

Many predators will not eat prey that is not struggling; that way, they are less likely to eat something sick or rotten that would end up killing them.
A lot of people will tell you the answer lies in building friendships with those who share your spiritual beliefs; but sometimes that's easier said than done.

▶ 일련의 짧은 문장을 리듬을 살리면서 깔끔하게 하나로 묶을 때 사용한다. And나 comma가 하는 역할을 대신한다고 보면 된다.

Examples

I came; I saw; I conquered.
Ask nor what your country can do for you; ask what you can do for your country.
One flew north; one flew south.

4. Colon (:)

Semicolon이 글을 읽는 속도를 약간 늦추고 전방을 주시하라는 노란 점멸 신호등이라면, colon은 빨간 정지신호에 해당한다고 볼 수 있다. 잠시 서서 호흡을 가다듬고 다음에 어떤 말이 오는지 대비하라는 의미다. 일반적으로 colon 다음에 완전한 문장이 나오면 첫 글자는 대문자로 쓰고, 그렇지 않을 경우는 소문자로 시작한다.

▶ 독립된 절(clause) 다음에 어떤 목록이 죽 나열된다고 미리 알려주기 위해서 사용한다.

Examples

The World Wide Web can be all things to all people: music store; shopping mall; radio; and research tool.
The theater used to show things you wouldn't see at an ordinary one: foreign movies, animation festivals, cult movies.

▶ 독립된 절에서 어떤 내용이 다음에 이어질 것이라고 암시하고 이에 대한 내용을 기술할 때 사용한다. 그리고 독자로 하여금 의도적으로 "도대체 그게 무얼까?"라는 궁금증을 갖게 만든 후, 이에 대한 답을 주거나 설명을 할 때 사용한다.

Examples

Average salaries for Americans are based on educational accomplishments, and the upshot is: The more education, the more income.
For decades the message has been trumpeted: "Buckle up and save lives."
Countries cannot have it both ways: The cost of a cleaner environment may sometimes be fewer jobs in dirty industries.

These two Carroll County physicians each, in their own ways, live out a common mission: treating indigent people who would otherwise lack access to medical care.

▶ 한 문장 안에 인용문이 포함될 경우 colon을 사용하여 분리한다.

Examples

The coroner investigating the death of a high school student today read the riot act to a witness, saying: "You know more than you are telling us."

표제어 찾아보기

가

깊게 지켜보다
모든 것을 다 감싸는 ☞ 전면적인
감쪽같은 속임수 ☞ 감쪽같은 속임수
신기하게도 감쪽같이 사라지다 ☞ 홀연히 사라지다
감추고 싶은 좋지 못한 비밀/물건 ☞ 숨기고 싶은 좋지 못한 비밀/물건
상대방이 알기 원하는 것을 감추다 ☞ 숨기다
몰래 감추어 놓은 카드/계획/무기 등이 있다 ☞ 비장(秘藏)의 카드/계획/무기 등을 가지고 있다
겉으로 보기엔 매우 좋아 보이지만, 계획이나 제안 등에 감추어진 어려움이 있다 ☞ 감추어진(숨겨진) 어려움이 있다
불필요한 부분을 감축하다 ☞ 가지를 치다
문득 어떤 것이 생각나 갑자기 하던 일을 멈추다 ☞ 문득 어떤 것이 생각나 갑자기 하던 일을 멈추다
값이 싸서 구입이 용이한 ☞ 구입이 용이한
소정의 과정을 마치고 갓 배출된 ☞ 갓 만들어진
남들이 자기에게 피해를 입히려고 하기 때문에 자신을 보호해야 한다는 강박관념 ☞ 피해의식
계약이나 협정 등을 체결할 때 약한 상대방에게 불리한 조건을 강요하다 ☞ 약한 상대방에게 불리한 조건을 강요하다
다른 사람/것과 비교했을 때 나타나는 강점 ☞ 우위(에 있는 점)
강제로 끌고 가다 ☞ 강제로 끌고 가다
싫다고 발버둥을 치며 소리지르는 사람을 강제로 끌고 가다 ☞ 싫다고 발버둥을 치며 소리지르는 사람을 억지로(강제로) 끌고 가다
강화시키다 ☞ ~의 강도/세기를 증가시키다
~을 남보다 먼저 얻기 위하여 갖은 방법을 쓰다(노력을 다하다) ☞ 우위를 점하기 위하여 온갖 수단을 동원하다
갖은 수단을 다 동원하다 ☞ 백방으로 노력하다
~한 기능을 갖추고 있는 ☞ ~한 기능을 갖추고 있는
같은 배를 타고 있는 ☞ 한 배를 타고 있는
같은 수법을 너무 자주 써먹는다 ☞ 같은 수법을 너무 자주 써먹는다
같은 집/건물에 살고 있는 ☞ 한 지붕 아래서 지내는
같은 처지에 있는 ☞ 한 배를 타고 있는
같은 취급을 당하다 ☞ 남과 같은 죄를 뒤집어 쓰다
~와 같이 대단한 ☞ ~처럼 대단한 (사람이나 사물이 놀라움이나 경탄을 자아낼 정도로 대단하다는 것을 강조할 때)
전혀 개의치 않는다 ☞ ~에 아무런 관심이 없다
설비/기계/부품 등을 개조하다 ☞ 새로운 제품을 생산하기 위해서 공장 설비/기계/부품 등을 새로 갖추다
집안을 거덜나게 하다 ☞ 집안을 거덜나게 하다
거드름을 피우는 ☞ 목이 뻣뻣한
거들먹거리는 ☞ 고압적인
거들먹거리는 사람 ☞ 잘난 체하는 사람
한 지역으로부터 특정한 방향으로 특정한 거리만큼 떨어진 곳에 위치한 ☞ 위치한
거만한 ☞ 목이 뻣뻣한
특별한 대우나 칭찬을 해주기 위해서 사람들 중에서 한 사람을 거명하다 ☞ 호명하다
사업에 성공해서 큰 돈을 번 거부 ☞ 갑부

어떤 계획이나 안 등이 거부당하다 ☞ 실패로 돌아가다
~을 거부하다 ☞ ~을 문전박대하다
~에 거울을 갖다 대다 ☞ ~을 있는 그대로 비추다
거의 없는/하지 않는 ☞ 설령/설사 있다고 하더라도 극히 조금뿐인
거저먹는 사람 ☞ 공짜로 얻어먹으려는 사람
말을 걸어 보았지만 이야기하기를 거절하다 ☞ 거부하다
거짓 눈물 ☞ 악어의 눈물
거짓말을 하다 ☞ 늑대가 왔다고 소리치다
거짓(말)처럼 들린다 ☞ 믿기지 않는다
~에 임시로 거처를 마련하고 생활하다 ☞ 특정한 장소/환경에서 특정한 기간 동안 임시로 지내다
거친 숨을 몰아 쉬다 ☞ 씨근벌떡거리다
~에 대한 걱정 속에서 ☞ ~에 대한 두려움 속에서
~이 걱정스러워서 ☞ ~이 두려워서
~와 같은 좋지 않은 일이 일어날까 걱정하여 ☞ ~와 같은 좋지 않은 일이 일어날까 염려하여
흥미가 없거나 위험할 수도 있기 때문에 건드리고 싶은 생각이 없다 ☞ ~에 관여하고 싶은 생각이 없다
남들이 하는 말을 건성으로 듣는다 ☞ 귀담아 듣지 않는다
건성으로 받아들이다 ☞ 어떤 결과/수치/사실/이야기 등을 액면(額面) 그대로 받아들이지 않는다
건성으로 하는 ☞ 마지못해서 하는
건성으로 후딱 해치우는 ☞ 하는 일에 흥미가 없거나 하여 성의없이 대충 빠르게 해치우는
그림이나 사진 액자 등을 못을 박아 벽에 걸다 ☞ 그림이나 사진 액자 등을 못을 박아 벽에 걸다
당당하게 ~로 걸어 들어가다 ☞ 당당하게 ~로 걸어 들어가다
걸음마 단계인 ☞ 초기 단계에 있는
지나가던 중 문득 호기심을 자극하는 것이 눈에 띄어 걸음을 갑자기 멈추다 ☞ 문득 어떤 것이 생각나 갑자기 하던 일을 멈추다
특정한 기간/시간에 걸쳐서 ☞ 특정한 기간/시간 동안 계속해서/내내/죽 어떤 일이 벌어지다
아무렇게나 편하게 팔다리를 쭉 벌리고 눕거나 의자에 걸터앉다 ☞ 아무렇게나 편하게 팔다리를 쭉 벌리고 눕거나 의자에 걸터앉다
말로만 요란하게 겁을 주다 ☞ 씨근벌떡거리다
겉모습만 번지르르하고 알맹이는 형편없는 것 ☞ 포장만 그럴싸하고 내용물은 형편이 없는 것(상품, 계획, 제안 등)
겉보기보다는 실익이 우선이다 ☞ 외모보다는 행실/행동이 고와야 한다
행동/활동 등이 겉으로 확연히 드러나는 ☞ 공공연한
전염병이 마구 번지듯이 걷잡을 수 없이 급속하게 퍼져나가다 ☞ 전염병이 마구 번지듯이 걷잡을 수 없이 급속하게 퍼져나가다
겉치레인 ☞ 하는 일에 흥미가 없거나 하여 성의없이 대충 빠르게 해치우는
~을 겨냥하다 ☞ ~을 조준하다
겨우 (위험/위기를 모면하거나 어떤 일을 해내다) ☞ 가까스로
양 또는 수준 등이 매우 겨우 ~ 정도 밖에 안 되는 ☞ 매우 적은
격노하다 ☞ 갑자기 화를 크게 내다
격려하다 ☞ 용기를 북돋우다

논쟁/시합 등이 격렬하게 벌어지고 있다 ☞ 불꽃이 튀다
격분하다 ☞ 갑자기 화를 크게 내다
매우 격식을 차리는 사람 ☞ 잘난 체하는 사람
어려움에 처해있더라도 끝까지 포기하지 않고 잘 견디다 ☞ 어려움에 처해있더라도 끝까지 포기하지 않고 잘 버티다
도저히 더 이상 견딜 수 없는 것 ☞ 도저히 더 이상 참을 수 없는 것
도저히 견딜 수 없다 ☞ 도저히 감당할 수 없다; 너무나 싫어하다
견줄 수 없을 정도로 훌륭한/아름다운/멋진 ☞ 비길 데 없이 훌륭한/아름다운/멋진
사물을 바라보는 견지 ☞ 믿음이나 경험을 통하여 얻은 안목
어떤 사건/행동/일 등의 좋지 않은 결과 ☞ 반작용
결과물 ☞ 자식
일/협정/회의/방송프로그램 등의 마지막 남은 부분을 만족스럽게 결말짓다 ☞ 마지막 남은 부분을 잘 마무리하다
~와 결부되어 ☞ ~와 맞물려서
~이 완전히 결여된 ☞ ~을 전혀 가지고 있지 않은
둘 중에서 어느 것을 택할지 아직 결정을 못 내리고 있다 ☞ 이럴까 저럴까 망설이고 있다
어느 편에 서야 할지 결정을 못 내리고 있다 ☞ 토론이나 논쟁 등에서 어느 편에도 가담하거나 동조하지 않은 채 사태/추이를 관망하다
어떤 사람이 죄가 있거나 어떤 것이 옳다는 것을 증명하는 결정적인 증거 ☞ 결정적인 증거
아직까지 결제가 안 된 ☞ 미해결의
결투를 신청하다 ☞ 도전장을 던지다
결혼 상대 ☞ 남은 인생의 반려자
~을 겸비한 ☞ ~을 갖추고 있는 (~이 있음으로 해서 완벽한)
사람들에게 ~에 대하여 조심하라고 경고하는 이야기 ☞ 조심하라고 충고하는 이야기
경솔한 (경박한) ☞ 중요함에도 불구하고 가볍게 구는
그와 같은 경우에는 ☞ 그와 같은 경우에는
하지만 ~에 관한 경우에는 ☞ 하지만 ~에 관한 경우에는 (앞에서 언급한 상황과 대비되는 혹은 새로운 주제나 주제와 관련된 이야기의 서두를 꺼낼 때)
~에게 경의를 표하다 ☞ ~에게 모자를 벗다
경이롭다 ☞ 너무나 놀랍다
~에게 경쟁력을 빼앗기다/잃다 ☞ ~에게 설 자리를 빼앗기다
기대 밖의/뜻밖의 유력한 경쟁 상대 ☞ 경기, 선거 혹은 경마 등에서 예상치 못했던 결과를 가져다 줄 가능성이 큰 말/사람
경쟁이 매우 치열한 ☞ 목적을 이루기 위하여 수단방법을 가리지 않는
상대방을 높여 부르는 관례적인/의례적인 경칭 ☞ 관례상의 존칭
특정한 활동/주제에 관하여 전혀 경험이 없는 사람 ☞ 생전 처음 접해보는 사람
현재 일어나고 있는 일을 보면서 드는 언젠가 본듯한 혹은 경험한 듯한 느낌/기분(기시감, 旣視感; 일종의 착각일 수도 있음) ☞ 현재 일어나고 있는 일이지만 과거에도 이미 경험했다는 느낌/기분
~로 기우는/치우치는 경향 ☞ 특정한 믿음/생각/목표 등을 지향하는 성향
계란 위를 걷는 듯하다 ☞ 매우 조심스럽게 일을 진행하다

본인이 한 일에 대하여 계면쩍어하는 ☞ 본인이 한 일에 대하여 창피함을 느끼는
여러 시간/날/해 동안 계속해서 ☞ 끊임없이
계속해서 괴롭히다/떠들어대다 ☞ 주먹 등으로 연타하다
강/우물의 물이나 자원 등이 고갈되다 ☞ 마르다
돈/예산/자원 등이 고갈되어 가는 ☞ 바닥이 나 가는
고개를 치켜 들다 ☞ 머리를 치켜 들다
고급인력이 빠져나가는 것 ☞ 두뇌의 유출
고꾸라지다 ☞ (싸움터에서) 풀썩 하고 먼지를 날리며 얼굴을 땅에 대고 쓰러지다
온갖 고난이 오더라도 변함없이 ☞ 시종일관
고달픈 삶/세상/세상살이/인생 ☞ 눈물의 골짜기
~을 고대하다 ☞ ~에 대하여 군침을 흘리다
고독을 즐기는 ☞ 혼자 지내는 것을 좋아하는
~라는 현 상황(주어진 상황)을 고려한다면 ☞ 감안한다면
~이라는 일이 이미 벌어졌다는 사실을 고려한다면 ☞ ~이라는 일이 이미 벌어진 상황에서
반드시 고려해야 하는 사항 ☞ 어떤 결정이나 상황에서 고려해야 하는 제일 중요한 요소
고립되고 침체한 지역 ☞ 벽지
고막이 터질 듯한 ☞ 귀가 찢어질 듯한
~ 때문에 고무되어 ☞ ~때문에 상기되어
고무시키다 ☞ 용기를 북돋우다
범인을 고발하다 ☞ 신고하다
고백하다 ☞ ~에 대한 자신의 잘못을 인정하다
고분고분 말을 잘 듣다 ☞ 시키는 대로 행동하다
문제/상황 등이 고비에 이르다 ☞ 최악의 상태에 이르러 특별한 조치가 필요하다
고삐를 바짝 잡아당기다 ☞ 사람/상황 등을 통제하다
고삐를 풀어 주다 ☞ 원하는 일을 자유롭게 하도록 허락하다
~은 고사하고 ☞ ~은 말할 필요도 없고
오랜 고생 끝에 발전/성공을 이루었다 ☞ 먼 길을 고생하면서 달려왔다
많은 고생을 겪고 난 후에 ~을 배우거나 깨닫게 되다 ☞ 많은 시행착오/어려움 등을 겪고 난 후에 ~을 배우거나 깨닫게 되다
좋지 않은 것의 예봉(銳鋒)에 맞서 고생하다 ☞ 좋지 않은 것의 예봉(銳鋒)에 맞서 고생하다
고심하는 ☞ 조사/검사/실험 등에 수고를 아끼지 않는
고양이 목에 방울을 달다 ☞ 남들이 하기 꺼려하는 어렵고 위험한 일을 자진하여 맡다
고운 마음씨를 지닌 ☞ 마음이 부드럽고 인정이 많은
고의가 아닌 ☞ 당사자도 모르게 발생한 (고의가 아니게 어떤 일이 잘못되었을 경우 사용한다)
고의로 ☞ 알면서도
고이 간직해 온 ☞ 소중하게 품어 온
양 또는 수준 등이 매우 고작해야 ~ 정도밖에 안 되는 ☞ 매우 적은
한동안 유지보수(수리나 손질)를 하지 않아 고장나거나 나쁜 상태로 있는 ☞ 파손된 상태로 방치되어 있는

컴퓨터/기계/장비 등이 고장난 기간 ☞ 기계/업무/장비 등이 쉬는 시간
많은 사람들이 퍼붓는 비난이나 공격 때문에 고초를 겪다 ☞ 많은 사람들로부터 봉변을 당하다
고충을 잘 들어주고/이해하고 동정/위로해 주는 사람 ☞ 어려울 때 의지할 수 있는 사람
좋지 않은 것이 몰려와서 고통을 당하다 ☞ 좋지 않은 것의 예봉(銳鋒)에 맞서 고생하다
자연 재해/병/기분 나쁜 감정 등 때문에 큰 고통을 받고 있는 ☞ 자연 재해/병/기분 나쁜 감정 등에 의해 피해를 심하게 입어 고생을 하는
~으로 고통받는 ☞ 바람직하지 않은 것에 시달리는
어떤 장소가 고풍스럽고 매력적이어서 흥미를 끄는 ☞ 그림처럼 멋지고 아름다운
곤경에 빠져 있는 ☞ 코너에 몰려 있는
스스로 자초한 곤경에 빠지다 ☞ 스스로 자초한 어려움에 빠지다
~이라는 곤경에 빠지다 ☞ ~이라는 수렁에 빠지다
명예/위신/체면을 곤두박질치게 만들다 ☞ 땅에 떨어뜨리다
명예/위신/체면이 곤두박질치다 ☞ 땅에 떨어지다
아래로 곤두박질치다 ☞ 무모하게 달려들다
곧바로 ☞ 숨돌릴 겨를도 없이 ; 신호가 떨어지기 무섭게 즉각/즉시 반응을 보이면서
많은 사람들이 퍼붓는 비난이나 공격 때문에 곤욕을 치르다 ☞ 많은 사람들로부터 봉변을 당하다
곧 ~이 될 ☞ 조만간 ~이 될
~이 있고 나서 곧장 ☞ ~한 상황을 경험한 후 (다른 곳을 거치지 않고, 다른 일을 하지 않고) 곧바로
앞으로 곧장 가다 ☞ 앞으로 곧장 가다
두 사람/그룹/물건 등의 사이에 존재하는 넘을 수 없는 깊은 골 ☞ 심한 격차
누구도 다루기 싫어하는 골치 아픈 문제/사람/이슈 ☞ 뜨거운 감자
좋은 것/사람만 골라내다 ☞ 정보/자료/증거 등을 특정한 출처에서 발췌하여 수집하다
~에 대해서 생각하느라 골머리를 앓다 ☞ 머리를 쥐어 짜서 생각하다
곱씹다 ☞ 반추(反芻)하다
곰곰이 생각하다 ☞ ~에 대해 깊은 생각에 잠기다
곳곳 ☞ 각지 (서로 멀리 떨어진 여러 지역들)
어떤 장소/지역의 곳곳 ☞ 모든 곳
공개적인 ☞ 공공연한
올바르지 못한 행동을 한 사람의 이름을 공개하다 ☞ 올바르지 못한 행동을 한 사람의 이름을 공개하다
집중공격을 받다 ☞ 표적이 되다
공격적으로 목적/목표를 향해 나아가다 ☞ 저돌적(공격적)으로 목적/목표를 향해 나아가다
특정 사람이나 집단을 몹시 싫어해서 마구 공격하는 것 (hating and attacking) ☞ ~ 때리기
공경하는 ☞ 공손한
공공질서의 파괴 ☞ 치안방해
공급의 과잉 ☞ 공급의 과잉
조사/검사/실험 등을 매우 공들여 진행하는 ☞ 수고를 아끼지 않는
공식 일정에 잡혀 있는 운동 경기 ☞ 공식 일정에 잡혀있는 운동 경기
공염불(空念佛)처럼 들린다 ☞ 믿기지 않는다
공사(公私)를 구분하지 못하는 상황 ☞ 공(公)적인 업무와 사(私)적인 관심사 사이에서 발생하는 이해충돌
공적 ☞ 자랑거리
향기가 바람을 타고 혹은 소리가 가볍게/부드럽게 공중에 퍼지다 ☞ 흩날리다
부득이한 (피할 수 없는) 일을 하고도 공치사하다 ☞ 하지 않으면 안 될 일을 하면서도 스스로 선택해서 혹은 자발적으로 한 것처럼 행세하다/유세부리다
공통점 ☞ 유사한 점
과거를 깨끗이 잊다 ☞ 이미 지나간 일들을 깨끗이 잊다
과거의 방식대로 따라하는 것 ☞ 역사의 답습
과묵한 ☞ 말수가 적은
과부사정은 홀아비가 안다 ☞ 얼마나 고생스러운지는 겪어본 사람만이 안다
과연 그럴까? ☞ 당사자는 대단하다고 생각할지 모르지만 실제로는 별 볼 일 없다
과잉/과다 ☞ 주체할 수 없을 정도의 많은 양
사실을 과장하다 ☞ 사실을 부풀리다
서로의 생각/감정 등을 잘 이해할 수 있는 친밀한 관계 ☞ 서로의 생각/감정 등을 잘 이해할 수 있는 친밀한 관계
다른 사람과의 관계를 악화시켜 다시 돌이킬/회복될 수 없을 지경으로 만들다 ☞ 배수진(背水陣)을 치다
관계기관 ☞ 회사/조직/특정분야 등의 일에 관심을 가지고 있거나 관여하고 있는 사람
어떤 조직과 관계를 맺고 있다 ☞ 한 조직이 다른 큰 조직에 혹은 사람이 어떤 조직에 소속되다
관련된 모든 사항을 고려하여 ~의 가치/중요성 등을 평가하거나 어떤 결정을 내리다 ☞ 관련된 모든 사항을 고려하여 ~의 가치/중요성 등을 평가하거나 어떤 결정을 내리다
주제와는 관련 없거나 핵심적인 사항이 아닌 ☞ 본질을 벗어난
특별한 상황에 통상적으로 적용되는 관례 ☞ 규칙
이해 당사자로서 갖는 특별한 관심 ☞ 이해관계
관심을 끄는 ☞ 흥미를 끄는/자극하는
관심을 끌기 위한 행동/행위 ☞ 이목을 끌기 위한 행동/행위
큰 관심을 끌다 ☞ 이목을 끌다
큰 관심을 받고 있는 ☞ 어떤 문제나 이슈가 시급한 처리를 요하거나 매우 중요하여 큰 주목을 받고 있는
관심을 보이지 않는다 ☞ 이해하지 못하다
회사/조직/특정분야 등의 일에 관심을 가지고 있거나 관여하고 있는 사람 ☞ 관심을 가지고 있거나 관여하고 있는 사람
사물을 바라보는 관점 ☞ 믿음이나 경험을 통하여 얻은 안목
여러 가지 관점/측면에서 (볼 때) ☞ 많은 점에서
만원 관중/관객 ☞ 만원 관중/관객
괜한 분란/어려움을 야기시키다 ☞ 벌집을 쑤시다/건드리다
좋지 않은 상황에서 어쩔 수 없이 괴로운 나날을 보내다 ☞ 고통을 겪다
좋지 않은 것이 몰려와서 괴로움을 겪다 ☞ 좋지 않은 것의 예봉(銳鋒)

에 맞서 고생하다

괴로운 일과 즐거운 일이 함께 있었던 ☞ 추억/기억/경험 등이 시원섭섭한

어떤 문제나 부상 등 좋지 않은 일이 내내 따라다니면서 괴롭히다 ☞ 따라다니면서 괴롭히다

괴물 같은 존재 ☞ 거대하고 막강한 힘을 지닌 조직

교양이 낮은 사람 ☞ 예술작품 등이 지적인 사고력을 전혀 요구하지 않는

교양이 높은 사람 ☞ 예술작품 등이 많은 지적인 사고력을 요구하는

인생을 살아가거나 어떤 일을 할 때 반드시 명심해야 하는 중요한 교훈 ☞ 금과옥조(金科玉條)

참여하지 않고 구경만 하고 있는 ☞ 사태를 방관하고 있는

구미를 당기게 만들다 ☞ 입맛을 돋우다

여러 가지/사람들 중에서 특정한 것을 구별하다/구분하다 ☞ 여러 가지/사람들 중에서 어떤 것이 그 것인지 분간하다

차이를 구분하다 ☞ 구별하다

구석구석 ☞ 각지 (서로 멀리 떨어진 여러 지역들)

어떤 장소/지역의 구석구석 ☞ 모든 곳

구석구석을 누비며 다니다 ☞ 동분서주(東奔西走)하며 다니다

구석에 몰려 있는 ☞ 코너에 몰려 있는

~의 구속에서 벗어난 ☞ ~의 구속/영향권에서 벗어난

아무런 구속 조건 없이 ☞ 아무런 별도의 조건 없이

구시대적 관습/체제에 젖어 있는 구시대 인물(구태의연한 사람) ☞ 구시대적 관습에 젖어있는 사회/조직/체제에서는 받아들이기 힘든 혁신적인 사람/사상/주의

어렵게 구하다 ☞ 어렵게 손에 넣다

특정 시간/시대에 국한되지 않는 ☞ 시간/시대를 초월하는

어떤 것/상황 등이 특별한 경우에만 국한되지 않는다 ☞ 모든 경계를 넘나들다

더 이상 군말이 필요없다 ☞ 더 이상 ~에 대해서 말할 필요없다

마음은 굴뚝같지만 (어쩔 수 없다) ☞ ~을 하고 싶긴 하지만 (할 수 없다)

아니 땐 굴뚝에 연기 나랴 ☞ 아니 땐 굴뚝에 연기 나랴

굴복시키다 ☞ 무릎을 꿇리다

조금도 굴복하지 않다 ☞ 어떤 일에 대하여 타협하지 않다

굴욕(감) ☞ 모욕(감)

굴욕을 참다 ☞ 잘못을 스스로 인정하는 행동이나 말을 하다

굴욕적인 ☞ 경험/활동 등이 당혹스러운

길이나 강이 굽이치다 ☞ 꾸불꾸불 나 있다

혹시 당신이 궁금해하고 있을까 봐 하는 이야기인데 ☞ 혹시 당신이 모르고 있을까 봐 하는 이야기인데 (명백하지만 남이 관심을 기울이지 않았던 사실을 약간 자극적으로 이야기할 때)

궁시렁거리는 불평불만의 소리 ☞ 웅성/궁시렁거리는 불평불만의 소리

궁지에 빠져 있는 ☞ 코너에 몰려 있는

현 체제/제도하에서 누리는/부여받은 권리 ☞ 기득권

권태로운 느낌 ☞ ~에 대한 식상한 느낌

사람/상황 등을 통제할 수 있는 권한 ☞ 통제할 수 있는 영향력

귀담아 듣지 않다 ☞ 소홀히 여기다

귀신이나 죽은 사람의 영혼 등과 관련이 있는 (ghostly) ☞ 심령술사

사람들의 귀에 익은 ☞ 유명한

~에게 매우 귀중한 사람/것 ☞ ~에게 매우 소중한 사람/것

보통 사람은 가치를 모르는 귀한 물건 ☞ 돼지에 진주

균형 있는 시각/안목으로 ~의 가치/중요성 등을 평가하거나 어떤 결정을 내리다 ☞ 관련된 모든 사항을 고려하여 ~의 가치/중요성 등을 평가하거나 어떤 결정을 내리다

그게 그거다 ☞ 어떤 경우든 마찬가지다

그게 아니라면 (다른 상황도 가능하다) ☞ 그렇지 않다면

그렇게만 된다면 (그렇다면) 얼마나 좋을까! ☞ 만일 ~이라면 얼마나 좋을까!

그와 같은 상황에서는 늘/항상 그렇듯이 ☞ 그와 같은 상황에서는 늘 그렇듯이

그렇지만 놀랍게도 ☞ 그럼에도 불구하고 (앞에서 어떤 사실을 언급한 후 이에 반하는 다소 놀라운 새로운 사실을 소개할 때)

그렇지만 여전히 ☞ 그럼에도 불구하고 여전히

계획/사업 따위를 그르치다 ☞ 계획/사업 따위를 뒤엎다

원하지만 할 수 없거나 가질 수 없는 것을 그리워하는 ☞ 원하는 것을 가질 수 없어서 혹은 할 수 없어서 슬픈 심정이 드는

죽거나 하여 옆에 없는 사람을 몹시 그리워하며 슬퍼하다 ☞ 주로 가질 수 없거나 할 수 없는 것을 갈망하다

그림자 같은 ☞ 사람이나 단체 등이 정체를 알 수 없는

~을 그만두다 ☞ ~를 잠재우다

사업/일 등을 그만두다 ☞ 접다

어떤 일을 하다 도중에 그만두다 ☞ 중도에 탈락하다

혹시 실패하지 않을까 혹은 잘못되지 않을까 겁을 먹거나 불안하여 어떤 일을 하는 도중에 갑자기 그만두다 ☞ 발을 빼다

그믐달 ☞ 조각달

그야말로 (어떤 사실을 강조할 때) ☞ 글자 그대로

무엇 그 자체(自體) ☞ 무엇 그 자체(自體) (특정한 단어의 의미를 강조할 때 사용함)

~에는 그 이상의 뜻이 내포되어 있다 ☞ ~은 그 자체가 나타내는 것보다 더 큰 의미를 지니고 있다

그 이후는(다음은) 새삼스럽게 다시 말할 필요가 없다 ☞ 그 이후는(다음은) 새삼스럽게 다시 말할 필요가 없다

상황이 절망적일 때는 극단적인 대책도 필요하다 ☞ 상황이 절망적일 때는 극약처방이라도 써야 한다

너무 극단적인 행동을 하다 ☞ 관습이나 규범 상식 등을 일탈하는 행동을 하다

~와의 극명한 대비 ☞ ~와의 극명한 대비

난관을 잘 극복하다 ☞ 어렵고 힘든 일/상황을 침착하고 용이하게 대처하다

어려움을 잘 극복하다 ☞ 어려움을 겪었지만 잘 견뎌내다

비록 고통스럽거나 어려울지라도 마음먹기에 따라서 얼마든지 극복할 수 있는 문제/일 ☞ 마음먹기에 달린 문제/일

극히 드문 ☞ 매우 드문

~의 극히 일부분 ☞ 매우 적은 부분

~를 근간으로 하고 있다 ☞ ~에 뿌리를 내리고 있다

근무 기간 ☞ 근무/복무 기간

근무 태만인 ☞ 주어진 중요한 임무를 소홀히 수행하는

너무 근시안적이다 ☞ 한치 앞을 못 본다

근원 ☞ 근본 원인

근육을 단련시키다/강화하다 ☞ 몸을 단련시키다

(좋지 않은 것을) 근절하다 ☞ 뿌리뽑다; 밟아버리다

흡연 등과 같은 나쁜 습관을 근절하다 ☞ 아이에게 먹이던 젖을 떼다

~과 근접한 곳에서 ☞ ~에 인접한 곳에서

얼마 남지 않는 것을 박박 긁어 모으다 ☞ (주로 상태는 매우 좋지 않지만) 어쩔 수 없이 최후의 수단/방책에 의존하다 (현재 처해 있는 상황이 매우 나쁘다는 것을 강조하는 표현이다)

긁어 부스럼을 만들다 ☞ 잠자는 사자/호랑이

금상첨화 ☞ 이미 좋기 때문에 있으면 더 좋지만 없어도 별 상관이 없는 것

급감하다 ☞ 급락하다

기분/의견/입장/분위기/태도 등이 급변하다 ☞ 돌변하다

불행한 처지에 놓여 있지만 불평하지 않고 좋은 점들을 떠올리며 긍정적으로 생각하다 ☞ 불행한 처지에 놓여 있지만 불평하지 않고 좋은 점들을 떠올리며 위안을 삼다

어리석은 행동이나 잘못 때문에 시련을 겪거나 징벌을 받아 기가 한풀 꺾인 ☞ 누그러진

기간 요원(基幹 要員) ☞ 특수한 목적으로 선발, 조직되고 훈련된 소수의 정예 집단

특정한 장소/환경에서 특정한 기간을 지내다/보내다 ☞ 특정한 장소/환경에서 특정한 기간을 지내다

기꺼이 ☞ 서슴없이

양 또는 수준 등이 매우 기껏해야 ~ 정도밖에 안 되는 ☞ 매우 적은

역사/인생 등에서 기념비적인 사건/일 ☞ 획기적인 사건/일

소송 사건이 재판을 기다리는 ☞ 미해결 상태에 있는

제출된 법률이나 안 등이 심의를 기다리는 ☞ 미해결 상태에 있는

걸었던 기대가 그만 좌절되다 ☞ 걸었던 희망이나 기대 등이 그만 좌절되다

다른 방도가 없어서 어쩔 수 없이 ~에 기대다 ☞ ~에 의존하다

~이 이루어질 것이라는 기대를 가지고 있다 ☞ ~에 대한 희망을 가지고 있다

~에 기대를 걸고 있다 ☞ ~에 희망을 걸고 있다

기대에 어긋나는 실망스러운 일/것 ☞ 기대에 어긋나는 실망스러운 일/것

애초 기대와는 달리 매우 화려하다/흥미롭다 ☞ 별 볼 일 없을 것으로 기대했지만 매우 화려하다/흥미롭다

~을 잔뜩 기대하다 ☞ ~에 대하여 군침을 흘리다

기대했던 것과는 달리 별 볼 일 없다 ☞ 기대했던/의도했던 것과는 달리 별 볼 일 없다

어려울 때 기댈 수 있는 사람 ☞ 어려울 때 의지할 수 있는 사람

단체/사회/조직/정당 등의 기득권층 ☞ 단체/사회/조직/정당 등을 주도하는 사람들

기력을 빼앗는 ☞ 지치게 만드는

출연자들과 인터뷰하거나 그들이 카메라를 향해 쳐다보는 일이 없이 따라다니면서 그 들이 평소에 하는 모습을 있는 그대로 촬영한 기록영화 ☞ 남들이 어떤 일을 하거나 대화를 하고 있을 때 직접 참여하지 않고 전혀 방해하지도 않으면서 옆에서 지켜보거나 엿듣는 사람

기만책 ☞ 연막

좋지 않은 일이 발생할 것이라는 기미 ☞ 불길한 징조

~한 기미(幾微)가 있다 ☞ 어떠한 측면을 가지고 있다

비밀 문서나 기밀 사항을 알거나 볼 수 있도록 허락을 얻는 ☞ 비밀스러운 일/사항 등에 대하여 접근이 허락된

기부금을 걷다 ☞ 모금하다

기분을 확 잡치게(가라앉게) 하다 ☞ 흥겨운 기분, 열정 등에 찬물을 끼얹다

기막힌 수완/솜씨/아이디어 ☞ 천재적인 수완/솜씨/아이디어

기만하다 ☞ 상대방의 눈을 가리다

~ 라는 기분 나쁜 것/존재 ☞ ~ 라는 좋지 않은 것

기분이 너무 좋다 ☞ 공중에 붕 떠 있는 기분이다

남들이 자신을 대하는 태도 등에 기분이 매우 나쁜/불쾌한 ☞ 감정이 매우 상한

기분 전환 ☞ 전지(轉地) 요양/휴양

같은 값이면 사람들을 기분 좋게 만드는 편이 소기의 목적을 달성하는 데 훨씬 도움이 된다 ☞ 사람들을 친절하고 상냥하게 대하는 것이 불친절한 것보다 훨씬 유리하다

기쁘게 맞이하다 ☞ (특히 종을 울리며) 새해 등을 맞이하다

슬픔과 기쁨이 교차하는 ☞ 추억/기억/경험 등이 시원섭섭한

상대방의 기선을 제압하기 위한 작전/행동 ☞ 어떤 상황이나 시합 등에서 상대방보다 유리한 위치를 점하기 위해서 하는 행동/작전

기습적인 공격 ☞ 불의의 공격

~에 대한 기억이 아직 생생하다 ☞ 어떤 말/상황이 아직 귀에 생생하게 들리는 듯하다

다시 기운을 북돋우다/불어넣다 ☞ 논쟁/일/토론 등에 다시 불을 붙이다

~한 기운이 감돌고 있다 ☞ 사람들이 말을 하진 않지만 ~한 분위기 등이 감돌고 있다

~로 기울다 ☞ 어떤 특정한 장소/사물/활동 등에 호감이 가서 끌리다

매우 기이한 사건/사고/일 ☞ 일어날 가능성이 매우 희박한 사건/사고/일

기조(基調)(기본경향, 기본정책방향)를 정하다 ☞ 어느 한 가지가 어떤 일/장소/정책/행사 등의 전반적인 분위기를 나타내다

어떤 일이나 사람을 판단하는 기준 ☞ 척도

어떤 것의 상태가 정해진 기준을 통과한/만족하는 ☞ 상태가 좋은

기초 교육을 시키는 기관 ☞ 신병/신참 훈련소

~의 기치(旗幟) 아래 ☞ ~의 깃발 아래

기탄 없이 ☞ 서슴없이

용납할 수 없는 말/행동 등으로 인한 기피 인물 ☞ 용납할 수 없는 사람

~을 할 수 있는 기회를 마련해 주다 ☞ ~로 향하는 길을 열다/터주다

모든 준비를 끝내고 기회를 엿보고 있다 ☞ 모든 준비를 끝내고 행동을 취할 기회/때/순번 등이 오기를 기다리다

화가 나서 혹은 너무 기뻐서 길길이 날뛰다 ☞ 날뛰다

떡 줄 사람은 생각도 없는데 김칫국부터 마시다 ☞ 떡 줄 사람은 생각도 없는데 김칫국부터 마시다

~로 향해가는 길에 ☞ ~로 가는 도중에

깊이가 없는 ☞ 겉으로는 중요하거나 대단한 것처럼 보이지만 사실은 그렇지 않은

아무런 까닭도 없이 ☞ 전혀 조리(條理)가 맞지 않게

~(할) 때까지 ☞ ~(할) 때까지

주위가 온통 깜깜한 ☞ 칠흑 같은

미처 깨닫지 못하고 있는 ☞ 부주의해서, 주의를 기울이지 않아서 혹은 관심을 두지 않아서 모르고 있는

깨닫지 못하다 ☞ 이해하지 못하다

걸었던 희망이나 기대 등이 그만 꺾이다 ☞ 좌절되다

차츰 꼬리를 감추다 ☞ 점점 작아지다

꼬맹이 ☞ 쥐방울만한

꼭 ~해야 하는 (것) ☞ 반드시 ~해야 하는 (것)

꼴찌에서 두 번째 ☞ 끝에서 두 번째

어떤 장소가 사람이 너무 많아 꼼짝달싹하기 힘들다 ☞ 특정한 장소가 북적거리는

꼼짝 않고 ☞ 미동도 하지 않고

꽁무니를 빼다 ☞ 어떤 행동을 하다가 몸을 움츠리다

몸을 꼿꼿하게 세우다 ☞ 허리를 꼿꼿이 펴다

꽃 중의 꽃 ☞ 같은 부류 중에서 최상의 것

꽉 들어찬 관중/관객/사람들 ☞ 만원 관중/관객

제 꾀에 넘어가다 ☞ 작은 화(禍)를 피하거나 더 좋은 것을 얻기 위하여 요령/잔꾀를 부리다가 더 큰 화(禍)를 자초하다

없는 이야기/사건/증거/혐의 등을 꾸며내다 ☞ 날조하다

소동/소란을 피우거나 잘못된 행동을 하는 사람에게 엄중하게 꾸짖다 ☞ 소란/소동을 피우거나 잘못하면 엄하게 다스린다고 경고하다

심하게 꾸짖다 ☞ 귀따가운 소리를 잔뜩 하다

감정을 밖으로 드러내고 싶지만 꾹 참다 ☞ 감정을 억누르다

이루어질 수 없는 꿈 ☞ 허황된 생각

평소에 품어 왔던 꿈이나 생각을 펼치다 ☞ 실현하다

꿍꿍이속이 있다 ☞ 다른 엉뚱한 속셈을 품고 있다

어떤 사람이 특정한 분야에 대해서 경험이 많아 훤히 꿰뚫고 있다 ☞ 경험이 많아 훤히 꿰뚫고 있다

여러 조각들을 여기저기서 가져와 이리저리 꿰맞추다 ☞ 조잡하게 주어 맞추다

민감한 사안이나 주제에 대하여 조심스럽게 이야기/화제를 끄집어내다 ☞ 이야기를 꺼내다

명예/위신/체면을 끌어내리다 ☞ 땅에 떨어뜨리다

어떤 일을 하는 데 필요한 사람, 힘, 지원, 도움, 에너지, 자금, 찬성표 등을 최대한 한데 끌어 모으다 ☞ 최대한 한데 끌어 모으다

부글부글 끓다 ☞ 상황이 너무 악화되거나 너무나 화가 나서 통제할 수 없는 상황/지경에 이르다

노여움/불화/논쟁 등이 부글부글 끓어오르고 있는 중이다 ☞ 부글부글 끓어오르고 있는 중이다 (아직 밖으로 드러나지는 않았지만 하시라도 발생할 수 있는 상태에 있다)

끔찍한 ☞ 경악하는

정해진 시간이 끝나갈 무렵 ☞ 막판

~의 시대는 곧 끝나게 된다 ☞ 앞으로 살 날이 얼마 남지 않았다

~을 끝내다 ☞ ~를 잠재우다

일/협정/회의/방송프로그램 등의 마지막 남은 부분을 만족스럽게 끝내다 ☞ 마지막 남은 부분을 잘 마무리하다

특정한 방향(동서남북)으로 최끝단에 위치한 ☞ 최끝단에 위치한

끝으로 ☞ 마지막으로 (정해진 순서대로 혹은 임의의 순서로 소개/언급/호명하다가 맨 마지막 순서가 되었을 뿐이지 중요하지 않아서가 절대로 아니다는 의미를 담고 있다)

끝을 보다 ☞ 모든 것들이 다 만족스럽게 이루어졌다고 생각될 때까지 지속적으로 어떤 계획이나 약속한 일 등을 진행하다

~으로 끝을 맺다 ☞ 행사/사건 등이 ~으로 대미를 장식하다

하루 끼니를 겨우 때우며 살아가는 상태 ☞ 근근이 하루하루의 생계를 유지하는 상태

논쟁이나 토론 등에 끼어들다 ☞ ~에 대하여 평가하다

좋지 않은 일이 발생할 것이라는 낌새 ☞ 불길한 징조

나

천천히 조금씩 나가다 ☞ 특정한 방향으로 조금씩 천천히 흘러가다

즐거웠던/행복했던 나날들 ☞ 좋았던 시절 (현재는 이전과 같지 않다는 의미다)

여기저기 나뒹굴고 있다 ☞ 산재해 있다

나란히 위치한 ☞ 매우 가까이 있는

나무가 빽빽하게 자라고 있는 ☞ 수풀이 울창한

나무는 보고 숲은 보지 못한다 ☞ 시야가 좁은

나무랄 데가 없는 ☞ 흠잡을 데가 없는

나뭇잎이 우거진/무성한 ☞ 수풀이 울창한

~을 했음에도 불구하고 더 나빠진 게 없다 ☞ ~했다고 해서 이전과 비교했을 때 전혀 달라진 게 없다

제일 나쁜 것 ☞ 가장 피해야 하는 것

~에 대하여 나쁘게 말하다 ☞ ~에 대하여 나쁘게 말하다

현재나 과거의 특정 시점에서와 마찬가지로 앞서 언급한 것의 상황/상태가 매우 나쁘다는 것을 강조할 때 ☞ 현재나 과거의 특정 시점에서와 마찬가지로 앞서 언급한 것의 상황/상태가 매우 나쁘다는 것을 강조할 때

살다 보면 어느 정도 나쁜 일을 겪게 마련이다 ☞ 언제나 좋을 수만은 없다

남들 눈에는 즐겁게 보일지는 모르지만 나쁜 점도 있다 ☞ 항상 즐겁지만은 않다

앞에 나서기를 좋아하는 사람 ☞ 모든 일을 전부 자신이 조종하려고 하는 사람

앞으로/표면에 나서지 않는 ☞ 자신을 내세우지 않는

~을 했음에도 불구하고 더 나아진 게 없다 ☞ ~했다고 해서 이전과 비교했을 때 전혀 달라진 게 없다

나타나고 있는 것처럼 ☞ 밝혀지고 있는 바와 같이

어떤 감정이나 문제 등이 나타나다 ☞ 수면 위로 떠오르다

언제나 나타난다 ☞ 절대로 빠지는 법이 없다

~라는 사실을 잘 나타내고 있다 ☞ ~라는 사실을 잘 보여준다

~은 ~이 매우 좋다(우수하다)는 것을 잘 **나타낸다** ☞ 잘 말해 준다
~은 ~라는 사실을 **나타낸다** ☞ ~은 ~의 징후이다 (특히 좋지 않은 경우)
일이 다 잘될 것이라고 성급하게 **낙관하다** ☞ 떡 줄 사람은 생각도 없는데 김칫국부터 마시다
난관 ☞ 걸림돌
난관을 쉽게 뛰어 넘다 ☞ 어렵고 힘든 일/상황을 침착하고 용이하게 대처하다
난장판인 ☞ 매우 혼란스러운 (도살장 같은)
난제(難題) ☞ 풀기 어려운 문제/숙제/수수께끼
너무 **난해하다** ☞ 도대체 무슨 말인지 통 모르겠다
날강도 ☞ 부정한 방법으로 돈을 많이 모은 사람
날개 돋친 듯이 팔려 나간다 ☞ 불티나게 팔린다
마구 **날뛰다** ☞ 냉정함을 잃다
청천(맑고 푸른) 하늘에 **날벼락** ☞ 청천(맑고 푸른) 하늘에 날벼락
나쁜, 고르지 못한 **날씨에도 불구하고 ~을 하다** ☞ 악천후에도 불구하고 ~을 강행하다
날카로운 눈(눈매; 눈초리) ☞ 반만 뜬 눈
~에 대해 화를 내며 **날카롭게 반응하다** ☞ ~에 대해 화를 내며 날카롭게 반응하다
오래되고 **낡아빠져 삐걱거리는** ☞ 삐걱거리는
방법/개념/생각 등이 **낡아빠진** ☞ 방법/개념/생각 등이 진부한
책/종이 등이 **낡은** ☞ 책/종이 등이 하도 오래 되어서 모서리가 접힌
~을 뒤에 **남겨 두고** ☞ ~을 뒤로 한 채
~를 **남겨 두고 먼저 세상을 뜨다** ☞ 유족으로 ~를 두고 있다
하나도 **남김없이 전부** (공개하다/드러내다/보여주다/알려주다) ☞ 모든 결점을 포함하여 있는 그대로
남들이 하는 대로 따라서 하다 ☞ 시류에 편승하다
남들처럼 행동하다 ☞ 다른 사람들이 한 것과 같이 행동하다
남몰래 ☞ 뒷문으로
남 보란 듯이 ~을 가지고 다니는 ☞ 남들이 볼 수 있게 ~을 소지하고 있는
일/협정/회의/방송프로그램 등의 마지막 **남은 부분을 잘 마무리하다** ☞ 마지막 남은 부분을 잘 마무리하다
남장(男裝)을 한 여자 ☞ 주로 여성 복장을 즐겨 입는 남자
~의 시대는 앞으로 조금밖에 **남지 않았다** ☞ 앞으로 살 날이 얼마 남지 않았다
돈/예산/자원 등이 얼마 **남지 않은** ☞ 바닥이 나 가는
낭비가 심한 (사람) ☞ 돈을 너무 많이 쓰는 (사람)
쓸데없이 힘을 **낭비하다** ☞ 별것도 아닌 일에 크게 힘을 쓰다
남들의 업적 등을 **낮게 평가하다** ☞ 하찮게 여기다
자신을 **낮추다** ☞ 겸손하게 처신하다
낯선 사람 ☞ 생전 처음 접해 보는 사람
첫 아이를 **낳다** ☞ 첫 아이를 갖다/낳다
(한번 고려해 보라는 의미로) 생각이나 계획 따위를 **내놓다** ☞ 생각이나 계획 따위를 남들에게 띄워보다
내닫다 ☞ 사람이나 자동차 등이 특정한 방향으로 매우 빠르게 이동하다

가족 **내력이다** ☞ 집(안) 내력이다
가격 등을 대폭 **내리다** ☞ 가격 등을 후려치다
아무런 조치나 행동을 취하지 않고 잘되겠지 하며 그냥 **내버려두는 태도** ☞ 아무런 조치나 행동을 취하지 않으면서 일이 저절로 잘 해결되기를 바라는 태도
잽싸게 **내빼다** ☞ 부리나케 달아나다
내세울 만한 것/사람 ☞ 여러 가지 중 가장 중요하거나 가치가 높은 것/사람
앞에 **내세울 만한 업적** ☞ 자랑거리
포장만 그럴싸하고 **내용물은 형편이 없는 것(상품, 계획, 제안 등)** ☞ 포장만 그럴싸하고 내용물은 형편이 없는 것
문밖으로 **내쫓다** ☞ 문을 가리키다
내출혈을 일으키다 ☞ 사람이나 자원 등의 손실을 입어 단체/지역이 급격히 약화되다
내 코가 석 자다 ☞ 내 집안 일이 우선이다
위험/문제 등을 가득 **내포한** ☞ 위험/문제 등으로 가득 찬
허황된 생각을 버리고 **냉정하게 행동하다** ☞ 비록 현재 상황이 좋지만 자만에 들뜨지 않고 혹은 허황된 생각을 버리고 현실적으로 행동하다
냉정한 ☞ 기쁨, 놀라움, 슬픔 등과 같은 감정을 전혀 밖으로 드러내지 않는; 성격이 뻣뻣한
냉혹한 현실 ☞ 엄연한 현실
비록 의심스러운 점이 있더라도 (확실한 증거도 아직 없고 또한 그동안의 예로 보아서) **너그럽게 봐주는 것** ☞ 선의로 해석하는 것
너나 할 것 없이 ☞ 두 가지/사람 모두 다
원하는 것을 다 하거나 살 수 있을 만큼 형편이 **넉넉한** ☞ 원하는 것을 다 하거나 살 수 있을 만큼 부유한
넋을 잃고 있는 ☞ 매료된
여기저기 많이 **널려 있다** ☞ 산재해 있다
넓게 생각하다 ☞ 일/계획에 대하여 시간/돈/노력 등을 더 투자하여 크게 생각하다
넓게 퍼져 있는 ☞ 광역의
내부 공간이 매우 **넓은** ☞ 방이나 건물 등의 내부 공간이 커다란 동굴 같은 느낌을 주는
넓은 지역을 커버하는 ☞ 광역의
범인을 **넘기다** ☞ 신고하다
공급의 과잉으로 인하여 ~으로 **넘쳐나다** ☞ 공급의 과잉으로 인하여 ~으로 넘쳐나다
어떤 사람이 **노는 곳/장소** ☞ 즐겨 찾는 곳/장소
온갖 **노력을 다하다** ☞ 백방으로 노력하다
가일층 **노력하다** ☞ 한층 더 노력하다
바람직하지 않은 일이 발생하는 것을 막기/방지하기/저지하기 위하여 **노력하다** ☞ 막기 위하여 노력하다
오랜 기간 열심히 **노력해서 발전/성공 등을 이루었다** ☞ 먼 길을 고생하면서 달려왔다
노련한 ☞ 경험이 풍부하다
(분배 등에서) **노른자위** ☞ 가장 큰 몫
노발대발하다 ☞ 열받다

노쇠한 ☞ 낡아빠진
목석 같은 사람의 마음을 녹이다 ☞ 돌을 녹이다
증거나 변명 등이 논리가 박약한 ☞ 신빙성이 없는
말이나 문장 등의 논리가 정연한 ☞ 물샐틈없는
논쟁거리가 되는 ☞ 쟁점이 되는
놀고 먹는 직장/자리 ☞ 일이 힘들지도 않으면서 돈을 쉽게 많이 벌 수 있는 기회/일/직장/자리
몹시 놀라게 하다 ☞ 머리칼이 쭈뼛하게 만들다
놀라워 하다 ☞ 눈(알)을 이리저리 굴리다
매우 놀라운 ☞ 입이 딱 벌어지게 만드는
매우 혐오스럽고 놀라운 ☞ 경악하는
너무 놀라운 나머지 무섭다는 생각이 들 정도이다 ☞ ~을 경외하다
놀라움을 표시하다 ☞ 눈썹을 치켜 올리다
너무 놀라워서 도저히 믿을 수 없다는 반응을 보이며 ☞ 너무 놀라워서 도저히 믿을 수 없다는 반응을 보이며
놀라지 마시라! ☞ 기대하시라!
깜짝 놀랄 만한 사건/일 ☞ 청천(맑고 푸른) 하늘에 날벼락
그렇지만 놀랍게도 ☞ 그럼에도 불구하고 (앞에서 어떤 사실을 언급한 후 이에 반하는 다소 놀라운 새로운 사실을 소개할 때)
주로 친근한 감정으로 놀려대다 ☞ 주로 친근한 감정으로 ~를 조롱하다
농담조의(농담 비슷한) ☞ 가볍게 여기는 태도를 취하는
높은 탑처럼 우뚝 솟아 있다 ☞ 주변 사람/것 들을 내려다 볼 정도로 키가 매우 크다
~을 높이 평가하다 ☞ ~에 가치를 부여하다; ~에 대하여 좋게 말하다
강도/세기(intensity)가 점점 높아가는 ☞ 점점 증가하는
높은 자리에 있는 사람 ☞ 수뇌부 사람
~의 강도/세기 등을 높이다 ☞ 증가시키다
일단 잡았기 때문에 놓치고 싶지 않은 것 ☞ 손안에 있는 새
누구누구 ☞ 아무개
어느 누구에게도 뒤지지 않는다 ☞ 둘째가라면 서럽다
궂은, 사나운 날씨가 누그러지다 ☞ 궂은, 사나운 날씨가 누그러지다
마음이 누그러지다 ☞ 허락하지 않았거나 거부하던 것을 철회하다
어떤 일을 성취하였거나 혹은 어떤 일이 뜻대로 되었을 때 느끼는 만족감/즐거움/행복감 등을 누리고 있다 ☞ ~라는 만족감에 도취되어 있다
구석구석을 누비며 다니다 ☞ 동분서주(東奔西走)하며 다니다
비밀의 누설 ☞ 흥미롭거나 놀라운 새로 밝혀진 뜻밖의 사실
비밀, 개인 정보 등을 누설하다 ☞ 누출시키다
하면 안 되는 말 혹은 비밀스러운 이야기를 꾹 참고 있다가 누설하다 ☞ 불쑥 이야기를 꺼내다
누워서 침 뱉는 격이다 ☞ 자업자득이다
눈 깜짝할 사이에 ☞ 순식간에
상대방에 맞추어 눈높이를 낮추다 ☞ 겸손하게 처신하다
도저히 눈뜨고 못 본다 ☞ 너무나 싫어하다
날카로운 눈매 (눈초리) ☞ 반만 뜬 눈
눈살을 찌푸리다 ☞ 눈썹을 치켜 올리다
눈속임 ☞ 교묘한 손놀림으로 사람의 눈을 속이는 것
꼭 있어야 할 어떤 자리/장소에 없음으로 해서 사람들의 눈에 더 확 뜨인다 ☞ 어떤 사람이 어떤 장소(자리)에 나타나지 않은(없는) 것으로 보아 ~이 확실하다
눈에 띄는 ☞ 주목할 만한
눈에 안 보이는 ☞ 사람들이 볼 수 없는
사람들의 눈에 확 들어오다 ☞ 이채(異彩)를 띠다
상대방의 눈을 가리는 혹은 흐리게 하려는 술책 ☞ 연막
눈을 속이다 ☞ 상대방의 눈을 가리다
눈을 치켜 뜨다 ☞ 눈썹을 치켜 올리다
눈의 초점이 잘 맞지 않아 사물이 둘로 보인다 ☞ 눈에 이상이 생기거나 술에 취해 사물이 두 개로 보이다
눈이 맞아 달아나다 ☞ 결혼하기 위하여 ~와 남 몰래 멀리 도피하다
눈이 번득이다 ☞ 눈에 불꽃이 튀다
혹시 당신이 눈치채지 못하고 있을까 봐 하는 이야기인데 ☞ 혹시 당신이 모르고 있을까 봐 하는 이야기인데 (명백하지만 남이 관심을 기울이지 않았던 사실을 약간 자극적으로 이야기할 때)
느긋하다 ☞ 유유자적하다
사람들이 말을 하진 않지만 어떤 분위기/존재가 느껴진다 ☞ ~한 분위기 등이 감돌고 있다
규정이나 계획에 얽매이지 않고 그저 느낌대로 어떤 일을 하다 ☞ 냄새가 나는 방향으로 가다
느닷없이 ☞ 기대하지 않았던 사람/물건 등이 갑작스럽게 나타날 때
어떤 일이 너무 느리다 ☞ 어떤 일을 하는데 있어 굼벵이처럼 너무 꾸물거리다
한번에 해도 될 일을 늑장을 부리며 천천히 한다 ☞ 괜히 꾸물거린다
규모를 늘리다 ☞ 규모를 늘리다
늘상 일어나는/하는 ☞ 일상 생활의 일부로서 날마다 일어나는/하는
~ 하는 것/사람의 수가 점점 늘어나면서 ☞ ~ 하는 것/사람의 수가 점점 증가하면서
특정한 장소 (도로/방/복도 등)의 주변/옆을 따라서 어떤 것들이 죽 늘어서 있다 ☞ 즐비하다
늙고 약해진 ☞ 낡아빠진
~을 능가하다 ☞ ~을 초과하다
능글맞게 웃다 ☞ 어떤 일이 자기 생각대로 되었다고 남들 앞에서 이를 드러내고 웃다
능력 밖의 일을 벌리다 ☞ 도저히 감당할 수도 없는 일을 시도하다
능력 밖의 일을 하려다 실패하다 ☞ 과욕을 부리다
이미 늦었다 ☞ 다시 돌이킬 수 없는 중대 사건이 벌어지다
하지 않은 것보다야 물론 낫지만 늦은 감이 있다 ☞ ~을 보다 일찍 했어야 했다
~이라는 늪에 빠지다 ☞ ~이라는 수렁/늪에 빠지다

다

~로 슬금슬금/천천히 다가가다 ☞벌레처럼 ~ 안으로 살살(슬금슬금) 기어들어가다
의자 끝에 바싹 다가앉아 있는 (현재 벌어지고 있거나 앞으로 벌어질

일 등에 매우 흥미를 갖고 바라보고 있는) ☞ 의자 끝에 바싹 다가 앉아 있는

다각적인 ☞ 몇 갈래/가지로 갈라진

다듬어지지 않은 보석 ☞ 숨겨진 혹은 다듬어지지 않은 보석

사적인/가족 간의 좋지 않은 일들을 다른 사람들에게 떠들어대다 ☞ 사적인/가족 간의 좋지 않은 일들을 다른 사람들에게 떠들어대다

~과 다름없는 ☞ ~과 유사한

다리를 절뚝거리며/절면서 나아가다 ☞ 배나 자동차 등이 고장이 나거나 파손되어, 사람이 부상을 입어 혹은 회사나 조직이 큰 피해를 입어 느릿느릿 나아가다

다방면으로 특히 예술과 과학에 관심과 조예가 깊은 사람 ☞ 다방면으로 특히 예술과 과학에 관심과 조예가 깊은 사람

이전 것을 다시 들고 나오다 ☞ 옛것을 답습하다 (이전과 별로 달라진 게 없다는 거부감을 나타내는 표현이다)

이야기하는 도중 다음에 할 말을 잊어버리다 ☞ 이야기하는 도중 다음에 할 말을 잊어버리다

불행한 처지에 놓여 있지만 불평하지 않고 좋은 점들을 떠올리며 그나마 다행이라고 생각하다 ☞ 불행한 처지에 놓여 있지만 불평하지 않고 좋은 점들을 떠올리며 위안을 삼다

(자신의 결점보다 훨씬 작은) 남이 가지고 있는 사소한 단점 ☞ 남이 가지고 있는 사소한 결점

단조롭고 고되지만/힘들지만 꼭 해야 하는 일 ☞ 단조롭고 고되지만/힘들지만 꼭 해야 하는 일

닭 잡는 데 소 잡는 칼을 쓴다 ☞ 별것도 아닌 일에 크게 힘을 쓰다

매우 정중하게 하는 중대한/심각한 당부 ☞ 요청

경기력/기술/실력 등을 다듬다 ☞ 연마하다

마음속에는 다른 생각을 지니고 있다 ☞ 다른 엉뚱한 속셈을 품고 있다

~도 다를 바 없다 ☞ ~의 경우에도 마찬가지다

다름 아닌 바로 누구만이 ☞ 오로지 누구만이

동시 다발적으로 들어오는/일어나는 상태 ☞ 한꺼번에 많은 양이 쏟아져 들어오는 상태

(거리/시간/금액 등이) 다시 특정 양만큼 추가된 ☞ 특정 양만큼 추가된

다양한 재능을 지니고 있는 ☞ 다방면의

하던 일을 다음 날로 미루다 ☞ 하던 일을 다음 날로 미루다

다 자란 ☞ 어엿한

다재다능한 ☞ 변화무쌍한

서로 다투다 ☞ 서로 맞붙다

어떤 일반적으로 좋지 않은 상황에서 그나마 한 가지 다행인 것/점은 ☞ 그나마 한 가지 좋은 것/점은

경기력/기술/실력 등을 갈고 닦다 ☞ 연마하다

단념하고 ~을 받아들이다 ☞ 체념하고 ~을 받아들이다

단련된 ☞ 경험이 풍부하다

(분배 등에서) 단물 ☞ 가장 큰 몫

단발성으로 끝나는 것(성공, 업적, 유행 등) ☞ 일회성으로 끝나는 것

엄하게 단속하다 ☞ 정부/기관 등이 법이나 규정을 지키지 않는 사람들에게 강경한 태도/입장을 취하다

어떤 단어를 처음 사용하다 ☞ 새로운 단어/용어 등을 만들다

무엇을 혹은 무엇이 사실이거나 존재한다는 것을 단적으로 보여주는 예 ☞ 단적으로 보여주는 예

방/집/건물 등을 단장하다 ☞ 방/집/건물 등을 새롭게 꾸미다

단정치 못한 ☞ 부주의하게 행동하는

단지 ~에 지나지 않는 ☞ 단지 ~에 지나지 않는

단합된 행동을 하다 ☞ 일치된 행동을 취하다

그다지 달갑지 않은 사과/위안 혹은 사과/위로의 말 ☞ 상황이 매우 나빠서 그 정도로는 위안거리가 못 된다

옷 등이 몸에 꼭 달라붙는 ☞ 몸에 꼭 맞는

이전과 비교할 때 별반 달라진 게 없다 ☞ 주변 환경/상황 등이 바뀌거나 하였지만 평상시에 늘 하던 대로 모든 일이 진행되고 있다

~에 달려들다 ☞ 공격하다

돈/목숨/운명이 달려 있는 ☞ 돈/목숨/운명이 걸려 있는

전적으로 ~에 달려 있다 ☞ ~에 좌우된다 ; ~ 때문에 가능하다

달변인 ☞ 언변이 좋은

너무 싫어서 멀리 달아나다 ☞ 너무 싫어서 멀리 달아나다

(춥거나/놀라거나/흥분해서 나타나는) 닭살 ☞ 소름

성격/취향/행동 등이 너무나 똑같이 닮은 ☞ 너무나 똑같이 닮은

화가 났거나 모욕을 받았다는 표시로 당당하게 맞서다/대들다 ☞ ~를 향해 화가 났거나 모욕을 받았다는 의미로 몸과 머리를 꼿꼿이 세우다

당당하게 자신의 입장을 밝히다 ☞ 떳떳하게 나서서 생각한 바를 말하다

당당하게 행동하다 ☞ 자부심을 갖다

당당(堂堂)히 ☞ 깃발을 휘날리며

당사자도 모르게 발생한 ☞ 당사자도 모르게 발생한 (고의가 아니게 어떤 일이 잘못되었을 경우 사용한다)

그 당시 ☞ 그 당시

그 당시에 ~ 이었던 ☞ 그 당시에 ~ 이었던

너무나 당연하다 ☞ 전혀 놀라운 사실이 아니다

~에 대한 당연한 결과 ☞ ~에 대한 귀결

당연히 ~해야 한다 ☞ ~해야 마땅하다

사람들을 당혹스럽게 만드는 실수/행동 ☞ 사람들을 당혹스럽게 만드는 실수

~을 닿을 듯 말 듯하면서 지나가다 ☞ ~을 스치듯이 지나가다

대가(大家) ☞ 특히 음악계의 거장

큰 대가(代價) ☞ 많은 희생(자)

대가로 ☞ 보상으로

대격돌 ☞ 많은 사람들이 가담한 매우 격하고 거친 싸움/전쟁

대결을 신청하다 ☞ 도전장을 던지다

소송 사건 또는 제출된 법률이나 안 등이 대기 중인 ☞ 미해결 상태에 있는

모든 준비를 끝내고 대기하다 ☞ 모든 준비를 끝내고 행동을 취할 기회/때/순번 등이 오기를 기다리다

상대방이 대꾸도 하지 않는 데 줄기차게 떠들다 ☞ 상대방이 대꾸/응답도 하지 않는 데 계속해서(줄기차게) 떠들다

전혀 대꾸를 하지 않는다 ☞ 눈 하나 깜박하지 않는다

그리 대단치 않다 ☞ 당사자는 대단하다고 생각할지 모르지만 실제로는 별 볼 일 없다

피 흘려 번 **돈** ☞ 사망자/피살자의 유가족에게 주는 보상금
돈만 있으면 안 되는 게 없다 ☞ 돈이 모든 것을 말해 준다
돈을 마구 쓰게 만들다 ☞ 주머니에 구멍을 내다
돈을 마구 쓰고 싶어서 안달이 날 지경이다 ☞ 주머니에 구멍을 내다
직업이나 경제적인 활동 등이 **돈을 많이 벌 수 있는** ☞ 이익을 많이 내는
쉽게 많은 **돈을 버는 사업/장사** ☞ 손님이 들끓는 장사
~ 부당하게 혹은 손쉽게 **돈을 벌다** ☞ ~을 주머니에 챙겨 넣다
큰 **돈을 벌다** ☞ 금맥을 발견하다
돈을 빌려 시급히 필요한 곳을 메우다 ☞ 빚으로 빚을 갚다
돈을 쓰다 ☞ 주머니에 손을 집어 넣다
많은/큰 **돈을 쓰다/지불하다** ☞ 주머니를 깊이 뒤지다
지나치게/터무니없이 많은/큰 **돈을 지불하다** ☞ 지나치게/터무니없이 많은/큰 돈을 지불하다
어떤 상황 등을 (주로 부당한 방법으로) 이용하여 **돈을 벌다/챙기다** ☞ 이익을 챙기다
돈이 풍부한 ☞ 주머니가 깊은
선물 등을 주었다 다시 **돌려달라고 하는 사람** ☞ 다시 뺏는 사람
따뜻하게/자상하게 **돌보다** ☞ ~를 따뜻하게/자상하게 보살피다
외면하고 **돌아서다** ☞ 외면하고 돌아서다
회사/단체 등에서 떠났던 사람이 다시 **돌아올 때** ☞ 다시 돌아올 때
돌이켜보면 ☞ 그 당시를 회고해 보면 (지금은 그 당시와는 다른 생각을 갖고 있다는 의미를 담고 있음)
돌이켜 생각하다 ☞ 반추(反芻)하다
돌이킬 수 없는 일 ☞ 되돌릴 수 없는 일 (이미 벌어진 뒤라 걱정해 봐야 아무 소용 없는 일)
다른 사람과의 관계를 악화시켜 다시 **돌이킬 수 없을 지경으로 만들다** ☞ 배수진(背水陣)을 치다
~라는 장벽을 **돌파하다** ☞ ~라는 장벽을 돌파하다
원하지만 할 수 없거나 가질 수 없는 것을 **동경하는 듯한** ☞ 원하는 것을 가질 수 없어서 혹은 할 수 없어서 슬픈 심정이 드는
~와 **동급이다** ☞ ~에 필적하다
동네 야구 수준의 ☞ 촌스러운
동등한 위치에 있는 ☞ ~와 동등하게 취급되는
동문회 ☞ 학연/지연 등으로 맺어진 남자들의 조직
동병상련의 처지에 있는 ☞ 한 배를 타고 있는
동시 다발적으로 들어오는/일어나는 상태 ☞ 한꺼번에 많은 양이 쏟아져 들어오는 상태
한꺼번에 이루기에는 불가능한 것처럼 보이는 두 가지 일을 **동시에 시도하다** ☞ 한꺼번에 이루기에는 불가능한 것처럼 보이는 두 가지 일을 동시에 시도하다
동요하지 않는 ☞ 흔들림 없는
논쟁 등에서 누구의 말/의견/주장에 절대로 **동의하지 않는다** ☞ 지지하지 않는다
~과 ~을 **동일하게 여기다** ☞ ~을 ~라고 간주하다
동정을 살피다 ☞ 남의 물건/사생활/일에 꼬치꼬치 파고들다
고충/어려운 사정을 잘 들어주고/이해하고 **동정해 주는 사람** ☞ 어려울 때 의지할 수 있는 사람
평소와 다름없는 활기찬 상태로 **되돌아가다** ☞ 정신적인 또는 육체적인 활동이 평상시의 리듬을 되찾다
다시는 **되돌아 올 수 없다** ☞ 너무 멀리 갔기 때문에 (일이 너무나 많이 진행되었기 때문에) 이제는 다시 돌이킬 수 없다
남의 말을 **되뇌다** ☞ 생각도 없이 앵무새처럼 남이 한 말을 그대로 따라하다
평상시의 활기찬 상태를 **되찾다** ☞ 정신적인 또는 육체적인 활동이 평상시의 리듬을 되찾다
~에 대하여 잊어버리지 않도록 하기 위하여 **되풀이하여 말하다** ☞ 계속/지속적으로 상기시키다
머지않아 ~이 **될** ☞ 조만간 ~이 될
두 가지/사람 모두 다 ☞ 두 가지/사람 모두 다
한꺼번에 이루기에는 불가능한 것처럼 보이는 **두 가지 일을 동시에 시도하다** ☞ 한꺼번에 이루기에는 불가능한 것처럼 보이는 두 가지 일을 동시에 시도하다
두각을 나타내다 ☞ 이채(異彩)를 띠다
도저히 더 이상 **두고 볼 수 없는 것** ☞ 도저히 더 이상 참을 수 없는 것
정부나 단체의 일/정책 등을 자문하는 **두뇌 집단** ☞ 전문가 집단
~와 같은 좋지 않은 일이 일어날까 **두려워** ☞ ~와 같은 좋지 일이 일어날까 염려하여
여러 요직을 **두루 거치다** ☞ 여러 중요한 직위를 두루 거치다
남의 도움 없이 **두 발로 서다** ☞ 자립하다
특정한 상황에 **두 사람 모두 관계되어 있으며 책임이 있다** ☞ 손바닥도 마주쳐야 소리가 난다
사회나 많은 사람들에게 고통을 주는 **두통거리** ☞ 골칫거리
둘 다 ☞ 두 가지/사람 모두 다
둘러대는 ☞ 명확한 답변 등을 회피하는
직접적인 답을 하지 않고 **둘러대다** ☞ 어렵거나 곤란한 문제나 질문을 회피하다
뭐 흥미로운 게 없나 하고 이리저리 **둘러보다** ☞ 냄새를 맡고 다니다
~으로 **둘러싸여** ☞ ~으로 에워싸여
눈의 초점이 잘 맞지 않아 사물이 **둘로 보인다** ☞ 눈에 이상이 생기거나 술에 취해 사물이 두 개로 보이다
둘 중에서 어느 것을 택할지 아직 결정을 못 내리고 있다 ☞ 이럴까 저럴까 망설이고 있다
둘 중에서 하나만을 선택해야 한다 ☞ 두 가지를 다 가질 수는 없다
둥지로 ☞ 회사/단체 등에서 떠났던 사람이 다시 돌아올 때
특정 장소가 많은 사람/동물 등으로 **뒤끓다** ☞ 특정 장소에 가득 들어찬 많은 사람/동물이 이리저리 분주히 움직이고 있다
불길, 산사태 등이 건물 등을 순식 간에 **뒤덮다** ☞ 휩싸다
~와 비교한다면 중요도/심각성/우수성 등이 크게 **뒤떨어진다** ☞ ~와는 비교 상대가 안 된다
뒤로 물러나다 ☞ 비난 여론 등의 압력에 밀려 굴복하다; 반대/비난 등이 심하여 이전 결정/요구 등을 철회하다
과거에 발생했던 문제나 미련, 아픈 기억 등을 **뒤로 하다** ☞ 떨쳐버리다
~과 **뒤얽혀 있다** ☞ ~과 얽혀 있다
뒤에 서서 남들 어깨너머로 무엇을 하는지 기웃거리다 ☞ 뒤에 서서 남들 어깨너머로 무엇을 하는지 살펴보다

어느 누구에게도 **뒤지지 않는다** ☞ 둘째가라면 서럽다
말 **뒤집기** ☞ (정치인들이 주로 하는) 말/결정 등을 번복하기
상황을 **뒤집어 놓아도 마찬가지다** ☞ 역 또한 성립한다
~를 **뒤쫓고 있는** ☞ ~의 뒤를 밟고 있는
이론/믿음/생각 등을 **뒷받침해 주다** ☞ 신빙성을 더하다
정도가 너무 강해서 겉으로 확연히 **드러나는** ☞ 겉으로 확연히 드러나는
행동/활동 등이 겉으로 확연히 **드러나는** ☞ 공공연한
자신을 **드러내길 싫어하는** ☞ 자신을 내세우지 않는
많은 중요한 것/사실을 **드러내는** ☞ 의미심장한
비밀/모습/심정모습을 전부 **드러내다** ☞ 비밀/모습/심정 등을 완전히 노출시키다
그동안 잠잠해 있던 나쁜/좋지 않은 것이 모습을 **드러내다** ☞ 좋지 않은 것이 고개를 들다
상대방이 알기 원하는 것을 **드러내지 않다** ☞ 숨기다
득실(得失) ☞ 장단점
득의의 미소를 짓다 ☞ 어떤 일이 자기 생각대로 되었다고 남들 앞에서 이를 드러내고 웃다
해봐야 아무런 **득이 되지 않다** ☞ 해봐야 아무런 소용이 없다
남 보란 듯이 ~을 **들고 다니는** ☞ 남들이 볼 수 있게 ~을 소지하고 있는
어떤 장소에 좋지 않은 것들이 **들끓다** ☞ 특정한 장소가 북적거리는
들뜬 마음을 가라앉히고 현실적으로 행동하다 ☞ 어떤 일을 성취하거나 기분 좋은 일을 경험한 후 현실로 돌아오다
남들의 **들러리나 서는 하잘것없는 존재** ☞ 시합이나 선거 등에서 등외를 한 사람
듣기를 원하든 원하지 않든 간에 ~에 관한 많은/온갖 이야기를 **들려주다** ☞ ~에 관한 많은/온갖 이야기를 들려주다
당당하게 ~로 걸어 **들어가다** ☞ 당당하게 ~로 걸어 들어가다
천천히 조금씩 **들어오다** ☞ 특정한 방향으로 조금씩 천천히 흘러가다
단체나 사무실 등이 특정 건물/장소에 **들어 있다** ☞ 자리잡고 있다
들은 척도 하지 않는다 ☞ 쇠귀에 경읽기다
소리쳐도 **들을 수 없을 정도로 멀리 떨어져 있는** ☞ 소리쳐도 들을 수 없을 정도로 멀리 떨어져 있는
무엇 **등과 같은 것/사람들** ☞ 무엇 등과 같은 것/사람들
특정한 활동에 참여하기 위하여 **등록하다** ☞ 공식적으로 ~와 계약하다
언제나 **등장한다** ☞ 절대로 빠지는 법이 없다
문제/어려움 등을 **딛고 일어서다** ☞ 문제/어려움 등을 초월하다
시합/경주 등에서 경쟁자를 멀찌감치 **따돌리다** ☞ 부리나케 달아나다
사회나 어떤 집단에서 **따돌림을 받는 (사람)** ☞ 소외당하는 (사람)
가슴 **따듯한** ☞ 사람의 마음을 훈훈하게 만드는
따뜻한 마음을 지닌 ☞ 마음이 부드럽고 인정이 많은
특별한 상황에 통상적으로 **따라야 할 사항들** ☞ 특별한 상황에 통상적으로 적용되는 규칙
대부분의 사람들이 행동하는 대로 **따라하려는 태도** ☞ 남들처럼 행동하는 것
비슷한 상황에서 남들이 한대로 **따라하다** ☞ 남들이 하는 것을 보고 배우다
다른 용도를 위해서 ~을 **따로 남겨두다** ☞ 다른 용도를 위해서 ~을 따로 남겨두다

따로 놀다 ☞ 보조를 맞추지 않다
매우 **딱딱하게 구는 사람** ☞ 잘난 체하는 사람
관심이 없다는 듯이 다른 곳을 쳐다보며 **딴전을 피우다** ☞ 눈(알)을 이리저리 굴리다
때가 되면 ☞ 시간이 지나면
때가 무르익다 ☞ 시간이 무르익다
~한 **때가 오면** ☞ ~한 시기가 오면
때늦은 ☞ 뒤늦은
~이기 **때문에 ~이라고 볼 수 있다** ☞ ~라는 점에서 ~이라고 볼 수 있다
좋지 않은 ~한 이유 **때문에** ☞ 좋지 않은 ~한 이유로 인해서
(주로) 나쁜 결과는 ~ **때문이다** ☞ (주로) 나쁜 결과는 ~에 기인한다
~을 ~ **때문이라고 생각하다** ☞ ~을 ~의 탓으로 돌리다
그/이와 같은 **때에는** ☞ 그/이와 같은 상황에서는
허리를 굽히고 인사하며 **떠나다** ☞ ~로부터 조용히/점잖게 물러나다
책임을 남에게 **떠넘기다** ☞ 책임을 전가하다
좋은 곳을 찾아 이리저리 **떠도는 사람** ☞ 철새
사실이 아니거나 아닐 수도 있지만 사람들 사이에 **떠돌고 있는 이상하고 놀라운 이야기** ☞ 사실이 아니거나 아닐 수도 있지만 많은 사람들이 사실이라고 믿고 있는 이상하고 놀라운 이야기
일이 다 벌어진 다음 잘잘못에 대해 시끄럽게 **떠드는 사람** ☞ 이러쿵저러쿵하는 사람
~을 반드시 해야 한다고 시끄럽게 **떠드는 소리** ☞ 요란스러운 주장
떠들썩한 ☞ 시끌벅적한 (소란스럽지만 활기가 넘치는)
사적인/가족 간의 좋지 않은 일들을 다른 사람들에게 **떠들어대다** ☞ 사적인/가족 간의 좋지 않은 일들을 다른 사람들에게 떠들어대다
~에 대하여 자랑스럽게 혹은 매우 중요하다며 강요하듯이 요란하게 **떠들어대다** ☞ 나팔을 불어대다
특정 주제에 대하여 남들이 귀찮게 생각할 정도로 줄기차게 **떠들어대다** ☞ 특정 주제에 대하여 남들이 귀찮게 생각할 정도로 줄기차게 떠들어대다
책임이나 어떤 일을 본의 아니게 **떠맡고 있는** ☞ 책임을 본의 아니게 떠맡고 있는
어려운 일 등을 **떠맡기다** ☞ 좋지 않은 흔적/상처 등을 남겨놓다
남들 앞에서 자기 자랑을 **떠벌리다** ☞ 자화자찬(自怜自讚)하다
사소한 일을 아주 큰 일처럼 **떠벌리다** ☞ 허풍떨다
힘든 문제/일/책임 등을 **떠안게 하다** ☞ 부과하다
무거운 짐을 할 수 없이 **떠안고 있는** ☞ 책임을 본의 아니게 떠맡고 있는
걱정/문제/부담 등을 **떠안아야 하는** ☞ 목에 걸려 있는
~을 **떠오르게 하는** ☞ ~을 생각나게 하는
~을 **떠오르게 한다** ☞ ~을 생각나게 한다; 어떠한 측면을 가지고 있다
소설, 영화, 연극 등에서 과거를 **떠올리는 장면** ☞ 소설, 영화, 연극 등에서 과거를 회상하는 장면
책임/일 등을 **떠맡다** ☞ 어깨에 짊어지다
한 지역으로부터 특정한 방향으로 특정한 거리만큼 **떨어진 곳에 위치한** ☞ 위치한
더 이상 **떨어질 곳이 없다** ☞ 지금 상태가 최악이다

찾아보기

쉽게 **떼돈을 버는 사업/장사** ☞ 손님이 들끓는 장사
서로 **떼려야 뗄 수 없는 관계다** ☞ 서로 의미가 같다
많은 사람들이 **떼지어 몰려가다** ☞ 많은 사람들이 우르르/떼지어 몰려가다
(거리/시간/금액 등이) **또 다른 ~만큼 추가된** ☞ 특정 양만큼 추가된
피곤하거나 기분 나쁜 일이 **또 다시 반복될 때** ☞ 피곤하거나 기분 나쁜 일이 또 다시 반복될 때
메시지/의사 등이 **또렷하게 전달되는** ☞ 메시지/의사 등의 전달이 명료한
뚜쟁이 노릇을 하다 ☞ ~에 영합하다
~라는 어려움을 **뚫고 나아가다** ☞ ~라는 장벽을 돌파하다
다른 사람/것 들보다 훨씬 **뛰어난** ☞ 우수한
가장 **뛰어난 것/사람/업적** ☞ 보석처럼 빛나는 것/사람/업적
어떤 사람/물건이 어떤 장소/자리에 나타나지/등장하지/참여하지 않은 것이 눈에 확 **뜨이다** ☞ 눈에 확 뜨이다
뜻밖의 어려움/좌절/쓰라린 경험 ☞ 다리를 걷어 차이기
~는 ~을 **뜻한다** ☞ 서로 불가분(不可分)의 관계에 있다
특별한 감정/색깔/색조 등을 **띄고 있다** ☞ 약간 내포하고 있다

마

간신히 **마감 시간 직전에** (어떤 일을 하다) ☞ 가까스로 정해진 시간 내에
마구잡이식으로 행동하는 ☞ 부주의하게 행동하는
빼빼 마른 ☞ 체격이 깡마른
철저하게 **마무리하다** ☞ 모든 것들이 다 만족스럽게 이루어졌다고 생각될 때까지 지속적으로 어떤 계획이나 약속한 일 등을 진행하다
마음가짐 ☞ 사고방식
마음껏 ☞ 최대한으로
~을 **마음껏 이용할 수 있는** ☞ ~을 원하는 대로 이용할 수 있는
마음껏 하도록 허락하다 ☞ 원하는 일을 자유롭게 하도록 허락하다
아무런 제약이 없이 하고 싶은 것을 **마음대로 하는** ☞ 싸움이나 경쟁 등이 규칙이 없는
남을 신경 쓰지 않고 **마음대로(마음 내키는 대로) 행동하다** ☞ 자신이 원하는 대로 행동하다
마음먹은 대로 할 수 있는 위치에 있다 ☞ 주도권을 잡고 있다
어떤 일을 할 때 ~한 상황이 가능할/일어날 것이라는 것을 **마음속에서 그리다** ☞ 염두에 두고 있다
마음에 와 닿는다 ☞ 사실처럼 느껴진다/들린다
얼마가 지난 후에야 **마음에 와 닿다** ☞ 어떤 사실/말 등이 무엇을 뜻하는지 얼마 후에 깨닫다
마음은 굴뚝같지만 (어쩔 수 없다) ☞ ~을 하고 싶긴 하지만 (할 수 없다)
들뜬 **마음을 가라앉히고 현실적으로 행동하다** ☞ 어떤 일을 성취하거나 기분 좋은 일을 경험한 후 현실로 돌아오다
목석 같은 사람의 **마음을 녹이다** ☞ 돌을 녹이다
사람의 **마음을 사로잡다** ☞ 사람의 가슴/마음을 사로잡다
~에게 **마음을 열다** ☞ ~에게 가슴을 열다
마음을 찌르다 ☞ 어떤 사실/진실 등이 비록 받아들이기가(인정하기가) 고통스럽고 힘들지만 사람들이 받아들이다
사람의 **마음을 훈훈하게 만드는** ☞ 사람의 마음을 훈훈하게 만드는
마음의 양식 ☞ 사람들로 하여금 많은 생각을 하게 만드는 것
가슴을 짓누르던 **마음의 짐을 덜어버리다** ☞ 말하고 싶었지만 꾹 참고 한동안 마음속에 지니고 있던 괴로운 심정을 털어놓다
마음이 고와야 여자지 얼굴만 예쁘다고 여자냐 ☞ 외모보다는 행실/행동이 고와야 한다
마음이 약해지다/누그러지다 ☞ 허락하지 않았거나 거부하던 것을 철회하다
한 조직이나 정치적인 이념 등에서 **마음이 떠난** ☞ 이전처럼 더 이상 지지하지 않는
서로 **마음이 잘 통하는** ☞ 사고방식이 비슷한
정해진 기한/시간이 다가오는 **마지막 순간** ☞ 최후의 순간
마지막에서 두 번째 ☞ 끝에서 두 번째
마지막으로 의지하는 수단 ☞ 최후의 수단/방책
~으로 **마지막을 장식하다** ☞ 행사/사건 등이 ~으로 대미를 장식하다
~나 **마찬가지다** ☞ 양/수/수준 등이 ~에 달하다
~이긴 **마찬가지다** ☞ 그럼에도 불구하고 여전히
현재나 과거의 특정 시점에서와 **마찬가지로 앞서 언급한 것의 상황/상태가 매우 나쁘다는 것을 강조할 때** ☞ 현재나 과거의 특정 시점에서와 마찬가지로 앞서 언급한 것의 상황/상태가 매우 나쁘다는 것을 강조할 때
~와 **마찬가지인 것** ☞ ~에 상당하는 것
어떤 장소/구멍 등을 사람이나 어떤 것들로 가득 채워서 아무 것도 지나가지 못하게 꽉 **막다** ☞ 메우다
막다른 골목에 다다르다 ☞ 더 이상 갈 곳이 없다
무슨 일을 해야 할지 몰라 **막막한 기분이 드는** ☞ 어찌해야 할 바를 몰라 당황하는
문제/상황 등이 **막바지에 이르다** ☞ 최악의 상태에 이르러 특별한 조치가 필요하다
막역한 관계 ☞ 서로의 생각/감정 등을 잘 이해할 수 있는 친밀한 관계
~으로 절정/최고조에 이른 후 (대단원의) **막을 내리다** ☞ 행사/사건 등이 ~으로 대미를 장식하다
막판(정해진 기한/시간이 다하기 직전의 시간) ☞ 최후의 순간
전쟁/논쟁/시합 등의 **막판** ☞ 최종 단계
막힘없이 ☞ 어떤 일이 거침없이 진행 될 때
~을 **만끽하다** ☞ 음미하다; ~한 상황 속에서 행복을 누리다
만만치 않은 사람/것 ☞ 이해하기가, 견디기가 혹은 상대하기가 너무 힘드는 사람/것
만반의 준비를 갖추고 있다 ☞ 하시라도 ~할 준비가 되어 있다
어려움, 위기 등이 닥칠 때를 대비하여 **만반의 준비를 하다** ☞ 어려움, 위기 등이 닥칠 때를 대비하여 만반의 준비를 하다
불과 특정한 짧은 시간 **만에** ☞ 어떤 사건이 발생한 시점부터 특정한 시간도 채 지나지 않아서 (빨리 일어났다는 것을 강조하는 표현)
남에게 보여주기 위해 **만용을 부리거나 지나친 자신감을 보이는 것** ☞

허세
만일 그렇지 않았다면 ~이었을 ☞ 만일 그렇지 않았다면 ~이었을
만일(극히 드물게 일어나는 일)에 대비하여 ☞ 혹시 일어날 좋지 않은 일을 대비하기 위하여
만전을 기하기 위하여 ☞ 혹시 일어날 좋지 않은 일을 대비하기 위하여
공연/연설 등이 만장의 박수갈채를 받다 ☞ 집을 떠나가게 만들다
감정/사상/요구조건/이해관계가 동시에 다 만족시킬 수 없는 ☞ 배치되는
현재 상태에 100% 만족한다 ☞ 더 이상 ~한 것을 바랄 게 없다
이미 많기 때문에 조금 더 있어봐야 별 소용없는 것 ☞ 이미 많기 때문에 조금 더 있어봐야 별 소용없는 것
~이 대단히 많다 ☞ ~으로 넘쳐나다
사람들이 너무 많아 서로 어깨가 닿을 정도인 ☞ 어깨가 서로 닿을 정도로 가까이 있는
수/액수/비용 등이 엄청나게 많은 ☞ 천문학적인
~에는 더 많은 뜻이 내포되어 있다 ☞ ~은 그 자체가 나타내는 것보다 더 큰 의미를 지니고 있다
특정 장소에 가득 들어찬 많은 사람/동물이 이리저리 분주히 움직이고 있다 ☞ 특정 장소에 많은 사람/동물이 이리저리 분주히 움직이고 있다
다 팔거나 이용할 수 없을 정도로 많은 수량 ☞ 공급/재고 등의 과잉
많은 수의 유명 인사(배우, 선수, 연예인 등)들이 출연/참여하는 ☞ 많은 수의 유명 인사(배우, 선수, 연예인 등)들이 출연/참여하는
~중 많은 시간 ☞ ~중 대부분의 시간
지나칠 정도로 많은 양 ☞ 주체할 수 없을 정도의 많은 양
너무나 많은 일에 관여/참여하고 있다 ☞ 손가락을 안 갖다 대는 데가 없다
~ 말고는 누구도/어떤 것도 ☞ ~을 제외하고는 누구도/어떤 것도
말 그대로 (어떤 사실을 강조할 때) ☞ 글자 그대로
어떤 행사나 모임 등에 참여하다가 간다는 말도 없이 사라지다 ☞ 어떤 행사나 모임 등에 참여하다가 간다는 말/인사도 없이 훌쩍 떠나다
말 뒤집기/바꾸기 ☞ (정치인들이 주로 하는) 말/결정 등을 번복하기
말로만 요란하게 겁을 주거나 기분 나쁜 표시를 하고 실제로 행동을 취하지 않는다 ☞ 씨근벌떡거리다
말로써 상대방을 누르다 ☞ (주로 논쟁, 토론 등에서) 말로써 상대방보다 유리한 위치를 점하다
퀴즈게임, 말 이어가기, 스무고개 등과 같은 주로 말로 하는 게임 ☞ 가족/친구 등이 모인 장소나 파티 등에서 하는 놀이
말만 할 뿐 실제론 아무런 도움을 주지 않는다 ☞ ~에 대하여 입에 발린 말을 하다
말만 할 뿐 전혀 실행에 옮기지 않는다 ☞ 생각/말만 할 뿐 전혀 실행에 옮기지 않는다
(오랜) 침묵을 깨고 ~에 대해서 말문을 열다 ☞ (오랜) 침묵을 깨고 ~에 대하여 말하다
사소한 문제를 놓고 말싸움을 벌이다 ☞ 별로 중요하지도 않은 (사소한/하찮은) 문제에 관하여 논쟁하다
(너무 놀라거나 기막혀) 할 말을 잊은 ☞ 할 말을 잊은
고분고분 말을 잘 듣다 ☞ 시키는 대로 행동하다
말을 잘 듣지 않는 ☞ 사람/기계/장비 등이 다루기 힘든
감정이 격해져서 혹은 울먹이며 말을 제대로 잇지 못하면서 ☞ 띄엄띄엄 말하면서
말처럼 쉽지 않다 ☞ 말하기는 쉬우나 실행에 옮기는 것은 어렵다
~가 말하는 것처럼 ☞ ~가 표현하는 것처럼
여기서 ~란 ~를 말한다 ☞ 여기서 ~란 ~를 두고 하는 말이다
더 이상 ~에 대해서 말할 필요없다 ☞ 더 이상 ~에 대해서 말할 필요 없다
~한 맛이 난다/느껴진다/풍긴다 ☞ 어떠한 측면을 가지고 있다
~에서부터 ~에 이르기까지 모든 것을 망라한 것 ☞ ~에서부터 ~에 이르기까지 모든 것 (많은 것들을 포함하고 있다는 것을 강조하는 표현이다)
~ 라는 망령 같은 것/존재 ☞ ~ 라는 좋지 않은 것
망명처를 제공하다 ☞ 도피/수배 중인 사람에게 피난처를 제공하다
중요한 결정을 못하고 망설이다 ☞ 중요한 결정을 못하고 머뭇거리다
조금도/추호도 망설이지 않고 ☞ 신호가 떨어지기 무섭게 즉각/즉시 반응을 보이면서; 조금도 주저하지 않고
이럴까 저럴까 망설임 없이 ☞ 서슴없이
망연자실한 상태에 있는 ☞ 넋이 나간 상태에 있는
계획/사업 따위를 망쳐놓다 ☞ 계획/사업 따위를 뒤엎다
한 지역이 다른 지역과 맞닿아 있다 ☞ 접하고 있다
맞대결하다 ☞ 상대방이 위협하거나 공격할 때 사용하는 똑같은 수단/방법으로 맞대응하다
맞불을 놓다 ☞ 상대방이 위협하거나 공격할 때 사용하는 똑같은 수단/방법으로 맞대응하다
서로 맞붙이다 ☞ ~를 누구와 대적시키다
비록 일이 어렵거나 힘들지만 회피하지 않고 용감히 정면으로 맞서다 ☞ 비록 일이 어렵거나 힘들지만 회피하지 않고 용감히 정면으로 맞서다
조각을 서로 맞추다 ☞ 조각을 서로 맞추다
맞춤형의 ☞ 주문 제작하는
매개체(媒介體) ☞ 전달 수단
일 처리 등이 매끄러운 ☞ 비단결 같은
싸잡아서 매도(罵倒)를 당하다 ☞ 남과 같은 죄를 뒤집어 쓰다
매듭짓다 ☞ 계획한 모든 것들이 다 만족스럽게 이루어졌다고 생각될 때까지 지속적으로 어떤 계획/일 등을 진행하다
특정한 장소/행사 등을 더욱 매력적으로 만든다 ☞ 빛나게 만든다
매일 일어나는 ☞ 일상 생활의 일부로서 날마다 일어나는/하는
사람들을 매혹시키는 ☞ 사람들의 넋을 빼앗는
맨몸으로 수영하다 ☞ 완전히 발가벗고 수영하다
어떤 일의 맨 앞에 서 있는 ☞ 어떠한 일에 앞장선
맹신 ☞ 맹목적인 믿음
맹렬하게 돌진하다 ☞ 요란스럽게 (맹렬하게) 돌진하다
맺힌 원한을 갚다 ☞ 과거에 쌓인 원한을 갚다
어떤 문제를 해결하기 위하여 머리를 쥐어짜다 ☞ 골똘히 생각하다
머릿속에 꼭 담아두다 ☞ ~을 잊지 않도록 잘 기억해두다
집을 떠나 잠시 머무는 것 ☞ 집을 떠나 잠시 머무는 것
머지않아 ☞ 가까운 장래에

머지않아 발생할/일어날 것 같은 ☞ ~이 시기적으로 임박한
머지않아 어떤 일이 일어날 것이다 ☞ 조만간 어떤 일이 일어날 것이다
머지않아 ~이 될 ☞ 조만간 ~이 될
서로 먹고 먹히는 ☞ 목적을 이루기 위하여 수단방법을 가리지 않는
~ 대신 ~을 먹이다 ☞ 젖을 뗀 후 대신 ~을 먹이다
~으로 인하여 평판 등에 먹칠을 당한 ☞ 오점이 남은
(주로 부정한 방법으로) 남보다 먼저 무슨 일을 하다 ☞ 총소리도 나기 전에 출발하다
~을 제일 먼저 생각한다 ☞ ~을 제일 우선시한다
자신도 잘못한 점이 있음에도 불구하고 남을 먼저 비난하다 ☞ 먼저 돌을 던지다
남이 하려던 말을 먼저 해버리다 ☞ 남이 하려던 말을 먼저/앞서 해버리다
몸에 묻은 먼지를 훌훌 털어버리다 ☞ 몸에 묻은 먼지를 훌훌 털어버리다
먼 훗날에 ☞ 먼 장래에
효력이나 영향력 등이 멀리까지 미치는 ☞ 광범위한
앞을 멀리 내다보는 ☞ 앞을 멀리 내다보는
멀리 내다보지 못하는 ☞ 근시안적인
아주 멀리 떨어진 곳에 있는 ☞ 지구 반대편에 있는
~를 멀리하다 ☞ ~와 거리를 두다
사이/관계가 점점 멀어지다 ☞ 벌어지다
사이가 멀어진 ☞ 누구와 대화를 단절한 채 지내고 있는
한참 멀었다 ☞ 근처도 못 간다
시합/경주 등에서 경쟁자를 멀찌감치 따돌리다 ☞ 부리나케 달아나다
컴퓨터/기계/장비 등이 멈춘 기간 ☞ 기계/업무/장비 등이 쉬는 시간
본인이 한 일에 대하여 멋쩍어하는 ☞ 본인이 한 일에 대하여 창피함을 느끼는
특정한 장소/행사 등을 더욱 멋지게 만든다 ☞ 빛나게 만든다
멍든 눈 ☞ 눈 주위가 시퍼렇게 멍든 상태
잠이 모자라거나 술이 덜 깬 것처럼 보이는 멍한 눈을 하고 있는 ☞ 멍한/피곤한 눈을 하고 있는
면직 통지(서) ☞ 해고 통지(서)
올바르지 못한 행동을 한 사람의 명단을 공개하다 ☞ 이름을 공개하다
~가 명령을 내린다 ☞ ~가 지시를 내린다
권위 있는 기관/사람 등으로부터 명령을 받고 행동하는 ☞ 지시를 받고 행동하고 있는
어떤 사람이 죄가 있거나 어떤 것이 옳다는 것을 증명하는 명백한 증거 ☞ 결정적인 증거
명시하다 ☞ 자세하게 혹은 분명하게 설명하다
인생을 살아가거나 어떤 일을 할 때 반드시 명심해야 하는 중요한 교훈/원리원칙 ☞ 금과옥조(金科玉條)
특정한 해결책이나 상황 등이 명쾌한 ☞ 분명하고 명백한
모국어 ☞ 갓난아기 시절부터 부모에게 배운 언어
모두 합하면 ☞ 전부 합하면
~뿐만 아니라 그 밖의 모든 것/사람도 포함된다는(해당된다는) 것을 강조할 때 ☞ ~뿐만 아니라 그 밖의 모든 것/사람도 포함된다는(해당된다는) 것을 강조할 때
모든 것을 고려해 볼 때 ☞ 모든 것을 고려해 볼 때
모든 것을 다 가지고 있다 ☞ 많은 것을 다 가지고 있다
모든 것을 다 (공개하다/드러내다/보여주다/알려주다) ☞ 모든 결점을 포함하여 있는 그대로
어떤 것/상황 등이 모든 경우에 다 해당된다 ☞ 모든 경계를 넘나들다
모든 면에서 ☞ 어느 모로 보나
모든 사람들을 전부 다 만족시키려고 노력하는 사람 ☞ 모든 사람들을 전부 다 만족시키려고 노력하는 사람
모든 사람/것을 다 포함하여 ☞ 모든 것을 다 포함하여
처음부터 끝까지 이르는 동안에 있었던 모든 사실 ☞ 자초지종(自初至終)
모든 힘을 다 동원하는/쏟아붓는 ☞ 전력을 다하는
모든 힘을 다 쏟아붓다 ☞ 전력을 다하다
현 상황이 어떻게 돌아가는지 잘 모르는 ☞ 최근 뉴스나 정보에 어두운
좋지 못한 또는 위험한 상황 등이 모르는 사이에 점차 나타나고/진행되고 있는 ☞ 부지불식간(不知不識間)에 발생하는
너무나 세상물정/주변상황을 모른다 ☞ 도대체 어느 행성에서 사는/온 사람인가?
그 동안 잠잠해 있던 나쁜/좋지 않은 것이 모습을 드러내다 ☞ 좋지 않은 것이 고개를 들다
모(某)씨 ☞ 아무개
모 아니면 도 식의 ☞ 완벽하게 성공할 수도 있고 철저하게 실패할 수도 있는
계획/문구 등을 모양 짓다 ☞ 다듬어 구체화하다
특정한 성향(믿음)을 지닌 사람이나 특정한 동물/식물들 많이 모여 사는 장소 ☞ 본거지
모욕을 주다 ☞ 조롱하다
좋은 것만 발췌하여 모으다 ☞ 정보/자료/증거 등을 특정한 출처에서 발췌하여 수집하다
모자를 돌리다 ☞ 모금하다
모험 ☞ 미지의 세계로 뛰어들기
무모하리만치 모험을 즐기는 (사람) ☞ 육체적인 위험을 즐기는 (사람)
태도 등이 모호한 ☞ 태도 등이 어정쩡한
하고 싶은 어떤 말이 목구멍까지 나왔지만 꾹 참은 ☞ 어떤 말/단어 등이 혀 끝에서 맴도는
문제나 좋지 않은 상황 등이 목까지 차오르다 ☞ 최악의 상태에 이르러 특별한 조치가 필요하다
~을 반드시 해야 한다고 시끄럽게 떠드는 목소리 ☞ 요란스러운 주장
헛기침 등을 하여 목소리를 가다듬다 ☞ 목청을 가다듬다
목소리를 합쳐서 ☞ 이구동성으로
겨우 목숨만 부지하다 ☞ 회사/국가/개인의 예산/자금이 부족하여 근근이 꾸려가다
목숨을 잃을 수도 있는 ☞ 질병/사고 등이 생명을 위협하는
목이 메인 ☞ ~때문에 숨이 막힐 것 같은
감정이 격해져서/북받쳐 목이 메다 ☞ 평소와는 달리 목소리가 변하다
목이 쉬다 ☞ 평소와는 달리 목소리가 변하다
드디어 소기의 목적을 달성하다 ☞ 어떤 목적을 위하여 오랜 기간 동안 쏟은 노력이 보상 받다

~으로 소기의 목적을 달성할 수 있다 ☞ 효과가 있다
목표의식이 확고한 ☞ 목적의식이 확고한
몰두하고 있는 ☞ 어떤 활동이나 상황에 깊이 관여하고 있는
정부나 어떤 조직의 몰락 ☞ 큰 실패
불법이기 때문에 남몰래 이루어지는 ☞ 불법이기 때문에 은밀하게 이루어지는
~에 몰입하고 있는 ☞ ~에 푹 빠져든
몸값이 매우 높다 ☞ 어떤 물건/사람의 가치가 매우 높다
근육이 멋지게 발달하여 몸매가 좋은 ☞ 신체나 얼굴이 조각한 듯한
몸 상태가 매우 좋은 ☞ 몸이 건강한
몸서리치게 만들다 ☞ 벌벌 떨게 만들다
몸싸움을 벌이다 ☞ 사람/일/문제 등과 씨름하다
몸을 굽히다 ☞ 겸손하게 처신하다
몸을 단련시키다 ☞ 몸을 단련시키다
몸을 숨기다 ☞ 숨어 지내다
몸을 제대로 가누지 못하면서 ☞ (주로 술에 만취해서) 비틀거리며
병들어 몸져 누워 있는 ☞ 드러누워 꼼짝도 않고 있는
못마땅해하면서 혀를 끌끌/쯧쯧 차다 ☞ 혀를 끌끌/쯧쯧 차면서 비난하다
하나도 빠짐없이 몽땅 ☞ 송두리째
어려운 문제를 쉽게 해결할 수 있는 묘안/묘책 ☞ 특수한 질병을 단기간에 완벽하게 치료할 수 있는 묘약
묘하게 서로 연관이 된 두 가지/사람 ☞ 묘하게 서로 연관이 된 두 가지/사람
이전에 비슷한 일을 많이 경험하여 무감각한/무신경한 ☞ 경험이 풍부하다
무거운 발걸음으로 ~를 향해 매우 천천히 그리고 힘겹게 나아가다 ☞ 무거운 발걸음으로 혹은 덜커덕거리거나 불규칙한 동작을 하며 ~를 향해 매우 천천히 그리고 힘겹게 나아가다
무거운 짐을 할 수 없이 떠 안고 있는 ☞ 책임을 본의 아니게 떠맡고 있는
지나친 무관심 ☞ 냉담
급격히 무너지다 ☞ 급격히 추락하다
어떤 사건(분쟁/작전/전쟁)등이 발생하는 무대 ☞ 장소
무더위에 지쳐 땀 투성이가 되다 ☞ 더위에 지치다
죽은 사람이 무덤에서 벌떡 일어날 일이다 ☞ 죽은 사람이 안다면 너무나 놀랄 일이다
많은 사람이 시끄럽게 떠들고 춤을 추며 벌이는 흥겨운 무도회 ☞ 파티
무력화(無力化)시키다 ☞ (물로) 희석하다
상대방을 무력화시키다 ☞ 힘을 못쓰게 만들다
어떤 특정한 값/나이/시기 등의 무렵 ☞어떤 특정한 값/나이/시기 혹은 그 근처
비난/위험/역경 등을 무릅쓰고 어떤 일을 하다 ☞ 비난/위험/역경 등을 감수하고 소신대로 일을 하다
무모한 행동 ☞ 미지의 세계로 뛰어들기
무방비한 곳을 기습하다 ☞ 상대의 의표를 찌르다
어떤 계획이나 안 등이 무산되다 ☞ 실패로 돌아가다
계획/희망 등이 무산되어버린 ☞ 옷이나 책 등이 너덜너덜해진
무상(無常)한 ☞ 매우 짧은 시간 동안에 지속되는
상대방을 무색하게 만들다 ☞ 작아 보이게 만들다
~ 라는 무서운 것/존재 ☞ ~ 라는 좋지 않은 것
나뭇잎이 무성한 ☞ 수풀이 울창한
무슨 일이 있어도 해야 한다 ☞ 아무리 상황이 어렵더라도 반드시 해야 한다
무시당하다 ☞ 소홀히 취급당하다
약속/법/협정 등을 무시하고 ☞ 위반하면서
별로 중요하지 않다고 무시하는 ☞ ~을 하찮게 여기는
무시하다 ☞ 말을 걸어 보았지만 이야기하기를 거부하다; 하찮게 여기다
무시할 수 없는 ☞ 코웃음 칠 수 없는
계획 등이 무용지물(無用之物)이 되어버린 ☞ 옷이나 책 등이 너덜너덜해진
무용지물(無用之物)이지만 값이 비싸거나 귀하기 때문에 버리기도 곤란하며 유지비용이 많이 드는 것 ☞ 처치가 곤란한 물건
무임승차하려는 사람 ☞ 공짜로 얻어먹으려는 사람
무조건 해야 한다 ☞ 아무리 많은 비용/희생/대가/노력 등이 들더라도 반드시 ~을 해야 한다
특정 증거나 증인이 어떤 사람이 무죄임을 밝히는 혹은 특정 사건을 해명하는 ☞ 특정 증거나 증인이 어떤 사람이 무죄임을 밝히는 혹은 특정 사건을 해명하는
묵살(默殺) ☞ 침묵함으로써 미묘한 상황에 대해서 동의 혹은 반대 의견을 표시하는 것
묵인(默認) ☞ 침묵함으로써 미묘한 상황에 대해서 동의 혹은 반대 의견을 표시하는 것
문득 깨닫다 ☞ ~에게 어떤 생각이나 아이디어가 갑자기 떠오르다
문득 어떤 것이 생각나 갑자기 하던 일을 멈추다 ☞ 문득 어떤 것이 생각나 갑자기 하던 일을 멈추다
문외한(門外漢) ☞ 생전 처음 접해 보는 사람
더 이상 어찌해 볼 수 없게 문제가 커지다 ☞ 더 이상 손을 쓸 수가 없다
~을 문제 삼다 ☞ ~에 대하여 의문을 제기하다; ~을 논쟁거리로 삼다
문제아 (한 집단/사회의 가치관을 거부하면서 보통 사람들과 다르게 행동하는 사람; 부모의 말을 잘 안 듣는 사람) ☞ 반항아
아무런 제한 없이 사람이 왕래하거나 물품들을 거래할 수 있도록 문호(門戶)를 개방하는 ☞ 문호(門戶)를 개방하는
감정/습관/태도 등이 사회/조직/성격 등에 견고하게/깊게/확고하게 물들어 있는 ☞ 배어 있는
특별한 감정/색깔/색조 등으로 엷게 물들어 있다 ☞ 특별한 감정/색깔/색조 등을 약간 내포하고 있다
더 이상 물러날 곳이 없다 ☞ 더 이상 갈 곳이 없다
조금도 물러서지 않다 ☞ 한치도 양보하지 않다
~은 물론이고 ☞ ~은 말할 필요도 없고
물밀듯이 밀려오다 ☞ 짧은 시간에 ~이 지나칠 정도로 많이 밀려오다
물 밖으로 나온 고기 ☞ 주위 환경이 친숙하지 못하거나, 평상시와는 달라서 불안해하거나 불편해하는 사람
물불을 안 가리고 뛰어들다 ☞ 무모하게 달려들다
물불을 안 가리고 행동하는 ☞ 결말이 어찌 되든 소기의 목적을 달성

하기 위하여 필사적인

해야 할 일을 빨리 처리하지 않고 깔고 앉아서 뭉그적거리다 ☞ 깔고 앉아서 뭉그적거리다

미개한 ☞ 문화/시대에 뒤진

미결제의 (미처리의) ☞ 미해결의

미꾸라지처럼 요리조리 빠져나가다 ☞ 손가락 사이로 빠져나가다

미끄러지듯이 날다/움직이다/활공하다 ☞ 유유자적하다

~가 뒤에서 미는 ☞ ~가 뒤에서 돌봐주는

미래가 매우 밝다 ☞ 장밋빛 앞날이 펼쳐져 있다

이미 다 끝난 후인데도 미련을 못 버리고 쓸데없는 일을 하다 ☞ 죽은 자식 불알 만지고 있다

어떤 일을 숨기거나 책임 등을 면하기 위해서 명확한 답변이나 결정을 고의적으로 미루다 ☞ 발뺌하다

하던 일을 다음 날로 미루다 ☞ 하던 일을 다음 날로 미루다

위험한 요소가 있는지 미리 조심해서 잘 살펴보아 나중에 후회하는 일이 없도록 하라 ☞ 나중에 후회하는 일이 없도록 하라

어떤 새로운/최근 개념/감정/생각/사상 등이 미발달된 ☞ 아직 확실하게 정립되지 않은

함지박 같은 미소 ☞ 입을 매우 크게 벌리고 웃는 웃음

회심의 미소를 짓다 ☞ 어떤 일이 자기 생각대로 되었다고 남들 앞에서 이를 드러내고 웃다

~ 에게 살짝 미소 짓다 ☞ ~에게 웃는 표정을 살짝 짓다

미심쩍게 생각하는 ☞ ~을 수상쩍게 생각하는

대단히 미안하지만 (대단히 상대방이 듣기 싫어하는 말을 하면서도 감정 상하지 않도록 배려할 때 사용함) ☞ 대단히 죄송한 말씀이지만

좋지 않은 상황으로 발전하는 것을 미연에 방지하다 ☞ 싹을 미리 자르다

미완성의 ☞ 미숙한

미증유의 ☞ 전대미문(前代未聞)의

미지수인 ☞ 전혀 알 수 없는

미지의 세계 ☞ 전인미답의 세계

미처리된 업무/재판 ☞ 잔무

민초 ☞ 풀뿌리

어떤 이야기/진술 등이 믿기 어려운 ☞ 받아들이기 힘든

~라는 것은 도저히 믿을 수 없다 ☞ 도저히 상상도 할 수 없다

~이 전부 사실이라고 믿지 않는다 ☞ 어떤 결과/수치/사실/이야기 등을 액면(額面) 그대로 받아들이지 않는다

다른 곳에 집중하기 위하여 ~을 잠시 한쪽으로 밀어 놓다 ☞ 제쳐두다

서로 밀접하게 연관되어 있다 ☞ 서로 의미가 같다

방해되는 것/사람 등을 팔꿈치로 밀치고 목적/목표를 향해 나아가다 ☞ 저돌적(공격적)으로 목적/목표를 향해 나아가다

비록 상태는 좋지 않지만 어쩔 수 없기 때문에 맨 밑바닥에 조금 남아있는 것을 이용하다 ☞ (주로 상태는 매우 좋지 않지만) 어쩔 수 없이 최후의 수단/방책에 의존하다 (현재 처해있는 상황이 매우 나쁘다는 것을 강조하는 표현이다)

밑으로는 ~에 이르기까지 ☞ ~와 같은 세세한 부분까지 다 포함하여

밑져야 본전이다 ☞ (비록 실패하더라도) 잃을 것이 없다

바

비록 자세히 들여다 보면 그렇지 않을 수는 있지만 바깥으로 드러난 상태/성질 ☞ 겉으로 보이는 상태/성질

말 바꾸기 ☞ (정치인들이 주로 하는) 말/결정 등을 번복하기

기분/의견/입장/분위기/태도 등이 한순간에 확 바뀌다 ☞ 돌변하다

바닥에 있다 ☞ 지금 상태가 최악이다

특정한 그룹에서 순위/위치가 바닥이다 ☞ 하위에 있다

바람결에 듣다 ☞ 풍문으로 듣다

~ 라는 바람직하지 않은 것/존재 ☞ ~ 라는 좋지 않은 것

어떤 좋은 일/상황에 숨겨진 바람직하지 않은 면 ☞ 이면(裏面)

더 이상 바랄 게 없다 ☞ 기대 이상이다

더 이상 ~한 것을 바랄 게 없다 ☞ 더 이상 ~한 것을 바랄 게 없다

빛이 바래다 ☞ 어떤 것을 흥미롭게 만드는 혹은 활력을 불어넣는 고유한 성질/특성을 잃어버리다

시간적으로 바로 다음에 오는 ☞ 바로 다음의

공간적으로 바로 옆에 있는 ☞ 바로 다음의

잘못된 일을 초기 단계에서 바로잡아야 나중에 큰 수고를 덜 수 있다 ☞ 잘못된 일을 초기 단계에서 바로잡아야 나중에 큰 수고를 덜 수 있다

글/발언 등을 바르게 이해하다 ☞ 글/발언 등을 바르게 이해하다

바보 같은 짓 ☞ 헛수고

바보 같은 짓을 하는 사람들을 그냥 두고 보지 못한다 ☞ 남들이 자신처럼 제대로 (현명하게) 행동하지 못하는 것을 보면 도저히 참지 못한다

사람을 바보로 만들다 ☞ 남을 속여서 ~하게 만들다

바싹 다가가서/붙어서 눕거나 앉아 있다 ☞ 누구에게 최대한 가까이 다가가다

사람들의 활동을 매우 바싹 붙어서 감시/감독/관찰하다 ☞ 어깨 너머로 감시하다

바싹 죄다 ☞ 남에게 특정한 일을 강제로 하도록 혹은 하지 말도록 압력의 수위를 높이다

바지저고리 ☞ 중요한 직책을 맡고 있으면서도 아무 일도 하지 않는 사람

~에 바탕을 두고 있다 ☞ ~에 뿌리를 내리고 있다

박빙의 승부 ☞ 아슬아슬한 승부

논쟁/시합/싸움 등에서 상대방을 박살내다 ☞ 갈갈이 찢어놓다

박수칠 때 떠나라 ☞ 떠날 때/시간이 되어도 물러나지 않는다

책을 많이 읽어 박식한 ☞ 책을 많이 읽어 박식한

화가 나 시끄럽게 굴면서 자리를 박차고 나가다 ☞ 화가 나 시끄럽게 굴면서 빨리 어떤 장소(건물)에서 뛰쳐나가다

~을 반갑게 맞이하다 ☞ (특히 종을 울리며) 새해 등을 맞이하다

어떤 곳을 중심으로 특정한 반경 안에 있는 지역 ☞ 어떤 곳으로부터 특정한 거리 안에 있는 지역

~을 반기다 ☞ (특히 종을 울리며) 새해 등을 맞이하다

이와는 반대로 ☞ 이에 반하여

반대 상황도 성립한다 ☞ 역 또한 성립한다

남의 의견이나 제안의 타당성 등을 떠보기 위하여 일부러 반대의견을

내는 사람 ☞ 남의 말/의견에 트집을 잡는 사람
동의하지 않기 때문에 반대의견을 내놓다 ☞ ~ 에 대하여 이의를 제기하다
한 목소리로/이구동성으로 외치는 반대의 목소리 ☞ 일제히 일어나는 반대
상황/의견 등이 정반대인 ☞ 상황/의견 등이 정반대인
어떤 사건/행동/일 등에 대한 반동 ☞ 반작용
아무리 상황이 어렵더라도 반드시 해야 한다 ☞ 아무리 상황이 어렵더라도 반드시 해야 한다
반목 ☞ 이전의 다툼으로 인하여 발생한 서로 싫어하는 감정
"이전에도 경험했는데 또 다시 같은 일이 반복되는구나" 하고 느끼는 싫증나는/진부한 기분 ☞ 현재 일어나고 있는 일이지만 과거에도 이미 경험했다는 느낌/기분
전혀 반응이 없다 ☞ 눈 하나 깜박하지 않는다
반항하다 ☞ 도전(장)을 받아들이다
중요한 사건 등이 오래 동안 반향을 불러일으키다 ☞ 여파가 오래 지속되다
직접적인 답을 하지 않고 받아넘기다 ☞ 어렵거나 곤란한 문제나 질문을 회피하다
싫거나 기분 나쁘지만 받아들어야 하는 것/사실 ☞ 사람들이 어찌할 수 없는 현실
싫더라도, 좋은 일이 아니더라도 현실을 받아들여야 한다 ☞ 현실을 직시해야 한다
남의 의견을 잘 받아들이지 않는 ☞ 시야가 좁은
완전히 발가벗고 ☞ 실오라기 하나 걸치지 않고
지나가던 중 문득 (호기심을 자극하는) 것이 눈에 띄어 발걸음을 갑자기 멈추다 ☞ 문득 어떤 것이 생각나 갑자기 하던 일을 멈추다
발길이 닿는 대로 가고 싶은 곳을 자유롭게 가는 ☞ 자유분방한
별로 대단치 않은 일에 툭하면 발끈 화를 내는 ☞ 별로 대단치 않은 일에 어린아이처럼 툭하면 화를 잘 내는
발붙일 자리 ☞ 발판
비밀, 개인 정보 등을 발설하다 ☞ 누출시키다
조심스럽게 그리고 천천히 어떤 일에 발을 담그다 ☞ 전망이 매우 불투명하기 때문에 매우 조심스럽게 그리고 천천히 어떤 일을 시작하다
빠른 발전을 이룩하다 ☞ 큰 걸음을 내딛다; 빨리 자라다
더 좋은 상태로 발전하다 ☞ 꽃피우다
좋은 것만 발췌하여 모으다 ☞ 정보/자료/증거 등을 특정한 출처에서 발췌하여 수집하다
도약의 발판 ☞ 도약의 발판
하나 하나씩 진실/사실을 밝혀내다 ☞ 찾아내다
모든 것이 결국에는 밝혀질 것이다 ☞ 모든 것이 백일하에 드러날 것이다
밟아 누르다 ☞ 어떤 일이 발생하지 못하게 혹은 사람들이 원하는 행동을 못하게 억누르다
밤이 된 ☞ 문화/시대에 뒤진
뒤로 물러나서 사태를 방관하고 있다 ☞ 뒷자리에 편안하게 앉아서 구경만 한다
방금 만들어진 ☞ 갓 만들어진
방방곡곡 ☞ 각지 (서로 멀리 떨어진 여러 지역들)
바람직하지 않은 일이 발생하는 것을 방지하기 노력하다/애쓰다 ☞ 막기 위하여 노력하다
병/위험 등을 방지하다 ☞ 예방하다
좋지 않은 상황으로 발전하는 것을 미연에 방지하다 ☞ 싹을 미리 자르다
한 조직에서 방출되는 사람 ☞ 사회나 어떤 집단에서 소외당하는 사람
파손된 상태로 방치되어 있는 ☞ 파손된 상태로 방치되어 있는
오랫동안 사용하지 않고 혹은 진행되지 않고 방치되어 있다 ☞ 먼지만 쌓이고 있다
아무런 조치나 행동을 취하지 않고 잘되겠지 하며 그냥 방치하는 태도 ☞ 아무런 조치나 행동을 취하지 않으면서 일이 저절로 잘 해결되기를 바라는 태도
방향을 올바르게 잡고 진행되고 있는 ☞ 진로가 올바른
방화하는 ☞ 불을 지르는
여전히 어려움 속에서 방황하고 있다 ☞ 숲속에서 길을 잃고 방황하다
배가 몹시 부르다 ☞ 한 입도 더 못 먹겠다
손해/손실 등을 배상하다 ☞ 고장이 난 것을 수리하거나, 잃어버리거나 부족한 부분을 다시 보충해서 원상회복/복구시키다
조직에서 사람을 오랜 기간 동안 특정한 지역으로 배속시키다 ☞ 파견하다
배신하다 ☞ (등) 뒤에서 칼을 들이대다
배우자 ☞ 나의 반쪽
배 위에서 벌어지는 ☞ 선상에서 일어나는
배은망덕한 행동을 하다 ☞ 은혜를 원수로 갚다
백과사전적 지식 ☞ ~에 대한 매우 폭넓고 해박한 지식
백배사죄하다 ☞ 잘못을 스스로 인정하는 행동이나 말을 하다
백주에 ☞ 대낮에
백지상태에서 ☞ 처음부터 (하던 일을 무시하고 처음부터 다시 시작할 때 주로 사용하는 표현)
지금까지 한 일 등이 잘못되었기 때문에 백지 상태에서 다시 시작하다 ☞ 원점으로 돌아가 다시 시작하다
어떤 장소가 ~으로 버글거린다 ☞ 특정한 장소가 북적거리는
매우 화가 나서 버럭 큰 소리를 지르다 ☞ 화를 내며 벼락같이 소리치다
제 버릇 남 못 준다 ☞ 오래된 습관은 잘 고쳐지지 않는다
흡연 등과 같은 나쁜 습관을 버리다 ☞ 아이에게 먹이던 젖을 떼다
어려움에 처해있더라도 끝까지 포기하지 않고 잘 버티다 ☞ 어려움에 처해있더라도 끝까지 포기하지 않고 잘 버티다
매 특정한 기간마다 몇 번씩 ☞ 매 특정한 기간마다 몇 번씩
좋지 않은 것이 열병처럼 번지다 ☞ 전염병이 마구 번지듯이 걷잡을 수 없이 급속하게 퍼져나가다
몇 번째로 가장 ~한 ☞ 몇 번째로 가장 ~한
벌떡 일어나다 ☞ 벌떡 일어나다
어느 정도까지 진척되었는지는 모르지만 이미 벌어지고 있는 ☞ 이미 진행중인
~이라는 일이 이미 벌어진 상황에서 ☞ 이라는 일이 이미 벌어진 상황에서
어떤 중요한/특별한 일이 곧 벌어질 것이라는 느낌 ☞ 어떤 중요한/특

별한 일이 곧 벌어질 것이라는 느낌
잘못에 대하여 **벌을 가하는** ☞ 응징하는
범인(凡人) ☞ 매우 평범한 사람
범죄조직 ☞ 암흑가
공연한 **법석** ☞ 호들갑
외롭고 쓸쓸한 사람의 **벗이 되어 주다** ☞ 외롭고 쓸쓸한 사람의 친구가 되어 주다
벼랑 끝에 몰려 있는 ☞ 곧 어떠한 일이 일어 나기 직전의 상태에 있는
변두리 ☞ 도시/장소/지역 등의 끝자락
상황이 유감스럽긴 하지만 어찌할 수 없는 처지에 있다고 **변명하다** ☞ 어찌할 수 없는 처지에 있다고 변명하다
손해/손실 등을 **변상하다** ☞ 고장이 난 것을 수리하거나, 잃어버리거나 부족한 부분을 다시 보충해서 원상회복/복구시키다
증거/규칙/계획 등이 어떤 일이 있어도 **변하지 않는** ☞ 확고불변의
이번 기회에 앞으로도 **변함없이** ☞ 이번 기회에 앞으로도 영원히 (앞으로 더 이상 변함이 없을 것이라는 것을 강조하는 표현)
언제나 변함없이 같은 상태를 유지하고 있는 ☞ 항상 같은 상태를 유지하는
변화가 너무 심해 상황을 예측하기가 매우 힘들다 ☞ 변화가 너무 심해 상황을 예측하기가 매우 힘들다
조직이나 체제가 매우 크고 획일적이며 **변화에 매우 둔감한** ☞ 조직이나 체제가 매우 크고 획일적이며 변화에 매우 둔감한
언제나 **변함없이** ☞ 세상이 끝날 때까지
온갖 고난이 오더라도 **변함없이** ☞ 시종일관
너무 자주 **변해서 대처하기 힘든 (상황)** ☞ 바람이 부는 대로 변화하는 모래언덕
그건 **별것 아니다** ☞ 어떤 것 혹은 상황 등이 너무나 간단하다
다른 용도를 위해서 ~을 **별도로 남겨두다** ☞ 다른 용도를 위해서 ~을 따로 남겨두다
~라는 **별명으로 불리다** ☞ ~라는 이름으로 통하다
~와 **별반 다를 게 없다** ☞ ~은 ~와 다를 바 없다 (주로 나쁘다는 것을 강조하는 경우에 사용된다)
별 볼 일 없는 ☞ 그다지/그리 대단한 ~이 아니다
별안간 어떤 일을 하다 ☞ 갑자기 어떤 일을 하다
병적인 집착/호기심을 보이는 ☞ 이해하기 힘들 정도로 불유쾌한 것(범죄, 죽음 등)에 집착하는
나쁜 일이나 불법적인 일을 **보고도 못 본 체하다** ☞ 눈감아 주다
~가 맡아 **보관하고 있는** ☞ ~의 관리하에 있는
둘만의 사랑의 **보금자리** ☞ 둘만의 사랑의 보금자리
보금자리로 ☞ 회사/단체 등에서 떠났던 사람이 다시 돌아올 때
보기에 ~하는 것이 적절하다고 여기다 ☞ 보기에 ~ 하는 것이 적절하다고 여기다
특별히 할 일이 없거나 혹은 어떤 일을 기다리는 동안 ~하면서 시간을 **보내다** ☞ 시간을 때우다
특정한 장소/환경에서 특정한 기간을 **보내다** ☞ 지내다
누가 **보는 앞에서** ☞ 누구 앞에서
양/가격 등이 **~보다 많거나 높은** ☞ ~을 상회하는
보답으로 ☞ 보상으로
호의에 **보답하다** ☞ 답례하다
남 보란 듯이 ~을 가지고 다니는 ☞ 남들이 볼 수 있게 ~을 소지하고 있는
~에 대한 **보상으로 주는 선물/혜택** ☞ ~에 대한 답례로 주는 선물/혜택
많은 것을 **보아왔다** ☞ 많은 것을 경험했다
남들에게 자신이 뭔가를 알고 있거나 할 수 있다는 사실을 **보여주다** ☞ 남들에게 뭔가를 보여주다
~은 ~라는 사실을 **보여준다** ☞ ~은 ~의 징후이다 (특히 좋지 않은 경우)
~라는 사실을 잘 **보여준다** ☞ ~라는 사실을 잘 보여준다
~은 ~이 매우 좋다(우수하다)는 것을 잘 **보여준다** ☞ 잘 말해 준다
대조가 되거나 보완하여 남을 혹은 다른 것을 돋보이게 하는 사람/것 ☞ 돋보이게 하는 사람/것
오랫동안 **보이지 않던** ☞ 사람들이 볼 수 없는
남들의 들러리나 서는 **보잘것없는 존재** ☞ 시합이나 선거 등에서 등외를 한 사람
보좌관 ☞ 항상 옆에 붙어 다니면서 대기하고 있다가 온갖 시중을 드는 사람 ; 바로 아래 부하
보채는 아이에게 젖 준다 ☞ 우는 아이에게 떡 하나 더 준다
빈 기금/자리/창고 등을 **보충하다** ☞ 다시 채우다
별로 **보탬이 되지 못하는 것** ☞ 이미 많기 때문에 조금 더 있어봐야 별 소용없는 것
이미 많이 가지고 있는 사람에게 조금 더 주는 것과 같은 별로 **보탬이 되지 못하는 짓을 하다** ☞ 이미 많기 때문에 조금 더 있어봐야 별 소용없는 것
보통 사람 ☞ 매우 평범한 사람
보통 종류의 ☞ 흔해 빠진
~의 **보호 감독/관리를 받고 있는** ☞ ~의 관리하에 있는
보호망(보호장치) ☞ 안전망
따듯하게/자상하게 **보호하다** ☞ ~를 따듯하게/자상하게 보살피다
회사/단체 등에서 떠났던 사람이 다시 **복귀할 때** ☞ 다시 돌아올 때
복마전 ☞ 아수라장
복무 기간 ☞ 근무/복무 기간
어떤 **복장을 하고 있다** ☞ 어떤 옷을 입고 있다
본격적인 ☞ 전력을 다하는
현재 일어나고 있는 일을 보면서 드는 언젠가 **본 듯한 혹은 경험한 듯한 느낌/기분(기시감, 旣視感; 일종의 착각일 수도 있음)** ☞ 현재 일어나고 있는 일이지만 과거에도 이미 경험했다는 느낌/기분
특정한 장소에 **본부/본사를 두고 있는** ☞ 근거지를 두고 있는
본인도 모르는 사이에 발생한 ☞ 당사자도 모르게 발생한 (고의가 아니게 어떤 일이 잘못되었을 경우 사용한다)
볼거리 (겉보기가 매우 아름답거나 흥미로운 것) ☞ 눈요기
~은 ~라고 **볼 수 있다** ☞ ~은 ~이라고 간주될 수 있다
여러 사람들 앞에서 화를 내며 **불만을 토로하여 볼썽사나운 광경을 연출하다** ☞ 여러 사람들 앞에서 한바탕 소란을 피우다
나쁜 일을 저질러도 벌을 주지 않고 **봐주는** ☞ ~에게 지나칠 정도로 관대한

~에게 ~에게 의무나 책임으로 **부과되다** ☞ ~을 하는 것은 ~의 책임이다

부관 ☞ 항상 옆에 붙어 다니면서 대기하고 있다가 온갖 시중을 드는 사람

속이 **부글부글 끓고 있다** ☞ 드러내놓고 표현을 하지는 않지만 화가 매우 나 있다

부기관장 ☞ 정부기관 등의 기관장 바로 밑에서 매우 중요한 직을 맡고 있는 고위직 사람

지나치게 **부담을 주는** ☞ 고압적인

비용/일을 **부담하다** ☞ 비용/일 등을 떠맡다

~가 비용을 **부담하여** ☞ ~의 비용으로

소비자를 속여서 **부당이익을 취하다** ☞ 소비자를 속여서 부당이익을 취하다

부동자세로 ☞ 미동도 하지 않고

매우 **부드러운** ☞ 비단결 같은

건배에서 잔을 쨍그랑 **부딪치다** ☞ 건배에서 잔을 쨍그랑 부딪치다

부랑자 ☞ 집없이 떠돌아다니는 사람

~한 **부류의 것들/사람들** ☞ ~ 한 유형의 것들/사람들

부리나케 달아나다 ☞ 부리나케 달아나다

앞으로는 ~라 **부른다** ☞ 이후부터는 ~라 칭한다

어떤 감정이나 문제 등이 **부상하다** ☞ 수면 위로 떠오르다

부수적인 임무를 맡다 ☞ 어떤 활동이나 단체에서 제일 중요한 임무를 수행하는 사람을 보조하는 역할을 하다

권리/재산/특권 등이 ~에게 당연한 것으로 **부여되다** ☞ 주어지다

특정한 기준이나 사람의 기대에 **부응하다** ☞ 특정한 기준이나 사람의 기대에 부응하다

사업에 성공해서 큰 돈을 번 **부자** ☞ 갑부

리더십/권력/정치 등의 **부재상태** ☞ 공백

수나 양이 ~보다 약간 **부족한** ☞ 약간 모자란

일손이 **부족한** ☞ 일손이 부족한

~라고 해도 **부족함이 없다** ☞ ~이라고 해도 과언이 아니다

돈/자원/공간 등이 **부족해서 쪼들리는 생활을 하다** ☞ 궁하다

최저 상태로 겨우 목숨을 **부지하다** ☞ ~으로 근근이 살아가다

좋지 않은 감정/상황을 **부추기다** ☞ 부채질하다; 불난 곳에 기름을 끼얹다; 불난 곳에 부채질하다; 야기(惹起)시키다

부침(浮沈) ☞ 기복(起伏)

매우 정중하게 하는 중대한/심각한 **부탁** ☞ 요청

부패한 ☞ 물이나 음식물 등이 더럽혀진

풍선처럼 급격히 **부풀어 오르다** ☞ 양이 급격히 증가하다

부활하다 ☞ 잿더미에서 다시 태어나다

목을 메게 하는 **북받쳐 오르는 감정** ☞ 목을 메게 하는 북받쳐 오르는 감정

차이를 **분간하다** ☞ 구별하다

견해 차이 등으로 인해서 큰 집단으로부터 **분리되어 나간** ☞ 떨어져 나간

메시지/의사 등이 **분명하게 전달되는** ☞ 메시지/의사 등의 전달이 명료한

너무나 **분명하다** ☞ ~라는 것에는 아무런 논란의 여지/소지가 없다

혹시/설사 그게 아니라고 하더라도 적어도 ~만은 **분명하다(분명한 사실이다)** ☞ 혹시/설사 그게 아니라고 하더라도 적어도 ~만은 분명하다(분명한 사실이다)

태도 등이 **분명하지 않은** ☞ 태도 등이 어정쩡한

~은 **분명한 사실이다** ☞ ~은 누가 말하지 않아도 사람이 너무나 잘 알고 있다

~이 마침내 **분명해지다** ☞ ~을 점차 깨닫기 시작하다

너무나 **분명히 드러나는** ☞ 다른 것과 혼동할 여지가 전혀 없는

~이 사실이라는 것을 **분명히 해두다** ☞ ~을 의심할 수 없게 만들다

분식 회계 ☞ 부정한 행위

가지고 가는 도중 또는 보내는 도중에 **분실되다** ☞ 길을 잃다

매우 활달하며 주위 사람들과 잘 어울려 모임의 **분위기를 띄우는 사람** ☞ 매우 사교적인 사람

분위기 전환 ☞ 전지(轉地) 요양/휴양

필요 **불가결한** ☞ ~에 절대적으로 필요한

어떤 계획이나 안 등이 **불가능하게 되다** ☞ 실패로 돌아가다

서로 **불가분의 관계다** ☞ 서로 의미가 같다

불가항력적인 것/존재 ☞ 거대하고 막강한 힘을 지닌 조직

성격이 **불 같은** ☞ 일촉즉발의

불과 ~라는 짧은 시간 내에 ☞ ~라는 매우 짧은 시간 안에

단지 ~에 **불과한** ☞ 단지 ~에 지나지 않는

그럼에도 **불구하고** ☞ 그럼에도 불구하고 (앞에서 어떤 사실을 언급한 후 이에 반하는 다소 놀라운 새로운 사실을 소개할 때)

그럼에도 **불구하고 여전히** ☞ 그럼에도 불구하고 여전히

~을 했음에도 **불구하고 차도/차이가 전혀 없다** ☞ ~했다고 해서 이전과 비교했을 때 전혀 달라진 게 없다

좋지 않은 일이 발생할 것이라는 **불길한 징조** ☞ 불길한 징조

사람들에게 적개심과 같은 좋지 않은 감정이나 위험한 상황 등을 **불러일으키다** ☞ 야기(惹起)시키다

특별한 감정/분위기 등을 **불러일으키다** ☞ 특별한 감정/분위기 등을 불러일으키다

~라는 별명/이름으로 **불리다** ☞ ~라는 이름으로 통하다

계약이나 협정 등을 체결할 때 약한 상대방에게 **불리한 조건을 강요하다** ☞ 약한 상대방에게 불리한 조건을 강요하다

한 조직이나 정치적인 이념 등에 이전과 다르게 **불만을 품고 있는** ☞ 이전처럼 더 이상 지지하지 않는

불명예 ☞ 눈 주위가 시퍼렇게 멍든 상태

불명예스러운 ☞ 경험/활동 등이 당혹스러운

불법 복제 등을 방지 하기 위해서 필름, 컴퓨터프로그램, 컴퓨터 디스크 등에 표시해둔 비밀 표시 ☞ 육안으로는 볼 수 없는 무늬/도안/표시

불 보듯 뻔한 결과/결론 ☞ 이미 예견된 결과

발진/뾰루지처럼 여기저기서 **불쑥불쑥 터져 나오는 일련의 비슷한 사건들** ☞ 짧은 시간 안에 발생한/나타난 일련의 비슷한 불유쾌한/나쁜 일/사건

사람의 마음을 **불안하게 만들다** ☞ 사람의 마음을 흔들다

눈덩이처럼 **불어나다** ☞ 눈덩이처럼 불어나다/커지다/확대되다

불완전한 ☞ 미숙한

찾아보기

불운한 ☞ 운 나쁜

불의의 기습/공격을 가하다 ☞ 상대의 의표를 찌르다

~에게 불쾌감을 주다 ☞ 귀, 신경 등에 거슬리다

웅성/궁시렁거리는 불평불만의 소리 ☞ 웅성/궁시렁거리는 불평불만의 소리

어렵고 힘든 일이지만 (즐거운 마음으로) 아무런 불평 없이 하다 ☞ 기꺼이 하다

불행한 ☞ 불운한

불행한 처지에 놓여 있지만 불평하지 않고 좋은 점들을 떠올리며 위안을 삼다 ☞ 불행한 처지에 놓여 있지만 불평하지 않고 좋은 점들을 떠올리며 위안을 삼다

불현듯 생각나다 ☞ ~에게 어떤 생각이나 아이디어가 갑자기 떠오르다

불협화음 ☞ 여러 소리가 합쳐서 내는 듣기 불쾌한 소리

불화 ☞ 이전의 다툼으로 인하여 발생한 서로 싫어하는 감정

사람들 사이에서 발생한 불화를 무마시키다/치유하다 ☞ 서로 나쁜 감정을 지닌 사람들을 화해시키다

정부나 어떤 조직의 붕괴 ☞ 큰 실패

해야 할 일을 빨리 처리하지 않고 오랫동안 붙들고 있다 ☞ 깔고 앉아서 뭉그적거리다

~에 붙들려 매여 꼼짝 못하다 ☞ ~에 얽매여서 꼼짝 못 하다

좋지 않은 일이 항상 붙어 다니다 ☞ 어떤 문제나 부상 등 좋지 않은 일이 내내 따라다니면서 괴롭히다

함께 붙어 있는 ☞ 매우 가까이 있는

붙임성 ☞ 보통 사람들에게 호감을 주는 기질

붙잡히지 않고 자유롭게 다니고 있는 ☞ 붙잡히지 않고 자유롭게 다니고 있는

협상/회의 등이 비공식적으로 벌어지는 ☞ 물밑에서 벌어지는

비난/비판을 감수하다 ☞ 잘못한 일에 대하여 당당하게 심판을 받다

사람들에게 우습게 보일 정도로 비난을 받다 ☞ 많은 사람이나 특히 대중 매체로부터 조롱을 받다

비난을 불러일으키다/초래하다 ☞ 표적이 되다

~에게 ~에 대한 비난의 화살을 돌리다 ☞ (사실이 아닐 수도 있지만) 좋지 않은 결과를 ~의 탓으로 돌리다

~를 비난하다 ☞ ~에게 손가락질하다

자신도 잘못한 점이 있음에도 불구하고 남을 먼저 비난하다 ☞ 먼저 돌을 던지다

남의 의견이나 제안을 공공연하게 비난하면서 우스갯감으로 만들다 ☞ 찢어 발기다

비밀 문서나 기밀 사항을 알거나 볼 수 있도록 허락을 얻는 ☞ 비밀스러운 일/사항 등에 대하여 접근이 허락된

불법이기 때문에 비밀리에 이루어지는 ☞ 불법이기 때문에 은밀하게 이루어지는

남들이 알지 못하도록 비밀리에 일을 처리하다 ☞ 은밀하게 일을 진행하다

옳지 않은 일이 비밀리에 진행되는 ☞ 손안에 감추어진

이건 비밀인데 ☞ 우리 둘만의 이야기인데

불법 복제 등을 방지 하기 위해서 지폐, 필름, 컴퓨터프로그램, 컴퓨터 디스크 등에 표시해둔 비밀표시 ☞ 육안으로는 볼 수 없는 무늬/도안/표시

뇌물 등을 남들이 모르게 비밀리에 건네는 ☞ 물밑에서 벌어지는

협상/회의 등이 비밀리에 벌어지는 ☞ 물밑에서 벌어지는

남들이 자신을 비방하고 있다고 생각하는 ☞ 당사자는 능력/실력이 있거나 어떤 일을 잘하고 있다고 생각하지만 남들로부터 그렇지 못하다고 자주/종종 비난을 받는

비상계획 ☞ 장래에 발생할 지 모르는 우발적인 사태(비상사태)에 대비하기 위한 계획

너무 비상식적인 행동을 하다 ☞ 관습이나 규범 상식 등을 일탈하는 행동을 하다

수행 비서 ☞ 항상 옆에 붙어 다니면서 대기하고 있다가 온갖 시중을 드는 사람

~과 비슷한 면을 지니고 있는 ☞ ~과 유사한

너무 비싸 구입할 수 없거나 비용이 너무 많이 들어 감당할 수 없는 ☞ 구입이 불가능한

물건에 붙어있는 가격표를 보고 너무 비싸서 놀라는 것 ☞ 물건에 붙어있는 가격표를 보고 너무 비싸서 놀라는 것

본인이 직접 부담하는 비용 ☞ 본인 주머니에서 직접 지불하는 비용

어떤 일을 하는 데 필요한 비용을 부담한 사람이 결정권을 가지고 있다 ☞ 돈을 댄 사람 마음이다

~을 비중 있게 다루다 ☞ 특히 ~라는 중요한 것/부분을 포함하고 있다

불쾌한, 당혹스러운 일 등을 마지 못해서 할 수밖에 없는 비참한 상황/신세/지경으로 전락하다 ☞ 전락하다

~와 같은 비참한 신세/처지가 되다 ☞ 주로 좋지 않은 처지에 있는 ~한 사람들의 대열에 합류하다

일단 들어서면 중간에 멈출 수도 없고 실패할 수밖에 없는 매우 위태로운 비탈길 ☞ 일단 들어서면 중간에 멈출 수도 없고 실패할 수밖에 없는 매우 위태로운 비탈길/코스

남들의 업적 등을 비하하다 ☞ 하찮게 여기다

너무 비현실적인 ☞ 비약이 너무 심한

비현실적인 것 ☞ 그림의 떡

비현실적인 생각 ☞ 허황된 생각

빈대 잡으려고 집에 불놓는다 ☞ 남에게 짓궂게 굴거나 못된 짓을 하려다가 오히려 자신에게도 해를 끼치다

할 일이 없어 빈둥거리는 ☞ 어찌해야 할 바를 몰라 당황하는

빈번히 발생하는 ☞ 자주 발생하는

다른 사람들이 하던 일을 그 들이 더 이상 수행할 수 없기 때문에 빈자리를 메우다 ☞ 대신해서 떠맡다

언제나 빈틈이 없는 ☞ 능력이나 판단력 등이 언제나 틀림없는

경비/수비나 논리 등이 빈틈 없는 ☞ 물샐틈없는

돈/자금을 빌려 시급히 필요한 곳을 메우다 ☞ 빚으로 빚을 갚다

빛을 잃은 ☞ 활기가 없는

빛 좋은 개살구 ☞ 포장만 그럴싸하고 내용물은 형편이 없는 것(상품, 계획, 제안 등)

매우 빠르게 ☞ 바람처럼

매우 빠르게 ~을 하다 ☞ ~을 하는 데 주저하지 않는다

매우 빠르게 퍼져나가면서/확산되면서 ☞ 한 사람이 가지고 있던 바이러스가 다른 많은 사람에게 전염되듯이

매우 빠르고 거칠게 움직이다 ☞ 요란스럽게 (맹렬히) 돌진하다

빠른 속도로 줄어들다 ☞ 급락하다

빠른 시간 안에도 일어날 가능성이 있다 ☞ 어떤 일이 언제 일어날지 모른다

미꾸라지처럼 요리조리 빠져나가다 ☞ 손가락 사이로 빠져나가다

법의 빠져나갈 구멍 ☞ 법의 허점

의도하지 않은 혹은 통제할 수 없는 상황으로 빠져들다 ☞ 표류하다

깊숙이 빠져 있는 ☞ 어떤 활동이나 상황에 깊이 관여하고 있는

어떤 일을 성취하였거나 혹은 어떤 일이 뜻대로 되었을 때 느끼는 만족감/즐거움/행복감 등에 빠져 있다 ☞ ~라는 만족감에 도취되어 있다

곤경/어려움에 빠지다 ☞ ~이라는 수렁/늪에 빠지다

빠진/없는 것이 눈에 확 뜨이는 ☞ 어떤 사람이 어떤 장소(자리)에 나타나지(등장/참여하지) 않은 것으로 보아 ~이 확실하다

~에서부터 ~에 이르기까지 하나도 빠짐이 없는 모든 것 ☞ ~에서부터 ~에 이르기까지 모든 것 (많은 것들을 포함하고 있다는 것을 강조하는 표현이다)

빨리 자라다 ☞ 빨리 자라다

~에서 어떤 점을 빼고 나면 남는 게 없다 ☞ ~라는 특성/특징을 매우 많이 지니고 있다

하나도 빼놓지 않고 전부 (공개하다/드러내다/보여주다/알려주다) ☞ 모든 결점을 포함하여 있는 그대로

~을 뺀 나머지 모두 ☞ 특정한 것/부분/사람만 제외하고 전부

불 보듯 뻔한 결과/결론 ☞ 이미 예견된 결과

뼈빠지게 일하다 ☞ 매우 힘들고 어려우며 별로 즐겁지 않지만 열심히 일을 하다

실력/가진 것 등을 남들에게 뽐내다 ☞ 과시하다

뿌린 대로 거두다 ☞ 자업자득이다

뿌린 씨는 스스로 거둬야 한다 ☞ 자신이 한 일은 끝까지 책임을 져야 한다

~뿐만 아니라 그 밖의 모든 것/사람도 포함된다는(해당된다는) 것을 강조할 때 ☞ ~뿐만 아니라 그 밖의 모든 것/사람도 포함된다는 (해당된다는) 것을 강조할 때

조금만 삐끗하면 매우 위험한/위태로운 상태에 처할 수 있기 때문에 조심해야 하는 ☞ 살얼음을 밟고 있는

사

사경(死境)을 헤매다 ☞ 생사의 갈림길에서 헤매고 있다

사고의 영역을 넓히다 ☞ 일/계획에 대하여 시간/돈/노력 등을 더 투자하여 크게 생각하다

그다지 달갑지 않은 사과 혹은 사과의 말 ☞ 상황이 매우 나빠서 그 정도로는 위안거리가 못 된다

(주로 명사들과) 사귀다 ☞ (주로 명사들과) 교제하다

가지고 가는 도중 또는 보내는 도중에 사라지다 ☞ 길을 잃다

어떤 행사나 모임 등에 참여하다가 간다는 말도 없이 사라지다 ☞ 간다는 말/인사도 없이 훌쩍 떠나다

점점 사라지다 ☞ 점점 작아지다

처음에는 활동이 매우 활발하다가 시간이 지남에 따라서 점점 약해져서는 마침내 사라지다 ☞ 소멸하다

사람들의 말에 의하면 ☞ 사람들의 말을 빌리자면

남녀 간 혹은 단체 간에서 서로의 사랑이나 환심을 사기 위하여 벌이는 노력/활동 ☞ 구애(求愛)활동

맹목적으로 사랑하다 ☞ 맹목적으로 사랑하다

사무적인 ☞ 기쁨, 놀라움, 슬픔 등과 같은 감정을 전혀 밖으로 드러내지 않는

사문(死文)화된 것 ☞ 여전히 존재하긴 하지만 더 이상 아무런 영향력이 없는 것(법, 협정 등)

사방 ☞ 각지 (서로 멀리 떨어진 여러 지역들)

사방으로 흩어지다 ☞ 한 장소에서 서로 다른 방향으로 흩어지다

사복(私腹)을 채우다 ☞ ~을 주머니에 챙겨 넣다

사생아 ☞ 결혼한 적이 없는 사람들 사이에서 낳은 아이

(자신의 결점보다 훨씬 작은) 남이 가지고 있는 사소한 결점 ☞ 남이 가지고 있는 사소한 결점

사소한 문제처럼 보이지만 계획된 일을 진행하는 데 커다란 장애가 되는 것 ☞ 사소한 문제처럼 보이지만 계획된 일을 진행하는 데 커다란 장애가 되는 것

사소한 일을 아주 큰 일처럼 떠벌리다 ☞ 허풍떨다

사시나무 떨듯 한다 ☞ 매우 심하게 부르르 떨다

사시사철 ☞ 일 년 내내

계획하거나 의도하지 않았지만 사실상 존재하는 ☞ 계획하거나 의도하지 않았지만 실질적으로 존재하는

비난/이야기 등이 사실에 입각한 ☞ 근거가 충분한

~은 분명한 사실이다 ☞ ~은 누가 말하지 않아도 사람이 너무나 잘 알고 있다

사실이라고 믿기 힘들 정도로 너무 좋다 ☞ 너무나 좋아서 사실이라고 믿을 수 없다

사람들이 그렇다고는 하지만 사실인지 아닌지 불확실한 ☞ 사람들이 그렇다고는 하지만 사실인지 아닌지 불확실한

특정한 사람/단체를 대상/상대로 사업을 하다 ☞ 특정한 사람/단체 등에게 원하는 물건이나 서비스를 제공하다

사이가 매우 가까운/좋은 ☞ 특정 집단의 구성원들이 매우 긴밀하게 맺어져 있는

사전(事前)에 ☞ 미리

위험한 요소가 있는지 사전에 조심해서 잘 살펴보아 나중에 후회하는 일이 없도록 하라 ☞ 나중에 후회하는 일이 없도록 하라

경쟁이나 싸움 등에서 남의 사정을 전혀 봐주지 않는 ☞ 인정사정 없는

육체적인 (동물적인) 만족감을 채워줄 수 있는 의식주에 관련된 사치스런 물품 ☞ 육체적인 (동물적인) 만족감을 채워줄 수 있는 의식주에 관련된 고급/사치스런 물품

사후약방문(死後藥房文) ☞ 미리 예방하기 위하여 충분한 조치를 취하지 않았으며, 상황이 매우 나빠진 다음 조치를 취해 봐야 이미 늦은 경우

산개(散開)하다 ☞ 한 장소에서 서로 다른 방향으로 흩어지다

산전수전을 다 경험한/겪은 ☞ 경험이 풍부하다
지역/장소 등이 살기 좋은 ☞ 사람들이 선호하는
살다 보면 어느 정도 나쁜 일을 겪게 마련이다 ☞ 언제나 좋을 수만은 없다
살아생전 머지않은 장래에 ☞ 살아생전 머지않은 장래에
실제 생명이 없음에도 살아 있는 듯한 느낌을 주는 (존재) ☞ 살과 피
내가 살아 있는 한은 절대로 안 된다 ☞ 그건 절대로 안 된다
~을 구하기/찾기 위하여 사방을 주의 깊게 살펴보다 ☞ 사방을 주의 깊게 살펴보다
삶의 이유 ☞ 존재의 이유
전혀 상관하지 않는다 ☞ ~에 아무런 관심이 없다
감정/사상/요구조건/이해관계가 서로 상반되는 ☞ 배치(背馳)되는
상승세가 멈추다 ☞ 상승세나 하향세가 멈추다
상식을 벗어나지 않는 범위 내에서 ☞ 합당한 선 안에서
상식을 벗어난 ☞ 몹시 터무니없는
혜택을 받은 만큼 이에 상응하는 대가를 지불하는 방식 ☞ 발생하는 비용을 사전 또는 사후에 지불하는 것이 아니고 그때그때 지불하는 방식/제도
상전벽해 ☞ 모습/태도/행동/의견의 완벽한 변화
권위/명성/희망 등이 상처를 크게 입은 ☞ 옷이나 책 등이 너덜너덜해진
비록 몸과 마음은 상처투성이가 되었지만 굴복하지 않는 ☞ 굴복하지 않는
감정/사상/요구조건/이해관계가 서로 상충(相衝)하는 ☞ 배치(背馳)되는
음식물 등이 상한 ☞ 물이나 음식물 등이 더럽혀진
어떠한 일이 발생하는 상황 속에서 ☞ 어떠한 일이 발생하는 상황 속에서
상황이 완전히 달라지다 ☞ 상황이 완전히 달라지다
현 상황이 어떻게 돌아가고 있는지 파악하기 위해서 노력을 기울이다 ☞ 귀를 땅에 대고 있다
~을 찾기 위하여 특정 지역을 샅샅이 뒤지며 돌아다니다 ☞ 뒤지다
참빗으로 빗질하듯이 샅샅이 조사하거나 검사하다 ☞ 참빗으로 빗질하듯이 샅샅이/철저하게 조사하거나 검사하다
새로 (새롭게/새로이) ☞ 다시
이제부터 새로 시작이다 ☞ 상황이 완전히 달라지다
새로운 사람/인재 ☞ 젊은 피
새로운 시대에 적합한 새로운 인물/제도 (새 술은 새 부대에) ☞ 구시대적 관습에 젖어있는 사회/조직/체제에서는 받아들이기 힘든 혁신적인 사람/사상/주의
새 삶/생명을 얻다 ☞ 큰 병, 고통, 어려움 등으로 인한 고비를 잘 넘기고 활력을 되찾다
인간만사 새옹지마(塞翁之馬) ☞ 돌고 도는 게 인생이다
어렵고 힘든 시절을 잘 견뎌내고 새출발하다 ☞ 몸에 묻은 먼지를 훌훌 털어버리다
~으로 새 인생을 살다 (새출발하다) ☞ ~으로 새로운 삶을 시작하다
~을 생각나게 한다 ☞ 어떠한 측면을 가지고 있다
자기 생각대로 ☞ 자신만의 방식으로
생각만 할 뿐 전혀 실행에 옮기지 않는다 ☞ 생각/말만 할 뿐 전혀 실행에 옮기지 않는다
무엇을 원하지만 할 수 없거나 가질 수 없어 안타까운/슬픈 생각에 잠긴 듯한 ☞ 원하는 것을 가질 수 없어서 혹은 할 수 없어서 슬픈 심정이 드는
~할 생각은 추호도(털끝만큼도) 없습니다만 ☞ ~할 의도/생각은 추호도 (털끝만큼도) 없습니다만
어떤 말/단어 등이 생각이 날 듯 말 듯한 ☞ 혀 끝에서 맴도는
예술작품 등이 생각이 많이 필요한 ☞ 많은 지적인 사고력을 요구하는
모든 일이 다 처음 생각처럼 잘 진행되는 것은 아니다 ☞ 어떤 일을 하기로 결정할 당시에는 잘될 것처럼 보였지만 막상 하다 보면 일이 잘못될 수도 있다
사람들로 하여금 깊게 많은 것을 생각하게 만드는 ☞ 시사하는 바가 많은
생각하기에 따라 달라질 수 있는 일 ☞ 마음먹기에 달린 문제/일
넓게 생각하다 ☞ 일/계획에 대하여 시간/돈/노력 등을 더 투자하여 크게 생각하다
~으로 생계를 근근이 유지하다 ☞ ~으로 근근이 살아가다
얼굴 생김새 ☞ 외모
생동감 ☞ 살과 피
생명을 지니고 있는 듯한 ☞ 살아 있는 듯한
생생한 느낌을 주는 (존재) ☞ 살과 피
전쟁/질병/사고 등이 생명을 빼앗다 ☞ 목숨을 앗아가다
생사가 걸린/달린 문제 ☞ 사느냐 죽느냐 하는 일/문제
짧은 시간에 대량/많이 생산하다 ☞ 짧은 시간에 많이 만들다
지속적으로 많이 생산해 공급하다 ☞ 지속적으로 많이 만들다
부득이한 (피할 수 없는) 일을 하면서도 스스로 선택해서 혹은 자발적으로 한 것처럼 생색을 내다 ☞ 하지 않으면 안 될 일을 하면서도 스스로 선택해서 혹은 자발적으로 한 것처럼 행세하다/유세부리다
생중계하다 ☞ 생방송으로 내보내다
생체 리듬 ☞ 생체 시계
생활 수준 ☞ 삶의 수준
오랫동안 겪어온 어려운 상황 끝에 멀리서 보이는 한 줄기 서광(曙光) ☞ 터널 끝에서 반짝이는 불빛
서둘러 달리다 ☞ 급하게/서둘러/황급히 달리다
서둘러서 ~할 마음이 별로 없다 ☞ 당장 ~을 할 마음이 내키지 않는다
서로 도우며 사이좋게 지내다 ☞ 상부상조하다
같은 감정을 가지고 서로 바라보다/쳐다보다 ☞ 감정/낯빛/표정 등을 교환하다
서류업무/작업 ☞ 문서업무
서민적인 기질 ☞ 보통 사람들에게 호감을 주는 기질
서서히 어떤 일을 시작하다 ☞ 전망이 매우 불투명하기 때문에 매우 조심스럽게 그리고 천천히 어떤 일을 시작하다
안절부절못하고 서성거리다 ☞ 불안하고 초조하여 왔다갔다하다
동물/식물의 서식지 ☞ 특정한 성향(믿음)을 지닌 사람이나 특정한 동물들의 본거지
선견지명이 있는 ☞ 앞을 멀리 내다보는
선동적인 ☞ 불을 지르는
좋지 않은 감정/상황을 선동하다 ☞ 부채질하다; 야기(惹起)시키다
경기 처음부터 끝까지 선두를 유지한 ☞ 경기 처음부터 끝까지 선두를

이미 다 끝난 후 아무 **소용 없는 짓을 하다** ☞ 죽은 자식 불알 만지고 있다

변화시키려는 노력 혹은 영향력을 행사해 봐야 아무 **소용이 없는 것/사람** ☞ 성공할 가능성이 전혀 없는 것/사람

아무런 **소용이 없다** ☞ 아무런 의미가 없다

도대체 그렇게 하는 것이 무슨 **소용이 있는가?** ☞ 무슨 의미가 있다는 말인가?

소원(疏遠)하게 지내는 ☞ (심하게 다투거나 하여) 누구와 대화를 단절한 채 지내고 있는

매매가 이루어져 **소유주가 변경되다** ☞ 임자가 바뀌다

소 잃고 외양간 고치기 ☞ 미리 예방하기 위하여 충분한 조치를 취하지 않았으며, 상황이 매우 나빠진 다음 조치를 취해 봐야 이미 늦은 경우

소재(所在) ☞ 행방

보물처럼 **소중히 생각하고/여기고 있다** ☞ 보물처럼 소중히 간직하고 있다

~을 **소중히 여기다** ☞ ~에 가치를 부여하다

주어진 중요한 임무를 **소홀히 수행하는** ☞ 주어진 중요한 임무를 소홀히 수행하는

소환하여 질책하다 ☞ 불러다 꾸짖다

속고 속이는 (상대방을 따돌리기 위해서 혹은 추격하기 위해서 혼란스럽게 만들거나 속이는) ☞ 쫓고 쫓기는

속단하다 ☞ 성급한 결론을 내리다

속마음을 그대로 드러내다 ☞ 감정을 숨기지 않고 그대로 드러내다

~에 완전하게 **속박되어 있다** ☞ ~의 노예가 되다

속이 부글부글/펄펄 끓고 있다 ☞ 드러내놓고 표현을 하지는 않지만 화가 매우 나 있다

속인(俗人) ☞ 생전 처음 접해 보는 사람

~이 없다면 **속 없는 찐빵이다** ☞ ~라는 특성/특징을 매우 많이 지니고 있다

속죄양 ☞ 희생양

도움이나 협조 등을 구하기 위하여 ~에게 **손길을 뻗다** ☞ ~와 접촉을 시도하다

교묘한 **손놀림으로 사람의 눈을 속이는 것** ☞ 교묘한 손놀림으로 사람의 눈을 속이는 것

손님이 들끓는 장사 ☞ 손님이 들끓는 장사

~을 **손바닥 보듯 훤하게 알고 있다** ☞ 어떤 사람이 특정한 분야에 대해서 경험이 많아 훤하게 꿰뚫고 있다

명예/명성이 **손상을 입다** ☞ 타격을 입다

권위/명성/희망 등이 **손상을 크게 입은** ☞ 옷이나 책 등이 너덜너덜해진

엄청난 **손실** ☞ 엄청난 타격

~에 **손을 대다** ☞ 어떤 사건/활동 등에 관련되어 있다

여기저기 **손을 대다** ☞ 손가락을 안 갖다 대는 데가 없다

~에게 **손을 빌려주다** ☞ ~를 도와주다

~에 **손을 쓰다** ☞ 어떤 사건/활동 등에 관련되어 있다

사업/일 등에서 **손을 접다/털다** ☞ 사업/일 등을 접다

큰 **손해를 보다** ☞ 많은 손실을 입다

손해 볼 것이 없다 ☞ (비록 실패하더라도) 잃을 것이 없다

매우 **솔직하다** ☞ 감정을 숨기지 않고 그대로 드러내다

기막힌 **솜씨** ☞ 천재적인 수완/솜씨/아이디어

매우 훌륭한 **솜씨** ☞ 매우 훌륭한 기술

대단히 **송구스럽습니다만** (대단히 상대방이 듣기 싫어하는 말을 하면서도 감정 상하지 않도록 배려할 때 사용함) ☞ 대단히 죄송한 말씀이지만

쇄도하다 ☞ 짧은 시간에 ~이 지나칠 정도로 많이 밀려오다

감옥/교도소에 **수감되어 있는** ☞ 철창에 갇혀 있는

체포/구속되어 재판을 받기 전까지 **수감되어 있는** ☞ 구류 중에 있는

기가 죽어 **수그러지다** ☞ 어떤 행동을 하다가 몸을 움츠리다

많은 사람들이 퍼붓는 비난이나 공격 때문에 **수난을 당하다** ☞ 많은 사람들로부터 봉변을 당하다

자연스럽게(당연히) ~이 **수반한다** ☞ 따르게 마련이다

수발들다 ☞ 온갖 시중을 들어주다

수사망을 점점 좁혀가다 ☞ 포위망을 서서히 좁혀가다

어딘가 **수상쩍은 데가 있다** ☞ 어딘가 비린 구석이 있다

기막힌 **수완** ☞ 천재적인 수완/솜씨/아이디어

잘 **수용하는** ☞ 새로운 생각이나 제안 등을 잘 받아들이는

직업이나 경제적인 활동 등이 **수익을 많이 내는** ☞ 이익을 많이 내는

어떤 조직의 **수장이 되다** ☞ ~의 고삐를 쥐다

예술작품 등이 **수준이 너무 낮은** ☞ 지적인 사고력을 전혀 요구하지 않는

예술작품 등이 **수준이 너무 높은** ☞ 많은 지적인 사고력을 요구하는

확실하게 **수중에 들어 온 것** ☞ 손안에 있는 새

수지 맞는 ☞ 직업이나 경제적인 활동 등이 이익을 많이 내는

수치 ☞ 눈 주위가 시퍼렇게 멍든 상태

수치스러운 ☞ 경험/활동 등이 당혹스러운

수호천사 ☞ 보호천사

숙원(宿怨)을 갚다/풀다 ☞ 과거에 쌓인 원한을 갚다

순간적으로 어떤 일이 발생했다 ☞ ~한 후 갑자기 어떠한 일이 발생하였다

순수한 의미의(의미를 지닌) ☞ 진정한 의미의

시합에서 **순위가 바뀌다** ☞ 임자가 바뀌다

일 처리 등이 **순조로운** ☞ 비단결 같은

순조롭게 ☞ 어떤 일이 거침없이 진행 될 때; 호조를 띠며/보이며

순조롭게 나가다/순항하다 ☞ 유유자적하다

모든 일들이 **순조롭게 진행되고 있다** ☞ 장밋빛 앞날이 펼쳐져 있다

어리석은 행동이나 잘못 때문에 시련을 겪거나 징벌을 받아 **순화된** ☞ 누그러진

술이 깨다 ☞ 정신을 차리다

상대방을 현혹시키려는 **술책** ☞ 연막

숨겨진/숨은 보석/인재 ☞ 숨겨진 혹은 다듬어지지 않은 보석

겉으로 보기엔 매우 좋아 보이지만, 계획이나 제안 등에 **숨겨진 어려움** ☞ 감추어진(숨겨진) 어려움

~을 **숨기려 들지 않는다** ☞ ~을 감추려 들지 않는다

감정을 **숨기지 않고 그대로 드러내는** ☞ 감정을 숨기지 않고 그대로 드러내는

숨기지 않는 ☞ 행동 등이 노골적인

매우 신속하게 ☞ 매우 빠르게 ; 집에 불이 난 것처럼

계획하거나 의도하지 않았지만 실질적으로 존재하는 ☞ 계획하거나 의도하지 않았지만 실질적으로 존재하는

신출귀몰하는 사람 ☞ 도깨비 같은 사람

신출내기 ☞ 경험이 없는

얼마가 지난 후에야 실감나다 ☞ 어떤 사실/말 등이 무엇을 뜻하는지 얼마 후에 깨닫다

실물보다 큰/확대된 ☞ 실제보다 과장된

실수나 잘못될 여지가 전혀 없는 ☞ 틀림없는

실수하다 ☞ 한쪽 발을 잘못 디디다

절대로 실수하지 않는 ☞ 능력이나 판단력 등이 언제나 틀림없는

실언 ☞ 말실수

실전(전쟁, 경기)을 통해 실력이 검증된 ☞ 실전(전쟁, 경기)을 통해 실력이 검증된

실제보다 과장된 ☞ 실제보다 과장된

실제 크기를 한 ☞ 실물 크기의

실족하다 ☞ 한쪽 발을 잘못 디디다

이름만 걸지 않았을 뿐 실질적으로 존재하는 ☞ 사실상의

실질적인 ☞ 기쁨, 놀라움, 슬픔 등과 같은 감정을 전혀 밖으로 드러내지 않는

약속이나 위협 등을 실천에 옮기다 ☞ 이행하다

말로만 하지 않고 실천에 옮기다 ☞ 말을 행동으로 보여주다

끝까지 실천하다 ☞ 모든 것들이 다 만족스럽게 이루어졌다고 생각될 때까지 지속적으로 어떤 계획이나 약속한 일 등을 진행하다

뜻/의도는 좋지만 도대체 실천하지 않는 ☞ 말뿐인

계획 등이 실패로 돌아간 ☞ 옷이나 책 등이 너덜너덜해진

실패의 이유/원인 ☞ 실패의 이유

실패하다 ☞ (싸움터에서) 풀썩 하고 먼지를 날리며 얼굴을 땅에 대고 쓰러지다

변화시키려는 노력 혹은 영향력을 행사해 봐야 실패할 게 뻔한 목표/사람 ☞ 성공할 가능성이 전혀 없는 것/사람

실패할 경우에는 쫄딱 망할 수밖에 없는 ☞ 완벽하게 성공할 수도 있고 철저하게 실패할 수도 있는

뜻/의도는 좋지만 도대체 실행에 옮겨지지 않는 ☞ 말뿐인

말하기는 쉬우나 실행에 옮기는 것은 어렵다 ☞ 말하기는 쉬우나 실행에 옮기는 것은 어렵다

계획을 세우고 실행에 옮기다 ☞ 계획을 세우고 실행에 옮기다

약속이나 위협 등을 실행에 옮기다 ☞ 이행하다

좋은 것/계획/의견처럼 들리지만 실현 가능성이 없는 것 ☞ 그림의 떡

너무 싫어서 멀리 달아나다 ☞ 너무 싫어서 멀리 달아나다

싫어하는 장소나 상황으로부터 떠나가다 ☞ 떠남으로써 싫다는 감정을 표현하다

특히 도덕적인 이유 등으로 인해서 몹시 싫어하다 ☞ 특히 도덕적인 이유 등으로 인해서 혐오하다

하기 싫은 일을 울며 겨자 먹기로 할 수 없이 해야 하는 ☞ 책임을 본의 아니게 떠맡고 있는

너무 자주 이용/사용되어 싫증나는 ☞ 방법/개념/생각 등이 진부한

"이전에도 경험했는데 또 다시 같은 일이 반복되는구나" 하고 느끼는 싫증나는/진부한 기분 ☞ 현재 일어나고 있는 일이지만 과거에도 이미 경험했다는 느낌/기분

~에 싫증난 ☞ ~에 지친

심각하지 않은 ☞ 마음 편하게 즐길 수 있는

보기와는 다르게 매우 심각한 문제다 ☞ 웃을 일이 아니다

~에게 심경/심정을 털어놓다 ☞ ~에게 가슴을 열다

심금을 울리다 ☞ 마음을 움직이다

~의 심기를 불편하게 만들다 ☞ 귀, 신경 등에 거슬리다

~를 장시간 엄하게 심문하다 ☞ ~에게 장시간 엄하게 많은 질문을 퍼붓다

한동안 마음속에 지니고 있던 괴로운 심정을 털어놓다 ☞ 말하고 싶었지만 꾹 참고 한동안 마음속에 지니고 있던 괴로운 심정을 털어놓다

(~을 하느니 차라리) 당장이라도 ~을 하고 싶은 심정이다 ☞ (~을 하느니 차라리) 당장이라도 ~을 하고 싶은 심정이다

심중을 헤아리다 ☞ 마음을 읽다

심화시키다 ☞ 어떤 좋지 않은 감정/상태를 북돋우다

십분 이용하다 ☞ 최대한 활용하다

사람/국가간의 관계 등이 싸늘한 ☞ 냉랭한

~을 놓고 싸우고 있는 ☞ ~을 놓고 다투고 있는

대항하여 싸우다 ☞ 도전(장)을 받아들이다

서로 싸우다 ☞ 서로 맞붙다

끝장을 볼 때까지 계속되는 싸움 ☞ 끝장을 볼 때까지 계속되는 싸움

매우 힘든 싸움 ☞ 엄청나게 힘든 일

싸잡아서 매도(罵倒)를 당하다 ☞ 남과 같은 죄를 뒤집어 쓰다

싼 값에 ☞ 값싸게 (부정적인, 비난하는 의미가 담겨 있음)

쌍둥이 같은 ☞ 성격/취향/행동 등이 너무나 똑같이 닮은

모든 힘을 다 쏟아붓다 ☞ 전력을 다하다

마구 쏟아지는 상태 ☞ 한꺼번에 많은 양이 쏟아져 들어오는 상태

본인이 한 일에 대하여 쑥스러워하는 ☞ 본인이 한 일에 대하여 창피함을 느끼는

쑥쑥 자라다 ☞ 빨리 자라다

쓰라린 경험을 통해 ~을 배우다 ☞ 많은 고생/시행착오/어려움 등을 겪고 난 후에 ~을 배우거나 깨닫게 되다

쓴 소리를 해대다 ☞ 입바른 말을 하다

쓸모가 없다 ☞ 통하지 않는다

덩치만 크고 쓸모가 별로 없으면서 값이 비싸거나 귀하기 때문에 버리기도 곤란하며 유지비용이 많이 드는 것 ☞ 처치가 곤란한 물건

자연의 힘(수력, 풍력, 태양열, 조력 등)이나 제대로 이용되지 않고 있는 여러 형태의 힘(power), 잠재력(potential) 등을 쓸모 있게 이용하다/사용하다 ☞ 유용하게 이용하다/사용하다

씀씀이가 헤픈 (사람) ☞ 돈을 너무 많이 쓰는 (사람)

화나서 씨근거리다 ☞ 열받다

씩씩거리다 ☞ 콧구멍을 벌름거리다 (화가 매우 나 있거나 기분이 나쁘다는 의미로 종종 사용된다)

기억/사건/인상/감동/상처/흔적 등이 씻을 수 없는 ☞ 지워지지 않는

아

독서를 많이 해 **아는 것이 많은** ☞ 책을 많이 읽어 박식한
전혀 **아는 것이 없는** ☞ 아무것도 모르는 상태에 있는
그러나 ~은 **아니다** ☞ 그렇다고 ~하다는 것은 아니다
혹시/설사 그게 **아니라고 하더라도 적어도 ~만은 분명하다(분명한 사실이다)** ☞ 혹시/설사 그게 아니라고 하더라도 적어도 ~만은 분명하다(분명한 사실이다)
~이 **아니라면 불가능하다** ☞ ~ 때문에 가능하다
만일 ~이 **아니었다면** ☞ 만일 ~이 없었다면
만일 그게 **아니었다면 ~이었을** ☞ 만일 그렇지 않았다면 ~이었을
아득히 먼 곳에서 ☞ 저 멀리서
아래로는 ~에 이르기까지 ☞ ~와 같은 세세한 부분까지 다 포함하여
상황이 어렵거나 좋지 않음에도 불구하고 **아무렇지도 않은 척하다** ☞ 짐짓 괜찮은(만족스러운) 척하다
매우 **아슬아슬한** ☞ 경계선상에 있는
아슬아슬한 상태에 있는 ☞ 곧 어떠한 일이 일어 나기 직전의 상태에 있는
책/예술작품/행위 등이 ~로부터 **아이디어를 얻다** ☞ 영감을 받다
첫 **아이를 낳다** ☞ 첫 아이를 갖다/낳다
악성의 ☞ 매우 큰 해를 끼치는
결과로서 나타나는 **악영향** ☞ ~때문에 발생하는 좋지 않은 결과
악영향을 미치다 ☞ 해를 끼치다
~을 **악용하다** ☞ ~을 이용하여 이익을 챙기다
악의에 찬 익명의 편지/글 ☞ 분란을 일으키거나 어떤 사람을 비방/중상하기 위해서 익명으로 보내는 편지
다른 사람과의 관계를 **악화시켜 다시 돌이킬/회복될 수 없을 지경으로 만들다** ☞ 배수진(背水陣)을 치다
좋지 않은 감정/상황을 더 **악화시키다** ☞ 부채질하다
사태를 더 **악화시키다** ☞ 불난 곳에 기름을 끼얹다; 불난 곳에 부채질하다
안달복달 ☞ 호들갑
너무나 ~을 하고 싶어서 **안달하는** ☞ 몸이 근질거리는
안전을 기하기 위하여 ☞ 혹시 일어날 좋지 않은 일을 대비하기 위하여
절대로 **안전한** ☞ 틀림없는
손해볼 염려가 거의 없는 **안전한 투자 대상/상품/처** ☞ 안식처
안절부절못하고 서성거리다 ☞ 불안하고 초조하여 왔다갔다하다
등락을 멈추고 **안정기에 접어들다** (안정세를 보이다) ☞ 상승세나 하향세가 멈추다
아아 참으로 **안타깝게도** ☞ 아아 참으로 유감스럽게도
~은 더욱 **안타깝다** ☞ ~은 더욱 유감스럽다
어떤 특정한 값/나이/시기 등의 **안팎** ☞ 어떤 특정한 값/나이/시기 혹은 그 근처
나쁜 일이나 불법적인 일을 **알고도 모르는 척하다** ☞ 눈감아 주다
누구나 다음에 무슨 일이 일어났는지 이미 잘 **알고 있다** ☞ 그 이후는 (다음은) 새삼스럽게 다시 말할 필요가 없다
소문이나 세간에는 ~이라고 **알려진** ☞ ~라고 추정되고 있는
남들은 하지 않지만 큰 목소리로 사람들에게 **알리다** ☞ 큰 목소리를 내다
겉모습만 번지르르하고 **알맹이는 형편없는 것** ☞ 포장만 그럴싸하고 내용물은 형편이 없는 것(상품, 계획, 제안 등)
알몸으로 ☞ 실오라기 하나 걸치지 않고
알몸으로 수영하다 ☞ 완전히 발가벗고 수영하다
~은 전혀 **알 바 아니다** ☞ ~에 아무런 관심이 없다
구직자나 서비스가 필요한 사람을 면담 후 직장이나 적절한 기관/단체에 **알선해 주기** ☞ 소개하기
누구도 정확하게 **알 수 없다** ☞ 누구도 잘 모른다
일이 그렇게 될 줄 어찌 **알 수 있었겠는가?** ☞ 모르는 게 너무나 당연하다
남들이 잘 **알아보지 못하는 (상태)** ☞ 남들 눈에 잘 띄지 않는 (상태)
알지 못하다 ☞ 이해하지 못하다
질병 등이 사람을 **앓아 눕게 만들다** ☞ 병에 걸리다
암시장 ☞ 불법 물품 등을 거래하는 시장
채무자가 빌린 돈을 갚을 수 없게 되어 채권자가 저당물을 **압류하다** ☞ 저당물을 압류하다
지나치게 **압박하는** ☞ 고압적인
더 세게 **압박하다** ☞ 남에게 특정한 일을 강제로 하도록 혹은 하지 말도록 압력의 수위를 높이다
앞날이 매우 밝다 ☞ 장밋빛 앞날이 펼쳐져 있다
앞뒤를 안 가리고 너무 성급하게 달려들다 ☞ 무모하게 달려들다
~과 관련된 **앞뒤 상황을 모두 고려하여** ☞ ~과 관련된 모든 배경/상황/환경들을 종합적으로 고려하여
앞뒤 순서가 뒤바뀐 ☞ 몹시 터무니없는
자기 집 **앞마당** ☞ 자기 집 뒷마당
한발 **앞서 나가다** ☞ 남들보다 한발 앞서다
~을 **앞서다** ☞ ~을 초과하다
시합/경주 등에서 상대방보다 한참 **앞서다** ☞ 부리나케 달아나다
~을 하려고 작정하고 있었는데 남이 한발 **앞서 먼저 ~을 하다** ☞ ~을 하려고 작정하고 있었는데 남이 한발 앞서 먼저 ~을 하다
(주로 부정한 방법으로) 남보다 **앞서 무슨 일을 하다** ☞ 총소리도 나기 전에 출발하다
다른 사람/것과 비교했을 때 **앞서 있는 점** ☞ 우위(에 있는 점)
남이 하려던 말을 **앞서 해버리다** ☞ 남이 하려던 말을 먼저/앞서 해버리다
앞에 나서기를 좋아하는 사람 ☞ 모든 일을 전부 자신이 조종하려고 하는 사람
앞에서 언급한 대로 함으로써 ☞ 그렇게 함으로써
앞으로 어떻게 될지 아직은 모른다 ☞ 앞으로 어떻게 될지는 (더) 두고 봐야 안다
앞으로는 ~라 부른다 ☞ 이후부터는 ~라 칭한다
앞으로 확실하지 않은 얼마의 기간 동안은 ☞ 앞으로 당분간은
근심/눈물/걱정/슬픔 등이 **앞을 가리다** ☞ 근심/눈물/걱정/슬픔 등이 눈을 덮다
앞을 내다보는 ☞ 생각이나 태도 등이 전향적인
앞을 내다볼 줄 아는 ☞ 선견지명이 있는
앞장서는 사람 ☞ 같은 목적이나 흥미를 지니고 있는 사람들이 모인 그

찾아보기

룹을 대표하는 사람
특별한 감정/분위기/상황 등을 야기시키다 ☞ 특별한 감정/분위기/상황 등을 불러일으키다
야단법석 ☞ 호들갑
심하게 야단치다 ☞ 귀따가운 소리를 잔뜩 하다
야음에, 야음을 틈타 ☞ (적막하고 깜깜한) 한밤중에
약속을 실천하는 ☞ 말처럼 행동하는
약을 정기적으로 복용하다 ☞ 약을 정기적으로 복용하다
약자(略字) ☞ 단어의 첫 글자들로 이루어진 이름
사회적으로 약자 계층에 속하는 사람들(여성, 소수민족, 장애자 등)의 심기를 불편하게 만들거나, 그 들을 화나게 하지 않으려고 매우 조심하는 ☞ 매우 조심하는
소수인종(racial minorities)이나 장애자, 여성 등과 같은 사회 약자들에게 기회/일자리를 주도록 하는 적극적인 정책/조처 ☞ 차별철폐 정책/조처
약칭 ☞ 줄여서 부르는 이름
점점/조금씩 약하게 만들다 ☞ 조금씩/서서히 허물어지게 만들다
제대로 만들어지지 않았거나 약하여 곧 부러지거나 무너질 것 같은 ☞ 삐걱거리는
사람이나 자원 등의 손실을 입어 단체/지역이 급격히 약화되다 ☞ 사람이나 자원 등의 손실을 입어 단체/지역이 급격히 약화되다
힘을 약화시키는 ☞ 지치게 만드는
약화시키다 ☞ (물로) 희석하다
한 마리 순한 양 같은 ☞ 본인이 한 일에 대하여 창피함을 느끼는
흥을 돋우기 위하여 양념을 치다 ☞ 흥을 돋우기 위하여 재미있는 요소를 첨가하다
말/글/일/사건 등이 양면성을 지니고 있는 ☞ 두 가지로 해석할 수 있는
한치도 양보하지 않다 ☞ 한치도 양보하지 않다
~ 에 양성 반응을 보이다 ☞ ~ 에 양성/음성 반응을 보이다
양해를 구하다 ☞ 상황이 유감스럽긴 하지만 어찌할 수 없는 처지에 있다고 변명하다
상태가 양호한 ☞ 어떤 것의 상태가 좋은
얕잡아 볼 수 없는 ☞ 코웃음 칠 수 없는
사람들의 활동을 어깨 너머로 감시하다 ☞ 사람들의 활동을 어깨 너머로 감시하다
약속/법/협정 등을 어기고 ☞ 위반하면서
어느 누구에게도 뒤지지 않는다 ☞ 둘째가라면 서럽다
그 어느 때보다 ~한 ☞ 그 어느 때보다 ~한
말/글/일/사건 등이 어느 쪽을 노리고 있는지 알기 힘든 ☞ 두 가지로 해석할 수 있는
어느 틈엔가 어떤 일이 벌어져 있었다 ☞ ~한 후 갑자기 어떠한 일이 발생하였다
어느 한 쪽/한 편 ☞ 둘 중의 하나
기억/전망이나 추억 등이 어두운 ☞ 흐릿한
날이 저물어 어두운 ☞ 문화/시대에 뒤진
몹시 어두운 ☞ 칠흑 같은
건물/사무실/장소 등이 어둠침침하고 더러운 ☞ 우중충한
전망/판단력 등을 어둡게 하다 ☞ 흐리게 하다
공이 어디로 튈지 아무도 모른다 ☞ 변화가 너무 심해 상황을 예측하기가 매우 힘들다
도대체 어디서 온 사람인가? ☞ 도대체 어느 행성에서 사는/온 사람인가?
어려운 고비를 잘 넘기다 ☞ 큰 병, 고통, 어려움 등으로 인한 고비를 잘 넘기고 활력을 되찾다
이해하기가, 견디기가 혹은 상대하기가 너무 어려운 사람/것 ☞ 힘드는 사람/것
어려운 삶/세상/세상살이/인생 ☞ 눈물의 골짜기
엄청나게 어려운 일 ☞ 엄청나게 힘든 일
여전히 어려움 속에서 헤매고 있다 ☞ 숲속에서 길을 잃고 방황하다
~이라는 어려움에 빠지다 ☞ ~이라는 수렁에 빠지다
많은 어려움을 겪고 난 후에 ~을 배우거나 깨닫게 되다 ☞ 많은 시행착오/어려움 등을 겪고 난 후에 ~을 배우거나 깨닫게 되다
어려움을 잘 극복하다 ☞ 어려움을 겪었지만 잘 견뎌내다
기억/전망이나 추억 등이 어렴풋한 ☞ 흐릿한
말하기는 쉬우나 실행에 옮기는 것은 어렵다 ☞ 말하기는 쉬우나 실행에 옮기는 것은 어렵다
(젊은/어린) 나이답지 않게 생각이나 행동이 어른스럽다 ☞ 나이답지 않게 생각이나 행동이 어른스럽다
어리석은 짓을 하는 사람들을 그냥 두고 보지 못한다 ☞ 남들이 자신처럼 제대로 (현명하게) 행동하지 못하는 것을 보면 도저히 참지 못한다
잘못이나 어리석음을 깨닫게 하다 ☞ 잘못이나 어리석음을 깨닫게 하다
당신이 생각하는 것처럼 어리석지 않다 ☞ 나는 당신이 생각한 것보다 현명하다
매우 어린 ☞ 쥐방울만한
나이가 들어 다시 어린아이처럼 행동하는 시기 ☞ 노망(老妄)
어수룩한 사람 ☞ 공격하거나 속이기 쉬운 표적
어안이 벙벙한 ☞ 너무 놀라서 말문이 막힌
~에 어울리게 ☞ ~에 걸맞게
금세 잘 어울리다 ☞ 서로 통하는 데가 많거나 하여 쉽게(만나자마자) 친해지다
매우 어지러운 ☞ 매우 혼란스러운 (도살장 같은)
머리를 어지럽게 만든다 ☞ 머리를 빙빙 돌게 만든다
어쩌다가 ~에 들어가다/자리잡다 ☞ 우연히 ~에 들어가다
어쩌다 보니 ~한 상황에 처하게 되다 ☞ 뜻하지 않았던 상황에 처하다
~는 어쩔 수 없는 사실이다 ☞ 싫더라도, 좋은 일이 아니더라도 현실을 직시해야 한다
다른 수단 혹은 저항할 수 있는 방법이 없기 때문에 어쩔 수 없이 ~을 받아들이다 ☞ 체념하고 ~을 받아들이다
어쩔 줄 모르는 ☞ 어찌해야 할 바를 몰라 당황하는
일이 그렇게 될 줄 어찌 알 수 있었겠는가? ☞ 모르는 게 너무나 당연하다
자유나 발전 등을 억누르기 ☞ 목 조르기
억눌려 지내는 ☞ 짓밟혀 지내는
억수 같이 쏟아지는 것(비난/욕설/질문/폭언) ☞ 빗발처럼 쏟아지는 것
투자나 지출을 억제하다 ☞ 어떤 행동을 하다가 몸을 움츠리다

싫다고 발버둥을 치며 소리지르는 사람을 **억지로 끌고 가다** ☞ 싫다고 발버둥을 치며 소리지르는 사람을 억지로(강제로) 끌고 가다
앞에서 **언급된 사람/것** ☞ 앞에서 말한 사람/것
목소리를 높이면서 하는 **언쟁** ☞ 목소리를 높이면서 하는 말다툼
현재 일어나고 있는 일을 보면서 드는 **언젠가 본 듯한 혹은 경험한 듯한 느낌/기분(기시감, 旣視感; 일종의 착각일 수도 있음)** ☞ 현재 일어나고 있는 일이지만 과거에도 이미 경험했다는 느낌/기분
그와 같은 상황에서는 **언제나 그렇듯이** ☞ 늘 그렇듯이
언제나 등장한다/나타난다/존재한다 ☞ 절대로 빠지는 법이 없다
언제나 변함없이 같은 상태를 유지하고 있는 ☞ 항상 같은 상태를 유지하는
얻는 게 있으면 잃는 것도 있게 마련이다 ☞ 돌고 도는 게 인생이다
얼굴 생김새 ☞ 외모
~으로 인하여 평판 등이 **얼룩진** ☞ 오점이 남은
앞으로 **얼마 가지 못한다** ☞ 앞으로 살 날이 얼마 남지 않았다
만일 ~이라면 **얼마나 좋을까!** ☞ 만일 ~이라면 얼마나 좋을까!
협정 등에 서명하고 채 **얼마 지나지도 않아서** ☞ 잉크도 채 마르기 전에
얼마가 지난 후에야 마음에 와 닿다 ☞ 어떤 사실/말 등이 무엇을 뜻하는지 얼마 후에 깨닫다
얼버무리는 말 ☞ 애매모호한 말
직접적인 답을 하지 않고 **얼버무리다** ☞ 어렵거나 곤란한 문제나 질문을 회피하다
특정한 생각/사상 등에 **얽매여 있는** ☞ 고정관념으로 사로 잡혀 있는
~에 완전하게 **얽매여 있다** ☞ ~의 노예가 되다
형식에 **얽매이지 않는** ☞ 자유분방한
묘하게 **얽혀 있는 것들** ☞ 묘하게 서로 연관이 된 두 가지/사람
특별한 목적/일을 위하여 권위 있는 기관/사람이 특정한 인물/것을 **엄선하다** ☞ 매우 조심스럽게 선발하다/선택하다
수/액수/비용 등이 **엄청난** ☞ 천문학적인
엄하게 다스리다/단속하다 ☞ 정부/기관 등이 법이나 규정을 지키지 않는 사람들에게 강경한 태도/입장을 취하다
업어 치나 메치나 마찬가지다 ☞ 어떤 경우든 마찬가지다
자랑할 만한 **업적** ☞ 자랑거리
~이 전혀 **없는** ☞ ~을 전혀 가지고 있지 않은
없는 게 없다 ☞ 많은 것을 다 가지고 있다
없는 이야기/사건/증거/혐의 등을 지어 내다 ☞ 날조하다
이름을 나열하면서 **없는 것이 없다는 것을 강조할 때** ☞ 아무거나 생각나는 이름을 한번 대 보아라
없는 게 없다 ☞ 많은 것을 가지고 있다는 것을 강조할 때
~이 **없다면 불가능하다** ☞ ~ 때문에 가능하다
~이 **없다면 속 없는 찐빵이다** ☞ ~라는 특성/특징을 매우 많이 지니고 있다
~이 **없다면 존재할 수 없는** ☞ 특정한 성질이 ~에 내재하다
없어서는 안 될 ☞ ~에 절대적으로 필요한
~는 우리(나)에게 **없어서는 안 될 사람이었다** ☞ ~는 겉보기에는 보통 사람들과 다르지 않지만 우리(나)에게는 매우 중요한 사람이었다 (주로 고인이 된 위대한/전설적인/훌륭한 인물을 그리워하며 칭송할 때 사용한다)
없어진 ☞ 작동을 멈춘
만일 그게 **없었다면 ~이었을** ☞ 만일 그렇지 않았다면 ~이었을
이전에는 **없었던** ☞ 이전에는 들어본 적이 없는
서로 의도하는 바를 제대로 이해 못하고 행동이나 말이 **엇갈리는** ☞ 동문서답을 하고 있는
서로 의도하는 바를 제대로 이해 못하고 **엉뚱한 말/행동만 하고 있는** ☞ 동문서답을 하고 있는
엉뚱한 방향으로 나가다 ☞ 잘못된 방향으로 일을 진행하다
엉뚱한 생각을 하고 있다 ☞ 다른 엉뚱한 속셈을 품고 있다
너무나 **엉망인** ☞ 매우 혼란스러운 (도살장 같은)
이미 **엎질러진 물이다** ☞ 다시 돌이킬 수 없는 중대 사건이 벌어지다
엎치락뒤치락하는 운동 경기 ☞ 아슬아슬하여 사람을 불안/초조하게 만드는 것
일이 순조롭게 진행될 수 있도록 사전에 **여건을 조성하다** ☞ ~을 위해 터전을 마련하다
여기저기 많이 널려 있다 ☞ 산재해 있다
여기저기 손을 대다 ☞ 손가락을 안 갖다 대는 데가 없다
~하느라 **여념이 없는** ☞ 어떤 활동이나 상황에 깊이 관여하고 있는
여러모로 (볼 때) ☞ 많은 점에서
여봐란듯이 ☞ 과시하는 태도로
여우를 피하려다가 호랑이를 만난다 ☞ 작은 화(禍)를 피하거나 더 좋은 것을 얻기 위하여 요령/잔꾀를 부리다가 더 큰 화(禍)를 자초하다
얼마간의 **여유기간** ☞ 유예기간
긴장을 풀고 편한 마음으로 **여유를 즐기다** ☞ 긴장을 풀다
어떤 일이 끝나고 다음 일이 시작되기 전까지의 **여유 시간** ☞ 숨돌릴 여유
기간/시간/예산/자금 등이 **여유 있는** ☞ 기간/시간/예산/자금 등이 넉넉한
여장(女裝)을 한 남자 ☞ 주로 여성 복장을 즐겨 입는 남자
그렇지만 **여전히** ☞ 그럼에도 불구하고 여전히
짧은 **여정** ☞ 집을 떠나 잠시 머무는 것
실수가 용납되는 **여지** ☞ 실수가 용납되는 여지
다른 **여지가 없다** ☞ 있는 그대로 받아들이든지 싫으면 관둬라/떠나라
어떤 사건/행동/일 등의 좋지 않은 **여파** ☞ 반작용
많은 일들이 벌어지는 장 시간의 흥미로운 **여행** ☞ 대장정
비교적 긴 **여행을 떠나다** ☞ 길을 떠나다
역경을 헤치고 나가다 ☞ 어려움을 겪었지만 잘 견뎌내다
온갖 **역경이 오더라도 변함없이** ☞ 시종일관
곤란한 상황을 **역이용하여 상황을 유리한 쪽으로 반전시키다** ☞ 곤란한 상황을 역이용하여 상황을 유리한 쪽으로 반전시키다
상황이 **역전되다** ☞ 상황이 반전되다
상황을 **역전시키다** ☞ 상황을 반전시키다
역지사지(易地思之)하다 ☞ 입장을 바꾸어 보다
서로 밀접하게 **연관되어 있다** ☞ 서로 불가분(不可分)의 관계에 있다
어떤 사건/활동 등에 **연관되어 있다** ☞ 어떤 사건/활동 등에 관련되어 있다
여러모로 밀접하게 **연관되어 있다** ☞ ~과 얽혀 있다
현재 상황은 ~과 **연관된 문제다** ☞ 현재 상황은 ~과 관련되어 있다

찾아보기

~을 찾기/조사하기 위하여 주의 깊게 **연구하다** ☞ ~을 찾기/조사하기 위하여 주의 깊게 **파고들다**

연대순으로 ☞ 발생한 **시간적 순서대로**

외부와 **연락을 끊고 있는** ☞ 외부와 연락/접촉이 **두절된**

연말연시 ☞ 해/세기 등이 **바뀌는 기간**

하루 벌어 그날그날을 **연명하며 살아가는 비참한 상태** ☞ 근근이 하루 하루의 **생계를 유지하는 상태**

연모 ☞ ~을 **좋아하는 감정**

연모하다 ☞ 주로 가질 수 없거나 할 수 없는 것을 **갈망하다**

연민의 정을 자아 내는 힘 ☞ 어떤 상황/영화/연극 등에서 사람들의 **슬픔을 자아내게 만드는 성질**

연속해서 연결한 것 ☞ 연속해서 **연결한 것**

연애(기간) ☞ **구애(求愛)활동**

연줄 ☞ 어려운 상황에 처했을 때 **도움을 줄 수 있는 잘 아는 고위직 사람**

많은 수의 사람들을 **연행하다** ☞ **구금하다**

공연/연설 등이 청중(관객)들을 **열광의 도가니로 몰아 넣다** ☞ **집을 떠나가게 만들다**

열렬한 ☞ **진심에서 우러난**

~에 대해 비난하는 **열변을 토하다** ☞ ~에 대해 **비난하는 열변을 토하다**

좋지 않은 것이 **열병처럼 번지다/증가하다/확산되다** ☞ 전염병이 마구 번지듯이 걷잡을 수 없이 급속하게 **퍼져나가다**

아무런 제한 없이 사람이 왕래하거나 물품들을 거래할 수 있도록 문호(門戶)를 **열어 놓는** ☞ 문호(門戶)를 **개방하는**

열의 없는 ☞ **마지못해서 하는**

옷감 등의 재료가 **엷고 가벼운/부드러운/투명한** ☞ **거즈 같은**

매우 중요하기 때문에 항상 **염두에 두고 있는 일** ☞ 중대 **관심사**

~에 대한 **염려 속에서** ☞ ~에 대한 **두려움 속에서**

~이 **염려스러워서** ☞ ~이 **두려워서**

무당이나 영매처럼 귀신을 불러내거나 남의 마음을 읽거나 또는 손을 대지 않고 물건을 움직이는 등과 같은 **염력(念力)을 지니고 있는 사람** ☞ **심령술사**

~에 **염증을 느끼는** ☞ ~에 **지친**

남들이 어떤 일을 하거나 대화를 하고 있을 때 직접 참여하지 않고 전혀 방해하지도 않으면서 옆에서 지켜보거나 **엿듣는 사람** ☞ **지켜보거나 엿듣는 사람**

남의 물건/사생활/일 등을 **엿보다** ☞ 꼬치꼬치 **파고들다**

영고성쇠(榮枯盛衰) ☞ **운명의 수레바퀴**

특정한 사람/단체를 대상/상대로 **영업을 하다** ☞ 특정한 사람/단체 등에게 원하는 물건이나 서비스를 **제공하다**

영예스러운 것 ☞ **자랑거리**

총 가늠쇠의 **영점을 ~에 맞추다** ☞ ~을 **조준하다**

시류에 **영합하다** ☞ 시류에 **편승하다**

어떤 사건/행동/일 등의 좋지 않은 **영향** ☞ **반작용**

~의 **영향권에서 벗어난** ☞ ~의 구속/영향권에서 **벗어난**

사람/상황 등을 통제할 수 있는 **영향력** ☞ 사람/상황 등을 **통제할 수 있는 영향력**

영향력 아래에서 ☞ ~의 **그늘 아래서**

남들에게 존경을 받고 있거나 힘이 있기 때문에 어떤 사람이나 그 사람의 의견이 혹은 어떤 것이 큰 **영향력을 가지고 있다** ☞ **무게가 있다**

~에 **영향을 미치다(주다)** ☞ ~과 **관계가 있다**

책/예술작품/행위 등이 ~로부터 **영향을 받다** ☞ **영감을 얻다**

귀신이나 죽은 사람의 **영혼 등과 관련이 있는** (ghostly) ☞ **심령술사**

공간적으로 바로 **옆에 있는** ☞ 바로 **다음의**; 매우 **가까이 있는**

어떤 중요한/특별한 일이 곧 벌어질 것이라는 **예감** ☞ 어떤 중요한/특별한 일이 곧 벌어질 것이라는 **느낌**

~에게 **예를 갖추다** ☞ ~에게 **경의를 표하다**; ~에게 **모자를 벗다**

몇 가지 **예를 들자면 ~ 등과 같은 사람/것들** ☞ 몇 명/가지 **이름을 들자면 ~ 등과 같은 사람/것들**

미리 **예방하는 것이 상책이다** ☞ 위험한 요소가 있는지 미리 조심해서 잘 살펴보아 나중에 **후회하는 일이 없도록 하라**

예상과는 달리 ☞ **기대했던 것과는 다르게**

예상 밖의 상황을 접하다 ☞ **뜻하지 않았던 상황에 처하다**

예상보다 수준/정도가 낮거나 높은 ☞ **기대 이상의/이하의**

미처 **예상치/예기치 못했던 사건이 ~를 놀라게 하다** ☞ 미처 예상치/예기치 못했던 사건이 ~를 **놀라게 하다**

누구도 **예상/예측하기 힘들다** ☞ 어떤 일이 벌어질 지 아무도 **모른다**

지금으로선 **예상/예측하기 힘들다** ☞ 앞으로 어떻게 될지는 (더) **두고 봐야 안다**

~가 일어날 것이라는 것을 **예시한다** ☞ ~라는 **그림자를 드리운다**

그 경우에는 **예외가 인정된다** ☞ 그 같은 **예외가 있다는 것은 규칙이 있다는 증거다**

그 경우만은 **예외다** ☞ 그 같은 **예외가 있다는 것은 규칙이 있다는 증거다**

예전과는 달리 이번에는 ☞ 예전과는 달리 **이번에는**

현재 어떤 일이 벌어지고 있는지 누가 무슨 말을 하고 있는지 파악하기 위하여 주변상황을 **예의(銳意)주시하고 있다** ☞ **귀를 땅에 대고 있다**

예측할 수 없는 행동을 하는 (위험)인물 ☞ **고삐 풀린 망아지**

어떤 상황이나 사람의 행동 날씨 등이 도저히 **예측할 수 없을 정도로 변화하는 것** ☞ 예측할 수 없는 **변화**

옛것을 답습하다 ☞ 옛것을 **답습하다** (이전과 별로 달라진 게 없다는 거부감을 나타내는 표현이다)

옛날 방식대로 따라 하는 것 ☞ **역사의 답습**

옛날부터 내려오는 ☞ **유서 깊은**

옛날 이야기 ☞ **과거사**

~은 이미 **옛날 이야기다** ☞ ~하던 **시절은 이미 지나갔다**

오는 정이 있으면 가는 정이 있다 ☞ **상부상조하다**

악천후 등이 사람들을 **오도가도 못하게 하다** ☞ **발을 묶다**

너무 **오래되고 상태가 좋지 않은** ☞ **낡아빠진**

오래되어 상태가 좋지 않은 ☞ **삐걱거리는**

책/종이 등이 너무 **오래되어 모서리가 접힌** ☞ 하도 오래 되어서 **모서리가 접힌**

(예정된 시간보다) 너무 **오래 머무르다/지속하다** ☞ **때가 되어도 떠나지 않다**

너무 오래 머물러 남들에게 폐를 끼치다 (눈총을 받다) ☞ 떠날 때/시간이 되어도 물러나지 않는다

오랜 고생 끝에 발전/성공을 이루었다 ☞ 먼 길을 고생하면서 달려왔다

문제나 어려운 상황 등이 매우 오랫동안 지속되는 ☞ 해묵은

통제할 수 없을 정도로 빠르게 오르내리다 ☞ 빠르게 등락을 반복하다

급격한 하락세 후에 나타나는 일시적인 오름세 ☞ 일시적인 반등

~한 때가 오면 ☞ ~한 시기가 오면

오십보백보다 ☞ 비록 아슬아슬하게 실패했지만 어쨌거나 실패는 실패다

물이나 음식물 독극물 등과 같은 좋지 않은 것에 오염된 ☞ 물이나 음식물 등이 더럽혀진

~을 ~으로 오인하다 ☞ ~를 ~과 혼동하다

옥고를 치르다 ☞ 좋지 않은 상황에서 어쩔 수 없이 고통을 겪다

물건 값을 결정하거나 합의안을 이끌어내기 위하여 옥신각신하다 ☞ 입씨름하다

사소한 문제를 놓고 옥신각신하다 ☞ 별로 중요하지도 않은 (사소한/하찮은) 문제에 관하여 논쟁하다

사람을 꼼짝달싹 못하게 옥죄는 것 ☞ 목을 옥죄는 올가미

이름을 나열하면서 온갖 것이 다 포함된다는 것을 강조할 때 ☞ 아무거나 생각나는 이름을 한번 대 보아라

온갖 노력을 다하다 ☞ 백방으로 노력하다

경쟁에서 남보다 우위를 점하기 위하여 온갖 수단을 동원하다 ☞ 우위를 점하기 위하여 온갖 수단을 동원하다

온갖 것/종류를 다 포함한다 ☞ 모든 것/종류들을 다 포함한다

온갖 종류 ☞ 각양각색

보기에 ~ 하는 것이 온당하다고 생각하여 실행하기로 결정하다 ☞ 보기에 ~ 하는 것이 적절하다고 여기다 (못마땅하다는 의미가 종종 내포된다)

온 종일 잠시도 쉬지 않고 ☞ 24시간을 잠시도 쉬지 않고

온 힘을 다 쏟아붓다 ☞ 전력을 다하다

경쟁에서 남보다 우위를 점하기 위하여 온 힘을 쏟다 ☞ 우위를 점하기 위하여 온갖 수단을 동원하다

온 힘을 쏟으며 ☞ 어떤 계획/사업 등이 빠르게 진척되는/진행되는

목을 옥죄는 올가미 ☞ 목을 옥죄는 올가미 (사람을 꼼짝 달싹 못하게 옥죄는 것)

소매/바지 혹은 창문 blind나 자동차 유리창 등을 말아 올리다 ☞ 소매/바지 혹은 창문 blind나 자동차 유리창 등을 말아 올리다

언제나 올바른 ☞ 능력이나 판단력 등이 언제나 틀림없는

옷 가방 하나 달랑 들고 거처를 정하지 않고 여기저기 다니며 지내다 ☞ 특정한 장소/환경에서 특정한 기간 동안 임시로 지내다

옹호(擁護)하는 ☞ ~을 지향(志向)하는

옹호(擁護)하다 ☞ ~을 지지하다

와락 어떤 일을 하다 ☞ 갑자기 어떤 일을 하다

~이 벌어지고 있는 와중에 ☞ 어떠한 일이 발생하는 상황 속에서

군중이나 군대의 와해 ☞ 큰 실패

완강하게/완고하게 버티는 (사람) ☞ 열성파

완고한 ☞ 목이 뻣뻣한

이번 기회에 완벽하게 ☞ 이번 기회에 앞으로도 영원히 (앞으로 더 이상 변함이 없을 것이라는 것을 강조하는 표현)

그림같이 완벽한 ☞ 그림같이 완벽한

~을 완비한 ☞ ~을 갖추고 있는 (~이 있음으로 해서 완벽한)

완전한 ☞ 어엿한

사람들 사이의 혹은 국가간의 긴장된 관계를 완화시키다 ☞ 파티나 모임/회의가 시작될 때 혹은 중간에 어색하고 서먹서먹한 혹은 긴장된 분위기를 부드럽고 편안하게 만드는 말이나 행동을 하다

더 이상 왈가왈부하지 마라 ☞ 더 이상 ~에 대해서 말할 필요 없다

돈/목숨/운명이 왔다갔다하는 ☞ 돈/목숨/운명이 걸려 있는

평소에는 비가 잘 오지 않다가 어쩌다 비가 한번 왔다 하면 장대같이 쏟아진다 ☞ 평소에는 잠잠하다가 여러 가지 (특히, 불행한/좋지 않은) 일이 한꺼번에 일어나다

도시/장소/지역 등의 외곽 ☞ 끝자락

외관상으로는 ~한 ☞ 겉으로는 ~처럼 보이는

외국에 거주하는 (사람) ☞ 타국에 거주하는 (사람)

도시/나라 안에 특정한 외국인이나 외국문화를 가진 사람들이 모여 사는 지역 ☞ 도시/나라 안에 다른 국적이나 문화를 가진 사람들이 모여 사는 지역

외딴/외진 곳에 있는 ☞ 특정한 위치 혹은 중요한 지역으로부터 멀리 떨어져 있는

상대방이 잘나갈 때는 친구인 척하다가 막상 필요할 때는 외면하는 사람 ☞ 상대방이 잘나갈 때는 친구인 척하다가 막상 필요할 때는 외면하는 사람

주제와는 관련 없는 외적인 ☞ 본질을 벗어난

~에 대하여 자랑스럽게 혹은 매우 중요하다며 강요하듯이 요란하게 외쳐대다 ☞ 나팔을 불어대다

외톨이 ☞ 사회나 어떤 집단에서 소외당하는 (사람)

상대방을 왜소하게 만들다 ☞ 작아 보이게 만들다

남들에게 주로 즐겁지 않은 방법으로 지나치게 많은 것을 요구하는 ☞ 고압적인

~에 대하여 자랑스럽게 혹은 매우 중요하다며 강요하듯이 요란하게 떠들어대다 ☞ 나팔을 불어대다

작은 화(禍)를 피하거나 더 좋은 것을 얻기 위하여 요령을 부리다가 더 큰 화(禍)를 자초하다 ☞ 작은 화(禍)를 피하거나 더 좋은 것을 얻기 위하여 요령/잔꾀를 부리다가 더 큰 화(禍)를 자초하다

미꾸라지처럼 요리조리 빠져나가다 ☞ 손가락 사이로 빠져나가다

전지(轉地) 요양 ☞ 전지(轉地) 요양/휴양

가장 중요한 요점 ☞ 마지막 결론

여러 요직을 두루 거치다 ☞ 여러 중요한 직위를 두루 거치다

욕구를 돋우다/자극하다 ☞ 입맛을 돋우다

용감무쌍하게 위험한 일에 도전하는 (사람) ☞ 육체적인 위험을 즐기는 (사람)

용감한 자만이 미인을 얻는다 ☞ 호랑이 굴에 들어가야 호랑이를 잡을 수 있다

비록 일이 어렵거나 힘들지만 회피하지 않고 용감히 정면으로 맞서다 ☞ 비록 일이 어렵거나 힘들지만 회피하지 않고 용감히 정면으로 맞서다

찾아보기

~에서는 **용납이 안 된다** ☞ ~에 설 자리가 없다

~ 을 넘어서면 **용납/용서하지 않는 다는 것을 확실히 하다** ☞ ~에 대해 선을 확실히 긋다

그건 절대로 **용납할 수 없다** ☞ 그건 절대로 안 된다

용두사미로 끝나다 ☞ 힘차게(화려하게) 시작은 했으나 매우 보잘것없이 실망스럽게 끝나다

어떤 **용어를 처음 사용하다** ☞ 새로운 단어/용어 등을 만들다

일/작동 등이 너무 **용이하다** ☞ 단추만 누르면 된다

~와 **용호상박하다** ☞ ~와 막상막하의 경쟁을 벌이다

나뭇잎이 **우거진** ☞ 수풀이 울창한

어떤 장소에 좋지 않은 것들이 **우글거리다** ☞ 특정한 장소가 북적거리는

어떤 조직의 **우두머리가 되다** ☞ ~의 고삐를 쥐다

높은 탑처럼 **우뚝 솟아 있다** ☞ 주변 사람/것 들을 내려다 볼 정도로 키가 매우 크다

공연/연설 등이 **우레와 같은 박수갈채를 받다** ☞ 집을 떠나가게 만들다

우롱하다 ☞ 조롱하다

많은 사람들이 **우르르 몰려가다** ☞ 많은 사람들이 우르르/떼지어 몰려가다

우선 순위가 낮은 것 ☞ 어떤 중요한 일이 끝난 다음에나 하는 별 신경을 쓰지 않아도 되는 것

가장 **우수한 것/사람/업적** ☞ 보석처럼 빛나는 것/사람/업적

우스갯감으로 만들다/삼다 ☞ 어떤 일을 농담으로 돌리다

사람들을 배꼽 잡게 만드는 **우스갯소리** ☞ 급소를 찌르는 가장 재미있는 (주로 마지막) 한마디

더욱 **우아하게 만든다** ☞ 특정한 장소/행사 등을 더욱 빛나게 만든다

의도하지 않았지만 **우연한 기회에 듣게(알게) 되다** ☞ 풍문으로 듣다

우연히 ~에 자리잡다 ☞ 우연히 ~에 들어가다

우연히 ~에 포함되다 ☞ 우연히 ~에 들어가다

한꺼번에 이룰 수 없는 두 가지 일을 동시에 하려고 **우왕좌왕하다 실패하다** ☞ 두 가지 방법 중에 어떤 것을 선택해야 할지 결정을 못하고 갈팡질팡하다

자기 종족이나 자신이 속한 집단이 혹은 남자나 여자가 다른 성보다 더 **우월하다는 생각 (우월주의)** ☞ 동족의식

~에게 **우위를 빼앗기다/잃다** ☞ ~에게 설 자리를 빼앗기다

우위를 점하다 ☞ 강세를 보이다

우쭐대는 ☞ 어떤 결과에 대해 의기양양한

욱하고 성질을 부리다 ☞ 냉정함을 잃다

공식 일정에 잡혀있는 **운동 경기** ☞ 공식 일정에 잡혀있는 운동 경기

운명을 같이하는 ☞ 한 배를 타고 있는

오늘의 **운세가 안 좋다** ☞ 평상시와는 다르게 이날 따라 하지 않던 이상한 행동을 하거나 또는 일이 잘 안 될 때 사용하는 표현

운신의 폭 ☞ 자유롭게 운신할 수 있는 (최소한의) 공간

(한번 고려해 보라는 의미로) 생각이나 계획에 관하여 **운(韻)을 띄우다** ☞ 생각이나 계획 따위를 남들에게 띄워보다

어떤 일을 하는데 **운이 너무 좋았다** ☞ 행운의 여신에게 감사하다

운전 중 졸고 있는 ☞ 주어진 중요한 임무를 소홀히 수행하는

가슴이 **울렁거리다** ☞ 가슴이 두근두근하다

소리가 가볍게/부드럽게 공중에 **울려 퍼지다** ☞ 흩날리다

어떤 (주로 즐거운) 소리가 특정한 공간/장소 등에 **울려 퍼지고 있다** ☞ 어떤 (주로 즐거운) 소리가 특정한 공간/장소 등에 울려 퍼지고 있다

감동시키거나 슬프게 만들어 ~를 **울리다** ☞ 눈물을 흘리게 하다

하기 싫은 일을 **울며 겨자 먹기로 할 수 없이 해야 하는** ☞ 책임을 본의 아니게 떠맡고 있는

~에게 **울분을 풀다** ☞ ~에게 화를 폭발시키다

웃다가 갑자기 **울상이 되다** ☞ 웃다가 갑자기 울상이 되다

웃는 얼굴에 침 뱉으랴 ☞ 사람들을 친절하고 상냥하게 대하는 것이 불친절한 것보다 훨씬 유리하다

~을 **웃돌다** ☞ ~을 초과하다

억지로 참는 **웃음** ☞ 억지로 참는 웃음/하품

웃음거리가 되다 ☞ 많은 사람이나 특히 대중 매체로부터 조롱을 받다

농담, 연설 등에서 **웃음을 자아내는 (주로 마지막) 한마디** ☞ 급소를 찌르는 가장 재미있는 (주로 마지막) 한마디

계획이나 포부 등이 **원대한** ☞ 광범위한

인생을 살아가거나 어떤 일을 할 때 반드시 명심해야 하는 중요한 **원리원칙** ☞ 금과옥조(金科玉條)

일련의 사건/변화 후 **원점으로 다시 돌아오다** ☞ 원상태로 다시 돌아오다

~을 **원하기는 하지만** (어쩔 수 없다) ☞ ~을 하고 싶긴 하지만 (할 수 없다)

원하는 대로 하도록 허락하다 ☞ 원하는 일을 자유롭게 하도록 허락하다

고충/어려운 사정을 잘 들어주고/이해하고 **위로해 주는 사람** ☞ 어려울 때 의지할 수 있는 사람

위선자 ☞ 양의 탈을 쓴 늑대

위신을 세우다 ☞ 체면을 세우다

위신을 잃다 ☞ 체면을 잃다

위 아래가 마구 뒤바뀐/뒤섞인 ☞ 뒤죽박죽인

어떤 일반적으로 좋지 않은 상황에서 그나마 한 가지 **위안거리는** ☞ 그나마 한 가지 좋은 것/점은

불행한 처지에 놓여 있지만 불평하지 않고 좋은 점들을 떠올리며 **위안을 삼다** ☞ 불행한 처지에 놓여 있지만 불평하지 않고 좋은 점들을 떠올리며 위안을 삼다

위압적인 것/존재 ☞ 거대하고 막강한 힘을 지닌 조직

다른 사람/것들보다 훨씬 **위에 있는** ☞ 우수한

위조방지를 위해서 지폐 등에 넣은 빛에 비추어야 내비치는 무늬/도안 ☞ 육안으로는 볼 수 없는 무늬/도안/표시

중요하고 어려운 결정을 책임지고 해야 하는 **위치에 있는** ☞ 어려운/힘든 자리에 있는

~로부터 ~방향으로 특정한 거리만큼 떨어져 **위치하고 있는** ☞ ~로부터 ~방향으로 특정한 거리만큼 떨어져 위치하고 있는

위태위태한 상태에 있는 ☞ 곧 어떠한 일이 일어 나기 직전의 상태에 있는

위험수위에 근접한 ☞ 경계선상에 있는

위험을 감수한다면 어디 한번 해보라 ☞ 위험을 감수한다면 어디 한번 해보라

위험을 분산시키다 ☞ 계란을 여러 바구니에 나누어 담다
일단 들어서면 중간에 멈출 수도 없고 실패할 수밖에 없는 매우 위험한 길 ☞ 위태로운 비탈길/코스
매우 위험한 일을 감수하다 ☞ 목을 내놓다
윗자리에 있는 사람 ☞ 수뇌부 사람
확실한 의사 표명을 하지 않는 유권자 ☞ 확실한 의사 표명을 하지 않는 유권자
유년기 시절의 교육 ☞ 가정교육
매우 유능한 ☞ 기술/능력 등이 더할 나위 없이 완벽한/완전한
특정 집단 구성원들의 유대관계가 매우 긴밀한 ☞ 매우 긴밀하게 맺어져 있는
기대 밖의/뜻밖의 유력한 경쟁 상대 ☞ 경기, 선거 혹은 경마 등에서 예상치 못했던 결과를 가져다 줄 가능성이 큰 말/사람
유리한 입장에 서다(위치를 점하다) ☞ 강세를 보이다
유명인사 ☞ 기라성(綺羅星) 같은 사람 (많은 사람가운데 눈에 확 들어오는 사람)
유보되어 있다 ☞ 보류되어 있다
당장은 별로 중요치 않아서 유보 상태에 있는 ☞ 뒤로 미루어 놓은 상태에 있는
아무런 유보조항 없이 ☞ 서슴없이
유복한 ☞ 원하는 것을 다 하거나 살 수 있을 만큼 부유한
두 가지가 서로 유사하다고 생각하다 ☞ ~을 ~라고 간주하다
하지 않으면 안 될 일을 하면서도 스스로 선택해서 혹은 자발적으로 한 것처럼 유세부리다 ☞ 하지 않으면 안 될 일을 하면서도 스스로 선택해서 혹은 자발적으로 한 것처럼 행세하다/유세부리다
유유상종 ☞ 같은 부류의 사람들
유죄임을 증명하는 ☞ 증거나 기록 등이 어떤 사람이 범죄나 심각한 실수를 저질렀다는 것을 강력하게 뒷받침하는
덩치만 크고 쓸모가 별로 없으면서 값이 비싸거나 귀하기 때문에 버리기도 곤란하며 유지비용이 많이 드는 것 ☞ 처치가 곤란한 물건
유체이탈의 경험 ☞ 실제로는 자신이 했지만 마치 자신이 아닌 다른 사람이 한 것처럼 느껴지는 경험
두뇌의 유출 ☞ 두뇌의 유출
알기 어려운 정보/감정 따위를 의도함이 없이 유출하는 ☞ 의도함이 없이 드러내는
유치장 신세를 지고 있는 ☞ 철창에 갇혀 있는
육신 ☞ 살과 피
육안 ☞ 맨눈
육체적인 (동물적인) 만족감을 채워줄 수 있는 의식주에 관련된 고급/사치스런 물품 ☞ 육체적인 (동물적인) 만족감을 채워줄 수 있는 의식주에 관련된 고급/사치스런 물품
윤택한 생활 환경 ☞ 부유한 환경
잡힐 듯 말 듯, 보일 듯 말 듯, 줄 듯 말 듯하면서 사람의 애간장을 녹이는/태우는 ☞ 감질나게 하는
애늙은이 같다 ☞ 젊은/어린 나이답지 않게 생각이나 행동이 어른스럽다
말/글 등이 의미가 애매한 ☞ 두 가지로 해석할 수 있는
애석상 ☞ 우승하지 못한 사람에게 위로로 주는 상/선물
아아 참으로 애석하게도 ☞ 아아 참으로 유감스럽게도
~은 더욱 애석하다 ☞ ~은 더욱 유감스럽다
애송이 ☞ 경험이 없는
애써 일하다 ☞ 매우 힘들고 어려우며 별로 즐겁지 않지만 열심히 일을 하다
바람직하지 않은 일이 발생하는 것을 방지하기 위하여 애쓰다 ☞ 막기 위하여 노력하다
어떤 문제 등을 해결하기 위하여 애쓰다 ☞ 사람/일/문제 등과 씨름하다
간절하게 애원하다 ☞ 간절하게 요청하다
애착 ☞ ~을 좋아하는 감정
애칭 ☞ 줄여서 부르는 이름
잡힐 듯 말 듯, 보일 듯 말 듯, 줄 듯 말 듯하면서 사람을 애태우는 ☞ 감질나게 하는
에너지가 넘치는 ☞ 매우 격정적인
~을 에너지원으로 사용하다 ☞ 기계/장비 등이 ~을 연료로 사용하다
서로 잡아먹으려고 으르렁대는 ☞ 목적을 이루기 위하여 수단방법을 가리지 않는
말로만 요란하게 으름장을 놓다 ☞ 씨근벌떡거리다
은거하다 ☞ 숨어 지내다
은닉해둔 물자/물품 ☞ 숨겨둔 물자/물품
은밀하게 ☞ 뒷문으로
옳지 않은 일이 은밀하게 진행되는 ☞ 손안에 감추어진
은신처를 제공하다 ☞ 도피/수배 중인 사람에게 피난처를 제공하다
~ 에 음성 반응을 보이다 ☞ ~ 에 양성/음성 반응을 보이다
익명의 음해성 편지/글 ☞ 분란을 일으키거나 어떤 사람을 비방/중상하기 위해서 익명으로 보내는 편지
상대방이 응답도 하지 않는 데 줄기차게 떠들다 ☞ 상대방이 대꾸/응답도 하지 않는 데 계속해서(줄기차게) 떠들다
응분의 대가를 제대로 주지 않다 ☞ 거스름 돈을 제대로 주지 않다
~의 응석을 받아주다 ☞ ~를 어린아이 취급을 하다
관습/법률 등에 의거하여 ☞ 관습/법률 등에 따라서
의견을 개진할 수 있는 권한/권리 ☞ 발언권
어리석은 행동이나 잘못 때문에 시련을 겪거나 징벌을 받아 의기소침해진 ☞ 누그러진
의기양양하게 ☞ 깃발을 휘날리며
의기양양하게 소리치다 ☞ 기뻐서 환성을 지르다
~ 때문에 의기양양해져서 ☞ ~때문에 상기되어
~할 의도는 추호도(털끝만큼도) 없습니다만 ☞ ~할 의도/생각은 추호도(털끝만큼도) 없습니다만
좋은 의도를 가지고 있는 ☞ 선의의 (선의로 어떤 일을 했지만 결과가 좋지 않을 경우 주로 사용됨)
원래 의도와는 다르게 보도되거나 인용되다 ☞원래 말하고자 하는 취지와는 달리 보도되거나 인용되다
알기 어려운 정보/감정 따위를 의도함이 없이 드러내는 ☞ 의도함이 없이 드러내는
의도했던 것과는 달리 별 볼 일 없다 ☞ 기대했던/의도했던 것과는 달리 별 볼 일 없다
해봐야 아무런 의미가 없다 ☞ 해봐야 아무런 소용이 없다

찾아보기

도대체 그렇게 하는 것에 무슨 **의미가 있다는 말인가?** ☞ 도대체 그렇게 하는 것이 무슨 소용이 있다는 말인가?

~ 라는 **의미를 담고 있는** ☞ ~ 라는 취지의

~는 ~을 **의미한다** ☞ 서로 불가분(不可分)의 관계에 있다

~에게 ~에게 **의무나 책임으로 부과되다** ☞ ~을 하는 것은 ~의 책임이다

상대방의 **의사를 타진하다** ☞ 촉각을 뻗다

확실한 **의사 표명을 하지 않는 유권자** ☞ 확실한 의사 표명을 하지 않는 유권자

잠시 동안 **의식을 잃다** ☞ 눈앞이 캄캄해지다

육체적인 (동물적인) 만족감을 채워줄 수 있는 **의식주에 관련된 고급/사치스런 물품** ☞ 육체적인 (동물적인) 만족감을 채워줄 수 있는 의식주에 관련된 고급/사치스런 물품

어딘가 **의심스러운 데가 있다** ☞ 어딘가 비린 구석이 있다

의심스럽게 생각하는 ☞ ~을 수상쩍게 생각하는

의아하게 생각하다 ☞ 눈썹을 치켜 올리다

의연한 ☞ 흔들림 없는

새로 밝혀진 **의외의 사실** ☞ 흥미롭거나 놀라운 새로 밝혀진 뜻밖의 사실

의중을 헤아리다 ☞ 마음을 읽다

상대방의 **의향을 떠보다** ☞ 촉각을 뻗다

이구동성으로 외치는 반대/저항/항의의 목소리 ☞ 일제히 일어나는 반대

무슨 수를 써서라도 **이기면 그만인** ☞ 싸움이나 경쟁 등이 규칙이 없는

~가 **이끄는** ☞ ~가 주도하는

같은 목적이나 흥미를 지니고 있는 사람들이 모인 그룹을 **이끄는 사람** ☞ 대표하는 사람

오랜 숙의/노력 끝에 계획/안 등을 **이끌어내다** ☞ 도출해 내다

이단아 (한 집단/사회의 가치관을 거부하면서 보통 사람들과 다르게 행동하는 사람; 부모의 말을 잘 안 듣는 사람) ☞ 반항아

이도 저도 아닌 ☞ 태도 등이 어정쩡한

~**이라기보다는 ~인** ☞ ~이라기보다는 ~인

이러저러한 것들 ☞ 여차여차한 것들

이러지도 저러지도 못하는 상황에 처해 있다 ☞ 어떤 것을 선택해도 어렵기는(곤란하기는) 마찬가지다

그게 아니라 차라리 **이렇게 이야기하는 편이 옳을지 모른다** ☞ 그게 아니라 차라리 이렇게 이야기하는 편이 옳을지 모른다

이루어질 것 같지 않은 생각/소망 ☞ 희망사항

이룰 수 없는 소망/꿈을 품고 많은 시간을 허비하다 ☞ 무지개를 쫓아 다니다

이류의 ☞ 촌스러운

작게는/아래로는/밑으로는 ~에 **이르기까지** ☞ ~와 같은 세세한 부분까지 다 포함하여

이름만 걸지 않았을 뿐 실질적으로 존재하는 ☞ 사실상의

~라는 **이름으로 통하다** ☞ ~라는 이름으로 통하다

유명한 사람의 **이름을 들먹이며 자신이 대단한 사람인 것처럼 행세하다** ☞ 유명한 사람의 이름을 들먹이며 자신이 대단한 사람인 것처럼 행세하다

~이라는 **이름이 붙어 있는** ☞ ~라는 제목을 갖고 있는

뭐 흥미로운 게 없나 하고 **이리저리 둘러보다** ☞ 냄새를 맡고 다니다

많은 사람(군중) 들이 혼란스럽게 **이리저리 몰려 다니다** ☞ 많은 사람(군중) 들이 혼란스럽게 이리저리 몰려 다니다

이마에 피도 마르지 않은 ☞ 경험이 없는

이목구비가 뚜렷한 ☞ 신체나 얼굴이 조각한 듯한

남의 **이목을 끄는 (상태)** ☞ 남들 눈에 잘 띄는 (상태)

사람들의 **이목을 끌다** ☞ 중앙무대를 차지하다

모든 사람들의 **이목을 끌다** ☞ 쇼/이벤트/운동시합 등에서 남보다 잘 하여 온갖 시선을 한 몸에 받다

모든 사람들이 **이목이 ~에 집중되다** ☞ 모든 사람들의 눈이 ~에 집중되다

이목이 집중되어 있는 ☞ 어떤 문제나 이슈가 시급한 처리를 요하거나 매우 중요하여 큰 주목을 받고 있는

어느 정도까지 진척되었는지는 모르지만 **이미 진행중인** ☞ 어느 정도까지 진척되었는지는 모르지만 이미 진행중인

한 조직이나 정치적인 이념 등에서 마음이 **이반(離反)한** ☞ 이전처럼 더 이상 지지하지 않는

이빨 빠진 호랑이 ☞ 이전에 가지고 있던 강력한 힘을 잃은 사람

이 **이상 더 ~할 수는 없다** ☞ 이보다 더 이상 ~할 수는 없다

이심전심으로 서로 통하는 ☞ 사고방식이 비슷한

더 이상 **이야기하지 마라** (이야기하고 싶지 않다) ☞ 더 이상 ~에 대해서 말할 필요 없다

~**이야말로 특정한 상황에 꼭 들어맞는다** ☞ ~이야말로 특정한 상황에 꼭 들어맞는다

~ **이외에도** ☞ 이미 알고 있는 ~라는 사실과는 별도로

자연의 힘(수력, 풍력, 태양열, 조력 등)이나 제대로 이용되지 않고 있는 여러 형태의 힘(power), 잠재력(potential) 등을 유용하게 **이용하다** ☞ 유용하게 이용하다/사용하다

이원(二元)적인 ☞ 몇 갈래/가지로 갈라진

정당한 **이유가 없는 공격** ☞ 정당한 이유가 없는 공격

아무런 **이유도 없이** ☞ 전혀 조리(條理)가 맞지 않게

아무런 **이유도 없이 고의적으로 해를 끼치는** ☞ 아무런 이유도 없이 고의적으로 해를 끼치는

~라는 **이유로** ~이라고 볼 수 있다 ☞ ~라는 점에서 ~이라고 볼 수 있다

~을 **이유로** ☞ ~을 근거로

~에 대하여 **이의를 제기하다** ☞ ~에 대하여 의문을 제기하다

모든 비용과 어느 정도의 **이익을 보장 받는 계약 방식/제도** ☞ 모든 비용과 어느 정도의 이익을 보장 받는 계약 방식/제도

~을 이용하여 **이익을 챙기다** ☞ ~을 이용하여 이익을 챙기다

이인자 ☞ 바로 아래 부하

이인자 역할을 하다 ☞ 어떤 활동이나 단체에서 제일 중요한 임무를 수행하는 사람을 보조하는 역할을 하다

이전과 비교할 때 별반 달라진 게 없다 ☞ 주변 환경/상황 등이 바뀌거나 하였지만 평상시에 늘 하던 대로 모든 일이 진행되고 있다

이전만 못한 일/것 ☞ 기대에 어긋나는 실망스러운 일/것

상태/상황이 **이전부터 그러했던** ☞ 상태가 이미 ~한

임시용 ☞ 간이용
임자를 만나다 ☞ 호적수(好敵手)를 만나다
입맛을 돋우는 ☞ 혀를 즐겁게 하는
하면 안 되는 말 혹은 비밀스러운 이야기를 꾹 참고 있다가 무심결에 입밖에 내다 ☞ 불쑥 이야기를 꺼내다
입밖에 낼 뻔한 ☞ 어떤 말/단어 등이 혀 끝에서 맴도는 (하고 싶은 어떤 말이 목구멍까지 나왔지만 꾹 참은 경우)
상위 입상하다 ☞ 대회나 시합에서 ~ 등을 차지하다
당당하게 ~에 입성하다 ☞ 당당하게 ~로 걸어 들어가다
입심 좋은 ☞ 실제로는 그렇지 않은데 쉽다고 혹은 아무런 문제가 없다고 말로만 그럴싸하게 떠드는
입에 발린 말을 해봐야 아무 소용 없다 ☞ 아첨해 봐야 아무 소용이 없다
사람들의 입에 오르내리는 ☞ 유명한
입을 닫게 만들다 ☞ 말문을 막다
(오랜) 침묵을 깨고 ~에 대해서 입을 열다 ☞ (오랜) 침묵을 깨고 ~에 대하여 말하다
입소문 ☞ 구두(口頭)
입이 무거운 ☞ 말수가 적은
당당하게 자신의 입장을 밝히다 ☞ 부끄러워하거나 감추지 않고 사람들 앞에서 떳떳하게 나서서 생각한 바를 말하다
분명하게 입장을 밝히다 ☞ 확고하게 태도를 표명하다
단체나 사무실 등이 특정 건물/장소에 입주해 있다 ☞ 자리잡고 있다
~라고 주장하지만 실제로 입증되지는 않은 ☞ 실제로 입증되지는 않았지만 사람들이 진실이라고 주장하는
무엇을 혹은 무엇이 사실이거나 존재한다는 것을 입증하는 것/증거 ☞ 단적으로 보여주는 예
입지 ☞ 발판
~에게 입지를 빼앗기다 ☞ ~에게 설 자리를 빼앗기다
잇달아서 ☞ 연이어서
감정이 격해져서 혹은 울먹이며 말을 제대로 잇지 못하면서 ☞ 띄엄띄엄 말하면서
~을 있는 그대로 보여주다 ☞ ~을 있는 그대로 비추다
만일 ~이 있다면 ☞ 만일 ~한 기회/상황/조건 등이 주어진다면
만일 ~이라는/하다는 것이 있다면 바로 ~이다 ☞ ~이야말로 특정한 상황에 꼭 들어맞는다
있으나 마나 한 위안거리 혹은 위로의 말 ☞ 상황이 매우 나빠서 그 정도로는 위안거리가 못 된다
잊기 어려운 마음의 상처 ☞ 마음의 상처
이미 지나간 일들을 깨끗이 잊다 ☞ 이미 지나간 일들을 깨끗이 잊다
저지른 실수/잘못에 대하여 다른 사람들이 도저히 잊어버릴 수가 없다 ☞ 실수/잘못을 씻을 수 없다
기억/사건/인상/감동/상처/흔적 등이 잊을 수 없는 ☞ 지워지지 않는
들은 이야기가 금세 잊혀지다 ☞ 한 귀로 들어와서 바로 다른 귀로 흘러 나가다

자

~에 대한 자격을 부여하다 ☞ ~에 대한 권리를 부여하다
정신을 번쩍 들게 하는 자극 ☞ 다리를 걷어 차이기
활력/기운을 불어 넣는 자극제 ☞ 활력소
몹시 화나게 자극하는 ☞ 몹시 화나게 자극하는
자극하다 ☞ 신경을 건드리다
가격이 자금 사정/형편에 맞다 ☞ 주머니 사정에 맞다
자금이 풍부한 ☞ 주머니가 깊은
자기가 속한 단체에 대한 자긍심 ☞ 단체/집단의 단결심
자기 생각대로 ☞ 자신만의 방식으로
남들의 이야기는 안 듣고 자기 주장만 내세우다 ☞ 남들의 이야기는 안 듣고 자기 주장만 내세우다
가장 자랑스러운 것/사람/업적 ☞ 보석처럼 빛나는 것/사람/업적
자랑스럽게 ☞ 깃발을 휘날리며
남들 앞에서 자기 자랑을 늘어 놓다 ☞ 자화자찬(自怜自讚)하다
실력/가진 것 등을 남들에게 자랑하다 ☞ 과시하다
어려움을 자력으로 헤쳐나가야만 한다 ☞ 남들에게 의존할 수 없는 상황에 처해 있다
자리를 내어주다/양보하다 ☞ 길을 비켜주다
믿음/사상/관습 등이 자리를 잡다 ☞ 뿌리를 내리다
감정/습관/태도 등이 사회/조직/성격 등에 견고하게/깊게/확고하게 자리잡고 있는 ☞ 배어 있는
자립할 수 있는 ☞ 독자적으로 생존할 능력이 있는
자발적으로 ☞ 자의로
자백하다 ☞ ~에 대한 자신의 잘못을 인정하다
자기가 속한 단체에 대한 자부심 ☞ 단체/집단의 단결심
자상(刺傷) ☞ 칼에 찔린 상처
남에게 아낌없이 자선을 베풀다 ☞ 인심이 매우 후하다
지나친 자신감 ☞ 오만
자신도 모르게 ~한 상황에 처하게 되다 ☞ 뜻하지 않았던 상황에 처하다
자신도 모르는 사이에 발생한 ☞ 당사자도 모르게 발생한 (고의가 아니게 어떤 일이 잘못되었을 경우 사용한다)
자신만의 방식으로 ☞ 자신만의 방식으로
자신에 대한 자신의 생각 ☞ 스스로 자기 자신의 성격이 어떻거나 어떤 능력을 가지고 있다고 생각하는 것
자신의 잇속만 챙기는 ☞ 이기적인
자신이 바라보는 자신의 모습 ☞ 스스로 자기 자신의 성격이 어떻거나 어떤 능력을 가지고 있다고 생각하는 것
모든 일을 전부 자신이 조종하려고 하는 사람 ☞ 모든 일을 전부 자신이 조종하려고 하는 사람
집회/결사(結社)의 자유 ☞ 집회/결사(結社)의 자유
위험한 사람/동물/물건 등이 아직까지 붙잡히지 않고 자유롭게 다니고 있는 ☞ 붙잡히지 않고 자유롭게 다니고 있는
~을 자의적으로 만지다/고치다 ☞ ~을 가지고 멋대로 행동하다
자제하지 않고 ☞ 내일 따위는 없다는 듯이
어떤 사람이 자주 가는 곳/장소 ☞ 즐겨 찾는 곳/장소

~은 자주 발생하는/있는 일이 아니다 ☞ 날이면 날마다 항상 그런 것은 아니다

너무 자주 변해서 대처하기 힘든 (상황) ☞ 바람이 부는 대로 변화하는 모래언덕

너무 자주 이용/사용되어 싫증나는 ☞ 방법/개념/생각 등이 진부한

자주 일어나는 것처럼 ☞ 흔히 있는 일이지만

스스로 어려움을 자초하다 ☞ 도끼로 제 발등을 찍다; 스스로 자기 무덤을 파다

스스로 자초한 어려움에 빠지다 ☞ 스스로 자초한 어려움에 빠지다

부상 등이 자해(自害)로 인한 ☞ 화/불행 등을 자초한

점점 작아지다 ☞ 점점 작아지다

작열하는 ☞ 날씨가 매우 더운

작은 것에 집착하다 큰 것을 놓치다 ☞ 시야가 좁은

작게는 ~에 이르기까지 ☞ ~와 같은 세세한 부분까지 다 포함하여

작동하지 않는 시간 ☞ 기계/업무/장비 등이 쉬는 시간

작은 것을 내어주었지만 더 큰 것을 얻다 ☞ 싸움에는 지고 전쟁에서는 승리하다

작은 것을 얻었지만 더 큰 것을 잃다 ☞ 싸움에는 이기고 전쟁에서는 패하다

수주 등의 잔고/잔량 (수주해 놓고 아직 시작하지 않은 일) ☞ 잔무

작은 화(禍)를 피하거나 더 좋은 것을 얻기 위하여 잔꾀를 부리다가 더 큰 화(禍)를 자초하다 ☞ 작은 화(禍)를 피하거나 더 좋은 것을 얻기 위하여 요령/잔꾀를 부리다가 더 큰 화(禍)를 자초하다

듣기 싫은 잔소리를 심하게 듣다 ☞ 귀따가운 소리를 잔뜩 듣다

듣기 싫은 잔소리를 심하게 하다 ☞ 귀따가운 소리를 잔뜩 하다

잔업 ☞ 잔무

옛 건물/전통/문화 등에서 어떤 부분이 아직 잔존해 있다 ☞ 남아 있다

어떤 사람이 잘 가는 곳/장소 ☞ 즐겨 찾는 곳/장소

어떤 일이 잘 나갈수록 그만큼 좌절의 고통도 큰 법이다 ☞ 어떤 일이 잘 나갈수록 그만큼 좌절의 고통도 큰 법이다

잘난 체하는 ☞ 목이 뻣뻣한

잘난 체하는 사람 ☞ 똑똑한 체하는 사람

잘되어야 (잘해야) ☞ 기껏 해보아야

불필요한 부분을 잘라내다 ☞ 가지를 치다

잘못된 것 두 개를 합쳐봐야 옳은 것이 만들어지지 않는다 ☞ 상대방이 자신한테 해롭게 했다고 해서 똑 같이 보복해 보아야 득이 될 게 없다

다른 사람들에게 잘못된 점을 알리다 ☞ 다른 사람들에게 잘못된 점을 알리다

실수나 잘못될 여지가 전혀 없는 ☞ 틀림없는

스스로 잘못을 바로잡아 가는 ☞ 스스로 잘못을 고치는

잘못이나 어리석음을 깨닫게 하다 ☞ 잘못이나 어리석음을 깨닫게 하다

잘못이 있다는 것을 보여주는 ☞ 증거나 기록 등이 어떤 사람이 범죄나 심각한 실수를 저질렀다는 것을 강력하게 뒷받침하는

글/발언 등을 잘못 이해하다 ☞ 글/발언 등을 잘못 이해하다

~에게 잘 보이다 ☞ ~에게 점수를 따다

잘 보이려고 노력하다 ☞ ~의 환심을 사려고 노력하다; ~에 영합하다

잘사는 ☞ 원하는 것을 다 하거나 살 수 있을 만큼 부유한

잘잘못 ☞ 옳고 그름

일이 다 벌어진 다음 잘잘못에 대해 시끄럽게 떠드는 사람 ☞ 이러쿵저러쿵하는 사람

자다 깨다 하면서 자는 잠 ☞ 선잠

잠에 푹 빠져 있다 ☞ 꿈속을 헤매고 있다

어떤 일이 끝날 때까지 잠자코 기다리다/있다 ☞ 아무런 행동을 취하지 않은 채 어떤 일이 끝나길 기다리다

궂은, 사나운 날씨가 잠잠해지다 ☞ 궂은, 사나운 날씨가 누그러지다

잠재력이 무한하다 ☞ 우리 앞에 거칠 것이 없다

잠재적인 사람 ☞ 장래에 ~이 될 가능성이 있는 사람

서로 잡아먹으려고 으르렁대는 ☞ 목적을 이루기 위하여 수단방법을 가리지 않는

잡종 ☞ (이도 저도 아니고) 두 가지가 함께 섞여 있는 것

분위기/기분을 확 잡치게 하다 ☞ 흥겨운 기분, 열정 등에 찬물을 끼얹다

분위기/기분을 확 잡치는 사람/것 ☞ 찬물을 끼얹는 사람/것

장거리 여행 ☞ 시간과 노력이 많이 드는 여행

비난하는 장광설(長廣舌)을 늘어 놓다 ☞ ~에 대해 비난하는 열변을 토하다

장광설(長廣舌)을 늘어 놓다 ☞ 상대방을 설득하기 위하여 듣기 거북할 정도로 열변을 토하다

~은 ~의 장기다 ☞ 어떤 사람이 특정한 분야에 대해서 경험이 많아 훤하게 꿰뚫고 있다

사람들에게 장기를 보여주다 ☞ 좋은 인상을 심어주기 위해 노력하다

남의 말에 장단을 맞추다 ☞ 남의 말이나 행동에 맞장구치다

평소에는 비가 잘 오지 않다가 어쩌다 비가 한번 왔다 하면 장대같이 쏟아진다 ☞ 평소에는 잠잠하다가 여러 가지 (특히, 불행한/좋지 않은) 일이 한꺼번에 일어나다

장래에 ☞ 앞으로

문제를 일으킨 장본인 ☞ 악역

장비를 갖추다 ☞ 특정한 활동을 위하여 준비를 갖추다

특정한 사람/단체를 대상/상대로 장사를 하다 ☞ 특정한 사람/단체 등에게 원하는 물건이나 서비스를 제공하다

특별한 기후나 분위기를 가지고 있는 장소 ☞ 지역

~에 대한 장악력 ☞ 통제력

~가 장악하고 있는 ☞ ~이 통제하는

~을 장악하다 ☞ ~의 고삐를 쥐다

어떤 장애도 없이 ☞ 어떤 일이 거침없이 진행 될 때

사람들에게 장점을 보여주다 ☞ 좋은 인상을 심어주기 위해 노력하다

장점이 너무나 지나쳐서 오히려 결점이 될 만큼 극단적으로 ☞ 장점이 너무나 지나쳐서 오히려 결점이 될 만큼 극단적으로

장족의 발전을 하다 ☞ 큰 걸음을 내딛다

~을 할 수 있는 장치를 마련해 주다 ☞ ~로 향하는 길을 열다/터주다

세세하고 장황하게 ☞ 세세하고 장황하게

재갈을 물리다 ☞ 어떤 일이 발생하지 못하게 혹은 사람들이 원하는 행동을 못하게 억누르다

중단되었던 활동 등이 재개되다 ☞ 다시 시작되다

힘차게 재개하다 ☞ 한동안 중지되었던 일이나 과정 등을 빠르게 다시

시작하다
~의 **재고가 넘쳐나다/쌓이다** ☞ 공급의 과잉으로 인하여 ~으로 넘쳐나다
재기하다 ☞ 잿더미에서 다시 태어나다
재빠르게 ☞ 집에 불이 난 것처럼
재빠르게 ~을 하다 ☞ ~을 하는 데 주저하지 않는다
재수 없는 ☞ 운 나쁜
(어린아이를) **재우다** ☞ 침대로 데려가 눕히다
조직을 **재정비하다/재편성하다** ☞ 전열을 가다듬다
이전 것을 **재탕하다** ☞ 옛것을 답습하다 (이전과 별로 달라진 게 없다는 거부감을 나타내는 표현이다)
잽싸게 내빼다 ☞ 급하게/서둘러/황급히 달리다; 부리나케 달아나다
저돌적으로 목적/목표를 향해 나아가다 ☞ 저돌적(공격적)으로 목적/목표를 향해 나아가다
저명인사 ☞ 기라성(綺羅星) 같은 사람 (많은 사람가운데 눈에 확 들어오는 사람)
원칙/신념 등을 **저버리다** ☞ 팔아먹다
~에게 **저주와도 같은** ☞ ~가 너무나 싫어하는
바람직하지 않은 일이 발생하는 것을 **저지하기 위하여 노력하다/애쓰다** ☞ 막기 위하여 노력하다
한 목소리로/이구동성으로 외치는 **저항의 목소리** ☞ 일제히 일어나는 반대
어떤 일에 대하여 몹시 분개하여 강력하게 **저항하는** ☞ 강력하게 항의하는
혹시/설사 그게 아니라고 하더라도 **적어도 ~만은 분명하다(분명한 사실이다)** ☞ 혹시/설사 그게 아니라고 하더라도 적어도 ~만은 분명하다(분명한 사실이다)
체질적으로 타고난 것처럼 ~에 쉽게 **적응하다** ☞ 비록 처음 해보지만 오리가 물에서 헤엄치듯이 자연스럽게 ~을 잘하다
적절한 때가 오다 ☞ 시간(때가)이 무르익다
시간이 흘러 **적절한 시기가 오면/때가 되면** ☞ 시간이 지나면
언제나 **적중하는** ☞ 능력이나 판단력 등이 언제나 틀림없는
책임을 **전가하다** ☞ 책임을 전가하다
전개되다 ☞ 광경/이야기/상황/행사 등이 펼쳐지다
~ **전까지는 한번도 ~을 해본 적이 없다** ☞ ~을 경험하거나 한 것이 그때가 처음이다
전년도와 동일한 특정한 시기(월, 분기 등) 동안에 발생한 것에 비해서 ☞ 전년도와 동일한 특정한 시기(월, 분기 등) 동안에 발생한 것에 비해서
전년도 전체 또는 전년도와 동일한 특정한 시점에 비해서 ☞ 전년도 전체 또는 전년도와 동일한 특정한 시점에 비해서
전달 수단 ☞ 전달 수단
메시지/의사 등의 **전달이 명료한** ☞ 메시지/의사 등의 전달이 명료한
업적/교육/배경 등과 관련된 **전력** ☞ 어떤 특별한 일을 하는데 자격이 충분하다는 것을 보여주는 경력
전력을 다하여 ☞ 전속력으로; 어떤 계획/사업 등이 빠르게 진척되는
전례가 없는 ☞ 전대미문(前代未聞)의
전면 대결/충돌 ☞ 많은 사람들이 가담한 매우 격하고 거친 싸움/전쟁
전면적으로 ☞ 모든 사람/것을 다 포함하여
전문가 ☞ 특정한 주제에 관하여 지식이 해박한 사람
어떤 특정한 사건/일의 배경이 되는 **전반적인 상황** ☞ 큰 그림
하나도 빠짐없이 **전부** ☞ 송두리째
앞서 말한 것이 **전부다** ☞ 어떤 것 혹은 상황 등이 너무나 간단하다
모든 사람들을 **전부 다 만족시키려고 노력하는 사람** ☞ 모든 사람들을 전부 다 만족시키려고 노력하는 사람
~이 **전부 사실이라고 믿지 않는다** ☞ 어떤 결과/수치/사실/이야기 등을 액면(額面) 그대로 받아들이지 않는다
싸움에서 **전사하다** ☞ 사라지다
좋지 않은 것이 **전염병처럼 번지다** ☞ 전염병이 마구 번지듯이 걷잡을 수 없이 급속하게 퍼져나가다
전 영역을 다 포함한다 ☞ 모든 것/종류들을 다 포함한다
전율시키다 ☞ 벌벌 떨게 만들다
~은 특정 시간 **전의 일이다** ☞ ~이후 특정 시간이 지났다
전쟁을 일으킨 이유 ☞ 전쟁을 일으킨 이유
전쟁터 ☞ 어떤 사건(분쟁/작전/전쟁)등이 발생하는 장소
전적으로 ~에 달려 있다 ☞ ~ 때문에 가능하다
여기저기를 **전전하면서 활동하다** ☞ 여기저기 떠돌아다니면서 활동(공연, 선거유세, 시합 등)을 하다
~이 올 것이라는 **전조(前兆)** ☞ ~이 올 것이라는 예고
~의 **전조가 된다** ☞ ~라는 그림자를 드리운다
전철을 밟다 ☞ 다른 사람들이 한 것과 같이 행동하다
전초전(前哨戰) ☞ 본격적인 싸움이 벌어지기 이전에 일어나는 사소한 싸움
전통 깊은 ☞ 유서 깊은
사람/단체 등의 **전형(典型)적인 것** ☞ 특성/특징을 잘 나타내는 것
기분/분위기 **전환** ☞ 전지(轉地) 요양/휴양
정책/의견/상황/태도 등의 **전환** ☞ 변화
어떤 특정한 값/나이/시기 혹은 그 **전후** ☞ 어떤 특정한 값/나이/시기 등의 근처
~과 관련된 **전후 상황을 모두 고려하여** ☞ ~과 관련된 모든 배경/상황/환경들을 종합적으로 고려하여
존경한다는 표시로 허리를 굽히면서 하는 **절** ☞ 인사
절대로 아니다 ☞ ~이 사실이 아니라는 것을 강조할 때
다리를 **절뚝거리며/절면서 나아가다** ☞ 배나 자동차 등이 고장이 나거나 파손되어, 사람이 부상을 입어 혹은 회사나 조직이 큰 피해를 입어 느릿느릿 나아가다
극도로 **절약하다** ☞ 돈을 너무 아끼다
절체절명(絕體絕命)의 순간에 한번 시도해 보는 ☞ 어려운 상황에 처해서 성공할 가능성이 희박하지만 다른 뾰족한 방법이 없기 때문에 마지막으로 시도해 보는
협상/흥정 등에서 **절충하다** ☞ 서로 똑같이 양보하여 합의점을 찾다
나이에 비해 **젊어 보인다** ☞ 나이에 비해 젊어 보인다
강도/세기가 **점점 증가하면서** ☞ 강도/세기가 점점 증가하면서
~ 하는 것/사람의 수가 **점점 증가하면서** ☞ ~ 하는 것/사람의 수가 점점 증가하면서
점진적으로 ~에 도달하다 ☞ 점진적으로 ~에 도달하다

점진적으로 ~을 도입하다 ☞ 단계적으로 ~을 도입하다
점진적으로 ~을 폐지/철거하다 ☞ 단계적으로 ~을 제거하다
점철(點綴)되어 있다 ☞ 산재해 있다
~와 접전을 벌이다 ☞ ~와 막상막하의 경쟁을 벌이다
외부와 접촉을 끊고 있는 ☞ 외부와 연락/접촉이 두절된
정곡을 찌르다 ☞ 어떤 사실/진실 등이 비록 받아들이기가(인정하기가) 고통스럽고 힘들지만 사람들이 받아들이다
정답이 없는 문제/질문 ☞ 여러 가지의 답이 나올 수 있으며, 어떤 것이 절대적으로 옳다고 아무도 말할 수 없는 질문
정말처럼 느껴진다/들린다 ☞ 사실처럼 느껴진다/들린다
~ 에 관한 최근 정보를 ~에게 지속적으로 알려주다 ☞ 지속적으로 제공하다
고의적으로 거짓 혹은 비밀 정보를 제공하다 ☞ 고의적으로 거짓 혹은 비밀 정보를 제공하다
정신을 번쩍 들게 하는 자극 ☞ 다리를 걷어 차이기
정신이 팔린 ☞ 매료된
정신자세 ☞ 사고방식
정이 많은 ☞ 마음이 부드럽고 인정이 많은
정중한 ☞ 공손한
국가, 정당(政黨)이나 단체의 정책 노선/방향 ☞ 정책 노선
어떠한 활동/상황 등이 정체상태에 빠져 있는 ☞ 침체한 상태에 빠져 있는
가장 정확한 사실/정보를 알고 있는 사람으로부터 ☞ 사실이나 정보 등에 정통한 사람/소식통으로부터
아이에게 먹이던 젖을 떼다 ☞ 아이에게 먹이던 젖을 떼다
제각기 다른 의도/목적으로 말/행동하는 ☞ 동문서답을 하고 있는
~의 제공에 의해 ☞ ~의 허가에 의한 (허락을 받고 남의 글이나 사진 등을 인용하거나, 기타 물건이나 비용을 지원받을 때 감사의 뜻을 표시하는 표현이다)
제 꾀에 넘어가다 ☞ 작은 화(禍)를 피하거나 더 좋은 것을 얻기 위하여 요령/잔꾀를 부리다가 더 큰 화(禍)를 자초하다
제대로 된 ☞ 어엿한
제반(諸般) 사항을 고려하여 ☞ 모든 것을 고려해 볼 때
제 버릇 남 못 준다 ☞ 오래된 습관은 잘 고쳐지지 않는다
(한번 고려해 보라는 의미로) 생각이나 계획 따위를 제안하다 ☞ 생각이나 계획 따위를 남들에게 띄워보다
논쟁/시합/싸움 등에서 상대방을 완전히/완벽하게 제압하다 ☞ 갈갈이 찢어놓다 : 짓뭉개다
상대방보다 더 우수한 방법/논리 등으로 상대방을 제압하다 ☞ 누르다
아무런 제약 조건 없이 ☞ 아무런 별도의 조건 없이
고려 대상에서 제외하다 ☞ 고려 대상에서 배제하다
제외한 채 ☞ ~을 배제한 채
제자리 걸음만 하고 있다 ☞ 제자리에서 맴돌기만 하다
일련의 사건/변화 후 제자리로 다시 돌아오다 ☞ 원상태로 다시 돌아오다
제자리에 머물러 있다 ☞ 전혀 진전이 없다
제자리에서 맴돌기만 하다 ☞ 제자리에서 맴돌기만 하다
제정신이 아닌 상태에서 어떤 일을 한 것 같은 경험 ☞ 실제로는 자신이 했지만 마치 자신이 아닌 다른 사람이 한 것처럼 느껴지는 경험
~에 제한되어 있다 ☞ ~에 국한되어 있다
돈이 많거나 혹은 사회적인 신분이 높거나 한 특별한 사람들에게만 제한된 ☞ 국한된
젠체하지만 실질적으로 별 볼 일 없는 사람 ☞ 잘난 체하는 사람
양 또는 수준 등이 조금밖에 안 되는 ☞ 매우 적은
설령/설사 있다고 하더라도 극히 조금뿐인 ☞ 설령/설사 있다고 하더라도 극히 조금뿐인
조급하게 행동하다 ☞ 총소리도 나기 전에 출발하다
뭐가 뭔지 알 수 없는 조리(條理)가 없는 말 ☞ 횡설수설(橫說竪說)
가슴이 조마조마하다 ☞ 가슴이 두근두근하다
조심성 없는 ☞ 부주의하게 행동하는
천천히 조심스럽게 나아가다 ☞ 천천히 조심스럽게 나아가다
미리 조심하는 것이 상책이다 ☞ 위험한 요소가 있는지 미리 조심해서 잘 살펴보아 나중에 후회하는 일이 없도록 하라
사람/책/문체 등이 조예가 깊은 ☞ 학문적 지식이 풍부한
조용하게 만들다 ☞ 말문을 막다
사실이나 회계 등의 조작 ☞ 겉치레
조작된 혐의/증거 ☞ 날조된 혐의/증거
~이 올 것이라는 조짐 ☞ 예고
~은 ~의 조짐이다 ☞ ~은 ~의 징후이다 (특히 좋지 않은 경우)
회의/모임 등이 조촐한 ☞ 규모가 작은
~에게 존경을 표하다 ☞ ~에게 경의를 표하다
~를 매우 존경하다 ☞ ~를 높이 떠받들다
더 이상 존재하지 않는 ☞ 작동을 멈춘
특정한 성질이 ~에 존재한다 ☞ 특정한 성질이 ~에 내재하다
운전 중 졸고 있는 ☞ 주어진 중요한 임무를 소홀히 수행하는
졸부 ☞ 벼락부자 (최근에 돈을 많이 벌긴 했지만 질이 낮은 사람들을 약간 경멸하는 표현)
졸졸 따라다니다 ☞ 같이 가자는 요청이 없었음에도 ~를 따라가다
너무나 ~을 하고 싶어서 좀이 쑤시는 ☞ 몸이 근질거리는
좁은 시각/시야 ☞ 좁은 시야
수사망을 점점 좁혀가다 ☞ 포위망을 서서히 좁혀가다
종료된 ☞ 끝난 상태인
~한 종류의 것들/사람들 ☞ ~ 한 유형의 것들/사람들
~의 시대는 곧 종말을 맞게 된다 ☞ 앞으로 살 날이 얼마 남지 않았다
전쟁/논쟁/시합 등의 종반전 ☞ 최종 단계
~이 종식되다 ☞ ~이 끝나다
~을 종식시키다 ☞ ~을 끝내다
알고 있는 정보를 모두 종합해 판단하다 ☞ 알고 있는 정보를 모두 종합해 판단하다
종횡무진으로 다니다 ☞ 동분서주(東奔西走)하며 다니다
~에 대하여 좋게 말하다 ☞ ~에 대하여 좋게 말하다
~이라면 더 좋다 ☞ 되도록이면 ~이면 더욱 좋다
보수를 원해서가 아니고 좋아서 하는 일 ☞ 돈 때문이 아니고 즐거워서 하는 일
너무나 좋아하는 ☞ ~에 매료된
~을 특별히 좋아하는 성향 ☞ ~을 특별히 좋아하는 성향

찾아보기

다른 사람/것에는 그렇게 대하지 않으면서 유독 특정한 사람/것에 특별한 **좋은 감정을 가지고 있다** ☞ 특별한 좋은 감정을 가지고 있다

남들 눈에는 즐겁게 보일지는 모르지만 항상 **좋은 것만은 아니다** ☞ 항상 즐겁지만은 않다

어떤 일반적으로 좋지 않은 상황에서 그나마 한 가지 **좋은 것/점은** ☞ 어떤 일반적으로 좋지 않은 상황에서 그나마 한 가지 좋은 것/점은

말/글/일/사건 등이 **좋은 것인지 나쁜 것인지 알기 힘든** ☞ 두 가지로 해석할 수 있는

~에게 **좋은 인상을 심어주다** ☞ ~에게 점수를 따다

좋은 점과 나쁜 점 ☞ 장단점

좋은 점과 나쁜 점이 함께 있는 것/상황 ☞ 장단점을 다 가지고 있는 것/상황

좋은 점을 많이 가지고 있다 ☞ 장점이 많다

좋을 때나 나쁠 때나 변함없이 ☞ 변함없이

~에 대하여 **좋지 않게 말하다** ☞ ~에 대하여 나쁘게 말하다

~에 의해서 **좌지우지되다** ☞ ~의 손에서 놀아나다

~가 **좌지우지한다** ☞ ~가 지시를 내린다

죄가 있다는 것을 보여주는 ☞ 증거나 기록 등이 어떤 사람이 범죄나 심각한 실수를 저질렀다는 것을 강력하게 뒷받침하는

바싹 **죄다** ☞ 남에게 특정한 일을 강제로 하도록 혹은 하지 말도록 압력의 수위를 높이다

특정한 활동에 대한 **주도권 싸움/다툼** ☞ 범죄조직들 사이에서 벌어지는 영역 싸움/다툼

단체/사회/조직/정당 등의 **주류(主流)** ☞ 단체/사회/조직/정당 등을 주도하는 사람들

~ **주머니를 불리다** ☞ ~을 주머니에 챙겨 넣다

주모자 (특히 좋지 않은 일을 주동하는 사람) ☞ 어떤 활동의 주동자

잘 **주목하지 않다** ☞ 소홀히 여기다

주문에 걸린 듯한 ☞ 넋을 빼앗긴

주문을 외운 것처럼 ~을 만들어내다/불러내다 ☞ 마법을 부려 ~을 만들어내다

남들이 무슨 일을 하고 있는지 궁금하여 고개를 돌리고 어깨너머로 **주변을 살펴보다** ☞ 어깨너머로 주변을 살펴보다

현재 어떤 일이 벌어지고 있는지 누가 무슨 말을 하고 있는지 파악하기 위하여 주변상황을 예의(銳意)**주시하고 있다** ☞ 귀를 땅에 대고 있다

결정/권한/책임 등이 ~에게 **주어져 있다** ☞ 어떠한 사람에게 달려 있다

만일 ~한 기회/상황/조건 등이 **주어진다면** ☞ 만일 ~한 기회/상황/조건 등이 주어진다면

소설/연극/사건 등의 **주역** ☞ 주요 등장 인물

제대로(원하는 방향으로) 진행되어 가는지 **주의 깊게 지켜보다** ☞ 주의 깊게 지켜보다

~을 구하기/찾기 위하여 사방을 **주의 깊게 살펴보다** ☞ ~을 구하기/찾기 위하여 사방을 주의 깊게 살펴보다

경고/명령/요구/지시/충고하는 사항에 **주의를 기울이며 그대로 행동한다** ☞ ~을 하라는 경고/명령/요구/지시/충고 등을 잘 따르다

주의를 기울이지 않는다 ☞ 이해하지 못하다

소설/연극/사건 등의 **주인공** ☞ 주요 등장 인물

사람들에게 ~을 **주입시키기 위하여 애쓰다** ☞ 사람들로 하여금 어떤 상황/생각 등을 믿게 하기 위하여 지속적으로 그 것에 대하여 언급하다

옳고 그름 혹은 찬성 반대에 대해서 **주장이 강한/뚜렷한** ☞ 소신이 분명한

조금도/추호도 **주저하지 않고** ☞ 신호가 떨어지기 무섭게 즉각/즉시 반응을 보이면서

퇴로를 스스로 없애고는 **죽기를 각오하고(죽기 살기로) 싸우다** ☞ 배수진(背水陣)을 치다

죽기 살기로 하는 싸움 ☞ 끝장을 볼 때까지 계속되는 싸움

내가 **죽기 전에는 안 된다** ☞ 그건 절대로 안 된다

폭력 등에 의해서 혹은 의문스럽게 **죽다** ☞ 최후를 맞이하다

죽을 고비를 잘 넘기다 ☞ 큰 병, 고통, 어려움 등으로 인한 고비를 잘 넘기고 활력을 되찾다

죽음 ☞ 종말

~ **죽이기** (hating and attacking) ☞ ~ 때리기

싸움, 분쟁 등이 사회나 단체 내부에서 일어나 서로 **죽이는** ☞ 동족상잔의

모든 **준비가 끝났다** ☞ 단추만 누르면 된다

모든 **준비를 끝내고 대기하다** ☞ 모든 준비를 끝내고 행동을 취할 기회/때/순번 등이 오기를 기다리다

특별한 상황에 통상적으로 **준수해야 할 사항들** ☞ 특별한 상황에 통상적으로 적용되는 규칙

관습/법률 등에 **준하여** ☞ 관습/법률 등에 따라서

상대방이 대꾸/응답도 하지 않는 데 **줄기차게 떠들다** ☞ 상대방이 대꾸/응답도 하지 않는 데 계속해서(줄기차게) 떠들다

점차 **줄어들다** ☞ 점점 작아지다

규모를 **줄이다** ☞ 규모를 줄이다

기록/가격/비용/시간 등을 약간 **줄이다** ☞ 약간 단축하다

비용/소비/인원/지출 등을 **줄이다** ☞ 감축하다

생태계를 보호할 목적으로 병들거나 약한 동물을 죽여서 수를 **줄이다** ☞ 감소시키다

중단시키다 ☞ 밟아버리다

역사/인생 등에서 한 획을 긋는 **중대한 사건** ☞ 획기적인 사건

중시하는 ☞ ~을 지향(志向)하는

어떤 지역/활동의 **중심부** ☞ 심장부

한창 ~이 벌어지고 있는 **중에** ☞ 어떠한 일이 발생하는 상황 속에서

매 몇 개 **중에서 몇 개씩은** ☞ 매 몇 개마다 몇 개씩은

~을 ~보다 **중요시한다** ☞ ~을 ~보다 우선시한다

~을 **중요하게 여기다** ☞ ~에 가치를 부여하다

~을 제일 **중요하게 여긴다** ☞ ~을 제일 우선시한다

매우 **중요한 위치를 점하다** ☞ 중앙무대를 차지하다

특정한 활동이나 상황에서의 **중추적인 인물/사항** ☞ 핵심 인물/사항

어떤 일을 하다 **중퇴하다** ☞ 중도에 탈락하다

법의 한도 내에서 가할 수 있는 최대의 **중형을 내리다** ☞ 최대의 형벌을 내리다

~을 마음대로 **쥐고 흔들다** ☞ ~의 고삐를 쥐다

쥐 죽은 듯이 조용하다 ☞ 너무나 조용하다

즉 ☞ 다시 말하면

즉시 ☞ 숨돌릴 겨를도 없이

어렵고 힘든 일이지만 즐거운 마음으로 하다 ☞ 어렵고 힘든 일이지만 기꺼이 하다

즐거운 시간을 맘껏 보내다 ☞ 한바탕 흥겨운 시간을 보내다

즐거울 때나 괴로울/슬플 때나 변함없이 ☞ 변함없이 ; 시종일관

즐거웠던 나날들 ☞ 좋았던 시절 (현재는 이전과 같지 않다는 의미다)

즐거운 일과 괴로운 일이 함께 있었던 ☞ 추억/기억/경험 등이 시원섭섭한

~만족감/즐거움/행복감 등을 매우 크게 즐기고 있다 ☞ ~라는 만족감에 도취되어 있다

~을 한껏 즐기다 ☞ ~한 상황 속에서 행복을 누리다 ; 음미하다

무엇을 혹은 무엇이 사실이거나 존재한다는 것을 입증하는 증거 ☞ 단적으로 보여주는 예

어떤 행사나 모임 등에 참여하다가 간다는 말/인사도 없이 증발해 버리다 ☞ 훌쩍 떠나다

특히 도덕적인 이유 등으로 인해서 증오하다 ☞ 특히 도덕적인 이유 등으로 인해서 혐오하다

그렇지 않아도 어떤 문제로 골치 아파하고 있는데 계속 그 문제가 중요하고 지겹도록 떠들어대다 ☞ 지겹도록 떠들어대다

지구의 종말이 올 때까지 ☞ 세상이 끝날 때까지

지금부터는 ~이라고 표기한다 ☞ 이후부터는 ~라 칭한다

지나가던 선한/착한 사람 ☞ 어려움에 처한 사람들을 보면 그냥 자나치지 못하고 도와주는 사람

지금으로선 예상/예측하기 힘들다 ☞ 앞으로 어떻게 될지는 (더) 두고 봐야 안다

이미 지나간 것/이야기 ☞ 과거사

~은 이미 지나간 이야기다 ☞ ~하던 시절은 이미 지나갔다

~라고 해도 지나치지 않다 ☞ ~이라고 해도 과언이 아니다

너무 지나치지 않을 정도로 ☞ 합당한 선 안에서

특정한 성질 주로 좋지 않은 성질이 너무나 지나친 ☞ 매우 강하다는 것을 강조할 때

너무 지나친 행동을 하다 ☞ 관습이나 규범 상식 등을 일탈하는 행동을 하다

즐거웠던/행복했던 지난날들 ☞ 좋았던 시절 (현재는 이전과 같지 않다는 의미다)

지역/장소 등이 지내기 좋은 ☞ 사람들이 선호하는

~을 전혀 지니고 있지 않는 ☞ ~을 전혀 가지고 있지 않은

같은 목적이나 흥미를 지니고 있는 사람들이 모인 그룹의 지도자 ☞ 대표하는 사람

지레짐작하다 ☞ 성급한 결론을 내리다

일이 다 잘될 것이라고 성급하게 지레짐작하다 ☞ 떡 줄 사람은 생각도 없는데 김칫국부터 마시다

지루한 느낌 ☞ ~에 대한 식상한 느낌

~을 지망하는 ☞ ~이 되고 싶어하는

특별한 기후나 분위기를 가지고 있는 지방 ☞ 지역

~에 대한 지배력 ☞ 통제력

~를 지배하다 ☞ ~의 고삐를 쥐다

~의 효력이 지속되다 ☞ ~의 효력이 지속되다

여러 시간/날/주/월/해 동안 지속되어 온 ☞ 계속되어 온

여러 시간/날/해 동안 지속적으로 ☞ 끊임없이

지시하는 대로 행동하다 ☞ 시키는 대로 행동하다

지식수준이 낮은 사람 ☞ 예술작품 등이 지적인 사고력을 전혀 요구하지 않는

지식수준이 높은 사람 ☞ 예술작품 등이 많은 지적인 사고력을 요구하는

특정한 활동/주제에 관하여 전혀 지식이 없는 사람 ☞ 생전 처음 접해 보는 사람

지연되어 온 ☞ 미루어져 왔던

지연 등으로 맺어진 조직 ☞ 학연/지연 등으로 맺어진 조직

힘든 문제/일/책임 등을 지우다 ☞ 부과하다

지울 수 없는 마음의 상처 ☞ 마음의 상처

~에게 ~에게 의무나 책임으로 지워지다 ☞ ~을 하는 것은 ~의 책임이다

~의 지원으로 ☞ ~의 허가에 의한 (허락을 받고 남의 글이나 사진 등을 인용하거나, 기타 물건이나 비용을 지원받을 때 감사의 뜻을 표시하는 표현이다)

지원을 요청하다 ☞ 도움/지원 등을 요청하다

일/작업 등이 지지부진하다 ☞ 배나 자동차 등이 고장이 나거나 파손되어, 사람이 부상을 입어 혹은 회사나 조직이 큰 피해를 입어 느릿느릿 나아가다

~한 견해/믿음/주장을 지지하다 ☞ ~한 견해/믿음/주장에 찬동하다

몸과 마음을 매우 지치게 하다 ☞ 탈진시키다

사태를 지켜보고만 있는 ☞ 사태를 방관하고 있는

특별한 상황에 통상적으로 지켜야 할 사항들 ☞ 특별한 상황에 통상적으로 적용되는 규칙

규정이나 원칙 등을 잘 지키다 ☞ 잘 준수하다

지탱하다 ☞ 버팀목을 대다

지하조직/지하세계 ☞ 암흑가

직설적으로 이야기하다 ☞ 곧이곧대로 이야기하다

간신히 정해진 시간 혹은 마감 시간 직전에 (어떤 일을 하다) ☞ 가까스로 정해진 시간 내에

곧 어떠한 일이 일어 나기 직전의 상태에 있는 ☞ 곧 어떠한 일이 일어나기 직전의 상태에 있는

정해진 기한/시간이 다하기 직전의 시간 ☞ 최후의 순간

단순히 말로만 참여하거나 남들을 시켜서 하는 것이 아니고 직접 일에 참여하는 ☞ 직접 일에 참여하는

특히 좋지 않은 사건이 벌어진 직후의 시기/상황 ☞ 특히 좋지 않은 사건이 벌어진 이후의 시기/상황

진기한 것/사람 ☞ 찾아보기가 매우 힘든 것/사람

진로를 바꾸다 ☞ 방향을 전환하다

~와 진배없다 ☞ ~이라고 해도 과언이 아니다 ; ~와 다를 바 없다

진실한 ☞ 진정한

진심으로 ☞ 가슴 속 깊이

진압하다 ☞ 밟아버리다

사건이나 변화 등이 진작에 일어 났어야 하지만 아직까지 일어나지 않

은 ☞ 미루어져 왔던

특정한 계획이나 활동이 전혀 **진전이 없는** ☞ 드러누워 꼼짝도 않고 있는

진정으로 ☞ 가슴 속 깊이

더 나은 미래를 위해서 **진취적으로 행동하는** ☞ 생각이나 태도 등이 전향적인

진퇴양난이다 ☞ 더 이상 갈 곳이 없다

진퇴유곡에 처해 있다 ☞ 어떤 것을 선택해도 어렵기는(곤란하기는) 마찬가지다

특정한 활동이 **진행되다 멈추기를 반복하면서** ☞ 단속적으로

~가 **질색하는** ☞ ~가 너무나 싫어하는

특히 도덕적인 이유 등으로 인해서 **질색하다** ☞ 특히 도덕적인 이유 등으로 인해서 혐오하다

질주하다 ☞ 사람이나 자동차 등이 특정한 방향으로 매우 빠르게 이동하다

떠나기 위해서 **짐을 꾸리다** ☞ 지내던 곳(집, 건물, 직장 등)에서 떠나다

가슴을 짓누르던 무거운 **짐을 홀가분하게 벗어버리다** ☞ 말하고 싶었지만 꾹 참고 한동안 마음속에 지니고 있던 괴로운 심정을 털어놓다

상황이 어렵거나 좋지 않음에도 불구하고 **짐짓 괜찮은(만족스러운) 척하다** ☞ 상황이 어렵거나 좋지 않음에도 불구하고 짐짓 괜찮은(만족스러운) 척하다

집단적 우월주의 (자기 종족이나 자신이 속한 집단이 혹은 남자나 여자가 다른 성보다 더 우월하다는 생각) ☞ 동족의식

불길, 산사태 등이 건물 등을 순식 간에 **집어 삼키다** ☞ 휩싸다

여기저기 **집적거리다** ☞ 손가락을 안 갖다 대는 데가 없다

특정 목표 만을 대상으로 **집중 공격하는 행위** ☞ 인명이나 주변 건물에 피해를 주지 않고 특정한 목표를 파괴하기 위해 국부적으로 수행하는 군사적인 공격 행위

집집마다 ☞ 가가호호

짓밟다 ☞ 어떤 일이 발생하지 못하게 혹은 사람들이 원하는 행동을 못하게 억누르다

~은 ~의 **징조다** ☞ ~은 ~의 징후이다 (특히 좋지 않은 경우)

징크스 ☞ 불길한 물건/사람

징후 ☞ 어떤 일이나 사태가 어떤 방향으로 나아갈 것이라고 추측하게 만드는 조짐

핀으로 정확한 곳을 꼭 **짚다** ☞ 불확실하고 알려지지 않은 것을 정확하게 찾아내다

짜맞춘 혐의/증거 ☞ 날조된 혐의/증거

그룹이나 조직이 **짜임새 없는** ☞ 엉성한

째려보다 ☞ 매서운/사나운 눈초리로 흘겨보다

건배에서 잔을 **쨍그랑 부딪치다** ☞ 건배에서 잔을 쨍그랑 부딪치다

돈/자원/공간 등이 부족해서 **쪼들리는 생활을 하다** ☞ 궁하다

찜찜한 구석/부분 ☞ 이야기/상황/범죄 등에서 석연(釋然)치 않은 구석/부분

계획이나 사람의 마음이 갈갈이 **찢어진** ☞ 옷이나 책 등이 너덜너덜해진

차

차관 ☞ 정부기관 등의 기관장 바로 밑에서 매우 중요한 직을 맡고 있는 고위직 사람

~을 했음에도 불구하고 **차도/차이가 전혀 없다** ☞ ~했다고 해서 이전과 비교했을 때 전혀 달라진 게 없다

그게 아니라 **차라리 이렇게 이야기하는 편이 옳을지 모른다** ☞ 그게 아니라 차라리 이렇게 이야기하는 편이 옳을지 모른다

차례(대)로 ☞ 연이어서

인종이나 국적을 **차별하지 않는** ☞ 피부색이 다르다고 차별하지 않는

현격한 **차이** ☞ 심한 격차

차이가 너무나 뚜렷한 ☞ 확연히 서로 다른

아무런 **차이가 없다** ☞ 어떤 경우든 마찬가지다

경주나 시합 등에서 **차이를 더욱 벌리다** ☞ 상대방보다 월등히 앞서 나가다

서로의 **차이점 등을 인정하고 다투지 않기로 하다** ☞ 서로의 견해차/차이점 등을 인정하고 다투지 않기로 하다

많은 사람들이 서로 **차지하고 싶어하는** ☞ 열망하는

비록 ~이 사실이 아니지만 스스로 자기 자신이 그렇다고 **착각하다** ☞ 스스로 자기 자신이 그렇다고 믿고 있다

~을 ~으로 **착각하다** ☞ ~를 ~과 혼동하다

~을 **착복하다** ☞ ~을 주머니에 챙겨 넣다

착상(着想)이 나쁜 ☞ 계획이나 행동 등이 충분한 검토가 부족하거나 부주의 해서 실패할 것 같은

지나가던 **착한 사람** ☞ 어려움에 처한 사람들을 보면 그냥 지나치지 못하고 도와주는 사람

논쟁 등에서 누구의 말/의견/주장에 절대로 **찬동하지 않는다** ☞ 지지하지 않는다

결정/논쟁/토론 등에 **참견하다** ☞ 끼어들다

남들이 자신에게 해를 끼치더라도 똑같이 보복하지 않고 **참고 견디다** ☞ 해를 끼치더라도 똑같이 보복하지 않고 참고 견디다

감정을 밖으로 드러내고 싶지만 꾹 **참다** ☞ 감정을 억누르다

참된 ☞ 진정한

참된 의미의(의미를 지닌) ☞ 진정한 의미의

참신한 사람/인재 ☞ 젊은 피

참여하는 사람들이 많을수록 더 좋다 ☞ 어떤 즐거운 모임이나 장소에 사람들이 많을수록 더 좋다

도저히 **참을 수 없다** ☞ 너무나 싫어하다

단체/기관 등이 **창립된/창설된 이래로** ☞ 설립된 때부터

놀라서, 분노하여 혹은 아파서 얼굴이 매우 **창백한** ☞ 백지장 같은

창피 ☞ 모욕(감)

원하는 일을 잘 해결해 주기 때문에 누구나 **찾는/찾아가는 사람** ☞ 필요한 정보/자료를 가장 많이 가지고 있거나, 필요한 일을 잘 처리해 주는 사람

찾다 ☞ 뒤지다

어렵게 **찾다** ☞ 어렵게 손에 넣다

찾아 헤매다 ☞ 먹잇감 등을 찾아 배회하다

채비를 갖추다 ☞ 특정한 활동을 위하여 준비를 갖추다

자세히 읽지 않고 대충 훑어 보면서 **책/책장을 넘기다** ☞ 책/책장을 넘기다

어떤 금지된 혹은 위험한 일을 하다가 잘못되면 본인의 **책임이다** ☞ 위험을 감수한다면 어디 한번 해보라

어떤 조직의 **책임자가 되다** ☞ ~의 고삐를 쥐다

걱정/문제/부담 등을 **책임져야 하는** ☞ 목에 걸려 있는

중요하고 어려운 결정을 **책임지고 해야 하는 어려운/힘든 자리에 있는** ☞ 중요하고 어려운 결정을 책임지고 해야 하는 어려운/힘든 자리에 있는

다른 용도를 위해서 ~을 별도로 **챙겨두다** ☞ 다른 용도를 위해서 ~을 따로 남겨두다

불쾌한, 당혹스러운 일 등을 마지 못해서 할 수밖에 없는 **처량한 상황/신세/지경으로 전락하다** ☞ 전락하다

~와 같은 **처량한 신세/처지가 되다** ☞ 주로 좋지 않은 처지에 있는 ~한 사람들의 대열에 합류하다

~**처럼 대단한** ☞ ~처럼 대단한 (사람이나 사물이 놀라움이나 경탄을 자아낼 정도로 대단하다는 것을 강조할 때)

처박혀 지내다 ☞ 숨어 지내다

법률, 규정, 조약 등이 지키지 않을 경우 **처벌을 할 수 있는 조항을 포함하고 있다** ☞ 엄한 조항을 포함하고 있다

잘못에 대하여 **처벌하는** ☞ 응징하는

지금까지 한 일 등이 잘못되었기 때문에 **처음부터 다시 시작하다** ☞ 원점으로 돌아가 다시 시작하다

단어/용어 등을 **처음 사용하다** ☞ 새로운 단어/용어 등을 만들다

처절한 싸움 ☞ 끝장을 볼 때까지 계속되는 싸움

불쾌한, 당혹스러운 일 등을 마지 못해서 할 수밖에 없는 **처참한 상황/신세/지경으로 전락하다** ☞ 전락하다

천부적인 권리 ☞ 타고난 권리

~를 향해 매우 **천천히 그리고 힘겹게 나아가다** ☞ 무거운 발걸음으로 혹은 덜커덕거리거나 불규칙한 동작을 하며 ~를 향해 매우 천천히 그리고 힘겹게 나아가다

척척 ☞ 어떤 일이 거침없이 진행 될 때

천양지차(天壤之差) ☞ 심한 격차

어떤 일이 매우 **천천히 진행된다** ☞ 어떤 일을 하는데 있어 굼벵이처럼 너무 꾸물거리다

한 번에 해도 될 일을 늑장을 부리며 **천천히 한다** ☞ 괜히 꾸물거린다

천하 없어도 해야 한다 ☞ 아무리 상황이 어렵더라도 반드시 해야 한다

철면피 같은 ☞ 너무나 뻔뻔한

철저하게 ☞ 최대한으로

참빗으로 빗질하듯이 **철저하게 조사하거나 검사하다** ☞ 참빗으로 빗질하듯이 샅샅이/철저하게 조사하거나 검사하다

조사/검사/실험 등을 조심스럽고 **철저하게 하는** ☞ 수고를 아끼지 않는

흥을 돋우기 위하여 재미있는 요소를 **첨가하다** ☞ 흥을 돋우기 위하여 재미있는 요소를 첨가하다

첩보 제공자 ☞ 정보를 제공하는 사람

여러 단어들의 **첫 글자를 따서 이루어진 이름(acronym)을 갖고 있는 단체들의 집합** ☞ 여러 단어들의 첫 글자를 따서 이루어진 이름(acronym)을 갖고 있는 단체들의 집합

대화/협상 등을 부드럽게 시작하기 위한 **첫 마디** ☞ 어떤 상황이나 시합 등에서 상대방보다 유리한 위치를 점하기 위해서 하는 행동/작전

화가 나 시끄럽게 굴거나 무엇을 요구하면서 어떤 장소(건물)로 **쳐들어가다** ☞ 난입하다

체력을 단련시키다/강화하다 ☞ 몸을 단련시키다

체질적으로 타고난 것처럼 ~에 쉽게 적응하다 ☞ 비록 처음 해보지만 오리가 물에서 헤엄치듯이 자연스럽게 ~을 잘하다

어떤 새로운/최근 개념/감정/생각/사상 등이 **초기 단계에 있는** ☞ 아직 확실하게 정립되지 않은

웹 사이트에 들어가면 맨 **처음에 뜨는 화면** ☞ 인터넷 사이트의 초기 화면

무당이나 영매처럼 귀신을 불러내거나 남의 마음을 읽거나 또는 손을 대지 않고 물건을 움직이는 등과 같은 **초능력을 지니고 있는 사람** ☞ 심령술사

초대받은 사람만 참석이 가능한 ☞ 모임이 초청받은 사람만이 참석할 수 있는

상대방을 **초라해 보이게 만들다** ☞ 작아 보이게 만들다

그렇게 해봤지만 ~라는 나쁜 결과를 **초래할 뿐이었다** ☞ 그렇게 했더니 오직 ~라는 좋지 않은 결과를 낳을 뿐이었다

그렇게 해 봤자 ~라는 나쁜 결과를 **초래할 뿐일 것이다** ☞ 그렇게 해 봤자 ~라는 좋지 않은 결과를 낳을 뿐일 것이다

초승달 ☞ 조각달

카메라/망원경 등의 **초점을 ~에 맞추다** ☞ ~을 조준하다

눈의 **초점이 잘 맞지 않아 사물이 둘로 보인다** ☞ 눈에 이상이 생기거나 술에 취해 사물이 두 개로 보이다

어떤 일을 **촉진시키는 역할을 하는 것** ☞ 도약의 발판

총괄적인 ☞ 전면적인

~에서부터 ~에 이르기까지 **총망라한 것** ☞ ~에서부터 ~에 이르기까지 모든 것 (많은 것들을 포함하고 있다는 것을 강조하는 표현이다)

최고급 ☞ 비싸면서 품질이 최상인 (비즈니스에서 주로 사용되는 표현임)

지금/현재까지 나온/있던/했던 것 중에서 **최고로 ~한** ☞ 지금/현재까지 나온/있던/했던 것 중에서 가장 ~ 한

여러 가지 요소를 개별적으로 고려할 때 (놓고 볼 때) **최고로 ~한** ☞ 여러 가지 요소를 개별적으로 고려할 때 (놓고 볼 때) 가장 ~한

필요한 **최근/최신 정보를 다 알고 있는** ☞ 필요한 최근/최신 정보를 다 알고 있는

조사/검사/실험 등에 **최선을 다하는** ☞ 수고를 아끼지 않는

최악의 상황은 아직 오지 않았기 때문에 견딜 만하다 ☞ (비록 어떤 상황 등이 나빠지더라도) 세상이 끝나는 것은 아니다

이번 기회에 **최종적으로** ☞ 이번 기회에 앞으로도 영원히 (앞으로 더 이상 변함이 없을 것이라는 것을 강조하는 표현)

최후 ☞ 종말

최후에 시도하는 ☞ 어려운 상황에 처해서 성공할 가능성이 희박하지만 다른 뾰족한 방법이 없기 때문에 마지막으로 시도해 보는

상황이 절망적일 때는 **최후의 수단을 강구해야 한다** ☞ 극약처방이라도 써야 한다

최후의 승리자 ☞ 최후에/마지막에 웃는 사람

특별한 성향이 **추가되어 느낌/맛이 한층 더 깊어진** ☞ 가미된

추가로 ~ 만큼 ☞ 거리/시간/금액 등이 또(다시) 다른 특정 양만큼 추가될 때

장시간 집요하게 **추궁하다** ☞ ~에게 장시간 엄하게 많은 질문을 퍼붓다

좋은 것/사람만 **추려내다** ☞ 정보/자료/증거 등을 특정한 출처에서 발췌하여 수집하다

뼈가 시릴 정도의 **추위에 떨고 있는** ☞ 뼈 속이 시리도록 추운

행적을 **추적하고 있는** ☞ ~의 뒤를 밟고 있는

의심/희망 등이 **추호도 없다** ☞ 조금도 없다

규모를 **축소하다** ☞ 몸집을 줄이다; 규모를 줄이다

많은 사람이 시끄럽게 떠들고 춤을 추며 벌이는 흥겨운 **축제** ☞ 파티

~을 **축하하며 맞이하다** ☞ (특히 종을 울리며) 새해 등을 맞이하다

경쟁에서 남들보다 한 발 앞선 **출발** ☞ 경쟁에서 남들보다 한 발 앞선 출발

새로운 **출발점** ☞ 도약의 발판

~을 향해 **출발하다** ☞ ~를 향해 발걸음을 내딛다

출신지가 ~ 인 사람 ☞ ~에서 태어난 사람

너무나 큰 정신적인 **충격을 받아 쓰러질 지경이다** ☞ 너무 놀라서 현기증이 날 지경이다

정신적으로 큰 **충격을 받은** ☞ 나쁜 일이 일어나 매우 놀란

사람들에게 ~에 대하여 조심하라고 **충고하는 이야기** ☞ 조심하라고 충고하는 이야기

본격적인 싸움이 벌어지기 이전에 일어나는 작은 **충돌** ☞ 사소한 싸움

~으로 **충만한** ☞ ~의 물결에 휩싸여 있는

어떤 상황을 제대로 이해하기 위해서는 그 설명만으로는 **충분치 않다** ☞ 그것이 전부가 아니다

기간/시간/예산/자금 등이 **충분한** ☞ 기간/시간/예산/자금 등이 넉넉한

자기가 속한 단체에 대한 **충성심** ☞ 단체/집단의 단결심

특정한 기준이나 사람의 기대를 **충족시키다** ☞ 기대에 부응하다

이전에 했던 말/의견 등을 **취소하다** ☞ 이전에 했던 말/의견 등을 사실은 그렇지 않다고 철회하다

취임선서를 하다 ☞ 취임식에서 ~으로서 맡은 직분을 충실히 수행할 것을 선서하다

~를 장시간 엄하게 **취조하다** ☞ ~에게 장시간 엄하게 많은 질문을 퍼붓다

좋은 **취지를 가지고 있는** ☞ 선의의 (선의로 어떤 일을 했지만 결과가 좋지 않을 경우 주로 사용됨)

~를 높이 **치켜세우다** ☞ ~를 높이 떠받들다

치명적인 ☞ 매우 큰 해를 끼치는

사소한 문제이지만 **치명적인 방해/장애가 될 소지가 있는 것** ☞ 사소한 문제처럼 보이지만 계획된 일을 진행하는 데 커다란 장애가 되는 것

치명타 ☞ 엄청난 타격

가격이나 양이 하늘 높은 줄 모르고 **치솟다** ☞ 갑자기 크게 증가하다

경쟁이 매우 **치열한** ☞ 목적을 이루기 위하여 수단방법을 가리지 않는

치열한 경쟁/경합/싸움이 벌어지고 있다 ☞ 선거 등과 같은 경쟁에서 두 사람의 우열을 가리기 힘들다

치욕 ☞ 눈 주위가 시퍼렇게 멍든 상태

~사이에서 어느 한쪽으로 **치우치지 않고 균형을 잡다** ☞ ~사이에서 어느 한쪽으로 치우치지 않고 균형을 잡다

막역(莫逆)한 **친구** ☞ 막역(莫逆)한 친구 (사생활 문제까지 이야기를 나눌 수 있는 사람/친구)

친구 따라서 강남 간다 ☞ 남이 하니까 따라서 경제적 혹은 사회적으로 분에 넘치는 생활을 하다

여자의 **치마 폭/바람에 휘둘리다** ☞ 여자(아내/어머니)가 시키는 대로 행동하다

친(親)~ 성향인 ☞ ~을 지향(志向)하는

~에 매우 **친숙하다** ☞ 어떤 사람이 특정한 분야에 대해서 경험이 많아 훤하게 꿰뚫고 있다

친자식/친족 ☞ 살과 피

친히 ☞ 다른 사람이 아닌 바로 그 사람이 몸소 (놀랍게도 어떤 사람이 어느 장소에 모습을 드러내었다는 것을 우스개로 삼고 하는 표현이다)

침소봉대하다 ☞ 허풍떨다

칩거하다 ☞ 숨어 지내다

말/글 등이 **칭찬인지 욕/비난인지 알기 힘든** ☞ 두 가지로 해석할 수 있는

칭찬처럼 들리지만 사실은 모욕적인 말 ☞ 빈정거리는 칭찬

이후부터는 ~라 **칭한다** ☞ 이후부터는 ~라 칭한다

카

칼로 찌르는 듯한 아픔 ☞ 칼로 찌르는 듯이 갑작스럽게 다가오는 좋지 않은 감정(느낌)

사방에서 **칼을 들이대고 있다** ☞ 많은 사람들이 어떤 사람에게 해직과 같은 나쁜 일이 벌어지길 바라고 있거나 그렇게 되도록 일을 꾸미고 있다

날이 저물어 **캄캄한** ☞ 문화/시대에 뒤진

꼬치꼬치 **캐다** ☞ ~을 찾기/조사하기 위하여 주의 깊게 파고들다; 남의 물건/사생활/일에 꼬치꼬치 파고들다

모든 것을 다 **커버하는** ☞ 전면적인

눈덩이처럼 **커지다** ☞ 눈덩이처럼 불어나다/커지다/확대되다

더 이상 어찌해 볼 수 없게 문제 혹은 일이 **커지다** ☞ 더 이상 손을 쓸 수가 없다

코를 납작하게 만들다 ☞ (자신이 스스로 생각하는 것처럼 그렇게 중요하지 않다는 사실을 깨닫고, 정신을 차리고) 본래/본연의 모습/자세/위치로 돌아오게 하다

콧방귀도 뀌지 않는다 ☞ ~에 아무런 관심이 없다

어렵고 힘든 일이지만 **쾌히 하다** ☞ 기꺼이 하다

육체적인 **쾌락을 위한 물품** ☞ 육체적인(동물적인) 만족감을 채워줄 수 있는 의식주에 관련된 고급/사치스런 물품

크기가 실물/실제와 같은 ☞ 실물 크기의

실물/실제보다 **큰** ☞ 실제보다 과장된

작은 것을 내어주었지만 더 **큰 것을 얻다** ☞ 싸움에는 지고 전쟁에서

는 승리하다
작은 것을 얻었지만 더 **큰 것을 잃다** ☞ 싸움에는 이기고 전쟁에서는 패하다
큰대자로 드러눕다 ☞ 아무렇게나 편하게 팔다리를 쭉 벌리고 눕거나 의자에 걸터앉다
(분배 등에서) 가장 **큰 몫** ☞ (분배 등에서) 가장 큰 몫
큰소리로 외치는 주장 ☞ ~을 반드시 해야 한다고 하는 요란스러운 주장
매우 **키가 작은** ☞ 쥐방울만한
즐거운 일이 있거나 책을 보다가 재미있어 **키득대며 웃다** ☞ 혼자서 조용히(소리를 죽여) 웃다

타

외교 등의 업무에서 어려운 난관의 **타결** ☞ 돌파구
체질적으로 **타고난 것처럼 ~에 쉽게 적응하다** ☞ 비록 처음 해보지만 오리가 물에서 헤엄치듯이 자연스럽게 ~을 잘하다
타고난 권리 ☞ 타고난 권리
타고난 듯한 성향/버릇/습관 ☞ 타고난 듯한 성향
보기에 ~ 하는 것이 **타당하다고 생각하여 실행하기로 결정하다** ☞ 보기에 ~ 하는 것이 적절하다고 여기다 (못마땅하다는 의미가 종종 내포된다)
타락시키다 ☞ 미혹시키다
타박상을 심하게 입은 ☞ 몸이 심하게 멍든
협상/흥정 등에서 **타협점을 찾다** ☞ 서로 똑같이 양보하여 합의점을 찾다
우리 앞에 **탄탄대로가 펼쳐 있다** ☞ 우리 앞에 거칠 것이 없다
바람직한 상태/형상으로 **탈바꿈시키다** ☞ 온갖 가능한 수단을 동원하여 어려움에 빠진 상황을 만족스럽게 변화시키다
탈취하다 ☞ 어렵게, 강제로 혹은 불법적으로 ~로부터 ~을 빼앗다
많은 사람 들이 **탐내는** ☞ 열망하는
원하지만 할 수 없거나 가질 수 없는 것을 **탐내는 듯한** ☞ 원하는 것을 가질 수 없어서 혹은 할 수 없어서 슬픈 심정이 드는
~을 **탐내다** ☞ ~에 대하여 군침을 흘리다
기차/자동차/배/비행기 등에 **탑승하여, 탑승한** ☞ 실려서, 실려 있는
기차/자동차/배/비행기 등에 **탑재되어, 탑재되어 있는** ☞ 실려서, 실려 있는
기회/돈/자원 등을 **탕진하다** ☞ 헛되이 날려버리다
근무 **태만인** ☞ 주어진 중요한 임무를 소홀히 수행하는
~할 (준비) **태세를 갖추다** ☞ 하시라도 ~할 준비가 되어 있다
어떤 사건(분쟁/작전/전쟁)등이 발생하는 **터** ☞ 장소
문제나 좋지 않은 상황 등이 **턱밑까지 차오르다** ☞ 최악의 상태에 이르러 특별한 조치가 필요하다
의심/희망 등이 **털끝만큼도 없다** ☞ 조금도 없다
사생활이나 감정 등을 **털어 놓다** ☞ ~에게 가슴을 열다
퇴짜 놓다 ☞ 말을 걸어 보았지만 이야기하기를 거부하다
더 좋은 상태로 발전하기 위한 **토대** ☞ 발판
~을 **토대로** ☞ ~을 근거로
일이 순조롭게 진행될 수 있도록 **토대를 마련하다** ☞ ~을 위해 터전을 마련하다
별 생각 없이 혹은 아무 반대 없이 남이 원하는 것을 **통과시켜 주는** ☞ 거수기 역할을 하는
통절한 ☞ 슬픔이나 후회 등이 가슴에 사무치는
~의 **통제하에** ☞ ~의 깃발 아래
통째로 ☞ 송두리째
빛이 **퇴색하다** ☞ 어떤 것을 흥미롭게 만드는 혹은 활력을 불어넣는 고유한 성질/특성을 잃어버리다
한 조직에서 **퇴출되는 사람** ☞ 사회나 어떤 집단에서 소외당하는 사람
신문의 독자 **투고란** ☞ 신문의 독자 투고란
~을 지키는 **투사로 활동하다** ☞ ~을 지지하다
많은 돈을 **투자하다** ☞ 돈을 쏟아붓다
~은 ~의 **특기다** ☞ 어떤 사람이 특정한 분야에 대해서 경험이 많아 훤하게 꿰뚫고 있다
특별한 것/사항이 전혀 없다 ☞ 특별한 이야깃거리가 못 된다
~는 우리(나)에게 매우 **특별한 사람이었다** ☞ ~는 겉보기에는 보통 사람들과 다르지 않지만 우리(나)에게는 매우 중요한 사람이었다 (주로 고인이 된 위대한/전설적인/훌륭한 인물을 그리워하며 칭송할 때 사용한다)
매우 **특이한 사건/사고/일** ☞ 일어날 가능성이 매우 희박한 사건/사고/일
특종 ☞ 독점 기사/인터뷰/방송
그 중에서도 **특히 ~ 때문에** ☞ 그 중에서도 특히 ~ 때문에 (중요한 이유를 강조하기 위한 표현)
틀린 것 두 개를 합쳐 봐야 옳은 것이 만들어지지 않는다 ☞ 상대방이 자신한테 해롭게 했다고 해서 똑같이 보복해 보아야 득이 될 게 없다
어려운 **틈바구니에 끼어 있다** ☞ 어떤 것을 선택해도 어렵기는(곤란하기는) 마찬가지다

파

~로 슬금슬금/천천히 **파고들다** ☞ 벌레처럼 ~ 안으로 살살 (슬금슬금) 기어들어가다
파국이 오더라도 ☞ 비록 즐겁지 않거나 위험할지라도 끝까지 ~을 하다
파란만장 ☞ 기복(起伏)
날카로운 **판단력** ☞ 날카로운 통찰력 (올바른 판단을 하고 빠른 결정을 내릴 수 있는 능력)
어떤 것이 더 좋은지 혹은 사회적으로 바람직한지에 대한 일반 사람들의 **판단을 주도/좌지우지하는 사람** ☞ 판단하는 데 매우 영향력이 큰 사람
어떤 일이나 사람을 **판단하는 기준** ☞ 척도
알고 있는 정보를 모두 종합해 **판단하다** ☞ 알고 있는 정보를 모두 종

찾아보기

합해 판단하다
판도가 완전히 달라지다 ☞ 상황이 완전히 달라지다
어떤 것의 상태가 좋은지 나쁜지 **판별/시험하는 가장 좋은 방법은 실제로 적용해 보거나 사용해 보는 것이다** ☞ 먹어봐야 맛을 안다
시선(주의)을 끌기 위해서 **팔꿈치로 툭 치다** ☞ 시선(주의)을 끌기 위해서 팔꿈치로 툭 치다
아무렇게나 편하게 **팔다리를 쭉 벌리고 눕거나 의자에 걸터앉다** ☞ 아무렇게나 편하게 팔다리를 쭉 벌리고 눕거나 의자에 걸터앉다
팔아 치우다 ☞ ~을 처분하다
~을 찾기 위하여 건물이 무너진 더미 등을 써레(갈퀴)로 일일이 긁듯이 **파헤치다** ☞ 뒤지다
패권 ☞ 주도권
처참한/참담한 **패배를 당하다** ☞ 전쟁이나 시합 등에서 참패당하다
군중이나 군대의 **패주** ☞ 큰 실패
도가 지나칠 정도로 선물/칭찬/키스 등을 **퍼부어대다** ☞ 도가 지나칠 정도로 선물/칭찬/키스 등의 세례를 퍼붓다
폭탄/질문 등의 공세를 마구 **퍼붓다** ☞ 폭탄/질문 등의 공세를 마구 퍼붓다
매우 빠르게 **퍼져나가면서** ☞ 한 사람이 가지고 있던 바이러스가 다른 많은 사람에게 전염되듯이
향기가 바람을 타고 혹은 소리가 가볍게/부드럽게 공중에 **퍼지다** ☞ 흩날리다
화가 나서 혹은 너무 기뻐서 **펄쩍 뛰다** ☞ 날뛰다
법률/제도/정책 등을 **펴다** ☞ 시행하다
자신감이 넘치며 **편안한** ☞ 자신감이 넘치며 편안한
다른 사람/것에는 그렇게 대하지 않으면서 유독 특정한 사람/것을 **편애하다** ☞ 유독 특정한 사람/것에 특별한 좋은 감정을 가지고 있다
~의 **편을 드는** ☞ ~을 지향(志向)하는
~의 **편을 들다 (편에 서다)** ☞ 어느 한 쪽 편을 지지하다
아무렇게나 **편하게 팔다리를 쭉 벌리고 눕거나 의자에 걸터앉다** ☞ 아무렇게나 편하게 팔다리를 쭉 벌리고 눕거나 의자에 걸터앉다
긴장을 풀고 **편한 마음으로 여유를 즐기다** ☞ 긴장을 풀다
태도/접근방법 등이 **편협한** ☞ 시야가 좁은
평소에 품어 왔던 꿈이나 생각을 **펼치다** ☞ 실현하다
신문/잡지 등에 실린 영화/식당/신제품 등에 대한 **평/평가** ☞ 의견
평소와 다름없는 활기찬 상태로 다시 돌아오다 ☞ 정신적인 또는 육체적인 활동이 평상시의 리듬을 되찾다
평신도 ☞ 생전 처음 접해 보는 사람
법률/협약 등을 공식적으로 **폐지하다** ☞ 철회하다
정당/국가의 인쇄된 정치적인 **포고문** ☞ 정당/국가의 인쇄된 정치적인 선언
포괄적인 ☞ 전면적인
어떤 특정한 사건/일의 배경이 되는 **포괄적인 상황** ☞ 큰 그림
어떤 일을 하다 도중에 **포기하다** ☞ 중도에 탈락하다
특히 ~라는 중요한 것/부분을 **포함하고 있다** ☞ 특히 ~라는 중요한 것/부분을 포함하고 있다
심지어 ~까지도 **포함하여** ☞ 심지어 ~까지도 포함하여
주식 시장 등의 **폭락** ☞ 큰 실패
비밀의 **폭로** ☞ 흥미롭거나 놀라운 새로 밝혀진 뜻밖의 사실
비밀이나 불법행위 등을 **폭로하다** ☞ 다른 사람들에게 잘못된 점을 알리다
상황이 너무 악화되거나 너무나 화가 나서 **폭발 상태에 이르다** ☞ 통제할 수 없는 상황/지경에 이르다
폭발적으로 발생한 것 ☞ 짧은 시간에 갑작스럽게 일어난 일
노여움/불화/논쟁 등이 **폭발 직전이다** ☞ 부글부글 끓어오르고 있는 중이다
집/건물 등을 **폭삭 허물어(무너) 뜨리다** ☞ 납작하게 만들다
지금부터는 ~이라고 **표기한다** ☞ 이후부터는 ~라 칭한다
표면상으로는 ☞ 겉으로는
어떤 감정이나 문제 등이 **표면화되다** ☞ 수면 위로 떠오르다
어떤 감정이 얼굴 **표정에 그대로/역력하게 드러나다** ☞ 어떤 감정이 얼굴 표정에 그대로/역력하게 드러나다
통제할 수 없는 특별한 감정/반응의 **표출** ☞ 분출
의견/감정 등을 말로 **표출하다** ☞ 목소리를 내다
푸릇푸릇한 (푸른 잎이 무성한) ☞ 수풀이 울창한
한동안 밥을 제대로 못 먹던 사람들에게 제대로 **푸짐하게 차려진 식사** ☞ 푸짐하게 차려진 식사
~에 **푹 빠져든** ☞ ~에 푹 빠져든
날씨가 **푹푹 찌는 듯이 더운** ☞ 날씨가 매우 더운
품격/품위를 높여준다 ☞ 특정한 장소/행사 등을 더욱 빛나게 만든다
풋내기 ☞ 경험이 없는
일반 사람들을 위해 어떤 것이 더 좋은지 혹은 사회적으로 바람직한지 **품평하는 사람** ☞ 어떤 것이 더 좋은지 혹은 사회적으로 바람직한지 판단하는데 매우 영향력이 큰 사람
~한 **풍미가 난다/느껴진다** ☞ 어떠한 측면을 가지고 있다
풍족한 생활 환경 ☞ 부유한 환경
특별한 기후나 분위기를 가지고 있는 **풍토** ☞ 지역
잠이 모자라거나 술이 덜 깬 것처럼 보이는 **피곤한 눈을 하고 있는** ☞ 멍한/피곤한 눈을 하고 있는
피난처 ☞ 안식처
의견/감정 등을 **피력하다** ☞ 목소리를 내다
피로 맺어진 의형제 관계 ☞ 혈맹관계
피붙이 ☞ 살과 피
비록 몸과 마음은 **피투성이가 되었지만 굴복하지 않는** ☞ 굴복하지 않는
너무 싫어서 멀리 **피하다** ☞ 너무 싫어서 멀리 달아나다
엄청난 **피해** ☞ 엄청난 타격
계획이나 사람의 마음이 많은 **피해를 입고 매우 약해져 실패할 것 같은** ☞ 옷이나 책 등이 너덜너덜해진
~을 **피해서 둘러 지나가다** ☞ ~주위를 빙 둘러서 지나가다
작가들이 사용하는 **필명** ☞ 가명
마음의 안정을 위해 꼭 **필요한 것** ☞ 마음의 안정을 위해 꼭 필요한 것
핑계 ☞ 구실(口實)

하

(~을 하느니 차라리) 당장이라도 ~을 하고 싶은 심정이다 ☞ (~을 하느니 차라리) 당장이라도 ~을 하고 싶은 심정이다

~에서부터 ~에 이르기까지 하나도 빠짐이 없는 모든 것 ☞ ~에서부터 ~에 이르기까지 모든 것 (많은 것들을 포함하고 있다는 것을 강조하는 표현이다)

하늘과 땅 차이 ☞ 심한 격차

가격이나 양이 하늘 높은 줄 모르고 치솟다 ☞ 갑자기 크게 증가하다

멈출 줄 모르고 하락세가 지속된다 ☞ 바닥이 꺼지다

하루아침에 ☞ 기대하지 않았던 사람/물건 등이 갑작스럽게 나타날 때

하루 종일 잠시도 쉬지 않고 ☞ 24시간을 잠시도 쉬지 않고

하면 안 되는 것 ☞ 가장 피해야 하는 것

하시라도 일어날 수 있다 ☞ 어떤 일이 언제 일어날지 모른다

남들의 들러리나 서는 하잘것없는/하찮은 존재 ☞ 시합이나 선거 등에서 등외를 한 사람

양 또는 수준 등이 매우 하찮은 ☞ 매우 적은

하찮은 취급을 당하다 ☞ 소홀히 취급당하다

억지로 참는 하품 ☞억지로 참는 웃음/하품

하향세가 멈추다 ☞ 상승세나 하향세가 멈추다

학연 등으로 맺어진 조직 ☞ 학연/지연 등으로 맺어진 조직

오랫동안 겪어온 어려운 상황 끝에 멀리서 보이는 한 가닥 희망 ☞ 터널 끝에서 반짝이는 불빛

한가롭다 ☞ 유유자적하다

~의 한가운데에서 ☞ 어떠한 일이 발생하는 상황 속에서

한 가지라도 나쁘면/없으면 모든 게 아무 소용이 없는 ☞ 어떤 것 하나라도 완벽하지 못하면 전혀 하지 않은 것과 같은

어떤 일을 하는 데 한 가지 방법만 있는 게 아니다 ☞ 여러 가지 방법이 있다

한계(점)에 이르다 ☞ 더 이상 갈 곳이 없다

마음 한 구석에는 ☞ 마음속 깊은 곳에서는 (비록 밖으로 들어내지는 않더라도 ~라는 매우 강한 경험/느낌/생각을 지니고 있다는 것을 강조하는 표현)

한낮에 ☞ 대낮에

한 덩어리로/묶음으로 취급하다 ☞ 같은 부류로 취급하다

한동안 계속되는 ~한 날씨 ☞ 특정한 날씨가 한동안 지속(계속)되는 것/기간

한 많은 삶/세상/세상살이/인생 ☞ 눈물의 골짜기

한 목소리로 ☞ 이구동성으로

한 목소리로 외치는 반대/저항/항의의 목소리 ☞ 일제히 일어나는 반대

한물갔다 ☞ 한창 때가 이미 지났다

쇼/이벤트/운동시합 등에서 남보다 잘하여 온갖 시선을 한 몸에 받다 ☞ 온갖 시선을 한 몸에 받다

떠들썩하게 한바탕 놀다 ☞ 한바탕 흥겨운 시간을 보내다

~을 하려고 작정하고 있었는데 남이 한발 앞서 먼저 ~을 하다 ☞ ~을 하려고 작정하고 있었는데 남이 한발 앞서 먼저 ~을 하다

한 밤 자고 다음날 일하다 ☞ 하던 일을 다음 날로 미루다

~와 한 배를 타다 ☞ ~와 항상 운명을 같이 하다

~ 전까지는 한번도 ~을 해본 적이 없다 ☞ ~ 전까지는 한번도 ~을 해본 적이 없다

한 수 배우다 ☞ 남들이 하는 것을 보고 배우다

한 술 더 떠서 ☞ 게다가

한숨도 자지 않다(못하다) ☞ 뜬눈으로 밤을 새다

~로 인하여 한시름 놓다 ☞ ~로 인하여 안심하다

단체나 위원회 등이 특별한 목적을 갖고 한시적으로 활동하는 ☞ 이전부터 계속되어 오던 것이 아니라 특별한 목적을 위해서 임시로 조직된

한입에 먹을 수 있는 음식의 조각 ☞ 한입에 먹을 수 있는 음식의 조각

어느 한 쪽/한 편 ☞ 둘 중의 하나

한쪽에서 빼앗아 다른 쪽에 주다 ☞ 빚으로 빚을 갚다

다른 곳에 집중하기 위하여 ~을 잠시 한쪽으로 밀어 놓다 ☞ 제쳐두다

특정한 활동이 한창인 ☞ 최고조에 있는

활동/여건 등이 한창일 때에 ☞ 최고조일 때에

~이 추가됨으로써 어떤 성질/상태의 정도를 한층 더 높이다 ☞ 고조시키다

~이라고 할 것까지는(수는) 없지만 ☞ ~라고 까지는 말할 순 없지만

~할 수밖에 없다 ☞ ~을 제외하고는 다른 선택의 여지가 별로 없다

할 말을 잊은 ☞ 너무 놀라서 말문이 막힌

함께 논의/생각하다 ☞ 머리를 맞대고 생각하다

~와 함께 다니는 ☞ 비서, 수행원 등을 대동하고

무슨 일이 있더라도 늘 함께 (일)하다 ☞ 운명을 같이 하다

함박웃음 ☞ 입을 매우 크게 벌리고 웃는 웃음

~을 함부로 만지다/고치다 ☞ ~을 가지고 멋대로 행동하다

~에 합당하게 ☞ ~에 걸맞게

보기에 ~하는 것이 합당하다고 생각하여 실행하기로 결정하다 ☞ 보기에 ~하는 것이 적절하다고 여기다 (못마땅하다는 의미가 종종 내포된다)

어려운 처지에 있는 회사의 (강제) 합병 ☞ 여자가 임신하여 급하게 서둘러 하는 결혼

합의각서 ☞ 동의서(同意書)

협의/협상 등에서 어느 한 쪽도 양보하지 않아 합의점에 이르지 못하는 상태 ☞ 교착(膠着) 상태

모두 합하면 ☞ 전부 합하면

한 목소리로/이구동성으로 외치는 항의의 목소리 ☞ 일제히 일어나는 반대

아직까지 해결되지 않은 ☞ 미해결의

해결사 ☞ 필요한 정보/자료를 가장 많이 가지고 있거나, 필요한 일을 잘 처리해 주는 사람

어려운 문제에 대한 쉬운 해결책 ☞ 특수한 질병을 단기간에 완벽하게 치료할 수 있는 묘약

해고하다 ☞ 문을 가리키다

가차없이 선수/직원 등을 해고하다 ☞ 자르다

~에 해당되다 ☞ 양/수/수준 등이 ~에 달하다

~의 경우엔 해당되지 않는다 ☞ ~의 경우엔 그렇지 않다

~도 이에 해당된다 ☞ ~의 경우에도 마찬가지다

어떤 것/상황 등이 모든 경우에 다 해당된다 ☞ 모든 경계를 넘나들다

~에 **해당하는 것** ☞ ~에 상당하는 것

~은 ~에 **해당한다** ☞ ~은 ~이라고 간주된다

특정 증거나 증인이 어떤 사람이 무죄임을 밝히는 혹은 특정 사건을 **해명하는** ☞ 특정 증거나 증인이 어떤 사람이 무죄임을 밝히는 혹은 특정 사건을 해명하는

~은 **해볼 만하다** ☞ 시도해볼 만한 가치가 있다

관계/결혼/조직/기구 등을 공식적으로 **해산/해체하다** ☞ 공식적으로 끝내다

TV 광고나 영화 등에서 화면에 등장하지 않는 사람의 **해설 소리** ☞ 화면에 등장하지 않는 사람의 해설 소리

~을 **해야 함에도 불구하고** ☞ ~을 해야 함에도 불구하고

해외 교민/교포 ☞ 타국에 거주하는 (사람)

해장술 ☞ 독을 제거하는 독

핵심 요소 ☞ 어떤 상황에서 가장 중요한 것

핵심적인 것/사람 ☞ 여러 가지 중 가장 중요하거나 가치가 높은 것/사람

행간을 읽다 ☞ 언외의 뜻을 알아내다

특별한 장소에서 적용되는 **행동 규범** ☞ 예절

사람은 말보다는 **행동에 의해서 평가된다** ☞ 사람은 말보다는 행동에 의해서 평가된다

행복했던 나날들/시절 ☞ 좋았던 시절 (현재는 이전과 같지 않다는 의미다)

~의 **행적을 추적하고 있는** ☞ ~의 뒤를 밟고 있는

필요 이상으로 번거롭고 오래 걸리는 **행정절차** ☞ 관료주의적인 행정절차

미친 듯이 설치고 다니며 **행패를 부리다** ☞ 거칠게 이리저리 마구 날뛰다

짧은 시간 동안 확/훅하고 풍기는 **향기** ☞ 짧은 시간 동안 확/훅하고 풍기는 냄새

~한 **향기가 풍긴다** ☞ 어떠한 측면을 가지고 있다

향우회 ☞ 학연/지연 등으로 맺어진 남자들의 조직

허구(虛構) ☞ 가공(架空)의 발견

상대방이 불쾌하게 생각하거나 싫어하지 않을 것으로 여기고 **허락도 없이 ~한 행동을 하다** ☞ 실례를 무릅쓰고 ~한 행동을 하다

허리를 굽히다 ☞ 겸손하게 처신하다

매우 힘들게 성취했지만 반대로 매우 **허망하게 잃어버릴 수 있는 것/상황** ☞ 매우 쉽게/허망하게 잃어버릴 수 있는 것/상황

허술한 ☞ 느슨한 (규정/의무를 소홀히 취급하거나 엄격하게 지키지 않는)

~에서는 **허용이 안 된다** ☞ ~에 설 자리가 없다

허장성세 ☞ 허세

허점을 공격하다 ☞ 상대의 의표를 찌르다

허황된 꿈/생각 ☞ 백일몽

헐값에 빨리 사들이다 ☞ 싼 값에 낚아채다

헐값에 파는 ☞ 가격이 할인된

남들이 자기를 **헐뜯고 있다고 생각하는** ☞ 당사자는 능력/실력이 있거나 어떤 일을 잘하고 있다고 생각하지만 남들로부터 그렇지 못하다고 자주/종종 비난을 받는

남의 의견이나 제안을 **헐뜯다** ☞ 찢어 발기다

헛걸음 ☞ 헛수고

헛것을 보거나 듣다 ☞ 실제로 어떤 곳에 존재하지 않는 무언가를 잘못 보거나 듣다

헛고생 ☞ 잘못된 정보나 계획으로 인하여 ~을 찾느라고 괜한 시간/노력만 허비하는 것 ; 헛수고

헛된 꿈을 품고 많은 시간을 낭비하다 ☞ 무지개를 쫓아다니다

헝클어진 머리칼 ☞ 헝클어진 머리칼

어쩔 줄 몰라 **헤매고 있는** ☞ 어찌해야 할 바를 몰라 당황하는

여전히 어려움 속에서 **헤매고 있다** ☞ 숲속에서 길을 잃고 방황하다

남편이나 아내와 **헤어져 살고 있는** ☞ 별거중인

옷이나 책 등이 다 **헤어진** ☞ 너덜너덜해진

사람이나 자동차 등이 너무 많아서 복잡한 곳을 **헤집고 지나가다** ☞ 이리저리 뚫고 지나가다

~라는 어려움을 **헤치고 나아가다** ☞ ~라는 장벽을 돌파하다

혀를 끌끌/쯧쯧 차다 ☞ 혀를 끌끌/쯧쯧 차면서 비난하다

현격한 차이 ☞ 심한 격차

어두운 **현실** ☞ 엄연한 현실

좋은 것/계획/의견처럼 들리지만 **현실성이 결여된 것** ☞ 그림의 떡

싫더라도, 좋은 일이 아니더라도 **현실을 받아들여야(인정해야) 한다** ☞ 현실을 직시해야 한다

어떤 사건(분쟁/작전/전쟁)등이 발생하는 **현장** ☞ 장소

현행범으로 체포되다 ☞ 범죄/잘못을 저지르고 있는 현장에서 붙잡히다

상대방을 **현혹시키려는 술책** ☞ 연막

혈육 ☞ 살과 피

매우 **혐오스럽고 놀라운** ☞ 경악하는

혐의가 없는 것으로 밝혀졌다 ☞ ~에 대해 조사한 결과 무혐의로 밝혀졌다

협상 대표 ☞ 대화 상대자 (단체나 국가를 대표해서 회담이나 협상에 임하는 사람)

장소가 너무 **협소하여 서로 어깨가 닿을 정도인** ☞ 어깨가 서로 닿을 정도로 가까이 있는

형식적인 ☞ 하는 일에 흥미가 없거나 하여 성의없이 대충 빠르게 해치우는

인간다운 삶에 필요한 기본 조건(교육, 좋은 주거환경 등)에 관련된 **혜택을 받지 못하는** ☞ 불우한

어떤 특정한 장소/사물/활동 등에 **호감이 가서 끌리다** ☞ 호감이 가서 끌리다

호기심을 자극하는 ☞ 흥미를 끄는/자극하는

호랑이도 제 말하면 온다더니 ☞ 귀신도 제 말하면 온다더니

호응을 불러 일으키다 ☞ 마음을 움직이다

호의 ☞ ~을 좋아하는 감정

~가 **호의를 베풀어** ☞ ~의 허가에 의한 (허락을 받고 남의 글이나 사진 등을 인용하거나, 기타 물건이나 비용을 지원받을 때 감사의 뜻을 표시하는 표현이다)

호전적인 ☞ 공격적인

한번 덤빌 테면 덤벼보라는 **호전적인 자세를 가지고 있다** ☞ 일전(一戰)을 불사(不辭)한다는 태도를 취하다

상대방을 높여 부르는 관례적인/의례적인 **호칭** ☞ 관례상의 존칭
출연진이 **호화로운** ☞ 많은 수의 유명 인사(배우, 선수, 연예인 등)들이 출연/참여하는
행위를 규제하는 공통의 가치나 도덕 기준을 잃은 **혼돈 상태** ☞ 가치관/가치기준의 상실/혼돈 상태/현상
매우 **혼란스러운** ☞ 뒤죽박죽인
어찌해야 할 바를 몰라 **혼란스러워 하는** ☞ 어찌해야 할 바를 몰라 당황하는
머리를 **혼란스럽게 만든다** ☞ 머리를 빙빙 돌게 만든다
많은 생각/의문 등이 머리를 **혼란스럽게 스쳐 지나간다** ☞ 많은 생각/의문 등이 머리를 혼란스럽게 스쳐 지나간다
혼비백산하여 내빼다 ☞ 깜짝 놀라서 멀리 달아나다
남의 도움 없이 **혼자만의 힘으로 성공한** ☞ 자수성가한
어려움을 **혼자 힘으로 헤쳐나가야만 한다** ☞ 남들에게 의존할 수 없는 상황에 처해 있다
두 가지가 **혼합된 것** ☞ (이도 저도 아니고) 두 가지가 함께 섞여 있는 것
가슴을 짓누르던 무거운 짐을 **홀가분하게 벗어버리다** ☞ 말하고 싶었지만 꾹 참고 한동안 마음속에 지니고 있던 괴로운 심정을 털어놓다
~에 **홀딱 빠지다** ☞ 맹목적으로 사랑하다
~에 **홀딱 빠진/반한** ☞ ~에 매료된
사람들을 **홀리는** ☞ 사람들의 넋을 빼앗는
홀아비 사정은 과부가 안다 ☞ 얼마나 고생스러운지는 겪어본 사람만이 안다
홀연히 ☞ 기대하지 않았던 사람/물건 등이 갑작스럽게 나타날 때
홀연히 사라지다 ☞ 홀연히 사라지다
~에 대하여 자랑스럽게 혹은 매우 중요하다며 강요하듯이 요란하게 **홍보하다** ☞ 나팔을 불어대다
홍수처럼 밀려오다 ☞ 짧은 시간에 ~이 지나칠 정도로 많이 밀려오다
너무나 **화나서 졸도할/쓰러질 지경에 이른** ☞ 격노한
남들이 자신을 대하는 태도 등에 몹시 **화난** ☞ 감정이 매우 상한
몹시 **화를 내다** ☞ 열받다
쉽게 **화를 잘 내는** ☞ 일촉즉발의
화나게 하다 ☞ 신경을 건드리다
남의 말에 **화답하다** ☞ 남의 말이나 행동에 맞장구치다
남들의 이목을 끌 만큼 **화려하게** ☞ 과시하는 태도로
출연진이 **화려한** ☞ 많은 수의 유명 인사(배우, 선수, 연예인 등)들이 출연/참여하는
비난 등에 대해서 **화를 쉬게/잘 내는** ☞ 민감하게 반응하는
작은 화를 피하거나 더 좋은 것을 얻기 위하여 요령(잔꾀)을 부리다가 더 큰 **화(禍)를 자초하다** ☞ 더 큰 화를 자초하다
화불단행(禍不單行) ☞ 평소에는 잠잠하다가 여러 가지 (특히, 불행한/좋지 않은) 일이 한꺼번에 일어나다
~에게 비난의 **화살을 돌리다** ☞ ~에게 손가락질하다
~에서 갑자기 확 하고 **화염이 치솟다** ☞ 불길이 치솟다
확고불변하게 정해진 ☞ 시간이 흘러도 변하지 않는
이번 기회에 **확고하게** ☞ 이번 기회에 앞으로도 영원히 (앞으로 더 이상 변함이 없을 것이라는 것을 강조하는 표현)
눈덩이처럼 **확대되다** ☞ 눈덩이처럼 불어나다/커지다/확대되다
실물/실제보다 **확대된** ☞ 실제보다 과장된
좋지 않은 감정/상황을 더 **확대시키다** ☞ 부채질하다
규모를 **확대/확장하다** ☞ 규모를 늘리다
시도해볼 만한 가치가 있긴 하지만 성공의 **확률이 낮은 것** ☞ 가능성이 희박한 것
좋지 않은 것이 열병처럼 **확산되다** ☞ 전염병이 마구 번지듯이 걷잡을 수 없이 급속하게 퍼져나가다
매우 빠르게 **확산되면서** ☞ 한 사람이 가지고 있던 바이러스가 다른 많은 사람에게 전염되듯이
이론/믿음/생각 등에 **확신을 심어 주다** ☞ 신빙성을 더하다
100% **확신한다** ☞ 남은 돈을 몽땅 걸고 내기하다; 손에 장을 지진다
~이 사실이라는 것을 **확실히 해두다** ☞ ~을 의심할 수 없게 만들다
확실하게 ☞ 의심의 여지가 없이
절대로 **확실한** ☞ 틀림없는
~가 **확실한 것처럼 보인다** ☞~라고 말을 해도 무방하다
너무나 **확연히 드러나는** ☞ 다른 것과 혼동할 여지가 전혀 없는
환상 ☞ 백일몽
환시(幻視)를 경험하다 ☞ 실제로 어떤 곳에 존재하지 않는 무언가를 잘못 보거나 듣다
남녀 간 혹은 단체 간에서 서로의 사랑이나 **환심을 사기 위하여 벌이는 노력/활동** ☞ 구애(求愛)활동
환심을 사려는 행동이나 말을 하다 ☞ 요구 조건을 들어주면서 상대방을 달래다
환청(幻聽)을 경험하다 ☞ 실제로 어떤 곳에 존재하지 않는 무언가를 잘못 보거나 듣다
활기를 띠다 ☞ 사건/프로젝트/일 등이 시작된 후 계속 진행되어 본격적인 단계에 접어들다
평소와 다름없는 **활기찬 상태로 다시 돌아오다** ☞ 정신적인 또는 육체적인 활동이 평상시의 리듬을 되찾다
매우 **활달하며 주위 사람들과 잘 어울려 모임의 분위기를 띄우는 사람** ☞ 매우 사교적인 사람
큰 병, 고통, 어려움 등으로 인한 고비를 잘 넘기고 **활력을 되찾다** ☞ 고비를 잘 넘기고 활력을 되찾다
다시 **활력을 북돋우다/불어넣다** ☞ 논쟁/일/토론 등에 다시 불을 붙이다
활력을 빼앗는 ☞ 지치게 만드는
활력이 넘치는 ☞ 매우 격정적인
활력이 없는 ☞ 활기가 없는
마음대로 거리를 **활보하고 있는** ☞ 붙잡히지 않고 자유롭게 다니고 있는
홧김에 혹은 복수하는 심정으로 일을 저지르다 자신에게 해를 입히다 ☞ 남에게 짓궂게 굴거나 못된 짓을 하려다가 오히려 자신에게도 해를 끼치다
황금만능주의 ☞ 배금주의(拜金主義)
황급히 달리다 ☞ 급하게/서둘러/황급히 달리다
황당무계한 ☞ 몹시 터무니없는
소원했던 관계가 다시 **회복되다** ☞ 한동안 얼어붙었던 관계가 해빙되다
다른 사람과의 관계를 악화시켜 다시 **회복될 수 없을 지경으로 만들다**

☞ 배수진(背水陣)을 치다
평상시의 활기찬 상태를 **회복하다** ☞ 정신적인 또는 육체적인 활동이 평상시의 리듬을 되찾다
회복할 수 없는 상태에 이른 ☞ 돌이킬 수 없는 상태로 되어버린
~을 **회상하게 만드는** ☞ ~을 생각나게 하는
회심의 미소를 짓다 ☞ 어떤 일이 자기 생각대로 되었다고 남들 앞에서 이를 드러내고 웃다
회유하다 ☞ 요구 조건을 들어주면서 상대방을 달래다
어떤 일을 숨기거나 책임 등을 면하기 위해서 명확한 답변이나 결정을 고의적으로 **회피하다** ☞ 발뺌하다
과학 기술 분야 등에서 **획기적인 발견/발전/성공/업적** ☞ 돌파구
횡포를 부리는 ☞ 고압적인
어떤 장소에 좋지 않은 것들이 **횡행하다** ☞ 특정한 장소가 북적거리는
여전히 존재하긴 하지만 더 이상 아무런 **효력이 없는 것(법, 협정 등)** ☞ 영향력이 없는 것(법, 협정 등)
효력이 없다 ☞ 통하지 않는다
~가 **후원하는** ☞ ~가 뒤에서 돌봐주는
어떤 일 후에 나타나는 좋지 않은 **후유증** ☞ 숙취
여행 **후유증** ☞ 여행 후유증
특히 좋지 않은 사건의 **후유증** ☞ 여파
특별 **훈련을 받다** ☞ (후계자 혹은 지도자 등) 특별한 임무의 수행에 필요한 수업을 받다
매우 **훌륭한 솜씨** ☞ 매우 훌륭한 기술
주체할 수 없는 특별한 감정/생각 등이 큰 물결처럼 **휩쓸고 지나가다** ☞ 갑자기 밀려오다
직장에서의 공식 **휴가** ☞ 직장 등에서 특정한 기간 동안 허락을 받고 자리를 비우는 것
휴대가 가능한 (휴대용) ☞ 손에 들고 다니면서 사용할 수 있는
전지(轉地) 휴양 ☞ 전지(轉地) 요양/휴양
감정에 잘 **흔들리지 않는** ☞ 성격이 뻣뻣한
흔한 ☞ 흔해 빠진
매우 **흔한 일** ☞ 다반사(茶飯事)
~은 **흔히 발생하는/있는 일이 아니다** ☞ 날이면 날마다 항상 그런 것은 아니다
흔히 볼 수 있는 ☞ 흔해 빠진
알기 어려운 정보/감정 따위를 의도함이 없이 **흘리는** ☞ 의도함이 없이 드러내는
흙 속의 진주 ☞ 숨겨진 혹은 다듬어지지 않은 보석
선물이나 혜택을 받고서도 무엇이 안 좋고 어쩌고 하면서 **흠잡다** ☞ 트집을 잡다
강력한 **흡인력이 있는** ☞ 흥미를 끄는/자극하는
흥망성쇠(興亡盛衰) ☞ 운명의 수레바퀴
흥밋거리가 전혀 없다 ☞ 특별한 이야깃거리가 못 된다
뉴스거리가 될 만큼 매우 **흥미로운** ☞ 뉴스거리가 될 수 있는
기대했던 (의도했던) 것과는 달리 **흥미롭지 않다** ☞ 별 볼 일 없다
어떤 것에 매우 큰 **흥미를 보이는** ☞ 매료된
현재 벌어지고 있거나 앞으로 벌어질 일 등에 매우 **흥미를 갖고 바라보고 있는** ☞ 의자 끝에 바싹 다가앉아 있는
사람들의 **흥미를 끄는** ☞ 눈길을 끄는
~ 때문에 **흥분되어** ☞ ~때문에 상기되어
흥분을 가라앉히고 냉정하게 현실을 직시하다 ☞ 어떤 일을 성취하거나 기분 좋은 일을 경험한 후 현실로 돌아오다
물건 값을 결정하거나 합의안을 이끌어내기 위하여 **흥정하다** ☞ 입씨름하다
여기저기 **흩뿌려져 있다** ☞ 산재해 있다
매우 **희귀하다** ☞ 찾아보기가 매우 힘들다
매우 **희귀한 것/사람** ☞ 찾아보기가 매우 힘든 것/사람
오랫동안 겪어온 어려운 상황 끝에 멀리서 보이는 가느다란 (한 가닥) **희망** ☞ 터널 끝에서 반짝이는 불빛
걸었던 **희망이 그만 좌절되다** ☞ 걸었던 희망이나 기대 등이 그만 좌절되다
~을 **희망하면서** ☞ ~을 기대하면서
기억/전망이나 추억 등이 **희미한** ☞ 흐릿한
눈을 옆으로, 아래로 혹은 위로 **힐끔거리며 쳐다보다** ☞ 곁눈질하다
~를 향해 매우 천천히 그리고 **힘겹게 나아가다** ☞ 무거운 발걸음으로 혹은 덜커덕거리거나 불규칙한 동작을 하며 ~를 향해 매우 천천히 그리고 힘겹게 나아가다
허울 좋은 직책을 맡고는 있지만 실질적으로 아무런 **힘도 없는 사람** ☞ 허울 좋은 직책을 맡고는 있지만 실질적으로 아무런 힘도 없는 사람
힘든 고비를 잘 넘기다 ☞ 큰 병, 고통, 어려움 등으로 인한 고비를 잘 넘기고 활력을 되찾다
힘든 시기를 겪고 있다 ☞ 어려운 시기를 겪고 있다
힘들게 일하다 ☞ 매우 힘들고 어려우며 별로 즐겁지 않지만 열심히 일을 하다
힘을 약화시키는 ☞ 지치게 만드는
힘을 얻다 ☞ 강세를 보이다
무슨 일이 있더라도 ~와 항상 **힘을 합치다** ☞ ~와 항상 운명을 같이하다
함께 **힘을 합하여** ☞ 어깨를 나란히 하고
힘찬 시동을 걸다 ☞ 한동안 중지되었던 일이나 과정 등을 빠르게 다시 시작하다

참고도서 목록

아가페 NIV 해설성경

American Slang 2nd Edition, Edited by Robert L. Chapman, A HarperResource Book, 1998

The Dictionary of Cliches by James Rogers, Ballantine Books, New York, 1985

Why You Say It by Webb Garrison, Rutledge Hill Press, Nashville, Tennessee, 1992

The Word Detective by Evan Morris, A Plum Book, 2001

Webster's New World American Idioms Handbook by Gail Brenner, Wiley Publishing, Inc., 2003

Better Punctuation in 30 Minutes A Day by Ceil Cleveland, Career Press, Franklin Lakes, N. J., 2002

VENI, VIDI, VICI by Eugene Ehrlich, A HarperResource Book, 1995

Collins COBUILD Dictionary, 2006

셰익스피어가
세종대왕을
만났을 때

초판 1쇄 인쇄 2010년 11월 11일
초판 1쇄 발행 2010년 11월 18일

지은이 이성철
펴낸이 박기남
펴낸곳 율곡미디어(주)
121-872 서울시 마포구 염리동 36-249
전화 (代) 02) 718-9872/3
팩스 02) 718-9874
home-page www.yulgokbooks.co.kr
e-mail yulgokbook@naver.com
등록 제313-2008-000046호
ISBN 978-89-960893-8-4 93740

정가 29,000원